LEI GERAL DE PROTEÇÃO DE DADOS PESSOAIS

COMENTADA

Grupo Editorial Nacional

O GEN | Grupo Editorial Nacional – maior plataforma editorial brasileira no segmento científico, técnico e profissional – publica conteúdos nas áreas de concursos, ciências jurídicas, humanas, exatas, da saúde e sociais aplicadas, além de prover serviços direcionados à educação continuada.

As editoras que integram o GEN, das mais respeitadas no mercado editorial, construíram catálogos inigualáveis, com obras decisivas para a formação acadêmica e o aperfeiçoamento de várias gerações de profissionais e estudantes, tendo se tornado sinônimo de qualidade e seriedade.

A missão do GEN e dos núcleos de conteúdo que o compõem é prover a melhor informação científica e distribuí-la de maneira flexível e conveniente, a preços justos, gerando benefícios e servindo a autores, docentes, livreiros, funcionários, colaboradores e acionistas.

Nosso comportamento ético incondicional e nossa responsabilidade social e ambiental são reforçados pela natureza educacional de nossa atividade e dão sustentabilidade ao crescimento contínuo e à rentabilidade do grupo.

Laura Schertel Mendes
Isabela Maria Rosal
Elora Fernandes
Coordenadoras

Lei Geral de Proteção de Dados Pessoais

COMENTADA

gen
Editora FORENSE

- As coordenadoras deste livro e a editora empenharam seus melhores esforços para assegurar que as informações e os procedimentos apresentados no texto estejam em acordo com os padrões aceitos à época da publicação, *e todos os dados foram atualizados pelas coordenadoras até a data de fechamento do livro*. Entretanto, tendo em conta a evolução das ciências, as atualizações legislativas, as mudanças regulamentares governamentais e o constante fluxo de novas informações sobre os temas que constam do livro, recomendamos enfaticamente que os leitores consultem sempre outras fontes fidedignas, de modo a se certificarem de que as informações contidas no texto estão corretas e de que não houve alterações nas recomendações ou na legislação regulamentadora.

- Data de fechamento do livro: *15.09.2025*

- As coordenadoras e a editora se empenharam para citar adequadamente e dar o devido crédito a todos os detentores de direitos autorais de qualquer material utilizado neste livro, dispondo-se a possíveis acertos posteriores caso, inadvertida e involuntariamente, a identificação de algum deles tenha sido omitida.

- **Atendimento ao cliente: (11) 5080-0751 | faleconosco@grupogen.com.br**

Uma editora integrante do GEN | Grupo Editorial Nacional
Travessa do Ouvidor, 11
Rio de Janeiro – RJ – 20040-040
www.grupogen.com.br

- Capa: Tiago Dela Rosa

- **CIP-BRASIL. CATALOGAÇÃO NA PUBLICAÇÃO
SINDICATO NACIONAL DOS EDITORES DE LIVROS, RJ**

L539

Lei geral de proteção de dados pessoais comentada / coordenação Laura Schertel Mendes, Isabela Maria Rosal, Elora Fernandes. - 1. ed. - Rio de Janeiro : Forense, 2026.

Inclui bibliografia
ISBN 9788530997793

1. Brasil. [Lei geral de proteção de dados pessoais (2018)]. 2. Proteção de dados - Legislação - Brasil. 3. Direito à privacidade. I. Mendes, Laura Schertel. II. Rosal, Isabela Maria. III. Fernandes, Elora.

25-100620.0

CDU: 342.721:004(81)

Gabriela Faray Ferreira Lopes - Bibliotecária - CRB-7/6643

SOBRE AS COORDENADORAS

Laura Schertel Mendes. Professora do Instituto Brasileiro de Ensino, Desenvolvimento e Pesquisa (IDP) e da Universidade de Brasília (UnB). Pós-doutora pela Universidade Goethe de Frankfurt e doutora em Direito Privado pela Universidade Humboldt de Berlim. Presidente da Comissão de Direito Digital da OAB Federal e diretora do Centro de Direito, Internet e Sociedade (Cedis/IDP). Foi relatora da Comissão de Juristas do Senado Federal para a regulação da inteligência artificial.

Isabela Maria Rosal. Pesquisadora de doutorado no KU Leuven Centre for IT & IP Law (CiTiP – Bélgica), onde conduz sua pesquisa sobre o equilíbrio entre abertura e proteção de dados pessoais no setor público e as consequências desse sistema para a garantia do direito à memória, além de atuar como pesquisadora e gerente em diversos projetos de pesquisa envolvendo a interseção do direito com novas tecnologias. Mestre e bacharel em direito pela Universidade de Brasília (UnB), foi recipiente de bolsa de estudos para intercâmbio acadêmico na Universidade de Granada (Espanha). Anteriormente, trabalhou como gerente de projetos no Centro de Direito, Internet e Sociedade (Cedis-IDP) e coordenadora da área de governança de dados e economia digital no Laboratório de Políticas Públicas e Internet (Lapin). Também atuou como advogada no escritório Laura Schertel Mendes Advocacia e assessora no Tribunal Administrativo do Conselho Administrativo de Defesa Econômica (Cade). Autora do livro *O tratamento de dados pessoais para fins publicitários.*

Elora Fernandes. Pesquisadora de pós-doutorado no KU Leuven Centre for IT and IP Law (CiTiP – Bélgica), onde foca sua pesquisa nos direitos de crianças e adolescentes no ambiente digital. Doutora em Direito pela Universidade do Estado do Rio de Janeiro (UERJ) em cotutela com a KU Leuven, com tese acerca da proteção de dados de crianças e adolescentes em tecnologias educacionais (EdTech). Anteriormente, trabalhou em ONGs de direitos digitais em diferentes países e atuou como *Trainee* e *Legal Officer* (Interina) no European Data Protection Supervisor (EDPS). Concluiu o Mestrado em Direito e Inovação pela Universidade Federal de Juiz de Fora (UFJF) e a Graduação em Direito pela mesma instituição, incluindo um período de mobilidade acadêmica na Universidad de Salamanca (Espanha). Além disso, coordenou a equipe de assistentes da *Revista de Estudos Empíricos em Direito* (*REED*) e é *alumna* do Deutscher Akademischer Austauschdienst (DAAD).

SOBRE O(A)S AUTORE(A)S

Albert França Josuá Costa. Mestre em Informática pela Universidade Federal do Amazonas (Ufam). Professor do Instituto Federal de Educação, Ciência e Tecnologia do Amazonas – Campus Manaus Zona Leste (Ifam-CMZL). Atualmente, está em exercício na Coordenação-Geral de Tecnologia e Pesquisa da Autoridade Nacional de Proteção de Dados (CGTP/ANPD).

Alexandra Krastins Lopes. Advogada. Graduada em Direito pela PUC-Campinas. Especialista em Contratos pela PUC-São Paulo. Cofundadora do Laboratório de Políticas Públicas e Internet (Lapin). Fez parte da primeira nomeação técnica da Autoridade Nacional de Proteção de Dados (ANPD), como Gerente de Projetos do Conselho Diretor, e integrou a equipe que estruturou a autarquia, onde ficou por mais de dois anos.

Alexandre Veronese. Professor Associado de Teoria Social e do Direito da Universidade de Brasília (Faculdade de Direito). Pesquisador do Centro de Políticas, Direito, Economia e Tecnologias da Comunicações da Universidade de Brasília e do Centro de Excelência Jean Monnet em Cidadania Digital e Sustentabilidade Tecnológica da Universidade do Minho (Portugal).

Alisson Alexsandro Possa. Advogado. Mestre em Direito Constitucional (IDP). CIPP/E. Professor e Pesquisador.

Ana Frazão. Advogada, Árbitra e Professora Associada de Direito Civil, Comercial e Econômico da Universidade de Brasília (UnB).

Ana Paula Bialer. Sócia fundadora do Bialer Falsetti Associados (BFA), advogada com reconhecida experiência nas áreas de tecnologia e telecomunicações. Expert em privacidade e proteção de dados, possuindo o certificado CIPP/E da Associação Internacional de Profissionais de Privacidade (IAPP) e uma DPO (*Data Protection Officer*) certificada pelo European Centre on Privacy and Cybersecurity (ECPC) da Universidade de Maastricht. Graduada em Direito pela Pontifícia Universidade Católica de São Paulo (PUC-SP), Pós-Graduada em Direito Societário e Econômico pela Fundação Getulio Vargas de São Paulo (FGV) e Mestre em Direito pela Queen Mary & Westfield College, da Universidade de Londres.

Ana Paula Canto de Lima. Advogada, fundadora do Canto de Lima Advocacia, professora de pós-graduações. Mestre, LLM em Proteção de Dados (RGPD/LGPD). Autora de obras jurídicas indicadas nas bibliografias selecionadas pelo STJ. Conselheira no CNPD. Diretora da ESA/PE de Direito e Tecnologia. Presidente da Comissão Nacional de Crimes Cibernéticos da ABCCRIM, membro da Comissão de Proteção de Dados CFOAB.

André Lucas Fernandes. Advogado, especializado em direito digital. Graduado e Mestre em Direito pela Faculdade de Direito do Recife (UFPE). Doutorando em Direito e Tecnologia, com foco em inteligência artificial e conceitos jurídicos, pela Universidade Católica de Pernambuco. Fundador do Instituto de Pesquisa em Direito e Tecnologia do Recife (IP.rec). Diretor da Comissão de Direito da Tecnologia e da Informação da OAB/PE. Diretor na Isoc Brasil. Professor universitário.

Andressa Girotto Vargas. Especialista em Direito do Estado pela Universidade Federal do Rio Grande do Sul (UFRGS). Graduada em Ciências Jurídicas e Sociais pela UFRGS. Servidora pública federal. Membro da International Association for Artificial Intelligence and Law (IAAIL). Advogada inscrita na OAB/RS.

Angelo Prata de Carvalho. Advogado. Doutor e Mestre em Direito pela Faculdade de Direito da Universidade de Brasília (FD/UnB). Professor voluntário na FD/UnB e Professor da Pós-Graduação em Direito Digital do UniCEUB. Vice-líder do Grupo de Estudos Constituição, Empresa e Mercado (Gecem/UnB).

Bárbara da Rosa Lazarotto. Doutoranda em Direito na Vrije Universiteit Brussel, Marie-Sklodowska Curie Action's Fellow e Membro executivo do Brussels Privacy Hub.

Bárbara Simão. Coordenadora da área de privacidade e vigilância no InternetLab. Mestre em Direito e Desenvolvimento pela Fundação Getulio Vargas (FGV Direito SP). Graduada pela Faculdade de Direito da Universidade de São Paulo, com período de intercâmbio na universidade Paris 1 Panthéon-Sorbonne. Foi pesquisadora do Programa de Telecomunicações e Direitos Digitais no Idec e conselheira do Projeto "Proteção de Dados em Serviços de Saúde Digital", da Fiotec/Fiocruz.

Beatriz Kira. Professora de Direito na Universidade de Sussex, no Reino Unido, e Fellow do Digital Speech Lab, da University College London (UCL). Beatriz possui Doutorado em Direito Econômico e Economia Política pela Universidade de São Paulo (USP) e Mestrado em Ciências Sociais da Internet pela Universidade de Oxford, onde também foi pesquisadora de Pós-Doutorado.

Bianca Kremer. Pós-doutorado pelo Geneva Graduate Institute of International and Development Studies (Iheid). Doutora em Direito pela PUC-Rio. Professora visitante e líder de pesquisa no Centro de Tecnologia e Sociedade (CTS) da FGV Direito Rio. E-mail: contato@biancakremer.com.br.

Bruno Fernandes de Paula. Pós-Graduado em Direito, Assessor de Magistrado no TJDFT.

Bruno Miragem. Professor Associado da Universidade Federal do Rio Grande do Sul, Professor Convidado da Universidade de Coimbra, Advogado, Parecerista e Árbitro.

Caitlin Mulholland. Doutorado e Mestrado em Direito Civil, pela Universidade do Estado do Rio de Janeiro, 2006 e 2002. Professora associada de Direito Civil do Departamento de Direito da Pontifícia Universidade Católica do Rio de Janeiro (PUC-Rio), onde atualmente exerce o cargo de Diretora do Departamento de Direito. É professora do programa de Pós-Graduação em Direito Constitucional e Teoria do Estado da PUC-Rio. É coordenadora do Núcleo Legalite PUC-Rio. É autora dos livros *A responsabilidade civil por presunção de causalidade* e *Internet e contratação: panorama das relações contratuais eletrônicas de consumo.*

É atualizadora e colaboradora da obra *Instituições de direito civil*, volume III, de Caio Mário da Silva Pereira. Coordenadora dos livros: *LGPD e novo marco normativo brasileiro* e *Inteligência artificial e direito: ética, regulação e responsabilidade*. Membro da Comissão de Direito Civil da OAB, Seccional Rio de Janeiro. Membro da Comissão Especial de Proteção de Dados do Conselho Federal da Ordem dos Advogados do Brasil. Conselheira suplente do Conselho Nacional de Proteção de Dados da ANPD (2021/23). Associada ao Instituto Brasileiro de Direito Civil – IBDCivil e à Association Henri Capitant des Amis de la Culture Juridique Française. Associada Fundadora do Instituto Avançado de Proteção de Dados (IAPD). Associada Fundadora do Instituto Brasileiro de Estudos em Responsabilidade Civil (Iberc).

Camila Leite Contri. Doutoranda em Direito Comercial na USP e Bacharel em Direito pela USP e pela Universidade de Lyon III. Professora na Pós-Graduação de Direito Digital e Proteção de Dados do IDP. Atualmente, é Coordenadora do Programa de Telecomunicações e Direitos Digitais no Idec – Instituto de Defesa de Consumidores.

Carlos Fernando do Nascimento. Mestre em Direito pela Universidade de Lisboa, com formações *lato sensu* em Direito Administrativo, Processo Administrativo, Economia, Concorrência, Regulação de Mercados e Proteção de Dados Pessoais. Advogado e servidor público federal, ocupa o cargo de Especialista em Regulação. Possui experiência como DPO no setor público e certificação *Exin Data Protection Officer*. Atualmente, é Coordenador de Normatização na Autoridade Nacional de Proteção de Dados. Atua como docente na Escola Superior de Redes da Rede Nacional de Ensino e Pesquisa (RNP), ministrando cursos sobre privacidade e proteção de dados pessoais.

Carolina Fiorini Ramos Giovanini. Mestranda em Direito e Inovação no PPGD da Universidade Federal de Juiz de Fora (UFJF). Pós-graduada em Direito Digital pelo ITS Rio (Instituto de Tecnologia e Sociedade do Rio), em parceria com o Ceped/Uerj (Universidade do Estado do Rio de Janeiro). Integrante do projeto de pesquisa "Inovação e Direito na Inteligência Artificial: mapeamento normativo e análise de impacto para o exercício de direitos fundamentais" (CNPq universal 2022/2024).

Chiara Spadaccini de Teffé. Professora de Direito Civil e Direito Digital na Universidade Federal do Rio de Janeiro (UFRJ). Doutora e mestre em Direito Civil pela Universidade do Estado do Rio de Janeiro (UERJ). Graduada em Direito pela UFRJ. Pós-graduada em Direito Civil e em Processo Civil (*lato sensu*), bem como em Ciências Jurídicas Aplicadas à Advocacia Pública (*lato sensu*). Leciona como convidada em cursos de pós-graduação e extensão. Membro da Comissão de Proteção de Dados e Privacidade da OAB/RJ (2022/2027). Membro da Comissão de Direito Civil do Conselho Seccional do Rio de Janeiro da OAB (2022/2027). Membro da comissão de direitos autorais, direitos imateriais e entretenimento da OAB/RJ (2025/2027). Membro do Fórum Permanente de Liberdade de Expressão, Liberdades Fundamentais e Democracia da Emerj. Membro do Fórum permanente de inovações tecnológicas no Direito da Emerj. Associada ao Instituto Brasileiro de Estudos em Responsabilidade Civil (Iberc). Advogada.

Clarice Tavares. Diretora de pesquisa do InternetLab. Mestranda em Antropologia Social pela Universidade de São Paulo, graduada em Ciências Sociais pela mesma instituição e bacharel em Direito pela Pontifícia Universidade Católica. É pesquisadora do Núcleo de Antropologia do Direito da USP. No InternetLab, é responsável pela supervisão de projetos de pesquisa e pela representação institucional. Suas áreas de atuação abrangem marcadores sociais da diferença, violência online, justiça de dados, privacidade, vigilância e desigualdades.

Claudia Lima Marques. *Doutora iuris utriusque* (Ruprecht-Karls Universität Heidelberg), *Legum Magister* (Eberhard-Karls Universität Tübingen), Diploma em Integração Europeia (Universität des Saarlandes), SDJ (UFRGS). Ex-presidente da *Associação Americana de Direito Internacional Privado* (Asadip, Assunção) e Brasilcon (Instituto Brasileiro de Direito e Política do Consumidor, Brasília). Professora Titular de Direito Internacional Privado (Universidade Federal do Rio Grande do Sul, UFRGS, Porto Alegre, Brasil). Presidente do Comitê de Proteção Internacional dos Consumidores da Associação de Direito Internacional (Londres). Diretora da Associação Internacional de Direito do Consumidor – IACL e do *Center for European and Germany Studies* (Cdea-Daad), Porto Alegre. dirinter@ufrgs.br.

Cláudio Roberto Santos. Advogado. Professor Universitário. Doutorando em Teoria do Estado e Direito Constitucional pela PUC-Rio. Mestre em Direito Privado pela PUC-Minas. Titular das certificações na área de Proteção de Dados: CIPM e CDPO/BR, ambas emitidas pela IAPP (Associação Internacional de Profissionais de Privacidade); Exin Information Security Foundation based on ISO/IEC 27001; e Exin PDPE.

Daniel Eustachio. Advogado no Bialer Falsetti Associados (BFA). Doutorando em Direito na Universidade Pompeu Fabra (Catalunha). Graduado em Direito pela Universidade de São Paulo (FD-USP) e Universidade Lumière Lyon 2 (França). Graduado e Mestre em Audiovisual pela Universidade Federal de São Carlos (UFSCar) e Universidade de São Paulo (ECA-USP), respectivamente.

Daniela Copetti Cravo. Procuradora do Município de Porto Alegre. Doutora e Mestre em Direito pela UFRGS. Pós-Doutorado no Departamento de Direito Público e Filosofia do Direito da Faculdade de Direito da UFRGS (2019-2020). Professora orientadora de Mestrado na Ambra University. Professora da Graduação em Direito na Verbo Jurídico, na Faculdade João Paulo II e na Faculdade de Direito São Judas Tadeu. Professora Visitante na Universidade de Gdansk (Outubro de 2023), por meio do Programa de Mobilidade financiado pelo Erasmus+ (União Europeia). Professora Convidada de Cursos de Especialização em Direito (Damásio, UFRGS, PUC-RS, UniRitter, Unisinos, FMP/RS, Universidade Católica de Pernambuco, Ebradi) e de Cursos de Curta Duração (School of International and Advanced Problems of Private Law, Editora Fórum, PUC-Rio, Ajuris, ITS Rio, Verbo Jurídico, ESDM, Opice Blum Academy). Participou como Profa. ministrante da disciplina de Canais de Denúncias e sua Operacionalização no Curso de Formação de Gestores do Poder Judiciário em Sistemas de Integridade e Compliance, desenvolvido pela Faculdade de Direito de Santa Maria, no âmbito da Cooperação Técnica Justiça 4.0, do Conselho Nacional de Justiça (CNJ) com o Programa das Nações Unidas para o Desenvolvimento (Pnud). Coordenadora na Escola Superior de Direito Municipal (ESDM). Premiada no V Prêmio de Monografias Seae. Vice-líder do Grupo de Pesquisa Comércio Internacional, Mercados, Investimentos Internacionais e Circulação de Riquezas. Visitante de Investigação na Facultad de Derecho da Universidad de Chile. Participou do United Nations Public Service Forum e do Internet Governance Forum (IGF) Workshop na Colômbia, além da South School on Internet Governance no Panamá. Foi Professora Substituta da Faculdade de Direito da UFRGS (2017-2019). Foi Diretora Acadêmica da ESDM (2021-2022). Foi Assessora do MPF junto ao Cade. Foi Analista de Políticas Sociais no Ministério da Saúde em Brasília. Participou da pesquisa financiada pelo Conselho Nacional de Justiça (CNJ) sobre Demandas Judiciais e Morosidade da Justiça Civil.

Diego Machado. Mestre e Doutor em Direito Civil pela Universidade do Estado do Rio de Janeiro (Uerj). Professor Adjunto no Departamento de Direito da Universidade Federal de Viçosa (UFV). Especialista em Proteção de Dados na Autoridade Nacional de Proteção de

Dados (ANPD). Membro do Centro de Estudos em Direito, Internet e Sociedade (Cedis-IDP). Foi *Research Fellow* no *Centre for Law, Technology and Society* (CLTS) da Universidade de Ottawa. É membro do Vulnera Scientific Network.

Diogo R. Coutinho. Professor de Direito Econômico e Economia Política na Faculdade de Direito da USP, desde 2005. Coordenador, desde 2007, do Grupo Direito e Políticas Públicas. Possui *Master in Science* (MSc) em regulação pela LSE e Doutorado em Direito pela USP, onde fez livre-docência. É cofundador da Reed – Rede de Estudos Empíricos em Direito.

Eduarda Costa. Bacharel em Direito pela Universidade de Brasília (UnB). Pesquisadora do Data Privacy Brasil. Monitora da Pós-Graduação em Direito Digital e Proteção de Dados do Instituto Brasiliense de Direito Público (IDP). Pesquisadora do Privacy Lab-Cedis/IDP. Coordenadora de Estudos do Observatório da LGPD/UnB. Advogada.

Erica Bakonyi. Doutoranda em Direito Regulatório na FGV Direito Rio e Mestre em Direito pela Universidade de Coimbra. Possui MBA em "Gestão da Segurança da Informação" e especialização *lato sensu* em "Licitações e contratos administrativos". É pesquisadora do Centro de Tecnologia e Sociedade, da FGV Direito Rio, atualmente no projeto "CyberBRICS", e advogada, com atuação na área de proteção de dados como consultora em projetos de adequação legislativa em empresas e DPO-as-a-service.

Fabrício da Mota Alves. Advogado especialista em Direito Digital. Coordenador jurídico da Frente Parlamentar de Proteção de Dados da Câmara dos Deputados. Representante do Senado Federal no Conselho Nacional de Proteção de Dados e da Privacidade. Professor de Proteção de Dados. Foi assessor legislativo sênior do Senado Federal e participou da Comissão de Juristas que elaborou o projeto de lei de regulação da Inteligência Artificial no Brasil.

Fabiano Menke. Doutor em Direito pela Universidade de Kassel, Alemanha. Mestre em Direito pela UFRGS. Professor de Direito Civil na Faculdade de Direito e no Programa de Pós-Graduação da UFRGS. Advogado em Porto Alegre. fabiano@menkeadvogados.com.br.

Fabrício Guimarães Madruga Lopes. Servidor público, graduado em direito com especialização em regulação pela Universidade de Brasília (UnB).

Felipe Palhares. Bacharel em Direito pela Faculdade de Ciências Sociais de Florianópolis (Cesusc). Pós-graduado em Direito Empresarial pela Fundação Getulio Vargas – FGV/SP. Pós-graduado em Direito Societário pelo Instituto de Ensino e Pesquisa – Insper. Mestre (LL.M.) em *Corporate Law* pela New York University – NYU. É a única pessoa do mundo a ter obtido todas as atuais certificações e designações conferidas pela International Association of Privacy Professionals, a maior associação global de profissionais de privacidade e proteção de dados (incluindo CIPP/A, CIPP/C, CIPP/CN, CIPP/E, CIPP/US, CIPM, CIPT, CDPO/FR, CDPO/BR, FIP, PLS e AIGP). Certificado em Privacy and Data Protection Foundation pela Exin. Certificado como *Data Protection Officer* pela Maastricht University. Certificado como *Data Privacy Solutions Engineer* pela Isaca (CDPSE). Professor convidado de matérias de proteção de dados pessoais do Insper, da FGV/Rio, da Damásio/Ibmec, do ITS Rio, do Tribunal de Justiça do Estado de Santa Catarina e do Instituto New Law. Advogado, admitido para a prática jurídica no Brasil e no Estado de Nova York (EUA). Reconhecido entre os melhores advogados de proteção de dados no mundo com menos de 40 anos, figurando na lista 40 under 40 da *Global Data Review*. Eleito *Lawyer of the year 2023* na categoria Brazil TMT: Cybersecurity and Data Privacy pela The Legal 500. Sócio da área de Proteção de Dados e

Cybersecurity do BMA Advogados. LinkedIn: Felipe Palhares. Instagram: @ofelipepalhares. E-mail: felipe.palhares@bmalaw.com.br.

Filipe Medon. Doutor e Mestre em Direito Civil pela Universidade do Estado do Rio de Janeiro (Uerj). Professor de Direito Civil na FGV Direito Rio, onde também é pesquisador no Centro de Tecnologia e Sociedade (CTS-FGV). Professor convidado de cursos de Pós-Graduação e Extensão de instituições como: Universidade de Coimbra, Ceped-Uerj, FGV/RJ, ITS-Rio, PUC-Rio, PUC-PR, IERBB-MP/RJ, Emerj, ESA-OAB/RJ, ESA-OAB/RS, Escola Superior de Advocacia Nacional, Instituto Brasileiro de Ensino, Desenvolvimento e Pesquisa (IDP), Fundação Escola Superior do Ministério Público do Rio Grande do Sul, Esmeg, Faculdade Exame, Skema, Cers, Cedin, IGD, Ebradi, Cpjur, Verbo Jurídico, Instituto New Law e do Curso Trevo. Membro do Instituto Brasileiro de Estudos de Responsabilidade Civil (Iberc), do Instituto Brasileiro de Direito de Família (Ibdfam), da Associação Brasileira de Governança Pública de Dados Pessoais (govDADOS), da Comissão de Crimes Digitais da OAB/RJ e da Comissão de Proteção de Dados e Privacidade da OAB/RJ, onde é Coordenador de Proteção de Dados e Inteligência Artificial, tendo integrado, ainda, a Comissão de Juristas do Senado Federal responsável pela criação da Lei Brasileira de Inteligência Artificial. Foi Professor Substituto de Direito Civil na Universidade Federal do Rio de Janeiro (UFRJ), além de ter sido um dos palestrantes brasileiros no evento "Artificial Intelligence for Information Accessibility", realizado pelo Information for All Programme da Unesco em 2021. Membro fundador do Laboratório de Direito e Inteligência Artificial da Uerj (LabDIA). Advogado e pesquisador. Autor do livro: *Inteligência artificial* e *responsabilidade civil: autonomia, riscos* e *solidariedade* (3ª edição prevista para 2024). Instagram: @filipe.medon.

Flávia Lefèvre. Advogada especializada em direito do consumidor, telecomunicações e direitos digitais. Mestre em Processo Civil pela Pontifícia Universidade Católica de São Paulo. É integrante da Coalizão Direitos na Rede, membro do Conselho Consultivo do Instituto Nupef – Núcleo de Pesquisas, Estudos e Formação. Foi representante das entidades de defesa do consumidor no Conselho Consultivo da Anatel de fevereiro de 2006 a fevereiro de 2009 e representante do 3º Setor no Comitê Gestor da Internet no Brasil de maio de 2014 a maio de 2020. Contemplada com o prêmio Destaque em Governança da Internet promovido pelo CGI.br em 2023.

Gabriel Araújo Souto. Advogado. Mestre em Direito pela London School of Economics (Chevening Scholar) e Mestre em Relações Internacionais pela Tsinghua University (Schwarzman Scholar). Bacharel em Direito pelo Instituto Brasileiro de Ensino, Desenvolvimento e Pesquisa (IDP) com formação complementar pela Columbia Law School e Antonin Scalia Law School.

Gabriel Campos Soares da Fonseca. Doutor em Direito Econômico pela Universidade de São Paulo (USP), Visiting Researcher no Weizenbaum-Institut für die vernetzte gesellschaft e no WZB – Wissenschaftszentrum Berlin für Sozialforschung (2024). Pesquisador associado do Centro de Políticas, Direito, Economia e Tecnologias das Comunicações da Universidade de Brasília (CCOM/UnB). Coordenador de Pesquisa no Centro de Direito, Internet e Sociedade do Instituto Brasileiro de Ensino, Desenvolvimento e Pesquisa (Cedis/IDP). Bacharel em Direito pela Universidade de Brasília (UnB). Foi Chefe de Gabinete e Assessor Especial da Presidência do Supremo Tribunal Federal (STF). Advogado e Consultor.

Gabriel Miranda Ribeiro. Consultor Legislativo de Regulação, Infraestrutura e Serviços Públicos da Câmara Legislativa do Distrito Federal. Advogado, graduado em Direito pela

Universidade de Brasília (UnB) e especialista em Assessoria Política, Governo e Políticas Públicas pela UnB.

Gabrielle Bezerra Sales Sarlet. Advogada e consultora jurídica. Doutora em Direito pela Unia – Universidade de Augsburg, Alemanha. Pós-Doutorado em Direito pela Universidade de Hamburgo, Alemanha, e pela PUC-RS. Mestre em Direito pela UFC – Universidade Federal do Ceará, e especialista em neurociências e ciências do comportamento pela PUC-RS. Atualmente, é professora dos cursos de graduação, Mestrado e Doutorado (PPGD) em Direito da PUC-RS. Presidente da regional do Rio Grande do Sul da Sociedade Brasileira de Bioética – Sorbi. Pesquisadora Produtividade CNPq. CV: http://lattes.cnpq.br/9638814642817946. Orcid: https://orcid.org/0000-0003-3628-0852.

Giovanna Milanese. Advogada. Pós-graduada em Direito da Proteção de Dados pela Universidade de Lisboa. Graduada em Direito pela Universidade de Brasília (UnB). Coordenadora do Observatório da LGPD/UnB. Professora na Pós-Graduação do Instituto Brasileiro de Ensino, Desenvolvimento e Pesquisa (IDP). Professora na Pós-Graduação do Instituto Brasileiro de Mercado de Capitais (Ibmec). Professora no Centro de Estudos Avançados em Tecnologia, Privacidade e Proteção de Dados (CEAPD). Líder de pesquisa no Laboratório em Governança e Regulação em Inteligência Artificial do IDP (LIA/IDP). Pesquisadora no Centro de Direito, Internet e Sociedade do IDP (Cedis/IDP). Pesquisadora no Instituto Brasileiro de Informação em Ciência e Tecnologia (IBICT). Pesquisadora no Centro de Tecnologia e Sociedade da FGV Direito Rio (CTS-FGV). Parecerista na *Revista dos Estudantes de Direito da UnB* (RED|UnB). Autora do livro *O tratamento de dados pessoais disponíveis publicamente* e *os limites impostos pela LGPD* (2022). Coautora do livro *Curso de proteção de dados – fundamentos da LGPD* (2022).

Guilherme Pereira Pinheiro. Pós-doutor em Direito pela Universidade de Coimbra (Ius Gentium Conimbrigae). Doutor em Direito pela Universidade de Brasília – UnB. *Master of Laws* (LL.M) pela Universidade de Columbia, Nova York e Mestre em Direito pelo Uniceub. Professor do corpo permanente do Programa de Mestrado Profissional em Direito e professor da Graduação e Pós-Graduação em Direito do IDP. Ex-assessor de Ministro do Supremo Tribunal Federal – STF. Consultor Legislativo na Câmara dos Deputados e Advogado.

Gustavo Gil Gasiola. Pesquisador Sênior no Karlsruhe Institute of Technology (KIT), Alemanha. Doutor em Direito Público, Europeu e das Tecnologias da Informação pela University of Passau, Alemanha. Mestre em Engenharia Elétrica pela Escola Politécnica da Universidade de São Paulo (Poli/USP). Bacharel em Direito pela Universidade de São Paulo (FDRP/USP).

Helena Secaf dos Santos. Mestra em direito e desenvolvimento pela FGV Direito SP e bacharela pela mesma instituição. É advogada em proteção de dados em VMCA Advogados.

Heloisa Massaro. Diretora de Pesquisa e Operações do InternetLab. Mestre em Sociologia do Direito pela Faculdade de Direito da Universidade de São Paulo (FDUSP) e advogada pela mesma instituição.

Ingo Wolfgang Sarlet. Advogado e parecerista. Doutor e Pós-Doutor em Direito pela Universidade de Munique. Professor Titular e Coordenador do Mestrado e Doutorado em Direito da PUC-RS. Desembargador aposentado do TJRS.

Isabela Maiolino. Doutoranda e Mestre em Direito, Estado e Constituição pela Universidade de Brasília (UnB). Coordenadora jurídica na Federação das Indústrias do Estado de São Paulo (Fiesp).

Isabella Z. Frajhof. Doutora e Mestre em Teoria do Estado e Direito Constitucional pela Pontifícia Universidade Católica do Rio de Janeiro (PUC-Rio). Professora convidada em cursos de extensão envolvendo a temática de Direito e Novas Tecnologias no Instituto de Direito da PUC-Rio. Atualmente é pesquisadora do Instituto Ecoa e Núcleo Legalite.

Jacqueline de Souza Abreu. Doutora em Direito pela Faculdade de Direito da Universidade de São Paulo e advogada. Mestre em Direito pela University of California, Berkeley (EUA), com foco em Direito e Tecnologia, e pela Ludwig-Maximilians-Universität München (Alemanha), com foco em direitos fundamentais. Foi membro da Comissão de Juristas da Câmara dos Deputados encarregada de elaborar Anteprojeto de Lei de Proteção de Dados para Segurança Pública e Investigações Criminais. Foi assistente de pesquisa visitante do Berkman Klein Center for Internet and Society da Harvard University, aluna do Summer Doctoral Programme do Oxford Internet Institute e coordenadora da área "Privacidade e Vigilância" no InternetLab, centro independente de pesquisa em Direito e Tecnologia.

João Paulo Bachur. Advogado, doutor em ciência política, com Pós-Doutorado em filosofia pela Universidade Livre de Berlim e em teoria do direito pelo Instituto Max-Planck de Frankfurt. Coordenador do Mestrado e do Doutorado em Direito Constitucional do IDP/Brasília.

Jordan Vinícius de Oliveira. Doutor em Direito Civil – Uerj, Mestre e Bacharel em Direito – UFJF. Encarregado de Proteção de Dados Pessoais – FGV.

José Luiz de Moura Faleiros Júnior. Doutor em Direito Civil pela Faculdade de Direito da Universidade de São Paulo – USP/Largo de São Francisco. Doutorando em Direito, Tecnologia e Inovação pela Universidade Federal de Minas Gerais – UFMG. Mestre e Bacharel em Direito pela Universidade Federal de Uberlândia – UFU. Especialista em Direito Processual Civil, Direito Civil e Empresarial, Direito Digital e Compliance. Professor dos Cursos de Graduação em Direito e Mestrado em Direito da Faculdade Milton Campos (Belo Horizonte, Brasil) e da Skema Law School (Belo Horizonte, Brasil). Supervisor Acadêmico do curso de Pós-Graduação em Direito Privado, Tecnologia e Inovação da Escola Brasileira de Direito – Ebradi. Professor convidado de cursos de Pós-Graduação *lato sensu* e LLMs em Direito Digital na Escola Brasileira de Direito – Ebradi, na Universidade do Vale do Rio dos Sinos – Unisinos, na Fundação Escola Superior do Ministério Público do Rio Grande do Sul – FMP/RS, na Pontifícia Universidade Católica do Paraná – PUC-PR, na Pontifícia Universidade Católica de Minas Gerais – PUC-Minas e no Instituto de Tecnologia e Sociedade do Rio de Janeiro – ITS-Rio. 1º Vice-Presidente do Instituto Brasileiro de Estudos de Responsabilidade Civil – Iberc e Membro do Instituto Avançado de Proteção de Dados – IAPD. Advogado e consultor jurídico.

José Renato Laranjeira de Pereira. Pesquisador do Sustainable AI Lab da Rheinische Friedrich-Wilhelms-Universität Bonn, onde cursa doutorado. Mestre e Bacharel em Direito pela Universidade de Brasília. Cofundador do Laboratório de Políticas Públicas e Internet – Lapin, membro titular do Comitê Central de Governança de Dados do Governo Federal – CCGD e membro dos grupos de trabalho da Estratégia Brasileira de Inteligência Artificial. É alumnus da German Chancellor Fellowship, concedida pela Alexander von Humboldt Stiftung, pela qual realizou pesquisa no iRights.Lab e no Parlamento Europeu.

Laís Bergstein. Doutora em Direito do Consumidor e da Concorrência pela Universidade Federal do Rio Grande do Sul (UFRGS). Mestre em Direito Econômico e Socioambiental. Advogada. Associada à International Association of Consumer Law (IACL). Docente Permanente do Programa de Mestrado e Doutorado em Direito Empresarial e Cidadania do Centro Universitário Curitiba (Unicuritiba), com pesquisa financiada pelo Instituto Nima. lais@dotti.adv.br.

Laurianne-Marie Schippers. Pesquisadora do InternetLab. Mestranda em Relações Internacionais pelo IRI-USP. Advogada e bacharela em Direito pela FGV Direito SP.

Leonardo Heringer. Advogado atuante nas áreas de Proteção de Dados e Direito Digital. Sócio do escritório Borges e Schumacher Advogados.

Lucas Anjos. Professor, pesquisador de pós-doutorado e coordenador da Digilaw Clinic, na École de Droit da Sciences Po Paris, com foco em transparência algorítmica e regulamentação de IA a partir de uma perspectiva do Sul Global. Especialista em proteção de dados na Coordenação de Assuntos Internacionais da Autoridade Nacional de Proteção de Dados – ANPD. Pesquisador afiliado ao centro de pesquisas JurisLab, na Université libre de Bruxelles. Professor Adjunto do Departamento de Direito da Universidade Federal de Juiz de Fora – Campus Governador Valadares. Doutor em Direito pela Université libre de Bruxelles e pela Universidade Federal de Minas Gerais, em cotutela.

Lucas Borges de Carvalho. Assessor do Conselho Diretor da Autoridade Nacional de Proteção de Dados (ANPD). Doutor em Direito pela Universidade de Brasília (UnB) e Mestre em direito pela Universidade Federal de Santa Catarina (UFSC). Professor e palestrante nas áreas de direito digital e proteção de dados pessoais. Procurador federal desde 2007. Entre outros órgãos públicos, atuou na Procuradoria da Anatel e nas Consultorias Jurídicas dos Ministérios da Cultura e das Comunicações. Currículo Lattes: http://lattes.cnpq.br/2930035853091994. E-mail: lucas.borges@anpd.gov.br.

Lucas Maldonado Diz Latini. Mestre em Direito e Tecnologia (2023) e Especialista em Propriedade Intelectual e Novos Negócios (2018) pela Escola de Direito da Fundação Getulio Vargas. Mestrando no European Master in Data, Law and Artificial Intelligence (Emildai – 2023-2025), oferecido pela Dublin City University (Irlanda), Universidad de León (Espanha) e Università di Pisa (Itália). Advogado com atuação em Direito e Tecnologia. Pesquisador do Centro de Ensino e Pesquisa em Inovação (Cepi) da FGV Direito SP. Autor de diversas obras coletivas sobre Direito e Tecnologia. Presidente da Comissão de Direito Digital e Compliance da 17ª Subseção da OAB/SP. Membro da Associação Brasileira da Propriedade Intelectual (ABPI).

Lucia Maria Teixeira Ferreira. Doutoranda pelo Instituto Brasileiro de Ensino, Desenvolvimento e Pesquisa (IDP) e Mestra em Direito Civil pela Universidade do Estado do Rio de Janeiro (Uerj). Procuradora de Justiça aposentada do Ministério Público do Estado do Rio de Janeiro (MPRJ) e Advogada. Coordenadora de Estudos e Pareceres da Comissão de Proteção de Dados e Privacidade da OAB/RJ desde 2019 e membra da Comissão Especial de Proteção de Dados do Conselho Federal da OAB. Membra suplente da Conselho Municipal de Proteção de Dados Pessoais e da Privacidade do Rio de Janeiro. Associada da IAPP (International Association of Privacy Professionals*)*, sendo portadora da certificação CIPP-E (Certified Information Privacy Professional/Europe*)*. E-mail: luciaferreira@infolink.com.br.

Maraísa Rosa Cezarino. Advogada no Daniel Law, Mestra pela Faculdade de Direito da USP. Integrante da comissão de defesa da criança e do adolescente da OAB-SP. Pesquisadora do Compitt – FGV-SP e alumni do Data Privacy Brasil.

Marcela Mattiuzzo. Doutora em Direito Comercial na Universidade de São Paulo, pela qual também é Mestra em Direito Constitucional. Foi pesquisadora visitante na Yale Law School (2016-2017) e chefe de Gabinete e Assessora da Presidência do Conselho Administrativo de Defesa Econômica (2015-2016). É Professora do MBA em IA e Big Data do ICMC/USP, da Educação Executiva do Insper e do Mestrado Profissional do Centro de Estudos em Direito Econômico e Social (Cedes). É sócia de VMCA Advogados.

Maria Cecília Oliveira Gomes. Doutoranda em Filosofia e Teoria Geral do Direito na Faculdade de Direito da USP. Professora do Data Privacy Brasil. Professora convidada da USP, PUC-RS e de outras instituições de ensino. Foi Pesquisadora Visitante na Data Protection Unit do Council of Europe (CoE) na França. Foi Pesquisadora Visitante no European Data Protection Supervisor (EDPS) na Bélgica. Foi Líder de Projeto de Proteção de Dados no Centro de Ensino e Pesquisa em Inovação, da Escola de Direito de São Paulo da Fundação Getulio Vargas (FGV Direito SP). Pós-graduada em Propriedade Intelectual e Novos Negócios pela Fundação Getulio Vargas (FGV). Alumni em European Data Protection Law da Vrije Universiteit Brussel (VUB).

Maria Cristine Lindoso. Professora do IDP, Advogada, Mestre e Doutora em Direito pela Universidade de Brasília. Pesquisa na área de Direito Civil, Tecnologia e Gênero. É autora do livro *Discriminação de gênero no tratamento automatizado de dados pessoais*, além de vários outros artigos sobre o tema.

Maria Regina Rigolon Korkmaz. Professora de Direito Civil e Novas Tecnologias da Universidade Federal de Juiz de Fora (UFJF). Doutora em Direito Civil pela Universidade do Estado do Rio de Janeiro (Uerj). Mestre em Direito e Inovação pela UFJF. Professora convidada das Pós-Graduações em Direito Digital do ITS Rio, Uerj e Ceped, em Direito Civil Constitucional da Uerj e Ceped e em Direito Privado, Tecnologia e Inovação da Ebradi. Advogada.

Mariana de Moraes Palmeira. Professora na PUC-Rio, Doutora em Direito, advogada, membra da Comissão de Proteção de Dados e Privacidade da OAB-RJ, membra do Conselho Municipal de Privacidade e Proteção de Dados do Rio de Janeiro, autora e parecerista.

Mariana Talouki. Doutora em Direito Constitucional e Cibersegurança pela Faculdade de Direito da Universidade do Porto. Mestre em Direito Constitucional pela Universidade de Fortaleza. Bacharel em Direito pela Universidade Federal do Ceará. Advogada e Servidora Pública Federal. Analista Jurídica da Agência Nacional de Telecomunicações. Atualmente, é Coordenadora de Normatização na Autoridade Nacional de Proteção de Dados. Atua como docente em cursos de Pós-Graduação de Direito Digital e Proteção e Dados e como conteudista na Escola Superior de Redes da Rede Nacional de Ensino e Pesquisa. Membro do Centro de Investigação Jurídico-Econômica (Cije).

Marina Feferbaum. Professora Associada e Coordenadora do Centro de Ensino e Pesquisa em Inovação da FGV Direito SP. Doutora (2016), Mestre (2009) e Graduada (2006) em Direito pela Pontifícia Universidade Católica de São Paulo (PUC-SP), coordenadora da área de Metodologia de Ensino e do Hub de Inovação da FGV. Já publicou e organizou diversas obras sobre Direito e Tecnologia, ensino jurídico e metodologias participativas de ensino, além de ministrar cursos de formação docente pelo Brasil. Visiting Professor at Fordham University.

Marina Meira. Advogada graduada em Direito pela Universidade de São Paulo e Mestre em Divulgação Científica e Cultural pela Universidade Estadual de Campinas. Coordenadora de Políticas Públicas na ONG Derechos Digitales. Anteriormente, trabalhou com pesquisa, *advocacy* e litígio estratégico em outras organizações da sociedade civil em diversas questões relacionadas a tecnologia e direitos humanos, como proteção de dados e proteção de crianças e adolescentes no ambiente digital. Também atuou na Secretaria de Comunicação Social da Presidência da República do Brasil como Coordenadora do Enfrentamento à Desinformação.

Mario Viola. Doutor em Direito pelo Instituto Universitário Europeu (Florença, Itália) e Mestre em Direito Civil pela Universidade do Estado do Rio de Janeiro (Uerj). Advogado especialista nos temas de proteção de dados e tutela da privacidade. É atualmente Membro da Comissão de Proteção de Dados do CERN.

Matheus Garcia. Bacharel em Direito pela Universidade do Estado do Rio de Janeiro (Uerj). Advogado. E-mail: msga@outlook.com.br.

Mônica Tiemy Fujimoto. Professora do Instituto Brasileiro de Ensino, Desenvolvimento e Pesquisa (IDP). Doutoranda e Mestre em Direito Empresarial e Econômico pela Universidade de Brasília (UnB) e graduada em Direito pela Universidade de São Paulo (USP). Membra Consultora da Comissão Especial de Proteção de Dados Pessoais do Conselho Federal da OAB e Coordenadora de Relações Institucionais do Centro de Direito, Internet e Sociedade do IDP (Cedis/IDP). É sócia do escritório Horta e Bachur Advogados e é consultora da Laura Schertel Mendes Advocacia e Consultoria.

Nathalie Fragoso. Diretora de Programa da Secretaria de Direitos Digitais do Governo Federal. Doutora em Direito pela Faculdade de Direito da Universidade de São Paulo e graduada em Direito pela mesma instituição. Possui o Zertifikat in den Grundzügen des deutschen Rechts e o LLM (*Master of Laws*) na Ludwig-Maximilians-Universität München. Foi sócia do escritório Vinicius Marques de Carvalho Advogados (VMCA). Coordenou a área de Privacidade e Vigilância do InternetLab. Foi coordenadora da Clínica de Direitos Humanos Luiz Gama entre os anos de 2013-2014 e assessora de advocacy do Instituto de Defesa do Direito de Defesa entre os anos de 2017-2018. Integrante do Coletivo de Advocacia em Direitos Humanos - CADHu desde 2015.

Nicolo Zingales. Doutor em Direito Internacional da Economia pela Università Bocconi, e Mestre em Direito pela Università degli Studi di Bologna. Professor da Graduação em Direito e membro do corpo docente permanente do Programa de Pós-Graduação *Stricto Sensu* em Direito da Regulação da FGV Direito Rio, e Professor convidado dos cursos de LL.M. em Direito do FGV Rio Law Program. Coordenador do Núcleo de e-Commerce da FGV Direito Rio, Pesquisador do Centro de Tecnologia e Sociedade da FGV Direito Rio. Pesquisador Filiado ao Centre for Internet & Society de Stanford Law School, do Tilburg Law & Economics Centre e do Tilburg Institute for Law & Technology.

Oscar Valente Cardoso. Doutor em Direito (UFRGS). Especialista em Direito Processual Civil, em Inteligência Artificial e em Ciência de Dados e Big Data Analytics. Coordenador do Comitê Gestor de Proteção de Dados do TRF4. Professor no Mestrado da Universidade Europeia de Lisboa. Juiz Federal.

Otavio Venturini. Doutorando e Mestre em Direito e Desenvolvimento pela FGV Direito/SP. Professor na graduação da Escola de Negócios Saint Paul e em programas de MBA e Pós-Graduação em Direito Público, Proteção de Dados e Compliance em diversas instituições de ensino e escolas de negócios do país. Presidente da Associação Brasileira de Direito Administrativo e Econômico (Abradade). Membro do Conselho de Ética da Associação Brasileira de Agências de Publicidade (Abap) e colaborador da elaboração das Diretrizes de Compliance para o mercado publicitário. Liderou programa de compliance no setor publicitário reconhecido pelo selo Pró-Ética (CGU) em 2018-2019. Advogado e consultor jurídico.

Pablo Leurquin. Doutor em Direito pela Université Paris 1 Panthéon-Sorbonne e pela Universidade Federal de Minas Gerais, em cotutela. Mestre em Direito pela Universidade Federal de Minas Gerais. Bacharel em Direito pela Universidade Federal do Rio Grande do Norte. Professor do Departamento de Ciências Jurídicas da Universidade Federal da Paraíba e do corpo permanente do Programa de Pós-Graduação em Direito da Universidade Federal Rural do Semi-Árido. Líder do Grupo de Pesquisa em Direito Econômico e Desenvolvimento (GPDECO).

Paula Guedes Fernandes da Silva. Advogada de Direito Digital. Doutoranda em Direito pela Universidade Católica Portuguesa – Centro Regional do Porto. Pesquisadora do Legalite PUC-Rio. Certificada em AI Policy pela Center for AI and Digital Policy.

Paulo Henrique Atta Sarmento. Advogado e pesquisador com atuação especializada em direito digital, proteção de dados e inteligência artificial. Possui experiência na condução de projetos de conformidade regulatória, governança de IA e assessoramento estratégico em adequação à LGPD, incluindo interações institucionais com a ANPD e órgãos de defesa do consumidor. Possui MBA em Cyber Security Governance & Management pela FIAP e é pós-graduado em Direito Digital pela Uerj.

Rafael Scaroni Garcia. Mestre em Direito Europeu e Alemão pela Universidade Federal do Rio Grande do Sul (UFRGS). Graduado em Ciências Jurídicas e Sociais – Direito pela Universidade Federal do Rio Grande do Sul (UFRGS). Advogado. rafael.scaroni@menkeadvogados.com.br.

Rafael Viola. Doutor em Ciências Jurídico-Civis pela Universidade de Lisboa. Mestre em Direito Civil pela Universidade do Estado do Rio de Janeiro (Uerj). Especialista em Direito Civil pela Universidade do Estado do Rio de Janeiro (Uerj). Especialista em European Private Law pela Salzburg Universitat. Professor Adjunto da Universidade do Estado do Rio de Janeiro (Uerj). Professor de Direito do Ibmec-RJ. Professor da Pós-Graduação *Lato Sensu* da Escola de Direito RIO da Fundação Getulio Vargas. Professor da Pós-Graduação *Lato Sensu* da Universidade do Estado do Rio de Janeiro (Uerj). Professor da Escola da Magistratura do Estado do Rio de Janeiro (Emerj). Procurador da Universidade do Estado do Rio de Janeiro (Uerj).

Ramon Costa. Doutor em Direito pela PUC-Rio. Professor e pesquisador da Faculdade de Direito do Instituto de Ensino e Pesquisa (Insper). Pesquisador do Núcleo Legalite PUC-Rio: Direito e Novas Tecnologias. E-mail: ramoncostta@outlook.com.

Raquel Lima Saraiva. Presidenta e fundadora do Instituto de Pesquisa em Direito e Tecnologia do Recife – IP.rec, é graduada em Direito pela Universidade Católica de Pernambuco e Mestra em Ciência da Computação pela Universidade Federal de Pernambuco. É também conselheira do Conselho Nacional de Proteção de Dados Pessoais e da Privacidade (CNPD) pela sociedade civil (2024-2026). No IP.rec, atua nas áreas de Privacidade e Vigilância, como coordenadora do Observatório da Criptografia, Inteligência Artificial, Regulação de plataformas digitais e Gênero e Tecnologia.

Ricardo Villas Bôas Cueva. Ministro do Superior Tribunal de Justiça. Mestre e Doutor em Direito pela Universidade Harvard e pela Universidade de Frankfurt, respectivamente. Foi advogado, Procurador do Estado de São Paulo, Procurador da Fazenda Nacional e Conselheiro do Conselho Administrativo de Defesa Econômica (Cade).

Rodrigo Borges Valadão. Procurador do Estado do Rio de Janeiro. Presidente da Associação Brasileira de Governança de Dados (govDADOS). Doutor em Direito Público pela Albert-Ludwigs-Universität Freiburg (Alemanha), em cotutela com a Universidade de São Paulo (USP). Mestre em "Privacy, Cybersecurity, Data Management, and Leadership" pela Universidade de Maastricht (Países Baixos). Mestre em Direito Constitucional e Teoria do Estado pela PUC-RJ. Pós-Graduado em Advocacia Pública pela FGV-RJ.

Rodrigo de Freitas Nogueira. Mestre em Ciência da Informação e Arquivista pela Universidade de Brasília. Diretor do Arquivo Central e Encarregado pela proteção de dados da Universidade de Brasília.

Rodrigo Dias de Pinho Gomes. Advogado. Doutor em Direito Civil pela Uerj. Membro titular do Conselho Municipal de Proteção de Dados e Privacidade da Cidade do Rio de Janeiro. Presidente da Comissão de Proteção de Dados e Privacidade da OAB-RJ, Membro da Comissão Especial de Proteção de Dados e Privacidade do Conselho Federal da OAB-RJ e do Grupo de pesquisa Legalite da PUC-Rio. Pesquisador associado à FGV-Rio.

Sergio Marcos de Ávila Negri. Professor Adjunto do Departamento de Direito Privado da Faculdade de Direito da Universidade Federal de Juiz de Fora – UFJF e do Corpo Permanente do PPGD em Direito e Inovação da UFJF. Líder do grupo de pesquisa Pessoa, Inovação e Direito (CNPq). Coordenador do projeto de pesquisa "Inovação e Direito na Inteligência Artificial: mapeamento normativo e análise de impacto para o exercício de direitos fundamentais" (CNPq universal 2022/2024). Especialização em Direito Civil pela Università degli Studi di Camerino – Itália, Mestrado (2006) e Doutorado (2011) em Direito Civil pela Universidade do Estado do Rio de Janeiro.

Sofia de Medeiros Vergara. Mestranda em Direito pela Universidade de São Paulo (USP/FDRP). Bacharel em Direito pela Universidade de Brasília (UnB). Advogada em Horta e Bachur Advogados. Gestora da Competição WIA-CADE da Woman In Antitrust (WIA) e membro do coletivo Mulheres na Regulação. Trabalha, pesquisa e é autora de artigos acadêmicos e capítulos de livros nas áreas de Direito Digital, Regulatório, Proteção de Dados, Educação e Concorrência.

Tainá Aguiar Junquilho. Doutora em Direito com ênfase em Inteligência Artificial (IA) pela Universidade de Brasília (UnB). Professora de Direito, Inovação e Tecnologia no mestrado do IDP. Integrante do grupo de trabalho do STF para adequação à LGPD e do grupo de trabalho de IA do Conselho Nacional de Justiça. Foi bolsista da FINATEC no Projeto de Pesquisa & Desenvolvimento de Aprendizado de Máquina (*machine learning*) sobre dados judiciais das repercussões gerais do STF. Lidera o Laboratório de Governança de Regulação da IA no IDP (LIA/IDP) e é vice-líder do Grupo de Pesquisa Observatório de Políticas Públicas (GEOPP) da UnB.

Tayná Frota de Araújo. Advogada. Pós-graduanda em Direito Digital, Dados e Inteligência Artificial no Instituto Brasileiro de Ensino, Pesquisa e Extensão (IDP). Bacharel em Direito pela Universidade de Brasília (UnB). Pesquisadora do Centro de Direito, Internet e Sociedade (Cedis) e coordenadora do Privacy Lab-CEDIS/IDP. Coordenadora de Estudos do Observatório da LGPD/UnB. Pesquisadora do Centro de Estudos Constitucionais Comparados (CECC)/UnB.

Thiago Guimarães Moraes. Doutorando em cotutela na Universidade de Brasilia (UnB) e Vrije Universiteit Brussels (VUB), LLM Law & Technology (Tilburg University). Mestre em Ciências da Informação, Bacharel em Direito e em Engenharia de Redes (UnB). Coordenador de Inovação e Pesquisa na Autoridade Nacional de Proteção de Dados (ANPD), foi seu primeiro Encarregado. Cofundador e Conselheiro do Laboratório de Políticas Públicas e Internet (LAPIN). CIPP/E, CIPM, CIPT, CDPO/BR.

Victor Oliveira Fernandes. Professor de Direito Econômico e de Direito da Concorrência nos cursos de Graduação, Pós-Graduação *Lato Sensu*, Mestrado e Doutorado do Instituto Brasileiro de Ensino, Desenvolvimento e Pesquisa (IDP). Conselheiro do Conselho Administrativo de Defesa Econômica (Cade). Doutor em Direito Comercial pela Universidade de São Paulo (FDUSP) e Mestre em Direito, Estado e Constituição pela Universidade de Brasília (UnB).

Vinicius Padrão. Mestre em Direito Civil pela Universidade do Estado do Rio de Janeiro (Uerj). Bacharel em Direito pela Uerj. Pesquisador associado ao Instituto de Tecnologia e Sociedade do Rio de Janeiro (ITS-Rio). Professor nos cursos de Pós-Graduação da Uerj, Ibmec e ITS-Rio. Sócio da área de Tecnologia e Propriedade Intelectual do Rennó Penteado Advogados.

PREFÁCIO

Foi com satisfação que recebi o convite para prefaciar esta obra coletiva, coordenada pelas Professoras Laura Schertel Mendes, Elora Fernandes e Isabela Maria Rosal, verdadeiro tratado da disciplina de Proteção de Dados, recém-lançada pelo prestigiado Grupo Gen.

Disciplina de relevância ímpar na proteção e promoção dos Direitos da Personalidade, foi com a entrada em vigor da Lei Geral de Proteção de Dados que se acentuou o seu processo de constitucionalização. Hoje alçado a Direito Fundamental na Constituição da República Federativa do Brasil, no art. 5º, inciso LXXIX, "é assegurado, nos termos da lei, o direito à proteção dos dados pessoais, inclusive nos meios digitais". É nessa seara que se enfrentam os desafios do presente e do porvir para a manutenção de direitos como a privacidade e a autodeterminação, ante o ritmo acelerado dos avanços tecnológicos e seus abusos.

O leitor tem em mãos obra robusta, na qual cada dispositivo da Lei Geral de Proteção de Dados recebe a atenção de artigo específico. Com o rigor metodológico na estrutura proposta, alcançou-se, na diversidade dos olhares dos diversos autores, leitura harmônica em profundidade e escopo.

A obra, para além da análise, síntese e crítica dos diversos institutos, compreende e enfatiza a força normativa dos fatos, compreendendo o seu caráter constituinte de direitos que merecem a guarida pelo Poder Judiciário, por estarem de acordo com a Constituição Federal.

Os autores, cuidadosamente selecionados por sua excelência acadêmica e experiência prática, abordam em cada artigo empiricamente as boas práticas de proteção de dados pessoais. Seja no exercício do diálogo dos dispositivos relacionados na legislação pátria e estrangeira, nas justificativas e fundamentos teóricos, no levantamento das decisões judiciais e das atividades da Autoridade Nacional da Proteção de Dados, cada capítulo que aqui se apresenta proporciona reflexões dos caminhos já traçados e a traçar da normativa que se aproxima dos seus cinco anos de vigência.

É na aplicação prática, captada pelo olhar crítico da doutrina, que o arcabouço teórico e legislativo ganha relevo. A obra que vem de ser posta à comunidade jurídica, portanto, consubstancia pujante representação desse contributo.

A partir da compreensão de que somos, todos, sujeitos do processo de conhecimento do fenômeno jurídico, a obra é valiosa por contemplar visões, comunhões e dissensos sobre a temática da Proteção de Dados. Em um tema novo, multidisciplinar e aplicado a contextos diversificados no meio jurídico, é notável a virtude da heterogeneidade dos autores: pesquisadores de notáveis instituições e profissionais de diversas carreiras jurídicas com experiência na área. Cuida-se, assim, da preservação da subjetividade por uma racionalidade coletiva – aliando teoria e prática na compreensão do assunto de complexidade crescente.

A diversidade de perspectivas, percepções e abordagens apresentadas neste livro reflete a riqueza e a complexidade do tema, proporcionando uma leitura que, tenho certeza, será estimulante e esclarecedora para profissionais do Direito, acadêmicos, estudantes e todos os interessados no campo.

Luiz Edson Fachin
Ministro do STF; *Alma mater:* UFPR.

APRESENTAÇÃO

Por que um comentário à Lei Geral de Proteção de Dados Pessoais (LGPD)?

Passados anos desde a aprovação e vigência da Lei Geral de Proteção de Dados (LGPD – Lei n. 13.709/2018), este comentário surge como uma oportunidade de consolidar, com excelência e profundidade, o conhecimento acumulado da academia brasileira sobre a LGPD. Almejamos que este trabalho seja uma plataforma para fomentar a compreensão crítica e sólida desse importante marco regulatório no Brasil, especialmente no que diz respeito à sua interação com outras legislações existentes, como o Código de Defesa do Consumidor (CDC), o Marco Civil da Internet (MCI), a Lei de Acesso à Informação (LAI) e a Lei do Cadastro Positivo (LCP), além de preparar o terreno para sua aplicação em face de futuras leis que regulam novas tecnologias, como o marco regulatório da Inteligência Artificial.

Desde a aprovação da LGPD, especialistas têm se dedicado à sua interpretação e aplicação. Nunca se produziu tanto sobre a temática de dados pessoais no Brasil, e esse movimento se intensifica a cada dia diante dos novos desafios tecnológicos, das experiências práticas com o processo de conformidade à lei e dos posicionamentos emergentes da Autoridade Nacional de Proteção de Dados (ANPD) e do Judiciário brasileiro. Esta obra se propõe a ser, ao mesmo tempo, robusta – elaborada por especialistas em cada tema e baseada em pesquisa jurídica de alta qualidade – e prática, capaz de servir como guia para aqueles que buscam implementar a lei em sua rotina e sanar dúvidas interpretativas a partir das diretrizes já existentes. Ademais, com os primeiros casos judiciais envolvendo a LGPD já julgados em todas as instâncias, é crucial documentar e interpretar essas decisões à luz do texto legal, contribuindo para a construção de uma base dogmática sólida para futuros precedentes. Esse foi o desafio empreendido por todos os autores destes comentários à LGPD.

Não se trata de uma iniciativa meramente acadêmica, mas sobretudo de uma empreitada que visa aliar a prática e a teoria, de modo a auxiliar empresas, advogados, magistrados e os operadores do Direito de forma geral na, por vezes, complexa tarefa de implementação da proteção de dados no Brasil. Esta obra busca oferecer subsídios para que a interpretação da LGPD se dê de maneira sempre atual, acompanhando as transformações tecnológicas e sociais e garantindo que continue desempenhando seu papel central na proteção de direitos fundamentais e no fortalecimento da confiança nas relações digitais.

Para que todos os artigos fossem comentados de forma harmônica ao longo da obra, atendendo aos objetivos almejados, foi desenvolvido um *template* que busca discutir (i) o contexto do dispositivo em análise, sua função no panorama geral da LGPD e seu desenvolvimento no processo legislativo; (ii) a análise interpretativa de cada parte do dispositivo pelas/os autoras/es convidadas/os, no maior detalhamento possível, incluindo uma análise comparativa com outros dispositivos internacionais, quando possível e relevante; e (iii) listas de referências contendo atividades relacionadas da ANPD, casos judiciais relevantes e dispositivos correlatos em outras leis brasileiras. Após um breve capítulo introdutório elaborado por nós, coordenadoras, sobre o contexto e a elaboração da LGPD, cada dispositivo conta com um comentário em separado. Em casos específicos, como a análise dos princípios da LGPD, das bases legais previstas no art. 7º e dos direitos estabelecidos no art. 18, optamos por contar com comentários separados sobre cada inciso ou parágrafo, de modo a viabilizar um detalhamento mais aprofundado.

Agradecemos profundamente a todas as autoras e todos os autores que, de forma generosa, dedicaram seu tempo e compartilharam sua valiosa *expertise* na elaboração destes comentários. Somos imensamente gratas pela parceria e colaboração ao longo de cada etapa do processo editorial. Estendemos igualmente nosso agradecimento às leitoras e aos leitores que confiaram na qualidade desta obra e que, agora, têm em mãos a oportunidade de aprender com referências máximas na área, cujas reflexões e análises elevam o debate no País a um novo patamar. Acima de tudo, sentimos grande satisfação pela oportunidade de aprender com cada um/a e de trabalhar conjuntamente em prol da consolidação de uma robusta cultura de proteção de dados no País, fortalecendo nosso compromisso coletivo com a promoção dos direitos fundamentais.

As Coordenadoras

LISTA DE SIGLAS E ABREVIAÇÕES

ABAP	Associação Brasileira de Agências de Publicidade
ABEMD	Associação Brasileira de Marketing Direto
Abin	Agência Brasileira de Inteligência
ABNT	Associação Brasileira de Normas Técnicas
Abratel	Associação Brasileira de Rádio e Televisão
ACP	Ação Civil Pública
ACT	Acordo de Cooperação Técnica
ADI	Ação Direta de Inconstitucionalidade
ADPF	Arguição de Descumprimento de Preceito Fundamental
AEPD	Autoridade Espanhola de Proteção de Dados (*Agencia Española de Protección de Datos*)
AgInt	Agravo de Instrumento
AgR	Agravo Regimental
AGU	Advocacia-Geral da União
AIR	Análise de Impacto Regulatório
Anac	Agência Nacional de Aviação Civil
Anatel	Agência Nacional de Telecomunicações
ANPD	Autoridade Nacional de Proteção de Dados
ANS	Agência Nacional de Saúde Suplementar
Anvisa	Agência Nacional de Vigilância Sanitária
Ap. Civ.	Apelação Cível
API	Interface de Programação de Aplicativos (*Application Programming Interface*)
Art(s).	Artigo(s)
Bacen	Banco Central do Brasil
Brasscom	Associação Brasileira das Empresas de Tecnologia da Informação e Comunicação
CADE	Conselho Administrativo de Defesa Econômica
CBF	Confederação Brasileira de Futebol
CC	Lei n. 10.406/2002 – Código Civil

CCPA	Lei de Privacidade do Consumidor da Califórnia (*California Consumer Privacy Act*)
CCTI	Comissão de Ciência, Tecnologia e Inovação
CDC	Lei n. 8.078/1990 – Código de Defesa do Consumidor
CEP	Código de Endereçamento Postal
CERT.br	Centro de Estudos, Resposta e Tratamento de Incidentes de Segurança no Brasil
Cf.	Confirmação, comparação
CFM	Conselho Federal de Medicina
CFOAB	Conselho Federal da Ordem dos Advogados do Brasil
CGF	Coordenação Geral de Fiscalização
CGI.br	Comitê Gestor da Internet no Brasil
CGU	Controladoria-Geral da União
CLT	Consolidação das Leis do Trabalho
CNIL	Autoridade Nacional de Proteção de Dados Francesa (*Commission Nationale de l'Informatique et des Libertés*)
CNJ	Conselho Nacional de Justiça
CNMP	Conselho Nacional do Ministério Público
CNPD	Conselho Nacional de Proteção de Dados Pessoais
CNPq	Conselho Nacional de Desenvolvimento Científico e Tecnológico
CNS	Conselho Nacional de Saúde
CNSaúde	Confederação Nacional de Saúde
CNSeg	Confederação Nacional das Empresas de Seguros Gerais, Previdência Privada e Vida, Saúde Suplementar e Capitalização
CoE	Conselho da Europa
CONAMA	Conselho Nacional do Meio Ambiente
Convenção 108	Convenção 108 do Conselho da Europa para a Proteção das Pessoas relativamente ao tratamento de dados de carácter pessoal
Covid-19	Doença do coronavírus
CP	Código Penal
CPF	Cadastro de Pessoa Física
CRFB	Constituição da República Federativa do Brasil
CTN	Código Tributário Nacional
Denatran	Departamento Nacional de Trânsito
DPO	*Data Protection Officer*
EC	Emenda Constitucional
ECA	Estatuto da Criança e do Adolescente
EDPB	*European Data Protection Board* (Comitê Europeu para Proteção de Dados)

Enem	Exame Nacional do Ensino Médio
EUA	Estados Unidos da América
G2B	Governo para Empresa (*Government to Business*)
G2C	Governo para Cidadão (*Government to Citizens*)
G2G	Governo para Governo (*Government to Government*)
GSIPR	Gabinete de Segurança Institucional da Presidência da República
IA	Inteligência Artificial
IBGE	Instituto Brasileiro de Geografia e Estatística
ICO	Autoridade de Proteção de Dados do Reino Unido (*Information Commissioner's Office*)
Idec	Instituto de Defesa de Consumidores
IEC	Comissão Eletrotécnica Internacional (*International Electrotechnical Commission*)
Inc.	Inciso
Inep	Instituto Nacional de Estudos e Pesquisas Educacionais Anísio Teixeira
ISO	Organização Internacional para Padronização (*International Organization for Standardization*)
LAI	Lei n. 12.527/2011 – Lei de Acesso à Informação
LC	Lei Complementar
LCP	Lei n. 12.414/2011 – Lei do Cadastro Positivo
LGPD	Lei n. 13.709/2018 – Lei Geral de Proteção de Dados
LGPDPPSO	*Ley General de Protección de Datos Personales en Posesión de Sujetos Obligados*
LHD	Lei n. 9.507/1997 – Lei do *Habeas Data*
MC	Medida Cautelar
MCI	Lei n. 12.965/2014 – Marco Civil da Internet
Min.	Ministro(a)
MJ	Ministério da Justiça e Segurança Pública
MPF	Ministério Público Federal
MS	Mandado de Segurança
NIC.br	Núcleo de Informação e Coordenação do Ponto BR
NIST	Instituto Nacional de Padrões e Tecnologia dos EUA (*National Institute of Standards and Technology*)
OAB	Ordem dos Advogados do Brasil
OCDE	Organização para Cooperação e Desenvolvimento Econômico
OEA	Organização dos Estados Americanos
P.	Página(s)
Par.	Parágrafo
PEC	Proposta de Emenda Constitucional

Pix	Sistema de Pagamentos Instantâneos
PL	Projeto de Lei
PLC	Projeto de Lei da Câmara
PLS	Projeto de Lei do Senado
Rcl.	Reclamação
RE	Recurso Extraordinário
Rel.	Relator(a)
REsp	Recurso Especial
RGPD	Regulamento Geral sobre a Proteção de Dados – Regulamento (UE) 2016/679
RI	Recurso Inominado
RIPD	Relatório de Impacto à Proteção de Dados Pessoais
ROT	Recurso Ordinário Trabalhista
RR	Recurso de Revista
SAL	Secretaria de Assuntos Legislativos
Senacom	Secretaria Nacional do Consumidor
SES	Secretaria de Estado da Saúde
SGD	Secretaria de Governo Digital
SNDC	Sistema Nacional de Defesa do Consumidor
STF	Supremo Tribunal Federal
STJ	Superior Tribunal de Justiça
TCU	Tribunal de Contas da União
TJAL	Tribunal de Justiça do Estado de Alagoas
TJAM	Tribunal de Justiça do Estado do Amazonas
TJBA	Tribunal de Justiça do Estado da Bahia
TJDFT	Tribunal de Justiça do Distrito Federal e dos Territórios
TJMG	Tribunal de Justiça do Estado de Minas Gerais
TJPR	Tribunal de Justiça do Estado do Paraná
TJRJ	Tribunal de Justiça do Estado do Rio de Janeiro
TJRN	Tribunal de Justiça do Rio Grande do Norte
TJRS	Tribunal de Justiça do Rio Grande do Sul
TJSC	Tribunal de Justiça de Santa Catarina
TJSP	Tribunal de Justiça do Estado de São Paulo
TJUE	Tribunal de Justiça da União Europeia
TRF	Tribunal Regional Federal
TRT	Tribunal Regional do Trabalho
TSE	Tribunal Superior Eleitoral

TST Tribunal Superior do Trabalho

UE União Europeia

UK Reino Unido – *United Kingdom*

v.g. *Verbi gratia* (por exemplo)

WP29 *Article 29 Data Protection Working Party* (Grupo de Trabalho do Artigo 29)

SUMÁRIO

INTRODUÇÃO

Elora Fernandes, Isabela Maria Rosal e Laura Schertel Mendes

A proteção de dados pessoais no Brasil

A promulgação da LGPD ocorreu em 2018, mas as discussões acadêmicas sobre o tema no país remontam à década de 1970. Em termos regulatórios, o ordenamento jurídico brasileiro já contava com dispositivos que pretendiam proteger os dados pessoais, ainda que de forma fragmentada. Com o passar dos anos, a disciplina da proteção de dados pessoais consolidou-se como um campo autônomo, dotado de princípios e normas próprias; entretanto, sua conexão intrínseca e histórica com o direito à privacidade permanece inegável.[1]

A discussão internacional acerca da proteção de dados pessoais ganhou tração na década de 1970, especialmente em razão dos avanços nas tecnologias de informação e comunicação no final do século. No Brasil, embora em menor escala, é possível identificar ecos dessas discussões. Em uma análise detalhada sobre o histórico do tema no país, Zanatta mapeou diversas iniciativas de leis e políticas públicas que surgiram, principalmente, em resposta ao uso abusivo e autoritário de dados pelo regime militar.[2] Entre essas iniciativas, destaca-se o projeto de criação do Registro Nacional de Pessoas Naturais (Renape), uma arquitetura de sistema cadastral único que visava a integração do Registro Civil com outros registros existentes. Após intenso debate na imprensa, o projeto foi arquivado em 1978,[3] mas impulsionou o primeiro movimento legislativo no país, motivado pelas preocupações da comunidade de informática da época. Nesse contexto, merece destaque o projeto de lei pioneiro apresentado pelo Deputado José Roberto Faria Lima em 1977, que, apesar de não ter avançado, já apontava os perigos latentes da criação de um código único de identificação (Projeto de Lei n. 4.365/1977).

Na década de 1980, preocupações acerca do tratamento de dados pessoais continuaram a existir, mas foram eclipsadas por problemas sociais de maior relevância. Todavia, deixaram reflexos e protoprincípios regulatórios que podem ser identificados na LGPD.[4]

---

[1] DONEDA, Danilo. Panorama histórico da proteção de dados pessoais. *In*: MENDES, Laura Schertel *et al.* (ed.). *Tratado de proteção de dados pessoais*. Rio de Janeiro: GEN, 2021.

[2] ZANATTA, Rafael A. *A proteção coletiva dos dados pessoais no Brasil:* vetores de interpretação. Belo Horizonte: Letramento, 2023.

[3] DONEDA, Danilo. Panorama histórico da proteção de dados pessoais. *In*: MENDES, Laura Schertel *et al.* (ed.). *Tratado de proteção de dados pessoais*. Rio de Janeiro: GEN, 2021.

[4] ZANATTA, Rafael A. *A proteção coletiva dos dados pessoais no Brasil:* vetores de interpretação. Belo Horizonte: Letramento, 2023.

Nesse sentido, destaca-se, dentre outros, os trabalhos da Deputada Cristina Tavares que através de diversos projetos de lei (em especial o Projeto de Lei n. 2.796/1980) buscou incluir a matéria de proteção de dados pessoais da agenda legislativa brasileira. O projeto foi arquivado ao final da legislatura, mas a demanda por uma maior concretização dos direitos relacionados à proteção de dados continuou a crescer. Isso culminou, entre outros avanços, em legislações estaduais que garantiram os direitos de acesso e retificação de dados,[5] além da inclusão da ação de *habeas data* na Constituição da República Federativa do Brasil (CRFB) de 1988.

O *habeas data* foi introduzido pela CRFB no art. 5º, LXXII, como uma garantia processual destinada a permitir o acesso ou a correção de dados referentes a um indivíduo. O fato de se constituir em uma ação constitucional, e não em um direito material expresso, além de sua origem enquanto instituto concebido em um contexto de transição da ditadura para a democracia, é visto pela doutrina como significativa limitação. Ainda assim, é fundamental reconhecer a relevância do *habeas data* naquele momento histórico, pois estabeleceu a informação pessoal como um bem digno de proteção constitucional. Isso indica que, desde então, já existia um direito material subjacente a essa garantia processual, algo que foi formalmente reconhecido em um momento posterior como o direito fundamental à proteção de dados pessoais.[6]

Além do *habeas data*, a CRFB também reconhece o fenômeno da circulação de informação na sociedade, de forma direta ou indireta, através de diversos outros dispositivos. Entre as garantias oferecidas, destacam-se a livre manifestação do pensamento (art. 5º, IV), o direito de resposta (art. 5º, V), a proteção do sigilo da fonte (art. 5º, XIV), o acesso à informação (art. 5º, XXXIII), o direito à intimidade, à vida privada, à honra e à imagem das pessoas naturais (art. 5º, X) – reforçado posteriormente pelo art. 21 do Código Civil (CC) – e o direito ao sigilo da correspondência e das comunicações telegráficas (art. 5º, XII). Nesse primeiro momento, a Constituição não incorporou explicitamente o direito à proteção dos dados pessoais. Ao contrário, prevalecia um entendimento consolidado pelo STF[7] de que o ordenamento jurídico brasileiro não conferia proteção aos dados armazenados em computadores, limitando-se a proteger os dados no momento de sua comunicação.[8]

Elementos de proteção de dados pessoais foram se incorporando no ordenamento brasileiro pouco a pouco a partir de legislações setoriais. Exemplo importante nesse sentido é o CDC. Seu art. 43, por exemplo, autorizou o funcionamento dos bancos de dados e cadastros de consumidores, desde que atendidos determinados preceitos para a proteção de sua privacidade. Ademais, o art. 72 estabelece pena de detenção ou multa para quem impedir ou dificultar o acesso de consumidores a informações sobre si mantidas em cadastros, bancos de dados ou fichas de consumo. Outras legislações importantes, nesse sentido, incluem a JLCP, a LAI e o MCI, em que é possível reconhecer contribuições importantes à regulação do controle individual e coletivo da circulação de dados pessoais.

Por fim, destaca-se ainda o processo que ocorreu no âmbito do Mercosul a partir de 2005 e que contribuiu significativamente para o movimento de sistematização de uma regulação

---

5 DONEDA, Danilo. Panorama histórico da proteção de dados pessoais. *In*: MENDES, Laura Schertel *et al.* (ed.). *Tratado de proteção de dados pessoais*. Rio de Janeiro: GEN, 2021.

6 MENDES, Laura Schertel. *Habeas data* e autodeterminação informativa: os dois lados da mesma moeda. *Direitos Fundamentais & Justiça*, v. 12, p. 185, 2018.

7 Cf.: STF, *Habeas Corpus* n. 91.867/PA, Rel. Min. Gilmar Mendes, j. 24.04.2012, *DJe* 20.09.2012.

8 DONEDA, Danilo. *Da privacidade à proteção de dados pessoais*. 2. ed. São Paulo: Thomson Reuters, 2020.

geral sobre proteção de dados no Brasil. No âmbito do Subgrupo de Trabalho 13 (SGT n. 13), parte do Grupo Mercado Comum (GMC) do Mercosul, a Argentina apresentou proposta de acordo sobre proteção de dados pessoais e livre circulação de dados para os países-membros.[9] Esse debate deu origem, em 2010, às "Medidas para a proteção de dados pessoais e sua livre circulação". Muitos dos componentes básicos das legislações de proteção de dados atuais já constavam neste documento, como definições básicas; necessidade de se estabelecer bases legais, com especial menção ao consentimento; e direitos dos titulares.[10] O documento foi remetido ao GMC, mas nunca chegou a ser deliberado para que se tornasse uma norma efetiva dentro do bloco.[11] Todavia, o texto serviu como base para o primeiro anteprojeto de lei geral de proteção de dados no Brasil, apresentado pelo Ministério da Justiça, e foi o estopim para que uma normativa brasileira pudesse se tornar realidade, gerando diversos debates internos sobre o tema no país, como o 1º Seminário de Proteção à Privacidade e aos Dados Pessoais organizado pelo CGI.br.

O longo caminho legislativo da LGPD

O texto preliminar apresentado pelo Ministério da Justiça começou a ser formulado a partir de uma pesquisa de estratégias regulatórias internacionais conduzida pelo Ministério em colaboração com uma equipe da Fundação Getulio Vargas no Rio de Janeiro.[12] O anteprojeto foi então escrito por Laura Schertel Mendes e Danilo Doneda no âmbito do Departamento de Proteção e Defesa do Consumidor.[13] Em 30 de novembro de 2010, foi aberta a 1ª Consulta Pública sobre o Anteprojeto de Lei de Proteção de Dados Pessoais, que se estendeu até abril de 2011. As discussões ocorreram através da plataforma Cultura Digital[14] e contou com quase 800 contribuições. Naquela época, ainda havia um considerável estranhamento por parte dos diversos setores impactados pela proposta, e o setor privado, de maneira geral, não via a criação de uma nova autarquia para supervisionar a normativa como algo necessário no país.[15] Uma vez encerrada a consulta, o texto foi consolidado no âmbito do Ministério entre 2011 e 2015.

Durante este período, em 13 de junho de 2012, o PL n. 4.060/2012, de autoria do deputado Milton Monti, foi apresentado à Câmara dos Deputados.[16] Este era um projeto mais minimalista, focado em autorregulação, e teve origem na participação do parlamentar como

---

[9] MERCOSUR. XII Reunión Ordinaria del Subgrupo de Trabajo n. 13 "Comercio Electrónico". *Acta [...]*. Mercosur/SGT n. 13/Acta n. 2/04, 2004.

[10] MERCOSUR. *Protección de datos personales y su libre circulación*. Documento Mercosur/CMC/P. Dec. n. 10, 2010.

[11] DONEDA, Danilo. Panorama histórico da proteção de dados pessoais. *In*: MENDES, Laura Schertel *et al.* (ed.). *Tratado de proteção de dados pessoais*. Rio de Janeiro: GEN, 2021.

[12] SANTOS, Ludmila. Governo quer mais proteção para dados na internet. *Consultor Jurídico*, 25 janeiro 2011.

[13] Considerando que a plataforma Cultura Digital, onde os debates foram realizados, não está mais disponível *on-line*, é possível acessar parte do seu conteúdo através do *site archive.org*. O anteprojeto pode ser acessado em: Anteprojeto de Lei – Dispõe sobre a proteção de dados pessoais, a privacidade e dá outras providências, 2010. /11/PL-Protecao- de-Dados.pdf.

[14] *Cultura digital*. Disponível em: http://web.archive.org/web/20200428202319/http://culturadigital.br/.

[15] Data Privacy Brasil, 2010-2015: O tema entra em pauta. *Observatório da Privacidade*. Disponível em: https://observatorioprivacidade.com.br/memoria/2010-2015-o-tema-entra-em-pauta/.

[16] BRASIL. *Projeto de Lei n. 4.060/2012*. Autor: Milton Monti – PR/SP. Dispõe sobre a proteção de dados pessoais e altera a Lei n. 12.965, de 23 de abril de 2014.

presidente da Comissão "Comunicação one-to-one: personalização × privacidade", durante o V Congresso da Indústria da Comunicação.[17]

No âmbito do Senado Federal, foi apresentado o PLS n. 330/2013, de autoria do Senador Antonio Carlos Valadares, também com o objeto de regular o tratamento de dados pessoais no Brasil.[18] As revelações feitas por Edward Snowden sobre o esquema de espionagem global conduzido pelo governo dos EUA, que incluía a interceptação de comunicações da presidenta Dilma Rousseff, trouxeram a questão da proteção de dados para o centro do debate público. Esse contexto foi crucial para a aprovação do MCI, que incorporou dispositivos relacionados à privacidade e à proteção de dados pessoais, além de reconhecer a necessidade de uma regulamentação específica e abrangente para o tema. As revelações também resultaram na proposição de outros dois projetos de lei, o PLS n. 131/2014 e o PLS n. 181/2014, que foram posteriormente apensados ao PLS n. 330/2013. A relatoria desse conjunto de projetos foi transferida para o senador Aloysio Nunes Ferreira, que assumiu a responsabilidade por consolidar as propostas no âmbito do Senado Federal.

Em 2015, a Senacon em conjunto com a SAL dentro do escopo do projeto "Pensando o Direito" do Ministério da Justiça, abrem a segunda consulta pública[19] em plataforma *online*[20] para discutir o anteprojeto de lei de proteção de dados pessoais a partir do texto consolidado. As contribuições apresentadas pelos diversos setores da sociedade foram essenciais para mudanças no texto legal a partir de considerações setoriais.[21]

O anteprojeto foi encaminhado à Câmara dos Deputados em maio de 2016 e convertido no PL n. 5.276/2016,[22] sendo este um dos últimos atos da presidenta Dilma Rousseff, tendo como relator o Deputado Orlando Silva. Ele foi então apensado ao PL n. 4.060/2012 e discutido amplamente dentro de uma Comissão especial através de audiências públicas e seminários internacionais.

Em março de 2018 o escândalo da *Cambridge Analytica* trouxe tração à temática no Brasil, o que, junto com a intenção do país de ingressar na OCDE e com a entrada em vigor do RGPD, criou um cenário propício para a aprovação do projeto na Câmara do PL n. 5.276/2016 em maio do mesmo ano.

O PL seguiu para a avaliação do Senado Federal, tornando-se o PLC n. 53/2018. Sob liderança do senador Ricardo Ferraço, o texto é aprovado em julho de 2018 no Senado Federal sem alterações em seu teor e enviado para a sanção do presidente Michel Temer. Apesar de

---

[17] Marketing direto ganha projeto de lei. *Meio & Mensagem* (14 junho 2012). Disponível em: https://www.meioemensagem.com.br/comunicacao/marketing-direto-ganha-projeto-de-lei.

[18] BRASIL. *Projeto de Lei do Senado n. 330, de 2013.* Autor: Senador Antonio Carlos Valadares – PSB/SE. Dispõe sobre a proteção, o tratamento e o uso dos dados pessoais, e dá outras providências.

[19] AGÊNCIA CÂMARA DE NOTÍCIAS. Consulta pública será base para projeto de lei sobre proteção de dados pessoais. *Câmara dos Deputados* (28 janeiro 2015). Disponível em: https://www.camara. leg.br/noticias/449278-consulta-publica-sera- base-para-projeto-de-lei-sobre-protecao-de-dados-pessoais/.

[20] MINISTÉRIO DA JUSTIÇA. Projeto Pensando o Direito – Proteção de Dados Pessoais, 2015. Disponível em: https://web.archive.org/web/20231023151155/http://pensando.mj.gov.br/dadospessoais/.

[20] INTERNET LAB. *Reporta | Dados pessoais*, 2016. Disponível em: https://internetlab.org.br/pt/ projetos/reporta-anteprojeto-de-lei- de-protecao-de-dados-pessoais/.

[21] Vide relatório publicado pelo InternetLab sobre o debate público: INTERNETLAB. O que está em jogo no debate sobre dados pessoais no Brasil?, 2016.

[22] BRASIL, *Projeto de Lei n. 5.276/2016.* Autor: Poder Executivo. Dispõe sobre o tratamento de dados pessoais para a garantia do livre desenvolvimento da personalidade e da dignidade da pessoa natural.

sancionada em agosto de 2018, a lei sofreu diversos vetos presidenciais, destacando-se os dispositivos que previam a criação da ANPD, sob o fundamento de vício de iniciativa. Em dezembro do mesmo ano, porém, o Governo Federal editou a Medida Provisória n. 869/2018, que alterou a LGPD e criou a ANPD como órgão integrante da Presidência da República, isto é, sem a autonomia técnica e orçamentária originalmente prevista, mas possibilitando que a autoridade se tornasse autarquia e fizesse parte da administração pública indireta no futuro.[23] A Medida Provisória também estendeu o período de *vacatio legis* da lei por seis meses.[24]

A constitucionalização da proteção de dados pessoais no Brasil

O ano de 2020 foi um ano especial para a proteção de dados no Brasil e marcou não somente a entrada em vigor da LGPD e a criação da ANPD, mas também um processo de constitucionalização do direito fundamental à proteção de dados pessoais no país. Nos dias 6 e 7 de maio de 2020, o STF tomou uma decisão histórica ao reconhecer a proteção de dados pessoais como um direito fundamental autônomo. O plenário referendou a Medida Cautelar nas Ações Diretas de Inconstitucionalidade n. 6.387, 6.388, 6.389, 6.393 e 6.390, suspendendo a aplicação da Medida Provisória n. 954/2020. Essa medida provisória obrigava operadoras de telefonia a repassarem ao IBGE dados identificados de consumidores, como informações de telefonia móvel e endereços, para que o órgão pudesse dar seguimento às suas atividades em meio à pandemia de Covid-19.

O julgamento marcou uma virada histórica no cenário jurídico brasileiro, ao consagrar explicitamente a tutela dos dados pessoais como direito fundamental. Um aspecto central da decisão é o fato de ela superar a falácia de que poderiam existir dados pessoais irrelevantes, desprovidos de proteção jurídica, consolidando o entendimento de que todo dado pessoal, independentemente de sua natureza, é merecedor de tutela constitucional. Como consequência, reconhece-se um direito autônomo à proteção de dados pessoais, com um duplo efeito sobre os deveres do Estado: o dever negativo de não interferir indevidamente nesse direito e o dever positivo de adotar medidas concretas para protegê-lo.[25]

A importância desse julgamento é comparável ao histórico caso da Corte Constitucional alemã em 1983, que introduziu o conceito de autodeterminação informativa e moldou os debates internacionais sobre proteção de dados. Tanto no Brasil quanto na Alemanha, a discussão envolvia a coleta de dados por órgãos estatais para fins estatísticos, destacando a necessidade de medidas concretas para proteger direitos fundamentais, independentemente das intenções ou relevância dos objetivos envolvidos. É interessante notar que a LGPD foi invocada pelos Ministros em seus votos, mesmo estando em *vacatio legis* naquele momento. Na verdade, o período de *vacatio legis* da lei, bem como a ausência da ANPD no país foram fatores entendidos pela Corte como agravantes da situação brasileira.[26]

---

23 Ver comentários aos arts. 55-A e ss.

24 Ver comentário ao art. 65.

25 MENDES, Laura Schertel. Decisão histórica do STF reconhece direito fundamental à proteção de dados pessoais. *Jota*, 10 maio 2020.; MENDES, Laura Schertel; FONSECA, Gabriel. STF reconhece direito fundamental à proteção de dados: comentários sobre o referendo da medida cautelar nas ADIs 6.387, 6.388, 6.389, 6.390 e 6.393. *Revista de Direito do Consumidor*, v. 471, p. 130, 2020.

26 ZANATTA, Rafael A. F.; MARTINS, Pedro Bastos Lobo; OLIVEIRA, Davi Teófilo Nunes. A proteção de dados pessoais no Brasil em 2020: uma análise a partir de quatro fenômenos. *Cadernos de Conjuntura das Comunicações LaPCom Ulepicc-Brasil 2021: Pandemia, Liberdade de Expressão e Polêmicas Regulatórias na Comunicação Eletrônica*, p. 95, 2021.

Embora o direito à proteção de dados pessoais tenha sido reconhecido na decisão mencionada, ele ainda não integrava o rol de direitos fundamentais previstos no artigo 5º da Constituição Federal. Essa inclusão ocorreu apenas em 2021, por meio da EC n. 115. A origem dessa mudança remonta à PEC n. 17/2019, apresentada no Senado Federal, que propunha incluir expressamente o direito à proteção de dados pessoais no rol de direitos fundamentais (o que foi feito através da inclusão do inciso XII-A ao art. 5º, CRFB). Além disso, a emenda acrescentou o inciso XXX ao art. 22, conferindo à União competência privativa para legislar sobre proteção e tratamento de dados pessoais. A proposta inicial também previa a autonomia institucional da ANPD, mas essa previsão foi retirada durante a tramitação na Câmara dos Deputados.

A constitucionalização do direito à proteção de dados pessoais foi essencial para desvinculá-lo do direito à intimidade e à vida privada, permitindo sua aplicação em uma ampla gama de situações envolvendo o tratamento de dados pessoais, mesmo quando não relacionadas diretamente à privacidade. Dessa forma, a proteção de dados se revela mais abrangente, fundamentando-se também no direito fundamental à dignidade da pessoa humana. Ele desempenha, portanto, um papel central na salvaguarda de outros direitos fundamentais, como a não discriminação e as mais diversas liberdades individuais, assim como de direitos coletivos, do estado de direito e da democracia.

O papel dos tribunais superiores na interpretação do direito fundamental à proteção de dados

Os tribunais superiores ainda seguem como protagonistas na interpretação do direito fundamental à proteção de dados, diante da importância e dos conflitos em torno do uso e fluxo de dados pessoais. Um importante tema que tem sido analisado com frequência pelas Cortes brasileiras são os limites impostos ao Estado quanto ao poder sobre o fluxo e compartilhamento de dados pessoais.[27] Nesse sentido, em 2022, o STF julgou conjuntamente a ADPF n. 695/DF e a ADI n. 6649, casos paradigmáticos em matéria de proteção de dados no setor público, avaliando a constitucionalidade do Decreto n. 10.046/2019. A ADPF n. 695/DF tinha como objeto o acordo de transferência de dados entre o Departamento Nacional de Trânsito (Denatran) e a Agência Brasileira de Inteligência (Abin). Já a ADI n. 6649 buscava a impugnação do Decreto 10.046/2019. Nessa oportunidade, a Corte reafirmou que existem limites para o compartilhamento de dados entre entidades públicas, determinando o aprimoramento da governança por meio de um comitê multissetorial, além de procedimentos que permitam a transparência e a rastreabilidade dos atos de compartilhamento. Ainda foi reforçado que atividades de inteligência devem observar futura legislação específica e os parâmetros já definidos no julgamento da ADI n. 6529, além de atender ao interesse público.

Outro tema fronteiriço está sendo analisado no caso Marielle. As investigações sobre o assassinato da Vereadora contam com discussões diversas relacionadas ao acesso a dados pessoais mantidos por empresa privada, nesse caso o Google, para fins de investigação penal. O STJ já proferiu decisão confirmando a quebra de sigilo de dados telemáticos de pessoas indeterminadas para fins de procedimentos penais. O tema foi levado ao STF (RE n. 1.301.250) e será decidido em repercussão geral (tema 1.148). Contudo, já existe divergência entre os votos proferidos. Os debates giram em torno da indeterminação dos titulares afetados e de

---

[27] Ver MENDES, Laura Schertel. Democracia, poder informacional e vigilância. *Fumus Boni Iuris, O Globo*, 2022.

possível desproporcionalidade entre a medida e o objetivo pretendido, ressaltando a avaliação de consequências à proteção de dados pessoais.

Por fim, um interessante caso que ainda está pendente de julgamento é a ADPF n. 1.143, que questiona o uso de *softwares* espiões pela Abin. As audiências públicas realizadas em 2024 ressaltaram a urgência de estabelecer regras que equilibram a proteção dos direitos fundamentais com a segurança nacional. Apesar de uma proposta de anteprojeto de Lei de Proteção de Dados para segurança pública e persecução penal já ter sido elaborada como fruto dos trabalhos de Comissão de Juristas instituída por Ato do Presidente da Câmara dos Deputados, as discussões sobre lei específica sobre o tema estão paralisadas. Dessa forma, a matéria ainda depende unicamente dos princípios da LGPD[28] e da proteção fundamental dada aos dados pessoais. A proteção de dados pessoais pode ser entendida como fonte de interpretação de direitos ao mesmo tempo que impõe as possibilidades e limites para o fluxo de dados, fornecendo segurança jurídica aos operadores e controladores de dados pessoais sobre as atividades consideradas lícitas. Assim, a LGPD organiza um sistema que garante o fluxo de dados pessoais legal e seguro. Dessa forma, ao se considerar o valor dos dados pessoais e os riscos relacionados ao mau uso deles, questões acerca de cibersegurança, mecanismos de anonimização e criptografia também se tornam essenciais.

A LGPD em face de novos desafios tecnológicos

Os benefícios e riscos do tratamento de dados pessoais fazem parte do desenvolvimento tecnológico. Sistemas de Inteligência Artificial (IA) têm testado os limites concretos do direito à proteção de dados pessoais, trazendo debates sobre a definição de dado pessoal; as responsabilidades atribuídas aos agentes envolvidos no treinamento e na aplicação desses sistemas; os desafios impostos a princípios como minimização e acurácia; bem como preocupações acerca dos riscos que o tratamento de dados por sistemas de IA podem gerar a outros direitos fundamentais.

Diversos tipos de aplicações de IA dependem de treinamento e uso contínuo de dados pessoais. Tecnologias de reconhecimento facial representam claramente os contornos dessa complexa relação. Apesar de essas ferramentas poderem supostamente contribuir para uma maior segurança e facilitar certas atividades, os riscos a direitos fundamentais decorrentes de erros, vieses algorítmicos, práticas discriminatórias e uso abusivo de dados pessoais, suscitam o debate sobre os seus riscos e limites que devem ser impostos para além das regras gerais presentes na LGPD.[29]

Ainda, tratamento de mais dados pessoais no treinamento e aperfeiçoamento de soluções de IA pode ser apresentado como solução para resultados mais precisos. Dessa forma, a proporcionalidade e a necessidade de cada atividade envolvendo os dados pessoais devem ser avaliadas e documentadas.[30] Essa necessidade reforça os princípios da LGPD como previsões essenciais para a garantia do direito fundamental à proteção de dados pessoais.

---

28 Art. 4°, § 1°, da LGPD.

29 O'NEIL, Cathy. *Weapons of Math Destruction:* How Big Data Increases Inequality and Threatens Democracy. New York: Crown, 2016; MENDES, Laura Schertel; MATTUIZZO, Marcela; FUJIMOTO, Mônica Tiemy. Discriminação algorítmica à luz da Lei Geral de Proteção de Dados. *In:* MENDES, Laura Schertel; DONEDA, Danilo; SARLET, Ingo Wolfgang; RODRIGUES JR., Otávio Luiz; BIONI, Bruno. *Tratado de proteção de dados pessoais*. São Paulo: GEN, 2021.

30 MANTELERO, Alessandro. *Beyond Data:* Human Rights, Ethical and Societal Impact Assessment in AI. New York: Springer, 2022.

Nesse sentido, os princípios servem como garantia de que esse direito fundamental não será afetado sem justificativa razoável e proporcional. Essa justificativa deve avaliar, ao mínimo, o contexto, os resultados e as expectativas dos titulares afetados.

Para além da IA, outras tecnologias emergentes, como *blockchain*, Internet das Coisas, neuro e biotecnologias, computação quântica e realidade aumentada, já apresentam – e continuarão a apresentar – desafios significativos aos fundamentos e às obrigações da LGPD. Com dados ocupando papel cada vez mais central no desenvolvimento eficiente de setores econômicos e sociais, temas ao redor de governança de dados também passam a ser mais relevantes. Soluções tecnológicas e organizacionais para o melhor aproveitamento de dados existentes, como os *data spaces*, tornam-se protagonistas das novas discussões regulatórias.[31] É justamente a governança de dados que possibilitará a adoção de soluções compatíveis com os interesses e valores fundamentais de uma sociedade.[32]

Para isso, redesenhar as atribuições e responsabilidades dos atores envolvidos na governança de dados também se torna essencial. É necessário reconhecer como papéis tradicionalmente desempenhados por entidades públicas passaram a ser desenvolvidos por entidades privadas, que, muitas vezes, oferecem serviços ou produtos essenciais. O conhecimento sobre tecnologias e os riscos envolvidos no seu uso também estão dissipados entre diferentes figuras que podem colaborar para melhor governança de dados. Logo, soluções criativas para segurança, interoperabilidade, uso e reutilização de dados também passam a ser relevantes para o interesse público.[33]

Também é necessário considerar as externalidades negativas de novas tecnologias e da exploração de dados. Por exemplo, novas evidências demonstram os efeitos ambientais de *data centers*,[34] enquanto seu papel para inovações é inegável. No cenário brasileiro, outras especificidades, como o impacto e as considerações sobre povos originários, também devem fazer parte de políticas de dados.[35]

A trajetória da proteção de dados pessoais no Brasil revela um amadurecimento jurídico e social imprescindível, que culminou no reconhecimento constitucional desse direito como fundamental e autônomo. Tal reconhecimento desempenha um papel central ao fornecer base interpretativa sólida para enfrentar lacunas e desafios presentes e vindouros, resguardando indivíduos e coletividades contra práticas abusivas decorrentes do uso ilegítimo de informações pessoais. No entanto, a agenda para a proteção do direito fundamental à proteção de dados pessoais deve seguir atenta aos desenvolvimentos tecnológicos, governamentais, sociais e econômicos.

---

31 Cf. CURRY, Edward *et al. Data Spaces:* Design, Deployment, and Future Directions. New York: Springer, 2022.

32 Como exemplos de projetos envolvendo governança de dados e estruturas relacionadas, tem-se o *Data Spaces Support Centre*, como iniciativa para o desenvolvimento de espaços comuns europeus de dados.

33 SCHAAKE, Marietje. *The tech coup*: how to save democracy from Silicon Valley. Princeton: Princeton University Press, 2024.

34 Ver FERREIRA, João *et al.* Estimating the Environmental Impact of Data Centers. *IEEE 17th International Symposium on Network Computing and Applications*, 2018; EWIN, Daniel Raphael Ejike *et al.* Impact of data centers on climate change: a review of energy efficient strategies. *JCEC*, v. 9, n. 3, 2023.

35 Cf. DU, Jia Tina. Research on Indigenous People and the Role of Information and Communications Technology in Development: A Review of the Literature. *Journal of the Australian Library and Information Association*, v. 66, 2017; BAGGIO, Claudia Carmen *et al.* Uso da tecnologia digital pelos povos indígenas no Brasil: um estudo na Aldeia Kaingang. *Invest. Bibl.*, v. 37, n. 97, 2023; CLAUDINO, Beatriz Maria Martins *et al.* Povos originários na era digital: entre desafios de acesso e a construção de uma cidadania plena. *Revista Foco*, v. 18, n. 1, 2025.

LEI GERAL DE PROTEÇÃO DE DADOS PESSOAIS

LEI N. 13.709, DE 14 DE AGOSTO DE 2018

Lei Geral de Proteção de Dados Pessoais (LGPD). (Redação dada pela Lei n. 13.853, de 2019)

O PRESIDENTE DA REPÚBLICA

Faço saber que o Congresso Nacional decreta e eu sanciono a seguinte lei:

Capítulo I
DISPOSIÇÕES PRELIMINARES

Art. 1º Esta Lei dispõe sobre o tratamento de dados pessoais, inclusive nos meios digitais, por pessoa natural ou por pessoa jurídica de direito público ou privado, com o objetivo de proteger os direitos fundamentais de liberdade e de privacidade e o livre desenvolvimento da personalidade da pessoa natural.

Parágrafo único. As normas gerais contidas nesta Lei são de interesse nacional e devem ser observadas pela União, Estados, Distrito Federal e Municípios. (Incluído pela Lei n. 13.853, de 2019)

Artigo 1º

Comentado por João Paulo Bachur

DISPOSITIVOS RELACIONADOS NO ORDENAMENTO JURÍDICO BRASILEIRO

- Art. 5º, LXXIX; arts. 21, XXVI, e 22, XXX, da CRFB.

ATIVIDADES DA ANPD

- Guia Orientativo: tratamento de dados pessoais pelo Poder Público (2023).

JUSTIFICATIVA E FUNDAMENTOS

A definição do escopo de aplicação de uma norma é essencial para a compreensão da aplicação de uma norma, o que se torna ainda mais relevante em instrumento geral de proteção de dados pessoais. Portanto, esse tema fez parte de todo o processo legislativo que originou a LGPD, inclusive para garantir que essa futura norma traria soluções para a regulação descentralizada do tema no Brasil.[1]

No primeiro anteprojeto de lei sobre o tema, apresentado em 2010 pelo Ministério da Justiça, o art. 3° tratava sobre o escopo da norma afirmando que a norma seria aplicada a todos os tratamentos de dados pessoais "realizados no território nacional por pessoa física ou jurídica de direito público ou privado, ainda que o banco de dados seja localizado no exterior".[2] O art. 1° desse texto estabelecia a necessidade de observância da dignidade e dos direitos fundamentais.

O texto inicial do PL n. 4.060/2012 seguiu lógica bastante semelhante, com seu art. 1° ressaltando a necessidade de observância da dignidade humana e dos direitos fundamentais. O art. 4° também afirmava a aplicação geral da norma para tratamentos realizados no território nacional por pessoa física ou jurídica, de direito público ou privado, ainda que os bancos de dados estivessem no exterior.[3]

O PLS n. 330/2013 apresentava menos previsões sobre essas considerações substanciais sobre o escopo e fundamentos dessa norma geral de proteção de dados. Ainda nessa versão com menor detalhamento, o texto legal afirmava que a norma seria aplicável para qualquer tratamento de dados realizado por "pessoas naturais e jurídicas de direito público ou privado".[4]

Após 5 anos, marcados por diversas formas de participação popular, novo anteprojeto de lei foi apresentado pelo MJ, por meio da Secretaria Nacional de Defesa do Consumidor – Senacon, em 2015. Esse texto já contava com previsão bastante semelhante à final adotada pela LGPD, contudo não trazia nenhuma previsão sobre meios digitais. O restante do dispositivo referente ao art. 1° nessa versão é idêntico ao texto final da LGPD. Esse anteprojeto de lei foi apresentado pela então presidenta Dilma Rousseff como o PL n. 5.276/2016, apensado ao PL n. 4.060/2012, modificando o PL anterior.[5]

O processo legislativo foi então marcado por diferentes iniciativas, principalmente o PLS n. 330/2013, priorizado pela equipe do então presidente, Michel Temer, inclusive pelas regras mais brandas em relação aos tratamentos de dados realizados pelo setor privado,[6] e o PL 4.060/2012 modificado pelo PL n. 5.276/2016.[7] A partir da articulação conjunta de vários agentes representando partes interessadas, como academia, sociedade, entidades privadas e públicas, o PL n. 4.060/2012 foi apresentado como solução para garantia da proteção de dados pessoais, em paralelo com a promulgação da LCP. Dessa forma, surgiu o texto final do art. 1°, reafirmando a aplicação da lei também aos tratamentos realizados em meios digitais.

---

1 Antes da promulgação da LGPD, diferentes leis esparsas tratavam sobre a proteção de dados pessoais, em especial as previsões sobre o *habeas data*, o CDC, o CC, a LAI e o MCI.

2 MJ (2010). *Anteprojeto de Lei Geral de Proteção de Dados Pessoais.*

3 BRASIL. *Projeto de Lei n. 4.060/2012* (autor: Milton Monti – PR/SP). Dispõe sobre a proteção de dados pessoais e altera a Lei n. 12.965, de 23 de abril de 2014.

4 BRASIL. *Projeto de Lei do Senado n. 330, de 2013* (autor: Senador Antonio Carlos Valadares – PSB/SE). Dispõe sobre a proteção, o tratamento e o uso dos dados pessoais, e dá outras providências.

5 BRASIL. *Projeto de Lei n. 5.276/2016* (autor: Poder Executivo). Dispõe sobre o tratamento de dados pessoais para a garantia do livre desenvolvimento da personalidade e da dignidade da pessoa natural. Disponível em: https://www.camara.leg.br/proposicoesWeb/fichadetramitacao?idProposicao=2084378.

6 DATA PRIVACY BRASIL (2021).

7 IDEC. *Linha do tempo.* Disponível em: https://idec.org.br/dadospessoais/linha-do-tempo.

O modelo adotado segue a tendência internacional[8] em matéria de proteção de dados, com definição de princípios e procedimentos gerais que buscam garantir o controle do indivíduo sobre seus dados.

Esse caminho legislativo demonstra a importância da interpretação conjunta das disposições preliminares de uma norma, principalmente em termos de normas gerais, com aplicação horizontal e vertical sem distinção entre os setores econômicos e público e privado.

ANÁLISE

1. Unidade e generalidade da sua aplicação

O art. 1º define o escopo material de aplicação da LGPD, estabelecendo que o tratamento de dados pessoais deve seguir a disciplina prevista na legislação. De forma análoga à doutrina alemã da "*informationelle Selbstbestimmung*" ("*autodeterminação informativa*"), o art. 1º afirma que o objetivo da LGPD é proteger os direitos fundamentais de liberdade e privacidade, bem como o "*livre desenvolvimento da personalidade da pessoa natural*". Ou seja, essa visão entende que os dados pessoais são emanações da personalidade e que, por isso, definem-se como bem jurídico a ser tutelado, como forma de preservar a liberdade e a privacidade dos titulares desses direitos.

O objetivo definido pelo *caput* deste artigo segue a convergência internacional na matéria de proteção de dados pessoais,[9] estabelecendo princípios e procedimentos para garantir a proteção do indivíduo de riscos e consequências desproporcionais a seus direitos e liberdades.

Essa previsão confirma o entendimento de que não existem dados pessoais irrelevantes, já que qualquer tratamento dessas informações pode afetar a personalidade e liberdades do indivíduo representado. E é justamente essa ideia que justifica a existência do modelo de proteção geral adotado pela LGPD, uma vez que os riscos e possíveis consequências de tratamento de dados são independentes da natureza do agente de tratamento, mas são inerentes aos próprios dados pessoais. A proteção horizontal concedida pela lei gera maior isonomia entre os agentes envolvidos no tratamento de dados pessoais, com regras aplicáveis independentemente de quem realiza o tratamento e do meio utilizado para essa atividade.[10]

2. Interesse nacional

O parágrafo único incluído no art. 1º da LGPD pela Lei n. 13.853/2019, assevera que a LGPD traz normas *nacionais* que devem ser observadas pela União, Estados, Distrito Fe-

---

[8] Bennett e Raab (BENNETT, C. J.; RAAB, C. D. *The Governance of Privacy*: Policy Instruments in Global Perspective. Cambridge: MIT, 2006; BENNETT, C. J.; RAAB, C. D. Revisiting "The Governance of Privacy": Contemporary Policy Instruments in Global Perspective. *Regulation & Governance*, v. 14, p. 447-464, 2020), ao analisarem o desenvolvimento de instrumentos regulatórios de proteção de dados pessoais, apontam pela existência de "convergência internacional" em adoção de normas principiológicas e procedimentais no tema, ilustrado por verdadeiro processo dinâmico.

[9] BENNETT, C. J.; RAAB, C. D. *The Governance of Privacy*: Policy Instruments in Global Perspective. Cambridge: MIT, 2006; BENNETT, C. J.; RAAB, C. D. Revisiting "The Governance of Privacy": Contemporary Policy Instruments in Global Perspective. *Regulation & Governance*, v. 14, p. 447-464, 2020.

[10] MENDES L.; DONEDA, D. Reflexões iniciais sobre a nova lei geral de proteção de dados. *Revista de Direito do Consumidor*, v. 120, p. 469-483, 2018; MENDES, L. A lei geral de proteção de dados: um modelo de aplicação em três níveis. *In*: MENDES, L. *Caderno Especial LGPD*. São Paulo: RT, 2019.

deral e Municípios. Com isso, a LGPD estabeleceu uma moldura legislativa integral para o tratamento de dados no Brasil, em todos os níveis de governo – federal, estadual e municipal. Ao mesmo tempo, o art. 7º, III, da LGPD, prevê como hipótese para o tratamento de dados pela administração pública – federal, *estadual e municipal* – a implementação de políticas públicas. E, como se sabe, a gestão pública caminha cada vez mais para um uso intensivo de dados pessoais.

Nesse contexto, tem-se o art. 1º, parágrafo único, que impõe a LGPD como marco normativo geral para os três níveis de governo, e o art. 7º, III, da LGPD, que exige bases legais próprias para o tratamento de dados relacionado à implementação de políticas públicas – o que exigirá a edição de atos normativos estaduais e municipais disciplinando o tratamento de dados pelo poder público subnacional.

Nesse passo, surgem questões importantes em relação à aplicação da LGPD em um contexto federativo, especialmente no que se refere à esfera própria para a legislação municipal e estadual. Dentre as principais questões, destacam-se as seguintes: Como avaliar a conformidade da base legal em normas municipais e estaduais? Qualquer ato normativo dessas esferas tem a capacidade de autorizar o tratamento de dados pela administração pública local? Estados e Municípios podem instituir regimes próprios de proteção de dados, divergindo da LGPD? Além disso, quais aspectos podem ser regulados em níveis estadual e municipal, e qual a margem de atuação das administrações públicas nos diferentes níveis para tratar da proteção de dados?

O objetivo principal neste comentário é investigar a aplicação da LGPD pelos Estados e Municípios, confrontando a hierarquia normativa para determinar a margem de atuação da administração pública local em proteção de dados. A hipótese central é a de que, como uma lei nacional, a LGPD vincula formal e materialmente os Estados e Municípios, os quais não têm competência para disciplinar a proteção de dados no nível local. O papel deles se restringe a assegurar a conformidade entre as bases legais locais e a LGPD, limitando as leis locais a disciplinar a atuação da administração pública local.

Uma análise criteriosa deve ser feita a partir da avaliação das competências legislativas constitucionais e da moldura jurídica definida pela própria LGPD para o poder público. Com relação às competências legislativas, a CRFB, em seu art. 24, I, estabelece que o Direito Civil é uma competência privativa da União, não permitindo a concorrência legislativa por parte de Estados e Municípios. Ou seja: Estados e Municípios não podem instituir um regime próprio de proteção de dados. Vale, no Estado e no Município, a LGPD, integralmente. Em âmbito municipal e estadual, a legislação deve fixar as bases legais para o tratamento de dados pelo poder público, *respeitadas as diretrizes fixadas na LGPD*. Ou seja, Estados e Municípios não podem instituir uma disciplina própria divergente da LGPD.

Pensemos por exemplo no caso mais ilustrativo de legislação municipal divergindo da LGPD: a Lei municipal de São Paulo n. 16.685/2017 permitia que empresas ofertassem internet sem fio gratuitamente em troca dos dados de navegação dos usuários. Mesmo sendo anterior à LGPD, o exemplo ilustra o tipo de regulação municipal incompatível com a LGPD superveniente. No nível local, a legislação deve se circunscrever a assegurar base legal legítima para o tratamento de dados – e não, como no caso, incentivar um fluxo completamente ilimitado de dados pessoais dos usuários. No caso, a municipalidade não estava coletando ou tratando dados para viabilizar uma política pública, mas sim operando como intermediadora de dados dos cidadãos em favor de empresas interessadas em adquirir a base de dados. O exemplo ilustra o tipo de legislação municipal que é incompatível com a LGPD. No Estado e no Município, a lei local deve muito mais *circunscrever o âmbito do tratamento de dados pelo poder público às finalidades indispensáveis à implementação de uma determinada política pública* do que criar um regime de fluxo de dados próprio, restrito territorialmente ao Estado ou Município.

Esse dispositivo define a LGPD como lei de caráter nacional e se conecta com os demais dispositivos constitucionais que disciplinam a repartição de competências legislativas e administrativas dos entes federados. O inciso XXVI do art. 21 da CRFB reserva à União a competência administrativa para manter sistema de supervisão e fiscalização da política de proteção de dados pessoais. Ou seja, o dispositivo define essa atribuição como sendo da União, o que veda que os entes subnacionais tenham serviços próprios de proteção de dados encarregados de fiscalizar a aplicação da LGPD. Entes estaduais e municipais podem criar órgãos de proteção de dados, mas a atribuição desses órgãos estará limitada ao tratamento de dados realizado pelo próprio poder público local. Por esse dispositivo, não é possível que Estados e Municípios tenham agências administrativas encarregadas de realizar a supervisão política de proteção de dados no nível subnacional.

Raciocinando em termos dogmáticos: a legislação civil – aquela que disciplina o direito à proteção de dados pessoais como emanação da personalidade – é reservada à União, que regulamentou esse ponto em lei nacional. A legislação municipal e estadual que deve assegurar base legal para o tratamento de dados pelo poder público local é questão de direito administrativo, pois limita a margem de atuação do poder público local. Essa legislação subnacional não pode inovar no regime *civil* da proteção da privacidade e do tratamento de dados pessoais. Ela limita, no âmbito do direito *público*, a atuação do Estado e do Município.

Do ponto de vista material, a LGPD se caracteriza como lei nacional, e não mera lei federal. Leis *nacionais* são leis federais, ordinárias, que, por sua importância material, regulam com exclusividade determinado tema. Por exemplo, o SUS (Lei n. 8.080/1990), as diretrizes e bases da educação nacional (Lei n. 9.394/1996) e as licitações e contratos públicos (Lei n. 14.133/2021) caracterizam temas regulamentados por leis nacionais – leis que vinculam materialmente Estados e Municípios. Um Município não pode inaugurar uma forma licitatória não prevista na Lei n. 14.133/2021, ou instituir um regime próprio para o SUS no Município. O mesmo vale para a LGPD. Ela confere o marco material contra o qual toda legislação estadual e municipal deve ser testada.

A jurisprudência federal é cediça em reconhecer a diferença *material* entre lei nacional e lei federal. O STJ, no julgamento do REsp 1.775.483/RJ, ao avaliar a coexistência de lei nacional e lei local disciplinando o processo administrativo, trouxe o seguinte argumento:

> No tocante aos demais argumentos meritórios, os recorrentes sustentam duas teses fundadas em preceitos da Lei n. 9.784/1999, que regula no âmbito da Administração Pública Federal o processo administrativo, tratando-se de *lei federal e não nacional*, considerando-se fundada na autonomia do ente político para a disciplina interna de seus afazeres, como sói ocorrer com a relação entre si e seus servidores, por exemplo. Nesse sentido, por tratar-se de lei federal e não nacional a sua aplicabilidade aos demais entes políticos *não é cogente*, isto é, a sua incidência em cada uma dessas esferas federativas não é inexorável exatamente porque cada uma delas tem competência constitucional para autorregular-se nessa matéria.[11]

Portanto, todo o tratamento de dados realizado nas esferas municipal e estadual deve seguir o "roteiro" estabelecido pela LGPD, que abarca princípios, direitos dos titulares, hipóteses e bases legais, o ciclo de vida dos dados, a cadeia de responsabilidade entre contro-

---

[11] STJ, REsp 1.775.483/RJ, 2ª Turma, Rel. Min. Mauro Campbell Marques, j. 04.05.2021, *DJe* 10.05 2021.

lador e operador, além de sanções e responsabilidades pertinentes. Esses pontos *não podem ser alterados no nível subnacional.* Nesse nível, a legislação estadual e municipal deve apenas conformar o tratamento de dados pelo poder público. Assim, as normas locais devem estar formal e materialmente vinculadas à LGPD, restritas à disciplina da administração pública local, sendo necessário um controle de constitucionalidade e legalidade dos atos normativos locais.

Em síntese, a LGPD é uma lei nacional que não permite regramentos "locais" para o tratamento de dados, em dissonância com o regime nacional unificado. Em níveis estadual e municipal, a legislação deve restringir-se à regulamentação das hipóteses de coleta e tratamento de dados pessoais pelo poder público local, sempre visando a prestação de serviços públicos de interesse local. Ou seja, no nível local, a legislação deve *conter* o tratamento de dados pelo poder público, conferindo a base legal indispensável para aquele tratamento cujo fundamento é a implementação de uma política pública, limitando-o ao estritamente necessário para a implementação da política em questão. O que não se vislumbra é a possibilidade de *regimes próprios municipais ou estaduais, concorrendo com o regime nacional previsto na LGPD ou em desacordo com o regime nacional.*

BIBLIOGRAFIA SELECIONADA

ATALIBA, G. Regime constitucional e leis nacionais e federais, *Revista de Direito Público,* v. 13 (53-54), 1980, p. 58-75.

BENEDET, R. Lei nacional e lei federal: a repartição de competências na Constituição da República Federativa do Brasil de 1988, *Novos Estudos Jurídicos*, v. 11, n. 2, 2006, p. 301-311.

BENNETT, C. J.; RAAB, C. D. *The Governance of Privacy:* Policy Instruments in Global Perspective. Cambridge: MIT, 2006.

BENNETT, C. J.; RAAB, C. D. Revisiting "The Governance of Privacy": Contemporary Policy Instruments in Global Perspective. *Regulation & Governance,* v. 14, 2020, 447-464.

DATA PRIVACY BRASIL. *2018:* Uma conjunção astral. Memória do Observatório de Proteção de Dados, 2021.

GASIOLA, G. G., MACHADO, D. e SCHERTEL, M. L. O tratamento de dados pessoais pela administração pública: transparência, bases legais e limites constitucionais. In: FRANCOSKI, D. de S. L. e TASSO, F. A. (coords.). *A lei geral de proteção de dados:* LGPD: aspectos práticos e teóricos relevantes no setor público e privado. 1. ed. São Paulo: Thomson Reuters Brasil, 2021.

MENDES, L.; DONEDA, D. Reflexões iniciais sobre a nova lei geral de proteção de dados. *Revista de Direito do Consumidor*, v. 120, 2018, p. 469-483.

MENDES, L. A lei geral de proteção de dados: um modelo de aplicação em três níveis. *Caderno especial LGPD*. São Paulo: RT, 2019.

WIMMER, M. O regime jurídico do tratamento de dados pessoais pelo Poder Público. In: BIONI, B. et al. (eds), *Tratado de proteção de dados pessoais*. São Paulo: GEN, 2020.

Art. 2º A disciplina da proteção de dados pessoais tem como fundamentos:
I – o respeito à privacidade;
II – a autodeterminação informativa;
III – a liberdade de expressão, de informação, de comunicação e de opinião;
IV – a inviolabilidade da intimidade, da honra e da imagem;
V – o desenvolvimento econômico e tecnológico e a inovação;
VI – a livre-iniciativa, a livre-concorrência e a defesa do consumidor; e
VII – os direitos humanos, o livre desenvolvimento da personalidade, a dignidade e o exercício da cidadania pelas pessoas naturais.

Artigo 2º

Comentado por Ingo Wolfgang Sarlet e Gabrielle Bezerra Sales Sarlet

DISPOSITIVOS RELACIONADOS NO ORDENAMENTO JURÍDICO BRASILEIRO

- Arts. 4°, II, e 5°, LXXIX, §§ 1° a 3°; arts. 21, XXVI, e 22, XXX, da CRFB.

DISPOSITIVOS RELACIONADOS NA LGPD

- Art. 1º; art. 4º; arts. 17 e 18; arts. 20 a 22.

CASOS E DECISÕES JUDICIAIS RELEVANTES

- STF. Medida Cautelar nas ADIs n. 6.389, 6.390, 6.393, 6.388 e 6.387. Plenário. Rel. Min. Rosa Weber, j. 07.05.2020. *DJe* 12.11.2020.
- STF. ADI n. 6.649 e ADPF n. 695. Plenário. Rel. Min. Gilmar Mendes, j. 15.09.2022. DJe em 19.06.2023.
- STF, ADI n. 5.545. Plenário. Rel. Min. Luiz Fux, j. 13.04.2023.
- STF, ADI n. 6.529. Plenário. Rel. Min. Cármen Lúcia, j. 13.08.2020.
- STF, ADI n. 6.561. Plenário. Rel. Min. Edson Fachin, j. 13.10.2020.
- STF, RE n. 1.010.606 Repercussão Geral – Mérito (Tema 786). Plenário. Rel. Min. Dias Toffoli, j. 11.02.2021. *DJe* 20.05.2021.
- STF, ARE 649.379 Repercussão Geral – Mérito (Tema 491). Plenário. Rel. Min. Gilmar Mendes. Redator do acórdão: Min. Alexandre de Moraes, j. 16.11.2020.
- STF, ADPF n. 635. Plenário. Rel. Min. Edson Fachin, j. 03.02.2022.
- STF, HC n. 168.052. Segunda Turma. Rel. Min. Gilmar Mendes, j. 20.10.2020.
- STF, RE n. 1.301.250, Repercussão Geral – Admissibilidade (Tema 1148). Plenário. Rel. Min. Rosa Weber, j. 27.05.2021.

- STJ, REsp n. 2092096-SP, 2023/0294797-4. Terceira Turma. Rel. Min. Nancy Andrighi, j. 12.12.2023. Publicado em 15.12.2023.
- STJ, AgR em Recurso Ordinário em MS n. 71.168-RJ, 2023/0124057-3. Sexta Turma. Rel. Min. Laurita Vaz, j. 08.08.2023. *DJe* 30.08.2023.
- STJ, RE nos EDcl no RMS 66.568-DF, 2021/0156025-3. Rel. Min. Og Fernandes. *DJe* 03.02.2023.
- STJ, AREsp n. 2.114.594-SP, 2022/0120640-6. Rel. Min. Sérgio Kukina. *DJ* 12.08.2022.
- STJ, REsp n. 1995458-SP, 2022/0097188-3. Terceira Turma. Rel. Min. Nancy Andrighi, j. 09.08.2022. *DJ* 18.08.2022.
- TST, RR n. 297-51.2015.5.21.0008. Sétima Turma. Rel. Min. Alexandre de Souza Agra Belmonte, j. 06.09.2023.
- TST, ROT n. 1003410-04.2022.5.02.0000. Rel. Min. Morgana de Almeida Richa. Publicado em 26.05.2023.

JUSTIFICATIVA E FUNDAMENTOS

1. Introdução: os fundamentos constitucionais da proteção de dados pessoais e a sua articulação com a LGPD

A proteção dos dados pessoais alcançou uma dimensão sem precedentes no âmbito da assim chamada sociedade tecnológica, notadamente a partir da introdução do uso das tecnologias de informação e de comunicação (TICs) e da ampla digitalização que já assumiu um caráter onipresente e afeta todas as esferas da vida social, econômica, política, cultural contemporânea no Mundo, fenômeno comumente designado de *Ubiquituous Computing* (computação onipresente, tradução nossa).[12]

Nesse contexto, o avanço da digitalização (que, todavia, não se restringe ao problema da proteção de dados, como sabido), de certo modo, tem impactado não apenas o direito positivo, ou seja, a produção legislativa e normativa em geral, mas "contaminado" igualmente a dogmática e a metodologia jurídicas, além de estender os seus tentáculos para os domínios da administração pública e para o labor dos Tribunais, os quais, cada vez mais, são compelidos a achar soluções criativas, resilientes e suficientes para dar conta dos problemas concretos que lhes são submetidos.

Daí que, em especial desde os anos 1970, o reconhecimento gradual – na esfera constitucional e no âmbito do Direito Internacional – de um direito humano e fundamental à proteção de dados, assim como de outros princípios, direitos (e deveres) conexos, tenha ganhado cada vez mais espaço, muito embora ainda existam importantes vácuos regulatórios e de proteção, inclusive no que se refere ao enfoque constitucional.

No caso do Brasil, curiosamente é possível afirmar que a proteção de dados pessoais, em especial na perspectiva constitucional, já se fazia presente na Constituição Federal de 1988 (CRFB) desde a sua promulgação, como dá conta, *v.g.*, a inclusão precoce no cenário global da ação constitucional do *habeas data*, que serve à proteção de dados, a despeito de suas

[12] Cf., por todos, KÜHLING, J. Datenschutz und die Rolle des Rechts. *In*: STIFTUNG FÜR DATENSCHUTZ (ed.). *Die Zukunft der informationellen Selbstbestimmung*. Berlin: Erich Schmidt Verlag, 2016.

limitações. Por outro lado, foi apenas em 2018 que finalmente veio a ser aprovada a primeira legislação dedicada ao tema, designadamente a Lei n. 13.709/2018 (Lei Geral de Proteção de Dados – LGPD), que acabou entrando plenamente em vigor apenas em setembro de 2021.

Note-se, outrossim, que a despeito da importante e precoce incorporação do *habeas data*, a CRFB não contemplou no seu texto original um direito fundamental autônomo à proteção de dados pessoais, que veio a ser reconhecido como direito implicitamente positivado pelo STF somente em maio de 2020, por ocasião do julgamento do mérito da ADI 6.387-DF, relatada pela Ministra Rosa Weber. Como consequência dessa importante e paradigmática decisão da Corte Suprema brasileira, mas também por influência da aprovação e da entrada em vigor, em duas etapas, da LGPD,[13] foi acelerado o processo de tramitação, no Congresso Nacional, de uma proposta de emenda à constituição (PEC n. 17/2019), que, oriunda do Senado Federal, sofreu ajustes na Câmara dos Deputados e acabou sendo, com esta mesma redação, aprovada pelo Senado em 20.10.2021 e a respectiva EC n. 115 foi promulgada em 10.02.2022, inserindo, enfim, um direito fundamental à proteção de dados pessoais no art. 5º da CRFB, ademais de dispor sobre as competências da União na matéria.

De acordo com a redação dada pela EC n. 115, o *caput* do art. 5º da CRFB passou a vigorar acrescido do seguinte inciso LXXIX: "é assegurado, nos termos da lei, o direito à proteção dos dados pessoais, inclusive nos meios digitais". No que diz respeito ao sistema de repartição de competências, o *caput* do art. 21 da CRFB passou a vigorar acrescido do seguinte inciso XXVI: "organizar e fiscalizar a proteção e o tratamento de dados pessoais, nos termos da lei", ao passo que o *caput* do art. 22 da CRFB foi acrescido de um inciso XXX: "proteção e tratamento de dados pessoais".

Não é preciso, nesse contexto, investir muita tinta para constatar a importância da consagração de um direito fundamental autônomo à proteção de dados pessoais no Brasil, e que tal direito, em conjugação com outros princípios e direitos fundamentais, orienta, com a força normativa suprema da CRFB, toda a ordem jurídica brasileira no que diz respeito à matéria, incluindo a própria LGPD.

Por tal razão, que deveria soar elementar, não há como deixar de começar por uma breve análise da importância, conteúdo e limites do direito fundamental à proteção de dados pessoais, doravante referido como DPDP, até mesmo pelo fato de que a LGPD e mesmo outros diplomas legislativos, atos normativos infralegais, decisões judiciais etc. tem por tarefa concretizar e dar eficácia jurídica e efetividade ao DPDP e, como já adiantado, outros direitos e princípios de matriz constitucional.

Além disso, o próprio art. 2º da LGPD, objeto precípuo deste comentário, assim como se dá com o art. 1º,[14] reproduz, ao fim e ao cabo, grande parte desses direitos e princípios, sejam eles expressa ou implicitamente positivados na CRFB, incluindo o próprio DPDP.

Independentemente de reparos que se poderia fazer relativamente à ordem dos princípios e dos direitos consagrados nos dois primeiros artigos da LGPD ou mesmo, aqui e ali, quanto ao apuro terminológico, o fato é que, em uma primeira aproximação, é fácil perceber o alto nível de constitucionalização do sistema de proteção de dados no Brasil. Além disso, como resulta impossível e mesmo improdutivo comentar um a um – ainda que de modo superficial – os direitos e princípios colacionados, o que demandaria muito mais páginas do que possível para atender os fins e exigências da obra.

---

[13] Ver comentário ao art. 65 neste volume.

[14] Ver comentário ao art. 1º neste volume.

Por isso, como adiantado, o foco no DPDP e sua articulação e necessidade de interpretação sistemática como outros princípios e direitos da CRFB, em especial os listados no art. 2º da LGPD, que, embora consignados em um texto de lei infraconstitucional, nem por isso deixam de ser de natureza constitucional, ademais do seu *status* de direitos fundamentais, pelo menos – apenas para ficar no já consolidado – no caso dos direitos constantes dos incisos I, II, III, IV e VI, bem como o direito ao livre desenvolvimento da personalidade e a dignidade da pessoa humana, previstos no inciso VII.

A referência importante aos direitos humanos, também no inciso VII, se compreendida em sinergia com o texto constitucional e a distinção (mas não oposição!!) entre direitos humanos e direitos fundamentais expressamente consagrada na CRFB, aponta, por sua vez, para a necessária consideração de um modelo de múltiplos níveis de proteção, visto que os direitos e garantias fundamentais, que sempre, de modo expresso ou implícito, tem base constitucional, devem estar em sintonia com os direitos humanos, quais sejam, aqueles direitos consagrados nos tratados internacionais dos quais o Brasil for parte (art. 5º, § 2º, CRFB), além da força vinculante dos princípios fundamentais que orientam a atuação do Brasil no contexto internacional, destaque para a prevalência dos direitos humanos, prevista no art. 4º, II, CRFB. Tudo isso, ganha ainda maior peso com o fato de que, depois de um longo período de hesitação, o STF passou a reconhecer a hierarquia supralegal dos tratados de direitos humanos, sem prejuízo da hierarquia equivalente à das emendas constitucionais, no caso de tratados aprovados pelo Congresso Nacional seguindo o procedimento estabelecido no § 3º do art. 5º da CRFB.

Soma-se a isso, a circunstância de que juízes e tribunais brasileiros devem realizar um controle de convencionalidade da normativa infraconstitucional, além de assegurar o cumprimento das decisões da Corte Interamericana de Direitos Humanos, o que vale também para a LGPD.

Dito isso, é possível partir para a apresentação, em traços gerais, do DPDP na ordem jurídico-constitucional brasileira.

ANÁLISE

1. O Direito Fundamental à Proteção de Dados Pessoais: breves notas sobre sua importância, conteúdo, multidimensionalidade e proteção

1.1. Importância e conteúdo

À vista do já exposto, atualmente é incontroverso que o DPDP é um direito fundamental na ordem constitucional brasileira, o que, em uma conotação material, guarda ligação com o fato de que se cuida de um direito que, a despeito de ter um âmbito de proteção próprio, não se confunde integralmente com outros direitos e princípios, mas serve também à sua proteção, ademais de, pelo menos em parte, encontrar seus próprios fundamentos e justificação, o que pode ser ilustrado mediante referência ao princípio da dignidade da pessoa humana, ao direito ao livre desenvolvimento da personalidade, aos direitos à privacidade e à intimidade e ao direito à autodeterminação informacional, para citar os mais relevantes, todos, convém reiterar, constantes do art. 2º da LGPD. Aliás, por conta disso, já antes da paradigmática decisão do STF na ADI 6.387 (maio de 2020), na literatura jurídica brasileira já se faziam ouvir vozes no sentido de que, mediante uma leitura harmônica e sistemática do texto constitucional, a CRFB, já quando de sua promulgação, havia consagrado um direito fundamental implicitamente positivado à proteção de dados pessoais.[15]

Já no que toca ao que se tem correntemente designado de fundamentalidade em sentido formal, também o DPDP é contemplado com o regime jurídico qualificado característico dos direitos fundamentais em geral, composto por um conjunto de garantias expressa e/ou implicitamente asseguradas pela CRFB, e que, no Brasil, são basicamente as que seguem: 1) a aplicabilidade imediata e eficácia direta das normas de direitos fundamentais, que, além disso, vinculam diretamente e sem lacunas todos os poderes/atores estatais, ademais de sua eficácia nas relações entre particulares, seja ela direta ou indireta (art. 5º, §1º, CRFB); 2) a condição de limite material ao poder de reforma constitucional, a teor do prescrito no art. 60, § 4º, IV, da CRFB, de tal sorte que, mediante emendas constitucionais, o DPDP não pode ser objeto de abolição (supressão) nem efetiva, tampouco tendencial, de modo a afetar o seu núcleo essencial; 3) nos casos de medidas restritivas, além da já referida blindagem contra emendas constitucionais, são acionados diversos mecanismos de controle da legitimidade constitucional de tais intervenções, dentre as quais, *v.g.*, os critérios da reserva legal, da proporcionalidade, exigências da segurança jurídica e também aqui a preservação do núcleo essencial.

A condição de direito fundamental atribuída ao DPDP, permite que este cumpra, como em parte já mencionado, importantes funções na ordem jurídica. Assim, uma compreensão/interpretação/aplicação constitucionalmente adequada do direito fundamental à proteção de dados deverá ser sempre pautada por uma perspectiva sistemática, que, a despeito do caráter autônomo (sempre parcial) desse direito, não pode prescindir do diálogo e da interação (por vezes marcada por concorrências, tensões e colisões) com outros princípios e direitos fundamentais que, dentre outros pontos a considerar, auxiliam na determinação do seu âmbito de proteção, inclusive mediante o estabelecimento de limites diretos e indiretos.

Outrossim, o que é de particular relevância no caso brasileiro – justamente pela existência, além da LGPD, de outras leis que versam sobre o tema – é ter sempre presente a necessidade de não apenas zelar pela consistência constitucional do marco normativo infraconstitucional no tocante aos diplomas legais isoladamente considerados, mas também de promover sua integração e harmonização produtiva, de modo a superar eventuais contradições e a assegurar ao direito fundamental à proteção de dados sua máxima eficácia e efetividade.

Além disso, a existência de importantes lacunas em termos de regulação infraconstitucional, visto que a LGPD não se aplica, dentre outros, aos domínios da segurança nacional, segurança pública, investigação criminal, persecução penal,[16] faz com que o reconhecimento de um direito fundamental à proteção de dados pessoais permita suprir tais déficits, visto que imediatamente aplicável, de modo a evitar zonas livres da proteção de dados, sem prejuízo da ação do legislador ordinário na concretização do marco jurídico constitucional.

Embora a relação do DPDP com outros direitos e princípios fundamentais já tenha sido referida, vale a pena, tendo em conta a relevância prática desse ponto, avançar um pouco mais na sua explicitação.

---

[15] Cf., em especial, o já referido DONEDA, D. *Da privacidade à proteção de dados pessoais*. Rio de Janeiro: Renovar, 2006; RUARO, R. L.; DANIEL PIÑEIRO, R. O direito à proteção de dados pessoais na sociedade de informação. *Direito, Estado e Sociedade*, v. 1, n. 36, p. 178, 2010; MENDES, L. S. *Privacidade, proteção de dados e defesa do consumidor*. São Paulo: Saraiva, 2013; BIONI, B. R. *Proteção de dados pessoais:* a função e os limites do consentimento. 2. ed. Rio de Janeiro: Forense, 2020.

[16] Ver comentário ao art. 4º neste volume.

1.1.1. Relação com outros direitos e princípios fundamentais

Tendo em conta que os fundamentos constitucionais da proteção dos dados pessoais não se limitam ao próprio direito individual autonomamente considerado, pois existem princípios distintos (ainda que relacionados) informadores do direito à proteção de dados (de sua compreensão, interpretação e aplicação), para além do fato de que o conteúdo de um direito fundamental – o que também aqui se verifica – é definido em conjunto e contraste com o de outros direitos, é o caso de iniciar este tópico justamente com a apresentação de alguns dos principais princípios e direitos fundamentais que guardam expressiva, quando não íntima, relação com a proteção de dados pessoais.

Note-se, ainda, que não se trata de esgotar o rol de princípios e direitos (por sua vez, em regra, também com estrutura de princípios) relevantes para a proteção de dados pessoais, nem aprofundar cada um, mas, sim, de apresentar, em traços gerais, a natureza e a importância dessa articulação. Nesse sentido, nada melhor do que começar com o princípio da dignidade da pessoa humana e três de suas principais – para a proteção de dados pessoais – expressões, designadamente, o direito ao livre desenvolvimento da personalidade, o direito à livre autodeterminação informativa e o direito à privacidade.

As conexões entre o princípio da dignidade da pessoa humana e o direito fundamental à proteção dos dados pessoais são intensas, embora nem sempre compreendidas do mesmo modo no âmbito das diferentes ordens jurídicas. Os dois principais pontos de contato, todavia, são o princípio autonômico (autodeterminação) e os direitos de personalidade, representados aqui, por sua vez, pelo direito (de natureza geral) ao livre desenvolvimento da personalidade e os direitos especiais à privacidade e à autodeterminação informativa, igualmente conectados entre si, mas que não esgotam o leque de alternativas.

A relação do direito à autodeterminação informativa com o princípio da dignidade da pessoa humana, é, em certo sentido, dúplice, pois se manifesta, tanto pela sua vinculação com a noção de autonomia, quanto com a do livre desenvolvimento da personalidade e de direitos especiais de personalidade conexos, de tal sorte que a proteção dos dados pessoais envolve também a salvaguarda da possibilidade concreta de tal desenvolvimento, para o qual a garantia de uma esfera privada e íntima é indispensável.

Outrossim, calha adiantar que o direito à autodeterminação informativa – que, no concernente à sua estrutura normativa, assume a condição de princípio – também não se sobrepõe ao direito à privacidade e mesmo outros direitos especiais de personalidade, o que se verá logo adiante. Isso já se dá – mas não exclusivamente – pelo fato de o direito à autodeterminação informativa apresentar dupla dimensão individual e coletiva, no sentido de que garantida constitucionalmente não é apenas (embora possa ser, como direito subjetivo individual, o mais importante) a possibilidade de cada um decidir sobre o acesso, uso e difusão de seus dados pessoais, mas também – e aqui a dimensão metaindividual (coletiva) – se trata de destacar que a autodeterminação informativa constitui precondição para uma ordem comunicacional livre e democrática, distanciando-se, nessa medida, de uma concepção de privacidade individualista e mesmo isolacionista à feição de um direito a estar só (*right to be left alone*).[17]

O que se pode afirmar, é que, seja na literatura jurídica, seja na legislação e jurisprudência, o direito à proteção de dados vai além da tutela da privacidade, cuidando-se, de tal sorte,

---

17 HORNUNG, G.; SCHNABEL, C. Data protection in Germany I: The populational census decision and the right to informational self-determination. *Computer Law & Security Report*, v. 25, n. 1, p. 85, 2009.

de um direito fundamental autônomo, diretamente vinculado à proteção da personalidade. Aliás, não é à toa que Bruno Ricardo Bioni alertou para o fato de que o entendimento, hoje amplamente superado, de que o direito fundamental à proteção de dados consiste em mera evolução do direito à privacidade é uma "construção dogmática falha".[18]

1.2. Dimensão subjetiva e objetiva

Assim como se dá com os direitos fundamentais em geral, também o direito à proteção de dados pessoais apresenta dupla dimensão – subjetiva e objetiva –, cumprindo uma multiplicidade de funções na ordem jurídico-constitucional. Na sua condição de direito subjetivo e considerado como um direito em sentido amplo, o direito à proteção de dados pessoais se decodifica em um conjunto heterogêneo de posições subjetivas de natureza defensiva (negativa), mas também assume a condição de direito às prestações, cujo objeto consiste em uma atuação do Estado mediante a disponibilização de prestações de natureza fática ou normativa.[19]

Ainda em sede preliminar, é de se observar que, nada obstante a circunstância de que o direito à proteção de dados pessoais guarda relação direta (mas, como já adiantado, não se confunde) com um direito à autodeterminação informativa – que, de todo modo, é um dos esteios e elementos centrais da proteção de dados – na sua condição de direito subjetivo, o catálogo de posições jusfundamentais que encerra é bastante diversificado.

Nesse contexto, para melhor e mais rápida compreensão, interessa lançar mão do rol de posições jurídicas subjetivas diretamente inspirado – mas não exatamente igual – em Gomes Canotilho e Vital Moreira, o qual, a despeito de eventuais diferenças de uma ordem jurídica para outra, se mostra perfeitamente compatível com o direito constitucional e infraconstitucional positivo brasileiro, assegurando uma proteção que dê conta de todas as dimensões que envolvem a coleta, o armazenamento, o tratamento, a utilização e a transmissão de dados pessoais:

a) o direito ao acesso e ao conhecimento dos dados pessoais existentes em registros (bancos de dados) públicos ou privados;
b) o direito ao não conhecimento, tratamento e utilização e difusão de determinados dados pessoais pelo Estado ou por terceiros, aqui incluído um direito de sigilo quanto aos dados pessoais;
c) o direito ao conhecimento da identidade dos responsáveis pela coleta, armazenamento, tratamento e utilização dos dados;
d) o direito ao conhecimento da finalidade da coleta e da eventual utilização dos dados;
e) o direito à retificação e, a depender do caso, à exclusão de dados pessoais armazenados em bancos de dados.[20]

Note-se, ainda, que, embora o direito à proteção de dados pessoais, como direito fundamental que é, tenha esteio na Constituição, não há, no texto constitucional brasileiro (ao

---

[18] Cf. BIONI, B. R. *Proteção de dados pessoais:* a função e os limites do consentimento. 2. ed. Rio de Janeiro: Forense, 2020. p. 95.

[19] Cf. SARLET, I. W. *A eficácia dos direitos fundamentais:* uma teoria geral dos direitos fundamentais na perspectiva constitucional. 13. ed. Porto Alegre: Livraria do Advogado, 2018. p. 288.

[20] Cf. CANOTILHO, J. J. G.; MOREIRA, V. *Constituição da República Portuguesa anotada.* 4. ed. Coimbra: Coimbra Editora, 2007. p. 551.

menos por ora), qualquer referência direta às posições jurídico-subjetivas específicas que possam estar albergadas por seu âmbito de proteção, o que, todavia, não quer dizer que não encontrem fundamento constitucional implícito.

De qualquer sorte, também no Brasil – e independentemente da incorporação de um direito à proteção de dados pessoais à CRFB –, é na legislação infraconstitucional que foram especificados os direitos do titular da proteção, como dá conta o leque contido nos arts. 17, 18, 20, 21 e 22 da LGPD, que, contudo, deve ser compreendido e aplicado em sintonia e conformidade com a CRFB, a normativa internacional e outros diplomas legais, como é o caso, por exemplo (e em especial), das já referidas LAI e MCI.

Já mediante uma simples leitura do catálogo da LGPD, é possível perceber que, em grande medida, as posições jurídicas subjetivas (direitos) atribuídas ao titular dos dados pessoais objeto da proteção legal, que concretiza e delimita, em parte, o próprio âmbito de proteção do direito fundamental à proteção de dados, coincidem com o rol de posições jurídico-constitucionais direta e habitualmente associadas à dupla função de tal direito como direito negativo (defesa) e positivo (a prestações).

Note-se, ainda, que a lista de posições jurídicas *supra* não tem caráter taxativo, não excluindo, portanto, outras possibilidades, mesmo que não expressamente positivadas na CRFB, na LGPD ou em um diploma legal, porquanto determinante é que seja dada, como já salientado, a máxima eficácia e efetividade ao DPDP.

Já no concernente à sua dimensão objetiva, o DPDP, implica, em primeira linha, a existência de deveres constitucionais, expressos e/ou implícitos, de proteção estatais, no sentido de que ao Estado incumbe zelar, inclusive preventivamente, pela proteção dos direitos fundamentais dos indivíduos não somente contra os poderes públicos, mas igualmente contra agressões provindas de particulares e até mesmo de outros Estados.[21]

Importa agregar, que uma das peculiaridades dos deveres de proteção reside no fato de que são múltiplos os modos de sua realização, que pode se dar por meio de normas penais, do estabelecimento da responsabilidade civil, de normas procedimentais, de atos administrativos e até mesmo por uma atuação concreta dos poderes públicos.[22] Por outro lado, a forma como o Estado assume os seus deveres de proteção e os efetiva permanece, em primeira linha, no âmbito de seu próprio arbítrio, levando-se em conta, nesse contexto, a existência de diferentes alternativas de ação, a limitação dos meios disponíveis, a consideração de interesses colidentes e a necessidade de estabelecer prioridades.[23]

Como segundo desdobramento da perspectiva objetiva, destaca-se a função outorgada aos direitos fundamentais na condição de parâmetros para a criação e constituição de organizações (ou instituições) estatais e para o procedimento.[24] Nesse contexto, há que se considerar a íntima vinculação entre direitos fundamentais, organização e procedimento, no sentido de que os direitos fundamentais são, ao mesmo tempo e, de certa forma, dependentes da organização e do procedimento (no mínimo, sofrem uma influência da

---

[21] A esse respeito, v., entre outros, HESSE, K. *Grundzüge des Verfassungsrechts der Bundesrepublik Deutschland.* 20. ed. Heidelberg: C. F. Müller, 1995. p. 155.

[22] ALEXY, R. *Theorie der Grundrechte.* Berlin: Suhrkamp Verlag, 1994. p. 410.

[23] Nesse sentido, por todos, PIEROTH, B.; SCHLINK, B. *Grundrechte. Staatsrecht II.* 11. ed. Heidelberg: C. F. Müller, 1995. p. 27.

[24] Nesse sentido, entre tantos, JARASS, H.; PIEROTH, B. *Grundgezetz fur die Bundesrepublik Deutschland:* Kommentar. 13. ed. München: C. H. Beck, 2014. p. 20.

parte destes), mas, simultaneamente, atuam sobre o direito procedimental e as estruturas organizacionais.[25]

Tendo em vista que os deveres de proteção do Estado podem, por vezes, concretizar-se por meio de normas dispondo sobre o procedimento administrativo ou judicial, bem como pela criação de órgãos, constata-se, desde já, a conexão que pode existir entre essas duas facetas da perspectiva jurídico-objetiva dos direitos fundamentais.[26] Para além dessa constatação, foi feita oportuna referência na doutrina para a necessidade de um procedimento ordenado e justo para a efetivação ou garantia eficaz dos direitos fundamentais.[27]

Ainda nessa quadra, é de se enfatizar que o Estado dispõe de várias alternativas para dar conta dos seus deveres de proteção, que vão desde a criminalização de ações e omissões, responsabilidade civil, instituição de mecanismos processuais, como é o caso, no Brasil, da ação de *habeas data*, até a criação de órgãos (organismos) públicos e/ou privados encarregados de levar a efeito os deveres de proteção, designadamente, no que interessa aqui, a criação e estruturação da ANPD (arts. 55-A a 55-M), a exemplo do que se deu em outros lugares[28] e, em consonância, do CNPD.[29]

Além disso, a efetividade da LGPD e, com ela, do direito fundamental à proteção de dados pessoais, depende largamente de uma nova agenda que priorize a cultura de proteção da pessoa humana no ambiente digital, da inclusão e, assim, de uma ampla participação popular por meio de campanhas de letramento, da adequação e eficácia da fiscalização e da correspondente aplicação de sanções administrativas, ademais de uma bem afinada e produtiva coordenação/cooperação intergovernamental.[30]

1.3. Proteção: limites e restrições

Como se dá com os direitos fundamentais em geral, também o direito à proteção de dados pessoais está submetido a limites e admite (e mesmo exige) intervenções restritivas de diversa natureza, sempre com o escopo – que opera como condição prévia de legitimação constitucional das restrições – de proteger outros direitos fundamentais ou bens jurídicos de estatura constitucional.[31]

Quanto aos limites e restrições, toda e qualquer captação (levantamento), armazenamento, utilização e transmissão de dados pessoais, em princípio, constitui uma intervenção no

---

25 Cf. HESSE, K. *Grundzüge des Verfassungsrechts der Bundesrepublik Deutschland*. 20. ed. Heidelberg: C. F. Müller, 1995. p. 160-161.

26 Cf., por todos, JARASS, H.; PIEROTH, B. *Grundgezetz fur die Bundesrepublik Deutschland:* Kommentar. 13. ed. München: C. H. Beck, 2014. p. 27.

27 Na literatura brasileira, remetemos às formulações de SARLET, I. W.; MARINONI, L. G.; MITIDIERO, D. *Curso de direito constitucional*. 3. ed. São Paulo: RT, 2014.

28 Sobre o papel das Autoridades Nacionais, visualizada de acordo com a dimensão objetiva dos direitos fundamentais, v., entre outros, DONEDA, D. A Autoridade Nacional de Proteção de Dados e o Conselho Nacional de Proteção de Dados. *In*: SCHERTEL MENDES, L. *et al.* (ed.). *Tratado de proteção de dados pessoais*. Rio de Janeiro: Forense, 2020. p. 459-472; bem como RODRIGUEZ, D. P. *O direito fundamental à proteção de dados*. Vigilância, privacidade e regulação. Rio de Janeiro: Lumen Juris, 2021. p. 132.

29 Ver comentário ao art. 58-A neste volume.

30 Cf., por todos, WIMMER, M. Os desafios do *enforcement* na LGPD: fiscalização, aplicação de sanções administrativas e coordenação intergovernamental. *In*: MENDES, L. Schertel *et al.* (ed.). *Tratado de proteção de dados pessoais*. Rio de Janeiro: Forense, 2021. p. 375-388.

31 Cf., por todos, SARLET, I. W. *A eficácia dos direitos fundamentais:* uma teoria geral dos direitos fundamentais na perspectiva constitucional. 13. ed. Porto Alegre: Livraria do Advogado, 2018. p. 288.

âmbito de proteção do direito, que, portanto, como já adiantado, não prescinde de adequada justificação.[32] Outrossim, embora não se trate de direito absoluto, revela-se como um direito bastante sensível, tanto mais sensível quanto mais se tratar de dados pessoais sensíveis,[33] associados às dimensões da dignidade da pessoa humana, implicando, de tal sorte, regime mais rigoroso – e controle mais intenso – de eventuais intervenções restritivas.[34]

No caso brasileiro, na condição de direito implicitamente positivado e enquanto não aprovada e promulgada EC, não se cuidava de direito acompanhado (como no caso do sigilo das comunicações) de expressa reserva legal, mas a sua vinculação – ainda que não superposição integral – com os direitos à privacidade e à intimidade sugere a atribuição de níveis de proteção, em princípio, equivalentes.

Com a inserção do direito fundamental à proteção de dados pessoais no catálogo da CRFB, acompanhado de expressa reserva legal, assume relevo o fato de que a possibilidade (portanto, o "se") de ocorrerem intervenções restritivas pelo legislador já está desde logo autorizada do ponto de vista constitucional. Com isso, passa a ser indispensável a observância também dos requisitos próprios das reservas legais, a começar a distinção entre as assim chamadas reservas legais simples e qualificadas.

Diferentemente do que se dá com o sigilo das comunicações telefônicas (art. 5º, XII, CRFB), no qual se faz presente uma reserva de lei qualificada (que exige prévia autorização judicial para a quebra do sigilo e que este se dê exclusivamente para fins de investigação e persecução criminal), no caso da proteção de dados pessoais (art. 5º, LXXIX), a reserva legal é simples, deferindo ao legislador uma ampla liberdade de conformação, não submetida a um condicionamento prévio, o que, à evidência, faz todo o sentido, considerando a ubiquidade da proteção de dados em todas as esferas da vida humana e, portanto, também do Direito. É por tal razão que a quebra do sigilo das comunicações telefônicas pode ser determinada apenas na esfera criminal e eventuais restrições da proteção de dados pessoais podem, à partida, ocorrer em outras searas.

O mesmo se aplica à reserva constitucional de jurisdição, que integra a reserva legal qualificada estabelecida para as comunicações telefônicas, mas não incide na esfera da proteção de dados, o que, contudo, não impede o reconhecimento de uma tal reserva de jurisdição como exigida implicitamente pela CRFB, ao menos para algumas situações (dados sensíveis, por exemplo, segurança pública e nacional) ou mesmo que a própria legislação infraconstitucional venha a exigir autorização judicial prévia em alguns casos.

Além disso, devem ser observadas outras exigências da reserva legal (que integram os limites aos limites aos direitos fundamentais), como é o caso da vedação de leis restritivas de efeitos concretos/individuais, a proibição de restrições com efeito retroativo, bem como o fato de que em regra restrições devem ser impostas por lei em sentido formal e material, o que, por sua vez, remete ao intrincado e polêmico problema da legitimidade constitucional de restrições veiculadas por leis apenas em sentido material, vale dizer, atos normativos editados por outros atores e que não configuram uma das hipóteses de leis em sentido formal previstas na CRFB (por exemplo, decretos do Poder Executivo,

---

32 Cf., por todos, WOLFF, H. A. Schutz personenbezogener Daten. *In*: PECHSTEIN, M.; NOWAK, C.; HÄDE, U. (ed.). *Frankfurter Kommentar EUV – GRC – AEUV*. Tübingen: Mohr Siebeck, 2017. p. 1.117.

33 Ver comentário ao art. 5º, II, neste volume.

34 Cf., por todos, STARCK, C. Art. 2 Abs. 1 – Schutz des Art. 2 Abs. 1 vor Eingriffen durch die öffentliche Gewalt. *In*: VON MANGOLDT, H.; KLEIN, F.; STARCK, C. (ed.). *Grundgesetz Kommentar*. München: C. H. Beck, 2018. p. 217.

Resoluções e Provimentos do CNJ, CNMP, Conama, dos diversos Tribunais, CFM, dentre tantos outros).[35]

O estrito *compliance* (adequação) com as exigências da reserva legal (cuja violação por si só já fulmina as restrições impostas no caso onde isso for verificado pelo Poder Judiciário) não afasta, contudo, a necessidade de se aferir eventual inobservância dos critérios do teste de proporcionalidade e a salvaguarda do núcleo essencial do direito fundamental à proteção de dados pessoais, porquanto que tais limites aos limites se aplicam a qualquer medida restritiva por parte do poder público, mas igualmente pode assumir relevância no domínio das relações privadas, tema que aqui não há como desenvolver.

Ainda nessa quadra, para efeitos do controle da legitimidade constitucional das restrições ao direito à proteção dos dados pessoais, assume relevo – como já adiantado! – a distinção entre dados considerados sensíveis, que dizem mais de perto com aspectos da vida íntima e existencial (dados sobre a orientação sexual, religiosa, a opção política, vida familiar, entre outros[36]) e dados mais "distantes" desse núcleo mais sensível, como é o caso de informações sobre nome, filiação, endereço, CPF etc.[37]

Cuidando-se de dados relativos ao sigilo profissional, ou mesmo dados fiscais e bancários, importa levar em conta as diretrizes existentes para tais situações, submetidas, como direitos fundamentais autônomos, a um regime próprio, em que pese um conjunto de aspectos comuns.

Por outro lado, os limites e as restrições ao direito à proteção de dados carecem de uma compreensão sistemática e que leve em conta, simultaneamente, sua dimensão subjetiva e objetiva, já que, por conta dos deveres de proteção estatal de outros direitos, podem ser necessárias restrições à proteção de dados na perspectiva subjetiva, ou seja, intervenções no plano das posições jurídicas atribuídas aos titulares do direito.

1.3.1. Jurisprudência do STF

Um exemplo extraído da jurisprudência do STF – neste caso, anterior à LGPD e incorporação do DPDP na CRFB – bem ilustra a situação. É o que se deu em relação ao embate entre o direito de acesso a informações de caráter público e em poder de órgãos públicos (objeto de regulação, no Brasil, pela Lei n. 12.527/2011) e o direito à proteção de dados pessoais sensíveis (ligados à privacidade) dos servidores públicos. A conjugação do direito de acesso à informação com os princípios constitucionais da publicidade e da transparência levou o STF – embora não poucas as críticas endereçadas à decisão – a reconhecer que a proteção

---

35 Cf., entre outros, SARLET, I. W. *A eficácia dos direitos fundamentais:* uma teoria geral dos direitos fundamentais na perspectiva constitucional. 13. ed. Porto Alegre: Livraria do Advogado, 2018; PEREIRA, J. R. G. *Interpretação constitucional e direitos fundamentais*. 2. ed. São Paulo: Saraiva, 2018; MARTINS, L.; DIMOULUS, D. *Teoria geral dos direitos fundamentais*. 7. ed. São Paulo: Revista dos Tribunais, 2020. p. 165 (os autores – que representam, doutrina minoritária no Brasil e direito estrangeiro – apresentam versão alternativa e digna de ser conhecida e submetida ao contraditório, sobre as exigências do teste de proporcionalidade, sustentando a exclusão do terceiro nível, o da proporcionalidade em sentido estrito/ponderação); SILVA, V. A. da *Direito constitucional brasileiro*. São Paulo: EdUSP, 2021. p. 116) (vale conferir, ademais dos tópicos referidos, que o autor sustenta o caráter absoluto de alguns direitos, com base em determinados critérios).

36 Ver comentário ao art. 5º, II, neste volume.

37 Cf., por todos, SAMPAIO, J. A. L. A suprema inviolabilidade: a intimidade informática e o sigilo bancário. *In*: SARMENTO, D.; SARLET, I. W. (ed.). *Direitos fundamentais no Supremo Tribunal Federal:* balanço e crítica. Rio de Janeiro: Lumen Juris, 2011. p. 543.

da privacidade dos servidores públicos é menor que a do cidadão comum, de modo a considerar constitucionalmente legítima (proporcional) a divulgação nominal e individualizada dos seus vencimentos e benefícios.[38]

Outra importante decisão sobre a matéria foi a proferida na ADPF 509, rel. Min. Marco Aurélio, j. 16.09.2020, que reconheceu a constitucionalidade da chamada "lista suja" do trabalho escravo, vez que os autos de infração de auditores-fiscais são públicos, conferindo publicidade às decisões definitivas, com a finalidade de garantir o acesso à informação sobre as políticas de combate ao trabalho escravo, não sendo de natureza sancionatória a publicidade de atos administrativos de inequívoco interesse público.

Como contraponto, ou seja, caso no qual o STF considerou inconstitucional a restrição do direito fundamental à proteção de dados pessoais, vale invocar o já citado julgamento da ADI 6.387, que entendeu pela desproporcionalidade da determinação do compartilhamento, pelas empresas de telecomunicação fixa e móvel, dos contatos de pessoas naturais e jurídicas com o IBGE.

Noutro caso apreciado pela Suprema Corte brasileira, Rcl 48.529 AgR, rel. Min. Ricardo Lewandowski, julgado em 09 de outubro 2021, a questão de fundo estava ligada ao vazamento de dados da Secretaria de Gestão do Trabalho e da Educação na Saúde, investigada na Comissão Parlamentar de Inquérito (CPI) da Pandemia de Covid-19. De acordo com a tese esgrimida na reclamação, teria ocorrido violação do disposto no MS 37.963/DF, no qual se decidiu sobre a necessidade de, nos casos de quebra de sigilo, ser preservada a confidencialidade do material para o grande público, protegendo-se os dados coletados. No caso ora referido, contudo (Rcl. 48.529 AgR), o relator, que votou acompanhado dos demais integrantes da Segunda Turma, sublinhou o fato de que os documentos que vieram a público não têm caráter privado, pelo fato de terem relação com suposta violação, pela reclamante, de seus deveres éticos e profissionais.

Dada a sua grande relevância para a proteção de dados pessoais, não há como deixar de referir o julgamento do mérito da ADI 6.529, rel. Min. Cármen Lúcia, j. em 11.10.2021. De acordo com trecho da ementa do Acórdão, aqui transcrita, a ADI foi julgada parcialmente procedente para:

> Confirmando-se o julgado cautelar, dar interpretação conforme ao parágrafo único do art. 4º da Lei n. 9.883/1999 estabelecendo-se que: a) os órgãos componentes do Sistema Brasileiro de Inteligência somente podem fornecer dados e conhecimentos específicos à ABIN quando comprovado o interesse público da medida, afastada qualquer possibilidade de o fornecimento desses dados atender a interesses pessoais ou privados; b) qualquer solicitação de dados deverá ser devidamente motivada para eventual controle de legalidade pelo Poder Judiciário; c) mesmo presente interesse público, os dados referentes às comunicações telefônicas ou dados sujeitos à reserva de jurisdição não podem ser compartilhados na forma do dispositivo legal, decorrente do imperativo de respeito aos direitos fundamentais; d) nas hipóteses cabíveis de fornecimento de informações e dados à ABIN, são imprescindíveis procedimento formalmente instaurado e existência de sistemas eletrônicos de segurança e registro de acesso, inclusive para efeito de responsabilização em caso de eventual omissão, desvio ou abuso.

Mediante tal decisão, o STF reafirma não apenas a jusfundamentalidade do direito à proteção de dados pessoais, como agrega importantes critérios e diretrizes para a sua com-

---

38 Cf. STF. Segundo AgR na Suspensão de Segurança n. 3.902. Plenário. Rel. Min. Teori Zavascki. 03.10.2011.

preensão e aplicação, em especial no que diz com o controle judicial das medidas restritivas e dos seus respectivos requisitos.

Mais recentemente, o STF julgou parcialmente procedentes a ADI 6.649 e a ADPF 695, para o efeito de conferir interpretação conforme às normas veiculadas pelo Decreto n. 10.046/2019. Segundo se extrai do voto do Ministro Gilmar Mendes, relator das ações, o compartilhamento de dados passa a ter cada vez mais uma posição central na atuação do Estado, sobretudo no que se refere às políticas públicas, de tal sorte que pressupõe a conformidade com a LGPD, notadamente do ponto de vista da indicação de propósitos legítimos, específicos, e explícitos para todas as etapas do tratamento. Assim, as finalidades primárias e secundárias, caso necessário, devem ser devidamente compatibilizadas, vez que o compartilhamento, em si, deve ser restrito ao mínimo e balizados pelo cumprimento dos requisitos, das garantias e dos procedimentos legais.[39]

Ainda segundo o voto do relator, o compartilhamento dos dados pessoais entre os órgãos públicos exige o enquadramento no que dispõe o art. 23, I, da LGPD, notadamente quanto à publicidade das hipóteses nas quais cada entidade governamental compartilha ou tem acesso aos dados. Em suma, o entendimento do Ministro Relator foi de que o acesso de órgãos e de entidades governamentais ao Cadastro Base do Cidadão fica condicionado ao que outrora foi referido.

Outro ponto relevante são as competências do Comitê Central de Governança de Dados, na medida em que, segundo o Relator, deveriam ser restringidas às expressas no art. 21, VI, VII e VIII, do Decreto n. 10.046/2019, desde que se atue no estabelecimento e na prevenção de mecanismos rigorosos no controle de acesso ao Cadastro Base do Cidadão, ou seja, dito de outro modo, que os órgãos e as entidades públicas têm o dever de demonstrar a real necessidade de acesso e de compartilhamento dos dados. Para tanto – ainda de acordo com o que se extrai do voto –, a referida permissão somente deverá ser concedida para que sejam alcançados propósitos legítimos, específicos e explícitos, sendo limitada às informações que sejam indispensáveis ao atendimento do interesse público, nos termos do art. 7º, III, bem como do art. 23, *caput*, I, da Lei n. 13.709/2018.

Além disso, para fins de compartilhamento de dados, foi estabelecida a obrigação de formulação de uma justificativa prévia e minudente, baseada no emprego da proporcionalidade, da razoabilidade e da principiologia da LGPD, tanto para a necessidade de inclusão de novos dados pessoais na base integradora quanto no que toca à escolha das bases temáticas do Cadastro Base do Cidadão.

Outro ponto a ser destacado é o fato de que o Ministro Gilmar Mendes fixou orientação no sentido da adoção de medidas de segurança, designadamente, de um sistema eletrônico de registro de acesso para efeitos de responsabilização em casos abusivos. Agregou, ainda, que o compartilhamento nas atividades de inteligência deve seguir os critérios estabelecidos em legislação própria, bem como parametrizados pela decisão do STF no já analisado caso envolvendo a Abin. Importa destacar, na mesma medida, a reponsabilidade civil do Estado pelos danos causados aos particulares em harmonia com a dicção do art. 42 e ss. da LGPD, inclusive com o direito de regresso contra os servidores e agentes públicos responsáveis pelo ato ilícito, em caso de culpa ou de dolo.

---

39 Nesse mesmo sentido, a decisão que confirmou a medida liminar na MS 36.150/DF, Rel. Min. Luís Roberto Barroso, j. em 10.10.2022, anulando a determinação do TCU ao Inep para entrega de dados individualizados do Censo Educacional e do Enem dos anos de 2013 a 2016, requisitados para auditoria do Programa Bolsa Família, assim como as sanções impostas à autoridade responsável pela entrega dos dados.

À vista do exposto, é possível afirmar que o STF, embora sem ainda ter desenvolvido o tema e sem se pronunciar diretamente sobre ele, já está dando guarida ao que se tem designado de um princípio – e correspondente dever – de separação informacional dos poderes, que tem por objetivo impor limites ao compartilhamento irrestrito e descontrolado de dados pessoais, em especial limitando o fenômeno da concentração informacional de poderes.[40]

O que há de ser sublinhado, ainda nesse contexto, é que também as restrições ao direito fundamental à proteção de dados pessoais devem obediência à consagrada diretriz de que, em se tratando de medidas excepcionais, devem ser utilizadas excepcionalmente[41] e, portanto, interpretadas restritivamente.

2. Considerações finais

Muito embora não se tenha pretendido, como desde o início anunciado, comentar um a um os diversos direitos e princípios elencados pelo art. 2º da LGPD na condição de seus fundamentos, foi possível demonstrar – ao menos é o que se espera – a direta interface entre os assim chamados fundamentos legais da proteção de dados pessoais no Brasil, com a ordem jurídico constitucional e o direito internacional, visto que, além da previsão, no referido art. 2º, dos direitos humanos, claramente reforçando a abertura da própria CRFB ao sistema internacional (universal e regional) de proteção (em especial, arts. 4º, II, e 5º, § 2º), os direitos e princípios listados na lei ora comentada, encontram todos, sem exceção, sede na CRFB, seja de modo expresso, seja implicitamente.

É preciso sublinhar, porém, que os direitos e princípios que constituem os fundamentos (constitucionais, supralegais e legais) da LGPD, e, portanto, em termos gerais, do sistema protetivo de dados pessoais brasileiro, embora constituam um rol bastante desenvolvido, não se esgotam naqueles expressamente consignados no seu art. 2º, dada a existência de outros direitos, princípios e regras constitucionais aos quais se sujeita a LGPD, como todo e qualquer lei ou ato normativo infraconstitucional, sem prejuízo da necessária consistência com os tratados de direitos humanos ratificados pelo Brasil e que (exceção feita aos aprovados pelo Congresso Nacional na forma do art. 5º, § 3º, CRFB), gozam de hierarquia supralegal.

Outro ponto a destacar é que muito embora a proteção de dados pessoais, nos termos do disposto no art. 2º da LGPD, encontre seus fundamentos e, nesse sentido, igualmente seja orientada pelos direitos e princípios ali consignados, o DPDP, como já referido, assume um viés instrumental (sem deixar de ser um direito fundamental em sentido material e formal) em relação a uma plêiade de outros direitos fundamentais, posto que também serve, em maior ou menor medida, à sua proteção, estejam tais direitos previstos, ou não, dentre os fundamentos elencados pelo dispositivo legal citado.

Isso, por sua vez, remete à necessária interpretação sistemática e constitucionalmente (mas também convencionalmente) conforme da LGPD, em sinergia com a unidade da Constituição e da ordem jurídica, sempre com o propósito de assegurar à máxima eficácia e efetividade ao DPDP, mas sempre em harmonia e em "concordância prática" com os demais direitos humanos e fundamentais e à luz das peculiaridades do caso.

---

[40] Para maior desenvolvimento do tema, v. SARLET, I. W.; SARLET, G. B. S. Separação informacional de poderes no direito constitucional brasileiro. *Data Privacy BR Research*, 2022.

[41] Cf., por todos, FACHINI NETO, E. Limites à proteção de dados: dragnet surveillance e o caso Marielle Franco, de acordo com recente julgamento da terceira seção do STJ. *In*: TRINDADE, M. G.; SARLET, G. B. S.; MELGARÉ, P. (ed.). *Proteção de dados*. Temas controvertidos. São Paulo: Foco, 2021. p. 144-146.

Tal tarefa, contudo, é tudo menos simples e demonstra – sem prejuízo de outros indicadores – a alta complexidade da tarefa dos atores aos quais incumbe produzir e interpretar o Direito (tais momentos, como se sabe, não podem ser simplesmente dissociados), mormente considerando o alto potencial de tensões e mesmo conflitos entre o DPDP e outros direitos e bens de estatura constitucional, incluindo os relacionados no art. 2º da LGPD, *v.g.*, as liberdades de expressão e de informação e o direito de acesso à informação (com a sua posição preferencial), apenas para fornecer alguns exemplos dentre tantos que poderiam ser colacionados.

É, entre outras, pelas razões articuladas, que ao interpretar/aplicar os fundamentos da LGPD, é preciso fazê-lo com um olhar direcionado ao sistema jurídico-constitucional no seu conjunto, mas sem deixar de verificar, caso a caso, eventual impacto desproporcional sobre um ou mais direitos e princípios em rota de colisão, fazendo a balança pender, ao fim e ao cabo, para a solução que de modo mais consistente proteja e promova a dignidade da pessoa humana, dentro e fora do contexto digital.

BIBLIOGRAFIA SELECIONADA

ALEXY, R. *Theorie der Grundrechte.* Berlin: Suhrkamp Verlag, 1994.

BIONI, B. R. *Proteção de dados pessoais:* a função e os limites do consentimento. 2. ed. Rio de Janeiro: Forense, 2020.

CANOTILHO, J. J. G.; MOREIRA, V. *Constituição da República Portuguesa anotada.* 4. ed. Coimbra: Coimbra Editora, 2007.

DONEDA, D. *Da privacidade à proteção de dados pessoais.* Rio de Janeiro: Renovar, 2006.

DONEDA, D. A Autoridade Nacional de Proteção de Dados e o Conselho Nacional de Proteção de Dados. *In*: SCHERTEL MENDES, L. *et al.* (ed.). *Tratado de proteção de dados pessoais.* Rio de Janeiro: Forense, 2020.

FACHINI NETO, E. Limites à proteção de dados: dragnet surveillance e o caso Marielle Franco, de acordo com recente julgamento da terceira seção do STJ. *In*: TRINDADE, M. G.; SARLET, G. B. S.; MELGARÉ, P. (ed.). *Proteção de dados.* Temas controvertidos. São Paulo: Foco, 2021.

HESSE, K. *Grundzüge des Verfassungsrechts der Bundesrepublik Deutschland.* 20. ed. Heidelberg: C. F. Müller, 1995.

HORNUNG, G.; SCHNABEL, C. Data protection in Germany I: The populational census decision and the right to informational self-determination, 2009, v. 25(1), *Computer Law & Security Report* 85.

JARASS, H.; PIEROTH, B. *Grundgezetz fur die Bundesrepublik Deutschland:* Kommentar. 13. ed. München: C. H. Beck, 2014.

KÜHLING, J. Datenschutz und die Rolle des Rechts. *In*: STIFTUNG FÜR DATENSCHUTZ (ed.). *Die Zukunft der informationellen Selbstbestimmung.* Berlin: Erich Schmidt Verlag, 2016.

MARTINS, L.; DIMOULUS, D. *Teoria geral dos direitos fundamentais.* 7. ed. São Paulo: Revista dos Tribunais, 2020.

MENDES, L. S. *Privacidade, proteção de dados e defesa do consumidor*. São Paulo: Saraiva, 2013.

PEREIRA, J. R. G. *Interpretação constitucional e direitos fundamentais*. 2. ed. São Paulo: Saraiva, 2018.

PIEROTH, B.; SCHLINK, B. *Grundrechte. Staatsrecht II*. 11. ed. Heidelberg: C. F. Müller, 1995.

RODRIGUEZ, D. P. *O direito fundamental à proteção de dados*. Vigilância, privacidade e regulação. Rio de Janeiro: Lumen Juris, 2021.

RUARO, R. L.; DANIEL PIÑEIRO, R. O direito à proteção de dados pessoais na sociedade de informação. *Direito, Estado e Sociedade*, v. 1, n. 36, 2010.

SAMPAIO, J. A. L. A suprema inviolabilidade: a intimidade informática e o sigilo bancário. *In*: SARMENTO, D.; SARLET, I. W. (ed.). *Direitos fundamentais no Supremo Tribunal Federal:* balanço e crítica. Rio de Janeiro: Lumen Juris, 2011.

SARLET, I. W. *A eficácia dos direitos fundamentais:* uma teoria geral dos direitos fundamentais na perspectiva constitucional. 13. ed. Porto Alegre: Livraria do Advogado, 2018.

SARLET, I. W.; MARINONI, L. G.; MITIDIERO, D. *Curso de direito constitucional*. 3. ed. São Paulo: Revista dos Tribunais, 2014.

SARLET, I. W.; SARLET, G. B. S. Separação informacional de poderes no direito constitucional brasileiro, *Data Privacy BR Research*, 2022.

SILVA, V. A. da *Direito constitucional brasileiro*. São Paulo: EdUSP, 2021.

STARCK, C. Art. 2 Abs. 1 – Schutz des Art. 2 Abs. 1 vor Eingriffen durch die öffentliche Gewalt. *In*: VON MANGOLDT, H.; KLEIN, F.; STARCK, C. (ed.). *Grundgesetz Kommentar*. München: C. H. Beck, 2018.

WIMMER, M. Os desafios do *enforcement* na LGPD: fiscalização, aplicação de sanções administrativas e coordenação intergovernamental. *In*: MENDES, L. Schertel *et al.* (ed.). *Tratado de proteção de dados pessoais*. Rio de Janeiro: Forense, 2021. p. 375-388.

WOLFF, H. A. Schutz personenbezogener Daten. *In*: PECHSTEIN, M.; NOWAK, C.; HÄDE, U. (ed.). *Frankfurter Kommentar EUV – GRC – AEUV*. Tübingen: Mohr Siebeck, 2017.

Art. 3º Esta Lei aplica-se a qualquer operação de tratamento realizada por pessoa natural ou por pessoa jurídica de direito público ou privado, independentemente do meio, do país de sua sede ou do país onde estejam localizados os dados, desde que:

I – a operação de tratamento seja realizada no território nacional;

II – a atividade de tratamento tenha por objetivo a oferta ou o fornecimento de bens ou serviços ou o tratamento de dados de indivíduos localizados no território nacional; ou (Redação dada pela Lei n. 13.853, de 2019)

III – os dados pessoais objeto do tratamento tenham sido coletados no território nacional.

§ 1º Consideram-se coletados no território nacional os dados pessoais cujo titular nele se encontre no momento da coleta.

§ 2º Excetua-se do disposto no inciso I deste artigo o tratamento de dados previsto no inciso IV do *caput* do art. 4º desta Lei.

Artigo 3º

Comentado por Beatriz Kira e Diogo R. Coutinho[42]

DISPOSITIVOS RELACIONADOS NO DIREITO INTERNACIONAL

- Art. 3º, Convenção 108+.

DISPOSITIVOS RELACIONADOS NO ORDENAMENTO JURÍDICO BRASILEIRO

- Art. 8º, parágrafo único, II, e art. 11 do MCI.
- Art. 3º e art. 12 do CDC.
- Art. 7º da LINDB.
- Arts. 5º, 6º e 7º da Lei n. 7.209/1984.

DISPOSITIVOS RELACIONADOS NA LGPD

- Arts. 4º e 5º, XV, e art. 33.

ATIVIDADES DA ANPD

- Processo de Fiscalização n. 00261.000012/2021-04 (encerrado) e Nota Técnica n. 02/2021/CGTP/ANPD, Relatório n. 9/2021/CGF/ANPD, Nota Técnica n. 19/2021/CGF/ANPD, e Nota Técnica n. 49/2022/CGF/ANPD.
- Processo de Fiscalização n. 00261.000297/2021-75 e Nota Técnica n. 6/2023/CGF/ANPD.

[42] Os autores agradecem a Flávia Parra Cano pela excelente assistência de pesquisa.

- Processo de Fiscalização n 00261.000298/2022-09 e Nota Técnica n. 63/2022/CGF/ANPD.
- Resolução CD/ANPD n. 19/2024.

AÇÕES REGULATÓRIAS E FISCALIZATÓRIAS DE ENTIDADES GOVERNAMENTAIS E ÓRGÃOS DE CONTROLE

- Ofício NUDECON/PDP n. 04/2022 (3186940).[43]

JUSTIFICATIVA E FUNDAMENTOS

A justificativa para este dispositivo legal consiste em responder à pergunta crucial: o marco de proteção de dados brasileiro possui impacto extraterritorial? O dispositivo esclarece o escopo de aplicação da lei, mas, fundamentalmente, amplia a proteção concedida pela legislação nacional para além do território físico do Brasil, quando dados forem processados fora das fronteiras nacionais.

Tradicionalmente, teorias de jurisdição se baseiam fortemente no princípio da territorialidade, ou seja, a lei se aplica ao território nacional. No entanto, com a crescente facilidade com que fluxos de dados transcendem fronteiras nacionais, torna-se crucial definir se e quando um Estado pode aplicar suas regras de proteção em atividades de processamento que ocorrem fora de seu território.[44]

Essa questão, já presente no mundo analógico, assume relevância central na era da economia digital. Através de tecnologias digitais e protocolos como a internet, dados navegam de forma rápida e fácil, sem se prenderem a fronteiras físicas. A infraestrutura de armazenamento de dados em nuvem, por exemplo, permite que o tratamento de dados ocorra em diversos locais simultaneamente, independentemente da localização física de usuários ou de empresas. Além disso, muitas das maiores corporações do mundo são empresas de tecnologia que oferecem seus serviços digitais em diferentes países, o que gera uma torrente contínua de dados por meio de diversas jurisdições.[45]

Nesse cenário, é imprescindível que a legislação estabeleça se o Estado tem jurisdição para regular atividades de agentes sediados no exterior e, em caso positivo, como essa jurisdição estendida para além do território deve ser aplicada e implementada.

ANÁLISE

1. Análise contextual

O art. 3º da LGPD define o amplo escopo de aplicação da lei, abrangendo qualquer operação de tratamento de dados pessoais realizada por pessoas físicas ou jurídicas, de direito

[43] A Defensoria Pública do Estado do Rio de Janeiro (DPE/RJ) informou a abertura de instrução, perante o Núcleo de Defesa do Consumidor (Nudecon), do Procedimento SEI n. E-20/001.009842/2021, para investigar os aplicativos Telegram e Signal, empresas que prestam os serviços de mensagem no Brasil.

[44] KUNER, C. Applicable Law, Extraterritoriality, and Transborder Data Flows. *In*: KUNER, C. *Transborder Data Flows and Data Privacy Law*. Oxford: Oxford University Press, 2013.

[45] KOHL, U. Jurisdiction in Network Society. *In*: TSAGOURIAS, N.; BUCHAN, R. (ed.). *Research handbook on international law and cyberspace*. 2nd ed. Northampton: Edward Elgar Publishing, 2021.

público ou privado. A lei se aplica independentemente do meio utilizado para o tratamento (físico ou digital, incluindo a internet), da localização da empresa responsável pelo tratamento e da localização física dos dados em si.

Para que a LGPD se aplique, basta se enquadrar em uma das três hipóteses previstas no art. 3º: território, finalidade ou origem dos dados. No quesito território, a LGPD incide se a operação ocorrer em solo brasileiro, independentemente da localização da empresa ou dos dados (art. 3º, I). Quanto à finalidade, a LGPD se aplica quando o tratamento visa a oferecer bens ou serviços a indivíduos no Brasil, ou tenha por objetivo o tratamento de dados de indivíduos localizados no território nacional (art. 3º, II). Por último, quanto à origem dos dados pessoais: se foram coletados em território nacional, a LGPD se aplica (art. 3º, III), mesmo se tal ação se der por agente baseado no exterior ou ocorrer no exterior.

A redação do art. 3º define, portanto, o caráter extraterritorial da LGPD, permitindo a aplicação de seus dispositivos para tratamentos de dados realizados no exterior ou por pessoas físicas ou jurídicas sediadas em outros países, desde que um dos critérios referidos nos incisos do artigo seja atendido.

As dificuldades de aplicabilidade de leis de proteção de dados remontam à problemática dos fluxos internacionais de dados. Nesse contexto, há uma discussão relevante acerca da relação entre a aplicação extraterritorial da lei (prevista no art. 3º) e a discussão acerca da transferência internacional de dados (prevista no art. 33 da LGPD). Apesar de relacionados, escopo territorial e transferência internacional são conceitos distintos. O primeiro define quando a legislação se aplica fora da jurisdição, enquanto o segundo aborda as regras relacionadas à movimentação de dados entre países, exigindo mecanismos específicos para garantir a proteção dos dados durante o processo.[46]

A minuta do Regulamento de Transferência Internacional de Dados editado pela ANPD em 2023 define uma transferência internacional de dados como a transferência de dados pessoais por um "exportador" para um "importador" e estabelece uma distinção importante: a coleta internacional de dados pelo agente de tratamento diretamente do titular, sem o envolvimento de outro agente, não configura uma transferência internacional.[47] Em outras palavras, quando o agente de tratamento no exterior coleta dados do titular diretamente, sem qualquer relação com outro agente, essa ação não se enquadra como transferência internacional de dados.

Para coletas diretas, não há necessidade de utilizar os mecanismos previstos no art. 33 da LGPD, pois o agente de tratamento estará sujeito à LGPD pelo efeito extraterritorial de aplicação da lei nos termos do art. 3º. Isto é, como a LGPD já se aplica a coletas diretas por força do art. 3º, os dados coletados possuem todas as garantias e salvaguardas previstas na legislação.

2. Extraterritorialidade no direito brasileiro

A aplicação da lei brasileira além das fronteiras nacionais, conhecida como extraterritorialidade, não é uma novidade da LGPD. Já antes da LGPD, diversos diplomas legais, como o CC, CP e CDC previam hipóteses em que a lei brasileira poderia ser aplicada a fatos ocorridos no exterior.

---

[46] KUNER, C. Applicable Law, Extraterritoriality, and Transborder Data Flows. *In*: KUNER, C. *Transborder Data Flows and Data Privacy Law*. Oxford: Oxford University Press, 2013.

[47] Resolução CD/ANPD n. 19/2024.

No entanto, o MCI, que antecede a LGPD, trouxe um regime mais abrangente e detalhado de situações em que a lei brasileira se aplica extraterritorialmente em relação ao tratamento de dados, reconhecendo que no ambiente da internet transações e operações frequentemente transcendem fronteiras nacionais.

O art. 11 do MCI determina que, em qualquer operação de coleta, armazenamento, guarda e tratamento de registros, dados pessoais ou comunicações por provedores de conexão e aplicações de internet, desde que pelo menos uma dessas etapas ocorra em território nacional, deverão ser obrigatoriamente respeitados a legislação brasileira e os direitos à privacidade, à proteção de dados pessoais e ao sigilo das comunicações privadas e dos registros. Essa determinação apresenta similaridades com o art. 3º, I, da LGPD, que dispõe sobre a aplicação da lei brasileira quando o tratamento de dados ocorrer em território nacional.

O MCI também se aplica a dados coletados em território nacional e ao conteúdo das comunicações, desde que o terminal esteja localizado no Brasil (art. 11, §1º). Essa regra encontra correspondência no art. 3º, III, da LGPD. Ademais, o MCI estabelece que a lei brasileira deve ser respeitada por provedores de conexão e aplicações de internet localizados no exterior, em duas situações específicas (art. 11, § 2º): se a empresa estrangeira oferecer serviços ao público brasileiro, a lei brasileira se aplica, mesmo que todas as operações de tratamento de dados sejam realizadas no exterior. Essa hipótese apresenta similaridade com o art. 3º, II, da LGPD. A segunda situação se configura se pelo menos uma integrante do mesmo grupo econômico oferecer serviço ao público brasileiro, hipótese que não tem correspondência direta na LGPD.

Além disso, o MCI também oferece proteções em relação ao foro de resolução de conflitos, ao determinar que sejam consideradas nulas de pleno direito as cláusulas contratuais em contratos de adesão que não ofereçam ao contratante a opção de utilizar o foro brasileiro para solucionar controvérsias decorrentes de serviços prestados no Brasil (art. 8º, II), reforçando a aplicação da lei brasileira.

Um ponto de debate doutrinário relevante, levantado pelos artigos de extraterritorialidade do MCI, que também pode ser relevante para a aplicação da LGPD, trata do acesso direto a dados no exterior por autoridades brasileiras. A literatura indica que o texto legal do MCI não permite questionamentos sobre a necessidade de empresas estrangeiras cumprirem com a lei nacional caso realizem qualquer atividade descrita no *caput* do art. 11, em algumas hipóteses específicas.[48] No entanto, uma longa disputa interpretativa girou em torno de se empresas estrangeiras teriam a obrigação de responder diretamente a solicitações de dados relacionados à lei brasileira, ou se o cumprimento de ordens judiciais brasileiras por empresas estrangeiras dependeria de acordos internacionais, como os chamados *Mutual Legal Assistance Treaties* (MLAT).[49]

A questão foi objeto da Ação Declaratória de Constitucionalidade (ADC) n. 51, em que o STF analisou a validade do MLAT para investigações criminais e instruções penais no Brasil, relacionadas a pessoas, bens e haveres situados nos EUA. O MLAT em questão, promulgado pelo Decreto Federal n. 3.810/2001, trata da obtenção do conteúdo de comunicações privadas sob controle de provedores de aplicações de internet sediados no exterior.[50]

---

[48] Ver, por exemplo, ABREU, J. D. S. Jurisdictional Battles for Digital Evidence, MLAT Reform, and the Brazilian Experience. *Revista de Informação Legislativa*, v. 55, p. 233, 2018.

[49] ABREU, J. D. S. Jurisdictional Battles for Digital Evidence, MLAT Reform, and the Brazilian Experience. *Revista de Informação Legislativa*, v. 55, p. 233, 2018.

[50] STF. ADC n. 51.

Nesse sentido, a decisão do STF declarou a constitucionalidade do MLAT, mas também determinou, de forma relevante, que a obtenção direta de informações, nos termos do art. 11 do MCI, também é uma possibilidade constitucional.[51]

3. Extraterritorialidade e proteção de dados no direito comparado

A legislação brasileira sobre extraterritorialidade e proteção de dados se inspira fortemente na legislação europeia, especialmente no RGPD. O RGPD, que entrou em vigor em 2018, é a principal regulamentação sobre proteção de dados na UE e serviu de base para leis sobre proteção de dados pessoais em muitos países, incluindo, em diversos aspectos, a LGPD. Austrália[52] e Quênia[53] são outros exemplos de países que adotaram o modelo europeu de aplicação extraterritorial da lei.

Em relação à lei brasileira, tanto o RGPD como a LGPD possuem artigos específicos que definem seu alcance territorial. O art. 3º do RGPD estabelece que o regulamento se aplica ao processamento de dados pessoais no contexto das atividades de um estabelecimento de um controlador ou operador na UE, independentemente de onde o processamento realmente ocorra. Isso significa que empresas, mesmo que não estejam sediadas na UE, devem cumprir as regras do RGPD se processarem dados pessoais de indivíduos na UE. De acordo com o texto da lei:

> **Art. 3º Âmbito de aplicação territorial**
> 1. O presente regulamento aplica-se ao tratamento de dados pessoais efetuado no contexto das atividades de um estabelecimento de um responsável pelo tratamento ou de um subcontratante situado no território da União, independentemente de o tratamento ocorrer dentro ou fora da União.
>
> 2. O presente regulamento aplica-se ao tratamento de dados pessoais de titulares residentes no território da União, efetuado por um responsável pelo tratamento ou subcontratante não estabelecido na União, quando as atividades de tratamento estejam relacionadas com:
>
> a) A oferta de bens ou serviços a esses titulares de dados na União, independentemente da exigência de os titulares dos dados procederem a um pagamento;
>
> b) O controlo do seu comportamento, desde que esse comportamento tenha lugar na União.
>
> 3. O presente regulamento aplica-se ao tratamento de dados pessoais por um responsável pelo tratamento estabelecido não na União, mas num lugar em que se aplique o direito de um Estado-Membro por força do direito internacional público.

No âmbito do art. 3º, o RGPD define sua aplicação em dois cenários principais. O primeiro diz respeito a controladores e operadores de dados estabelecidos na UE. Mesmo que o processamento dos dados ocorra fora da UE, o RGPD se aplica se a empresa controladora ou operadora estiver sediada em um país membro. Em segundo lugar, o RGPD se aplica ao tratamento de dados pessoais de indivíduos que se encontrem na UE, independentemente de onde o agente de tratamento esteja localizado. Isso ocorre em duas situações específicas.

---

[51] Para uma discussão detalhada acerca do tratamento de dados para fins de segurança pública, ver comentário ao art. 4º neste volume.

[52] Seção 5B, *Privacy Act* 1988.

[53] Art. 4º do *Data Protection Act* 2019.

A primeira diz respeito a empresas que oferecem bens e serviços a indivíduos na UE. Mesmo que a empresa não esteja sediada na UE, ela deve cumprir as regras do RGPD em relação ao tratamento dos dados pessoais desses indivíduos. A segunda situação relaciona-se ao monitoramento comportamental. Se uma empresa, mesmo que não esteja na UE, monitora o comportamento de indivíduos na UE, deverá cumprir as regras do RGPD em relação ao tratamento dos dados pessoais coletados nesse monitoramento.[54]

Para entender melhor o contexto do RGPD e o escopo de aplicação territorial da lei, é importante compreender as discussões que estavam ocorrendo antes da sua entrada em vigor. A Diretiva n. 95/46/EC – legislação anterior sobre proteção de dados na Europa – gerava debates sobre a aplicação das regras a empresas não sediadas na UE. O art. 4º estabelecia as regras de aplicação do direito nacional de cada Estado-membro da UE no que diz respeito ao tratamento de dados pessoais. Como regra geral, a Diretiva estabelecia que a lei do país onde a empresa que trata os dados tem sua sede ou um estabelecimento seria a lei aplicável. No entanto, para empresas sediadas fora da UE que utilizassem equipamentos para tratamento de dados dentro do bloco, a lei do Estado-membro onde os equipamentos estivessem localizados seria a aplicável, exigindo a designação de um representante local.[55]

O debate sobre a extraterritorialidade da Diretiva n. 95/46/EC e sua aplicação a websites não estabelecidos na UE foi um tema central nos anos que antecederam a entrada em vigor do RGPD.[56] Em 2022, um documento publicado pelo Grupo de Trabalho do Artigo 29 (*Working Party* 29 – WP 29) revelou preocupação com a aplicação das leis nacionais derivadas da Diretiva n. 95/46/EC a websites não estabelecidos na UE. O WP 29 reconheceu que um alto nível de proteção aos titulares de dados só poderia ser garantido se esses websites, mesmo não estando sediados na UE, mas possuindo equipamentos na região, respeitassem as garantias para o tratamento de dados, incluindo as obrigações relacionadas à coleta e aos direitos dos titulares, conforme o art. 4(1)(c) da Diretiva.[57]

---

[54] Para uma discussão detalhada das hipóteses de aplicação extraterritorial do RGPD, ver GREZE, B. The Extra-Territorial Enforcement of the GDPR: A Genuine Issue and the Quest for Alternatives. *International Data Privacy Law*, 2019.

[55] Diretiva n. 95/46/EC, "Art. 4º – Direito nacional aplicável

Cada Estado-membro aplicará as suas disposições nacionais adoptadas por força da presente directiva ao tratamento de dados pessoais quando:

a) O tratamento for efectuado no contexto das actividades de um estabelecimento do responsável pelo tratamento situado no território desse Estado-membro; se o mesmo responsável pelo tratamento estiver estabelecido no território de vários Estados-membros, deverá tomar as medidas necessárias para garantir que cada um desses estabelecimentos cumpra as obrigações estabelecidas no direito nacional que lhe for aplicável;

b) O responsável pelo tratamento não estiver estabelecido no território do Estado-membro, mas num local onde a sua legislação nacional seja aplicável por força do direito internacional público;

c) O responsável pelo tratamento não estiver estabelecido no território da Comunidade e recorrer, para tratamento de dados pessoais, a meios, automatizados ou não, situados no território desse Estado-membro, salvo se esses meios só forem utilizados para trânsito no território da Comunidade.

2. No caso referido na alínea c) do n. 1, o responsável pelo tratamento deve designar um representante estabelecido no território desse Estado-membro, sem prejuízo das acções que possam vir a ser intentadas contra o próprio responsável pelo tratamento".

[56] Ver, por exemplo, MOEREL, L. The Long Arm of EU Data Protection Law: Does the Data Protection Directive Apply to Processing of Personal Data of EU Citizens by Websites Worldwide? *International Data Privacy Law*, v. 1, p. 28, 2011.

[57] WP29. Working document on determining the international application of EU data protection law to personal data processing on the Internet by non-EU based web sites, 2002.

O debate jurisprudencial sobre os limites de aplicação da Diretiva também contribui para a compreensão da opção legislativa posterior com o RGPD. Um caso relevante a ser considerado no debate quanto à aplicação extraterritorial da regulamentação da UE em proteção de dados é o *Google Spain SL e Google Inc. v. AEPD e Mario Costeja González*, julgado pelo TJUE em maio de 2014.[58] No julgamento em questão, o TJUE decidiu que a Diretiva seria aplicável às atividades do Google Inc., com sede nos EUA, sendo um caso em que a Corte teve que avaliar a aplicação das regras de proteção de dados da UE a um controlador que possuía seu estabelecimento principal no exterior. A decisão do TJUE foi pautada essencialmente no art. 4(1)(a) da Diretiva n. 95/46/EC e sua interpretação representou uma virada de chave na questão da extraterritorialidade da regulamentação de proteção de dados.[59] A Corte considerou, em sua decisão, que o Google Inc. seria o controlador de dados no tratamento analisado e que o Google Spain, sua subsidiária, seria considerado o "estabelecimento" para fins de aplicação da lei.[60]

Na prática, o entendimento do TJUE foi no sentido de que a nacionalidade, a localização do estabelecimento principal e a localização geográfica do tratamento de dados não determinam a aplicabilidade da Diretiva n. 95/46/EC. A Corte também esclareceu o que constitui tratamento de dados "realizado no contexto das atividades" de um estabelecimento do controlador, outro elemento crucial para a aplicação do art. 4(1)(a) da Diretiva.[61] A Corte entendeu que, se existir uma conexão indissociável entre as atividades do estabelecimento na UE e os tratamentos realizados pelo controlador (mesmo que não estabelecido na UE), isso demonstra que o tratamento ocorre no contexto das atividades do estabelecimento.[62] Embora o tratamento de dados para o serviço de busca (Google Search) fosse realizado exclusivamente pelo Google Inc. e as atividades do Google Spain se concentrassem na venda de anúncios *online*, o TJUE concluiu que elas estavam intrinsecamente ligadas, pois: "As atividades relacionadas ao espaço publicitário constituem o meio de tornar a ferramenta de busca em questão economicamente lucrativa".[63] A conexão também ocorreria na medida em que anúncios eram expostos em buscas relacionadas a dados pessoais na Espanha, ainda que essas buscas dependessem de tratamentos de dados concretizados pelo Google Inc fora da UE.

O julgamento do caso Google Spain pelo TJUE estabeleceu um marco fundamental na compreensão da extraterritorialidade da Diretiva n. 95/46/EC em relação a controla-

---

58 TJUE, Caso C-131/12.

59 Para uma discussão detalhada, ver VAN ALSENOY, B.; KOEKKOEK, M. Internet and Jurisdiction after Google Spain: The Extraterritorial Reach of the "Right to Be Delisted". *International Data Privacy Law*, v. 5, p. 105, 2015.

60 TJUE, Caso C-131/12, parágrafo 48. O conceito de "estabelecimento", fundamental para determinar a aplicação da Diretiva n. 95/46/EC nesse caso, é definido no Recital 19: "Considerando que o estabelecimento no território de um Estado-membro pressupõe o exercício efectivo e real de uma actividade mediante uma instalação estável; que, para o efeito, a forma jurídica de tal estabelecimento, quer se trate de uma simples sucursal ou de uma filial com personalidade jurídica, não é determinante; que, quando no território de vários Estados-membros estiver estabelecido um único responsável pelo tratamento, em especial através de uma filial, deverá assegurar, nomeadamente para evitar que a legislação seja contornada, que cada um dos estabelecimentos cumpra as obrigações impostas pela legislação nacional aplicável às respectivas actividades".

61 MONIZ, G. C. Finally: a coherent framework for the extraterritorial scope of EU data protection law – the end of the linguistic conundrum of Article 3(2) of the GDPR. *UNIO – EU Law Journal*, v. 4, p. 105, 2018.

62 MONIZ, G. C. Finally: a coherent framework for the extraterritorial scope of EU data protection law – the end of the linguistic conundrum of Article 3(2) of the GDPR. *UNIO – EU Law Journal*, v. 4, p. 105, 2018.

63 TJUE, Caso C-131/12, para. 56.

dores de dados não localizados na UE. Essa decisão influenciou significativamente o texto do RGPD, que explicitou a aplicação da lei em tais casos, detalhando as situações em que controladores não estabelecidos na UE se sujeitam à legislação. Embora alguns especialistas argumentem que o RGPD apenas tenha formalizado o entendimento já existente do TJUE (sem grandes novidades em matéria de proteção de dados na UE, portanto),[64] o RGPD ampliou o alcance da extraterritorialidade, com implicações significativas para empresas que operam globalmente.

A extraterritorialidade do RGPD, no entanto, não é ilimitada. O caso *Google v. CNIL*, julgado em 24 de setembro de 2019 (C-507/17) serve como exemplo dessa limitação. Nele, o TJUE determinou que a Diretiva n. 95/46/EC e o RGPD não obrigam operadores de mecanismos de busca a realizar desindexação global para garantir o "direito ao esquecimento".[65] Essa decisão representa uma nuance importante em relação ao "direito ao esquecimento", explicitamente previsto no RGPD e foco central do caso *Google Spain*.[66] No entanto, o TJUE no caso *Google v. CNIL* ponderou que o objetivo primordial da proteção de dados na UE é garantir um alto nível de proteção aos dados dentro do território da União. Dessa forma, a desindexação do conteúdo em questão se limita aos países-membros da UE, não se estendendo ao nível global.

4. Análise de atividades da ANPD

Embora a LGPD esteja em vigor no Brasil desde setembro de 2020, a aplicação do art. 3º ainda não foi objeto de decisões pelo Judiciário. Além disso, a ANPD ainda não publicou guias ou diretrizes detalhadas sobre a aplicação desse artigo específico.

No entanto, a questão do escopo territorial da LGPD foi mencionada em três processos de fiscalização conduzidos pela CGF da ANPD, envolvendo empresas de tecnologia com sede principal no exterior, ainda que não tenha figurado como um ponto central da análise.

O primeiro caso foi a mudança dos termos de uso do aplicativo de mensagens WhatsApp, que foi analisado pela ANPD em um esforço conjunto interinstitucional.[67] A mudança foi anunciada pelo WhatsApp LLC., empresa com sede nos EUA. O Facebook Brasil, responsável pela operação do WhatsApp no Brasil, esclareceu à ANPD que o fornecimento do serviço não fazia parte de suas atividades e que o WhatsApp LLC. seria responsável por apresentar os esclarecimentos necessários na condição de provedor e responsável pelos serviços.[68] No entanto, durante o processo, a ANPD incluiu o WhatsApp LLC. como parte interessada.[69] Embora a autoridade não tenha discutido diretamente a questão do art. 3º da LGPD no âmbito do processo, é possível inferir que a ANPD reconhece o elemento de extraterritorialidade presente no texto legal, permitindo que o WhatsApp LLC. responda por tratamentos de dados realizados no Brasil, mesmo sendo uma empresa com sede no exterior.

---

[64] GÖMANN, M. The new territorial scope of EU data protection law: Deconstructing a revolutionary achievement. *Common Market Law Review*, v. 54, 2017.

[65] TJUE, Caso C-507/17.

[66] TJUE, Caso C-507/17.

[67] Para uma discussão detalhada do caso e dos esforços de coordenação das agências envolvidas, ver KIRA, B. Inter-Agency Coordination and Digital Platform Regulation: Lessons from the WhatsApp Case in Brazil. *International Review of Law, Computers & Technology*, v. 38, 2024.

[68] Nota Técnica n. 02/2021/CGTP/ANPD.

[69] ANPD. Processo n. 00261.000012/2021-04.

O segundo caso iniciado pela autoridade (ainda em andamento) envolve a rede social TikTok e investiga o tratamento de dados pessoais de crianças e adolescentes no momento em que se cadastram na plataforma.[70] No caso em questão, a ANPD notificou tanto o ByteDance Brasil Tecnologia Ltda., subsidiária do TikTok no Brasil, quanto o TikTok Pte. Ltd., a sede da empresa, localizada em Singapura. A ByteDance Brasil alegou que não opera o TikTok diretamente, função esta da TikTok Pte. Ltd., com base em Singapura.[71] Em resposta, a CGF argumentou expressamente que a LGPD se aplica aos dados pessoais tratados pela TikTok Pte. Ltd., empresa controladora da ByteDance Brasil, mesmo que a primeira não esteja sediada no Brasil. Essa argumentação se baseou no art. 3º da lei:

> (...) considerando que o tratamento feito pelo TikTok tem o objetivo de ofertar serviços no território nacional de tratar dados de indivíduos localizados no território nacional (inciso II) e que há dados pessoais coletados no território nacional (inciso III), resta claro que a LGPD se aplica no presente caso.

O terceiro caso envolve a empresa Telegram e teve início em resposta ao Ofício Nudecon/PDP n. 04/2022. Nesse ofício, a Defensoria Pública do Estado do Rio de Janeiro (DPE/RJ) informava a abertura de uma investigação em decorrência de indícios de que os serviços de mensagens do Telegram e Signal estavam em desconformidade com a legislação brasileira, incluindo a LGPD. No entanto, com base na necessidade de priorizar casos de maior impacto, a ANPD instaurou processo de fiscalização apenas em face do Telegram.[72] Em respostas ao ofício enviado pela ANPD ao Telegram, a empresa declarou ter sede nas Ilhas Virgens Britânicas e não possuir filial no Brasil. No entanto, indicou um escritório de advocacia na cidade de São Paulo para representá-la no país, bem como para receber qualquer comunicação judicial ou administrativa em seu nome. Com base na abrangência territorial da lei (que permite sua aplicação independentemente do país de sede da empresa ou do local onde os dados são armazenados) e na ausência de exigência legal de que o controlador de dados seja uma pessoa física ou jurídica brasileira, o Telegram argumentou que o controlador de dados em seu caso seria o Telegram Messenger Inc., sediado nas Ilhas Virgens Britânicas. Após analisar as informações e documentos fornecidos pelo Telegram, a ANPD considerou que a empresa havia respondido de forma satisfatória aos questionamentos e que as investigações realizadas até então eram suficientes, encerrando o processo.

BIBLIOGRAFIA SELECIONADA

ABREU, J. D. S. Jurisdictional Battles for Digital Evidence, MLAT Reform, and the Brazilian Experience. *Revista de Informação Legislativa*, v. 55, 2018.

GÖMANN, M. The new territorial scope of EU data protection law: Deconstructing a revolutionary achievement. *Common Market Law Review*, v. 54, 2017.

GREZE, B. The Extra-Territorial Enforcement of the GDPR: A Genuine Issue and the Quest for Alternatives. *International Data Privacy Law*, 2019.

KIRA, B. Inter-Agency Coordination and Digital Platform Regulation: Lessons from the WhatsApp Case in Brazil. *International Review of Law, Computers & Technology*, v. 38, 2024.

---

70 ANPD. Processo n. 00261.000297/2021-75.

71 Nota Técnica n. 6/2023/CGF/ANPD.

72 Processo n. 00261.000298/2022-09.

KOHL, U. Jurisdiction in Network Society. *In*: TSAGOURIAS, N.; BUCHAN, R. (ed.). *Research handbook on international law and cyberspace*. 2nd ed. Northampton: Edward Elgar Publishing, 2021.

KUNER, C. Applicable Law, Extraterritoriality, and Transborder Data Flows. *In*: KUNER, C. *Transborder Data Flows and Data Privacy Law*. Oxford: Oxford University Press, 2013.

MOEREL, L. The Long Arm of EU Data Protection Law: Does the Data Protection Directive Apply to Processing of Personal Data of EU Citizens by Websites Worldwide? *International Data Privacy Law*, v. 1, 2011.

MONIZ, G. C. Finally: a coherent framework for the extraterritorial scope of EU data protection law – the end of the linguistic conundrum of Article 3(2) of the GDPR. *UNIO – EU Law Journal*, v. 4, 2018.

VAN ALSENOY, B.; KOEKKOEK, M. Internet and Jurisdiction after Google Spain: The Extraterritorial Reach of the "Right to Be Delisted". *International Data Privacy Law*, v. 5, 2015.

WP29. *Working document on determining the international application of EU data protection law to personal data processing on the Internet by non-EU based web sites*, 2002.

Art. 4º Esta Lei não se aplica ao tratamento de dados pessoais:

I – realizado por pessoa natural para fins exclusivamente particulares e não econômicos;

II – realizado para fins exclusivamente:

a) jornalísticos e artísticos; ou

b) acadêmicos, aplicando-se a esta hipótese os arts. 7º e 11 desta Lei;

III – realizado para fins exclusivos de:

a) segurança pública;

b) defesa nacional;

c) segurança do Estado; ou

d) atividades de investigação e repressão de infrações penais; ou

IV – provenientes de fora do território nacional e que não sejam objeto de comunicação, uso compartilhado de dados com agentes de tratamento brasileiros ou objeto de transferência internacional de dados com outro país que não o de proveniência, desde que o país de proveniência proporcione grau de proteção de dados pessoais adequado ao previsto nesta Lei.

§ 1º O tratamento de dados pessoais previsto no inciso III será regido por legislação específica, que deverá prever medidas proporcionais e estritamente necessárias ao atendimento do interesse público, observados o devido processo legal, os princípios gerais de proteção e os direitos do titular previstos nesta Lei.

§ 2º É vedado o tratamento dos dados a que se refere o inciso III do *caput* deste artigo por pessoa de direito privado, exceto em procedimentos sob tutela de pessoa jurídica de direito público, que serão objeto de informe específico à autoridade nacional e que deverão observar a limitação imposta no § 4º deste artigo.

§ 3º A autoridade nacional emitirá opiniões técnicas ou recomendações referentes às exceções previstas no inciso III do *caput* deste artigo e deverá solicitar aos responsáveis relatórios de impacto à proteção de dados pessoais.

§ 4º Em nenhum caso a totalidade dos dados pessoais de banco de dados de que trata o inciso III do *caput* deste artigo poderá ser tratada por pessoa de direito privado, salvo por aquela que possua capital integralmente constituído pelo poder público. (Redação dada pela Lei n. 13.853, de 2019)

Artigo 4º

Comentado por Jacqueline de Souza Abreu

DISPOSITIVOS RELACIONADOS NO DIREITO INTERNACIONAL

- Art. 3º, Convenção 108+ do CoE.
- Parágrafos 2 a 6, Diretrizes da OCDE para a Proteção da Privacidade e dos Fluxos Transfronteiriços de Dados Pessoais.

DISPOSITIVOS RELACIONADOS NO ORDENAMENTO JURÍDICO BRASILEIRO

- Art. 31 da LAI.
- Art. 5º, IV, IX, X, XIV, LXXIX; art. 144; art. 206, II; art. 218; e art. 220 da CRFB.
- Decreto n. 10.046/2019.

DISPOSITIVOS RELACIONADOS NA LGPD

- Arts. 2º, III; e 3º, *caput* e § 2º; arts. 5º, XVIII; 6º; 7º; e 7º, IV; art. 11; art. 11, II, *c*; art. 13; art. 16, II; art. 23; e art. 33, III.

ATIVIDADES DA ANPD

- Guia Orientativo, Tratamento de dados pessoais pelo Poder Público. Brasília, DF, janeiro de 2022.
- Guia Orientativo, Tratamento de dados pessoais para fins acadêmicos e para a realização de estudos e pesquisas, junho de 2023.
- Nota Técnica n. 175/2023/CGF/ANPD, SEI 00261.001722/2023-13 [sobre acordo de cooperação técnica entre MJ e CBF].

CASOS E DECISÕES JUDICIAIS RELEVANTES

- STF, RE 1.010.606, Rel. Min. Dias Toffoli, Tribunal Pleno, j. 11.02.2021, *DJe* 19.05.2021.
- STF, MS 37.963 MC-AgR, Rel. Min. Ricardo Lewandowski, Segunda Turma, j. 09.10.2021, *DJe* 07.02.2022.
- STF. ADI n. 6.649 e ADPF n. 695. Plenário. Rel. Min. Gilmar Mendes, j. 15.09.2022. *DJe* 19.06.2023.

JUSTIFICATIVA E FUNDAMENTOS

A LGPD parte de um amplo âmbito de aplicação, previsto em seu art. 3º: aplica-se a qualquer operação de tratamento de dados pessoais realizada por pessoa natural ou por pessoa jurídica de direito público ou privado, desde que observados certos vínculos territoriais de jurisdição.[73] O art. 4º prevê as poucas exceções atinentes ao âmbito material de aplicação da referida lei, além daquele mais óbvio que precede qualquer outro artigo – operações que usem dados não abarcados pela definição de *dados pessoais* não estão submetidas à LGPD.

Essa estrutura de âmbito de aplicação espelha uma concepção do direito fundamental à proteção de dados pessoais como um direito que possui um âmbito de proteção *amplo*: isto é, que se aplica *prima facie* a qualquer operação que envolva dado pessoal, abrangendo um amplo espectro de ações (a que remetem verbos como coletar, produzir, receber, acessar,

[73] Ver comentário ao art. 3º neste volume.

transmitir, modificar, apagar, armazenar etc.), de modo que quaisquer dessas ações constitui uma *intervenção* em um direito fundamental que precisa ser legitimada, por certas justificativas (hipóteses), princípios e processos.

Nessa linha, exceções contidas no art. 4º podem ser vistas como áreas em que o legislador já determinou que o conjunto de práticas de remediação de riscos e de legitimação concebido pela lei não deve se aplicar em toda sua inteireza e granularidade, em razão de dizer respeito a atividades que (i) não apresentam relevantes riscos à proteção da personalidade e a princípios da justiça subjacentes à LGPD (exceção relativa a tratamento realizado por pessoa natural para fins exclusivamente particulares e não econômicos); (ii) realizam outros princípios e fundamentos de máxima relevância para liberdade pessoal e governança democrática (exceções relativas a atividades jornalísticas, artísticas e acadêmicas); (iii) merecem regulamento próprio, por conta de particularidades do propósito de atuação e importância (exceção relativa a atividades voltadas a fins exclusivos de segurança pública, defesa nacional, segurança do Estado ou investigação); (iv) não versam sobre dados pessoais vinculados em escala a cidadãos nacionais e a interesses do país e já protegidos por outras leis de proteção de dados (exceção relativa a dados provenientes do exterior e não mantidos por agentes brasileiros).

Já em seus parágrafos, o dispositivo faz uma série de ressalvas ao que a exceção do inciso III (operações para fins exclusivos de segurança pública, defesa nacional, segurança do Estado e investigações) significa, com intuito de registrar que não admite carta branca e ampla discricionariedade no uso de dados nestas áreas. No parágrafo primeiro, cria tanto um comando de elaboração de legislação específica para a exceção do inciso III quanto estabelece que a exceção de aplicação é apenas parcial, ainda vinculando o respeito a princípios de proporcionalidade, atendimento do interesse público, devido processo legal e atenção a princípios e direitos previstos na lei. No parágrafo terceiro, esse ponto é reforçado pelo poder-dever imposto à autoridade de proteção de dados de solicitar relatórios de impacto à proteção de dados pessoais, do que se extrai a obrigação aos agentes de tratamento de produzi-los, e pela previsão de que a autoridade emita opiniões e recomendações relativas a tais atividades.

Já os §§ 2º e 4º demarcam fronteiras duras do manejo e da justificação de uso de dados pessoais no que diz respeito a pessoas jurídicas de direito privado – que não podem se valer das exceções do inciso III. É vedado o tratamento de dados pessoais para fins exclusivos de segurança pública, defesa nacional, segurança do Estado e investigação por pessoa jurídica de direito privado. A possibilidade só existe quando o procedimento é feito sob tutela de pessoa jurídica de direito público, com informe à autoridade nacional, e quando a pessoa jurídica de direito privado possua capital integralmente constituído pelo poder público.

Esse resultado legislativo é fruto de diversas iterações ao longo da década em que a LGPD esteve em construção. O texto embrionário contido no Anteprojeto de lei[74] apresentado pela SAL em iniciativa com o Departamento de Proteção e Defesa do Consumidor da Secretaria de Direito Econômico do Ministério da Justiça e com o Observatório Brasileiro de Políticas Digitais do Centro de Tecnologia e Sociedade da Fundação Getulio Vargas do Rio de Janeiro em 2010 já continha ideias centrais que excluíam operações de tratamento para fins exclusivamente pessoais e jornalísticos do escopo de aplicação da lei e previa que bancos de dados instituídos e mantidos para "fins exclusivos de segurança pública, defesa,

---

[74] BRASIL. *Anteprojeto de lei*. Dispõe sobre a proteção de dados pessoais, a privacidade e dá outras providências. Brasília: Ministério da Justiça, 2011.

segurança do Estado e suas atividades de investigação e repressão de delitos serão regidos por legislação específica". Os mesmos elementos apareceram no primeiro projeto de lei apresentado sobre o tema na Câmara dos Deputados (PL n. 4.060/2012).[75]

Não é surpresa que tenha nascido já com tais elementos. Os esforços de elaboração da legislação foram influenciados por experiências internacionais no tema, notadamente pelo modelo europeu de proteção de dados pessoais,[76] que continha exceções semelhantes (*vide* por exemplo arts. 3º e 9º da Diretiva Europeia n. 95/46/CE, que antecedeu o RGPD), e já fazia parte de discussões regionais sobre o tema.

Ao longo do processo legislativo, no entanto, é possível observar como foram se consolidando as exceções e a compreensão sobre o que deveriam significar. Ao lado das exceções a atividades de jornalismo, foram incluídas as atividades artísticas e acadêmicas após a segunda consulta pública conduzida pelo Ministério da Justiça (MJ), em 2015,[77] e que resultou no PL n. 5.276/2016[78], e defendidas durante as audiências públicas na Câmara dos Deputados que daí seguiram. Já a exceção quanto a atividades de segurança, vista com preocupação pela sociedade civil em razão da ausência de condução do projeto específico a que se reportava já em paralelo,[79] foi sendo progressivamente acompanhada por linguagem que buscou garantir, já no texto do que viria a ser a LGPD, mais proteções mínimas. Além da referência expressa ao respeito a princípios e direitos contidos na lei e do dever de informar certas atividades à autoridade competente propostos no segundo Anteprojeto de 2015, foram incluídos o poder--dever à autoridade de dar opiniões técnicas e recomendações e o de solicitar relatórios de impacto na apresentação do PL n. 5.276/2016, fruto dessa segunda consulta pública.

Os limites de atuação e envolvimento de agentes privados foram sendo amadurecidos entre essa mesma consulta pública e o debate público sobre o PL n. 4.060/2012, a que o PL 5.276/2016 fora apensado. Ao apresentar o relatório final pré-aprovação, o relator deputado federal Orlando Silva explicou que "devido à importância da matéria", deveria haver legislação específica, mas a norma geral já deveria também estabelecer a garantia de atendimento ao interesse público para esse tratamento e impedir que bases de dados fossem "totalmente objeto de terceirização junto ao setor privado", atribuindo a inspiração ao art. 10 do RGPD.[80]

Depois de aprovada a LGPD em 2018, o art. 4º viria a sofrer intervenções pela Medida Provisória n. 869, de 2018, sendo apenas uma delas mantida pela Lei n. 13.853/2019, que converteu a medida provisória em lei: a inclusão de "salvo por aquela que possua capital integralmente constituído pelo poder público" ao final do §4º, permitindo que esse tipo de pessoa jurídica de direito privado conduza operações de tratamento para fins do inciso III.

---

75 BRASIL. Câmara dos Deputados. *Projeto de Lei n. 4.060, de 2012.* Brasília, DF: Congresso Nacional, 2012.

76 ZANATTA, R. *A proteção coletiva de dados pessoais no Brasil*: vetores de interpretação. Belo Horizonte: Letramento, 2023. p. 196-199.

77 BRASIL. *Anteprojeto de lei.* Dispõe sobre o tratamento de dados pessoais para proteger a personalidade e a dignidade da pessoa natural. Brasília: Ministério da Justiça, 2015.

78 BRASIL. Câmara dos Deputados. *Projeto de Lei n. 5.276, de 2016* (do Poder Executivo). Brasília: Congresso Nacional, 2016.

79 BRITO CRUZ, F.; ANTONIALLI, D.; BIONI, B. O que está em jogo no debate sobre dados pessoais no Brasil? Relatório final sobre o debate público promovido pelo Ministério da Justiça sobre o Anteprojeto de Lei de Proteção de Dados Pessoais. *Internetlab*, p. 44-45, 2016.

80 BRASIL. *Comissão Especial destinada a proferir parecer ao Projeto de Lei n. 4.060, de 2012.* Parecer proferido em plenário em 29.05.2018. Relator Deputado Orlando Silva. Brasília: Congresso Nacional, 2018. p. 30.

ANÁLISE

O art. 4º da LGPD pode ser dividido em quatro exceções afeitas à finalidade do tratamento de dados e que compõem o recorte de aplicação da LGPD com relação à matéria: (i) exceção relativa a tratamento realizado por pessoa natural para fins exclusivamente particulares e não econômicos; (ii) exceção relativa a atividades jornalísticas, artísticas e acadêmicas; (iii) exceção relativa a atividades voltadas a fins exclusivos de segurança pública, defesa nacional, segurança do Estado ou investigação; (iv) exceção relativa a dados provenientes do exterior e não mantidos por agentes brasileiros.

1. Exceção relativa a tratamento realizado por pessoa natural para fins exclusivamente particulares e não econômicos

A previsão de que o tratamento de dados realizado por pessoa natural para fins exclusivamente pessoais não está submetido à LGPD encontra paralelo em diversos modelos internacionais sobre o tema, como o art. 2(c), do RGPD e o art. 3(2) da Convenção 108+ do CoE. Isso cobre atividades como elaboração e manutenção de agendas de telefones e endereços, diários, correspondências pessoais, armazenamento e cópias de documentos e arquivos familiares, e até uso de redes sociais e assistentes domésticos, da perspectiva pessoal.

Os elementos centrais da avaliação são (i) ser realizado por controle de *pessoa natural*, não abrangendo pessoas jurídicas; (ii) para fins *particulares* – termo não definido na lei e que pode ser compreendido como aquilo que compõe o ambiente doméstico, sem interface externa/pública; (iii) e *não econômicos*, isto é, atividades sem propósito profissional, desvinculada da oferta de bens ou serviços e da busca por lucro; (iv) *exclusivamente* – as mesmas operações, conduzidas para outros fins ou para qualquer propósito além daqueles particulares e não econômicos ensejam a aplicação da LGPD. Não cabem nessa exceção, portanto, e a princípio, o manejo de câmeras de vigilância de uso externo ainda que para vigilância privada, o levantamento e arquivamento de dados de clientes ainda que por profissionais autônomos, a criação de blogs e sites para divulgação de dados pessoais de contato e endereço ao público em geral. Esse inciso, no entanto, não foi ainda objeto de grande debate na jurisprudência nem de atividades da ANPD – exceto pela observação de que a autoridade logo no início de suas atividades buscou aprovar regulamento específico para agentes de tratamento de pequeno porte (Resolução CD/ANPD n. 2, 2022), reforçando a constatação de que, apesar de terem de seguir a LGPD, podem estar sujeitos a um conjunto mais realista de práticas, ajustadas ao seu tamanho e aos menores riscos das atividades.

2. Exceção relativa a atividades jornalísticas, artísticas e acadêmicas

A LGPD reafirma seus compromissos e reconciliação com a liberdade de expressão – seja em sua dimensão de imprensa, criativa ou acadêmica, pelas exceções do art. 4º, II. A lei não pode ser interpretada de maneira abusiva a constranger tais atividades.

Com relação à exceção aplicada ao jornalismo, como já notado acima, trata-se de previsão contida desde o nascimento dos debates em torno da lei, e mantida em toda a sua discussão. Dessa maneira, a LGPD já nasceu com o compromisso de que a proteção de dados pessoais não seria trunfo para causar embaraço a atividades vinculadas à liberdade de imprensa. Reconhece que a prática jornalística – que muitas vezes inclui revelar documentos e informações antes secretas e expor condutas de figuras públicas, levantar, analisar e cruzar dados de variados tipos, com o propósito de informar a sociedade e permitir escrutínio público daqueles em posições de poder – possui papel fundamental em qualquer democracia e o manejo de dados pessoais que implique é justificável e legítimo. Um prólogo silencioso é que regras de ética jornalística e do Direito Civil tradicional servem para conter e coibir abusos. Nessa linha, o STF se manifestou em 2021 quando do julgamento sobre "direito ao esquecimento" no sentido de que a LGPD não confere um direito a se opor a publicações lícitas e verídicas.[81]

Essa exceção honra a tradição de preservação da liberdade de imprensa assentada em diversos dispositivos constitucionais e reverberada pelo STF pós-1988. É encontrada também em modelos internacionais – no RGPD, no art. 85, que também trata de fins artísticos e acadêmicos, deixando a regulamentação a leis nacionais. Na Argentina, país pioneiro na América Latina em termos de proteção de dados pessoais, o art. 1º da Lei n. 25.326/2000, sem nenhuma outra exceção, também já previa que em nenhum caso bancos de dados e fontes de informação jornalística seriam afetados pelas disposições da lei.

Na LGPD, não houve qualquer definição do que seriam "fins jornalísticos". Compreende-se que abrange qualquer atividade que tenha propósito de divulgar fatos e notícias, voltada ao interesse e debate público, não abrangendo apenas empresas, mas qualquer agente que faça pesquisa investigativa a esse fim.[82] Propósitos artísticos, protegidos como exercício da liberdade criativa e voltados à expressão de sentimentos e ideias através de obras de variados tipos (musicais, audiovisuais, literárias etc.), foi adicionada como acompanhante da liberdade de imprensa, garantindo que elementos de produção cultural, apenas por usarem ou conterem dados, não atrairiam a LGPD. Assim como uma notícia não pode ser censurada, apenas por mencionar dado pessoal, o mesmo se aplica a obras artísticas.

Por fim, a LGPD estabelece uma "incidência parcial" a operações de tratamento de dados pessoais para fins exclusivamente acadêmicos. No RGPD existe também essa derrogação parcial em seu art. 89. Esta é a única exceção que já foi objeto de análise detida pela ANPD em estudo técnico e ao ser tema de um de seus "Guias orientativos".[83] A ideia aqui é proteger a liberdade de expressão acadêmica, reconhecendo a produção intelectual e a realização de pesquisas também como atividades de interesse público (art. 2º, III e V, LGPD[84]), em linha com a Constituição Federal (arts. 206, II, e 218). O tratamento deve ainda estar amparado em alguma hipótese legal. Assim, deve haver ainda uma análise específica concreta, não havendo "dispensa geral de observância da LGPD", como alerta a própria ANPD.

De maneira específica, e dentro do tema, a "realização de estudos" por "órgãos de pesquisa" – que se adequarem à definição dada pela lei ao art. 5º, XVIII[85] – também constitui hipótese legal justificadora de operações de tratamento de dados, nos arts. 7º e 11, desde que os dados passem por processo de anonimização. Essa condicionante aponta à possibilidade

---

81 STF, RE 1.010.606, Rel. Min. Dias Toffoli, Tribunal Pleno, j. 11.02.2021, *DJe* 19.05.2021.

82 CHAVES, R. *et al.* Jornalismo e proteção de dados pessoais: a liberdade de expressão, informação e comunicação como fundamentos da LGPD. *Abraji*, p. 40, 2022. Disponível em: https://www.abraji.org.br/publicacoes/jornalismo-e-protecao-de-dados-pessoais-a-liberdade-de-expressao-informacao-e-comunicacao-como-fundamentos-da-lgpd. Acesso em: 27 jan. 2024.

83 ANPD. Estudo técnico: a LGPD e o tratamento de dados pessoais para fins acadêmicos e para a realização de estudos e pesquisas. *Texto para Discussão*, Brasília, n. 1, 2022.
ANPD. *Guia orientativo:* tratamento de dados pessoais para fins acadêmicos e para a realização de estudos e pesquisas. Brasília, jun. 2023.

84 Ver comentário ao art. 2º neste volume.

85 Ver comentário ao art. 5º, XVIII, neste volume.

de *uso secundário* dos dados, isto é, que o tratamento com propósito distinto daquele para o qual houve inicialmente coleta é a princípio permitido para esse fim, havendo o que a ANPD chama, a partir da experiência internacional, de "presunção de compatibilidade". É reforçada também pelo art. 16, II, que permite a conservação de dados nessa hipótese.

3. Exceção relativa a atividades voltadas a fins exclusivos de segurança pública, defesa nacional, segurança do Estado ou atividades de investigação e repressão de infrações penais

A LGPD estabelece também uma derrogação parcial para operações de tratamento para fins exclusivos de segurança. Os conceitos centrais para delimitação do escopo dessa derrogação parcial são (i) defesa nacional, (ii) segurança do Estado (iii) atividades de investigação e repressão de infrações penais, e (iv) segurança pública – aqui com ordem reorganizada para propósitos didáticos. O primeiro se reporta a ações militares de defesa do território, da soberania e dos interesses nacionais, sobretudo contra ameaças externas. O segundo remete a atividades de inteligência nacional, voltadas ao assessoramento governamental para definição de políticas de Estado. O terceiro envolve atividades policiais e judiciárias voltadas à repressão criminal e aquelas de investigação que instruem o processo penal. Por fim, "segurança pública" na LGPD remete a políticas e medidas de preservação da ordem pública no que se refere à prevenção criminal.

Vale algumas linhas sobre essa última interpretação – que mais pode gerar controvérsias. O termo "segurança pública" não tem definição na lei. Na Constituição Federal (art. 144), é preenchido de significado com base (i) na noção "preservação da ordem pública e da incolumidade das pessoas e do patrimônio" e (ii) na enumeração dos entes públicos que perseguem esse fim (polícia federal, polícia rodoviária federal, polícias civis, polícias e corpos de bombeiros militares). "Segurança pública" nesse sentido já remete, portanto, à repressão e apuração de crimes, pois inclui entidades voltadas a essas atividades. Se foi feita diferenciação na LGPD entre itens *a* e *d* do inciso III, isso sugere que se tinha em mente uma definição possivelmente diferente. Na visão desta autora, esse inciso na LGPD usa um conceito mais estrito, voltado à prevenção criminal – a atuação para prevenção de crimes e perigos, distinguindo-se de fins de persecução criminal (*d*), que se inicia quando um fato criminoso já ocorreu.[86]

Qualificar como prevenção *criminal* é também uma imputação interpretativa. Em certa medida, combater ou prevenir uma epidemia de dengue, por exemplo, é também preservar a "segurança pública", em sentido largo. No entanto, a LGPD também deu sinais de que não quis alargar o conceito de segurança pública a esse ponto, ao tratar de saúde pública separadamente, por exemplo. No limite, diversas políticas públicas podem ser compreendidas como voltadas a garantir alguma "segurança" da população (pública) no exercício de direitos civis e sociais. Isso, contudo, esvaziaria de sentido os dispositivos próprios sobre operações de tratamento pelo Poder Público, inclusive para realização de políticas públicas. Entendo, portanto, que o art. 4º, III, *a*, buscou tratar de atividades notadamente *policiais*, não excepcionando atividades voltadas à saúde pública, à defesa civil, nem à segurança do trânsito, por exemplo – todas essas integralmente submetidas à LGPD.

---

[86] GLEIZER, O.; MONTENEGRO, L.; VIANA, E. *O direito de proteção de dados no processo penal e na segurança pública.* Rio de Janeiro: Marcial Pons, 2021. p. 51-56; ABREU, J. S. Tratamento de dados pessoais para segurança pública: contornos do regime jurídico pós-LGPD. *In*: DONEDA, D. *et al.* (ed.). *Tratado de proteção de dados pessoais.* Rio de Janeiro: Forense, 2021. p. 593-596.

Como antecipado, a LGPD deixa esse universo excepcionado de atividades a ser governada por uma legislação específica. Na Europa, a mesma separação é feita, com a distinção de que não houve postergação: a aprovação da Diretiva (EU) n. 2016/680[87] tramitou ao lado do RGPD e foi sancionada ao mesmo tempo.

A LGPD, no entanto, já deixa claros parâmetros básicos mesmo para atividades dessa área no § 1º do art. 4º, já reafirmados pela ANPD em nota técnica sobre compartilhamento de dados entre o MJ e a CBF.[88] Atividades nesse campo estão sujeitas a controle (i) se há interesse público na operação, tendo em vista suas finalidades concretas; (ii) se foram respeitados (a) devido processo legal, importando saber se houve formalização mínima do que há de ser feito, como e para quê, inclusive para poder viabilizar posterior análise de adequação e necessidade, em linha com precedente do STF (ADI 6.387), e que haja mecanismos de controle e auditabilidade, a prevenir desvio de finalidade e permitir mitigação de riscos; (b) cada um dos princípios do art. 6º; (c) direitos dos titulares, "ainda que de forma diferenciada em virtude da atividade desempenhada", nos termos da ANPD. As atividades estão também sujeitas a análise de riscos, para mitigá-los, em linha com o próprio fato de que relatórios de impacto de proteção de dados são exigíveis, nos termos do § 3º do art. 4º.

De mais relevante, a ANPD também deixa claro em sua primeira Nota Técnica pública sobre o tema que as operações que envolvam mais de um agente e compartilhamento de dados devem ser analisadas da perspectiva de cada um dos agentes. Assim, embora a nota no caso tenha enfocado no papel do MJ, ela destaca que a operação deve ser analisada (e sua legitimação escrutinada) também da perspectiva da CBF e de outros e cada um dos órgãos do Sistema de Segurança Pública (SSP) que venham a ser acionados posteriormente em razão da inteligência obtida com os dados compartilhados.

Com relação aos §§ 2º e 4º, que tratam dos limites do envolvimento de agentes privados, a LGPD assim impede que pessoas jurídicas de direito privado utilizem essas exceções para justificarem tratamento de dados pessoais – e mais, a linguagem adotada é de regra geral de vedação de sua participação em atividades da área. A não ser, como no caso da CBF, quando houver tutela de órgão público, mediante informe à ANPD e (a) não envolver a totalidade da base de dados ou (b) mesmo sendo, seja pessoa jurídica de direito privado que possua capital integralmente constituído pelo poder público.[89]

Sobre o adjetivo fins "exclusivos": caso a operação tenha outro ou mais de um fim que não aqueles do inciso III, esta estará plenamente sujeita à LGPD.

Igualmente, e como para as exceções anteriores, nada disso significa que polícias, Ministério Público e tribunais (como também não significa para empresas de mídia e jornalismo em geral) podem deixar de observar a LGPD. A exceção – parcial – só se aplica para atividades concretas destinadas com os fins excepcionados.

---

87 UE. Diretiva n. 2016/680/UE do Parlamento Europeu e do Conselho de 27 de abril de 2016 relativa à proteção das pessoas singulares no que diz respeito ao tratamento de dados pessoais pelas autoridades competentes para efeitos de prevenção, investigação, deteção ou repressão de infrações penais ou execução de sanções penais, e à livre circulação desses dados, e que revoga a Decisão-Quadro 2008/997. JAI do Conselho.

88 ANPD. Nota Técnica n. 175/2023/CGF/ANPD, SEI 00261.001722/2023-13, [sobre acordo de cooperação técnica entre MJ e CBF], 25 de outubro de 2023.

89 ABREU, J. S. Tratamento de dados pessoais para segurança pública: contornos do regime jurídico pós-LGPD. *In*: DONEDA, D. *et al.* (ed.). *Tratado de proteção de dados pessoais*. Rio de Janeiro: Forense, 2021. p. 600.

4. Exceção relativa a dados provenientes do exterior e não mantidos por agentes brasileiros

A exceção do art. 4º, IV, mais parece ter relação com o art. 3º da LGPD, que delimita o escopo territorial da legislação. Incluído após debates e audiências públicas na Câmara dos Deputados depois da apresentação do PL n. 5.276/2016, aparenta lidar com o fenômeno de dados que apenas *transitam* pelo território nacional – mas que vieram do exterior e não ficam no Brasil, não envolvendo dados "brasileiros".[90]

BIBLIOGRAFIA SELECIONADA

ABREU, J. S. Tratamento de dados pessoais para segurança pública: contornos do regime jurídico pós-LGPD. *In*: DONEDA, D. *et al.* (ed.). *Tratado de proteção de dados pessoais.* Rio de Janeiro: Forense, 2021. p. 593-596.

ALMEIDA, F. *Guia de proteção de dados pessoais: pesquisa.* São Paulo: CEPI-FGV Direito SP, 2020. Disponível em: https://bibliotecadigital.fgv.br/dspace/handle/10438/30 879. Acesso em: 4 mar. 2022.

BARRETO, M.; ALMEIDA, B.; DONEDA, D. Uso e proteção de dados pessoais na pesquisa científica. *RDU*, v. 16, n. 189, p. 90, 2019.

BRITO CRUZ, F.; ANTONIALLI, D.; BIONI, B. O que está em jogo no debate sobre dados pessoais no Brasil? Relatório final sobre o debate público promovido pelo Ministério da Justiça sobre o Anteprojeto de Lei de Proteção de Dados Pessoais. *Internetlab*, 2016.

CHAVES, R. *et al.* Jornalismo e proteção de dados pessoais: a liberdade de expressão, informação e comunicação como fundamentos da LGPD. *Abraji*, 2022. Disponível em: https://www.abraji.org.br/publicacoes/jornalismo-e-protecao-de-dados-pessoais-a-liberdade-de-expressao-informacao-e-comunicacao-como-fundamentos-da-lgpd. Acesso em: 27 jan. 2024.

GLEIZER, O.; MONTENEGRO, L.; VIANA, E. *O direito de proteção de dados no processo penal e na segurança pública.* Rio de Janeiro: Marcial Pons, 2021.

ZANATTA, R. *A proteção coletiva de dados pessoais no Brasil*: vetores de interpretação. Belo Horizonte: Letramento, 2023.

[90] Ver comentário ao art. 3º neste volume.

Art. 5º Para os fins desta Lei, considera-se:

I – dado pessoal: informação relacionada a pessoa natural identificada ou identificável;

II – dado pessoal sensível: dado pessoal sobre origem racial ou étnica, convicção religiosa, opinião política, filiação a sindicato ou a organização de caráter religioso, filosófico ou político, dado referente à saúde ou à vida sexual, dado genético ou biométrico, quando vinculado a uma pessoa natural;

III – dado anonimizado: dado relativo a titular que não possa ser identificado, considerando a utilização de meios técnicos razoáveis e disponíveis na ocasião de seu tratamento;

IV – banco de dados: conjunto estruturado de dados pessoais, estabelecido em um ou em vários locais, em suporte eletrônico ou físico;

V – titular: pessoa natural a quem se referem os dados pessoais que são objeto de tratamento;

VI – controlador: pessoa natural ou jurídica, de direito público ou privado, a quem competem as decisões referentes ao tratamento de dados pessoais;

VII – operador: pessoa natural ou jurídica, de direito público ou privado, que realiza o tratamento de dados pessoais em nome do controlador;

VIII – encarregado: pessoa indicada pelo controlador e operador para atuar como canal de comunicação entre o controlador, os titulares dos dados e a Autoridade Nacional de Proteção de Dados (ANPD); (Redação dada pela Lei n. 13.853, de 2019)

IX – agentes de tratamento: o controlador e o operador;

X – tratamento: toda operação realizada com dados pessoais, como as que se referem a coleta, produção, recepção, classificação, utilização, acesso, reprodução, transmissão, distribuição, processamento, arquivamento, armazenamento, eliminação, avaliação ou controle da informação, modificação, comunicação, transferência, difusão ou extração;

XI – anonimização: utilização de meios técnicos razoáveis e disponíveis no momento do tratamento, por meio dos quais um dado perde a possibilidade de associação, direta ou indireta, a um indivíduo;

XII – consentimento: manifestação livre, informada e inequívoca pela qual o titular concorda com o tratamento de seus dados pessoais para uma finalidade determinada;

XIII – bloqueio: suspensão temporária de qualquer operação de tratamento, mediante guarda do dado pessoal ou do banco de dados;

XIV – eliminação: exclusão de dado ou de conjunto de dados armazenados em banco de dados, independentemente do procedimento empregado;

XV – transferência internacional de dados: transferência de dados pessoais para país estrangeiro ou organismo internacional do qual o país seja membro;

XVI – uso compartilhado de dados: comunicação, difusão, transferência internacional, interconexão de dados pessoais ou tratamento compartilhado de bancos de dados pessoais por órgãos e entidades públicos no cumprimento de suas competências legais, ou entre esses e entes privados, reciprocamente, com autorização específica, para uma ou mais modalidades de tratamento permitidas por esses entes públicos, ou entre entes privados;

XVII – relatório de impacto à proteção de dados pessoais: documentação do controlador que contém a descrição dos processos de tratamento de dados pessoais que podem gerar riscos às liberdades civis e aos direitos fundamentais, bem como medidas, salvaguardas e mecanismos de mitigação de risco;

XVIII – órgão de pesquisa: órgão ou entidade da administração pública direta ou indireta ou pessoa jurídica de direito privado sem fins lucrativos legalmente constituída sob as leis brasileiras, com sede e foro no País, que inclua em sua missão institucional ou em seu objetivo social ou estatutário a pesquisa básica ou aplicada de caráter histórico, científico, tecnológico ou estatístico; e (Redação dada pela Lei n. 13.853, de 2019)

XIX – autoridade nacional: órgão da administração pública responsável por zelar, implementar e fiscalizar o cumprimento desta Lei em todo o território nacional. (Redação dada pela Lei n. 13.853, de 2019)

Artigo 5º, I

Comentado por Diego Machado

DISPOSITIVOS RELACIONADOS NO DIREITO INTERNACIONAL

- Art. 2, *a*, Convenção 108.
- Art. 1, *b*, dos Princípios Orientadores da OCDE sobre a Proteção da Privacidade e o Fluxo Transfronteiriço de Dados Pessoais.
- *APEC Privacy Framework*, item 9.

DISPOSITIVOS RELACIONADOS NO ORDENAMENTO JURÍDICO BRASILEIRO

- Art. 4º, IV, da LAI.
- Art. 14, I, do Decreto n. 8.771/2016.

DISPOSITIVOS RELACIONADOS NA LGPD

- Art. 1º, *caput*; art. 5º, II e III; e art. 12, *caput* e §§ 1º e 2º.

ATIVIDADES DA ANPD

- Nota Técnica n. 46/2022/CGF/ANPD.
- Nota Técnica n. 3/2023/CGF/ANPD.
- Guia Orientativo – Tratamento de dados pessoais para fins acadêmicos e para a realização de estudos e pesquisas.
- Estudo Preliminar – Anonimização e pseudonimização para a proteção de dados pessoais.
- Estudo técnico sobre a anonimização de dados na LGPD – análise jurídica, 2023/CGTP/ANPD.

CASOS E DECISÕES JUDICIAIS RELEVANTES

- STF, RE n. 673.707/MG. Plenário. Rel. Min. Luiz Fux, j. e *DJe* 17.06.2015.
- STJ, REsp n. 1.784.156/SP. Terceira Turma. Rel. Min. Marco Aurélio Bellizze, j. 05.11. 2019. *DJe* 21.11.2019.

JUSTIFICATIVA E FUNDAMENTOS

O conceito de dado pessoal é o mais importante fundamento da delimitação do âmbito material de aplicação da LGPD. Tal como no Direito brasileiro, outras normativas nacionais ou supranacionais adotam o mesmo ponto de partida. Por exemplo, a Convenção 108, do CoE, cujo propósito é declaradamente proteger todos os indivíduos, independentemente de sua nacionalidade ou domicílio, com relação ao tratamento dos seus dados pessoais (art. 1 da Convenção 108), define dado pessoal como "qualquer informação relacionada a um indivíduo identificado ou identificável ('titular de dados')", conforme disposição do art. 2(a). Ainda na mesma linha, pode-se mencionar, entre outros: art. 4º, I, do RGPD, da UE; art. 3, IX, e art. 3, V, respectivamente, da *Ley General de Protección de Datos Personales en Posesión de sujetos Obligados* e da *Ley Federal de Protección de Datos Personales en Posesión de los Particulares*, do México; art. 2º da Lei n. 25.326/2000, da Argentina; art. 3º, *c*, da Lei n. 1.581/2012, da Colômbia; e art. 4, *d*, da Lei n. 18.331/2008, do Uruguai.

Para que o regime legal de proteção dos dados pessoais se aplique a atividade ou operação de tratamento de dados, estes devem ser qualificados como dados de caráter pessoal. Significa dizer, portanto, que não incide a lei no tratamento de *dado não pessoal*, categoria esta que pode ser compreendida como gênero que abrange tanto o dado anônimo – que desde a origem não é relacionado a pessoa natural identificada ou identificável – como o dado anonimizado[91] – dado originalmente pessoal submetido a processo de anonimização.[92] Ian Kerr ilustra bem a função dogmática do conceito de dado pessoal ao compará-lo com uma porta cujo acesso garante à pessoa natural o regime de proteção de dados pessoais e os direitos nele contidos.[93] Outros autores se referem à noção como um "conceito limite" (*threshold concept*) justamente para chamar atenção para sua função delimitadora dos confins da aplicabilidade de marcos legais e do direito de proteção de dados.[94]

Muito embora em sede doutrinária já tenham sido formuladas duras críticas a esse papel e centralidade do conceito de dado pessoal,[95] a noção permanece sendo uma pedra

---

91 Ver comentário ao art. 5°, III, neste volume.

92 ANPD. *Estudo técnico sobre a anonimização de dados na LGPD*: análise jurídica, 2024; VOKINGER, K. N.; STEKHOVEN, D. J.; KRAUTHAMMER, M. Lost in Anonymization – A Data Anonymization Reference Classification Merging Legal and Technical Considerations. *Journal of Law, Medicine and Ethics*, v. 48, p. 228-229, 2020.

93 KERR, I. 'Foreword'. *In*: GRATTON, Éloïse. *Understanding Personal Information:* Managing Privacy Risks. Markham, Ont.: LexisNexis, 2013.

94 HOOFNAGLE, C. J.; VAN DER SLOOT, B.; BORGESIUS, F. Z. The European Union General Data Protection Regulation: What It Is and What It Means. *Information & Communications Technology Law*, v. 28, p. 65-72, 2019; BYGRAVE, L. A.; TOSONI, L. Article 4(1). Personal data. *In*: KUNER, C., BYGRAVE L. A.; DOCSEY, C. (ed.). *The EU General Data Protection Regulation*: A Commentary. Oxford: Oxford University Press, 2020. p. 105.

95 Entre outros *vide*: OHM, P. Broken Promises of Privacy: Responding to the Surprising Failure of Anonymization. *UCLA Law Review*, p. 1701-1742, 2010; SCHWARTZ, P. M.; SOLOVE, D. J. The PII Problem:

de toque do direito de proteção de dados. É o que se vê, aliás, no texto legal de leis recentes como a LGPD, na jurisprudência dos tribunais e na doutrina.

Não se pode ignorar que a própria noção de dado pessoal tem forte aderência aos fundamentos constitucionais da Lei de Proteção de Dados brasileira, notadamente sua finalidade de promover os direitos fundamentais de liberdade e de privacidade e o livre desenvolvimento da personalidade (LGPD, art. 1º, *caput*). Como será analisado adiante, o conceito de *dado* possui uma dimensão representativa da realidade; logo, todo dado pessoal traz consigo representação da pessoa natural – o/a titular de dados – ainda que seja de aspectos parcelares de sua vida, que deve ser protegida em sua individualidade, cujo livre desenvolvimento necessariamente se realiza numa urdidura social e relacional.[96] Danilo Doneda enxergou na representação da personalidade um vínculo privilegiado entre o dado pessoal e a pessoa a que se refere, tal liame qualifica o dado pessoal como "extensão da personalidade" do titular.[97]

ANÁLISE

1. Dados pessoais: classificação

O desenvolvimento histórico do direito à proteção de dados pessoais está assentado na célebre constatação da corte constitucional alemã de que "não existem mais dados 'insignificantes' no contexto do processamento eletrônico de dados".[98] Um dos desdobramentos desse paradigma foi o progressivo abandono de classificações sobre graus ou âmbitos da esfera privada e da intimidade como critério relevante para determinar quais dados pessoais são alcançados pelo direito de proteção de dados.[99]

Porém, uma tradicional classificação que se manteve ao longo do tempo inscrita nos regimes de proteção de dados mundo afora diferencia *dados pessoais sensíveis* de *dados pessoais não sensíveis*,[100] classificação pautada no risco ou probabilidade, historicamente fundados, da ocorrência de discriminação ilícita ou dano a grupos vulneráveis.[101] Além desta, nos últimos anos, nova classificação tem se mostrado relevante para a compreensão das complexas práticas de tratamento de dados operadas por novas tecnologias digitais, inclusive em aplicações de

---

Privacy and a New Concept of Personally Identifiable Information. *New York University Law Review*, v. 86, p. 1814-1836, 2011; KOOPS, B. J. The Trouble with European Data Protection Law. *International Data Privacy Law*, v. 4, p. 250-260, 2014; NARAYANAN, A.; SHMATIKOV, V. Myths and Fallacies of Personally Identifiable Information. *Communications of the ACM*, v. 53, p. 24, 2010.

[96] PINTO, P. M. O direito ao livre desenvolvimento da personalidade. *Boletim da Faculdade de Direito da Universidade de Coimbra*, Número especial Portugal-Brasil 149, p. 157-159, 1999.

[97] DONEDA, D. *Da privacidade à proteção de dados pessoais*. 2. ed. São Paulo: Revista dos Tribunais, 2020. p. 148.

[98] SCHWABE, J. *Cinquenta anos de jurisprudência do Tribunal Constitucional Federal alemão*. Montevidéu: Fundación Konrad-Adenauer, 2005. p. 239.

[99] DONEDA, D. *Da privacidade à proteção de dados pessoais*. 2. ed. São Paulo: Revista dos Tribunais, 2020. p. 328.

[100] Ver comentário ao art. 5°, II, neste volume.

[101] DONEDA, D. *Da privacidade à proteção de dados pessoais*. 2. ed. São Paulo: Revista dos Tribunais, 2020. p. 144; QUINN, P.; MALGIERI, G. The Difficulty of Defining Sensitive Data – The Concept of Sensitive Data in the EU Data Protection Framework. *German Law Journal*, v. 23, p. 1583-1584, 2022.

IA. Trata-se de classificação ancorada no critério da origem dos dados pessoais, em que os dados podem ser categorizados em fornecidos, observados, derivados e inferidos.[102]

Dados fornecidos são dados que se originam diretamente de ação, em geral, voluntária e consciente do titular de dados. É o que ocorre, por exemplo, com as fotos publicadas em conta de usuário de plataformas digitais, a comunicação do próprio endereço eletrônico, dados cadastrais registrados em formulários de sítios eletrônicos e aplicativos de *smartphone*. Dados pessoais de crianças cujo tratamento é fundado no consentimento dos pais ou responsáveis pelo menor (LGPD, art. 14), também podem ser enquadrados nessa categoria.

Os *dados observados*, por sua vez, consistem em dados pessoais objeto da observação por terceiros (plataformas digitais, navegadores etc.) e capturados em formato digital. São dados que podem ser registrados e guardados no momento de sua criação ou transmitidos para um intermediário após a observação.[103] A coleta de dados observados se dá muito provavelmente sem que o titular de dados tenha ciência sobre a operação de tratamento – o que alguns autores veem como algo que se assemelha ao fornecimento indireto ou passivo dos dados pessoais pelo titular.[104] Entre outros tantos, se ajustam a essa categoria, por exemplo, os dados do histórico de navegação na internet, a caligrafia, dados sobre uso de aplicativos ou de jogos *online*, dados obtidos pelo emprego de câmeras de circuito fechado de televisão (CCTV) com programas de reconhecimento facial, dados de geolocalização, dados sobre a temperatura corporal e formas diversas de dados biométricos. O aumento exponencial da coleta de dados observado nas últimas décadas decerto guarda relação estreita com a multiplicidade de sensores usados para reconhecimento de atividade, e aplicações de internet e os diversos provedores que atuam como intermediários.[105]

Já os *dados derivados* ou *dados inferidos* são dados resultantes de análise inferencial de outros dados pessoais ou não pessoais, sejam eles fornecidos ou observados. Pode-se afirmar, de modo geral, que inferências "são tentativas de descobrir, a partir do que é conhecido, o que é desconhecido".[106] Isto é, a inferência compreende tanto o processo de análise de dados quanto a criação de novos dados. Na literatura especializada, há quem diferencie dados derivados de dados inferidos por força dos métodos empregados na origem da informação.[107] Contudo, prefere-se e adota-se neste comentário o uso amplo do termo *dados inferidos* a abranger tanto dados derivados por métodos probabilísticos como por métodos não probabilísticos.

---

[102] Cf. WACHTER, S.; MITTELSTADT, B, D. A Right to Reasonable Inferences: Re-Thinking Data Protection Law in the Age of Big Data and AI. *Columbia Business Law Review*, p. 494-516, 2019; Grupo de Trabalho do Artigo 29. WP29. *Orientações sobre as decisões individuais automatizadas e a definição de perfis para efeitos do Regulamento* (UE) n. 2016, p. 679, 2018; ICO. Big data, artificial intelligence, machine learning and data protection. 2017. p. 12-13; MACHADO, D. Considerações iniciais sobre o conceito de dado pessoal no ordenamento jurídico brasileiro. *Civilistica.com 1*, v. 12, 2023.

[103] OCDE. *Protecting Privacy in a Data-driven Economy:* Taking Stock of Current Thinking – Summary of the OECD Privacy Expert Roundtable, 2014.

[104] WACHTER, S.; MITTELSTADT, B, D. A Right to Reasonable Inferences: Re-Thinking Data Protection Law in the Age of Big Data and AI. *Columbia Business Law Review*, p. 494-516, 2019.

[105] WORLD ECONOMIC FORUM. *Rethinking personal data:* Trust and Context in User-Centred Data Ecosystems. 2014. p. 16. Disponível em: https://www3.weforum.org/docs/WEF_RethinkingPersonal Data_TrustandContext_Report_2014.pdf.

[106] MATSUMI, H.; SOLOVE, D. J. The Prediction Society: Algorithms and the Problems of Forecasting the Future. *GWU Legal Studies Research Paper*, 2023.

[107] OCDE. *Protecting Privacy in a Data-driven Economy:* Taking Stock of Current Thinking – Summary of the OECD Privacy Expert Roundtable. 2014. p. 5.

Assim, são considerados dados inferidos (i) aqueles produzidos com base no raciocínio ou operações lógico-matemáticas não probabilísticas[108] – *v.g.*, deriva-se o país de residência do indivíduo a partir do seu CEP, a orientação sexual de alguém a partir dos dados identificativos do(a) cônjuge ou companheiro(a)[109] – e (ii) aqueles derivados da aplicação de sistemas complexos baseados em algoritmos de mineração de dados e modelos de aprendizado de máquina[110] a conjunto de dados de entrada (*input*) – *v.g.*, escore de crédito, classificação para predição de empregabilidade. A inferência probabilística de dados é fundamental aos sistemas algorítmicos tão difundidos na atualidade. Nos sistemas de perfilamento automatizado, por exemplo, perfis são inferidos (e, então, formados) a partir do reconhecimento de padrões em bases de dados comportamentais fornecidos e/ou observados (*v.g.*, sistema de escores de crédito (*credit scoring)* para avaliação de risco de inadimplência.[111]

2. Elementos do conceito de dado pessoal no direito brasileiro

No estudo sobre a noção de dado pessoal, a perspectiva analítica empregada pelo extinto Grupo de Trabalho do Artigo 29 em parecer publicado em 2007[112] se tornou consagrada referência tanto para a doutrina[113] como para a jurisprudência[114]. No documento opinativo, o órgão europeu se debruçou sobre os elementos constitutivos na definição estabelecida no art. 2º(a) da então vigente Diretiva n. 95/46/CE – equivalente à previsão do atual art. 4º(1) do RGPD. Quatro são os elementos fundamentais do conceito de dado pessoal no sistema da UE: (i) qualquer informação; (ii) relativa a; (iii) pessoa natural; (iv) identificada ou identificável.[115]

Devido à semelhança textual e de função dogmática do conceito inscrito no art. 5º, I, da LGPD, com o correspondente conceito da UE, utiliza-se neste comentário a mesma metodologia de análise e interpretação do conceito de dado pessoal, todavia, com o olhar voltado para o sistema brasileiro de proteção de dados. Sendo assim, *dado pessoal é (i) informação*

---

108 OCDE. *Protecting Privacy in a Data-driven Economy:* Taking Stock of Current Thinking – Summary of the OECD Privacy Expert Roundtable. 2014. p. 5.

109 Esse assunto foi objeto de decisão judicial proferida pelo TJUE no caso C-184/20, *OT v. Vyriausioji tarnybinės etikos komisija*, em 1º de agosto de 2022. O precedente versa sobre a derivação de dados pessoais sensíveis a partir de informações originalmente não sensíveis, tais como nome e sobrenome de cônjuge e outros familiares, disponibilizadas na página de internet de órgão público.

110 OCDE. *Protecting Privacy in a Data-driven Economy:* Taking Stock of Current Thinking – Summary of the OECD Privacy Expert Roundtable. 2014. p. 5-6.

111 Nos EUA, o *California Consumer Privacy Act* acolhe expressamente a categoria dos dados pessoais inferidos e se refere à criação de perfis de consumidores. A lei do Estado da Califórnia inclui no conceito de informação pessoal "inferências obtidas de qualquer informação identificada nessa subdivisão para criar um perfil sobre um consumidor demonstrando as preferências, características, tendências psicológicas, predisposições, comportamentos, atitudes, inteligência, habilidades e aptidões" (tradução livre de "*inferences drawn from any of the information identified in this subdivision to create a profile about a consumer reflecting the consumer's preferences, characteristics, psychological trends, predispositions, behavior, attitudes, intelligence, abilities, and aptitudes*") Civ. Code, § 1798.140, subd. (o)(1).

112 WP29. Parecer 4/2007 sobre o conceito de dado pessoal, 2007.

113 Entre outros: PURTOVA, N. The Law of Everything. Broad Concept of Personal Data and Future of EU Data Protection Law. *Law, Innovation and Technology*, v. 10, p. 40, 2018; CORDEIRO, A. B. Dados pessoais: conceito, extensão e limites. *Revista de Direito Civil*, v. 2, 2018.

114 O TJUE dá sinais claros de ter encampado a visão do Grupo de Trabalho do Artigo 29, a exemplo do que se vê na fundamentação do acórdão proferido no caso C-434/16, *Peter Nowak v. Data Protection Commissioner*.

115 Grupo de Trabalho do Artigo 29 (WP29. Parecer 4/2007 sobre o conceito de dado pessoal, 2007, p. 6).

(ii) relacionada a (iii) pessoa natural (iv) identificada ou identificável. É importante destacar, ainda, que a redação da LGPD, essencialmente, consolida definições previamente estabelecidas no art. 4º, IV, da LAI, e no art. 14, I, do Decreto n. 8.771/2016, que regulamenta o MCI.

2.1. "informação"

Diferentemente do RGPD, da Lei de Proteção de Dados da Colômbia[116], e das leis mexicanas sobre a matéria[117], que aludem a *"qualquer informação"*, ou da lei argentina[118], que se refere a *"informação de qualquer tipo"*, a redação legal da LGPD faz menção do termo *"informação"* somente. A ausência de qualificativo ao termo "informação", todavia, não conduz a relevantes diferenças, à luz da hermenêutica jurídica, feita a comparação com as demais legislações mencionadas. Tal como se faz nessas jurisdições, a interpretação da lei brasileira deve ser a mais abrangente possível, a fim de compreender qualquer informação passível de identificar alguém.[119]

"[O] conceito de dado pessoal inclui qualquer espécie de afirmação sobre uma pessoa"[120], portanto. Neste sentido, a medida em que a informação é acessível ou divulgada ao público[121], isto é, "pública" ou "privada", não a desnatura como informação pessoal. A LGPD não deixa dúvida sobre sua incidência em operações de tratamento envolvendo dados de acesso público ou publicizados pelo próprio titular[122] (LGPD, art. 7º, §§ 3º, 4º, 6º e 7º). Também não afeta a qualificação da informação pessoal o ser verdadeira ou incorreta[123], até porque em havendo incorreção, o regime de proteção de dados pessoais prevê remédios para a retificação dos dados[124]. De igual modo, é dado pessoal tanto a informação de ordem subjetiva como a objetiva. Em outras palavras, a informação sobre alguém que se traduz em opinião ou avaliação a seu respeito, bem como a que não possui esse fator subjetivo, configura dado pessoal.

O primeiro elemento da noção conceitual enseja, ainda, discussão de fundo que não pode ser ignorada: afinal, *dado pessoal é informação*? Muito embora o assunto não tenha

---

116 *Ley Estatutaria 1.581/2012*, art. 3º, *c:* "Dado pessoal: qualquer informação vinculada ou que pode identificar a uma ou várias pessoas naturais, determinadas ou determináveis" (tradução livre de *"Dato personal: Cualquier información vinculada o que pueda asociarse a una o varias personas naturales determinadas o determinables"*).

117 *Ley General de Protección de Datos Personales en Posesión de Sujetos Obligados*, art. 3, IX, e *Ley Federal de Protección de Datos Personales en Posesión de los Particulares*, art. 3, V.

118 *Ley 25.326/2000*, art. 2º, 1: "Dados pessoais: qualquer tipo de informação relacionada a pessoas físicas específicas identificadas ou identificáveis" (tradução livre de *"Datos personales: Información de cualquier tipo referida a personas físicas o de existencia ideal determinadas o determinables"*).

119 Cf. BYGRAVE, L. A.; TOSONI, L. Article 4(1). Personal data. *In*: KUNER, C., BYGRAVE L. A.; DOCSEY, C. (ed.). *The EU General Data Protection Regulation:* A Commentary. Oxford: Oxford University Press, 2020. p. 109; BEJARANO, M. R. Evolución del Derecho de Protección de Datos Personales en Colombia. *Novum Jus*, v. 8, 2014; MARCOS, I. D. F.; VEGA, G. B.; PADILLA, A. C. Dato personal. *In*: MARCOS, I. D. F. (ed.). *Diccionario de protección de datos personales:* conceptos fundamentales. México: INAI, 2019. p. 211.

120 WP29. Parecer 4/2007 sobre o conceito de dado pessoal. 2007. p. 6.

121 Guardadas as devidas proporções, a assertiva se alinha aos fundamentos do acórdão do STJ no REsp n. 1.758.799/MG, da relatoria da Min. Nancy Andrighi: "(...) o fato de alguém publicar em rede social uma informação de caráter pessoal não implica o consentimento, aos usuários que acessam o conteúdo, de utilização de seus dados para qualquer outra finalidade, ainda mais com fins lucrativos".

122 Ver comentário aos parágrafos do art. 7° neste volume.

123 WP29. Parecer 4/2007 sobre o conceito de dado pessoal 2007. p. 6.

124 LGPD, art. 18, II.

recebido atenção do legislador – que a princípio considera *dado* e *informação* como sinônimos –, a doutrina jurídica, ancorada em especial em estudos da ciência e teoria da informação[125], tem respondido de diferentes maneiras à pergunta.

Em termos gerais, entre os autores no campo da proteção de dados, duas são as correntes, que, neste comentário, serão denominadas *negativa* e *positiva*. A primeira, baseada numa nítida distinção entre *dado* e *informação*, nega que dado pessoal seja informação. De acordo com essa concepção, dado é visto normalmente como um veículo da informação ao invés da informação *per se*.[126] Em outras palavras, "'dados' tipicamente denotam sinais, padrões, caracteres ou símbolos que potencialmente representam algum objeto ou processo e, por meio dessa representação, podem comunicar informações sobre esse objeto ou processo".[127] Informação, por sua vez, possui funções semântica e cognitiva: "abrange um elemento cognitivo que envolve a compreensão da representação".[128] Na mesma direção, para Raymond Wacks, dado consiste numa informação em estado potencial, antes de ser transmitida; o dado estaria associado a uma espécie de "pré-informação", anterior à interpretação e ao processo de comunicação. Já a informação alude a algo além da representação contida no dado, chegando ao limiar da cognição, e nos efeitos que esta pode apresentar para o seu receptor.[129]

Essa concepção, tradicional à luz da teoria da informação, está alinhada ao conhecido padrão internacional ISO 2382–1, atualizado pelo ISO/IEC 2382:2015, que acolhe a díade *dado/informação* nesses termos.[130] Assim, dado pessoal não é considerado informação uma vez que dado possui apenas "dimensão representativa"[131] de fatos e elementos quantificáveis a partir da observação empírica. Segundo essa ordem de ideias, o dado pessoal se transmuda em informação pessoal ao ganhar as dimensões semântica e cognitivo-pragmática no processo de comunicação ao receptor, que interpreta e compreende a representação.

---

[125] Por todos: GELLERT, R. Comparing Definitions of Data and Information in Data Protection Law and Machine Learning: A Useful Way Forward to Meaningfully Regulate Algorithms? *Regulation and Governance*, v. 16, p. 15, 2022.

[126] BYGRAVE, L. A. Information Concepts in Law: Generic Dreams and Definitional Daylight. *Oxford Journal of Legal Studies*, p. 1-23, 2014.

[127] BYGRAVE, L. A. Information Concepts in Law: Generic Dreams and Definitional Daylight. *Oxford Journal of Legal Studies*, p. 23, 2014.

[128] BYGRAVE, L. A. Information Concepts in Law: Generic Dreams and Definitional Daylight. *Oxford Journal of Legal Studies*, p. 127, 2014.

[129] WACKS, R. Personal Information: Privacy and the Law. *Oxford University Press*, p. 25, 1989. *Vide*, ainda: DONEDA, D. *Da privacidade à proteção de dados pessoais*. 2. ed. São Paulo: Revista dos Tribunais, 2020. p. 136; HALLINAN, D.; DE HERT, P. Many Have it Wrong – Samples Do Contain Personal Data: The Data Protection Regulation as a Superior Framework to Protect Donor Interests in Biobanking and Genomic Research. *In*: MITTELSTADT, B. D.; FLORIDI, L. (ed.). *The Ethics of Biomedical Big Data*. Cham, Switzerland: Springer, 2016. p. 133-134; MENDES, L. S. *Habeas data* e autodeterminação informativa: os dois lados da mesma moeda. *Direitos Fundamentais & Justiça*, v. 39, 2018; ALBERS, M. A complexidade da proteção de dados. *Direitos Fundamentais & Justiça*, v. 35, p. 19 e 30-32, 2016.

[130] Conforme o referido padrão internacional, dado é uma representação de fatos, conceitos ou instruções de maneira formalizada e adequada para comunicação, interpretação ou processamento por seres humanos ou por meios automáticos. Informação, por seu turno, é definida como "conhecimento sobre objetos, como fatos, eventos, coisas, processos ou ideias, incluindo conceitos, que, em um determinado contexto, têm um significado específico" (tradução livre). ISO. ISO/IEC 2382:2015 (2015) Information Technology – Vocabulary – Part 1: Fundamental terms.

[131] GELLERT, R. Comparing Definitions of Data and Information in Data Protection Law and Machine Learning: A Useful Way Forward to Meaningfully Regulate Algorithms? *Regulation and Governance*, v. 16, p. 159, 2022.

De outro lado, a corrente positiva acolhe a afirmação de que dado pessoal é informação.[132] Ao invés de cuidar somente do significado da mensagem na comunicação do conhecimento, para essa linha de pensamento "a informação é um conceito duplo: ela é tanto os sinais que representam uma realidade objetiva como o conhecimento gerado por esses sinais".[133] Trata-se de concepção amparada nas reflexões sobre o conceito de informação de Rafael Capurro e Birger Hjørland. Eles ressaltam a importância desses dois prismas do conceito, os quais traçam os lineamentos entre a "informação como um objeto ou uma coisa (por exemplo, número de bits) e a informação como um conceito subjetivo, a informação como um sinal; ou seja, como dependente da interpretação de um agente cognitivo"[134] enredado pelo contexto sociotécnico e cultural em que se está inserido. Em outras palavras, os autores conferem à informação, além das dimensões semântica (relação entre sinais e significado) e cognitivo-pragmática (relação de sinais com seres humanos), uma dimensão *sintática* (relação entre sinais e sinais). Esta aponta para a necessidade de ter em consideração a forma e estruturação dos sinais que serão interpretados pelo agente cognitivo receptor (dimensões semântica e cognitivo-pragmática).[135] Importante notar que a dimensão sintática implica dizer que informação também é apreendida como sinais que representam objetos.[136]

Sendo assim, conforme esta corrente, as noções de dado e informação (dimensão sintática) se sobrepõem. É dizer, dado pessoal *é* informação. Raphäel Gellert é enfático em sua conclusão:

> Portanto, a definição jurídica de dado pessoal não se baseia em uma distinção nítida entre informação e dado. Pelo contrário, ela se baseia em uma subsunção de dado e informação. Os elementos constitutivos da noção de dado pessoal são englobados pela noção de informação em suas dimensões sintática e semântica. Isso é consistente com a presente visão geral da teoria da informação.[137]

O debate, vale dizer, não é destituído de relevância prática para a interpretação-aplicação da LGPD. Por exemplo, tal como se deu no contexto europeu, a elaboração teórica tem o potencial de contribuir para a abordagem jurídica a ser dada ao armazenamento e processa-

---

[132] GELLERT, R. Comparing Definitions of Data and Information in Data Protection Law and Machine Learning: A Useful Way Forward to Meaningfully Regulate Algorithms? *Regulation and Governance*, v. 16, 2022.

[133] GELLERT, R. Comparing Definitions of Data and Information in Data Protection Law and Machine Learning: A Useful Way Forward to Meaningfully Regulate Algorithms? *Regulation and Governance*, v. 16, p. 161, 2022.

[134] CAPURRO, R.; HJØRLAND, B. O conceito de informação. *Perspectivas em Ciência da Informação*, v. 12, p. 193, 2007.

[135] GELLERT, R. Comparing Definitions of Data and Information in Data Protection Law and Machine Learning: A Useful Way Forward to Meaningfully Regulate Algorithms? *Regulation and Governance*, v. 16, p. 15, p. 160-161, 2022.

[136] Afirmam Capurro e Hjørland: "Com relação ao conceito de informação, a implicação é que o que conta como *informação* – o que é informativo – depende da questão a ser respondida. A mesma representação de um objeto (por exemplo, uma pedra em um campo) contém diferentes informações para, digamos, um arqueólogo ou um geólogo. O mesmo assunto deveria, portanto, ser representado diversamente em bases de dados de assuntos diferentes" (CAPURRO, R.; HJØRLAND, B. O conceito de informação. *Perspectivas em Ciência da Informação*, v. 12, p. 187, 2007).

[137] GELLERT, R. Comparing Definitions of Data and Information in Data Protection Law and Machine Learning: A Useful Way Forward to Meaningfully Regulate Algorithms? *Regulation and Governance*, v. 16, p. 163, 2022.

mento de material biológico em biobancos. Afinal, material biológico é dado pessoal? Parte relevante da doutrina e o Tribunal Europeu dos Direitos do Homem (TEDH ou ECtHR) no caso *Marper*[138] se posicionaram de forma afirmativa. Autores como Lee Bygrave[139], Dara Hallinan e Paul De Hert[140] construíram sua visão positiva a partir da análise dos conceitos de dado e informação. Contudo, seguindo a posição contrária do Grupo de Trabalho do Artigo 29 quanto à qualificação do material biológico como dado de caráter pessoal[141], o RGPD pautou a definição de espécies de dado pessoal, notadamente dados genéticos (RGPD, art. 4(13) e Considerando 34) e dados relativos à saúde (Considerando 35), como *informações que resultam de análise* de amostra biológica ou substância corporal.[142] No Brasil, a depender da resposta institucionalmente adotada, o armazenamento e processamento de material biológico em biobancos, regido pela Resolução n. 441, de 12 de maio de 2011, poderá ser considerado tratamento de dados pessoais para fins de pesquisa, o que atualmente conta com as orientações emitidas pela ANPD no *Guia Orientativo – Tratamento de dados pessoais para fins acadêmicos e para a realização de estudos e pesquisas.*[143]

2.2. "relativa a"

O segundo elemento conceitual estabelece a necessidade de o dado possuir vínculo com uma pessoa (titular de dados). Esse ponto de ligação existe, a princípio, quando a informação é sobre uma pessoa natural identificada ou identificável[144]. Isso, no entanto, não significa dizer que dados que remetem imediatamente a objetos ou eventos não possam constituir informação pessoal. A amplitude da noção permite que, de maneira indireta, esses dados também se relacionem com indivíduos.[145] Por exemplo, dados sobre veículos automotores, como o número da placa, coletados por processamento de imagem em estacionamento privado[146]; dados capturados por sensores em centro de distribuição sobre objetos e itens em processamento por trabalhadores no local[147]; dados sobre telefones celulares. Neste último

---

138 S and Marper *v* UK (2009, p. 48 EHHR 50).

139 BYGRAVE, L. A. Information Concepts in Law: Generic Dreams and Definitional Daylight. *Oxford Journal of Legal Studies*, p. 26-27, 2014.

140 HALLINAN, D.; DE HERT, P. Many Have it Wrong – Samples Do Contain Personal Data: The Data Protection Regulation as a Superior Framework to Protect Donor Interests in Biobanking and Genomic Research. *In*: MITTELSTADT, B. D.; FLORIDI, L. (ed.). *The Ethics of Biomedical Big Data*. Cham, Switzerland: Springer, 2016. p. 133-134.

141 WP29. Parecer 4/2007 sobre o conceito de dado pessoal, 2007, p. 9.

142 BYGRAVE, L. A.; TOSONI, L. Article 4(1). Personal data. *In*: KUNER, C., BYGRAVE L. A.; DOCSEY, C. (ed.). *The EU General Data Protection Regulation:* A Commentary. Oxford: Oxford University Press, 2020. p. 112.

143 ANPD. *Guia Orientativo:* tratamento de dados pessoais para fins acadêmicos e para a realização de estudos e pesquisas, 2023.

144 WP29. Parecer 4/2007 sobre o conceito de dado pessoal. 2007. p. 9.

145 WP29. Parecer 4/2007 sobre o conceito de dado pessoal. 2007. p. 13-14; CORTE, L. D. Scoping Personal Data: Towards a Nuanced Interpretation of the Material Scope of EU Data Protection Law. *European Journal of Law and Technology 1*, v. 10, 2019.

146 HOEPMAN, J. H. Privacy is Hard and Seven Other Myths. *The MIT Press*, p. 24-27, 2021.

147 CORTE, L. D. Scoping Personal Data: Towards a Nuanced Interpretation of the Material Scope of EU Data Protection Law. *European Journal of Law and Technology 1*, v. 10, p. 4, 2019. O exemplo pode ser aplicável às práticas adotadas nos centros de distribuição da Amazon, à luz do relato de CRAWFORD, K. *Atlas of AI*: Power, Politics and the Planetary Costs of Artificial Intelligence. New Haven, CT: Yale University Press, 2021. p. 53-57.

caso, pode-se citar o dado sobre nível de bateria de um dispositivo. A partir do uso da Interface de Programação de Aplicativos (API) *HTML5 Battery Status*, o nível de bateria de um *smartphone* pode ser processado como dado identificador para rastrear usuários *web* em curtos intervalos de tempo.[148]

De acordo com a interpretação do Grupo de Trabalho do Artigo 29, o liame que faz da informação *relativa a* pessoa natural se forma em razão do *conteúdo*, *finalidade* e/ou *resultado* do tratamento do dado, seja este um nexo direto ou indireto.[149] Não são critérios cumulativos, porém; são aspectos passíveis de articulação alternativa a se considerar na interpretação das circunstâncias do caso.[150]

A informação se relaciona com a pessoa a partir do conteúdo quando diz respeito à vida de alguém, havendo conexão tal com o indivíduo que o seu teor é capaz de direta ou indiretamente identificá-lo – *v.g.*, número de registro geral de identidade, carteira de habilitação de condutor, características físicas, débitos fiscais, fotografia, histórico escolar, prontuário médico. Já o critério da finalidade se realiza quando a informação é usada, ou há probabilidade de ser usada, "com o *propósito* de avaliar, tratar de certa forma ou influenciar o estado ou o comportamento de uma pessoa".[151] O uso de *cookies*[152] em sede de publicidade comportamental, por exemplo, é feito com o objetivo de monitorar hábitos de navegação dos usuários, ou proporcionar-lhes uma experiência personalizada de navegação em sítios eletrônicos e outras aplicações de internet.[153] Por fim, há informação relativa a alguém se "é provável que seu uso tenha *impacto* nos direitos e interesses de certa pessoa, levando em consideração todas as circunstâncias em torno do caso".[154-155] Ainda que se possa dizer

---

[148] Confira o estudo: OLEJNIK, L. *et al.* The Leaking Battery: A Privacy Analysis of the HTML5 Battery Status API. *In*: GARCIA-ALFARO, J. *et al.* (ed.). *Data Privacy Management, and Security Assurance*. New York: Springer, 2016. Disponível em: https://doi.org/10.1007/978-3-319-29883-2_18.

[149] Esse entendimento foi manifestamente acolhido pelo TJUE nos casos *Peter Nowak v. Data Protection Comission* (C-434/16) e *Single Resolution Board v. EDPS* (T-557/20).

[150] WP29. Parecer 4/2007 sobre o conceito de dado pessoal, 2007, p. 10-12); PURTOVA, N. The Law of Everything. Broad Concept of Personal Data and Future of EU Data Protection Law. *Law, Innovation and Technology*, v. 10, p. 54, 2018.

[151] WP29. Parecer 4/2007 sobre o conceito de dado pessoal, 2007, p. 10.

[152] De acordo com a autoridade de proteção de dados britânica (ICO), "*[c]ookies* são pequenas informações, normalmente compostas apenas por letras e números, que os serviços online fornecem quando os usuários os visitam. O software no dispositivo do usuário (por exemplo, um navegador da Web) pode armazenar *cookies* e enviá-los de volta ao site na próxima vez que ele o visitar" (tradução livre). ICO (s.n.).

[153] Este exemplo, a bem da verdade, também atende ao critério do conteúdo. Cf. WP29. Parecer 4/2007 sobre o conceito de dado pessoal, 2007, p. 9; BORGESIUS, F. Z. Singling out People without Knowing Their Names – Behavioural Targeting, Pseudonymous Data, and the New Data Protection Regulation. *Computer Law and Security Review*, v. 32, 2016.

[154] WP29. Parecer 4/2007 sobre o conceito de dado pessoal. 2007. p. 11. António Barreto Menezes Cordeiro parece fazer uma leitura diversa desse critério. De acordo com o autor português, "como resultado entende-se toda a informação que não incida sobre uma pessoa (conteúdo) e que não vise avaliá-la ou influenciá-la (finalidade), mas que, em abstrato, o permita fazer" (CORDEIRO, A. B. Dados pessoais: conceito, extensão e limites. *Revista de Direito Civil*, v. 2, p. 305, 2018).

[155] No caso *Nowak*, o TJUE analisou as respostas escritas por candidato de exame profissional a partir do critério do resultado, inclusive, ao que concluiu que o uso dessa informação "é suscetível de ter um efeito sobre os direitos e interesses dele ou dela, na medida em que pode determinar ou influenciar, por exemplo, a chance de ingressar na profissão almejada ou de obter o cargo pretendido" (C-434/16 *Peter Nowak v. Data Protection Commissioner* (TJUE, 20 dezembro 2017) (tradução nossa).

que a análise de emoções e características sociodemográficas no ambiente de trabalho por sistemas de reconhecimento facial baseado em IA não possibilite, necessariamente, a identificação de um indivíduo[156] pelo seu conteúdo, a partir do critério do resultado um vínculo se estabelece devido impacto negativo em sua autonomia e saúde física e mental[157].

Cumpre chamar atenção a uma interessante afirmativa de Lorenzo Dalla Corte sobre esse elemento conceitual. Para o autor, a fim de que o vínculo relacional ("relativo a") se estabeleça por força dos critérios do propósito e do resultado, o tratamento de dados auxiliares será indispensável à identificabilidade da pessoa natural.[158] A interação entre os elementos relacional e de identificabilidade cria, assim, limites lógicos à amplitude da noção de dado pessoal.[159]

2.3. "pessoa natural"

Com o terceiro elemento do conceito do dado pessoal, tem-se que, para ter caráter pessoal, as informações devem ser relativas a *pessoa natural*. Este componente do conceito possui laço estreito com a teleologia das leis de proteção de dados pessoais direcionada à tutela e realização de direitos e liberdades fundamentais da pessoa humana.[160]

O primeiro desdobramento dessa afirmativa é, obviamente, o afastamento das operações de tratamento de informações sobre pessoas jurídicas (*v.g.*, sociedades empresárias, associações, entidades públicas) e entes não personalizados (*v.g.*, condomínio, massa falida, sociedade de fato) do regime de proteção de dados.[161] Ainda que se levante hipóteses que estariam situadas numa zona gris entre dado referente a pessoa natural e pessoa jurídica, como a do nome empresarial derivado do nome de pessoa humana, ou o do endereço eletrônico corporativo em cuja constituição há nome do empregado[162], há que se concluir pela não configuração de informação pessoal em tais casos, por consistir em dados referentes a pessoas jurídicas.[163]

---

156 LEWINSKI, P.; TRZASKOWSKI, J.; LUZAK, J. Face and Emotion Recognition on Commercial Property under EU Data Protection Law. *Psychology & Marketing*, v. 33, 2016.

157 BOYD, K. L.; ANDALIBI, N. Automated Emotion Recognition in the Workplace: How Proposed Technologies Reveal Potential Futures of Work. *Proceedings of the ACM on Human-Computer Interaction*, v. 7, 2023.

158 CORTE, L. D. Scoping Personal Data: Towards a Nuanced Interpretation of the Material Scope of EU Data Protection Law. *European Journal of Law and Technology 1*, v. 10, p. 10, 2019.

159 CORTE, L. D. Scoping Personal Data: Towards a Nuanced Interpretation of the Material Scope of EU Data Protection Law. *European Journal of Law and Technology 1*, v. 10, p. 9, 2019.

160 De acordo com o art. 1º da LGPD, é objetivo da lei "proteger os direitos fundamentais de liberdade e de privacidade (...) da pessoa natural".

161 MACHADO, D. Considerações iniciais sobre o conceito de dado pessoal no ordenamento jurídico brasileiro. *Civilistica.com 1*, v. 12, p. 21-22, 2023.

162 A questão foi levantada em: WP29. Parecer 4/2007 sobre o conceito de dado pessoal. 2007. p. 13-14.

163 Depois de certa jurisprudência vacilante do TJUE, esta é a atual direção tomada no direito europeu. O Considerando 14 do RGPD não dá margem a dúvida. Cf. PINHEIRO, A. S. *et al. Comentário ao regulamento geral de proteção de dados*. Rio de Janeiro: Almedina, 2018. p. 123-124. Em sentido diverso: cf. CORDEIRO, A. B. Dados pessoais: conceito, extensão e limites. *Revista de Direito Civil*, v. 2, p. 307, 2018. Este autor parece defender a compatibilidade da aplicação do regime de proteção de dados pessoais às pessoas coletivas no direito português, amparando-se no reconhecimento da tutela de direitos da personalidade desses entes.

2.4. "identificada ou identificável"

O quarto e último elemento é o da *identificabilidade*. Isso significa que a pessoa natural a que a informação é relativa deve ser identificada, isto é, precisamente individualizada a partir de identificadores, ou, ao menos, deve ela ser identificável.

A identificação da pessoa natural é processo possível a partir de operações com elementos informativos chamados *identificadores*, "os quais mantêm relação particularmente privilegiada e próxima com certo indivíduo".[164] Os identificadores, por sua vez, podem ser diretos ou indiretos. Considera-se *identificador direto* o dado que permite identificar unicamente uma pessoa natural, sem a necessidade de combiná-lo com dados de outras fontes. O nome completo é o típico identificador direto, bem como se pode considerar o número da carteira de identidade ou do passaporte. Com a entrada em vigor da Lei n. 14.534/2023, porém, o número de inscrição no CPF ganha destaque no ordenamento jurídico brasileiro como identificador direto, visto que este número passou a ser considerado "como número único e suficiente para identificação do cidadão nos bancos de dados de serviços públicos".[165] É importante salientar que os casos de homonímia evidenciam que o nome de uma pessoa nem sempre servirá como um identificador direto. Esse contexto propicia a utilização de identificadores indiretos. Um *identificador indireto* é um dado que, por si só, não é capaz de identificar alguém, mas pode fazê-lo quando agregado e combinado com outros dados auxiliares, os quais possibilitam a distinção individual (*single out*) de alguém.[166] Exemplos desses identificadores incluem nacionalidade, gênero, idade, raça, CEP de residência, características fenotípicas e endereço de IP. A classificação dos identificadores indiretos está, portanto, relacionada ao "fenômeno das 'combinações únicas'".[167]

Dentro das diversas abordagens de política regulatória em proteção de dados[168], a legislação brasileira adotou uma abordagem expansionista.[169] Tal abordagem, por sua vez, influenciou a inclusão do *conceito amplo* no art. 5º, I, da LGPD.[170] Nesta concepção, diferentes

---

164 WP29. Parecer 4/2007 sobre o conceito de dado pessoal. 2007. p. 12.

165 *Lei n. 14.534, de 11 de janeiro de 2023*, altera as Leis n. 7.116, de 29 de agosto de 1983, 9.454, de 7 de abril de 1997, 13.444, de 11 de maio de 2017, e 13.460, de 26 de junho de 2017, para adotar número único para os documentos que especifica e para estabelecer o Cadastro de Pessoas Físicas (CPF) como número suficiente para identificação do cidadão nos bancos de dados de serviços públicos.

166 MACHADO, D. Considerações iniciais sobre o conceito de dado pessoal no ordenamento jurídico brasileiro. *Civilistica.com 1*, v. 12, 2023; ANPD. *Estudo técnico sobre a anonimização de dados na LGPD*: análise jurídica, 2024; CORTE, L. D. Scoping Personal Data: Towards a Nuanced Interpretation of the Material Scope of EU Data Protection Law. *European Journal of Law and Technology 1*, v. 10, 2019.

167 WP29. Parecer 4/2007 sobre o conceito de dado pessoal. 2007. p. 13.

168 SCHWARTZ, P. M.; SOLOVE, D. J. The PII Problem: Privacy and a New Concept of Personally Identifiable Information. *New York University Law Review*, v. 86, 2011. De acordo com estes autores estadunidenses, para a abordagem expansionista é irrelevante se os dados já foram vinculados a uma determinada pessoa natural ou se poderão ser vinculados no futuro; é uma visão que trata os dados identificados e identificáveis como equivalentes.

169 MACHADO, D.; DONEDA, D. Proteção de dados pessoais e criptografia: tecnologias criptográficas entre anonimização e pseudonimização de dados. *In*: DONEDA, D. (ed.). *A regulação da criptografia no direito brasileiro.* São Paulo: Revista dos Tribunais, 2018. p. 104; BIONI, B. R. *Proteção de dados pessoais:* a função e os limites do consentimento. Rio de Janeiro: Forense, 2019. p. 74-75.

170 Cf. MARTINS, G. M.; LONGHI, J. V. R.; FALEIROS JR., J. L. M. *Comentários à lei geral de proteção de dados pessoais:* Lei 13.709/2018. São Paulo: Foco, 2022. p. 153. No julgamento do RE n. 673.707/MG, pelo STF, o Min. Luiz Fux já então sinalizara em seu voto pela adoção, no campo da aplicação do *habeas data*, de

enfoques podem ser selecionados dependendo da relevância atribuída à consideração de terceiros e seus esforços na determinação da identificação da pessoa natural.[171] A orientação conhecida como *relativa* ou *subjetiva* focaliza exclusivamente as capacidades individuais, os esforços próprios e o uso de meios pelo agente que trata os dados em questão – por exemplo, o controlador que processa número identificador de empregado –, ou seja, é perspectiva que, na apreciação da identificabilidade, desconsidera a atividade e os meios que podem ser utilizados por outrem.[172] Por outro lado, a orientação *absoluta* ou *objetiva* considera não apenas o potencial de objetiva identificação por parte do responsável pelo tratamento dos dados, mas também por qualquer outra pessoa ou entidade que tenha essa capacidade.[173]

No direito de proteção de dados da UE, pode-se afirmar que predominam convergências com a teoria objetiva[174], apesar de recentes decisões do TJUE acenderem o debate em torno do assunto.[175] Conforme o texto do Considerando 26 (da revogada Diretiva n. 95/46/CE[176]

---

uma noção ampla de dados (pessoais): "Encarta-se, assim, no conceito mais amplo de arquivos, bancos ou registro de dados, que devem ser entendidos em seu sentido mais lato, abrangendo tudo que diga respeito ao interessado, seja de modo direto ou indireto".

[171] Cf. PAHLEN-BRANDT, I. Datenschutz braucht scharfe Instrumente Beitrag zur Diskussion um personenbezogene Daten. *Datenschutz und Datensicherheit - DuD*, v. 32, p. 34-38, 2008; BORGESIUS, F. Z. The Breyer Case of the Court of Justice of the European Union: IP Addresses and the Personal Data Definition. *European Data Protection Law Review*, v. 3, p. 130, 2017; SPLINDER, G.; SCHMECHEL, P. Personal Data and Encryption in the European General Data Protection Regulation. *Journal of Intellectual Property, Information Technology and Electronic Commerce Law*, v. 7, p. 163-165, 2016; PURTOVA, N. The Law of Everything. Broad Concept of Personal Data and Future of EU Data Protection Law. *Law, Innovation and Technology*, v. 10, p. 46-64, 2018; FINCK, M.; PALLAS, F. They Who Must Not Be Identified – Distinguishing Personal from Non-Personal Data Under the GDPR. *International Data Privacy Law*, v. 10, p. 11-17, 2020; CORTE, L. D. Scoping Personal Data: Towards a Nuanced Interpretation of the Material Scope of EU Data Protection Law. *European Journal of Law and Technology 1*, v. 10, p. 6-7, 2019; MACHADO, D. Considerações iniciais sobre o conceito de dado pessoal no ordenamento jurídico brasileiro. *Civilistica.com 1*, v. 12, p. 8-11, 2023; ANPD. *Estudo técnico sobre a anonimização de dados na LGPD:* análise jurídica. 2024. p. 12-13.

[172] Esta abordagem foi adotada pelo Comitê de Ministros do Conselho da Europa na Recomendação CM/Rec (2021) 8, cujo art. 1. 1, *a*, conceitua dado pessoal da seguinte forma: "Dado pessoal significa qualquer informação relativa a uma pessoa singular identificada ou identificável ('titular'). Um indivíduo não é considerado como 'identificável' se a identificação exigir tempo, recursos ou esforços excessivos ou desproporcionais em relação aos meios disponíveis ao controlador do tratamento" (tradução livre de "Personal data" means any information relating to an identified or identifiable natural person ("data subject"). An individual is not considered "identifiable" if identification requires unreasonable time, *resources or effort in relation to the means at the disposal of the controller*) (grifo nosso).

[173] CORTE, L. D. Scoping Personal Data: Towards a Nuanced Interpretation of the Material Scope of EU Data Protection Law. *European Journal of Law and Technology 1*, v. 10, p. 6-7, 2019.

[174] Nesta direção, por todos: BORGESIUS, F. Z. The Breyer Case of the Court of Justice of the European Union: IP Addresses and the Personal Data Definition. *European Data Protection Law Review*, v. 3, p. 130, 2017.

[175] Sobre a alegada mudança de abordagem pelo TJUE em favor da teoria subjetiva ou relativa, especialmente a partir do caso T-557/20, *Single Resolution Board v. EDPS*, v. SPAJIC, D. Anonymous vs. pseudonymous data: the CJEU reaffirms the relative approach to the concept of personal data, *KU Leuven CiTiP Blog*, 2023; LODIE, A. Are personal data always personal? Case T-557/20 SRB v. EDPS or when the qualification of data depends on who holds them, *European Law Blog*, 2023.

[176] Directiva n. 95/46/CE do Parlamento Europeu e do Conselho, de 24 de outubro de 1995, relativa à proteção das pessoas singulares no que diz respeito ao tratamento de dados pessoais e à livre circulação desses dados [1995] JO L 281/31.

e do RGPD), são tratados como meios suscetíveis de serem utilizados para identificação de titular de dados aqueles adotados "seja pelo responsável pelo tratamento, seja por qualquer outra pessoa", isto é, leva-se em consideração para a identificabilidade do titular de dados os meios e esforços empregados não apenas pelo controlador, mas como por qualquer terceiro. A respeito do tema, cumpre fazer menção ao caso *Breyer*, julgado em 2016 pelo TJUE.[177] No mérito do processo, foi analisado se o endereço IP (*Internet Protocol*) deve ser compreendido como dado pessoal, num cenário em que o provedor de aplicação de internet realiza operações de tratamento com o endereço IP, mas é o provedor de conexão à internet quem possui os dados cadastrais aptos a efetivamente identificar o usuário com precisão.

A Corte de Justiça afirmou nos fundamentos da decisão judicial que a redação do Considerando n. 26 da Diretiva n. 95/46/CE sugere não ser imprescindível que todas as informações que possibilitam identificar o titular de dados estejam nas mãos de um único agente, uma vez que faz referência aos meios suscetíveis de ser utilizados quer pelo responsável pelo tratamento quer por qualquer outra pessoa. Sendo assim, para o tribunal, o fato de os dados cadastrais (e registros de acesso à internet) necessários para identificar o usuário de um sítio eletrônico não ser objeto de tratamento pelo provedor de aplicação, mas sim pelo provedor de conexão à internet contratado pelo usuário, não é capaz de excluir o caráter pessoal dos endereços IP tratados pelo provedor de aplicação de internet.

O entendimento fixado pelo tribunal europeu é compatível com o sistema brasileiro e com o MCI, que prevê deveres de guarda de registros (ou *logs*) de conexão e de acesso à aplicação, respectivamente, a provedores de conexão e a provedores de aplicação de internet. Nessa linha, o STJ afirmou no REsp n. 1.784.156/SP:

> [T]em-se, na prática, uma repartição das informações de navegação: i) o provedor de conexão, ao habilitar um terminal para envio e recebimento de dados, atribui a ele um IP e registra o momento em que iniciada, interrompida e encerrada a conexão, e ii) cada provedor de aplicação registra o acesso dos IPs, momento de início e final, à sua própria aplicação. Desse modo, a totalidade da navegação de cada internauta dependerá da remontagem de cada uma das aplicações acessadas ao longo de uma única conexão.[178]

Apesar de aplicada a teoria objetiva no âmbito da UE, importante critério foi fixado para limitar a abrangência do conceito de dado pessoal: o critério dos *meios suscetíveis de ser razoavelmente utilizados*. Na ausência desse limitador, caso uma única pessoa ou entidade, independentemente dos meios usados, seja capaz de identificar alguém a partir de certo dado, esse dado seria qualificado como pessoal à luz da referida teoria.[179] O já citado Considerando n. 26 da Diretiva e do RGPD, estabelece que "para determinar se uma pessoa é identificável, importa considerar o conjunto dos meios susceptíveis de serem razoavelmente utilizados".

No Brasil, a LGPD contemplou noções equivalentes ao critério dos meios suscetíveis de ser razoavelmente utilizados ao lançar mão das expressões *"meios técnicos razoáveis e disponíveis"* (art. 5º, III) e *"esforços razoáveis"* (art. 12, *caput*). O critério não se coaduna com a mera possibilidade hipotética ou conjecturas não ancoradas em evidências de identificação de alguém, como bem ressaltou a ANPD em nota técnica elaborada no caso sobre o

---

177 C-582/14 *Patrick Breyer v. Bundesrepublik Deutschland* (TJUE, 19 outubro 2016).

178 STJ, REsp n. 1.784.156/SP. Terceira Turma. Rel. Min. Marco Aurélio Bellizze, j. 05.11.2019, *DJe* 21.11.2019.

179 ANPD. *Estudo técnico sobre a anonimização de dados na LGPD*: análise jurídica. 2024. p. 15.

tratamento de microdados pelo Inep.[180] Na aplicação do referido critério, o intérprete deve articular *fatores objetivos* relacionados ao tratamento de dados, como, aliás, prescreve o art. 12, § 1º, da LGPD. Todos os meios disponíveis para identificação devem ser levados em conta no momento da análise, haja vista os objetivos da atividade de tratamento, tempo e custos da identificação, estado da arte e desenvolvimento previsíveis da tecnologia e técnicas de reidentificação durante o período de tratamento dos dados etc.[181]

BIBLIOGRAFIA SELECIONADA

ALBERS, M. A complexidade da proteção de dados. *Direitos Fundamentais & Justiça*, v. 35, 2016.

BEJARANO, M. R. Evolución del Derecho de Protección de Datos Personales en Colombia. *Novum Jus*, v. 8, 2014.

BIONI, B. R. *Proteção de dados pessoais:* a função e os limites do consentimento. Rio de Janeiro: Forense, 2019.

BORGESIUS, F. Z. Singling out People without Knowing Their Names – Behavioural Targeting, Pseudonymous Data, and the New Data Protection Regulation. *Computer Law and Security Review*, v. 32, 2016.

BORGESIUS, F. Z. The Breyer Case of the Court of Justice of the European Union: IP Addresses and the Personal Data Definition. *European Data Protection Law Review*, v. 3, 2017.

BOYD, K. L.; ANDALIBI, N. Automated Emotion Recognition in the Workplace: How Proposed Technologies Reveal Potential Futures of Work. *Proceedings of the ACM on Human-Computer Interaction*, v. 7, 2023.

BYGRAVE, L. A. Information Concepts in Law: Generic Dreams and Definitional Daylight. *Oxford Journal of Legal Studies*, 2014.

BYGRAVE, L. A.; TOSONI, L. Article 4(1). Personal data. *In*: KUNER, C., BYGRAVE L. A.; DOCSEY, C. (ed.). *The EU General Data Protection Regulation*: A Commentary. Oxford: Oxford University Press, 2020.

CAPURRO, R.; HJØRLAND, B. O conceito de informação. *Perspectivas em Ciência da Informação*, v. 12, p. 148-193, 2007.

CORDEIRO, A. B. Dados pessoais: conceito, extensão e limites. *Revista de Direito Civil*, v. 2, 2018.

CORTE, L. D. Scoping Personal Data: Towards a Nuanced Interpretation of the Material Scope of EU Data Protection Law. *European Journal of Law and Technology 1*, v. 10, 2019.

CRAWFORD, K. *Atlas of AI*: Power, Politics and the Planetary Costs of Artificial Intelligence. New Haven, CT: Yale University Press, 2021.

DONEDA, D. *Da privacidade à proteção de dados pessoais*. 2. ed. São Paulo: Revista dos Tribunais, 2020.

[180] ANPD. *Nota Técnica n. 46/2022/CGF/ANPD*. 2022.

[181] MACHADO, D.; DONEDA, D. Proteção de dados pessoais e criptografia: tecnologias criptográficas entre anonimização e pseudonimização de dados. *In*: DONEDA, D. (ed.). *A regulação da criptografia no direito brasileiro.* São Paulo: Revista dos Tribunais, 2018. p. 107-108; ANPD. *Estudo preliminar:* anonimização e pseudonimização para a proteção de dados pessoais. 2024. p. 15-16.

FINCK, M.; PALLAS, F. They Who Must Not Be Identified – Distinguishing Personal from Non-Personal Data Under the GDPR. *International Data Privacy Law*, v. 10, p. 11-17, 2020.

GELLERT, R. Comparing Definitions of Data and Information in Data Protection Law and Machine Learning: A Useful Way Forward to Meaningfully Regulate Algorithms? *Regulation and Governance*, v. 16, 2022.

HALLINAN, D.; DE HERT, P. Many Have it Wrong – Samples Do Contain Personal Data: The Data Protection Regulation as a Superior Framework to Protect Donor Interests in Biobanking and Genomic Research. *In*: MITTELSTADT, B. D.; FLORIDI, L. (ed.). *The Ethics of Biomedical Big Data*. Cham, Switzerland: Springer, 2016.

HOEPMAN, J. H. Privacy is Hard and Seven Other Myths. *The MIT Press*, 2021.

HOOFNAGLE, C. J.; VAN DER SLOOT, B.; BORGESIUS, F. Z. The European Union General Data Protection Regulation: What It Is and What It Means. *Information & Communications Technology Law*, v. 28, p. 65-72, 2019.

ICO. Big data, artificial intelligence, machine learning and data protection, 2017.

ICO. What are cookies and similar technologies? Disponível em: https://ico.org.uk/for-organisations/direct-marketing-and-privacy-and-electronic-communications/guide-to-pecr/ guidance-on-the-use-of-cookies-and-similar-technologies/what-are-cookies-and-similar-technologies/.

KERR, I. 'Foreword'. *In*: GRATTON, Éloïse. *Understanding Personal Information:* Managing Privacy Risks. Markham, Ont.: LexisNexis, 2013.

KOOPS, B. J. The Trouble with European Data Protection Law. *International Data Privacy Law*, v. 4, p. 250-260, 2014.

LEWINSKI, P.; TRZASKOWSKI, J.; LUZAK, J. Face and Emotion Recognition on Commercial Property under EU Data Protection Law. *Psychology & Marketing*, v. 33, 2016.

LODIE, A. Are personal data always personal? Case T-557/20 SRB v. EDPS or when the qualification of data depends on who holds them, *European Law Blog*, 2023.

MACHADO, D. Considerações iniciais sobre o conceito de dado pessoal no ordenamento jurídico brasileiro. *Civilistica.com 1*, v. 12, 2023.

MACHADO, D.; DONEDA, D. Proteção de dados pessoais e criptografia: tecnologias criptográficas entre anonimização e pseudonimização de dados. *In*: DONEDA, D. (ed.). *A regulação da criptografia no direito brasileiro.* São Paulo: Revista dos Tribunais, 2018.

MARCOS, I. D. F.; VEGA, G. B.; PADILLA, A. C. Dato personal. *In*: MARCOS, I. D. F. (ed.). *Diccionario de protección de datos personales:* conceptos fundamentales. México: INAI, 2019.

MARTINS, G. M.; LONGHI, J. V. R.; FALEIROS JR., J. L. M. *Comentários à lei geral de proteção de dados pessoais:* Lei 13.709/2018. São Paulo: Foco, 2022.

MATSUMI, H.; SOLOVE, D. J. The Prediction Society: Algorithms and the Problems of Forecasting the Future. *GWU Legal Studies Research Paper*, 2023.

MENDES, L. S. *Habeas data* e autodeterminação informativa: os dois lados da mesma moeda. *Direitos Fundamentais & Justiça*, v. 39, 2018.

NARAYANAN, A.; SHMATIKOV, V. Myths and Fallacies of Personally Identifiable Information. *Communications of the ACM*, v. 53, 2010.

OCDE. *Protecting Privacy in a Data-driven Economy:* Taking Stock of Current Thinking – Summary of the OECD Privacy Expert Roundtable. 2014.

OHM, P. Broken Promises of Privacy: Responding to the Surprising Failure of Anonymization. *UCLA Law Review*, p. 1701-1742, 2010.

OLEJNIK, L. *et al.* The Leaking Battery: A Privacy Analysis of the HTML5 Battery Status API. *In*: GARCIA-ALFARO, J. *et al.* (ed.). *Data Privacy Management, and Security Assurance.* New York: Springer, 2016. Disponível em: https://doi.org/10.1007/978-3-319-29883-2_18.

PAHLEN-BRANDT, I. Datenschutz braucht scharfe Instrumente Beitrag zur Diskussion um personenbezogene Daten. *Datenschutz und Datensicherheit – DuD*, v. 32, p. 34-38, 2008.

PINHEIRO, A. S. *et al. Comentário ao regulamento geral de proteção de dados.* Rio de Janeiro: Almedina, 2018.

PINTO, P. M. O direito ao livre desenvolvimento da personalidade. *Boletim da Faculdade de Direito da Universidade de Coimbra,* Número especial Portugal-Brasil 149, p. 157-159, 1999.

PURTOVA, N. The Law of Everything. Broad Concept of Personal Data and Future of EU Data Protection Law. *Law, Innovation and Technology*, v. 10, 2018.

QUINN, P.; MALGIERI, G. The Difficulty of Defining Sensitive Data – The Concept of Sensitive Data in the EU Data Protection Framework. *German Law Journal*, v. 23, p. 1583-1584, 2022.

SCHWABE, J. *Cinquenta anos de jurisprudência do Tribunal Constitucional Federal alemão.* Montevidéu: Fundación Konrad-Adenauer, 2005.

SCHWARTZ, P. M.; SOLOVE, D. J. The PII Problem: Privacy and a New Concept of Personally Identifiable Information. *New York University Law Review*, v. 86, p. 1814-1836, 2011.

SPAJIC, D. Anonymous vs. pseudonymous data: the CJEU reaffirms the relative approach to the concept of personal data, *KU Leuven CiTiP Blog*, 2023.

SPLINDER, G.; SCHMECHEL, P. Personal Data and Encryption in the European General Data Protection Regulation. *Journal of Intellectual Property, Information Technology and Electronic Commerce Law*, v. 7, p. 163-165, 2016.

VOKINGER, K. N.; STEKHOVEN, D. J.; KRAUTHAMMER, M. Lost in Anonymization – A Data Anonymization Reference Classification Merging Legal and Technical Considerations. *Journal of Law, Medicine and Ethics*, v. 48, 2020.

WACHTER, S.; MITTELSTADT, B, D. A Right to Reasonable Inferences: Re-Thinking Data Protection Law in the Age of Big Data and AI. *Columbia Business Law Review*, p. 494-516, 2019.

WACKS, R. Personal Information: Privacy and the Law. *Oxford University Press*, 1989.

WORLD ECONOMIC FORUM. *Rethinking personal data:* Trust and Context in User-Centred Data Ecosystems. 2014. Disponível em: https://www3.weforum.org/docs/WEF_RethinkingPersonalData_TrustandContext_Report_2014.pdf.

WP29. *Parecer 4/2007 sobre o conceito de dado pessoal.* 2007.

WP29. *Orientações sobre as decisões individuais automatizadas e a definição de perfis para efeitos do Regulamento* (UE) n. 2016, p. 679, 2018.

Artigo 5º, II

Comentado por Ramon Costa e Bianca Kremer

DISPOSITIVOS RELACIONADOS NO DIREITO INTERNACIONAL

- Art. 6, Convenção 108.

DISPOSITIVOS RELACIONADOS NO ORDENAMENTO JURÍDICO BRASILEIRO

- Art. 3º, IV; art. 5º, da CRFB.
- Art. 3º, § 3º, II, da LCP.

DISPOSITIVOS RELACIONADOS NA LGPD

- Art. 2º, VII; art. 6º, IX; art. 11; art. 38; art. 46, § 1º; art. 50, § 2º, I, *c*.

ATIVIDADES DA ANPD

- Art. 8º, § 3º, I, *d*, Resolução CD/ANPD n. 4/2023.
- Guia orientativo: aplicação da Lei Geral de Proteção de Dados Pessoais (LGPD) por agentes de tratamento no contexto eleitoral.
- Relatório de Instrução n. 4/2023/FIS/CGF/ANPD.

CASOS E DECISÕES JUDICIAIS RELEVANTES

- STJ, RE 2.130.619 (Processo n. 2022/0152262-2), Rel. Min. Francisco Galvão, Segunda Turma, j. 07.03.2023, publicado em 10.03.2023.
- TJSP, Ap. Civ. 1001627-84.2021.8.26.0002, Rel. Rodolfo Cesar Milano, 35ª Câmara de Direito Privado, j. 14.03.2022, publicado em 14.03.2022.

JUSTIFICATIVA E FUNDAMENTOS

O art. 5º, II, tem como propósito trazer uma definição para a categoria de dados pessoais sensíveis. O objetivo deste dispositivo é implementar um parâmetro base para o conceito e interpretação acerca dos dados sensíveis, de acordo com o escopo da LGPD. Nesse sentido, a categoria de dados pessoais sensíveis é justificada a partir de uma compreensão de que determinados dados, mais relacionados à intimidade e à identidade das pessoas, podem ensejar maiores riscos de discriminação e danos para seus titulares.[182]

Os dados pessoais sensíveis, bem como as informações e inferências geridas a partir deles, são interpretados por meio de fundamentos e princípios como a não discriminação, e

[182] DONEDA, D. *Da privacidade à proteção de dados pessoais*. São Paulo: Revista dos Tribunais, 2019.

possuem relação direta com o contexto social dos titulares. Nesse sentido, os dados expressamente compreendidos como sensíveis na LGPD foram definidos a partir de características que identificam pessoas em aspectos íntimos da personalidade, que possuem reverberações sociais alinhadas a processos históricos de discriminação, categorização negativa e marginalização de grupos e indivíduos em determinadas configurações sociais.[183]

ANÁLISE

1. Proposta de definições e exemplos de dados pessoais sensíveis

O art. 5º, II, indica expressamente um conjunto de dados pessoais que devem ser considerados sensíveis. A LGPD não apresenta uma definição *per se* de dado sensível ou uma descrição de cada um dos dados citados no dispositivo. O art. 5º, II, apresenta apenas um rol de dados, o que pode limitar ou generalizar excessivamente a interpretação do dispositivo. Diante disso, sugerimos, a partir do quadro a seguir, uma proposta de definição geral para cada tipo de dado citado no dispositivo e respectivos exemplos.

Dado Pessoal Sensível	Definição	Exemplos
Origem racial ou étnica	Dado que identifica uma pessoa em relação às suas características raciais, fenotípicas, como a cor da pele e traços faciais ou suas identificações étnicas, compreendendo fatores culturais, como as tradições, religião, língua e localização de um determinado grupo.	Identificações raciais (preto, negro, indígena, branco etc.), identificações étnicas de grupos (bantos, zulus, curdos, aborígenes, bascos, guaranis etc.), identificações étnicas e raciais mais gerais (latinos, asiáticos, árabes, europeus etc.).
Convicção religiosa	Dado que identifica uma pessoa por sua postura intelectual, moral e comportamental, resultante de uma crença religiosa ou ausência de religião.	Identificações religiosas (católicos, espíritas, umbandistas, candomblecistas, muçulmanos, evangélicos, ateus, agnósticos etc.), práticas religiosas, comparecimento em Igrejas e centros religiosos e participação em eventos, rituais e celebrações religiosas.
Opinião política	Dado que identifica uma pessoa por seus posicionamentos políticos, incluindo identificações intelectuais e sociais sobre formas de viver, produzir, consumir, interagir e votar.	Identificações sobre ideias, correntes ou ideologias políticas (socialdemocracia, esquerda, direita, capitalismo, socialismo etc.).
Filiação a sindicato ou a organização de caráter religioso, filosófico ou político	Dado que identifica uma pessoa em relação à sua filiação a instituições, grupos, ações e movimentos de caráter sindical, filosófico, religioso ou político.	Identificações sobre filiações de uma pessoa (Partido dos Trabalhadores, Central Única dos Trabalhadores, Sindicato dos Bancários, Igreja Universal etc.).

[183] MULHOLLAND, C.; COSTA, R. Proteção de dados pessoais e diversidade: perspectivas sobre raça, gênero e sexualidade. *In*: BARBOSA, B.; TRESCA, L.; LAUSCHNER, T. (ed.). *TIC, governança da Internet, gênero, raça e diversidade*: tendências e desafios. São Paulo: Comitê Gestor da Internet no Brasil, 2023. v. 3, p. 431-460.

Dado Pessoal Sensível	Definição	Exemplos
Dado referente à saúde	Dado que identifica uma pessoa por meio de dados sobre sua saúde ou por procedimentos de atenção à sua saúde, considerando aspectos físicos e mentais.[184]	Identificações sobre exames laboratoriais; imagens médicas, (radiografias, ressonâncias magnéticas), anamnese (relatório de sintomas narrados pelos pacientes), indicadores de pressão, peso e frequência cardíaca; relatos clínicos; prescrição de medicamentos; diagnósticos etc.
Dado referente à vida sexual	Dado que identifica uma pessoa no que tange à sexualidade, práticas sexuais, identidade sexual e de gênero.[185]	Identificações sobre a orientação sexual (homossexual, heterossexual, bissexual), gênero (cisgênero, transexual, intersexual, travesti), práticas sexuais (homens que se relacionam com homens) etc.
Dado genético ou biométrico	Dado que identifica uma pessoa de acordo com suas características genéticas e biométricas como aspectos físicos, biológicos ou comportamentais únicos e que podem ser medidos e usados para identificação de uma pessoa.	Identificações sobre mapeamento de DNA humano, diagnósticos genéticos, impressão digital, dados gerados por reconhecimento facial e reconhecimento corporal etc.

2. A proteção dos dados pessoais sensíveis na LGPD e abordagens em outras legislações

A categoria de dados pessoais sensíveis indicada no art. 5º, II, da LGPD guarda relação direta com o disposto no art. 11 da lei e seus parágrafos, que conjuntamente determinam como devem ser tratados os dados pessoais sensíveis, as devidas salvaguardas e bases legais aplicáveis para o tratamento deste tipo de dado pessoal, que requer especificidades para sua adequação.

No entanto, a LGPD reproduziu um padrão comumente visto em outras legislações internacionais de proteção de dados de caráter garantista. Em especial, o RGPD, da UE. O RGPD é um regulamento que impactou muitas legislações de proteção de dados devido à sua anterioridade e pelos avanços legislativos da temática nos países do Bloco.

Em relação aos dados pessoais sensíveis, o regulamento europeu seguiu definição semelhante à já existente na Convenção 108 do CoE. O art. 6º da Convenção 108 estabelece a chamada categoria especial de dados, que envolve dados genéticos, dados pessoais relativos a infrações, processos penais e condenações, bem como medidas de segurança conexas, dados biométricos que identifiquem uma pessoa de forma inequívoca, dados

[184] DALLARI, A. B. SUS digital e o conceito de dado pessoal sensível de saúde. *Jota*, 26 mar. 2024.

[185] COSTA, R.; GAGLIARDI, M.; TORRES, L. Gender Identity, Personal Data and Social Networks: An Analysis of the Categorization of Sensitive Data from a Queer Critique. *Revista Direito e Práxis*, v. 4, n. 1, p. 301-329, 2022.

que revelem a origem racial ou étnica, as opiniões políticas, a filiação sindical, as crenças religiosas ou outras, a saúde ou a vida sexual. A categoria criada pela Convenção 108 teve como intuito prevenir os riscos que o tratamento de dados sensíveis possa representar para os interesses, os direitos e as liberdades fundamentais do titular dos dados, nomeadamente um risco de discriminação.

Já o *RGPD* estabeleceu critérios adicionais e caracterizou a categoria de dados sensíveis de modo semelhante, dispondo em seu art. 9º que é proibido o tratamento de categorias especiais de dados pessoais, o que envolve dados que revelam origem racial ou étnica, opiniões políticas, crenças religiosas ou filosóficas, ou filiação sindical, bem como o tratamento de dados genéticos, dados biométricos com o objetivo de identificação única de uma pessoa natural, dados relacionados à saúde ou dados relativos à vida sexual ou orientação sexual de uma pessoa natural. Em seguida, o Regulamento aponta exceções nas quais são permitidas o tratamento de dados pessoais sensíveis, demonstrando maior rigor e regras específicas para a proteção dos dados pessoais sensíveis.

Outros países da América Latina com leis anteriores à lei brasileira também especificaram a categoria de dados pessoais sensíveis em suas legislações de proteção de dados. É o caso do Uruguai, que, em sua Lei n. 18.331/2008, define os dados sensíveis no art. 4º como dados que revelem origem racial ou étnica, preferências políticas, convicções religiosas ou morais, afiliação sindical, opinião política, filiação a sindicato ou organização de caráter religioso, filosófico ou político, dado referente à saúde ou à vida sexual, dado genético ou biométrico, quando vinculado a uma pessoa natural ou informações referentes à saúde e à vida sexual.

Observando os exemplos do Uruguai e da UE fica evidente a convergência do disposto na LGPD com parâmetros encontrados em legislações internacionais de conteúdo similar e que foram criadas antes da legislação brasileira. Inclusive, a lei uruguaia é oficialmente reconhecida como adequada pela UE. Isso porque, a UE reconhece, por meio de um ato formal emanado da Comissão Europeia, quais legislações de proteção de dados pertencentes a países de fora do Bloco oferecem um nível de proteção de dados equivalente ao do RGPD. Nesse sentido, observar que a LGPD segue parâmetros semelhantes aos contidos na legislação uruguaia e europeia é um fator importante nesse processo de reconhecimento de adequação ao sistema europeu.

Contudo, também é importante observar as interfaces da LGPD com o ordenamento jurídico brasileiro e a relação da proteção de dados sensíveis com outros diplomas legais e princípios constitucionais. Antes da LGPD, a LCP de 2011 já falava em informações sensíveis, consideradas em seu art. 3º, § 3º, II, como aquelas informações pertinentes à origem social e étnica, à saúde, à informação genética, à orientação sexual e às convicções políticas, religiosas e filosóficas. Ou seja, é evidente a proximidade entre os textos da LGPD e da LCP, tendo a LGPD expandido a caracterização de uma categoria de dados pessoais sensíveis e tendo uma aplicação mais abrangente, pois a LCP tem sua aplicação limitada ao contexto de formação e consulta a bancos de dados para formação de histórico de crédito, proibindo a utilização do que chama de informações sensíveis na composição desses bancos de dados.

Além disso, a própria criação de uma categoria especial para proteção de dados sensíveis na LGPD guarda relação direta com o fundamento constitucional da dignidade humana (art. 1º, III), com os direitos fundamentais previstos no art. 5º da Constituição Federal de 1988 e com a previsão constitucional de vedação a discriminação (art. 3º, IV). Tais dispositivos também estão refletidos no princípio da não discriminação no art. 6º, IX, da LGPD e no art. 2º, VII, que indica os direitos humanos, o livre desenvolvimento da personalidade, a dignidade e o exercício da cidadania pelas pessoas naturais como fundamentos da LGPD.[186] Esse conjunto de dispositivos é de especial importância para a interpretação do art. 5º, II, da LGPD, pois revela a centralidade da proteção à pessoa humana e sua personalidade, bem como acrescenta a dimensão social presente na proteção de dados pessoais sensíveis, os quais possuem seu tratamento mais suscetível a gerar ou impulsionar cenários de discriminação, desigualdade e violações à dignidade humana, valor central do ordenamento jurídico brasileiro.[187]

Ainda na LGPD, o art. 38 indica que a ANPD poderá determinar ao controlador que elabore RIPD, inclusive de dados sensíveis. Esse dispositivo destaca a necessidade de avaliação de riscos em rotinas de tratamento envolvendo dados sensíveis, ratificando a liberalidade da Autoridade em requerer relatórios de impacto, em especial para esses casos, tendo em vista o maior potencial lesivo de um tratamento de dados sensíveis.

Ademais, temos o art. 46, § 1º, que enfatiza a importância especial que deve ser dada aos dados sensíveis na criação e implementação de medidas de segurança técnicas e administrativas aptas a proteger os dados pessoais de acessos não autorizados e de situações acidentais ou ilícitas de destruição, perda, alteração, comunicação ou qualquer forma de tratamento ilícito. Por fim, o art. 50, § 2º, I, *c*, dispõe que um controlador de dados pessoais ao aplicar os princípios de segurança e prevenção em seu programa de governança da privacidade, deve observar a sensibilidade dos dados tratados, incluindo a probabilidade e a gravidade dos danos para os titulares dos dados.

3. Divergência doutrinária: O rol de dados apresentado no art. 5º, II, da LGPD é taxativo ou exemplificativo?

A LGPD trouxe apenas uma definição geral do que seriam os dados sensíveis, indicando alguns tipos de dados pessoais em seu art. 5º, II. A lei não possui maiores especificações sobre quais tipos de dados e informações estariam contidos no rol de dados indicado no dispositivo, bem como não esclarece a categoria em termos conceituais, nem define suas espécies. Até o momento não há nenhum tipo de orientação legislativa e regulatória por parte da ANPD que deixe explícito os limites interpretativos sobre quais dados poderiam ser considerados sensíveis ou sobre quais são os critérios norteadores para a identificação e adequação de tratamentos de dados pessoais sensíveis.

Diante da ausência de maiores definições sobre a categoria, a doutrina tem divergido sobre a taxatividade do rol de dados sensíveis apontado no art. 5º, II.[188] Isso porque a interpretação sobre a amplitude do que pode ser considerado ou não como dado sensível é fundamental para a aplicabilidade da proteção garantida na LGPD.

A corrente que defende uma interpretação do rol como taxativo entende que o legislador restringiu a amplitude de dados sensíveis apenas àqueles apontados no art. 5º, II. A justificativa para essa defesa gira em torno de uma maior segurança jurídica na aplicação

[186] MULHOLLAND, C. Dados pessoais sensíveis e a tutela de direitos fundamentais. Uma análise à luz da lei geral de proteção de dados (Lei 13.709/18). *Revista de Direito e Garantias Fundamentais*, v. 19, n. 3, 2018.

[187] MULHOLLAND, C.; KREMER, B. Responsabilidade civil por danos causados pela violação do princípio da igualdade no tratamento de dados pessoais. *In*: SILVA, R. G.; TEPEDINO, G. (ed.). *O direito civil na era da inteligência artificial*. São Paulo: Revista dos Tribunais, 2020.

[188] FRAZÃO, A.; CARVALHO, A. P.; MILANEZ, G. *Curso de proteção de dados pessoais:* fundamentos da LGPD. Rio de Janeiro: Forense, 2022.

do regime de proteção de dados sensíveis, visto que os aplicadores da lei e controladores de dados deveriam ater-se ao rol expresso na lei, evitando interpretações extensivas. Nesse sentido, essa parte da doutrina compreende que em razão de sua especialidade e das diversas restrições impostas ao seu tratamento, é efetivamente recomendável que dados sensíveis sejam normalmente definidos de modo taxativo.[189]

Somado a esse posicionamento há ainda uma defesa de que a taxatividade do rol não impede que dados além dos previstos no art. 5º, II sejam considerados sensíveis, visto que o art. 11, §1º traz a ideia de tratamento de dados pessoais que possam revelar dados sensíveis (ver comentário ao art. 11 neste volume). Desse modo, dados pessoais não sensíveis poderiam gerar inferências sensíveis,[190] por exemplo, mas não devem ser considerados sensíveis sem que haja uma análise contextual específica que justifique a aplicação do regime de proteção de dados sensíveis estipulado pela LGPD.

Outra parte da doutrina defende que o rol de dados sensíveis disposto no art. 5º, II, trata-se de uma listagem exemplificativa, ou seja, apenas indica exemplos norteadores do que estaria englobado na ideia de dados sensíveis. A interpretação do rol como exemplificativo tem como principais justificativas o alinhamento à defesa da proteção da personalidade humana, à não discriminação[191] e ao problema da restrição da categoria que poderia gerar uma liberalidade interpretativa para os controladores. Dessa maneira, a interpretação do rol como exemplificativo aponta ainda que a interpretação taxativa poderia intensificar a assimetria de poder entre controlador de dados e titular de dados, considerando que os dados sensíveis formam uma categoria de dados que possuem uma tipologia diferente em razão de o seu conteúdo oferecer maior potencial discriminatório e riscos de intensificação de vulnerabilidades de pessoas e grupos socialmente vulnerabilizados.[192]

Dessa forma, o art. 11, § 1º, garante ainda a percepção de que determinados tratamentos de dados pessoais podem revelar outros dados, informações e inferências que oferecem maiores riscos de discriminação e danos e por isso devem ter a tutela da normatividade dos dados sensíveis trazida pela LGPD. Nesse sentido, o rol de dados do art. 5º, II, é exemplificativo, funcionando como um norteador para a interpretação acerca da sensibilidade de dados pessoais, baseada em critérios como potencial discriminatório, contexto de tratamento e possibilidade de danos à dignidade e personalidade humana, em especial no que tange às vulnerabilidades inerentes a determinados indivíduos e grupos em razão de suas identidades, características, posicionamentos sociais, culturais e morais.[193]

De todo modo, a controvérsia doutrinária não está resolvida e é de extrema relevância para os rumos interpretativos e de aplicação da LGPD. Contudo, é importante notar que ambas as correntes impulsionam avaliações contextuais sobre o tratamento de dados pessoais, não

---

189 LEONARDI, M. Principais bases legais de tratamento de dados pessoais no setor privado. *In*: SOUZA, C. A.; MAGRANI, E.; SILVA, P. (ed.). *Lei geral de proteção de dados*. São Paulo: Revista dos Tribunais, 2019.

190 MACHADO, D.; MENDES, L. S. A proteção dos dados sensíveis inferidos: um comentário ao caso C-84/20 do tribunal de justiça europeu. *Revista do Direito do Consumidor*, v. 144, n. 31, 2022.

191 KONDER, C. N. O tratamento de dados sensíveis à luz da Lei 13.709/2018. *In*: TEPEDINO, G.; FRAZÃO, A.; OLIVA, M. (ed.). *Lei geral de proteção de dados pessoais e suas repercussões no direito brasileiro*. São Paulo: Thomson Reuters Brasil, 2019.

192 TEFFÉ, C. S. *Dados pessoais sensíveis:* qualificação, tratamento e boas práticas. São Paulo: Foco, 2022.

193 MULHOLLAND, C.; COSTA, R. Proteção de dados pessoais e diversidade: perspectivas sobre raça, gênero e sexualidade. *In*: BARBOSA, B.; TRESCA, L.; LAUSCHNER, T. (ed.). *TIC, governança da Internet, gênero, raça e diversidade:* tendências e desafios. São Paulo: Comitê Gestor da Internet no Brasil, 2023. v. 3, p. 431-460.

descartando as inúmeras possibilidades de discriminação e danos a partir do cruzamento de dados pessoais, por exemplo. Dessa forma, a controvérsia possui condições de ser superada a partir de uma análise dinâmica e contextual sobre a categoria de dados sensíveis.

Essa análise deve considerar o acelerado desenvolvimento tecnológico, que dimensiona o titular de dados diante dos mais variados riscos de mapeamento, categorização e classificação de sua personalidade, sendo insuficiente limitar exaustivamente a interpretação sobre quais dados seriam sensíveis, visto que o legislador não contemplou diversas manifestações da personalidade humana que são capazes de gerar informações potencialmente discriminatórias nos mais variados cenários de tratamento de dados pessoais. Por essa razão o art. 11, §1º já fornece a possibilidade de extensão interpretativa sobre dados sensíveis, prevendo assim, a impossibilidade de uma restrição conceitual excessiva dessa categoria de dados.

Diante dessa realidade, entendemos que a interpretação do rol como exemplificativo guarda maior relação com a defesa do livre desenvolvimento da personalidade, dignidade, privacidade, igualdade, dentre outros direitos fundamentais, sendo mais alinhada ao pressuposto protetivo da LGPD e, portanto, mais adequada para uma devida efetividade da proteção dos dados pessoais sensíveis.

4. Atividades da ANPD sobre dados pessoais sensíveis

A ANPD ainda não emitiu publicação específica para a discussão sobre a categoria de dados pessoais sensíveis presente no art. 5º, II. Porém, em sua agenda regulatória para o ano de 2024, há previsão de abordagens sobre dados pessoais sensíveis relacionados à convicção religiosa, por meio de um documento com finalidade de disseminar as medidas básicas para adequação ao disposto na LGPD pelas organizações religiosas. Além disso, a agenda indica a discussão sobre dados biométricos por meio da intervenção da Autoridade, seja mediante regulamentação ou documentos de caráter orientativo sobre os contextos nos quais a coleta de dados sensíveis seria legítima.

Contudo, ao analisarmos as diretrizes e estudos já emitidos pela Autoridade, verificamos alguns apontamentos vinculados à temática da proteção dos dados sensíveis. A Resolução CD/ANPD n. 4/ 2023, que estipula o Regulamento de Dosimetria e Aplicação de Sanções Administrativas da ANPD, determina em seu art. 8º, § 3º, I, *d*, que infrações envolvendo tratamento de dados sensíveis serão consideradas graves, ou seja, a Autoridade demarcou maior rigor para violações à proteção dos dados sensíveis, fortalecendo uma interpretação de que essa categoria é baseada em um maior potencial de risco e danos para titulares.

A ANPD já abordou brevemente o tratamento de dados pessoais sensíveis em contexto eleitoral, por meio de um guia orientativo. O guia centraliza a relevância dos dados pessoais sensíveis sobre opinião política e filiação a organização de caráter político, considerando que o tratamento de dados pessoais para fins eleitorais lida diretamente com dados desse tipo, a exemplo de dados pessoais de indivíduos filiados a partidos políticos ou da formação de perfis de eleitores de acordo com a opinião política, os quais constituem dados sensíveis para fins da LGPD. A Autoridade destaca a possibilidade de tratamento de dados sensíveis por inferências e cruzamento de dados, sendo possível identificar eleitores a partir de outros dados sensíveis como raça e religião. Nesse sentido, a ANPD orienta que o tratamento de dados pessoais sensíveis somente pode ocorrer nas hipóteses legais específicas estipuladas no art. 11 da LGPD, podendo ser necessário elaborar RIPD, haja vista os prováveis riscos às liberdades civis e aos direitos fundamentais decorrentes do tratamento (art. 5º, XVII; art. 38).

Em relação a decisões em processos sancionadores envolvendo dados pessoais sensíveis, a ANPD já proferiu o Relatório de Instrução n. 4/2023/CGF/ANPD, no qual a Autoridade analisa infração sobre vazamento de dados pessoais nas atividades da Secretaria de Estado da Saúde de Santa Catarina, enquanto controladora das operações de tratamento. A gravidade do incidente de segurança foi considerada alta por terem sido coletados dados pessoais sensíveis referentes à saúde de número relevante de titulares. As medidas de segurança adotadas pelo controlador, bem como as medidas de mitigação e comunicação do incidente aos titulares foram consideradas insuficientes. Diante disso, o relatório foi encaminhado ao Coordenador-Geral de Fiscalização para decisão, para que após proferida a decisão, o autuado seja intimado para cumprimento da sanção e/ou apresentação de recurso, em consonância com o art. 56 da Lei n. 9.784/1999 e art. 58 da Resolução CD/ANPD n. 1/2021.

5. Jurisprudência acerca da categoria de dados pessoais sensíveis

Em termos de decisões judiciais, a jurisprudência específica sobre proteção de dados sensíveis e aplicabilidade ou definição da categoria prevista no art. 5º, II, da LGPD ainda é incipiente. Mas, já é possível observar algumas decisões que restringem a aplicabilidade da categoria e do regimento exigido para a mesma. É o caso da decisão do STJ no AREsp 2.130.619 em julgamento sobre vazamento de dados pessoais.

O caso versa sobre vazamento de dados pessoais sob responsabilidade da empresa Eletropaulo em ação de reparação movida por cliente que alegou que houve o vazamento de seus dados pessoais como nome, data de nascimento, endereço e número do documento de identificação e que esses dados foram acessados por terceiros, além de compartilhados com outras pessoas, o que gerava potencial perigo de fraude e de importunações. O pedido foi julgado improcedente em primeiro grau, mas o TJSP reformou a sentença por entender que o vazamento de dados reservados da consumidora configurou falha na prestação de serviços pela Eletropaulo. Todavia, a Segunda Turma do STJ deu provimento a REsp da Eletropaulo e, por unanimidade, reformou o acórdão do TJSP que havia condenado a concessionária a pagar indenização por danos morais de R$ 5 mil, em virtude do vazamento dos dados da cliente.

O Min. Francisco Falcão, relator do recurso da Eletropaulo, identificou que o art. 5º, II, da LGPD traz um rol taxativo dos dados pessoais considerados sensíveis, os quais, segundo o art. 11, exigem tratamento diferenciado. De acordo com o ministro, o TJSP entendeu que os dados vazados da cliente deveriam ser classificados como sensíveis, porém foram indicados apenas dados cadastrais, de natureza comum. Em seu voto, também afirmou que, no caso dos autos, o dano moral não é presumido, sendo necessário que o titular dos dados demonstre ter havido efetivo dano com o vazamento e o acesso de terceiros, mas que o fato seria diferente se estivéssemos diante de vazamento de dados sensíveis, que dizem respeito à intimidade da pessoa natural.

A decisão do STJ, apesar de não ser especificamente sobre dados sensíveis, tem impacto relevante na discussão sobre a interpretação acerca da categoria, pois ao entender que os dados vazados não seriam sensíveis e por isso, não estaria configurada uma presunção de dano em seu vazamento, o ministro enfatizou uma interpretação do rol do art. 5º, II, como taxativo, alinhando a ideia de uma responsabilidade objetiva por danos no vazamento de dados pessoais apenas em situações limitadas aos dados sensíveis expressos na LGPD.

Nessa conjuntura, uma análise sobre a decisão deve considerar, em um primeiro momento, que não se trata de uma decisão com efeito vinculativo, ou seja, a decisão não encerra a controvérsia sobre a taxatividade do rol e não afasta a possibilidade de decisões em sentido contrário. Somado a isso, vincular o dano por vazamento de dados a uma ideia restrita de dados sensíveis pode gerar uma limitação excessiva para a proteção de dados pessoais em geral, tendo em vista que até mesmo o art. 11, § 1º, da LGPD já indica a possibilidade de aplicação do regimento dos dados sensíveis para dados pessoais comuns em situações de tratamento de dados pessoais que revele dados pessoais sensíveis e que possa causar dano ao titular. Dessa forma, a decisão do STJ demonstra uma leitura parcial das possibilidades de configuração de danos, bem como restringe a interpretação sobre a categoria de dados sensíveis para argumentar a não aplicação de responsabilidade sobre vazamento de dados pessoais comuns, criando um parâmetro sem paralelo na própria LGPD.

Outro caso relevante para o debate sobre o rol de dados sensíveis da LGPD, julgado pelo TJSP, demonstra interpretação mais garantista e dinâmica da lei. O caso em questão refere-se à Ap. Civ. do processo n. 1041607-35.2021.8.26.0100, na qual um laboratório pretendia recorrer da decisão em primeiro grau que decidiu por danos morais à autora. A ação inicial foi movida em razão do fato de que, dias após sofrer um aborto espontâneo, a autora recebeu mensagens via WhatsApp do laboratório com uma oferta de coleta e armazenamento de cordão umbilical. Ela alegou não ter fornecido seus dados pessoais, nem informações sobre a gravidez para o laboratório. Em contestação, a empresa disse que só teria utilizado dados não sensíveis e não sigilosos (nome e número de telefone).

Na decisão, o entendimento adotado pela 1ª Câmara de Direito Privado do TJSP foi a confirmação da condenação do laboratório pelo uso de dados sensíveis para oferecer seus serviços a uma paciente que não havia autorizado o compartilhamento de tais informações. A indenização foi arbitrada em R$ 10 mil. A decisão interpretou que a gravidez é um dado sensível, portanto, pertencente ao rol apontado no art. 5º, II, da LGPD, bem como indicou a aplicação do art. 42 da LGPD para a responsabilização em danos morais para a autora. Interessante notar que a decisão foi pautada não apenas na configuração das informações como sensíveis, mas também na vulnerabilidade, condição da titular e contexto no qual o tratamento de dados pessoais foi operado, para identificar o tratamento ilegal de dados pessoais sensíveis e os danos acarretados para a pessoa afetada.

BIBLIOGRAFIA SELECIONADA

COSTA, R.; GAGLIARDI, M.; TORRES, L. Gender Identity, Personal Data and Social Networks: An Analysis of the Categorization of Sensitive Data from a Queer Critique. *Revista Direito e Práxis*, v. 4, n. 1, p. 301-329, 2022.

DALLARI, A. B. SUS digital e o conceito de dado pessoal sensível de saúde. *Jota*, 26 mar. 2024.

DONEDA, D. *Da privacidade à proteção de dados pessoais*. São Paulo: Revista dos Tribunais, 2019.

FRAZÃO, A.; CARVALHO, A. P.; MILANEZ, G. *Curso de proteção de dados pessoais:* fundamentos da LGPD. Rio de Janeiro: Forense, 2022.

KONDER, C. N. O tratamento de dados sensíveis à luz da Lei 13.709/2018. *In*: TEPEDINO, G.; FRAZÃO, A.; OLIVA, M. (ed.). *Lei geral de proteção de dados pessoais e suas repercussões no direito brasileiro*. São Paulo: Thomson Reuters Brasil, 2019.

LEONARDI, M. Principais bases legais de tratamento de dados pessoais no setor privado. *In*: SOUZA, C. A.; MAGRANI, E.; SILVA, P. (ed.). *Lei geral de proteção de dados*. São Paulo: Revista dos Tribunais, 2019.

MACHADO, D.; MENDES, L. S. A proteção dos dados sensíveis inferidos: um comentário ao caso C-84/20 do tribunal de justiça europeu. *Revista do Direito do Consumidor*, v. 144, n. 31, p. 97-121, 2022.

MONICA, E. F.; COSTA, R. Autodeterminação informativa como direito fundamental: um estudo comparado entre Brasil e Uruguai. *In*: IV CONGRESO INTERNACIONAL GLOBALIZACIÓN, ÉTICA Y DERECHO, v. 1. *Actas [...]*. Universidad Complutense de Madrid, 2020, p. 503-532.

MULHOLLAND, C. Dados pessoais sensíveis e a tutela de direitos fundamentais. Uma análise à luz da lei geral de proteção de dados (Lei 13.709/18). *Revista de Direito e Garantias Fundamentais*, v. 19, n. 3, p. 159-180, 2018.

MULHOLLAND, C.; COSTA, R. Proteção de dados pessoais e diversidade: perspectivas sobre raça, gênero e sexualidade. *In*: BARBOSA, B.; TRESCA, L.; LAUSCHNER, T. (ed.). *TIC, governança da Internet, gênero, raça e diversidade:* tendências e desafios. São Paulo: Comitê Gestor da Internet no Brasil, 2023. v. 3, p. 431-460.

MULHOLLAND, C.; KREMER, B. Responsabilidade civil por danos causados pela violação do princípio da igualdade no tratamento de dados pessoais. *In*: SILVA, R. G.; TEPEDINO, G. (ed.). *O direito civil na era da inteligência artificial*. São Paulo: Revista dos Tribunais, 2020. p. 565-584.

TEFFÉ, C. S. *Dados pessoais sensíveis:* qualificação, tratamento e boas práticas. São Paulo: Foco, 2022.

Artigo 5º, III

Comentado por Jordan Vinícius de Oliveira

DISPOSITIVOS RELACIONADOS NA LGPD

- Art. 5º, XI; e art. 12.

ATIVIDADES DA ANPD

- Consulta à Sociedade – Estudo Preliminar – Anonimização e pseudonimização para proteção de dados.
- Nota Técnica n. 46/2022/CGF/ANPD.[194]

AÇÕES REGULATÓRIAS E FISCALIZATÓRIAS DE ENTIDADES GOVERNAMENTAIS E ÓRGÃOS DE CONTROLE

- Art. 2º, I da Resolução Administrativa da ANS n. 80, de 28 de junho de 2022.
- Art. 2º, II da Resolução n. 674, de 06 de maio de 2022 do CNS.[195]

[194] Ver comentário ao art. 5º, XI, neste volume.

[195] Ver comentário ao art. 5º, XI, neste volume.

CASOS E DECISÕES JUDICIAIS RELEVANTES

- STF. MS n. 27.091/DF. Rel. Min. Roberto Barroso, j. 30.03.2017, *DJe*-067 04.04.2017.

JUSTIFICATIVA E FUNDAMENTOS

A LGPD possui amplitude de aplicação justamente devido ao conceito de dado pessoal adotado. Não apenas os dados identificados (aqueles diretamente associados à identidade de uma pessoa natural, como o seu nome completo, a sua foto em um documento de identificação), mas também os identificáveis (ou seja, quaisquer dados que possam ser ligados a um titular, ainda que indiretamente, como a sua data de nascimento, o CEP da sua rua, o seu sexo ou a faixa salarial, por exemplo) foram abrangidos em seu escopo.[196]

Tem-se, desse modo e teoricamente, uma fronteira clara entre o dado pessoal e o dado não pessoal, sendo este último o que, por exclusão, não está relacionado a uma pessoa natural identificada ou identificável, como por exemplo os dados de índices pluviométricos, os dados de conjunturas macroeconômicas como os relativos ao Produto Interno Bruto (PIB), ou os dados de taxa de desmatamento da Floresta Amazônica por Estados. Ocorre, contudo, que devido ao conceito de dado pessoal abranger o dado identificável, a fronteira entre o que é considerado pessoal e não pessoal pode ficar fragilizada. Pense, por exemplo, na tradicional brincadeira natalina de presentear amigos, familiares ou colegas de turma ou de trabalho chamada de amigo-oculto ou amigo-secreto.

Nesta brincadeira, o principal desafio está em descobrir quem foi a pessoa sorteada pelo respectivo participante a partir do fornecimento de descritivos genéricos de atributos da sua personalidade: como ser do sexo A ou B, ter cabelo grande ou curto, estar usando determinada roupa ou ter certo hábito ou trejeito característico. Por um raciocínio dedutivo, ou seja, que surge do universo de participantes e tenta chegar ao único indivíduo possível que combine com os descritivos fornecidos, são oferecidos palpites sobre quem foi a pessoa sorteada, até que a dica oferecida seja tão clara no contexto que fique fácil revelar a sua identidade, considerados os demais participantes passíveis de serem sorteados.

Sobre o dado anonimizado, portanto, recai o risco da reidentificação, ou seja, da união de determinados traços que tornem possível apontar a identidade de uma pessoa em um contexto em que, inicialmente, essa informação não deveria existir.[197]

Em uma analogia com um habitante de determinada região, esse conceito residiria, assim, nos "territórios" de fronteira entre, de um lado, o dado pessoal identificável e, de outro, o dado não pessoal. Caso a técnica de anonimização empregada respeite os preceitos legais expostos na LGPD, o dado anonimizado permaneceria na "terra" do dado não pessoal. Contudo, caso o dado não seja anonimizado da forma correta, por exemplo, ele estará apenas pseudoanonimizado, e esse dado voltaria ao território do dado pessoal, justamente por ser identificável.

A relação entre dado pessoal identificável e dado anonimizado é tamanha que, ao se analisar o histórico dos textos discutidos no Congresso Federal que deram origem à LGPD,

---

[196] Ver comentário ao art. 5º, I, neste volume.

[197] PDPC. *Guide to basic anonymization:* Personal Data Protection Commission Singapore. 2022. Disponível em: https://www.pdpc.gov.sg/-/media/Files/PDPC/PDF-Files/Advisory-Guidelines/Guide-to-Basic-Anonymisation-31-March-2022.pdf. Acesso em: 2 mar. 2024.

é possível notar que quando o conceito de dado pessoal era apenas atrelado ao dado identificado (e não ao dado identificável), o conceito de dado anonimizado sequer existia.

No PL n. 4.060/2012 – que foi transformado em PL da Câmara n. 53/2018, sendo a "raiz" do texto legislativo aprovado como Lei n. 13.709/2018 – inexistia o conceito de dado pessoal anonimizado. Naquele texto preliminar, a definição de dado pessoal era mais restritiva: conforme o então art. 7º, I, do PL, o dado pessoal era "qualquer informação que permita a identificação exata e precisa de uma pessoa determinada". Ao adotar os adjetivos "exata" e "precisa", aquela definição focou na informação identificada, adotando uma interpretação mais reducionista do dado pessoal e se afastando da interpretação expansionista do dado identificável.

Com as sucessivas alterações do texto legislativo, a versão atualmente vigente da LGPD acolheu a visão expansionista de dado pessoal para incorporar não apenas o dado identificado, mas também o identificável. Ao fazê-lo, ela necessitou trazer consigo também o conceito de dado anonimizado, sendo a sua função precípua a de trazer um pouco de razoabilidade interpretativa ao texto.

Em uma sociedade cada vez mais pautada por dados na qual os dados possuem valor intangível aos negócios e ao progresso da ciência, o conceito de dado anonimizado serve para equilibrar os interesses de análise de dados, de um lado, e de proteção à privacidade e aos dados pessoais, de outro.

Basta imaginar que no dia a dia de setores que participaram diretamente do debate de construção da LGPD, como o de publicidade e o de marketing (inclusive com convites da CCTI direcionados aos representantes da Abap e da Abemd), as operações com grandes volumes de dados em formato agregado/anonimizado é constante.

Na gestão de ferramentas de marketing em páginas web e redes sociais, por exemplo, o valor dos dados decorre, entre outros fatores, da sua capacidade de fornecer preciosas tendências de interesse do seu público-alvo. Os famigerados painéis (*dashboards*) com gráficos cada vez mais sofisticados fazem parte da rotina de agências e setores de marketing, medindo interesses e zonas quentes e frias de padrões.

Esses dados, contudo, muitas vezes não podem ou não precisam estar em um formato identificado ou identificável. Por exemplo, a compreensão sobre o mapa de calor de interesse em um site de comércio eletrônico (*e-commerce*) depende da análise de padrões não apenas de um cliente específico, mas de toda a massa de usuários que o acessam e nele compram. Assim, ao entender que, dos clientes cadastrados e que efetuaram compras em uma página de comércio eletrônico, 65% eram de determinada região geográfica do país, 80% gastaram menos de 10 minutos do login até a compra final e 70% efetuaram pagamento por cartão de crédito com parcelamento, o gestor daquela página consegue obter percepções (*insights*) sobre como melhorar e tornar mais eficiente o seu negócio para o seu público-alvo. Esse valor, assim, decorre da análise conjunta/anonimizada dos padrões de uso dos usuários e não de sua avaliação isolada no nível individual.

Sobre o ponto de vista de riscos à privacidade e à identidade, os dados anonimizados, desde que passem por uma técnica de anonimização dentro dos parâmetros razoáveis dispostos na LGPD conforme o art. 5º, XI, e o art. 12,[198] conseguem estabelecer um equilíbrio entre a utilidade do dado e a proteção à identidade da pessoa à qual ele se referiu.

---

[198] Ver comentários ao art. 5º, XI, e ao art. 12 neste volume.

Ao avaliar o conceito de dado anonimizado é imprescindível, assim, lembrar que a LGPD adotou o conceito expansionista de dado pessoal que abrange não apenas o dado identificado, mas também o identificável. O dado anonimizado é, assim, aquele que foi, em dado momento pregresso, identificado ou identificável e que, graças a um processo eficiente e razoável de anonimização, passou a adquirir forma de dado não pessoal.

Por fim, situação ligeiramente diferente será a do dado anônimo,[199] aquele que desde a origem não possuía elementos identificáveis ou identificados sobre uma pessoa natural. Embora o conceito de dado anônimo não esteja na LGPD, é possível afirmar que tanto o dado anônimo quanto o anonimizado (este, a partir da observância de um método razoável de anonimização) são agrupáveis como dados não pessoais. A diferença entre eles, contudo, é a de que o dado anonimizado já foi "um dia" um dado pessoal, enquanto o anônimo nunca o foi.[200]

Basta imaginar, assim, uma pesquisa que se utilize da técnica de coleta de dados de enquete (*survey*) ou questionário no formato web. Imagine duas estratégias de pesquisa diferentes que possam ilustrar essa diferença. A pesquisa 1 não precisa saber quem são os respondentes e, desde a sua concepção, não solicitou a sua identificação ou o fornecimento de respostas que possam identificá-los de algum modo. Já a pesquisa 2, precisou na fase de coleta identificar quem eram os respondentes (coletando, por exemplo, o seu nome completo e seu e-mail ou telefone ou respostas cujo grau de detalhe permitiria descobrir a sua identidade, como o cargo de Presidente em uma determinada empresa).

Logo, acertadamente, a LGPD previu o conceito de dado anonimizado como o que não é passível de reidentificação ao seu titular (requisitos para essa não reidentificação serão detalhados a seguir), todavia é necessário não esquecer que os dados anônimos também existem e não são considerados pertencentes ao "território dos dados pessoais".

ANÁLISE

1. Experiência internacional

Na experiência internacional vale citar, exemplificadamente, os casos do RGPD e das normas de proteção de dados (*Personal Data Protection Act*) do Reino Unido e de Singapura.

Ao contrário da LGPD, o RGPD não foi tão detalhista de modo a trazer no escopo de seu artigo dedicado às definições (art. 4º) o significado de "dado anonimizado". O dispositivo mais próximo, naquela legislação, ao do art. 5º, III, da LGPD é a parte final de seu Considerando 26, a qual dispõe que:

> (...) Os princípios da proteção de dados não deverão, pois, aplicar-se às informações anônimas, ou seja, às informações que não digam respeito a uma pessoa singular identificada ou identificável nem a dados pessoais tornados de tal modo

---

[199] VOKINGER, K.; STEKHOVEN. D.; KRAUTHAMMER, M. Lost in Anonymization - A Data Anonymization Reference Classification Merging Legal and Technical Considerations. *The Journal of Law, Medicine & Ethics*, v. 48, 2020.

[200] OLIVEIRA, J. V. *Diga-me o que acessas e direi quem tu és?* O direito ao anonimato no ciberespaço. 2022. 300f. Tese (Doutorado) - Universidade do Estado do Rio de Janeiro, Rio de Janeiro, 2022. Disponível em: https://www.bdtd.uerj.br :8443/handle/1/19142.

anônimos que o seu titular não seja ou já não possa mais ser identificado. O presente regulamento não diz, por isso, respeito ao tratamento dessas informações anônimas, inclusive para fins estatísticos ou de investigação.

Retomando a definição realizada ao término do tópico de Justificativas e Fundamentos, o Considerando dispõe, desse modo, tanto sobre os dados anônimos (que não estejam atrelados a pessoas naturais) quanto sobre os dados "tornados anônimos" (aqueles que passaram por processo de anonimização e perderam de modo razoável a referência identificada ou identificável a uma pessoa natural), classificando-os como não pessoais. Veja que a voz passiva é utilizada para definir o dado anonimizado no RGPD: são os dados que eram pessoais e foram "tornados de tal modo anônimos" pelo agente de tratamento.

Na norma de proteção de dados (*Data Protection Act*) do Reino Unido, não há menção específica à anonimização, mas o art. 171(2), *a*, utiliza a expressão "desidentificado" (*de-identified*) com o mesmo efeito do dado anonimizado, conceituando-o como o dado que foi tratado de tal forma que não possa mais ser atribuído a um titular específico.

No âmbito da norma de proteção de dados (*Personal Data Protection Act*) n. 2012 de Singapura, embora inexista uma definição dedicada para dados anonimizados, eles aparecem como expressão em uma seção própria – Parte 9B – que trata da tipificação de infrações a dados pessoais e informações anonimizadas. No art. 48F é descrita a conduta de reidentificação de dados anonimizados sem autorização do agente de tratamento que os anonimizou, a qual é passível, naquele país, de aplicação de multa de até 5 mil dólares singapurianos e/ou prisão.

2. Dispositivos correlatos no ordenamento nacional e na LGPD

Voltando à própria LGPD, o conceito do art. 5º, III, de dado anonimizado está intrinsecamente associado aos preceitos dos arts. 5º, XI (definição do procedimento de anonimização) e 12 (condições para não aplicação da LGPD para dados anonimizados).

Um ponto comum aos três dispositivos citados é o emprego no plural do adjetivo "razoável". Tanto no inciso III quanto no inciso XI do art. 5º é mencionada como condição para o dado anonimizado que sejam empregados "meios técnicos razoáveis e disponíveis" para retirar o vínculo entre o dado e o seu titular, considerando-se a circunstância da época do tratamento. Já no *caput* do art. 12 são mencionados "esforços razoáveis" também no sentido de que o dado será anonimizado (e, portanto, deixará de ser considerado pessoal) caso não seja possível razoavelmente recriar a sua conexão com a pessoa natural da qual ele se originou.

A diferença interpretativa do art. 5º, III e XI, para o art. 12 está no fato de que, no *caput* deste último artigo, a preocupação com a reversão do processo de anonimização é qualificada não apenas pela existência de meios técnicos razoáveis para se reverter a anonimização (condição existente também nos incisos do art. 5º), mas acrescida à segunda condicional de que o dado não possa ser revertido exclusivamente por meios próprios.

Dado esse contexto interpretativo, pode-se dizer em uma análise conjunta dos dispositivos que o dado anonimizado possui as seguintes duas características:[201]

---

[201] OLIVEIRA, J. V. *Diga-me o que acessas e direi quem tu és?* O direito ao anonimato no ciberespaço. 2022. 300f. Tese (Doutorado) – Universidade do Estado do Rio de Janeiro, Rio de Janeiro, 2022. Disponível em: https://www.bdtd.uerj.br :8443/handle/1/19142.

(a) passou por um processo de anonimização, ou seja, já esteve classificado como dado pessoal previamente e transformou-se, então, em dado não pessoal;

(b) este processo de anonimização tem de ser eficiente, ou seja, não reversível, considerando-se aqui tanto as técnicas razoáveis de anonimização disponíveis à época do tratamento (conceito que engloba variáveis como os conhecimentos disponíveis a partir da ciência de dados, das bases de dados publicamente disponíveis e da capacidade de processamento computacional da época), quanto a capacidade própria de reversão do agente de tratamento (conceito que engloba a impossibilidade do agente de tratamento guardar o segredo de anonimização).

No primeiro ponto se trata, basicamente, da diferença entre o dado anônimo – cuja identidade do titular nunca esteve revelada ao agente de tratamento – e o dado anonimizado – cuja identidade do titular esteve revelada ao agente de tratamento, mas foi esquecida permanentemente por ele – tal como visto no Considerando 26 do RGPD, que emprega voz passiva, para afirmar que esses dados foram "tornados (...) anônimos".

No segundo ponto, o sucesso da anonimização dependerá sempre das duas variáveis centrais: os meios técnicos razoáveis à época da anonimização para reverter a desassociação entre o dado e o titular e, ainda, a capacidade própria para essa reversão ao dispor do agente de tratamento.

Este segundo ponto será mais bem trabalhado no comentário ao art. 5º, XI, deste volume, inclusive a partir de comentários sobre o estudo preliminar conduzido pela ANPD sobre o tema. No momento, é importante contudo ressaltar que não basta apenas avaliar, no processo de anonimização, a eficiência das técnicas empregadas, mas também a natureza e quantidade de variáveis dos dados pessoais que foram anonimizados.

O nível de anonimização de uma base de dados em que o único dado de natureza identificada seja o nome completo, por exemplo, será relativamente mais fácil de ser medido do que a anonimização de uma base onde não apenas este dado esteve presente, como também outras variáveis identificadas e identificáveis, como o número do CPF, o CEP, a foto, a data de nascimento e o sexo.

Portanto, é a partir da complexidade das variáveis presentes na base de dados que o agente de tratamento deverá avaliar o nível da sofisticação necessária para o processo de anonimização. É por isso que tanto o art. 5º, III e XI, quanto o art. 12 enfatizam os meios e técnicas razoáveis, pois a análise do que é razoável é sempre contextual, considerando tanto as técnicas de anonimização empregadas pelo agente de tratamento quanto as variáveis identificáveis presentes na base de dados.

3. Decisões de autoridades

Por fim, em relação à aplicação jurisprudencial do conceito, inexistem até o momento interpretações pacificadoras e uniformizadas nos tribunais superiores sobre o conceito de dado anonimizado. Cabe, contudo, citar o caso do MS n. 27.091/DF, de relatoria do Min. Roberto Barroso.

Nele, foi discutido um item específico do Acórdão TCU n. 1.835/2007, onde o TCU solicitou ao Secretário da Receita Federal que fossem providos documentos e informações sobre todos os processos de habilitação no Sistema Integrado de Comércio Exterior (Siscomex) para proceder a uma análise por amostragem de auditoria.

Não obstante subsista ao TCU a competência de controle externo fiscalizatório de entidades da administração pública, o MS foi julgado procedente a favor do impetrante, Secretário da Receita Federal do Brasil, e em desfavor do impetrado, Presidente do TCU.

Um dos motivos centrais avaliados para a concessão do MS foi o de que a requisição do TCU não foi dirigida para fins de instruir processo administrativo contra determinado sujeito passivo suspeito de prática de infração administrativa, mas sim em solicitação abrangente voltada a todos os processos de habilitação no Siscomex.

Assim, foi citado ainda o Acórdão n. 1.391/2016, caso em que o próprio TCU solicitou à Receita Federal do Brasil o compartilhamento de dados "anonimizados", onde a identidade dos sujeitos passivos estaria protegida. O MS pondera, portanto, que se a requisição fosse voltada a dados anonimizados, haveria um correto equilíbrio entre o sigilo fiscal dos titulares envolvidos e a prerrogativa de controle externo da administração tributária. Como, contudo, a requisição foi genérica e voltada a uma massa de titulares sem motivo individual específico, a sua ilegalidade foi caracterizada.

O interessante sobre o MS é que ele emprega justamente a expressão "dados anonimizados" e que a data de seu julgamento se deu em 30 de março de 2017, portanto, antes da aprovação e sanção da LGPD. Assim, o julgado empregou corretamente o conceito de dado anonimizado e, para a ponderação entre direitos envolvidos, acolheu o direito constitucional à intimidade/privacidade dos sujeitos passivos tributários identificados nos processos de habilitação em detrimento do poder de controle externo do TCU.

BIBLIOGRAFIA SELECIONADA

OLIVEIRA, J. V. *Diga-me o que acessas e direi quem tu és?* O direito ao anonimato no ciberespaço. 2022. 300f. Tese (Doutorado) – Universidade do Estado do Rio de Janeiro, Rio de Janeiro, 2022. Disponível em: https://www.bdtd.uerj.br :8443/handle/1/19142.

PDPC. *Guide to basic anonymisation – Personal Data Protection Commission Singapore*, 2022. Disponível em: https://www.pdpc.gov.sg/-/media/Files/PDPC/PDF-Files/Advisory-Guidelines/Guide-to-Basic-Anonymisation-31-March-2022.pdf. Acesso em: 2 mar. 2024.

VOKINGER, K.; STEKHOVEN. D.; KRAUTHAMMER, M. Lost in Anonymization – A Data Anonymization Reference Classification Merging Legal and Technical Considerations. *The Journal of Law, Medicine & Ethics*, v. 48, p. 228-231, 2020.

Artigo 5º, IV

Comentado por Jordan Vinícius de Oliveira

DISPOSITIVOS RELACIONADOS NO ORDENAMENTO JURÍDICO BRASILEIRO

- Art. 4º, IV, MCI.
- Art. 8º, Lei n. 8.159/1991.

DISPOSITIVOS RELACIONADOS NA LGPD

- Arts. 4º, § 4º; e 5º, XIII, XIV e XVI; art. 13, *caput*; art. 26, §1º; art. 52, X.

JUSTIFICATIVA E FUNDAMENTOS

Para os fins deste artigo, os termos "base de dados" e "banco de dados" serão empregados de forma sinônima, observado que "banco de dados" (*data bank*) é usualmente encontrado em artigos científicos de ciência da computação dos anos 1970[202] com o mesmo sentido hodiernamente utilizado para "base de dados" (*databases*). Destaca-se, desde já, que para a LGPD o termo "banco de dados" abrange não apenas dados eletrônicos (ex.: tabelas de sistemas), mas também os em formato impresso (ex.: arquivos físicos) desde que contenham dados pessoais.

Na LGPD, muito embora o art. 5º, IV, tenha definido o que é um banco de dados, os arts. 13, *caput* (bases de dados utilizadas para estudos em saúde pública por órgãos de pesquisa) e 26, § 1º (base de dados geridas pelo Poder Público e cujo compartilhamento com entidades privadas não deve ser feito sem um propósito claro e delimitado na lei) empregaram o termo "bases de dados" com efeito similar para se referir a conjuntos de dados que se encontram em poder dos agentes de tratamento.

O dispositivo que trata de bancos de dados já se encontrava na versão original do PL n. 4.060, de 2012 com definição próxima à sancionada na LGPD, sendo definido no então art. 7º, III, como "todo conjunto estruturado e organizado de dados pessoais, coletados e armazenados em um ou vários locais, em meio eletrônico ou não".[203]

Entre as possíveis razões para a definição de bancos de dados na legislação estão duas: (i) a busca por exemplificar situações em que haja diferença entre o dado pessoal singularmente considerado (dado unitário sobre um titular, por exemplo) e o conjunto de dados pessoais em poder do agente de tratamento (informações sobre não apenas um, mas diversos titulares de dados pessoais) e (ii) o reiterar da aplicabilidade da legislação no tempo e no espaço, podendo alcançar inclusive bancos ou bases constituídos previamente à sua aprovação e, ainda, dados obtidos, armazenados ou utilizados em suportes variados, como se denota da parte final do inciso IV que menciona "(...) em suporte eletrônico ou físico".

No primeiro caso é importante salientar que a LGPD possui uma dimensão de aplicação não somente para tutelas individuais, mas também coletivas, onde os interesses de diversos titulares de dados pessoais são considerados (*vide*, por exemplo, o seu art. 22). Assim, não é incomum que nos trechos onde "bancos de dados" ou "bases de dados" constem na lei exista uma referência a todo o conjunto de dados pessoais em posse do agente de tratamento.

Já o segundo ponto é importante para situar a abrangência da lei: não poderá o agente de tratamento argumentar que os bancos de dados foram constituídos previamente à LGPD para se isentar do seu tratamento irregular, embora tais bancos possam sofrer uma regulação diferenciada por parte da ANPD. Também não poderá o agente de tratamento argumentar que os dados em formato físico (aqueles que não dependem de uma central de processamento para serem lidos ou tratados, como dados impressos em papel) não estão alcançados pela lei, muito embora na ciência de dados o conceito de "banco" ou "base" de dados geralmente seja restrito ao suporte eletrônico.

---

202 CODD, E. F. A Relational Model of Data for Large Shared Data Banks. *Communications of the ACM*, v. 13, n. 6, 1970.

203 BRASIL. *Diário da Câmara dos Deputados*, Brasília, ano LXVII, n. 097, quinta-feira, 14 jun. 2012. Disponível em: https://www.congressonacional.leg.br/materias/materias-bicamerais/-/ver/pl-4060-2012. Acesso em: 16 mar. 2024.

ANÁLISE

1. Experiência internacional

Tomando-se o exemplo europeu, de onde o texto da LGPD foi inspirado, a definição de "bases de dados" ou "bancos de dados" em leis de proteção de dados pessoais não é recorrente, como se pode verificar, por exemplo, em consulta ao RGPD (UE), ao *UK Data Protection Act* (Reino Unido) ou mesmo ao *Federal Act on Data Protection* (Suíça).

2. Dispositivos correlatos no ordenamento nacional e na LGPD

Em tempos de *big data*, a evolução da capacidade de processamento e compartilhamento de dados impulsionada pelo desenvolvimento dos microchips e da internet trouxe enormes vantagens à vida humana, mas também desafios. Os 4 "Vs" geralmente citados para a definição de *big data*, volume, velocidade, variedade e veracidade (há quem adicione um quinto "v", de "valor"), dão indícios de que o tratamento de informações e, inclusive, dados pessoais por parte de organizações possui dimensões colossais.[204]

Ao se analisar os trechos da lei que fazem menção expressa a "bancos de dados" é possível notar essa preocupação com a dimensão coletiva do tratamento. No art. 4º, § 4º, a lei cita a proibição de tratamento de bancos de dados utilizados para fins de segurança pública, defesa nacional, segurança do Estado ou atividades de investigação e repressão de infrações penais por parte de pessoa de direito privado (salvo a que possua capital constituído por poder público).

No próprio art. 5º, as definições de bloqueio e eliminação (incisos XIII e XIV) tratam tanto da dimensão singular (dado pessoal) quanto da coletiva (banco de dados) para a interrupção das operações de tratamento. No art. 52, X, a pena de suspensão parcial de funcionamento por até 6 (seis) meses (prorrogáveis) é dirigida a todo o banco de dados e não somente aos dados pessoais de um titular envolvido em uma ocorrência, o que reforça que mesmo uma situação isolada levada à apreciação da ANPD poderá causar efeitos a todo o banco de dados em caso de irregularidade constatada no âmbito coletivo do tratamento.

Ainda, o art. 63 dispõe que bancos de dados constituídos previamente à LGPD e que, após sua vigência, continuarem existindo, por ela serão alcançados, cabendo à ANPD a regulação sobre a adequação progressiva desses bancos a partir da natureza dos dados e da complexidade das operações de tratamento.

Saindo da LGPD, um dos objetivos centrais elencados no art. 4º, IV, do MCI, é a busca por adesão a padrões tecnológicos interoperáveis, havendo a inteligente conexão entre os bancos de dados (tratados por "bases de dados") e as respectivas aplicações (plataformas/sistemas) que os utilizam.

3. Aspectos técnicos

É importante salientar que, na ciência de dados, há uma tipologia que define o que são dados estruturados, semiestruturados e não estruturados, o que levanta um problema na tecnicalidade do inciso IV do art. 5º.

---

204 DOMDOUZIS, K.; LAKE, P.; CROWTHER, P. *Concise Guide to Databases:* A Practical Introduction. 2. ed. New York: Springer, 2021.

Enquanto os dados estruturados estão diretamente ligados à chamada linguagem de consulta estruturada (SQL), linguagem de programação utilizada para gerenciar bases de dados estruturadas (como as que possuem nomes, endereços, departamentos, disciplina) onde tabelas e registros possuem uma relação lógica orientada por princípios matemáticos da álgebra relacional, os dados não estruturados refletem informações que não necessariamente possuam um modelo de dados, como dados brutos (ex.: textos, áudios, postagens de redes sociais ou arquivos de PDF).[205]

Em um exemplo simplista, imagine que você tenha aberto um processo seletivo para selecionar uma pessoa a uma determinada vaga de emprego. Todos os currículos que serão recebidos constituirão a base de dados contendo informações sobre os candidatos. O modo como essa base será gerida, contudo, pode variar: você poderá abrir a inscrição por um formulário (onde as respostas poderão ser padronizadas e relacionadas para todos os candidatos na análise futura) ou simplesmente aceitar o envio de arquivos PDF ou DOCX de currículos (onde os registros não necessariamente possuirão informações estruturadas e relacionadas em sua base de dados na análise futura).

Há, ainda, os chamados dados semiestruturados, espécies de pontes entre dados estruturados e não estruturados, cuja leitura é mais complexa e não possui um modelo de dados predefinido, mas cujo armazenamento e gerenciamento pode ser mais simples do que o dos dados não estruturados. Exemplos de dados semiestruturados são arquivos JSON ou XML, onde metadados (dados sobre dados) auxiliam na compreensão e catalogação das informações.[206]

Toda essa complexa matéria sobre bancos de dados foi trazida para instigar a seguinte pergunta: Sendo a definição do art. 5º, IV, diretamente direcionada ao "conjunto estruturado de dados pessoais", estaria ela descartando a sua aplicação a dados não estruturados (como arquivos PDF) ou semiestruturados (como arquivos JSON) que contenham dados pessoais?

Esta pergunta pode ser respondida em duas etapas: (i) a aplicabilidade da LGPD para bancos de dados não estruturados e semiestruturados que contenham dados pessoais e (ii) a aplicabilidade dos dispositivos específicos que citam bancos de dados na lei para aqueles não estruturados e semiestruturados.

Primeiro, muito embora o conceito do inciso IV esteja delimitado a dados pessoais, é importante ressaltar que nem toda base de dados possuirá dados pessoais (uma base de dados que contenha, por exemplo, os registros fiscais de produtos de uma empresa não necessariamente conterá dados pessoais). Contudo, para aquelas que os possuam, está claro que a LGPD permanece aplicável a dados pessoais independentemente de seu suporte, pois o conceito de dado pessoal é aquele relativo a uma pessoa identificada ou identificável. Logo, ainda que um dado pessoal se encontre em formato não estruturado ou semiestruturado, esse fator, por si só, não significa que ele não mereça a proteção elencada na lei.

Já a segunda etapa da resposta à pergunta é mais capciosa: como os dispositivos legais que mencionam bancos de dados foram trazidos justamente em um contexto de uso coletivo dos dados pessoais, a sua interpretação contextual dependerá da razoabilidade da ANPD e de eventuais julgadores.

---

205 IBM. Structured v. Unstructured Data (IBM, 23 de abril de 2021). Disponível em: www.ibm.com/blog/structured-vs-unstructured-data. Acesso em: 23 abr. 2024.

206 IBM. Structured v. Unstructured Data (IBM, 23 de abril de 2021). Disponível em: www.ibm.com/blog/structured-vs-unstructured-data. Acesso em: 23 abr. 2024.

Imagine, por exemplo, que determinado titular tenha requerido a eliminação ou o bloqueio dos seus dados pessoais não estruturados sob o poder do agente de tratamento (ex.: arquivos brutos impressos de exames estudantis). É razoável que o resultado estruturado desses arquivos, se houver razão jurídica plausível, possa ser eliminado ou bloqueado, mas não é razoável que os arquivos brutos sejam tratados individualmente pelo agente de tratamento para fazer o mesmo.

Logo, as dimensões individual e coletiva do tratamento devem ser levadas em conta, bem como o contexto sobre o qual possa pairar dúvida sobre um tratamento considerado irregular de um banco de dados. Dessa forma, ao utilizar a expressão "conjunto estruturado de dados pessoais" o legislador, que tentou trazer clareza ao texto, acabou por se complicar ao criar uma definição que talvez não tenha passado pela necessária reflexão técnica.

Ressalta-se que, como já visto, a ANPD deverá dispor, no futuro, e em consonância com o art. 63, de normas para a adequação progressiva de bancos de dados constituídos até a data de entrada em vigor da LGPD. Esses bancos, que foram constituídos anteriormente à LGPD, mas cujo tratamento persiste após a sua entrada em vigor, deverão receber um tratamento diferenciado no caso a caso, uma vez que sua construção não foi desenvolvida sob as regras da LGPD. Aqui, mais uma vez, a razoabilidade sobre os esforços e custos para a adequação desses bancos à legislação deve ser levada em conta, especialmente para situações em que não haja uso corrente dos mesmos, mas tão somente armazenamento permanente.

Vale, assim, lembrar que a Lei n. 8.159/1991 (lei que regula a política nacional de arquivos públicos e privados) estipula, em seu art. 8º que os documentos públicos serão identificados como correntes (aqueles que são objeto de consulta frequente), intermediários (aqueles que não sofram uso corrente, mas aguardem a eliminação ou recolhimento para guarda permanente) e permanentes (aqueles que possuam valor histórico, probatório, informativo e que devam ser preservados).

Logo, arquivos que se encontrem em fase intermediária ou permanente podem ser de especial interesse para a ANPD em que, mais uma vez, a razoabilidade regulatória deverá ser considerada.

Por fim, como já destacado, na ciência da computação e na ciência de dados o termo *database* é a definição moderna de *data bank*. Contudo, o estudo de bases de dados geralmente se encontra acompanhado de outras taxonomias como *data lakes* (lagos de dados, repositórios de dados de relativo baixo custo que geralmente contêm inclusive dados em um formato primário ou bruto de diferentes fontes que ainda não foram estruturados), *data warehouses* (repositórios que passaram por uma curadoria específica para uso e formato) ou, ainda, *data lakehouses* (repositórios que combinam os aspectos de ambos, a flexibilidade e baixos custos do *data lake* e a robustez e gerenciamento do *data warehouse*). Estes tipos de repositórios, assim, podem ou não conter dados pessoais e podem ou não estar estruturados.[207-208]

Para os fins da LGPD, contudo, é necessário ressaltar, mais uma vez, que esta tecnicalidade foi relativamente deixada à parte quando incorporou corretamente os dados em formato eletrônico e físico. A imprecisão, contudo, ficou por conta do emprego do adjetivo "estruturado", como já tratado anteriormente. Pode-se dizer, portanto, que a lei teria maior

207 ORACLE. What is a Data Lakehouse?' (Oracle) . Disponível em: https://www.oracle.com/big-data/what-is-data-lakehouse. Acesso em: 25 abr. 2024.

208 DOMDOUZIS, K.; LAKE, P.; CROWTHER, P. *Concise Guide to Databases:* A Practical Introduction. 2. ed. New York: Springer, 2021.

precisão caso adotasse a definição de banco de dados como "qualquer conjunto de dados cujo conteúdo possua dados pessoais, independentemente do formato de armazenamento, seja físico ou eletrônico". Como não o fez, caberá a atenção redobrada ao adjetivo "estruturado" e seu contexto de uso razoável especialmente para a interpretação dos arts. 5º, XIII e XIV (relacionados a direitos de titular), e 63 (relacionado a regulação de bancos previamente constituídos à LGPD).

BIBLIOGRAFIA SELECIONADA

BRASIL. *Diário da Câmara dos Deputados*, Brasília, ano LXVII, n. 097, quinta-feira, 14 jun. 2012. Disponível em: https://www.congressonacional.leg.br/materias/materias-bicamerais/-/ver/pl-4060-2012. Acesso em: 16 mar. 2024.

CODD, E. F. A Relational Model of Data for Large Shared Data Banks. *Communications of the ACM*, v. 13, n. 6, 1970.

DOMDOUZIS, K.; LAKE, P.; CROWTHER, P. *Concise Guide to Databases:* A Practical Introduction. 2. ed. New York: Springer, 2021.

IBM. Structured v. Unstructured Data (IBM, 23 de abril de 2021). Disponível em: www.ibm.com/blog/structured-vs-unstructured-data. Acesso em: 23 abr. 2024.

ORACLE. What is a Data Lakehouse?' (Oracle) . Disponível em: https://www.oracle.com/big-data/what-is-data-lakehouse. Acesso em: 25 abr. 2024.

Artigo 5º, V

Comentado por Diego Machado

DISPOSITIVOS RELACIONADOS NO DIREITO INTERNACIONAL

- Convenção 108, art. 2, *a*.

DISPOSITIVOS RELACIONADOS NO ORDENAMENTO JURÍDICO BRASILEIRO

- Art. 5º, LXXIX, da CRFB.
- Art. 2º do CC.
- Art. 4º, IV, da LAI.

DISPOSITIVOS RELACIONADOS NA LGPD

- Art. 1º, *caput*; art. 5º, I e II.

CASOS E DECISÕES JUDICIAIS RELEVANTES

- STF. Medida Cautelar nas ADIs 6.389, 6.390, 6.393, 6.388 e 6.387. Plenário. Rel. Min. Rosa Weber, j. 07.05.2020. *DJe* 12.11.2020.
- STF. ADI n. 6.649 e ADPF n. 695. Plenário. Rel. Min. Gilmar Mendes, j. 15.09.2022. *DJe* 19.06.2023.

JUSTIFICATIVA E FUNDAMENTOS

Assim como se fez no sistema jurídico brasileiro, os legisladores de países latino-americanos como Argentina,[209] Uruguai,[210] Colômbia,[211] Equador[212] e México[213] adotaram uma expressa definição legal de *titular* ou *titular dos dados*. Esta, entretanto, é uma opção legislativa que nem sempre encontra equivalente em outros instrumentos jurídicos nacionais ou internacionais. Em alguns modelos jurídicos de proteção de dados pessoais, como o europeu[214] e o da Apec[215], não se define *titular* em dispositivo próprio, mas sim a partir da noção de dado pessoal; uma conceituação de uma forma indireta, portanto.[216] Vale ressaltar que mesmo entre os países que optaram por lançar mão de uma definição da pessoa a quem os dados pessoais se referem, nomenclaturas distintas são utilizadas. Por exemplo, na recente lei de proteção de dados da Índia, o *Digital Personal Data Protection Act*, emprega-se o termo *"data principal"*;[217] já no *Personal Data Protection Act*, de Singapura, adotou-se o simples termo *"individual"*.[218]

Dispor expressamente sobre o conceito de *titular* é uma escolha legislativa de alta relevância para a delimitação do escopo da Lei de Proteção de Dados Pessoais. Com a definição legal, busca-se esclarecer a quais sujeitos de direito, entre pessoas naturais e pessoas jurídicas, se destina a tutela do regime de proteção de dados pessoais.

ANÁLISE

A LGPD se aplica tão somente a tratamento de dados relativos à *pessoa natural*, sendo esta o/a *titular* e sujeito de direitos a quem se dirige seu regime protetivo. Isso fica evidente numa leitura conjunta dos incisos I e V do art. 5º, ao lado do art. 1º, *caput*, da LGPD. Muito embora essa conclusão interpretativa possa ser derivada com relativa clareza, o confronto com outras experiências jurídicas do direito de proteção de dados revela a importância de se reduzir ao máximo eventuais incertezas sobre o assunto.

A partir do prisma histórico do desenvolvimento de legislações nacionais e internacionais de proteção de dados, identifica-se vários exemplos de leis que estenderam a incidência de seu regime jurídico a dados de pessoas jurídicas.[219] No período que precedeu

---

[209] O art. 2º da Lei n. 25.326, de 2000, define *"titular de los datos"*. *Ley 25.326*. Ley de Protección de los Datos Personales.

[210] Art. 4º, *l*, da Lei n. 18.331/2008. *Ley 18.331*. Ley de Protección de los Datos Personales Disponível em: https://www.impo.com.uy/bases/leyes/18331-2008. Acesso em: 1º.03.2024.

[211] O art. 3º, *f*, da Lei n. 1.581/2012, estabelece o conceito e *"titular"*. *Ley 1.581, de 2012*.

[212] Art. 4º da Lei Orgânica de Proteção de Dados Pessoais do Ecuador. *Ley Orgánica Protección de Datos Personales*, 2021.

[213] Art. 3º, XXXI e XVII, respectivamente, da *Ley General de Protección de Datos Personales en Posesión de sujetos Obligados* e da *Ley Federal de Protección de Datos Personales en Posesión de los Particulares*.

[214] RGPD, art. 4º, 1, e Convenção 108, art. 2º, *a*.

[215] Apec Privacy Framework, Parte II, 9.

[216] MALGIERI, G. *Vulnerability and Data Protection Law*. Oxford: Oxford University Press, 2023.

[217] The Digital Personal Data Protection Act 2023.

[218] Personal Data Protection Act 2012. Disponível em: https://sso.agc.gov.sg/Act/PDPA2012. Acesso em: 3 mar. 2024.

[219] *Vide* BYGRAVE, L. *Data Protection Law:* Approaching Its Rationale, Logic and Limits. New York: Kluwer, 2022.

à proposição da Diretiva n. 95/46/CE,[220] quase metade dos países do Espaço Econômico Europeu (EEE) que possuíam leis de proteção de dados pessoais em vigor expressamente estendiam o seu âmbito de aplicação ao tratamento de dados de pessoas jurídicas.[221] À época, essa tendência em favor das pessoas jurídicas se amparava, em grande medida, na abertura ensejada pela Convenção 108 do CoE para a Proteção das Pessoas relativamente ao Tratamento Automatizado de Dados Pessoais, de 28 de janeiro de 1981. O texto internacional permitia, em relação a algumas categorias de arquivos de dado pessoal (*"categories of personal data files"*), sua incidência a informações relativas a grupos de pessoas, associações, fundações, empresas, corporações e quaisquer outros órgãos constituídos direta ou indiretamente por indivíduos, quer esses órgãos possuam ou não personalidade jurídica (art. 3º, 2, *b*).[222]

Na Itália, o texto original do *Codice in materia di protezione di dati personali* (*Decreto legislativo 30 giugno 2003, n. 196*) expressamente considerava a pessoa jurídica como titular de dados pessoais (art. 4º, 1, *f*). Semelhante política legislativa adotou a Suíça em sua legislação federal de proteção de dados (*Legge Federale del 19 giugno 1992 sulla protezione dei dati, n. 235.1*), que no art. 2º, a fim de dimensionar seu âmbito de aplicação material, determinava que a lei "se aplica ao tratamento de dados de pessoas físicas e jurídicas". Todavia, tanto o *Codice* italiano como a lei geral da Suíça são exemplos de leis nacionais que passaram por reformas – em 2018[223] e 2020[224], respectivamente – deixando de considerar a pessoa jurídica um titular de dados.

Tais mudanças no cenário europeu decorreram do exaurimento da tendência vista nos anos 1980 e 1990. Um dos marcos nessa trajetória que culminou com o disposto no Considerando 14 do RGPD[225] – que esclarece a inaplicabilidade do regulamento ao tratamento de dados relativos a pessoas jurídicas, incluindo sua denominação, forma jurídica e contatos , foi a decisão do TJUE no caso *Schecke*, em 2010. Neste precedente, a corte europeia afirmou, em outras palavras, que a tutela conferida pelo(s) direito(s) fundamental(is) à proteção de dados pessoais (e à privacidade), inscrito(s) no(s) art. 8º (e art. 7º) da CDFUE, se destina(m) à pessoa natural identificada ou identificável. Nos termos do acórdão, *"as pessoas colectivas só podem invocar a protecção dos arts. 7º e 8º da Carta a respeito de tal identificação desde que a denominação legal da pessoa colectiva identifique uma ou mais pessoas singulares"*.[226]

---

220 Directiva n. 95/46/CE do Parlamento Europeu e do Conselho, de 24 de outubro de 1995, relativa à protecção das pessoas singulares no que diz respeito ao tratamento de dados pessoais e à livre circulação desses dados, JO 1995 L 281/31.

221 ERDOS, D. Dead Ringers? Legal Persons and the Deceased in European Data Protection Law. *Computer Law and Security Review*, v. 40, 2021. Disponível em: https://doi.org/10.1016/j.clsr.2020.105495.

222 Convention for the Protection of Individuals with regard to Automatic Processing of Personal Data. *European Treaty Series*, n. 108, 1981.

223 O Decreto legislativo 10 agosto 2018, n. 101, alterou o Codice in materia di protezione di dati personali, adaptando-o ao RGPD.

224 Iniciadas as discussões em 2017, a reforma da Legge federale sulla protezione dei dati – LPD foi concluída em 2020.

225 Considerando n. 14 do RGPD: "A proteção conferida pelo presente regulamento deverá aplicar-se às pessoas singulares, independentemente da sua nacionalidade ou do seu local de residência, relativamente ao tratamento dos seus dados pessoais. O presente regulamento não abrange o tratamento de dados pessoais relativos a pessoas coletivas, em especial a empresas estabelecidas enquanto pessoas coletivas, incluindo a denominação, a forma jurídica e os contactos da pessoa coletiva".

226 TJUE, Processos apensos C-92/09 e C-93/09 Volker und Markus Schecke e Eifert [2010] ECR I-11063.

A decisão, ainda que sujeita a críticas,[227] sinalizou para uma interpretação do âmbito material do direito fundamental à proteção de dados, orientado a resguardar as pessoas naturais passíveis de identificação pela atividade de tratamento de dados.

No Direito brasileiro, ao considerar o desenvolvimento da tutela constitucional do direito à proteção de dados pessoais, pode-se afirmar que, semelhante ao direito da UE, reconhece-se direta vinculação entre esse direito fundamental e o regime da LGPD à pessoa natural. Na jurisprudência do STF, os fundamentos axiológicos do direito fundamental à proteção de dados pessoais revelam esse liame direto que atrai a pessoa natural para o seu âmbito normativo e distancia-se da pessoa jurídica. Antes da promulgação da EC n. 115/2022, que incluiu o inciso LXXIX no art. 5º da CRFB/1988, o STF já fundamentava o reconhecimento desse direito fundamental na cláusula constitucional de proteção do livre desenvolvimento da personalidade (ADIs n. 6.387, 6.388, 6.389, 6.390 e 6.393). No mesmo sentido, seguiu o voto conjunto na ADI 6.649 e ADPF 695, do Ministro Gilmar Mendes, relator dos processos. Cumpre ressaltar, que essa visão é largamente amparada pelos autores nacionais,[228] muitos dos quais participaram ativamente do processo e debate legislativo que culminou na aprovação da LGPD no Congresso Nacional, cujo objetivo expressamente previsto no seu art. 1º, *caput*, é "proteger os direitos fundamentais de liberdade e de privacidade e o *livre desenvolvimento da personalidade da pessoa natural*" (grifou-se).

Que o titular é a *pessoa natural* significa dizer que o titular é o ser humano que possui personalidade jurídica.[229] O CC e a doutrina civilista tradicionalmente versam sobre personalidade e sua dogmática jurídica. Há que se ter atenção com as categorias e conceitos do Direito Civil sobre essa matéria, visto que são fundamentais e estruturantes de situações e relações jurídicas, além de possuírem repercussões relevantes para o regime de proteção de dados pessoais, notadamente devido à conexão com os conceitos de titular e de dado pessoal.

A doutrina clássica define *personalidade jurídica* (ou personalidade civil) como a possibilidade de ser sujeito de direitos[230] ou a possibilidade de ter direitos.[231] No entanto, autores

---

[227] *Vide* PFISTERER, V. M. The Right to Privacy – A Fundamental Right in Search of Its Identity: Uncovering the CJEU's Flawed Concept of the Right to Privacy. *German Law Journal*, v. 20, n. 5, 722-728, 2019. Disponível em: https://doi.org/10.1017/glj.2019.57.

[228] DONEDA, D. *Da privacidade à proteção de dados pessoais*. 2. ed. São Paulo: Revista dos Tribunais, 2020. p. 324; SCHERTEL MENDES, L. *Habeas data* e autodeterminação informativa: os dois lados da mesma moeda. *Direitos Fundamentais & Justiça*, v. 12, p. 12, 2018; SARLET, I. W.; SAAVEDRA, G. A. Fundamentos jusfilosóficos e âmbito de proteção do direito fundamental à proteção de dados pessoais. *Revista de Direito Público*, v. 17, p. 17, 2020; BIONI, B. R. *Proteção de dados pessoais*: a função e os limites do consentimento. Rio de Janeiro: Forense, 2019. p. 58-67. *Vide*, ainda, a conceptualização do direito fundamental à proteção de dados pessoais a partir da abordagem das capacidades humanas básicas de Amartya Sen: DRESCH, R. F. V.; STEIN, L. B. Direito fundamental à proteção de dados como garantia de capacidade humana básica. *In*: MENKE, F.; DRESCH, R. F. V. (ed.). *Lei geral de proteção de dados*: aspectos relevantes. São Paulo: Foco, 2021. p. 1-11.

[229] Neste sentido: WP29. Parecer 4/2007 sobre o conceito de dado pessoal. 2007. p. 15.

[230] Entre outros, *vide*: PONTES DE MIRANDA. *Tratado de direito privado*. Curitiba: Borsoi, 1954. t. I, p. 153-154; CARVALHO SANTOS, J. M. *Código Civil brasileiro interpretado*. 14. ed. Rio de Janeiro: Freitas Bastos, 1986. v. 1, p. 230 e 245; GOMES, O. *Introdução ao direito civil*. 3. ed. Rio de Janeiro: Forense, 1997. p. 149-150; RODRIGUES, S. *Direito civil*: parte geral. 32. ed. São Paulo: Saraiva, 2002. v. 1, p. 35; DOMINGUES DE ANDRADE, M. A. *Teoria geral da relação jurídica*. Rio de Janeiro: Almedina, 1992. v. 1, p. 30; ENNECCERUS, L.; KIPP, T.; WOLFF, M. *Tratado de derecho civil*. Barcelona: Bosch, 1953. t. I, p. 325; VON THUR, A. *Derecho civil*: teoria general del derecho civil alemán. Rio de Janeiro: Marcial Pons, 1999. v. 1, p. 371; DE CUPIS, A. Persona fisica (diritto vigente). *In*: AZARA, Antonio; EULA, Ernesto (org.). *Novissimo Digesto Italiano*. Torino: UTET, 1957. v. XII, p. 1019.

[231] ESPÍNOLA, E. *Sistema de direito civil brasileiro*. Rio de Janeiro: Ed. Rio, 1977. p. 323.

contemporâneos chamam atenção para a existência de outro sentido jurídico de *personalidade*: o termo também designa o conjunto de atributos e características próprios da pessoa humana que são objeto de proteção especial do ordenamento jurídico.[232] Um dos principais desdobramentos desse sentido objetivo do conceito são as normas de tutela dos direitos da personalidade (*v.g.*, CC, arts. 11 a 21). No texto da LGPD, essa diferenciação semântica possui clara manifestação. Como pode se ver nos arts. 1º, *caput*, e 2º, VII, que estabelecem, respectivamente, objetivo e fundamento da Lei de Proteção de Dados brasileira, a personalidade aparece como objeto de proteção jurídica e fim a ser promovido na realidade concreta. Já no art. 5º, V, por exemplo, ao conceituar o titular como a pessoa natural a quem se referem os dados pessoais que são objeto de tratamento, o legislador remete à personalidade em sentido subjetivo do ser humano apto a ser sujeito de direitos e deveres.

Assim, muito embora ambos os prismas do conceito de personalidade sejam elementares para a interpretação do texto normativo da LGPD, no tocante ao art. 5º, V, existem diferenças na aplicação de um e outro. Se titular é a pessoa natural a quem os dados se referem, esse conceito deve caber dentro dos limites do sentido tradicional (subjetivo) de personalidade jurídica, notadamente dentro dos confins da aptidão do ser humano de ser sujeito de direitos e deveres. Quanto ao sentido objetivo de personalidade, sua aplicação significa que, no contexto de tratamento de dados pessoais do titular, seus direitos da personalidade e interesses jurídicos existenciais ou não patrimoniais devem ser protegidos.

BIBLIOGRAFIA SELECIONADA

BIONI, B. R. *Proteção de dados pessoais:* a função e os limites do consentimento. Rio de Janeiro: Forense, 2019.

BYGRAVE, L. *Data Protection Law:* Approaching Its Rationale, Logic and Limits. New York: Kluwer, 2022.

CARVALHO SANTOS, J. M. *Código Civil brasileiro interpretado*. 14. ed. Rio de Janeiro: Freitas Bastos, 1986. v. 1.

DANTAS, San Tiago. *Programa de direito civil*. Rio de Janeiro: Ed. Rio, 1979. v. 1.

DE CUPIS, A. Persona fisica (diritto vigente). *In*: AZARA, Antonio; EULA, Ernesto (org.). *Novissimo Digesto Italiano*. Torino: UTET, 1957. v. XII.

DOMINGUES DE ANDRADE, M. A. *Teoria geral da relação jurídica*. Rio de Janeiro: Almedina, 1992. v. 1.

DONEDA, D. *Da privacidade à proteção de dados pessoais*. 2. ed. São Paulo: Revista dos Tribunais, 2020.

---

232 Neste sentido: TEPEDINO, G.; BARBOZA, H. H.; MORAES, M. C. B. (org.). *Código Civil interpretado conforme a Constituição da República*. 2. ed. Rio de Janeiro: Renovar, 2007. p. 4-5; SCHREIBER, A. *Manual de direito civil contemporâneo* São Paulo: Saraiva Educação, 2018. p. 98-99; TEPEDINO, G.; OLIVA, M. D. *Fundamentos do direito civil:* teoria geral do direito civil. 3. ed. Rio de Janeiro: Forense, 2022. v. 1, p. 112. Foi San Tiago Dantas um dos primeiros autores a fazer essa distinção de sentidos: "Quando se fala em *direitos da personalidade*, não se está se identificando aí a personalidade como a capacidade de ter direitos e obrigações; estamos então considerando a personalidade como um fato natural, como um conjunto de atributos inerentes à condição humana; estamos pensando num homem vivo e, não, nesse atributo especial do homem vivo, que é a capacidade jurídica, em outras ocasiões identificada como a personalidade" (DANTAS, San Tiago. *Programa de direito civil*. Rio de Janeiro: Ed. Rio, 1979. v. 1, p. 192).

DRESCH, R. F. V.; STEIN, L. B. Direito fundamental à proteção de dados como garantia de capacidade humana básica. *In*: MENKE, F.; DRESCH, R. F. V. (ed.). *Lei geral de proteção de dados:* aspectos relevantes. São Paulo: Foco, 2021. p. 1-11.

ENNECCERUS, L.; KIPP, T.; WOLFF, M. *Tratado de derecho civil.* Barcelona: Bosch, 1953. t. I.

ERDOS, D. Dead Ringers? Legal Persons and the Deceased in European Data Protection Law. *Computer Law and Security Review*, v. 40, 2021. Disponível em: https://doi.org/10.1016/j.clsr.2020.105495.

ESPÍNOLA, E. *Sistema de direito civil brasileiro.* Rio de Janeiro: Ed. Rio, 1977.

GOMES, O. *Introdução ao direito civil.* 3. ed. Rio de Janeiro: Forense, 1997.

KORFF, D. *Study on the Protection of the Rights and Interests of Legal Persons with Regard to the Processing of Personal Data Relating to Such Persons.* Disponível em: https://ssrn.com/abstract=1288583.

MACHADO, D. Considerações iniciais sobre o conceito de dado pessoal no ordenamento jurídico brasileiro. *Civilistica.com* 1, v. 12, 2023.

MALGIERI, G. *Vulnerability and Data Protection Law.* Oxford: Oxford University Press, 2023.

MARTÍNEZ, N. M. Reflexiones en torno a la protección post mortem de los datos personales y la gestión de la transmisión mortis causa del patrimonio digital tras la aprobación de la LOPDGDD. *Derecho Privado y Constitución,* v. 35, p. 169, 2019.

PFISTERER, V. M. The Right to Privacy – A Fundamental Right in Search of Its Identity: Uncovering the CJEU's Flawed Concept of the Right to Privacy. *German Law Journal,* v. 20, n. 5, 722-728, 2019. Disponível em: https://doi.org/10.1017/glj.2019.57.

PONTES DE MIRANDA. *Tratado de direito privado.* Curitiba: Borsoi, 1954. t. I.

RODRIGUES, S. *Direito civil:* parte geral. 32. ed. São Paulo: Saraiva, 2002. v. 1.

SARLET, I. W.; SAAVEDRA, G. A. Fundamentos jusfilosóficos e âmbito de proteção do direito fundamental à proteção de dados pessoais. *Revista de Direito Público,* v. 17, 2020.

SCHERTEL MENDES, L. *Habeas data* e autodeterminação informativa: os dois lados da mesma moeda. *Direitos Fundamentais & Justiça,* v. 12, 2018.

SCHREIBER, A. *Manual de direito civil contemporâneo* São Paulo: Saraiva Educação, 2018.

TEPEDINO, G.; OLIVA, M. D. *Fundamentos do direito civil:* teoria geral do direito civil. 3. ed. Rio de Janeiro: Forense, 2022. v. 1.

TEPEDINO, G.; BARBOZA, H. H.; MORAES, M. C. B. (org.). *Código Civil interpretado conforme a Constituição da República.* 2. ed. Rio de Janeiro: Renovar, 2007.

UNDP. *Drafting Data Protection Regulation: A Study of Regional Frameworks.* UNDP, 2023. Disponível em: https://www.undp.org/publications/drafting-data-protection-legislation-study-regional-frameworks.

VON THUR, A. *Derecho civil:* teoria general del derecho civil alemán. Rio de Janeiro: Marcial Pons, 1999. v. 1.

WP29. Parecer 4/2007 sobre o conceito de dado pessoal. 2007.

Artigo 5º, VI, VII e IX

Comentado por José Luiz de Moura Faleiros Júnior

DISPOSITIVOS RELACIONADOS NA LGPD

- Art. 8º, § 2º; art. 18; art. 37; art. 38; art. 39; art. 42.

ATIVIDADES DA ANPD

- Guia Orientativo – Definição dos agentes de tratamento e do encarregado, versão 2.0 (2022).
- Resolução CD/ANPD n. 2, de 27/01/2022 – Aprova o Regulamento de aplicação da Lei n. 13.709, de 14 de agosto de 2018, Lei Geral de Proteção de Dados Pessoais (LGPD), para agentes de tratamento de pequeno porte.

JUSTIFICATIVA E FUNDAMENTOS

A inclusão dos dispositivos do art. 5º da LGPD brasileira se justifica pela necessidade de delimitar claramente as responsabilidades e papéis dos envolvidos no tratamento de dados pessoais.

Define-se a categoria dos "agentes de tratamento" como gênero (inc. IX) do qual são espécies a figura do controlador (inc. VI) e o operador (inc. VII). A distinção entre controlador e operador é essencial para a implementação de um regime de proteção de dados eficaz, pois permite atribuir responsabilidades específicas e garantir que os direitos dos titulares dos dados sejam respeitados em todas as fases do processamento de dados.

Os objetivos destes dispositivos são diversos. Primeiramente, busca-se assegurar a transparência no tratamento de dados pessoais, de modo que os titulares dos dados saibam quem está tratando seus dados, para quais finalidades, e sob ingerência de quem. Além disso, a definição clara de controlador e operador permite a melhor governança dos dados, facilitando a conformidade com a legislação e a responsabilização em caso de violações. A LGPD visa também alinhar-se às melhores práticas internacionais de proteção de dados, como as estabelecidas pelo RGPD, promovendo assim um ambiente mais seguro e previsível.

O caminho legislativo deste dispositivo na tramitação da LGPD envolveu amplas discussões e consultas públicas. O projeto de lei que finalmente deu origem à LGPD foi discutido em diversas comissões e recebeu contribuições de vários setores da sociedade, incluindo especialistas em direito, representantes de empresas e organizações da sociedade civil. A inclusão dos conceitos de controlador e operador no texto original reflete a influência de legislações estrangeiras, especialmente o RGPD, e a necessidade de criar um marco regulatório robusto e abrangente para a proteção de dados pessoais no Brasil.

As justificativas e fundamentos desses dispositivos impactam diretamente sua interpretação e aplicação. Por exemplo, a clara definição de controlador e operador ajuda a esclarecer a cadeia de responsabilidades em casos de incidentes de segurança ou vazamentos de dados. Isso é vital para que se possa determinar a quem cabe a responsabilidade de notificar os titulares dos dados e a ANPD, além de implementar medidas corretivas. Em termos práticos, essa distinção também influencia a forma como contratos entre empresas são elaborados, assegurando que as obrigações de proteção de dados sejam devidamente contempladas.

ANÁLISE

1. Análise contextual

A diferenciação entre controlador e operador tem implicações na conformidade regulatória. Os controladores, por exemplo, têm a responsabilidade primária de garantir que o tratamento de dados pessoais ocorra de acordo com a LGPD, incluindo a obtenção do consentimento dos titulares, quando necessário, e a implementação de políticas de privacidade adequadas. Os operadores, por outro lado, devem seguir as instruções dos controladores e adotar medidas de segurança compatíveis com os riscos envolvidos no tratamento dos dados.

O Guia Orientativo para Definições dos Agentes de Tratamento e do Encarregado, versão 2.0, traz esclarecimentos fundamentais sobre os conceitos de controlador, operador e agentes de tratamento. Esse documento é essencial para a compreensão e aplicação da LGPD. No que se refere ao controlador, o Guia define-o como a pessoa natural ou jurídica, de direito público ou privado, que toma as principais decisões referentes ao tratamento de dados pessoais. Isso inclui definir a finalidade do tratamento e estabelecer as instruções para os operadores. Essa definição é crucial porque atribui ao controlador a responsabilidade principal sobre o tratamento dos dados, incluindo a elaboração de relatórios de impacto à proteção de dados e a comunicação de incidentes de segurança à ANPD. Os operadores, por sua vez, são aqueles que realizam o tratamento de dados pessoais em nome do controlador, seguindo suas instruções. O Guia enfatiza que os operadores não têm autonomia para definir a finalidade do tratamento, mas podem determinar elementos não essenciais, como medidas técnicas. Além disso, é destacado que operadores podem ser tanto pessoas jurídicas quanto naturais, desde que não atuem como funcionários subordinados do controlador.

O Guia ainda aborda a figura do suboperador, embora a LGPD não traga uma definição explícita para este papel. O suboperador é aquele que auxilia o operador no tratamento de dados pessoais em nome do controlador. Esta relação direta com o operador implica que o suboperador deve agir em conformidade com as diretrizes estabelecidas pelo operador e, indiretamente, pelo controlador. É recomendável que a contratação de suboperadores seja formalmente autorizada pelo controlador para evitar conflitos de responsabilidade.

Outro aspecto importante é a capacidade desses dispositivos de promover a confiança do público na forma como seus dados são tratados. Ao saber que existem regras claras e que diferentes entidades têm responsabilidades específicas, os titulares de dados podem sentir-se mais seguros em compartilhar suas informações. Isso é particularmente relevante em um contexto de crescente digitalização e utilização de dados pessoais em diversas esferas da vida cotidiana.

A clareza proporcionada por esses dispositivos facilita a atuação da ANPD na fiscalização e aplicação da lei. Com uma definição precisa dos papéis de controlador e operador, a autoridade pode agir de maneira mais eficiente na supervisão das atividades de tratamento de dados e na imposição de sanções, quando necessário. Isso contribui para a criação de um ambiente regulatório mais justo e equilibrado, onde todos os agentes de tratamento têm suas responsabilidades claramente delineadas e podem ser responsabilizados de maneira adequada.

O dispositivo em questão da LGPD brasileira, especificamente os conceitos de controlador, operador e agentes de tratamento (art. 5º, VI, VII e IX), desempenha um papel fundamental na estrutura normativa da proteção de dados pessoais no país.

Esses conceitos são complementados por outras definições na LGPD, como as contidas nos artigos sobre os princípios de proteção de dados (art. 6º), que incluem finalidade, adequação, necessidade, livre acesso, qualidade dos dados, transparência, segurança, prevenção, não discriminação e responsabilização e prestação de contas. Essas definições influenciam diretamente a interpretação dos papéis de controlador e operador, ao estabelecer um quadro de governança para o tratamento de dados pessoais, promovendo práticas que visam à proteção dos direitos dos titulares dos dados.

Comparando com as legislações internacionais, observa-se uma abordagem similar em termos de estrutura conceitual. Na UE, o RGPD define "responsável pelo tratamento" (art. 4(7)), "subcontratante" (art. 4(8)) e "terceiro" (art. 4(10)) de maneira semelhante à LGPD. No Reino Unido, o *Data Protection Act 2018*[233] adota definições comparáveis, alinhando-se ao RGPD. No Japão, o *Act on the Protection of Personal Information* (Appi)[234] define esses papéis no art. 2(5), e na Coreia do Sul, o *Personal Information Protection Act* (Pipa)[235] também segue uma abordagem similar no art. 2(5). Na África do Sul, o *Protection of Personal Information Act 4 of 2013* (Popia)[236] define controlador e operador em sua Seção 1.

Embora haja uma convergência significativa na definição dos papéis de controlador e operador, as legislações podem divergir em certos aspectos, como os requisitos específicos para a transferência internacional de dados, os direitos dos titulares dos dados e as obrigações de notificação de violações. Por exemplo, enquanto o RGPD tem um conjunto rigoroso de regras para transferências internacionais de dados (Capítulo V), a LGPD também trata dessas transferências, mas com algumas diferenças em termos de exigências e procedimentos (arts. 33 a 36). Essas diferenças podem impactar a harmonização entre as legislações e criar desafios para controladores que operam em múltiplas jurisdições. Por essa razão, harmonizar a LGPD com outras legislações de proteção de dados pode trazer benefícios, como a facilitação do fluxo de dados entre países e a criação de um padrão global de proteção de dados, que pode fortalecer a confiança dos consumidores e das empresas. No entanto, divergências significativas podem levar a complexidades operacionais e custos adicionais para as organizações que precisam cumprir múltiplos regimes regulatórios. Essas diferenças também podem resultar em interpretações divergentes sobre a responsabilidade e o alcance das obrigações de controladores e operadores.

Em suma, os dispositivos da LGPD que definem as figuras do controlador e do operador se inserem em um contexto global de proteção de dados que busca equilibrar a responsabilidade pelo tratamento de dados pessoais com a proteção dos direitos dos titulares dos dados. Embora haja um esforço significativo para harmonizar as legislações, as nuances e especificidades de cada regime regulatório refletem as particularidades jurídicas, culturais e econômicas de cada país.

2. Análise doutrinária

A definição clara e precisa de quem são os responsáveis pelo tratamento de dados pessoais é crucial para a atribuição de responsabilidades e para garantir a proteção adequada

233 UNITED KINGDOM. *Data Protection Act 2018* (c 12).

234 JAPAN. *Act on the Protection of Personal Information (Act n. 57 of 2003, as amended in 2016).*

235 SOUTH KOREA. *Personal Information Protection Act (Act n. 10.465, mar. 29, 2011, as amended in 2018).*

236 SOUTH AFRICA. *Protection of Personal Information Act 4 of 2013.*

dos dados pessoais e, por evidente, também permitir que não se crie subterfúgios em relação à transferência de responsabilidades, especialmente nos contextos de atuação de subordinados com vínculo formal de emprego,[237] servidores públicos e sócios. Segundo Arthur Basan, aqueles "que atuam em subordinação às decisões do controlador não são operadores de dados pessoais"[238] e nem poderiam sê-lo, uma vez que atuam sob ordens, como *longa manus* de quem realmente tem ingerência sobre as atividades desenvolvidas.

O tema foi definido pela ANPD no Guia Orientativo que contém a definição dos agentes de tratamento e do encarregado, versão 2.0, que muito se assemelha às *Guidelines 07/2020 on the concepts of controller and processor in the GDPR*,[239] do EDPB. Comparando os dois documentos, é possível observar algumas similaridades e diferenças que são relevantes para uma compreensão mais ampla do tema.

Os conceitos de controlador e operador definidos na LGPD são fundamentais para a aplicação das regras de proteção de dados, determinando quem é responsável pela conformidade com as diferentes normas de proteção de dados e como os titulares dos dados podem exercer seus direitos. Esses conceitos visam alocar responsabilidades de acordo com os papéis reais das partes envolvidas no tratamento de dados pessoais. De maneira semelhante, o RGPD define controlador ("responsável pelo tratamento") como a entidade que determina as finalidades e os meios do tratamento de dados pessoais, e o operador ("subcontratante") como a entidade que realiza o tratamento em nome do controlador. A LGPD, assim como o RGPD, não limita o tipo de entidade que pode assumir o papel de controlador ou operador, podendo ser tanto pessoa natural quanto jurídica, pública ou privada. Essa definição ampla permite que a legislação se aplique a diversas situações e tipos de entidades, garantindo a proteção dos dados pessoais em diferentes contextos.

Um ponto de destaque é a abordagem funcional desses conceitos em ambas as legislações. Tanto a LGPD quanto o RGPD adotam uma abordagem baseada nas atividades concretas das partes envolvidas no tratamento de dados, ao invés de se basearem apenas em designações formais. Isso significa que a determinação de quem é o controlador ou operador depende das atividades reais de tratamento de dados realizadas, garantindo uma atribuição de responsabilidades mais precisa e justa.

No que diz respeito à cooperação e ao tratamento conjunto de dados, o RGPD introduz o conceito de controladores conjuntos ("responsáveis conjuntos"), em que duas ou mais entidades determinam conjuntamente as finalidades e os meios do tratamento, assemelhando-se ao tema da controladoria conjunta, definido pela ANPD em seu guia orientativo. Essa situação exige um acordo transparente entre as partes sobre suas respectivas responsabilidades, especialmente em relação aos direitos dos titulares dos dados.

Além disso, a Resolução CD/ANPD n. 2, de 27 de janeiro de 2022, regulamenta a aplicação da LGPD para agentes de tratamento de pequeno porte, como microempresas, *startups* e pessoas jurídicas de direito privado. Trata-se de uma iniciativa da ANPD para regulamentar a aplicação da LGPD para tais agentes de tratamento de pequeno porte, visando equilibrar

[237] COELHO, A. S. F. P.; FALEIROS JR., J. L. M. O enquadramento jurídico do empregado como operador de dados no contexto da lei geral de proteção de dados pessoais. *Revista Trabalhista*, v. 19, 2022.

[238] BASAN, A. P. Art. 5º. *In*: MARTINS, G. M.; LONGHI, J. V. R.; FALEIROS JÚNIOR, J. L. de M. (coord.). *Comentários à lei geral de proteção de dados pessoais (Lei n. 13.709/2018)*. 2. ed. São Paulo: Foco, 2024.

[239] EUROPEAN DATA PROTECTION BOARD (EDPB). *Guidelines 07/2020 on the concepts of controller and processor in the GDPR*. 2020.

a necessidade de proteção de dados pessoais com as capacidades operacionais e financeiras limitadas desses agentes.

A resolução estabelece critérios específicos para identificar operações de tratamento de dados que podem representar alto risco para os direitos e liberdades dos titulares, como o tratamento em larga escala de dados sensíveis e o uso de novas tecnologias. Ela também determina que os agentes de pequeno porte mantenham um registro simplificado de suas atividades de tratamento de dados, proporcional à natureza e ao volume das operações realizadas. Além disso, esses agentes devem comunicar incidentes de segurança que possam acarretar risco ou dano relevante aos titulares de dados pessoais, tanto à ANPD quanto, em certos casos, aos próprios titulares afetados.

Uma flexibilização importante introduzida pela resolução é a dispensa da obrigatoriedade de nomeação de um encarregado pelo tratamento de dados. Contudo, os agentes de pequeno porte devem disponibilizar um canal de comunicação com os titulares de dados e com a ANPD para tratar questões relacionadas à proteção de dados pessoais.

Essa regulamentação é fundamental para adaptar a aplicação da LGPD à realidade das pequenas empresas e *startups* no Brasil, incentivando a conformidade e a implementação de práticas de proteção de dados sem comprometer a sustentabilidade financeira e operacional desses agentes. Ao considerar as limitações de recursos e a menor capacidade técnica dessas empresas, a resolução cria um ambiente regulatório mais inclusivo e proporcional, essencial para garantir que todos os agentes econômicos possam cumprir as exigências da LGPD e proteger os direitos dos titulares de dados pessoais.

A regulamentação específica para agentes de tratamento de pequeno porte representa um avanço significativo na implementação da LGPD, reconhecendo a necessidade de adaptar as exigências legais à capacidade dos diferentes atores econômicos. Essa abordagem diferenciada ajuda a promover uma cultura de proteção de dados mais ampla e eficaz, beneficiando tanto as empresas quanto os titulares de dados pessoais.

BIBLIOGRAFIA SELECIONADA

BASAN, A. P. Art. 5º. *In*: MARTINS, G. M.; LONGHI, J. V. R.; FALEIROS JÚNIOR, J. L. de M. (coord.). *Comentários à lei geral de proteção de dados pessoais (Lei n. 13.709/2018)*. 2. ed. São Paulo: Foco, 2024. p. 36-52.

COELHO, A. S. F. P.; FALEIROS JR., J. L. M. O enquadramento jurídico do empregado como operador de dados no contexto da lei geral de proteção de dados pessoais. *Revista Trabalhista*, v. 19, 2022.

EUROPEAN DATA PROTECTION BOARD (EDPB). *Guidelines 07/2020 on the concepts of controller and processor in the GDPR*. 2020.

KREMER, B. Os agentes de tratamento de dados pessoais. *In*: MULHOLLAND. C. (ed.). *A LGPD e o novo marco normativo no Brasil*. Porto Alegre: Arquipélago, 2020. p. 289-318.

JAPAN. *Act on the Protection of Personal Information (Act n. 57 of 2003, as amended in 2016)*.

SOUTH AFRICA. *Protection of Personal Information Act 4 of 2013*.

SOUTH KOREA. *Personal Information Protection Act (Act n. 10.465, mar. 29, 2011, as amended in 2018)*.

UNITED KINGDOM. *Data Protection Act 2018* (c 12).

Artigo 5º, VIII

Comentado por Felipe Palhares

DISPOSITIVOS RELACIONADOS NA LGPD

- Art. 23, III; art. 41.

ATIVIDADES DA ANPD

- ANPD esclarece dúvidas sobre a atuação do Encarregado e a emissão de selos de conformidade com a LGPD.
- Guia Orientativo para Definições dos Agentes de Tratamento de Dados Pessoais e do Encarregado.
- Relatório de Análise de Impacto Regulatório para Construção do Modelo Regulatório para Aplicação da LGPD a Microempresas e Empresas de Pequeno Porte, *Startups* e Pessoas Físicas que Tratam Dados Pessoais.
- Resolução CD/ANPD n. 18, de 16 de julho de 2024.

ANÁLISE

A LGPD criou uma função antes inexistente na legislação brasileira, a de Encarregado pelo Tratamento de Dados Pessoais, conhecido no âmbito internacional como *Data Protection Officer* (DPO).

A natureza fundamental da posição do Encarregado é servir como um interlocutor entre os principais atores envolvidos nas atividades de execução e fiscalização relacionadas ao tratamento de dados pessoais: o controlador, os titulares de dados e o órgão regulador (no caso brasileiro, a ANPD).

Por certo que as suas atribuições vão muito além de ser um mero canal de comunicação, como aludido no Capítulo de disposições preliminares da LGPD. Como será abordado em maiores detalhes no comentário ao art. 41, o Encarregado é peça fundamental na garantia de conformidade com a legislação de proteção de dados, cumprindo um papel imprescindível na estrutura de governança das organizações que tratam dados pessoais (leia-se: todas).

A inovação no âmbito nacional fez com que mesmo órgãos públicos, que são regidos pelo princípio da legalidade e que estão diretamente obrigados a nomear um Encarregado, na forma dos arts. 23, III, e 41 da LGPD, tenham descumprido a legislação momentaneamente.

É o que se extrai, por exemplo, de nomeações de Encarregados tardias, realizadas somente após a entrada em vigor da LGPD (no dia 18 de setembro de 2020), como aconteceu com a Agência Nacional do Petróleo, Gás Natural e Biocombustíveis (ANP),[240] com o

[240] Portaria ANP n. 279/2020.

CNMP,[241] com a AGU,[242] com o Ministério da Educação,[243] e com a própria ANPD,[244] que só veio a nomear um Encarregado no dia 8 de abril de 2021.

Situação semelhante acontece com muitas organizações da iniciativa privada, que nomearam Encarregados somente após a entrada em vigor da legislação. Em diversos casos, mesmo no momento atual, não é improvável encontrar empresas que ainda sequer cumpriram (ou conhecem) esse requisito legal.

Quando a legislação foi inicialmente sancionada, em 14 de agosto de 2018, a função de Encarregado era destinada unicamente a pessoas físicas, conforme previsão expressa da definição contida no art. 5º, VIII, da LGPD.

Com a edição da Medida Provisória n. 869/2018, e sua posterior conversão na Lei n. 13.853/2019, a menção à "pessoa natural" foi alterada, com a exclusão da limitação imposta pela segunda palavra. A legislação, a partir de então, passou a indicar que o Encarregado é "pessoa indicada pelo controlador e operador", permitindo a conclusão de que pessoas jurídicas também poderiam ser nomeadas como Encarregado.

A motivação para essa alteração se encontra explícita no Parecer (CN) n. 01/2019, de lavra do Deputado Federal Orlando Silva, relator da comissão mista para apreciação da Medida Provisória n. 869/2018, que assim dispôs (muito embora o segundo trecho abaixo seja confuso, fazendo menção a "pessoa natural" quando aparentemente deveria mencionar "pessoa jurídica"):

> O art. 5º, em seu inciso VIII, permite que o encarregado seja também pessoa jurídica e não apenas pessoa natural.
>
> (...)
>
> A permissão de que o encarregado possa ser pessoa física ou natural [*sic*], flexibiliza e facilita o cumprimento da Lei. Seria contraproducente supor, em caso de organização de grande porte, que uma única pessoa física seja a responsável pelo atendimento de um grande volume de demandas. Por outro lado, uma pequena empresa poderia terceirizar o seu atendimento em caso de falta de expertise.[245]

Vale mencionar que em março de 2022 o Ministério do Trabalho incluiu na Classificação Brasileira de Ocupações o cargo de "Oficial de proteção de dados pessoais (DPO)", sob o código 1421-35, dentro da subcategoria de gerentes administrativos, financeiros, de riscos e afins.[246]

Outro ponto relevante é o fato de que não existe, no momento atual, nenhum selo, certificação, carteirinha ou qualquer outra forma de registro profissional de Encarregado que tenha sido aprovada pela ANPD. Em março de 2023, a Autoridade entendeu por bem

---

241 Atos e Normas – CNMP.

242 Portaria AGU n. 403, de 23 de novembro de 2020.

243 Portaria n. 1.040, de 9 de dezembro de 2020.

244 Portaria n. 28, de 8 de abril de 2021.

245 BRASIL. Congresso Nacional. *Parecer (CN) n. 1, de 2019*. Comissão Mista da Medida Provisória n. 869/2018.

246 SWISSCAM BRASIL. DPO é oficialmente declarado uma atividade pelo Ministério do Trabalho, 23 mar. 2022. Disponível em: https://swisscam.com.br/dpo-e-oficialmente-declarado-uma-atividade-pelo-ministerio-do-trabalho/.

se manifestar sobre o tema,[247] considerando que algumas associações estavam fazendo afirmações levianas, fazendo crer que uma homologação privada seria necessária para a atuação como Encarregado.

A segunda mudança relevante trazida ao art. 5º, VIII, da LGPD pela Lei n. 13.853/2019 foi a indicação de que o Encarregado é pessoa nomeada pelo controlador e pelo operador. Essa alteração, no entanto, demonstra-se confusa e mais trouxe problemas interpretativos do que soluções, já que respectiva modificação não foi refletida no art. 41 da legislação.

A reforma, inclusive, sequer era considerada apropriada pelo Deputado Federal Orlando Silva, que em seu parecer assim expôs (embora, novamente, num trecho confuso, mas que ainda assim revela o seu intuito primordial):

> Por outro lado, não entendemos ser necessário que o controlador (*sic*) constitua encarregado pois não haverá necessidade de atendimento a titulares. (...) Assim, somos pela aprovação do disposto na MP no art. 5º, e pela rejeição das emendas 1, 2, 3, 74 e 164.[248]

A definição pela mudança (e inclusão da menção ao operador no artigo) ocorreu de última hora, durante a sessão deliberativa de discussão em plenário do PL de Conversão n. 7/2019, com a aprovação da Emenda Aglutinativa n. 1,[249] apresentada pelo Deputado Federal Rodrigo de Castro.

O problema maior da alteração sequer é o propósito (caso tenha sido essa a intenção com respectiva emenda) de conceituar que o Encarregado também *pode* ser nomeado pelo operador, mas sim a conjunção coordenativa escolhida pelo legislador para tanto.

Ao estabelecer na redação do artigo em questão que o Encarregado é pessoa indicada pelo controlador "e" pelo operador, no lugar de ter definido que o Encarregado é a pessoa indicada pelo controlador "ou" pelo operador, o legislador confunde o intérprete da lei, abrindo margem de manobra para construções não ortodoxas, de que essa inclusão criaria uma obrigação ao operador de também nomear um Encarregado, como acontece com o controlador.

Respeitado o entendimento contrário, parece-nos inconcebível aceitar tal interpretação. Em primeiro lugar porque o art. 5º da LGPD jamais poderia criar qualquer tipo de obrigação aos agentes de tratamento, na medida em que tão somente estabelece definições a serem adotadas ao longo da legislação, servindo muito mais como glossário da LGPD do que para qualquer outra finalidade.

Não há, por exemplo, uma obrigação de que seja realizado RIPD, criado banco de dados ou implementado processo de anonimização só porque tais termos são previstos nos incisos do art. 5º.

Em segundo lugar, respectiva redação não foi refletida no art. 41 da legislação, este sim dispositivo que estabelece uma obrigação expressa a respeito da nomeação do Encarregado. Caso o intuito do legislador fosse efetivamente criar igual obrigação ao operador, certamente

---

247 ANPD. (2023).

248 BRASIL. Congresso Nacional. *Parecer (CN) n. 1, de 2019*. Comissão Mista da Medida Provisória n. 869/2018.

249 BRASIL. Congresso Nacional. *Emenda Aglutinativa n. 1 ao PLV n. 7, de 2019*. Relativo à Medida Provisória n. 869/2018 – Proteção de Dados Pessoais.

teria também alterado a redação do *caput* do art. 41, vez que tinha todas as possibilidades para tanto durante a discussão da redação final do PL de Conversão n. 7/2019.

No fim, o que fez o legislador foi gerar confusão desnecessária, agregando conjunção coordenativa imprópria ao texto do art. 5º, VIII, da LGPD.

Ambos os fatos (a possibilidade de o Encarregado ser pessoa jurídica e a ausência de obrigação de o operador nomear Encarregado) já foram objeto de manifestação pela ANPD. Assim prescreve o órgão regulador no seu *Guia Orientativo para Definições dos Agentes de Tratamento de Dados Pessoais e do Encarregado*:

> A LGPD também não distingue se o encarregado deve ser pessoa física ou jurídica, e se deve ser um funcionário da organização ou um agente externo. Considerando as boas práticas internacionais, o encarregado poderá ser tanto um funcionário da instituição quanto um agente externo, de natureza física ou jurídica.[250]

Por sua vez, no Regulamento sobre a Atuação do Encarregado, publicado no *Diário Oficial da União* no dia 17 de julho de 2024, assim definiu a ANPD:

> Art. 6º A indicação de encarregado por operadores é facultativa e será considerada política de boas práticas de governança para fins do disposto no art. 52, § 1º, IX, da Lei n. 13.709, de 14 de agosto de 2018, e no art. 13, II, do anexo da Resolução CD/ANPD n. 4, de 24 de fevereiro de 2023, desde que observadas as normas deste Regulamento.[251]

Não restam dúvidas, portanto, que o art. 5º, VIII, não cria obrigação ao operador de nomeação de Encarregado, ao mesmo tempo que define o conceito principal da função, que pode ser exercida tanto por pessoa física quanto por pessoa jurídica.

Para fins comparativos, o RGPD da UE possui obrigação similar, embora mais abrangente. De acordo com seu art. 37(1), tanto o controlador quanto o operador devem nomear um DPO caso os requisitos estipulados nas alíneas de respectivo dispositivo estejam presentes.

No que tange à possibilidade de nomear um DPO externo, seja pessoa física ou jurídica, as "Orientações sobre os encarregados da proteção de dados (EPD)", instituídos pelo Grupo de Trabalho do Art. 29 e ratificados pelo EDPB, assim estabelecem:

> EPD com base num contrato de prestação de serviços
>
> As funções do EPD podem igualmente ser exercidas com base num contrato de prestação de serviços celebrado com uma pessoa ou uma organização fora do âmbito da organização do responsável pelo tratamento/subcontratante.[252]

Os aspectos relacionados às atribuições do encarregado serão avaliados no comentário ao art. 41 da LGPD.

---

250 ANPD. *Guia Orientativo para Definições dos Agentes de Tratamento de Dados Pessoais e do Encarregado*. p. 23.

251 ANPD. *Resolução CD/ANPD n. 18, de 16 de julho de 2024*.

252 GRUPO DE TRABALHO DO ARTIGO 29 (WP29). *Orientações sobre os encarregados da proteção de dados*, EPD, 5 abr. 2017, p. 14.

BIBLIOGRAFIA SELECIONADA

BLUM, R. O.; VAINZOF;e MORAES, H. F. *Data Protection Officer*. São Paulo: Thomson Reuters/Revista dos Tribunais, 2021.

BRASIL. Congresso Nacional. *Parecer (CN) n. 1, de 2019*. Comissão Mista da Medida Provisória n. 869/2018.

FRANCOSKI, D. S. L.; TASSO, F. A. *A lei geral de proteção de dados pessoais:* aspectos práticos e teóricos relevantes no setor público e privado. São Paulo: Thomson Reuters/Revista dos Tribunais, 2021.

GRUPO DE TRABALHO DO ARTIGO 29 (WP29). *Orientações sobre os encarregados da proteção de dados*, EPD, 5 abr. 2017.

MALDONADO, V. N. *Manual do DPO – Data Protection Officer*. São Paulo: Thomson Reuters/Revista dos Tribunais, 2021.

QUEIROZ, R. C. Z. *Encarregado de proteção de dados pessoais – DPO:* regulamentação e responsabilidade civil. São Paulo: Quartier Latin, 2022.

SWISSCAM BRASIL. DPO é oficialmente declarado uma atividade pelo Ministério do Trabalho. 23 mar. 2022. Disponível em: https://swisscam.com.br/dpo-e-oficialmente-declarado-uma-atividade-pelo-ministerio-do-trabalho/.

Artigo 5º, X

Comentado por Bárbara da Rosa Lazarotto

DISPOSITIVOS RELACIONADOS NO DIREITO INTERNACIONAL

- Art. 2(*b*) Convenção 108+.

DISPOSITIVOS RELACIONADOS NO ORDENAMENTO JURÍDICO BRASILEIRO

- Art. 5º, X e LXXIX, da CRFB.
- Art. 12 e arts. 20 e 21 do CC.
- Art. 43 do CDC.
- Arts. 100, parágrafo único, V, e 143, do ECA.
- Art. 7º da LCP.
- Arts. 10 e 11, do MCI.

DISPOSITIVOS RELACIONADOS NA LGPD

- Arts. 2º, V; 3º, *caput*, e 4º; arts. 6º e 7º; arts. 9º; 10 e 11; art. 14; art. 32 e art. 37.

ATIVIDADES DA ANPD

- Guia Orientativo "Tratamento de dados pessoais para fins acadêmicos e para a realização de estudos e pesquisas", jun./2023.

- Guia Orientativo "Tratamento de dados pessoais pelo Poder Público", Versão 2.0, jun./2023.
- Guia Orientativo "Hipóteses legais de tratamento de dados pessoais: Legítimo Interesse", fev./2024.
- Estudo Técnico, Texto para discussão n. 1/2022 "A LGPD e o tratamento de dados pessoais para fins acadêmicos e para a realização de estudos por órgão de pesquisa".
- Relatório de Instrução n. 1/2023/CGF/ANPD.
- Relatório de Instrução n. 2/2024/FIS/CGF/ANPD.
- Processo Administrativo Sancionador n. 00261.001192/2022-14.

AÇÕES REGULATÓRIAS E FISCALIZATÓRIAS DE ENTIDADES GOVERNAMENTAIS E ÓRGÃOS DE CONTROLE

- Art. 2º, XX; arts. 6º e 7º; e art. 16, da Resolução Administrativa ANS n. 80, de 28 de junho de 2022.
- Art. 1º, X, *a*, *b*, da Resolução n. 363 do CNJ, de 12 de janeiro de 2021.
- Art. 13 do Decreto n. 8.771/2016.
- Senacon, Nota Técnica n. 92/2018/CSA-SENACON/CGCTSA/GAB-DPDC/DPDC/SENACON/MJ.
- Senacon, Nota Técnica n. 108/2019/CSA-SENACON/CGCTSA/DPDC/SENACON/MJ.
- Senacon, Nota Técnica n. 362/2019/CSA-SENACON/CGCTSA/DPDC/SENACON/MJ.
- Senacon, Nota Técnica n. 62/2020/CSA-SENACON/CGCTSA/DPDC/SENACON/MJ.
- Resolução TCU n. 354/2023.
- Art. 2º da Portaria TCU n. 163/2023.

CASOS E DECISÕES JUDICIAIS RELEVANTES

- STF. ADI n. 6.649 e ADPF n. 695. Plenário. Rel. Min. Gilmar Mendes, j. 15.09.2022. *DJe* 19.06.2023.

JUSTIFICATIVA E FUNDAMENTOS

O inciso X do art. 5º trata de um dos pontos centrais da LGPD, tendo em vista que apresenta a definição de em que consiste "tratamento" de dados, a ação a qual a Lei de Proteção de Dados visa regular a proteção do direito fundamental à proteção de dados pessoais. Apesar de o termo ter sido mencionado pela primeira vez no MCI, a primeira legislação que regulamentou o uso da internet no Brasil, estabelecendo princípios, garantias, direitos e deveres para o uso da internet, a LGPD é a primeira legislação brasileira que busca definir "tratamento de dados". Desta forma, muito embora a LGPD tenha sido aprovada e tenha entrado em vigor posteriormente ao MCI, ela se tornou a *lex specialis* (em tradução livre, lei específica) em relação a definição de tratamento de dados.[253]

ANÁLISE

Ao analisarmos o teor do inciso X do art. 5º da LGPD é possível observar que o legislador buscou utilizar uma definição ampla que permita incluir uma grande variedade de operações com dados pessoais. Desta forma, o teor do inciso aponta com o termo "como as", o que deixa subentendido que as operações listadas não são exaustivas e sim buscam exemplificar operações realizadas com dados pessoais, tal como coleta, produção e transmissão.

É necessário ressaltar que o processo legislativo da LGPD foi influenciado pelo "Efeito Bruxelas", caracterizado pela influência da UE na regulamentação da proteção de dados ao redor do mundo.[254] Esta influência é visível no inciso em análise, tendo em vista que o art. 4(2) do RGPD também busca adotar uma redação ampla que abarque o maior número de operações de dados pessoais possíveis.[255] A razão dessa escolha por parte do legislador europeu reside na chamada "neutralidade tecnológica" das regulamentações europeias, que evita uma rigidez da legislação e permite que ela se mantenha atualizada diante das evoluções tecnológicas, o que novamente enfatiza que os dispositivos citados são apenas exemplificativos.[256] Esta foi a mesma interpretação dada pelo TJUE nos casos C-659/22, *Ministerstvo zdravotnictví*, parágrafos 27-28 e C-175/20, *Valsts ieņēmumu dienests*, parágrafo 35. Desta forma, observa-se que o legislador brasileiro optou pelo mesmo caminho que o europeu, adotando uma legislação tecnologicamente neutra, que permite que a LGPD se mantenha atualizada diante das evoluções tecnológicas.

No entanto, é importante ressaltar que o legislador europeu optou por restringir o escopo do RGPD em relação ao tratamento de dados não automatizado quando estes dados não façam parte de um sistema de dados estruturado. Isto significa que as proteções oferecidas pelo RGPD apenas englobam: i) tratamentos de dados automatizados ou parcialmente automatizados e estruturados; ii) tratamentos de dados não automatizados e estruturados; e iii) tratamento de dados automatizados e não estruturados.

No caso C-25/17 *Jehovan todistajat*, o TJUE definiu que sistema estruturado é um conceito amplo que pode ser definido quando dados são estruturados de acordo com qualquer critério que lhes permite ser facilmente encontrados para futura utilização. Desta forma, não é necessário que estes dados estejam organizados em tabelas ou listas específicas desde que estejam estruturados de forma inteligível.

Em uma análise comparativa, é possível observar que o legislador brasileiro optou, de forma intencional ou não, por uma proteção mais ampla, tendo em vista que o art. 3º,

---

253 CARDOSO, C. M.; RÉGIS, J. C. Direito comparado: LGPD e o marco civil da internet. *Revista de Direito*, v. 16, n. 1, 2024.

254 BRADFORD, A. *The Brussels Effect*: How the European Union Rules the World. Oxford: Oxford University Press, 2020.

255 KUNER, C. *et al.* *The EU General Data Protection Regulation:* A Commentary. Oxford: Oxford University Press, 2020.

256 HILDEBRANDT, M.; TIELEMANS, L. Data Protection by Design and Technology Neutral Law. *The Computer Law and Security Report*, v. 29, p. 509, 2013.

caput, da LGPD enfatiza que a lei se aplica "a qualquer operação de tratamento realizada por pessoa natural ou por pessoa jurídica", não fazendo menção a forma não automatizada e não estruturada. Desta forma, entende-se que a proteção oferecida pela LGPD é mais ampla que o RGPD, incluindo: i) tratamentos de dados automatizados ou parcialmente automatizados e estruturados; ii) tratamentos de dados não automatizados e estruturados; e iii) tratamento de dados automatizados e não estruturados, iv) não automatizados e não estruturados.

Não há na doutrina e no histórico da formulação da LGPD indício de que este foi um movimento intencional do legislador brasileiro para oferecer um escopo maior de atuação à LGPD do que o RGPD. Desta forma presume-se que tal interpretação resulta da escrita não intencional do legislador. Atualmente é estimado que 80% dos dados tratados não são estruturados, mas são automatizados, o que os inclui no escopo do RGPD e da LGPD.[257] Desta forma é possível depreender que poucos tratamentos de dados seriam considerados não automatizados e não estruturados. Apesar disso, a inclusão desta pequena quantidade de dados sob a égide da LGPD impõe uma dificuldade no exercício dos direitos dos titulares, tendo em vista a possível dificuldade de manipulação de dados não estruturados e não automatizados. É possível que no futuro este tema volte ao debate no âmbito de eventual jurisprudência, tendo em vista que a legislação brasileira de proteção de dados tem uma história recente em relação à europeia.

A amplitude interpretativa dada pela redação do inciso X do art. 5º da LGPD também permite uma proteção adequada aos princípios gerais do tratamento de dados previstos no art. 6º da LGPD e aos direitos fundamentais de liberdade e privacidade dos titulares de dados pessoais, garantindo que a lei seja aplicável mesmo na eventualidade de uma nova modalidade de tratamento de dados não prevista na LGPD ou existente à época da edição desta lei. Conforme Danilo Doneda enfatizou em seu trabalho acerca da Lei Geral de Proteção de Dados, a evolução tecnológica permite uma evolução qualitativa no tratamento de dados pessoais com novos métodos e técnicas, como *profiling* e *data mining* (perfilamento e mineração de dados, em tradução livre) que podem oferecer potenciais ameaças aos direitos fundamentais dos titulares de dados pessoais, enfatizando o papel da tecnologia como vetor condicionante da sociedade e do próprio direito.[258]

Ademais, a redação não exaustiva do inciso está em harmonia com os fundamentos de desenvolvimento econômico e tecnológico e o incentivo a inovação previstos no inciso V do art. 2º da LGPD, tendo em vista que uma lista exaustiva de tratamento de dados pessoais imporia um grande obstáculo ao desenvolvimento de novas tecnologias que eventualmente tratassem dados pessoais, causando a fossilização da LGPD e sua eventual desatualização diante da era de rápida evolução tecnológica em que nos encontramos. Um grande exemplo são as chamadas técnicas de aprimoramento da privacidade (*privacy enhancing technologies*), que são um conjunto de técnicas e ferramentas que buscam reduzir o tratamento de dados que põe em risco os dados pessoais e aumentar a proteção de dados, resultando em um maior controle por parte dos titulares de dados.[259]

---

257 WEITZENBOECK, E. M. *et al.* The RGPD and Unstructured Data: Is Anonymization Possible? *International Data Privacy Law*, v. 12, n. 3, p. 184, 2022.

258 DONEDA, D. *Da privacidade à proteção de dados pessoais:* fundamentos da lei geral de proteção de dados. São Paulo: Revista dos Tribunais, 2020.

259 CANAAN, R. G. The effects on local innovation arising from replicating the GDPR into the Brazilian General Data Protection Law. *Internet Policy Review*, v. 12, n. 1, 2023.

Desta forma, a ampla definição de "tratamento" de dados se demonstra essencial tanto para a proteção dos titulares de dados, expandindo o escopo da proteção dada pela LGPD, quanto para o desenvolvimento tecnológico de novas ferramentas, que incluem técnicas de aprimoramento da privacidade que visam o avanço tecnológico responsável.

BIBLIOGRAFIA SELECIONADA

BIONI, B. R. *Proteção de dados pessoais:* a função e os limites do consentimento. Rio de Janeiro: GEN/Forense, 2019.

BRADFORD, A. *The Brussels Effect:* How the European Union Rules the World. Oxford: Oxford University Press, 2020.

CANAAN, R. G. Stimulating Innovation through Personal Data Protection Regulations: Assessing the Replication of RGPD into LGPD. *SSRN*, 1.º jun. 2022.

CANAAN, R. G. The effects on local innovation arising from replicating the GDPR into the Brazilian General Data Protection Law. *Internet Policy Review*, v. 12, n. 1, 2023.

CARDOSO, C. M.; RÉGIS, J. C. Direito comparado: LGPD e o marco civil da internet. *Revista de Direito*, v. 16, n. 1, 2024.

DONEDA, D. *Da privacidade à proteção de dados pessoais:* fundamentos da lei geral de proteção de dados. São Paulo: Revista dos Tribunais, 2020.

HILDEBRANDT, M.; TIELEMANS, L. Data Protection by Design and Technology Neutral Law. *The Computer Law and Security Report*, v. 29, 2013.

KUNER, C. *et al. The EU General Data Protection Regulation:* A Commentary. Oxford: Oxford University Press, 2020.

TORRES, L.; OMS, J. *et al. A proteção de dados pessoais na Secretaria Nacional do Consumidor.* Brasília: Instituto Brasileiro de Defesa do Consumidor, 2021.

WEITZENBOECK, E. M. *et al.* The RGPD and Unstructured Data: Is Anonymization Possible? *International Data Privacy Law,* v. 12, n. 3, 2022.

Artigo 5º, XI

Comentado por Jordan Vinícius de Oliveira

DISPOSITIVOS RELACIONADOS NO ORDENAMENTO JURÍDICO BRASILEIRO

- Art. 58, III, Decreto n. 7.724/2012.

DISPOSITIVOS RELACIONADOS NA LGPD

- Art. 5º, III; arts. 12 e 13, § 4º.

ATIVIDADES DA ANPD

- Consulta à Sociedade – Estudo Preliminar – Anonimização e pseudonimização para proteção de dados.

- Estudo Técnico sobre Anonimização de Dados na LGPD: Uma Visão de Processo Baseado em Risco e Técnicas Computacionais, v. 1.0.
- Nota Técnica n. 46/2022/CGF/ANPD.

AÇÕES REGULATÓRIAS E FISCALIZATÓRIAS DE ENTIDADES GOVERNAMENTAIS E ÓRGÃOS DE CONTROLE

- Art. 2º, I, da Resolução Administrativa da ANS n. 80, de 28 de junho de 2022.
- Art. 2º, II, da Resolução n. 674, de 06 de maio de 2022 do CNS.

CASOS E DECISÕES JUDICIAIS RELEVANTES

- STJ. Recurso em MS n. 70.212 PR (2022/0365300-0). Rel. Min. Herman Benjamin, *DJe*-3.532, de 09.12.2022.

JUSTIFICATIVA E FUNDAMENTOS

Trata-se da definição de anonimização, ou seja, do procedimento dedicado a tornar o dado anonimizado. A sua interpretação deve ser conjunta à dos arts. 5º, III (dado anonimizado) e 12 (efeitos do dado anonimizado) da LGPD. No PL 4.060/12 – conforme já explicado no comentário ao art. 5º, III deste volume – o conceito de anonimização também não constava no rol de definições conforme o então art. 7º, em função da arquitetura original do projeto de lei ter focado apenas nos dados pessoais identificados e não nos identificáveis, empregando os adjetivos "exata" e "precisa".

A lógica subjacente para o conceito de anonimização visa, em resumo, qualificar o dado pessoal que foi transformado em dado não pessoal a partir dos chamados "meios técnicos razoáveis e disponíveis no momento do tratamento". Um dos principais pontos de preocupação do legislador foi tentar criar um filtro razoável para o dado anonimizado, eximindo-o das exigências previstas na LGPD de forma segura.

O conceito de anonimização, contudo, precisa ser estrategicamente diferenciado do conceito de pseudonimização, haja vista os seus efeitos concretos. O dado anonimizado, conforme a LGPD, não é considerado dado pessoal. Já o dado pseudonimizado o será.

Ainda, caso a técnica de anonimização não tenha logrado êxito na desidentificação irreversível do titular – seja porque o agente de tratamento dispõe de meios próprios de reversão dos dados anonimizados a dados pessoais identificados ou identificáveis, seja porque terceiros podem adotar medidas técnicas consideradas razoavelmente esperáveis para reverter o dado anonimizado e ligá-lo novamente a seu respectivo titular –, os efeitos práticos são de pseudonimização, logo, de aplicação integral da LGPD ao banco de dados.

A definição, contudo, poderia ter sido um pouco mais completa, uma vez que dos requisitos necessários para a qualificação da anonimização conforme a LGPD, o inciso XI do art. 5º não contemplou a capacidade própria de reversão dos dados pessoais conforme o art. 12.

Logo, uma definição legislativa mais completa para a anonimização poderia ter sido desenhada ao contemplar tanto os meios técnicos razoáveis para evitar a reidentificação por terceiros quanto os meios próprios do agente de tratamento para fazê-lo (o que está presente no art. 12). A anonimização deve, pois, se preocupar com a reversão do dado anonimizado (não pessoal) em dado identificado ou identificável (pessoal), tendo por foco tanto os riscos do próprio agente de tratamento quanto de terceiros operarem essa reversão (no caso de terceiros, mediante o emprego de esforços considerados de baixa complexidade).

Um conceito mais bem articulado para o inciso XI poderia prever, assim, que a anonimização é o processo que visa a retirada da associação direta ou indireta do dado pessoal a um indivíduo, tornando-o dado não pessoal, desde que esse processo empregue técnicas razoáveis à época do tratamento para ser revertido por terceiros e, ainda, evite a reversão pelo próprio agente de tratamento.

ANÁLISE

1. Experiência internacional

Na experiência internacional, o Considerando 26 do RGPD possui orientações gerais que foram incorporadas à LGPD para a interpretação do conceito de anonimização. O Considerando relembra que o dado pessoal é aquele identificado ou identificável e que, para o caso do dado identificável, devem ser considerados os meios razoavelmente disponíveis para ligar determinada informação a um titular, tanto sob o prisma do agente de tratamento (no caso, o RGPD menciona o controlador, mas a premissa também é aplicável ao operador de dados) quanto sob a ótica de qualquer terceiro que possa identificar uma pessoa direta ou indiretamente.

Por meios razoáveis, o Considerando pondera que devem ser levados em conta fatores objetivos, como os custos e o tempo necessário para identificar um titular, tendo em vista as tecnologias disponíveis e a evolução tecnológica. Como já apresentado no comentário ao art. 5º, III, deste volume, o Considerando explicita que o RGPD não se aplica a informações anônimas (dados não pessoais, anônimos) ou tornadas anônimas (dados pessoais que foram anonimizados e se tornaram não pessoais), de modo que o titular não seja mais identificável.

No artigo do RGPD dedicado a definições, art. 4º, não foi fixado um conceito para a anonimização, tendo sido destacada, contudo, a pseudonimização. Assim, em seu parágrafo 5º, a pseudonimização é definida como o meio de tratar dados pessoais de modo que eles não possam ser ligados a um titular sem o uso de informações adicionais que sejam mantidas em separado e protegidas por meios técnicos e organizacionais por parte do agente de tratamento. Em complemento, a parte inicial do Considerando 26 deixa claro que o dado pseudonimizado é considerado um dado pessoal e, portanto, o RGPD é aplicável a ele.

Na norma de proteção de dados do Reino Unido (*Data Protection Act*) não há um tópico de definição específico para o significado de anonimização, mas o seu art. 171 usa a expressão "dados desidentificados" (*de-identified personal data*) com o mesmo propósito. O artigo deixa claro que a reidentificação de dados pessoais desidentificados é uma violação caso seja feita sem a anuência do controlador responsável pela anonimização, sendo exceções razoáveis as de situações específicas, como a prevenção ou o diagnóstico de crimes, por meio de autorização específica de uma norma ou ordem judicial ou para circunstâncias particulares de interesse público.

2. Dispositivos correlatos no ordenamento nacional e na LGPD

Voltando à própria LGPD, o conceito do art. 5º, XI, de anonimização está intrinsecamente associado aos preceitos dos arts. 5º, III (definição de dado anonimizado), e 12 (condições para não aplicação da LGPD para dados anonimizados).

É possível notar que a LGPD adotou um conceito de anonimização próximo ao do exposto pelo Considerando 26 do RGPD. Os critérios de filtros razoáveis que consideram as técnicas disponíveis à época do tratamento e a avaliação de riscos de reidentificação sob a perspectiva do agente de tratamento e de terceiros foram recepcionados pela lei brasileira.

A razoabilidade dos meios técnicos pode ser classificada como um conceito jurídico de natureza indeterminada, ou seja, que possui um grau de abertura interpretativa/indefinição relevante. Ela é sempre contextual, sendo que a atuação de autoridades de proteção de dados pessoais, como a ANPD, será mais relevante para disciplinar situações em que manifestadamente um dado não será considerado anonimizado do que para cravar quando ele necessariamente atinja patamares seguros de anonimização.

Como a ciência de dados, as técnicas de processamento computacional e as bases de dados publicamente disponíveis estão sempre em constante mudança, é mais fácil determinar situações em que a anonimização seja manifestamente insuficiente (ou seja, técnicas de anonimização que isoladas são consideradas inseguras, seja porque o agente de tratamento mantém a possibilidade de reversão, ou seja, porque terceiros poderiam facilmente reverter a técnica empregada mediante esforços razoáveis) do que fixar com segurança meios e técnicas de anonimização consideradas seguras para todos os casos.

Além da própria LGPD, o Decreto n. 7.724/2012, responsável por regulamentar a LAI, sofreu modificação em 2023 para alterar a redação do inciso III do art. 58, em que a anonimização é diretamente citada.

A LAI, marcada pelos pressupostos de transparência ativa e passiva dos entes públicos, possui situações específicas nas quais eles podem se abster de divulgar informações de interesse público, como naquelas em que dados pessoais estejam envolvidos (sob o prisma da preservação da intimidade, vida privada, honra e imagem das pessoas envolvidas). Nestas situações é possível classificar a informação como restrita e limitar o seu acesso apenas ao titular e aos entes públicos envolvidos, pelo prazo de até cem anos da sua produção.

Para evitar a decretação de sigilo por cem anos sob a prerrogativa genérica de existência de dados pessoais, o inciso III foi adicionado ao art. 58 da LAI para determinar que a restrição de acesso a informações de interesse público não poderá ser invocada quando for possível a aplicação de técnicas de anonimização ou pseudonimização daqueles dados que se refiram à intimidade, à vida privada, à honra ou à imagem.

Vislumbra-se, assim, que a anonimização pode ser uma importante aliada no balanceamento de interesses públicos e privados envolvendo dados tratados por entidades públicas. Observado o seu caráter reversível, o uso da pseudonimização, presente no dispositivo, deve ser feito com parcimônia e mediante uma avaliação concisa da natureza dos dados envolvidos e dos riscos de reidentificação em concreto.

Cita-se, ainda, que as definições de anonimização adotadas pela Resolução Administrativa ANS n. 80, de 28 de junho de 2022, e pela Resolução n. 674, de 06 de maio de 2022 do CNS são a mesma do art. 5º, XI, da LGPD.

3. Aspectos técnicos

Sobre as técnicas de anonimização propriamente ditas, o estudo elaborado pela Comissão de Proteção de Dados Pessoais de Singapura,[260] um dos mais completos e atuais disponíveis, destaca alguns expedientes possíveis à disposição dos agentes de tratamento:

[260] PDPC. *Guide to basic anonymization:* Personal Data Protection Commission Singapore. 2022. Disponível em: https://www.pdpc.gov.sg/-/media/Files/PDPC/PDF-Files/Advisory-Guidelines/Guide-to-Basic-Anonymi sation -31-March-2022.pdf. Acesso em: 2 mar. 2024.

(a) supressão de registro (*record suppression*): remoção de diversos atributos atrelados a um registro de dados que possam ser únicos;
(b) mascaramento de dados (*character masking*): retirada de alguns caracteres que compõem um valor no banco de dados por uso, por exemplo, de um símbolo;
(c) generalização (*generalisation*): redução da precisão dos dados por aumento de sua abrangência;
(d) troca (*swapping*): mudança ou reorganização de determinados valores no banco de dados, de modo que os valores individuais ainda existam no banco, mas não correspondam à sua versão original;
(e) perturbação (*data perturbation*): modificação da veracidade dos dados por leves alterações;
(f) agregação de dados (*data aggregation*): conversão de dados em informações mais sumarizadas.

É importante citar que as técnicas de anonimização variam conforme a taxonomia adotada e a abordagem legislativa de plano de fundo (ex.: o estudo pontua que o *k-anonimato* é uma medida de risco de reidentificação e não uma técnica de anonimização, e que a privacidade diferencial é um conceito-mãe formado por conjuntos de técnicas, que podem envolver as supracitadas, como a adição de ruído ou a realização de consultas filtradas, *queries*, no lugar do acesso direto ao conjunto de dados anonimizados). Contudo, mais do que se preocupar com a técnica de anonimização em si, o agente de tratamento deve ter em mente especialmente a configuração e complexidade de variáveis do banco de dados que passará por anonimização.

Um exemplo ilustra bem essa afirmação: como o principal risco a ser combatido na anonimização é o da reidentificação, de nada adianta um agente de tratamento publicar uma lista anonimizada de números de CPF e datas de nascimento de titulares que se utilizaram de um determinado serviço público – onde apenas os seis dígitos intermediários são visíveis (exemplo: XXX.999.999.XX) acompanhados das datas de nascimento com dia, mês e ano, sem qualquer outro dado – se outro agente de tratamento já publicou em sua página a mesma lista com datas de nascimento, mas adotando a técnica de mascaramento nos primeiros três e nos dois últimos dígitos do CPF (exemplo: 999.XXX.XXX-99).

Apesar da boa intenção, a ausência de parametrização entre os dois agentes de tratamento no mascaramento (sobre quais dígitos devem ser mascarados) fez com que o sigilo desses bancos de dados fosse quebrado, pois um terceiro poderia facilmente cruzar as datas de nascimento idênticas nos dois bancos e, assim, combinar os 6 dígitos do primeiro banco com os restantes 5 dígitos do segundo, obtendo na íntegra o número do CPF dos beneficiados.

Portanto, a parametrização técnica por autoridades de dados pode seguir o caminho de estimular padrões e boas práticas para as técnicas de anonimização (exemplo, fixando que o mascaramento de números de CPF deve ser sempre feito nos três dígitos iniciais e nos dois dígitos finais) do que necessariamente cravar que uma técnica de anonimização seja melhor ou mais recomendada do que a outra.

Vale, nesse sentido, citar que segundo a Comissão de Proteção de Dados de Singapura,[261] a anonimização possui três grandes riscos que precisam ser evidenciados e considerados

---

[261] PDPC. *Guide to basic anonymization:* Personal Data Protection Commission Singapore. 2022. Disponível em: https://www.pdpc.gov.sg/-/media/Files/PDPC/PDF-Files/Advisory-Guidelines/Guide-to-Basic-Anonymi sation -31-March-2022.pdf. Acesso em: 2 mar. 2024.

pelos agentes de tratamento, especialmente considerados os atributos anonimizados, ou seja, os dados identificados ou identificáveis envolvidos na operação: revelação da identidade, revelação de atributo e revelação de inferência.

Na revelação da identidade (*identity disclosure*), ao menos um atributo é reidentificado em relação à pessoa natural à qual se referia. Exemplo: em um relatório sobre disparidade salarial entre pessoas de sexos diferentes em uma mesma empresa por departamentos, a mera revelação do salário bruto dos funcionários, ainda que não atrelada ao nome, provavelmente permitirá inferir a renda dos cargos de chefia para cada setor, atributo este que poderá ser ligado a cada pessoa em cargo de liderança.

Na revelação de atributo (*attribute disclosure*), determinado valor no banco de dados é definido como verdadeiro, ainda que o sujeito esteja no banco sem a necessária identificação revelada. Exemplo: a publicação de um relatório individual anonimizado sobre as preferências de filmes dos usuários de um serviço de *streaming*, ainda que proteja os atributos da identidade de cada usuário, revelará o atributo de gêneros de filmes mais curtidos individualmente (como filmes religiosos, de terror, adultos, entre outros).

Já na revelação de inferência (*inference disclosure*), é possível, por probabilidade estatística, tomar algumas assunções sobre certos indivíduos, estejam ou não em um banco de dados. Exemplo: em uma sala de aula, provavelmente, as datas de nascimento com os atributos dia/mês/ano são passíveis de dedução, logo, a divulgação pública de um resultado de prova que utilize a data de nascimento no lugar do nome completo permitirá inferências sobre as notas das pessoas mais jovens ou mais idosas da turma.

4. Parâmetros de regulação no Brasil

A ANPD, por intermédio do *Estudo Técnico sobre Anonimização de Dados na LGPD: uma Visão de Processos Baseado em Risco e Técnicas Computacionais*, destacou que a anonimização pode ser compreendida como um processo dotado de duas etapas: a primeira onde o dado pessoal está identificado ou identificável (formato original) e a segunda, onde o dado passa pela anonimização plena e, após, não pode mais retornar ao estado anterior.

A autoridade destacou que inexiste processo de anonimização que possa ser considerado de risco zero e que ele deve ser sempre abordado sob o prisma de um processo contínuo dotado de riscos multidirecionais, seja pela possibilidade de reversão do próprio agente de tratamento ou por terceiros.

A ANPD destaca, ainda, a importância de que este risco seja mensurado e acompanhado, sugerindo quatro etapas: (i) avaliação do nível de Risco de Reidentificação Aceitável (RRA) do dado, ou seja, qual o limite de risco que o agente de tratamento considera razoável para o contexto da base a ser anonimizada; (ii) anonimização propriamente dita, ou seja, a aplicação da(s) técnica(s) para desidentificar o dado pessoal; (iii) avaliação do Risco de Reidentificação Mensurado (RRM), ou seja, uma avaliação probabilística sobre o possível sucesso de um ataque de reidentificação, que deve ser sempre inferior ao RRA, especialmente considerando-se a restrição de acesso ou a publicidade da base de dados e, por fim, (iv) acompanhar o risco de reidentificação ao longo do decurso temporal.

Ainda no âmbito da ANPD, a Nota Técnica n. 46/2022 da sua CGF avaliou situação envolvendo o Inep. No caso, foi avaliada a decisão do Inep de suspender a divulgação dos microdados do censo escolar e do Enem sob a justificativa de que tais dados, divulgados sem identificadores individuais, estavam sujeitos a riscos de reidentificação e, portanto, de ofensa à LGPD.

O caso ganhou destaque, pois os microdados eram de interesse público para diversas pesquisas e acompanhamentos voltados ao setor educacional brasileiro, sendo que inclusive o dever de recenseamento dos educandos do ensino fundamental consta como obrigação legal estipulada no art. 208, § 3º, da CRFB.

Em sua análise sobre o caso, a ANPD destacou que a anonimização não pressupõe a probabilidade de reidentificação zero e que, tampouco, consta como técnica obrigatória para todo e qualquer tratamento de dados pessoais, sendo que a eventual reidentificação de estudantes nos microdados deveria ser balanceada com as determinações legais vigentes e o interesse público sobre tais dados. Ainda, a ANPD destacou a importância da avaliação de riscos via RIPD e o emprego de medidas mitigadoras, tais como a possibilidade de limitação do acesso a estes microdados para determinados grupos de usuários restritos ou, ainda, o uso de mecanismos jurídicos, como termos de responsabilidade.

O caso é importante, especialmente no âmbito da administração pública, pois o balanceamento dos interesses dos titulares de dados pessoais com o contexto de uso e interesse sobre determinadas bases de dados é sempre necessário, não havendo prevalência cega ou obrigatoriedade de anonimização de todo e qualquer dado pessoal.

5. Decisões judiciais

Vale ressaltar, desde já, que o tema de anonimização não foi discutido no judiciário de modo a formar jurisprudência vinculante dos tribunais superiores. Contudo, a decisão judicial de Recurso Ordinário em MS n. 79212 – PR (2022/0365300-0) vale ser destacada.

No caso – que envolveu na qualidade de Recorrentes o Conselho Notarial do Brasil por intermédio de sua Seção do Estado do Paraná, a Associação dos Notários e Registradores do Estado do Paraná, a Associação dos Registradores de Imóveis do Paraná e o Instituto de Estudos de Protesto de Títulos do Brasil por sua Seção do Estado do Paraná e, na qualidade de Recorrido, o Estado do Paraná –, discutiu-se ato do Corregedor de Justiça que determinou a divulgação, no Portal da Transparência do TJPR, de dados relativos a receitas e despesas das serventias do foro extrajudicial e da remuneração de pessoal.

O princípio da transparência, previsto na CRFB em seus arts. 5º, XXXIII, e 37, § 3º, II, serviu de plano de fundo junto da interpretação sobre a Resolução n. 215/2015, alterada pela Resolução n. 389/2021 do CNJ, especialmente conforme o teor de seus arts. 6º, § 3º, e 7º, *caput*, os quais dispõem:

> Art. 6º Os sítios eletrônicos dos órgãos do Poder Judiciário deverão conter:
>
> (...)
>
> § 3º As serventias extrajudiciais deverão criar o campo "transparência", para dele constar, mensalmente:
>
> a) o valor obtido com emolumentos arrecadados, outras receitas, inclusive eventual remuneração percebida pelo responsável pela serventia e
>
> b) o valor total das despesas.
>
> Art. 7º Cada órgão do Poder Judiciário e de seus serviços auxiliares disponibilizará, no respectivo sítio eletrônico oficial, em campo de destaque, atalho para acesso à página do Serviço de Informações ao Cidadão e ao Portal da Transparência.

Assim, apesar dos Recorrentes argumentarem que a anonimização, tal como prevista na LGPD, seria instrumento capaz de viabilizar o balanceamento entre os interesses de transparência e da proteção dos dados pessoais das pessoas envolvidas, a decisão do STJ ponderou que tais informações devem ser divulgadas sem esse expediente pelo fato de que a fiscalização e controle da gestão pública são primados republicanos.

Mais uma vez, tal como no caso dos microdados do Inep, vê-se que a avaliação sobre a aplicação ou não de técnicas de anonimização não pode estar pautada tão somente em critérios técnicos que considerem apenas a não identificação dos titulares a partir do interesse exclusivo da proteção de dados pessoais. Por mais que a proteção de dados pessoais seja um direito fundamental que pode ser potencializado a partir da aplicação de técnicas de anonimização, faz-se necessário um filtro jurídico sobre a viabilidade de aplicação desse expediente, especialmente em situações nas quais o plano de fundo central seja a transparência e o interesse público sobre determinada base de dados pessoais.

BIBLIOGRAFIA SELECIONADA

OLIVEIRA, J. V. *Diga-me o que acessas e direi quem tu és?* O direito ao anonimato no ciberespaço. 2022. 300f. Tese (Doutorado) – Universidade do Estado do Rio de Janeiro, Rio de Janeiro, 2022. Disponível em: https://www.bdtd.uerj.br:8443/handle/1/19142.

PDPC. *Guide to basic anonymization:* Personal Data Protection Commission Singapore. 2022. Disponível em: https://www.pdpc.gov.sg/-/media/Files/PDPC/PDF-Files/Advisory-Guidelines/Guide-to-Basic-Anonymi sation -31-March-2022.pdf. Acesso em: 2 mar. 2024.

Artigo 5º, XII

Comentado por Elora Fernandes, Isabela Maria Rosal e Laura Schertel Mendes

DISPOSITIVOS RELACIONADOS NO DIREITO INTERNACIONAL

- Art. 5; art. 14, 4, *a*; art. 17, 2, da Convenção 108 do CoE.

DISPOSITIVOS RELACIONADOS NO ORDENAMENTO JURÍDICO BRASILEIRO

- Código Civil: Capítulo IV, Dos Defeitos do Negócio Jurídico; Capítulo V, Da Invalidade do Negócio Jurídico.
- Art. 6º, III; art. 12; art. 14; art. 31 e art. 39, VII, do CDC.
- Art. 7º, VII e IX; e art. 16, II, do MCI.
- Art. 4º, IV, *b*, da LCP.

DISPOSITIVOS RELACIONADOS NA LGPD

- Art. 7º, I e §§ 4º, 5º e 6º; arts. 8º e 9º, §§1º e 2º; art. 11, I; arts. 14, §§ 1º, 3º e 5º, e 15, III; arts 18, VI, VIII, IX e § 2º; e 19, § 3º; art. 27; art. 33, VIII.

ATIVIDADES DA ANPD

- Guia Orientativo: Cookies e proteção de dados pessoais.

- Guia Orientativo acerca do Tratamento de dados pessoais pelo Poder Público.
- Nota Técnica n. 6/2023/CGTP/ANPD (extrato público da Nota Técnica n. 4/2022/CGTP/ANPD).

CASOS E DECISÕES JUDICIAIS RELEVANTES

- TRT-17. Processo n. 0000305-83.2022.5.17.0011, 11ª Vara do Trabalho de Vitória, j. 26.10.2023.
- TRF-4. AgInt n. 5045156-39.2021.4.04.0000, Terceira Turma, Rel. Rogerio Favreto, j. 03.11.2021.
- TJSP. Ap. Civ. n. 1009505-81.2021.8.26.0577, 13ª Câmara de Direito Privado, j. e publicado em 14.06.2023.

JUSTIFICATIVA E FUNDAMENTOS

Em sociedades que promovem a liberdade individual, o consentimento desempenha um papel importante como ferramenta legal e ética para a mudança de *status*. Ele tem o papel de legitimar um ato que de outra forma seria inicialmente ilegal ou imoral.[262]

No âmbito da proteção de dados pessoais, o consentimento está intimamente ligado à concretização da autodeterminação informativa dos titulares de dados, fundamento da LGPD.[263] A necessidade de se ter controle sobre os dados pessoais adveio justamente do entendimento, no relevante julgado alemão sobre a temática,[264] de que nenhum dado pessoal é irrelevante. Assim, o direito a uma esfera privada voltada para o sigilo e proteção de dados íntimos ou privados não daria conta das possíveis violações à cláusula geral de proteção da personalidade. Na época, isso significou que somente o indivíduo interessado poderia decidir sobre a coleta, processamento e transmissão de seus dados pessoais, a menos que um interesse geral fosse preponderante.[265]

Especialmente a partir da terceira geração de leis de proteção de dados,[266] o paradigma do consentimento foi estabelecido, tornando-se um vetor dominante na materialização da autonomia do titular de dados.[267] Como será visto abaixo, porém, esse paradigma é constantemente desafiado e tem se mostrado insuficiente para a proteção dos dados do titular e para o exercício da sua autonomia.

---

262 KIM, N. S. *Consentability:* Consent and Its Limits. Cambridge: Cambridge University Press, 2019.

263 Ver comentário ao art. 2° neste volume.

264 HORNUNG, G.; SCHNABEL, C. Data Protection in Germany I: The Population Census Decision and the Right to Informational Self-Determination. *Computer Law & Security Review*, v. 25, 2009.

265 SCHERTEL MENDES, L. Autodeterminação informativa: a história de um conceito. *Pensar – Revista de Ciências Jurídicas 1*, v. 25, 2020.

266 Para uma análise acerca das gerações de leis de proteção de dados, cf. SCHERTEL MENDES, L. *Privacidade, proteção de dados e defesa do consumidor:* linhas gerais de um novo direito fundamental. São Paulo: Saraiva, 2014.

267 SCHERTEL MENDES, L.; FONSECA, G. C. S. da. Proteção de dados para além do consentimento: tendências de materialização. *In*: SCHERTEL MENDES, L. *et al.* (ed.). *Tratado de proteção de dados pessoais.* Rio de Janeiro: Forense, 2021.

No âmbito da tramitação legislativa da LGPD, o Ministério da Justiça elaborou e submeteu à consulta pública o primeiro Anteprojeto de Lei de Proteção de Dados Pessoais em 2010. Neste anteprojeto, o consentimento também tinha certo protagonismo no art. 9º, apesar de hipóteses de dispensa do consentimento terem sido estabelecidas no art. 13.

Já no PL n. 4.060/2012, o consentimento nem ao menos era citado diretamente na lei, exceto para dispor sobre o tratamento de dados de crianças[268] ou dados sensíveis.[269] O art. 19 dispunha que o titular poderia, a qualquer momento, requerer o bloqueio do tratamento de seus dados pessoais, exceto quando fossem necessários à execução de obrigações legais ou contratuais. Porém, o projeto não definia como esses dados poderiam ser coletados inicialmente e se este artigo adotava uma abordagem de autorização (*opt in)* ou exclusão (*opt out)*. No caso do PL do Senado n. 330/2013, o consentimento era definido no art. 4º, IV, como requisito prévio e expresso do titular de dados, mas era limitado à coleta de dados sensíveis ou no âmbito de interconexão internacional de dados.

Em 2016, o anteprojeto mencionado foi encaminhado pela Presidência da República ao Congresso após seis anos de formulação, sendo apensado ao PL n. 4.060/2012. O PL n. 5.276/2016, portanto, apresentava uma definição de consentimento como a manifestação livre, informada e inequívoca pela qual o titular concorda com o tratamento de seus dados pessoais para uma finalidade determinada. Este texto foi mantido durante a tramitação no Senado, a partir do PL da Câmara n. 53/2018, e consta atualmente na LGPD.

ANÁLISE

1. Análise geral

A definição de consentimento presente no art. 5º, XII, é extremamente importante, pois apresenta os critérios mínimos para ser considerado válido enquanto base legal. São critérios cumulativos e devem ser lidos a partir dos princípios e fundamentos da LGPD, em especial a boa-fé, a autodeterminação informativa e a transparência. É importante destacar que a esses critérios serão adicionados outros em situações específicas, como no caso do consentimento dado para o compartilhamento de dados com outros controladores (art. 7º, § 5º), tratamento de dados sensíveis (art. 11, I), dados de crianças e adolescentes (art. 14, § 1º) e transferência internacional de dados (art. 33, VIII)[270].

Em uma gramática do Direito Civil, o consentimento é entendido como o poder de modificar a própria esfera jurídica com base na autonomia da vontade. Todavia, apesar de inexistir na doutrina um consenso acerca das definições no âmbito da teoria do fato jurídico, é necessário compreender se o consentimento para o tratamento de dados pessoais deve ser categorizado como negócio jurídico ou ato jurídico *stricto sensu*.

Primeiramente, é preciso considerar que os interesses do titular de dados envolvidos na relação a ser constituída com o agente de tratamento são objeto de proteção de direitos

268 "Art. 17. O tratamento de dados pessoais de crianças somente será possível mediante o consentimento dos seus pais, responsáveis legais ou por imposição legal."

269 "Art. 12. O início do tratamento de dados pessoais sensíveis, quando não solicitado pelo titular, somente ocorrerá mediante autorização deste, por qualquer meio que permita a manifestação de sua vontade, ou na hipótese de imposição legal."

270 Ver comentários respectivos neste volume.

fundamentais, em especial a privacidade e a proteção dos dados pessoais (enquanto fins em si mesmos ou meios para atingir outros direitos). Sendo um instrumento para a livre construção da esfera privada, o consentimento serve não apenas como elemento legitimador da circulação de dados pessoais, o que reforçaria uma característica sinalagmática, mas também como condição de acesso da esfera privada.[271]

Assim, enxergar o consentimento a partir de uma visão puramente negocial é problemática, já que direitos fundamentais são indisponíveis. Ademais, é preciso considerar que a autodeterminação, em especial concretizada na autodeterminação informativa, representando um ato de conteúdo existencial, diz respeito a uma categoria jurídica mais ampla do que a autonomia da vontade, envolvendo "o poder de o indivíduo gerir livremente a sua esfera de interesses, envolvendo tanto a autonomia privada quanto escolhas individuais sobre ideologia, religião e o direito a renunciar à própria vida".[272]

Nesse sentido, é interessante comparar o consentimento para o tratamento de dados pessoais com o consentimento na relação médico-paciente ou então para estudos clínicos. No caso destes últimos, a doutrina predominante admite que o consentimento se enquadra como um ato jurídico em sentido estrito, no qual o agente se submete às consequências jurídicas que estão previamente estabelecidas em lei ou negócio jurídico anterior. Ao fazer esse paralelo, o consentimento para o tratamento de dados pessoais seria utilizado como causa de justificação de interferência com direito fundamental, com a expectativa de conformidade com as regras presentes na LGPD.

De toda forma, os atos jurídicos em sentido estrito estão inseridos na disciplina geral dos negócios jurídicos naquilo que não for objeto de regulação especial.[273] Isso quer dizer que podemos usar, por exemplo, das regras relativas aos defeitos do negócio jurídico, desde que sejam contextualizadas ao âmbito de aplicação de direitos existenciais e que as regras específicas da LGPD sejam levadas em consideração. A leitura dos elementos a seguir buscará realizar esse diálogo entre fontes.[274] É também importante mencionar que a análise de conformidade com cada um dos critérios será sempre relativa, isto é, deve sempre levar em consideração a conduta de ambas as partes (agentes de tratamento e titulares de dados), assim como a natureza e condições da relação entre elas e do tratamento de dados (a ser) realizado.

Por fim, vale dizer que, antes da entrada em vigor da LGPD, o MCI já apresentava uma definição de consentimento para o chamado "fornecimento" de dados pessoais (art. 7º, VII). Defende-se que essa previsão, todavia, foi revogada tacitamente pela LGPD.[275]

2. Manifestação livre...

O primeiro critério de validade do consentimento é que ele seja livre. A falta de um consentimento livre leva as pessoas a aceitarem o tratamento de seus dados em prol de fins que não escolheram e por razões que podem não ser as suas, afetando diretamente a sua

---

[271] DONEDA, D. *Da privacidade à proteção de dados pessoais*. 2. ed. São Paulo: Thomson Reuters, 2020.

[272] CARVALHO, R. S.; LIMA. É. P. P. de S. Análise da estrutura dogmática do consentimento livre e esclarecido na pesquisa com seres humanos. *Civilistica.com*, v. 12, p. 6, 2023.

[273] CARVALHO, R. S.; LIMA. É. P. P. de S. Análise da estrutura dogmática do consentimento livre e esclarecido na pesquisa com seres humanos. *Civilistica.com*, v. 12, p. 6, 2023.

[274] Ver comentário ao art. 64 neste volume.

[275] Sobre o tema, ver BIONI, B. R. *Proteção de dados pessoais:* as funções e os limites do consentimento. Rio de Janeiro: Forense, 2019. p. 183.

autodeterminação informativa. A fim de compreender o que significa o consentimento livre a partir de um diálogo de fontes, como mencionado acima, é importante discutir, em primeiro lugar, a coação como vício do consentimento.

A coação enquanto defeito do negócio jurídico, que pode ser aproveitada também no âmbito dos atos jurídicos *stricto sensu*, é verificada, de acordo com o art. 151 do CC, na presença de fundado temor de dano iminente e considerável à pessoa, à sua família e aos seus bens. Essa ameaça deve ser séria e injusta e não é considerada como existente nos casos em que há a ameaça do exercício normal de um direito ou um simples temor reverencial (art. 153, CC). Assim, a aplicação da coação no consentimento para o tratamento de dados pessoais, identificada como vício do consentimento que anularia o ato jurídico, é bem restrita.

Ao se entender o consentimento para tratamento de dados pessoais como manifestação da autodeterminação informativa, o entendimento do que é ser livre deve, portanto, ir além da não coação. O consentimento deve ser considerado defeituoso em qualquer situação em que o indivíduo não tenha uma real alternativa, se sinta compelido a consentir por medo de determinadas consequências ou seja manipulado de alguma forma.

Esse critério de validade é difícil de ser cumprido quando há uma assimetria de poder entre o titular de dados e os agentes de tratamento, o que, em alguma medida, constitui a maior parte dos casos. De forma mais proeminente, isso pode ser identificado, por exemplo, quando o consentimento é utilizado por autoridades públicas, exceto em situações excepcionais. Outra instância onde a manifestação do consentimento pode não ser considerada livre é em uma relação de trabalho, tendo em vista que o indivíduo pode se sentir compelido a consentir por medo de consequências adversas.

Ao se considerar uma análise relacional do consentimento, em situações de consumo, importa destacar que essa assimetria de poder e uma falta de alternativa se agrava em casos de monopólio. Fatores como a dominância no mercado e os efeitos de rede criam um efeito de aprisionamento (*lock in*), que dificulta a mudança para outras plataformas e reforça a dependência dos usuários.[276]

O consentimento também pode não ser considerado livre quando está ligado a uma outra situação jurídica, como em um contrato, ou quando são apresentadas cláusulas que não podem ser negociadas ao usuário. Neste caso, ele só pode ser considerado válido quando for uma manifestação de vontade separada daquela necessária para a celebração deste instrumento (em um contrato para a utilização de uma rede social, por exemplo).

Aqui também devem ser discutidas práticas relacionadas à manipulação da vontade dos usuários, como os padrões de design manipulativos (*dark patterns*). Enquanto a coação é uma prática mais aberta, a manipulação é difícil de ser identificada, muitas vezes por ser escondida. Ela pode ser entendida como uma influência intencional e dissimulada no momento da tomada de decisão, visando e explorando as vulnerabilidades individuais ou de grupos.[277]

---

[276] D'AMICO, A. *et al.* Meta's Pay-or-Okay Model: An Analysis under EU Data Protection. *Consumer and Competition Law*, 2024.

[277] SUSSER, D.; ROESSLER, B.; NISSENBAUM, H. Technology, Autonomy, and Manipulation. *Internet Policy Review*, v. 8, 2019. Nesse sentido, também, I. M. Rosal (*O tratamento de dados pessoais para fins publicitários*: análise das bases legais, direitos do titular e deveres dos agentes de tratamento. Belo Horizonte: Del Rey, 2024) discorre sobre o entendimento internacional de como esses padrões tendem a ser desenhados de forma a garantir o atendimento dos interesses das empresas, inclusive a ampla coleta de dados, o que pode ser contrário aos interesses do titular.

Isso pode ser feito, por exemplo, através do aproveitamento de vieses cognitivos.[278] A racionalidade dos seres humanos é limitada através de vários fatores como capacidade cognitiva, tempo e acesso à informação. Isto faz com que as pessoas, por vezes, ajam "irracionalmente" e de forma contrária às suas crenças, desejos e interesses próprios.[279] Técnicas de manipulação são, então, utilizadas para explorar estas vulnerabilidades humanas intrínsecas e, nas tecnologias digitais, são frequentemente incorporadas ao seu *design*.[280]

A inabilidade dos seres humanos de tomarem decisões também deve ser levada em conta. Quando as pessoas se veem em situações em que precisam decidir rapidamente para acessar algo que desejam, a análise de custo-benefício pode ser prejudicada. Enquanto os benefícios frequentemente são imediatos e concretos (como acesso a um serviço, desconto, jogo etc.), os riscos são mais difíceis de compreender. Isso é especialmente problemático quando se trata de um evento futuro, já que o titular de dados carece da experiência para fazer previsões precisas, incluindo a capacidade de prever suas próprias reações ao resultado antecipado.[281]

3. ... informada

A fim de que o consentimento possa ser informado, o titular de dados deve ter à sua disposição, antes de fornecer sua anuência, informações corretas, adequadas e relevantes para que a sua decisão possa ser tomada. A necessidade de se obter informações suficientes está diretamente ligada ao princípio da transparência[282]. As informações mínimas a serem providas ao titular de dados relativas ao processamento de dados por um controlador estão presentes no art. 9º da LGPD.[283]

A falta de informações adequadas para a provisão do consentimento está ligada diretamente a outro vício do consentimento, que é o erro ou ignorância (art. 138 e ss., CC). Para além de estar presente na própria definição de consentimento, como aqui discutido, o art. 9º, § 1º, reforça esse requisito ao dizer que o consentimento será nulo caso as informações fornecidas ao titular tenham conteúdo enganoso ou abusivo ou não tenham sido apresentadas previamente com transparência, de forma clara e inequívoca.[284] A depender da situação, o dolo enquanto vício do consentimento (art. 145 e ss., CC) também poderá ser invocado.

Este requisito também gera alguns desafios na sociedade da informação atual. Primeiramente, o fato de a informação estar disponível não significa, necessariamente, que

---

278 SCHERTEL MENDES, L.; FONSECA, G. C. S. da. Proteção de dados para além do consentimento: tendências de materialização. *In*: SCHERTEL MENDES, L. *et al.* (ed.). *Tratado de proteção de dados pessoais*. Rio de Janeiro: Forense, 2021.

279 KIM, N. S. *Consentability:* Consent and Its Limits. Cambridge: Cambridge University Press, 2019.

280 HARTZOG, W. *Privacy's Blueprint*: The Battle to Control the Design of New Technologies. Cambridge: Harvard University Press, 2018.

281 KIM, N. S. *Consentability:* Consent and Its Limits. Cambridge: Cambridge University Press, 2019. p. 12.

282 Ver comentário ao art. 6°, VI, neste volume.

283 Ver comentário ao art. 9° neste volume.

284 Vale destacar a falta de uma categorização adequada, na LGPD, acerca da categorização e efeitos do consentimento viciado. O art. 9°, § 1°, fala em nulidade do consentimento, enquanto o art. 8°, § 3°, dispõe que é vedado o tratamento de dados pessoais mediante vício de consentimento (ver comentário ao art. 8° neste volume). TEPEDINO, G.; TEFFÉ, C. de. O consentimento na circulação de dados pessoais. *Revista Brasileira de Direito Civil,* v. 25, p. 83, 2020; os autores afirmam que a LGPD teria sido mais harmônica com o CC caso tivesse afirmado que tal tratamento de dados acarretasse anulabilidade (invalidade relativa).

ela será lida pelo usuário. Mesmo que este seja o caso, as políticas de privacidade, local comumente utilizado para disponibilização dessas informações, são frequentemente longas e intrincadas, repletas de terminologia jurídica, o que leva as pessoas a ignorá-las mesmo quando têm consciência de sua existência. A compreensão dos verdadeiros riscos relacionados ao tratamento de dados pessoais, portanto, resta prejudicada, o que invalida o consentimento.

Alguns autores, inclusive, são da opinião de que as informações presentes em políticas de privacidade são insuficientes para compreender, de fato, todos os riscos envolvidos no processamento de dados pessoais e tomar uma decisão, de fato, informada. Para isso, seria necessário saber mais, por exemplo, sobre o programa de segurança da organização, as tecnologias utilizadas, o treinamento de seu pessoal, as políticas internas de governança de dados, a avaliação de seus fornecedores, a possibilidade de governos terem acesso aos dados etc.[285] A maior parte das pessoas não tem acesso a essas informações e, por isso, precisam confiar nos agentes de tratamento.

Ao mesmo tempo, uma variedade excessiva de escolhas, e uma abordagem muito detalhada também pode ser problemática. Como argumenta Kim,[286] ter acesso a mais informações nem sempre é melhor e pode até mesmo prejudicar a capacidade de tomada de decisão, pois a complexidade afeta a compreensão. A atenção é um recurso escasso para os seres humanos e informações complexas podem escapar à percepção de quem toma a decisão.

Uma abordagem frequentemente defendida para a solução deste problema é a adoção de camadas de informação na política de privacidade e outras formas de comunicação com o titular. Isso significa que o controlador fornecerá as informações mínimas requisitadas pela lei de forma resumida, mas possibilitando ao usuário acessar mais informações acerca de determinado tema de forma fácil e rápida (através de *links* ou *toggle lists*, por exemplo).

Todavia, é importante destacar que o consentimento não deve ser visto como legitimador de práticas de dados ilegais ou abusivas, nem como forma individualista de colocar toda a carga da decisão no titular de dados. Os agentes de tratamento devem estar em conformidade completa com a LGPD para que o consentimento possa ser minimamente alinhado com a autonomia dos usuários. Afinal, o exercício de um controle mínimo dos dados pessoais, para além de ser visto através de uma lente coletiva,[287] deve estar presente em um ambiente tecnológico e social que o permita e promova, tendo em vista a posição relativa do consentimento discutida acima.

A apresentação das informações deve levar em conta a maneira como seres humanos de fato tomam decisões, não pressupondo a interação com atores puramente racionais. Isso significa considerar a falta de tempo, de recursos e de conhecimento especializado, assim como o possível estado emocional do usuário. Por exemplo, seres humanos respondem de forma diferente a estímulos textuais, orais ou visuais, sendo os últimos talvez mais eficazes para uma compreensão mais global e proeminente dos riscos.[288] A necessidade de levar tais características em consideração fica ainda mais evidente quando consideramos que empre-

---

[285] SOLOVE, D. J. Murky Consent: An Approach to the Fictions of Consent in Privacy Law. *Boston University Law Review*, 2023 (Advance online publication).

[286] KIM, N. S. *Consentability:* Consent and Its Limits. Cambridge: Cambridge University Press, 2019.

[287] Neste sentido, cf. ZANATTA, R. A. *A proteção coletiva dos dados pessoais no Brasil:* vetores de interpretação. Belo Horizonte: Letramento, 2023.

[288] KIM, N. S. *Consentability:* Consent and Its Limits. Cambridge: Cambridge University Press, 2019.

sas exploram exatamente essas fragilidades para atingir seus objetivos, como mencionado anteriormente sobre as práticas manipulativas (*dark patterns*).[289]

4. ... inequívoca

A fim de ser uma manifestação inequívoca, não pode haver qualquer margem de dúvida que ela, de fato, existiu. Isso pode ocorrer, por exemplo, através de assinatura em formulário, clique em um botão, ou manifestação por áudio ou vídeo. Assim, o consentimento não precisa ocorrer, necessariamente, através de uma forma específica (por escrito, por exemplo), mas não pode ser tácito (identificado através de uma navegação passiva em site ou de opções previamente selecionadas). O titular deve se manifestar de forma proativa[290] e, em tratamentos envolvendo dados pessoais sensíveis ou de crianças e adolescentes, o sujeito deve consentir de forma específica e destacada.[291] Ademais, o controlador deve ter meios de comprovar que a manifestação ocorreu a fim de estar em conformidade com o princípio da responsabilidade e prestação de contas.

A necessidade de a manifestação ser inequívoca também conversa com outros artigos da LGPD, como o art. 14, § 5º, que determina a necessidade de se verificar o consentimento parental. Isto é, é preciso adotar medidas para garantir que a pessoa a consentir é, de fato, o titular de dados ou aquele que tem legitimidade para agir em seu nome.

5. ... concorda com o tratamento de seus dados pessoais para uma finalidade determinada

O final da definição de consentimento menciona que a manifestação de vontade ocorre para a concordância com o tratamento dos dados pessoais para uma finalidade determinada. Aqui se torna importante discutir a importância da granularidade do consentimento e sua relação com a autodeterminação informativa.

Como discutido acima, a autodeterminação é a expressão máxima da autonomia individual e, por isso, é extremamente importante que o titular de dados possa escolher as situações em que quer consentir para o tratamento de seus dados pessoais para além das políticas de tudo ou nada.[292] O consentimento deve, então, ser requisitado para cada finalidade de tratamento específica[293] e não para um conjunto de finalidades, o que afetaria também o requisito de consentimento livre.

Ainda sobre esse ponto, discute-se a possibilidade de tratamento posterior – ou secundário – quando o tratamento original foi baseado no consentimento do titular. Esse tema é ainda controverso, principalmente considerando o texto da LGPD, que traz a possibilidade de tratamento posterior com finalidade não compatível com o consentimento original desde que isso seja informado ao titular (art. 9°, § 2°). Considerando o requisito de validade do

---

289 ROSAL, I. M. *O tratamento de dados pessoais para fins publicitários*: análise das bases legais, direitos do titular e deveres dos agentes de tratamento. Belo Horizonte: Del Rey, 2024.

290 BIONI, B. R. *Proteção de dados pessoais:* as funções e os limites do consentimento. Rio de Janeiro: Forense, 2019.

291 Ver comentários aos arts. 11 e 14 neste volume.

292 Atualmente, o formato *pay or consent* ("pague ou forneça seu consentimento") também está em disputa, com decisão do EDPB (2024) sobre a invalidade desse modelo.

293 Ver comentário ao art. 6°, I, neste volume.

consentimento em estudo, defende-se que a previsão do art. 9° deve ser interpretada em conjunto com a necessidade de o titular ser apresentado com uma finalidade determinada.

6. Atividades regulatórias e fiscalizatórias da ANPD

A ANPD ainda não emitiu diretriz específica focada no consentimento enquanto base legal. Todavia, alguns dos documentos já publicados pela autoridade tocam no assunto de forma lateral. Em seu Guia Orientativo acerca de *cookies* e proteção de dados pessoais, a ANPD explica de forma breve os requisitos de validade enumerados anteriormente e determina que o consentimento não é uma hipótese legal adequada quando *cookies* são essenciais para a adequada prestação de serviço ou cumprimento de obrigação legal. A utilização do consentimento pode ser adequada quando *cookies* forem opcionais.

Já no Guia Orientativo acerca do Tratamento de dados pessoais pelo Poder Público, a ANPD esclarece que o consentimento muitas vezes não será a base legal adequada, seja devido à necessidade de cumprimento de obrigações legais pela entidade, seja pela assimetria de poder existente entre as partes. No entanto, a ANPD reconhece que o consentimento poderá ser utilizado em determinadas circunstâncias, quando o processamento de dados não for compulsório ou baseado em prerrogativas estatais típicas. Essa posição é reforçada na Nota Técnica n. 175/2023/CGF/ANPD, em que a autoridade dispõe que "[é] difícil conceber que um consentimento se dê de forma livre, principalmente em função da assimetria de forças entre ambos, do fato de que as relações entre o cidadão e o Estado normalmente não são voluntárias e, mesmo quando o são, a recusa do cidadão em não compartilhar dados pode alijá-lo do acesso a políticas públicas de modo geral".

No âmbito das notas técnicas publicadas, vale destacar o acompanhamento que tem sido feito pela ANPD às práticas de tratamento de dados pessoais pelo setor farmacêutico. Na Nota Técnica n. 6/2023/CGTP/ANPD (extrato público da Nota Técnica n. 4/2022/CGTP/ANPD), a autoridade problematizou a utilização do consentimento neste contexto, devido ao fato de o fornecimento de dados pessoais (inclusive biométricos) ser uma condicionalidade para a concessão de descontos nas farmácias. Ademais, os consumidores não teriam informações adequadas à sua disposição acerca do tratamento de seus dados pessoais e isso prejudicaria um consentimento livre e informado.

7. Casos paradigmáticos

Apesar de crucial para a concretização do direito fundamental à proteção de dados, o conceito de consentimento e seus requisitos de validade não foram objeto de ampla análise na jurisprudência brasileira. A maioria dos casos que invocam o art. 5º, XII, em suas argumentações, limita-se a citar a definição do art. 5º da LGPD,[294] concentrando-se, em grande parte, na avaliação da base legal aplicável e na análise sobre a obrigatoriedade do consentimento.

Casos específicos, entretanto, merecem destaque, principalmente sobre a forma de obtenção do consentimento. Por exemplo, o TRF-4 confirmou que o consentimento não pode ser tácito.[295] Nesse mesmo sentido, o TRT-17 analisou a previsão de convenção coletiva de trabalho que determinava a obrigação de o empregador enviar informações pessoais sobre os funcionários. Contudo, a decisão concluiu que "somente por consentimento expresso de cada trabalhador, é que poderão ser enviados os dados requeridos (...) [n]ão havendo prova

[294] Como exemplo, TJSP. Ap. Civ. n. 1009505-81.2021.8.26.0577.

[295] TRF-4. AgInt n. 5045156-39.2021.4.04.0000.

de consentimento expresso dos substituídos processuais, reputo incabível, por violação da LGPD, a obrigação contida".[296]

BIBLIOGRAFIA SELECIONADA

BIONI, B. R. *Proteção de dados pessoais:* as funções e os limites do consentimento. Rio de Janeiro: Forense, 2019.

CARVALHO, R. S.; LIMA. É. P. P. de S. Análise da estrutura dogmática do consentimento livre e esclarecido na pesquisa com seres humanos. *Civilistica.com*, v. 12, p. 6, 2023.

D'AMICO, A. *et al.* Meta's Pay-or-Okay Model: An Analysis under EU Data Protection. *Consumer and Competition Law*, 2024.

DONEDA, D. *Da privacidade à proteção de dados pessoais*. 2. ed. São Paulo: Thomson Reuters, 2020.

EDPB. *Opinion 08/2024 on Valid Consent in the Context of Consent or Pay Models Implemented by Large Online Platforms*. 2024.

HARTZOG, W. *Privacy's Blueprint*: The Battle to Control the Design of New Technologies. Cambridge: Harvard University Press, 2018.

HORNUNG, G.; SCHNABEL, C. Data Protection in Germany I: The Population Census Decision and the Right to Informational Self-Determination. *Computer Law & Security Review*, v. 25, 2009.

KIM, N. S. *Consentability:* Consent and Its Limits. Cambridge: Cambridge University Press, 2019.

ROSAL, I. M. *O tratamento de dados pessoais para fins publicitários*: análise das bases legais, direitos do titular e deveres dos agentes de tratamento. Belo Horizonte: Del Rey, 2024.

SCHERTEL MENDES, L. Autodeterminação informativa: a história de um conceito. *Pensar – Revista de Ciências Jurídicas 1*, v. 25, 2020.

SCHERTEL MENDES, L. *Privacidade, proteção de dados e defesa do consumidor:* linhas gerais de um novo direito fundamental. São Paulo: Saraiva, 2014.

SCHERTEL MENDES, L.; FONSECA, G. C. S. da. Proteção de dados para além do consentimento: tendências de materialização. *In*: SCHERTEL MENDES, L. *et al.* (ed.). *Tratado de proteção de dados pessoais*. Rio de Janeiro: Forense, 2021.

SOLOVE, D. J. Murky Consent: An Approach to the Fictions of Consent in Privacy Law. *Boston University Law Review*, 2023 (Advance online publication).

SUSSER, D.; ROESSLER, B.; NISSENBAUM, H. Technology, Autonomy, and Manipulation. *Internet Policy Review*, v. 8, 2019.

TEPEDINO, G.; TEFFÉ, C. de. O consentimento na circulação de dados pessoais. *Revista Brasileira de Direito Civil*, v. 25, 2020.

ZANATTA, R. A. *A proteção coletiva dos dados pessoais no Brasil:* vetores de interpretação. Belo Horizonte: Letramento, 2023.

---

[296] TRT-17. Processo n. 0000305-83.2022.5.17.0011.

Artigo 5º, XIII

Comentado por Maria Cristine Lindoso

DISPOSITIVOS RELACIONADOS NA LGPD

- Art. 18, IV, e § 6º; e art. 52, V.

ATIVIDADES DA ANPD

- Resolução CD/ANPD n. 4/2023.

JUSTIFICATIVA E FUNDAMENTOS

O bloqueio constitui um direito do/a titular de dados e uma sanção passível de ser aplicada pela autoridade regulatória. A razão para sua inclusão na LGPD é esclarecer a extensão das garantias dos/as titulares, bem como tipificar uma possibilidade de sanção.

O dispositivo tem como finalidade a construção de uma definição legal necessária ao que será a técnica do bloqueio, seja ele na qualidade de direito, seja na qualidade de sanção. Defini-lo como direito constitui uma forma de esclarecer ao/à titular dos dados o controle que ele/a pode exercer sobre seus dados pessoais, e os pedidos que podem ser requeridos, conforme dispõe o art. 18, IV, da LGPD. Defini-lo como sanção constitui uma forma de garantir a concretização do princípio da segurança jurídica na atividade administrativa,[297] seja porque estabelece claramente os limites de atuação da autoridade regulatória ao exercer sua competência sancionatória, seja porque assegura aos agentes de tratamento de dados conhecimento suficiente sobre qual a extensão da punição que lhes pode ser aplicada.

No que concerne ao caminho legislativo deste dispositivo, a redação inicial do PL n. 53/2018 definia bloqueio como "guarda do dado pessoal ou do banco de dados com a suspensão temporária de qualquer operação de tratamento". Por meio do relatório legislativo de relatoria do Senador Ricardo Ferraço (PSDB/ES), apresentado em 29 de junho de 2018, foi sugerida a modificação do artigo para deixar clara a definição do bloqueio.

Apesar de não ter havido alteração significativa em seu conteúdo durante o processo de tramitação da lei, o ajuste da redação que foi incluída no texto final deixa claro que o bloqueio constitui a suspensão temporária da operação, e não a guarda do dado pessoal ou da base de dados em razão da suspensão da atividade. Essa foi, inclusive, a justificativa adotada no relatório legislativo que modificou o referido dispositivo.

ANÁLISE

O tema dos bloqueios das atividades de tratamento de dados ganhou espaço na mídia brasileira antes mesmo da vigência da LGPD. Isso porque o Poder Judiciário acabou proferindo decisões nas quais determinava o bloqueio dos serviços de plataformas de comunicação na

[297] FURTADO, L. R. *Curso de direito administrativo*. Belo Horizonte: Fórum, 2013.

internet, como sanção pelo não cumprimento de ordens judiciais de fornecimento de dados e informações para auxiliar na condução de investigações em trâmite no país. O primeiro caso, noticiado em fevereiro de 2015 na cidade de Teresina–PI, não chegou a causar impactos, uma vez que a ordem judicial de primeiro grau foi prontamente reformada em sede de recurso. Em dezembro do mesmo ano, contudo, a ordem de suspensão dos serviços, proferida por um magistrado de São Bernardo do Campo, fez com que uma importante plataforma de comunicação do país ficasse quase 15 horas fora de uso.

Diversos foram os casos que vieram depois, igualmente determinando a suspensão temporária dos serviços. O debate se aprofundou com a LGPD, e foi então possível discutir mais uma nova modalidade de bloqueio. Hoje, portanto, fala-se no bloqueio dos serviços, previsto no art. 12, III, do MCI, e que é objeto de discussão desde 2015; e o bloqueio das operações de tratamento de dados, disposto no art. 5º, XIII, da LGPD e que constitui uma inovação no ordenamento jurídico brasileiro.

O bloqueio disposto no MCI constitui uma sanção cuja validade ainda é objeto de apreciação pelo STF, no âmbito da ADPF 403 e da ADI 5.527. Ele diz respeito à suspensão temporária das atividades que são prestadas ao consumidor, como forma de punir o agente econômico que presta os serviços.

Já o bloqueio disposto na LGPD tem por inteligência estabelecer a possibilidade de interrupção temporária das operações de tratamento de dados. No período em que o bloqueio estiver vigente, o agente apenas pode exercer a guarda dos dados, de modo que todas as outras operações devem ser suspensas, incluindo-se, mas não se limitando à "classificação, utilização, reprodução, transmissão, distribuição, processamento, modificação, comunicação, transferência, difusão ou extração".[298] Em razão do bloqueio, o agente também deverá tomar as providências necessárias para informar parceiros com quem eventualmente tenha compartilhado os dados, acerca da impossibilidade de se realizarem operações naquele período.[299]

Ou seja, a suspensão dos serviços ao consumidor, de acordo com o MCI, não impõe ao agente a interrupção de qualquer atividade de tratamento de dados que eventualmente realize. Da mesma forma, a suspensão das operações de tratamento, de acordo com a LGPD, pode não trazer nenhum impacto para o serviço final que chega ao consumidor.

Portanto, é possível perceber que a diferença reside na definição do tipo de bloqueio. Enquanto o MCI fala especificamente na prestação de um serviço, a LGPD dispõe sobre as operações de tratamento dos dados.

Uma outra diferença importante é que, no caso da LGPD, o bloqueio constitui, além de uma sanção, um direito do/a titular dos dados, conforme disposição do art. 18 do diploma. Trata-se de uma garantia que legitimamente pode ser exercida pelo/a titular dos dados sempre que (i) o consentimento for a base legal legitimadora das operações,[300] ou (ii) houver dúvida sobre a extensão das operações e a adequação à finalidade informada.[301]

---

[298] MALDONADO, V. N.; BLUM, R. O. *LGPD – Lei geral de proteção de dados pessoais comentada*. 4. ed. São Paulo: Revista dos Tribunais, 2022.

[299] Resolução CD/ANPD/2023 n. 4/2023.

[300] SILVA, P. R. Os direitos dos titulares de dados. *In*: MULHOLLAND, C. (ed.). *A LGPD e o novo marco normativo no Brasil*. Porto Alegre: Arquipélago, 2020.

[301] MALDONADO, V. N.; BLUM, R. O. *LGPD – Lei geral de proteção de dados pessoais comentada*. 4. ed. São Paulo: Revista dos Tribunais, 2022.

Na primeira circunstância, a possibilidade de bloqueio é mais um elemento para assegurar ao/à titular o exercício de sua autodeterminação informativa, fazendo a gestão de seus dados pessoais e controlando os contornos de desenvolvimento de sua personalidade. Apesar de muito se discutir as limitações do consentimento,[302] de ele ter caído em desuso e de a LGPD ter criado diversas outras bases legais que podem ser escolhidas de forma pelos agentes de tratamento com base na natureza e na finalidade das operações realizadas,[303] a possibilidade de bloqueio, especialmente em casos nos quais o fluxo informacional não é tão grande, pode ser importante garantia para que o/a titular limite a extensão das operações envolvendo suas informações.

No segundo caso, a possibilidade de bloqueio, independentemente da base legal, acaba sendo uma garantia para que o tratamento dos dados seja interrompido até que se averigue sua necessidade, legalidade e adequação à finalidade informada.[304] Trata-se de uma segurança de que operações ilegais de tratamento de dados também podem ser suspensas.

Note-se que, o bloqueio é uma medida intermediária que pode ser requerida pelo/a titular, já que constitui uma interrupção temporária das operações. A medida definitiva seria, depois do bloqueio, o requerimento de eliminação dos dados pessoais, que igualmente constitui um direito do/a titular.[305]

O requerimento de bloqueio pode ser direcionado diretamente ao controlador dos dados e, na ausência de resposta, o/a titular pode exercer sua prerrogativa de acionar a ANPD para que fiscalize as operações. Contudo, diante das limitações atuais da autoridade, os requerimentos de titulares não têm sido analisados caso a caso, mas somente de forma agregada, nos termos do art. 26 do Regulamento de Fiscalização da ANPD. Por esse motivo, o eventual não cumprimento do dever de bloqueio, quando requerido pelo/a titular dos dados, pode acabar não sendo objeto de fiscalização e sanção por parte da autoridade, o que fragiliza o sistema de proteção aos dados pessoais no país.

Já enquanto sanção administrativa, o bloqueio pode ser determinado pela ANPD para que se interrompa temporariamente o tratamento de dados pessoais. Isso pode ocorrer não apenas quando as operações se mostrarem ilegais ou inadequadas, mas também quando se apurar que a coleta daqueles dados é desnecessária e não atende aos princípios da necessidade e da adequação.[306]

Essa segunda possibilidade é importante por constituir uma forma de atuação da ANPD, que pode auxiliar a minimizar a quantidade de dados pessoais coletados,[307] medida essa que tem como princípio diminuir a quantidade de dados no fluxo e facilitar mecanismos de con-

---

302 MENDES, L. S.; FONSECA, G. Proteção de dados para além do consentimento: tendências contemporâneas de materialização. *Revista de Estudos Institucionais*, v. 6, 2020.

303 BIONI, B. R. *Regulação e proteção de dados pessoais:* o princípio da *accountability*. Rio de Janeiro: Forense, 2022.

304 MALDONADO, V. N.; BLUM, R. O. *LGPD – Lei geral de proteção de dados pessoais comentada*. 4. ed. São Paulo: Revista dos Tribunais, 2022.

305 MALDONADO, V. N.; BLUM, R. O. *LGPD – Lei geral de proteção de dados pessoais comentada*. 4. ed. São Paulo: Revista dos Tribunais, 2022.

306 FRAZÃO, A.; CARVALHO, A. P.; MILANEZ, G. *Curso de proteção de dados pessoais:* fundamentos da LGPD. Rio de Janeiro: Forense, 2022.

307 KUNER, C. *European Data Protection Law:* Corporate Compliance and Regulation. 2. ed. Oxford: Oxford University Press, 2007.

trole por parte dos/as titulares.[308] Como vantagens, a minimização pode trazer a diminuição dos riscos associados às operações e novas formas de se coibir a discriminação algorítmica.[309] O bloqueio como instrumento de minimização dos dados também constitui ferramenta que auxilia no controle do poder exercido pelos agentes de tratamento, promovendo uma importante mudança na lógica do mercado para diminuir a datificação da experiência humana[310] e evitar que os dados pessoais não sejam coletados de forma indiscriminada. Diante da expansão do mercado de dados, da ubiquidade com que a tecnologia se insere na vida humana, e da popularização da internet das coisas,[311] todos os esforços para diminuir a quantidade de dados coletados são importantes.

Não há atuação mapeada do Judiciário brasileiro sobre o tema, tampouco da ANPD, mas existem casos interessantes que foram abordados em outros países. Na Alemanha, por exemplo, a OVG Rheinland-Pfazl julgou a possibilidade de uma empresa utilizar câmeras de segurança perto de um letreiro instalado em via pública, a fim de monitorar possíveis atos de vandalismo e identificar a autoria. O fundamento do pedido foi o art. 58(2)(f), do RGPD, a fim de que fosse interrompido o tratamento dos dados coletados (bloqueio) por meio do referido dispositivo de vídeo, em prol da minimização dos dados coletados.[312]

O caso acabou sendo julgado com base no fato de as câmeras estarem desligadas, afastando-se a aplicação do dispositivo do RGPD. Mas ele mostra que o bloqueio das operações não precisa ser apenas uma sanção possível quando ocorre desvio de finalidade. Ele pode ser também uma importante medida para dar cumprimento a outros princípios legais e promover a minimização na coleta dos dados.

BIBLIOGRAFIA SELECIONADA

10 A 1030/21 (OVG Rheinland-Pfalz [Germany]).

ALMEIDA, V.; DONEDA. D.; MONTEIRO, M. Governance Challenges for the Internet of Things. *IEEE Computer Society*, 2015.

BIONI, B. R. *Proteção de dados pessoais:* a função e os limites do consentimento. Rio de Janeiro: Forense, 2019.

BIONI, B. R. *Regulação e proteção de dados pessoais:* o princípio da *accountability*. Rio de Janeiro: Forense, 2022.

FRAZÃO, A.; CARVALHO, A. P.; MILANEZ, G. *Curso de proteção de dados pessoais:* fundamentos da LGPD. Rio de Janeiro: Forense, 2022.

FURTADO, L. R. *Curso de direito administrativo*. Belo Horizonte: Fórum, 2013.

---

308 BIONI, B. R. *Proteção de dados pessoais:* a função e os limites do consentimento. Rio de Janeiro: Forense, 2019.

309 LINDOSO, M. C. *Discriminação de gênero no tratamento automatizado de dados pessoais:* como a automatização incorpora vieses de gênero e perpetua a discriminação de mulheres. Rio de Janeiro: Processo, 2021.

310 MEJIAS, U. A.; COULDRY, N. Datafication. *Internet Policy Review: Journal on Internet Regulation*, v. 8, 2019.

311 ALMEIDA, V.; DONEDA. D.; MONTEIRO, M. Governance Challenges for the Internet of Things. *IEEE Computer Society*, 2015.

312 *10 A 1030/21* (OVG Rheinland-Pfalz [Germany]).

KUNER, C. *European Data Protection Law:* Corporate Compliance and Regulation. 2. ed. Oxford: Oxford University Press, 2007.

LINDOSO, M. C. *Discriminação de gênero no tratamento automatizado de dados pessoais:* como a automatização incorpora vieses de gênero e perpetua a discriminação de mulheres. Rio de Janeiro: Processo, 2021.

MALDONADO, V. N.; BLUM, R. O. *LGPD – Lei geral de proteção de dados pessoais comentada.* 4. ed. São Paulo: Revista dos Tribunais, 2022.

MEJIAS, U. A.; COULDRY, N. Datafication. *Internet Policy Review: Journal on Internet Regulation*, v. 8, 2019.

MENDES, L. S.; FONSECA, G. Proteção de dados para além do consentimento: tendências contemporâneas de materialização. *Revista de Estudos Institucionais*, v. 6, 2020.

SILVA, P. R. Os direitos dos titulares de dados. *In*: MULHOLLAND, C. (ed.). *A LGPD e o novo marco normativo no Brasil.* Porto Alegre: Arquipélago, 2020.

TEPEDINO, G.; TEFFÉ, C. S. O consentimento na circulação de dados pessoais. *Revista Brasileira de Direito Civil – RBDCivil*, v. 25, 2020.

Artigo 5º, XIV

Comentado por Guilherme Pereira Pinheiro

DISPOSITIVOS RELACIONADOS NO ORDENAMENTO JURÍDICO BRASILEIRO

- Art. 43, § 5º, do CDC.
- Art. 5º, I e III; art. 17, § 2º, da LCP.
- Arts. 7º, X; art. 19; art. 21, do MCI.

DISPOSITIVOS RELACIONADOS NA LGPD

- Arts. 5º, X; art. 8º, § 5º; art. 16; art. 18, IV e § 6º; art. 52, VI.

ATIVIDADES DA ANPD RELACIONADAS À ELIMINAÇÃO DE DADOS PESSOAIS

- Guia ANPD: Tratamento de Dados Pessoais pelo Poder Público.
- Guia ANPD: Cookies e Proteção de Dados Pessoais.
- Guia ANPD: Tratamento de Dados Pessoais para Fins Acadêmicos e para a Realização de Estudos e Pesquisas.

CASOS E DECISÕES JUDICIAIS RELEVANTES

- TJSP, Ap. Civ. n. 1020770-82.2015.8.26.0224, Rel. Rodolfo Pellizari, Sexta Câmara de Direito Privado, j. 04.04.2019, publicado em 05.04.2019.

- TJPR, AgInt n. 0071618-52.2021.8.16.0000, Rel. Marcel Guimarães Rotoli de Macedo, Sétima Câmara Cível, j. 29.07.2022, publicado em 29.07.2022.
- STF, RE 1.010.606 (Repercussão Geral 786), Rel. Min. Dias Toffoli, j. 11.02.2021, *DJe* 11.02.2021.

JUSTIFICATIVA E FUNDAMENTOS

A razão da inclusão do art. 5º, XIV, na LGPD é evitar a perpetuação da retenção de dados pessoais por controladores e operadores, pondo fim ao ciclo que deu início ao tratamento dos dados pessoais. O objetivo é justamente evitar que, não mais subsistindo os motivos que justificaram o começo do tratamento de dados, os agentes de tratamento permaneçam com a potencialidade de os coletar, reproduzir, processar, modificar, enfim, tratá-los de qualquer modo.

O dispositivo não constava expressamente no PL n. 40/60, de 2012, do deputado Milton Monti, a proposta legislativa originária é de iniciativa do próprio Poder Legislativo. Embora não houvesse hipótese expressa de um direito à eliminação de dados nessa iniciativa, o titular poderia "solicitar o bloqueio do tratamento dos seus dados". No entanto, mesmo após o término do tratamento, o responsável poderia conservá-los ou compartilhá-los com terceiros para finalidades históricas, estatísticas ou de pesquisa científica.

O PL n. 5.276/2016, por sua vez, já trouxe no art. 8º, VI, o conceito de eliminação dos dados pessoais tratados com o consentimento do titular. Com pequenas modificações, o texto permaneceu quase inalterado, ao longo do processo legislativo.

ANÁLISE

Num mundo sedento por dados pessoais, em que perguntamos a provedores de aplicações de internet quem somos, o que devemos fazer amanhã, ou qual emprego devemos assumir,[313] torna-se fundamental valorizar e compreender o direito do titular à eliminação de seus dados pessoais, extraindo-os do ciclo reciclável do tratamento. O direito à eliminação desses dados torna-se mais fundamental quando entendemos que os controladores, estatisticamente, desconhecem parte significativa dos dados que possuem.[314]

A manutenção e o armazenamento de dados pessoais, mesmo após o fim do ciclo de tratamento, é comum nas mais diversas áreas de atuação dos controladores. Obrigações regulatórias as mais variadas impõem que, após o término do tratamento, esses dados pessoais sejam retidos em maior ou menor escala. Um exemplo está no setor de recursos humanos. Conforme previsto no Decreto n. 3.048/1999, que aprovou o Regulamento da Previdência Social, os empregadores devem armazenar informações pessoais que estejam relacionadas à folha de pagamento de seus colaboradores.

A eliminação de dados pessoais é uma espécie de tratamento de dados, que consiste na exclusão de dados pessoais que estavam armazenados em algum banco de dados, inde-

---

[313] PASQUALE, F. *The Black Box Society:* The Secret Algorithms that Control Money and Information. Cambridge: Harvard University Press, 2015. p. 19.

[314] ALVES, S. Fechando um ciclo: do término do tratamento de dados pessoais (arts. 15 e 16 da LGPD). *In*: BIONI, Bruno (coord. exec.); MENDES, L. S.; DONEDA, D.; SARLET, I. W.; RODRIGUES JR., Otavio L. (coord.). *Tratado de proteção de dados pessoais*. Rio de Janeiro: Forense, 2021. p. 229.

pendentemente da técnica empregada para a remoção dos referidos dados. A medida é um direito dos titulares de dados pessoais quando o tratamento for ilícito ou houver término do tratamento.

Importante ressaltar que o direito à eliminação somente é aplicável aos dados pessoais tratados ao tempo do respectivo pedido de eliminação. Não cabe a eliminação futura de dados ou de dados a serem futuramente coletados e tratados pelo controlador.[315]

Mais do que um direito do titular de dados previsto no art. 18 da LGPD, a eliminação dos dados pessoais constitui também uma espécie de penalidade. Dentre as sanções administrativas aplicáveis pela ANPD, em razão das infrações cometidas às normas previstas na legislação, está a de eliminação dos dados pessoais a que se refere a infração.

Nesse ponto, importa desde já diferenciar eliminação de bloqueio de dados pessoais. Ambos são espécies de tratamento de dados e podem significar um direito e uma sanção. Enquanto a eliminação de dados, como vimos, implica a exclusão dos dados de maneira peremptória, definitiva, o bloqueio de dados significa meramente a suspensão temporária de qualquer operação de tratamento, mediante guarda do dado pessoal ou do banco de dados, nos termos do art. 5º, XIII, da LGPD.

Além de um direito e uma sanção, a eliminação de dados pessoais é, ou deveria ser, uma consequência natural do término do tratamento. Ou seja, uma vez que os dados obtidos legalmente exaurirem a finalidade para a qual foram tratados, a exclusão definitiva deve ocorrer a fim de proteger o titular dos dados.

Por fim, a eliminação dos dados pessoais não constitui um direito absoluto, podendo ser condicionada em várias circunstâncias, como ficará claro mais à frente.[316]

Em relação comparativa a outras legislações, o art. 17 do RGPD confere aos titulares de dados o direito à exclusão de seus dados pessoais em algumas situações. Tal direito, chamado pelo RGPD de direito ao apagamento dos dados (ou "direito a ser esquecido") tem o objetivo de emprestar aos titulares o poder de requerer a exclusão de seus dados quando sua manutenção for inconsistente com as exigências do próprio RGPD ou alguma outra legislação.

Vale notar que o direito à eliminação ou "ao esquecimento" já existe no âmbito da UE desde pelo menos a edição da Diretiva n. 95/46/CE, além de várias leis nacionais fazerem referência também ao referido direito, como o *Data Protection Act* de 2018, do Reino Unido. O RGPD, contudo, dá destaque mais ao tema e torna o direito mais explícito.[317]

De modo geral, no âmbito do RGPD, o direito à eliminação está relacionado a casos em que: os dados não são mais necessários para os propósitos aos quais foram inicialmente coletados, o titular retirou o seu consentimento, os titulares se opõem ao tratamento desses dados ou o tratamento está em desacordo com o RGPD.

Já o art. 47 do *Data Protection Act* de 2018 do Reino Unido (*right to erasure* or *restriction of processing*), determina que o responsável pelo tratamento deve apagar os dados pessoais

[315] Embora a regra seja aplicável ao RGPD, entendemos ser também cabível à LGPD. Cf. ICO. *Right to Erasure*. Disponível em: https://ico.org.uk/for-organisations/uk-gdpr-guidance-and-resources/individual-rights/indivi dual-rights/right-to-erasure/#ib1.

[316] Ver comentários aos arts. 15 e 16 neste volume.

[317] LAMBERT, P. *Understanding the New European Data Protection Rules*. Boca Raton: CRC Press, 2017. p. 205.

sem demora injustificada quando: (i) o processamento dos dados pessoais violar princípios de proteção de dados; (ii) o responsável pelo tratamento tiver a obrigação legal de apagar os dados.[318] Ademais, quando um controlador for requisitado a apagar os dados, mas eles tiverem de ser mantidos para fins de prova, ao invés de apagá-los, o controlador deverá restringir o seu processamento.[319]

A maior diferenciação está na abrangência, pela legislação europeia, em relação à eliminação de dados pessoais, ao que se chama direito ao apagamento dos dados (ou "direito a ser esquecido"), que tangencia o que entendemos por direito ao esquecimento no Brasil. O caso paradigmático, no âmbito da UE Google Spain v. AEPD e Gonzáles,[320] considerou que a atividade clássica de um buscador, qual seja, a de buscar informações de terceiros e indexá-las de forma automatizada, armazená-la e disponibilizá-la para o público em geral de acordo com uma ordem de preferência, consistia em processar (ou tratar, na linguagem da LGPD) dados pessoais. Alguns autores notam que mesmo a liberdade de imprensa não está imune ao direito ao esquecimento, mas que o RGPD, embora tenha incrementado esses direitos, não os criou, sendo que eram direitos já existentes em países como Bélgica, França (*le droit a l'oubli*) e outros.[321]

A nosso ver, o direito à eliminação de dados difere do que entendemos, no Brasil, por direito ao esquecimento. O primeiro não abarca o segundo, como ocorre no âmbito da UE. De um lado, o direito à eliminação de dados constitui relação jurídica entre as partes regida pela LGPD, em que há o tratamento de dados pessoais. De outro, no direito ao esquecimento, adentramos o campo de liberdade de imprensa e da livre expressão, que estão excluídos, em grande medida, da incidência da LGPD. Não obstante haja possibilidade de casos de sobreposição, não parece haver confusão no direito brasileiro entre os diferentes direitos.

Num caso hipotético limítrofe, podemos tentar vislumbrar situação em que um buscador, que obteve dados pessoais nos termos da LGPD, os utilize, desvirtuando o princípio da finalidade, para criar reportagens, automatizadas ou não, sobre determinados indivíduos. Nessa hipótese, caso esses indivíduos se entendam prejudicados por tais conteúdos, poderiam eventualmente valer-se com êxito tanto do direito à eliminação de dados pessoais como do direito ao esquecimento para vê-los retirados da internet. As ações, contudo, teriam escopos distintos. O pedido de eliminação dos dados obrigaria ao controlador excluir esses dados do banco de dados em que estão armazenados, enquanto o direito ao esquecimento consistiria na própria remoção da reportagem publicada na internet.[322] Conquanto o direito ao esquecimento também comporte a proteção à privacidade, ele se manifesta com objetivos que vão além disso, como o desejo de recomeçar do zero e o de estar conectado unicamente com o presente.[323]

---

318 CAREY, P. *Data Protection:* A Practical Guide to UK and EU Law. Oxford: Oxford University Press, 2018. p. 143-147.

319 Curiosamente, há disposição semelhante, também no art. 47 do *Data Protection Act,* em relação a dados cuja correção foi solicitada pelo titular ao controlador. Nesse caso, quando um titular de dados contesta a sua exatidão, mas não é possível determinar se são exatos ou não, o responsável pelo tratamento deve restringir seu processamento.

320 TJUE, Google Spain SL and Google Inc v Agencia Española de Protección de Datos (AEPD) and Mario Costeja Gonzáles, Case C-131/12 (13 may 2014).

321 SYNODINOU, T. E. The Media Coverage of Court Proceedings in Europe: Striking a Balance Between Freedom of Expression and Fair Process. *Computer Law & Security Review*, v. 28, 2012.

322 STF, RE 1.010.606 (Repercussão Geral 786).

323 MALDONADO, V. N. O direito ao esquecimento na ordem internacional. *In*: LIMA, A. P. C. de; HISSA, C. B.; SALDANHA, P. M. (coord.). *Direito digital:* debates contemporâneos. São Paulo: Thomson Reuters/ Revista dos Tribunais, 2019. p. 201.

Assim entendem também vários autores. Gisele Sampaio e Rose Meirelles assentam que o direito ao esquecimento se refere ao desejo de se defender contra a publicidade de uma memória negativa ou constrangedora de eventos passados, resultando na desindexação de determinados termos ou frase para dificultar o acesso a certas informações, enquanto o direito à eliminação foi concebido para tornar os dados pessoais indisponíveis, independente do contexto publicitário negativo.[324]

Lembramos que o direito ao esquecimento no Brasil ainda não está assentado. Recentemente, o STF enfrentou a questão no caso Aída Curi, cujos contornos fáticos específicos permitem prever que o tribunal deverá revisitar o tema brevemente. Também a doutrina carece de critérios claros e objetivos para os contornos desse direito, demandando novos esforços e desenvolvimentos.[325] No mesmo sentido, Schreiber, para quem a lei brasileira de proteção de dados pessoais não trata a rigor do direito ao esquecimento, entendido este como a oposição à recordação pública e repressiva de fatos que não mais refletem a identidade da pessoa.[326]

Ainda em relação ao direito comparado, notamos que o direito à eliminação de dados pessoais no Brasil pode ocorrer nas seguintes hipóteses: (i) caso os dados sejam desnecessários, excessivos ou tratados em desconformidade com o disposto na LGPD; ou (ii) nos casos em que tenha havido uso compartilhado de dados, o titular peça a eliminação e o responsável deverá informar, de maneira imediata, aos agentes de tratamento com os quais tenha realizado esse uso compartilhado a necessidade de eliminação, para que os agentes que receberam as informações repitam idêntico procedimento.

O RGPD, por outro lado, determina que o titular tem o direito de pedir a eliminação de seus dados pessoais pelo controlador, sem demora injustificada. Ademais, o agente de tratamento deverá eliminar os dados, também sem demora injustificada, nas seguintes hipóteses[327]: (i) os dados pessoais deixaram de ser necessários para a finalidade que motivou o seu tratamento; (ii) o titular retirou seu consentimento e não existe outro fundamento jurídico para o referido tratamento; (iii) o titular opôs-se ao tratamento e inexistem interesses legítimos prevalecentes que justifiquem o tratamento; (iv) quando os dados pessoais forem tratados para efeitos de comercialização direta; (v) os dados pessoais foram tratados ilicitamente; (vi) os dados pessoais têm de ser apagados para o cumprimento de uma obrigação jurídica decorrente do direito da União ou de um Estado-membro a que o responsável pelo tratamento esteja sujeito; e (vii) os dados pessoais foram recolhidos no contexto da oferta de serviços da sociedade da informação.[328]

---

[324] SAMPAIO, G.; MEIRELLES, R. Término do tratamento dos dados. *In*: TEPEDINO, G.; FRAZÃO, A.; OLIVA, M. D. (coord.). *Lei geral de proteção de dados pessoais e suas repercussões no direito brasileiro*. São Paulo: Revista dos Tribunais/Thomson Reuters, 2019.

[325] SIQUEIRA, D. P.; VIEIRA, A. E. S. F. O direito ao esquecimento *post mortem* à luz do direito de personalidade e do julgamento do Supremo Tribunal Federal na repercussão geral 786. *Revista Brasileira de Direito*, v. 34, n. 13, p. 278-300, 2023.

[326] SCHREIBER, A. Direito ao esquecimento e proteção de dados pessoais na Lei n. 13.709/2018: distinções e potenciais convergências. *In*: TEPEDINO, G.; FRAZÃO, A.; OLIVA, M. D. (coord.). *Lei geral de proteção de dados pessoais e suas repercussões no direito brasileiro*. São Paulo: Revista dos Tribunais/Thomson Reuters, 2019.

[327] VOIGT, P. *et al. The EU General Data Protection Regulation (GDPR):* A Practical Guide. New York: Springer, 2017.

[328] Nos termos da Diretiva (UE) n. 2015/1535, serviço da sociedade da informação é qualquer serviço prestado normalmente mediante remuneração, à distância, por via eletrônica e mediante pedido individual de um destinatário de serviços.

No Direito brasileiro, há outros dispositivos legais e infralegais que possuem paralelos ou semelhanças com o instituto da eliminação de dados pessoais. Embora o CDC não traga previsão expressa desse instituto, entendemos que o § 5º do art. 43, que determina que não serão fornecidas, pelos respectivos Sistemas de Proteção ao Crédito, quaisquer informações que possam impedir ou dificultar novo acesso ao crédito junto aos fornecedores, após consumada a prescrição relativa à cobrança de débitos do consumidor, é uma espécie de obrigação parcial tácita à eliminação dos dados pessoais consumeristas nessas circunstâncias.

A LCP também traz dispositivos que mantêm relação próxima com o direito à eliminação de dados pessoais, não obstante se valham de terminologia diversa, em muitos casos. Podemos citar, por exemplo, os seguintes comandos:

(i) art. 5º, I, que determina que é direito do titular de dados (ou cadastrado) obter o cancelamento ou a reabertura do cadastro, sempre quando solicitado e de forma gratuita;

(ii) art. 5º, III, o qual prevê que o titular ou cadastrado poderá solicitar o cancelamento em todos os bancos de dados que compartilharam qualquer informação sobre ele erroneamente anotada em banco de dados;

(iii) o § 2º do art. 17, que determina o cancelamento dos dados de titulares que tenham cadastros irregulares em bancos de dados cujo objetivo seja subsidiar a concessão de crédito, a realização de venda a prazo ou de outras transações comerciais e empresariais que impliquem risco financeiro, e sejam, ao mesmo tempo, consumidores. Esses cancelamentos, que equivalem à eliminação, caberão aos órgãos de proteção e defesa do consumidor, que poderão aplicar medidas corretivas aos controladores, sejam eles consulentes ou gestores, nos termos da Lei do Cadastro Positivo.

No que se refere ao MCI, temos os seguintes dispositivos que guardam analogia com o instituto da eliminação de dados pessoais:

(i) art. 7º, X, que determina que haja exclusão definitiva dos dados pessoais fornecidos por usuário a aplicação de internet, a seu requerimento, ao término da relação entre as partes. O comando traz a ressalva quanto às hipóteses de guarda obrigatória de registros de aplicações e de conexão, como nos casos em que autoridades policiais ou o Ministério Público requerem ao Poder Judiciário a extensão do período de guarda desses dados;

(ii) arts. 19 e 21, que dizem respeito a obrigações de os provedores de aplicações removerem conteúdos por ordem judicial ou mera notificação do usuário prejudicado, respectivamente. Esses conteúdos podem conter, e muitas vezes contêm, dados pessoais acerca de determinado titular, que ele deseja ver removido da internet.

Desde sua instituição, a ANPD vem publicando uma série de documentos orientativos acerca da proteção e tratamento de dados pessoais, buscando instruir e esclarecer os titulares, o mercado e os agentes de tratamento acerca dos mais variados aspectos da LGPD.

O instituto da eliminação de dados pessoais é abordado, direta ou indiretamente, em vários desses guias orientativos. A seguir, mencionamos alguns deles:

(i) Guia ANPD: Tratamento de Dados Pessoais pelo Poder Público: No item d, que versa sobre a duração do tratamento, o referido guia aduz que o instrumento que autoriza ou formaliza o compartilhamento de dados entre o Poder Público e terceiros deve estabelecer, de forma expressa, se os dados devem ser eliminados após o término do tratamento. Isso, potencialmente, pode significar exceção à regra da LGPD. No anexo I do mesmo documento, que aborda a duração do tratamento, o guia estabelece que a definição do período ou duração do uso compartilhado dos dados deve ocorrer de forma fundamentada, esclarecendo sobre a possibilidade de conservação ou a necessidade de eliminação após o término do tratamento.

(ii) Guia ANPD: Cookies e Proteção de Dados Pessoais: Neste guia, a ANPD, ao enfrentar o tema da coleta de dados pessoais por meio de cookies ou de outras tecnologias de rastreamento *online*, recorda que "a LGPD prevê que, como regra geral, os dados pessoais devem ser eliminados após o término do tratamento, o que pode ocorrer, por exemplo, quando a finalidade for alcançada ou a eliminação for legitimamente solicitada pelo titular". Diante disso, ressalta que o período de retenção de cookies deve estar alinhado ao princípio da finalidade do tratamento, e limitar-se ao que seja estritamente necessário no alcance dessa finalidade. Conclui, por conseguinte, que "períodos de retenção indeterminados, excessivos ou desproporcionais em relação às finalidades do tratamento não são compatíveis com a LGPD".

(iii) Guia ANPD: Tratamento de Dados Pessoais para Fins Acadêmicos e para a Realização de Estudos e Pesquisas (p. 13): Neste guia, a ANPD afirma que, após a solicitação do titular objetivando o término do tratamento e a eliminação de seus dados pessoais, o órgão de pesquisa controlador terá a opção de indeferir tal pedido, caso constate necessidade de resguardar o interesse público, em face de eventuais circunstâncias relevantes e após a ponderação entre os interesses envolvidos. Diante do risco de ampliação indevida dessa exceção, a autoridade realça que a exceção mencionada acima não deve servir de pretexto ou como argumento genérico e abstrato a fim de justificar a guarda indiscriminada de dados pessoais. Isso porque, em razão de envolver restrição a direitos dos titulares, a negativa ao pedido de eliminação de dados pessoais deve ser sempre motivada. Ademais, deve o órgão de pesquisa demonstrar que a conservação dos dados pessoais objeto da medida é ação indispensável, destacando o vínculo real "com o atendimento à finalidade específica para realização de estudos e pesquisas".

BIBLIOGRAFIA SELECIONADA

ALVES, S. Fechando um ciclo: do término do tratamento de dados pessoais (arts. 15 e 16 da LGPD). *In*: BIONI, Bruno (coord. exec.); MENDES, L. S.; DONEDA, D.; SARLET, I. W.; RODRIGUES JR., Otavio L. (coord.). *Tratado de proteção de dados pessoais*. Rio de Janeiro: Forense, 2021.

CAREY, P. *Data Protection:* A Practical Guide to UK and EU Law. Oxford: Oxford University Press, 2018.

ICO. *Right to Erasure*. Disponível em: https://ico.org.uk/for-organisations/uk-gdpr-guidance-and-resources/individual-rights/individual-rights/right-to-erasure/#ib1.

LAMBERT, P. *Understanding the New European Data Protection Rules*. Boca Raton: CRC Press, 2017.

MALDONADO, V. N. O direito ao esquecimento na ordem internacional. *In*: LIMA, A. P. C. de; HISSA, C. B.; SALDANHA, P. M. (coord.). *Direito digital:* debates contemporâneos. São Paulo: Thomson Reuters/Revista dos Tribunais, 2019.

PASQUALE, F. *The Black Box Society:* The Secret Algorithms that Control Money and Information. Cambridge: Harvard University Press, 2015.

SAMPAIO, G.; MEIRELLES, R. Término do tratamento dos dados. *In*: TEPEDINO, G.; FRAZÃO, A.; OLIVA, M. D. (coord.). *Lei geral de proteção de dados pessoais e suas repercussões no direito brasileiro*. São Paulo: Revista dos Tribunais/Thomson Reuters, 2019.

SCHREIBER, A. Direito ao esquecimento e proteção de dados pessoais na Lei n. 13.709/2018: distinções e potenciais convergências. *In*: TEPEDINO, G.; FRAZÃO, A.; OLIVA, M. D. (coord.). *Lei geral de proteção de dados pessoais e suas repercussões no direito brasileiro*. São Paulo: Revista dos Tribunais/Thomson Reuters, 2019.

SIQUEIRA, D. P.; VIEIRA, A. E. S. F. O direito ao esquecimento *post mortem* à luz do direito de personalidade e do julgamento do Supremo Tribunal Federal na repercussão geral 786. *Revista Brasileira de Direito*, v. 34, n. 13, p. 278-300, 2023.

SYNODINOU, T. E. The Media Coverage of Court Proceedings in Europe: Striking a Balance Between Freedom of Expression and Fair Process. *Computer Law & Security Review*, v. 28, 2012.

TJUE, *Google Spain SL and Google Inc v Agencia Española de Protección de Datos (AEPD) and Mario Costeja Gonzáles*, Case C-131/12 (13 May 2014).

VOIGT, P. *et al. The EU General Data Protection Regulation (GDPR):* A Practical Guide. New York: Springer, 2017.

Artigo 5º, XV

Comentado por Nicolo Zingales e Erica Bakonyi[329]

DISPOSIÇÕES RELACIONADAS NO DIREITO INTERNACIONAL

- Convenção 108 do CoE.
- Protocolo Adicional à Convenção 108, de 8 novembro de 2001, respeitante às autoridades de controle aos fluxos transfronteiriços de dados (ETS 181).
- Acordo Geral sobre Comércio de Serviços (*General Agreement on Trade in Services*) de 15 de abril de 1994, art. XIV(c)(ii).
- Parágrafo 5(d) do anexo de Telecomunicações do GATS.

DISPOSIÇÕES RELACIONADAS NO ORDENAMENTO JURÍDICO BRASILEIRO

- Art. 11 do MCI.

DISPOSITIVOS RELACIONADOS NA LGPD

- Arts. 3º a 6º; arts. 33 a 36.

[329] Os autores agradecem a Rafaela Ferreira Gonçalves da Silva e Jaqueline Simas Claveland de Oliveira, alunas do Mestrado em Direito da Regulação (FGV Direito Rio), pelo suporte na pesquisa.

ATIVIDADES DA ANPD

- Nota Técnica n. 20/2022/CGN/ANPD.
- Audiência Pública para debate sobre proposta de Resolução referente ao Regulamento de Transferências Internacionais de Dados Pessoais e do modelo de Cláusulas-Padrão Contratuais.
- Relatório de Análise de Impacto Regulatório (AIR) – Construção do modelo regulatório para transferência internacional de dados pessoais.
- Resolução n. 19/2024/ CD/ANPD.

JUSTIFICATIVA E FUNDAMENTOS

A inclusão do conceito de transferência internacional de dados na LGPD é fundamental para abordar os desafios da proteção de dados pessoais em um contexto globalizado e digitalizado. A globalização da economia digital requer a movimentação transfronteiriça de dados e garantir a proteção dos dados pessoais dos cidadãos brasileiros, o que é crucial mesmo quando esses dados são transferidos para outros países ou entidades internacionais. Este dispositivo visa definir transferências internacionais de forma diferenciada de outros tipos de transferências de dados pessoais, assegurando que todo tratamento que envolve tais compartilhamentos implique um procedimento de cuidado reforçado, em consideração à possível perda de controle sobre esses dados pelos agentes de tratamento e pelas autoridades no território brasileiro.

Não obstante, insta mencionar que a localização dos dados não é determinante para o enquadramento de uma operação como transferência internacional: o que é mais relevante é a existência de restrições de acesso e governança para acesso em países terceiros aplicadas pelos agentes de tratamento, as quais, inclusive, possuem a vantagem de oferecer mais confiabilidade que os mecanismos contratuais de salvaguarda.[330] Além disso, é importante esclarecer que esse procedimento reforçado não entra em jogo quando se trata de coleta internacional de dados pessoais por um agente situado no exterior: neste caso, o alcance extraterritorial previsto pelo art. 3º da LGPD é considerado suficiente para disciplinar os tratamentos desse agente. Ao mesmo tempo, o mesmo artigo prevê certa limitação em relação a operações que acontecem fora do território nacional, considerando que nesses cenários possam ser regulados somente os tratamentos descritos nos incisos II e III do art. 3º, ou seja: (II) tratamento que tenha por objetivo a oferta ou o fornecimento de bens ou serviços ou o tratamento de dados de indivíduos localizados no território nacional; ou (III) tratamento de dados pessoais coletados no território nacional. Além do direito interno, o direito internacional impõe restrições ao uso da jurisdição extraterritorial de julgamento e fiscalização, sendo a territorialidade a norma que pode ser derrogada em casos especiais como pela doutrina de efeitos,[331] pelo

---

[330] HON, K. *Data Localization Law and Policy*. Northampton: Edward Elgar Publishing, 2017; ZINGALES, N. Book Review: Kuan Hon, *Data Localization Law and Policy*. Edward Elgar Publishing, 2017. *Computer Law & Security Review*, v. 34, p. 1175-1176, 2018.

[331] Dentre as bases fundamentais para a jurisdição de afirmação, enraizada no conceito de soberania do Estado e no princípio da não intervenção, sobreleva-se o princípio da territorialidade no qual o Estado tem o direito de regular pessoas, fatos e eventos dentro de seu próprio território. Enquanto uma interpretação literal impõe a ocorrência de pelo menos um elemento da conduta em disputa dentro do território, uma interpretação teleológica

princípio de universalidade[332] e pelo princípio de personalidade.[333] Isso significa que a jurisdição sobre transferências ulteriores (*onward transfers*) é necessariamente limitada, apesar do fato que as cláusulas contratuais padrão introduzidas pela Resolução n. 19/2024 da ANPD disponham sobre a eventual necessidade de o importador que use tais cláusulas obter autorização para transferências posteriores ou se basear em outro mecanismo válido de transferência internacional.[334]

Portanto, ao definir que a coleta internacional de dados não é uma "transferência internacional" (art. 6º, *caput*, da Resolução CD/ANPD n. 19/2024), bem como face às limitações de controle jurisdicional sobre os processos de tratamentos extraterritoriais, pode-se afirmar que a definição de transferência internacional almeja garantir a prestação de contas do controlador que provê acesso ou controle a dados pessoais para outros agentes de tratamento situados no exterior. Ao mesmo tempo, a exclusão de aplicação da LGPD a dados "provenientes de fora do território nacional e que não sejam objeto de comunicação, uso compartilhado de dados com agentes de tratamento brasileiros ou objeto de transferência internacional de dados com outro país que não o de procedência, desde que o país de proveniência proporcione grau de proteção de dados pessoais adequado ao previsto nesta Lei" (art. 4º, IV) revela uma abdicação de soberania nacional sobre dados que estejam apenas transitando no Brasil (sem utilização ou compartilhamento por agentes no país) para transferências entre outros países. Ressalvam-se, porém, os casos em que os dados são oriundos de um país com um grau insuficiente de proteção de dados: neste caso, o Estado brasileiro manterá a prerrogativa de assegurar uma adequada proteção desses dados, presumivelmente não apenas para fins altruísticos, mas também como medida precaucionária contra possíveis efeitos indiretos sobre residentes no território.

Os objetivos principais desse dispositivo incluem garantir que a proteção dos dados pessoais não seja enfraquecida durante transferências internacionais, independentemente de onde estão os agentes de tratamento ou da localização do armazenamento de dados,[335] de

---

e mais expansiva permite que o braço da jurisdição alcance atos que tenham efeito no território. Esta corrente chamada "doutrina do efeito", mais notoriamente desenvolvida no contexto da lei antitruste estadunidense, é controversa à luz de seu alcance virtualmente ilimitado em uma economia global e interdependente (ZINGALES, N. Extraterritorial Reach of the Marco Civil: A Guide to the Interpretation of Article 11's "Establishment" and "Offering Services" Criteria'. *Medialaws*, p. 3, 5 maio 2015. Disponível em: https://www.medialaws.eu/extraterritorial-reach-of-the-marco-civil-a-guide-to-interpretation-of-article-11s-key-criteria/).

332 Conforme descrito por Zingales (ZINGALES, N. Extraterritorial Reach of the Marco Civil: A Guide to the Interpretation of Article 11's "Establishment" and "Offering Services" Criteria'. *Medialaws*, p. 4, 5 maio 2015. Disponível em: https://www.medialaws.eu/extraterritorial-reach-of-the-marco-civil-a-guide-to-interpretation-of-article-11s-key-criteria/), pelo princípio da universalidade o "Estado pode exercer jurisdição com relação a certos crimes sob o direito internacional no interesse da comunidade internacional. Nestes casos excepcionais de conduta equivalente a um crime internacional, nenhuma ligação precisa ser estabelecida entre o Estado e a vítima, o perpetrador ou o território em que a conduta ocorre" (tradução livre).

333 Pelo princípio da personalidade, a jurisdição pode ser afirmada pelo Estado de nacionalidade do perpetrador (princípio da personalidade ativa) ou da vítima (princípio da personalidade passiva) (ZINGALES, N. Extraterritorial Reach of the Marco Civil: A Guide to the Interpretation of Article 11's "Establishment" and "Offering Services" Criteria'. *Medialaws*, p. 4, 5 maio 2015. Disponível em: https://www.medialaws. eu/extraterritorial-reach-of-the-marco-civil-a-guide-to-interpretation-of-article-11s-key-criteria/).

334 Ver cláusulas 3 e 18.

335 LINHARES *et al. Relatório de Análise de Impacto Regulatório (AIR):* construção do marco regulatório para transferência internacional de dados pessoais. 2021. p. 23. Disponível em: https://www.gov.br/anpd/pt-br/assuntos/noticias/AIR__Transferencias_VF.pdf.

modo que as normas e os princípios previstos no ordenamento pátrio não sejam driblados por meio de operações de tratamentos de dados no exterior. A principal preocupação aqui é a possível queda da proteção devido à menor efetividade na fiscalização da autoridade quando ela exigir uma atuação extraterritorial. Dessa maneira, o procedimento especial previsto na LGPD promove a confiança dos cidadãos na economia digital, fomenta a sustentabilidade dos fluxos de dados globais, e facilita o desenvolvimento de um mercado digital internacional que respeita a proteção de dados.

A Resolução sobre o tema (que "aprova o Regulamento de Transferência Internacional de Dados e o conteúdo das cláusulas-padrão contratuais", de n. 19), aprovada pelo Conselho Diretor da ANPD em 2024, menciona especificamente a garantia de proteção equivalente de dados independentemente da localização como diretriz norteadora para as transferências. Contudo, é importante destacar que esse princípio se aplica em paralelo com outros: a adoção de procedimentos simples, preferivelmente interoperáveis; a responsabilização e prestação de contas; a adoção de mecanismos efetivos de transparência; e a adoção de boas práticas e de medidas de prevenção e segurança.[336] Interessante reparar que o dispositivo não cria uma ordem hierárquica, sendo que isso implica necessariamente em uma ponderação entre exigências de proteção e viabilidade na adoção de mecanismos de salvaguarda considerados adequados.

No que tange ao caminho legislativo do dispositivo, consideram-se as três principais propostas legislativas que resultaram na atual LGPD: o PL n. 4.060/2012; o PL n. 330/2013; e o PL n. 5.276/2016. O tema da transferência internacional de dados não aparece na primeira proposta, que traz um texto enxuto e considerado problemático por especialistas, já que "permite um compartilhamento praticamente livre entre os donos de bases de dados, excluindo o titular de qualquer participação nessas operações".[337]

Entre esses documentos, o PL n. 5.276/2016 foi o projeto mais robusto, elaborado no âmbito do Poder Executivo Federal, por intermédio da Senacon, integrante do Ministério da Justiça, após a realização de consultas públicas e de debates multissetoriais em razão da viabilização da participação do setor privado e de organizações da sociedade civil.[338] Após o respectivo apensamento ao PL n. 4.060/2012, essa primeira proposta sofreu uma maturação legislativa e foi aprovada por unanimidade na Câmara dos Deputados, seguindo para aprovação do Senado e sanção presidencial em 14 de agosto de 2018, data da promulgação da LGPD. A versão aprovada segue um modelo misto de opções de legitimação da transferência internacional de dados pessoais, conforme a redação final do art. 33. Todavia, vale mencionar que parte da doutrina considera que o modelo seja prevalentemente geográfico, sob a explicação que essa é uma opção regulatória mais barata, mais flexível e que traz melhores resultados, porque a empresa passa a ser diretamente responsável sem onerar a administração pública.[339]

Uma das alterações relevantes foi o acréscimo ao conceito de transferências internacionais a "organismo internacional do qual o país seja membro", que abrange a complexidade

---

336 Art. 2º do Anexo da Resolução CD/ANPD n. 19/2024.

337 ARTIGO 19. *Proteção de dados pessoais no Brasil – Análise dos projetos de lei em tramitação no Congresso Nacional.* 2017, p. 24. Disponível em: https://artigo19.org/wp-content/blogs.dir/24/files/2017/01/Prote%C3%A7%C3%A3o-de-Dados-Pessoais-no-Brasil-ARTIGO-19.pdf.

338 Art. 2º do Anexo da Resolução CD/ANPD n. 19/2024.

339 MARQUES, F. M.; AQUINO, T. M. O regime de transferência internacional de dados da LGPD: delineando as opções regulatórias em jogo. *In*: DONEDA, D. *et al.* (coord.). *Tratado de proteção de dados pessoais.* 2. repr. Rio de Janeiro: Forense, 2021.

da interação com as estruturas regulatórias internacionais,[340] de modo que seja possível considerar "os compromissos internacionais assumidos pelo país terceiro ou organização internacional, bem como sua participação em sistemas multilaterais e regionais (participação do Brasil na OEA, por exemplo), os quais estão relacionados à proteção de dados pessoais".[341]

Outra inovação durante a tramitação legislativa foi a retirada da norma que previa que os cedentes e cessionários de informações respondessem pelo tratamento de dados de forma solidária e independentemente de culpa ou de onde fosse a operação. Inspirada no art. 44 do RGPD, no qual se estende a proteção normativa "a qualquer camada de transferência (*onwards transfers*)",[342] foi considerada como desnecessária e confusa[343] na medida em que a responsabilidade deve ser atribuída aos agentes de tratamento na medida delineada para toda a legislação, como acabou prosperando.[344]

Em conclusão, a definição apresentada neste dispositivo estabelece as bases para a garantia de um nível (mínimo) adequado de proteção de dados, independentemente de no contexto nacional ou internacional. Esse impacto hermenêutico impõe às autoridades e aos agentes de tratamento avaliar rigorosamente as condições de proteção oferecidas pelo país ou entidade receptora (do importador). Isso envolve verificar se as salvaguardas e mecanismos de segurança são compatíveis com os padrões brasileiros, não se limitando apenas ao envio de dados, mas também ao armazenamento e ao acesso remoto. É cogente considerar a preservação dos direitos dos titulares, promovendo a interoperabilidade legislativa e a confiança na economia digital[345] ao mesmo tempo que permite exceções justificadas, como a cooperação jurídica internacional, desde que assegurado que tais transferências não prejudiquem a proteção dos dados pessoais.

ANÁLISE

A definição fornecida neste inciso é importante pelas razões anteriormente mencionadas, porém, pode ser considerada incompleta. Em primeiro lugar, porque não se identifica uma definição do termo "transferência" na LGPD, que, em um sentido literal, pode ser interpretado como mera alteração da posse de dados pessoais ou a "coleta internacional", expressamente excluído do conceito regulatório (art. 6º, *caput*, do Anexo da Resolução CD/ANPD n. 19/2024). Contudo, é importante ressaltar que o conceito de transferência não se limita ao envio de arquivos com dados pessoais de um país para outro: a capacidade de acessar remotamente ou de ter controle sobre o tratamento de dados pessoais para agentes fora do país é suficiente para configurar uma transferência internacional. Além disso, a definição não traz elementos suficientes para delimitar as atividades de tratamento que podem ser

[340] BRASIL. Câmara dos Deputados. 2018.

[341] INSTITUTO DE REFERÊNCIA EM INTERNET E SOCIEDADE. *Policy paper*: transferência internacional de dados no PL 5276/16. 2017. p. 23.

[342] INSTITUTO DE REFERÊNCIA EM INTERNET E SOCIEDADE. *Policy paper*: transferência internacional de dados no PL 5276/16. 2017. p. 25.

[343] INSTITUTO DE REFERÊNCIA EM INTERNET E SOCIEDADE. *Policy paper*: transferência internacional de dados no PL 5276/16. 2017. p. 25, 28.

[344] FGV SÃO PAULO. *Guia de dados pessoais:* transferência internacional. 2020. p. 13-16. Disponível em: https://portal.fgv.br/sites/portal.fgv.br/files/u12834/guia_transferencia _internacional.pdf.

[345] BELLI, L.; DONEDA, D. Data Protection in the BRICS Countries: Legal Interoperability through Innovative Practices and Convergence. *International Data Privacy Law* 1, v. 13, 2023.

abrangidas em uma eventual transferência internacional nova ou anterior: por exemplo, o deslocamento de um titular para outro país com computador implica em uma transferência dos dados pessoais armazenados neste computador? Embora a Resolução CD/ANPD n. 19/2024 esclareça (art. 3º, VI), outra questão relevante é se haveria transferência em caso de compartilhamento de dados entre sedes separadas da mesma empresa, ou empresas que fazem parte do mesmo grupo econômico.

A ANPD, em relatório de AIR publicado sobre o tema, já demonstrava estar inclinada a considerar o conceito de transferência internacional de dados pessoais como "apenas a transferência entre agentes de tratamento",[346] em detrimento de permanecer silente sobre o tema ou considerá-lo de maneira mais ampla, como "qualquer envio de dados a terceiro país, inclusive a partir de iniciativa do próprio titular".[347]

Esse enfoque mais restrito leva em conta as implicações problemáticas de uma interpretação mais ampla, conforme o TJUE no caso *Linqvist*,[348] do início da primeira década de 2000, que implicaria na existência de transferência toda vez que um conteúdo for carregado na Internet e, portanto, onde pode ser acessado por terceiros. Por essa razão, o EDPB adotou em seu Guia 05/2021[349] o tríplice requisito de: (a) aplicação da Lei de Proteção de Dados a um controlador ou operador ("exportador"); (b) a disponibilização de dados pessoais para outro controlador ou operador ("importador"); e (c) esse importador estar em um terceiro país ou ser uma organização internacional. Destaca-se que neste último ponto a formulação do conceito de transferência internacional no Brasil difere daquela da UE, pois se limita a considerar as transferências para organizações internacionais das quais o Brasil faz parte. Cabe perguntar, então, *quid iuris* quando a transferência for feita para uma organização internacional da qual o Brasil não faz (ainda) parte: Isso deve ser interpretado como uma orientação implícita para a impossibilidade de transferências internacionais? Ou nesse caso seria necessário avaliar a adequação do país no qual essa organização internacional está hospedada?

Outro ponto diz respeito aos tipos de tratamentos abrangidos pelo conceito de transferência. Seguindo a abordagem escolhida pelo EDPB, no Guia de 2021, tanto o relatório da ANPD quanto a Resolução aprovada pelo Conselho Diretor excluem do conceito os tratamentos de dados iniciados pelo seu próprio titular: isso provavelmente porque, por um lado, o conceito de "uso compartilhado" no art. 5º, XVI, da LGPD não se aplica a essa tipologia de tratamento; e, por outro, a própria LGPD não se aplica a tratamentos realizados por pessoa natural para fins exclusivamente particulares e não econômicos. Contudo, cabe mencionar o caso especial do titular iniciar um tratamento para fins potencialmente econômicos (pense-se, por exemplo, na utilização de uma ferramenta de IA generativa que coleta dados dentro de um ambiente corporativo, podendo ser convertida em um *chatbot* especializado) e que em

---

346 LINHARES *et al. Relatório de Análise de Impacto Regulatório (AIR):* construção do marco regulatório para transferência internacional de dados pessoais. 2021. p. 22. Disponível em: https://www.gov.br/anpd/pt-br/assuntos/noticias/AIR__Transferencias_VF.pdf.

347 LINHARES *et al. Relatório de Análise de Impacto Regulatório (AIR):* construção do marco regulatório para transferência internacional de dados pessoais. 2021. p. 22. Disponível em: https://www.gov.br/anpd/pt-br/assuntos/noticias/AIR__Transferencias_VF.pdf.

348 TJUE, Case C-101/01. *Criminal proceedings against Bodil Lindqvist* [2003] ECLI:EU:C:2003:596 (6 nov. 2003).

349 EDPB. *Guidelines 05/2021 on the Interplay between the Application of Article 3 and the Provisions on International Transfers as per Chapter V of the GDPR, Version 2.0* (Adopted 14 fev. 2023).

princípio se beneficiaria de um regime privilegiado em comparação com situações onde o tratamento for iniciado por um terceiro, ao lidar com operadores e cocontroladores que se encontram atualmente fora do alcance da fiscalização. É igualmente importante ressaltar que o marco regulatório brasileiro não se aplica a dados anonimizados, assim como definidos pelo art. 5º, III: isso potencialmente abre uma brecha para transferências de dados, na medida em que não haja uma fiscalização efetiva sobre a efetividade das técnicas e medidas utilizadas para anonimização.

Por fim, o art. 4º, IV, da LGPD prevê a não aplicação da lei para tratamentos de dados provenientes de fora do território nacional e que não sejam objeto de comunicação, uso compartilhado de dados com agentes de tratamento brasileiros ou objeto de transferência internacional de dados com outro país que não o de proveniência, desde que o país de proveniência proporcione grau de proteção de dados pessoais adequado. Em todos esses casos, as salvaguardas adicionais previstas pelo art. 33 não serão necessárias.

Além dessas hipóteses previstas pela própria LGPD, a Resolução CD/ANPD n. 19/2024 afasta a aplicação da LGPD a tratamento de dados provenientes do exterior quando se tratar de mero retorno dos dados pessoais, objeto de tratamento no território nacional, exclusivamente ao país ou organismo internacional de proveniência, mas somente sob as seguintes condições (art. 8º, § 1º, II):

a) o país ou organismo internacional de proveniência proporcione grau de proteção de dados pessoais adequado, reconhecido por decisão da ANPD;
b) a legislação do país ou as normas aplicáveis ao organismo internacional de proveniência se apliquem à operação realizada; e
c) a situação específica e excepcional de não aplicação da LGPD esteja expressamente prevista na decisão de adequação referida na alínea *a*.

Como condição adicional, é fundamental citar o parágrafo seguinte no qual a Resolução esclarece que: "Para fins do inciso II do § 1º, a decisão de adequação emitida pela ANPD não excepcionará a aplicação da Lei n. 13.709, de 14 de agosto de 2018, em situações que possam violar ou colocar em risco a observância dos princípios gerais de proteção de dados pessoais e os direitos dos titulares previstos na legislação nacional". Assim, pode-se inferir que o controlador terá o ônus da prova sobre a inexistência desses riscos, o que implica na necessidade de uma avaliação prévia e em custos de *compliance* significativo para agentes de pequeno porte. Ao mesmo tempo, pode ser criticado que tal hipótese de inaplicabilidade da LGPD constitua uma interpretação que ofereça maior flexibilidade do seu texto, potencialmente levantando questões de competência e legitimidade.

Enfeixando-se, este dispositivo está diretamente conectado com o Capítulo V da LGPD, intitulado "Da Transferência Internacional de Dados". Nele, a legislação estabelece no art. 33 as condições legais que permitem a transferência internacional de dados pessoais e detalha, no art. 34, os critérios para a avaliação de adequação. Além disso, o art. 35 determina que a ANPD será responsável por definir o conteúdo das cláusulas contratuais padrão, assim como por verificar cláusulas contratuais específicas para determinadas transferências, normas corporativas globais, selos, certificados e códigos de conduta mencionados no inciso II do art. 33[350] .

---

[350] Ver comentários respectivos neste volume.

BIBLIOGRAFIA SELECIONADA

ARTIGO 19. *Proteção de dados pessoais no Brasil – Análise dos projetos de lei em tramitação no Congresso Nacional.* 2017. Disponível em: https://artigo19.org/wp-content/blogs.dir/24/files/2017/01/ Prote%C3%A7%C3%A3o-de-Dados-Pessoais-no-Brasil-ARTIGO-19.pdf.

BELLI, L.; DONEDA, D. Data Protection in the BRICS Countries: Legal Interoperability through Innovative Practices and Convergence. *International Data Privacy Law* 1, v. 13, 2023.

EDPB. *Guidelines 05/2021 on the Interplay between the Application of Article 3 and the Provisions on International Transfers as per Chapter V of the GDPR, Version 2.0* (Adopted 14 fev. 2023).

FGV SÃO PAULO. *Guia de dados pessoais:* transferência internacional. 2020. p. 13-16. Disponível em: https://portal.fgv.br/sites/portal.fgv.br/files/u12834/guia_transferencia_internacional.pdf.

HON, K. *Data Localization Law and Policy*. Northampton: Edward Elgar Publishing, 2017.

INSTITUTO DE REFERÊNCIA EM INTERNET E SOCIEDADE. *Policy paper:* transferência internacional de dados no PL 5276/16. 2017.

LINHARES *et al. Relatório de Análise de Impacto Regulatório (AIR):* construção do marco regulatório para transferência internacional de dados pessoais. 2021. Disponível em: https://www.gov.br/anpd/pt-br/assuntos/noticias/AIR__Transferencias_VF.pdf.

MARQUES, F. M.; AQUINO, T. M. O regime de transferência internacional de dados da LGPD: delineando as opções regulatórias em jogo. *In*: DONEDA, D. *et al.* (coord.). *Tratado de proteção de dados pessoais.* 2. repr. Rio de Janeiro: Forense, 2021. p. 289-298.

TJUE, Case C-101/01. *Criminal proceedings against Bodil Lindqvist* [2003] ECLI:EU:C:2003:596 (6 nov. 2003).

ZINGALES, N. Book Review: Kuan Hon, *Data Localization Law and Policy*. Edward Elgar Publishing, 2017. *Computer Law & Security Review*, v. 34, p. 1175-1176, 2018.

ZINGALES, N. Extraterritorial Reach of the Marco Civil: A Guide to the Interpretation of Article 11's "Establishment" and "Offering Services" Criteria. *Medialaws*, 5 maio 2015. Disponível em: https://www.medialaws.eu/extraterritorial-reach-of-the-marco-civil-a-guide-to-interpretation-of-article-11s-key-criteria/.

Artigo 5º, XVI

Comentado por Isabela Maria Rosal e Gabriel Miranda Ribeiro

DISPOSITIVOS RELACIONADOS NO ORDENAMENTO JURÍDICO BRASILEIRO

- Decreto n. 9.094/2017.
- Art. 5°, art. 12 e art. 14 do Decreto n. 10.046/2019.
- Decreto n. 11.266/2022.
- Art. 268-A do Código de Trânsito Brasileiro.
- LCP.

DISPOSITIVOS RELACIONADOS NA LGPD

- Arts. 5º, X, e 6º; art. 9º, V; art. 11, § 3º; art. 23; arts. 25 a 27; arts. 29 e 30; arts. 32 e 33, III.

ATIVIDADES DA ANPD

- Guia orientativo: Tratamento de Dados Pessoais pelo Poder Público. Versão 2.0 (jun. 2023).
- Nota Técnica n. 68/2022/CGF/ANPD.
- Processo n. 00261.001688/2022-98.
- Resolução CD/ANPD n. 19, de 23 de agosto de 2024.

AÇÕES REGULATÓRIAS E FISCALIZATÓRIAS DE ENTIDADES GOVERNAMENTAIS E ÓRGÃOS DE CONTROLE

- Anac, Cartilha: Lei Geral de Proteção de Dados Pessoais, compartilhamento de dados pessoais.
- Portaria n. 14/167/Astec, de 21 de março de 2024.
- TCU, Processo n. 039.606/2020-1, Plenário, j. 15.06.2022.

CASOS E DECISÕES RELEVANTES

- STF, Medida Cautelar na ADI 6.387/DF, Tribunal Pleno, Min. Rel. Rosa Weber, j. 07.05. 2020, *DJe* 12.11.2020.
- STF, ADPF n. 695/DF e ADI 6.649/DF, Tribunal Pleno, Rel. Min. Gilmar Mendes, j. 15.09.2022, *DJe* 19.06.2023.
- STF, MS n. 36.150, Primeira Turma, Rel. Min. Roberto Barroso, j. 10.10.2022, *DJe* 01. 12.2022.
- STF, ADI n. 7.276/DF, Tribunal Pleno, Rel. Min. Cármen Lúcia, j. 09.09.2024, *DJe* 19.09.2024.
- STJ, REsp n. 1.032.090/RS, Rel. Min. Aldir Passarinho Junior, Quarta Turma, j. 10.06.2008, *DJe* 12.08.2008.
- TST, RR n. 933-49.2012.5.10.0001, j. 14.03.2024, *DJe* 22.03.2024.

JUSTIFICATIVA E FUNDAMENTOS

Como uma lei geral e horizontal, a LGPD tem um âmbito de aplicação e escopo bastante amplo. Assim, ao longo do processo legislativo, um conceito abrangente de *tratamento* foi adotado, com conceituações específicas para determinadas atividades, como o uso compartilhado de dados, garantindo uma larga aplicação da lei. No primeiro anteprojeto de lei, apresentado pelo MJ em 2010, não havia previsão específica sobre compartilhamento de dados, adotando somente os conceitos de *tratamento* e *interconexão*.[351] Da mesma forma, o PL n. 4.060/2012 apresentava somente os mesmos conceitos do anteprojeto, mas com definições ainda mais simples. Contudo, como resultado dessas propostas legislativas iniciais, o inciso em estudo ainda menciona *interconexão*, conceito não definido na versão final da LGPD.

Foi somente no anteprojeto de lei apresentado pelo MJ em 2015 que surgiu a definição específica sobre o uso compartilhado de dados, mas com diferença sobre o compartilhamento de dados para o setor privado. Nessa versão anterior havia a menção a "modalidades de tratamento delegados por esses entes públicos", o que geraria provável situação em que a autoridade pública seria sempre o controlador de dados, o que já não está presente no texto final adotado.

É interessante perceber que o *uso compartilhado de dados* é uma forma específica de tratamento de dados. Ou seja, qualquer atividade de uso compartilhado de dados pessoais já estaria enquadrada dentro do conceito geral de tratamento de dados e a LGPD já seria aplicável.[352] Contudo, o legislador optou por trazer essa conceituação específica para ressaltar a importância e as peculiaridades relacionadas a esse tipo de processamento de informações. Nesse sentido, conforme explorado a seguir, o uso compartilhado de dados abrange até mesmo o *tratamento compartilhado de banco de dados*, demonstrando a conexão entre esses conceitos.

Para José Luiz de Moura Faleiros Júnior,[353] a opção da legislação foi no sentido de reforçar o *uso compartilhado de dados* enquanto uma *forma qualificada de tratamento de dados*, em que outros requisitos, para além dos normalmente exigidos, devem ser observados. Segundo o autor, essa distinção visa assegurar a correta aplicação da LGPD, especialmente considerando a situação do Poder Público, que segue um "duplo regime": um, do art. 23, relativo ao tratamento dos dados por pessoas jurídicas de direito público; e outro, do art. 26, relativo ao compartilhamento desses dados.

De toda forma, é importante notar a relevância do *uso compartilhado de dados* não apenas em razão dos riscos que apresenta à privacidade dos indivíduos, mas também por ter se tornado uma realidade constante em uma série de políticas públicas e em diversos setores da economia. Nesse sentido, mesmo antes da LGPD, a formação de bases de dados públicas e privadas se mostrou uma realidade e ocupou os tribunais brasileiros. Exemplo disso é o Cadastro de Emitentes de Cheques Sem Fundo – CCF, mantido pelo Banco Central, ou mesmo as bases de dados dos serviços de proteção ao crédito, regulados pela LCP. O compartilhamento entre bases de dados públicas se mostra evidente no caso do Renajud, iniciativa de 2008 que realiza a interligação entre o Judiciário e os órgãos de trânsito, inclusive com a possibilidade de registro, em tempo real, de ordens judiciais que recaiam sobre veículos.

À época da criação dessas bases de dados – e do uso compartilhado das informações nelas contidas – inexistia norma geral, tal como a LGPD, de modo a regular a temática, embora alguns limites tenham sido traçados. Os serviços de proteção ao crédito já contavam com normatização por meio da LCP. A jurisprudência, por outro lado, cuidou de impor determinadas exigências para o caso de anotações obtidas por meio de sistemas de

---

351 No art. 4º, X, do anteprojeto do MJ de 2010, *interconexão* era definida como "transferência de dados de um banco de dados a outro, mantido ou não pelo mesmo proprietário, com finalidade semelhante ou distinta;".

352 Ver comentário ao art. 5º, X, neste volume.

353 FALEIROS JÚNIOR, José Luiz de Moura. Algumas reflexões sobre o conceito de uso compartilhado de dados. *Migalhas*, 4 out. 2024.

informações mantidos pelo Banco Central. No caso do Renajud, o compartilhamento – e as anotações – dependem de ordem judicial e são avaliadas caso a caso.

Atualmente, a LGPD cumpre com o relevante papel de suprir essa lacuna e permitir que iniciativas como essas possam ser desenvolvidas de forma coerente com a proteção dos direitos fundamentais, sem se olvidar da importante função econômica desse intercâmbio em diversos setores da economia, bem como nos ganhos de eficiência e monitoramento de políticas públicas.

ANÁLISE

1. Uso compartilhado

O uso compartilhado de dados envolve tanto relacionamentos de troca de dados entre órgãos públicos quanto entre entes públicos e entes privados. Nesses casos, a ANPD já esclareceu que "[o] compartilhamento de dados pessoais é a operação de tratamento pela qual órgãos e entidades públicos conferem permissão de acesso ou transferem uma base de dados pessoais a outro ente público ou a entidades privadas visando ao atendimento de uma finalidade específica".[354] A LGPD também menciona a possibilidade de uso compartilhado de dados entre entes privados, contudo, não trouxe previsões específicas sobre esse tipo de tratamento envolvendo somente entidades privadas.

Portanto, a hipótese de tratamento específico envolvendo uso compartilhado de dados é bastante ampla e marcada por características de interoperabilidade e compatibilidade de sistemas, diferenciando acesso e transferência. Também em qualquer uma dessas operações é essencial a identificação de finalidade específica[355] e o respeito por regras gerais de proteção de dados, principalmente princípios, direitos do titular e prestação de contas. Em seguida, contudo, traçamos considerações sobre cada uma dessas situações.

2. Compartilhamento governo para governo (*G2G*)

Como já mencionado, o uso compartilhado de dados é uma espécie específica de tratamento de dados. No setor público, o tema ganha maior protagonismo no contexto do G20 e do debate de infraestrutura pública digital, com a criação de identidades digitais e sistemas interoperáveis.[356] O governo brasileiro, trabalhando nessas iniciativas, já reconhece a necessidade de uma participação multissetorial e representativa na construção dessas soluções. Ainda, normativas específicas sobre contornos da utilização desses sistemas e formas de segurança são essenciais.

Em seu guia sobre tratamento de dados pelo setor público,[357] a ANPD dedicou tópico específico ao compartilhamento de dados pelo Poder Público, onde reforçou a importância da manutenção de dados em formato interoperável para facilitar o uso compartilhado de dados.[358] Nessa oportunidade, a autoridade listou os requisitos mínimos para a validade de

---

[354] ANPD. *Guia orientativo*: Tratamento de Dados Pessoais pelo Poder Público.

[355] Sobre o tema, STF, ADPF 695/DF e ADI 6.649/DF.

[356] Cf. G20 (2024).

[357] ANPD. *Guia orientativo:* Tratamento de Dados Pessoais pelo Poder Público.

[358] Ver comentário ao art. 25, neste volume. Sobre o tema, ver: AZEVEDO et al. Nota Técnica: 10 recomendações para a interoperabilidade de dados na Administração Pública. Disponível em: lapin.com.br, 2021.

uma atividade de uso compartilhado de dados pelo setor público: (1) formalização e registro;[359] (2) definição do objeto e da finalidade do compartilhamento; (3) definição de base legal; (4) delimitação da duração do tratamento; (5) transparência e respeito aos direitos dos titulares; e (6) adoção de medidas técnicas e administrativas de segurança. Situações específicas podem trazer a obrigatoriedade de observâncias de outros requisitos adicionais.

Sobre a necessidade de formalização e registro, como destacado pela própria ANPD, o Decreto n. 10.046/2019 dispensou a necessidade de instrumento formal para o compartilhamento de dados entre órgãos e entidades da administração pública federal, devendo ser observadas as regras estabelecidas pelo Comitê Central de Governança de Dados ou decisão administrativa autorizativa do gestor de dados. Contudo, importante destacar que o mencionado decreto é altamente criticado[360] e foi objeto de interpretação conforme pelo STF.[361]

Portanto, essa dispensa não afasta a obrigação de manutenção de registro sobre o compartilhamento, inclusive para garantir a observância do princípio da transparência e para definição da duração do tratamento. Dessa forma, a adoção de ato normativo para definição de características sobre o compartilhamento, inclusive sobre a base legal autorizativa,[362] deve ser compreendida como uma boa prática necessária para a observância dos princípios de proteção de dados pessoais. Boas práticas são essenciais para garantir a legitimidade do uso compartilhado de dados pelo setor público, tendo em vista os riscos relacionados a essa atividade.[363]

Como o próprio texto legal define que o uso compartilhado de dados G2G deve ser realizado para o cumprimento de competências legais, está clara a conexão da definição do uso compartilhado de dados pelo setor público e os arts. 23[364] e 26[365] da LGPD. Contudo, persistem incertezas sobre como a definição de base legal se dá no sistema de utilização de dados pessoais pelo setor público. Não está claro se a única opção de base legal para o uso compartilhado G2G seriam aquelas exclusivas para a administração pública (arts. 7°, III e 11, II, *b*) ou se entidades públicas poderiam se valer de outras bases legais para tal tratamento. Esse tema ainda necessita maior detalhamento por parte da ANPD, apesar de a autoridade deixar em aberto a possibilidade de utilização de outras bases legais nesse contexto.[366] Pelas especificidades trazidas pelas bases legais exclusivas à administração pública, parece que a

---

359 Ver comentário ao art. 37, neste volume.

360 Cf. SCHERTEL, L. S.; GASIOLA, G. G. Inconstitucionalidade do Decreto 10.046: limites do compartilhamento de dados. *ConJur*, 14 set. 2022; GALDINO JUNIOR, Roberto. O Decreto 10.046/19 e a lei geral de proteção de dados no Brasil. *Migalhas*, 24 out. 2019.

361 Nessa ocasião, o Plenário definiu que o decreto deve ser interpretado de maneira a exigir que o uso compartilhado de dados observe: "a) eleição de propósitos legítimos, específicos e explícitos para o tratamento de dados (art. 6º, I, da Lei n. 13.709/2018); b) compatibilidade do tratamento com as finalidades informadas (art. 6º, II); c) limitação do compartilhamento ao mínimo necessário para o atendimento da finalidade informada (art. 6º, III); bem como o cumprimento integral dos requisitos, garantias e procedimentos estabelecidos na Lei Geral de Proteção de Dados, no que for compatível com o setor público" (STF, ADPF 695/DF e ADI 6.649/DF).

362 ANPD. *Guia Orientativo:* Tratamento de Dados Pessoais pelo Poder Público.

363 Sobre esse tema ver CARVALHO, L. B. O poder público e a proteção de dados pessoais no Brasil: novos desafios, velhas práticas administrativas. *Revista de Direito Administrativo*, Rio de Janeiro, v. 282, n. 2, p 133-162, 2023.

364 Ver comentário ao art. 23 neste volume.

365 Ver comentário ao art. 26 neste volume.

366 ANPD. *Guia orientativo:* Tratamento de Dados Pessoais pelo Poder Público.

LGPD traz essas, pelo menos, como bases legais preferenciais para o uso compartilhado de dados pelo setor público.

3. Compartilhamento governo para empresas (*G2B*)

Situação distinta, mas também endereçada pelo artigo em análise, é o uso compartilhado de dados envolvendo entidades públicas e privadas. Além disso, ao mencionar "entre esses e entes privados, reciprocamente" na definição de uso compartilhado envolvendo entidades públicas e privadas, a LGPD deixou em aberto quem seria o controlador inicial, fonte dos dados compartilhados, e quem seria o recipiente. Ou seja, a entidade pública pode tanto ser a origem dos dados (G2B) quanto receber dados de entidades privadas (*B2G*) para finalidades específicas. Contudo, em qualquer um desses casos, o uso compartilhado só poderá ocorrer "para uma ou mais modalidades de tratamento permitidas por esses entes públicos".

Independentemente da fonte de dados, nessa relação público privada, cada entidade deverá respeitar as condições específicas aplicáveis. Por exemplo, as entidades públicas devem observar as regras estabelecidas no art. 23 e no art. 26 ou as regras de transferência internacional de dados caso esse tipo de tratamento ocorra.[367] Além disso, existem regras gerais que merecem destaque. Inicialmente, importa realçar que, em ambos os casos, G2B e B2G, o compartilhamento depende de autorização específica. A partir de uma leitura integral da lei, entende-se que essa autorização poderá estar prevista em leis e regulamentos para dados pessoais sensíveis ou não e em contratos, convênios ou instrumentos congêneres para dados pessoais não sensíveis.

Ao longo do texto legal, a LGPD menciona, em momentos distintos, os termos "transferência" (e.g., art. 26, § 1°) e "uso compartilhado" (e.g., art. 26, *caput*) como quase sinônimos. Sobre isso, entende-se que transferência é parte do uso compartilhado de dados e apresenta vários riscos por dar oportunidade a outro agente de tratar, facilmente, esses dados pessoais. Por isso, algumas regras específicas residem na *transferência de dados entre setor público e privado*, enquanto não são consideradas obrigações para outros casos de uso compartilhado de dados (e.g., acesso a dados). Apesar dessas previsões legais, defende-se que as previsões específicas trazidas para transferência de dados sejam estendidas para todas as situações envolvendo compartilhamento de dados.

Nesse sentido, reforçando a previsão do art. 26, § 1°, da LGPD,[368] a ANPD esclareceu que a *transferência* originária da entidade pública com compartilhamento para a entidade privada (G2B) só será permitida quando: (i) a transferência for essencial para a execução descentralizada de atividade pública, com finalidade específica e determinada; (ii) os dados forem acessíveis publicamente;[369] (iii) existir previsão legal ou em contrato ou instrumento congênere; ou (iv) o compartilhamento tiver como finalidade exclusiva a prevenção de fraudes ou irregularidades, ou a proteção, segurança e integridade do titular de dados, vedado o tratamento posterior e para finalidades distintas.[370]

---

[367] GONTIJO, D. C. A.; OLIVEIRA, R. R. V. *Compliance* de dados na administração: compartilhamento de dados pessoais. *Jota*, 8 nov. 2022.

[368] Ver comentário ao art. 26 neste volume.

[369] Sobre esse ponto, cabe grande discussão sobre dados abertos (ou *open data*) e proteção de dados. Sobre o assunto, ver DALLA CORTE, L. *Safeguarding data protection in an open data world*. 2020. Tese (Doutorado) – Tilburg University, Tilburg, 2020.

[370] ANPD. *Guia orientativo*: Tratamento de dados pessoais pelo Poder Público.

Não está claro como essas previsões se relacionam com a regra geral estabelecida pelo art. 5º, XVI, da LGPD de que deverá existir uma autorização específica para o uso compartilhado de dados. Defende-se, portanto, que os esclarecimentos trazidos pela ANPD e pelo art. 26 da LGPD se referem à finalidade do tratamento, tendo em vista a necessidade de controle sobre transferências de dados do setor público para o privado. Mas ainda existe a necessidade de autorização específica em um dos meios previstos, além de observância das demais regras impostas pela LGPD a cada um dos agentes de tratamento, como a necessidade de base legal determinada para esse tratamento.[371]

Já em todos os casos de *comunicação* ou *uso compartilhado de dados pessoais* G2B, incluindo transferência de dados, é necessário que esse tratamento seja informado à autoridade nacional (ANPD) conforme regulamentação ainda não existente.[372] Além disso, é necessária a existência de base legal autorizativa para qualquer atividade de uso compartilhado de dados, conforme as previsões dos incisos do art. 27 da LGPD.

Ainda sobre uso compartilhado de dados entre agentes privados e públicos, interessante também revisitar o processo legislativo que deu origem à LGPD. O inciso II[373] do art. 23 que previa o sigilo de requerentes de acesso à informação e proibia o compartilhamento de dados pessoais desses requerentes foi vetado pela Presidência da República. As razões do veto[374] esclareceram que essa previsão poderia impedir o uso compartilhado de dados entre entidades do poder público (G2G) e com entidades privadas (G2B), apesar de tal compartilhamento ser essencial para atividades públicas. Logo, é possível concluir que o texto final da LGPD preza pela exploração do uso compartilhado de dados envolvendo entidades do setor público, desde que resguardados os princípios e direitos de proteção de dados pessoais. Contudo, mesmo após os vetos relativos à matéria, a regulamentação do uso compartilhado de dados envolvendo entidades privadas e públicas ainda é matéria bastante confusa, com previsões aparentemente conflitantes que merecem melhor desenvolvimento por parte da autoridade nacional.

4. Compartilhamento privado para privado (B2B)

O uso compartilhado de dados entre entes privados também é trazido como uma das hipóteses de tratamento qualificado definidas pelo art. 5º, XVI, da LGPD. A previsão dessa modalidade de uso compartilhado de dados serve como base autorizativa para parcerias privadas para explorar o potencial de dados pessoais. Contudo, ao se considerar os riscos relacionados a essa hipótese de tratamento, critérios específicos devem ser observados,

---

371 Sobre esse ponto, ver comentário ao art. 27 neste volume.

372 Ver comentário ao art. 27 neste volume.

373 O texto do inc. II previa: "sejam protegidos e preservados dados pessoais de requerentes de acesso à informação, nos termos da Lei nº 12.527, de 18 de novembro de 2011 (Lei de Acesso à Informação), vedado seu compartilhamento no âmbito do Poder Público e com pessoas jurídicas de direito privado".

374 Brasil. Presidência da República, Mensagem n. 451, de 14 de agosto de 2018, dispõe: O dispositivo veda o compartilhamento de dados pessoais no âmbito do Poder Público e com pessoas jurídicas de direito privado. Ocorre que o compartilhamento de informações relacionadas à pessoa natural identificada ou identificável é medida recorrente e essencial para o regular exercício de diversas atividades e políticas públicas. É o caso, por exemplo, do banco de dados da Previdência Social e do Cadastro Nacional de Informações Sociais, cujas informações são utilizadas para o reconhecimento do direito de seus beneficiários e alimentados a partir do compartilhamento de diversas bases de dados administrados por outros órgãos públicos. Ademais, algumas atividades afetas ao poder de polícia administrativa poderiam ser inviabilizadas, a exemplo de investigações no âmbito do Sistema Financeiro Nacional, dentre outras.

apesar de não haver regime específico na LGPD. Um exemplo disso seria a proibição de uso compartilhado de dados sensíveis para obtenção de vantagem econômica, apesar de restar a possibilidade de realização de uso compartilhado de dados para executar a portabilidade de dados requisitada pelo titular e para facilitar transações decorrentes da prestação de serviços de saúde, conforme o art. 11, §§ 4° e 5°, LGPD.[375]

BIBLIOGRAFIA SELECIONADA

AZEVEDO, C. P. G.; ALMEIDA, E.; SILVA, G. H. L.; BAWDEN, H.; ROSAL, I. M. Nota Técnica: 10 recomendações para a interoperabilidade de dados na Administração Pública. Disponível em: lapin.com.br. 2021.

CARVALHO, L. B. O poder público e a proteção de dados pessoais no Brasil: novos desafios, velhas práticas administrativas. *Revista de Direito Administrativo*, Rio de Janeiro, v. 282, n. 2, p 133-162, 2023.

DALLA CORTE, L. *Safeguarding data protection in an open data world.* 2020. Tese (Doutorado) – Tilburg University, Tilburg, 2020.

FALEIROS JÚNIOR, José Luiz de Moura. Algumas reflexões sobre o conceito de uso compartilhado de dados. *Migalhas*, 4 out. 2024.

G20, *G20 Rio de Janeiro Leaders' Declaration* (2024).

GALDINO JUNIOR, Roberto. O Decreto 10.046/19 e a lei geral de proteção de dados no Brasil. *Migalhas*, 24 out. 2019.

GONTIJO, D. C. A.; OLIVEIRA, R. R. V. *Compliance* de dados na administração: compartilhamento de dados pessoais. *Jota*, 8 nov. 2022.

OCDE. Good Practice Principles for Data Ethics in the Public Sector, 2021.

SCHERTEL, L. S.; GASIOLA, G. G. Inconstitucionalidade do Decreto 10.046: limites do compartilhamento de dados. *ConJur*, 14 set. 2022.

Artigo 5º, XVII

Comentado por Maria Cecília Oliveira Gomes

DISPOSITIVOS RELACIONADOS NO DIREITO INTERNACIONAL

- Art. 10, (2), (84) da Convenção 108+.

DISPOSITIVOS RELACIONADOS NO ORDENAMENTO JURÍDICO BRASILEIRO

- Arts. 5º e 6º, Lei n. 13.848/2019.
- Decreto n. 10.411/2020.

[375] FALEIROS JÚNIOR, José Luiz de Moura. Algumas reflexões sobre o conceito de uso compartilhado de dados. *Migalhas*, 4 out. 2024.

- Art. 225, 1º, IV, da CRFB.
- Resolução Conama n. 01/1986.

DISPOSITIVOS RELACIONADOS NA LGPD

- Art. 4º, § 3º; art. 10, § 3º; art. 32; art. 38 e art. 55-J, XIII.

ATIVIDADES DA ANPD

- Guia Orientativo: Aplicação da Lei Geral de Proteção de Dados Pessoais por agentes de tratamento no contexto eleitoral (2021).
- Perguntas e Respostas sobre o Relatório de Impacto à Proteção de Dados Pessoais (2023).
- Glossário de Proteção de Dados Pessoais (Versão 1.0).
- Resolução CD/ANPD n. 2, de 27 de janeiro de 2022.
- Nota Técnica n. 2/2024/FIS/CGF/ANPD.
- Nota Técnica n. 12/2023/CGF/ANPD.
- Nota Técnica n. 16/2023/CGTP/ANPD.
- Nota Técnica n. 175/2023/CGF/ANPD.
- Nota Técnica n. 46/2022/CGF/ANPD.
- Nota Técnica n. 49/2022/CGF/ANPD.
- Nota Técnica n. 68/2022/CGF/ANPD.

CASOS E DECISÕES JUDICIAIS RELEVANTES

- STF, ADI 6.387/DF. Rel. Min. Rosa Weber, Tribunal Pleno, j. 05.05.2020.

JUSTIFICATIVA E FUNDAMENTOS

O RIPD, ainda que com outra nomenclatura, foi possivelmente inserido[376] pela primeira vez, no texto do anteprojeto enviado para consulta pública em janeiro de 2015 na plataforma "Pensando o Direito", que previa, em seu art. 39, § 2º, a seguinte redação: "Órgão competente poderá determinar ao responsável que elabore relatório de impacto à privacidade referente às suas operações de tratamento de dados nos termos do regulamento".[377]

---

[376] BIONI, B. R. *Regulação e proteção de dados pessoais:* o princípio da *accountability*. Rio de Janeiro: Forense, 2022. p. 50-51.

[377] BIONI, B. R. *Regulação e proteção de dados pessoais:* o princípio da *accountability*. Rio de Janeiro: Forense, 2022. p. 50.

Posteriormente, em maio de 2016, de acordo com Bioni, o relatório de impacto: "Deixa de ser um instrumento lateral para exercer um papel de maior protagonismo. Enquanto na fase anterior foi referenciado apenas uma única vez, passa a contabilizar seis menções nesse segundo momento".[378]

Em junho de 2018 a Câmara dos Deputados aprovou o PL n. 4.060/2012, na forma do substitutivo apresentado pelo Deputado Orlando Silva. Em seguida o texto seguiu para o Senado como PLC n. 53/2018. Pouco tempo depois, com a aprovação em ambas as Casas do Congresso Nacional do texto final que se tornaria conhecido como a LGPD, já constava a previsão do RIPD no art. 5º, XVII, e no art. 38, *caput* e parágrafo único, sendo esta redação sancionada pelo presidente à época em 14 de agosto de 2018.

Importante mencionar que dos três PLs apresentados no Congresso Nacional, cujo objeto era se tornar uma ampla Lei de Proteção de Dados no Brasil, não havia indicação do RIPD em dois deles, no caso, nos textos originais do PL n. 4.060/2012 e do PLS n. 330/2013. Ou seja, o relatório de impacto passou a ser considerado como um possível dispositivo legal, mediante a apresentação do substitutivo ao PL n. 4.060/2012 na Câmara, o qual indicava o relatório de impacto de forma mais parecida com a redação final aprovada.

ANÁLISE

De acordo com a redação do art. 5º, XVII, o relatório de impacto é definido como uma documentação do controlador que contém a descrição dos processos de tratamento de dados pessoais que podem gerar riscos às liberdades civis e aos direitos fundamentais, bem como medidas, salvaguardas e mecanismos de mitigação de risco. Para compreender como é inserida essa definição na LGPD é relevante refletir primeiro de onde vem o conceito de relatório de impacto, ou melhor, da Avaliação de Impacto e porque era relevante inseri-lo no âmbito da Lei de Proteção de Dados brasileira.

Primeiramente, as Avaliações de Impacto – que é a nomenclatura mais comum e primária utilizada em legislações no contexto internacional – são procedimentos ou processos de se avaliar uma política, um programa, um projeto e, no campo da proteção de dados, que é a área analisada nessa obra, uma tecnologia que trata de dados pessoais. De acordo com Dariusz Kloza:

> Uma avaliação de impacto é uma ferramenta usada para a análise de possíveis consequências de uma iniciativa sobre um interesse ou interesses sociais relevantes, se essa iniciativa puder apresentar perigos a esses interesses. Essa ferramenta tem o objetivo de apoiar um processo decisório informado sobre se se deve começar a iniciativa e sob quais condições, acabando por se traduzir num meio de proteção dos referidos interesses sociais.[379]

Essa interpretação e análise de Kloza sobre a AI, tanto sintetiza o conceito quanto também indica diversas características que compõem o raciocínio envolvido na decisão de

---

[378] BIONI, B. R. *Regulação e proteção de dados pessoais:* o princípio da *accountability*. Rio de Janeiro: Forense, 2022.

[379] KLOZA, D. *et al.* Avaliações de impacto sobre a proteção de dados na União Europeia: complementando o novo regime jurídico em direção a uma proteção mais robusta dos indivíduos. *D.pia.lab Policy Brief*, Vrije Universiteit Brussel, v. 1/2017, p. 2, 2020.

se fazer uma AI. No caso, aqui é esclarecido que essas avaliações são feitas para apoiar um "processo decisório informado", sobre se um projeto, uma política, ou, uma tecnologia, por exemplo, devem ser iniciados. Ou seja, é uma ferramenta utilizada para tomar decisões, ao mesmo tempo que ela desempenha também funções relativas, desde a prevenção da ocorrência de riscos que possam gerar algum tipo de dano ou impacto que afete os direitos das pessoas envolvidas, até para demonstrar prestação de contas (*accountability)*[380], seja para a Autoridade de Proteção de Dados, seja para a sociedade.

Logo, se busca alcançar uma fotografia próxima da realidade associada aos riscos envolvidos em um determinado tratamento e, possuindo como principal referencial a pessoa natural, no caso, o titular de dados. Esse retrato tem um duplo sentido, ele não busca apenas traduzir uma ampla gama de riscos que possam ser mapeados ao longo de uma análise, mas também se refletir como um instrumento que pode influenciar uma tomada de decisão, que seja seguir, ou não, em frente com a implementação de uma tecnologia. Nesse sentido, o ato de se buscar fazer uma avaliação de impacto antes, seguindo o mesmo raciocínio para o RIPD, se traduz como forma de decisão que pode ser afirmativa, no sentido de seguir em frente com o que se propõe – tomando obviamente medidas para mitigar e gerenciar os riscos – ao mesmo tempo que a decisão pode ser uma negativa, no sentido, de que o risco é alto demais para dar continuidade ao que se busca através do objeto analisado da avaliação.

Parte essencial da compreensão do que fundamenta essa tomada de decisão é a possível influência dela em relação aos titulares de dados relacionados ao tratamento. Isso porque se objetiva proteger os direitos e as liberdades deles ao longo do processo. E, considerando que existe uma assimetria de poder decisório e de informação envolvidos, os titulares podem ser afetados por uma decisão de serem assumidos altos riscos em um tratamento de dados, por exemplo, sem eles sequer terem conhecimento de que esse tratamento está sendo realizado. Muitas vezes as pessoas não têm ciência a respeito da tecnologia e dos dados delas que serão tratados por um controlador, uma vez que a consulta de partes interessadas no RIPD não é uma obrigação legal no contexto brasileiro e, no cenário internacional, ainda é um ponto de debate divergente sobre a forma como é possível estabelecer um procedimento em relação a ela.

Avaliações de impacto são antigas, existem em sua forma primária desde o século XIX com as Análises Custo-Benefício,[381] e elas vêm evoluindo em diferentes formatos e em diversas áreas, como na Pesquisa, Meio Ambiente, Políticas Públicas, entre outras. Nesse sentido, é essencial estabelecer como base para compreensão que elas sempre existiram com uma lógica. Essa se aplica a entender se os benefícios de um projeto, política, ou aqui no caso, uma tecnologia, são proporcionais aos riscos, bem como identificar que riscos são esses e quais são as formas de mitigá-los e gerenciá-los. Com o objetivo de gerar o menor impacto possível ao cidadão – titular de dados – que terá contato com ela.

Assim, o titular é o principal referencial dessa avaliação, sendo o norte orientador para que os controladores, representados por profissionais que atuam no campo do tratamento de dados, possam analisar os riscos envolvidos em uma tecnologia e passar por um processo decisório dentro de cada organização. Nesse sentido, já se encontram diversas indicações, seja da ANPD, ou de outros atores (*stakeholders)* envolvidos, indicando que o titular é o

---

380 Ver comentário ao art. 6º, X, neste volume.

381 RIBEIRO, D. L. *Avaliação de impacto regulatório:* passado, presente e futuro. Rio de Janeiro: UERJ, 2019. *E-book*.

principal referencial do RIPD. De acordo com o Enunciado 679 da IX Jornada de Direito Civil,[382] ocorrida em 2022:

> O Relatório de Impacto à Proteção de Dados Pessoais (RIPD) deve ser entendido como uma medida de prevenção e de *accountability* para qualquer operação de tratamento de dados considerada de alto risco, tendo sempre como parâmetro o risco aos direitos dos titulares.

O Enunciado sintetiza diferentes questões sobre a interpretação dos relatórios de impacto, bem como busca endereçar uma parametrização relativa a alguns aspectos sobre esse tema como: (i) prevenção; (ii) *accountability*; (iii) operações de tratamento de alto risco; e (iv) os direitos dos titulares como referencial para a avaliação.

Assim como a ANPD que, em seu Guia Orientativo intitulado *Aplicação da Lei Geral de Proteção de Dados Pessoais (LGPD) por agentes de tratamento no contexto eleitoral*, o qual foi desenvolvido em 2021 em parceria com o TSE, comenta que:

> As políticas e salvaguardas adotadas devem ser implementadas de acordo com um processo de avaliação sistemática de impactos e riscos à privacidade. Esta abordagem orientada a riscos deve ter como foco a pessoa titular de dados. Um importante instrumento para essa avaliação de riscos é o Relatório de Impacto à Proteção de Dados Pessoais (RIPD).[383]

Tanto o Enunciado 679 quanto o Guia da ANPD e do TSE acima mencionados, foram importantes para que aos poucos fosse sendo esclarecido, no país, que o foco do relatório de impacto é o titular de dados. Essa necessidade de "esclarecimento" pode soar estranha se for analisada por uma perspectiva de um outro contexto regional. Vale elucidar que na época da aprovação da LGPD, havia dúvidas iniciais sobre o motivo de fazer esse processo, quais seriam os seus objetivos concretos entre outros. Isso porque ele foi normatizado junto com todo um amplo arcabouço de obrigações na área de proteção de dados, e em um momento em que todos os agentes de tratamento precisavam fazer seu processo de adequação à nova lei brasileira. Então, era bastante comum que o relatório de impacto fosse confundido com um projeto de conformidade ou com um relatório de diagnóstico desse projeto.

Nesse sentido, acabou sendo positivo para a sociedade esse ponto ser esclarecido, a fim de que a rota do RIPD pudesse ser mantida em direção ao titular e as mitigações dos riscos associadas aos impactos relativos aos direitos deles.

BIBLIOGRAFIA SELECIONADA

AGENCIA ESPAÑOLA DE PROTECCIÓN DE DATOS (AEPD). Realización de evaluaciones de impacto de protección de datos. *AEPD*, 13 nov. 2023.

BANISAR D. Data protection map and update 2024. *Linkedin*, 27 jan. 2024. Disponível em: https://www.linkedin.com/pulse/data-protection-map-update-2024-david-banisar-j-9w5e%3FtrackingId=KtBAjS30Q1SNxStoHb6OxQ%253D%253D/?trackingId=KtBAjS-30Q1SNxStoHb6OxQ%3D%3D. Acesso em: 11 mar. 2024.

---

382 CONSELHO DA JUSTIÇA FEDERAL. *IX Jornada de Direito Civil:* comemoração dos 20 anos da Lei n. 10.406/2022 e da instituição da Jornada de Direito Civil – Enunciados aprovados. Brasília, 2022.

383 ANPD e TSE (2021, p. 34).

BIONI, B. R. *Regulação e proteção de dados pessoais:* o princípio da *accountability*. Rio de Janeiro: Forense, 2022.

CONSELHO DA JUSTIÇA FEDERAL. *IX Jornada de Direito Civil:* comemoração dos 20 anos da Lei n. 10.406/2022 e da instituição da Jornada de Direito Civil – Enunciados aprovados. Brasília, 2022.

FUTURE OF PRIVACY FORUM. City of Seattle Open Data Risk Assessment. *Final Report*, Jan. 2018.

GELLERT, R. Understanding the notion of risk in the General Data Protection Regulation. *Computer Law & Security Review*, v. 34, n. 2, 2018.

GOMES, M. C. O. A essencialidade do relatório de impacto à proteção de dados pessoais na conformação de políticas públicas: uma análise do caso do IBGE no STF. *In*: VALE, L. M. D., PEREIRA, J. S. S. S. (coord.). *LGPD*: Influxos no direito processual. São Paulo: Thomson Reuters Brasil, 2024.

GOMES, M. C. O. Entre o método e a complexidade: compreendendo a noção de risco na LGPD. *In*: Felipe Palhares (coord.). *Temas atuais de proteção de dados*. São Paulo: Thomson Reuters Brasil, 2020.

GOMES, M. C. O. e papel na LGPD. *Revista do Advogado,* ano 39, n. 144, 2019.

KLOZA, D. *et al.* Avaliações de impacto sobre a proteção de dados na União Europeia: complementando o novo regime jurídico em direção a uma proteção mais robusta dos indivíduos. *D.pia.lab Policy Brief,* Vrije Universiteit Brussel, v. 1/2017, p. 2, 2020.

MANTELERO, A. Beyond data: human rights, ethical and social impact assessment in AI. *Information Technology and Law Series*, v. 36, 2022.

RIBEIRO, D. L. *Avaliação de impacto regulatório:* passado, presente e futuro. Rio de Janeiro: UERJ, 2019. *E-book.*

WIMMER, M. Proteção de dados pessoais no poder público: incidência, bases legais e especificidades. *Revista do Advogado,* ano 39, n. 144, 2019.

WRIGHT, D.; DE HERT, P. (ed.). *Privacy impact assessment* (law, governance and technology series. New York: Springer, 2012.

Artigo 5º, XVIII

Comentado por Marina Feferbaum e Lucas Maldonado Diz Latini

DISPOSITIVOS RELACIONADOS NO ORDENAMENTO JURÍDICO BRASILEIRO

- Art. 23, V, art. 206, II, e art. 218 da CRFB.
- Art. 2º, V, da Lei n. 10.973/2004.
- Art. 31, § 3º, II, da Lei n. 12.527/2011.
- Art. 4º, I e II, do Decreto-Lei n. 200/1967.
- Itens II.8 e II.9, da Resolução CNS n. 466/2012.

DISPOSITIVOS RELACIONADOS NA LGPD

- Art. 2º, III e V; art. 4º, II, *b*; art. 7º, IV; art. 11, II, *c*; art. 13; e art. 16, II.

ATIVIDADES DA ANPD

- Glossário de proteção de dados pessoais e privacidade.
- Estudo Técnico: A LGPD e o tratamento de dados pessoais para fins acadêmicos e para a realização de estudos por órgão de pesquisa.
- Guia Orientativo: Tratamento de dados pessoais para fins acadêmicos e para a realização de estudos e pesquisas.

JUSTIFICATIVA E FUNDAMENTOS

Em razão da relevância da pesquisa para o avanço do conhecimento, da tecnologia e da inovação, a LGPD estabelece hipóteses de bases legais para o tratamento de dados pessoais em estudos para pesquisas por órgãos de pesquisa.[384] Para evitar que essas hipóteses tivessem seu escopo ampliado para justificar tratamentos não consentidos, entendeu-se, por bem, definir o significado de órgão de pesquisa.

No PL da Câmara n. 53/2018, posteriormente convertido na LGPD, o art. 5º, XVIII, foi proposto com a mesma redação que possui atualmente quanto ao conceito de "órgão de pesquisa". Durante a tramitação no Senado Federal, o dispositivo foi objeto da Emenda n. 6, apresentada pelo Senador Valdir Raupp,[385] com o objetivo de excluir a expressão "sem fins lucrativos" da definição. De acordo com a justificação da emenda, a finalidade da alteração seria "não impedir a realização de pesquisas clínicas com seres humanos no país [...]". Isso permitiria que pessoas jurídicas de direito privado com fins lucrativos também pudessem se enquadrar no conceito de órgãos de pesquisa. Consequentemente, esses agentes poderiam se valer das bases legais previstas nos arts. 7º, IV, e 11, II, *c*, bem como da disposição prevista no art. 13, todos da LGPD.

As emendas ao PL n. 53/2018 foram submetidas à Comissão de Assuntos Econômicos (CAE), do Senado Federal, sob relatoria do Senador Ricardo Ferraço. Em seu Parecer,[386] o Parlamentar sugeriu a rejeição da Emenda n. 6, com a consequente manutenção do conceito original de "órgãos de pesquisa", o que foi acolhido pela CAE. Posteriormente, o PL n. 53/2018, incluindo a redação original do art. 5º, XVIII, foi aprovado pelo Plenário do Senado Federal, sendo, após, encaminhado à sanção presidencial.

Poucos meses após a promulgação da LGPD, foi apresentada a Medida Provisória n. 869/2018. Seu principal objetivo foi a criação da ANPD, já que, por vício de iniciativa, houve veto às disposições inseridas pelo Poder Legislativo a esse respeito.[387] Ou seja, no texto original da Medida Provisória n. 869/2018, não houve proposta de alteração do conceito de "órgãos

---

384 Ver comentários ao art. 7°, IV, e art. 11 neste volume.

385 RAUPP, V. *Emenda n. - CAE ao PLC 53, de 2018.*

386 FERRAÇO, R. *Parecer (SF) n. 64, de 2018.*

387 PRESIDÊNCIA DA REPÚBLICA. *Mensagem n. 451, de 14 de agosto de 2018.*

de pesquisa" previsto na LGPD. Contudo, ao ser submetida à análise do Congresso Nacional, a Medida Provisória n. 869/2018, foi objeto de mais de 170 emendas. As emendas n. 36[388] e 120[389], de autoria dos Deputados Pedro Westphalen e Silvio Costa Filho, respectivamente, tinham o objetivo de alterar a redação do art. 5º, XVIII, da LGPD, novamente para remover a expressão "sem fins lucrativos" do conceito de "órgãos de pesquisa".

Quanto à Emenda n. 36, o Deputado Pedro Westphalen justificou a proposta de alteração afirmando que:

> [...] [A] limitação trazida pela medida provisória de que somente as entidades privadas sem fins lucrativos poderão ser consideradas órgão de pesquisa e, por consequência, poderão realizar o tratamento de dados pessoais sensíveis sem o consentimento do titular para a realização de estudos, poderia agravar ainda mais a situação de investimento realizado pelo setor privado.

Já o Deputado Silvio Costa Filho, em sua Emenda de n. 120, justificou que a limitação da definição de "órgãos de pesquisa" a entidades privadas sem fins lucrativos impediria que instituições privadas de pesquisa realizassem o tratamento de dados pessoais. Além disso, defendeu que essa restrição teria caráter discriminatório, ferindo os princípios constitucionais da isonomia e da livre-iniciativa.

Ao serem analisadas pela Comissão Mista da Medida Provisória n. 869/2018, relatada pelo Deputado Orlando Silva, ambas as Emendas foram rejeitadas. No Parecer que foi aprovado pela Comissão, a rejeição foi justificada da seguinte forma:

> [...] [N]a questão dos órgãos de pesquisa, a lei previa uma exceção à obtenção do consentimento para estas entidades quando públicas (art. 7º, IV). Tal flexibilização se faz necessária para facilitar a consecução de políticas públicas assim como a prestação de serviços, por exemplo facilitação de pesquisas realizadas pelo IBGE. *Já entidades de pesquisa privadas, ao não estar exercendo mandatos legais e objetivarem o lucro, devem sim obter consentimento.*[390]

Após a tramitação no Congresso Nacional, a Medida Provisória nº 869, de 2018, foi convertida na Lei n. 13.853/19, mantendo-se a previsão original prevista na LGPD de que, quanto às pessoas jurídicas de direito privado, apenas aquelas sem fins lucrativos poderiam ser enquadradas no conceito de "órgãos de pesquisa" trazido pela Lei.

ANÁLISE

O art. 5º, XVIII, define o significado de órgão de pesquisa empregado na LGPD. A definição informa todas as demais disposições que impliquem órgãos de pesquisa na lei, em diplomas infralegais subjacentes e em manifestações da ANPD, além da possibilidade de seu emprego por dispositivos legais correlatos.

O cuidado em definir legalmente órgão de pesquisa no escopo da proteção de dados visa evitar o aproveitamento indevido do regime dispensado a eles por entidades não qualificadas para tanto. Como a LGPD estabelece autorizações especiais a órgão de pesquisa,

388 WESTPHALEN, P. *Emenda modificativa*, 2019.

389 COSTA FILHO, S. *Emenda Modificativa à Medida Provisória n. 869/2018*. 2019.

390 SILVA, O.; CUNHA, R. *Parecer (CN) n. 1, de 2019* (grifo nosso).

sua caracterização importa em menor exigência perante o diploma, com destaque para a desnecessidade de consentimento do titular quando da realização de estudos pelos órgãos definidos no art. 5º, XVIII.

A LGPD caracteriza um órgão de pesquisa conforme seu propósito de existência – a pesquisa nos termos apresentados – e sua esfera de interesse, se de direito público ou de privado. Em ambos os casos, o propósito da entidade tem de compreender "pesquisa básica ou aplicada de caráter histórico, científico, tecnológico ou estatístico", perfazendo oito hipóteses: (i) pesquisa histórica básica; (ii) pesquisa histórica aplicada; (iii) pesquisa científica básica; (iv) pesquisa científica aplicada; (v) pesquisa tecnológica básica; (vi) pesquisa tecnológica aplicada; (vii) pesquisa estatística básica; e (viii) pesquisa estatística aplicada. Trata-se de rol taxativo, não admitindo outras hipóteses.

No caso do direito público, o termo "órgão" possui sentido amplo, tanto como subestrutura quanto como personalidade jurídica autônoma. Em razão do regime de direito público, que deve observar a estrita legalidade, há necessidade de previsão legal específica para a realização de pesquisa em pelo menos uma das oito hipóteses mencionadas anteriormente. Logo, a realização de tratamento de dados pessoais em pesquisa por órgão público que não de pesquisa não se fundamenta pelo art. 5º, XVIII, ainda que lícita. Nesse caso, a invocação de alguma autorização especial para o tratamento de dados deve buscar fundamento em outra base legal do art. 7º ou do art. 11, da LGPD.

No caso do direito privado, o termo "órgão" possui sentido estrito, como sinônimo de pessoa jurídica, necessariamente sem fins lucrativos e estabelecida para pesquisa. Logo, não admite interpretação ampliativa, por exemplo, para compreender uma subestrutura da entidade privada ou para abranger uma entidade com fim lucrativo, ainda que voltada para a pesquisa. Por fim, a atribuição do propósito de pesquisa deve constar do ato constitutivo da entidade.

BIBLIOGRAFIA SELECIONADA

ALMEIDA, F. *et al. Guia de Proteção de Dados Pessoais:* Pesquisa Versão 1.0. nov. 2020. Disponível em: https://portal.fgv.br/sites/portal.fgv.br/files/u12834/guia _pesquisa.pdf. Acesso em: 18 mar. 2024.

DUCATO, R. Data protection, scientific research, and the role of information. *Computer Law & Security Review*, v. 37, 2020.

COSTA FILHO, S. *Emenda Modificativa à Medida Provisória n. 869/2018*. 2019.

EUROPEAN DATA PROTECTION SUPERVISOR. *A preliminary opinion on data protection and scientific research*. 2020.

EUROPEAN UNIVERSITY INSTITUTE. *Guide on Good Data Protection Practice in Research*. 2022.

FERRAÇO, R. *Parecer (SF) n. 64, de 2018*.

FERREIRA, L. *et al. Guia de Proteção de Dados Pessoais:* Estudos por Órgãos de Pesquisa (Versão 2.0), 2023. Disponível em: https://portal.fgv.br/sites/portal.fgv.br/files/u11738/2023.10.23_-_guia_de_pesquisa.pdf. Acesso em: 18 mar. 2024.

HINTZE, M. Science and privacy: data protection laws and their impact on research. *Washington Journal of Law, Technology & Arts*, n. 14, 2019.

ICO. *The research provisions*, 2023. Disponível em: https://ico.org.uk/for-organisations/uk-gdpr-guidance-and-resources/the-research-provisions. Acesso em: 19 mar. 2024.

PRESIDÊNCIA DA REPÚBLICA. *Mensagem n. 451, de 14 de agosto de 2018.*

RAUPP, V. *Emenda n. __ - CAE ao PLC 53, de 2018.*

SILVA, O.; CUNHA, R. *Parecer (CN) n. 1, de 2019.*

STAUNTON, C. *et al.* The GDPR and the research exemption: considerations on the necessary safeguards for research biobanks'. *European Journal of Human Genetics 1159,* v. 27, 2019.

WESTPHALEN, P. *Emenda modificativa.* 2019.

Artigo 5º, XIX

Comentado por Carlos Fernando do Nascimento e Mariana Talouki

DISPOSITIVOS RELACIONADOS NO ORDENAMENTO JURÍDICO BRASILEIRO

- Art. 1º, art. 6º, art. 8º, arts. 10 a 12 do Anexo I do Decreto n. 10.474, de 26 de agosto de 2020.
- Art. único, XV, alínea *b*, do anexo do Decreto n. 11.401, de 23 de janeiro de 2023.

DISPOSITIVOS RELACIONADOS NA LGPD

- Art. 55-A; arts. 55-C a 55-F; art. 55-J; arts. 55-K a 55-M.

ATIVIDADES DA ANPD

- Portaria n. 1, de 8 de março de 2021.
- AGU. Consultoria-Geral da União. Assessoria Jurídica junto à Autoridade Nacional de Proteção de Dados. Parecer n. 00018/2021/GAB/ASJUR-ANPD/CGU/AGU.

AÇÕES REGULATÓRIAS E FISCALIZATÓRIAS DE ENTIDADES GOVERNAMENTAIS E ÓRGÃOS DE CONTROLE

- TCU, Acórdão n. 1.384/2022, Rel. Min. Augusto Nardes, Plenário, j. 15.06.2022.
- TCU, Relatório, Processo n. TC 039.606/2020-1, Plenário, j. 15.06.2022.

CASOS E DECISÕES JUDICIAIS RELEVANTES

- STF. ADI n. 6.649 e ADPF n. 695. Plenário. Rel. Min. Gilmar Mendes, j. 15.09.2022. *DJe* 19.06.2023.

JUSTIFICATIVA E FUNDAMENTOS

O inciso XIX do art. 5º da LGPD trouxe a definição do então órgão da administração pública responsável por zelar, implementar e fiscalizar a proteção da privacidade e dos dados pessoais, inserido na LGPD pela Medida Provisória n. 869, de 27 de dezembro de 2018.

A proposta de alocação da responsabilidade pela promoção da proteção de dados pessoais em um órgão específico consta do Projeto de Lei n. 5.276, de 2016, de autoria do Poder Executivo, elaborado sob a coordenação do então Ministério da Justiça, inspirado na Resolução da ONU, de 25 de novembro de 2013, sobre "Direito à Privacidade na Era Digital".

O projeto de lei do Executivo foi apensado, durante a tramitação na Câmara dos Deputados, ao Projeto de Lei n. 4.060, de 2012, cujo teor original foi alterado por uma Subemenda Substitutiva de Plenário, apresentada pelo Relator da Comissão Especial que analisava o projeto mais antigo. Aprovado em maio de 2018, a proposta legislativa foi enviada ao Senado, convertida nesta Casa no Projeto de Lei n. 53, de 2018, e que, após deliberação, foi encaminhada para sanção presidencial.

Os arts. 55 a 59 aprovados pelo Legislativo dispunham sobre a criação e o funcionamento de uma autoridade protetiva de dados pessoais, submetida ao regime autárquico especial e vinculada ao ora Ministério da Justiça, enquanto o projeto oriundo do Executivo previa a existência de um órgão competente, sem nomear ou definir qualquer característica particular que o aproximasse de um regime autárquico de autonomia reforçada.

De todo modo, dado o vício de iniciativa parlamentar na criação da ANPD, os arts. 55 a 59 foram vetados por afronta ao art. 61, § 1º, II, *e*, da Constituição. Contudo, este inciso XIX do art. 5º passou despercebido pelo Executivo, pois padecia do mesmo problema dos demais: a definição, pelo Parlamento, de um órgão da administração pública indireta responsável por zelar, implementar e fiscalizar o cumprimento da LGPD.

O veto, contudo, gerou um cenário de insegurança jurídica que motivou a edição da Medida Provisória n. 869, de 27 de dezembro de 2018 – posteriormente convertida na Lei n. 13.853, de 8 de julho de 2019 – alterando a LGPD para criar a ANPD, modificando o inciso XIX do art. 5º, para definir a autoridade nacional como "o órgão da administração pública responsável por zelar, implementar e fiscalizar o cumprimento" da LGPD, suprimindo a necessidade de personalidade jurídica própria.

A alteração proposta pelo Executivo foi coerente com a inclusão do art. 55-A, que alocou a ANPD na estrutura da Presidência da República, ainda que a transitoriedade da situação tenha sido apontada no próprio artigo.

Os debates legislativos sobre a Medida Provisória n. 869, de 2018, levaram a uma nova modificação por iniciativa parlamentar para estabelecer que as responsabilidades da autoridade nacional abarcavam todo o território nacional.

Com a sanção da Lei n. 13.853, de 8 de julho de 2019, resultante daquela medida provisória, o dispositivo passou a vigorar com sua redação atual.

ANÁLISE

O art. 5º, inciso XIX, ao definir que haveria uma autoridade nacional dedicada à proteção da privacidade e dos dados pessoais, positivou uma sinalização essencial para a efetividade da lei, independentemente de para que lado penderam as mudanças ocorridas na sua redação original. O dispositivo é a primeira sinalização na norma no sentido da reunião de competências relacionadas à regulação das atividades de tratamento de dados pessoais.

A LGPD abraçou uma concepção ampla da atividade reguladora estatal ao reunir a edição de normas, a fiscalização e a aplicação de sanções – funções administrativas do Estado incidentes sobre a atividade econômica – para garantir o respeito aos fundamentos e aos princípios estampados na própria LGPD.

Além da abordagem regulatória, a ANPD exerce o papel de uma autoridade de garantia, encarregada de proteger direitos específicos ou situações subjetivas determinadas, sendo instituída com essa finalidade. Esse conceito de autoridade de garantia foi utilizado por Danilo Doneda para diferenciá-la das demais autoridades reguladoras, que tradicionalmente atuam de forma mais acentuada sobre serviços públicos específicos. Segundo Doneda, as autoridades de garantia concentram-se na defesa de direitos fundamentais, assegurando sua proteção efetiva.[391]

As principais funções de uma autoridade de garantia incluem: assegurar a proteção de direitos fundamentais como dever do Estado; difundir valores constitucionais; defender direitos subjetivos específicos; adotar mecanismos jurídicos e procedimentais eficazes; integrar diferentes áreas do conhecimento para ampliar a proteção de direitos; e uniformizar a interpretação das matérias sob sua competência. No contexto da proteção de dados, sua missão é garantir os direitos dos titulares, assegurando o livre acesso à informação e a segurança dos dados pessoais.

Sob outra ótica, o "primeiro pressuposto do Estado Regulador é o de que a regulação tem por finalidade preeminente a proteção dos direitos fundamentais"[392]. Isso reduz a importância de uma distinção entre autoridades reguladoras e autoridades de garantia.

Noutro giro, é importante destacar que, apesar do alinhamento do conceito às características atuais da ANPD, a redação do inciso XIX do art. 5º não dialoga com a LGPD em sua redação vigente. A Medida Provisória n. 1.124, de 13 de junho de 2022 – posteriormente convertida na Lei n. 14.460, de 25 de outubro de 2022 – alterou a natureza jurídica da ANPD, submetendo-a ao regime de autarquia de natureza especial.

Mesmo ignorando o vício de iniciativa que fragilizou sua constitucionalidade – a inserção do trecho "em todo o território nacional" pelo Parlamento durante a tramitação da Medida Provisória n. 869, de 2018 – a nova configuração da ANPD é incompatível com a definição de um órgão, como indicado no art. 5º, inciso XIX.

BIBLIOGRAFIA SELECIONADA

ARAGÃO, A. As agências reguladoras independentes e a separação de poderes. *In*: DI PIETRO, M. S. Z.; SUNDFELD, C. (ed.). *Direito administrativo:* administração pública indireta e regulação. São Paulo: Revista dos Tribunais, 2012.

ARANHA, M. I. *Manual de direito regulatório:* fundamentos de direito regulatório. 9. ed. London: Laccademia Publishing, 2024.

BRASIL. Câmara dos Deputados. *Exposição de Motivos n. 239/2018, da Medida Provisória n. 869, de 2018.*

---

[391] SCHERTEL MENDES *et al.* (ed.). *Tratado de proteção de dados pessoais.* Rio de Janeiro: Forense, 2020. p. 463.

[392] ARANHA, M. I. *Manual de direito regulatório:* fundamentos de direito regulatório. 9. ed. London: Laccademia Publishing, 2024. p. 10.

CÂMARA DOS DEPUTADOS. *Comissão mista destinada a emitir parecer sobre a Medida Provisória n. 869, de 28 de dezembro de 2018.*

EDPS. *Data Protection – Independence*, 2024.

FREITAS, V. P.; SILVA, F. Q. (ed.). *Agências reguladoras no direito brasileiro:* teoria e prática. São Paulo: Revista dos Tribunais, 2014.

SCHERTEL MENDES *et al.* (ed.). *Tratado de proteção de dados pessoais.* Rio de Janeiro: Forense, 2021.

Art. 6º As atividades de tratamento de dados pessoais deverão observar a boa-fé e os seguintes princípios:

I – finalidade: realização do tratamento para propósitos legítimos, específicos, explícitos e informados ao titular, sem possibilidade de tratamento posterior de forma incompatível com essas finalidades;

II – adequação: compatibilidade do tratamento com as finalidades informadas ao titular, de acordo com o contexto do tratamento;

III – necessidade: limitação do tratamento ao mínimo necessário para a realização de suas finalidades, com abrangência dos dados pertinentes, proporcionais e não excessivos em relação às finalidades do tratamento de dados;

IV – livre acesso: garantia, aos titulares, de consulta facilitada e gratuita sobre a forma e a duração do tratamento, bem como sobre a integralidade de seus dados pessoais;

V – qualidade dos dados: garantia, aos titulares, de exatidão, clareza, relevância e atualização dos dados, de acordo com a necessidade e para o cumprimento da finalidade de seu tratamento;

VI – transparência: garantia, aos titulares, de informações claras, precisas e facilmente acessíveis sobre a realização do tratamento e os respectivos agentes de tratamento, observados os segredos comercial e industrial;

VII – segurança: utilização de medidas técnicas e administrativas aptas a proteger os dados pessoais de acessos não autorizados e de situações acidentais ou ilícitas de destruição, perda, alteração, comunicação ou difusão;

VIII – prevenção: adoção de medidas para prevenir a ocorrência de danos em virtude do tratamento de dados pessoais;

IX – não discriminação: impossibilidade de realização do tratamento para fins discriminatórios ilícitos ou abusivos;

X – responsabilização e prestação de contas: demonstração, pelo agente, da adoção de medidas eficazes e capazes de comprovar a observância e o cumprimento das normas de proteção de dados pessoais e, inclusive, da eficácia dessas medidas.

Artigo 6º, *caput*

Comentado por Laura Schertel Mendes, Alisson Alexsandro Possa e Isabela Maria Rosal

DISPOSITIVOS RELACIONADOS NO DIREITO INTERNACIONAL

- Art. 7, dos Princípios Orientadores da OCDE sobre a Proteção da Privacidade e o Fluxo Transfronteiriço de Dados Pessoais.
- Art. 5(4)a e art. 48 da Convenção 108+.

DISPOSITIVOS RELACIONADOS NO ORDENAMENTO JURÍDICO BRASILEIRO

- Art. 113; art. 187 e art. 422 do CC.

- Art. 5º, art. 322, § 2º, e art. 489, § 3º, do CPC.
- Art. 4º, III, e art. 51, IV, do CDC.

DISPOSITIVOS RELACIONADOS NA LGPD

- Art. 7º, § 3º.

ATIVIDADES DA ANPD

- Guia Orientativo: Hipóteses legais de tratamento de dados pessoais – Legítimo Interesse (2024).
- Nota Técnica n. 175/2023/CGF/ANPD.
- Relatório de Instrução n. 1/2023/CGF/ANPD.
- Texto para discussão n. 1/2022. Estudo Técnico. A LGPD e o tratamento de dados pessoais para fins acadêmicos e para a realização de estudos por órgão de pesquisa (2022).

AÇÕES REGULATÓRIAS E FISCALIZATÓRIAS DE ENTIDADES GOVERNAMENTAIS E ÓRGÃOS DE CONTROLE

- TCU, Auditoria TC 039.606/2020-1.
- Senacon, Processo n. 08012.000723/2018-19, Nota Técnica n. 32/2019/CGCTSA/DPDC/SENACON.

CASOS E DECISÕES RELEVANTES

- STF, ADI 6.649. Rel. Min. Gilmar Mendes. Tribunal Pleno, j. 15.09.2022.

JUSTIFICATIVA E FUNDAMENTOS

O princípio da boa-fé na proteção de dados demonstra a clara preocupação em trazer institutos de ramos específicos do Direito, nesse caso principalmente consumerista e contratual, para a regulação da proteção de dados pessoais. A previsão geral da boa-fé como princípio regente à proteção de dados pessoais no Brasil apresenta grande correspondência ao *fairness principle* (princípio da lealdade) do RGPD (art. 5(1), a)[393] e vincula os agentes de tratamento a adotar condutas que buscam garantir proteção aos titulares. É justamente a partir dessas conexões que se entende que o objetivo dessa previsão é garantir a proteção

[393] "The fairness requirement could be compared with the general good faith requirement in some legal systems", em tradução livre: "O requisito de lealdade pode ser comparado com o conceito geral de boa-fé em alguns sistemas legais", em HOOFNAGLE, C. J.; VAN DER SLOOT, B.; BORGESIUS, F. Z. The European Union General Data Protection Regulation: What It Is and What It Means. *Information & Communications Technology Law*, v. 28, n. 65, 2019.

do elo mais vulnerável da relação entre o titular de dados e o(s) agente(s) de tratamento. A escolha por adotar a boa-fé no *caput* do art. 6° também ilustra a intenção legislativa de ter este conceito jurídico como base interpretativa de todos os demais princípios listados neste dispositivo. Além disso, apesar de o texto legal mencionar apenas "boa-fé", a boa-fé objetiva é tida como princípio geral do sistema de proteção de dados pessoais no Brasil, assim como será demonstrado a seguir.

ANÁLISE

1. Origem do princípio da boa-fé

A boa-fé como princípio que vincula juridicamente os agentes de uma relação jurídica teve seu surgimento no CDC. Conhecido como boa-fé objetiva, possui papel de mecanismo aberto que busca vincular as partes em uma relação jurídica a agir de forma colaborativa para alcançar os objetivos pretendidos, seguindo uma prática da legislação germânica.[394] Ela destoa da boa-fé subjetiva, entendida como estado psicológico do agente que está agindo de acordo com a lei e que não gera dever jurídico para a adoção de determinados tipos de comportamentos.

No Brasil, a boa-fé objetiva passou a ser, após intensa produção jurisprudencial, um instrumento de proteção à parte mais frágil em uma relação jurídica, principalmente em decorrência da sua origem em um diploma protetivo[395]. Assim, há uma expansão para outros ramos do Direito em que inexiste igualdade material entre as partes envolvidas, incluindo o sistema de proteção de dados pessoais, passando a ser "critério de controle de legitimidade do exercício da autonomia privada em geral".[396]

Essa evolução jurisprudencial e doutrinária passou a prever três funções que garantem a concretização do princípio em efeitos jurídicos.[397] Em primeiro lugar, exerce uma função interpretativa, orientando a leitura e aplicação das cláusulas contratuais de forma a privilegiar a honestidade e a lealdade entre as partes. Isso garante que os contratos sejam interpretados de maneira a evitar malícia ou qualquer intenção de prejudicar uma das partes em benefício da outra, reforçando a confiança nas relações contratuais.

Além disso, a boa-fé objetiva cumpre uma função restritiva, limitando o exercício abusivo de direitos contratuais. Mesmo que um direito esteja formalmente previsto no contrato ou na legislação, seu exercício não pode contrariar o princípio da boa-fé ou resultar em prejuízos desproporcionais para a outra parte. Dessa forma, a boa-fé funciona como um critério essencial para diferenciar o exercício regular de um direito do abuso de poder ou de uma conduta prejudicial.

Por fim, ela cria deveres acessórios ou anexos que não estão explicitamente previstos no contrato, mas decorrem de sua lógica e finalidade. Esses deveres incluem obrigações

---

394 TEPEDINO, G.; SCHREIBER, A. Os efeitos da constituição em relação à cláusula da boa-fé no Código de Defesa do Consumidor e no Código Civil. *Revista da EMERJ*, v. 6, p. 139, 2003.

395 SCHREIBER, A. *O princípio da boa-fé objetiva no direito de família*. Princípios do direito civil contemporâneo. Rio de Janeiro: Renovar, 2006.

396 SCHREIBER, A. *O princípio da boa-fé objetiva no direito de família*. Princípios do direito civil contemporâneo. Rio de Janeiro: Renovar, 2006.

397 TEPEDINO, G.; SCHREIBER, A. Os efeitos da constituição em relação à cláusula da boa-fé no Código de Defesa do Consumidor e no Código Civil. *Revista da EMERJ*, v. 6, p. 139, 2003.

de lealdade, proteção, informação e colaboração, que ajudam a assegurar que os objetivos econômicos e sociais do contrato sejam alcançados. No entanto, esses deveres possuem limites claros, definidos pela função socioeconômica do contrato, para evitar excessos que inviabilizam sua aplicação prática.

A tríplice função da boa-fé objetiva reforça o equilíbrio e a equidade nas relações contratuais, promovendo um ambiente ético e estável. Embora suas funções variem em intensidade dependendo do tipo de relação – como consumo ou empresarial –, sua aplicação visa sempre proteger os valores fundamentais do ordenamento jurídico.

É justamente nesse avanço do instituto que o princípio está positivado no *caput* do art. 6º da LGPD, indicando que os agentes de tratamento estão obrigados a adotar condutas que buscam proteger os titulares de dados. Essas condutas estão consubstanciadas nos princípios da proteção de dados, mas com a abertura normativa para situações que podem não estar dentro do alcance deles. Em outras palavras, em todas as atividades envolvendo o processamento de dados pessoais, o agente de tratamento deve agir em boa-fé.

2. A boa-fé no contexto internacional

Considerando a correspondência da boa-fé com o *fairness principle* (ou princípio da lealdade) do RGPD, vale o estudo deste instrumento. O texto europeu não oferece medidas interpretativas específicas sobre o princípio da lealdade. Há, ao longo do Regulamento, somente duas outras menções à lealdade. A primeira previsão (art. 6(2), RGPD)[398] reforça que o princípio da lealdade deve ser transposto em todas as legislações nacionais dos Estados-Membros da EU quando tratarem sobre as bases legais de "cumprimento de uma obrigação jurídica" (art. 6(1)c, RGPD) e "interesse público" (art. 6(1)e, RGPD). Já a segunda menção ao princípio da lealdade (art. 6(3), RGPD) ressalta, mais uma vez, que medidas destinadas a garantir a lealdade do tratamento devem estar presentes no fundamento legal que justifica tratamentos baseados no interesse público.

O Considerando 39 do Regulamento é, contudo, crucial para a compreensão sobre os princípios norteadores do RGPD. Esse dispositivo inicia informando que todo o tratamento de dados deve ser lícito (*lawful*) e equitativo (*fair*), passando a tratar sobre várias condutas que os agentes de tratamento devem adotar que correspondem aos respectivos princípios, inclusive medidas de transparência.[399] Ao se considerar o princípio da lealdade

[398] Art. 6(2) RGPD: Os Estados-membros podem manter ou aprovar disposições mais específicas com o objetivo de adaptar a aplicação das regras do presente regulamento no que diz respeito ao tratamento de dados para o cumprimento do n. 1, alíneas *c* e *e*, determinando, de forma mais precisa, requisitos específicos para o tratamento e outras medidas destinadas a garantir a licitude e lealdade do tratamento, inclusive para outras situações específicas de tratamento em conformidade com o capítulo IX.

[399] Recital 39: O tratamento de dados pessoais deverá ser efetuado de forma lícita e equitativa. Deverá ser transparente para as pessoas singulares que os dados pessoais que lhes dizem respeito são recolhidos, utilizados, consultados ou sujeitos a qualquer outro tipo de tratamento e a medida em que os dados pessoais são ou virão a ser tratados. O princípio da transparência exige que as informações ou comunicações relacionadas com o tratamento desses dados pessoais sejam de fácil acesso e compreensão, e formuladas numa linguagem clara e simples. Esse princípio diz respeito, em particular, às informações fornecidas aos titulares dos dados sobre a identidade do responsável pelo tratamento dos mesmos e os fins a que o tratamento se destina, bem como às informações que se destinam a assegurar que seja efetuado com equidade e transparência para com as pessoas singulares em causa, bem como a salvaguardar o seu direito a obter a confirmação e a comunicação dos dados pessoais que lhes dizem respeito que estão a ser tratados. As pessoas singulares a quem os dados dizem

como guia geral de interpretação e com base em outros instrumentos jurídicos da região (e.g., Carta dos Direitos Fundamentais da UE), percebe-se que há, assim, uma ligação íntima deste instituto com a legalidade (*lawfulness*) e transparência (*transparency*), apesar de serem noções interdependentes entre si.[400] O papel da boa-fé, junto aos outros princípios, garante que suas determinações não sejam meramente indicativas, mas que sejam efetivadas na prática.

Em relação ao princípio da transparência, além da necessidade de o Controlador informar determinados parâmetros sobre o tratamento, tais como aqueles previstos nos arts. 13(2) e 14(2), há a necessidade de que essa transparência seja justa (*fairly*), de modo a garantir que o titular esteja instrumentalizado a entender (e não somente ter acesso) às características principais do tratamento e seu significado.[401]

Quanto ao princípio da legalidade (*lawfulness*), a relação está no contexto das hipóteses legais para tratamentos de dados pessoais que podem ser objeto de previsões adicionais por Estados-membros (como mencionado, arts. 6(1)c e 6(1)e do RGPD). Como visto, o Regulamento exige que esses instrumentos jurídicos nacionais prevejam medidas destinadas a garantir a lealdade nos tratamentos de dados justificados por essas bases legais. Essa ênfase funciona para garantir que ainda nas legislações nacionais exista um balanceamento efetivo entre conflitos de interesses entre as novas previsões e os interesses dos titulares.[402]

A noção de lealdade (*fairness*) no RGPD é interpretada com diferentes nuances, variando conforme a língua e o contexto jurídico. Em línguas como francês, espanhol e português, os termos relacionados à lealdade e justiça são frequentemente usados de forma intercambiável, enquanto em outras, como alemão e grego, há uma lógica específica para a escolha de termos. Três significados centrais emergem: *correção* (italiano, sueco, romeno), *lealdade* (francês, espanhol, português e alemão) e *equidade* (francês, espanhol,

---

respeito deverão ser alertadas para os riscos, regras, garantias e direitos associados ao tratamento dos dados pessoais e para os meios de que dispõem para exercer os seus direitos relativamente a esse tratamento. Em especial, as finalidades específicas do tratamento dos dados pessoais deverão ser explícitas e legítimas e ser determinadas quando da recolha dos dados pessoais. Os dados pessoais deverão ser adequados, pertinentes e limitados ao necessário para os efeitos para os quais são tratados. Para isso, é necessário assegurar que o prazo de conservação dos dados seja limitado ao mínimo. Os dados pessoais apenas deverão ser tratados se a finalidade do tratamento não puder ser atingida de forma razoável por outros meios. A fim de assegurar que os dados pessoais sejam conservados apenas durante o período considerado necessário, o responsável pelo tratamento deverá fixar os prazos para o apagamento ou a revisão periódica. Deverão ser adotadas todas as medidas razoáveis para que os dados pessoais inexatos sejam retificados ou apagados. Os dados pessoais deverão ser tratados de uma forma que garanta a devida segurança e confidencialidade, incluindo para evitar o acesso a dados pessoais e equipamento utilizado para o seu tratamento, ou a utilização dos mesmos, por pessoas não autorizadas.

400 MALGIERI, G. The concept of fairness in the GDPR: a linguistic and contextual interpretation, 2020. *FAT*'20 Proceedings of the 2020 Conference on Fairness, Accountability, and Transparency*, New York, 2020; CLIFFORD, D.; AUSLOOS, J. Data Protection and the Role of Fairness. *Yearbook of European Law*, v. 37, n. 130, 2018.

401 MALGIERI, G. The concept of fairness in the GDPR: a linguistic and contextual interpretation, 2020. *FAT*'20 Proceedings of the 2020 Conference on Fairness, Accountability, and Transparency*, New York, 2020.

402 MALGIERI, G. The concept of fairness in the GDPR: a linguistic and contextual interpretation, 2020. *FAT*'20 Proceedings of the 2020 Conference on Fairness, Accountability, and Transparency*, New York, 2020.

português). Esses conceitos têm origem na tradição jurídica ocidental, especialmente na noção romana de "*bona fide*".[403]

Independentemente da tradução, a literatura europeia sobre o papel do respectivo princípio também segue o entendimento de que a legislação de proteção de dados busca garantir mecanismos que combatem as assimetrias de poder na relação entre agentes de tratamento e titulares. A boa-fé, ao lado da transparência, ocupa posição nuclear nessa estrutura.[404]

Cabe destacar que a legislação de proteção de dados da Suíça, não sujeita à aplicação do RGPD, após modificações em 2023, substituiu a expressão lealdade (*fairness*) para a menção expressa de boa-fé (*good faith*) no seu art. 6.2,[405] reforçando a correspondência entre as duas expressões e seu conteúdo.

Assim, no Regulamento europeu, no mesmo sentido da LGPD, a lealdade transcende o respeito formal aos procedimentos e foca em mitigar cenários injustos, equilibrando os interesses e o desnível de poder entre controladores e titulares de dados. A abordagem é baseada em efeitos práticos, priorizando a redução de vulnerabilidades criadas por práticas desiguais, em vez de se limitar à transparência ou à legalidade formal.

3. Concretização do princípio da boa-fé

O desdobramento prático do princípio da boa-fé objetiva na proteção de dados é a previsão dos princípios[406] estabelecidos nos incisos do art. 6°, que elencam padrões de análise para processos de tratamentos de dados de maneira a garantir ao titular proteções contra abusos na coleta e utilização de seus dados.

Outra consequência desse macroprincípio é o estabelecimento da impossibilidade de se realizar condutas contraditórias, elemento essencial da boa-fé objetiva. No contexto da proteção de dados pessoais, essa vedação pode ser entendida em relação aos motivos originais que levaram à coleta dos dados pessoais[407] e às análises relativas aos tratamentos posteriores que podem ser contrários aos interesses dos titulares. Ao analisar a compatibilidade entre a finalidade inicial e a secundária,[408] a boa-fé também deve ser utilizada como guia interpretativo para o teste, tanto antes do tratamento quanto em uma possível avaliação posterior da legalidade do tratamento secundário por autoridade competente. Assim, havendo a coleta de determinadas categorias de dados para a execução de contrato, por exemplo, a utilização posterior dos dados para finalidades que podem gerar danos desproporcionais aos titulares é vedada por ser considerada um comportamento contraditório do agente de tratamento. A boa-fé ainda serve como fator interpretativo da validade do consentimento, seguindo a

---

403 *Bona fide* surgiu como uma reação da aplicação estrita e formal de regras, como uma nova forma de interpretação de estruturas positivadas. MALGIERI, G. The concept of fairness in the GDPR: a linguistic and contextual interpretation, 2020. *FAT*'20 Proceedings of the 2020 Conference on Fairness, Accountability, and Transparency*, New York, 2020.

404 CLIFFORD, D.; AUSLOOS, J. Data Protection and the Role of Fairness. *Yearbook of European Law*, v. 37, n. 130, 2018.

405 Segundo tradução não vinculante oferecida pelo Conselho Federal da Suíça para o *Federal Act on Data Protection (FAPD)*. Disponível em: https://www.fedlex.admin.ch/eli/cc/2022/491/en

406 TOMASEVICIUS FILHO, E. O princípio da boa-fé na lei geral de proteção de dados. *Consultor Jurídico*, 2021.

407 Ver comentário ao art. 6º, I, neste volume.

408 Ver comentário ao art. 6º, II, neste volume.

ideia de que o titular não forneceria seu aceite para tratamentos de seus dados totalmente contrários aos seus próprios interesses.[409]

Também se defende a compreensão de que a boa-fé é importante instrumento na definição e avaliação do papel dos agentes de tratamento. Em situações de equiparação do operador ao controlador por descumprimento de instruções dadas por este àquele[410], a boa-fé também deve servir como base interpretativa do comportamento contraditório do operador. Por isso é tão importante o destaque dado pela legislação brasileira em demonstrar que a responsabilidade solidária e a equivalência de papéis existe quando o controlador fornece instruções lícitas ao operador.

Em um contexto social e econômico de relações predominantemente digitais, carregando inúmeras complexidades derivadas das complexas redes de compartilhamentos e usos secundários de dados, dificuldades práticas surgem para garantir efetividade às determinações da LGPD de forma que os titulares estejam, de fato, protegidos. Nesse sentido, Mendes e Fonseca destacam o papel do princípio da boa-fé objetiva como mecanismo que determina a adoção de medidas que sejam concretas para equilibrar a relação entre os agentes de tratamentos e titulares, mais do que medidas formais:

> Nesse sentido, institutos civis já estabelecidos, relacionados aos vícios de vontade e aos abusos de poder ou a cláusulas gerais como a boa-fé e a tutela da confiança, podem ser utilizados na busca pela materialização dessa autonomia [do titular] e na análise do consentimento frente ao contexto em que realizado.[411]

Ainda, o princípio da boa-fé pode servir de elemento integrador entre regimes interligados, como concorrência, proteção de dados e direito do consumidor. Essas áreas, embora com focos distintos, compartilham preocupações com a justiça e a igualdade de tratamento, especialmente em um cenário de mercados digitais dominados por grandes empresas que concentram dados e poder. Dessa forma, explorar as sinergias entre esses regimes permite compreender como a boa-fé pode ser promovida de forma mais robusta e abrangente.

As sinergias entre proteção de dados, concorrência e defesa do consumidor podem ser vistas na maneira como a boa-fé contribui para alinhar proteções substanciais, objetos desses sistemas[412]. Por exemplo, a abordagem baseada em riscos da LGPD (e do RGPD) encontra paralelo nos conceitos de poder de mercado e obrigações proporcionais do direito da concorrência, que também se fundamentam na boa-fé ao exigir que empresas dominantes considerem os impactos de suas práticas a sociedade.

Além disso, como mencionado, a boa-fé é central no Direito do Consumidor, particularmente em relação à transparência e à garantia de consentimento informado. Ao considerar a validade do consentimento para o tratamento de dados, a análise pode se beneficiar de elementos do direito da concorrência, como o desequilíbrio de poder em mercados altamente concentrados, para avaliação dos requisitos de validade do consentimento para tratamento

---

[409] MENDES, L. S.; FONSECA, G. Proteção de dados para além do consentimento: tendências de materialização. *In*: DONEDA, D. *et al. Tratado de proteção de dados*. Rio de Janeiro: Forense, 2021. p. 73-96.

[410] Ver comentários aos art. 39 e 42 neste volume.

[411] MENDES, L. S.; FONSECA, G. Proteção de dados para além do consentimento: tendências de materialização. *In*: DONEDA, D. *et al. Tratado de proteção de dados*. Rio de Janeiro: Forense, 2021. p. 73-96.

[412] GRAEF, I.; CLIFFORD, D.; VALCKE, P. Fairness and enforcement: bridging competition, data protection, and consumer law. *International Data Privacy Law*, v. 8, n. 3, 2018.

de dados pessoais. Assim, o princípio da boa-fé transcende limites disciplinares, servindo como base para práticas comerciais mais éticas e alinhadas com os interesses do consumidor.

BIBLIOGRAFIA SELECIONADA

CLIFFORD, D.; AUSLOOS, J. Data Protection and the Role of Fairness. *Yearbook of European Law*, v. 37, n. 130, 2018.

GRAEF, I.; CLIFFORD, D.; VALCKE, P. Fairness and enforcement: bridging competition, data protection, and consumer law. *International Data Privacy Law*, v. 8, n. 3, 2018.

HOOFNAGLE, C. J.; VAN DER SLOOT, B.; BORGESIUS, F. Z. The European Union General Data Protection Regulation: What It Is and What It Means. *Information & Communications Technology Law*, v. 28, n. 65, 2019.

MALGIERI, G. The concept of fairness in the GDPR: a linguistic and contextual interpretation, 2020. *FAT*'20 Proceedings of the 2020 Conference on Fairness, Accountability, and Transparency*, New York, 2020.

MENDES, L. S.; FONSECA, G. Proteção de dados para além do consentimento: tendências de materialização. *In*: DONEDA, D. *et al. Tratado de proteção de dados*. Rio de Janeiro: Forense, 2021. p. 73-96.

SCHREIBER, A. *O princípio da boa-fé objetiva no direito de família*. Princípios do direito civil contemporâneo. Rio de Janeiro: Renovar, 2006.

TEPEDINO, G.; SCHREIBER, A. Os efeitos da constituição em relação à cláusula da boa-fé no Código de Defesa do Consumidor e no Código Civil. *Revista da EMERJ*, v. 6, 2003.

TOMASEVICIUS FILHO, E. O princípio da boa-fé na lei geral de proteção de dados. *Consultor Jurídico*, 2021.

Artigo 6º, I

Comentado por Isabela Maria Rosal, Elora Fernandes e Laura Schertel Mendes

DISPOSITIVOS RELACIONADOS NO DIREITO INTERNACIONAL

- Art. 5(b) da Convenção 108.
- Art. 5 da Convenção 108+.

DISPOSITIVOS RELACIONADOS NO ORDENAMENTO JURÍDICO BRASILEIRO

- Art. 7º, VIII, e art. 16, II, do MCI.
- Art. 31 e art. 37, § 1º, do CDC.
- Art. 5º, VII, da LCP.
- Art. 39 da Lei n. 14.129/2021 (Lei do Governo Digital).

DISPOSITIVOS RELACIONADOS NA LGPD

- Arts. 5º, XII; 6º, II, III, V e VI; 7º, §§ 3º e 7º; 8º, § 4º; 9º e 10; art. 13; arts. 15 e 16; art. 23, I; art. 26.

ATIVIDADES DA ANPD

- Auto de Infração n. 3/2022/CGF/ANPD. Processo ANPD 00261.000489/2022-62. Relatório de Instrução n. 1/2023/CGF/ANPD.
- Estudo Técnico sobre Anonimização de Dados na LGPD: Análise Jurídica. Versão 1.0. 2023.
- Estudo Técnico sobre Anonimização de Dados na LGPD: uma visão de processo baseado em risco e técnicas computacionais. Versão 1.0. 2023.
- Estudo técnico. A LGPD e o tratamento de dados pessoais para fins acadêmicos e para a realização de estudos por órgãos de pesquisa. Texto para discussão n. 1/2022.
- Guia Orientativo para Definições dos Agentes de Tratamento de Dados Pessoais e do Encarregado. Versão 2.0. 2022.
- Guia Orientativo. Aplicação da Lei Geral de Proteção de Dados Pessoais (LGPD) por agentes de tratamento no contexto eleitoral. 2021.
- Guia Orientativo. Hipóteses legais de tratamento de dados pessoais: Legítimo interesse. 2024.
- Guia Orientativo. Tratamento de dados pessoais para fins acadêmicos e para a realização de estudos e pesquisas. 2023.
- Guia Orientativo. Tratamento de dados pessoais pelo Poder Público. Versão 2.0. 2023.
- Nota Técnica n. 6/2023/CGF/ANPD. Processo SUPER n. 00261.000297/2021-75.
- Nota Técnica n. 46/2022/CGF/ANPD. Processo SEI n. 00261.000730/2022-53.
- Nota Técnica n. 92/2022/CGF/ANPD. Processo ANPD 00261.001971/2022-10.
- Relatório de Análise de Impacto Regulatório. Construção do Modelo Regulatório Previsto na LGPD com Relação à Aplicação de Sanções Administrativas e às Metodologias de Cálculo do Valor-Base das Sanções de Multa. 2022.

AÇÕES REGULATÓRIAS E FISCALIZATÓRIAS DE ENTIDADES GOVERNAMENTAIS E ÓRGÃOS DE CONTROLE

- TCU. Processo 016.167/2023-6. *Acórdão 390/2024 – Plenário, Relatório de Levantamento*. Rel. Min. Benjamin Zymler. Sessão 06.03.2024.
- TCU. Processo 039.606/2020-1. *Acórdão 1384/2022 – Plenário, Relatório de Auditoria*. Rel. Min. Augusto Nardes. Sessão 15.06.2022.

CASOS E DECISÕES JUDICIAIS RELEVANTES

- STF, Medida Cautelar na ADI 6.387/DF, Tribunal Pleno, Min. Rel. Rosa Weber, j. 07. 05.2020, *DJe* 12.11.2020.

- STF, ADPF n. 695/DF e ADI 6.649/DF, Tribunal Pleno, Rel. Min. Gilmar Mendes, j. 15.09.2022, *DJe* 19.06.2023.
- STF, MS n. 36150, Primeira Turma, Rel. Min. Roberto Barroso, j. 10.10.2022, *DJe* 01. 12.2022.

JUSTIFICATIVA E FUNDAMENTOS

O princípio da finalidade pode ser compreendido como uma efetivação do fundamento da autodeterminação informativa, restringindo o uso secundário de dados pessoais não compatíveis com a finalidade que justificou a coleta inicial das informações.[413] Ele contribui para a delimitação do escopo da operação de tratamento de dados, funcionando como um fator de previsibilidade e uma barreira à concentração de poderes informacionais. Além disso, esse princípio reforça a segurança jurídica, a transparência, a responsabilidade e a confiança dos indivíduos. Simultaneamente, as possibilidades de uso posterior proporcionam uma abordagem equilibrada entre os interesses dos indivíduos e as necessidades de outros atores públicos ou privados.[414] Os maiores riscos relacionados a determinado tratamento de dados reside exatamente na finalidade pretendida com aquela atividade, menos do que na própria categoria de dado.[415] Logo, o princípio da finalidade é basilar para diversos sistemas de proteção de dados pessoais[416] e está presente nas legislações europeias desde a década de 1960, tendo sido posteriormente incluído nos *Fair Information Practice Principles* (FIPPs) e na Convenção 108.

No sistema brasileiro, o princípio da finalidade já estava implícito no CDC. A LCP, por sua vez, define como direito a garantia de que o tratamento de dados pessoais só ocorrerá "de acordo com a finalidade para a qual eles foram coletados".[417] O MCI também traz como direito a limitação de tratamento de dados pessoais para finalidades específicas, que justifiquem sua coleta e que não sejam vedadas pela legislação,[418] além de proibir a guarda de dados excessivos à finalidade, exceto nas hipóteses previstas na LGPD.[419]

Além disso, o princípio esteve sempre presente nos projetos de lei e discussões que embasaram a LGPD. No anteprojeto apresentado pelo MJ em 2010, o princípio da finalidade já estava listado entre os princípios gerais de proteção de dados como "a não utilização dos dados pessoais objeto de tratamento para finalidades distintas ou incompatíveis com aquelas que fundamentaram a sua coleta e que tenham sido informadas ao titular; bem como a limitação deste tratamento às finalidades determinadas, explícitas e legítimas do responsável". Apesar

---

413 WIMMER, M. Limites e possibilidades para o uso secundário de dados pessoais no poder público: lições da pandemia. *Revista Brasileira de Políticas Públicas*, v. 1, n. 1, p. 124-142, 2021.

414 DRESCHLER, L.; VOGIATZOGLOU, P. Quo Vadis Purpose Limitation? Norra Stockholm Bygg AB v Per Nycander AB. *European Law Review*, 2023; DUCUING, C.; SCHROERS, J. The Recent Case Law of the CJEU on (Joint) Controllership: Have We Lost the Purpose of "Purpose"?. *Computerrecht Tijdschrift voor Informatica, Telecommunicatie en Recht*, v. 6, p. 424, 2020.

415 MENDES, L. S. Autodeterminação informativa: a história de um conceito. *Revista Pensar*, v. 25, p. 1-18, 2020.

416 TERWANGNE, C. Article 5. Principles relating to processing of personal data. *In*: KUNER, C. *et al.* (ed.). *The EU General Data Protection Regulation (GDPR): A Commentary*. Oxford: Oxford University Press, 2020.

417 Art. 5º, VII, da LCP.

418 Art. 7º, VIII, do MCI.

419 Art. 16, II, do MCI, conforme alteração trazida pela LGPD. Ver comentário ao art. 60 neste volume.

de o primeiro texto do PL n. 4060/2012 não apresentar previsões relacionadas à limitação da finalidade, o PLS n. 330/2013 reavivou o tema no debate legislativo sobre o sistema de proteção de dados pessoais no Brasil a partir de determinação de obrigações aos agentes de tratamento.

O anteprojeto do MJ apresentado em 2015, recuou na conceituação do princípio da finalidade, determinando que o "tratamento deve ser realizado com finalidades legítimas, específicas, explícitas e conhecidas pelo titular", sem nenhuma menção à compatibilidade entre as finalidades iniciais e secundárias. Esse texto foi objeto de consulta pública em que participantes argumentaram por flexibilizar o princípio, mas sem concordância sobre como deveria se dar a mudança. Ressalta-se, contudo, que a maioria das contribuições sobre esse assunto foi feita por representantes do setor privado.[420] Ao fim, e ao contrário da maioria das manifestações, o princípio voltou à redação semelhante àquela inicialmente apresentada em 2010, confirmando tanto a necessidade de delimitação da finalidade quanto de verificar compatibilidade para tratamento posterior.

ANÁLISE

Como um dos princípios gerais de proteção de dados, o princípio da finalidade deve ser observado em todos os tratamentos de dados pessoais. O conceito se relaciona com outros princípios de proteção de dados, especialmente boa-fé, adequação, necessidade, qualidade dos dados e transparência. Nesse sentido, o agente de tratamento deve agir em boa-fé, informar a finalidade do tratamento ao titular antes do início da atividade, utilizar somente os dados estritamente necessários para alcançar a finalidade pretendida e informar o titular caso haja alguma mudança de finalidade incompatível com a finalidade original. Esse sistema principiológico desenhado pela LGPD busca, justamente, gerar certa previsibilidade dos possíveis riscos e benefícios de determinado tratamento.[421] Ademais, é justamente as previsões relacionadas à finalidade que garantem a sempre presente necessidade de se associar o uso de dados pessoais a uma finalidade passível de avaliação, comprovando que inexistem dados pessoais irrelevantes.[422]

A redação final do inciso I do art. 6º apresenta diversas semelhanças com o princípio de limitação das finalidades no RGPD[423] (art. 5º(1)(b)). Assim como no RGPD, o princípio da finalidade na LGPD é composto por dois subprincípios: (1) definição do propósito legítimo, específico, explícito e informado ao titular; e (2) compatibilidade entre as finalidades informadas e tratamentos posteriores. Cabe reforçar que, assim como no RGPD, apesar de a determinação de finalidade ser passo essencial para definição da base aplicável, deve estar claro que ter uma base legal é diferente de respeitar os princípios de proteção de dados pessoais.[424]

---

420 INTERNETLAB. O que está em jogo no debate sobre dados pessoais no Brasil? 2016.

421 MACHADO, D. *Algoritmos e proteção de dados pessoais:* tutela de direitos na era dos perfis. São Paulo: Almedina Brasil, 2023.

422 MENDES, L. S.; DONEDA, D. Reflexões iniciais sobre a nova Lei Geral de Proteção de Dados. *Revista de Direito do Consumidor,* São Paulo, ano 27, v. 120, p. 469-483, nov./dez. 2018.

423 Art. 5º(1)(b) RGPD: Recolhidos para finalidades determinadas, explícitas e legítimas e não podendo ser tratados posteriormente de uma forma incompatível com essas finalidades; o tratamento posterior para fins de arquivo de interesse público, ou para fins de investigação científica ou histórica ou para fins estatísticos, não é considerado incompatível com as finalidades iniciais, em conformidade com o art. 89º, n. 1.

424 DRESCHLER, L.; VOGIATZOGLOU, P. Quo Vadis Purpose Limitation? Norra Stockholm Bygg AB v Per Nycander AB. *European Law Review,* 2023.

1. Propósitos legítimos, específicos, explícitos e informados ao titular

O texto legal determina que a finalidade do tratamento deve ser legítima, específica, explícita e informada ao titular. Dessa forma, a observância a esse subprincípio depende de ação anterior à própria atividade de tratamento, no momento da coleta dos dados, para informar, explicitamente, qual é a finalidade específica pretendida com o tratamento. Essa definição será de extrema importância para avaliação sobre a legitimidade de eventual tratamento posterior e sobre o momento em que deve ocorrer o término do tratamento.

Além disso, a LGPD já deixa clara a impossibilidade de utilização de justificativas genéricas para observância do princípio em estudo,[425] o que já foi confirmado pelo STF.[426] O critério de propósito explícito perpassa a ideia de fácil acesso, o que também requer uma adaptação de linguagem a depender do público-alvo para garantir a efetiva compreensão sobre a informação fornecida.

A legitimidade é o requisito mais aberto do subprincípio em análise. Como guia geral, entende-se que a finalidade não pode objetivar finalidades ilícitas ou abusivas. Contudo, essa análise depende do caso concreto, uma vez que finalidades que podem ser nocivas aparentemente, a depender do contexto, podem ser legítimas. Por exemplo, ações discriminatórias são, à primeira vista, imorais e até ilegais. Contudo, certo tratamento de dados pode objetivar identificar pessoas com deficiência para garantir oferta de serviços com maior acessibilidade para aqueles titulares, o que pode ser considerado um tratamento legítimo. Outro exemplo é o tratamento de dados de crianças e adolescentes. Para ser considerada legítima, a finalidade de tratamento de dados, neste caso, deve necessariamente estar alinhada ao princípio do melhor interesse.[427] Portanto, a avaliação de legitimidade deve ir além de uma análise formalista de legalidade daquela finalidade no ordenamento jurídico brasileiro. Ela depende, também, de uma análise de proporcionalidade e efeitos do tratamento, tendo em vista os riscos oriundos da atividade e as consequências ao titular de dados.[428]

2. Compatibilidade com as finalidades iniciais

O segundo subprincípio proíbe tratamentos posteriores (ou secundários) incompatíveis com a finalidade inicial informada ao titular. Interessante observar que, em semelhança ao modelo europeu, a norma brasileira trouxe uma dupla negação na sua redação, *proibindo* tratamentos *não* compatíveis, ao invés de diretamente esclarecer a autorização de tratamentos compatíveis. A partir dessa previsão, entende-se que a norma de proteção de dados concedeu certa flexibilidade para os agentes de tratamento para utilizarem dados pessoais em situações inicialmente não planejadas.[429] Essa flexibilidade limitada é essencial para desenvolvimento tecnológico, como treinamento e aperfeiçoamento de sistemas de IA.

A LGPD não determina quais critérios devem ser considerados na avaliação de compatibilidade. Da mesma forma, a ANPD ainda não definiu critérios interpretativos para esse "teste de compatibilidade", apesar de já ter reforçado a importância prática do princípio da

---

[425] ROSAL, I. M. *Tratamento de dados pessoais para fins publicitários:* análise das bases legais, direitos do titular e deveres dos agentes de tratamento. Belo Horizonte: Fórum, 2024.

[426] STF, Medida Cautelar na ADI 6.387/DF; STF, ADPF n. 695/DF e ADI 6.649/DF.

[427] Ver comentário ao art. 14, neste volume.

[428] TERWANGNE, C. Article 5. Principles relating to processing of personal data. *In*: KUNER, C. *et al.* (ed.). *The EU General Data Protection Regulation (GDPR): A Commentary*. Oxford: Oxford University Press, 2020.

[429] WP29. *Opinion 3/2013 on purpose limitation*. Bruxelas: [s.n.], 2013.

finalidade.[430] Todavia, a autoridade já trouxe lista informativa de aspectos relevantes a serem considerados para avaliação de compatibilidade:

- "a natureza dos dados pessoais, adotando-se maior cautela quando abrangidos dados sensíveis;
- as expectativas legítimas dos titulares e os possíveis impactos do tratamento posterior sobre seus direitos;
- os princípios da LGPD, em especial os da finalidade, adequação, necessidade, transparência e não discriminação;
- as medidas de prevenção e segurança apropriadas; e
- os padrões éticos aplicáveis à hipótese".[431]

Esses aspectos são bastante semelhantes aos já aceitos na UE.[432]

Como mencionado, o princípio da finalidade não deve ser considerado como observado a partir da indicação de base legal. Nesse sentido, como regra geral, a falta de compatibilidade entre a finalidade secundária e as iniciais não pode ser remediada pela simples adoção de nova base legal, ainda que essa base legal seja legítima.[433]

A LGPD, contudo, lista exaustivamente situações em que o armazenamento de dados pode ser realizado como tratamento secundário seguindo uma lógica de presunção de compatibilidade.[434] Dessa forma, dados podem ser conservados após atingida a finalidade original do tratamento para: (i) cumprimento de obrigação legal ou regulatória pelo controlador; (ii) estudo por órgão de pesquisa, garantida, sempre que possível a anonimização dos dados pessoais; (iii) transferência a terceiro, desde que respeitados os requisitos de tratamento de dados dispostos na LGPD, ou (iv) uso exclusivo do controlador, vedado seu acesso por terceiro, e desde que anonimizados os dados.[435]

Os dois primeiros casos coincidem com as bases legais aplicáveis ao tratamento de dados pessoais comuns (art. 7º) e sensíveis (art. 11) da LGPD. Essa correspondência não deve ser vista como uma exceção à regra geral, mas como uma característica própria da estrutura da lei. Isso ocorre porque algumas bases legais estão intrinsecamente ligadas à finalidade do tratamento, estabelecendo um vínculo direto e necessário entre ambos. Por outro lado, bases mais amplas e flexíveis, como o legítimo interesse, permitem sua aplicação a diferentes finalidades, desde que observados os requisitos legais.

Interessante ainda destacar que, no caso de transferência para terceiro, a análise de compatibilidade ainda se mostra mandatória pela necessidade de observância de requisitos de tratamento de dados, o que inclui o princípio da finalidade. Interpretação contrária iria

---

430 ANPD. *Guia Orientativo*. Tratamento de dados pessoais pelo Poder Público.

431 ANPD. *Guia Orientativo*. Tratamento de dados pessoais para fins acadêmicos e para a realização de estudos e pesquisas.

432 WP29. *Opinion 3/2013 on purpose limitation*. Bruxelas: [s.n.], 2013.

433 DRESCHLER, L.; VOGIATZOGLOU, P. Quo Vadis Purpose Limitation? Norra Stockholm Bygg AB v Per Nycander AB. *European Law Review*, 2023.

434 Nesse sentido: ANPD. *Guia Orientativo*. Tratamento de dados pessoais para fins acadêmicos e para a realização de estudos e pesquisas.

435 Art. 16 da LGPD, ver comentário a esse artigo neste volume.

de encontro à própria razão de ser do princípio da finalidade e às expectativas do titular.[436] Além disso, no caso de uso exclusivo do controlador, a anonimização é requisito essencial para o tratamento secundário, o que, na verdade, afasta a aplicação da LGPD já que dados anonimizados não são considerados dados pessoais. Contudo, é de suma importância compreender que essa presunção de compatibilidade é aplicável somente à *conservação* dos dados. Logo, outras atividades de tratamento dependem de observância completa ao teste de compatibilidade inicial e secundária, conforme definido pelo princípio da finalidade. Além disso, como já esclarecido pela LGPD, ainda em situações de presunção de compatibilidade, deve existir uma análise da efetiva compatibilidade no caso concreto, considerando os aspectos gerais já mencionados.[437]

Outra situação anômala trazida pelo texto da LGPD é o caso de novo consentimento para finalidades não compatíveis. O art. 9º, § 2°, da LGPD determina que "[n]a hipótese em que o consentimento é requerido, se houver mudanças da finalidade para o tratamento de dados pessoais não compatíveis com o consentimento original, o controlador deverá informar previamente o titular sobre as mudanças de finalidade, podendo o titular revogar o consentimento, caso discorde das alterações". A redação atual do artigo é contrária à lógica tanto dos próprios requisitos de validade do consentimento,[438] quanto do princípio da finalidade. Como boa prática, para respeito aos princípios de proteção de dados, parece, ao mínimo ser necessário novo consentimento para tratamento posterior não compatível com a finalidade inicial informada ao titular para além de um mero *opt-out*, como parece sugerir o dispositivo.

Portanto, como regra geral, a avaliação de compatibilidade é mandatória como passo inicial para possível tratamento secundário além de também necessária identificar nova base legal. Exceções a essa regra são os casos de coleta de novo consentimento válido para o tratamento posterior ou para cumprimento de obrigação legal ou regulatória. Em todos os outros casos, ainda que exista base legal apropriada para o tratamento secundário, se mostra necessária a avaliação de compatibilidade entre as finalidades informadas e as pretendidas com o novo tratamento. Caso tal compatibilidade não exista, o tratamento secundário é ilícito, ainda que o titular seja informado sobre essa nova finalidade.

BIBLIOGRAFIA SELECIONADA

DONEDA, D. *Da privacidade à proteção de dados*. Rio de Janeiro: Renovar, 2005.

DRESCHLER, L.; VOGIATZOGLOU, P. Quo Vadis Purpose Limitation? Norra Stockholm Bygg AB v Per Nycander AB. *European Law Review*, 2023.

DUCUING, C.; SCHROERS, J. The Recent Case Law of the CJEU on (Joint) Controllership: Have We Lost the Purpose of "Purpose"?. *Computerrecht Tijdschrift voor Informatica, Telecommunicatie en Recht*, v. 6, 2020.

INTERNETLAB. O que está em jogo no debate sobre dados pessoais no Brasil? 2016.

---

436 Sobre a relevância prática do princípio da finalidade, ver DONEDA, D. *Da privacidade à proteção de dados*. Rio de Janeiro: Renovar, 2005.

437 ANPD. *Guia Orientativo*. Tratamento de dados pessoais para fins acadêmicos e para a realização de estudos e pesquisas.

438 Ver comentário ao art. 5º, XII, neste volume.

MACHADO, D. *Algoritmos e proteção de dados pessoais:* tutela de direitos na era dos perfis. São Paulo: Almedina Brasil, 2023.

MENDES, L. S.; DONEDA, D. Reflexões iniciais sobre a nova Lei Geral de Proteção de Dados. *Revista de Direito do Consumidor,* São Paulo, ano 27, v. 120, p. 469-483, nov./dez. 2018.

MENDES, L. S. Autodeterminação informativa: a história de um conceito. *Revista Pensar*, v. 25, p. 1-18, 2020.

ROSAL, I. M. *Tratamento de dados pessoais para fins publicitários:* análise das bases legais, direitos do titular e deveres dos agentes de tratamento. Belo Horizonte: Fórum, 2024.

TERWANGNE, C. Article 5. Principles relating to processing of personal data. *In:* KUNER, C. *et al.* (ed.). *The EU General Data Protection Regulation (GDPR): A Commentary.* Oxford: Oxford University Press, 2020.

WIMMER, M. Limites e possibilidades para o uso secundário de dados pessoais no poder público: lições da pandemia. *Revista Brasileira de Políticas Públicas,* v. 1, n. 1, p. 124-142, 2021.

WP29. *Opinion 3/2013 on purpose limitation.* Bruxelas: [s.n.], 2013.

Artigo 6º, II

Comentado por Giovanna Milanese e Isabela Maria Rosal

DISPOSITIVOS RELACIONADOS NO DIREITO INTERNACIONAL

- Art. 5(4)(a); e art. 8(1)(b) da Convenção 108+.
- Art. 9 do Guia de Privacidade e Proteção de Dados Pessoais da OCDE.

DISPOSITIVOS RELACIONADOS NO ORDENAMENTO JURÍDICO BRASILEIRO

- Art. 3º, § 3º; arts. 5º, II, III e VI, e 6º; e art. 7º-A, § 1º, da LCP.
- Art. 4º; art. 14; art. 31; art. 43; art. 66; art. 72 do CDC.
- Art. 7º, VI, VII e VIII; art. 9º, § 2º, II e III; e art. 10, §3º, do MCI.

DISPOSITIVOS RELACIONADOS NA LGPD

- Art. 6º, I; art. 6º, III; art. 6º, VI; art. 6º, X; art. 7º, §§ 3º, 4º e 7º; art. 23.

ATIVIDADES DA ANPD

- Guia Orientativo: Aplicação da LGPD por agentes de tratamento no contexto eleitoral (2021).
- Guia Orientativo: *Cookies* e proteção de dados pessoais (2022).
- Guia Orientativo: Tratamento de dados pessoais pelo Poder Público (2023).

- Estudo Técnico Anonimização de dados na LGPD: Análise jurídica (2023).
- Relatório de Análise de Impacto Regulatório: Construção do modelo regulatório para aplicação da LGPD a microempresas e empresas de pequeno porte, *startups* e pessoas físicas que tratam dados pessoais (2021).
- Nota Técnica n. 46/2022/CGF/ANPD.
- Nota Técnica n. 6/2023/CGF/ANPD.
- Nota Técnica n. 12/2023/CGF/ANPD.
- Nota Técnica n. 175/2023/CGF/ANPD.

CASOS E DECISÕES JUDICIAIS RELEVANTES

- STF. Medida Cautelar nas ADIs n. 6.389, 6.390, 6.393, 6.388 e 6.387. Plenário. Rel. Min. Rosa Weber, j. 07.05.2020. *DJe* 12.11.2020.
- STF, MS n. 37.636, Decisão Monocrática, Rel. Min. Rosa Weber, j. 19.01.2021. *DJe* 22.01.2021.
- TST, RR n. 0000297-51.2015.5.21.0008, Sétima Turma, Rel. Min. Alexandre de Souza Belmonte, j. 06.09.2023. *DJe* 15.09.2023.
- TRT-15, ROT n. 0010761-58.2022.5.15.0008. Oitava Câmara, j. 29.08.2023. *DJe* 30.08.2023.

JUSTIFICATIVA E FUNDAMENTOS

A LGPD tem origem no PL n. 4.060/2012. Em seu texto original, esse projeto normativo não apresentou uma lista específica de princípios de proteção de dados, somente mencionando que princípios constitucionais devem ser observados.

Contudo, o detalhado e extenso PL n. 5.276/2016, preparado pelo Poder Executivo, já contava com a previsão do princípio da adequação, mas com a seguinte redação, diferente da final adotada pela LGPD, "adequação: pelo qual o tratamento deve ser compatível com as suas finalidades e *com as legítimas expectativas do titular*, de acordo com o contexto do tratamento" (grifo nosso). A subemenda substitutiva global ao PL n. 4.060/2012 apresentada como resultado das atividades da Comissão Especial destinada a proferir parecer a esse PL já apresenta redação equivalente[439] à final adotada.

Dessa forma, a análise das escolhas legislativas deve focar na supressão da ideia de legítimas expectativas do titular e a adição da necessidade de finalidade *informada* ao titular. Essa mudança é extremamente relevante, porque traz obrigações de transparência e prestação de contas ao controlador, ao passo que considerar as expectativas do indivíduo poderia trazer mais espaço para tratamentos legítimos, inclusive para reutilização de dados pessoais.[440]

---

[439] Na subemenda o princípio da adequação é definido como "pelo qual o tratamento deve ser compatível com as finalidades informadas ao titular, de acordo com o contexto do tratamento".

[440] Sobre esse tópico, toma-se o exemplo do teste da compatibilidade adotado pelo RGPD para possível tratamento de dados para finalidades distintas à finalidade inicial informada. Nesse sentido, ver comentário ao art. 6º, I, neste volume.

Nesse sentido, o legítimo interesse, inicialmente, estava diretamente conectado com o princípio da adequação, ao passo em que o art. 10, § 1º, do PL n. 5.276/2016 afirmava que o interesse legítimo deveria contemplar as legítimas expectativas do titular, de acordo com o disposto na definição do princípio da adequação. Dessa forma, na redação inicial do princípio, haveria maior discricionariedade para o controlador verificar a existência do legítimo interesse, inclusive para reutilização de dados pessoais, desde que respeitadas as expectativas do titular e comprovado o equilíbrio entre as consequências aos direitos e liberdades fundamentais do titular.

Contudo, na redação adotada pela LGPD, há necessidade de o controlador informar ao titular – antes mesmo do início do tratamento – as finalidades dessa atividade e de demonstrar que o meio e o contexto do tratamento são compatíveis com esses objetivos, definindo obrigações de prestação de contas.[441] Portanto, não há tantas possibilidades para reutilização de dados pessoais, pois as finalidades devem ser informadas anteriormente, não sendo possível comprovar uma legítima expectativa do titular. Isso pode ser negativo para projetos de inovação, principalmente na utilização de IA, em que nem sempre é possível determinar todas as finalidades que podem vir a ser alcançadas a partir do tratamento de dados. A LGPD constrói uma situação de dependência exagerada na utilização do legítimo interesse para reutilização de dados pessoais, mas o que não suprime a obrigação de informação prévia ao titular sobre as finalidades do tratamento.

Isso está conectado ao debate legislativo que levou a essa redação. Ao passo que o legítimo interesse foi amplamente discutido e analisado, o princípio da adequação não foi ponto central do debate legislativo. Dessa forma, a análise da redação final, não conectada ao legítimo interesse ou às expectativas do titular, nos revela um grande diálogo da adequação com outros princípios, reafirmando obrigações de transparência, finalidade e prestação de contas, inclusive na escolha da forma, meio e contexto do tratamento, como será demonstrado a seguir.

ANÁLISE

A abordagem principiológica adotada pela LGPD é de extrema importância para garantir um nível adequado de proteção a todas as atividades de tratamento de dados pessoais, reforçando que qualquer dado pessoal é relevante. Portanto, a LGPD determina que todas as atividades de tratamento – inclusive aquelas realizadas para fins exclusivos de segurança pública, defesa nacional, segurança do Estado, ou atividades de investigação e repressão de infrações penais[442] – devem respeitar os princípios nela definidos. Contudo, considerando as peculiaridades de cada atividade de tratamento, a observância de tais princípios deve ser compatível com o contexto, os riscos e a finalidade do tratamento.

Em relação ao princípio da adequação, é necessário que: (i) exista compatibilidade do tratamento com suas finalidades; (ii) tais finalidades sejam informadas ao titular dos dados; e (iii) seja considerado o contexto do tratamento.

Dessa forma, o princípio da adequação ganha relevância ao reafirmar os princípios da finalidade, da transparência, da responsabilidade, da prestação de contas e, até certo nível, da necessidade. O princípio da finalidade determina que qualquer tratamento deve ser realizado

441 Ver comentário ao art. 6º, X, neste volume.

442 Ver comentário ao art. 4º neste volume, principalmente sobre o § 1º.

para propósitos legítimos, específicos, explícitos e informados ao titular, complementando a previsão do princípio da adequação. Ainda, com a interpretação conjunta com o princípio da transparência, entende-se que as finalidades informadas ao titular devem necessariamente ser compreensíveis, claras, precisas e acessíveis. Para comprovar a observância ao princípio da adequação, é necessário adotar medidas de prestação de contas. Por fim, a interpretação do princípio da necessidade ao lado da adequação leva à compreensão de que somente os dados necessários com as finalidades informadas ao titular podem ser tratados.

Figura 1: Relações entre o princípio da adequação e outros princípios da LGPD.

Fonte: elaborada pela autoras.

Logo, o princípio da adequação reafirma e delimita outros princípios norteadores da LGPD, sendo comparável ao princípio da finalidade (*purpose limitation*) previsto no RGPD – norma que serviu como forte inspiração à lei brasileira.[443] O modelo adotado é conservador e pode colocar muitos obstáculos em processos de inovação no mercado nacional. Nesse sentido, os Serviços de Estudo do Parlamento Europeu (EPRS) já se posicionaram afirmando sobre a necessidade de interpretações mais relaxadas sobre a noção de compatibilidade para garantir, por exemplo, o treinamento de IA com base em dados pessoais, considerando, ainda, a possibilidade de tratamento secundário para fins estatísticos como uma possibilidade para justificar esse tipo de processamento.[444]

---

[443] Na tradição do direito de proteção de dados da UE, as noções de "adequação" e "uso compatível" são compreendidas enquanto elementos estruturantes do princípio da finalidade ou da limitação dos propósitos (*purpose limitation principle*) de diversas normativas.

[444] EPRS. *The Impact of the General Data Protection Regulation (GDPR) on Artificial Intelligence*. 2020.

Portanto, defende-se a interpretação de que o contexto do tratamento deve ser observado e, caso exista uma compatibilidade com as legítimas expectativas do titular a partir das informações sobre os propósitos do tratamento previamente informados, o tratamento posterior de dados é possível, pois atenderá ao princípio da adequação, ainda que não haja uma perfeita coincidência entre as finalidades (e.g., finalidade inicial sendo o envio de mercadoria comprado e finalidade secundária sendo envio de publicidade para esse cliente). Assim, o princípio da adequação seria focado no contexto do tratamento e, nesse sentido, está conectado aos outros princípios da LGPD.

Essa interpretação também ganha destaque quando a LGPD é analisada integralmente. Verifica-se, no art. 9°, § 2°, a possibilidade de realização de tratamento de dados pessoais *não* compatíveis com o consentimento original, desde que a mudança seja informada ao titular – dando a oportunidade de revogação do consentimento para as novas finalidades. Contudo, ao considerar os fundamentos e princípios da LGPD, em especial o princípio da adequação o art. 9°, § 2°, deve ser interpretado de forma crítica, a partir da previsão do princípio da adequação, limitando as possibilidades de tratamento secundário para finalidades não compatíveis com o consentimento originário. Caso haja uma nova finalidade totalmente incompatível com as expectativas do titular e com as informações oferecidas ao indivíduo, isso deve caracterizar um novo tratamento e, nesse caso, um novo consentimento se mostra necessário.

Nesse sentido, é muito importante que, em qualquer projeto de adequação à LGPD, esteja bastante clara a diferença entre a base legal, a finalidade informada e os princípios legais. Até doutrinariamente há divergências sobre como essas diferenciação e relação se dão, mas, aqui, compreende-se que uma nova base legal, ainda que adequada, não é suficiente para garantir a observância do princípio da adequação. Mostra-se necessário, em uma situação de tratamento secundário de dados, que haja compatibilidade entre a finalidade primária e a finalidade secundária, ainda que essas não sejam totalmente idênticas. Caso não exista compatibilidade, isso poderá ser considerado como um *novo* tratamento de dados que deverá passar por todo o processo de *compliance* à LGPD, incluindo a obrigação de informar o titular sobre a finalidade do tratamento.[445]

Além disso, há interpretação doutrinária específica em relação à aplicação do princípio da adequação ao tratamento dos dados pessoais disponíveis publicamente, isto é, tanto dados de acesso público quanto aqueles tornados manifestamente públicos pelo titular. Isso porque, os dados tornados manifestamente públicos só podem ser tratados por terceiros na medida em que forem necessários para atingir os objetivos implicitamente estabelecidos pelo titular no momento da publicização e conforme o contexto do tratamento. Aqui, não há uma finalidade informada ao titular, mas uma finalidade que ele próprio definiu ao disponibilizar seus dados publicamente e que, portanto, deve ser respeitada, sob pena de desvio de finalidade.[446]

Nesse ponto, cumpre destacar que boa parte da doutrina defende que os princípios da finalidade e da adequação não representam vedação absoluta à reutilização de dados, mas apenas restrição ao tratamento para novas finalidades incompatíveis com aquela original.[447]

---

445 DRECHSLER, L.; VOGIATZOGLOU, P. Quo Vadis Purpose Limitation? Norra Stockholm Bygg AB v Per Nycander AB. *European Law Review*, v. 48, p. 469, 2023.

446 MILANEZ, G; FRAZÃO, A.; CARVALHO, A. P. *Curso de proteção de dados*: fundamentos da LGPD. Rio de Janeiro: Forense, 2022. p. 142.

447 WIMMER, M. O regime jurídico do tratamento de dados pessoais pelo poder público. *In*: DONEDA, Danilo; SARLET, Ingo Wolfgang; MENDES, Laura Schertel; RODRIGUES JR., Otavio Luiz; BIONI, Bruno Ricardo (ed.). *Tratado de proteção de dados pessoais*. Rio de Janeiro: Forense, 2021. p. 281.

Isto é, ambos não são impeditivos para o uso dinâmico de dados, mas existem justamente para oferecer uma abordagem mais balanceada que reconcilie previsibilidade e segurança jurídica de um lado e flexibilidade de outro.[448]

Portanto, o princípio da adequação impõe dupla obrigação ao agente de tratamento: de um lado, informar a finalidade e extensão do tratamento ao titular de forma específica e clara e, por outro, garantir que os limites que foram informados a ele sejam realmente respeitados. Por isso, o princípio da adequação guarda grande correspondência com o princípio da boa-fé e com a cláusula geral de vedação ao abuso de direito.[449]

Nesse contexto, destacam-se as manifestações da ANPD, que tratam de forma pontual sobre o princípio da adequação em algumas de suas publicações mais recentes. A partir delas, é possível extrair alguns entendimentos:

- Como dados pessoais tornados públicos podem ser usados sem consentimento do titular, o princípio da adequação deve inspirar a reflexão sobre a sua publicação, para que sejam divulgados apenas os dados efetivamente necessários e compatíveis com a finalidade que originou o tratamento.[450]
- Como as operações de tratamento de dados pessoais raramente ocorrem de forma isolada, sempre que uma operação for realizada em seguida a outra, deve-se analisar se o conjunto de operações é compatível com a finalidade inicial. Caso contrário, deve-se identificar uma nova finalidade que atenda aos requisitos do princípio da adequação, informando os titulares dos dados.[451]
- Quanto à coleta de dados pessoais mediante o uso de *cookies*, a finalidade que justifica a sua utilização de *cookies* deve ser específica e informada ao titular, e a coleta de dados pessoais deve ser compatível com tal finalidade. Por exemplo, caso o responsável de um *site* informe que utiliza *cookies* apenas para a finalidade de medição de audiência, não poderá utilizar as informações coletadas para fins distintos e não compatíveis com ela, como para a formação de perfis e a exibição de anúncios. Da mesma forma, não poderá coletar outros dados pessoais não relacionados ou não compatíveis com tal finalidade.[452]
- O princípio da adequação possui elevada importância prática, em especial nos casos de tratamento posterior de dados publicamente disponíveis e de uso compartilhado de dados pessoais pelo Poder Público. Diante disso e considerando a experiência internacional em torno do assunto, a ANPD recomenda a avaliação da compatibilidade entre a finalidade original e a do uso secundário dos dados pessoais, que deve levar em conta os seguintes aspectos: (i) o contexto e circunstâncias relevantes do caso concreto; (ii) a existência de conexão fática ou jurídica entre a finalidade

448 BRANCHER, P. M. R.; KUJAWSKI, F. F.; CASTELLANO, A. C. H. R. Princípios gerais de proteção de dados pessoais: uma análise dos princípios elencados no art. 6º da Lei n. 13.709/2018 (LGPD). *In*: BRANCHER, Paulo Marcos Rodrigues; BEPPU, Ana Claudia (ed.). *Proteção de dados pessoais no Brasil:* uma nova visão a partir da Lei n. 13.709/2018. Belo Horizonte: Fórum, 2019. p. 71.

449 MILANEZ, G; FRAZÃO, A.; CARVALHO, A. P. *Curso de proteção de dados*: fundamentos da LGPD. Rio de Janeiro: Forense, 2022. p. 85.

450 ANPD. Nota Técnica n. 12/2023/CGF/ANPD.

451 ANPD. *Guia Orientativo:* Aplicação da LGPD por agentes de tratamento no contexto eleitoral.

452 ANPD. *Guia Orientativo: cookies* e proteção de dados pessoais.

original e a que fundamenta o tratamento posterior; (iii) a natureza dos dados pessoais, adotando posição de maior cautela quando abrangidos dados sensíveis; (iv) as expectativas legítimas do titular e possíveis impactos do tratamento posterior sobre seus direitos; e (v) o interesse público e a finalidade pública específica do tratamento posterior, bem como o seu vínculo com as competências legais dos órgãos ou entidades envolvidos.[453]

- Com base no princípio da adequação, a avaliação da compatibilidade da anonimização de dados com a finalidade originária deve ter em consideração, por exemplo, (i) o contexto da atividade de tratamento de dados pessoais, riscos envolvidos e outras circunstâncias relevantes do caso concreto; (ii) a existência de conexão fática ou jurídica entre finalidade original e os objetivos do processo de anonimização; e (iii) as expectativas legítimas dos titulares e os possíveis impactos do tratamento posterior sobre seus direitos.[454]
- O porte do agente de tratamento não altera o direito que o titular de dados tem à proteção de seus dados pessoais nem desobriga que as atividades de tratamentos de dados pessoais observem os princípios elencados na LGPD, incluindo o princípio da adequação.[455]
- Quanto ao compartilhamento de dados pessoais entre os órgãos públicos ou a partir deles, a ANPD tem reiteradamente se manifestado no sentido de que, quando se trata de dados pessoais, tal compartilhamento deve ser precedido de análises técnica e jurídica, além de emissão de decisão administrativa motivada pela autoridade competente, da qual constem motivação e condições a serem observadas no caso, incluindo o princípio da adequação.[456]
- Apesar de não constar como um princípio na LGPD, o tempo de retenção tem vinculação direta com os princípios da adequação, qualidade, necessidade e finalidade. A previsão de exclusão dos dados, mais do que boa prática, é condição para um tratamento regular.[457]

Por fim, quanto à jurisprudência, nota-se que poucos são os julgados que analisam de maneira mais específica a aplicação do princípio da adequação. Aqueles que o fazem emitem interpretações harmônicas às manifestações da ANPD, especialmente quanto à importância da definição prévia detalhada de *como* e *para que* os dados pessoais coletados serão utilizados, oferecendo condições para avaliação da adequação e da necessidade do tratamento de dados, assim entendidas como a compatibilidade do tratamento com as finalidades informadas, sob pena de desvio de finalidade, bem como sua limitação ao mínimo necessário para o alcance de tais finalidades.

Além disso, a aplicação do princípio da adequação ao compartilhamento de dados pelo Poder Público implica em limites delimitados para situações e finalidades específicas, porque,

---

[453] ANPD. *Guia Orientativo:* tratamento de dados pessoais pelo Poder Público.

[454] ANPD. *Estudo Técnico*: anonimização de dados na LGPD: Análise jurídica.

[455] ANPD. *Relatório de Análise de Impacto Regulatório*: construção do modelo regulatório para aplicação da LGPD a microempresas e empresas de pequeno porte, *startups* e pessoas físicas que tratam dados pessoais.

[456] ANPD. Nota Técnica n. 175/2023/CGF/ANPD.

[457] ANPD. Nota Técnica n. 175/2023/CGF/ANPD.

nesses casos, o contexto e a compatibilidade do tratamento estão intimamente relacionados ao atendimento/persecução do interesse público.

BIBLIOGRAFIA SELECIONADA

BRANCHER, P. M. R.; KUJAWSKI, F. F.; CASTELLANO, A. C. H. R. Princípios gerais de proteção de dados pessoais: uma análise dos princípios elencados no art. 6º da Lei n. 13.709/2018 (LGPD). *In*: BRANCHER, Paulo Marcos Rodrigues; BEPPU, Ana Claudia (ed.). *Proteção de dados pessoais no Brasil:* uma nova visão a partir da Lei n. 13.709/2018. Belo Horizonte: Fórum, 2019.

DRECHSLER, L.; VOGIATZOGLOU, P. Quo Vadis Purpose Limitation? Norra Stockholm Bygg AB v Per Nycander AB. *European Law Review*, v. 48, 2023.

EPRS. *The Impact of the General Data Protection Regulation (GDPR) on Artificial Intelligence*. 2020.

MILANEZ, G. *O tratamento de dados pessoais disponíveis publicamente e os limites impostos pela LGPD*. Rio de Janeiro: Processo, 2022.

MILANEZ, G; FRAZÃO, A.; CARVALHO, A. P. *Curso de proteção de dados*: fundamentos da LGPD. Rio de Janeiro: Forense, 2022.

WIMMER, M. O regime jurídico do tratamento de dados pessoais pelo poder público. *In*: DONEDA, Danilo; SARLET, Ingo Wolfgang; MENDES, Laura Schertel; RODRIGUES JR., Otavio Luiz; BIONI, Bruno Ricardo (ed.). *Tratado de proteção de dados pessoais*. Rio de Janeiro: Forense, 2021.

Artigo 6º, III

Comentado por Alisson Alexsandro Possa e Fabrício da Mota Alves

DISPOSITIVOS RELACIONADOS NO DIREITO INTERNACIONAL

- Convenção 108 +: Art. 5 (2) (c).

DISPOSITIVOS RELACIONADOS NO ORDENAMENTO JURÍDICO BRASILEIRO

- Art. 16, II, do MCI.
- Art. 3º, §§ 1º e 3º, I, da LCP.

DISPOSITIVOS RELACIONADOS NA LGPD

- Art, 10, § 1º; arts. 14, § 4º, e 15, I; art. 18, IV.

ATIVIDADES DA ANPD

- Guia Orientativo – *Cookies* e proteção de dados pessoais.
- Guia Orientativo – Tratamento de dados pessoais pelo Poder Público.

- Guia Orientativo – Aplicação da Lei Geral de Proteção de Dados Pessoais (LGPD) por agentes de tratamento no contexto eleitoral.
- Guia Orientativo – Hipóteses legais de tratamento de dados pessoais – Legítimo Interesse.
- Nota Técnica n. 2/2024/FIS/CGF/ANPD.
- Nota Técnica n. 12/2023/CGF/ANPD.
- Nota Técnica n. 175/2023/CGF/ANPD.
- Nota Técnica n. 46/2022/CGF/ANPD.
- Nota Técnica n. 49/2022/CGF/ANPD.

CASOS E DECISÕES JUDICIAIS RELEVANTES

- STF. Medida Cautelar nas ADIs n. 6.389, 6.390, 6.393, 6.388 e 6.387. Plenário. Rel. Min. Rosa Weber, j. 07.05.2020. *DJe* 12.11.2020.
- STF. ADI n. 6649 e ADPF n. 695. Plenário. Rel. Min. Gilmar Mendes, j. 15.09.2022. *DJe* 19.06.2023.

JUSTIFICATIVA E FUNDAMENTOS

O princípio da necessidade, também conhecido como princípio de minimização de dados (*data minimisation*), faz parte do conjunto clássico de princípios que compõem a autodeterminação informacional, remontando à Convenção de Strasbourg e às *Guidelines on the Protection of Privacy and Transborder Flows of Personal Data* da OCDE no início da década de 1980 (em trad. livre, Princípios Orientadores da OCDE sobre a Proteção da Privacidade e o Fluxo Transfronteiriço de Dados Pessoais).[458]

A Diretiva n. 95/46 da UE expressou que os Estados-Membros deveriam estabelecer que os dados pessoais seriam "adequados, pertinentes e não excessivos relativamente às finalidades para que são recolhidos e para que são tratados posteriormente",[459] consolidando força normativa para o princípio como diretriz a ser observada nos tratamentos de dados pessoais.

No Brasil, a LGPD teve sua origem no PL n. 4.060 em 2012, do então Deputado Milton Monti, mas sem a previsão de um rol de princípios em que constasse o princípio da necessidade. Foi em 2016 que o Poder Executivo apresentou o PL n. 5.276/2016, apensado ao PL de 2012, com um rol de princípios. O substitutivo do Deputado Orlando Silva acatou o texto do Poder Executivo e consagrou o princípio da necessidade no rol principiológico.

ANÁLISE

A primeira versão dos princípios da proteção de dados pessoais em uma legislação remonta à legislação do Estado de Hesse na Alemanha,[460] sendo o princípio da necessidade

458 DONEDA, D. A proteção dos dados pessoais como um direito fundamental. *Espaço Jurídico: Journal of Law*, v. 12, n. 2, p. 91-108, 2011.

459 Diretiva de Proteção de Dados, 1995, art. 6º, (1) (c).

460 SCHERTEL MENDES, L. *Privacidade, proteção de dados e defesa do consumidor*: linhas gerais de um novo direito fundamental. São Paulo: Saraiva, 2014. (Série IDP, v. 1.)

parte do princípio da finalidade, ao se determinar que a coleta de dados pessoais deve estar adequada às finalidades comunicadas aos titulares. Assim, depreende-se que há uma correlação profunda entre os princípios da finalidade, adequação e necessidade.

Posteriormente, na década de 1980, os princípios foram alçados ao patamar internacional pela Convenção de Strasbourg e pela OCDE. O princípio da minimização passou a ser considerado um elemento único no artigo 5 (4) (c) da Convenção de Strasbourg.[461]

Contudo, foi no julgamento sobre a constitucionalidade da lei do recenseamento de 1982 da Alemanha, pelo Tribunal Constitucional alemão, que a concepção de autodeterminação informacional foi consolidada como um conjunto de garantias que os cidadãos possuem para a devida coleta de dados pessoais e utilização na tomada de decisões.[462] Essas garantias compõem um direito fundamental baseado na dignidade da pessoa humana e no livre desenvolvimento da personalidade, partindo do princípio:

> Segundo o qual não mais existiriam dados insignificantes nas circunstâncias modernas do processamento automatizado de dados. O risco do processamento de dados residiria mais na finalidade do processamento e nas possibilidades de processamento do que no tipo dos dados tratados.[463]

Verifica-se, assim, que a tríade dos princípios da finalidade, adequação e necessidade estão no núcleo do conceito do direito fundamental à proteção de dados, consubstanciando-se em balizas para a análise da legalidade dos tratamentos de dados pessoais.

A construção dogmática alcançou *status* de legislação na UE com a Diretiva 95/46 e seguiram no RGPD de 2016.

No contexto do Regulamento, em 2020, o EDPB se manifestou sobre como deve ocorrer a concretização principiológica através dos conceitos de *data protection by design and by default*. Na interpretação do órgão, é papel dos controladores implementar os princípios para alcançar a proteção de dados por *design* e por padrão através de processos internos no desenvolvimento e execução de suas atividades, incluindo análises acerca da coleta e tratamento do mínimo necessário de dados pessoais para alcançar as suas finalidades.[464]

Cabe destacar que a construção dogmática da autodeterminação informacional com menção expressa ao princípio da necessidade também ocorreu em nível das Américas no julgamento do Caso Miembros de la Corporación Colectivo de Abogados "José Alvear Restrepo" (Cajar) *v.* Colombia na Corte Interamericana de Direitos Humanos, em 2023. Na ausência de uma previsão expressa do direito humano à proteção de dados pessoais como autodeterminação informacional na Carta de São José da Costa Rica, os direitos à privacidade, dignidade da pessoa humana e livre desenvolvimento da personalidade foram ponto de partida para a inferência dessa nova proteção. O juiz brasileiro Rodrigo Mudrovitch menciona em seu voto os oito princípios clássicos que compõem esse direito como parâmetros que devem ser observados nas atividades de tratamento de dados pessoais.[465]

---

461 Os dados pessoais sujeitos a tratamento deverão ser: adequados, pertinentes e não excessivos relativamente às finalidades para as quais são tratados.

462 BVerfGE, 65,1.

463 SCHERTEL MENDES, L. Autodeterminação informativa: a história de um conceito. *Pensar – Revista de Ciências Jurídicas*, v. 25, n. 4, 2020. Disponível em: https://doi.org/10.5020/2317-2150.2020.10828.

464 EDPB. *Guidelines 4/2019 on Article 25 Data Protection by Design and by Default*. 2020.

465 CIDH. Miembros de la Corporación Colectivo de Abogados "José Alvear Restrepo" v. Colombia (Rodrigo M), 2023. Disponível em: https://www.corteidh.or.cr/docs/casos/votos/ vsc_mudrovitsch_506_por.docx.

Já no Brasil, após a aprovação da LGPD em 2020, o STF, em sede voto conjunto no Referendo na Medida Cautelar nas ADIs n. 6389, 6390, 6393, 6388 e 6387, reconheceu a proteção de dados como um direito fundamental implícito na CRFB ao julgar a constitucionalidade de Medida Provisória do Poder Executivo que determinava a transferência da base de dados de empresas telefônicas para o IBGE a fim de realizar o censo durante o período da pandemia do COVID-19.

Em seu voto, o Ministro Gilmar Mendes destaca que esse direito fundamental possui uma dupla dimensão, com base na construção de Laura Schertel.[466] Na dimensão subjetiva existe um ônus ao legislador para justificar em nível constitucional as intervenções que afetam a autodeterminação informacional dos cidadãos, traduzido na identificação da finalidade e estabelecimento de limites aos tratamentos, de forma específica, precisa e clara. Por sua vez, na dimensão objetiva, o direito prevê um mandamento ao legislador de estruturar mecanismos institucionais através de normas de organização e procedimento e de proteção no ordenamento jurídico que determinem a avaliação dos limites e finalidades dos tratamentos de dados pessoais.

No voto do Ministro Luiz Fux ficou estabelecido que a relativização desse direito fundamental por parte do Poder Público somente será legítima se observar quatro requisitos, e, dentre eles, a limitação da coleta ao mínimo necessário para a realização das finalidades normativas.

Assim, o princípio da necessidade, junto aos da finalidade e da adequação, passa a ser elemento do direito fundamental à proteção de dados no Brasil, devendo ser observado em ambas as dimensões como mecanismos de garantia dos cidadãos brasileiros.

No cenário infralegal, a ANPD vem realizando análises críticas sobre determinados tipos de tratamentos de dados pessoais perante o princípio da necessidade, estabelecendo diretrizes acerca de sua interpretação perante casos concretos.

Em seu Guia Orientativo sobre *Cookies* o regulador indica que "esse princípio desaconselha o próprio tratamento de dados pessoais quando a finalidade que se almeja pode ser atingida por outros meios menos gravosos ao titular de dados."[467] Estabelece-se, assim, a necessidade de avaliação sobre outras possibilidades de alcançar uma determinada finalidade sem a coleta de dados pessoais. Também é decorrência lógica dessa premissa a invalidação de tratamentos de dados quando constatada a existência de alternativas para alcançar a mesma finalidade.

O princípio também aparece no Guia Orientativo sobre o Legítimo Interesse e na Nota Técnica n. 2/2024/FIS/CGF da ANPD como parte essencial do teste de legítimo interesse, uma análise de vários elementos de um determinado tratamento de dados para verificar a licitude da base legal em questão. A leitura do regulador é no sentido de que o art. 10 da LGPD, que disciplina o legítimo interesse, faz referência expressa ao princípio da necessidade no seu § 1º quando utiliza a expressão "estritamente necessários".[468]

Dessa forma, o princípio da necessidade também passa a ser condição para a determinação de licitude na escolha da base legal do legítimo interesse, estabelecendo a necessidade

---

[466] Referendo na Medida Cautelar nas Ações Diretas de Inconstitucionalidade 6.389, 6.390, 6.393, 6.388 e 6.387. STF. Rel. Min. Gilmar Mendes, 2020.

[467] ANPD. *Guia Orientativo:* cookies e proteção de dados pessoais. 2020. p. 15.

[468] ANPD. *Nota Técnica n. 2/24 FIS/CGF*. 2024. p. 33.

de uma avaliação prévia específica acerca da quantidade de diferentes tipos de dados pessoais que serão utilizados no tratamento.

Conclui-se que a aplicação rigorosa deste princípio contribui para o fortalecimento da confiança entre as organizações e os indivíduos. Quando as pessoas percebem que suas informações pessoais estão sendo tratadas de maneira responsável e limitada ao que é realmente necessário, elas tendem a confiar mais na organização que realiza esse tratamento. Essa confiança é essencial para o sucesso de qualquer iniciativa que envolva dados pessoais, seja no setor público ou privado.

BIBLIOGRAFIA SELECIONADA

CIDH. Miembros de la Corporación Colectivo de Abogados "José Alvear Restrepo" v. Colombia (Rodrigo M), 2023. Disponível em: https://www.corteidh.or.cr/docs/casos/votos/vsc_mudrovitsch_506_por.docx.

DONEDA, D. A proteção dos dados pessoais como um direito fundamental. *Espaço Jurídico: Journal of Law*, v. 12, n. 2, p. 91-108, 2011.

EDPB. *Guidelines 4/2019 on Article 25 Data Protection by Design and by Default*, 2020.

SCHERTEL MENDES, L. *Privacidade, proteção de dados e defesa do consumidor:* linhas gerais de um novo direito fundamental. São Paulo: Saraiva, 2014. (Série IDP, v. 1.)

SCHERTEL MENDES, L. Autodeterminação informativa: a história de um conceito. *Pensar – Revista de Ciências Jurídicas*, v. 25, n. 4, 2020. Disponível em: https://doi.org/10.5020/2317-2150.2020.10828.

Artigo 6°, IV

Comentado por Laurianne-Marie Schippers e Heloisa Massaro

DISPOSITIVOS RELACIONADOS NO DIREITO INTERNACIONAL

- Art. 19 da Declaração Universal dos Direitos Humanos.
- Art. 19 do Pacto Internacional sobre os Direitos Civis e Políticos.
- Art. 13 da Convenção Americana sobre Direitos Humanos.
- Itens 2 e 3 da Declaração de Princípios sobre a Liberdade de Expressão (OEA).

DISPOSITIVOS RELACIONADOS NO ORDENAMENTO JURÍDICO BRASILEIRO

- Art. 5º, LXXII, da CRFB.
- Art. 43, *caput*, e §§1º o 3º e § 6º, do CDC.
- Art. 5º, II; e 6º, da LCP.
- Art. 6º, III, da Lei n. 13.460/2017 (Código de Defesa do Usuário do Serviço Público).

DISPOSITIVOS RELACIONADOS NA LGPD

- Art. 2º, II e III; art. 6º, VI; art. 9º; art. 18, I, II e VII; e art. 19.

ATIVIDADES DA ANPD

- Guia Orientativo: Aplicação da Lei Geral de Proteção de Dados Pessoais (LGPD) por Agentes de Tratamento no Contexto Eleitoral (2021).
- Guia Orientativo: Tratamento de dados pessoais pelo Poder Público (2023).
- Guia Orientativo: Cookies e proteção de dados pessoais (2022).
- Resolução CD/ANPD n. 2, de 27 de janeiro de 2022.

CASOS E DECISÕES JUDICIAIS RELEVANTES

- TRT-23, ROT n. 0000746-05.2022.5.23.0009, Segunda Turma, j. 14.09.2023.

JUSTIFICATIVA E FUNDAMENTOS

1. Razões subjacentes

No contexto da proteção de dados pessoais, o acesso do titular aos próprios dados é elemento fundamental para que ele possa exercer um maior controle sobre as suas informações e como elas são utilizadas ao longo do seu tratamento (autodeterminação informativa). Ter conhecimento sobre quais dados são utilizados, para quais finalidades, quem os trata e com quem são compartilhados permite que o titular esteja mais inserido e ciente de todo o processo, além de compreender a sua legalidade e as suas consequências.[469] Nesse sentido, o livre acesso visa uma paridade informacional mínima entre o agente de tratamento e o titular dos dados, além de ser essencial para que outros direitos previstos na LGPD sejam alcançados em sua integralidade.[470]

O livre acesso a dados está presente na LGPD tanto como um princípio quanto um direito, sendo que este último será mais bem explorado em artigos próprios neste volume.[471] No que se refere especificamente à questão principiológica, é importante ter em mente que a sua função, juntamente com os demais princípios previstos na lei, é o de oferecer um fundamento, um ponto de partida, e orientação para a aplicação e interpretação das demais regras previstas, definindo a "lógica e racionalidade"[472] da Lei de Proteção de Dados Pessoais como um todo.[473]

---

469 EUROPEAN DATA PROTECTION BOARD. *Guidelines 01/2022 on data subject rights* – Right of access. 2023. p. 10.

470 ANPD; TSE. *Guia Orientativo*: aplicação da Lei Geral de Proteção de Dados Pessoais (LGPD) por agentes de tratamento no contexto eleitoral. 2021. p. 39, § 89.

471 Ver comentários aos arts. 9°, 18, I, II, e IV, e 19 neste volume.

472 SILVA, I. L. da Introdução aos princípios jurídicos. *Revista de Informação Legislativa*, Brasília, v. 40, n. 160, p. 284, out./dez. 2003.

473 SILVA, I. L. da Introdução aos princípios jurídicos. *Revista de Informação Legislativa*, Brasília, v. 40, n. 160, p. 270-271, out./dez. 2003.

2. O caminho legislativo do princípio do livre acesso

O princípio do livre acesso a dados está previsto no âmbito da proteção de dados pessoais no Brasil desde a discussão do anteprojeto da LGPD submetido à consulta pública em 2015 pela Senacon e pela SAL.

A redação original passou por poucas alterações até a versão final aprovada na LGPD. Àquela época, o princípio do livre acesso se tratava de "consulta facilitada e gratuita pelos titulares sobre as modalidades de tratamento e sobre a integralidade dos seus dados pessoais".[474]

Dentre os comentários apresentados pela sociedade, considerando o conjunto integral dos princípios previstos, têm-se aqueles que buscavam uma definição mais contundente e o seu alinhamento com os demais princípios que regem a livre atividade econômica no Brasil.[475]

De forma mais específica ao princípio do livre acesso, as proposições tiveram diferentes focos. Dentre elas, observa-se: (i) a instituição de limitações ao acesso, pensando em situações que este não seja viável ou que a revelação da modalidade de tratamento não é desejável[476] pelos agentes de tratamento, ou por se considerar que esta informação não traria um real proveito aos titulares; (ii) a necessidade de se estabelecer o acesso às informações constantes de um banco de dados específico; (iii) a eliminação da previsão do princípio, por se entender que ele seria parte do princípio da transparência; (iv) e a incorporação das obrigações de eliminação e retificação de dados incorretos ao princípio do livre acesso.[477] Apesar das contribuições feitas, a versão final do texto do Anteprojeto não teve nenhuma mudança significativa em sua redação.

O PL n. 5.276/2016, originado a partir dessa consulta pública, também não trouxe inovação no texto referente ao princípio do livre acesso, e não fez considerações diretas sobre ele em sua justificativa. Esse PL foi apensado ao PL 4.060/2016, cujo teor original trazia um projeto de lei menos detalhado e que não faz menções ao princípio do livre acesso, ao direito de acesso aos dados pelo titular,[478] e nem mesmo ao princípio da transparência.

Por fim, o PL n. 4.060-A/2016, que traz a redação final que dará origem à LGPD, carrega o novo texto, que substitui o termo "modalidade" do tratamento por "forma e duração", mantendo as demais exigências de gratuidade e facilidade, e a possibilidade de acesso ao conjunto integral dos dados pelos seus titulares.

---

474 CRUZ, F. B. *et al.* O que está em jogo no debate sobre dados pessoais no Brasil? Relatório final sobre o debate público promovido pelo Ministério da Justiça sobre o Anteprojeto de Lei de Proteção de Dados Pessoais. *InternetLab*, p. 77, 2016.

475 CRUZ, F. B. *et al.* O que está em jogo no debate sobre dados pessoais no Brasil? Relatório final sobre o debate público promovido pelo Ministério da Justiça sobre o Anteprojeto de Lei de Proteção de Dados Pessoais. *InternetLab*, p. 78, 2016.

476 Nesse aspecto, um dos respondentes da consulta alegou que "[...] a modalidade fica a critério do responsável e, muitas vezes, pode configurar em estratégia empresarial" (CRUZ, F. B. *et al.* O que está em jogo no debate sobre dados pessoais no Brasil? Relatório final sobre o debate público promovido pelo Ministério da Justiça sobre o Anteprojeto de Lei de Proteção de Dados Pessoais. *InternetLab*, p. 82-83, 2016).

477 CRUZ, F. B. *et al.* O que está em jogo no debate sobre dados pessoais no Brasil? Relatório final sobre o debate público promovido pelo Ministério da Justiça sobre o Anteprojeto de Lei de Proteção de Dados Pessoais. *InternetLab*, p. 82-83, 2016.

478 O projeto prevê brevemente em seu art. 20 a necessidade de os responsáveis pelo tratamento dos dados de fornecer acesso a uma política de privacidade que contenha informações sobre como os dados serão utilizados.

ANÁLISE

1. O acesso a dados no ordenamento jurídico brasileiro

Conforme mais bem explorado no artigo dedicado ao direito de acesso[479], o acesso a dados pessoais já era algo previsto anteriormente à criação e entrada em vigor da LGPD, ainda que não sob a alcunha do princípio de livre acesso. É possível mencionar ao menos quatro normas que tratam de questões relacionadas ao acesso aos dados com maior ou menor detalhamento: a CRFB, o CDC, a LCP e o Código de Defesa do Usuário do Serviço Público.

A Constituição carrega consigo o instrumento do *habeas data*, que pode ser impetrado quando se busca a correção de dados pessoais ou o simples acesso àqueles que estejam sob custódia de entidades governamentais ou de caráter público e que não tenham atendido à solicitação do cidadão anteriormente.[480,481]

As demais leis acima mencionadas também trazem consigo a previsão do direito de acesso dos cidadãos aos seus dados pessoais nas respectivas situações específicas, quais sejam, consumerista, crédito e oferecimento de serviços públicos. De maneira mais específica, e dentre outras disposições, o CDC também traz que deve ser fornecida a fonte das informações, possibilitada a correção dos dados, o fornecimento das informações de maneira clara e verídica, além de se garantir a sua acessibilidade.[482] A LCP também inclui no direito de acesso a gratuidade e a indicação de compartilhamento das informações, caso tenha acontecido.[483]

2. O princípio do livre acesso na LGPD

O princípio do livre acesso a dados está disposto no capítulo de disposições preliminares da LGPD, fazendo parte, portanto, dos pressupostos da regulação da proteção de dados no Brasil. Como já indicado anteriormente, o livre acesso visa possibilitar ao titular, de maneira facilitada e gratuita, a compreensão sobre quais de seus dados estão sendo tratados, de que forma, e por quanto tempo.

Sendo uma disposição principiológica da lei, ela influenciará e será influenciada por outros artigos, que permitirão a sua concretização. Nesse sentido, é de se notar os incisos II e III do art. 2º, que trazem como fundamentos da norma a autodeterminação informativa – i.e., a possibilidade de que o titular exerça controle sobre os seus dados pessoais –[484] e a liberdade de informação. Dentre os princípios trazidos no art. 6º, menciona-se a relação com o da transparência (inc. VI), que visa o fornecimento aos titulares de informações precisas sobre o tratamento dos dados e de quem são os agentes que o realizam.

Os arts. 9º, 18 (incisos I, II e VII) e 19 vão estabelecer o acesso a dados como um direito, a maneira como o acesso pode ser viabilizado e o que é necessário oferecer de informações ao

---

479 Ver comentário ao art. 18, II, neste volume.

480 Art. 5º, LXXII, da CRFB.

481 Cabe notar que, para além da previsão constitucional, os procedimentos do *habeas data* são previstos em lei específica, sendo ela a Lei n. 9.507/97.

482 Art. 43, §§1º a 3º e 6º, do CDC.

483 Arts. 5º, II, e 6º, Lei n. 12.414/2011.

484 ROSAL, I. M.; PICOLO, C. Autodeterminação informativa: como esse direito surgiu e como ele me afeta? *Lapin*, 27 abr. 2021.

titular para que o princípio do livre acesso seja satisfeito. Elementos como clareza, facilidade e adequação são presentes nas disposições, sendo que um conjunto mínimo de informações sobre o tratamento deve ser oferecido ao titular: os seus direitos; finalidade, forma e duração do tratamento; identificação e dados de contato do controlador; as responsabilidades de cada agente que fará o tratamento dos dados pessoais; e informações sobre eventuais compartilhamentos das informações e suas respectivas finalidades. Já quanto à forma de disponibilização das informações, tem-se que elas podem ser fornecidas de maneira impressa ou eletrônica e em formato simplificado, de maneira imediata, ou detalhado, em até 15 dias a partir da requisição. Neste último, deve-se informar finalidade, origem dos dados, se há registro ou não, e critérios usados no tratamento.

Por fim, cabe ressaltar que o acesso aos dados se relaciona com e permite a concretização de outros direitos do titular, como a própria confirmação da existência do tratamento e a retificação de dados (art. 18, incisos I e III), entre outros.

3. O entendimento da ANPD

A ANPD não traz materiais que tratem especificamente do princípio do livre acesso ou mesmo do direito de acesso, mas faz menções ao princípio ao longo de alguns dos seus guias orientativos. No "Guia orientativo: Cookies e proteção de dados pessoais", a ANPD estabelece uma grande associação entre os princípios da transparência e o livre acesso, indicando como obrigações relativas aos dois que o agente de tratamento deve:

> [...] fornecer aos titulares informações claras, precisas e facilmente acessíveis sobre a forma de tratamento, o período de retenção e as finalidades específicas que justificam a coleta de seus dados por meio de cookies. Também é importante que sejam fornecidas informações sobre o eventual compartilhamento de dados com terceiros e sobre os direitos assegurados ao titular, entre outros aspectos indicados no art. 9º da LGPD.[485]

O guia destaca, ainda, como forma de cumprimento dos princípios de transparência e livre acesso, o fornecimento da informação por meio de políticas e avisos de privacidade, ou em alguma página específica dedicada.[486]

Dessa forma, entende-se o livre acesso como bastante atrelado ao princípio da transparência, que visa oferecer ao titular mais informações sobre o tratamento dos seus dados pessoais e dos agentes que o levam a cabo. Consoante o entendimento da ANPD em seu "Guia orientativo: Tratamento de dados pessoais pelo Poder Público", as obrigações que vêm com o princípio da transparência são mais gerais e devem ser fornecidas ativamente pelo agente de tratamento, sem a necessidade de requerimento por parte do titular. Em contrapartida, o princípio do livre acesso "enfatiza a necessidade de o agente de tratamento disponibilizar mecanismos efetivos para que o titular possa solicitar e ter acesso facilitado e gratuito a determinadas informações referentes ao tratamento de seus dados pessoais",[487] i.e., destacando a importância de que haja uma solicitação por parte do titular e a sua natureza passiva em relação ao agente de tratamento, portanto.

Por fim, menciona-se que não há regulações da ANPD que tratem especificamente do livre acesso. A Resolução CD/ANPD n. 2, de 27 de janeiro de 2022, que regulamenta

---

[485] ANPD. *Guia Orientativo: cookies* e proteção de dados pessoais. 2022. p. 15.

[486] ANPD. *Guia Orientativo: cookies* e proteção de dados pessoais. 2022. p. 15, 28, 29.

[487] ANPD. *Guia Orientativo:* tratamento de dados pessoais pelo Poder Público. 2023. p. 26.

a aplicação da LGPD para os agentes de tratamento de pequeno porte, apenas estabelece em seu art. 7º, *caput* e III, que tais agentes devem cumprir com o estabelecido nos arts. 9º e 18 da LGPD, oferecendo, de forma facilitada, as informações que forem solicitadas pelos titulares.

4. Entendimento dos tribunais

Ainda não foram identificadas muitas decisões judiciais que façam uma análise mais profunda dos princípios contidos na LGPD.[488] Contudo, a título de exemplo, menciona-se o ROT n. 0000746-05.2022.5.23.0009. O caso envolvia a recusa, por parte de uma empresa, de apresentação de informações pessoais (CAGED ou e-Social) de ex-funcionários para que o sindicato pudesse identificar quais deles teriam o direito de receber vale alimentação.[489] Em sua defesa, uma das fundamentações da empresa para impedir o acesso a esses dados foi com base na LGPD, argumentando que a lei não permitia esse compartilhamento sem o conhecimento e autorização dos trabalhadores. Na decisão do tribunal, a relatora menciona o princípio do livre acesso para indicar que a lei garante o acesso facilitado dos titulares de dados (os ex-funcionários) às suas informações, ainda que findado o vínculo com a empresa. Também chama atenção para o contexto em voga, que é o exercício de direitos dos titulares no âmbito de processos judiciais – sendo esta uma das bases legais presentes na lei.[490]

5. O acesso a dados no âmbito internacional

5.1. Tratados e convenções internacionais

As normas internacionais de direitos humanos oferecem nuances mais gerais relacionadas ao direito de as pessoas acessarem informações em geral, assim como as suas informações pessoais. Diferentes convenções e tratados trazem a proteção geral à liberdade de expressão e do direito de procurar e obter informações: a Declaração Universal dos Direitos Humanos (art. 19), o Pacto Internacional sobre Direitos Civis e Políticos (art. 19), a Convenção Americana de Direitos Humanos (art. 13(1)), a Carta Africana dos Direitos Humanos e dos Povos (art. 9(1)), a Carta dos Direitos Fundamentais da UE (art. 11) e a Declaração de Princípios sobre a Liberdade de Expressão da OEA (item 2).

No que se refere mais especificamente ao acesso a dados pessoais, a Carta dos Direitos Fundamentais da UE já faz essa aproximação com a faceta da proteção de dados, indicando, em seu art. 8(2), a necessidade de se garantir os direitos de acesso e correção das informações. No mesmo sentido, a Declaração de Princípios sobre a Liberdade de Expressão da OEA prevê

[488] MENDES, L. S.; FUJIMOTO, M. *Relatório do painel LGPD nos tribunais 2023*. Instituto Brasileiro de Ensino, Desenvolvimento e Pesquisa, 2024.

[489] MENDES, L. S.; FUJIMOTO, M. *Relatório do painel LGPD nos tribunais 2023*. Instituto Brasileiro de Ensino, Desenvolvimento e Pesquisa, 2024.

[490] "Ademais, ao contrário do que defende a recorrente, tenho que a Lei n. 13.709/2018 (Lei Geral de Proteção de Dados Pessoais) não constitui óbice para a exibição dos documentos solicitados pelo sindicado [*sic*]. Isso porque os empregados são os verdadeiros titulares dos dados pessoais dispostos nos documentos contratuais trabalhistas mantidos pela empresa, segundo o art. 5º, V, da LGPD, detendo a garantia legal de acesso a eles, de forma facilitada, mesmo que finalizado o vínculo trabalhista (art. 6º, IV, da LGPD). Ademais, não se pode olvidar que a Constituição da República garante a todos o acesso à informação (art. 5º, XIV) e o art. 7º, VI, da LGPD, autoriza expressamente o tratamento de dados pessoais para o exercício regular de direitos em processo judicial" (TRT-23, ROT n. 0000746-05.2022.5.23.0009).

o direito de acesso à informação sobre si de forma não onerosa que constem em bases de dados públicas e privadas, além do direito à correção dos dados (item 3).

Por fim, e no tocante à relação entre os direitos de liberdade de expressão e de informação e o direito de acesso, é importante mencionar dois documentos que elucidam essa aproximação: o Comentário Geral n. 34, da Comissão de Direitos Humanos da ONU, relativo ao art. 19 do Pacto Internacional sobre os Direitos Civis e Políticos; e um relatório vinculado à Convenção Americana e à Declaração de Princípios sobre a Liberdade de Expressão. Ambos detalham o direito de acesso à informação nos respectivos documentos, mencionando que, em seu escopo, estão informações sobre: dados pessoais armazenados, quais são os dados, quem as controla, quem as produz, finalidade do tratamento, dentre outras; além do próprio direito de retificação dos dados.[491]

5.2. Outras normativas de proteção de dados pessoais

Diferentes normas de proteção de dados pessoais ao redor do mundo também preveem o direito de acesso dos titulares aos seus próprios dados. É o caso do Marco de Privacidade do Consumidor do estado da Califórnia (tradução livre de *California Consumer Privacy Act*), dos EUA; a Lei 25.326, de 2000, juntamente com o seu decreto regulamentador n. 1558, de 2001, da Argentina; e o RGPD. Ainda que possam ter focos de aplicação distintos (a lei estadunidense visa o âmbito consumerista, por exemplo), as normas de proteção de dados pessoais tendem a manter altos requisitos de transparência sobre o tratamento dos dados, o que inclui o direito de acesso e de correção de informações incorretas ou desatualizadas.

Dentre as informações que tais leis estabelecem em comum como necessárias para disponibilização ao titular, estão: finalidade do tratamento, tipos de dados coletados, partes com quem ocorre o compartilhamento de dados, origem dos dados, além dos dados em si. Outros tipos de informações podem recair sobre o dever de fornecimento do acesso a depender da normativa, como qual o destino dos dados e informações mais específicas sobre se o tratamento é realizado a partir de procedimentos de tomadas de decisão automatizadas.[492]

6. Conclusões da análise

A partir do exposto, compreende-se o livre acesso como um dos fundamentos da disciplina de proteção de dados pessoais e, no Brasil, é um dos elementos orientadores de toda a aplicação e interpretação da norma, dada a sua natureza principiológica. O livre acesso é essencial para a concretização da autodeterminação informativa dos titulares.

É importante ressaltar que o princípio do livre acesso dialoga com diversas outras disposições da LGPD, como o fundamento da autodeterminação informativa e o princípio da transparência, além de com os demais direitos de acesso, de confirmação da existência do tratamento e de correção dos dados inexatos ou desatualizados. Nesse sentido, recomenda-se

---

[491] ONU - ORGANIZAÇÃO DAS NAÇÕES UNIDAS. Comitê de Direitos Humanos. *Comentário Geral* n. 34 - art. 19: Liberdades de opinião e expressão; OEA - ORGANIZAÇÃO DOS ESTADOS AMERICANOS. Escritório do Relator Especial para a Liberdade de Expressão da Comissão Interamericana de Direitos Humanos. *O direito de acesso à informação*, 2009.

[492] Para maior detalhamento do direito de acesso previsto nas normativas, conferir, p.ex.: *California Consumer Privacy Act* 2018, seções 1798.100, 1798.106, 1798.110, 1798.115, 1798.130; Lei n. 25.326/2000, arts. 14, 15, 16 e 17; Decreto Regulamentador n. 1.558/2001, art. 14; e o RGPD, arts. 12(5) e 15.

a leitura complementar dos artigos dedicados a esses tópicos para uma melhor compreensão das nuances que afetam e são afetadas pelo princípio do livre acesso.

BIBLIOGRAFIA SELECIONADA

CRUZ, F. B. *et al.* O que está em jogo no debate sobre dados pessoais no Brasil? Relatório final sobre o debate público promovido pelo Ministério da Justiça sobre o Anteprojeto de Lei de Proteção de Dados Pessoais. *InternetLab*, 2016.

EUROPEAN DATA PROTECTION BOARD. *Guidelines 01/2022 on data subject rights* – Right of access, 2023.

MENDES, L. S.; FUJIMOTO, M. *Relatório do painel LGPD nos tribunais 2023*. Instituto Brasileiro de Ensino, Desenvolvimento e Pesquisa, 2024.

ONU – ORGANIZAÇÃO DAS NAÇÕES UNIDAS. Comitê de Direitos Humanos. *Comentário Geral* n. 34 – art. 19: Liberdades de opinião e expressão.

OEA – ORGANIZAÇÃO DOS ESTADOS AMERICANOS. Escritório do Relator Especial para a Liberdade de Expressão da Comissão Interamericana de Direitos Humanos. *O direito de acesso à informação*, 2009. Disponível em: www.oas.org/dil/access_to_information_iachr_guidelines.pdf. Acesso em: 5 jun. 2024.

ROSAL, I. M.; PICOLO, C. Autodeterminação informativa: como esse direito surgiu e como ele me afeta? *Lapin*, 27 abr. 2021.

SILVA I. L. da Introdução aos princípios jurídicos. *Revista de Informação Legislativa*, Brasília, v. 40, n. 160, p. 269-289, out./dez. 2003.

Artigo 6º, V

Comentado por Ana Paula Bialer e Daniel Eustachio

DISPOSITIVOS RELACIONADOS NO DIREITO INTERNACIONAL

- Art. 5º, parágrafo 4, alíneas *c* e *d*, da Convenção 108.

DISPOSITIVOS RELACIONADOS NO ORDENAMENTO JURÍDICO BRASILEIRO

- Art. 5º, LXXII, alínea *b*, da CRFB.
- Art. 43, § 3º, do CDC.
- Art. 29-A, § 2º, da Lei n. 8.213/1991.
- Art. 3º, § 1º, da Lei n. 12.414/2011.
- Art. 2º, § 1º da Lei n. 13.444/2017.
- Art. 29, § 1º da Lei n. 14.129/2021.
- Decreto n. 10.046/2019.

DISPOSITIVOS RELACIONADOS NA LGPD

- Art. 18, III.

ATIVIDADES DA ANPD

- Nota Técnica n. 173/2023/CGF/ANPD.

AÇÕES REGULATÓRIAS E FISCALIZATÓRIAS DE ENTIDADES GOVERNAMENTAIS E ÓRGÃOS DE CONTROLE

- Art. 14, § 1º, da Resolução n. 185/2013 do CNJ.
- Art. 61, da IN n. 77/2015 do INSS.
- TCU. Processo n. 016.332/2021-0.
- TCU. Processo n. 012.797/2018-9.

CASOS E DECISÕES JUDICIAIS RELEVANTES

- TJAL. Processo n. 0702229-51.2018.8.02.0058, Segunda Câmara Cível. Rel. Des. Tutmés Airan de Albuquerque Melo, j. 29.07.2021, publicado em 04.08.2021.
- TJDFT. Processo n. 0700285-18.2021.8.07.0010, Sexta Turma Cível, Rel. Des. Leonardo Roscoe Bessa, j. 23.08.2023, publicado em 08.09.2023.
- TJRS. Processo n. 5001227-05.2013.8.21.0072, Quinta Câmara Cível, Rel. Des. Jorge Luiz Lopes do Canto, j. 30.03.2022, publicado em 7.04.2022.

JUSTIFICATIVA E FUNDAMENTOS

A menção ao princípio da qualidade de dados não estava presente na proposição original do PL da Câmara dos Deputados nº 4060/12 (principal proposta que resultou na LGPD), tendo sido trazida no PL nº 5276/16, apresentado pelo Poder Executivo, e incorporada no texto substitutivo apresentado pelo Deputado Orlando Silva após numerosas discussões públicas no âmbito de uma Comissão Especial sobre tratamento e proteção de dados pessoais, instalada na Câmara dos Deputados.

Segundo se depreende do relatório apresentado juntamente com o texto substitutivo de Orlando Silva, o princípio da qualidade se inspira no Ato sobre Crédito Justo (tradução livre de *Fair Credit Reporting Act* – FCRA), lei federal americana de 1970 que garantiria o acesso e a correção dos dados financeiros de consumidores como forma de incrementar a qualidade dos dados utilizados em contexto de análise de crédito.[493]

---

[493] SILVA, Orlando. Parecer apresentado à Comissão Especial destinada a proferir parecer ao Projeto de Lei n. 4.060, de 2012, do Dep. Milton Monti, que "dispõe sobre o tratamento de dados pessoais e dá outras providências", e apensado em 24 maio 2018, p. 8.

Desta forma, tomando-se em conta exclusivamente os fundamentos apresentados durante o processo legislativo, o princípio da qualidade de dados se afigura, em primeiro lugar, como uma garantia aos titulares de dados pessoais de que seus dados devem ser corretos e atualizados, dentro dos limites da necessidade e da finalidade do tratamento.

ANÁLISE

1. Um conceito entre o técnico e o jurídico

Antes de ser um conceito com efeitos jurídicos, a qualidade de dados é um conceito técnico, amplamente debatido entre estudiosos da ciência de dados e sistemas de informação. Ainda que seja objeto de discussões desde quando existem bancos de dados, o tema ganhou maior atenção a partir da década de 1990, com diversos estudos objetivando a definição do conceito, seja baseado em aspectos intrínsecos ou extrínsecos dos dados.[494] Na atualidade, aceita-se amplamente que o elemento definidor da qualidade de dados é a pertinência para um determinado uso[495] – isto é, considera-se que um dado ou conjunto de dados tem qualidade quando se presta a atingir adequadamente os objetivos propostos para seu uso. No mesmo sentido, segundo o padrão técnico consolidado na ISO 9000:2015, a qualidade de dados seria "o grau com o qual um conjunto de características de um objeto satisfaz requisitos."[496]

No entanto, como os usos de dados são grandemente variados e assim a própria noção de adequação ao uso apresenta diferentes requisitos, reconheceu-se que a qualidade de dados é um conceito multidimensional. Dito de outra forma, a pertinência ao uso de um dado ou conjunto de dados, essência da qualidade, não depende apenas de um único critério, mas de uma multiplicidade de aspectos que podem variar de caso a caso. Por este motivo, a literatura da ciência de dados identificou ao longo dos anos numerosas dimensões que compõem a qualidade: exatidão, correção, completude, consistência, atualidade, relevância, confiabilidade, concisão, legibilidade e outras dimensões potencialmente pertinentes para um determinado uso de dados.[497]

Em especial, as dimensões de correção e completude, descritas na discussão da ciência de dados, se revelaram importantes para a primeira grande discussão jurídica sobre qualidade de dados, que teve lugar na lei estadunidense do FCRA nos anos 1970 – legislação que, como mencionado na seção anterior, inclusive influenciou os debates legislativos da qualidade de dados na LGPD. De acordo com esta lei dos EUA, cujo um dos objetivos é aumentar a qualidade de dados de entidades que realizam análises de crédito (isto é, aperfeiçoar as

---

[494] Cf. REDMAN, T. *Data quality for the information age*. Boston: Artech House, 1996; NAUMANN, F. Quality-driven query answering for integrated information systems. *Lectures Notes in Computer Sciences*, v. 2261, 2002.

[495] Cf. ROMERO, R.; MAZÓN, J.-N.; TRUJILLO, J.; SERRANO, M.; PIATTINI, M. Quality of Data Warehouses. *In*: LIU, L.; OZSU, M. T. (ed.). *Encyclopedia of Database Systems*. 2nd ed. New York: Springer, 2018. p. 2958-2964.

[496] Tradução nossa de "degree to which a set of inherent characteristics of an object fulfils requirements" (ISO 9000. *Quality management systems:* fundamentals and vocabulary (ISO 2015). Disponível em: https://www.iso.org/standard/45481.html, seção 3.6.2).

[497] Uma análise panorâmica de aspectos e dimensões componentes da qualidade de dados pode ser conferida em WANG, J.; LIU, Y.; LI, P. Overview of data quality: examining the dimensions, antecedents, and impacts of data quality. *Journal of the Knowledge Economy*, 2023. https://doi.org/10.1007/s13132-022-01096-6.

informações analisadas de modo a tornar análises de crédito mais condizentes com a realidade), sujeitos que reportam dados para agências de crédito devem garantir sua correção e completude, possibilitando a ação do consumidor para garantir que decisões de crédito tomadas com relação à sua pessoa se baseiem em dados verazes e completos.

De todo modo, apesar de ser o resultado de discussões sobre qualidade de dados, o FCRA não nomeou o conceito jurídico da qualidade de dados, o que foi realizado apenas na experiência internacional.

Em 1980, a OCDE publicou o documento Princípios Orientadores sobre a Proteção da Privacidade e o Fluxo Transfronteiriço de Dados Pessoais (*Guidelines Governing the Protection of Privacy and Transborder Flows of Personal Data*), que, buscando disciplinar o tratamento de dados pessoais em transferências internacionais, estabeleceu que o princípio da qualidade de dados consiste no seguinte mandamento:

> Dados pessoais devem ser relevantes aos propósitos para os quais são usados, e, no limite do necessário para esses propósitos, exatos, completos e atualizados.[498]

Não à toa, pouco depois a Convenção 108 do CoE, tratado internacional assinado em 1981 que visa proteger indivíduos em decisões automatizadas baseadas em dados pessoais, foi a primeira norma de ampla aplicabilidade a utilizar a expressão "qualidade de dados" em seu texto, dispondo no art. 5º que dados pessoais objeto de tratamento devem ser não apenas exatos e atualizados, como consolidado na legislação de crédito dos EUA, mas também adequados, relevantes e não excessivos com relação ao propósito para que são armazenados:

> Artigo 5 – Legitimidade do tratamento de dados e qualidade dos dados
>
> 1. O tratamento de dados deve ser proporcional em relação à finalidade legítima almejada e refletir, em todos os estágios do tratamento, um equilíbrio justo entre todos os interesses envolvidos, sejam eles públicos ou privados, e os direitos e liberdades em questão.
>
> 2. Cada Parte deverá prever que o tratamento de dados possa ser realizado com base no consentimento livre, específico, informado e inequívoco do titular dos dados ou em alguma outra base estabelecida por lei.
>
> 3. Os dados pessoais que forem tratados deverão ser processados legalmente.
>
> 4. Os dados pessoais objeto de tratamento devem ser:
>
> a. tratados de forma justa e transparente;
>
> b. coletados para finalidades explícitas, especificadas e legítimas e não tratados de forma incompatível com essas finalidades; o tratamento posterior para fins de arquivamento de interesse público, para fins de pesquisa científica ou histórica ou para fins estatísticos é, sujeito a salvaguardas apropriadas, compatível com essas finalidades;

---

[498] Trad. livre de "*Personal data should be relevant to the purposes for which they are to be used, and, to the extent necessary for those purposes, should be accurate, complete and kept up-to-date.*" *Recommendation of the Council Concerning and Guidelines Governing the Protection of Privacy and Transborder Flows of Personal Data* (OCDE. *Recommendation of the Council Concerning and Guidelines Governing the Protection of Privacy and Transborder Flows of Personal Data.* 2023. seção 8. Disponível em: https://legalinstruments.oecd.org/public/doc/114/114.en.pdf).

c. adequados, relevantes e não excessivos em relação às finalidades para as quais são tratados;

d. precisos e, quando necessário, mantidos atualizados;

e. preservados em um formato que permita a identificação dos titulares dos dados por um período não superior ao necessário para as finalidades para as quais esses dados são processados (tradução nossa).

Isto é, na linha do apontado pela OCDE, não prevalecem apenas as dimensões de correção, exatidão ou atualização, mas adquirem papel preponderante a relevância e a proporcionalidade – aqui atreladas não só aos propósitos técnicos de uso, mas também à compatibilidade destes com relação à norma, marcando definitivamente a transposição do conceito técnico em conceito jurídico. Um conceito, a propósito, capaz de abarcar numerosas dimensões da qualidade de dados ao associá-la aos diversos requisitos de licitude do tratamento de dados.

Seguindo a Convenção 108, a Diretiva 95/46, que regulava a proteção de dados pessoais na UE antes do RGPD, pôs a qualidade de dados, objeto de sua seção 1, como o conjunto de princípios que garantiam licitude ao tratamento, em grande parte reproduzindo os dispositivos daquele tratado internacional.[499]

Mais tarde, revogando a Diretiva 95/46, a experiência europeia deixou de se referir ao termo "qualidade de dados" da maneira ampla com que a diretiva o fazia, mas ainda manteve o conceito baseado na junção das alíneas *c* e *d* acima, atrelando-o, em primeiro lugar, à exatidão dentro dos limites da finalidade do tratamento. Este entendimento se refletiu tanto no art. 5º(d) do RGPD, apresentado como o "princípio da exatidão" e consistente de apenas um dos requisitos de licitude de tratamento, quanto na Diretiva 2016/680, relativa à proteção das pessoas no que diz respeito ao tratamento de dados pessoais pelas autoridades competentes para efeitos penais, que adicionou ao conceito jurídico novas dimensões da qualidade de dados, notadamente a completude e a confiabilidade.[500]

---

499 Secção I. Princípios relativos à qualidade dos dados. Artigo 6º 1. Os Estados-membros devem estabelecer que os dados pessoais serão: a) Objecto de um tratamento leal e lícito; b) Recolhidos para finalidades determinadas, explícitas e legítimas, e que não serão posteriormente tratados de forma incompatível com essas finalidades. O tratamento posterior para fins históricos, estatísticos ou científicos não é considerado incompatível desde que os Estados-membros estabeleçam garantias adequadas; c) Adequados, pertinentes e não excessivos relativamente às finalidades para que são recolhidos e para que são tratados posteriormente; d) Exactos e, se necessário, actualizados; devem ser tomadas todas as medidas razoáveis para assegurar que os dados inexactos ou incompletos, tendo em conta as finalidades para que foram recolhidos ou para que são tratados posteriormente, sejam apagados ou rectificados; e) Conservados de forma a permitir a identificação das pessoas em causa apenas durante o período necessário para a prossecução das finalidades para que foram recolhidos ou para que são tratados posteriormente. Os Estados-membros estabelecerão garantias apropriadas para os dados pessoais conservados durante períodos mais longos do que o referido, para fins históricos, estatísticos ou científicos.

500 Art. 5º (d), RGPD: 1. Os dados pessoais são: d) Exatos e atualizados sempre que necessário; devem ser adotadas todas as medidas adequadas para que os dados inexatos, tendo em conta as finalidades para que são tratados, sejam apagados ou retificados sem demora ("[princípio da] exatidão"); Artigo 7º, Diretiva 2016/680: Distinção entre dados pessoais e verificação da qualidade dos dados pessoais. 2. Os Estados-Membros preveem que as autoridades competentes tomem todas as medidas razoáveis para assegurar que os dados pessoais inexatos, incompletos ou desatualizados não possam ser transmitidos nem disponibilizados. Para o efeito, as autoridades competentes verificam, na medida do possível, a qualidade dos dados pessoais antes de estes serem transmitidos ou disponibilizados. Em todas as transmissões de dados pessoais devem

Ao mesmo tempo que destacou o princípio da exatidão dos outros requisitos de licitude, a UE, tanto através do RGPD[501] quanto da Diretiva 2016/680[502], concedeu um direito de retificação aos titulares, permitindo sua operacionalização para a correção de dados ou até mesmo a eliminação ou limitação do tratamento na ausência de exatidão dos dados tratados.

Com efeito, em muitos outros países a conceituação jurídica da qualidade de dados também se manifestou desta forma – diversas legislações nacionais optaram pela instituição de um mandamento abstrato de qualidade, calcado primariamente em exatidão e correção, operacionalizado através de um direito autônomo de retificação de dados. Para além dos europeus, México,[503] Argentina[504] e Índia[505] constituem exemplos desta abordagem, também adotada pelo Brasil (mais detalhes em seguida).

Percebe-se, pois, que, especialmente a partir do RGPD, as dimensões do conceito técnico de qualidade de dados mais frequentemente trazidas ao conceito jurídico em diversas jurisdições são a exatidão, a correção e a atualização, com um espaço menor para a relevância e a adequação à finalidade do tratamento, previstos em fontes anteriores. Contudo, na medida em que o desenvolvimento tecnológico traz cada vez mais complexidade, ganham espaço novas dimensões e implicações da qualidade de dados – ou seja, a exatidão ou a correção, ainda que permaneçam válidas, passam a não ser as únicas dimensões tomadas em conta em análises sobre qualidade de dados, o que por vezes se traduz em desafios jurídicos, sobretudo quando se trata de novas tecnologias.

Apenas a título de exemplo, tecnologias avançadas de vídeo e imagem (como câmeras inteligentes com reconhecimento facial, câmeras drones e sensores de biometria) fazem emergir discussões sobre as dimensões da clareza ou legibilidade, com conclusões opostas a partir da finalidade em cada caso: segundo o WP29, sensores biométricos necessitam de boa definição de imagem para garantir a identificação,[506] ao passo que, para a CNIL (Autoridade de Dados Francesa), o embaçamento ou a efetiva redução da qualidade de imagem pode ser uma medida favorável à privacidade em sistemas de vigilância, uma vez que di-

ser fornecidas, na medida do possível, as informações necessárias para que a autoridade competente que as recebe possa apreciar até que ponto os dados são exatos, completos e fiáveis, e estão atualizados.

[501] RGPD: Art. 16 Direito de retificação. O titular tem o direito de obter, sem demora injustificada, do responsável pelo tratamento a retificação dos dados pessoais inexatos que lhe digam respeito. Tendo em conta as finalidades do tratamento, o titular dos dados tem direito a que os seus dados pessoais incompletos sejam completados, incluindo por meio de uma declaração adicional; Art. 18 Direito à limitação do tratamento. 1. O titular dos dados tem o direito de obter do responsável pelo tratamento a limitação do tratamento, se se aplicar uma das seguintes situações: a) Contestar a exatidão dos dados pessoais, durante um período que permita ao responsável pelo tratamento verificar a sua exatidão.

[502] Diretiva 2016/680: Artigo 16. Direito de retificação ou apagamento dos dados pessoais e limitação do tratamento. 1. Os Estados-Membros preveem que o titular dos dados tenha o direito de obter sem demora injustificada do responsável pelo tratamento a retificação dos dados pessoais inexatos que lhe digam respeito. Tendo em conta a finalidade do tratamento, os Estados-Membros preveem que o titular dos dados tenha direito a que os seus dados pessoais incompletos sejam completados, inclusive por meio de declaração adicional; 3. Em vez de proceder ao apagamento, o responsável pelo tratamento limita o tratamento caso: a) O titular dos dados conteste a exatidão dos dados pessoais e a sua exatidão ou inexatidão não possa ser apurada.

[503] Argentina. *Ley 25.326*: Arts. 4 e 16.

[504] México. *Ley Federal de Protección de Datos Personales en Posesion de Particulares*: Arts. 6 e 24.

[505] Índia. *Digital Personal Data Protection Act*: Arts. 8 (3) e 12.

[506] WP29. *Opinion 3/2012 on developments in biometric technologies*. 2012.

minui a quantidade de dados pessoais tratados.[507] Ainda que não façam referência direta à qualidade de dados, estes pareceres perscrutam suas dimensões, fazendo inclusive o juízo de proporcionalidade com relação à finalidade, realizado no caso concreto, que é inerente a seu conceito jurídico conforme expresso pela OCDE e na Convenção 108.

Desta forma, impõe-se o fato de que a qualidade de dados é um conceito técnico de natureza multidimensional que foi traduzido em conceito jurídico privilegiando apenas algumas das dimensões daquele, motivadas pelo contexto em que se discutiram as normas. Assim, como a tecnologia continua a se desenvolver complexificando o conceito técnico, o conceito jurídico pode sofrer tensões ao longo do tempo, possivelmente abrindo espaço para dimensões e discussões imprevistas pelo legislador.

2. Qualidade de dados no Brasil

Na experiência brasileira, o conceito de retificação de dados é largamente conhecido desde a promulgação da CRFB, que criou a figura do *habeas data* em seu art. 5º, LXXII. Após este marco fundamental, outros diplomas dispuseram sobre retificação em contextos mais restritos, como os direitos do consumidor de corrigir dados inexatos (CDC, art. 43, §3º) ou do segurado da Previdência Social de solicitar inclusão, exclusão ou retificação de seus dados no Cadastro Nacional de Informações Sociais (Lei n. 8.213/1991, art. 29-A, §2º).

No entanto, ainda não havia um claro enunciado legal sobre a qualidade de dados, o que teve lugar apenas com a LGPD. É certo que, repetindo experiências estrangeiras, esta lei também consagrou um direito de retificação de dados em seu art. 18, III, mas o fulcro do conceito da qualidade de dados se localiza no princípio constante do art. 6º, V.

Seja devido à cultura da retificação de dados que vem do *habeas data* e do direito do consumidor ou ainda à prevalência da dimensão exatidão no RGPD, a interpretação direta ou indireta deste dispositivo pelo Judiciário e doutrina brasileiros, quando não se limita a reproduzir o texto legal, até o momento se concentrou nestes elementos essenciais de correção e exatidão. Constitui exemplo emblemático o exarado na decisão da Ap. Civ. nº 0702229-51.2018.8.02.0058 do TJAL, que entendeu o princípio da qualidade de dados como subsídio ao direito de retificação:

> 17. Merece destaque, nesse sentido, o princípio da qualidade dos dados, referido no art. 6º, V, da Lei, que se refere à garantia, aos titulares, de exatidão, clareza, relevância e atualização dos dados, de acordo com a necessidade e para o cumprimento da finalidade de seu tratamento.
>
> 18. É o corolário de tal princípio o direito do titular dos dados de obter do controlador, em relação aos dados do titular por ele tratados, a qualquer momento e mediante requisição, a correção de dados incompletos, inexatos ou desatualizados (art. 18, III).[508]

Analogamente, ao comentar o princípio da qualidade da OCDE (referido anteriormente), o saudoso Danilo Doneda privilegia o aspecto da veracidade e o chama de princípio da exatidão, ecoando a experiência europeia:

---

[507] CNIL. Caméras dites «intelligentes» ou «augmentées» dans les espaces publics, jul. 2022. Disponível em: https://www.cnil.fr/sites/cnil/files/atoms/files/cameras-intelligentes-augmentees_position_cnil.pdf.

[508] TJAL. Ap. Civ. nº 0702229-51.2018.8.02.0058.

> Princípio da exatidão, pelo qual os dados armazenados devem ser fiéis à realidade, o que compreende a necessidade de que sua coleta e seu tratamento sejam feitos com cuidado e correção, e de que sejam realizadas atualizações periódicas conforme a necessidade.[509]

Embora a atualização e a exatidão de fato sejam dimensões do conceito de qualidade de dados da LGPD e o direito de retificação sem dúvidas lhe seja pertinente, há que se ter em mente que ele é mais amplo do que isso, em linha com o enunciado da OCDE.

A este respeito, dois aspectos merecem especial destaque em seu comentário em específico.

2.1. Dimensões da qualidade de dados

Ao descrever o conceito jurídico da qualidade de dados, o art. 6º, V da LGPD declina quatro dimensões do conceito técnico da qualidade de dados: exatidão, clareza, relevância e atualização dos dados. Apenas este breve elenco já deve servir para se entender que a qualidade de dados inclui a exatidão e a atualização, mas também têm mandamentos de clareza e relevância.

Mas o que significam estas dimensões? À primeira vista, exatidão e atualização denotam correção inicial e ao longo do tempo (isto é, os dados têm que ser e se manter corretos e fiéis à realidade), ao passo que a clareza diz respeito à inteligibilidade humana e, por último, a relevância pressupõe um juízo de pertinência dos dados, notadamente com relação à finalidade do tratamento.

No entanto, como se viu, há outras dimensões quando se fala do conceito técnico de qualidade de dados. Mais do que isso, o próprio ordenamento jurídico brasileiro já apresentou, em contexto diverso, outras dimensões deste conceito – destaquem-se a LCP, que em seu art. 3º, §1º fala em objetividade (concisão) em bancos de dados relativos a adimplemento; a Lei de Governo Digital[510], que dispõe sobre integridade, estrutura e legibilidade por máquinas em bancos de dados públicos; ou o CNJ, cuja Resolução 185/2013, no art. 14, §1º, traz a legibilidade como elemento da qualidade em processos eletrônicos.

Neste contexto, considerando que o legislador listou apenas quatro dimensões da qualidade de dados na LGPD, a questão que se apresenta é: seriam estas as únicas dimensões cabíveis na qualidade de dados? Dito de outra forma, estariam excluídas todas as outras dimensões, sejam implicadas no conceito técnico de qualidade ou mencionadas em outras normas do ordenamento?

Para responder a esta pergunta, há que se atentar ao fato de que as dimensões da qualidade de dados não são meros valores listados de forma restrita, mas garantias aos titulares de dados pessoais (como se lê no texto legal, "*garantia, aos titulares*"). Logo, devem ser lidas de maneira teleológica, compatível com a consecução do objetivo de proteger os direitos fundamentais de liberdade e de privacidade, como enunciado no art. 1º da LGPD.

Por isso, na condição de garantias, sua interpretação não pode se dar com a frieza da gramática, mas com abertura que permita sua atualização de acordo com o desenvolvimento

---

509 DONEDA, D. *Da privacidade à proteção de dados pessoais*. 2. ed. São Paulo: Revista dos Tribunais, 2020. p. 171.

510 Lei nº 14.129/21.

da tecnologia, ambiente em que se tratam os dados pessoais, sempre de modo a servir como garantia protetiva ao titular. Ao fazê-lo, torna-se possível relacionar analogicamente, apenas a título de exemplo, clareza com legibilidade (seja por humanos ou máquinas, a depender do contexto fático), relevância com completude, atualização com consistência e exatidão com definição de imagem ou granularidade de dados, sobretudo em contexto de prevenção de vieses e discriminação.

2.2. Natureza de princípio

Como se depreende do *caput* do art. 6º, a qualidade de dados é um princípio, que se distingue decisivamente do art. 18, III, uma regra.[511] Desta forma, não se pode falar de sua aplicação imediata para a fundamentação de um direito de retificação – em vez disso, é necessário antes sopesar a qualidade de dados com os outros princípios enunciados no art. 6º, como a segurança, a prevenção e o livre acesso. Ademais, também se fazem pertinentes em análise de sopesamento outros princípios do ordenamento jurídico, como a dignidade da pessoa humana e a livre iniciativa.

Todavia, ainda que todos os princípios do ordenamento jurídico lhe sejam pertinentes, dois em especial têm precedência, conforme a redação do artigo na LGPD: a necessidade e a finalidade ("*de acordo com a necessidade e para o cumprimento da finalidade de seu tratamento*"). Em outras palavras, o sopesamento da qualidade de dados deve ser realizado em primeiro lugar com relação à necessidade e à finalidade, evitando dados que se mostrem excessivos com relação à efetiva consecução da finalidade do tratamento de dados. Não por acaso, ao fazer análise do princípio da qualidade de dados na Nota Técnica sobre o Projeto Estádio Seguro[512], a ANPD não se ateve de maneira imediata às dimensões da qualidade de dados, mas buscou entendê-las à luz das finalidades indicadas, identificando sua efetiva necessidade.

Assim sendo, por exemplo, não cabe falar em garantia de atualização de dados em caso de tratamento que não tenha caráter contínuo ou diferido, assim como não se admite exigir de modo absoluto a exatidão ou completude dos dados quando um conjunto menor de dados já possibilita a consecução da finalidade. Quanto às dimensões de clareza e relevância, impõe-se o entendimento de que dados que não se revelem pertinentes e necessários para a efetiva realização da finalidade do tratamento não devem estar claros ou mesmo se fazer presentes. Esse entendimento pode ter especial relevância para discussões sobre privacidade e sua relação com câmeras de vigilância e reconhecimento facial, como presente em discussões da CNIL ou do WP29 anteriormente referidas.

Em suma, o princípio da qualidade de dados constante do art. 6º, V da LGPD consiste num mandamento de garantia de maximização de exatidão, clareza, relevância e atualização – ou outras dimensões da qualidade de dados analogicamente a estas relacionadas – dos dados tratados conforme, em primeiro lugar, a necessidade para o efetivo cumprimento da finalidade do tratamento, levando-se em conta não apenas os requisitos técnicos de um determinado uso de dados, mas principalmente os próprios condicionamentos da LGPD.

Neste caso, ainda em sede de exemplo, pode-se dizer que um sistema de vigilância do espaço público com câmeras de altíssima resolução, ainda que maximize a qualidade técnica dos dados, não atende aos requisitos legais de exatidão e relevância da qualidade de dados se

---

511 Para uma distinção entre princípios e regras à luz da experiência brasileira, cf. Silva (2003, p. 603-620).

512 ANPD. Nota Técnica nº 175/2023/CGF/ANPD.

a efetiva identificação de titulares não for sua finalidade. Similarmente, informações contendo dados pessoais exaustivamente especificadas em um volume particularmente grande de texto legível por humanos, embora sejam abrangentes e completas, não servem ao requisito legal de clareza da qualidade de dados, já que apenas a apresentação concisa e a leitura por máquina poderiam garantir a devida apreensão de grande volume de informações.

BIBLIOGRAFIA SELECIONADA

CoE. *Explanatory Report to the Convention for the Protection of Individuals with regard to Automatic Processing of Personal Data.* 1981. Disponível em: https://rm.coe.int/16800ca434.

CNIL. Caméras dites «intelligentes» ou «augmentées» dans les espaces publics, jul. 2022. Disponível em: https://www.cnil.fr/sites/cnil/files/atoms/files/cameras-intelligentes--augmentees_position_cnil.pdf.

DONEDA, D. *Da privacidade à proteção de dados pessoais.* 2. ed. São Paulo: Revista dos Tribunais, 2020.

ISO 9000. *Quality management systems:* fundamentals and vocabulary (ISO 2015). Disponível em: https://www.iso.org/standard/45481.html.

NAUMANN, F. Quality-driven query answering for integrated information systems. *Lectures Notes in Computer Sciences*, v. 2261, 2002.

OCDE. *Recommendation of the Council Concerning and Guidelines Governing the Protection of Privacy and Transborder Flows of Personal Data,* 2023. https://legalinstruments.oecd.org/public/doc/114/114.en.pdf.

REDMAN, T. *Data quality for the information age.* Boston: Artech House, 1996.

ROMERO, R.; MAZÓN, J.-N.; TRUJILLO, J.; SERRANO, M.; PIATTINI, M. Quality of Data Warehouses. *In*: LIU, L.; OZSU, M. T. (ed.). *Encyclopedia of Database Systems.* 2nd ed. New York: Springer, 2018. p. 2958-2964.

SILVA, Orlando. Parecer apresentado à Comissão Especial destinada a proferir parecer ao Projeto de Lei n. 4.060, de 2012, do Dep. Milton Monti, que "dispõe sobre o tratamento de dados pessoais e dá outras providências", e apensado em 24 maio 2018.

WANG, J.; LIU, Y.; LI, P. Overview of data quality: examining the dimensions, antecedents, and impacts of data quality. *Journal of the Knowledge Economy*, 2023. https://doi.org/10.1007/s13132-022-01096-6.

WP29. *Opinion 3/2012 on developments in biometric technologies.* 2012.

Artigo 6º, VI

Comentado por Ana Frazão

DISPOSITIVOS RELACIONADOS NO ORDENAMENTO JURÍDICO BRASILEIRO

- Art. 4º do CDC.
- Art. 9º, § 2º, II e III, e art. 24, I, do MCI.

- Art. 7º-A, § 2º, da LCP.
- Art. 3º, IV, arts. 5º e 6º, I, art. 8º, § 3º, I, art. 31, art. 41, I e II, da LAI.

DISPOSITIVOS RELACIONADOS NA LGPD

- Arts. 9º, § 1º, e 10, § 2º, art. 40, art. 50, § 2º, I, *e*.

CASOS E DECISÕES JUDICIAIS RELEVANTES

- STJ, REsp n. 1.348.532/SP, Rel. Min. Luis Felipe Salomão, Quarta Turma, j. 10.10.2017, *DJe* 30.11.2017.
- STJ, REsp n. 1.758.799/MG, Rel. Min. Nancy Andrighi, Terceira Turma, j. 12.11. 2019, *DJe* 19.11.2019.
- TST, Tutela Cautelar Antecipada n. 1000840-65.2023.5.00.0000, Rel. Min José Dezena da Silva, j. 11.10.2023.
- TJSP, Ap. Civ. n. 1090663-42.2018.8.26.0100, 37ª Vara Cível, j. 10.05.2023.
- TJDFT, Ap. Civ. n. 07366348120208070001, j. 09.02.2022.

JUSTIFICATIVA E FUNDAMENTOS

O princípio da transparência é a pedra de toque de qualquer regime político ou econômico em que o poder precisa ser justificado e suscetível de controle. Daí a sua imprescindibilidade para as democracias e os mercados, na medida em que é instrumento para assegurar o equilíbrio entre poder e responsabilidade. Afinal, para atribuir as devidas responsabilidades àquele que exerce o poder, há que se saber quem o titulariza, como ele é exercido e em que extensão. Em outras palavras, é fundamental identificar os agentes que influenciam, afetam, tolhem ou constrangem aqueles que são destinatários do exercício do poder.

Com a crescente pulverização e opacidade do poder político e econômico, os quais vêm se tornando cada vez mais imbricados e interdependentes, compreender e regular o poder vem se tornando uma tarefa cada vez mais complexa. Como bem afirma Ferrarese,[513] paralelamente ao poder vertical e decifrável dos governos, caminhamos para uma governança mais horizontal e difusa, o que permite ao poder assumir novas faces e titularidades, muitas das quais simultâneas. Numerosos atores – dentre os quais se destacam agentes econômicos, financeiros, tecnológicos e os próprios sistemas de IA – movem-se com desenvoltura na política e na economia, exercendo diversas formas de poder e forjando os novos fundamentos do mundo sem serem sequer percebidos.[514]

A ausência de transparência, especialmente no âmbito da sociedade da informação, é, portanto, um dos principais mecanismos pelos quais múltiplas e inovadoras formas de poder vêm sendo objeto de uso e abuso sem qualquer controle, *accountability* ou responsa-

[513] FERRARESE, M. R. *Poteri nuovi*: privati, penetrante, opachi. Bologna: Il Mulino, 2022.

[514] FERRARESE, M. R. *Poteri nuovi*: privati, penetrante, opachi. Bologna: Il Mulino, 2022.

bilização. Daí o diagnóstico de Pasquale[515] de que estamos vivendo em uma *black box society*, caracterizada pela crescente colonização, pela lógica do segredo, dos espaços da nossa vida comum que deveriam ser abertos e transparentes, advertindo para a circunstância de que contestar esse tipo de poder oculto é o principal desafio da nossa época.

Embora a ausência de transparência não seja um problema exclusivo do capitalismo movido a dados, potencializa-se neste, até diante da absoluta assimetria informacional sobre a qual foi estruturado. Trata-se do *one-way mirror* a que também se refere Pasquale[516], em que determinados agentes nos vigiam e sabem tudo de nós – e consequentemente poderão exercer maior poder sobre nós – enquanto nós não sabemos nada sobre eles, ou seja, não fazemos ideia sobre se, quando e como podemos ser afetados por suas ações.

Outra das características da *black box society* é o crescente protagonismo de algoritmos, os quais vêm decidindo muito mais do que os produtos ou serviços a que podemos ter acesso: decidem também quem somos, o que pensamos e o que queremos, bem como quais são nossos direitos, oportunidades e perspectivas de vida.[517] Para Harari,[518] criou-se um verdadeiro determinismo de dados – o chamado dataísmo – cujo risco é a subjugação do próprio homem.

Se privacidade é poder, torna-se urgente a retomada do controle sobre os dados pessoais pelos próprios titulares, como adverte acertadamente Véliz.[519] Porém, como isso pode ser feito sem saber exatamente quem e como exerce poder sobre nós? Como fazer isso em um contexto no qual diversas decisões que nos afetam diretamente são tomadas por sistemas de IA? Nos termos da síntese de Souza, Perroni e Magrani: "Se não sabemos quais fatores são determinantes para uma decisão, que controle podemos ter sobre ela? Estamos fadados a não mais poder intervir nas decisões que nos impactam? A automatização das decisões implica necessariamente a perda da autonomia, livre-arbítrio e capacidade de agência?"[520]

Diante da constatação do quanto são estreitas e intrínsecas as relações entre transparência, justiça e *accountability*, há hoje emergente movimento em busca de justiça algorítmica, dentre os quais o *Fairness, Accountability and Transparency*.[521] Entretanto, é importante lembrar que, no âmbito da proteção de dados, a importância da transparência não se restringe às decisões algorítmicas, mas envolve todos os tipos de tratamentos.

Consequentemente, se o agente de tratamento é o Estado, são os próprios princípios inerentes à democracia e ao regime administrativo que impõem, como regra, a transparên-

515 PASQUALE, F. *The black box society*: the secret algorithms that control money and information. London: Harvard University Press, 2015.

516 PASQUALE, F. *The black box society*: the secret algorithms that control money and information. London: Harvard University Press, 2015.

517 PASQUALE, F. *The black box society*: the secret algorithms that control money and information. London: Harvard University Press, 2015.

518 HARARI, Yuval Noah. *Homo Deus.* Uma breve história do amanhã. São Paulo: Companhia das Letras, 2016.

519 VÉLIZ, C. *Privacy is power:* why and how you should take back control of your data. London: Bantam Press, 2021.

520 SOUZA, C. A.; PERRONE, C.; MAGRANI, E. O direito à explicação entre a experiência europeia e a sua positivação na LGPD. *In*: MENDES, L. *et al.* (ed.). *Tratado de proteção de dados pessoais.* Rio de Janeiro: Forense, 2023. p. 245-272.

521 COULDRY, N.; MEJIAS, U. A. *The costs of connection:* how data is colonizing human life and appropriating it for capitalism. Stanford: Stanford University Press, 2019. p. 170.

cia dos tratamentos de dados sobre os cidadãos. Se o agente de tratamento é empresarial, a transparência é ainda mais necessária, até para suprir a falha de mercado em que consiste a assimetria informacional especialmente – mas não só – nas relações de consumo.

É nesse contexto que se deve compreender o propósito do princípio da transparência, que impõe aos agentes de tratamento que garantam, aos titulares, informações claras, precisas e facilmente acessíveis sobre a realização do tratamento e os respectivos agentes de tratamento, observados os segredos comercial e industrial. Sob essa perspectiva, a transparência pode ser o principal antídoto para aquela que tem sido uma das principais críticas ao que se chama de capitalismo de vigilância:[522] o fato de que dados pessoais têm sido extraídos sem o conhecimento e a concordância dos titulares de direitos, podendo afetar-lhes negativamente em diversos pontos de suas vidas.

Daí por que a transparência deve ser observada em todos os tratamentos de dados pessoais e durante todo o processo de tratamento de dados, mesmo após o término. A depender da base legal, pode-se cogitar de padrões de transparência ainda maiores, como ocorre com o legítimo interesse (art. 10, § 2º, LGPD).

De toda sorte, o princípio da transparência é instrumental a todos os demais princípios da LGPD, uma vez que, sem ele, os titulares de dados não têm meios idôneos para avaliar se o tratamento de dados está obedecendo às exigências legais. Da mesma maneira, sem a devida transparência, pode haver considerável prejuízo na análise da observância das bases legais que justificam os tratamentos de dados, bem como no atendimento da maior parte dos direitos dos titulares de dados, notadamente o de confirmação da existência de tratamento, o de acesso e correção, o de eliminação e o de compreensão e impugnação de decisões automatizadas.

Acresce que, a partir do momento em que o direito à proteção de dados foi reconhecido no Brasil como um direito fundamental, é inequívoco que o princípio da transparência deve ser observado a partir da sua conexão com várias das garantias constitucionais, tais como privacidade, intimidade, não discriminação, devido processo legal e contraditório.

Não obstante, não apenas na própria descrição do princípio da transparência, como em diversas outras passagens da LGPD, há a referência à necessidade de se observar o segredo de comércio e indústria, o que, como se verá a seguir, pode mitigar ou mesmo anular por completo a garantia de transparência, especialmente em julgamentos algorítmicos.

ANÁLISE

1. Primeiro desafio à efetividade do princípio da transparência: segredo de negócios

Na própria definição do princípio da transparência, a LGPD já constrange a sua aplicação à observância dos segredos comercial e industrial, ou seja, de qualquer tipo de informação ou conhecimento de seu alto valor para estratégias comerciais e concorrenciais de determinado agente.

Apesar de haver muitas controvérsias em torno do que pode ou não ser considerado segredo, não raro a sua proteção tem sido vista como algo próximo do absoluto. Isso pode criar uma verdadeira blindagem a agentes de tratamento, que facilmente poderão invocar o segredo para não assegurar a transparência.

---

522 Adotam-se aqui a expressão e o conceito utilizados por ZUBOFF, Shoshana. *The age of surveillance capitalism*. The fight for a human future at the new frontier of power. New York: Public Affairs, 2019.

Acresce que a LGPD faz treze referências à proteção do segredo, muito mais do que as vezes em que menciona a própria transparência e muito mais do que o próprio RGPD. Dentre as principais consequências práticas de toda essa preocupação com a proteção do segredo, pode-se destacar:

(i) o direito de acesso, o direito à portabilidade, o direito à revisão de decisões totalmente automatizadas e o direito à segurança no tratamento de dados estão condicionados à proteção dos segredos comercial e industrial;

(ii) o RIPD que pode ser solicitado pela autoridade nacional em casos de tratamento de dados com base no interesse legítimo ou no caso de dados sensíveis também apresenta como limites a proteção dos segredos comercial e industrial;

(iii) mesmo no caso de decisões totalmente automatizadas, a recusa de informação com base no segredo comercial e industrial tem como consequência não propriamente a transparência perante o titular de dados, mas sim a possibilidade de realização de auditoria por parte da autoridade nacional.

Especialmente após as modificações implementadas pela Lei n. 13.853/2019, a LGPD parece realmente se preocupar mais com a proteção do segredo de negócios do que com a própria transparência. Não é sem razão que inclui, dentre as competências da própria LGPD, zelar pela observância do segredo comercial e industrial.

A ausência de transparência é particularmente preocupante no caso dos algoritmos, que têm sido caracterizados por extrema opacidade e falta de transparência. Daí ser fundamental se pensar na natureza e nos limites do segredo de negócios. Afinal, nem mesmo a propriedade intelectual é considerada absoluta, havendo diversas e interessantes discussões sobre a função social da propriedade nesse campo e sobre situações nas quais os direitos dos titulares deveriam ceder diante de determinados interesses sociais.

Em interessante artigo sobre o tema, no qual se procura demonstrar como algoritmos secretos podem ser verdadeiras barreiras para a justiça social, Moore[523] mostra que, enquanto a propriedade intelectual já procura equilibrar os interesses do titular com os interesses da sociedade, os segredos de negócio, embora carreguem o apelido de "propriedade intelectual", não estão sujeitos a qualquer limite ou mecanismo de equilíbrio entre os interesses do titular e os da sociedade, já que são criados e mantidos de acordo com a mera vontade do seu titular. Essa seria mais uma razão para não os compreender como direitos absolutos e para deles exigir a necessária transparência em situações nas quais afetam diretamente terceiros.

Consequentemente, não se pode considerar o segredo de negócios como algo absolutamente intocável. Pelo contrário, ele precisa ser sopesado diante de relevantes interesses sociais que possam ser por ele prejudicados, até para o fim de saber se e em que medida pode ser oposto ao regulador – considerando que este não tem como regular algo que não compreende – e como deve ser conciliado com o direito dos titulares de dados à transparência.

No caso brasileiro, vale ressaltar que a própria Lei de Propriedade Industrial deixa uma válvula de escape para a revelação do segredo de negócios em casos excepcionais, no contexto de disputas judiciais, desde que mediante o segredo de justiça. Isso já mostra que a proteção ao segredo de negócios não pode ser uma imunidade absoluta para que agentes de

523 MOORE, T. *Trade Secrets and Algorithms as Barriers to Social Justice*. 2017. Disponível em: https://cdt.org/wp-content/uploads/2017/08/2017-07-31-Trade-Secret-Algorithms-as-Barriers-to-Social-Justice.pdf.

tratamento descumpram suas obrigações fundamentais de oferecer os critérios básicos do tratamento, a fim de que ele seja razoavelmente inteligível e suscetível de controle.

Sem encontrar um ponto de equilíbrio para compatibilizar transparência e proteção do segredo, a primeira restará invariavelmente comprometida, o que certamente não é o propósito da LGPD nem se compatibiliza com o direito fundamental à proteção de dados.

2. Necessária conciliação entre transparência e proteção do segredo de negócios

Não obstante as dificuldades jurídicas, relacionadas à proteção do segredo de negócios, a busca pela transparência algorítmica ainda encontra um relevante óbice de natureza técnica: as decisões algorítmicas podem decorrer de diversos e múltiplos passos e/ou processos que, no seu conjunto, mostram-se extremamente complexos e ininteligíveis, o que se potencializa com a utilização de *machine learning* e de outras técnicas, como redes neurais.

Daí a importância do critério da inteligibilidade, ou seja, da ideia de que pelo menos os aspectos principais e a lógica da decisão algorítmica – os dados utilizados, o peso e a importância dos dados e especialmente os critérios de decisão – precisam ser esclarecidos, sob pena de se negar qualquer eficácia ao princípio da transparência. Nesse caso, seria possível preservar inclusive o segredo de negócios, já que não se revelaria inteiramente o código, mas tão somente os aspectos mais relevantes da decisão algorítmica, os quais precisariam ser convertidos da linguagem matemática para a linguagem natural, de forma a viabilizar os direitos dos titulares de dados, incluindo o direito à explicação e à revisão de decisões totalmente automatizadas.

Obviamente que é limitada a confiabilidade de uma explicação que, por ser oferecida pelo controlador de dados, é interessada e não necessariamente está sujeita a controles efetivos. Essa é a razão pela qual muito se discute, para efeitos de se assegurar a adequada transparência algorítmica, a importância dos reguladores e de auditorias externas independentes, que poderiam exercer o papel de atestar a idoneidade do sistema algorítmico ou de confirmar os principais aspectos que estariam sob discussão.

Sob essa perspectiva, a transparência precisa ser assegurada ao menos para o fim de se garantir grau suficiente de explicabilidade para os algoritmos, especialmente quando as decisões deles decorrentes causam graves impactos na vida das pessoas. Se assim não for, estar-se-á diante da situação já descrita por Pasquale,[524] ao tratar do famoso caso Compas (sistema de IA que começou a ser utilizado pelo Estado norte-americano do Wisconsin com a finalidade de auxiliar o juiz na dosimetria da pena, por meio do cálculo do grau de risco de reincidência por parte do réu): "Algoritmos secretos ameaçam a *rule of law*. Mandar pessoas para a cadeia por causa de julgamentos inexplicáveis e insuscetíveis de revisão feitos por um programa de computador sigiloso mina nosso sistema jurídico".

Um dos pontos salientados por Frank Pasquale[525] é que a ausência de transparência da decisão algorítmica impossibilita a defesa do réu, o que fulminaria vários dos princípios inerentes às decisões judiciais, tais como fundamentação aberta ao público e o próprio devido

---

524 PASQUALE, F. Secret Algorithms threaten the rule of law. Sending people to jail because of the inexplicable, unchallengeable judgments of a secret computer program undermines our legal system. *MIT Technology Review*, 1º jun. 2017.

525 PASQUALE, F. Secret Algorithms threaten the rule of law. Sending people to jail because of the inexplicable, unchallengeable judgments of a secret computer program undermines our legal system. *MIT Technology Review*, 1º jun. 2017.

processo legal. Outro ponto importante destacado pelo autor é a existência de alternativas entre o segredo algorítmico e a transparência completa, já que se poderia pensar em uma transparência qualificada, possibilitando que determinados experts possam atestar a qualidade, a validade e a confiabilidade dos sistemas algorítmicos, mantendo o segredo de negócios.

Desde o caso Compas, há considerável número de trabalhos mostrando que o segredo de negócios não pode prevalecer em casos de condenações criminais.[526] Por mais que as condenações criminais sejam um exemplo extremo, deflagram a discussão sobre em que casos é também justificável que o segredo de negócios sofra temperamentos em prol dos demais interesses envolvidos.

Nesse sentido, decisões algorítmicas enviesadas ou discriminatórias também estão no foco da controvérsia, assim como decisões que podem impactar em relações assimétricas, de que são exemplos as relações de trabalho. Não é sem razão que hoje se questiona a opacidade dos algoritmos utilizados por aplicativos de transporte, o que fez com que motoristas do Reino Unido ajuizassem ação contra a Uber requerendo acesso aos seus dados pessoais e à *accountability* algorítmica.[527]

Com efeito, considerando todos os riscos da opacidade algorítmica, o pior cenário é aquele em que se permitiria à plataforma se beneficiar do segredo de negócios, de forma ampla e absoluta, sem o que seria difícil – ou mesmo impossível – se identificar fraudes ou burlas à legislação sob a conveniente justificativa do segredo de negócios.

Portanto, a discussão sobre a transparência nos impele a refletir sobre se é lícito e desejável que os algoritmos, que já são vistos por muitos como verdadeiras armas em diversos contextos,[528] possam também ser vistos como escudos e blindagens absolutas para agentes de tratamento.

3. Perspectivas e limitações do princípio da transparência: o problema da inteligibilidade e explicabilidade

Como se viu anteriormente, a compreensão dos resultados dos tratamentos de dados pessoais, notadamente quando isso ocorre por meio de decisões algorítmicas, é pressuposto do exercício de diversos direitos previstos pela LGPD, dentre os quais o da autodeterminação, o da transparência, o da não discriminação abusiva ou ilegal e do questionamento de decisões totalmente automatizadas. Ademais, a explicabilidade de decisões públicas ou privadas que afetam sensivelmente as pessoas é fundamental para assegurar o próprio devido processo legal.

Ocorre que decisões algorítmicas costumam ter alto nível de complexidade. Em muitos casos, são resultado de centenas ou milhares de passos que são incompreensíveis para o homem comum e, não raramente, até mesmo para os programadores. Diante de bases de dados cada vez maiores e das inúmeras correlações, inferências ou cálculos probabilísticos que podem ser feitos a partir delas, é difícil – quando não impossível – estabelecer, com um mínimo de precisão ou inteligibilidade, as conexões pelas quais, a partir de determinados *inputs*, o sistema algorítmico chegou a determinados *outputs*.

---

[526] Como exemplo, ver WEXLER, R. Life, liberty, and trade secrets: intellectual property in the criminal justice system. *Stanford Law Review*, v. 70, p. 1343, 2018.

[527] LOMAS, N. UK Uber drivers are taking the algorithm to Court. *Tech Crunch*, 20 jul. 2020. Disponível em: https://techcrunch.com/2020/07/20/uk-uber-drivers-are-taking-its-algorith m-to-court/.

[528] Ver O'NEIL, C. *Weapons of math destruction:* how big data increases inequality and threatens democracy. New York: Crown, 2016.

Logo, especialmente diante de decisões algorítmicas, a transparência pode não ser capaz de assegurar explicabilidade, mesmo quando permitam o controle dos *inputs* e o acesso às etapas do processo decisório. Não é sem razão que Gillis[529] propõe, para efeitos de evitar a discriminação algorítmica, o controle dos *outputs,* sob o fundamento de que não podemos pretender encontrar explicações satisfatórias nos julgamentos algorítmicos, uma vez que eles não permitem a avaliação de causalidades, sendo que o próprio objetivo de acurácia pode ocorrer à custa das crescentes deficiências de interpretabilidade.

Sob essa perspectiva, o pensamento de Gillis é bastante convergente com o de diversos outros autores que vêm demonstrando as sérias limitações dos julgamentos algorítmicos, especialmente quando realizados para a solução de importantes e complexas questões humanas e sociais.

Um argumento reiteradamente explorado por esta literatura é o fato de que, em alguma medida, algoritmos são e sempre serão *black boxes*: ao se basearem normalmente em linguagem matemática que privilegia padrões e correlações – mas não causalidades – não podem levar a explicações racionais, inteligíveis e convincentes.

Cukier e outros[530] vão além, não somente mostrando as deficiências dos julgamentos algorítmicos, como também advertindo para o fato de que o que entendemos por explicação apenas pode decorrer de tipos de raciocínio que somente os seres humanos podem fazer. De fato, apenas o raciocínio humano é capaz de adotar diferentes *framings* para um mesmo problema e levar em consideração as questões essenciais para a compreensão do mundo: causalidades, contrafactuais e constrições.

No mesmo sentido, Kay e King[531] apontam para a imprescindibilidade das narrativas para a compreensão dos fenômenos humanos e sociais, diante das limitações das inferências estatísticas e dos cálculos probabilísticos, especialmente quando estamos diante das incertezas.

O que esses autores têm demonstrado é que, em se tratando de questões humanas e sociais, metodologias quantitativas e matemáticas – incluindo as que são normalmente usadas pelos algoritmos – necessitam ser complementadas por narrativas e outras metodologias qualitativas para que se possa construir uma decisão correta e que atenda minimamente aos pressupostos da explicabilidade.

Consequentemente, para além da busca de maior transparência, é fundamental reconhecer que algoritmos não podem ser a única ou a última palavra em assuntos humanos ou sociais. E tal conclusão decorre não apenas porque algoritmos são secretos ou difíceis de explicar, mas porque são incapazes de oferecer explicações, pelo menos no nível adequado. Nos termos da síntese de Couldry e Mejias,[532] se o problema dos algoritmos decorre da própria lógica de reclassificação do mundo social e de seus atores, é fundamental que haja uma ponte para readaptar, de forma confiável, tais julgamentos para o mundo real.

Diante de tais considerações, é bem questionável se o direito à explicação de decisões algorítmicas é efetivamente viável, ainda mais em se tratando de decisões complexas e exclu-

---

529 GILLIS, T. B. The input fallacy. *Minnesota Law Review, forthcoming* 2022.

530 CUKIER, K. *et al. Framers:* human advantage in an age of technology and turmoil. Chicago: Dutton, 2021.

531 KAY, J.; KING, M. *Radical uncertainty:* decision-making beyond the numbers. London: W.W. Norton & Company, 2020.

532 COULDRY, N.; MEJIAS, U. A. *The costs of connection:* how data is colonizing human life and appropriating it for capitalism. Stanford: Stanford University Press, 2019. p. 170 e 147.

sivamente automatizadas. Com efeito, em casos assim, é possível sustentar que, exatamente por serem totalmente automatizadas, falta-lhes o requisito da explicabilidade.

Logo, tudo leva a crer que provavelmente não podemos depositar tanta confiança na transparência ou no direito à explicação. É fundamental reconhecer que, precisamente porque a linguagem algorítmica não costuma ser suscetível de explicação, pelo menos com o nível adequado de racionalidade e inteligibilidade, é necessário que os julgamentos algorítmicos sejam devidamente complementados pelos seres humanos.

Porém, é importante entender que a ação humana, nesse processo, deve ocorrer não apenas para entender os algoritmos – tarefa que já se viu ser provavelmente impossível – mas sobretudo para complementá-los por meio de processos decisórios mais ricos, que possam contar com metodologias qualitativas e com os devidos juízos de causalidade, contrafactuais e constrições que apenas os seres humanos podem construir e compreender.

4. Necessário alcance do princípio da transparência

No capitalismo de vigilância, o princípio da transparência é fundamental para garantir que não haverá desvios de finalidade no tratamento de dados, especialmente quando se tratar de decisões algorítmicas, pois já se viu que elas podem não atender ao requisito da explicabilidade e não raro operam sob a mais absoluta obscuridade.

Daí por que grande parte das salvaguardas que são cogitadas para a proteção de dados apresentam falibilidades. Mesmo quando se insere um agente independente para cuidar dos dados – que pode ser o regulador ou não – a grande questão é como se controla o controlador.

Acresce que, para avançar no tema, é importante considerar o verdadeiro hiato entre o regime normativo previsto pela LGPD e a prática atual. Podemos falar que a transparência e a *accountability* têm sido a regra nos negócios de dados? Podemos falar que o direito à explicação de decisões automatizadas e o direito ao apagamento são realmente eficazes? Podemos falar que não há utilização discriminatória de dados pessoais?

Em muitos desses casos, os titulares de dados não têm nem como obter uma prova de que seus direitos estão sendo efetivamente respeitados. Como se comprovar que o agente de tratamento não utilizou dados para finalidades distintas ou não permitidas? Como se comprovar que o agente de tratamento apagou os dados que ilicitamente obteve sobre um determinado titular?

Para além da ausência de respostas a várias dessas perguntas, ainda há evidências que apontam para o descumprimento de todas essas regras. No tocante à discriminação, esta já tem se tornado uma prática em relação a consumidores, mesmo no varejo de bens e serviços, para produtos que aprioristicamente não dependem de uma precificação personalizada, como é o caso do crédito e do seguro.

Mesmo nos setores que exigem essa precificação personalizada, o capitalismo de vigilância apresenta inúmeros desafios que não podem ser negligenciados. Que dados podem ser coletados dos usuários para as análises de risco? Que prognoses ou inferências não podem ser admitidas, sob pena de violação aos direitos? Que discriminações são admissíveis e que discriminações são consideradas abusivas ou ilícitas na individualização do risco?

A rigor, as tensões que se potencializam no capitalismo de vigilância requerem não apenas a avaliação de que dados pessoais podem ser utilizados ou não nas avaliações de risco, mas também como podem ser utilizados, inclusive no que diz respeito ao peso proporcional que o dado apresenta para a tomada de decisão por parte do agente econômico.

Veja-se, por exemplo, o interessante exemplo mencionado por Cathy O'Neil[533] sobre o que vem ocorrendo na indústria do seguro de automóveis. A autora traz situações em que motoristas ricos com maus históricos de direção têm preços mais favoráveis do que consumidores pobres com bons históricos de direção. Tal diferenciação seria justificável ou pode ser considerada uma discriminação abusiva contra os pobres?

Esse tipo de situação nos coloca diante de questões que inclusive transcendem a discussão sobre assimetria informacional, pois dizem respeito à pertinência dos critérios de avaliação de risco e o sopesamento de cada um deles, sob pena de se perpetuar discriminações contra mulheres, pessoas afrodescendentes ou em situação de vulnerabilidade social e outros grupos vulneráveis.

Daí por que a busca por informação, no atual contexto, precisa ser compatível com o regime de proteção de dados pessoais, o que nos desperta para ao menos duas questões fundamentais:

(i) há que se buscar mecanismos efetivos para que informações coletadas para determinados fins não sejam utilizadas para outros fins, o que enseja discussões que vão desde a natureza das obrigações dos agentes de tratamento – como a questão da transparência e de eventuais deveres fiduciários – até questões sobre ônus da prova quanto ao cumprimento de tais requisitos;

(ii) há que buscar soluções mais transparentes e objetivas para disciplinar a atuação de agentes econômicos que precisam precificar individualmente o risco, inclusive para se saber que dados podem ser utilizados e como podem ser utilizados, a fim de se evitar a discriminação ilegal ou abusiva ou outras violações aos direitos dos titulares.

BIBLIOGRAFIA SELECIONADA

COULDRY, N.; MEJIAS, U. A. *The costs of connection:* how data is colonizing human life and appropriating it for capitalism. Stanford: Stanford University Press, 2019.

CUKIER, K. *et al. Framers:* human advantage in an age of technology and turmoil. Chicago: Dutton, 2021.

FERRARESE, M. R. *Poteri nuovi*: privati, penetrante, opachi. Bologna: Il Mulino, 2022.

GILLIS, T. B. The input fallacy. *Minnesota Law Review, forthcoming* 2022.

HARARI, Yuval Noah. *Homo Deus.* Uma breve história do amanhã. São Paulo: Companhia das Letras, 2016.

KAY, J.; KING, M. *Radical uncertainty:* decision-making beyond the numbers. London: W.W. Norton & Company, 2020.

LOMAS, N. UK Uber drivers are taking the algorithm to Court. *Tech Crunch*, 20 jul. 2020. Disponível em: https://techcrunch.com/2020/07/20/uk-uber-drivers-are-taking-its--algorith m-to-court/.

MOORE, T. Trade Secrets and Algorithms as Barriers to Social Justice, 2017. Disponível em: https://cdt.org/wp-content/uploads/2017/08/2017-07-31-Trade-Secret-Algorithms-as--Barriers-to-Social-Justice.pdf.

---

533 O'NEIL, C. *Weapons of math destruction:* how big data increases inequality and threatens democracy. New York: Crown, 2016.

O'NEIL, C. *Weapons of math destruction:* how big data increases inequality and threatens democracy. New York: Crown, 2016.

PASQUALE, F. *The black box society:* the secret algorithms that control money and information. London: Harvard University Press, 2015.

PASQUALE, F. Secret Algorithms threaten the rule of law. Sending people to jail because of the inexplicable, unchallengeable judgments of a secret computer program undermines our legal system. *MIT Technology Review*, 1º jun. 2017.

SOUZA, C. A.; PERRONE, C.; MAGRANI, E. O direito à explicação entre a experiência europeia e a sua positivação na LGPD. *In*: MENDES, L. *et al.* (ed.). *Tratado de proteção de dados pessoais.* Rio de Janeiro: Forense, 2023. p. 245-272.

VÉLIZ, C. *Privacy is power:* why and how you should take back control of your data. London: Bantam Press, 2021.

WEXLER, R. Life, liberty, and trade secrets: intellectual property in the criminal justice system. *Stanford Law Review,* v. 70, 2018.

ZUBOFF, Shoshana. *The age of surveillance capitalism.* The fight for a human future at the new frontier of power. New York: Public Affairs, 2019.

Artigo 6º, VII

Comentado por Daniela Copetti Cravo e José Luiz de Moura Faleiros Júnior

DISPOSITIVOS RELACIONADOS NO DIREITO INTERNACIONAL

- Art. 7º da Convenção 108 +.
- Art. 2º, art. 4º e art. 5º da Convenção sobre o Crime Cibernético.

DISPOSITIVOS RELACIONADOS NA LGPD

- Art. 6º, VIII; art. 44, parágrafo único; art. 46; e art. 49.

ATIVIDADES DA ANPD

- Guia Orientativo – Segurança da informação para agentes de tratamento de pequeno porte, versão 1.0. Brasília, DF, 2021.
- Resolução CD/ANPD n. 2/2022.

CASOS E DECISÕES JUDICIAIS RELEVANTES

- TRT-9, ROT n. 0000045-84.2020.5.09.0015, Sétima Turma, j. 27.10.2022.

JUSTIFICATIVA E FUNDAMENTOS

A inclusão do dispositivo de segurança no art. 6º, VII, da LGPD reflete uma crescente preocupação com a privacidade e a proteção dos dados pessoais em um mundo cada vez mais digital e interconectado. A razão subjacente para a incorporação desse dispositivo é garantir que as informações pessoais sejam adequadamente protegidas contra acessos não autorizados e contra possíveis situações de destruição, perda, alteração, comunicação ou difusão ilícitas ou acidentais. Em um cenário onde o fluxo de dados é constante e a quantidade de informações pessoais circulando é imensa, é imperativo que a legislação estabeleça normas claras e rígidas para proteger a privacidade dos indivíduos.

Os objetivos e finalidades desse dispositivo são múltiplos. Primeiramente, visa proteger a integridade e a confidencialidade dos dados pessoais dos titulares. Isso significa garantir que os dados não sejam acessados ou alterados por pessoas não autorizadas e que permaneçam intactos e disponíveis apenas para usos legítimos. Em segundo lugar, o dispositivo busca assegurar a conformidade das empresas e organizações com padrões internacionais de proteção de dados, promovendo uma cultura de segurança e responsabilidade. Ao estabelecer medidas técnicas e administrativas para a proteção dos dados, a LGPD também pretende mitigar riscos associados a incidentes de segurança que podem resultar em danos significativos aos titulares dos dados, como fraudes, roubo de identidade e outras formas de abuso.

O caminho legislativo deste dispositivo na tramitação da LGPD revela que a preocupação com a segurança dos dados sempre foi um ponto central na formulação da lei. Desde as primeiras versões do projeto, a questão da segurança foi tratada como um pilar fundamental da legislação. No entanto, ao longo do processo de tramitação, houve diversas discussões e aprimoramentos que levaram à inclusão de disposições mais detalhadas e robustas sobre segurança. Não há registro de que o dispositivo tenha sido incluído ou modificado posteriormente de forma substancial, mas sim refinado durante o processo legislativo para garantir uma abordagem abrangente e eficaz.

As justificativas e fundamentos desse dispositivo afetam diretamente a interpretação e aplicação do art. 6º, VII. A base lógica e normativa por trás da exigência de medidas técnicas e administrativas para proteção de dados é a necessidade de prevenir danos aos titulares dos dados e assegurar um ambiente de confiança no uso de tecnologias de informação e comunicação. Isso implica que, na prática, as organizações precisam implementar uma série de controles de segurança que abrangem desde a criptografia de dados até políticas de controle de acesso rigorosas, treinamento de funcionários e preparação para resposta a incidentes de segurança.

Ao interpretar este dispositivo, é essencial considerar o princípio da proporcionalidade, que exige que as medidas de segurança adotadas sejam proporcionais ao risco envolvido. Isso significa que organizações que lidam com dados sensíveis ou em grande volume devem adotar medidas mais rigorosas de segurança em comparação com aquelas que lidam com um volume menor ou menos sensível de dados. A aplicação prática desse dispositivo exige, portanto, uma avaliação contínua dos riscos e a adoção de medidas de segurança adaptativas e dinâmicas.

Além disso, o dispositivo sublinha a importância da responsabilidade e da prestação de contas. As organizações são não apenas obrigadas a implementar medidas de segurança, mas também a demonstrar que essas medidas são eficazes[534] e estão sendo aplicadas corretamente. Isso requer documentação adequada, auditorias regulares e transparência em relação às práticas de segurança adotadas.

Em última análise, o dispositivo de segurança do art. 6º, VII, da LGPD é um componente crucial da legislação que busca equilibrar o avanço tecnológico com a proteção dos direitos

---

534 BASAN, A. P. Art. 6º. *In*: MARTINS, Guilherme Magalhães; LONGHI, João Victor Rozatti; FALEIROS JÚNIOR, José Luiz de Moura (coord.). *Comentários à lei geral de proteção de dados pessoais* (Lei n. 13.709/2018). 2. ed. São Paulo: Foco, 2024. p. 53-69.

dos indivíduos. Sua inclusão e detalhamento refletem a compreensão de que a proteção de dados pessoais é fundamental para a preservação da privacidade e dos direitos dos cidadãos na era digital. A aplicação rigorosa e a interpretação cuidadosa desse dispositivo são essenciais para garantir que a LGPD atinja seus objetivos de promover um ambiente seguro e confiável para o tratamento de dados pessoais no Brasil.

ANÁLISE

1. Análise contextual

O art. 6º, VII, da LGPD, estabelece o princípio da segurança, que consiste na "utilização de medidas técnicas e administrativas aptas a proteger os dados pessoais de acessos não autorizados e de situações acidentais ou ilícitas de destruição, perda, alteração, comunicação ou difusão". Este dispositivo se insere no contexto geral da LGPD como uma diretriz fundamental para garantir a integridade e confiabilidade dos dados pessoais.

Além disso, a interpretação do art. 6º, VII, é influenciada por outros dispositivos da LGPD, com destaque para o art. 46, que detalha as obrigações dos controladores e operadores de dados quanto à adoção de medidas de segurança, técnicas e administrativas, capazes de proteger os dados pessoais, e o art. 49, que impõe a segurança dos sistemas utilizados para o tratamento de dados pessoais. Ainda é importante frisar que a violação de segurança acarreta responsabilização civil, por força do que prevê o art. 44, parágrafo único, da LGPD. Também, o art. 50 incentiva a adoção de boas práticas e governança, que incluem políticas de segurança da informação. A complementariedade entre esses artigos reforça a necessidade de uma abordagem integrada e robusta de proteção de dados.

Comparando com legislações internacionais, o art. 32 do RGPD da UE também impõe a adoção de medidas técnicas e organizativas adequadas para garantir um nível de segurança adequado ao risco. Similarmente, a Seção 66 do *Data Protection Act 2018* (Regulamento de Proteção de Dados 2018, em tradução livre) do Reino Unido[535] enfatiza a segurança dos dados pessoais por meio de medidas apropriadas contra o processamento não autorizado ou ilegal. No Japão,[536] o art. 20 do *Act on the Protection of Personal Information* (APPI, em tradução livre, Regulamento de Proteção de Informações Pessoais) também exige a implementação de medidas de segurança, destacando a necessidade de prevenir violações de dados. A Coreia do Sul, através do art. 29 do *Personal Information Protection Act* (PIPA, em tradução livre, Regulamento de Proteção de Informações Pessoais),[537] e a África do Sul, pela Seção 19 do *Protection of Personal Information Act 4 de 2013* (Popia, em tradução livre, Regulamento 4 de 2013 sobre a Proteção de Informações Pessoais),[538] apresentam requisitos semelhantes, sublinhando a necessidade de medidas de segurança para proteger dados pessoais.

A comparação dessas abordagens mostra uma tendência global em assegurar que medidas de segurança sejam implementadas para proteger dados pessoais. No entanto, há variações na especificidade e na exigência de certas medidas. Por exemplo, o RGPD detalha especificamente a necessidade de pseudonimização e criptografia, enquanto a LGPD é

[535] Reino Unido. *Data Protection Act* 2018 (c 12).

[536] Japão. *Act on the Protection of Personal Information (Act n. 57 of 2003, as amended in 2016).*

[537] Coreia do Sul. *Personal Information Protection Act (Act n. 10.465, Mar. 29, 2011, as amended in 2018).*

[538] África do Sul. *Protection of Personal Information Act 4 of 2013.*

mais geral em sua redação. As diferenças podem refletir variações culturais e contextuais em termos de segurança de dados, mas o objetivo subjacente de proteger a privacidade dos indivíduos é universal. Harmonizar a LGPD com outras legislações internacionais pode facilitar a cooperação e o comércio internacional, reduzindo barreiras regulatórias para empresas que operam em múltiplas jurisdições. Por outro lado, divergências podem criar desafios para a conformidade, exigindo que empresas implementem múltiplos conjuntos de medidas de segurança para atender às diferentes exigências legais.

Enfim, o art. 6º, VII, da LGPD se integra de maneira coerente ao arcabouço legal brasileiro de proteção de dados, sendo um importante princípio de regência das atividades de proteção de dados pessoais, e também reflete uma tendência global em direção à implementação de medidas de segurança robustas.

2. Análise doutrinária

O princípio da segurança, conforme previsto no art. 6º, VII, da LGPD, estabelece que medidas técnicas e administrativas devem ser utilizadas para proteger os dados pessoais contra acessos não autorizados e situações acidentais ou ilícitas de destruição, perda, alteração, comunicação ou difusão. Esse princípio é fundamental para garantir a proteção da privacidade e dos direitos dos titulares de dados, refletindo a *mens legis*, o espírito, da LGPD em relação à integridade das atividades de tratamento de dados pessoais. A implementação de medidas de segurança visa não apenas prevenir incidentes de segurança, mas também mitigar possíveis danos que possam ocorrer. Nesse sentido, o princípio da segurança está intrinsecamente ligado ao princípio da prevenção, previsto no inciso VIII do mesmo artigo,[539] que orienta a adoção de medidas para evitar a ocorrência de danos em decorrência do tratamento de dados pessoais.

As medidas técnicas referem-se a todas as ferramentas e soluções tecnológicas que podem ser implementadas para proteger os dados pessoais. Isso inclui criptografia, que transforma os dados em um formato ilegível para qualquer pessoa que não tenha a chave de decodificação, protegendo-os contra acessos não autorizados; generalização, que processa os dados de forma que eles não possam ser atribuídos a um titular específico sem o uso de informações adicionais; *firewalls* e sistemas de detecção de intrusão (IDS), que protegem as redes de comunicação e detectam atividades suspeitas; e *backup* e recuperação de dados, que criam cópias de segurança dos dados e planos de recuperação para situações de perda ou corrupção de dados.

Por outro lado, as medidas administrativas envolvem políticas e procedimentos internos que regulam o tratamento de dados pessoais dentro da organização. Isso inclui políticas de segurança da informação, que definem como os dados pessoais devem ser protegidos e quem é responsável por essa proteção; treinamento de funcionários, que capacita regularmente os funcionários sobre a importância da proteção de dados e as melhores práticas de segurança; e gestão de acessos, que controla rigorosamente quem pode acessar os dados pessoais e em que circunstâncias, garantindo que apenas pessoas autorizadas tenham acesso.

A proteção contra acessos não autorizados é crucial para garantir que os dados sejam utilizados apenas para os fins previstos e por pessoas autorizadas. Medidas como autenticação de usuários, uso de senhas fortes, autenticação multifator e auditorias regulares são essenciais para evitar tais acessos. Isso garante que os dados pessoais sejam protegidos contra qualquer pessoa ou sistema que não tenha permissão para acessá-los.

539 Ver comentário ao art. 6º, VIII, neste volume.

As situações acidentais referem-se a eventos inesperados e não intencionais que podem comprometer a integridade dos dados pessoais. Exemplos incluem desastres naturais, como incêndios, inundações ou terremotos que podem destruir sistemas de armazenamento de dados, e erros humanos, como a exclusão acidental de dados ou configuração incorreta de sistemas. Já as situações ilícitas são aquelas intencionais e ilegais que visam comprometer a integridade dos dados pessoais. Exemplos incluem ataques cibernéticos, onde "*hackers*" invadem sistemas para capturar, alterar ou destruir dados, e fraude interna, onde funcionários mal-intencionados acessam e utilizam dados para fins ilegais. A destruição de dados refere-se à eliminação física ou lógica dos dados pessoais de forma que não possam ser recuperados ou utilizados. Medidas como a destruição segura de discos rígidos e a exclusão segura de arquivos são essenciais para evitar a recuperação indesejada dos dados.

A perda de dados pode ocorrer devido a falhas técnicas, erros humanos ou desastres naturais. Implementar estratégias de *backup* e recuperação de desastres é fundamental para garantir que os dados possam ser restaurados em caso de perda.

A alteração dos dados pode comprometer sua integridade e precisão. Medidas como controles de versão, *logs* de auditoria e mecanismos de detecção de alterações ajudam a garantir que qualquer modificação nos dados seja autorizada e documentada. A comunicação de dados pessoais deve ser realizada de forma segura para evitar interceptações não autorizadas. O uso de criptografia durante a transmissão de dados e a implementação de protocolos seguros (como HTTPS[540]) são medidas eficazes para proteger a comunicação de dados. A difusão de dados refere-se à divulgação ou compartilhamento de dados pessoais com terceiros. Medidas como a anonimização dos dados antes da sua divulgação e a celebração de acordos de confidencialidade com terceiros são importantes para garantir que os dados sejam compartilhados de forma segura e em conformidade com a LGPD.

A doutrina brasileira sobre proteção de dados enfatiza que o princípio da segurança exige a adoção de uma abordagem abrangente e proativa, devendo ser considerada desde a fase de concepção dos sistemas e processos de tratamento de dados, em conformidade com o conceito de privacidade desde a concepção *privacy by design*[541]. Esse conceito implica que medidas de segurança devem ser incorporadas desde o início do desenvolvimento de sistemas e práticas organizacionais, garantindo que a proteção dos dados seja um componente essencial e não uma consideração posterior[542].

A interpretação do princípio da segurança na LGPD também é influenciada por dispositivos específicos que detalham as obrigações dos controladores e operadores de dados. O art. 46, por exemplo, exige que esses agentes adotem medidas de segurança, técnicas e administrativas aptas a proteger os dados pessoais. A falta de especificidade nas medidas a serem adotadas permite uma flexibilidade necessária para que as organizações possam

---

540 HTTPS (*Hypertext Transfer Protocol Secure*) é uma versão segura do protocolo HTTP (*Hypertext Transfer Protocol*), que é utilizado para a transferência de dados na internet. A principal diferença entre HTTP e HTTPS é a camada adicional de segurança fornecida pelo HTTPS. O HTTPS utiliza o protocolo SSL (*Secure Sockets Layer*) ou o seu sucessor, o TLS (*Transport Layer Security*), para criptografar os dados transmitidos entre o navegador do usuário e o servidor web. Essa criptografia assegura que os dados trocados não possam ser interceptados ou alterados por terceiros durante o trânsito, protegendo a integridade e a confidencialidade das informações.

541 Ver comentário aos arts. 46 e 47 neste volume.

542 MARTINS, G. M.; FALEIROS JÚNIOR, J. L. M. Segurança, boas práticas, governança e *compliance*. *In*: LIMA, Cíntia Rosa Pereira de (ed.). *Comentários à lei geral de proteção de dados:* Lei n. 13.709/2018, com alteração da Lei n. 13.853/2019. São Paulo: Almedina, 2020. p. 349-372.

adaptar suas práticas de segurança às suas particularidades e ao nível de risco envolvido no tratamento dos dados.

O art. 46 da LGPD é categórico ao trabalhar com a exigência de que sejam implementadas medidas voltadas à efetivação de controles de segurança da informação capazes de mitigar os riscos do tratamento de dados. Já o art. 48 impõe a observância aos deveres de transparência (art. 6º, VI), segurança (art. 6º, VII) e prevenção (art. 6º, VIII), demandando dos agentes de tratamento de dados que atuem em conformidade,[543] em respeito a tais premissas, procedendo de forma colaborativa e diligente na persecução de responsabilidades por eventuais incidentes com dados pessoais – cuja fiscalização passa a ser realizada por agências dotadas de aparelhamento adequado para a garantia de maior efetividade investigatória[544] (no Brasil, isto será feito pela ANPD).

Para citar um exemplo, a transparência surge, nesse contexto, como um dever correlato ou desdobrado do cerne de discussão dessa nova função preventiva. Impõe-se a revelação da ocorrência do evento danoso (que não se confunde com a própria revelação indevida do dado),[545] se transfigurando em atributo atrelado à ética empresarial que deve reinar em todas as etapas de desenvolvimento e implementação dos processos de coleta, tratamento e armazenagem de dados pessoais.

BIBLIOGRAFIA SELECIONADA

BASAN, A. P. Art. 6º. *In*: MARTINS, Guilherme Magalhães; LONGHI, João Victor Rozatti; FALEIROS JÚNIOR, José Luiz de Moura (coord.). *Comentários à lei geral de proteção de dados pessoais* (Lei n. 13.709/2018). 2. ed. São Paulo: Foco, 2024. p. 53-69.

HUSTINX, P. The role of data protection authorities. *In*: GUTWIRTH, Serge *et al.* (ed.). *Reinventing Data Protection?* New York: Springer, 2009.

MARTINS, G. M.; FALEIROS JÚNIOR, J. L. M. Segurança, boas práticas, governança e *compliance*. *In*: LIMA, Cíntia Rosa Pereira de (ed.). *Comentários à lei geral de proteção de dados:* Lei n. 13.709/2018, com alteração da Lei n. 13.853/2019. São Paulo: Almedina, 2020. p. 349-372.

NORBERG, P. A.; HORNE, D. R.; HORNE, D. A. The privacy paradox: personal information disclosure intentions versus behaviors. *Journal of Consumer Affairs*, v. 41, n. 1, p. 100-126, 2007.

Artigo 6º, VIII

Comentado por Mariana de Moraes Palmeira

DISPOSITIVOS RELACIONADOS NO ORDENAMENTO JURÍDICO BRASILEIRO

- Art. 6º, VI, e art. 10, § 1º, do CDC.
- Art. 11-A, § 3º, do Código Florestal.

---

543 Ver comentário ao art. 48 neste volume.

544 HUSTINX, P. The role of data protection authorities. *In*: GUTWIRTH, Serge *et al.* (ed.). *Reinventing Data Protection?* New York: Springer, 2009. p. 136.

545 NORBERG, P. A.; HORNE, D. R.; HORNE, D. A. The privacy paradox: personal information disclosure intentions versus behaviors. *Journal of Consumer Affairs*, v. 41, n. 1, p. 102, 2007.

DISPOSITIVOS RELACIONADOS NA LGPD

- Art. 6º, VII; art. 32; art. 38; art. 46, § 2º; arts. 49 e 50.

ATIVIDADES DA ANPD

- Art. 18, IV, Res. CD/ANPD n. 1/2021.
- Arts. 30, 31 e 32, Res. CD/ANPD n. 1/2021.
- Art. 12, parágrafo único, Res. CD/ANPD n. 2/2022.
- Art. 10, I, Res. CD/ANPD n. 4/2023.
- Art. 12, II, Res. CD/ANPD n. 4/2023.
- Anexo I, Res. CD/ANPD n. 10/2023.
- Nota Técnica n. 49/2022/CGF/ANPD.
- Nota Técnica n. 12/2023/CGF/ANPD.
- Nota Técnica n. 175/2023/CGF/ANPD.
- Relatório de Instrução n. 2/2023/CGF/ANPD.
- Relatório de Instrução n. 4/2023/FIS/CGF/ANPD.
- Guia Orientativo Tratamento de dados pessoais para fins acadêmicos e para a realização de estudos e pesquisas.
- Guia Orientativo Tratamento de dados pessoais pelo Poder Público.
- Guia Orientativo Aplicação da Lei Geral de Proteção de Dados Pessoais (LGPD) por agentes de tratamento no contexto eleitoral.
- Guia Orientativo Segurança da Informação para agentes de tratamento de pequeno porte.
- Guia Orientativo Definições dos agentes de tratamento de dados pessoais e do encarregado.

JUSTIFICATIVA E FUNDAMENTOS

O estabelecimento de medidas preventivas tem papel de destaque na LGPD e o princípio da prevenção presente explicitamente no rol de princípios da lei afirma sua relevância. Apesar do seu caráter abrangente que aponta a "adoção de medidas para prevenir a ocorrência de danos em virtude do tratamento de dados pessoais", sua materialização é indicada por meio de outros dispositivos presentes na lei.

Nesse sentido, ora se apresenta de maneira explícita e concreta na forma de comandos específicos, ora de maneira implícita e indireta. A relação do princípio da prevenção com o objetivo da lei, qual seja: proteger direitos fundamentais de liberdade, privacidade e livre desenvolvimento da privacidade (art. 1º, LGPD) é evidente. Dada a relevância dos direitos tutelados, a prática efetiva da prevenção contribui para a não ocorrência de danos aos titulares de dados pessoais em virtude do tratamento de seus dados.

Importa recordar que, em 2015, por iniciativa da Senacon em parceria com a SAL, foi realizada uma consulta pública para elaboração de uma nova versão do Anteprojeto de Lei de Proteção de Dados Pessoais. Essa análise contemplou 52 artigos, e contou com a participação dos setores público e privado, academia, cidadãos e organizações não governamentais. Especificamente no que se relaciona ao princípio da prevenção, observa-se a sugestão da SindiTeleBrasil no sentido de eliminar tal princípio, uma vez que ele já estaria abarcado pelo princípio da segurança.[546]

O princípio da prevenção permaneceu individualizado no texto final da LGPD, e forma, ao lado do princípio da segurança (art. 6º, VII, LGPD) e do princípio da responsabilização e prestação de contas (art. 6º, X, LGPD), o conjunto de obrigações que impõe aos agentes de tratamento tanto medidas preventivas quanto a necessidade de demonstrar que tais medidas foram adotadas. Como ficará demonstrado ao longo do presente capítulo, o princípio da prevenção, tal qual os demais princípios da LGPD, se concretiza por meio de outros artigos do próprio texto, como, por exemplo, a realização de RIPD (arts. 32 e 38, LGPD) e o desenvolvimento de práticas de governança (art. 50, LGPD). Circunstância que facilita não só a interpretação do princípio em si, mas também seu monitoramento e aplicação.

ANÁLISE

1. Dispositivos relacionados na LGPD

Ao sistematizar a dinâmica de proteção de dados pessoais no Brasil com a introdução de deveres impostos aos agentes de tratamento e de direitos conferidos aos titulares dos dados pessoais, a LGPD tem um pano de fundo importante sobre o qual repousa a estrutura e a estratégia que objetiva garantir a segurança no tratamento desses dados, qual seja: a necessária adoção de medidas preventivas. De acordo com Daniela Copetti Cravo,[547] as legislações contemporâneas sobre proteção de dados extrapolam o conceito de autodeterminação informativa e avançam na direção da prevenção para a efetiva proteção aos titulares de dados pessoais.

O objetivo é que os danos em decorrência das operações sejam previamente identificados e mitigados por meio de instrumentos de previsão de riscos, bem como de medidas de segurança. Cabe ainda acrescentar que as medidas preventivas demandam conhecimento prévio, uma vez que para prevenir é preciso conhecer.[548] Por esse ângulo, a análise e interpretação do princípio da prevenção deverá ser feita à luz da materialidade de alguns dispositivos, em especial dos arts. 32, 38, 46, § 2º, 49 e 50 da LGPD.

A começar pelos arts. 32 e 38, que trazem a indicação do desenvolvimento do RIPD. Trata-se de um instrumento diretamente relacionado ao conceito de prevenção, uma vez que seu intuito é justamente mapear os procedimentos envolvidos em determinadas operações

---

546 INTERNETLAB. *Relatório da aplicação da lei de proteção de dados pessoais no Brasil:* desafios e perspectivas, 2016.

547 COPPETI CRAVO, D. Aspectos processuais dos direitos do titular dos dados. *In*: SARLET, G. B. S.; TRINDADE, M. G. N.; MELGARÉ, P. (coord.). *Proteção de dados:* temas controvertidos. 2. ed. São Paulo: Foco, 2023.

548 MENKE, F.; GOULART, G. D. Segurança da informação e vazamento de dados. *In*: SARLET, I. W.; MENDES, L. S.; RODRIGUES JUNIOR, O. L. (coord.). *Tratado de proteção de dados pessoais*. 7. ed. Rio de Janeiro: Forense, 2023. p. 359.

de tratamento incluindo a natureza dos dados coletados, a metodologia envolvida, além das medidas de segurança e mitigação de eventuais riscos assumidos. Nesse sentido, Luciano Timm, Renato Caovilla e Mateus Sturari, sublinham o caráter preventivo do RIPD como sendo "um dos instrumentos aptos a se prestar tal proatividade e prevenção, ao mesmo tempo que proporciona o grau necessário de evidências e documentação (...)".[549]

Passando para o art. 46, por mais que seja patente a associação dos conceitos de segurança e prevenção, é em seu parágrafo segundo que tamanha congruência é acentuada. Isso porque é o dispositivo que apresenta a ideia de *privacy by design*, teoria desenvolvida na década de 1990 por Ann Cavoukian, ex-comissária de Informação e Privacidade da Província de Ontário, no Canadá. Em linhas gerais prevê a observância de medidas destinadas à proteção da privacidade e dos dados pessoais em todo o ciclo de vida dos produtos e serviços. Dito de outra maneira, desde a idealização até a comercialização e eventual retirada dos produtos e serviços do mercado.

Cavoukian propôs sete princípios que devem ser observados para o fiel cumprimento do objetivo da sua metodologia e o primeiro deles está diretamente associado ao princípio da prevenção presente na LGPD, senão vejamos: (i) "proativo, não reativo; preventivo, não corretivo".[550] Como recorda Pedro Modenesi, estamos diante do ditado popular "é melhor prevenir do que remediar", que, no contexto de proteção de dados, ganha contornos acentuados, "pois muitas vezes as violações causam danos irreparáveis ou não suscetíveis de reparação *in natura*".[551] Nessa direção, importa frisar as palavras de Ann Cavoukian ao descrever seu primeiro princípio:

A *Privacy by Design* não espera que os riscos à privacidade se materializem, nem oferece soluções para resolver as infrações depois que elas ocorrem – ela visa identificar os riscos e prevenir que os danos ocorram. Em resumo, a *Privacy by Design* ocorre antes do fato, não depois. (trad. nossa).[552]

Portanto, o § 2º do art. 46 da LGPD concretiza o princípio da prevenção na medida que apresenta a teoria da *privacy by design*, que por sua vez, como brevemente explicado, se desdobra em comandos diretos que culminam na noção de prevenção e antecipação de riscos. Em outras palavras, o que se pretende é evitar a ocorrência de violações à privacidade e aos dados pessoais dos titulares, ambos direitos fundamentais conforme art. 5º, X e LXXIX, CRFB.

Em seguida, o art. 49 da LGPD reforça que os sistemas utilizados no tratamento dos dados pessoais devem ocorrer de forma que atendam aos requisitos de segurança, às boas práticas, bem como aos demais princípios da lei. É uma lembrança da materialidade dos princípios, que além de iluminar e estruturar a LGPD, também são fonte de obrigação dos

---

549 TIMM, L.; CAOVILLA, R.; STURARI, M. O relatório de impacto na LGPD: sentido e limites dentro da regulação econômica. *In*: SARLET, G. B. S.; TRINDADE, M. G. N.; MELGARÉ, P. (coord.). *Proteção de dados:* temas controvertidos. 2. ed. São Paulo: Foco, 2023.

550 Para mais informações sobre os princípios, cf. IPC. *Privacy by design:* a guide for organizations. Information and Privacy Commissioner of Ontario, 2018. Disponível em: https://www.ipc.on.ca/wp-content/uploads/2018/01/pbd.pdf. Acesso em: 14 fev. 2024.

551 MODENESI, P. Comentários ao artigo 46 da Lei Geral de Proteção de Dados Pessoais. *In*: MARTINS, G. M.; LONGHI, J. V. R.; FALEIROS JÚNIOR, J. L. M. (coord.). *Comentários à Lei Geral de Proteção de Dados Pessoais*. 2. ed. São Paulo: Foco, 2023, p. 471.

552 Para mais informações, TORONTO METROPOLITAN UNIVERSITY. *The 7 Foundational Principles* (Privacy by Design Centre of Excellence), 2010. Disponível em: https://www.torontomu.ca/content/dam/pbdce/seven-foundational-principles/The-7-Foundational-Principles.pdf. Acesso em: 14 fev. 2024.

agentes de tratamento. No entanto, é no art. 50, § 2º, que trata dos programas de boas práticas e governança, que o princípio da prevenção mais uma vez é trazido à tona. Primeiro com a menção explícita: "Na aplicação dos princípios indicados nos incisos VII e VIII do *caput* do art. 6º desta Lei (...)" para a implementação de programas em governança de privacidade. Posteriormente, na forma do art. 50, § 2º, I, *d*, na indicação do desenvolvimento de "(...) processo de avaliação sistemática de impactos e riscos à privacidade".

Tal indicação de avaliação regular demonstra, mais uma vez, o viés preventivo da LGPD, que, segundo Ana Frazão, tem como objetivo tanto manter a compatibilidade do agente de tratamento com os riscos assumidos, quanto promover a adaptação necessária diante das eventuais mudanças desses riscos.[553]

Por fim, merece destaque o art. 14 da LGPD que traz disposições específicas sobre o tratamento de dados de crianças e adolescentes.[554] Como recordam Caitlin Mulholland e Mariana Palmeira, a prevenção do trabalho infantil marca o início do movimento de proteção deste público no início do século XX. A consequência direta foi o desenvolvimento do conceito de melhor interesse da criança e adolescente, que por sua vez tem forte viés preventivo.[555]

2. O princípio da prevenção em outros diplomas legais

O princípio da prevenção na LGPD encontra paralelismo em outros diplomas legais do ordenamento jurídico pátrio, dos quais aqui são destacados o CDC e a Lei n. 12.651, de 2012 (Código Florestal).

No que tange ao CDC, o princípio da prevenção atravessa toda a lei, funcionando como "regra de fundo" nas palavras de Teresa Ancona Lopez.[556] De uma forma mais tangível, o art. 6º, VI, do CDC elenca dentre os direitos básicos do consumidor "a efetiva prevenção e reparação de danos patrimoniais e morais, individuais, coletivos e difusos".

No mesmo diploma consumerista, o instituto do *recall*, estabelecido no art. 10, § 1º, guarda relação direta com o princípio da prevenção. A ideia é justamente trabalhar com medidas preventivas capazes de evitar danos aos consumidores. Importa ressaltar que o *recall* pressupõe que os riscos advindos do produto apenas se tornaram conhecidos após sua colocação no mercado. Em função do desconhecimento prévio e do potencial lesivo, os consumidores são avisados das medidas que devem ser tomadas para a prevenção dos riscos, agora revelados. Ainda que o contexto do tratamento de dados pessoais seja diverso, a ideia básica de agir com antecedência para evitar que as causas de um determinado resultado se concretizem está presente tanto na LGPD quanto no CDC.

O Direito Ambiental e o direito à proteção de dados se encontram na dinâmica dos estudos e relatórios de avaliação de impacto, que, conforme já mencionado, são instrumen-

---

553 FRAZÃO, A. Propósito, desafios e parâmetros gerais dos programas de *compliance*. *In*: FRAZÃO, A.; CUEVA, R. V. B. (coord.). *Compliance e políticas de proteção de dados*. São Paulo: Thomson Reuters Brasil, 2023. p. 56.

554 Ver comentário ao art. 14, neste volume.

555 MULHOLLAND, C.; PALMEIRA, M. M. As bases para tratamento de dados pessoais de crianças e adolescentes. *In*: FERNANDES, E.; TEFFÉ, C.; BRANCO, S. (coord.). *Privacidade e proteção de dados de crianças e adolescentes*. 2. ed. rev. e atual. Rio de Janeiro: Instituto de Tecnologia e Sociedade do Rio de Janeiro, 2024.

556 LOPEZ, T. A. Os princípios da precaução e da prevenção como regras de fundo do direito consumerista para a segurança do consumidor. *In*: MARQUES, C. L.; MIRAGEM, B.; MAGALHÃES, L. A. L. (coord.). *Direito do consumidor*: 30 anos do CDC. 7. ed. Rio de Janeiro: Forense, 2023. p. 259-278.

tos de prevenção de riscos. No Código Florestal, os chamados estudos prévios de impacto ambiental (EPIA) e o relatório de impacto ambiental (Rima), dispostos no art. 11-A, § 3º, reforçam a vertente preventiva em relação ao meio ambiente verificada desde a instituição da Política Nacional do Meio Ambiente de 1981.[557]

Nesse sentido, Zanatta recorda que os processos de prevenção de riscos são relevantes no universo da proteção de dados pessoais, pois além de superar o paradigma da reparação, baseado na punição após o dano, impõe a aproximação com as teorias de risco de outras áreas, em especial a área ambiental.[558] Circunstância que traz novas perspectivas em termos de prevenção no âmbito da proteção de dados.

Importa ressaltar que foi a partir de iniciativas voltadas para a proteção do meio ambiente que passou a se diferenciar os termos *prevenção*, quando os eventuais danos ambientais são previstos e identificados, e *precaução*, noção que traz a incerteza da ocorrência, mas com um grave potencial de dano associado. Nesse sentido, o princípio da precaução tem sido apontado na doutrina[559] como vetor fundamental para a regulação em ambientes nos quais os efeitos das operações de tratamento de dados ainda são desconhecidos. É nessa direção a formulação de Bruno Bioni e Maria Luciano: "O princípio da precaução fornece um substrato importante para se pensar medidas e estratégias de regulação de IA, notadamente como lidar com situações de riscos de danos ou de desconhecimento dos potenciais malefícios e benefícios desse tipo de tecnologia".[560]

O princípio da precaução então pode ser lido como um patamar de proteção e medidas antecipatórias de prevenção de danos mais elevado daquele oferecido pela literalidade do princípio da prevenção, previsto na LGPD. Ambos são essenciais no estabelecimento de políticas de boas práticas e governança de dados. Regina Linden Ruaro e Gabrielle Bezerra Sales Sarlet[561] entendem que os princípios da prevenção e da precaução são a base para a atuação e estruturação de uma Governança algorítmica. Essa governança precisa ter sua própria principiologia, específica para as características e desafios do ambiente digital.

3. O princípio da prevenção em diplomas internacionais

No que diz respeito aos diplomas internacionais, importa mencionar o RGPD e o Regulamento de Serviços Digitais (RSD ou, como mais conhecido usualmente, DSA). A influência

[557] A Política Nacional do Meio Ambiente foi instituída pela Lei Federal n. 6.938, de 1981, e trouxe pela primeira vez a exigência de realização do relatório de impacto ambiental. Posteriormente regulamentada pela Resolução do Conama n. 001, de 23 de janeiro de 1986.

[558] ZANATTA, R. A. F. Proteção de dados pessoais como regulação do risco: uma nova moldura teórica?. *In*: ENCONTRO DA REDE DE PESQUISA EM GOVERNANÇA DA INTERNET. *Anais [...]*. Rio de Janeiro, 2017.

[559] Nesse sentido: RUARO, R. L.; SALES, G. B. O direito fundamental à proteção de dados sensíveis no sistema normativo brasileiro: uma análise acerca das hipóteses de tratamento e da obrigatoriedade do consentimento livre, esclarecido e informado sob o enfoque da Lei Geral de Proteção de Dados (LGPD) – Lei 13.709/2018. *In*: DONEDA, D. *et al.* (coord.). *Tratado de proteção de dados pessoais*. Rio de Janeiro: Forense, 2021. Cf. também: BIONI, B. R.; LUCIANO, M. O princípio da precaução na regulação de inteligência artificial: seriam as leis de proteção de dados o seu portal de entrada? Bioni BR (ed.), *Blog Bruno Bioni*, 2019.

[560] BIONI, B. R.; LUCIANO, M. O princípio da precaução na regulação de inteligência artificial: seriam as leis de proteção de dados o seu portal de entrada? Bioni BR (ed.), *Blog Bruno Bioni*, 2019, p. 19).

[561] RUARO, R. L.; SALES, G. B. O direito fundamental à proteção de dados sensíveis no sistema normativo brasileiro: uma análise acerca das hipóteses de tratamento e da obrigatoriedade do consentimento livre, esclarecido e informado sob o enfoque da Lei Geral de Proteção de Dados (LGPD) – Lei 13.709/2018. *In*: DONEDA, D. *et al.* (coord.). *Tratado de proteção de dados pessoais*. Rio de Janeiro: Forense, 2021. p. 211.

exercida pelo RGPD sobre a LGPD é inegável e já foi amplamente debatida pela doutrina nacional.[562] Especialmente sobre os princípios, observa-se que a LGPD contemplou todos os princípios elencados pelo RGPD, e inseriu mais três, são eles: princípio da segurança, prevenção e não discriminação (art. 6º, VII, VIII e IX). Nas palavras de Laura Schertel Mendes e Bruno Bioni: "Esses novos princípios previstos na LGPD evidenciam a preocupação da Lei com aspectos contemporâneos da proteção de dados e com novas demandas sociais, como o princípio da não discriminação (...) ou mesmo como o princípio da prevenção – que pode ser utilizado para o desenvolvimento de medidas relacionadas à privacidade na concepção, como conceitos de *Privacy by Design* e *Security by Design*".[563]

Portanto, apesar do princípio da prevenção não estar explicitamente veiculado dentre o rol de princípios do RGPD, sua presença indireta está garantida minimamente pelo conceito de *privacy by design*, e pelo instrumento de avaliação de impacto à proteção de dados pessoais, respectivamente nos arts. 25 e 35. Ambos também presentes na LGPD, conforme anteriormente mencionado.

Por seu turno, o princípio da prevenção encontra menção clara no DSA, que, em seu considerando 103, incentiva o desenvolvimento de códigos de conduta pelos prestadores de serviços. A passagem a seguir ilustra essa questão: "(...) Deverá ser dada especial atenção à *prevenção de efeitos negativos sobre a segurança e a proteção da privacidade e dos dados pessoais*, bem como à proibição de impor obrigações gerais de vigilância" (*grifo nosso*).

Uma evidente sinalização da relevância do viés preventivo do regulamento, que também traz a ideia de prevenção no considerando 45, ao estabelecer a necessidade de (...) regras sobre o conteúdo, a aplicação e a execução dos termos e condições desses prestadores no interesse da transparência, da proteção dos destinatários do serviço e *da prevenção de resultados injustos ou arbitrários* (...) (*grifo nosso*).

ATIVIDADES DA ANPD

A ANPD demonstra um forte compromisso com o princípio da prevenção, evidenciado em diversos documentos e orientações. Essa postura se reflete em ações concretas, como a coordenação e fiscalização de operações de tratamento de dados pessoais de forma preventiva, a fim de coibir irregularidades.

A *Resolução CD/ANPD n. 1/2021* estabelece que a CGF deve monitorar as operações de tratamento de dados pessoais de forma preventiva, visando identificar e prevenir irregularidades. Além disso, a resolução detalha os objetivos e as medidas preventivas a serem

---

562 MONTEIRO, R. L.; BIONI, B. R.; GOMES, M. C. O. GDPR matchup: Brazil's General Data Protection Law. *IAPP*, 2018. Disponível em: https://iapp.org/news/a/gdpr-matchup-brazils-general-data-protection-law/. Acesso em: 10 fev. 2024. Cf. Também: SCHERTEL MENDES, L.; DONEDA, D. Reflexões iniciais sobre a nova lei geral de proteção de dados. *Revista de Direito do Consumidor*, v. 120, nov./dez. 2018; BIONI, B. R.; SCHERTEL MENDES, L. Regulamento europeu de proteção de dados pessoais e a lei geral brasileira de proteção de dados: mapeando convergências na direção de um nível de equivalência. *In*: TEPEDINO, G.; FRAZÃO, A.; OLIVA, M. D. (coord.). *Lei Geral de Proteção de Dados Pessoais e suas repercussões no direito brasileiro*. 2. ed. São Paulo: Thomson Reuters Brasil, 2020.

563 BIONI, B. R.; SCHERTEL MENDES, L. Regulamento europeu de proteção de dados pessoais e a lei geral brasileira de proteção de dados: mapeando convergências na direção de um nível de equivalência. *In*: TEPEDINO, G.; FRAZÃO, A.; OLIVA, M. D. (coord.). *Lei Geral de Proteção de Dados Pessoais e suas repercussões no direito brasileiro*. 2. ed. São Paulo: Thomson Reuters Brasil, 2020. p. 802.

adotadas pela ANPD, como a divulgação de informações, a solicitação de regularização e a elaboração de planos de conformidade.

A *Resolução CD/ANPD n. 2/2022* direciona seus esforços para agentes de pequeno porte, incentivando o atendimento às recomendações e boas práticas divulgadas pela ANPD. Informa que "o atendimento às recomendações e às boas práticas de prevenção e segurança divulgadas pela ANPD, inclusive por meio de guias orientativos, será considerado como observância ao disposto no art. 52, § 1º, VIII da LGPD", art. 12, parágrafo único. O cumprimento dessas orientações é considerado como observância à LGPD.

Já a *Resolução CD/ANPD n. 4/2022* trata da dosimetria das sanções e estabelece que a não aplicação de medidas preventivas está entre os motivos de aplicação de multa simples (art. 10, I). Da mesma forma que o descumprimento de medida preventiva ao longo do processo de fiscalização ou do procedimento preparatório anterior, é considerado circunstância agravante da sanção (art. 12, II).

Por fim, o *Anexo I da Resolução CD/ANPD n. 10* apresenta o mapa de temas prioritários da ANPD para o biênio 2024-2025, demonstrando o planejamento da autoridade em realizar ações preventivas específicas para direitos dos titulares e para a temática da raspagem de dados e agregadores.

Em resumo, a ANPD tem demonstrado um compromisso significativo com a prevenção, através de diversas ações e documentos que visam orientar e fiscalizar o cumprimento da LGPD. Essa postura proativa contribui para um ambiente mais seguro e confiável para o tratamento de dados pessoais no Brasil. Essa postura se reflete em ações concretas, como a coordenação e fiscalização de operações de tratamento de dados pessoais de forma preventiva, a fim de coibir irregularidades.

A análise das notas técnicas também revela a importância do princípio da prevenção para a ANPD. Isso fica evidente em três exemplos específicos: O primeiro é a Nota Técnica n. 12/2023/CGF/ANPD, que se refere à suspensão da divulgação dos microdados do censo escolar e do Enem pelo Inep. Em breves linhas, após a indicação de suspensão da divulgação dos referidos dados, o Inep procedeu à realização do RIPD, na forma como foi orientado pela ANPD.[564]

O segundo exemplo é extraído da Nota Técnica n. 175/2023/CGF/ANPD que diz respeito ao acordo de compartilhamento de dados pessoais entre o MJ e a CBF. Nesse caso, por provocação do próprio MJ, na figura do seu encarregado de dados pessoais, que solicitou a apreciação técnica da ANPD acerca do Projeto Estádio Seguro que previa o compartilhamento de dados. A avaliação da ANPD indicou uma série de medidas a serem tomadas, o que contemplou a observância do princípio da prevenção direta e indiretamente por meio da relevância dada ao desenvolvimento do RIPD.

Na mesma linha, a Nota Técnica n. 49/2022/CGF/ANPD ao analisar a atualização da política de privacidade do WhatsApp, no tópico relacionado a medidas de prevenção e segurança, aponta a necessidade de reforço quanto ao descarte e exclusão de dados.

---

[564] "Nesse sentido, a ANPD determinou que o Inep deveria elaborar o RIPD, em observância aos princípios previstos na LGPD, com o intuito de avaliar os riscos a que são submetidos os titulares com a divulgação dos microdados. Na visão da CGF, após a elaboração do RIPD, o Inep terá condições de decidir sobre a amplitude da divulgação dos dados, sendo possível a disponibilização dos microdados em versões diferentes para a sociedade e para instituições de pesquisa, mediante termo de responsabilidade."

Já no que concerne às decisões em processos sancionadores, é possível perceber o princípio da prevenção destacado em pelo menos dois relatórios de instrução.[565] No Relatório de Instrução n. 2/2023/CGF/ANPD, que diz respeito ao Instituto de Assistência ao Servidor Público Estadual de São Paulo (Iamspe) destaca-se a seguinte passagem: "A despeito da argumentação do Iamspe de que realizou os devidos testes no sistema e de que não teria verificado destruição, perda, alteração ou vazamento de dados de forma prejudicial aos demais usuários, *a CGF entendeu que o tempo decorrido até a comunicação e a forma como ela foi realizada não atendiam adequadamente ao princípio da prevenção*, previsto no inciso VIII do art. 6º da LGPD (grifo nosso)".

No caso em tela (Iamspe) importa ressaltar que as sanções foram aplicadas com base na violação dos arts. 48 e 49 da LGPD, porém ambos são diretamente relacionados ao princípio da prevenção. Artigos que preveem respectivamente a comunicação de incidentes de segurança (ANPD e titulares) e sistemas que atendam aos critérios de segurança, boas práticas, governança e princípios gerais da lei.

Ao passo que o Relatório de Instrução n. 4/2023/FIS/CGF/ANPD, em referência às infrações ocorridas no âmbito da SES/SC, aponta o descumprimento pelo controlador das medidas preventivas que a CGF havia determinado à SEC/SC com base no Regulamento do Processo de Fiscalização e do Processo Administrativo sancionador. Esse fato fez com que estivesse presente a circunstância agravante prevista no art. 12, III, do Regulamento de Dosimetria e Aplicação de Sanções Administrativas.

Por fim, quanto aos guias orientativos publicados pela ANPD, observa-se a presença e menção ao princípio da prevenção, com ênfase, nas seguintes publicações: Tratamento de dados pessoais para fins acadêmicos e para a realização de estudos e pesquisas; Tratamento de dados pessoais pelo Poder Público; Aplicação da Lei Geral de Proteção de Dados Pessoais (LGPD) por agentes de tratamento no contexto eleitoral; Segurança da Informação para agentes de tratamento de pequeno porte; Definições dos agentes de tratamento de dados pessoais e do encarregado. No entanto, apenas no material relacionado ao contexto eleitoral que se observa a menção específica a medidas concretas de prevenção, a exemplo da atualização constante dos programas e aplicativos.[566]

BIBLIOGRAFIA SELECIONADA

BIONI, B. R.; LUCIANO, M. O princípio da precaução na regulação de inteligência artificial: seriam as leis de proteção de dados o seu portal de entrada? Bioni BR (ed), *Blog Bruno Bioni*, 2019.

BIONI, B. R.; SCHERTEL MENDES, L. Regulamento europeu de proteção de dados pessoais e a lei geral brasileira de proteção de dados: mapeando convergências na direção de um nível de equivalência. *In*: TEPEDINO, G.; FRAZÃO, A.; OLIVA, M. D. (coord.). *Lei Geral de Proteção de Dados Pessoais e suas repercussões no direito brasileiro*. 2. ed. São Paulo: Thomson Reuters Brasil, 2020. p. 791-814.

[565] O relatório de instrução está previsto no art. 54 da Resolução CD/ANPD n. 1, de 2021. É o documento que subsidia a decisão de primeira instância da CGF.

[566] Cf.: "Um dos pontos centrais na prevenção a vulnerabilidades é a manutenção de sistemas e aplicativos sempre atualizados, bem como a instalação de todas as correções de segurança disponíveis lançadas pelos desenvolvedores do sistema operacional e de aplicativos".

CONAMA. Resolução n. 001, de 23 de janeiro de 1986. *DOU* 17 fev. 1986, Seção 1, p. 2548-2549.

COPPETI CRAVO, D. Aspectos processuais dos direitos do titular dos dados. *In*: SARLET, G. B. S.; TRINDADE, M. G. N.; MELGARÉ, P. (coord.). *Proteção de dados:* temas controvertidos. 2. ed. São Paulo: Foco, 2023.

FRAZÃO, A. Propósito, desafios e parâmetros gerais dos programas de *compliance*. *In*: FRAZÃO, A.; CUEVA, R. V. B. (coord.). *Compliance e políticas de proteção de dados.* São Paulo: Thomson Reuters Brasil, 2023. p. 33-63.

INTERNETLAB. *Relatório da aplicação da lei de proteção de dados pessoais no Brasil:* desafios e perspectivas, 2016.

IPC. *Privacy by design:* a guide for organizations. Information and Privacy Commissioner of Ontario, 2018. Disponível em: https://www.ipc.on.ca/wp-content/uploads/2018/01/pbd.pdf. Acesso em: 14 fev. 2024.

LOPEZ, T. A. Os princípios da precaução e da prevenção como regras de fundo do direito consumerista para a segurança do consumidor. *In*: MARQUES, C. L.; MIRAGEM, B.; MAGALHÃES, L. A. L. (coord.). *Direito do consumidor:* 30 anos do CDC. 7. ed. Rio de Janeiro: Forense, 2023. p. 259-278.

MENKE, F.; GOULART, G. D. Segurança da informação e vazamento de dados. *In*: SARLET, I. W.; MENDES, L. S.; RODRIGUES JUNIOR, O. L. (coord.). *Tratado de proteção de dados pessoais.* 7. ed. Rio de Janeiro: Forense, 2023. p. 350-370.

MODENESI, P. Comentários ao artigo 46 da lei geral de proteção de dados pessoais. *In*: MARTINS, G. M.; LONGHI, J. V. R.; FALEIROS JÚNIOR, J. L. M. (coord.). *Comentários à lei geral de proteção de dados pessoais.* 2. ed. São Paulo: Foco, 2023. p. 464-478.

MONTEIRO, R. L.; BIONI, B. R.; GOMES, M. C. O. GDPR matchup: Brazil's General Data Protection Law. *IAPP*, 2018. Disponível em: https://iapp.org/news/a/gdpr-matchup-brazils-general-data-protection-law/. Acesso em: 10 fev. 2024.

MULHOLLAND, C.; PALMEIRA, M. M. As bases para tratamento de dados pessoais de crianças e adolescentes. *In*: FERNANDES, E.; TEFFÉ, C.; BRANCO, S. (coord.). *Privacidade e proteção de dados de crianças e adolescentes.* 2. ed. rev. e atual. Rio de Janeiro: Instituto de Tecnologia e Sociedade do Rio de Janeiro, 2024.

RUARO, R. L.; SALES, G. B. O direito fundamental à proteção de dados sensíveis no sistema normativo brasileiro: uma análise acerca das hipóteses de tratamento e da obrigatoriedade do consentimento livre, esclarecido e informado sob o enfoque da Lei Geral de Proteção de Dados (LGPD) – Lei 13.709/2018. *In*: DONEDA, D. *et al.* (coord.). *Tratado de proteção de dados pessoais.* Rio de Janeiro: Forense, 2021. p. 190-211.

SCHERTEL MENDES, L.; DONEDA, D. Reflexões iniciais sobre a nova lei geral de proteção de dados. *Revista de Direito do Consumidor*, v. 120, p. 469-483, nov./dez. 2018.

TIMM, L.; CAOVILLA, R.; STURARI, M. O relatório de impacto na LGPD: sentido e limites dentro da regulação econômica. *In*: SARLET, G. B. S.; TRINDADE, M. G. N.; MELGARÉ, P. (coord.). *Proteção de dados:* temas controvertidos. 2. ed. São Paulo: Foco, 2023.

TORONTO METROPOLITAN UNIVERSITY. *The 7 Foundational Principles* (Privacy by Design Centre of Excellence), 2010. Disponível em: https://www.torontomu.ca/ content/dam/pbdce/seven-foundational-principles/The-7-Foundational-Principles.pdf. Acesso em: 14 fev. 2024.

ZANATTA, R. A. F. Proteção de dados pessoais como regulação do risco: uma nova moldura teórica?. *In*: ENCONTRO DA REDE DE PESQUISA EM GOVERNANÇA DA INTERNET. *Anais [...]*. Rio de Janeiro, 2017.

Artigo 6º, IX

Comentado por Chiara Spadaccini de Teffé

DISPOSITIVOS RELACIONADOS NO DIREITO INTERNACIONAL

- Art. 2° e art. 7° da Declaração Universal dos Direitos Humanos.
- Convenção Internacional sobre a Eliminação de Todas as Formas de Discriminação Racial.
- Declaração das Nações Unidas sobre os direitos dos povos indígenas.
- Convenção Interamericana contra o Racismo, a Discriminação Racial e Formas Correlatas de Intolerância.
- Convenção Internacional sobre a Eliminação de Todas as Formas de Discriminação Racial.
- Convenção Americana sobre Direitos Humanos (Pacto de San José).
- Convenção 111 da Organização Internacional do Trabalho.
- Convenção sobre os Direitos das Pessoas com Deficiência (CRPD).
- Declaração e Programa de Ação de Durban.
- Dez Princípios do Pacto Global das Nações Unidas.
- Declaração da Organização Internacional do Trabalho sobre Princípios e Direitos Fundamentais.
- Princípios de Yogyakarta +10.
- Convenção de Istambul.

DISPOSITIVOS RELACIONADOS NO ORDENAMENTO JURÍDICO BRASILEIRO

- Lei n. 1.390/1951.
- Lei n. 7.437/1985.
- Lei n. 7.716/1989.
- Lei n. 9.029/1995.
- Lei n. 9.394/1996.
- Lei n. 9.459/1997.
- Lei n. 10.172/2001.
- Lei n. 10.558/2002.
- Lei n. 10.639/2003.

- Decreto n. 4.886/2003.
- Lei n. 10.741/2003.
- Lei n. 11.340/2006.
- Lei n. 12.288/2010.
- Lei n. 12.711/2012.
- Lei n. 13.146/2015.
- Lei n. 13.185/2015.
- Lei nº 13.104/2015.
- Lei n. 14.611/2023.
- Lei n. 14.532/2023.
- Lei n. 14.811/2024.
- Decreto n. 12.122/2024.

DISPOSITIVOS RELACIONADOS NA LGPD

- Arts. 5°, II, e 6°, III; art. 12; art. 18, e art. 20, §2°.

CASOS E DECISÕES JUDICIAIS RELEVANTES

- STF. HC 82.424, Tribunal Pleno, Rel. Min. Moreira Alves, Rel. p/ Acórdão Min. Maurício Corrêa, j. 17.09.2003, *DJ* 19.03.2004.
- ARE n. 988.601, Rel. Min. Dias Toffoli, 2016.
- STF. ADI n. 5.543, Tribunal Pleno, Rel. Min. Edson Fachin, j. 11.05.2020, *DJe* em 21.05.2020.
- STF. ADI n. 5.355, Tribunal Pleno, Rel. Min. Luiz Fux, j. 11.11.2021, *DJe* em 16.11.2021.
- STF. Mandado de Injunção 4.733, Tribunal Pleno, Rel. Min. Edson Fachin, j. 13.06.2019, *DJe* em 28.06.2019.
- STF. ADO 30, Rel. Min. Dias Toffoli, Tribunal Pleno, j. 24.08.2020.
- STF. ADI 5.617, Rel. Min. Edson Fachin, Tribunal Pleno, j. 15.03.2018.
- STF. RE 477.554 AgR, Rel. Min. Celso de Mello, Segunda Turma, j. 16.08.2011.
- STF. ADI 7.433, Rel. Min. Cristiano Zanin, Tribunal Pleno, j. 07.05.2024.

JUSTIFICATIVA E FUNDAMENTOS

O princípio da não discriminação no tratamento de dados pessoais encontra-se positivado na LGPD em três momentos: primeiro, no inciso IX do art. 6º, que conceitua expressamente o princípio como "impossibilidade de realização do tratamento para fins discriminatórios ilícitos ou abusivos"; segundo, ao estabelecer a categoria dos dados pessoais sensíveis em seu art. 5º, II, bem como sua proteção ampliada;[567] e terceiro, no § 2º do art. 20, que dispõe acerca da possibilidade de a ANPD realizar auditoria para verificar aspectos discriminatórios no tratamento automatizado de dados pessoais, caso o controlador não ofereça as informações de que trata o § 1º deste artigo, com base na observância de segredo comercial e industrial.

A postura do legislador justifica-se, pois a circulação e o tratamento de determinadas informações pessoais podem acarretar cenários de discriminação ilícita ou abusiva em face de seu titular. Características étnico-raciais, dados sobre orientação sexual ou identidade de gênero e informações sobre a saúde de um indivíduo são exemplos de dados pessoais comumente utilizados em processos opressivos de discriminação, exclusão e segregação[568]. Mesmo com os recentes avanços na garantia dos direitos fundamentais, minorias e grupos mais vulneráveis, como as populações afrodescendentes, os povos indígenas, as pessoas LGBTQIAP+, as pessoas com deficiência e as mulheres, continuam sendo perseguidos e violentados na sociedade brasileira, em variados contextos, o que torna essencial a tutela dos dados pessoais com base em dinâmicas antidiscriminatórias e no direito à igualdade substancial.

Tratamentos de dados sensíveis realizados por parte, por exemplo, de empregadores, recrutadores, companhias de seguro,[569] bancos, planos de saúde ou governos, se não observadas garantias adequadas, podem apresentar um alto risco aos direitos e liberdades dos indivíduos envolvidos. Outro ponto que desperta preocupação é o desenvolvimento contínuo

---

567 Os dados sensíveis mostram-se especialmente relevantes para a garantia dos direitos e liberdades fundamentais de seu titular, devendo ser protegidos de forma mais específica e cuidadosa pelas diversas estruturas normativas. Isso porque, em virtude da qualidade e natureza das informações que trazem, seu tratamento ou eventual vazamento poderá gerar riscos significativos à pessoa humana, como preconceitos e discriminações ilícitas ou abusivas em face de seu titular. Verifica-se na categoria em questão importantes conteúdos relacionados à intimidade, à identidade e à integridade psicofísica da pessoa natural, cabendo a ela determinar a gestão de sua esfera informacional. (O presente estudo tem como fonte principal livro de autoria própria – fruto de tese de doutorado defendida na UERJ: TEFFÉ, C. S.; MEDON F. Responsabilidade civil e regulação de novas tecnologias: questões acerca da utilização de inteligência artificial na tomada de decisões empresariais. *Revista Estudos Institucionais*, v. 6, n. 1, p. 301, 2020).

568 Cf. MULHOLLAND, C.; KREMER, B. Responsabilidade civil por danos causados pela violação do princípio da igualdade no tratamento de dados pessoais. *In*: TEPEDINO, Gustavo; SILVA, Rodrigo da Guia (coord.). *O direito civil na era da inteligência artificia.* São Paulo: Revista dos Tribunais, 2020; SKINNER-THOMPSON, S. *Privacy at the margins.* Cambridge: University of Cambridge, 2020.

569 "A necessidade da inovação no debate em torno do uso de dados pessoais na contratação de seguros é definida especialmente pela realidade de nossa sociedade que associa o fenômeno do *big data* ao uso de Inteligência Artificial em sistemas de predição. A atividade das seguradoras é sobremaneira facilitada pelo advento destas novas tecnologias, pois permite não só a capacidade de tratar os dados de maneira mais eficiente, como, consequentemente, gera uma minimização de custos nas operações e uma maior velocidade nas tomadas de decisão. Estas vantagens, por sua vez, implicam a possibilidade de negociação de preços contratuais mais adequados, na medida em que os riscos estão previstos, em tese, de forma mais realista. Ao mesmo tempo em que a tecnologia traz vantagens excepcionais para o mercado de seguros, é necessário encontrar um equilíbrio adequado entre o tratamento de dados pessoais dentro deste ambiente e a proteção de direitos fundamentais dos segurados, tais como, a privacidade, a proteção de seus dados e a igualdade de tratamento. Em último juízo, a tutela destes direitos visa a coibir a potencial discriminação abusiva que o uso dos dados coletados massivamente pode ocasionar no mercado de seguros, segregando e retirando de inteiras parcelas da população a possibilidade de contratação de forma equitativa" (MULHOLLAND, C. Os contratos de seguro e a proteção dos dados pessoais sensíveis. *In*: GOLDBERG, Ilan; JUNQUEIRA, Thiago (coord.). *Temas atuais de direito dos seguros.* São Paulo: Thomson Reuters, 2020).

de análises e de perfis comportamentais[570] baseados em dados relacionados à concessão de crédito e ao direcionamento de publicidades, campanhas e políticas. Nesse sentido, Stefano Rodotà já afirmou que:

> (...) não há dúvida de que o conhecimento, por parte do empregador ou de uma companhia seguradora, de informações sobre uma pessoa infectada pelo HIV, ou que apresente características genéticas particulares, pode gerar discriminações. Estas podem assumir a forma da demissão, da não admissão, da recusa em estipular um contrato de seguro, da solicitação de um prêmio de seguro especialmente elevado.[571]

Nesse contexto, cumpre destacar o papel estratégico da Autoridade Nacional de Proteção de Dados (ANPD) na operacionalização do princípio da não discriminação. Ao exercer suas competências regulatórias e fiscalizatórias, a ANPD atua não apenas como órgão de controle, mas também como promotora de uma cultura de proteção de dados ancorada na igualdade substancial.[572] É particularmente relevante sua prerrogativa de solicitar Relatórios de Impacto à Proteção de Dados Pessoais (RIPD), especialmente nos casos em que há risco acentuado aos direitos fundamentais dos titulares, como ocorre nas decisões automatizadas e nos tratamentos sensíveis de dados. A produção e a análise crítica desses relatórios permitem à Autoridade identificar padrões discriminatórios – diretos ou indiretos – embutidos nos fluxos de tratamento, especialmente naqueles mediados por tecnologias algorítmicas.

Para tanto, é imprescindível que a ANPD adote uma postura proativa e interseccional, capaz de dialogar com outros órgãos e instâncias de proteção de direitos, como o Ministério Público, as defensorias públicas e os conselhos de políticas de igualdade racial, de gênero, de pessoas com deficiência e de direitos humanos. O enfrentamento das novas formas de discriminação exige, portanto, não apenas instrumentos jurídicos, mas também uma institucionalidade sensível às desigualdades estruturais, comprometida com a governança ética das tecnologias e com a proteção das populações historicamente vulnerabilizadas.

ANÁLISE

O direito à proteção de dados deve ser orientado diretamente pela axiologia constitucional, a qual consagra a dignidade da pessoa humana como alicerce essencial do Estado Democrático de Direito e tem como objetivo fundamental da República a promoção do bem de todos, sem preconceitos de origem, raça,[573] sexo, cor, idade ou quaisquer outras formas de

[570] Ver comentário ao artigo 12 neste volume.

[571] RODOTÀ, S. A *vida na sociedade de vigilância:* privacidade hoje. Rio de Janeiro: Renovar, 2008. p. 70.

[572] O dever de notificação previsto na Resolução CD/ANPD n. 15, de 24 de abril de 2024, que aprova o Regulamento de Comunicação de Incidente de Segurança, reforça a necessidade de mitigação de riscos discriminatórios estruturais resultantes de vazamentos de dados sensíveis, como saúde, orientação sexual e condição étnico-racial. Seu art. 5º dispõe que: "O incidente de segurança pode acarretar risco ou dano relevante aos titulares quando puder afetar significativamente interesses e direitos fundamentais dos titulares e, cumulativamente, envolver, pelo menos, um dos seguintes critérios: I – dados pessoais sensíveis; II – dados de crianças, de adolescentes ou de idosos; III – dados financeiros; IV – dados de autenticação em sistemas; V – dados protegidos por sigilo legal, judicial ou profissional; ou VI – dados em larga escala".

[573] Cabe recordar, aqui, o HC n. 82.424 (STF), relatado pelo Min. Maurício Corrêa, conhecido como *Caso Ellwanger*. Em setembro de 2003, o Plenário do STF confirmou, por maioria de votos, a condenação de

discriminação. É possível compreender a discriminação como qualquer distinção, exclusão, restrição ou preferência, feita em face de um indivíduo ou grupo, em qualquer área da vida pública ou privada, cujo propósito ou efeito seja anular ou restringir o reconhecimento, gozo ou exercício, em condições de igualdade, de um ou mais direitos humanos e liberdades fundamentais. A discriminação negativa representa a materialização de atitudes arbitrárias e ilícitas, acarretando a violação de direitos.

Na CRFB, a prevalência dos direitos humanos e o repúdio ao racismo[574] surgem como princípios a orientar o Estado brasileiro. Proíbe-se, também, a diferença de salários, de exercício de funções e de critério de admissão por motivo de sexo, idade, cor ou estado civil. Adicionalmente, afirma-se que a lei punirá qualquer discriminação atentatória dos direitos e liberdades fundamentais. Além de vedar condutas antijurídicas, cabe também ao Direito exercer função promocional concretizando a igualdade material e a efetiva inclusão das pessoas na sociedade, especialmente minorias e grupos marginalizados e vulnerabilizados. Almeja-se, assim, "(...) afastar toda e qualquer diferenciação injusta, em especial práticas e regimes de subordinação contra indivíduos e grupos histórica e socialmente injustiçados e vítimas de preconceito".[575]

Vale observar, aqui, duas recentes alterações na Constituição que, com base no princípio da não discriminação, trouxeram alterações relevantes para questões partidárias e eleitorais. Por meio da EC 133/2024, o art. 17, § 9º, passou a dispor que, dos recursos oriundos do Fundo Especial de Financiamento de Campanha e do fundo partidário destinados às campanhas eleitorais, os partidos políticos devem, obrigatoriamente, aplicar 30% (trinta por cento) em candidaturas de pessoas pretas e pardas, nas circunscrições que melhor atendam aos interesses e às estratégias partidárias.[576]

Além disso, por meio da EC n. 117/2022, destacou-se que os partidos políticos devem aplicar no mínimo 5% dos recursos do fundo partidário na criação e na manutenção de programas de promoção e difusão da participação política das mulheres, de acordo com os interesses intrapartidários. Apesar dos muitos progressos realizados na garantia dos direitos das mulheres a nível mundial, milhões continuam ainda sofrendo discriminações, violências

---

Siegfried Ellwanger, autor de livros de conteúdo antissemita, pelo crime de racismo. No caso, debateu-se o significado jurídico do termo *racismo*, disposto no art. 5°, XLII, da Constituição. De acordo com o Min. Maurício Corrêa: "Embora hoje não se reconheça mais, sob o prisma científico, qualquer subdivisão da raça humana, o racismo persiste enquanto fenômeno social, o que quer dizer que a existência das diversas raças decorre da mera concepção histórica, política e social e é ela que deve ser considerada na aplicação do direito". Essa também foi a conclusão do Min. Gilmar Mendes, que assim se pronunciou: "Parece ser pacífico hoje o entendimento segundo o qual a concepção a respeito da existência de raças assentava-se em reflexões pseudocientíficas" (STF, HC 82.424, Tribunal Pleno, Rel. Min. Moreira Alves, Rel. p/ Acórdão Min. Maurício Corrêa, j. 17.09.2003, *DJ* 19.03.2004).

[574] Por meio do ARE n. 988.601, de relatoria do Min. Dias Toffoli (j. 16.09.2016), afirmou-se que o crime de racismo está sujeito às cláusulas de inafiançabilidade e imprescritibilidade, conforme prevê o art. 5º, XLII, da CRFB/1988.

[575] RIOS, R. R.; LEIVAS, P.; SCHAFER, G. Direito da antidiscriminação e direitos de minorias: perspectivas e modelos de proteção individual e coletivo. *Revista Direitos Fundamentais & Democracia*, v. 22, n. 1, 2017.

[576] Verifica-se que o dispositivo versa especificamente sobre a distribuição dos recursos públicos para as campanhas eleitorais, não abrangendo ainda o processo de registro de candidatura. Permanece a regra atual de que não há cota racial no registro de candidatura. Já em relação ao financiamento da campanha eleitoral, entretanto, houve alteração: a EC passou a exigir que o partido destine obrigatoriamente 30% dos recursos para candidaturas de pessoas negras ou pardas.

e processos de invisibilização, sendo-lhes negada a sua igualdade, dignidade e autonomia. Esta discriminação e violência de gênero contra mulheres e meninas, profundamente enraizadas no tecido das sociedades, são persistentes e sistemáticas, impactando negativamente questões relativas à saúde, educação e inserção do mercado de trabalho.

Reforçando as normas constitucionais, nas últimas décadas foram publicadas leis no país com o mesmo compromisso de proteção a direitos, como, por exemplo, o Estatuto da Pessoa Idosa, o Estatuto da Igualdade Racial, o Estatuto da Pessoa com Deficiência, a Lei de Cotas (Lei n. 12.711/2012), a Lei Maria da Penha (Lei n. 11.340/2006) e a Lei sobre a Igualdade Salarial e de Critérios Remuneratórios entre Mulheres e Homens (Lei n. 14.611/2023)[577]. Adicionalmente, recorda-se que o Brasil faz parte da Convenção Internacional sobre a Eliminação de Todas as Formas de Discriminação Racial (1965), da Declaração das Nações Unidas sobre os direitos dos povos indígenas e da Convenção Interamericana contra o Racismo, a Discriminação Racial e Formas Correlatas de Intolerância.

Como se verifica, o esforço de efetivação do mandamento antidiscriminatório[578] nos últimos anos resultou na formulação de doutrina, legislação e jurisprudência específicas, trazendo à tona o Direito Antidiscriminatório.[579] Como salienta Roger Rios:

---

577 Os ministérios do Trabalho e Emprego (MTE) e das Mulheres apresentaram, em março de 2024, o 1º Relatório Nacional de Transparência Salarial e de Critérios Remuneratórios. O levantamento contém um balanço das informações enviadas por 49.587 estabelecimentos com cem ou mais empregados, a maioria deles (73%) com 10 anos ou mais de existência. Juntos, eles somam quase 17,7 milhões de empregados. Os dados apontam que as mulheres ganham 19,4% a menos que os homens no Brasil, sendo que a diferença varia de acordo com o grande grupo ocupacional. Em cargos de dirigentes e gerentes, por exemplo, a diferença de remuneração chega a 25,2%. No recorte por raça/cor, as mulheres negras, além de estarem em menor número no mercado de trabalho (2.987.559 vínculos, 16,9% do total), são as que têm renda mais desigual. Enquanto a remuneração média da mulher negra é de R$ 3.040,89, correspondendo a 68% da média, a dos homens não negros é de R$ 5.718,40 – 27,9% superior à média. Também são apresentados dados que indicam se as empresas têm políticas de incentivo à contratação, permanência e ascensão profissional das mulheres. O Relatório aponta que apenas 32,6% das empresas têm políticas de incentivo à contratação de mulheres. O valor é ainda menor quando se consideram grupos específicos de mulheres: negras (26,4%); mulheres com deficiência (23,3%); LGBTQIAP+ (20,6%); mulheres chefes de família (22,4%); mulheres vítimas de violência (5,4%). Apenas 38,3% declararam que adotam políticas para promoção de mulheres a cargos de direção e gerência. Outros dados indicam que poucas empresas adotam políticas como de flexibilização de regime de trabalho para apoio à parentalidade (39,7%), de licença-maternidade/paternidade estendida (17,7%) e de auxílio-creche (21,4%). Os dados mostram também diferenças significativas por unidades da federação. O Distrito Federal apresenta menor desigualdade salarial entre homens e mulheres. Os Estados de Sergipe e Piauí também apresentaram as menores diferenças salariais entre homens e mulheres, mas ambos os estados possuem remuneração média menor: R$ 2.975,77 em Sergipe e R$ 2.845,85 no Piauí. São Paulo é o estado com maior número de empresas participantes, um total de 16.536. As mulheres recebem 19,1% a menos do que os homens, praticamente espelhando a desigualdade média nacional. A remuneração média é de R$ 5.387 (MINISTÉRIO DAS MULHERES. Mulheres recebem 19,4% a menos que os homens, aponta 1º Relatório de Transparência Salarial. *Gov.br*, mar. 2024. Disponível em: https://www.gov.br/mulheres/pt-br/central-de-conteudos/noticias/2024/marco/mulheres-recebem-19-4-a-menos-que-os-homens-aponta-1o-relatorio-de-transparencia-salarial).

578 MOREIRA, A. J. *Tratado de direito antidiscriminatório*. São Paulo: Contracorrente, 2020.

579 Conforme ensina Rios: "Assim designado, tal campo surge a partir da experiência jurídica estadunidense (McCRUDDEN, 1991), com os avanços do movimento de direitos civis pós-II Guerra Mundial (POLE, 1993, p. 311), tendo como marco jurisprudencial indisputável a decisão da Suprema Corte dos EUA no célebre caso *'Brown v. Board of Education'*, de 1954 (SCHWARTZ, 1993, p. 286; RUTHERGLEN, 2001), passando a exercer uma influência seminal no continente europeu, tanto nos direitos nacionais (BURCA, 2011), como

Passa-se a atentar para os prejuízos injustos suportados pelos destinatários de tratamentos desiguais, objetivando enfrentar situações de estigma e subordinação experimentadas por grupos discriminados (RIOS, 2008, p. 36; MOREIRA, 2017, p. 67; SOLANKE, 2017). A discriminação enfrentada pelo direito da antidiscriminação é, portanto, tomada por uma perspectiva mais substantiva que formal: importa enfrentar a desigualdade prejudicial e injusta, pois nem sempre a adoção de tratamentos distintos se revela maléfica, sendo mesmo tantas vezes exigida, como alerta a dimensão material do princípio da igualdade (o de tratar igualmente os iguais e desigualmente os desiguais na medida de suas desigualdades).[580]

Dentro da matéria, costuma-se apontar duas sérias modalidades de discriminação: a direta e a indireta. A primeira ocorre de modo intencional e consciente. O sujeito é discriminado intencionalmente, tratado de forma desigual, em função de uma característica, individual ou de grupo, que lhe é peculiar, tal como sua condição física. A última se dá mediante atitudes aparentemente neutras, mas com impacto prejudicial, ainda que sem intencionalidade, em face de indivíduos e de grupos discriminados. Ela pode alastrar-se pelas estruturas organizacionais formais e informais, como acontece na discriminação institucional, havendo a reprodução de privilégios invisibilizados ou naturalizados.[581] As duas modalidades podem ocorrer especialmente havendo o tratamento de dados pessoais sensíveis realizado por humanos e/ou máquinas, trazendo sérias consequências a indivíduos e grupos.

Atenta a essa realidade, encontramos a jurisprudência do STF. Nos autos da ADI n. 5.355, julgada em 2021, destacou-se que:

> (...) A discriminação indireta ou, mais especificamente, a *disparate impact doctrine*, desenvolvida na jurisprudência da Suprema Corte dos Estados Unidos a partir do caso Griggs *v.* Duke Power Co., caracteriza-se pelo impacto desproporcional que a norma exerce sobre determinado grupo já estigmatizado e, portanto, seu efeito

---

no direito comunitário europeu (COUNCIL OF EUROPE, 2011)" (RIOS, R. R. Tramas e interconexões no Supremo Tribunal Federal: antidiscriminação, gênero e sexualidade. *Revista Direito e Práxis*, v. 11, n. 2, p. 1334, 2020. Disponível em: https://www.e-publicacoes.uerj.br/revistaceaju/article/view/50276. Acesso em: 25 jul. 2025). Conferir também: CORBO, W. A construção de um direito antidiscriminatória no Brasil: conceitos fundamentais de um novo e central ramo do direito. *In*: SCHREIBER, Anderson; BEZERRA DE MELO, Marco Aurélio (coord.). *Direito e transformação social*. São Paulo: Foco, 2023.

[580] RIOS, R. R. Tramas e interconexões no Supremo Tribunal Federal: antidiscriminação, gênero e sexualidade. *Revista Direito e Práxis*, v. 11, n. 2, p. 1332, 2020. Disponível em: https://www.e-publicacoes.uerj.br/revistaceaju/article/view/50276. Acesso em: 25 jul. 2025.

[581] "No aspecto trabalhista, o mandamento constitucional de tratamento igualitário para situações iguais ganha ênfase especial, pois partindo da inequívoca desigualdade estrutural na relação entre empregado e empregador e respeitando a necessidade de se ter meios de compensação dessa desigualdade, o desafio de se dar efetividade aos direitos fundamentais, dentre eles, o preceito isonômico constitucional é ainda maior. (...) Assim e com o fito de amenizar o desequilíbrio entre empregado e empregador, o princípio isonômico na seara trabalhista impede que o empregador proceda com tratamento diferenciado desfavorável baseado em motivo desarrazoado em face dos seus empregados. Pode o empregador, contudo, utilizar critérios diferenciadores caso o cargo a ser ocupado assim o exija, por exemplo, pode o ente patronal invocar o artigo 390 da CLT, que impede a contratação de mulheres para prestar serviços em atividades que demande o emprego de força física superior a 20 quilos para o trabalho contínuo. Ainda, o princípio isonômico deve ser observado durante todo o contrato de trabalho, desde a admissão do trabalhador até o momento da extinção do pacto laboral" (BRUGINSKI, M. K. Discriminação no trabalho: práticas discriminatórias e mecanismos de combate. *Revista Eletrônica [do] Tribunal Regional do Trabalho da 9ª Região*, Curitiba, v. 4, n. 42, p. 24, jul. 2015).

de acirramento de práticas discriminatórias, independentemente de um propósito discriminatório (CORBO, Wallace. *Discriminação indireta*. Lumen Juris: Rio de Janeiro, 2017, p. 123). 11. *In casu*, ao impedir o exercício provisório do servidor na licença para acompanhamento de cônjuges no exterior, o dispositivo *sub examine* atenta contra a proteção constitucional à família e hostiliza a participação feminina em cargos diplomáticos, ao lhe impor um custo social que ainda não recai sobre os homens em idêntica situação.

Na ADI n. 5.543, julgada em 2020, o STF entendeu que viola o direito à igualdade e a não discriminação proibir que determinadas pessoas da comunidade LGBTQIAPN+ doem sangue:

> 1. A responsabilidade com o Outro demanda realizar uma desconstrução do Direito posto para tornar a Justiça possível e incutir, na interpretação do Direito, o compromisso com um tratamento igual e digno a essas pessoas que desejam exercer a alteridade e doar sangue. 2. O estabelecimento de grupos – e não de condutas – de risco incorre em discriminação e viola a dignidade humana e o direito à igualdade, pois lança mão de uma interpretação consequencialista desmedida que concebe especialmente que homens homossexuais ou bissexuais são, apenas em razão da orientação sexual que vivenciam, possíveis vetores de transmissão de variadas enfermidades. Orientação sexual não contamina ninguém, condutas de risco sim. 2. O princípio da dignidade da pessoa humana busca proteger de forma integral o sujeito na qualidade de pessoa vivente em sua existência concreta. A restrição à doação de sangue por homossexuais afronta a sua autonomia privada, pois se impede que elas exerçam plenamente suas escolhas de vida, com quem se relacionar, com que frequência, ainda que de maneira sexualmente segura e saudável; e a sua autonomia pública, pois se veda a possibilidade de auxiliarem àqueles que necessitam, por qualquer razão, de transfusão de sangue. 3. A política restritiva prevista na Portaria e na Resolução da Diretoria Colegiada, ainda que de forma desintencional, viola a igualdade, pois impacta desproporcionalmente sobre os homens homossexuais e bissexuais e/ou seus parceiros ou parceiras ao injungir-lhes a proibição da fruição livre e segura da própria sexualidade para exercício do ato empático de doar sangue. Trata-se de **discriminação injustificável,** tanto do ponto de vista do direito interno, quanto do ponto de vista da proteção internacional dos direitos humanos, à medida que pressupõem serem os homens homossexuais e bissexuais, por si só, um grupo de risco, sem se debruçar sobre as condutas que verdadeiramente os expõem a uma maior probabilidade de contágio de Aids ou outras enfermidades a impossibilitar a doação de sangue.

Em 2019, por maioria, o STF julgou procedente o Mandado de Injunção n. 4.733 para reconhecer a mora inconstitucional do Congresso Nacional e aplicar, com efeitos prospectivos, até que o Congresso Nacional venha a legislar a respeito, a Lei n. 7.716/1989 a fim de estender a tipificação prevista para os crimes resultantes de discriminação ou preconceito de raça, cor, etnia, religião ou procedência nacional à discriminação por orientação sexual ou identidade de gênero. Em 2023, o Ministro Edson Fachin, dando provimento a embargos de declaração referentes ao caso, decidiu também que:

> (...) tendo em vista que a injúria racial constitui uma espécie do crime de racismo, e que a discriminação por identidade de gênero e orientação sexual configura racismo por raça, a prática da homotransfobia pode configurar crime de injúria racial. (...) entendo que a interpretação hermenêutica que restringe sua aplicação aos casos de racismo e mantém desamparadas de proteção as ofensas racistas

perpetradas contra indivíduos da comunidade LGBTQIA+, contraria não apenas o acórdão embargado, mas toda a sistemática constitucional.[582]

A não discriminação tem como fonte essencial a Declaração Universal dos Direitos Humanos de 1948, que estabelece em seu art. 2º que todo ser humano tem capacidade para gozar os direitos e as liberdades estabelecidos nesta Declaração, sem distinção de qualquer espécie, seja de raça, cor, sexo, língua, religião, opinião política ou de outra natureza, origem nacional ou social, riqueza, nascimento, ou qualquer outra condição. Afirma-se também que não será feita nenhuma distinção fundada na condição política, jurídica ou internacional do país ou território a que pertença uma pessoa, quer se trate de um território independente, sob tutela, sem governo próprio, quer sujeito a qualquer outra limitação de soberania. Em seguida, em seu art. 7º, destaca-se que todos são iguais perante a lei e têm direito, sem qualquer distinção, a igual proteção da lei. Todos têm direito a igual proteção contra qualquer discriminação que viole a presente Declaração e contra qualquer incitamento a tal discriminação.

Nessa lógica, documentos internacionais voltados ao trabalho e à atuação das empresas – como a Convenção 111 da Organização Internacional do Trabalho (OIT-1960), os Dez Princípios do Pacto Global das Nações Unidas e a Declaração da Organização Internacional do Trabalho sobre Princípios e Direitos Fundamentais (1998) – vêm reiterando o princípio da não discriminação, compreendendo que a discriminação no emprego e na profissão refere-se a qualquer distinção, exclusão ou preferência que tenha o efeito de colocar, indevidamente, certos indivíduos numa posição de exclusão ou desvantagem no mercado de trabalho ou no local de trabalho, em razão de raça, cor, religião, sexo, deficiência, opinião política, origem nacional, origem social ou qualquer outro atributo.

No campo da tecnologia, como se sabe, a depender da base de dados utilizada para treinar o algoritmo e de sua programação, ele poderá produzir resultados discriminatórios.[583] Tão importante quanto o algoritmo é a base de dados a ele subjacente e o treinamento aplicado,

---

[582] Em 2020, a Associação Brasileira de Lésbicas, Gays, Bissexuais, Travestis, Transexuais e Intersexos (ABGLT) interpôs embargos apontando que a decisão do Supremo havia restringido o reconhecimento da homotransfobia como crime de racismo, impedindo que a prática pudesse também configurar crime de injúria racial, quando proferida contra um indivíduo LGBTQIA+. A Associação alegou que instâncias inferiores do Judiciário estariam interpretando que a ofensa racial homotransfóbica proferida contra grupos LGBTQIA+ configuraria racismo, mas que a ofensa dirigida ao indivíduo pertencente àquele grupo vulnerável não configuraria o crime de injúria racial (SUPREMO TRIBUNAL FEDERAL. STF equipara ofensas contra pessoas LGBTQIAPN+ a crime de injúria racial. *STF Notícias*, 22 ago. 2023).

[583] "A discriminação pode ser ilícita por se basear diretamente em elementos vedados para certos fins, como a cor ou o gênero (discriminação direta), ou quando, embora com amparo em critérios aparentemente inofensivos, como o endereço residencial, acaba por atingir negativamente pessoas de determinada raça, por exemplo (discriminação indireta). Decisões automatizadas, efetuadas com base em algoritmos, podem apresentar conteúdo discriminatório (direto ou indireto). Mostra-se emblemático o famoso caso da Amazon, em que um algoritmo de recrutamento utilizado pelo setor de recursos humanos favorecia a contratação de funcionários do sexo masculino. O algoritmo foi alimentado com dados que refletem a predominância masculina no mercado de trabalho, daí concluindo que candidatos homens seriam preferíveis às candidatas mulheres. Como se percebe, a qualidade dos dados utilizados influi na qualidade dos resultados alcançados: se os dados trazem vieses, os resultados também serão enviesados, pois os algoritmos aprendem com os dados que os alimentam" (OLIVA, M.; Silva J. Discriminação algorítmica nas relações de consumo. *Migalhas*, 2021). Cf. também MORALES, L. X. *Desafios da antidiscriminação na lei geral de proteção de dados e nas dinâmicas das tecnologias digitais*. 2024. Dissertação (Mestrado) – Universidade Estadual do Rio de Janeiro, Rio de Janeiro, 2024.

tendo em vista o enviesamento que pode vir a reboque, como, por exemplo, em situações que envolvam análises de saúde,[584] probabilidade de cometimento de crimes,[585] crédito para empréstimos, participação em processos seletivos e interpretação de imagens.

A gravidade dessa utilização de dados pode ser bem compreendida na obra *Automating Inequality: How high-tech tools profile, police, and punish the poor*, publicada em 2018 por Virginia Eubanks.[586] Nela, a autora lança luzes sobre como instrumentos tecnológicos de análise de dados vêm impactando relevantes decisões sobre a vida de determinadas pessoas, especialmente as menos favorecidas economicamente e consideradas da classe trabalhadora: desde a seleção de currículos para uma vaga de emprego, chegando aos seguros, ao acesso ao crédito e a serviços do governo. Em sua obra, a autora questiona: quais os valores e crenças embutidos nos algoritmos? Como isso tem reforçado as desigualdades? Em seguida, ela traz perguntas que deveriam ser feitas antes da implantação de tais ferramentas tecnológicas: (a) a ferramenta aumenta a autonomia e a dignidade das pessoas menos favorecidas economicamente e consideradas da classe trabalhadora? (b) Se essa ferramenta visasse qualquer outro grupo de pessoas, além da classe trabalhadora, sua existência seria tolerada? Sem dúvida, a reflexão promovida pela obra mostra-se urgente tanto nos EUA quanto em países em desenvolvimento que apresentam elevado índice de desigualdade, como é o caso do Brasil.

Decisões que, até pouco tempo, eram tomadas exclusivamente por seres humanos vêm sendo delegadas – no todo ou em parte – para sistemas automatizados, para algoritmos de ranking e para modelos de risco preditivo.[587] Apesar das vantagens oferecidas por modelos e fórmulas matemáticas, elas também apresentam limitações, "especialmente em razão das dificuldades naturais para se converter aspectos complexos da natureza humana para critérios

---

584 Cf. OBERMEYER, Z.; POWERS, B.; VOGELI, C. *et al.* Dissecting racial bias in an algorithm used to manage the health of populations. *Science*, v. 366, n. 6464, p. 447-453, 2019.

585 Cf. BRAYNE, S. *Predict and surveil:* data, discretion, and the future of policing. Oxford: Oxford University Press, 2020; NOBLE, S. U.; SMALL S. *Algorithms of oppression:* how search engines reinforce racism. New York: NYU Press, 2018; COSTANZA-CHOCK S. *Design justice:* community-led practices to build the worlds we need. Massachusetts: MIT Press, 2020.

586 EUBANKS, V. *Automating inequality:* how high-tech tools profile, police, and punish the poor. New York: St. Martin's Press, 2018.

587 "As decisões automatizadas, referentes a um indivíduo determinado, que se baseiam em um método estatístico para análise de grande volume de dados e informações, podem ter grande impacto sobre os direitos individuais, especialmente no que se refere à autonomia, igualdade e personalidade. Afinal, na sociedade atual, caracterizada pelas relações remotas, os dados pessoais acabam por se constituir na única forma de representação das pessoas perante as mais diversas organizações estatais e privadas, sendo determinantes para 'abrir ou fechar as portas de oportunidades e acessos' (Lyon, 2003, p. 27). Dessa forma, uma eventual representação equivocada em determinados contextos sociais – por meio de um equívoco do algoritmo ou dos dados em que o algoritmo se baseou – afetaria tanto a forma como o indivíduo se percebe como também o modo como a sociedade o enxerga e o avalia, afetando a sua integridade moral e a sua personalidade (Britz, 2008, p. 179). Ademais, se essa representação, conforme alertado por Lyon (2003), acarretar a perda de chances e oportunidades do indivíduo na sociedade, dar-se-á uma restrição indevida à sua autonomia, limitando a sua liberdade de ação, suas escolhas econômicas e até mesmo existenciais. Por fim, destaca-se também a possibilidade de violação do princípio da igualdade, na hipótese de que a classificação e seleção operada por algoritmos produza resultados desiguais para pessoas em situações semelhantes, afetando negativamente as suas oportunidades de vida na sociedade (Lyon, 2003, p. 27)" (DONEDA, D. *et al.* Considerações iniciais sobre inteligência artificial, ética e autonomia pessoal, *Pensar – Revista de Ciências Jurídicas 1*, v. 23, n. 4, 2018).

objetivos".[588] Como define Cathy O'Neil[589], matemática e cientista de dados, algoritmos são opiniões embutidas em código, que repetem práticas e padrões passados e, assim, automatizam o *status quo*. Para que os algoritmos sejam justos, é preciso fiscalizá-los, repará-los e aprimorá-los. Dessa forma, além de se ter uma regulamentação adequada, que privilegie a transparência e a explicação quanto às decisões algorítmicas, o princípio da não discriminação deve estar presente desde a concepção dos sistemas de IA – tanto na parte técnica dessa construção quanto na garantia de diversidade dos times responsáveis pelo desenvolvimento dos algoritmos –, sendo aplicado em todo o ciclo de vida desses sistemas. Mostra-se fundamental exigir responsabilidade e prestação de contas de corporações e Estados que tomam decisões capazes de prejudicar pessoas e comunidades.

Entende-se que aplicações de IA devem ser desenvolvidas a partir de orientações que considerem os princípios constitucionais e valores éticos, além de haver o necessário respeito e proteção aos direitos humanos embutidos no desenho e concepção de todo o sistema.[590] [591] Medidas de precaução devem ser tomadas no desenvolvimento e ao longo do ciclo de vida do sistema, incluindo avaliações prévias de impacto e medidas técnicas e organizacionais de prestação de contas. Do ponto de vista técnico, alguns procedimentos devem ser observados, como, por exemplo, a minimização das informações tratadas (princípio da necessidade)[592], devendo-se dar preferência à anonimização dos dados e ao uso de ferramentas tecnológicas capazes de dar transparência aos critérios utilizados para a tomada de decisões automatizadas. Se o agente estiver coletando dados sensíveis, ele deverá se certificar de coletar apenas o mínimo necessário. Devido às restrições legais, havendo dúvidas sobre a necessidade da informação, a solução mais simples será a sua não coleta ou, se já coletada, a sua eliminação.

Acerca do tratamento de dados pessoais, verifica-se na prática que a linha distintiva entre dados pessoais de caráter geral e dados sensíveis não se mostra tão nítida. Diante da dinamicidade das relações e dos diversos contextos para o processamento de dados, não se mostra possível definir antecipadamente os efeitos de um tratamento de informações nem a real sensibilidade de um dado específico. Por exemplo, dados que pareçam não relevantes em determinado momento, que não façam referência a alguém diretamente ou, ainda, que não sejam formalmente sensíveis, uma vez transferidos, cruzados e/ou organizados, podem resultar em dados bastante específicos sobre determinada pessoa, trazendo informações, inclusive, de caráter sensível sobre ela. Danilo Doneda em excepcional reflexão sobre o desenvolvimento dos dados sensíveis destacou que:

> A elaboração desta categoria e de disciplinas específicas a ela aplicadas não foi isenta de críticas, como a que afirma que é impossível, em última análise, definir antecipadamente os efeitos do tratamento de uma informação, seja ela da natureza que for. Desta forma, mesmo dados não qualificados como sensíveis, quando

---

[588] FRAZÃO, A. Discriminação algorítmica. *Jota*, 2021.

[589] O'NEIL, C. *Weapons of Math destruction*: how big data increases inequality and threatens democracy. New York: Penguin, 2017.

[590] Cf. TEFFÉ, C. S.; MEDON F. Responsabilidade civil e regulação de novas tecnologias: questões acerca da utilização de inteligência artificial na tomada de decisões empresariais. *Revista Estudos Institucionais*, v. 6, n. 1, p. 301, 2020.

[591] Em março de 2024, a Assembleia Geral da ONU aprovou por consenso de todos os seus 193 membros uma resolução sobre a governança da IA (MISHRA, V. General Assembly adopts landmark resolution on artificial intelligence. *UN News*, 21 mar. 2024. Disponível em: https://news.un.org/en/story/2024/03/1147831).

[592] Ver comentário ao art. 6º, III, neste volume.

> submetidos a um determinado tratamento, podem revelar aspectos sobre a personalidade de alguém, podendo levar a práticas discriminatórias. Afirma-se, em síntese, que um dado, em si, não é perigoso ou discriminatório – mas o uso que dele se faz pode sê-lo.
>
> (...) deve-se ter em conta que o próprio conceito de dados sensíveis atende a uma necessidade de delimitar uma área na qual a probabilidade de utilização discriminatória da informação é potencialmente maior – sem deixarmos de reconhecer que há situações onde tal consequência pode advir sem que sejam utilizados dados sensíveis, ou então que a utilização destes dados se preste a fins legítimos e lícitos.[593]

Nesse sentido, segundo o autor, o conceito de dados sensíveis como fator de fundamentação para uma proteção de nível mais elevado tenderia a ceder à noção de *tratamento sensível* de dados pessoais, em razão do reconhecimento de que não seria possível *a priori* predizer os efeitos que um tratamento de dados pessoais poderia causar ao seu titular, com base apenas em considerações a respeito da natureza dos dados tratados. Sabe-se que, diante dos avanços tecnológicos e científicos, até mesmo informações pessoais que tradicionalmente não são classificadas como sensíveis podem causar "tanto (i) um tratamento discriminatório em si quanto (ii) a dedução ou inferência de dados sensíveis obtidos a partir de dados pessoais não sensíveis".[594] Nos dois casos ocorreria discriminação ilícita a partir do tratamento de dados pessoais.

Por exemplo, até mesmo o nome de uma pessoa natural, em certo contexto, pode ser considerado como um dado sensível para fins de proteção da dignidade de seu titular, diante das possíveis inferências obtidas a partir de sua análise. É possível realizar a mesma reflexão com dados pessoais de geolocalização, identidade de gênero, idade, endereço de moradia e nacionalidade. Vale lembrar que, a partir do histórico de compras de uma pessoa em um supermercado ou farmácia ou do acesso à fatura de seu cartão de crédito, mostra-se possível inferir dados sensíveis, como convicções religiosas, estado de saúde[595] ou orientação sexual. Da mesma forma, é importante ter especial atenção com dados financeiros de pessoas naturais, dados sobre alegações ou condenações criminais e dados relativos a alguma forma de deficiência.

Portanto, certos dados, ainda que não sejam na lei qualificados como sensíveis, podem assim ser considerados, especialmente para *fins de proteção*, a depender do *contexto* e do *tratamento* que os envolver. Nesse sentido e retomando as valiosas lições de Danilo Doneda, dispõe o enunciado 690 da IX Jornada de Direito Civil do CJF: "A proteção ampliada conferida pela LGPD aos dados sensíveis deverá ser também aplicada aos casos em que houver tratamento sensível de dados pessoais, tal como observado no § 1º do art. 11 da LGPD". De acordo com a LGPD (art. 11, § 1º), a proteção disposta no art. 11 será aplicada a qualquer tratamento de dados pessoais que *revele* dados sensíveis e que possa causar danos ao titular, ressalvado o disposto em legislação. Em verdade, tendo em vista as diversas possibilidades de

---

593 DONEDA, D. *A proteção de dados pessoais nas relações de consumo*: para além da informação creditícia. Brasília: SDE/DPDC, 2010. p. 26-27.

594 DONEDA, D. *A proteção de dados pessoais nas relações de consumo*: para além da informação creditícia. Brasília: SDE/DPDC, 2010. p. 27.

595 Caso famoso envolve a empresa *Target* e o uso de dados para a realização de previsão de gravidez de clientes. Cf. DUHIGG, C. How Companies Learn Your Secrets. *The New York Times Magazine*, 16 fev. 2012. Disponível em: https://www.nytimes.com/2012/02/19/magazine/shopping-habits.html ?pagewanted=1&_r= 1&hp.

cruzamento de dados e de obtenção de inferências sensíveis, a lista de dados potencialmente sensíveis cresce sobremaneira.

Visando a garantir tratamento equitativo e transparente às pessoas, entende-se que o controlador deverá aplicar procedimentos que garantam os direitos dos titulares de dados (como o direito de acesso aos dados tratados e os direitos à explicação e revisão das decisões automatizadas aplicadas), implementar relatórios de transparência e de impacto à proteção de dados pessoais[596] e adotar políticas efetivas de inclusão, equidade e diversidade que observem a agenda ESG.[597] Ainda em âmbito jurídico, além de medidas em âmbito penal e administrativo, dentro da seara cível, as tutelas inibitória, de remoção do ilícito e reparatória deverão ser aplicadas em casos de ameaça e/ou danos oriundos de condutas discriminatórias em face de indivíduos e/ou grupos.

De forma a ampliar as garantias aos dados sensíveis e a afirmar a relevância do princípio da não discriminação nas atividades de tratamento, recorda-se ainda que, na LGPD, o titular dos dados poderá revogar o consentimento manifestado (art. 18, IX) ou pleitear o direito à oposição (art. 18, § 2º), quando o tratamento ocorrer com fundamento em uma das hipóteses de dispensa de consentimento, em caso de descumprimento ao disposto nesta Lei.

O princípio da não discriminação, essencial na regulação e tratamento dos dados pessoais, reflete uma preocupação intrínseca com a dignidade da pessoa humana e a promoção da igualdade substancial, conforme estabelecido na LGPD e reiterado por importantes normas e decisões judiciais. A análise detida sobre o tratamento de dados sensíveis e a proteção contra práticas discriminatórias ressalta a importância de um olhar cuidadoso e ético sobre a coleta, o uso e o compartilhamento dos dados pessoais. Além de proteções legais contra a discriminação direta e indireta, entende-se que rigorosas estruturas fiscalizatórias, o desenvolvimento de tecnologias responsáveis e a implementação de políticas antidiscriminatórias mostram-se imprescindíveis para enfrentar os desafios impostos pela era digital e promover uma sociedade mais justa e inclusiva.

O compromisso com a não discriminação deve tanto salvaguardar os direitos fundamentais dos indivíduos quanto orientar as práticas corporativas e governamentais em direção a um respeito profundo pela diversidade e pela dignidade humana. A adoção de políticas eficazes de inclusão, equidade e diversidade, juntamente com a implementação de procedimentos que garantam os direitos dos titulares de dados, são passos fundamentais para a efetivação do princípio da não discriminação, reafirmando o compromisso do Estado e da sociedade com a igualdade substancial e a proteção integral dos direitos humanos.

BIBLIOGRAFIA SELECIONADA

BRAYNE, S. *Predict and surveil:* data, discretion, and the future of policing. Oxford: Oxford University Press, 2020.

[596] Ainda que no Brasil o RIPD não seja obrigatório para o tratamento de dados sensíveis, além de ser uma boa prática (recomendada pela ANPD) e um instrumento relevante contra a discriminação, ele poderá ser requerido pela ANPD, a depender do caso (conforme o art. 38 da LGPD). Sobre o tema, ver comentário ao art. 5º, XVII, neste volume.

[597] Sugere-se o desenvolvimento de políticas e boas práticas institucionais voltadas à temática, que estabeleçam definições, princípios, sanções e formas de denúncia, bem como a conscientização ativa de gestores, funcionários e parceiros sobre as normas.

BRUGINSKI, M. K. Discriminação no trabalho: práticas discriminatórias e mecanismos de combate. *Revista Eletrônica [do] Tribunal Regional do Trabalho da 9ª Região*, Curitiba, v. 4, n. 42, p. 23-33, jul. 2015.

COSTANZA-CHOCK S. *Design justice:* community-led practices to build the worlds we need. Massachusetts: MIT Press, 2020.

COSTA, R. S.; GAGLIARDI, M. P.; TORRES, L. P. Gender identity, personal data and social networks: an analysis of the categorization of sensitive data from a queer critique. *Revista Direito e Práxis*, v. 14, n. 1, 2023,. Disponível em: http://dx.doi.org/10.1590/2179-8966/2022/61992i. Acesso em 2 ago. 2024.

CORBO, W. A construção de um direito antidiscriminatória no Brasil: conceitos fundamentais de um novo e central ramo do direito. *In*: SCHREIBER, Anderson; BEZERRA DE MELO, Marco Aurélio (coord.). *Direito e transformação social.* São Paulo: Foco, 2023.

DONEDA, D. *A proteção de dados pessoais nas relações de consumo*: para além da informação creditícia. Brasília: SDE/DPDC, 2010.

DONEDA, D. *et al.* Considerações iniciais sobre inteligência artificial, ética e autonomia pessoal, *Pensar – Revista de Ciências Jurídicas 1*, v. 23, n. 4, 2018.

DUHIGG, C. How Companies Learn Your Secrets. *The New York Times Magazine*, 16 fev. 2012. Disponível em: https://www.nytimes.com/2012/02/19/magazine/shopping-habits.html ?pagewanted=1&_r= 1&hp.

FERRARI, I. Discriminação algorítmica e Poder Judiciário, *Emais*, 2023.

FRAZÃO, A. Discriminação algorítmica. *Jota*, 2021.

EUBANKS, V. *Automating inequality:* how high-tech tools profile, police, and punish the poor. New York: St. Martin's Press, 2018.

MACHADO, D. The protection of vulnerable algorithmic groups through collective data protection in the onlife world: A Brazilian perspective. *Computer Law & Security Review*, v. 54, 2024. Disponível em: https://doi.org/10.1016/j.clsr.2024.106027.

MINISTÉRIO DA IGUALDADE RACIAL. Biblioteca sobre racismo digital. Disponível em: https://www.gov.br/igualdaderacial/pt-br/assuntos/gti-comunicacao-antirracista/biblioteca.

MINISTÉRIO DAS MULHERES. Mulheres recebem 19,4% a menos que os homens, aponta 1º Relatório de Transparência Salarial. *Gov.br*, mar. 2024. Disponível em: https://www.gov.br/mulheres/pt-br/central-de-conteudos/noticias/2024/marco/mulheres-recebem-19-4-a-menos-que-os-homens-aponta-1o-relatorio-de-transparencia-salarial.

MISHRA, V. General Assembly adopts landmark resolution on artificial intelligence. *UN News*, 21 mar. 2024. Disponível em: https://news.un.org/en/story/2024/03/1147831.

MORALES, L. X. *Desafios da antidiscriminação na lei geral de proteção de dados e nas dinâmicas das tecnologias digitais.* 2024. Dissertação (Mestrado) – Universidade Estadual do Rio de Janeiro, Rio de Janeiro, 2024.

MOREIRA, A. J. *Tratado de direito antidiscriminatório.* São Paulo: Contracorrente, 2020.

MULHOLLAND, C. Os contratos de seguro e a proteção dos dados pessoais sensíveis. *In*: GOLDBERG, Ilan; JUNQUEIRA, Thiago (coord.). *Temas atuais de direito dos seguros.* São Paulo: Thomson Reuters, 2020.

MULHOLLAND, C.; KREMER, B. Responsabilidade civil por danos causados pela violação do princípio da igualdade no tratamento de dados pessoais. *In*: TEPEDINO, Gustavo; SILVA, Rodrigo da Guia (coord.). *O direito civil na era da inteligência artificia.* São Paulo: Revista dos Tribunais, 2020.

NOBLE, S. U.; SMALL S. *Algorithms of oppression:* how search engines reinforce racism. New York: NYU Press, 2018.

OBERMEYER, Z.; POWERS, B.; VOGELI, C. *et al.* Dissecting racial bias in an algorithm used to manage the health of populations. *Science*, v. 366, n. 6464, p. 447-453, 2019.

OLIVA, M.; Silva J. Discriminação algorítmica nas relações de consumo. *Migalhas*, 2021.

O'NEIL, C. *Weapons of Math destruction:* how big data increases inequality and threatens democracy. New York: Penguin, 2017.

PIRES, T. Direitos humanos e América Ladina: por uma crítica americana ao colonialismo jurídico. *Lasa Forum*, v. 50, n. 3, 2019. Dossier: El pensamiento de Lelia Gonzalez, un legado y un horizonte.

RIOS, R. R. Tramas e interconexões no Supremo Tribunal Federal: antidiscriminação, gênero e sexualidade. *Revista Direito e Práxis*, v. 11, n. 2, p. 1332, 2020.

RIOS, R. R.; LEIVAS, P.; SCHAFER, G. Direito da antidiscriminação e direitos de minorias: perspectivas e modelos de proteção individual e coletivo. *Revista Direitos Fundamentais & Democracia*, v. 22, n. 1, 2017. Disponível em: https://www.e-publicacoes.uerj.br/revistaceaju/article/view/50276. Acesso em: 25 jul. 2025

RODOTÀ, S. A *vida na sociedade de vigilância:* privacidade hoje. Rio de Janeiro: Renovar, 2008.

SKINNER-THOMPSON, S. *Privacy at the margins.* Cambridge: University of Cambridge, 2020.

SUPREMO TRIBUNAL FEDERAL. STF equipara ofensas contra pessoas LGBTQIAPN+ a crime de injúria racial. *STF Notícias*, 22 ago. 2023. Disponível em: https://portal.stf.jus.br/noticias/verNoticiaDetalhe.asp?idConteudo=512663&ori=1.

TEFFÉ, C. S. *Dados pessoais sensíveis*: qualificação, tratamento e boas práticas. São Paulo: Foco, 2022.

TEFFÉ, C. S. Proteção dos dados sensíveis de crianças e adolescentes: estratégias para um ambiente digital seguro. *Privacidade e proteção de dados de crianças e adolescentes.* 2. ed. ITS Rio, 2024.

TEFFÉ, C. S.; MEDON F. Responsabilidade civil e regulação de novas tecnologias: questões acerca da utilização de inteligência artificial na tomada de decisões empresariais. *Revista Estudos Institucionais*, v. 6, n. 1, 2020.

Artigo 6º, X

Comentado por Rafael Viola

DISPOSITIVOS RELACIONADOS NO DIREITO INTERNACIONAL

- Art. 10, 1, da Convenção 108.
- Arts. 14 e 15 da OCDE/LEGAL/0188.

DISPOSITIVOS RELACIONADOS NO ORDENAMENTO JURÍDICO BRASILEIRO

- Art. 186 e art. 927, parágrafo único, do CC.
- Art. 6º, VI; art. 8º, art. 12; art. 14; art. 18; art. 20 do CDC.
- Art. 10, § 4º, do MCI.

DISPOSITIVOS RELACIONADOS NA LGPD

- Art. 10, §§ 2º e 3º; arts. 31 e 32; arts. 37 e 38; arts. 41 a 46; arts. 49 e art. 50; art. 52, § 1º, VIII.

ATIVIDADES DA ANPD

- Processo SEI/ANPD n. 00261.001472/2021-41.
- Processo SEI/ANPD n. 00216.004529/2024-36.
- ANPD, Guia Orientativo – Segurança da informação para agentes de tratamento de pequeno porte (2021).

CASOS E DECISÕES JUDICIAIS RELEVANTES

- TRT-4, ACP 0020014-30.2021.5.04.0261, Juíza Ivanise Marilene Uhlig de Barros, Vara do Trabalho de Montenegro, j. 13.07.2021, *DJe* 14.07.2021.

JUSTIFICATIVA E FUNDAMENTOS

O princípio da responsabilização e prestação de contas foi inserido na LGPD durante a sua tramitação no Congresso Nacional. O objetivo, na esteira do RGPD, foi trazer os aspectos referentes à adoção de medidas preventivas como critério norteador da proteção de dados, adicionando a imposição legal ao responsável pelo tratamento de dados de dispor de meios de comprovar a eficácia de tais medidas. O texto normativo, portanto, buscou modificar o modelo tradicional de regulação e fiscalização, de tal maneira que a implementação de medidas de segurança preventivas parta dos próprios agentes responsáveis pelo tratamento,[598] estabelecendo um mecanismo de atuação proativa dos agentes de tratamento.

ANÁLISE

O último inciso do art. 6º da LGPD traz, em seu bojo, o princípio da responsabilização e prestação de contas, segundo o qual compete ao agente demonstrar a adoção de medidas

[598] SCHERTEL MENDES, L.; FONSECA, G. Proteção de dados para além do consentimento: tendências de materialização. *In*: MENDES, L. S.; DONEDA, D.; RODRIGUES, JR. OL (ed.). *Tratado de proteção de dados pessoais*. 2. ed. Rio de Janeiro: Forense, 2023. p. 88.

eficazes e capazes de comprovar a observância e o cumprimento das normas de proteção de dados pessoais e, inclusive, a eficácia dessas mesmas medidas.

O referido princípio caracteriza uma inovação da LGPD. A positivação do princípio da responsabilidade e prestação de contas, tratados pelo RGPD e pelo Direito estrangeiro pelas expressões *accountability* e *compliance*, expressa uma evolução recente do Direito Regulatório[599], operando uma reformulação no tratamento e gerenciamento dos riscos associados ao uso de dados. A evolução tecnológica[600] dos últimos séculos, aliada ao exponencial desenvolvimento da capacidade computacional recente, bem como da disponibilidade do expressivo quantitativo de dados de todos os tipos, promoveu um cenário de riscos consideráveis, notadamente no âmbito da proteção dos dados pessoais. Essa transformação da sociedade[601] traz os riscos para o centro do debate, exigindo mecanismos para seu gerenciamento e tratamento. Evidentemente que a governança e a regulação do risco envolvem vários fatores,[602] em especial aqueles que refletem um atuar no plano ressarcitório, mas, também, no preventivo.

O referido dispositivo, portanto, busca alterar o tratamento normalmente dedicado à reparação dos danos, exigindo uma postura preventiva do responsável pelo tratamento de dados, que deverá demonstrar as medidas adotadas e que elas são eficazes e capazes de comprovar[603] o cumprimento das regras de proteção de dados pessoais. A LGPD, seguindo a diretriz estabelecida pelo RGPD, traz o princípio da prestação de contas (*accountability*) para o centro das responsabilidades dos responsáveis pelo tratamento.[604] O simples cumprimento das normas previstas na LGPD não é suficiente, sendo necessário que o agente tenha a capacidade de demonstrar, durante todo o ciclo de vida de tratamento de dados sob sua responsabilidade,[605] que assim o faz.[606] *Accountability*, portanto, exige que os responsáveis pelo tratamento tenham a capacidade de demonstrar aos órgãos de controle, aos consumidores ou aos parceiros comerciais, evidências de terem cumprido e que continuam cumprindo todas as obrigações e deveres oriundos da LGPD.

Consequentemente, é possível notar que o referido dispositivo opera em três planos distintos, porém interligados: (i) o responsável pelo tratamento deve atuar em estrito cumprimento dos princípios e das regras previstas na LGPD, (ii) o responsável pelo tratamento

---

599 CORDEIRO, A. B. M. Princípios. *In*: CORDEIRO, A. B. M. *Comentário ao regulamento geral de proteção de dados e à Lei n. 58/2019*. Rio de Janeiro: Almedina, 2021. p. 106.

600 Como lembra Danilo Doneda, a "(...) abordagem do desenvolvimento tecnológico pelo jurista ainda passa pela conscientização sobre seus efeitos, chegando à reflexão sobre o papel do ordenamento jurídico na promoção e defesa de seus valores fundamentais, em um cenário em boa parte determinado pela tecnologia (...)" (DONEDA, D. *Da privacidade à proteção de dados pessoais:* fundamentos da lei geral de proteção de dados. 3. ed. São Paulo: Thomson Reuters Brasil, 2019. p. 50).

601 BECK, U. *The brave new world of work*. Cambridge: Polity Press, 2000. p. 29-30.

602 VIOLA, R. *Risco e causalidade*. São Paulo: Foco, 2023. p. 7.

603 FRAZÃO, A.; CARVALHO, A.; MILANEZ, G. *Curso de Proteção de dados:* fundamentos da LGPD. Rio de Janeiro: Forense, 2022. p. 203.

604 BESEMER, L. *Privacy and data protection based on the GDPR*: understanding the General Data Protection Regulation. Hoofduitgeverij: Van Haren Publishing, 2020. p. 66.

605 VAINZOF, R. Disposições preliminares. *In*: MALDONADO, V.; BLUM, R. (ed.). *LGPD:* Lei Geral de Proteção de Dados Pessoais comentada. São Paulo: Thomson Reuters, 2022.

606 TERWANGNE, C. Article 5. Principles relating to processing of personal data. *In*: KUNER, C.; BYGRAVE, L.; DOCKSEY, C. (ed.). *The EU General Data Protection Regulation (GDPR):* a commentary. Oxford: Oxford University Press, 2020. p. 318.

deve conseguir demonstrar às autoridades de controle e aos tribunais o cumprimento dessas normas,[607] e (iii) o responsável pelo tratamento responderá integralmente pelos danos patrimonial, moral, individual ou coletivo que vier a dar causa.[608]

1. Cumprimento das normas de proteção de dados e sua demonstração pelos responsáveis pelo tratamento

Os conceitos clássicos da responsabilidade civil[609] também se aplicam ao sistema de responsabilidade da LGPD e, por conseguinte, os agentes de tratamento respondem civilmente pelos danos a que derem causa. Assim, o princípio da responsabilização, a partir de uma leitura conjugada com o disposto nos arts. 42 e seguintes, da LGPD, leva à conclusão de que a lei de proteção de dados brasileira reconhece a necessidade de tutela dos dados pessoais no momento patológico, com a reparação dos danos sofridos, numa função restituitória e/ou compensatória.

A dificuldade do plano da reparação dos danos, no entanto, reside no fato de que a função meramente reparatória da responsabilidade civil tem sido criticada por ser insuficiente a uma adequada tutela da pessoa e do seu patrimônio, especialmente diante dos chamados novos danos, qualitativamente graves, cujas consequências não podem ser remediadas por simples mecanismos de indenização pecuniária. Assim, vem ganhando cada vez mais espaço o debate acerca das funções preventiva e precaucional da responsabilidade civil, que teriam o condão de impedir a ocorrência do dano quando o risco é atual, concreto e real (prevenção) ou nos casos de riscos potenciais ou hipotéticos, mas irreversíveis (precaução)[610-611].

Na esteira desse debate, a LGPD acabou incorporando as inovações decorrentes da necessidade de implementar novos mecanismos na redução de danos e, com a previsão do art. 6º, X, mudou substancialmente a racionalidade do regime de responsabilidade civil.[612] O princípio da responsabilização e prestação de contas, portanto, reflete uma lógica de prevenção, congregando a atuação dos múltiplos atores envolvidos. A normativa da LGPD busca que a implementação de medidas de segurança preventivas parta dos próprios agentes responsáveis pelo tratamento, seja nas estratégias de mitigação dos riscos, seja na maior transparência ao conduzir suas atividades de tratamento,[613] como

---

607 CORDEIRO, A. B. M. Princípios. *In*: CORDEIRO, A. B. M. *Comentário ao regulamento geral de proteção de dados e à Lei n. 58/2019*. Rio de Janeiro: Almedina, 2021. p. 106.

608 SCHREIBER, A. Responsabilidade civil na lei geral de proteção de dados. *In*: MENDES L. S.; DONEDA, D.; RODRIGUES JR., O. L. (ed.). *Tratado de proteção de dados pessoais*. 2. ed. Rio de Janeiro: Forense, 2023. p. 323.

609 OLIVEIRA, M. B.; LOPES, I. Os princípios norteadores da proteção de dados pessoais no Brasil e sua otimização pela Lei 13.709/2018. *In*: FRAZÃO, A.; TEPEDINO, G.; OLIVA, M. (ed.). *Lei Geral de Proteção de Dados Pessoais e suas repercussões no direito brasileiro*. São Paulo: Thomson Reuters, 2019.

610 ROSENVALD, N.; NETTO, F. *Responsabilidade civil:* teoria geral. São Paulo: Foco, 2024. p. 164.

611 "The precautionary principle talks about prudence, transparency and strong decision making. As we will see further on, European legislation establishes the precautionary principle as a means to protect the environment and human health; we speculate that it can be also a means to enhance public awareness of privacy and data protection" (COSTA, L. Privacy and the precautionary principle. *Computer Law & Security Review*, v. 28, 2012).

612 BIONI, B. *Regulação e proteção de dados pessoais:* o princípio da *accountability*. Rio de Janeiro: Forense, 2022.

613 SCHERTEL MENDES, L.; FONSECA, G. Proteção de dados para além do consentimento: tendências de materialização. *In*: MENDES, L. S.; DONEDA, D.; RODRIGUES, JR. OL (ed.). *Tratado de proteção de dados pessoais*. 2. ed. Rio de Janeiro: Forense, 2023. p. 88.

se pode depreender da conjugação do arts. 6º, VII, VIII e X, com o disposto nos arts. 46, 49 e 50, todos da LGPD.

Conquanto a LGPD não explicite a forma como deverá ser comprovado o cumprimento das normas de proteção de dados, é possível extrair que não serão quaisquer documentos ou uma simples base de dados de registros e atividades processadas[614] que atenderão ao dispositivo. Aliás, o art. 49 já indica o caminho quando determina que os sistemas utilizados para o tratamento de dados devem ser estruturados de forma a atender aos requisitos de segurança, aos padrões de boas práticas e de governança e aos princípios gerais nela previstos. A demonstração, por conseguinte, se dará com a indicação de robustos elementos que caracterizem a observância das normas, inclusive, da eficácia das medidas adotadas. Nessa perspectiva, parece que os responsáveis pelo tratamento poderão cumpri-lo demonstrando a aplicação das boas práticas (art. 50), a obtenção, quando cabível, de certificações de selo de adequação à LGPD (art. 33, II, *d*), a elaboração de relatórios de impacto à proteção de dados pessoais (art. 38), dentre outros.

Importante destacar, contudo, que a análise do cumprimento do princípio da prestação de contas (*accountability*) se dá em concreto, atendendo à natureza, ao escopo, à finalidade, à probabilidade e à gravidade dos riscos, bem como aos benefícios decorrentes de tratamento de dados do titular (art. 50, § 1º). Assim, os tipos de procedimentos e mecanismos variarão de acordo com os riscos representados pelo tratamento e pela natureza dos dados. Podem ser citados exemplificativamente como medidas que permitem demonstrar a prestação de contas: (i) estabelecimento de procedimentos internos prévios ao início das operações de tratamento de dados, (ii) criação de políticas de proteção de dados, (iii) mapeamento de procedimentos para garantir a identificação adequada de todas as operações e a manutenção de um inventário das operações de tratamento de dados, (iv) nomeação de encarregado de proteção de dados, (v) formação e treinamento específico de funcionários, (vi) protocolos em caso de descumprimento de regras, com transparência, (vii) criação de mecanismos internos de reclamações, (viii) revisão periódica das medidas introduzidas.[615]

Neste ponto, nos autos da ACP n. 002.0014-30.2021.5.04.0261, foi julgado improcedente pedido formulado por Sindicato que alegava o descumprimento das normas pertinentes à proteção de dados pelo empregador. Na sentença, o juízo reconheceu que o Reclamado cumpria com as regras legais, pois conseguiu comprovar diversos elementos, quais sejam: (i) possuía manual de privacidade, (ii) designação de um encarregado com autonomia funcional necessária ao bom desempenho do cargo, (iii) política de privacidade que compõe o regramento interno de adequação da estrutura empresarial à legislação, (iv) indicação do uso de recurso tecnológico para tratamento dos dados, (v) portal de transparência, (vi) e as cartilhas de informação, que, ao final, revelavam atendimento aos critérios principiológicos de livre acesso e transparência.

Importante destacar a decisão da ANPD no Processo SEI n. 00216.004529/2024-36, em que se restringiu o tratamento de dados pessoais com a finalidade de treinamento de sistemas

---

614 BESEMER, L. *Privacy and data protection based on the GDPR*: understanding the General Data Protection Regulation. Hoofduitgeverij: Van Haren Publishing, 2020. p. 66.

615 WP29. *Opinion 3/2010 on the principle of accountability*. 2010. Na mesma linha, o Guia Orientativo da ANPD "Segurança da informação para agentes de tratamento de pequeno porte", de 2021, traz em seu bojo, além das medidas técnicas de segurança dos dados e comunicações, medidas administrativas com a criação de política de segurança da informação, conscientização e treinamento de pessoal, bem como gerenciamento de contratos.

de IA generativa por parte da Meta. No caso, a Meta havia alterado sua política de dados para permitir que a empresa utilizasse informações publicamente disponíveis e conteúdo compartilhados por usuários de suas plataformas para treinamento e aperfeiçoamento de sistema de IA generativa. A ANPD, então, suspendeu cautelarmente o referido tratamento de dados, em razão (i) da falta de divulgação de informações claras, precisas e facilmente acessíveis sobre a alteração da política de privacidade e sobre o tratamento realizado, (ii) de limitações excessivas ao exercício dos direitos dos titulares, e (iii) do tratamento de dados pessoais de crianças e adolescentes sem as devidas salvaguardas. Após pedido de reconsideração, em que a META apresentou documentos com o objetivo de mitigar o risco iminente, bem como um plano de conformidade de medidas concretas, a ANPD reavaliou o caso e, entendendo estarem afastados os potenciais riscos, permitiu o tratamento de dados, ainda que com restrições. A Agência ressaltou, contudo, que para a efetiva avaliação das medidas "*caberá ao agente de tratamento comprovar o atendimento ao resultado esperado além da eficácia das medidas adotadas*", em consonância com o princípio da responsabilização e prestação de contas.

Por fim, importante destacar que só não haverá responsabilização dos responsáveis pelo tratamento de dados, caso consigam comprovar que, além de as medidas serem eficazes, não ocorreu a violação das normas de proteção de dados, inclusive dos próprios princípios. Caso haja o descumprimento, a implementação das medidas servirá como atenuante para aplicação das sanções, nos termos do art. 52, § 1º, VIII e IX, da LGPD.

2. Reparação de danos

Para além dos planos do cumprimento das normas de proteção e sua comprovação, o inciso X ainda estabelece a responsabilização do responsável pelo tratamento de dados. Trata-se de aspecto essencial da tutela da pessoa, já no momento patológico. Assim, de acordo com o art. 42 e seguintes da LGPD, o controlador ou o operador que, em razão do exercício de atividade de tratamento de dados pessoais, causar a outrem dano patrimonial, moral, individual ou coletivo, em violação à legislação de proteção de dados pessoais, é obrigado a repará-lo.

Note-se que o dispositivo é ampliativo e busca tutelar os mais variados interesses juridicamente protegidos, em especial as figuras dos danos patrimonial, moral, individual ou coletivo, desde que decorram de violação à legislação de proteção de dados.[616] Nesse sentido, não se deve confundir o regime de responsabilização definido na LGPD com aquele decorrente do CC. Será aplicável a LGPD sempre que se tratar de tratamento de dados pessoais, afastando outras lesões a interesses juridicamente protegidos em que não haja o respectivo tratamento de dados ou quando a LGPD não incida. Nesse sentido, afastam-se do regramento da LGPD a lesão a direitos da personalidade não relacionados ao tratamento de dados pessoais (e.g. direito à vida, direito à integridade física), ou a lesão aos direitos à imagem, à palavra e à reserva sobre a intimidade, desde que a situação em concreto seja reconduzível ao art. 4º da LGPD (e.g. realizado por pessoa natural para fins exclusivamente particulares e não econômicos, para fins jornalísticos e artísticos etc.).[617]

---

[616] BRUNO, M. Dos agentes de tratamento de dados pessoais. *In*: MALDONADO, V.; BLUM, R. (ed.). *LGPD:* Lei Geral de Proteção de Dados Pessoais comentada. São Paulo: Thomson Reuters Brasil, 2022.

[617] CORDEIRO, A. B. M. Direitos de personalidade e dados pessoais: o que sobra para o Código Civil. *Revista de Direito Civil,* v. VIII, n. 1, p. 62-63, 2023.

No debate da reparação civil, sobressai a profunda divergência doutrinária acerca do regime de responsabilidade. De fato, a LGPD não é clara se a responsabilidade que emerge das regras dos arts. 42 a 44 é subjetiva[618] – isto é, se exigiria a comprovação do agir culposo do controlador ou do operador –, ou objetiva[619-620] – independentemente de culpa dos agentes de tratamento, bastando a demonstração do fato (comissivo ou omissivo), do dano e do nexo de causalidade. Nada obstante, em se tratando de relações de consumo, o art. 45 da LGPD, prevê que o regime de responsabilidade será aquele previsto no CDC, o que implica na adoção – à exceção dos profissionais liberais (art. 14, § 4º, CDC) – do sistema de responsabilidade objetiva. Sobre o tema, remetemos o leitor aos comentários dos arts. 42 e 45 neste volume.

BIBLIOGRAFIA SELECIONADA

BECK, U. *The brave new world of work*. Cambridge: Polity Press, 2000.

BESEMER, L. *Privacy and data protection based on the GDPR*: understanding the General Data Protection Regulation. Hoofduitgeverij: Van Haren Publishing, 2020.

BIONI, B. *Regulação e proteção de dados pessoais:* o princípio da *accountability*. Rio de Janeiro: Forense, 2022.

BIONI, B.; LUCIANO, M. O princípio da precaução na regulação de inteligência artificial. *Blog Bruno Bioni*, 2019.

BRUNO, M. Dos agentes de tratamento de dados pessoais. *In*: MALDONADO, V.; BLUM, R. (ed.). *LGPD:* Lei Geral de Proteção de Dados Pessoais comentada. São Paulo: Thomson Reuters Brasil, 2022.

CORDEIRO, A. B. M. Direitos de personalidade e dados pessoais: o que sobra para o Código Civil. *Revista de Direito Civil,* v. VIII, n. 1, p. 62-63, 2023.

CORDEIRO, A. B. M. Princípios. *In*: CORDEIRO, A. B. M. *Comentário ao regulamento geral de proteção de dados e à Lei n. 58/2019*. Rio de Janeiro: Almedina, 2021.

COSTA, L. Privacy and the precautionary principle. *Computer Law & Security Review*, v. 28, 2012.

DIAS, D.; BIONI. B. Responsabilidade civil na proteção de dados pessoais: construindo pontes entre a Lei Geral de Proteção de Dados Pessoais e o Código de Defesa do Consumidor. *Civilistica.com*, v. 9, n. 3, 2020.

618 DIAS, D.; BIONI. B. Responsabilidade civil na proteção de dados pessoais: construindo pontes entre a Lei Geral de Proteção de Dados Pessoais e o Código de Defesa do Consumidor. *Civilistica.com*, v. 9, n. 3, 2020.

619 SCHERTEL MENDES, L.; DONEDA, D. Reflexões iniciais sobre a nova Lei Geral de Proteção de Dados. *Revista de Direito do Consumidor*, v. 27, n. 120, p. 477, 2018.

620 Nada obstante, a questão tem sido tão controvertida que já se aponta que os dispositivos referentes ao art. 42 a 45 da LGPD tratam de um regime dual de responsabilidade civil (NUNES, A. L. T. *O regime dual de responsabilidade civil pelo tratamento irregular de dados. In:* MARQUES, Claudia Lima *et al.* (coord.). *5 anos de LGPD:* estudos em homenagem a Danilo Doneda. São Paulo: Thomson Reuters Brasil, 2023. p. 27) ou, ainda, de um novo regime de responsabilidade proativa (MORAES, M. C. B.; QUEIROZ, J. Q. Autodeterminação informativa e responsabilização proativa: novos instrumentos de tutela da pessoa humana na LGPD. *Cadernos Adenauer*, v. 3, p. 113, 2019).

DONEDA, D. *Da privacidade à proteção de dados pessoais:* fundamentos da lei geral de proteção de dados. 3. ed. São Paulo: Thomson Reuters Brasil, 2019.

FRAZÃO, A.; CARVALHO, A.; MILANEZ, G. *Curso de Proteção de dados:* fundamentos da LGPD. Rio de Janeiro: Forense, 2022.

FRAZÃO, A.; TEPEDINO, G.; OLIVA, M. (ed.). *Lei Geral de Proteção de Dados Pessoais e suas repercussões no direito brasileiro.* São Paulo: Thomson Reuters, 2019.

KUNER, C.; BYGRAVE, L.; DOCKSEY, C. (ed.). *The EU General Data Protection Regulation (GDPR):* a commentary. Oxford: Oxford University Press, 2020.

LOPEZ, T. A. Os princípios da precaução e da prevenção como regras de fundo do direito consumerista para a segurança do consumidor. *In*: MARQUES, C. L.; MIRAGEM, B.; MAGALHÃES, L. A. L. (ed.). *Direito do consumidor:* 30 anos do CDC. 7. ed. Rio de Janeiro: Forense, 2023.

MALDONADO, V.; BLUM, R. (ed.). *LGPD:* Lei Geral de Proteção de Dados Pessoais comentada. São Paulo: Thomson Reuters Brasil, 2022.

MENKE, F.; GOULART, G. D. Segurança da informação e vazamento de dados. *In*: SARLET, I. W.; MENDES, L. S.; RODRIGUES JR., O. L. (ed.). *Tratado de proteção de dados pessoais*. 7. ed. Rio de Janeiro: Forense, 2023.

MODENESI, P. Comentários ao artigo 46 da Lei Geral de Proteção de Dados Pessoais. *In*: MARTINS, G. M.; LONGHI, J. V. R.; FALEIROS JR., J. L. M. (ed.). *Comentários à Lei Geral de Proteção de Dados Pessoais*. 2. ed. São Paulo: Foco, 2023.

MORAES, M. C. B.; QUEIROZ, J. Q. Autodeterminação informativa e responsabilização proativa: novos instrumentos de tutela da pessoa humana na LGPD. *Cadernos Adenauer*, v. 3, 2019.

NUNES, A. L. T. *O regime dual de responsabilidade civil pelo tratamento irregular de dados. In:* MARQUES, Claudia Lima *et al.* (coord.). *5 anos de LGPD:* estudos em homenagem a Danilo Doneda. São Paulo: Thomson Reuters Brasil, 2023.

OLIVEIRA, M. B.; LOPES, I. Os princípios norteadores da proteção de dados pessoais no Brasil e sua otimização pela Lei 13.709/2018. *In*: FRAZÃO, A.; TEPEDINO, G.; OLIVA, M. (ed.). *Lei Geral de Proteção de Dados Pessoais e suas repercussões no direito brasileiro.* São Paulo: Thomson Reuters, 2019.

ROSENVALD, N.; NETTO, F. *Responsabilidade civil:* teoria geral. São Paulo: Foco, 2024.

SCHERTEL MENDES, L.; DONEDA, D. Reflexões iniciais sobre a nova Lei Geral de Proteção de Dados. *Revista de Direito do Consumidor*, v. 27, n. 120, p. 477, 2018.

SCHERTEL MENDES, L.; FONSECA, G. Proteção de dados para além do consentimento: tendências de materialização. *In*: MENDES, L. S.; DONEDA, D.; RODRIGUES, JR. OL (ed.). *Tratado de proteção de dados pessoais*. 2. ed. Rio de Janeiro: Forense, 2023.

SCHREIBER, A. Responsabilidade civil na lei geral de proteção de dados. *In*: MENDES L. S.; DONEDA, D.; RODRIGUES JR., O. L. (ed.). *Tratado de proteção de dados pessoais.* 2. ed. Rio de Janeiro: Forense, 2023.

TERWANGNE, C. Article 5. Principles relating to processing of personal data. *In*: KUNER, C.; BYGRAVE, L.; DOCKSEY, C. (ed.). *The EU General Data Protection Regulation (GDPR):* a commentary. Oxford: Oxford University Press, 2020.

VAINZOF, R. Disposições preliminares. *In*: MALDONADO, V.; BLUM, R. (ed.). *LGPD:* Lei Geral de Proteção de Dados Pessoais comentada. São Paulo: Thomson Reuters, 2022.

VIOLA, R. *Risco e causalidade*. São Paulo: Foco, 2023.

WP29. *Opinion 3/2010 on the principle of accountability*. 2010.

Capítulo II
DO TRATAMENTO DE DADOS PESSOAIS

Seção I
Dos Requisitos para o Tratamento de Dados Pessoais

Art. 7º O tratamento de dados pessoais somente poderá ser realizado nas seguintes hipóteses:

I – mediante o fornecimento de consentimento pelo titular;

II – para o cumprimento de obrigação legal ou regulatória pelo controlador;

III – pela administração pública, para o tratamento e uso compartilhado de dados necessários à execução de políticas públicas previstas em leis e regulamentos ou respaldadas em contratos, convênios ou instrumentos congêneres, observadas as disposições do Capítulo IV desta Lei;

IV – para a realização de estudos por órgão de pesquisa, garantida, sempre que possível, a anonimização dos dados pessoais;

V – quando necessário para a execução de contrato ou de procedimentos preliminares relacionados a contrato do qual seja parte o titular, a pedido do titular dos dados;

VI – para o exercício regular de direitos em processo judicial, administrativo ou arbitral, esse último nos termos da Lei n. 9.307, de 23 de setembro de 1996 (Lei de Arbitragem);

VII – para a proteção da vida ou da incolumidade física do titular ou de terceiro;

VIII – para a tutela da saúde, exclusivamente, em procedimento realizado por profissionais de saúde, serviços de saúde ou autoridade sanitária; (Redação dada pela Lei n. 13.853, de 2019)

IX – quando necessário para atender aos interesses legítimos do controlador ou de terceiro, exceto no caso de prevalecerem direitos e liberdades fundamentais do titular que exijam a proteção dos dados pessoais; ou

X – para a proteção do crédito, inclusive quanto ao disposto na legislação pertinente.

§ 1º (Revogado.)

§ 2º (Revogado.)

§ 3º O tratamento de dados pessoais cujo acesso é público deve considerar a finalidade, a boa-fé e o interesse público que justificaram sua disponibilização.

§ 4º É dispensada a exigência do consentimento previsto no *caput* deste artigo para os dados tornados manifestamente públicos pelo titular, resguardados os direitos do titular e os princípios previstos nesta Lei.

§ 5º O controlador que obteve o consentimento referido no inciso I do *caput* deste artigo que necessitar comunicar ou compartilhar dados pessoais com outros controladores deverá obter consentimento específico do titular para esse fim, ressalvadas as hipóteses de dispensa do consentimento previstas nesta Lei.

§ 6º A eventual dispensa da exigência do consentimento não desobriga os agentes de tratamento das demais obrigações previstas nesta Lei, especialmente da observância dos princípios gerais e da garantia dos direitos do titular.

§ 7º O tratamento posterior dos dados pessoais a que se referem os §§ 3º e 4º deste artigo poderá ser realizado para novas finalidades, desde que observados os propósitos legítimos e específicos para o novo tratamento e a preservação dos direitos do titular, assim como os fundamentos e os princípios previstos nesta Lei. (Incluído pela Lei n. 13.853, de 2019)

Artigo 7º, I

Comentado por Elora Fernandes, Isabela Maria Rosal e Laura Schertel Mendes

DISPOSITIVOS RELACIONADOS NO DIREITO INTERNACIONAL

- Art. 5; art 14, 4, *a*; art 17, 2, da Convenção 108.

DISPOSITIVOS RELACIONADOS NO ORDENAMENTO JURÍDICO BRASILEIRO

- Capítulo IV, Dos Defeitos do Negócio Jurídico; Capítulo V, Da Invalidade do Negócio Jurídico, do CC.
- Art. 6º, III; art. 12; art. 14; art. 31; e art. 39, VII, do CDC.
- Art. 7º, VII e IX; e art. 16, II, do MCI.
- Art. 4º, IV, *b*, da LCP.

DISPOSITIVOS RELACIONADOS NA LGPD

- Art. 5º, XII; art. 7º, §§ 4º, 5º e 6º; arts. 8º e 9º, §§ 1º e 2º; art. 11, I; arts. 14, §§ 1º, 3º e 5º e 15, III; arts. 18, VI, VIII, IX e § 2º, e 19, § 3º; art. 27; art. 33, VIII.

ATIVIDADES DA ANPD

- Guia Orientativo: Cookies e proteção de dados pessoais.
- Guia Orientativo acerca do Tratamento de dados pessoais pelo Poder Público.
- Nota Técnica n. 6/2023/CGTP/ANPD (extrato público da Nota Técnica n. 4/2022/CGTP/ANPD).

JUSTIFICATIVA E FUNDAMENTOS

A utilização do consentimento enquanto hipótese legal para o tratamento de dados pessoais está diretamente atrelada à concretização da autodeterminação informativa e à participação ativa dos indivíduos no fluxo de suas informações pessoais.[1] Esta é uma jus-

[1] TEPEDINO, G.; TEFFÉ, C. de. O consentimento na circulação de dados pessoais. *Revista Brasileira de Direito Civil*, v. 25, 2020.

tificativa presente desde as primeiras leis de proteção de dados pessoais e constitui tanto instrumento de empoderamento individual quanto de legitimação de tratamento de dados. Para uma discussão mais aprofundada acerca da existência e fundamentos do consentimento, refira-se ao comentário ao art. 5º, XII, neste volume, que discute a definição de consentimento apresentada pela LGPD.

No que concerne ao histórico legislativo que levou à promulgação da LGPD é importante notar a evolução do consentimento em comparação com as outras bases legais aplicáveis. No primeiro Anteprojeto de Lei de Proteção de Dados Pessoais, colocado em consulta pública em 2010 pelo Ministério da Justiça (MJ), o art. 9º determinava que o tratamento de dados pessoais *somente poderia ocorrer* após o consentimento do titular de dados. O art. 13 apresentava situações em que o consentimento poderia ser *dispensado*, como no caso de execução de obrigações contratuais, dados provenientes de registros ou documentos públicos, exercício das funções do Estado ou para finalidades de pesquisa histórica, científica ou estatística. Apesar de o anteprojeto trazer o que hoje entendemos como outras bases legais para o tratamento de dados pessoais, a linguagem e a técnica legislativa aplicada mostram como o consentimento tinha um grande protagonismo e que as situações em que ele não se aplicava seriam excepcionais.

O PL n. 4060/2012, em maneira distinta, não apresentava o consentimento como requisito para o tratamento de dados pessoais, exceto no caso de tratamento de dados de crianças[2], enquanto o PL do Senado n. 330/2013 o apontava como necessário no caso de coleta de dados sensíveis ou no âmbito de interconexão internacional de dados. Esses exemplos ilustram como, mesmo nas iniciativas legislativas mais simples sobre proteção de dados, o consentimento faz parte da discussão.

Quando o anteprojeto advindo do MJ foi encaminhado ao Congresso pela Presidência da República, em 2015, após um ano de participação pública no debate legislativo, o consentimento passou a figurar como apenas uma das bases legais possíveis para o tratamento de dados pessoais. Além de perder seu *status* de quase exclusividade, a técnica legislativa priorizou uma não superioridade hierárquica do consentimento em relação a outras bases legais, de forma que todas estão horizontalmente listadas nos incisos do atual art. 7º.[3]

Isso não quer dizer que o consentimento perdeu sua relevância dentro da LGPD, que ainda preza muito pela autodeterminação informativa individual. Todavia, mostra que outros valores foram considerados no procedimento legislativo e que a proteção de dados pessoais foi mitigada não apenas pela promoção de outros direitos fundamentais, mas também a partir da influência direta de atores econômicos na trajetória legislativa (ver, por exemplo, o caso da base legal para a proteção ao crédito, art. 7º, X, neste volume).

ANÁLISE

O art. 7º, da LGPD, apresenta de forma taxativa as situações nas quais o tratamento de dados pessoais (não sensíveis) poderá ser realizado. São então apresentados dez incisos,

---

[2] Aqui, destaca-se o texto original do PL n. 4.060/2012. Contudo, é importante a compreensão de que o texto foi amplamente alterado ao longo do processo legislativo, principalmente pela existência do anteprojeto apresentado pelo MJ.

[3] BIONI, B. R. *Proteção de dados pessoais:* as funções e os limites do consentimento. Rio de Janeiro: Forense, 2019.

sendo o primeiro relativo ao consentimento. Como dito acima, portanto, o consentimento é apenas uma das bases legais possíveis para o tratamento de dados pessoais. Não há uma hierarquia entre elas, de forma que os controladores podem escolher, com base no caso concreto, aquela que mais se adeque à sua situação[4].

No caso do consentimento, a sua aplicabilidade está relacionada à análise dos requisitos de validade apresentados e analisados no comentário ao art. 5º, XII, deste volume. Isto é, o consentimento pode ser escolhido como base legal no caso concreto sempre que possa ser manifestado pelo titular de forma livre, informada, inequívoca e para uma finalidade específica. Ademais, é preciso levar em conta todo o regime jurídico desencadeado por essa escolha, como as regras existentes no art. 8º, os direitos específicos no art. 18, assim como requisitos específicos em alguns casos como o consentimento para o tratamento de dados de crianças e adolescentes (ver comentário ao art. 14 neste volume).

Importa destacar que a existência do consentimento do titular não é uma carta em branco para o tratamento de dados pessoais e não desobriga o controlador de seguir todas as outras regras presentes na LGPD, como os princípios e os direitos dos titulares,[5] assim como as outras legislações relevantes.

Neste sentido, a escolha da base legal aplicável também deve levar em conta o contexto de intenso fluxo informacional em que o indivíduo se encontra. O consentimento deve ser entendido apenas como o final de um importante processo de tomada de decisão.[6] Assim, para além dos requisitos específicos para o consentimento, é preciso levar em conta que quando ele é requisitado diversas vezes, sua potencialidade enquanto concretização da autodeterminação informativa e elemento legitimador do tratamento de dados pessoais é prejudicada. Mesmo que fosse possível garantir que o consentimento atenda plenamente aos requisitos do art. 5º, XII, seria extremamente difícil aplicá-lo em larga escala, dada a complexidade de gerenciar e manter o consentimento de forma consistente e conforme as exigências legais.

Indivíduos são inundados todos os dias com pedidos de consentimento advindos de diversas organizações. Se o consentimento for de fato requisitado para cada finalidade de tratamento de dados e ao indivíduo for dada granularidade suficiente, este receberia ainda mais pedidos do mesmo controlador. O que era, então, uma forma de concretizar a autodeterminação informativa passaria a ser um obrigação formalista e sem significado.[7]

Assim, a chamada "fadiga do consentimento" é uma preocupação extremamente atual. Muitos conectam essa fadiga com o chamado "paradoxo da privacidade", argumentando que o fato de as pessoas não quererem lidar com pedidos de consentimento significa que não se importam com seu direito à privacidade ou proteção de dados pessoais. Solove argumenta, todavia, que esse é um paradoxo inexistente e que só é discutido em um ambiente em que os direitos à privacidade e à proteção de dados pessoais são tratados a partir de uma lógica

---

4 A ANPD já se posicionou nesse sentido, como no Estudo Preliminar sobre as hipóteses legais aplicáveis ao tratamento de dados pessoais de crianças e adolescentes (2022) e no Guia Orientativo sobre Cookies e Proteção de dados pessoais (2022).

5 TEPEDINO, G.; TEFFÉ, C. de. O consentimento na circulação de dados pessoais. *Revista Brasileira de Direito Civil*, v. 25, p. 83, 2020.

6 BIONI, B. R. *Proteção de dados pessoais:* as funções e os limites do consentimento. Rio de Janeiro: Forense, 2019.

7 SOLOVE, D. J. Murky Consent: An Approach to the Fictions of Consent in Privacy Law. *Boston University Law Review*, 2023 (Advance online publication).

extremamente individualista e de autogerenciamento individual. Segundo o autor, esse mito surge de um ciclo vicioso, a partir do qual as pessoas se sentem impossibilitadas de gerenciar todos esses pedidos e riscos, ficando desiludidas e resignadas.[8] Assim, para que o consentimento seja efetivo na promoção dos direitos fundamentais de indivíduos e grupos, deve ser repensado a partir de outras forças regulatórias, como a própria arquitetura das tecnologias, as forças do mercado e as normas sociais[9]. Portanto, o consentimento deve ser utilizado como base legal para tratamento de dados pessoais não sensíveis quando a situação e a finalidade concretas se mostram compatíveis com essa base legal e seus requisitos de validade.

BIBLIOGRAFIA SELECIONADA

BIONI, B. R. *Proteção de dados pessoais:* as funções e os limites do consentimento. Rio de Janeiro: Forense, 2019.

LESSIG, L. *Code:* and other laws of cyberspace, version 2.0. 2. ed. New York: Basic Books, 2006.

SOLOVE, D. J. Murky Consent: An Approach to the Fictions of Consent in Privacy Law. *Boston University Law Review*, 2023.

SOLOVE, D. J. The Myth of the Privacy Paradox. 2020. Disponível em: https://scholarship.law.gwu.edu/faculty_publications/1482. Acesso em: 2 jul. 2023.

TEPEDINO, G.; TEFFÉ, C. de. O consentimento na circulação de dados pessoais. *Revista Brasileira de Direito Civil*, v. 25, 2020.

Artigo 7º, II

Comentado por Lucas Anjos e Pablo Leurquin

DISPOSITIVOS RELACIONADOS NO DIREITO INTERNACIONAL

- Art. 5.2, Convenção 108+.
- Princípio de limitação de utilização, Princípios Orientadores da OCDE sobre a Proteção da Privacidade e o Fluxo Transfronteiriço de Dados Pessoais.
- Arts. 14 e 15 da Declaração dos Direitos do Homem e do Cidadão.
- Art. 13.1 da Convenção Americana de Direitos Humanos.

DISPOSITIVOS RELACIONADOS NO ORDENAMENTO JURÍDICO BRASILEIRO

- Arts. 5º, II, LXXII; 37, § 3º, II; 93, IX; 174; 216, § 2º, 216-A da CRFB.
- Art. 4º, V; art. 6º, I; art. 21; art. 23; art. 31 da LAI.

---

8 SOLOVE, D. J. The Myth of the Privacy Paradox. 2020. Disponível em: https://scholarship.law.gwu.edu/faculty_publications/1482. Acesso em: 2 jul. 2023.

9 LESSIG, L. *Code:* and other laws of cyberspace, version 2.0. 2. ed. New York: Basic Books, 2006.

- Lei do *Habeas Data* (Lei n. 9.507/1997).
- Lei Anticorrupção (Lei n. 12.846/2013).
- Lei de Licitações (Lei n. 14.133/2021).
- Decreto n. 10.046/2019.
- Decreto n. 10.047/2019.
- Resolução Conjunta n. 6, de 2023, do BCB e do CMN.
- Resolução n. 255/2020 da Agência Nacional de Aviação Civil (Anac).
- Circular n. 3.978/2020, do BCB.

DISPOSITIVOS RELACIONADOS NA LGPD

- Art. 3º, I; art. 5º, VI e X; art. 7º; art. 9º; art. 11, II; art. 18; art. 19; art. 55-J.

ATIVIDADES DA ANPD

- Guia Orientativo Aplicação da LGPD por Agentes de Tratamento no Contexto eleitoral. (2021).
- Guia de Tratamento de Dados Pessoais pelo Poder Público (2023).
- Nota Técnica n. 46/2022/CGF/ANPD (2022).
- Nota Técnica n. 12/2023/CGF/ANPD da ANPD (2023).

AÇÕES REGULATÓRIAS E FISCALIZATÓRIAS DE ENTIDADES GOVERNAMENTAIS E ÓRGÃOS DE CONTROLE

- AGU e CGU, Parecer n. 00001/2021/CONJUR-CGU/CGU/AGU.
- AGU e CGU, Parecer n. 00295/2020/CONJUR-CGU/CGU/AGU.
- TCU, Acórdão, TC 039.606/2020-1, Plenário, j. 15.06.2022.

JUSTIFICATIVA E FUNDAMENTOS

A inclusão do inciso II no art. 7º da LGPD não é meramente uma disposição legal técnica, mas sim uma manifestação concreta do esforço legislativo em equilibrar direitos fundamentais de proteção de dados pessoais com a necessidade pragmática do tratamento desses dados para o desenvolvimento de atividades legítimas. Essa disposição se destaca por autorizar o tratamento de dados pessoais sem o consentimento do titular em casos específicos, nos quais o tratamento é necessário para cumprir com uma obrigação legal, executar políticas públicas, realizar estudos por órgão de pesquisa, executar contrato ou procedimentos preliminares relacionados a contrato do qual seja parte o titular, exercer direitos em processo judicial, administrativo ou arbitral, proteger a vida ou a integridade física do titular ou de terceiro, tutelar a saúde, em procedimento realizado por profissionais da área da saúde ou por entidades sanitárias, ou para atender aos interesses legítimos do controlador ou de terceiro.

Entre emendas, propostas e substitutivos, o texto da LGPD resulta da junção do Projeto de Lei n. 4.060/2012 e do Projeto de Lei n. 5.276/2016, sendo este último, de iniciativa do Poder Executivo, o mais influente no texto final. No tocante ao tratamento de dados pessoais, o projeto de 2016 já previa que tal tratamento poderia ocorrer para o "cumprimento de obrigação legal do responsável".

A versão aprovada pela LGPD trouxe uma melhoria significativa ao texto do inciso II do art. 7º, ao especificar que o tratamento de dados pode ocorrer "para o cumprimento de obrigação legal ou regulatória pelo controlador". Esta alteração ofereceu maior precisão normativa ao esclarecer que as obrigações derivadas tanto da lei quanto de regulamentos devem ser cumpridas pelo controlador, evitando interpretações que possam expandir os agentes envolvidos e as hipóteses de responsabilização não relacionadas ao tratamento de dados pessoais. Assim, a redação atual delimita claramente os agentes responsáveis e as circunstâncias em que o tratamento de dados pessoais pode ser justificado, contribuindo para a segurança jurídica e a mitigação de riscos regulatórios.

Essencialmente, o art. 7º, II, reflete uma ponderação cuidadosa entre a proteção da privacidade individual e as necessidades de um ecossistema de dados funcional e eficiente. A justificativa para essa disposição decorre do reconhecimento de que existem circunstâncias em que os interesses da coletividade ou a necessidade de cumprimento de obrigações legais devem prevalecer. Este reconhecimento está em consonância com o princípio da finalidade, um dos pilares da LGPD, que preconiza que o tratamento de dados pessoais deve atender a propósitos legítimos, específicos, explícitos e informados ao titular, resguardando-se sempre a sua adequação, necessidade e proporcionalidade em relação aos objetivos do tratamento.[10]

Além disso, a disposição do inciso II do art. 7º é uma resposta às necessidades práticas de diversos setores da administração pública, de suas competências institucionais, e de seus entes regulados, situações nas quais o consentimento individual não seria viável, ideal ou mesmo possível (se de forma livre, informada e inequívoca). A flexibilização trazida pelo dispositivo permite, por exemplo, o tratamento de dados essenciais para a execução de políticas públicas, a regulação de procedimentos de interesse público, a análise de informações para fins tributários e previdenciários, a realização de estudos relevantes para o bem-estar público, entre outros. O inciso II do art. 7º da LGPD deve ser compreendido então como um mecanismo que busca harmonizar a proteção de dados pessoais com a viabilidade de atividades essenciais que dependem do tratamento desses dados. Essa harmonização é fundamental para garantir não apenas a proteção da privacidade individual, mas também o desenvolvimento social e econômico sustentável, refletindo uma compreensão madura e equilibrada dos desafios impostos pela era digital.

ANÁLISE

1. Aspectos gerais sobre o art. 7º, II, LGPD

O art. 7º, II, da LGPD versa sobre a possibilidade de tratamento de dados nos casos em que há a necessidade de cumprimento de obrigação legal ou regulatória pelo controla-

[10] LEONARDI, M. Principais bases legais de tratamento de dados pessoais no setor privado. *Revista dos Tribunais*, v. 108, p. 71, 2019.

dor. Quatro conceitos são fundamentais para entender o dispositivo: tratamento de dados; controlador; obrigação legal; e obrigação regulatória.

Os dois primeiros conceitos derivam, em especial, da própria LGPD, conforme dispõe o art. 5º, VI e X. É importante frisar que a LAI, em seu art. 4º, V, trata do conceito de "tratamento da informação", que se assemelha bastante ao conteúdo do art. 5º, X, da LGPD. A LGPD tem, entretanto, uma abordagem conceitual mais ampla, envolvendo também operações relativas ao processamento, avaliação da informação, modificação, comunicação, transferência, difusão e extração de dados pessoais.

Os dois últimos conceitos, obrigação legal e regulatória, decorrem da própria ideia de Estado de Direito e dos múltiplos sentidos do princípio da legalidade. De maneira mais objetiva, uma obrigação legal deve ser respeitada por decorrência lógica do paradigma de Estado de Direito, conforme dispõe o art. 5º, II, da CRFB/1988. A expressão *regulação*, por sua vez, é polissêmica e possui diversos sentidos no ordenamento jurídico brasileiro.[11] A partir de uma interpretação ampla do sentido de regulação, pode-se entender este fenômeno como a definição de parâmetros do exercício de liberdades com vistas a estimular ou desestimular comportamentos. Esse conceito pode se confundir, em alguma medida, com a própria ideia de norma jurídica, o que soaria como repetição, pois as duas expressões, obrigação legal e regulatória, seriam praticamente equivalentes.

Entende-se, portanto, que a atenção à expressão obrigação regulatória reforça a preocupação do legislador com a possibilidade de se impor deveres aos sujeitos por meio de outras normas jurídicas, para além da lei em sentido estrito.[12] Em especial, normas decorrentes da regulação econômica, em consonância com o art. 174, CRFB/1988, que prevê a possibilidade de o Estado brasileiro atuar na condição de agente normativo e regulador da atividade econômica. É verdade que a tributação pode, por exemplo, estimular ou desestimular determinados comportamentos e, portanto, funcionar também como norma reguladora[13]. Entretanto, para fins deste objeto de reflexão, faz mais sentido pensar em obrigações regulatórias como aquelas decorrentes da atuação de agências reguladoras ou de outras instituições que restringem ou estimulam comportamentos econômicos.

A regulação econômica pode ser exercida por várias instituições estatais ou mesmo não estatais, se a autorregulação for considerada como uma espécie do gênero regulação. Ao se colocar ênfase na atuação da administração pública, importa frisar que ela deverá respeitar os princípios da legalidade, impessoalidade, moralidade, publicidade e eficiência, conforme dispõe o art. 37, CRFB/1988.[14]

2. Dispositivos relacionados no Direito Internacional e da União Europeia

O tratamento de dados pessoais para o cumprimento de obrigações legais ou regulatórias pelo controlador se alinha com disposições em tratados internacionais sobre proteção de dados

[11] LEURQUIN, P. *Proteção da inovação pelo direito da concorrência*. Belo Horizonte: Expert, 2021. p. 292.

[12] DI PIETRO, M. S. Z. Princípio da legalidade. *Enciclopédia jurídica da PUC-SP*. São Paulo: Pontifícia Universidade Católica de São Paulo, 2021.

[13] SEIXAS, L. F. Tributação e regulação econômica: contribuições para um modelo de análise de impacto regulatório das normas tributárias indutoras. *Revista de Direito Administrativo*, v. 281, p. 175, 2022.

[14] A tarefa de esgotar todas as obrigações legais e regulatórias foge do escopo pretendido por este texto. O objetivo é apresentar o contexto dogmático no qual se insere o artigo em análise, evidenciando seu diálogo com experiências internacionais, e mencionar alguns exemplos que podem ilustrar a aplicação prática e determinados desafios jurídicos e institucionais para a implementação da LGPD.

pessoais. No âmbito do Direito Internacional e da UE, vários tratados e diretrizes (que também poderiam ser considerados mecanismos de *soft law*) abordam a proteção de dados pessoais, estabelecendo padrões para o tratamento desses dados.[15] Por exemplo, a Convenção 108 do CoE, de 1981,[16] é o primeiro tratado internacional juridicamente vinculante sobre proteção de dados. Ele exige que o tratamento de dados pessoais seja realizado com respeito aos direitos e liberdades fundamentais das pessoas, incluindo a privacidade. O fato de se estabelecer que o tratamento de dados deve ser autorizado pela lei para cumprir uma função legal se assemelha ao tratamento conferido pelo art. 7º, II, da LGPD. O art. 5.2 da Convenção 108+ dispõe que: *"Cada Parte deverá assegurar que o tratamento de dados possa ser efetuado com base no consentimento livre, específico, informado e inequívoco do titular dos dados ou em qualquer outro fundamento legítimo previsto na legislação (destaque nosso)"*. Ou seja, a previsão de uma hipótese de tratamento baseada em obrigações legais já estava prevista na Convenção.

Já o RGPD, que substituiu a Diretiva n. 95/46/CE do Parlamento Europeu e do Conselho, é o marco regulatório na área, que influenciou diversas legislações de proteção de dados, incluindo a LGPD. O art. 6º do RGPD estipula que o tratamento de dados é legal se necessário para o cumprimento de uma obrigação legal à qual o controlador está sujeito: *"O tratamento só é lícito se e na medida em que se verifique pelo menos uma das seguintes situações: '(...) c) O tratamento for necessário para o cumprimento de uma obrigação jurídica a que o responsável pelo tratamento esteja sujeito"*. Esta disposição guarda semelhança com o art. 7º, II, da LGPD, reforçando a ideia de que o tratamento de dados deve ocorrer em conformidade com obrigações legais ou regulatórias.

Finalmente, os Princípios Orientadores da OCDE sobre a Proteção da Privacidade e o Fluxo Transfronteiriço de Dados Pessoais, embora não constituam um tratado de natureza vinculante, têm influenciado políticas de privacidade e proteção de dados em todo o mundo. Eles incluem a limitação da coleta de dados, especificando que os dados devem ser obtidos por meios legais e com o consentimento do titular dos dados, salvo quando autorizado por lei: *"Princípio de Limitação de Utilização: 10. Dados pessoais não devem ser divulgados, comunicados com finalidades outras das que foram especificadas de acordo com o Parágrafo 9, exceto: a) com o consentimento do sujeito dos dados; ou b) por força da lei"*.

Esses instrumentos internacionais influenciam diretamente a interpretação e aplicação do art. 7º, II, da LGPD. Em particular, essa semelhança sublinha possível convergência em direção a padrões de tratamento de dados centrados na legalidade e na proteção dos direitos individuais (também conhecida como efeito Bruxelas). É importante frisar que o RGPD tem um escopo mais amplo, com fortes elementos de extraterritorialidade, abrangendo não apenas os Estados-Membros da UE, mas também entidades externas que processam dados de cidadãos e residentes da UE, para além da influência exercida sobre outros processos legislativos a respeito da mesma matéria.[17] Essa característica é crucial para controladores de dados no Brasil, que podem precisar alinhar suas práticas não apenas com a LGPD, mas também com o RGPD, caso processem dados de titulares da UE.

---

15 O foco no Direito da UE como paradigma para este tema também se justifica pela referência que as normativas do continente prestaram ao Direito brasileiro na elaboração de uma legislação de proteção de dados. Ao entender a sistemática da UE, compreende-se boa parte da lógica subjacente à sistemática da LGPD.

16 O texto da Convenção 108 foi revisto e modificado em 2018, transformando-a em Convenção 108+.

17 BENDIEK, A.; STUERZER, I. The Brussels Effect, European Regulatory Power and Political Capital: Evidence for Mutually Reinforcing Internal and External Dimensions of the Brussels Effect from the European Digital Policy Debate. *Digital Society*, v. 2, n. 1, 2023.

Esta dualidade de requisitos legais realça a complexidade do ambiente regulatório para empresas cuja atuação seja global.

3. Dispositivos relacionados no ordenamento jurídico brasileiro

O MCI, a LAI, a Lei Anticorrupção, entre outros normativos, formam um arcabouço legal que orienta a gestão de dados pessoais e a governança da internet no Brasil. O art. 7º, II, da LGPD, interage de forma complexa com estas outras leis. Por exemplo, segundo o MCI, os provedores de conexão e de aplicação são obrigados a manter registros de acesso a aplicações de internet por pelo menos 6 meses (art. 15). Essa medida busca assegurar a responsabilização dos usuários em atividades *online*, mas deve estar em consonância com a LGPD, garantindo a proteção, a limitação de uso, e a transparência no tratamento de dados pessoais.

A Resolução n. 255/2012, da Agência Nacional de Aviação Civil (Anac), por exemplo, impõe às companhias aéreas a obrigação de transmitir de forma segura os dados do Sistema de Informações Antecipadas sobre Passageiros e do Registro de Identificação de Passageiros (PNR), como nome completo, contato, n. de CPF, gênero, data de nascimento etc., tanto para voos domésticos quanto internacionais. Esta medida visa reforçar a segurança na aviação civil e auxiliar nas investigações de saúde pública. A resolução também estipula penalidades para o não cumprimento dessas obrigações e enfatiza a importância da transparência, exigindo que as empresas informem aos passageiros sobre a disponibilização desses dados às autoridades competentes.

Já as leis Anticorrupção (Lei n. 12.846, de 1º de agosto de 2013) e de Licitações (Lei n. 14.133, de 1º de abril de 2021, bem como sua antecessora, a Lei n. 8.666), que regulamenta licitações e contratos públicos, impõem obrigações de integridade e transparência que podem envolver o tratamento de dados pessoais, como o nome de partes contratantes, dos responsáveis por pessoas jurídicas, entre outras disposições. O mesmo ocorre com a Circular n. 3.978/2020 do Banco Central do Brasil, em relação à prevenção da lavagem de dinheiro, exigindo que instituições financeiras tratem diversos dados pessoais. Além disso, os Decretos n. 10.046 (Cadastro Base do Cidadão) e 10.047 (Cadastro Nacional de Informações Sociais), ambos de 2019, estabelecem procedimentos e requisitos para a governança de dados no governo federal, complementando a LGPD no contexto do tratamento de dados pelo setor público. Estes decretos autorizam o tratamento de dados pessoais ao mesmo tempo que reforçam a necessidade de conformidade com as normas de proteção de dados, mesmo quando o tratamento de dados se dá no âmbito da administração pública. Destaca-se ainda a resolução Conjunta n. 6, de 2023, do Banco Central do Brasil e do Conselho Monetário Nacional, também interage com a LGPD, estabelecendo padrões (e exigências) para o tratamento de dados pessoais no setor financeiro.

Uma das principais fontes de obrigação legal para o tratamento de dados pessoais, a LAI tem como uma de suas finalidades garantir a gestão transparente da informação, propiciando amplo acesso a ela e sua divulgação (art. 6º, I). Eneida Desiree Salgado e Tarso Cabral Violin sustentam que a LAI têm objetivos de três ordens: *1. o direito à verdade e à memória e os documentos da ditadura; 2. o combate ao patrimonialismo e ao personalismo na Administração Pública; e 3. o controle social das pessoas jurídicas de direito privado que recebam verbas públicas.*[18] Eles entendem que a referida legislação está em consonância com os arts. 14 e 15

[18] SALGADO, E. D.; VIOLIN, T. C. Transparência e acesso à informação: o caminho para a garantia da ética na Administração Pública. *In*: BLANCHET, L. A.; WUNDER, D. H.; SANTANO, A. C. (ed.). *Eficiência e ética na Administração Pública*. Curitiba: Íthala, 2015.

da Declaração dos Direitos do Homem e do Cidadão e o art. 13.1 da Convenção Americana de Direitos Humanos.

Conforme elucidam os autores, a LAI reforça a implementação dos direitos fundamentais previstos nos incisos XIV, XXXIII e LXXII do art. 5º CRFB/1988 . Além disso, o acesso a informações sobre atos de governo também está previsto nos art. 37 e §3º, II; art. 93, IX; art. 216, § 2º e art. 216-A da CRFB. Em apertada síntese, a LAI tem a publicidade como regra e o sigilo como exceção (art. 3º, I). A LGPD, por sua vez, tem sido utilizada para restringir o acesso a determinados documentos, o que revelaria uma suposta oposição entre os valores defendidos entre as duas legislações.[19] Esse entendimento não deve prosperar, pois, conforme sustentam Bruno Bioni, Paula da Silva e Pedro Martins, as legislações possuem uma relação de convergência. Afinal, são pautadas pela redução de assimetria de informação da parte vulnerável. Os autores afirmam que a LGPD não busca restringir a circulação da informação, mas tão somente garantir um fluxo informacional adequado.[20]

O rol das hipóteses do art. 7º da LGPD que autoriza o tratamento de dados pessoais independentemente do consentimento do titular reconhece, conforme sustentam os autores, que o fluxo informacional não deve estar sempre atrelado à vontade do titular. O próprio inciso II, conforme visto, é a base legal para que entidades públicas e privadas implementem obrigações legais e regulatórias, entre as quais está o cumprimento da própria LAI, que determina obrigação de transparência ativa e passiva.

Bruno Bioni, Paula da Silva e Pedro Martins também destacam que há diferença entre o direito de acesso a dados pessoais e o pedido de acesso à informação. O primeiro é garantido pelo *habeas data* (art. 5º, LXXII, CRFB e LHD) e pela LGPD (art. 9º, art. 18, II e art. 19), tendo como objetivo o fornecimento aos titulares das informações relativas ao tratamento dos seus próprios dados pessoais. O segundo tem como fundamento o princípio da publicidade da Administração Pública e busca permitir a fiscalização do poder público. As limitações deste direito estão dispostas no art. 23 da LAI ou quando se tratar de informações relativas à vida privada, intimidade e honra de alguém, conforme definido no art. 31 da referida lei. Importa frisar, por fim, que essas duas exceções não se aplicam a condutas que impliquem violação de direitos humanos praticada ou a mando de agentes públicos (art. 21, LAI).[21]

Esses são apenas alguns dos exemplos de obrigações legais que poderiam ser subsidiadas por meio desta base legal. Enquanto a LGPD estabelece diretrizes gerais para a proteção de dados pessoais, ela deve ser entendida tanto no âmbito de sua aplicação setorial, quanto no contexto de um sistema mais amplo, que governa a transparência, a responsabilidade e a integridade no tratamento de dados pessoais, seja no setor público, seja no privado, em um ambiente regulatório de interação legislativa (e, consequentemente, de autoridades regulatórias).[22]

4. Dispositivos relacionados na LGPD

A LGPD, ao estabelecer no art. 7º, II, a legalidade do tratamento de dados pessoais para cumprimento de obrigações legais ou regulatórias pelo controlador, cria um elo com

---

19 ARCOVERDE, L.; RAMOS, M. V.; ZANATTA, R. Transparência sob ataque. *Folha de S. Paulo*, 15 nov. 2021.

20 BIONI, B. R.; SILVA, P. G. F.; MARTINS, P. A L. Intersecções e relações entre a lei geral de proteção de dados (LGPD) e a lei de acesso à informação (LAI). *Cadernos Técnicos da CGU*, p. 10, 15 mar. 2022.

21 BIONI, B. R.; SILVA, P. G. F.; MARTINS, P. A L. Intersecções e relações entre a lei geral de proteção de dados (LGPD) e a lei de acesso à informação (LAI). *Cadernos Técnicos da CGU*, p. 15, 15 mar. 2022.

22 TEFFÉ, C. S.; VIOLA, M. Tratamento de dados pessoais na LGPD: estudo sobre as bases legais. *Civilistica.com*, v. 9, n. 1, 2020.

diversas outras disposições da mesma lei. Por exemplo, o art. 6º, que delineia os princípios do tratamento de dados pessoais, como a finalidade, adequação e necessidade, ressalta de forma contextual a importância da legalidade no tratamento de dados. Esse princípio reforça o fundamento do inciso II do art. 7º, sublinhando que o tratamento de dados deve sempre estar alinhado com os objetivos legais estabelecidos. A LGPD também presta atenção especial ao tratamento de dados sensíveis, conforme explicitado no art. 11, II, *a*, que permite o tratamento de dados sensíveis para cumprimento de obrigações legais ou regulatórias, estabelecendo uma conexão direta com o inciso II do art. 7º. Ele especifica situações em que dados sensíveis podem ser tratados sob a égide de obrigações legais, destacando a importância da conformidade legal no manejo desses dados. Por fim, o disposto no art. 23 da mesma lei determina que o tratamento de dados pessoais no setor público deverá ser realizado "*com o objetivo de executar as competências legais ou cumprir as atribuições legais do serviço público*", observando-se o interesse público e o atendimento da finalidade pública do controlador.

5. Atividades da ANPD

A ANPD, como autoridade reguladora, tem um papel fundamental na interpretação, orientação, fiscalização e aplicação da LGPD (art. 55-J, em especial devido ao inciso XX, da LGPD). Neste contexto, ela tem emitido uma série de diretrizes, guias orientativos, relatórios, notas técnicas e posicionamentos que esclarecem e detalham a implementação prática da lei. Esses documentos são essenciais para que controladores de dados compreendam suas obrigações e para que titulares de dados conheçam seus direitos.

Por exemplo, o *Guia de Tratamento de Dados Pessoais pelo Poder Público* detalha especificamente como as entidades governamentais devem abordar o tratamento de dados pessoais, incluindo aqueles tratamentos realizados para cumprir obrigações legais ou regulatórias. Este documento é particularmente relevante para a análise do inciso II do art. 7º, pois esclarece as expectativas da ANPD em relação ao tratamento de dados pelo setor público, que frequentemente envolve o cumprimento de tais obrigações.

O primeiro contexto abordado no Guia envolve as normas de conduta, que são regras definindo comportamentos específicos e estabelecendo consequências jurídicas para o seu descumprimento. Um exemplo citado é a obrigação legal de divulgar a agenda de compromissos públicos de autoridades. Nessas situações, o tratamento de dados pessoais é necessário para atender uma regra específica, sem um vínculo direto e necessário entre o tratamento de dados e o exercício de atribuições legais do controlador.

O segundo contexto diz respeito às normas de organização, que estruturam órgãos e entidades e definem suas competências e atribuições. Aqui, o tratamento de dados pessoais é parte essencial do exercício de prerrogativas estatais típicas, necessário para viabilizar a execução das atribuições e competências legais da entidade ou órgão público. Diferentemente das normas de conduta, que estabelecem obrigações de forma direta e expressa, as normas de organização criam obrigações associadas de maneira mais geral ao cumprimento e execução de atribuições legais típicas da entidade ou órgão público responsável pelo tratamento de dados pessoais. Essas orientações demonstram a complexidade e a variedade de situações em que o inciso II do art. 7º da LGPD pode ser aplicado, ressaltando a necessidade de uma análise cuidadosa e contextualizada do tratamento de dados pessoais em relação às obrigações legais ou regulatórias. É importante notar, em contraste, que o art. 7º, III, refere-se exclusivamente à administração pública e à necessidade de tratamento de dados para a execução de políticas públicas previstas em leis ou regulamentos, ou respaldadas em instrumentos como contratos ou convênios. Esta base legal é única ao poder público e visa a garantir que a administração possa realizar suas funções, especialmente no que diz respeito à implementação de políticas públicas, de maneira eficaz. Ao contrário da base legal do art. 7º, II, que se aplica a qualquer obrigação legal, a do art. 7º, III, está vinculada à missão de promover competências institucionais estatais por meio da execução de políticas públicas.

Ainda no contexto da administração pública, o art. 33, VII, da LGPD reforça a exclusividade de certas bases legais ao poder público ao tratar das transferências internacionais de dados, permitindo tais transferências quando necessárias para a execução de políticas públicas ou para o exercício de competências legais do serviço público. Assim, tanto o art. 7º, III, quanto o art. 33, VII, destacam a importância das atribuições legais ou regulamentares da administração pública como bases jurídicas específicas e exclusivas para o tratamento de dados pessoais, enfatizando o papel singular do poder público em atuar em prol do interesse público, sem depender de consentimento do titular de dados ou do legítimo interesse do controlador.

Dessa forma, enquanto o art. 7º, II, se aplica a obrigações legais ou regulatórias gerais, o art. 7º, III, e o art. 33, VII, fornecem bases exclusivas para que o poder público exerça suas funções institucionais, com foco na execução de políticas públicas e no cumprimento de suas atribuições legais.

O *Guia Orientativo Aplicação da LGPD por Agentes de Tratamento no Contexto Eleitoral* oferece uma perspectiva detalhada sobre a aplicação da LGPD no contexto específico das atividades eleitorais. Esse guia é particularmente relevante para a compreensão de aspectos essenciais, como a necessidade de identificar a base legal apropriada para o tratamento de dados pessoais no contexto eleitoral. Isso inclui situações em que os dados são utilizados para fins de propaganda eleitoral, gestão de campanhas, ou outras atividades eleitorais, com observância simultânea de normas específicas do TSE. Isso envolve o tratamento de dados pessoais em atividades como o impulsionamento de conteúdo e a formação de perfis de eleitores, no qual a conformidade com as bases legais da LGPD, como o consentimento e o cumprimento de obrigações legais, é essencial.

Finalmente, é importante ressaltar a jurisprudência de análise da CGF da ANPD no âmbito do caso Inep, acerca da avaliação dos Relatórios de Impacto à Proteção de Dados elaborados pelo instituto para fins de adequação da divulgação dos microdados do censo escolar e do Enem à LGPD. De acordo com as Notas Técnicas n. 46/2022/CGF/ANPD e n. 12/2023/CGF/ANPD da ANPD, o tratamento de dados pessoais pelo Inep para o censo escolar e a divulgação do Enem é fundamentado legalmente, a fim de cumprir obrigações legais atribuídas à autarquia e para a execução de políticas públicas na educação básica e superior, bem como na avaliação do sistema de ensino brasileiro. As notas esclarecem que, sob a ótica da LGPD, a base legal mais adequada para o Inep não é o consentimento, mas sim o cumprimento de obrigação legal ou regulatória, conforme os arts. 7º e 11 da LGPD.

6. Ações regulatórias e fiscalizatórias de entidades governamentais e órgãos de controle

O TCU, no processo TC 039.606/2020-1, realizou auditoria que concluiu que há alto risco à privacidade dos cidadãos que têm seus dados pessoais coletados e tratados pela administração pública federal.[23] Trezentas e oitenta e duas organizações foram avaliadas no que diz respeito à implementação da LGPD. De acordo com o relatório, apenas 45% das organiza-

[23] TRIBUNAL DE CONTAS DA UNIÃO. TCU verifica risco alto à privacidade de dados pessoais coletados pelo governo. *Portal TCU*, Brasília, 21 jun. 2022.

ções identificaram e planejaram as medidas necessárias; 77% ainda não haviam identificado todas as categorias de titulares de dados pessoais com os quais mantém relacionamento; 46% afirmaram que nenhuma base legal que fundamenta as atividades de tratamento de dados foi identificada e documentada; 2% das organizações elaboraram RIPD; 14% das organizações identificaram todos os dados pessoais compartilhados com terceiros. O TCU recomendou que a Secretaria de Governo Digital do Ministério da Economia, o CNJ e o CNMP formulem normas e guias, consultando a ANPD e o Gabinete de Segurança Institucional da Presidência da República para auxiliar no processo de implementação da LGPD. Além disso, recomendou-se a reestruturação organizacional da ANPD para conferir-lhe independência e os meios necessários para o exercício pleno de suas atribuições.

A CGU e a AGU, por meio dos pareceres n. 00295/2020/CONJUR-CGU/CGU/AGU e n. 00001/2021/CONJUR-CGU/CGU/AGU, entenderam não ser possível revelar dados pessoais de particulares em banco de dados públicos, como os cadastros de sanções mantidos pela própria CGU. Ou seja, a divulgação do número de CPF deve ocorrer de forma descaracterizada, salvo nos casos de MEI (Microempreendedor individual) e EI (Empresário Individual) que utilizem seus CPFs como dado cadastral em contratos com a Administração Pública. Ficou estabelecido que os dados pessoais inseridos nos preâmbulos dos contratos, convênios e afins, celebrados pela Administração Pública, devem limitar-se aos nomes das partes e seus respectivos CPF/CNPJ e endereços, por se tratar dos elementos minimamente necessários à identificação e localização dos agentes para fins de controle social e de exigência de cumprimento das obrigações contratuais assumidas. Entretanto, quando se tratar de representante legal de pessoa jurídica da contratada, o número de CPF deve ser divulgado de forma descaracterizada. Com relação ao representante legal da pessoa jurídica de direito público (contratante), os pareceres firmam o entendimento de que é possível a substituição do número do CPF pelo número de matrícula – que no âmbito federal é o número Siape – na lavratura de contratos, termos aditivos e instrumentos congêneres. A substituição também é possível em acordos de cooperação técnica, portarias de designação ou mesmo em relatórios e documentos relacionados às atividades finalísticas da CGU, visto que se mostra suficiente para conseguir identificar o servidor responsável pelo ato (afastando-se os homônimos) e evitar o uso indevido do número de CPF por terceiros.

BIBLIOGRAFIA SELECIONADA

ARCOVERDE, L.; RAMOS, M. V.; ZANATTA, R. Transparência sob ataque. *Folha de S. Paulo*, 15 nov. 2021.

BENDIEK, A.; STUERZER, I. The Brussels Effect, European Regulatory Power and Political Capital: Evidence for Mutually Reinforcing Internal and External Dimensions of the Brussels Effect from the European Digital Policy Debate. *Digital Society*, v. 2, n. 1, 2023.

BIONI, B. R.; SILVA, P. G. F.; MARTINS, P. A L. Intersecções e relações entre a lei geral de proteção de dados (LGPD) e a lei de acesso à informação (LAI). *Cadernos Técnicos da CGU*, p. 8-19, 15 mar. 2022.

DI PIETRO, M. S. Z. Princípio da legalidade. *Enciclopédia jurídica da PUC-SP*. São Paulo: Pontifícia Universidade Católica de São Paulo, 2021.

LEONARDI, M. Principais bases legais de tratamento de dados pessoais no setor privado. *Revista dos Tribunais*, v. 108, 2019.

LEURQUIN, P. *Proteção da inovação pelo direito da concorrência*. Belo Horizonte: Expert, 2021.

SALGADO, E. D.; VIOLIN, T. C. Transparência e acesso à informação: o caminho para a garantia da ética na Administração Pública. *In*: BLANCHET, L. A.; WUNDER, D. H.; SANTANO, A. C. (ed.). *Eficiência e ética na Administração Pública*. Curitiba: Íthala, 2015.

SEIXAS, L. F. Tributação e regulação econômica: contribuições para um modelo de análise de impacto regulatório das normas tributárias indutoras. *Revista de Direito Administrativo*, v. 281, 2022.

TEFFÉ, C. S.; VIOLA, M. Tratamento de dados pessoais na LGPD: estudo sobre as bases legais. *Civilistica.com*, v. 9, n. 1, 2020.

TRIBUNAL DE CONTAS DA UNIÃO. TCU verifica risco alto à privacidade de dados pessoais coletados pelo governo. *Portal TCU*, Brasília, 21 jun. 2022.

Artigo 7º, III

Comentado por Eduarda Costa e Isabela Maria Rosal

DISPOSITIVOS RELACIONADOS NO DIREITO INTERNACIONAL

- Art. 3º, 1, Convenção 108.
- Art. 3º, 1, art. 5º, art. 46 e art. 47, Convenção 108+.

DISPOSITIVOS RELACIONADOS NO ORDENAMENTO JURÍDICO BRASILEIRO

- Art. 3º, Lei n. 12.527, de 2011.
- Art. 11, Lei n. 13.444, de 2017.
- Art. 3º, III, Decreto n. 10.046, de 2019.
- Art. 2º, I, Decreto n. 10.047, de 2019.
- Art. 1º, parágrafo único, Portaria Interministerial MPS/MDS n. 30, de 2023.

DISPOSITIVOS RELACIONADOS NA LGPD

- Art. 11, II, *b*; arts. 23 a 27; arts. 29 a 32.

ATIVIDADES DA ANPD

- Guia Orientativo Tratamento de Dados Pessoais pelo Poder Público (2023).
- Portaria ANPD n. 35, de 4 de novembro de 2022 (2022). Agenda Regulatória.
- Resolução CD/ANPD n. 10, de 5 de dezembro de 2023 (2023).
- Nota Técnica n. 19/2023/FIS/CGF/ANPD (2023).
- Nota Técnica n. 12/2023/CGF/ANPD (2022).

AÇÕES REGULATÓRIAS E FISCALIZATÓRIAS DE ENTIDADES GOVERNAMENTAIS E ÓRGÃOS DE CONTROLE

- TCU. Processo n. 039.606/2020-1. Acórdão 1384/2022. Plenário, j. 04.09.2024.
- TCU Acórdão TC-034.896/2015-5. Rel. Min. Benjamin Zymler. Plenário, j. 16.11.2016.
- CGU. Nota Técnica n. 1136/2022/CGAT/DTC/STPC/CGU.
- CGU. Processo n. 00190.104546/2018-86. Parecer n. 00295/2020/CONJUR-CGU/CGU/AGU.
- CGU. Processo n. 00190.109671/2020-05. Despacho n. 00131/2021/CONJUR-CGU/CGU/AGU.
- CGU. Processo n. 00190.103008/2020-99. Parecer n. 00001/2021/CONJUR-CGU/CGU/AGU.
- CGU. Processo n. 00190.104003/2021-64. Parecer n. 00315/2021/CONJUR-CGU/CGU/AGU.
- CGU. Processo n. 00190.105207/2023-84. Parecer n. 00304/2023/CONJUR-CGU/CGU/AGU.
- SGD. Guia de Boas Práticas para Implementação na Administração Pública Federal.

CASOS E DECISÕES JUDICIAIS RELEVANTES

- STF. Medida Cautelar nas ADIs n. 6.389, 6.390, 6.393, 6.388 e 6.387. Plenário. Rel. Min. Rosa Weber, j. 07.05.2020, *DJe* 12.11.2020.
- STF. ADI n. 6.649 e ADPF n. 695. Plenário. Rel. Min. Gilmar Mendes, j. 15.09.2022. *DJe* 19.06.2023.

JUSTIFICATIVA E FUNDAMENTOS

A execução de políticas públicas e de outras atividades de interesse público muitas vezes depende do tratamento de dados pessoais, inclusive sensíveis, de cidadãos. Por essa razão, desde a primeira versão do PL que deu origem à LGPD,[24] em 2012, foram propostas possibilidades para que o Poder Público pudesse tratar dados pessoais sem o consentimento do titular, desde que houvesse previsão legal. Nesse sentido, o art. 7º, III, teve poucas modificações ao longo do ciclo legislativo. A principal diferença do texto atual para esta proposta inicial é que, na primeira versão do texto legal, a transferência de dados do setor público para o setor privado dependeria do consentimento do titular.

Ainda com enfoque no consentimento, a segunda consulta pública sobre o anteprojeto de lei, realizada em 2015, trouxe o consentimento como condição geral para o tratamento de dados pessoais. Após diversas contribuições referentes às limitações que tal previsão traria, o art. 7º foi modificado e passou a elencar diferentes possibilidades de bases legais como requisitos para o tratamento. A Senacon (MJ) apresentou, em outubro de 2015, nova redação

[24] Câmara dos Deputados, Inteiro Teor do Projeto de Lei n. 4060/2012.

para o art. 7º, que incluía a possibilidade de tratamento de dados pessoais pela administração pública "para o tratamento e uso compartilhado de dados relativos ao exercício de direitos ou deveres previstos em leis ou regulamentos".

Em 2015, o governo federal encaminhou o PL n. 5.276/2015 ao Congresso após vários anos de trabalho no Ministério da Justiça.[25] Essa versão legislativa contava com a previsão do art. 7º, III, com pequenas diferenças, onde se lia "pela administração pública, para o tratamento e uso compartilhado de dados necessários à execução de políticas públicas previstas em leis ou regulamentos".

As alterações e discussões que levaram ao texto final adotado pela LGPD são relevantes para a compreensão da inexistência de hierarquia entre as bases legais e para o reforço do enfoque da finalidade de execução de políticas públicas como justificativa para o tratamento de dados pessoais pela administração pública. Contudo, entendendo a necessidade de diferente nível de proteção para os dados pessoais sensíveis, o art. 7º deve ser lido em conjunto com o art. 11. Diante disso, deve-se atentar à diferença textual de que o tratamento de dados pessoais não sensíveis pode ser justificado para a execução de políticas públicas previstas, inclusive, em contratos e instrumentos congêneres. Essa opção não existe na previsão da base legal para tratamento de dados sensíveis. Portanto, a abertura trazida pelo art. 7º, III, parece buscar a necessidade de um respaldo contratual, legal, regulamentar ou congênere para garantir a transparência da atividade de tratamento de dados, sem trazer grandes obrigações procedimentais ou formais sobre como essas informações devem ser divulgadas.

Ambos os artigos (7° e 11) destacam a possibilidade de a base legal de execução de políticas públicas justificar o uso compartilhado de dados. À primeira vista, o art. 7º, III pode ser considerado redundante ao mencionar "tratamento" e "compartilhamento", uma vez que o "compartilhamento" é uma das ações elencadas na definição de tratamento apresentada no art. 5º, X, da LGPD. Contudo, analisando o conceito de uso compartilhado de dados trazido no art. 5°, XVI, da LGPD, é possível compreender que a lei buscou trazer destaque para os diferentes tipos de relação para compartilhamento de dados com participação do setor público.[26] Dessa forma, o uso dos dois conceitos (tratamento e uso compartilhado de dados) reforça a importância de atividades de reutilização de dados pessoais para a mesma finalidade: interesse público traduzido em políticas públicas. Em comparação, o art. 11, II, *b* somente menciona o "tratamento compartilhado de dados", o que traduz um escopo menos abrangente para os processos envolvendo informações sensíveis.

Por fim, o texto atual voltou para a sua versão original ao prever a necessidade de observância das regras do Capítulo IV da LGPD, "Do Tratamento de Dados Pessoais pelo Poder Público". Com isso, o tratamento de dados pessoais para a execução de políticas públicas deve se ater às regras da LAI.

ANÁLISE

1. Introdução

O art. 7º, III, da LGPD é a única hipótese legal prevista no art. 7º destinada exclusivamente para a administração pública. Esse inciso autoriza o setor a tratar e fazer uso compartilhado de dados pessoais não sensíveis necessários à execução de políticas públicas previstas

[25] IDEC. Dados Pessoais. Tudo o que você precisa saber sobre seus direitos. Disponível em: https://idec.org.br/dadospessoais/linha-do-tempo. Acesso em: 2 set. 2024.

[26] Ver comentário ao art. 5°, XVI, neste volume.

em leis, regulamentos ou respaldadas em contratos, convênios ou instrumentos congêneres. Apesar das outras hipóteses não serem dedicadas expressamente ao tratamento de dados pessoais realizado pela administração, isso não quer dizer que este é o único fundamento legal que autoriza as entidades públicas a tratarem dados.

A LGPD não limita o uso de outras bases para justificar o tratamento de dados realizado pela administração, como o legítimo interesse ou consentimento.[27] Em sentido contrário, o Considerando 43 do RGPD destaca que autoridades públicas não podem se valer do consentimento para tratar dados dos cidadãos. Isso porque o Regulamento europeu reconhece um desequilíbrio manifesto entre o titular dos dados e o responsável pelo seu tratamento, o que gera a presunção de ilegitimidade do consentimento, uma vez que é improvável que o consentimento tenha sido dado de forma livre.[28]

Para além da discussão sobre a incidência de outras hipóteses legais, é inegável reconhecer que o tratamento de dados pessoais pelo Estado é fundamental para que seja possível implementar políticas públicas adequadas às necessidades dos cidadãos. Assim, Wimmer destaca que "o tratamento de dados pessoais pelo Estado é imprescindível para o desempenho do seu mandato constitucional".[29] Esse cenário ganha maior complexidade com a digitalização dos serviços públicos, em que, com uso de um aplicativo, o cidadão consegue acessar diversos desses serviços.

A título de exemplo, com acesso a uma conta Gov.br, um brasileiro pode emitir sua carteira de trabalho, solicitar aposentadoria, gerar certificado internacional de vacinação, entre outros serviços.[30] Ao mesmo tempo, para que o cidadão acesse alguns serviços digitais, é necessário que ele possua selo de confiança prata ou ouro na sua conta Gov.br. Para tanto, o cidadão deve disponibilizar sua imagem pelo aplicativo para que seja possível comparar a foto no dispositivo do cidadão com as bases de biometria facial do TSE.[31]

A digitalização do governo implica a coleta e o tratamento massivos de dados pessoais, o que faz surgir obrigações de conformidade à LGPD. É nesse sentido que a hipótese legal de tratamento enunciada no art. 7º, III, da lei ganha relevância enquanto baliza para fundamentar alguns casos de processamento de dados pessoais. A incidência dessa hipótese legal deve estar em consonância com a interpretação dos conceitos de (i) administração pública; e (ii) políticas públicas, expressos no inciso em análise.

Pela literalidade do art. 7º, III, apenas a administração pública poderia se valer dessa hipótese legal, o que poderia excluir órgão e entidades do Poder Legislativo e Judiciário, além das Cortes de Contas e do Ministério Público.[32] Há uma falta de rigor por parte do legislador

---

27 ANPD. *Guia Orientativo:* Tratamento de dados pessoais pelo Poder Público. 2023.

28 Ver comentário ao art. 5º, I, neste volume.

29 WIMMER, M. Regime jurídico do tratamento de dados pessoais pelo poder público. *In*: DONEDA, D.; SARLET, I. W.; MENDES, L. S.; RODRIGUES JR., O. L. (org.). *Tratado da proteção de dados no Brasil, no direito estrangeiro e internacional.* Rio de Janeiro: Forense, 2021. p. 271-288.

30 GOVERNO DIGITAL. *Lista de Serviços.* Disponível em: https://www.gov.br/governodigital/pt-br/transfor ma cao-digital/lista-servicos-digitais. Acesso em: 16 jan. 2024.

31 GOVERNO DIGITAL. *Saiba mais sobre os níveis da conta gov.br.* 2021. Disponível em: https://www.gov.br/governodigital/pt-br/identidade/conta-gov-br/niveis-da-conta-govbr/saiba-mais-sobre-os-niveis-da-conta-govbr. Acesso em: 16 jan. 2024.

32 A depender de qual sentido adotado (e.g., subjetivo, objetivo ou formal), o conceito de administração pública pode abarcar mais ou menos pessoas de direito público. Sobre o tema ver, por exemplo, Di Pietro (*Direito administrativo.* 33. ed. Rio de Janeiro: GEN-Forense, 2020).

ao utilizar "administração pública" como termo que abarcaria toda atividade estatal. Isso suscita dúvidas interpretativas sobre quem poderia se valer dessa hipótese legal.[33] Diante disso, o Guia Orientativo sobre Tratamento de Dados Pessoais pelo Poder Público elaborado pela ANPD fixa entendimento de que o conceito "administração pública" em questão deve ser compreendido como Poder Público, de forma que qualquer entidade pública poderia utilizar a base desde que esteja atuando no exercício de funções administrativas, com objetivo de executar políticas públicas.

Ainda não está claro quais são as possibilidades e limites de utilização dessa base legal por entidades do setor privado enquanto no exercício de funções administrativas, uma vez que essas não compõem a "administração pública" ou não necessariamente exercem alguma atividade estatal. Dessa forma, defende-se que, inicialmente, existiriam outras bases legais mais adequadas para o tratamento de dados pessoais pelo setor privado, ainda que exercendo atividades tipicamente administrativas, como o cumprimento de obrigação legal ou regulatória (art. 7°, II) ou legítimo interesse (art. 7°, IX). Contudo, ressalta-se que o uso compartilhado de dados, conforme conceituado pela LGPD, envolve compartilhamentos entre o setor público e privado, desde que haja autorização específica.[34] Portanto, cabe à ANPD trazer maiores esclarecimentos sobre o tópico, inclusive atualizando seu Guia sobre o assunto.[35]

Já o termo "políticas públicas", segundo o mesmo Guia da ANPD, deve ser entendido como um programa ou uma ação governamental específica, com metas, prazos e meios de execução, instituída por ato formal, seja ato normativo, como leis e regulamentos, seja por ajuste contratual, como contratos, convênios, parcerias e instrumentos similares. Assim, qualquer ente do Poder Público está autorizado a tratar dados pessoais não sensíveis para atender programa governamental definido por norma ou contrato.[36]

Além de atender os requisitos do art. 7º, III, da LGPD, o tratamento conduzido pelo Poder Público deve observar os parâmetros expressos no art. 23 da Lei, de forma que o tra-

---

[33] WIMMER, M. Proteção de dados pessoais no poder público: incidência, bases legais e especificidades. *Revista do Advogado*, v. 144, p. 126, 2019.

[34] Ver comentários aos arts. 5°, XVI; 26; e 27, neste volume.

[35] No Guia Orientativo sobre Tratamento de Dados pelo Setor Público, a ANPD esclarece somente a necessidade de definição de base legal no uso compartilhado de dados entre setor público e privado, sem maiores definições sobre quais bases legais são aplicáveis, mas reforçando a boa prática do ato autorizativo do compartilhamento definir a base legal. O documento também reafirma como uma pessoa jurídica de direito privado não pode realizar tratamento de dados para "fins exclusivos de segurança pública, defesa nacional, segurança do Estado ou atividades de investigação e repressão de infrações penais", conforme o art. 4° da LGPD, "exceto sob tutela de pessoa jurídica de direito público, que serão objeto de informe específico à ANPD" e desde que o ente privado não seja responsável por todos os tratamentos de dados, "salvo por aquela que possua capital integralmente constituído pelo Poder Público".

[36] Sobre esse ponto, existem diversos conceitos doutrinários de "políticas públicas", com diversas semelhanças, principalmente sobre o papel desses instrumentos como definidores das prioridades do Estado, a partir de métricas mais concretas. Contudo, outras características são mais controversas, como a formalidade dos atos ou a possibilidade de controle judicial sobre políticas públicas. (Ver, por exemplo: DI PIETRO, M. S. Z. *Direito administrativo*. 33. ed. Rio de Janeiro: GEN-Forense, 2020; DALLARI, M. P. O conceito de política pública em direito. *In*: BUCCI, M. P. D. (coord.). *Políticas públicas:* reflexões sobre o conceito jurídico. São Paulo: Saraiva, 2006).
Essas diferenças se mostram relevantes justamente pelo fato de a ANPD, como agência reguladora, também atuar na definição e controle de políticas públicas, mas ainda existir debate sobre o papel do Judiciário no controle dessas atividades, principalmente envolvendo dados pessoais.

tamento deve atender uma finalidade pública e ser realizado para (i) persecução do interesse público ou (ii) execução das competências ou atribuições legais do serviço público. Diante da complementaridade dos dispositivos, Wimmer destaca que "a LGPD parece fornecer, na verdade, duas bases legais estruturantes, voltadas especificamente ao Poder Público: (i) execução de políticas públicas; e (ii) execução de competências legais ou atribuições legais do serviço público",[37] inclusive diante da interpretação do art. 33, VII, da Lei. Essa interpretação é interessante, pois abre mais possibilidades para o tratamento de dados pelo setor público, mas mantém a necessidade do respeito pelos princípios legais.

2. O diálogo entre a LGPD e outras normas no tratamento de dados pessoais para políticas públicas

O tópico tratamento de dados pessoais pelo setor público é tema de atenção internacional. Como o Estado é controlador de considerável número de informações, limites, obrigações e riscos devem ser considerados em sua atuação. A partir de diversas experiências históricas (e.g., a catalogação da religião de cidadãos posteriormente utilizada pelo governo nazista alemão), vários países e regiões regulamentaram o tema.

Algumas jurisdições, como o México, adotaram um sistema de proteção de dados pessoais em que há uma lei completamente dedicada à normatização de regras para os tratamentos realizados pelo setor público. Em outros sistemas, como o brasileiro, a mesma norma geral regula tanto os tratamentos realizados por pessoas jurídicas de direito público quanto pelas de direito privado ou naturais. Nesse último modelo, é comum encontrar previsões que autorizam o tratamento de dados pessoais pela administração pública para atingir finalidades de interesse público. No âmbito da UE, por exemplo, há uma previsão no RGPD bastante similar ao art. 7º, III, da LGPD, especificamente, no art. 6º, 1, *e*. A legislação argentina, no art. 5º, 2, *b*, da Lei n. 25.326, também fala sobre a possibilidade de tratamento de dados pessoais para o exercício de funções dos poderes estatais.

Semelhanças e compatibilidades entre sistemas de proteção são bastante importantes para eventuais decisões de adequação de nível de proteção para autorização de transferências internacionais de dados pessoais. A forma como o poder público trata e acessa dados pessoais é tema central para a discussão da legalidade do compartilhamento de dados entre a UE e os EUA, por exemplo, uma vez que normas como o *Foreign Intelligence Surveillance Act* (em tradução livre, Ato sobre Inteligência em Vigilância Estrangeira) demonstram um elevado nível de acesso a informações pessoais na jurisdição estadunidense.

A previsão brasileira também se aproxima de normas internacionais que buscam trazer uma harmonização no tema de proteção de dados, inclusive no tratamento que é feito pelo Estado. A Convenção 108 menciona a possibilidade de tratamento de dados com fundamentos legítimos previstos legalmente ou relacionados ao interesse público, o que é compatível com a previsão do art. 7º da LGPD. Dessa forma, o Brasil demonstra o respeito aos direitos fundamentais à proteção de dados pessoais e à privacidade.

3. A interpretação das autoridades sobre o tratamento de dados para políticas públicas

Assim como existe um diálogo entre a LGPD e outras normas que autorizam e fundamentam o tratamento de dados pessoais para execução de políticas públicas, diversas

[37] WIMMER, M. Proteção de dados pessoais no poder público: incidência, bases legais e especificidades. *Revista do Advogado*, v. 144, p. 126, 2019.

autoridades públicas também já trataram do tema em casos concretos. Essa seção visa sistematizar os entendimentos de duas autoridades sobre o tratamento de dados para execução de políticas públicas: (i) o STF e, (ii) a ANPD.

Apesar de não haver um consenso sobre a extensão e as proteções adequadas do tratamento de dados para atendimento de políticas públicas, casos concretos já tensionam esses conceitos de modo a delimitar sua incidência na aplicação da LGPD. A título de exemplo, serão destacados os casos (i) do compartilhamento de dados dos usuários de serviços telefônicos entre as empresas de telecomunicações e o IBGE,[38] (ii) do compartilhamento de dados pessoais entre entidades da administração pública federal descrito no Decreto n. 10.046/2019, e (iii) da divulgação dos microdados do Inep.

O STF enfrentou, em dois acórdãos paradigmáticos, o tema do compartilhamento de dados pessoais justificado pela necessidade do tratamento para execução de política pública. No julgamento da medida cautelar das ADI n. 6.387 e outras apensadas, em 2020, o plenário do Tribunal reconheceu um direito fundamental à proteção de dados autônomo da privacidade e protegido pelos fundamentos constitucionais. Essas ações tinham como objeto a declaração de inconstitucionalidade da Medida Provisória n. 954, de abril de 2020. A medida previa o compartilhamento de dados dos usuários do Serviço Telefônico Fixo Comutado e do Serviço Móvel Pessoal com o IBGE para a produção de estatística oficial durante a pandemia de Covid-19.

De um lado, a medida foi publicada em cenário de urgência decorrente da crise sanitária de Covid-19 em que dados específicos poderiam ser utilizados para formulação de políticas públicas no combate à pandemia. De outro, os propositores das ADI argumentaram que o compartilhamento indiscriminado de nome, número de telefone e endereço de todos os usuários violaria o direito constitucional à intimidade, à vida privada e ao sigilo de dados. Nesse sentido, o ministro Barroso reconhece que o STF deve ponderar "a importância da estatística para o delineamento de políticas públicas que atendam os direitos fundamentais e, de outro lado, direitos fundamentais, como, sobretudo, o direito de privacidade".

A importância de dados para formulação de políticas efetivas é reconhecida pelo Tribunal, de forma que o tratamento de dados pessoais deve ser autorizado quando utilizado como instrumento para elaboração de ações voltadas ao interesse da sociedade. Em seu voto, a Min. Rosa Weber destaca que o compartilhamento de dados, nos moldes determinados pela medida provisória, é excessivo e desproporcional, tanto pela quantidade de titulares afetados, quanto pela amplitude da finalidade do tratamento de dados, que era genericamente previsto como produção estatística oficial. Um ponto de atenção seria os riscos e possíveis efeitos danosos do processamento dessas informações em outros contextos. Nesse sentido, as antigas listas telefônicas disponibilizadas ao público com nome, telefone e endereço dos assinantes não se comparam com o que pode ser feito com essas informações a nível de processamento, cruzamento e filtragem de dados para formação de perfis do titular.

Em acordo com esses argumentos, o Min. Luiz Fux entende que a medida provisória (i) não delimita para quais finalidades os dados serão utilizados; (ii) não especifica os procedimentos de segurança para evitar vazamento de dados; (iii) determina a elaboração de um RIPD apenas após o compartilhamento, porém a elaboração deve ser anterior a esse tratamento para garantir transparência e permitir aferição dos riscos; e (iv) permite tratamento de dados que pode gerar um nível alto de precisão na identificação e formação de perfil dos

---

[38] STF. Medida Cautelar nas ADIs n. 6.389, 6.390, 6.393, 6.388 e 6.387. Plenário. Rel. Min. Rosa Weber, j. 07.05.2020. *DJe* 12.11.2020.

usuários. Logo, o tratamento de dados para atender a política pública poderia ocorrer, mas desde que atendidos os requisitos estabelecidos pela Corte.

Em vista de tal impasse, o plenário acordou que o tratamento de dados pessoais deve observar os limites constitucionais da liberdade individual (art. 5º, *caput*, CRFB), da privacidade e do livre desenvolvimento da personalidade (art. 5º, X e XII, CRFB), sob pena de lesão a esses direitos. Por isso, qualquer tratamento de dados pelo Poder Público, inclusive de compartilhamento, deve garantir a proteção e a segurança daquelas informações. Com base nessas condições e na necessidade, adequação e proporcionalidade da medida provisória, o STF entendeu que ela não atende a um interesse público legítimo de forma suficientemente clara o qual autorizaria o compartilhamento de dados dos usuários.

Já no julgamento da ADI 6.649 e ADPF 695,[39] que ocorreu em setembro de 2022, o STF analisou a constitucionalidade do Decreto n. 10.046/2019. Este decreto orienta a facilitação do compartilhamento de dados, inclusive pessoais, na administração pública federal com objetivo de simplificar a oferta de serviços públicos, a avaliação e o monitoramento constante da eficiência das políticas públicas e a melhoria da qualidade e integridade dos dados custodiados pelos órgãos federais. Além disso, o Decreto institui o Comitê Central de Governança de Dados e Cadastro Base do Cidadão, mecanismo de interoperabilidade voltado ao aprimoramento da gestão de políticas públicas e ao aumento da confiabilidade dos cadastros existentes.

O Supremo entendeu que a formulação de políticas públicas deve se apoiar em dados que levam o Estado a conhecer os cidadãos, porém esse conhecimento não deve ser exagerado. Isso significa que ele deve abarcar apenas o necessário e suficiente para a concretização do interesse público, que é traduzido em políticas públicas. Para o STF, o equilíbrio entre o não conhecimento e o conhecimento exagerado deve ser "construído no processo dialético que se estabelece pelo escrutínio público, daí a necessidade de o enriquecimento do Cadastro Base do Cidadão se dar de modo transparente, razoável e sujeito a controles sociais, políticos e jurídicos". Ainda, o Tribunal destacou que o tratamento de dados pessoais fundamentado na execução de políticas públicas dispensa a coleta de consentimento do titular. Ao mesmo tempo, em casos de requisição de dados por órgãos de inteligência, o STF entende que o ato deve ser motivado em procedimento formalmente instaurado e com ferramentas de auditabilidade, mesmo que posterior.

Como decisão, o STF fixou entendimento no sentido de que, apesar de os dados pessoais serem essenciais para a prestação de serviços públicos, estes não devem ser utilizados pelo Poder Público de qualquer forma sob fundamento da prevalência do interesse público. O valor constitucional do direito fundamental à proteção de dados pessoais deve ser colocado em foco. Com isso, o compartilhamento de dados entre entidades públicas deve observar "a) eleição de propósitos legítimos, específicos e explícitos para o tratamento de dados (art. 6º, I, da Lei n. 13.709/2018); b) compatibilidade do tratamento com as finalidades informadas (art. 6º, II); c) limitação do compartilhamento ao mínimo necessário para o atendimento da finalidade informada (art. 6º, III); bem como o cumprimento integral dos requisitos, garantias e procedimentos estabelecidos na LGPD, no que for compatível com o setor público". Com isso, para além da aplicação do art. 7º, III, da LGPD, o Poder Público deve cumprir requisitos específicos para tratar dados com base na execução de políticas públicas.

[39] STF. ADI n. 6.649 e ADPF n. 695. Plenário. Rel. Min. Gilmar Mendes, j. 15.09.2022. *DJe* 19.06.2023.

Já no âmbito da ANPD, a autoridade discutiu o tratamento de dados para fins de políticas públicas no caso da mudança na forma de divulgação dos microdados pelo Inep.[40] Por meio da Nota Técnica n. 12/2023, a ANPD considerou que o Inep "está amparado legalmente para realizar o tratamento de dados consistente com a elaboração e a divulgação de microdados relativos ao exame do Enem e aos censos educacionais". Isso porque, para a Autoridade, os microdados são "necessários à realização de estatísticas e pesquisas científicas [...], e também refletem proteção do interesse público geral e preponderante, pois auxiliam na execução de política pública de avaliação do sistema brasileiro de ensino". A possibilidade de divulgação de dados pessoais estaria fundamentada no art. 31, § 3º, II, da LAI, e não no inciso V, do mesmo parágrafo e artigo, que cita a proteção do interesse público e geral preponderante como fundamento para a divulgação.

Para a ANPD, apesar de o Inep ter competência para divulgar os dados pessoais do censo e do Enem, o Instituto "possui, dentro de suas competências e discricionariedade, liberdade para alterar a forma de divulgação dos microdados, devendo, apenas, verificar previamente quais seriam os impactos para os titulares de dados observando-se as diretrizes da LGPD".[41] Com isso, a existência de hipótese legal que autoriza o tratamento, no caso a execução de políticas públicas, não significa que a publicização deva ocorrer, cabendo ao controlador definir as especificidades do tratamento de dados.

Apesar de não haver número relevante de casos para que se perceba algum padrão de interpretação pela ANPD, a Autoridade se posicionou sobre o dispositivo ora analisado no caso do Inep em linha com os parâmetros definidos pelo STF nos casos em que tangenciou o tema. As decisões e interpretação das autoridades sobre o art. 7º, III, indicam que o tratamento de dados pessoais pelo Poder Público é fundamental, mas isso não significa uma carta branca para que os entes públicos não se preocupem com a forma do tratamento.

4. Conclusão

O sistema brasileiro de proteção de dados segue a compreensão de que políticas públicas eficientes dependem da correta utilização de dados pessoais. Por essa razão, desde o início do debate legislativo sobre o tema, a possibilidade de tratar informações pessoais para a finalidade do interesse público foi levantada como compatível com o sistema protetivo. Apesar de uma aparente divergência entre o posicionamento do STF e da ANPD sobre quais bases legais justificam atividades da administração pública envolvendo dados pessoais, está claro que a execução de políticas públicas pode ser invocada pelo poder público em sentido amplo, com uma posição central nesse sistema pela intrínseca relação com o interesse público, desde que observados os princípios legais. Isso não significa uma hierarquia entre as bases legais, pelo contrário, a LGPD segue a lógica de mesmo nível de importância e legalidade entre as previsões do art. 7º, devendo ser utilizada a mais adequada para o caso concreto.

De qualquer forma, deve-se chamar a atenção para as diferenças entre o art. 7º, III, e o art. 11, II, *b*, da LGPD. Enquanto ambos os institutos reforçam a importância do compartilhamento de dados, existem diferenças no escopo das previsões legais que seguem o cuidado de trazer maior nível de proteção para informações sensíveis; logo, a base legal de execução de políticas públicas é menos abrangente nas previsões relacionadas aos dados sensíveis.

---

40 ANPD. Nota Técnica n. 12/2023/CGF/ANPD, 2022.

41 ANPD. Nota Técnica n. 12/2023/CGF/ANPD, 2022.

Finalmente, o estudo da execução de políticas públicas como justificativa para tratamento de dados demonstra que o sistema de proteção de informações pessoais é compatível com as regras de transparência impostas à administração pública, inclusive com as previsões da LAI. A aparente dicotomia entre transparência e sigilo de dados não resiste ao sistema estabelecido sobre a necessidade de existência de algum instrumento prévio instituindo a política pública, gerando segurança para o titular de dados, e a necessidade de uma finalidade clara e compatível com as funções públicas.

BIBLIOGRAFIA SELECIONADA

ANPEd – ASSOCIAÇÃO NACIONAL DE PÓS-GRADUAÇÃO E PESQUISA EM EDUCAÇÃO. Posicionamento público de entidades sobre exclusão de dados do Censo Escolar pelo Inep. 2022. Disponível em: https://anped.org.br/news/posicionamento-publico-de-entidades-sobre-exclusao-de-dados-do-censo-escolar-pelo-inep. Acesso em: 16 jan. 2024.

DALLARI, M. P. O conceito de política pública em direito. *In*: BUCCI, M. P. D. (coord.). *Políticas públicas:* reflexões sobre o conceito jurídico. São Paulo: Saraiva, 2006.

DI PIETRO, M. S. *Direito administrativo.* 33. ed. Rio de Janeiro: GEN-Forense, 2020.

GOVERNO DIGITAL. *Lista de Serviços.* Disponível em: https://www.gov.br/governodigital/pt-br/transformacao-digital/lista-servicos-digitais. Acesso em: 16 jan. 2024.

GOVERNO DIGITAL. *Saiba mais sobre os níveis da conta gov.br.* 2021. Disponível em: https://www.gov.br/governodigital/pt-br/identidade/conta-gov-br/niveis-da-conta-govbr/saiba-mais-sobre-os-niveis-da-conta-govbr. Acesso em: 16 jan. 2024.

IDEC. Dados Pessoais. Tudo o que você precisa saber sobre seus direitos. Disponível em: https://idec.org.br/dadospessoais/linha-do-tempo. Acesso em: 2 set. 2024.

WIMMER, M. Proteção de dados pessoais no poder público: incidência, bases legais e especificidades. *Revista do Advogado*, v. 144, 2019.

WIMMER, M. Regime jurídico do tratamento de dados pessoais pelo poder público. *In*: DONEDA, D.; SARLET, I. W.; MENDES, L. S.; RODRIGUES JR., O. L. (org.). *Tratado da proteção de dados no Brasil, no direito estrangeiro e internacional.* Rio de Janeiro: Forense, 2021. p. 271-288.

Artigo 7º, IV

Comentado por Marina Feferbaum e Lucas Maldonado Diz Latini

DISPOSITIVOS RELACIONADOS NO ORDENAMENTO JURÍDICO BRASILEIRO

- Art. 23, V, art. 206, II, e art. 218, da CRFB.
- Art. 31, § 3º, II, da Lei n. 12.527/11.

DISPOSITIVOS RELACIONADOS NA LGPD

- Art. 2º, III e V; art. 4º, II, *b*; art. 5º, XVIII; art. 11, II, *c*; art. 13; e art. 16, II.

ATIVIDADES DA ANPD

- Glossário de proteção de dados pessoais e privacidade.
- Estudo Técnico: A LGPD e o tratamento de dados pessoais para fins acadêmicos e para a realização de estudos por órgão de pesquisa (2022).
- Guia Orientativo: Tratamento de dados pessoais para fins acadêmicos e para a realização de estudos e pesquisas (2023).

AÇÕES REGULATÓRIAS E FISCALIZATÓRIAS DE ENTIDADES GOVERNAMENTAIS E ÓRGÃOS DE CONTROLE

- Capítulo IV, Resolução CNS n. 466/2012.
- Capítulo III, Resolução CNS n. 510/2016.
- Capítulo VI, Resolução CNS n. 674/2022.

JUSTIFICATIVA E FUNDAMENTOS

O art. 7º, IV, da LGPD, traz a hipótese legal para tratamento de dados pessoais em estudos realizados por órgão de pesquisa. O dispositivo possibilita o tratamento de dados pessoais independentemente da coleta do consentimento em prol do avanço promovido pela pesquisa, seja ele econômico, tecnológico ou de inovação (*vide* art. 2º, III e V).[42]

No PL da Câmara n. 53/2018, posteriormente convertido na LGPD, o art. 7º, IV, foi proposto com a mesma redação que possui atualmente. Durante a sua tramitação no Senado Federal, bem como durante a tramitação da Medida Provisória n. 869/2018 no Congresso Nacional, não houve apresentação de emendas com o objetivo de suprimir ou alterar essa base legal, mas somente a quem ela seria aplicada, já que houve discussões sobre o conceito de "órgão de pesquisa".[43] Isso mostra um consenso entre os parlamentares sobre a necessidade de existir uma base legal específica para a pesquisa no Brasil, o que auxilia em seu fomento e desonera, de certa forma, os órgãos de pesquisa em relação a requisitos de outras bases legais, como o consentimento e o legítimo interesse.

ANÁLISE

O art. 7º da LGPD, elenca as hipóteses que autorizam o tratamento geral de dados pessoais, isto é, o tratamento não ressalvado pelo art. 4º. Dentre essas bases legais, há previsão expressa que permite o tratamento dos dados pessoais para fins de realização de estudos por órgão de pesquisa (art. 7º, IV). Ou seja, justamente por inexistir hierarquia entre as bases legais para o tratamento de dados pessoais, a regra do inciso IV funciona como uma das nove hipóteses de dispensa de consentimento do titular para o tratamento de dados pessoais não sensíveis. Essa dispensa, frisa-se, é específica para a realização de estudos por órgão de pesquisa, e não uma autorização genérica para outros tipos de tratamento, ainda que originados a partir dos estudos. Assim, o órgão de pesquisa não pode invocar a autorização do inciso

42 Ver comentário ao art. 2º neste volume.

43 Ver comentário ao art. 5º, XVIII, neste volume.

IV quando da realização de tratamentos de dados pessoais para fins diversos. Nesse caso, a realização do tratamento (que não o de estudo para pesquisa) deverá estar fundamentada em outras hipóteses legais (ex.: legítimo interesse ou execução de contrato).

A autorização do inciso IV não é uma carta branca para o tratamento de dados em estudos por órgão de pesquisa. Logo, nem todo tratamento em estudo por órgão de pesquisa se qualifica com tal, como, por exemplo, em atividade de consultoria com "cenários nos quais bancos de dados pessoais forem compartilhados com empresas (públicas ou privadas), em um escopo de trabalho pré-definido e cujos resultados não sejam disponibilizados publicamente".[44]

A caracterização do estudo como pesquisa "é complexa e a recomendação é que cada parceria [órgão de pesquisa e empresas] seja analisada caso a caso considerando as 'contrapartidas solicitadas pelas empresas, em especial se há publicização dos resultados e eventuais solicitações exclusivas aos dados'".[45] A pesquisa não pode servir como uma autorização para o descuido com o dado alheio. Logo, o dispositivo tem de ser interpretado restritivamente quanto à finalidade de pesquisa.

A primeira ressalva cuida especificamente de dados cuja origem se submeteu ao consentimento. O § 5º do art. 7º autoriza a comunicação ou o compartilhamento com outro controlador, dispensado consentimento específico para os casos como o do art. 7º, IV. Assim, na qualidade de controlador, pode o órgão de pesquisa acessar bases de terceiros, mesmo que estes não possuam consentimento específico. Caso o órgão de pesquisa seja cocontrolador da pesquisa, a dispensa só vale se os demais cocontroladores da pesquisa forem também dispensados da coleta do consentimento, a exemplo de outros órgãos de pesquisa envolvidos. Já se o órgão de pesquisa estiver atuando na qualidade de operador dos dados pessoais, a dispensa prevista no art. 7º, IV, não pode ser aplicada. Ou seja, se houver um controlador ou cocontrolador da pesquisa que não possa invocar uma hipótese de dispensa, o compartilhamento de dados com órgão de pesquisa requer consentimento específico ou o tratamento de dados em outra hipótese do art. 7º.

Mas e se houver alguma ilicitude envolvendo a base de dados na sua origem? Há duas situações distintas a considerar: se (i) a existência da base (a formação, sua manutenção etc.) não foi consentida e/ou (ii) havia obrigação específica do controlador da base em não a compartilhar. Na primeira situação, deve o órgão de pesquisa assegurar que a base de dados objeto da pesquisa esteja em conformidade com a LGPD, isto é, que os dados pessoais sejam tratados dentro das bases legalmente previstas, dispensado, claro, o consentimento para o compartilhamento das informações para pesquisa. Na segunda situação, não responde o órgão se o controlador da base omitir deliberadamente sobre a existência de compromisso de não compartilhamento, já que a prova de inexistência de obrigação de fazer não pode ser demonstrada. Nesse caso, o art. 7º, IV, deve ser interpretado em favor do órgão de pesquisa.

A segunda ressalva cuida dos limites da pesquisa em si. Em relação à finalidade, a dispensa diz respeito aos tratamentos realizados pelo órgão de pesquisa que sejam essenciais ao estudo, devendo-se garantir a licitude de todo o estudo, inclusive normas especiais. Não pode o órgão de pesquisa dispensar o consentimento do titular em pesquisas, por exemplo, cuja autorização seja obrigatória (a exemplo das hipóteses da Resolução n. 510/2016 do CNS). Logo, o tratamento em estudo por órgão de pesquisa não convalida a falta de consentimento exigido por norma diversa. Inexistindo exigência de consentimento na tutela

---

[44] ALMEIDA, F. *et al. Guia de proteção de dados pessoais*: pesquisa (Versão 1.0). 2020, p. 34. Disponível em: https://portal.fgv.br/sites/portal.fgv.br/files/u12834/guia_pesquisa.pdf. Acesso em: 18 mar. 2024.

[45] ALMEIDA, F. *et al. Guia de proteção de dados pessoais*: pesquisa (Versão 1.0). 2020, p. 34. Disponível em: https://portal.fgv.br/sites/portal.fgv.br/files/u12834/guia_pesquisa.pdf. Acesso em: 18 mar. 2024.

de interesses outros que não a proteção de dados pessoais, está autorizado o tratamento de dados pessoais em estudo por órgão de pesquisa (perante a tutela da proteção de dados pessoais, observada a licitude de toda a cadeia de tratamento desde a origem dos dados).

Em relação à anonimização, a disposição de que será "garantida, sempre que possível", significa obrigatória, salvo se comprometer a viabilidade do estudo. Como dados anonimizados não se reputam dados pessoais para fins de aplicação da LGPD,[46] a anonimização acarreta a dispensa de base legal para o tratamento dos dados pessoais. Se a anonimização comprometer a metodologia da pesquisa ou se seu custo se mostrar elevado (de modo a inviabilizar o estudo), ela pode ser dispensada. Essa autorização para o tratamento não afasta os demais direitos fundamentais do titular ou a responsabilidade do órgão por danos causados a esses. Se inviável a anonimização, deve haver justificativa no estudo desde a fase de projeto de pesquisa. Além disso, deve o órgão avaliar a possibilidade de pseudonimização, aplicando-se as mesmas observações anteriores. Se viável a anonimização, a autorização para tratamento não afasta a responsabilidade por danos que o estudo venha a causar, ou seja, ainda que inaplicável a LGPD, o órgão de pesquisa poderia ser responsabilizado com base na eventual inobservância de outras regras aplicáveis à pesquisa (ex.: regulações setoriais para pesquisa na área da saúde).

BIBLIOGRAFIA SELECIONADA

ALMEIDA, F. *et al. Guia de proteção de dados pessoais*: pesquisa (Versão 1.0). 2020. Disponível em: https://portal.fgv.br/sites/portal.fgv.br/files/u12834/guia_pesquisa.pdf. Acesso em: 18 mar. 2024.

DUCATO, R. Data protection, scientific research, and the role of information. *Computer Law & Security Review*, v. 37, 2020.

EUROPEAN UNIVERSITY INSTITUTE. *Guide on good data protection practice in research*. 2022. Disponível em: https://www.eui.eu/documents/servicesadmin/deanofstudies/resear chethics/guide-data-protection-research.pdf. Acesso em: 19 mar. 2024.

FERREIRA, L. *et al. Guia de proteção de dados pessoais*: estudos por órgãos de pesquisa (Versão 2.0). 2023. Disponível em: https://portal.fgv.br/sites/portal.fgv.br/files/u11738/2023.10.23_-_guia_de_pesquisa.pdf. Acesso em: 18 mar. 2024.

HINTZE, M. Science and privacy: data protection laws and their impact on research. *Washington Journal of Law, Technology & Arts*, v. 14, p. 103, 2019.

STAUNTON, C.; SLOKENBERGA, S.; MASCALZONI, D. The GDPR and the research exemption: considerations on the necessary safeguards for research biobanks. *European Journal of Human Genetics*, v. 27, p. 1159, 2019.

Artigo 7º, V

Comentado por Angelo Prata de Carvalho

DISPOSITIVOS RELACIONADOS NO ORDENAMENTO JURÍDICO BRASILEIRO

- Art. 113 e art. 421 do CC.

46 Ver comentário ao art. 5º, III, neste volume.

- Arts. 46 e 47 do CDC.
- Art. 7º, VIII, *c*, do MCI.

DISPOSITIVOS RELACIONADOS NA LGPD

- Art. 11, II, *d*; art. 19, § 3º.

AÇÕES REGULATÓRIAS E FISCALIZATÓRIAS DE ENTIDADES GOVERNAMENTAIS E ÓRGÃOS DE CONTROLE

- CGU, Parecer n. 00001/2021/CONJUR-CGU/CGU/AGU.
- CGU, Parecer n. 00009/2022/DECOR/CGU/AGU.

CASOS E DECISÕES JUDICIAIS RELEVANTES

- TJSP, Ap. Civ. 1011332-04.2022.8.26.0348, Rel. Des. Rosangela Telles, 31ª Câmara de Direito Privado, j. 22.03.2023.

JUSTIFICATIVA E FUNDAMENTOS

A autorização para o tratamento de dados pessoais em decorrência da execução de contrato ou de procedimentos preliminares constitui relevante base legal na sistemática do art. 7º da LGPD, notadamente em razão da circunstância de dispensar a obtenção de consentimento expresso nos termos do inciso I do mesmo art. 7º – até porque este já estaria contido na manifestação de vontade que é própria da contratação, ou, ainda, no comportamento das partes no momento pré-contratual.

Trata-se de dispositivo bastante semelhante à alínea *b* do item 1 do art. 6º do RGPD, segundo o qual: "O tratamento for necessário para a execução de um contrato no qual o titular dos dados é parte, ou para diligências pré-contratuais a pedido do titular dos dados". Não por acaso, o dispositivo em questão não se encontrava na sistemática do PL n. 4.060/2012, de autoria do Deputado Milton Monti, e veio a ser trazido à apreciação do Poder Legislativo brasileiro por ocasião da apresentação do Substitutivo a tal projeto de lei, de relatoria do Deputado Orlando Silva, já com a redação que foi posta em vigor, em larga medida construída a partir dos subsídios do direito europeu.

ANÁLISE

1. Escopo da base legal de tratamento de dados associada à execução de contrato ou de procedimentos preliminares relacionados a contrato

A base legal contida no inciso V do art. 7º da LGPD tem por objetivo autorizar o tratamento de dados no âmbito da execução do contrato ou de procedimentos preliminares associados à execução de negócio jurídico contratual, como se depreende do próprio texto do dispositivo. Nesse sentido, pode-se verificar dois fundamentos diferentes inseridos no mesmo inciso, que, muito embora estejam ambos vinculados à execução de contrato, abrangem não somente a fase contratual – isto é, aquela relacionada à implementação do programa contratual, com todos os direitos e obrigações acordados pelas partes por ocasião do aperfeiçoamento do negócio jurídico –, mas também a chamada fase pré-contratual, associada especialmente às tratativas entre as eventuais partes contratantes e à fase da oferta. Cabe salientar, porém, que este dispositivo não abarca o tratamento de dados sensíveis, na medida em que estes contam com previsão específica na alínea *d* do inciso II do art. 11 da LGPD (que faz referência ao "exercício regular de direitos, inclusive em contrato e em processo judicial, administrativo e arbitral (...)"[47]).

Importa notar, ainda, que se trata de dispositivo análogo ao que consta da alínea *b* do item 1 do art. 6º do RGPD europeu, segundo o qual o tratamento é lícito quando "for necessário para a execução de um contrato no qual o titular dos dados é parte, ou para diligências pré-contratuais a pedido do titular dos dados". Por conseguinte, ainda que a ANPD não tenha se pronunciado especificamente sobre o correspondente dispositivo da LGPD, e que a jurisprudência brasileira não conte com posicionamento consistente a respeito de sua adequada interpretação, pode-se recorrer a pronunciamentos das autoridades europeias a respeito do tema para promover sua adequada compreensão, desde que contextualizados com as peculiaridades da contratação no direito brasileiro.

Considerando os dois fundamentos distintos que se encontram no dispositivo ora em análise, cabe discorrer detidamente sobre as duas aludidas hipóteses.

2. Execução de contrato

O primeiro fundamento mencionado pelo dispositivo ora em comento diz respeito à hipótese legal de tratamento de dados pessoais vinculada à execução de contrato do qual o titular dos dados é parte. Naturalmente, para que a mencionada base legal se aplique legitimamente, é indispensável que o tratamento de dados seja verdadeiramente necessário para a execução do contrato. Não é sem motivo que, nas *Diretrizes 2/2019 sobre o tratamento de dados pessoais ao abrigo do art. 6º, n. 1, alínea b, do RGPD no contexto da prestação de serviços em linha aos titulares dos dados*, elaboradas pelo EDPB, assinala-se que a simples referência ou menção ao tratamento de dados não é suficiente para atrair o âmbito de aplicação da norma legitimadora.[48]

Assim, nos termos das Diretrizes do EDPB, os agentes de tratamento deverão ser capazes de demonstrar: (i) que efetivamente há uma relação contratual; (ii) que o contrato é válido segundo o direito contratual pátrio; e (iii) que o tratamento é objetivamente necessário para a execução do contrato. A referência ao caráter *objetivamente necessário* constitui elemento central para a aplicação da base legal em questão, assim, exige interpretação estrita da base legal ora em comento. Daí a razão pela qual, no *Parecer 06/2014 do Grupo de Trabalho do art. 29 sobre o conceito de interesses legítimos do responsável pelo tratamento na acessão do art. 7º da Diretiva n. 95/46/CE*, ressaltou-se a existência de uma "ligação clara entre a avaliação da necessidade e a conformidade com o princípio da limitação da finalidade".[49]

Dessa maneira, o tratamento não pode simplesmente ser imposto de maneira unilateral pelo agente de tratamento, na medida em que deve decorrer dos termos e do conteúdo de um dado negócio jurídico contratual e da correspondente necessidade de se proceder ao

---

47 Ver comentário ao art. 11 neste volume.

48 EDPB. Diretrizes 2/2019 sobre o tratamento de dados pessoais ao abrigo do artigo 6º, n. 1, alínea *b*), do RGPD no contexto da prestação de serviços em linha aos titulares dos dados, 2019.

49 GRUPO DE TRABALHO DO ARTIGO 29. Parecer n. 06/2014 sobre o conceito de interesses legítimos do responsável pelo tratamento na acessão do artigo 7º da Diretiva n. 95/46/CE 26, 844/14/PT, 2014.

tratamento dos dados pessoais.[50] É imprescindível que o tratamento de dados pessoais esteja atrelado à execução do contrato, e, ainda, que esteja restrito ao mínimo possível de dados pessoais, observando sempre a razão de ser do contrato em questão.

Será natural, nesse sentido, que uma quantidade mínima de dados pessoais seja coletada por ocasião da celebração de contratos ao menos para a qualificação das partes, como é o caso do nome completo, do CPF, do estado civil, da nacionalidade, do endereço, dentre outros.[51] No entanto, a depender das circunstâncias do caso concreto, mesmo a coleta de dados aparentemente elementares como os mencionados pode ser considerada abusiva, como ocorre em negócios pontuais e instantâneos, como é o caso de compras à vista nas quais o objeto do contrato é imediatamente entregue ao comprador, sem o estabelecimento de qualquer relação duradoura que justifique a continuidade do tratamento.[52]

Se a leitura do dispositivo ora em comento deve ser *estrita*, é relevante ressaltar a expressão *execução de contrato* para destacar que, a rigor, a base legal em questão não abarca a totalidade da chamada *fase contratual*. Isso porque a noção de *fase contratual* (em contraposição ao momento *pré-contratual* e à fase *pós-contratual*) compreende uma série de etapas que conduzem ao adimplemento, partindo-se da concepção de *obrigação como processo* cunhada por Clóvis Veríssimo do Couto e Silva.[53] A respeito do tema, salienta Bruno Bioni que o tratamento de dados pessoais está intimamente relacionado à ideia de obrigação como processo, vinculada a uma visão solidarista do vínculo obrigacional que o orienta ao atingimento do fim comum almejado pelas partes. Dessa perspectiva decorre a circunstância de que às partes não é dado causar danos uma à outra, de sorte que "a ideia de obrigação como processo deve ter como fim não só o aperfeiçoamento da sua operação econômica – o já abordado *trade off* entre dados pessoais e um determinado bem de consumo ou até mesmo o acesso a uma política pública –, mas, sobretudo, a própria autodeterminação informacional".[54]

Nesse sentido, cabe ressaltar que, segundo Antônio Junqueira de Azevedo, a fase contratual pode ser decomposta em três fases menores: a conclusão do contrato, a sua eficácia (aqui entendida como *execução* propriamente dita) e o adimplemento.[55] No entanto, a complexidade do vínculo obrigacional não autoriza que as hipóteses de tratamento de dados sejam extrapoladas em desfavor do titular. Daí a razão pela qual, em interpretação do correspondente dispositivo do RGPD europeu, o já citado Parecer n. 06/2014 do Grupo de Trabalho do Artigo 29 assevera que tal disposição "é aplicável apenas ao que for necessário para a *execução* de um contrato".[56] A disposição em questão, assim, "[n]ão é aplicável a ne-

---

[50] Nesse sentido: FRAZÃO, A.; CARVALHO, A. P.; MILANEZ, G. *Curso de proteção de dados pessoais:* fundamentos da LGPD. Rio de Janeiro: Forense, 2022. p. 132-133.

[51] FRAZÃO, A.; CARVALHO, A. P.; MILANEZ, G. *Curso de proteção de dados pessoais:* fundamentos da LGPD. Rio de Janeiro: Forense, 2022. p. 132-133.

[52] FRAZÃO, A.; CARVALHO, A. P.; MILANEZ, G. *Curso de proteção de dados pessoais:* fundamentos da LGPD. Rio de Janeiro: Forense, 2022. p. 132-133.

[53] SILVA, C. V. C. *A obrigação como processo*. Rio de Janeiro: FGV, 2006.

[54] BIONI, B. *Proteção de dados pessoais:* a função e os limites do consentimento. Rio de Janeiro: Forense, 2021. p. 180.

[55] AZEVEDO, A. J. Responsabilidade pré-contratual no Código de Defesa do Consumidor: estudo comparativo com a responsabilidade pré-contratual no direito comum. *Revista da Faculdade de Direito da Universidade de São Paulo*, p. 123-124, 1995.

[56] GRUPO DE TRABALHO DO ARTIGO 29. Parecer n. 06/2014 sobre o conceito de interesses legítimos do responsável pelo tratamento na acessão do artigo 7º da Diretiva n. 95/46/CE 26, 844/14/PT, 2014.

nhuma ação subsequente desencadeada por incumprimento nem a nenhum outro incidente na execução de um contrato. [...] Se, na execução de um contrato, ocorrer um incidente que origine um conflito, o tratamento de dados pode tomar um rumo diferente".[57]

Naturalmente, alguns dos aludidos dados pessoais básicos, exigíveis em razão da necessidade de qualificação das partes, ainda poderão legitimamente ser objeto de tratamento, no mínimo, para possibilitar o envio de comunicações oficiais, porém o tratamento pode extrapolar a hipótese legal na eventualidade do envio de cobranças extrajudiciais ou mesmo no ajuizamento de ação judicial – hipóteses nas quais o tratamento ainda poderá ser lícito, porém com base em outras bases legais, como a do inciso VI do art. 7º da LGPD[58] ("para o exercício regular de direitos em processo judicial, administrativo ou arbitral") ou mesmo a do interesse legítimo, contido no inciso IX do art. 7º.[59]

3. Execução de procedimentos preliminares relacionados a contrato

O escopo da base legal ora em comento abrange também as providências preliminares associadas à contratação, isto é, a fase *pré-contratual*, que antecede mesmo a conclusão do contrato. Interessa notar que a LGPD autoriza o tratamento nesse momento pré-negocial "a pedido do titular de dados". Em outras palavras, as tratativas que envolvam o tratamento de dados devem partir de iniciativa não do agente de tratamento, mas de pedido expresso do titular dos dados pessoais. Com isso, atividades como a análise de dados sobre saúde para a oferta de planos de saúde ou seguros, assim como a análise de crédito para a oferta ativa de empréstimos, a rigor, não podem ter fundamento nessa base legal.[60]

Não obstante, a circunstância de haver pedido expresso do titular de dados não dá carta branca ao agente de tratamento para explorar situações assimétricas, como ocorre em relações consumeristas ou trabalhistas. A fase pré-contratual, nesse sentido, deve ser objeto de especial atenção não somente em razão da possibilidade de discriminação – hipótese abarcada pela alínea *d* do inciso II do art. 11 da LGPD, que aborda o exercício regular de direitos contratuais no tratamento de dados sensíveis –, mas também diante da imperiosa observância do princípio da finalidade.[61]

De toda sorte, efetivamente há uma miríade de ocasiões nas quais a coleta de dados na fase pré-contratual se afigura legítima, como em processos seletivos para a contratação de pessoal para atividades de segurança – quando pode ser justificável a pesquisa de antecedentes criminais –, ou mesmo para a realização de procedimentos prévios de devida diligência (*due diligence*).

A necessidade de observância ao princípio da finalidade, nessa situação, se dá com ainda maior ênfase, na medida em que nem contrato há ainda, porém já incidem os direitos e obrigações decorrentes da LGPD, além dos deveres oriundos da boa-fé objetiva. Isso porque, já no momento pré-contratual, a cláusula geral da boa-fé objetiva incide para proteger as legítimas expectativas das partes, de tal maneira que, mesmo sem qualquer prestação con-

---

57 GRUPO DE TRABALHO DO ARTIGO 29. Parecer n. 06/2014 sobre o conceito de interesses legítimos do responsável pelo tratamento na acessão do artigo 7º da Diretiva n. 95/46/CE 26, 844/14/PT, 2014.

58 Ver comentário ao art. 7º, VI, neste volume.

59 Ver comentário ao art. 7º, IX, neste volume.

60 FRAZÃO, A.; CARVALHO, A. P.; MILANEZ, G. *Curso de proteção de dados pessoais:* fundamentos da LGPD. Rio de Janeiro: Forense, 2022. p. 132-133.

61 Ver comentário ao art. 6º, I, neste volume.

tratual em sentido técnico, há deveres de cuidado e de lealdade que devem ser observados pelos sujeitos envolvidos.[62]

4. A cessação do contrato: tratamento na fase pós-contratual?

Visto o dispositivo ora em comento faz referência tão somente às fases pré-contratual e contratual – nesta última, limitando-se à *execução* do contrato –, cabe indagar sobre a sua eventual incidência sobre o momento pós-contratual, isto é, aos deveres de proteção oriundos da boa-fé objetiva que se mantêm mesmo após o encerramento do negócio jurídico. Segundo Judith Martins-Costa, "[e]xtinto o contrato, guardam ainda os contraentes o dever de não o inviabilizar, em vista dos fins que haviam sido perseguidos pelo negócio".[63] Evidentemente que, em se tratando de deveres de proteção, o cuidado com os dados implicados na execução do contrato constitui obrigação fundamental da fase pós-contratual, ainda que para garantir o encerramento do tratamento de dados.

Segundo as já mencionadas Diretrizes 2/2019 do EDPB, cessando o contrato em sua integralidade, o tratamento de dados, em regra, deixará de ser necessário para sua execução, não fazendo sentido perpetuar o tratamento ainda que sob fundamento diverso – uma vez que "é geralmente desleal mudar para um novo fundamento jurídico quando o fundamento original deixa de existir".[64]

De toda sorte, não se pode ignorar que, mesmo após o encerramento da relação contratual podem subsistir obrigações que justifiquem o tratamento de dados – como, por exemplo, o atendimento a exigências regulatórias. Nessa situação, evidentemente, devem ser observadas as disposições relacionadas ao término do tratamento de dados, contidas nos arts. 15 e 16 da LGPD.[65]

5. A relação entre a base legal do inciso V e o consentimento

Considerando que tanto a base legal contida no dispositivo ora em comento quanto a hipótese fundada no consentimento – contida no inciso I do art. 7º da LGPD – envolvem manifestações de vontade do titular, é natural que exista relação próxima às duas situações de tratamento de dados. Não obstante, conforme esclarecem Mario Viola e Chiara Spadaccini de Teffé, há um traço distintivo marcante entre elas, notadamente "que o titular dos dados não poderá revogar o seu fornecimento a qualquer momento, uma vez que a outra parte estará resguardada pela LGPD para poder manter os dados fornecidos pelo titular enquanto durar a execução do contrato".[66]

No contexto da implementação do RGPD ao ordenamento português, o fato de o consentimento e a execução de contrato consistirem em bases legais distintas e autônomas

[62] Ver, nesse sentido: MARTINS-COSTA, J. *A boa-fé no direito privado:* critérios para sua aplicação. São Paulo: Saraiva, 2018. p. 458.

[63] MARTINS-COSTA, J. *A boa-fé no direito privado:* critérios para sua aplicação. São Paulo: Saraiva, 2018. p. 473.

[64] EDPB. Diretrizes 2/2019 sobre o tratamento de dados pessoais ao abrigo do artigo 6º, n. 1, alínea *b*), do RGPD no contexto da prestação de serviços em linha aos titulares dos dados, 2019. p. 13.

[65] Ver comentários aos arts. 15 e 16 neste volume.

[66] VIOLA, M.; TEFFÉ, C. S. Tratamento de dados pessoais na LGPD: estudo sobre as bases legais dos artigos 7º e 11. *In*: MENDES, L. S.; DONEDA, D.; SARLET, I. W.; RODRIGUES JR., O. L. (ed.). *Tratado de proteção de dados pessoais.* Rio de Janeiro: Forense, 2021. p. 149.

gerou alguma perplexidade, notadamente diante da circunstância de que a lei portuguesa de execução do RGPD criou o que se denominou "relação de condicionalidade" entre as duas hipóteses ao estabelecer, no item 2 de seu art. 61, que "Caso a caducidade do consentimento seja motivo de cessação de contrato em que o titular de dados seja parte, o tratamento de dados é lícito até que esta ocorra". Tal incompatibilidade foi, inclusive, ressaltada pela Deliberação 2019/494 da Comissão Nacional de Protecção de Dados portuguesa, determinando o afastamento da incidência do mencionado art. 61 da lei doméstica naquilo em que conflita com o regulamento europeu[67].

Verifica-se, por conseguinte, que, mesmo se tratando de bases legais autônomas, pode haver alguma sobreposição entre a execução do contrato e o consentimento, inclusive no que se refere à cessação do fundamento fático para a incidência da base legal – isto é, a cessação do contrato ou a cessação do consentimento. A solução a ser adotada em eventual conflito ou sobreposição, evidentemente, deve ser a que mais bem atenda aos princípios da necessidade e da finalidade do tratamento.

BIBLIOGRAFIA SELECIONADA

AZEVEDO, A. J. Responsabilidade pré-contratual no Código de Defesa do Consumidor: estudo comparativo com a responsabilidade pré-contratual no direito comum. *Revista da Faculdade de Direito da Universidade de São Paulo*, 1995.

BIONI, B. *Proteção de dados pessoais:* a função e os limites do consentimento. Rio de Janeiro: Forense, 2021.

EDPB. Diretrizes 2/2019 sobre o tratamento de dados pessoais ao abrigo do artigo 6º, n. 1, alínea *b*), do RGPD no contexto da prestação de serviços em linha aos titulares dos dados, 2019.

COUTINHO, F. P. A independência da Comissão Nacional de Proteção de Dados. *In*: LIMA C. R. P. de (ed.). *ANPD e LGPD:* desafios e perspectivas. Rio de Janeiro: Almedina, 2021.

FRAZÃO, A.; CARVALHO, A. P.; MILANEZ, G. *Curso de proteção de dados pessoais:* fundamentos da LGPD. Rio de Janeiro: Forense, 2022. p. 132-133.

GRUPO DE TRABALHO DO ARTIGO 29. Parecer n. 06/2014 sobre o conceito de interesses legítimos do responsável pelo tratamento na acessão do artigo 7º da Diretiva n. 95/46/CE 26, 844/14/PT, 2014.

MARTINS-COSTA, J. *A boa-fé no direito privado:* critérios para sua aplicação. São Paulo: Saraiva, 2018.

SILVA, C. V. C. *A obrigação como processo*. Rio de Janeiro: FGV, 2006.

VIOLA, M.; TEFFÉ, C. S. Tratamento de dados pessoais na LGPD: estudo sobre as bases legais dos artigos 7º e 11. *In*: MENDES, L. S.; DONEDA, D.; SARLET, I. W.; RODRIGUES JR., O. L. (ed.). *Tratado de proteção de dados pessoais*. Rio de Janeiro: Forense, 2021.

---

67 A respeito do tema: COUTINHO, F. P. A independência da Comissão Nacional de Proteção de Dados. *In*: LIMA C. R. P. de (ed.). *ANPD e LGPD*: desafios e perspectivas. Rio de Janeiro: Almedina, 2021. p. 507-508).

Artigo 7º, VI

Comentado por Sergio Marcos de Ávila Negri e Carolina Fiorini Ramos Giovanini

DISPOSITIVOS RELACIONADOS NO DIREITO INTERNACIONAL

- Art. 6º da Convenção Europeia de Direitos Humanos.
- Art. 14 do Pacto Internacional sobre Direitos Civis e Políticos.
- Artigo IV da Convenção de Nova Iorque sobre Reconhecimento e Execução de Sentenças Arbitrais Estrangeiras.

DISPOSITIVOS RELACIONADOS NO ORDENAMENTO JURÍDICO BRASILEIRO

- Art. 5º, XXXV e LV, da CRFB.
- Art. 7º do CPC.
- Art. 1º da Lei n. 9.307, de 23 de setembro de 1996 (Lei de Arbitragem).
- Art. 3º, I, II e III, da Lei n. 9.784, de 29 de janeiro de 1999 (Lei do Processo Administrativo Federal).
- Art. 31 da LAI.

CASOS E DECISÕES JUDICIAIS RELEVANTES

- TST, RO 1003410-04.2022.5.02.0000, Rel. Min. Morgana de Almeida Richa, j. 25.05.2023, *DJ* 25.05.2023.
- TRT-4, MS 0025826-89.2023.5.04.0000, Rel. Roger Ballejo Villarinho, j. 31.10.2023, *DJ* 31.10.2023.

JUSTIFICATIVA E FUNDAMENTOS

A LGPD apresenta aos agentes de tratamento um rol taxativo de bases legais, que podem ser compreendidas como justificativas legais para tratamento de dados pessoais, isto é, hipóteses, previstas pela legislação, que configuram justificativa lícita para que dados pessoais possam ser tratados em determinada atividade. É importante ressaltar que a correta aplicação das bases legais deve levar em consideração a natureza dos dados pessoais envolvidos no tratamento, ou seja, é necessário verificar se a atividade envolve dados pessoais (ver comentário ao art. 5º, I, neste volume) ou dados pessoais sensíveis (ver comentário ao art. 5º, II, neste volume). A depender da natureza dos dados pessoais tratados em determinada atividade, o enquadramento da base legal aplicável poderá variar entre o rol de hipóteses dos arts. 7º e 11, ambos da LGPD.

Desse modo, o dispositivo em análise viabiliza o tratamento de dados pessoais "gerais" (nos termos do art. 5º, I, da LGPD) para fins de exercício regular de direitos em processo judicial, administrativo ou arbitral. Vale destacar que, em relação ao tratamento de dados pessoais sensíveis, o art. 7º, VI, encontra parcial correspondência no art. 11, II, *d*), que autoriza o tratamento de dados pessoais sensíveis quando indispensável para o exercício regular de direitos, inclusive em contrato e em processo judicial, administrativo e arbitral (ver comentário ao art. 11, II, *d*, neste volume).

Em relação à tramitação dos Projetos de Lei que, posteriormente, deram origem à LGPD, verifica-se que a redação original do Projeto de Lei n. 4.060, de 2012, de autoria do Deputado Milton Monti, não fazia nenhuma menção ao tratamento de dados pessoais para fins de exercício regular de direitos. Apensos a esta proposição principal, encontravam-se os Projetos de Lei n. 5.276/2016, do Poder Executivo, e n. 6.291/2016, proposto pelo Deputado João Derly. Este último buscava alterar o MCI para proibir o compartilhamento de dados de usuários, não fazendo menção ao uso de dados pessoais para exercício regular de direitos.

Por sua vez, o Projeto de Lei n. 5.276/2016, de iniciativa do Ministério da Justiça, que coordenou o processo de elaboração e de consulta pública junto à população brasileira, tratou do tema da proteção de dados pessoais de forma mais extensiva, trazendo hipóteses legais para o tratamento de dados. Nesse sentido, a redação original da proposta previa que o tratamento de dados pessoais poderia ser realizado para o exercício regular de direitos em processo judicial ou administrativo.

Nota-se que, inicialmente, o dispositivo não incluía o exercício regular de direitos no âmbito de processo arbitral. Posteriormente, a redação conferida pela Comissão Especial Destinada a Proferir Parecer ao Projeto de Lei n. 4.060, de 2012 (Apensos PLs 5.276/2016 e 6.291/2016), trouxe expressamente a possibilidade de tratamento de dados para fins de exercício regular de direitos em processo arbitral, nos termos da Lei n. 9.307, de 23 de setembro de 1996 (Lei de Arbitragem). Referida alteração, por mais que possa parecer simples, foi essencial para refletir as práticas contemporâneas de arbitragem e a importância do tratamento de dados nesse contexto.

Sendo assim, o fundamento para a inserção, na LGPD, de dispositivo que autoriza o uso de dados pessoais para o exercício regular de direitos em processos judiciais, administrativos e arbitrais está intrinsecamente vinculado ao equilíbrio entre proteção de dados e acesso à justiça. Este equilíbrio delicado reconhece que, em determinadas circunstâncias, a condução apropriada de processos nas esferas judiciais, administrativas e arbitrais requer o tratamento de informações pessoais para assegurar o pleno exercício de direitos.

O acesso à justiça constitui um pilar fundamental no Estado Democrático de Direito, e a efetividade desse acesso, por vezes, demanda o tratamento de dados pessoais, por exemplo, para adequada identificação e citação das partes, para apresentação de provas, oitiva de testemunhas e diversas outras atividades que são inerentes ao exercício de direitos. Nesse sentido, o dispositivo em questão estabelece alicerces normativos que possibilitam o tratamento de dados pessoais de forma justa e proporcional, garantindo que todas as partes tenham condições adequadas para exercerem seus direitos no âmbito de processo judicial, administrativo ou arbitral.

Em síntese, trata-se de um dispositivo intrinsecamente relacionado à ampla defesa, ao contraditório e ao devido processo legal. Tais fundamentos possuem impacto significativo na interpretação e aplicação do dispositivo, pois destacam a necessidade de equilíbrio entre a proteção de dados e o acesso à justiça, atraindo aplicação do princípio da proporcionalidade, na medida em que o tratamento de dados pessoais deve ser pertinente, proporcional e não excessivo em relação aos objetivos processuais.

Desse modo, embora a base legal do exercício regular de direitos em processo judicial, administrativo ou arbitral possa, em primeira análise, parecer ampla, em razão de englobar uma série de atividades, não deve ser interpretada como uma carta em branco, sendo essencial que sua aplicação não envolva utilização indiscriminada das informações pessoais para outros fins não relacionados ao exercício de direitos em esfera processual.

ANÁLISE

O art. 7º, VI, insere-se contextualmente na LGPD como uma das bases legais para tratamento de dados pessoais, devendo ser interpretado e aplicado em conformidade com os princípios da LGPD (ver comentários ao art. 6º neste volume), de modo a garantir que o tratamento de dados pessoais seja realizado com base em objetivos processuais específicos, de maneira adequada e proporcional.

Nesse sentido, há entendimento na doutrina brasileira no sentido de que a concepção de exercício regular de direitos deve ser antagônica ao conceito de abuso de direito e, para que o exercício de determinado direito se mostre regular e não abusivo, é pressuposto o alinhamento com o princípio da boa-fé e estrita observância aos demais princípios do art. 6º da LGPD.[68]

Sendo assim, a avaliação para verificar se o exercício de um direito (e, consequentemente, a atividade de tratamento de dados pessoais) é, ou não, regular depende da análise de circunstâncias contextuais. Nessa direção, a doutrina aponta que não basta que um direito esteja formalmente previsto em lei, mas é necessário que, no caso concreto, este seja exercido de maneira razoável.[69]

Na mesma direção, há doutrinadores que apontam que o exercício regular de direitos está relacionado às ações do cidadão comum, que são autorizadas pela existência de direito definido em lei e condicionadas à regularidade do exercício desse direito. Por tal razão, no âmbito desta hipótese legal, não pode haver conduta abusiva ou desempenho disfuncional de certa posição jurídica pela parte.[70]

Para fins de análise do dispositivo, verifica-se que a expressão "exercício regular" traz consigo a ideia de conformidade com as normas e regras estabelecidas, excluindo, por consequência lógica, práticas que destoam da regularidade e configuram abusos ou desvios de conduta. Por sua vez, a expressão "em processo judicial, administrativo ou arbitral" delimita as diferentes formas de resolução de disputas nas quais é possível haver tratamento de dados pessoais para fins de exercício regular de direitos.

A título de exemplificação de abordagens acerca do tratamento de dados pessoais para fins de exercício regular de direitos em diferentes legislações, é importante considerar as previsões do RGPD, regulamento sobre proteção de dados aplicável no âmbito do direito europeu e que, por vezes, é utilizado como referência e inspiração para interpretações da matéria em contexto brasileiro.

Neste caso, é interessante notar que, no contexto europeu, não há uma correspondência exata da base legal do exercício regular de direitos em processo judicial, administrativo ou

---

[68] PALHARES, F.; PRADO, L. F.; VIDIGAL, P. *Compliance digital e LGPD*. São Paulo: Revista dos Tribunais, 2021. p. 180.

[69] PALHARES, F.; PRADO, L. F.; VIDIGAL, P. *Compliance digital e LGPD*. São Paulo: Revista dos Tribunais, 2021. p. 181.

[70] VIOLA, M.; TEFFÉ, C. de. Tratamento de dados pessoais na LGPD: estudo sobre as bases legais dos artigos 7º e 11. *In*: DONEDA, D. *et al.* (ed.). *Tratado de proteção de dados pessoais*. Rio de Janeiro: Forense, 2023. p. 136.

arbitral com as hipóteses legais previstas pelo art. 6º do RGPD. Na verdade, o RGPD prevê a hipótese de *exercise of defence of legal claims* somente como uma justificativa legal para tratamento de dados pessoais sensíveis (art. 9º(1)(*f*)).

Desse modo, no contexto de aplicação do RGPD, diante da ausência de uma base legal específica, o tratamento de dados pessoais "gerais" para fins de exercício regular de direitos em esfera processual, possivelmente, seria enquadrado na base legal de cumprimento de obrigação legal ou, até mesmo, no interesse legítimo.[71] No âmbito da normativa aplicada no Reino Unido (UK RGPD),[72] há um dispositivo correlato ao do RGPD (art.9(2)(*f*)), que também autoriza o tratamento de dados pessoais quando necessário para declaração, ao exercício ou à defesa de um direito num processo judicial ou sempre que os tribunais atuem no exercício da sua função jurisdicional.

Nesse sentido, ressalta-se que a ICO,[73] autoridade britânica de proteção de dados, aponta que o uso desta base legal no âmbito do UK RGPD não se limita aos processos judiciais em curso, podendo ser interpretada de forma mais ampla para abranger processos futuros e atividades correlatas, como consultoria e aconselhamento jurídico.

Para ilustrar este escopo amplo de aplicação, a ICO apresenta um exemplo no qual um cabeleireiro realiza um teste de contato em um cliente para verificar se ele não terá uma reação alérgica a uma tintura de cabelo, registrando quando o teste foi feito e seus respectivos resultados. Nesse caso, a ICO aponta que, embora não exista nenhuma reclamação judicial real ou esperada, o objetivo é estabelecer que o cabeleireiro está a cumprir o seu dever de cuidado para com o cliente e defender-se contra quaisquer potenciais reclamações por danos pessoais em caso de reação adversa.

Outro exemplo utilizado pela ICO para fins de demonstração da aplicação da referida base legal é a situação na qual um empregador está sendo processado por um de seus empregados e, por isso, pretende transmitir os detalhes da situação aos seus advogados para obter aconselhamento jurídico sobre a sua posição e, potencialmente, para defender a reclamação.

A divergência verificada entre a LGPD, que prevê um dispositivo específico para tratamento de dados para fins de exercício regular de direitos, e o RGPD e o UK RGPD, que não apresentam uma base legal específica para esta finalidade, não chega a carregar impactos significativos para a aplicação e interpretação do art. 7º, VI, da LGPD. Isso porque, embora não haja previsão específica, o tratamento de dados pessoais para estes fins pode ser viabilizado por meio da aplicação de outras bases legais. Sendo assim, a ausência de uma disposição específica não invalida a possibilidade de tratamento de dados pessoais em atividades relacionadas ao exercício regular de direitos no âmbito da UE e do Reino Unido e, consequentemente, não impacta a aplicação da legislação brasileira.

De todo modo, a atenção aos debates estrangeiros sobre este tema é relevante porque, até o momento, a ANPD não emitiu diretrizes orientativas ou regulamentação acerca da

---

[71] PALHARES, F.; PRADO, L. F.; VIDIGAL, P. *Compliance digital e LGPD*. São Paulo: Revista dos Tribunais, 2021. p. 178.

[72] Com a saída do Reino Unido da UE a aplicação do RGPD foi substituída pelo "UK RGPD", uma legislação doméstica que, juntamente ao *Data Protection Act* de 2018, passou a reger o tratamento de dados pessoais no Reino Unido.

[73] ICO. What are the conditions for processing? *Legal Claims*, 2024. Disponível em: https://ico.org.uk/for-organisations/uk-gdpr-guidance-and-resources/lawful-basis/special-category-data/what-are-the-conditions-for-processing/#conditions6.

aplicação da base legal do exercício regular de direitos em processo judicial, administrativo ou arbitral. Por outro lado, no âmbito da UE e do Reino Unido, as autoridades de proteção de dados já tiveram a oportunidade de se manifestar sobre o tema, o que pode ser utilizado como referência interpretativa do dispositivo, dado que a matéria de proteção de dados no Brasil vem sendo diretamente influenciada pelo direito europeu.

No âmbito judicial, as controvérsias envolvendo a aplicação da base legal do exercício regular de direitos em processo judicial, administrativo ou arbitral estão, de modo geral, relacionadas ao uso de dados pessoais em ações judiciais, por exemplo, no caso de exibição de documentos e juntada de informações aos autos. É interessante notar que, para além do reconhecimento de aplicação da referida base legal, os tribunais verificam parâmetros como a finalidade da informação para o processo e proporcionalidade do uso de dados pessoais.

Por exemplo, em ação envolvendo controvérsia acerca da coleta de dados de geolocalização no processo do trabalho (TRT 4, MS 0025826-89.2023.5.04.0000), houve reconhecimento de que a LGPD autoriza o tratamento de dados pessoais para tal fim, mediante aplicação da base legal do exercício regular de direitos em processo judicial, administrativo ou arbitral, desde que observados princípios como finalidade, adequação, necessidade, segurança e não discriminação.

Ocorre que, no caso concreto, o tribunal entendeu que a coleta de dados não havia observado a necessária limitação do tratamento ao mínimo necessário para realização das finalidades do processo. Este entendimento está amparado no fato de que a atividade de coleta abrangeria todo o período não prescrito, sem delimitação de dias da semana ou horários, o que poderia abarcar informações não relacionadas ao objeto do processo, com potencial violação à intimidade e à privacidade do empregado.

Nesse contexto, vale ressaltar que o princípio da necessidade (art. 6º, III, da LGPD) determina que sejam tratados apenas os dados estritamente necessários para atingir as finalidades pretendidas, o que impõe um dever de avaliação criteriosa sobre a relevância das informações pessoais envolvidas nas atividades. No caso da coleta de dados de geolocalização mencionada acima, por exemplo, a delimitação temporal e contextual das informações coletadas poderia servir como medida de mitigação, limitando o tratamento a períodos ou eventos estritamente relacionados à controvérsia judicial. Desse modo, conforme diretrizes do EDPB,[74] a aplicação prática do princípio da minimização exige a adoção de práticas que antecipem as necessidades do tratamento de dados e evitem a coleta excessiva de informações pessoais.

Além disso, no contexto prático, a base legal do exercício regular de direitos é usualmente utilizada para amparar atividades de tratamento relacionadas ao armazenamento de dados pessoais para fins de exercício futuro de direitos em eventuais processos judiciais. Desse modo, referida base legal é invocada para manutenção dos dados pessoais pelo tempo necessário para alcance do objetivo de resolução de disputas futuras. Nesse sentido, cita-se o material "Descomplica LGPD", desenvolvido pelo Laboratório de Inovação e Dados do Governo do Ceará (ÍRIS),[75] que traz exemplo no qual um órgão público contrata seus funcionários em regime CLT e esclarece que referido órgão estaria, amparado na base legal do exercício regular de direitos, autorizado a preservar os dados pessoais de seus empregados por cinco anos após fim do contrato de trabalho, pois este é o período previsto para ajuizamento de ação.

---

[74] EDPB. *Guidelines 4/2019 on Article 25:* Data Protection by Design and by Default, 2020.

[75] LABORATÓRIO DE INOVAÇÃO E DADOS DO GOVERNO DO ESTADO DO CEARÁ (ÍRIS). *Descomplica LGPD para o setor público:* entendendo as bases legais da LGPD. 2023. Disponível em: https://irislab.ce.gov.br/wp-content/uploads/2023/01/Descomplica-LGPD-4_Entendendo-as-bases-legais-da-LGPD.pdf.

Em síntese, a disposição contida no art. 7º, VI, da LGPD, que ampara o tratamento de dados para o exercício regular de direitos em processos judiciais, administrativos e arbitrais, é essencial para assegurar a harmonização entre a proteção de dados e a efetividade do sistema de justiça. Alicerçado no preceito fundamental do acesso à justiça, referido dispositivo viabiliza a realização plena do devido processo legal, permitindo que as partes envolvidas exerçam seus direitos e participem ativamente das instâncias processuais, inclusive mediante uso de dados pessoais para a consecução de atos processuais.

É importante destacar que a aplicação do art. 7º, VI, deve ser regida pelos princípios da LGPD. Desse modo, a despeito de seu amplo campo de aplicação, o tratamento de dados pessoais amparado nesta base legal deve ser estritamente limitado ao escopo do exercício regular de direitos, evitando-se, assim, o risco de utilização excessiva ou indevida de informações. Sob o manto do princípio da necessidade, impõe-se uma análise criteriosa para garantir que apenas os dados indispensáveis e pertinentes para a consecução dos atos processuais sejam objeto de tratamento, de modo a assegurar a legitimidade, transparência e confiança nas práticas de tratamento de dados no âmbito processual.

Em conclusão, o equilíbrio delicado entre a tutela da privacidade e o acesso à justiça demanda uma aplicação diligente da legislação, garantindo, assim, a preservação dos direitos fundamentais enquanto se assegura a eficácia do sistema processual. Por tal razão, é imperativo que a interpretação e a aplicação do art. 7º, VI, reflitam o compromisso com a proteção dos direitos individuais, contribuindo para a construção de um ambiente jurídico equitativo, transparente e alinhado aos preceitos fundamentais do Estado Democrático de Direito.

BIBLIOGRAFIA SELECIONADA

EDPB. *Guidelines 4/2019 on Article 25:* Data Protection by Design and by Default, 2020.

PALHARES, F.; PRADO, L. F.; VIDIGAL, P. *Compliance digital e LGPD*. São Paulo: Revista dos Tribunais, 2021.

ICO. What are the conditions for processing? *Legal Claims*, 2024. Disponível em: https://ico.org.uk/for-organisations/uk-gdpr-guidance-and-resources/lawful-basis/special-category-data/what-are-the-conditions-for-processing/#conditions6.

LABORATÓRIO DE INOVAÇÃO E DADOS DO GOVERNO DO ESTADO DO CEARÁ (ÍRIS). *Descomplica LGPD para o setor público:* entendendo as bases legais da LGPD. 2023. Disponível em: https://irislab.ce.gov.br/wp-content/uploads/2023/01/Descomplica-LGPD-4_Entendendo-as-bases-legais-da-LGPD.pdf.

VIOLA, M.; TEFFÉ, C. de. Tratamento de dados pessoais na LGPD: estudo sobre as bases legais dos artigos 7º e 11. *In*: DONEDA, D. *et al.* (ed.). *Tratado de proteção de dados pessoais*. Rio de Janeiro: Forense, 2023.

Artigo 7º, VII

Comentado por Tayná Frota de Araújo

DISPOSITIVOS RELACIONADOS NO ORDENAMENTO JURÍDICO BRASILEIRO

- Art. 102 do CDC.
- Art. 7º; art. 17; art. 100, V; e art. 125 do ECA.

- Art. 38; art. 129; art. 132; art. 136; art. 147-A; arts. 250 a 252; art. 254; art. 255 e art. 256 do CP.
- Art. 223-C da CLT.

DISPOSITIVOS RELACIONADOS NA LGPD

- Art. 11, II, *e*; e art. 33, IV.

ATIVIDADES DA ANPD

- Enunciado CD/ANPD n. 1, de 22 de maio de 2023.

JUSTIFICATIVA E FUNDAMENTOS

O art. 7º da LGPD traz as hipóteses que permitem o tratamento de dados pessoais não sensíveis. O seu inciso VII se aplica aos casos em que a finalidade do tratamento visa "a proteção da vida ou da incolumidade física do titular ou de terceiro". Esta previsão legal não constava inicialmente no PL n. 4.060/2012, apresentado em 2012 no âmbito da Câmara dos Deputados. Já no Senado Federal, o PLC n. 503/2018, aprovado em 2018, apresentou originalmente o texto legal que segue atualmente vigente no art. 7º, VII, da LGPD.

Como não há qualquer grau de hierarquia entre as bases legais[76] essa base deve ser usada em atenção aos princípios e condições de legitimidade definidas pela LGPD, em condições excepcionais que representem (grave) risco à vida e incolumidade física da pessoa. Portanto, a proteção de dados pessoais não deve ser um impeditivo ou dificultador para a proteção da vida do ser humano.

ANÁLISE

O art. 7º, VII, da LGPD permite o tratamento de dados pessoais sem o consentimento do titular com a exclusiva e necessária finalidade[77] de "proteção da vida ou da incolumidade física do titular ou de terceiro", bem como em respeito aos demais princípios e condições estabelecidas pela LGPD.

A expressão "proteção da vida ou da incolumidade física do titular ou de terceiro" também está indicada no art. 11, I, 'e', da LGPD, específica para o tratamento de dados pessoais sensíveis.[78] Além disso, a hipótese também está listada no art. 33, IV, para permitir a transferência internacional de dados pessoais. As expressões "proteção da vida" e "incolumidade física" são referenciadas na LGPD apenas nestes três artigos.

Ao considerar outras leis brasileiras, percebe-se menções em favor da proteção da integridade física (incolumidade) do ser humano (como o art. 223-C da CLT; o art. 17 do

---

[76] Enunciado 689 da IX Jornada de Direito Civil: "Não há hierarquia entre as bases legais estabelecidas nos arts. 7º e 11 da Lei Geral de Proteção de Dados (Lei n. 13.709/2018)".

[77] Ver comentários aos art. 6º, I e III, neste volume.

[78] Ver comentário ao art. 11 neste volume.

ECA e em alguns artigos do CP, com tipificações que buscam tutelar a vida). A proteção disposta nestas leis são citadas como exemplos da tutela desses bens jurídicos, de modo que o art. 7º, VII, da LGPD permite o tratamento de dados pessoais para o mesmo fim de defesa da proteção da vida e da incolumidade física da pessoa.

Acerca das condições de aplicação dessa base legal, deve-se considerar o seu caráter excepcional. Entende-se esta base legal como de "altíssimo interesse público"[79] por ser aplicável em situações graves[80] em defesa da proteção da própria pessoa. Desse modo, não é possível realizar interpretação ampla sobre "proteção à vida", mesmo no contexto dos cuidados em saúde, pois existem, na LGPD, outras hipóteses legais mais justificáveis e apropriadas capazes de permitir o tratamento de dados pessoais com salvaguardas (a exemplo da tutela da saúde prevista nos arts. 7º e 11 da lei).

Por "proteção da vida" pode ser considerada qualquer ação que vise a segurança e bem-estar do titular ou terceiro, podendo abranger situações acerca da saúde e medicina do trabalho, segurança, higiene, liberdade de locomoção.[81] Já por "incolumidade física" o dispositivo da LGPD parece limitar à proteção da integridade física da pessoa, em prol da proteção contra qualquer tipo de agressão, lesão ou violação, assegurando-se o bem-estar físico e psíquico do indivíduo.

Portanto, a base legal para proteção da incolumidade física não é cabível para justificar "ações genéricas"[82] como a "coleta preventiva, indefinida, por vezes genérica e/ou massiva de dados pessoais sob qualquer pretexto de saúde".[83] Conforme o Enunciado CD/ANPD n. 1/2023, é possível a aplicação desta base legal para o tratamento de dados de crianças e adolescentes. Para tanto, é necessária a análise cuidadosa por parte dos responsáveis pelo tratamento para garantir que a base legal seja aplicada apenas em situações de extrema necessidade, onde o bem-estar e a segurança da criança ou adolescente estejam em risco imediato. Esse entendimento reforça que a proteção dos direitos dessa faixa etária deve ser priorizada, assegurando que o tratamento de dados pessoais ocorra sempre em seu melhor interesse, conforme exige o art. 14 da LGPD, e para promover a sua "proteção" quando não for viável a coleta do consentimento do responsável legal (art. 14, § 3º, da LGPD).

Cabe ao responsável pelo tratamento demonstrar o porquê de o processamento ser necessário para proteger a incolumidade física do titular ou terceiro, de modo que se houver a possibilidade de alcançar o mesmo resultado a partir de base legal mais adequada, a esta deve-se dar preferência. Como exemplo que justificaria a aplicação da base legal é possível indicar situações de emergência após um acidente, em que seria necessária a coleta de documentos pessoais das vítimas para fornecer informações que auxiliem na prestação dos serviços de resgate.[84]

---

79 FRAZÃO, A.; CARVALHO, A. P.; MILANEZ, G. *Curso de proteção de dados pessoais:* fundamentos da LGPD. Rio de Janeiro: Forense, 2022. p. 139.

80 FRAJHOF, I. Z.; MANGETH, A. L. As bases legais para o tratamento de dados pessoais. *In*: MULHOLLAND, C. *A LGPD e o novo marco normativo no Brasil*. Porto Alegre: Arquipélago Editorial, 2020. p. 84.

81 FRAZÃO, A.; CARVALHO, A. P.; MILANEZ, G. *Curso de proteção de dados pessoais:* fundamentos da LGPD. Rio de Janeiro: Forense, 2022. p. 139.

82 VIOLA, M.; TEFFÉ, C. S. Tratamento de dados pessoais na LGPD: estudo sobre as bases legais dos artigos 7º e 11. *In*: DONEDA, D. *et al*. *Tratado de proteção de dados pessoais*. Rio de Janeiro: Forense, 2021. p. 136-137.

83 FRAZÃO, A.; CARVALHO, A. P.; MILANEZ, G. *Curso de proteção de dados pessoais:* fundamentos da LGPD. Rio de Janeiro: Forense, 2022. p. 139.

84 MARCACINI, A. T. R. Regras aplicadas ao tratamento de dados pessoais. *In*: LIMA, C. R. P. de (coord.). *Comentários à lei geral de proteção de dados*. São Paulo: Almedina, 2020.

Ainda, há autores que indicam o exemplo da pandemia do coronavírus, nos casos em que, durante a sua vigência e para permitir o acesso de pessoas a um evento em local fechado, poderia ser exigido o comprovante de vacinação do titular[85]. Contudo, esta não é uma posição majoritária na doutrina, pois o exemplo não se configura como uma hipótese de urgência ou iminente ameaça à vida, afetando o caráter excepcional dessa hipótese de tratamento. Assim, no caso do controle de acesso de pessoas a um evento fechado durante um período de emergência sanitária, seria razoável a aplicação de outra base legal, a exemplo do cumprimento de obrigação legal e regulatória, para garantir a proporcionalidade da medida com o direito fundamental à proteção de dados.

1. Análise comparada com sistemas jurídicos internacionais

O RGPD possui uma hipótese legal, semelhante à adotada pela LGPD, prevista em seu art. 6º (*d*). Diferentemente do art. 7º (d) da Diretiva n. 95/46/CE, incluiu-se no RGPD a frase "ou de outra pessoa singular", passando a incluir os interesses vitais de terceiros, além dos do titular previstos anteriormente. Essa é uma das seis bases legais previstas pelo RGPD que permite o tratamento de dados pessoais não sensíveis.

O considerando 46 do RGPD indica que por "interesse vital" deve-se considerar o que é "essencial para a vida" de um indivíduo. Além disso, o considerando 46 delimita que "o tratamento de dados pessoais com base no interesse vital de outra pessoa singular só pode ter lugar quando o tratamento não se puder basear manifestamente noutro fundamento jurídico".

Em prol do direito à vida (interesses vitais), o sistema europeu permite o tratamento de dados quando necessário para atender a necessidades básicas do titular e de terceiros se "estiverem seriamente ameaçadas",[86] como nos casos que podem envolver "alimentação, moradia, assistência médica", dentre outros.[87] Nesse sentido, é justificável o uso dessa base legal quando diante de "perigos concretos para a vida ou a saúde dos titulares dos dados ou de terceiros", mas não para "finalidade de adotar medidas médicas meramente preventivas".[88] Este mesmo entendimento pode ser seguido na aplicação da LGPD, considerando que o tratamento de dados previsto na hipótese do art. 7º, VII, deve ser interpretado de forma excepcional e restritiva, aplicável somente em situações onde exista um perigo concreto e imediato para a vida ou saúde do titular ou de terceiros.

A versão do RGPD adotada no Reino Unido não difere da utilizada no bloco econômico europeu. A autoridade de proteção de dados pessoais do Reino Unido (ICO), a partir do considerando 46 da Lei de Proteção de Dados do Reino Unido, indica que a utilização dessa base legal "é muito limitada no seu âmbito e geralmente só se aplica a questões de vida

---

85 FRAZÃO, A.; CARVALHO, A. P.; MILANEZ, G. *Curso de proteção de dados pessoais:* fundamentos da LGPD. Rio de Janeiro: Forense, 2022. p. 139; VIOLA, M.; TEFFÉ, C. S. Tratamento de dados pessoais na LGPD: estudo sobre as bases legais dos artigos 7º e 11. *In*: DONEDA, D. *et al. Tratado de proteção de dados pessoais*. Rio de Janeiro: Forense, 2021. p. 136-137.

86 KOTSCHY W. Article 6. *In*: KUNER, C.; BYGRAVE, L. A.; DOCKSEY, C.; DRECHSLER, L. *The EU General Data Protection (GDPR)*: a commentary. London: Oxford University Press, 2020. p. 333. Tradução nossa.

87 KOTSCHY W. Article 6. *In*: KUNER, C.; BYGRAVE, L. A.; DOCKSEY, C.; DRECHSLER, L. *The EU General Data Protection (GDPR)*: a commentary. London: Oxford University Press, 2020. p. 333.

88 Tradução livre. SARTOR, G. Article 6. *In*: DÖHMANN, I. S. G.; PAPAKONSTANTINOU, V.; HERT, P. de; HORNUNG, G. *General Data Protection Regulation*: article-by-article commentary. Baden-Baden: Nomos Verlagsgesellschaft mbH, 2023. p. 308.

ou morte".[89] Portanto, a ICO também compreende que esta base legal não é apropriada para justificar o tratamento preventivo de dados de saúde.

Como possível exemplo de aplicação dessa base legal em defesa do titular, é indicado quando o titular ou terceiro estiver inconsciente ou incapacitado de fornecer seu consentimento para o tratamento de dados necessário a prestação de um atendimento médico de emergência.[90] A respeito do tratamento em defesa de terceiro, a ICO considera essa possibilidade mais rara de acontecer e indica que seria possível em favor de crianças.[91]

2. Autoridades brasileiras na interpretação da base legal

Não foram identificadas decisões judiciais brasileiras que analisaram de forma relevante o art. 7º, VII, da LGPD. Dados da terceira edição do Painel LGPD nos Tribunais, iniciativa do CEDIS-IDP em parceria com o Jus Brasil,[92] indicam que o dispositivo foi meramente citado em uma quantidade mínima de casos, de modo que as discussões sobre este artigo ainda se mostram precoces e não é possível, neste momento, identificar padrões de interpretação e aplicação do art. 7º, VII, da LGPD a partir da prática no Judiciário nacional.

A respeito do posicionamento da ANPD, o principal entendimento extraído até o presente momento se refere à possibilidade de utilização dessa base legal para o tratamento de dados pessoais de crianças e adolescentes, de acordo com o Enunciado CD/ANPD n. 1, de 22 de maio de 2023. Em outros posicionamentos da Autoridade, observou-se que o art. 7º, VII, não foi analisado com profundidade.

Na Agenda Regulatória para o biênio 2023-2024 (Portaria ANPD n. 35, de 4 de novembro de 2022), há a previsão do item 7 quanto às "Hipóteses legais de tratamento de dados pessoais", previsto na Fase 1 para que ocorra a publicação de um "documento orientando o público sobre as bases e hipóteses legais de aplicação da LGPD sobre diversos temas, incluindo as hipóteses legais descritas no art. 7º mas não restritas a ele". Assim, espera-se que ocorra o aprofundamento sobre as melhores orientações para interpretação do artigo e aplicação prática, considerando-se a atual e futuras agendas regulatórias para elaboração de guia de boas práticas.

BIBLIOGRAFIA SELECIONADA

FRAJHOF, I. Z.; MANGETH, A. L. As bases legais para o tratamento de dados pessoais. *In*: MULHOLLAND, C. *A LGPD e o novo marco normativo no Brasil*. Porto Alegre: Arquipélago Editorial, 2020.

[89] ICO. *Lawful basis for processing*. 2023, p. 24. Disponível em: https://ico.org.uk/for-organisations/uk-gdpr-guidance-and-resources/lawful-basis/a-guide-to-lawful-basis/lawful-basis-for-processing/vital-interests/, tradução nossa.

[90] ICO. *Lawful basis for processing*. 2023, p. 24. Disponível em: https://ico.org.uk/for-organisations/uk-gdpr-guidance-and-resources/lawful-basis/a-guide-to-lawful-basis/lawful-basis-for-processing/vital-interests/, p. 24.

[91] ICO. *Lawful basis for processing*. 2023, p. 24. Disponível em: https://ico.org.uk/for-organisations/uk-gdpr-guidance-and-resources/lawful-basis/a-guide-to-lawful-basis/lawful-basis-for-processing/vital-interests/, p. 24.

[92] SCHERTEL, L. M.; FUJIMOTO, M. (org.). *Painel LGPD nos tribunais*. Brasília: Instituto Brasileiro de Ensino, Desenvolvimento e Pesquisa, 2024.

FRAZÃO, A.; CARVALHO, A. P.; MILANEZ, G. *Curso de proteção de dados pessoais:* fundamentos da LGPD. Rio de Janeiro: Forense, 2022.

ICO. *Lawful basis for processing.* 2023. Disponível em: https://ico.org.uk/for-organisations/uk-gdpr-guidance-and-resources/lawful-basis/a-guide-to-lawful-basis/lawful-basis-for-processing/vital-interests/.

KOTSCHY W. Article 6. *In*: KUNER, C.; BYGRAVE, L. A.; DOCKSEY, C.; DRECHSLER, L. *The EU General Data Protection (GDPR)*: a commentary. London: Oxford University Press, 2020.

MARCACINI, A. T. R. Regras aplicadas ao tratamento de dados pessoais. *In*: LIMA, C. R. P. de (coord.). *Comentários à lei geral de proteção de dados.* São Paulo: Almedina, 2020.

SARTOR, G. Article 6. *In*: DÖHMANN, I. S. G.; PAPAKONSTANTINOU, V.; HERT, P. de; HORNUNG, G. *General Data Protection Regulation*: article-by-article commentary. Baden-Baden: Nomos Verlagsgesellschaft mbH, 2023.

SCHERTEL, L. M.; FUJIMOTO, M. (org.). *Painel LGPD nos tribunais.* Brasília: Instituto Brasileiro de Ensino, Desenvolvimento e Pesquisa, 2024.

VIOLA, M.; TEFFÉ, C. S. Tratamento de dados pessoais na LGPD: estudo sobre as bases legais dos artigos 7º e 11. *In*: DONEDA, D. *et al. Tratado de proteção de dados pessoais.* Rio de Janeiro: Forense, 2021.

Artigo 7º, VIII

Comentado por Mônica Tiemy Fujimoto

DISPOSITIVOS RELACIONADOS NO ORDENAMENTO JURÍDICO BRASILEIRO

- Art. 5º, *caput*, arts. 196 e 197 da CRFB.
- Art. 5º, III, da Lei n. 8.080, de 19 de setembro de 1990.
- Art. 6º, I, do CDC.
- Art. 4º da Lei n. 9.961, de 28 de janeiro de 2000.
- Art. 18 da Resolução Administrativa ANS n. 80, de 28 de junho de 2022.
- Arts. 1º e 2º da Lei n. 9.782, de 26 de janeiro de 1999.
- Art. 2º da Lei n. 12.842, de 10 de junho de 2013.
- Arts. 85 e 89 da Resolução CFM n. 2.217 de 2018 (Código de Ética Médica).
- Resolução do CNS n. 218, de 06 de março de 1997.

DISPOSITIVOS RELACIONADOS NA LGPD

- Art. 5º, I e II; art. 11, II, *e*; art. 11, §§ 3º a 5º; art. 13.

AÇÕES REGULATÓRIAS E FISCALIZATÓRIAS DE ENTIDADES GOVERNAMENTAIS E ÓRGÃOS DE CONTROLE

- Processo n. 33910.029786/2019-51 da Agência Nacional de Saúde Suplementar (ANS) – Nota Técnica n. 3/2019/GEPIN/DIRAD-DIDES/DIDES.
- Despacho Cojur CFM n. 557/2021, aprovado em Reunião de Diretoria em 17.12.2021, do CFM.

CASOS E DECISÕES JUDICIAIS RELEVANTES

- TJSP, RI 0001679-21.2022.8.26.0016, Quarta Turma Cível, j. 23.01.2023, publicado em 23.01.2023.
- TJSP, Ap. Civ. 1003284-24.2022.8.26.0100, 13ª Câmara de Direito Público, j. 26.04.2023, publicado em 26.04.2023.

JUSTIFICATIVA E FUNDAMENTOS

O inciso VIII do art. 7º da LGPD estabelece a "tutela da saúde" como uma base legal para o tratamento de dados, assim como a alínea *f* do inciso II do art. 11, que trata das bases legais para o tratamento de dados pessoais sensíveis. Trata-se de hipótese legal autorizativa que compõe as condições de legitimidade para o tratamento de dados pessoais e possibilita a execução de uma finalidade importante, que é a prestação de serviços de saúde.

A prestação de serviços de saúde, embora se trate de atividade fundamental e imprescindível, envolve o tratamento de uma grande quantidade de dados pessoais, tais como dados cadastrais (nome, endereço, telefone, RG, CPF) e dados de saúde, incluindo doenças existentes, informações de exames, riscos de doenças, informações genéticas, que podem ser obtidos em documentos como prontuários e históricos de saúde.

Assim, a inclusão desse inciso no rol de bases legais previstas no art. 7º e o seu correspondente no art. 11 são essenciais para dispensar a necessidade de consentimento para a execução de todos os procedimentos necessários para prestação de serviços de saúde, otimizando os processos. Isso também vincula o uso dessas bases ao cumprimento de outras salvaguardas e requisitos legais da LGPD.

A redação restritiva do artigo, nesse sentido, é um ponto de atenção, considerando que muitas vezes as operações de tratamento de dados envolvem dados pessoais sensíveis, como é o caso do "dado referente à saúde ou à vida sexual, dado genético ou biométrico" previsto no art. 5º, II, da LGPD. Ademais, mesmo quando os dados tratados não se enquadram como sensíveis nos termos da definição do art. 5º, II, da LGPD, é fundamental que a interpretação desse artigo continue sendo restritiva. Isso porque, mesmo dados pessoais que não se enquadram estritamente como sensíveis podem representar riscos aos titulares quando tratados para operações de tratamento relacionadas à "tutela da saúde".

Dessa forma, a base legal da tutela da saúde deve ser utilizada "exclusivamente, em procedimento realizado por profissionais de saúde, serviços de saúde ou autoridade sanitária" (art. 7º, VIII).

É importante destacar que o inciso inicialmente apresentava apenas "área da saúde ou por entidades sanitárias". No entanto, a Lei n. 13.853/2019 incluiu "serviços de saúde" para contemplar a possibilidade de tratamento de dados envolvendo uma maior gama de serviços de saúde, como é o caso da saúde suplementar.[93] Nesse sentido, de acordo com a Nota Técnica n. 3/2019/GEPIN/DIRAD-DIDES/DIDES elaborada pela ANS, essa alteração possibilitou a inclusão de gestores públicos e privados de saúde, a exemplo das operadoras de planos de saúde, "não apenas no atendimento assistencial, mas também na gestão do cuidado".

Ainda assim, essa base legal requer uma interpretação cautelosa, sendo necessária a avaliação da adoção de outras salvaguardas para garantir a proteção dos dados tratados, além do atendimento às outras normas setoriais que podem prever procedimentos específicos para proteção dos dados dos pacientes. Nesse sentido, ainda que a LGPD não exija a coleta do consentimento, a regulamentação específica do setor de saúde muitas vezes requer a autorização ou consentimento dos pacientes para que determinados dados sejam tratados.

Como exemplo, é possível citar a vedação à publicização de fato de que o profissional de saúde tenha conhecimento em virtude do exercício de sua profissão, a não ser quando houver "motivo justo, dever legal ou consentimento, por escrito, do paciente", nos termos do art. 73 do Código de Ética Médica. Ademais, o art. 77 do Código de Ética Médica também determina que o consentimento expresso do representante legal é necessário para que informações além das contidas na declaração de óbito sejam fornecidas a empresas seguradoras sobre as circunstâncias da morte do paciente.

ANÁLISE

A base legal "tutela da saúde" prevista no art. 7º, VIII, e no art. 11, II, *f*, da LGPD se refere à hipótese legal para tratamento de dados para "tutela da saúde, exclusivamente, em procedimento realizado por profissionais de saúde, serviços de saúde ou autoridade sanitária". Para interpretar o alcance dessa hipótese legal, sugere-se analisar o artigo em quatro partes:

1. "*tutela da saúde*" – a finalidade da operação de tratamento de dados deve ser a tutela da saúde do titular dos dados;
2. "*exclusivamente*" – a hipótese legal é restritiva e não comporta uma interpretação ampla a respeito das hipóteses nas quais a finalidade da tutela da saúde pode legitimar o tratamento de dados;
3. "*em procedimento realizado por*" – apresenta hipótese interpretativa em relação às atividades que podem ser vinculadas à finalidade tutela da saúde;
4. "*profissionais de saúde, serviços de saúde ou autoridade sanitária*" – qualificação dos agentes de tratamento que são passíveis de realizar os procedimentos previstos no artigo.

A "tutela da saúde", como primeira parte do inciso, abrange a finalidade principal dos serviços de saúde,[94] podendo englobar atividades referentes à medicina preventiva, ou do trabalho, diagnóstico médico, realização de exames etc. O alcance da interpretação do previsto na LGPD parece ser mais amplo do que o previsto nos arts. 9(2)(h) e 9(3) do RGPD, que trata da tutela da saúde como uma exceção à proibição ao tratamento de dados pessoais

---

[93] Conforme se extrai das Emendas n. 96 e 121 apresentadas à Comissão Mista da Medida Provisória n. 869, de 2018.

[94] CNSaúde. *Código de boas práticas:* proteção de dados para prestadores privados em saúde. 2021. p. 142.

sensíveis e que exige que as operações de tratamento também sejam enquadradas em uma das bases legais previstas no art. 6º. De acordo com o art. 9(2)(h):

> Artigo 9(2)(h) Se o tratamento for necessário para efeitos de *medicina preventiva ou do trabalho, para a avaliação da capacidade de trabalho do empregado, o diagnóstico médico, a prestação de cuidados ou tratamentos de saúde ou de ação social ou a gestão de sistemas e serviços de saúde ou de ação social com base no direito da União ou dos Estados-Membros ou por força de um contrato com um profissional de saúde*, sob reserva das condições e garantias previstas no n. 3; (...) (grifos nossos).

Ressalta-se que a LGPD se distingue de jurisdições como a UE, África do Sul, Califórnia (EUA), Japão e Turquia quanto ao tratamento de dados para a finalidade de "tutela da saúde".[95] Enquanto nesses locais tal tratamento representa uma exceção à proibição de tratar dados pessoais sensíveis, na LGPD essa possibilidade está inserida nas bases legais que endereçam o tratamento de dados de forma geral, não apenas como uma exceção. Assim, embora essa estruturação das hipóteses legais não tenha uma implicação prática significativa, a sua inclusão no rol do art. 7º da LGPD não reflete adequadamente a complexidade de aplicar essa base legal, uma vez que conceitos importantes como "tutela da saúde" não são apresentados de forma detalhada.

Destaca-se que o conceito de "tutela da saúde" é explorado com mais detalhes em outras jurisdições do que na LGPD, onde o termo possui um alcance mais amplo. Por exemplo, legislações como a da Austrália detalham de forma mais específica as condições sob as quais os dados de saúde podem ser tratados, o que facilita uma interpretação do alcance do permissivo legal. Na UE, como se pode observar, o alcance dessa finalidade engloba procedimentos como diagnóstico, prestação de cuidados, tratamento, dentre outros.

A falta de uma definição específica para "dado de saúde" na LGPD e a ampla gama de operações de tratamento que podem ser justificadas sob a finalidade "tutela da saúde" podem resultar em uma aplicação inconsistente e interpretações excessivamente amplas dessa base legal. Assim, a interpretação do escopo dessa base legal deve ser feita considerando os riscos associados ao tratamento de dados no contexto da saúde e a necessidade de proteção especial do titular dos dados. Essa precaução é especialmente relevante no contexto do debate sobre a taxatividade ou não do rol de dados previstos[96] e a possibilidade de que o tratamento de informações que não sejam estritamente classificadas como sensíveis ainda possa expor os titulares a riscos, especialmente no contexto das operações relacionadas à saúde.

Nesse sentido, chama-se atenção aos requisitos para tratamento de dados pessoais sensíveis apresentados dos §§ 3º, 4º e 5º do art. 11 da LGPD, introduzidos pela Lei n. 13.853/2019, que também expandiu os agentes autorizados a utilizar essa base legal:

---

[95] Os dispositivos legais e países analisados foram os seguintes: África do Sul (South Africa's Protection of Personal Information Act – Popia) – Seção 32 (a) (b); Argentina (Ley 25.326 de Protección de los Datos Personales) – Art. 8, Art. 10, Art. 11, d; Australia (Privacy Legislation Amendment) – Art. 16B; China (Personal Information Protection Law – PIPL) – Art. 13(IV), Art. 28; Egito (Egyptian Law n. 151 of 2020) – Art. 15(1); EUA (California Consumer Privacy Act – CCPA) – Seção 1798.145. (c) (1) (2); Seção 1798.146, Europa (RGPDR) – Art. 6º e Art. 9º; Índia (India's Personal Data Protection) – Art. 7, (g); Japão (Act on the Protection of Personal Information) – Art. 18 (3) (iii); Art. 20, (2)(iii); Art. 27 (1) (iii); Turquia (Law on the Protection of Personal Data) – Art. 6(3); Uruguai (La Ley 18.331 Protección de Datos Personales y Acción de Habeas Data) – Art. 17, C, Art. 18 e Art. 19.

[96] STJ, AREsp 2.130.619/SP. Segunda Turma. j. 07.03.2023, *DJe* 10.03.2023.

- A autoridade nacional pode proibir ou regulamentar o compartilhamento de dados pessoais sensíveis entre controladores que buscam vantagem econômica, após consulta aos órgãos setoriais competentes (§ 3º);
- É proibido compartilhar ou usar dados pessoais sensíveis relacionados à saúde entre controladores para ganho econômico, exceto para prestação de serviços de saúde e assistência farmacêutica, sendo permitida a portabilidade dos dados a pedido do titular e a realização de transações financeiras/administrativas relacionadas à prestação desses serviços (§ 4º);
- Operadoras de planos privados de saúde são proibidas de processar dados de saúde para seleção de riscos na contratação ou exclusão de beneficiários (§ 5º).

Assim, dado o potencial lesivo e discriminatório dos dados pessoais sensíveis[97] e de dados não sensíveis relacionados às operações realizadas com a finalidade da tutela da saúde, a interpretação da base legal deve ser restritiva e em benefício dos interesses dos titulares de dados e respeitando a autodeterminação informativa. Esse entendimento é reforçado pelo Despacho Cojur CFM n. 557/2021, aprovado em reunião da diretoria do CFM em 17.12.2021, que aborda o tratamento desses dados sensíveis sob as bases legais de "proteção da vida" e "tutela da saúde".

Esse caráter é reforçado pela utilização do termo "exclusivamente" e o direcionamento da interpretação da tutela da saúde para "procedimentos". Ou seja, a partir do texto da lei, interpreta-se que não são todas as atividades de tratamento que podem ser vinculadas à finalidade tutela da saúde, apenas os procedimentos realizados por profissionais da saúde, de serviços de saúde ou autoridades sanitárias.

Quanto aos profissionais da saúde, é possível extrair as seguintes categorias de profissionais a partir da Resolução do CNS n. 218, de 06 de março de 1997: assistentes sociais; biólogos; profissionais de educação física; enfermeiros; farmacêuticos; fisioterapeutas; fonoaudiólogos; médicos; médicos veterinários; nutricionistas; odontólogos; psicólogos; e terapeutas ocupacionais. A esse respeito, o RGPD apresenta interpretação mais restritiva quanto aos profissionais que podem tratar os dados sensíveis para fins de tutela de saúde, incluindo a necessidade de que estes estejam sujeitos ao sigilo médico.

Assim, apesar da LGPD não apresentar tal disposição de forma expressa, a adoção dessa interpretação relativa ao sigilo profissional pode representar uma boa prática e uma salvaguarda adicional para garantir a proteção de dados de saúde, especialmente quando da aplicação da tutela da saúde prevista no art. 11, II, *f*. Quando não existir sigilo profissional regulamentado, a adoção de termos de confidencialidade pode garantir maior segurança, especialmente no tratamento dos dados sensíveis.

Já em relação aos serviços de saúde, essa hipótese parece mais ampla e possibilita compreender a aplicação da referida base legal para os procedimentos realizados por Hospitais, Clínicas, Laboratórios, Farmácias Hospitalares, Serviços de Radiodiagnósticos, Planos de Saúde etc., desempenhadas com a finalidade de "tutelar" a saúde do paciente. Essa ampliação do rol de serviços que foi fruto da alteração promovida pela Lei n. 13.853/2019, contudo, não sanou uma grande dificuldade existente no setor, que é a definição da base legal adequada

97 MULHOLLAND, C. S. Dados pessoais sensíveis e a tutela de direitos fundamentais: uma análise à luz da lei geral de proteção de dados (Lei n. 13.709/2018). *Revista de Direitos e Garantias Fundamentais*, v. 19, n. 3, 2018.

para execução de "atividades-meio" necessárias para o desempenho de "atividades-fim", especialmente aquelas que envolvem o tratamento de dados pessoais sensíveis, cuja base legal "execução de contrato" prevista no inciso V é mais restrita.

Nesse contexto, destaca-se a necessidade de aplicar os §§ 4º e 5º do art. 11 da LGPD, quando a base legal da tutela da saúde for considerada, sendo também fundamental considerar os princípios da finalidade, necessidade e adequação previstos no art. 6º, I, II e III. Assim, destaca-se novamente o Despacho Cojur CFM n. 557/2021, que compreende que o art. 11, § 4º, da LGPD possibilita o tratamento dos dados do titular sem o seu consentimento para realização de trâmites burocráticos que decorram dos procedimentos realizados para tutela da saúde.

Portanto, as atividades que se enquadram na base legal da tutela da saúde são: inclusão de dados em prontuários de pacientes; registro de exames médicos solicitados em sistemas informatizados; e avaliação de históricos médicos para diagnóstico e definição de tratamentos.

Quanto ao posicionamento do Judiciário sobre essa base legal, em geral, a jurisprudência citada nos casos em que a tutela da saúde é mencionada aborda situações em que todas as bases legais previstas no art. 7º são mencionadas de forma exemplificativa.[98] Assim, o debate sobre a base legal no Judiciário não é aprofundado e muitos casos sequer tratam de questões relacionadas à saúde.

Dentre os casos identificados, destaca-se o Processo n. 0001679-21.2022.8.26.0016[99], que trata de um recurso interposto no bojo de uma ação de danos morais decorrentes da migração do plano de saúde da autora sem o seu conhecimento, que acabou gerando o descredenciamento de médicos e hospitais. A decisão citou a base legal "tutela da saúde" prevista no art. 7º, VIII, da LGPD para firmar o entendimento que os dados da autora poderiam ser tratados sem o seu consentimento. Ainda assim, compreendeu-se que o pedido de indenização da autora seria procedente, considerando os danos morais sofridos em decorrência da violação da Resolução Normativa n. 112/2005 da ANS e do princípio da boa-fé objetiva.

Por fim, ressalta-se a importância de a ANPD, regulamentar o compartilhamento de dados pessoais sensíveis para fins econômicos, de modo que sejam protegidos os direitos fundamentais dos titulares dos dados, ao mesmo tempo que seja incentivado o desenvolvimento do setor da saúde.

BIBLIOGRAFIA SELECIONADA

CNSaúde. *Código de boas práticas:* proteção de dados para prestadores privados e m saúde. 2021.

FRAZÃO, A.; CARVALHO, A. P. de; MILANESE, G. *Curso de proteção de dados pessoais:* fundamentos da LGPD. Rio de Janeiro: Forense, 2022.

MULHOLLAND, C. S. Dados pessoais sensíveis e a tutela de direitos fundamentais: uma análise à luz da lei geral de proteção de dados (Lei n. 13.709/2018). *Revista de Direitos e Garantias Fundamentais*, v. 19, n. 3, 2018.

---

[98] *Vide* o caso: TJSP. Ap. Civ. 10032842420228260100, São Paulo, Rel. Spoladore Dominguez, j. 26.04.2023, 13ª Câmara de Direito Público, data de publicação: 26.04.2023.

[99] TJSP, RI: 00016792120228260016 SP 0001679-21.2022.8.26.0016, Rel. Laura de Mattos Almeida, j. 23.01.2023, Quarta Turma Cível, data de publicação: 23.01.2023.

SALLARI, A. B.; AITH, F. *LGPD na saúde digital.* São Paulo: Thomson Reuters Brasil, 2022.

TEFFÉ, C. S.; VIOLA, M. Tratamento de dados pessoais na LGPD: estudo sobre as bases legais dos artigos 7º e 11. *In*: DONEDA, D. *et al. Tratado de proteção de dados pessoais.* Rio de Janeiro: Forense, 2021.

Artigo 7º, IX

Comentado por Isabela Maria Rosal e Rodrigo Dias de Pinho Gomes

DISPOSITIVOS RELACIONADOS NA LGPD

- Art. 10; art. 11, II, *g*; art. 14; art. 18, § 2º; arts. 37 e 38.

ATIVIDADES DA ANPD

- ANPD. Guia Orientativo. Hipóteses legais de tratamento de dados pessoais: legítimo interesse. Fev./2024.
- ANPD. Guia Orientativo. Tratamento de dados pessoais pelo Poder Público. Versão 2.0. Jun./2023.
- ANPD. Guia orientativo: Cookies e proteção de dados pessoais. Out./2022.
- ANPD. Estudo preliminar. Hipóteses legais aplicáveis ao tratamento de dados pessoais de crianças e adolescentes. Set./2022.
- ANPD. Guia orientativo para Definições dos Agentes de Tratamento de Dados Pessoais e do Encarregado. Versão 2.0. Abr./2022.
- ANPD. Nota Técnica n. 02/2021/CGTP/ANPD. 2021.

AÇÕES REGULATÓRIAS E FISCALIZATÓRIAS DE ENTIDADES GOVERNAMENTAIS E ÓRGÃOS DE CONTROLE

- Parecer n. 00001/2021/CONJUR-CGU/CGU/AGU.

CASOS E DECISÕES JUDICIAIS RELEVANTES

- TST. RR n. 00108474720215180051, Quinta Turma, j. 26.06.2024, publicado em 28.06.2024.
- TRE-PA, Recurso Eleitoral n. 0600015-21.2023.6.14.0096, j. 11.04.2024, *DJe* 17.04.2024.
- TJSP, Ap. Civ. n. 1002441-64.2022.8.26.0066, Décima Primeira Câmara de Direito Privado, j. 25.10.2022.
- TJDFT, AgInt n. 0749765-29.2020.8.07.0000, Segunda Turma Cível, j. 26.05.2021, *DJe* 01.06.2021.

JUSTIFICATIVA E FUNDAMENTOS

Ao adotar o modelo de proteção *ex ante*, a LGPD seguiu a doutrina europeia de proteção de dados em que tratamento de informações pessoais é proibido, salvo exista alguma previsão legal contrária. Contudo, desde a Diretiva Europeia essa sistemática também considerou a necessidade de existência de hipóteses legais suficientes para garantir o fluxo de dados para o alcance de objetivos legítimos como prestação de serviços, desenvolvimento econômico e inovação. Dessa forma, inicialmente na jurisdição europeia, adotou-se a previsão de possibilidade de tratamento de dados pessoais para o legítimo interesse do controlador ou de terceira parte interessada, desde que não prevaleçam os direitos e liberdades do titular.[100] Dessa forma, o legítimo interesse serve como uma possibilidade não predefinida para o tratamento de dados pessoais, criando maiores possibilidades de processamento para os agentes de tratamento.

Na elaboração da LGPD, a base legal não fazia parte do texto apresentado no PL n. 4.060/2012. Portanto, a partir da constante visita ao modelo europeu durante a participação pública, diferentes opiniões foram trazidas ao debate legislativo, de um lado o apoio da expansão da lista de bases legais autorizativas e, do outro lado, o apoio à manutenção da lista mais curta de bases legais.[101] Em paralelo, o anteprojeto de lei apresentado pelo MJ já contava com uma versão do inciso IX como base legal, mas com algumas diferenças na redação, somente mencionando os interesses legítimos do responsável, e não de terceiros, e com redação mais aberta de possibilidade de tratamento desde que "respeitados os interesses ou os direitos e liberdades fundamentais do titular".

Ao fim, o legítimo interesse foi integrado à lista de hipóteses autorizativas para tratamento de dados pessoais não sensíveis (art. 7º da LGPD), ampliando as possibilidades de atividades de processamento de informações pessoais, desde que cumpridos os requisitos previstos na lei. A previsão, da mesma forma que a regulação europeia, apresenta a necessidade de ponderação pelo agente de tratamento, através da elaboração de teste de balanceamento entre os interesses do controlador ou de terceiro que podem ser alcançados com o tratamento dos dados pessoais, em contraponto com as possíveis consequências ao titular, levando em conta, dentre outros fatores, as suas legítimas expectativas. Portanto, a LGPD segue a ideia compreendida internacionalmente da necessidade de circulação dos dados pessoais, conciliando-a, sempre que possível, com a necessidade de proteção dos indivíduos.

É importante pontuar que a opção pela base legal do interesse legítimo não significa um cheque em branco, de modo que a liberdade conferida ao controlador se reveste de um sistema de freios e contrapesos. Constitui tarefa essencial a ponderação dos interesses legítimos do agente de tratamento ou do terceiro com os "direitos e liberdades fundamentais do titular que exijam a proteção dos dados pessoais".[102]

---

100 Art. 6(1)(*f*) da Diretiva n. 95/46/CE.

101 ASSOCIAÇÃO INTERNETLAB DE PESQUISA EM DIREITO E TECNOLOGIA. O que está em jogo no debate sobre dados pessoais no Brasil?, p. 125-130, 2016.

102 "(...) o legítimo interesse só pode ser justificado quando não for sobreposto pelos direitos e liberdades fundamentais do titular. Essa análise de sobreposição implica um teste de balanceamento, em que irá se verificar o que prevalece – o legítimo interesse do controlador ou os direitos e liberdades do titular de dados" (Nota Técnica n. 02/2021/CGTP/ANPD, 2021, p. 24).

ANÁLISE

1. Utilização do legítimo interesse e o balanceamento de interesses

O legítimo interesse é um conceito jurídico indeterminado, possibilitando flexibilizar o sistema proibitivo de tratamento de dados trazido pela LGPD. Justamente para garantir que o fluxo de dados possa ser realizado em diversas situações, a norma somente apresenta lista exemplificativa de situações que podem caracterizar o interesse legítimo.[103] Como reforço dessa abertura, o próprio texto legal reafirma que tanto o interesse do controlador quanto de qualquer terceiro poderão justificar o uso da base legal em estudo. Logo, em teoria, qualquer atividade que busque atingir uma finalidade legal pode justificar o tratamento de dados baseado no legítimo interesse desde que prevaleçam os direitos e liberdades fundamentais do titular e não exista outra base legal mais adequada.[104] Neste sentido, veja-se o Enunciado n. 685 da IX Jornada de Direito Civil: "*O interesse legítimo do terceiro, mencionado no inciso IX do art. 7º da Lei Geral de Proteção de Dados, não se restringe à pessoa física ou jurídica singularmente identificadas, admitindo-se sua utilização em prol de grupos ou da coletividade para atividades de tratamento que sejam de seu interesse*".[105]

Portanto, em relação à previsão do art. 7°, IX, da LGPD, o ponto de maior destaque é o teste de balanceamento entre o legítimo interesse que justifica o tratamento e as possíveis consequências – positivas e negativas – para o titular. Neste sentido, veja-se o Enunciado n. 683 da IX Jornada de Direito Civil: "*A legítima expectativa do titular quanto ao tratamento de seus dados pessoais se relaciona diretamente com o princípio da boa-fé objetiva e é um dos parâmetros de legalidade e juridicidade do legítimo interesse*".

Doutrinariamente, há diferenças sobre o número de etapas existentes no teste de balanceamento e sobre o nome dado a essa atividade. Bioni,[106] por exemplo, apresenta quatro etapas para o teste para elaboração da documentação da avaliação do legítimo interesse. Rosal,[107] por

[103] Ver comentário ao art. 10 neste volume.

[104] A avaliação de base mais adequada não afeta a inexistência de hierarquia entre as bases legais. O entendimento sobre adequação da base legal está relacionado com a avaliação da finalidade e contexto do tratamento, não sobre uma base ser hierarquicamente melhor do que a outra.

[105] Justificativa: A Lei Geral de Proteção de Dados (Lei n. 13.709/1918) traz, no art. 10, parâmetros para a aplicação da base legal do legítimo interesse, que é um conceito jurídico indeterminado. A legítima expectativa baseia-se em um dever de lealdade e não frustração da confiança do titular de dados, de modo a garantir uma maior previsibilidade quanto à aplicação e interpretação do legítimo interesse. A interpretação desta base legal deve necessariamente levar em consideração a forte influência do princípio da boa-fé no direito privado brasileiro e sua relação com a vedação do abuso de direito, que implica uma limitação ao tratamento de dados que não passe no teste do legítimo interesse. Tal orientação é condizente com as escolhas inscritas na Lei Geral de Proteção de Dados, que elege a boa-fé como princípio reitor dos demais princípios da lei (art. 6º, *caput*), e também com a busca por se evitar um transplante legal inadequado da figura do legítimo interesse para o ordenamento jurídico nacional. Contudo, a legítima expectativa não é um valor absoluto, podendo ser flexibilizado se a análise do caso concreto revelar que o interesse do controlador ou de terceiros se sobrepõe à legítima expectativa (e.g., prevenção a fraudes), a partir de um equacionamento dos diversos aspectos do caso, o que se convencionou chamar teste do legítimo interesse.

[106] BIONI, B. R. *Proteção de dados pessoais:* a função e os limites do consentimento. 2. ed. 2. reimpr. Rio de Janeiro: Forense, 2019.

[107] ROSAL, I. M. O legítimo interesse do controlador ou terceiro e o teste de proporcionalidade no tratamento de dados pessoais. *In*: GRUPO DADOS ABERTOS.RN. *Open data day*: dados abertos governamentais e inovação cívica. Natal: Motres, 2020.

outro lado, fala de teste de proporcionalidade e apresenta um fluxograma para a realização do teste e confecção de relatório de impactos. Mattiuzzo e Ponce[108] apresentam quatro fases do teste de adequação de proporcionalidade entre direitos fundamentais como forma de interpretação para aplicação do teste de balanceamento do legítimo interesse. O WP29 determinava quatro pontos de atenção, com subtópicos destacados, para avaliação dos resultados do tratamento de dados e a possibilidade de uma nova conclusão a partir da adoção de medidas de mitigação de risco na última etapa. O EDPB, em recente guia sobre o tema, destacou três passos para a avaliação da utilização do legítimo interesse: definição do interesse legítimo, análise da necessidade da atividade de tratamento para alcançar o interesse legítimo e o balanceamento entre os interesses legítimos e as consequências para o titular.[109]

A ANPD, em posição semelhante ao EDPB, no Guia Orientativo sobre legítimo interesse, definiu que o teste de balanceamento deve apresentar três fases:

1) Finalidade: avaliação da existência de um propósito legal para o tratamento de dados e se existe algum impedimento sobre a utilização de dados pessoais (e.g., dados sensíveis);
2) Necessidade: verificação sobre a indispensabilidade dos dados pessoais para alcançar a finalidade estabelecida na fase 1; e
3) Balanceamento e salvaguardas: identificação das expectativas do titular, efeitos – positivos e negativos – ao titular e medidas de mitigação aos riscos.

A autoridade brasileira reforça que o resultado do teste não precisa ser zero, ou seja, o equilíbrio total não precisa ser atingido. O mais importante seria uma compatibilidade entre os efeitos ao titular e a finalidade do tratamento.[110]

Independentemente da forma e nomenclatura adotadas, a doutrina e autoridades de proteção de dados não divergem significantemente sobre qual deve ser o conteúdo do teste. Portanto, não há dúvidas sobre a necessidade de: (i) existência de uma finalidade concreta; (ii) observar o princípio da necessidade;[111] (iii) consideração sobre os efeitos do tratamento para os interesses do titular.

A autoridade brasileira ressaltou que não adotou nenhum modelo obrigatório de forma do teste, o que deixa espaço para o controlador decidir realizá-lo de forma mais simples ou completa a depender da complexidade e riscos do tratamento. Portanto, entende-se que o modelo apresentado pela ANPD é um modelo básico. Logo, entidades responsáveis por tratamentos de dados de alto risco, com desequilíbrio de poder em relação ao titular, envolvendo um número elevado de dados ou dados de crianças e adolescentes, devem buscar desenvolver modelos de teste que possam melhor considerar as características das suas atividades. Doutrina e guias de autoridades internacionais são boas referências para tanto.

Além disso, resta claro que o teste de balanceamento deve ser elaborado previamente ao tratamento de dados em questão. Ou seja, antes do início de uma atividade de trata-

---

[108] PONCE, P. P.; MATTIUZZO, M. O legítimo interesse e o teste da proporcionalidade: uma proposta interpretativa. *Internet & Sociedade*, v. 1, n. 2, p. 54-76, 2020.

[109] EDPB. *Guidelines 1/2024 on processing of personal data based on Article 6(1)(f) GDPR*, out. 2024.

[110] ANPD. *Guia Orientativo:* Hipóteses legais de tratamento de dados pessoais: legítimo interesse, fev. 2024.

[111] Ver comentário ao art. 6º, II, neste volume.

mento baseada no legítimo interesse, o controlador deverá realizar o teste e documentá-lo e, somente em caso de resultado positivo, poderá prosseguir com o tratamento de forma legítima. O resultado positivo pode ser alcançado a partir da simples avaliação de impacto ou com a adoção de medidas adicionais de mitigação de riscos. Logo, é inequívoco que o teste de balanceamento e seu registro são requisitos de validade da utilização da base legal do legítimo interesse em qualquer tratamento de dados pessoais baseado nessa previsão legal. Não existem situações em que esse requisito é afastado, restando abertura, somente, sobre a forma de realização do teste e a forma de registro.

No quadro abaixo é possível verificar os principais elementos relacionados aos legítimos interesses, de acordo com o texto da LGPD:[112]

Núcleo principal
Identificação de um Interesse (art. 7º, IX)
Interesse deve ser legítimo (art. 7º, IX)
Atividade de tratamento deve ser necessária ao atendimento do interesse legítimo (art. 7º, IX)
Finalidade deve ser legítima (art. 10; art. 6º, I e II)
Situação deve ser concreta, atual – vedado o uso genérico (art. 10)
Identificação dos direitos e liberdades fundamentais do titular que exijam a proteção dos dados pessoais (art. 7º, IX; art. 10, II)
Ponderação (art. 7º, IX; art. 10, II; art. 6º, X)
Salvaguardas adicionais
Reforço do princípio da necessidade (art. 10, § 1º; art. 6º, III)
Reforço do princípio da transparência (art. 10, § 2º; art. 6º, VI)
Reforço da exigência de manutenção de registro das operações de tratamento (art. 37; art. 6º, X)
Possibilidade de fiscalização (ANPD) – RIPD (hipótese de risco elevado) (art. 10, § 3º; art. 5º, XVII)

1.1. Registro

Interessante perceber que a LGPD não prescreve forma específica sobre como deve-se dar o registro da análise do balanceamento de interesses, requisito da base legal do legítimo interesse, mencionando somente a necessidade de manutenção de registro das operações de tratamento de dados pelos agentes de tratamento.[113] Discute-se sobre a obrigatoriedade de elaboração de um RIPD, ou se um registro menos complexo seria suficiente, conforme detalhado no comentário ao art. 10 neste volume. Dessa forma, é possível compreender que a legislação deixou em aberto o formato do registro do teste de balanceamento, justamente para garantir que a situação concreta deverá orientar o nível de detalhamento da documentação: quanto mais alto o risco aos direitos e liberdades do titular ou maior o número de

[112] GOMES, R. D. P. *Legítimos interesses na LGPD:* trajetória, consolidação e critérios de aplicação. Indaiatuba: Foco, 2024. p. 216.

[113] Ver comentário ao art. 37.

dados utilizados ou de pessoas afetadas, mais informações devem ser fornecidas no registro do teste de balanceamento.

Portanto, cabe ao controlador determinar a forma de registro do teste de balanceamento, seja uma documentação mais robusta, como o RIPD, seja algo menos detalhado. Contudo, entende-se que a ANPD poderá requisitar a elaboração de RIPD, ainda que o controlador tenha optado pela elaboração de documentação mais simples, conforme os arts. 10, 37 e 38. Esse pedido poderá ser posterior ao tratamento, quando a autoridade precisar de mais informações sobre determinada atividade para suas funções de fiscalização, ou anterior ao tratamento a partir de guias, comunicações com o encarregado ou outras formas de orientações para tratamentos de alto risco.

Além disso, também não há consenso sobre a necessidade de publicação e disseminação do teste de balanceamento. Aqui, defende-se que a publicação deve ser compreendida como opcional, porém considerada uma boa prática de transparência, devendo ser adotada sempre que possível, inclusive pelas obrigações de transparência impostas pelos arts. 9º e 10. Quando houver limites de confidencialidade, como a proteção ao segredo comercial e industrial, uma versão simplificada do teste também poderá estar acessível ao público.

De qualquer forma, independente de futura normatização da ANPD, vale ressaltar que já existe uma obrigação de realização e documentação do teste de balanceamento como requisito de validade da base legal e isso deverá ser realizado antes do início do tratamento. Cabe maior compreensão sobre o formato desse registro e sobre as obrigações de transparência sobre esse documento.

2. Categorias especiais de dados pessoais

2.1. Dados pessoais sensíveis

o legítimo interesse não é base legal para tratamento de dados sensíveis no Brasil. Isso garante mais segurança jurídica aos titulares, uma vez que dados com maior potencial danoso – os dados sensíveis – não podem ser utilizados em casos não determinados como se observa no art. 7°, IX. Essa impossibilidade deve considerar os dados sensíveis em contexto, ou seja, informações que inicialmente não se enquadram na classificação de dados sensíveis, mas, a partir do contexto do tratamento, podem revelar dados que reservam maior rigidez protetiva. Modelo semelhante foi seguido pelo RGPD. Na jurisdição da UE, existe figura bastante semelhante ao legítimo interesse para o tratamento de dados pessoais não sensíveis (art. 6, *f*, RGPD) e essa base legal também não pode ser utilizada para justificar tratamento de informações sensíveis (art. 9°, RGPD).

Apesar disso, a LGPD adotou uma base legal autorizativa prevista no art. 11, II, *g*,[114] para o tratamento de dados sensíveis mais restritiva do que o legítimo interesse, mas com diversas semelhanças com este, incluindo a necessidade de teste de balanceamento. Dessa forma, entende-se que a jurisdição nacional teve um cuidado em ter lista menos permissiva para o tratamento de dados pessoais sensíveis ao não trazer o legítimo interesse no seu art. 11. Sobre esse ponto, a ANPD esclareceu que o legítimo interesse pode justificar o tratamento de dados pessoais não sensíveis para a prevenção à fraude, ao passo em que não é qualquer interesse legítimo que poderá justificar o tratamento de dados sensíveis, mas somente a prevenção à fraude e à segurança do titular nos processos de identificação e autenticação de cadastro em sistemas eletrônicos.[115]

[114] Ver comentário ao art. 11 neste volume.

[115] ANPD. *Guia Orientativo:* Hipóteses legais de tratamento de dados pessoais: legítimo interesse, fev. 2024.

2.2. Dados de crianças e adolescentes

O art. 7º, IX, é base legal para o tratamento de dados de crianças e adolescentes, desde que observado e prevaleça o melhor interesse do menor, conforme o art. 14 da LGPD.[116] Ao aplicar o legítimo interesse para o tratamento de dados de crianças e adolescentes, a interpretação de resultados deve ser protetiva. Ou seja, conforme o melhor interesse da criança ou adolescente, caso o teste de balanceamento seja inconclusivo ou não forem adotadas medidas adicionais que protejam os direitos e interesses deste grupo, não se deve utilizar o legítimo interesse.[117] Para tanto, na avaliação dos efeitos do tratamento previsto, o controlador deve registrar[118] quais foram os critérios para definição do melhor interesse da criança ou adolescente e como os direitos desse grupo foram considerados em face do legítimo interesse do controlador ou de terceiros. Essa documentação deverá ser realizada, preferencialmente, através de metodologias de IA aos direitos de crianças (em inglês, *Children's Rights Impact Assessments, CRIAs*). Ainda, conforme a ANPD, na fase 3 do teste, a prevalência do melhor interesse do menor deve ser avaliada. Ao final dessa avaliação, os resultados devem comprovar que o tratamento não gera riscos desproporcionais à criança ou ao adolescente, considerando as características desse grupo.

Em sentido similar, o RGPD também adotou a necessidade de análise da proporcionalidade do uso do legítimo interesse em contraponto com os interesses do titular, ressaltando a necessidade de maior cuidado na avaliação dos direitos e liberdades quando o titular for uma criança.[119]

Dessa forma, como garantia de observância do princípio do melhor interesse, o teste de balanceamento deve ser performado nos tratamentos de dados justificados pelo legítimo interesse e essa base legal só poderá ser utilizada no processamento de informações de crianças e adolescentes caso o resultado do teste seja positivo; nunca em caso de consequências negativas prevalecerem e outra base legal pode ser buscada caso exista um resultado inconclusivo. A ANPD definiu situações em que o legítimo interesse parece ser compatível para o tratamento de dados de crianças e adolescentes: (i) relação prévia e direta entre o controlador, com finalidade de proteção dos direitos ou interesses do titular menor de idade; ou (ii) viabilizar prestação de serviços que beneficiem os titulares. Em outras situações, é mais difícil vislumbrar e comprovar o legítimo interesse do controlador em utilizar os dados de crianças e adolescentes.[120]

Importante ressaltar que esse tema é complexo e a doutrina apresenta diferentes interpretações sobre a utilização do legítimo interesse para o tratamento de dados de crianças e adolescentes. Parte da doutrina defende que somente o consentimento dos pais e responsáveis seria legítimo a autorizar o tratamento de dados de crianças e adolescentes, enquanto outra corrente doutrinária defende que as bases legais do art. 7º, ressalvado o legítimo interesse, poderiam ser utilizadas para justificar a utilização de dados de crianças e adolescentes.

---

116 ANPD. Enunciado n. 1, de 22 de maio de 2023.

117 ANPD. *Guia Orientativo:* Hipóteses legais de tratamento de dados pessoais: legítimo interesse, fev. 2024.

118 Sobre essa obrigação, relevante destacar que em casos de tratamento de dados envolvendo informações sobre crianças e adolescentes, é necessária a elaboração de Relatório de Impacto prévio à atividade, uma vez que esses processos são considerados de alto risco. Ver: art. 4º, II e alíneas da Resolução CD/ANPD n. 2, de 27 de janeiro de 2022, que aprova o Regulamento de aplicação da LGPD para agentes de tratamento de pequeno porte.

119 Art. 6(1)(*f*) do RGPD.

120 ANPD. *Guia Orientativo:* Hipóteses legais de tratamento de dados pessoais: legítimo interesse, fev. 2024.

Contudo, considerando os posicionamentos predominantes doutrinário e da ANPD, entende-se que o legítimo interesse deve sim ser uma base legal para atividades envolvendo informações dessas pessoas, desde que não haja outra hipótese legal mais adequada e que o teste de balanceamento seja mais detalhado e rigoroso considerando a vulnerabilidade desse grupo de titulares.[121]

2.3. Legítimo interesse no setor público

A possibilidade de utilização do legítimo interesse pelo setor público como agente de tratamento é outro tema que apresenta diferentes posicionamentos doutrinários. Devido ao desequilíbrio de poder entre a Administração Pública e o administrado, há autores que defendem a impossibilidade de utilização do legítimo interesse como base legal de tratamento para o setor público. Esse entendimento também considera o fato de que entidades públicas agem em busca do interesse público, de forma que as atividades envolvendo dados pessoais também buscariam o interesse público e, portanto, o legítimo interesse já seria um pressuposto de qualquer utilização de dados pessoais.

Contudo, a ANPD adotou posicionamento contrário, afirmando que o legítimo interesse pode ser utilizado pela Administração Pública, mas somente em situações em que outra base legal não é mais adequada e quando o tratamento não é compulsório.[122] Portanto, considerando a existência de bases legais relacionadas diretamente com o interesse público e as funções públicas (art. 7º, II e III), o legítimo interesse é pertinente para atividades não estritamente relacionadas com as funções administrativas. Além disso, é importante que as demais regras da LGPD sejam observadas, principalmente os princípios e direitos, à medida do que for aplicável.[123]

BIBLIOGRAFIA SELECIONADA

ANPD. Enunciado n. 1, de 22 de maio de 2023.

ASSOCIAÇÃO INTERNETLAB DE PESQUISA EM DIREITO E TECNOLOGIA. *O que está em jogo no debate sobre dados pessoais no Brasil?*, 2016.

BIONI, B. R. *Proteção de dados pessoais:* a função e os limites do consentimento. 2. ed. 2. Reimpr. Rio de Janeiro: Forense, 2019.

EDPB. *Guidelines 1/2024 on processing of personal data based on Article 6(1)(f) GDPR*. Out./2024.

FERRETTI, F. Data protection and the legitimate interest of data controllers: much ado about nothing or the winter of rights? *Common Market Law Review*, v. 51, p. 843-868, 2014.

GOMES, R. D. P. *Legítimos interesses na LGPD:* trajetória, consolidação e critérios de aplicação. Indaiatuba: Foco, 2024.

PONCE, P. P.; MATTIUZZO, M. O legítimo interesse e o teste da proporcionalidade: uma proposta interpretativa. *Internet & Sociedade*, v. 1, n. 2, 2020.

121 Ver comentário ao art. 14 neste volume.

122 ANPD. *Guia Orientativo:* Tratamento de dados pessoais pelo Poder Público. Versão 2.0, jun./2023.

123 ANPD. *Guia Orientativo:* Hipóteses legais de tratamento de dados pessoais: legítimo interesse, fev. 2024.

ROSAL, I. M. O legítimo interesse do controlador ou terceiro e o teste de proporcionalidade no tratamento de dados pessoais. *In*: GRUPO DADOS ABERTOS.RN. *Open data day:* dados abertos governamentais e inovação cívica. Natal: Motres, 2020.

ROSAL, I. M. *Tratamento de dados pessoais para fins publicitários:* análise das bases legais, direitos do titular e deveres dos agentes de tratamento. São Paulo: Fórum, 2024.

WP29. *Opinion 06/2014 on the notion of legitimate interests of the data controller under Article 7 of Directive 95/46/EC.*

Artigo 7º, X

Comentado por Bárbara Simão e Camila Leite Contri

DISPOSITIVOS RELACIONADOS NO ORDENAMENTO JURÍDICO BRASILEIRO

- Arts. 43 e 44 do CDC.
- Lei do Cadastro Positivo (LCP, Lei n. 12.414/2011).
- Art. 2°; art. 10; arts. 13 e 14; art. 16 e art. 19 do Decreto n. 9.936/2019, que regulamenta a LCP.
- Arts. 2° e 3° da Resolução Conjunta Bacen n. 6, de 23 de maio de 2023.
- Art. 1º, § 3º, VII, da Lei do Sigilo Bancário (LC n. 105/2001).

DISPOSITIVOS RELACIONADOS NA LGPD

- Art. 7º, § 6º; e art. 20.

ATIVIDADES DA ANPD

- CERT.br, ANPD, *Fascículo sobre Vazamento de Dados* (2020).
- ANPD, Senacon, *Guia do Consumidor:* como proteger seus dados pessoais (2021).
- ANPD. *Portaria ANPD n. 35, de 4 de novembro de 2022 (Agenda Regulatória para o biênio 2023-2024).*
- ANPD. *ANPD e CADE assinam Acordo de Cooperação Técnica* (2021).
- ANPD. Números da Fiscalização.

AÇÕES REGULATÓRIAS E FISCALIZATÓRIAS DE ENTIDADES GOVERNAMENTAIS E ÓRGÃOS DE CONTROLE

- CADE, Processo Administrativo n. 08700.006373/2020-61 (Ato de Concentração Claro e Serasa).
- CADE, Processo Administrativo n. 08700.002792/2016-47 (Ato de Concentração Gestora de Informação de Crédito).

CASOS E DECISÕES JUDICIAIS RELEVANTES

- STJ, REsp 1.148.179/MG, Terceira Turma, Min. Rel. Nancy Andrighi, j. 26.02.2013, DJe em 05.03.2013.
- STJ, REsp 1.419.697/RS, Segunda Seção, Min. Rel. Paulo de Tarso Sanseverino, j. 12.11.2014, *DJe* 17.11.2014.[124]
- STJ, REsp 1.444.469/DF, Segunda Seção, Min. Rel. Luis Felipe Salomão, j. 12.11.2014, *DJe* 16.12.2014.[125]
- STJ, REsp 1.457.199, Segunda Seção, Min. Rel. Paulo de Tarso Sanseverino, j. 12.11.2014, *DJe* 17.12.2014.
- STJ, REsp 1.704.002/SP, Terceira Turma, Min. Rel. Nancy Andrighi, j. 11.02.2020, *DJe* 13.02.2020.
- STJ, Súmulas n. 323, 359, 385, 550.
- STJ, Tema Repetitivo 710.

JUSTIFICATIVA E FUNDAMENTOS

O inciso X, referente à base legal de "proteção do crédito", foi inserido no art. 7º da LGPD na versão do substitutivo apresentado pelo então deputado Orlando Silva, em maio de 2018.[126] A justificativa apresentada para a inclusão do dispositivo afirma considerar "pertinente incluir (inciso X) recepção expressa à possibilidade de abertura de cadastro de consumidores para proteção do crédito, tal como consagrada no art. 43 do Código de Defesa do Consumidor".[127]

Este foi o único inciso acrescido ao art. 7º na fase de tramitação do projeto no Congresso Nacional – todos os outros nove incisos já constavam na versão original do PL n. 5.276/2016, apresentado pelo Poder Executivo. Sua inclusão, como veremos adiante, revela principalmente um atendimento a demandas do setor financeiro e de análise de risco de crédito para o avanço da adesão de cadastros positivos.

Na página referente à tramitação do projeto[128], pode-se conferir textos de associações de empresas do setor financeiro e de crédito enviados para a apreciação da comissão especial dedicada à avaliação do projeto. Entre outros pontos, defendia-se a inclusão de bases legais que permitissem a coleta de informações de pagamento, bem como a consulta a dados cadastrais e o uso para prevenção a fraudes:

---

[124] Caso-paradigma (*leading case)* de escore de crédito. Tema repetitivo 710.

[125] Tema repetitivo 806.

[126] As propostas de alteração foram analisadas em detalhe no relatório: INTERNETLAB. *O que está em jogo no debate sobre dados pessoais no Brasil?* Relatório final sobre o debate público promovido pelo Ministério da Justiça sobre o anteprojeto de Lei de Proteção de Dados Pessoais, 2016.

[127] SILVA, O. Parecer proferido em Plenário pelo relator, Dep. Orlando Silva (PCdoB-SP), pela Comissão Especial. Brasília. 2018.

[128] Todas as contribuições enviadas à apreciação da Comissão Especial estão disponíveis no *site* da Câmara dos Deputados. É possível acessá-las em: https://www2.camara.leg.br/atividade-legislativa/comissoes/comissoes-temporarias/especiais/55a-legislatura/pl-4060-12-tratamento-e-protecao-de-dados-pessoais/documentos/outr os-documentos/copy_of_contribuicoes-ao-texto. Acesso em: 30 jan. 2024.

Inclusão dos incisos X, XI e XII, nos seguintes termos:

> X – para anotar o inadimplemento de obrigações pelo titular mediante solicitação do credor a bancos de dados de proteção ao crédito, devendo o titular ser comunicado nos termos do art. 43 da Lei n. 8.078/1990 – Código de Defesa do Consumidor;
>
> XI – para a formação, o processamento e a consulta a dados cadastrais;
>
> XII – para a prevenção a fraudes.[129]

A demanda pela inclusão do inciso vinha desde o debate promovido pelo Ministério da Justiça quanto ao anteprojeto de Lei de Proteção de Dados Pessoais. Organizações como a Boa Vista Serviços e a Federação Brasileira de Bancos (Febraban) enviaram contribuições pedindo pela exceção do consentimento em relação ao cadastramento de consumidores em cadastros negativos de crédito:

> Deve haver uma nova exceção de consentimento com relação ao cadastramento de consumidores no cadastro negativo de crédito. Isso porque, requerer o consentimento por parte do consumidor para tal prática acabaria por inviabilizá-la. A informação a respeito do inadimplemento é uma informação preciosa às instituições financeiras e às entidades que concedem venda a prazo, pois elas são norteadoras da análise de risco de crédito e evitam o superendividamento do consumidor. Assim, deve haver um diálogo com o quanto já disposto no Código de Defesa do Consumidor que prevê o envio, apenas, de uma comunicação prévia quando da ocasião da abertura dos registros de consumo.[130]

Entender a demanda das empresas financeiras e de crédito requer um passo atrás para o histórico relacionado à LCP, cuja revisão estava em discussão no Congresso concomitantemente à LGPD.

Previamente à existência de uma Lei do Cadastro Positivo, birôs de crédito realizavam análise de risco de pagamento de consumidores com base em informações de negativação enviadas por bancos ou por anotações e processos judiciais de inadimplência. Essas informações compunham o que ficou conhecido como cadastro negativo. Isto é, se a dívida de uma pessoa fosse anotada em uma empresa de risco de crédito, ela seria a partir disso "negativada", e, portanto, considerada menos confiável a receber crédito em outras situações comerciais. O cadastro negativo, porém, se referia apenas às informações de inadimplência comunicadas por credores.

Quando aprovada pela primeira vez, em 2011, a LCP previa a necessidade de consentimento prévio para que dados de consumidores fossem compartilhados entre instituições financeiras e birôs de crédito. Em linhas gerais, apenas caso uma pessoa desejasse ser incluída no cadastro positivo, seus dados seriam compartilhados. Em 2016, um novo PL prevendo a revisão do cadastro positivo foi proposto, alterando a regra do consentimento de autorização

[129] ASSOCIAÇÃO NACIONAL DOS BIRÔS DE CRÉDITO. Contribuição enviada à Comissão Especial da Câmara dos Deputados dedicada à apreciação do PL n. 4.060/2013 (2017).

[130] Contribuição da Febraban ao debate público do Anteprojeto de Lei sobre Proteção de Dados Pessoais, promovido pelo MJ em 2015. Febraban *apud* INTERNETLAB. *O que está em jogo no debate sobre dados pessoais no Brasil?* Relatório final sobre o debate público promovido pelo Ministério da Justiça sobre o anteprojeto de Lei de Proteção de Dados Pessoais, 2016.

(*opt-in*) para exclusão (*opt-out*) – isto é, todos os cidadãos seriam incluídos automaticamente no cadastro positivo, podendo solicitar a exclusão posteriormente.

A revisão do cadastro positivo era uma prioridade na agenda econômica do governo à época. Afirmava-se que o consentimento prévio criava entraves significativos para a adesão da população ao cadastro, e que por isso seus efeitos sobre a redução das taxas de juros e expansão (*spread*) bancária no Brasil ainda não estariam sendo sentidos.[131] Consequentemente, a proposta ganhou fôlego no Congresso e foi discutida com rapidez. Organizações da sociedade civil, diante do avanço da proposta, acabaram por demandar que a LGPD fosse aprovada antes da alteração da LCP – a justificativa era a aprovação de uma lei geral de proteção de dados antes que as regras sobre um setor específico fossem flexibilizadas para que fossem garantidos direitos a titulares de dados.

Independentemente da revisão do cadastro positivo, o inciso que inclui a proteção de crédito como uma das possíveis bases legais de utilização de dados foi adicionado ao art. 7º da LGPD, o que abriu a porta para que empresas pudessem utilizar essa base legal no momento de suas atividades. Essa é uma hipótese específica do ordenamento jurídico brasileiro, que não encontra correspondente nem mesmo no RGPD europeu, que regula essa matéria pelo tripé de normas de proteção de dados, de concorrência e relativas a empréstimos e proteção ao consumidor[132].

> No Brasil, o tratamento legal da prática de *scoring* com a finalidade proteção ao crédito seguiu sistemática inversa àquela observada na Europa. Se entre os europeus a regulamentação é construída dentro da preocupação com proteção de dados e embasada principalmente no legítimo interesse como hipótese de exceção, entre nós a proteção ao crédito aparece primeiro em ambiente de autorregulação para depois obter reconhecimento estatal como prática legítima. E a LGPD reforça esse reconhecimento ao incluí-la expressamente no rol das hipóteses legítimas de tratamento.[133]

Inclusive, mesmo antes da LCP, o CDC já previa proteção específica a banco de dados, incluindo aqueles relacionados aos sistemas de proteção ao crédito. O art. 43 da norma consumerista teria sido inspirado em iniciativas legislativas estadunidenses que também inspiraram a norma de 2011, em especial o Ato sobre Crédito Justo (tradução livre de *Fair Credit Reporting Act* – FCRA).[134] Desde aquele contexto já havia uma preocupação com abusos à "coleta, organização e prestação de informações sobre a idoneidade pessoal e financeira das pessoas".[135]

---

[131] AMORIM, I.; DOWBOR, L.; SOUZA, M. R. O. O cadastro impositivo: o canto da sereia para redução das taxas de juros. *In*: OMS, J. (org.). *O consumidor na era da pontuação de crédito*. São Paulo: Casa do Direito, 2022.

[132] MARANHÃO, J. S. A.; CAMPOS, R. R. Proteção de dados de crédito na lei geral de proteção de dados. *Direito Público*, v. 16, p. 138, 2019.

[133] MARANHÃO, J. S. A.; CAMPOS, R. R. Proteção de dados de crédito na lei geral de proteção de dados. *Direito Público*, v. 16, p. 138, 2019.

[134] MORIBE, G. T. *A proteção de dados pessoais na Secretaria Nacional do Consumidor (2019-2021)*. 2022. Dissertação (Mestrado) – Fundação Getulio Vargas, Rio de Janeiro, 2022.

[135] BENJAMIN, A. H. V. Arts. 29 a 45: Seção VI – Dos bancos de dados e cadastros de consumidores. *In*: GRINOVER, A. P. (org.). *Código Brasileiro de Defesa do Consumidor:* comentado pelos autores do anteprojeto. 9. ed. Rio de Janeiro: Forense Universitária, 2007. p. 410-503.

ANÁLISE

1. Histórico de escores de crédito no ordenamento jurídico brasileiro

Como vimos, o contexto político do país no momento da aprovação da LGPD foi de importância significativa para que o inciso em questão acabasse sendo incluído nas versões finais da tramitação do projeto. O artigo remete ao "disposto na legislação pertinente", que inclui em especial o CDC, a LCP, seu decreto regulamentador, e a sua modificação pela LC n. 166/2019. Entretanto, para além dessa remissão externa a outros subsistemas jurídicos, o dispositivo é isolado na lei, carece de correspondência em jurisdições estrangeiras e ainda não foi objeto de regulamentação em específico. O resultado é uma preocupação com a segurança jurídica e que a lei cause externalidades negativas ao desproteger titulares de dados pela falta de salvaguardas suficientes.

Vale, neste ponto, fazer menção ao art. 43 do CDC, relativo aos bancos de dados e cadastros de consumidores.[136] Até a aprovação do Código, os arquivos e registros de consumidores ainda não contavam com qualquer regulamentação. Embora o país já contasse com birôs de crédito desde a década de 1950, ainda não havia parâmetros para suas atividades. Herman Benjamin, membro da comissão de juristas responsável pela elaboração do CDC, afirmou que a principal fonte de inspiração para o artigo foi a legislação dos EUA, em especial o FCRA.[137]

Embora o art. 43 mencione bancos de dados e cadastros em geral, o foco na época de sua elaboração foi o uso de informações negativas de consumidores, relacionadas à inadimplência de pagamentos, que os deixariam "negativados" em sistemas de proteção do crédito. A referência ao FCRA fica evidente ao serem avaliados os direitos básicos previstos pelo art. 43: (i) comunicação da abertura do cadastro; (ii) acesso às informações existentes; e (iii) correção de informações inexatas. O § 4º do art. 43 do CDC afirma que os bancos de dados e serviços de proteção ao crédito seriam considerados entidades de caráter público, com o objetivo de impor limitações adicionais à atividade e viabilizar que consumidores pudessem recorrer ao *habeas data*, ação constitucional com o objetivo de conceder acesso

---

[136] "Art. 43. O consumidor, sem prejuízo do disposto no art. 86, terá acesso às informações existentes em cadastros, fichas, registros e dados pessoais e de consumo arquivados sobre ele, bem como sobre as suas respectivas fontes.

§ 1° Os cadastros e dados de consumidores devem ser objetivos, claros, verdadeiros e em linguagem de fácil compreensão, não podendo conter informações negativas referentes a período superior a cinco anos.

§ 2° A abertura de cadastro, ficha, registro e dados pessoais e de consumo deverá ser comunicada por escrito ao consumidor, quando não solicitada por ele.

§ 3° O consumidor, sempre que encontrar inexatidão nos seus dados e cadastros, poderá exigir sua imediata correção, devendo o arquivista, no prazo de cinco dias úteis, comunicar a alteração aos eventuais destinatários das informações incorretas.

§ 4° Os bancos de dados e cadastros relativos a consumidores, os serviços de proteção ao crédito e congêneres são considerados entidades de caráter público.

§ 5° Consumada a prescrição relativa à cobrança de débitos do consumidor, não serão fornecidas, pelos respectivos Sistemas de Proteção ao Crédito, quaisquer informações que possam impedir ou dificultar novo acesso ao crédito junto aos fornecedores."

[137] BENJAMIN, A. H. V. Arts. 29 a 45: Seção VI – Dos bancos de dados e cadastros de consumidores. *In*: GRINOVER, A. P. (org.). *Código Brasileiro de Defesa do Consumidor*: comentado pelos autores do anteprojeto. 9. ed. Rio de Janeiro: Forense Universitária, 2007. p. 576.

a informações armazenadas pelo Estado.[138] Por fim, haveria o prazo máximo de cinco anos para que informações negativas pudessem constar no cadastro, e informações não conectadas ao mercado de consumo não deveriam ser utilizadas.

> O Código de Defesa do Consumidor, pela via transversa, posicionou-se no sentido de só admitir o armazenamento de informações conectadas ao mercado de consumo. Outras que sejam referentes a dados pessoais do consumidor, sobre seu caráter, família, reputação geral, características individuais ou modo de vida, não são aceitas, a não ser que fortemente vinculadas ao mercado. Tanto que o art. 43, § 1º, exige que as informações sejam "objetivas", ou seja, não se apresentem como avaliações passionais, de traços afeitos à intimidade do consumidor, desconectadas da realidade e necessidades do mercado de consumo.[139]

Havia, assim, a intenção de vedar o uso de informações que não fossem diretamente relacionadas à concessão de crédito, mesmo que não tenham sido colocadas restrições expressas a isso, como ao uso de dados de gênero e raça. Fato é que, apesar disso, o art. 43 acabou se tornando exíguo diante da magnitude do mercado das agências de crédito e de seu crescimento ao longo dos anos seguintes. Em especial, enquanto o CDC trata primordialmente a respeito do uso de informações de negativação, o mercado já avançava para abarcar, também, outros tipos de dados pessoais – que posteriormente ficaram conhecidos como as chamadas "informações positivas". Mudanças na política econômica de incentivo ao crédito no país pressionaram para que uma nova legislação fosse formulada, o que deu origem à LCP.

2. A base legal de proteção ao crédito

O inciso X do art. 7º da LGPD prevê a possibilidade de controladores de dados poderem utilizar a base legal quando a atividade de tratamento tiver, por objetivo, a "proteção do crédito", condicionando a atividade à observância da legislação aplicável. Isto é, caso uma organização controladora de dados considere que o dado servirá à finalidade de proteção do crédito, poderá coletá-lo sem consentimento do titular ou sem necessária adequação à outra base legal, inclusive o legítimo interesse.

De início, a redação do inciso abre duas dificuldades: a redação aberta do conceito de "proteção do crédito", por um lado, e da "legislação pertinente" que seria aplicável à matéria, de outro. Dessa maneira, o artigo pode ter duas interpretações possíveis. Uma *interpretação ampliativa*, relativa a outras formas de proteção ao crédito. A interpretação ampliativa focaria no desenvolvimento econômico, tecnológico e na inovação. Essa interpretação, entretanto, poderia descumprir o princípio da minimização de dados e ser lesiva à privacidade e à autonomia informacional.[140] A alternativa seria uma mais *restritiva*, predominante até o momento, limitando sua incidência a temas da atuação de birôs de crédito e ao disposto na

---

[138] "LXXII – conceder-se-á *habeas data*: a) para assegurar o conhecimento de informações relativas à pessoa do impetrante, constantes de registros ou bancos de dados de entidades governamentais ou de caráter público; b) para a retificação de dados, quando não se prefira fazê-lo por processo sigiloso, judicial ou administrativo; (...)."

[139] BENJAMIN, A. H. V. Arts. 29 a 45: Seção VI – Dos bancos de dados e cadastros de consumidores. *In*: GRINOVER, A. P. (org.). *Código Brasileiro de Defesa do Consumidor*: comentado pelos autores do anteprojeto. 9. ed. Rio de Janeiro: Forense Universitária, 2007. p. 410-503.

[140] MARANHÃO, J. S. A.; CAMPOS, R. R. Proteção de dados de crédito na lei geral de proteção de dados. *Direito Público*, v. 16, p. 152-153, 2019.

LCP e com atenção ao cumprimento do princípio da necessidade[141] para não serem tratados dados excessivos, como relativos a preferência sexual ou estado de saúde, e para que haja proporcionalidade no tratamento de dados.

Ademais, cabe uma análise da evolução legislativa do dispositivo para entender sua importância. Há destaque para a tentativa de equilíbrio de duas justificativas: (i) argumentos relativos a modelos de negócio dos birôs de crédito e (ii) limitações da base legal do consentimento.[142]

Quanto a suas limitações, o desenvolvimento dessa base legal careceu de discussões profundas "a respeito de salvaguardas, medidas de mitigação de risco, viés e discriminação no tratamento dos dados pessoais dos consumidores pelo mercado de crédito", ainda que na tentativa de equilibrar a demanda para regulação do modelo de negócio de birôs de crédito com as limitações da base do consentimento.[143] A solução, portanto, seria a atração de salvaguardas para efetivação dos princípios da LGPD.

Nesse mesmo sentido, há de se garantir o direito do titular de dados de compreender como a pontuação de crédito foi determinada e sua finalidade, superando a opacidade desses sistemas para garantir a devida transparência para possibilitar seu controle e escrutínio público, inclusive pelo exercício de direitos de titulares de dados pessoais.[144] Para tanto, isso deveria ser fortalecido por meio de garantias de devido processo legal e informacional.

3. Atividades da ANPD

Até o momento, a ANPD não emitiu nenhuma diretriz específica sobre o dispositivo. Entretanto, assuntos correlatos foram objeto de análise pela autoridade.

Em termos de *normatização*, o artigo relativo à revisão de decisões automatizadas, que inclui aquelas de perfilamento de crédito, estava previsto para ser regulamentado na Fase 1 da Agenda Regulatória 2023-2024.[145]

Em termos de *fiscalização e sanção*, até o presente momento não há caso específico relativo a base legal de proteção ao crédito. Apesar de notícia de que a ANPD estaria apurando suposto vazamento de dados de cartão de crédito de 12 milhões de brasileiros,[146] a informação não foi encontrada na página de processos administrativos abertos perante a CGF.[147] Outro caso aberto relativo ao sistema financeiro, mas não estritamente de crédito, foi a investigação relativa ao suposto vazamento de chaves do Sistema de Pagamentos Instantâneo

---

141 Ver comentário ao art. 7º, III, neste volume.

142 LUCIANO, M. A construção da base legal da proteção do crédito na LGPD: entendendo o passado para pensar no futuro. *In*: OMS, J. (org.). *O consumidor na era da pontuação de crédito*. São Paulo: Casa do Direito, 2022.

143 LUCIANO, M. A construção da base legal da proteção do crédito na LGPD: entendendo o passado para pensar no futuro. *In*: OMS, J. (org.). *O consumidor na era da pontuação de crédito*. São Paulo: Casa do Direito, 2022.

144 MONTEIRO, R. L.; CRUZ S. Desafios da transparência e direito à informação no desenvolvimento de algoritmos de *credit scoring*: uma análise sob a ótica do devido processo informacional. *In*: OMS, J. (org.). *O consumidor na era da pontuação de crédito*. São Paulo: Casa do Direito, 2022.

145 ANPD. *Portaria ANPD n. 35, de 4 de novembro de 2022 (Agenda Regulatória para o biênio 2023-2024).*

146 ANPD. ANPD apura suposto vazamento de dados de cartão de crédito (Nota Oficial), 26 fev. 2021.

147 ANPD. Números da Fiscalização.

(Pix).[148] Esta apuração foi iniciada em outubro de 2021 após notificação do mesmo incidente de segurança por parte de instituição financeira e também do Bacen. Não há atualizações públicas sobre o andamento do processo.

A autoridade também publicou *materiais informativos* que mencionam hipóteses de crédito, sem, entretanto, enquadrá-las estritamente à hipótese de tratamento de dados para fins de crédito. Esse é o caso da Cartilha *Vazamento de dados*, publicada em parceria com o CERT.br, NIC.br e CGI.br,[149] que também aborda medidas contra fraudes financeiras e preocupações relativas ao acesso a crédito.

4. Ações regulatórias e fiscalizatórias de entidades governamentais e órgãos de controle

para um melhor desenvolvimento da política de proteção de dados, a ANPD também tem realizado parceria com outras autoridades, inclusive em temas correlatos à pontuação de crédito.

A ANPD e a Senacon publicaram, conjuntamente, o Guia "Como Proteger seus Dados Pessoais",[150] no qual também é mencionada a hipótese de tratamento de dados para fins de pontuação de crédito. A ANPD e a Senacon também firmaram um ACT em março de 2021, inicialmente vigente até 2023 e posteriormente complementado por um aditivo que estende sua vigência até março de 2025.[151] Dentre os temas destacados no acordo como de interesse comum entre as autoridades, estão justamente aqueles relacionados a assuntos financeiros. Concretamente, entretanto, não há conhecimento de caso relevante que toque na temática de dados pessoais para fins de proteção ao crédito.

Contudo, a Senacon já analisou casos de "uso indevido de dados" por parte de birôs de crédito, mesmo depois da vigência da LGPD.[152] Levantamento de novembro de 2021 apontou que instituições bancárias foram as principais investigadas em temas de consumo que envolvem proteção de dados desde a aprovação da LGPD[153]. Exemplo concreto de atuação da Senacon é a averiguação preliminar de 2020 contra os birôs Serasa, Quod, Boa Vista e SPC Brasil para esclarecimentos sobre a saída de consumidores do cadastro positivo.[154]

Assim, vê-se que essa autoridade tem papel relevante e complementar na proteção de dados de consumidores, inclusive em temas relacionados ao crédito. Entretanto, essas investigações dizem majoritariamente respeito à falta do direito à informação que efetivamente sobre a ausência de base legal.

---

[148] ANPD. ANPD apura caso de vazamento por meio do Sistema de Pagamentos Instantâneos (Pix). 31 out. 2021.

[149] CERT.br, ANPD, *Fascículo sobre Vazamento de Dados*, 2020.

[150] ANPD. Senacon. Guia do Consumidor: como proteger seus dados pessoais. 2021.

[151] MJ, Acordo de Cooperação Técnica nº 2/2023/GERPRO/SENACON (Processo nº 08012.000596/2021-53) (21 de março de 2023).

[152] MORIBE, G. T. *A proteção de dados pessoais na Secretaria Nacional do Consumidor (2019-2021)*. 2022. Dissertação (Mestrado) – Fundação Getulio Vargas, Rio de Janeiro, 2022, p. 20.

[153] IDEC. A proteção de dados pessoais na Secretaria Nacional do Consumidor, nov. 2021, p. 2.

[154] MINISTÉRIO DA JUSTIÇA. Birôs de crédito deverão prestar informações ao MJSP sobre funcionamento do cadastro positivo. 14 jan. 2020. Disponível em: https://www.gov.br/mj/pt-br/assuntos/noticias/biros-de-credito-deverao-prestar-informacoes-ao-mjsp-sobre-funcionamento-do-cadastro-positivo.

Ressaltando a relevância econômica dos dados pessoais, a ANPD também tem um ACT com o Cade.[155] Esta autoridade também já analisou temas afeitos à temática de tratamento de dados para fins de informações de crédito. Esse foi o mercado afetado, por exemplo, na criação da "Gestora de Inteligência de Crédito" (GIC) por meio de parceria (*joint-venture*) entre os bancos Banco do Brasil, Caixa Econômica Federal, Santander, Bradesco e Itaú Unibanco, que foi aprovado pelo Cade, em 2016, condicionado à celebração de acordo em controle de concentrações com medidas comportamentais.[156]

Igualmente, no Ato de Concentração Serasa/Claro, o qual, em 2021, foi aprovado sem restrições, o contrato associativo de fornecimento de dados da operadora ao birô de crédito para sua criação de soluções de proteção ao ciclo do crédito e prevenção a fraudes.[157] O Tribunal do Cade também determinou, entretanto, o envio da operação para ciência da Anatel e para a ANPD. Não há informações sobre suas análises.

5. Análise jurisprudencial

Até o momento, a ANPD não regulamentou nenhuma regra em específico sobre o tema. No Judiciário, o tema tem adquirido atenção crescente após a LGPD,[158] mas os casos paradigmáticos são anteriores ao advento da LGPD.

O REsp n. 1.419.697/RS, anterior à LGPD, é o caso paradigmático de reconhecimento da licitude do escore de crédito (*credit scoring)* e acolheu a possibilidade de realização de pontuação de crédito (por meio de características pessoais e profissionais) sem prévio consentimento, conforme sintetizado no *Informativo de Jurisprudência* do STJ n. 551:[159]

> Direito do consumidor. Legalidade do sistema *credit scoring*. Recurso repetitivo (Art. 543-C do CPC e Res. 8/2008 do STJ).
>
> No que diz respeito ao sistema *credit scoring*, definiu-se que: a) é um método desenvolvido para avaliação do risco de concessão de crédito, a partir de modelos estatísticos, considerando diversas variáveis, com atribuição de uma pontuação ao consumidor avaliado (nota do risco de crédito); b) essa prática comercial é lícita, estando autorizada pelo art. 5º, IV, e pelo art. 7º, I, da Lei n. 12.414/2011 (Lei do Cadastro Positivo); c) na avaliação do risco de crédito, devem ser respeitados os limites estabelecidos pelo sistema de proteção do consumidor no sentido da tutela da privacidade e da máxima transparência nas relações negociais, conforme previsão do CDC e da Lei n. 12.414/2011; d) apesar de desnecessário o consentimento do consumidor consultado, devem ser a ele fornecidos esclarecimentos, caso solicitados, acerca das fontes dos dados considerados (histórico de crédito), bem como as informações pessoais valoradas; e) o desrespeito aos limites legais na utilização do sistema *credit scoring*, configurando abuso no exercício desse direito (art. 187 do CC), pode ensejar a responsabilidade objetiva e solidária do fornecedor do serviço, do responsável pelo banco de dados, da fonte e do consulente (art. 16 da Lei n. 12.414/2011) pela ocorrência de danos morais nas

---

[155] ANPD. ANPD e CADE assinam Acordo de Cooperação Técnica. 2021.

[156] CADE. Processo Administrativo n. 08700.002792/2016-47.

[157] CADE. Processo Administrativo n. 08700.006373/2020-61.

[158] Segundo o painel LGPD nos Tribunais, há mais de 10 mil casos sobre o art. 7º, X, da LGPD, com destaque a julgamentos do TJSP e a menções cruzadas em referência ao CDC. Disponível em: https://painel.jusbrasil.com.br/busca?q=LGPD+Art.+7%C2%BA+inciso+X#results.

[159] STJ. *Informativo de Jurisprudência* n. 551, de 3 dez. 2014.

hipóteses de utilização de informações excessivas ou sensíveis (art. 3º, § 3º, I e II, da Lei n. 12.414/2011), bem como nos casos de comprovada recusa indevida de crédito pelo uso de dados incorretos ou desatualizados. REsp 1.419.697-RS, Rel. Min. Paulo de Tarso Sanseverino, j. 12.11.2014.

Interpretação semelhante também foi adotada no REsp n. 1.457.199 e a matéria foi consolidada na Súmula n. 550 do STJ:

> A utilização de escore de crédito, método estatístico de avaliação de risco que não constitui banco de dados, dispensa o consentimento do consumidor, que terá o direito de solicitar esclarecimentos sobre as informações pessoais valoradas e as fontes dos dados considerados no respectivo cálculo (Súmula n. 550, Segunda Seção, j. 14.10.2015, *DJe* 19.10.2015.)

Num contexto em que havia aproximadamente 250 mil ações questionando o uso de dados pessoais nesses sistemas,[160] a matéria também foi consubstanciada na Tese Repetitiva do STJ n. 710:

> I – O sistema *credit scoring* é um método desenvolvido para avaliação do risco de concessão de crédito, a partir de modelos estatísticos, considerando diversas variáveis, com atribuição de uma pontuação ao consumidor avaliado (nota do risco de crédito).
>
> II – Essa prática comercial é lícita, estando autorizada pelo art. 5º, IV, e pelo art. 7º, I, da Lei n. 12.414/2011 (Lei do Cadastro Positivo).
>
> III – Na avaliação do risco de crédito, devem ser respeitados os limites estabelecidos pelo sistema de proteção do consumidor no sentido da tutela da privacidade e da máxima transparência nas relações negociais, conforme previsão do CDC e da Lei n. 12.414/2011.
>
> IV – Apesar de desnecessário o consentimento do consumidor consultado, devem ser a ele fornecidos esclarecimentos, caso solicitados, acerca das fontes dos dados considerados (histórico de crédito), bem como as informações pessoais valoradas.
>
> V – O desrespeito aos limites legais na utilização do sistema "credit scoring", configurando abuso no exercício desse direito (art. 187 do CC), pode ensejar a responsabilidade objetiva e solidária do fornecedor do serviço, do responsável pelo banco de dados, da fonte e do consulente (art. 16 da Lei n. 12.414/2011) pela ocorrência de danos morais nas hipóteses de utilização de informações excessivas ou sensíveis (art. 3º, § 3º, I e II, da Lei n. 12.414/2011), bem como nos casos de comprovada recusa indevida de crédito pelo uso de dados incorretos ou desatualizados.

Como se vê, a dispensa do consentimento não afasta, entretanto, o direito à informação do consumidor e o consequente dever de transparência relativo à pontuação, aliados à boa-fé objetiva, privacidade, proteção de dados, a proteção à intimidade e a responsabilidade no caso do exercício abusivo dos direitos dos gestores de dados.

---

[160] MONTEIRO, R. L.; CRUZ S. Desafios da transparência e direito à informação no desenvolvimento de algoritmos de *credit scoring*: uma análise sob a ótica do devido processo informacional. *In*: OMS, J. (org.). *O consumidor na era da pontuação de crédito*. São Paulo: Casa do Direito, 2022. p. 174.

BIBLIOGRAFIA SELECIONADA

AMORIM, I.; DOWBOR, L.; SOUZA, M. R. O. O cadastro impositivo: o canto da sereia para redução das taxas de juros. *In*: OMS, J. (org.). *O consumidor na era da pontuação de crédito*. São Paulo: Casa do Direito, 2022.

ANPD. ANPD apura suposto vazamento de dados de cartão de crédito (Nota Oficial), 26 fev. 2021.

ANPD. ANPD apura caso de vazamento por meio do Sistema de Pagamentos Instantâneos (PIX), 31 out. 2021

ASSOCIAÇÃO NACIONAL DOS BIRÔS DE CRÉDITO. *Contribuição enviada à Comissão Especial da Câmara dos Deputados dedicada à apreciação do PL n. 4.060/2013* (2017).

BENJAMIN, A. H. V. Arts. 29 a 45: Seção VI – Dos bancos de dados e cadastros de consumidores. *In*: GRINOVER, A. P. (org.). *Código Brasileiro de Defesa do Consumidor*: comentado pelos autores do anteprojeto. 9. ed. Rio de Janeiro: Forense Universitária, 2007.

IDEC. *A proteção de dados pessoais na Secretaria Nacional do Consumidor*, nov. 2021.

INTERNETLAB. *O que está em jogo no debate sobre dados pessoais no Brasil?* Relatório final sobre o debate público promovido pelo Ministério da Justiça sobre o anteprojeto de Lei de Proteção de Dados Pessoais, 2016.

JUSBRASIL; CEDIS-IDP. *Painel LGPD nos Tribunais*.

LUCIANO, M. A construção da base legal da proteção do crédito na LGPD: entendendo o passado para pensar no futuro. *In*: OMS, J. (org.). *O consumidor na era da pontuação de crédito*. São Paulo: Casa do Direito, 2022.

MARANHÃO, J. S. A.; CAMPOS, R. R. Proteção de dados de crédito na lei geral de proteção de dados. *Direito Público*, v. 16, 2019.

MINISTÉRIO DA JUSTIÇA. Birôs de crédito deverão prestar informações ao MJSP sobre funcionamento do cadastro positivo. 14 jan. 2020. Disponível em: https://www.gov.br/mj/pt-br/assuntos/noticias/biros-de-credito-deverao-prestar-informacoes-ao-mjsp-sobre-funcionamento-do-cadastro-positivo.

MONTEIRO, R. L.; CRUZ S. Desafios da transparência e direito à informação no desenvolvimento de algoritmos de *credit scoring*: uma análise sob a ótica do devido processo informacional. *In*: OMS, J. (org.). *O consumidor na era da pontuação de crédito*. São Paulo: Casa do Direito, 2022.

MORIBE, G. T. *A proteção de dados pessoais na Secretaria Nacional do Consumidor (2019-2021)*. 2022. Dissertação (Mestrado) – Fundação Getulio Vargas, Rio de Janeiro, 2022.

SILVA, O. Parecer proferido em Plenário pelo relator, Dep. Orlando Silva (PCdoB-SP), pela Comissão Especial. Brasília. 2018.

SIMÃO, B. P. *Entre privacidade e eficiência econômica:* a trajetória da pontuação de crédito no Brasil. 2022. Dissertação (Mestrado em Direito dos Negócios e Desenvolvimento Econômico e Social) – Fundação Getulio Vargas, Rio de Janeiro, 2022.

STJ. *Informativo de Jurisprudência*, n. 551, 3 dez. 2014.

Artigo 7º, §§ 1º a 7º

Comentado por Giovanna Milanese e Laura Schertel Mendes

DISPOSITIVOS RELACIONADOS NO ORDENAMENTO JURÍDICO BRASILEIRO

- Arts. 7º e 8º; arts. 11 e 12; art. 14 e art. 16 da Lei n. 8.159/1991.
- Art. 1º, parágrafo único, da LHD.
- Art. 20 da Lei n. 10.406/2002.
- Arts. 3º, I, II, IV e V; 4º, III e VI; 5º e. 6º, I, II e III; arts. 8º a 11, §6º; arts. 23 e 24; arts. 31 e 32 da Lei n. 12.527/2011.
- Art. 3º, IV e VII; art. 35; art. 55; art. 58 e art. 60 do Decreto n. 7.724/2012.
- Art. 2º, III, IV, V e VI, da Instrução Normativa SLTI/MPOG n. 4/2012.
- Arts. 4º, II, e 5º, I, da Lei n. 12.965/2014.
- Art. 2º, II e III; art. 10, § 2º, do Decreto n. 8.777/2016.
- Art. 2º, III e VIII; art. 4º, I, II e III; art. 16, parágrafo único, do Decreto n. 10.046/2019.
- Art. 4º, IV, V, VI, XI; art. 29, da Lei n. 14.129/2021.

DISPOSITIVOS RELACIONADOS NA LGPD

- Art. 2º; arts. 5º, XII e XVI; 6º; 7º, I e III; 8º; 9º, V e VII, e §§ 1º e 2º; art. 11, II, *b*, e §§ 3º e 4º; arts. 17, 18, VII e § 6º; 19 e 20; art. 23, *caput*; arts. 25, 26, *caput* e §1º, III, e 27; art. 30.

ATIVIDADES DA ANPD

- Guia Orientativo – Tratamento de dados pessoais para fins acadêmicos e para a realização de estudos e pesquisas (2023).
- Guia Orientativo – Tratamento de dados pessoais pelo Poder Público (2023).
- Texto para discussão n. 1/2022. Estudo Técnico. A LGPD e o tratamento de dados pessoais para fins acadêmicos e para a realização de estudos por órgão de pesquisa (2022).
- Nota Técnica n. 12/2023/CGF/ANPD.
- Nota Técnica n. 19/2023/FIS/CGF/ANPD.
- Relatório de Instrução n. 1/2023/CGF/ANPD.
- Resolução CD/ANPD n. 10/2023.

AÇÕES REGULATÓRIAS E FISCALIZATÓRIAS DE ENTIDADES GOVERNAMENTAIS E ÓRGÃOS DE CONTROLE

- Resolução TCU n. 354/2023.

- Parecer n. 00295/2020/CONJUR-CGU/CGU/AGU.
- Parecer n. 00001/2021/CONJUR-CGU/CGU/AGU.
- Parecer n. 00018/2022/PROC/PFINEP/PGF/AGU.
- Parecer n. 00447/2023/CONJUR-CGU/CGU/AGU.

CASOS E DECISÕES RELEVANTES

- TJMG, AgInt n. 0260186-02.2022.8.13.0000, Vigésima Câmara Cível, Des. Rel. Lílian Maciel, j. 19.10.2022.
- TJSC, Ap. Cív. 5001452-10.2021.8.24.0024, Sétima Câmara de Direito Civil, Des. Rel. Osmar Nunes Júnior, j. 09.03.2023.
- TJSC, Ap. Cív. 5001257-25.2021.8.24.0024, Terceira Câmara de Direito Civil, Des. Rel. André Carvalho, j. 24.01.2023.
- TJSC, Ap. Cív. 5000891-83.2021.8.24.0024, Sexta Câmara de Direito Civil, Des. Rel. Eduardo Gallo, j. 13.06.2023.
- TJSC, Ap. Cív. 5000902-15.2021.8.24.0024, Terceira Câmara de Direito Civil, Des. Rel. André Carvalho, j. 06.12.2022.
- TJSP, Ap. Cív. 1000211-87.2022.8.26.0506, Vigésima Quinta Câmara de Direito Privado, Des. Rel. Almeida Sampaio, j. 24.10.2022.
- TJSP, Ap. Cív. 1009387-90.2022.8.26.0506, Vigésima Segunda Câmara de Direito Privado, Des. Rel. Hélio Nogueira, j. 12.03.2023.
- TJSP, Ap. Cív. 1001179-20.2022.8.26.0506, Décima Quinta Câmara de Direito Privado, Des. Rel. Jairo Brazil, j. 22.11.2022.
- TJSP, Ap. Cív. 1001375-46.2022.8.26.0358, Vigésima Quarta Câmara de Direito Privado, Des. Rel. Salles Vieira, j. 22.06.2023.
- TJSP, Ap. Cív. 1000659-94.2022.8.26.0042, Vigésima Segunda Câmara de Direito Privado, Des. Rel. Hélio Nogueira, j. 18.05.2023.
- TJSP, Ap. Cív. 1036679-84.2021.8.26.0506, Décima Câmara de Direito Privado, Des. Rel. Coelho Mendes, j. 26.06.2023.
- TJSP, Ap. Cív. 1001678-82.2021.8.26.0459, Vigésima Sexta Câmara de Direito Privado, Des. Rel. Felipe Ferreira, j. 09.03.2023.
- TJSP, Ap. Cív. 1000806-86.2022.8.26.0506, Trigésima Câmara de Direito Privado, Des. Rel. Ruy Coppola, j. 17.10.2022.
- TJSP, Ap. Cív. 1000021-92.2022.8.26.0549, Décima Quarta Câmara de Direito Privado, Des. Rel. Penna Machado, j. 02.02.2023.
- TJSP, Ap. Cív. 1039703-23.2021.8.26.0506, Décima Segunda Câmara de Direito Privado, Des. Rel. Jacob Valente, j. 02.05.2023.
- TJPR, RI 0032605-17.2020.8.16.0021, Quarta Turma, Des. Rel. Aldemar Sternadt, j. 07.12.2022.
- TRF-4, RC 5001987-42.2022.4.04.7121, Quinta Turma Recursal, Des. Rel. Andrei Pitten Velloso, j. 01.03.2023.

- TRF-4, RC 5001750-08.2022.4.04.7121, Quinta Turma Recursal, Des. Rel. Giovani Bigolin, j. 28.04.2023.
- TRT-8, ROTSum 0000052-22.2023.5.08.0008, Quarta Turma, Des. Rel. Maria Valquiria Norat Coelho, j. 27.06.2023.

JUSTIFICATIVA E FUNDAMENTOS

As discussões sobre o tratamento dos dados disponíveis publicamente estão presentes desde o primeiro debate público sobre o tema no Brasil. Em 2010, o Ministério da Justiça (MJ) lançou uma consulta pública sobre o Marco Normativo de Privacidade e Proteção de Dados, o anteprojeto de lei que é o primeiro antecedente direto da LGPD.

No seu Capítulo III, relativo aos requisitos para o tratamento de dados pessoais, mais especificamente no art. 13, II,[161] constava uma previsão de dispensa do consentimento para o tratamento de dados provenientes de registros, atos ou documentos públicos de acesso público irrestrito. A discussão acerca da elaboração de critérios conceituais identificadores também perpassou a previsão do art. 21, § 1º, V,[162] do Anteprojeto de Lei, que já autorizava o tratamento de dados pessoais sensíveis tornados manifestamente públicos pelo titular, na linha da Diretiva n. 46/95/CE da UE.[163]

Entre janeiro e julho de 2015, foi realizada outra consulta pública sobre a nova versão do Anteprojeto de Lei de Proteção de Dados Pessoais, organizada pela Senacon e SAL, mas dentro do escopo do projeto "Pensando o Direito" do MJ.

A disposição acerca da dispensa de consentimento para os dados de acesso público irrestrito permaneceu no novo texto do Anteprojeto, sendo realocado para o *caput* do art. 11.[164] Contudo, mesmo após esse reposicionamento, a preocupação quanto às fronteiras conceituais dessa categoria de dados persistia e, novamente, houve certo consenso de que seria necessário explicitar uma definição mais delineada. Ocorre que inexistia previsão acerca da possibilidade de tratamento de dados sensíveis que tivessem sido tornados manifestamente públicos pelo titular. Assim, a redação levada ao debate foi a do art. 12, II,[165] que permitia

---

[161] "Art. 13. O consentimento será dispensado quando o tratamento: (...) II – referir-se a dados provenientes de registros, atos ou documentos públicos de acesso público irrestrito."

[162] "Art. 21. É proibida a formação de bancos de dados que contenham informações que, direta ou indiretamente, revelem dados sensíveis, salvo disposição legal expressa, respeitados os direitos de personalidade do titular, em especial a garantia de não discriminação. § 1º O tratamento de dados sensíveis será permitido quando: V – for relativo a dados manifestamente tornados públicos pelo seu titular."

[163] "Art. 8º Tratamento de certas categorias específicas de dados. 1. Os Estados-membros proibirão o tratamento de dados pessoais que revelem a origem racial ou étnica, as opiniões políticas, as convicções religiosas ou filosóficas, a filiação sindical, bem como o tratamento de dados relativos à saúde e à vida sexual. 2. O n. 1 não se aplica quando: (...) e) O tratamento disser respeito a dados manifestamente tornados públicos pela pessoa em causa ou for necessário à declaração, ao exercício ou à defesa de um direito num processo judicial."

[164] "Art. 11. O consentimento será dispensado quando os dados forem de acesso público irrestrito ou quando o tratamento for indispensável para: (...)."

[165] "Art. 12. É vedado o tratamento de dados pessoais sensíveis, salvo: II – sem fornecimento de consentimento do titular, quando os dados forem de acesso público irrestrito, ou nas hipóteses em que for indispensável para: (...)."

o tratamento de dados sensíveis de acesso público irrestrito, na linha do dispositivo supramencionado.

Após inúmeras consultas públicas e debates, o texto final da LGPD dispôs acerca do tratamento de dados pessoais disponíveis publicamente em dois momentos distintos. Em um, faz referência especificamente aos dados pessoais de acesso público (sem qualquer menção à terminologia "irrestrito" como constava antes) e, no outro, dispõe sobre os dados pessoais tornados manifestamente públicos pelo titular (categoria que já estava no texto submetido ao debate público em 2010, mas que havia sido retirada da versão submetida à consulta pública em 2015).

Posteriormente, foi sancionada a Lei n. 13.853/2019, como resultado da conversão da Medida Provisória n. 869/2018, que alterou diversas disposições da LGPD e incluiu o § 7º no art. 7º, que dispõe especificamente sobre o tratamento posterior dos dados pessoais de acesso público e tornados manifestamente públicos pelo titular. A justificação da Emenda Aditiva n. 112 apresentada pelo Deputado Eduardo Barbosa em 2019 na Medida Provisória n. 869/2018, que deu ensejo à inclusão desse dispositivo, já indicava um entendimento embrionário acerca das diferenças conceituais entre os dados pessoais de acesso público e os dados pessoais tornados manifestamente públicos pelo titular.[166]

Assim, desde o início, a proposta normativa da LGPD é romper com a lógica binária entre o público e o privado, destacando que o mais importante é a análise do contexto no qual os dados pessoais estão publicamente disponíveis. Assim, a LGPD não deixa dúvidas de que os dados de caráter público continuam sendo pessoais ainda que não expressem informações privadas ou íntimas do indivíduo, superando o entendimento, antes comum, de que os dados pessoais obtidos de fontes públicas, que são de livre circulação e acesso amplo, poderiam ser utilizados por qualquer um, de qualquer forma e para qualquer finalidade.[167]

ANÁLISE

Conforme destacado acima, a inclusão dos parágrafos do art. 7º no texto da LGPD ao longo da sua tramitação legislativa consolida a superação do binômio público *v.* privado, que definia o próprio contorno do direito à privacidade na sua concepção tradicional.

De início, importa destacar que *dados públicos* e *dados disponíveis publicamente* são categorias conceitualmente diferentes. Os *dados públicos*, à semelhança do conceito de *dado*

---

[166] "Alguns exemplos do que se entende por dado pessoal tornado manifestamente público poderiam ser aquelas informações que o próprio titular disponibilizou, publicamente, em seu perfil de rede social, como o nome, foto, cargo ou função profissional e relações de parentesco, inclusive com outras pessoas também cadastradas na mesma rede social ou, ainda, em algum sítio da internet que a própria pessoa tenha criado e esteja atualizando com publicações pessoais. Já no caso de dados de acesso público, aqui entendidos como informações que o poder público, através de seus órgãos, torne publicamente acessíveis, esses podem ser, por exemplo, obtidos a partir de consulta de CNPJ e quadro de sócios e administradores (QSA) das empresas, exigida e disponibilizada pela Receita Federal conforme emissão do Comprovante de Inscrição e de Situação Cadastral de Pessoa Jurídica pela Internet em consonância com a Instrução Normativa RFB n. 1.634/2016. O art. 8º determina que as informações cadastrais devem conter as pessoas autorizadas a representá-las, e a cadeia de participação societária, até alcançar as pessoas naturais. Ou seja, estão abarcadas no conceito de informações cadastrais as informações dos sócios do QSA."

[167] MILANEZ, G. *O tratamento de dados pessoais disponíveis publicamente e os limites impostos pela LGPD.* Rio de Janeiro: Processo, 2022. p. 57-60.

acessível ao público disposta no art. 2º, II, do Decreto n. 8.777/2016, são aqueles gerados ou que se encontram sob a guarda do Governo Federal e que não estejam sob sigilo ou restrição de acesso.[168] Já os *dados disponíveis publicamente*, à semelhança do conceito de *dados abertos* do art. 2º, III, do Decreto n. 8.777/2016, referem-se a dados acessíveis ao público em geral.

Portanto, enquanto o elemento caracterizador do *dado público* é sua natureza pública, isto é, ter sido gerado ou estar sob a guarda do Poder Público, o elemento caracterizador do *dado disponível publicamente* é a sua ampla acessibilidade, ou seja, independentemente de quem os gerou, eles encontram-se em ambientes de acesso público, os quais permitem o livre acesso e posterior tratamento à luz do regramento legal.

Assim, é possível evidenciar que todo *dado público* tem vocação para ser um *dado disponível publicamente*, bastando que este esteja à disposição de qualquer cidadão. Quando isso acontece, o *dado público* torna-se um *dado aberto* e, caso possua o qualificador pessoal, isto é, esteja relacionado a uma pessoa natural, torna-se um *dado pessoal de acesso público*.

Portanto, a partir de uma análise de coerência sistemática do ordenamento jurídico brasileiro, o *dado pessoal de acesso público* da LGPD (art. 7º, § 3º) seria conceitualmente similar[169] ao *dado aberto com qualificador pessoal*, nos termos do art. 2º, II e III, do Decreto n. 8.777/2016, ou à informação pessoal de acesso público (ou acesso livre), nos termos dos arts. 3º, II, 4º, I, III e IV, e 8º da LAI.

A definição de *dados pessoais de acesso público* não está prevista expressamente na LGPD, mas pode ser construída implicitamente a partir do seu texto. Não existem dados que sejam de caráter público por natureza, mas dados que, a depender do contexto pelo qual são publicamente acessíveis, podem se submeter a um regime de tratamento diferenciado. Ainda, a possível definição de *dados pessoais de acesso público* abarca tão somente informações que já sejam públicas, ou seja, presume-se a prévia divulgação pública do dado (transparência ativa). Portanto, em princípio, não estão englobados os dados pessoais que podem vir a ser disponibilizados por transparência passiva ou os que, apesar de públicos, estão submetidos temporariamente à restrição de acesso, os quais serão considerados *dados pessoais de acesso público* só após o deferimento da solicitação de disponibilização, no primeiro caso, e após o término do prazo temporário de restrição de acesso, no segundo caso.

Como contraponto à LGPD, tem-se o regime da LAI, que define o que é informação de acesso público *a contrario sensu*, ou seja, de forma ampla e sem parâmetros concretos para o tratamento desses dados. Nesse ponto, a LGPD acaba sendo mais satisfatória, pois firma bases conceituais do porquê uma informação deve ser disponibilizada publicamente e qual a racionalidade que legitima novos usos dos dados de acesso público, parametrizando, de forma prática, as regras para o tratamento dessa subcategoria de dados.[170]

---

168 A Lei n. 10/1991 de Portugal (Lei da Protecção de Dados Pessoais face à Informática) conceitua dados públicos como os "dados pessoais constantes de documento público oficial, exceptuados os elementos confidenciais, tais como a profissão e a morada, ou as incapacidades averbadas no assento de nascimento".

169 A comparação conceitual foi realizada para fins didáticos, para analisar a coerência-sistêmica do ordenamento jurídico brasileiro em relação ao conceito de dados públicos e de dados pessoais disponíveis publicamente. O paralelo construído, contudo, não é perfeito, pois os dados pessoais de acesso público podem ser publicizados por terceiros que não o Poder Público, como concessionárias de serviço público (empresas de telefonia fixa).

170 MILANEZ, G. *O tratamento de dados pessoais disponíveis publicamente e os limites impostos pela LGPD.* Rio de Janeiro: Processo, 2022. p. 61-64.

Por fim, ao contrário da LGPD, que inclui os dados disponíveis publicamente no seu âmbito material de aplicação, há normas de Estados estadunidenses que excluem tais dados do seu escopo de aplicação, como as leis listadas abaixo.

- A Lei de Privacidade do Consumidor da Califórnia (*California Consumer Privacy Act* – CCPA).[171]
- Lei de Direitos de Privacidade da Califórnia, em tradução livre de *California Privacy Rights Act*.[172]
- Lei de Proteção de Dados do Consumidor, em tradução livre de *Virginia Consumer Data Protection Act*.[173]
- Marco de Privacidade do Colorado, em tradução livre de *Colorado Privacy Act*.[174]
- Marco de Privacidade de Utah, em tradução livre de *Utah Consumer Privacy Act*.[175]
- Marco de Privacidade de Connecticut, em tradução livre de *Connecticut Data Privacy Act*.[176]

1. Comentários ao § 3º do art. 7º da LGPD

A LGPD exige que o tratamento de *dados pessoais de acesso público* considere os princípios da boa-fé e da finalidade e o interesse público que justificou sua disponibilização. Portanto, a compatibilidade do tratamento desses dados com a legítima expectativa do titular, a finalidade e o interesse público pelos quais foram disponibilizados define a sua legalidade.

A aplicação do princípio da boa-fé implica na observância obrigatória das legítimas expectativas dos titulares, ou seja, remete à ideia de fidelidade no cumprimento da expectativa alheia, honestidade, lealdade e confiança, sob pena de se configurar abuso de direito.

Já o princípio da finalidade exige que todo tratamento seja realizado para propósitos legítimos, específicos, explícitos e informados ao titular, sem a possibilidade de tratamento posterior de forma incompatível com essas finalidades. Deve-se respeitar assim a correlação entre o tratamento dos dados e a finalidade informada ao titular no momento da coleta. Esse é o critério mais importante, já que permite ao agente de tratamento avaliar a razoabilidade da utilização de determinados dados pessoais para uma finalidade específica, fora da qual haveria real abusividade.

O último requisito é a observância do interesse público que justificou a publicização. O interesse público resulta do conjunto dos interesses pessoais dos indivíduos considerados em sua qualidade de cidadãos. Contudo, há enorme dificuldade de delimitação e identificação prática deste conceito, tão abstrato. Assim, a compreensão do interesse público assenta-se na proteção dos direitos fundamentais, que transcendem os interesses particulares dos titulares.

Portanto, os critérios para o tratamento de dados de acesso público estão ligados e são interdependentes. A boa-fé (representada pela legítima expectativa do titular) é consequência

---

[171] Arts. 1798.140(v)(2) e 1798.140(ae)(3).

[172] Arts. 1798.140(v)(2) e 1798.140(ae)(3).

[173] Art. 59.1-575. Conceito de "personal data" e "publicly available information".

[174] Art. 6-1-1303(17)(b).

[175] Arts. 13-61-101(24)(b) e 13-61-101(29).

[176] Section 1(18) e Section 1(25).

da finalidade do tratamento (representada por seu objetivo), pautada pelo interesse público que justificou a disponibilização (isto é, o motivo pelo qual o dado deve ser publicizado, ou seja, em virtude da necessidade de proteção e promoção do direito fundamental de acesso do cidadão à informação). Noutras palavras, o motivo (interesse público) da publicização define o objetivo (finalidade) da disponibilização pública do dado pessoal, que delimita, no final das contas, a legítima expectativa do titular (boa-fé).[177]

2. Comentários ao § 4º do art. 7º da LGPD

A LGPD disciplina requisitos específicos para tratamento de dados pessoais tornados manifestamente públicos pelo titular. Dessa forma, é possível extrair a exigência de que o tratamento observe os princípios da LGPD e resguarde os direitos do titular, ainda que seja dispensada a exigência do consentimento prevista no *caput* do art. 7º.[178]

Para além desses requisitos específicos expressos, há que se observar o contexto no qual tais dados foram tornados manifestamente públicos, especialmente o motivo (ou intenção do titular) e a finalidade que justificaram a disponibilização, bem como as suas expectativas legítimas em relação ao tratamento que pode vir a ser realizado por terceiros posteriormente.

É fundamental que a finalidade que motivou a publicização dos dados seja analisada, para averiguar as razões que levaram o titular a disponibilizar informações suas publicamente num contexto específico. Caso os dados tornados manifestamente públicos sejam tratados de forma incompatível com o contexto originário, por óbvio, o tratamento será ilegítimo.[179]

3. Comentários ao § 5º do art. 7º da LGPD

Sob a perspectiva de eficácia subjetiva, o consentimento está vinculado ao controlador para o qual foi manifestado. Por isso, qualquer operação de tratamento de dados que implique o acesso por parte de outro controlador está sujeita à autorização específica pelo titular. Com isso, cria-se dever que se estende a todos que possam ter acesso aos dados (ou seja, a toda a cadeia de tratamento), de quem se exige a verificação da licitude do compartilhamento.[180]

---

[177] TAVARES, G. M. *Compliance* de dados pessoais disponíveis publicamente: boas práticas para a confirmação da licitude do tratamento dos dados de acesso público e tornados manifestamente públicos pelo titular. *In*: FRAZÃO, A.; CUEVA, R. V. B. *Compliance e políticas de proteção de dados*. São Paulo: Revista dos Tribunais, 2021. p. 429-431.

[178] A menção expressa à dispensa do consentimento no § 4º se justifica em virtude da redação histórica do projeto de lei que originou a LGPD. Isso porque, nas versões iniciais, os dispositivos sobre tratamento de dados públicos faziam referência explícita à dispensabilidade do consentimento. Assim, a falta de menção às outras bases legais não deve ser interpretada como indicativo de hierarquia entre elas. Trata-se, antes, de decorrência do histórico legislativo e da centralidade que o consentimento ocupava nas primeiras formulações da norma.

[179] TAVARES, G. M. *Compliance* de dados pessoais disponíveis publicamente: boas práticas para a confirmação da licitude do tratamento dos dados de acesso público e tornados manifestamente públicos pelo titular. *In*: FRAZÃO, A.; CUEVA, R. V. B. *Compliance e políticas de proteção de dados*. São Paulo: Revista dos Tribunais, 2021. p. 431-432.

[180] MILANEZ, G.; FRAZÃO, A.; CARVALHO, A. P. *Curso de proteção de dados:* fundamentos da LGPD. Rio de Janeiro: Forense, 2022. p. 165.

4. Comentários ao § 6º do art. 7º da LGPD

A dispensa de consentimento não desobriga os agentes de tratamento de quaisquer outras obrigações previstas na LGPD, especialmente a observância dos princípios gerais e da garantia dos direitos do titular. Há quem diga que, na verdade, existe sim um consentimento nesse caso, mas ele é contextual ou implícito.[181]

Nesse ponto, destaca-se que, quanto aos dados pessoais sensíveis, o compartilhamento com objetivo de obter vantagem econômica pode ser vedado ou objeto de regulamentação por parte da ANPD (art. 11, § 3º, da LGPD), assim como é vedado o compartilhamento de dados pessoais sensíveis referentes à saúde com objetivo de obter vantagem econômica (art. 11, § 4º, da LGPD). Nesses casos, o compartilhamento não é válido ainda que o titular seja informado. Na verdade, nem mesmo o novo consentimento do titular tornaria o compartilhamento lícito.[182]

5. Comentários ao § 7º do art. 7º da LGPD

A LGPD autoriza o tratamento posterior dos dados pessoais disponíveis publicamente para novas finalidades. Contudo, exige alguns requisitos cumulativos, ou seja, o tratamento só poderá ser realizado se as novas finalidades forem legítimas, específicas e compatíveis e caso sejam preservados os direitos do titular, observados os fundamentos e os princípios previstos na LGPD. Somente assim, será possível tratar dados pessoais de acesso público e tornados manifestamente públicos para uma nova finalidade, diferente da que justificou a publicização, mas compatível com ela.

Destaca-se a importância da especificação da finalidade, que determina os propósitos para os quais os dados serão tratados e, indiretamente, até mesmo quais dados são necessários, adequados e relevantes para o cumprimento de tais propósitos. Dessa forma, são estabelecidos os limites específicos das finalidades para as quais o agente pode utilizar os dados coletados, condicionando a sua conformidade legal. Uma finalidade específica é aquela suficientemente detalhada ao ponto de delimitar as operações de tratamento que podem ser realizadas. Se a finalidade for realmente específica, ela garante previsibilidade ao titular e facilita a avaliação de compatibilidade do tratamento.

Além disso, a nova finalidade deve ser legítima, ou seja, deve estar em conformidade com a lei em sentido amplo, o que, a depender do contexto do tratamento, pode envolver não apenas a LGPD, mas também o CDC, o MCI, a LAI, a CRFB, ou até mesmo precedentes judiciais. A legitimidade de uma determinada finalidade poderá mudar com o tempo, a depender do desenvolvimento tecnológico e mudanças socioeconômicas e culturais.

---

[181] "Ao se analisar o regime jurídico da LGPD dispensado (...) aos dados públicos e manifestamente públicos, há uma espécie de consentimento contextual em que o cidadão também exerce domínio sobre seus dados, ainda que sem declarar a sua vontade, se estes forem tratados de forma previsível – i.e., de acordo com as suas legítimas expectativas". BIONI, B. R. *Proteção de dados pessoais:* a função e os limites do consentimento. Rio de Janeiro: Forense, 2019. p. 273. "Além desses três incisos, outra situação de consentimento implícito é a prevista no § 4º desse mesmo artigo. (...). Parece-nos, para utilizarmos corretamente as palavras e conceitos, que o que este parágrafo dispensa é a manifestação expressa de consentimento; presume a Lei que o ato de publicar os próprios dados, que é em si uma manifestação de vontade do titular, é uma autorização para que possam ser tratados" (MARCACINI, A. T. R. As regras aplicadas ao tratamento de dados pessoais. *In*: LIMA, C. R. P. (coord.). *Comentários à Lei Geral de Proteção de Dados:* Lei n. 13.709/2018, com alteração da Lei n. 13.853/2019. São Paulo: Almedina, 2020. p. 147).

[182] MILANEZ, G.; FRAZÃO, A.; CARVALHO, A. P. *Curso de proteção de dados:* fundamentos da LGPD. Rio de Janeiro: Forense, 2022. p. 331.

A nova finalidade também deve ser compatível com a original. Essa é a racionalidade do tratamento posterior dos dados disponíveis publicamente. Por isso, o papel deste princípio não é impedir o uso dinâmico dos dados e nem vedar, de forma absoluta, a sua reutilização, mas restringir o tratamento para novas finalidades incompatíveis com a original e oferecer uma abordagem normativa balanceada em termos de deveres e obrigações. Concilia-se, de um lado, previsibilidade e segurança jurídica para o titular e, de outro, certo grau de flexibilidade para as empresas tratarem tais dados para novas finalidades.

Independentemente disso, exige-se ainda que sejam preservados os direitos do titular e observados os fundamentos e princípios previstos na LGPD, o que demonstra a necessidade de que a LGPD seja sempre interpretada sistematicamente.[183]

6. Jurisprudência e Atividades da ANPD

Quanto à jurisprudência, é possível identificar alguns entendimentos iniciais a respeito dos dispositivos em análise:

- Inexiste ilícito nas atividades de agregadores de dados disponíveis publicamente, incluindo aquelas relativas à proteção ao crédito, que não expõem dados sensíveis ou informações de processos em segredo de justiça. Na verdade, os agregadores realizam a simples busca e reprodução de informações públicas e previamente divulgadas pelo Poder Judiciário, ao coletar dados de acesso público e/ou tornados manifestamente públicos em fontes oficiais, como as bases de dados da Plataforma Lattes/CNPq, *Diários Oficiais* e INPI (Instituto Nacional da Propriedade Industrial). Portanto, nos termos da LGPD, o consentimento é dispensado nesses casos. Em relação aos dados de processos judiciais, há interesse da comunidade jurídica e mesmo dos cidadãos nas análises e considerações do Poder Judiciário sobre o tema, sobressaindo o caráter informativo e de interesse público dos dados pessoais divulgados publicamente. Portanto, não há restrição quanto à disponibilização de dados pessoais como CPF, nome, endereço e telefone, visto que eles não são caracterizados como dados sensíveis, tampouco sigilosos.
- Se uma parte junta um documento aos autos de um processo público e não solicita segredo de justiça, não há que se falar em violação da LGPD caso o documento seja utilizado pela outra parte, pois os dados foram tornados públicos pelo titular, dispensando a coleta do seu consentimento para uso das informações.
- O art. 7º, §§ 4º e 6º, da LGPD dispensam apenas o uso do consentimento como base legal para tratamento de dados pessoais tornados manifestamente públicos pelo titular, mas não dispensam a indicação de uma base legal válida, da observância dos princípios do art. 6º da LGPD e do respeito aos direitos do titular dos dados.
- Nos casos de demissão por justa causa em razão de atividades sociais incompatíveis com a condição de saúde do empregado indicada em atestado médico, em que o empregador tem conhecimento das atividades por meio de publicações em redes sociais, entende-se que, em que pese o tratamento de dados pessoais tornados

[183] TAVARES, G. M. *Compliance* de dados pessoais disponíveis publicamente: boas práticas para a confirmação da licitude do tratamento dos dados de acesso público e tornados manifestamente públicos pelo titular. *In*: FRAZÃO, A.; CUEVA, R. V. B. *Compliance e políticas de proteção de dados*. São Paulo: Revista dos Tribunais, 2021. p. 432-434.

manifestamente públicos não necessitar do consentimento do titular, ele deve observar os direitos dos titulares e os princípios da LGPD (art. 7º, § 4º, da LGPD) e a simples postagem em rede social não autoriza o empregador a se valer do seu poder potestativo de dispensa sem a correta comprovação dos fatos inferidos, sob pena de abuso.

Em relação à ANPD, destacam-se alguns entendimentos preliminares esparsos acerca da aplicação e interpretação dos parágrafos do art. 7º da LGPD:

- No tratamento posterior de dados pessoais disponíveis publicamente, a ANPD recomenda uma avaliação da compatibilidade entre a finalidade original e aquela do uso secundário dos dados, que deve levar em consideração: (i) o contexto e as circunstâncias relevantes do caso concreto; (ii) a existência de conexão fática ou jurídica entre a finalidade original e a que fundamenta o tratamento posterior; (iii) a natureza dos dados, adotando-se posição de maior cautela quando houver dados sensíveis; (iv) as expectativas legítimas dos titulares e os possíveis impactos do tratamento posterior sobre seus direitos; e (v) o interesse público e a finalidade pública específica do tratamento posterior, bem como o seu vínculo com as competências legais dos órgãos ou entidades envolvidos.[184]
- Nos casos de divulgação pública de dados pessoais pelo Poder Público, é recomendável que os órgãos e entidades públicas avaliem a possibilidade de adoção de medidas técnicas e administrativas capazes de mitigar riscos e prevenir a ocorrência de danos aos titulares. Essas medidas são importantes em virtude da ampla proteção aos dados pessoais prevista na LGPD, inclusive para os dados de acesso público, por força de lei ou por manifestação de vontade do titular, conforme indicado nos parágrafos do art. 7º da LGPD.[185]
- Sobre a divulgação pública de dados relativos à pesquisa, a ANPD entende que ela deve ser feita com respeito aos princípios previstos na LGPD, a fim de garantir que a finalidade do tratamento seja atendida. Nessa linha, o fato de os dados tornados públicos poderem ser usados sem consentimento deve inspirar a reflexão sobre a sua publicação, para que sejam divulgados apenas aqueles dados efetivamente necessários e compatíveis com a realização de estatísticas e pesquisas científicas e execução da política pública relativa ao tratamento. Além disso, considerando o impacto que a reidentificação dos titulares pode trazer sobre a própria pesquisa, que se sustenta na confiança da confidencialidade, qualquer tentativa de reidentificação é tratamento posterior incompatível com a finalidade que justificou a coleta e publicação e, portanto, ocorre sem amparo nos §§ 3º, 4º e 7º do art. 7º da LGPD.
- O art. 4º, II, *b*, da LGPD excetua o tratamento de dados pessoais para fins exclusivamente acadêmicos do seu âmbito de aplicação material, mas, ainda assim, exige a observância dos artigos que tratam das bases legais. Contudo, para a ANPD, outros dispositivos da LGPD podem ser aplicáveis a este tratamento. Nesse contexto, a ANPD destaca que o tratamento de dados de acesso público, prática usual no ambiente acadêmico, deve se amparar em base legal apropriada e respeitar os critérios do art. 7º, § 3º, da LGPD. Além disso, a utilização dos dados pessoais para outras

184 ANPD. *Guia Orientativo:* Tratamento de dados pessoais pelo Poder Público.

185 ANPD. *Guia Orientativo:* Tratamento de dados pessoais pelo Poder Público.

finalidades – inclusive daqueles tornados manifestamente públicos pelo titular – deve observar o art. 7º, § 7º, da LGPD.[186]

- A primeira multa aplicada pela ANPD, no âmbito do Processo n. 00261.000489/2022-62, envolveu a análise de violação aos parágrafos do art. 7º da LGPD. Naquela oportunidade, a ANPD concluiu que não havia evidência de que os titulares tinham condições de saber que os seus dados pessoais eram tratados pela empresa autuada, não havendo como supor que o tratamento era realizado observando o comando do § 4º do art. 7º de resguardar os direitos do titular e os princípios na LGPD.[187]
- O tema "raspagem de dados e agregadores de dados" está no Mapa de Temas Prioritários para o biênio 2024-2025. Para a autoridade, a relevância do tema está nas dúvidas que o cercam: a LGPD dispensa o consentimento para o tratamento de dados pessoais tornados públicos pelo titular, mas estabelece que persistem os direitos dos titulares e a incidência dos princípios, impondo limitações às atividades de tratamento. Além disso, há debates acerca de como o tratamento de dados pessoais de acesso público pode ser conciliado com a finalidade, boa-fé e interesse público que justificaram a disponibilização. Neste ponto, a ANPD demonstra maior preocupação que o Poder Judiciário, que vem entendendo que as atividades dos agregadores de dados disponíveis publicamente é lícita e não viola a LGPD.[188]

BIBLIOGRAFIA SELECIONADA

BIONI, B. R. *Proteção de dados pessoais:* a função e os limites do consentimento. Rio de Janeiro: Forense, 2019.

MARCACINI, A. T. R. As regras aplicadas ao tratamento de dados pessoais. *In*: LIMA, C. R. P. (coord.). *Comentários à Lei Geral de Proteção de Dados:* Lei n. 13.709/2018, com alteração da Lei n. 13.853/2019. São Paulo: Almedina, 2020.

MILANEZ, G. *O tratamento de dados pessoais disponíveis publicamente e os limites impostos pela LGPD.* Rio de Janeiro: Processo, 2022.

MILANEZ, G.; FRAZÃO, A.; CARVALHO, A. P. *Curso de proteção de dados:* fundamentos da LGPD. Rio de Janeiro: Forense, 2022.

TAVARES, G. M. *Compliance* de dados pessoais disponíveis publicamente: boas práticas para a confirmação da licitude do tratamento dos dados de acesso público e tornados manifestamente públicos pelo titular. *In*: FRAZÃO, A.; CUEVA, R. V. B. *Compliance e políticas de proteção de dados.* São Paulo: Revista dos Tribunais, 2021.

[186] ANPD. *Guia Orientativo:* Tratamento de dados pessoais para fins acadêmicos e para a realização de estudos e pesquisas.

[187] ANPD. Relatório de Instrução n. 1/2023/CGF/ANPD.

[188] ANPD. Nota Técnica n. 19/2023/FIS/CGF/ANPD.

Art. 8º O consentimento previsto no inciso I do art. 7º desta Lei deverá ser fornecido por escrito ou por outro meio que demonstre a manifestação de vontade do titular.

§ 1º Caso o consentimento seja fornecido por escrito, esse deverá constar de cláusula destacada das demais cláusulas contratuais.

§ 2º Cabe ao controlador o ônus da prova de que o consentimento foi obtido em conformidade com o disposto nesta Lei.

§ 3º É vedado o tratamento de dados pessoais mediante vício de consentimento.

§ 4º O consentimento deverá referir-se a finalidades determinadas, e as autorizações genéricas para o tratamento de dados pessoais serão nulas.

§ 5º O consentimento pode ser revogado a qualquer momento mediante manifestação expressa do titular, por procedimento gratuito e facilitado, ratificados os tratamentos realizados sob amparo do consentimento anteriormente manifestado enquanto não houver requerimento de eliminação, nos termos do inciso VI do *caput* do art. 18 desta Lei.

§ 6º Em caso de alteração de informação referida nos incisos I, II, III ou V do art. 9º desta Lei, o controlador deverá informar ao titular, com destaque de forma específica do teor das alterações, podendo o titular, nos casos em que o seu consentimento é exigido, revogá-lo caso discorde da alteração.

Artigo 8º

Comentado por Gabriel Campos Soares da Fonseca e Bruno Fernandes de Paula

DISPOSITIVOS RELACIONADOS NO DIREITO INTERNACIONAL

- Art. 5º da Convenção 108 do CoE.

DISPOSITIVOS RELACIONADOS NO ORDENAMENTO JURÍDICO BRASILEIRO

- Art. 424 do CC.
- Art. 6º, VIII; art. 39, VI; art. 54, § 4º, do CDC.
- Art. 153, § 1º-A; art. 154-A e § 4º; art. 313-A e art. 325, § 1º, I, do CP.
- Art. 4º, IV, *b*, da LCP.
- Art. 7º, VII e IX, e art. 16, II, do MCI.
- Art. 17, § 1º, do Decreto n. 10.046/2019.

DISPOSITIVOS RELACIONADOS NA LGPD

- Art. 5º, XII; art. 7º, I e §§ 4º, 5º, 6º; art. 9º, §§ 1º e 2º; art. 11, I; art. 14, §§ 1º, 3º e 5º; art. 15, III; art 18, VI, VIII, IX e § 2º; art. 19, § 3º; art. 27 e art. 33, VIII.

ATIVIDADES DA ANPD

- Guia Orientativo: Cookies e proteção de dados pessoais.
- Guia Orientativo: Tratamento de dados pessoais para fins acadêmicos e para realização de estudos e pesquisa.
- Estudo Preliminar: Hipóteses legais aplicáveis ao tratamento de dados pessoais de crianças e adolescentes.
- Nota Técnica n. 4/2023/CGTP/ANPD.
- Nota Técnica n. 6/2023/CGF/ANPD.
- Nota Técnica n. 68/2022/CGF/ANPD.
- Nota Técnica n. 92/2022/CGF/ANPD.
- Nota Técnica n. 175/2023/CGF/ANPD.

AÇÕES REGULATÓRIAS E FISCALIZATÓRIAS DE ENTIDADES GOVERNAMENTAIS E ÓRGÃOS DE CONTROLE

- Senacon, Redes de drogarias são notificadas pelo Ministério da Justiça e Segurança Pública por possível infração à Lei de Proteção de Dados (17 novembro 2021) Ministério da Justiça e Segurança Pública. Disponível em: https://www.gov.br/mj/pt-br/assuntos/noticias/redes-de-drogarias-sao-notificadas-pelo-ministerio-da-justica-e-seguranca-publica-por-possivel-infracao-a-lei-de-protecao-de-dados
- CADE, Processo Administrativo n. 08700.004201/2018-38.
- TCU, Acórdão n. 1453/2022, processo n. 027.957/2021-7, Rel. Vital do Rêgo, Plenário, j. 22.06.2022.
- TCU, Acórdão n. 1384/2022, processo n. 039.606/2020-1, Rel. Augusto Nardes, Plenário, j. 15.06.2022.

CASOS E DECISÕES JUDICIAIS RELEVANTES

- STJ, REsp 2097075, Rel. Marco Aurélio Bellizze, j. 28.09.2023, DJe 29.09.2023.
- TRT-18, ROT 00111366920225180010, Rel. Gentil Pio de Oliveira, Primeira Turma, j. 25.07.2023, *DJe* 27.07.2023.
- TJBA, RI 00109876520208050039, Rel. Sandra Souza do Nascimento Moreno, Primeira Turma Recursal, *DJe* 13.03.2023.
- TJDFT, Processo n. 07217351520198070001, Rel. José Divino, Sexta Turma Cível, j. 03.06.2020, *DJe* 17.06.2020.
- TJSP, Ap. Civ. 10039487920208260438, Rel. Rosangela Telles, Trigésima Primeira Câmara de Direito Privado, j. 03.08.2021, *DJe* 03.08.2021.
- TJRN, Processo n. 08102375120238205004, Rel. Ana Lucena Maia, Primeiro Juizado Especial Cível da Comarca de Natal, *DJe* 11.09.2023.

JUSTIFICATIVA E FUNDAMENTOS

O art. 5º, XII, da LGPD destaca os requisitos primordiais de validade para manifestação do consentimento do titular em relação ao tratamento de seus dados pessoais. Segundo tal dispositivo legal, o consentimento deve ser fruto de uma decisão inequívoca, livre de manipulações ou pressões de terceiros, fruto de informações fidedignas e claras. Somente desse modo é que o consentimento do titular se aproximará do intuito da LGPD de fornecê-lo como base legal que expressa real concordância do titular com o tratamento de seus dados pessoais para fins específicos e legítimos (art. 7º, I, da LGPD).

O art. 8º da LGPD busca reforçar tais requisitos de validade e de legitimidade da manifestação do consentimento do titular no tratamento de seus dados pessoais. Por essa razão, disciplina: (i) a sua forma; (ii) o ônus probatório de sua validade; (iii) o escopo e a atualidade das finalidades inicialmente informadas para lastreá-lo; (iv) as hipóteses de sua revogação, entre outros elementos.

Consequentemente, é legítimo afirmar que o art. 8º da LGPD se justifica e se fundamenta no intuito de empoderar o titular dos dados pessoais, isto é, conferindo-lhe maior *autodeterminação informativa*.[188] É dizer: o fundamento principiológico do art. 8º da LGPD e de seus incisos reside no poder do titular de decidir, por si próprio, quando e dentro de que limites seus dados pessoais serão tratados por terceiros.[189]

ANÁLISE

O consentimento ocupa posição central nos marcos regulatórios de proteção de dados pessoais ao redor do mundo e, na construção legislativa da LGPD, chegou a ser a única base legal prevista no anteprojeto inicialmente proposto:

> É interessante notar que, na primeira versão do anteprojeto de lei colocada sob consulta pública em 2010, o consentimento era, em termos topográficos, a única base legal para tratamento de dados pessoais. Isso se repetiu na segunda consulta pública em 2015, quando o que hoje são as demais bases legais da LGPD eram hipóteses nas quais o consentimento poderia ser dispensado.[190]

Entretanto, vários autores e autoras têm destacado a necessidade de revisitar o protagonismo do "*paradigma do consentimento*" na proteção de dados pessoais, sobretudo diante dos desafios contemporâneos e das problemáticas advindas de práticas atuais de tratamento de dados pessoais, tais como: perfilamento, mineração de dados (*Data Mining*), *Big Data analytics*, entre tantas outras. Não se trata de movimento em prol de renegá-lo ou de diminuir sua importância, mas, sim, de questionar a sua suficiência para materializar concretamente o objetivo de conferir ao titular maior poder decisório sobre as finalidades,

---

[188] SCHERTEL MENDES, L. Autodeterminação informativa: a história de um conceito. *Pensar – Revista de Ciências Jurídicas*, 2020. Disponível em: https://ojs.unifor.br/rpen/article/view/10828. Acesso em: 28 dez. 2024.

[189] SCHWABE, J.; MARTINS, L. *Cinquenta anos de jurisprudência do Tribunal Constitucional Federal alemão*. Montevideo: Konrad Adenauer Stiftung, 2005. p. 237.

[190] BIONI, B. R. *Proteção de dados pessoais:* a função e os limites do consentimento. 2. ed. Rio de Janeiro: Forense, 2020. p. 133.

as circunstâncias e os envolvidos no tratamento de seus dados pessoais, mesmo quando ele seja considerado legítimo.[191]

A despeito de conferir notável relevância ao consentimento do titular no tratamento de seus dados, a LGPD segue essa tendência contemporânea. Não por acaso, previu instrumentos regulatórios complementares, bem como estabeleceu requisitos mais rigorosos acerca do conceito, das características e dos requisitos de validade do consentimento do titular.

Em primeiro lugar, quanto à forma, o *caput* e o § 1º do art. 8º se alinham à própria definição fornecida pelo art. 5º, XII, da LGPD: a de que o consentimento é uma manifestação *inequívoca* da vontade do titular. Por isso, o consentimento só pode ser extraído de atos positivos do titular, e não a partir de presunção tácita de sua omissão ou de seu silêncio.[192]

Apesar de a LGPD não exigir que o consentimento seja necessariamente fornecido mediante forma escrita, fato é que – em qualquer hipótese – deve ser expressado por meio idôneo e apto a demonstrar a real vontade do titular quanto ao tratamento de seus dados como, por exemplo, "click em botão, marcação de opção em caixa (que deve vir desmarcada) ou gravação confirmando a aceitação".[193] Tanto é verdade que, caso se opte por efetivamente fornecê-lo por escrito, é preciso destacá-lo em relação às demais cláusulas contratuais (art. 8º, § 1º, da LGPD). Noutras palavras, a LGPD optou por não privilegiar uma forma ou outra para manifestação do consentimento, mas sim o resultado pretendido, qual seja: a efetiva expressão da vontade do titular dos dados pessoais.

Em segundo lugar, quanto ao ônus probatório, o § 2º do art. 8º se alinha ao princípio da *accountability* (responsabilização e prestação de contas) previsto no art. 6º, X, da LGPD. É dever do agente responsável pelo tratamento de dados demonstrar que adotou medidas eficazes para estar em conformidade com a LGPD. Isso porque o ônus de comprovar que o consentimento foi obtido de acordo com as exigências da LGPD recai no controlador, e não na parte mais vulnerável da relação – o titular dos dados pessoais.

Trata-se, portanto, de dispositivo legal que almeja apaziguar as assimetrias de poder entre as duas partes envolvidas no tratamento de dados pessoais e, assim, garantir uma isonomia material nessas relações. Aliás, outras searas do Direito em que há essa disparidade de poderes nas relações, como a consumerista e a trabalhista, adotam lógica semelhante.

Em terceiro lugar, para concretizar o princípio da finalidade (art. 6º, I, da LGPD), o § 4º do art. 8º presume que as autorizações genéricas concedidas pelos titulares dos dados para tratamentos com finalidades indeterminadas serão nulas. Convergentemente, o § 3º do art. 8º, da LGPD, veda o tratamento de dados pessoais mediante vício de consentimento.

Nesse ponto, vale a ressalva de Gustavo Tepedino & Chiara Teffé no sentido de que, "em termos técnicos, a norma teria sido mais harmônica com o Código Civil se afirmasse que o tratamento de dados pessoais mediante vício de consentimento acarreta anulabilidade (invalidade relativa)".[194]

---

[191] SCHERTEL MENDES, L.; FONSECA, G. C. S. da. Proteção de dados para além do consentimento: tendências contemporâneas de materialização. *REI – Revista Estudos Institucionais*, p. 517-519, 2020.

[192] FRAZÃO, A. Nova LGPD: a importância do consentimento para o tratamento dos dados pessoais. *Jota*, 12 set. 2018.

[193] TEFFÉ, C. A. S. de; VIOLA, M. Tratamento de dados pessoais na LGPD: estudo sobre as bases legais. *Civilistica.com*, 2020.

[194] TEFFÉ, C. A. S. de; TEPEDINO, G. O consentimento na circulação de dados pessoais. *Revista Brasileira de Direito Civil*, p. 94, 2020.

Contudo, seja como for, fato é que a interpretação desses dispositivos legais deve ser conjugada com os arts. 138 a 157 do CC, de modo que qualquer defeito na autorização do titular dos dados – seja o vício de consentimento consubstanciado em erro, dolo, coação, lesão ou estado de perigo – deve acarretar a sua invalidade (relativa) (ver comentário ao art. 5º, XII, neste volume).

Nesse âmbito, inclusive, autores destacam a necessidade de um consentimento "*granularizado*", no qual a autorização para tratamento de dados deve se adequar às exatas medidas e especificidades de sua finalidade.[195] Nas palavras de Bruno Bioni, essa noção abre espaço "para que o controle dos dados seja fatiado de acordo com cada uma das funcionalidades que são ofertadas e se deseja ter e que demandam, respectivamente, tipos diferentes de dados".[196]

Exemplo citado nesse sentido é o sobre a utilização de cookies para cada propósito de utilização – *v.g.*, *cookies* para melhor visualização do site, para marketing, analíticos etc. Ou seja, deve haver destaque na informação e na finalidade para que se alcance um adequado e específico consentimento. Isso, com exceção dos cookies necessários para o funcionamento do site, usualmente tutelados pela base legal do legítimo interesse (art. 7º, IX, da LGPD).[197]

Tamanha a importância do tema, a própria ANPD já publicou seu guia orientativo especificamente voltado à compatibilidade dos cookies com a LGPD:

> De acordo com a LGPD, o consentimento deve ser livre, informado e inequívoco. O consentimento será livre quando o titular realmente tiver o poder de escolha sobre o tratamento de seus dados pessoais.
>
> Ou seja, deve lhe ser assegurada a possibilidade efetiva de aceitar ou recusar a utilização de cookies, sem consequências negativas ou intervenções do controlador que possam vir a viciar ou a prejudicar a sua manifestação de vontade.
>
> Em razão desse requisito legal, não é compatível com a LGPD a obtenção "forçada" do consentimento, isto é, de forma condicionada ao aceite integral das condições de uso de cookies, sem o fornecimento de opções efetivas ao titular. Deve-se ressalvar, no entanto, que a regularidade do consentimento deve ser verificada de acordo com o contexto e as peculiaridades de cada caso concreto, considerando-se, em particular, se é fornecida ao titular uma alternativa real e satisfatória.[198]

Ainda, sobre a matéria, vale citar decisão proferida pela Primeira Turma Recursal do TJBA que, em decorrência de o tratamento dos dados do titular ter decorrido de seu consentimento genérico, concluiu pela exclusão dos dados da parte autora que estavam inseridos na base de dados controlada pela ré. Além disso, a Turma Recursal também confirmou indenização por danos morais fixada na sentença, *verbis:*

> A parte recorrente alega que: a Recorrida concordou com os Termos e Condições de Venda de Produtos, bem como Política de Privacidade disponibilizada no site, ou seja, houve conhecimento e anuência da Recorrida acerca da possível checagem

[195] TEIXEIRA, T.; ARMELIN, R. M. G. D. F. *Lei Geral de Proteção de Dados Pessoais:* comentada artigo por artigo. 2. ed. Salvador: JusPodivm, 2020. p. 61.

[196] BIONI, B. R. *Proteção de dados pessoais:* a função e os limites do consentimento. 2. ed. Rio de Janeiro: Forense, 2020.

[197] TEIXEIRA, T.; ARMELIN, R. M. G. D. F. *Lei Geral de Proteção de Dados Pessoais:* comentada artigo por artigo. 2. ed. Salvador: JusPodivm, 2020. p. 61.

[198] ANPD. *Guia Orientativo*: *Cookies* e proteção de dados pessoais.

> de alguns dados, para se verificar a autenticidade das informações e a correlação com a Recorrida, visando a prevenção de fraudes. Ocorre que o consentimento genérico de aceitação da política da loja não é suficiente para considerar que o consumidor aceitou fornecer seus dados. A LGPD em seu art. 8º informa que o consentimento previsto no inciso I do art. 7º desta Lei deverá ser fornecido por escrito ou por outro meio que demonstre a manifestação de vontade do titular. A interpretação deve ser feita em benefício do consumidor. A aceitação da política de privacidade é condição para compra de produtos, assim, tal aceitação não mostra, de fato, a manifestação de vontade do titular dos dados. Não há opção para o consumidor. Se não aceitar TODOS os termos de privacidade da loja, não pode finalizar a compra. Em termos de consentimento de compartilhamento de dados, a manifestação há de ser específica, para que fique efetivamente demonstrada a autorização sem vício de vontade, especialmente por se tratar de matéria que envolve direito à privacidade.[199]

Em verdade, essa forma de autorização por meio de manifestação de consentimento prévio (*sistema opt-in*) é a regra adotada em várias legislações internacionais, a exemplo do RGPD. Diferentemente, pelo sistema *opt-out* adotado em legislações dos EUA como o *California Consumer Privacy Act*, os agentes de tratamento têm a liberdade de utilizar os dados pessoais independente do consentimento prévio do titular, apenas concedendo-lhe a opção de se opor ao tratamento e, então, requisitar sua exclusão.[200]

Em quarto lugar, o último aspecto central do art. 8º da LGPD diz respeito às hipóteses de revogação do consentimento. No ponto, a lógica da LGPD aparentemente foi a de simplificar ao máximo o exercício dessa prerrogativa por parte do titular dos dados pessoais. Não por outro motivo, o § 5º desse dispositivo legal dispõe que a revogação do consentimento fornecido pelo titular pode ocorrer a qualquer momento, por meio de procedimento gratuito e facilitado. Assim, basta que o titular manifeste expressamente sua vontade de revogar o consentimento anteriormente concedido, preservados, entretanto, os tratamentos realizados sob a égide desse consentimento anterior. Isso, todavia, somente enquanto não restar configurado o requerimento de eliminação previsto no inciso VI do art. 18.

No entanto, o poder de revogação não é ilimitado, sob pena de se legitimar o abuso do direito do titular em contrariedade ao próprio interesse público, por exemplo:

> Outra disposição relevante afirma que o consentimento poderá ser revogado a qualquer momento, mediante manifestação expressa do titular, por procedimento gratuito e facilitado. Defende-se a possibilidade de revogação incondicional desse tipo de consentimento com base na autodeterminação em relação à construção da esfera privada e na proteção da personalidade, que tem entre seus atributos a indisponibilidade. Entretanto, não parece razoável que quem recebeu a autorização para o tratamento dos dados tenha que sofrer risco ilimitado, nem que a revogação se dê em flagrante prejuízo ao interesse público. Em caso de abuso do titular do bem, caberá a devida reparação, que será analisada no caso concreto, podendo o intérprete guiar-se por mecanismos como o *venire contra factum proprium*. Dessa forma, dentro das hipóteses relativas ao término do tratamento

---

199 TJBA, RI 00109876520208050039, Rel. Sandra Souza do Nascimento Moreno, Primeira Turma Recursal, *DJe* 13.03.2023.

200 TEIXEIRA, T.; ARMELIN, R. M. G. D. F. *Lei Geral de Proteção de Dados Pessoais:* comentada artigo por artigo. 2. ed. Salvador: JusPodivm, 2020. p. 62.

> dos dados, encontra-se a comunicação do titular, inclusive no exercício de seu direito de revogação do consentimento, conforme disposto no § 5º do art. 8º da LGPD, resguardado o interesse público (art. 15, III).[201]

Nesse sentido, por exemplo, a 31ª Câmara de Direito Privado do TJSP já firmou entendimento de que, não sendo possível a utilização de dívidas prescritas para a proteção de crédito (art. 7º, X, da LGPD), a manifestação de contrariedade do consumidor em relação ao tratamento de seus dados opera em favor da revogação de seu consentimento anterior, exigindo a exclusão de dívidas prescritas em seu nome na plataforma da Serasa.

Por fim, o § 6º do art. 8º da LGPD regulamenta a possibilidade de revogação do consentimento sempre que ocorrer mudanças em algum dos seguintes pontos relativos ao tratamento: (i) finalidade específica; (ii) forma e duração; (iii) identificação do controlador; ou (iv) informações acerca do uso compartilhado de dados pelo controlador e a finalidade. O dispositivo legal reforça o dever de informação dos agentes de dados (art. 9º da LGPD), porque exige que o controlador forneça ao titular, de modo destacado e específico, informações atualizadas sobre as alterações empreendidas nos termos do tratamento. Munido de tais informações, cabe ao titular renovar seu consentimento ou revogá-lo, caso discorde das alterações empreendidas e o seu consentimento seja exigido para tanto.

BIBLIOGRAFIA SELECIONADA

BIONI, B. R. *Proteção de dados pessoais: a função e os limites do consentimento*. 2. ed. Rio de Janeiro: Forense, 2020.

BUCHAIN, L. C. Legítimo interesse, consentimento e a proteção de dados. *Revista da Faculdade de Direito*, 2021.

CAROLAN, E. The Continuing Problems with Online Consent under the EU's Emerging Data Protection Principles. *Computer Law & Security Review*, 2016.

CATE, F. H.; MAYER-SCHÖNBERGER, V. Notice and Consent in a World of Big Data. *International Data Privacy Law*, 2013.

FRAZÃO, A. Nova LGPD: a importância do consentimento para o tratamento dos dados pessoais. *Jota*, 12 set. 2018.

SCHERTEL MENDES, L. Autodeterminação informativa: a história de um conceito. *Pensar – Revista de Ciências Jurídicas*, 2020. Disponível em: https://ojs.unifor.br/rpen/article/view/10828. Acesso em: 28 dez. 2024.

SCHERTEL MENDES, L.; FONSECA, G. C. S. da. Proteção de dados para além do consentimento: tendências contemporâneas de materialização. *REI – Revista Estudos Institucionais*, 2020.

SCHWABE, J.; MARTINS, L. *Cinquenta anos de jurisprudência do Tribunal Constitucional Federal alemão*. Montevideo: Konrad Adenauer Stiftung, 2005.

SOLOVE, D. J. Privacy Self-Management and the Consent Dilemma. *Harvard Law Review* 1880, 2013.

[201] TEFFÉ, C. A. S. de; TEPEDINO, G. O consentimento na circulação de dados pessoais. *Revista Brasileira de Direito Civil*, p. 99, 2020.

TEFFÉ, C. A. S. de; TEPEDINO, G. O consentimento na circulação de dados pessoais. *Revista Brasileira de Direito Civil*, 2020.

TEFFÉ, C. A. S. de; VIOLA, M. Tratamento de dados pessoais na LGPD: estudo sobre as bases legais. *Civilistica.com*, 2020.

TEIXEIRA, T.; ARMELIN, R. M. G. D. F. *Lei Geral de Proteção de Dados Pessoais:* comentada artigo por artigo. 2. ed. Salvador: JusPodivm, 2020.

Art. 9º O titular tem direito ao acesso facilitado às informações sobre o tratamento de seus dados, que deverão ser disponibilizadas de forma clara, adequada e ostensiva acerca de, entre outras características previstas em regulamentação para o atendimento do princípio do livre acesso:

I – finalidade específica do tratamento;

II – forma e duração do tratamento, observados os segredos comercial e industrial;

III – identificação do controlador;

IV – informações de contato do controlador;

V – informações acerca do uso compartilhado de dados pelo controlador e a finalidade;

VI – responsabilidades dos agentes que realizarão o tratamento; e

VII – direitos do titular, com menção explícita aos direitos contidos no art. 18 desta Lei.

§ 1º Na hipótese em que o consentimento é requerido, esse será considerado nulo caso as informações fornecidas ao titular tenham conteúdo enganoso ou abusivo ou não tenham sido apresentadas previamente com transparência, de forma clara e inequívoca.

§ 2º Na hipótese em que o consentimento é requerido, se houver mudanças da finalidade para o tratamento de dados pessoais não compatíveis com o consentimento original, o controlador deverá informar previamente o titular sobre as mudanças de finalidade, podendo o titular revogar o consentimento, caso discorde das alterações.

§ 3º Quando o tratamento de dados pessoais for condição para o fornecimento de produto ou de serviço ou para o exercício de direito, o titular será informado com destaque sobre esse fato e sobre os meios pelos quais poderá exercer os direitos do titular elencados no art. 18 desta Lei.

Artigo 9º

Comentado por Rodrigo Dias de Pinho Gomes

DISPOSITIVOS RELACIONADOS NA LGPD

- Arts. 5º, XII; 6º, I, IV, VI, X; 7º, I; 8º; art. 11, I; art. 14, § 1º; arts. 18 e 19.

ATIVIDADES DA ANPD

- Nota Técnica n. 02/2021/CGTP/ANPD. Processo/documento n. 00261.000012/2021-04. 2021.
- Voto n. 11/2024/DIR-MW/CD. Processo n. 00261.004509/2024-36. Diretora Rel. Miriam Wimmer, jul. 2024.

CASOS E DECISÕES JUDICIAIS RELEVANTES

- TJDFT. ACP n. 0736634-81.2020.8.07.0001, Segunda Turma Cível, Rel. Sandoval Oliveira, j. 09.02.2022.

JUSTIFICATIVA E FUNDAMENTOS

A razão subjacente para a inclusão deste dispositivo na legislação tem como objetivo a funcionalização dos princípios da transparência e do livre acesso aos dados pessoais.

ANÁLISE

O art. 9º da LGPD versa sobre o direito dos titulares ao acesso facilitado às informações relativas ao tratamento de seus dados pessoais, trazendo alguns requisitos mínimos que devem ser informados pelo agente de tratamento, decorrentes do dever de transparência. Relaciona-se diretamente com os princípios da transparência e do livre acesso aos dados pessoais, previstos, respectivamente, nos incisos IV e VI do art. 6º da LGPD – o próprio *caput* do art. 9º faz menção expressa ao princípio do livre acesso. No Regulamento Europeu de Proteção de Dados, há correspondência nos Considerandos 58 a 63; arts. 5º, 1, *a*) e *b*); 12; 13; 14 e 15.

A transparência constitui verdadeiro *"dever ativo"*, que assume grande relevância quando, em repetidas vezes, existem atividades de tratamento invisíveis ao titular, que, por vezes, se vê *"impossibilitado de fazer valer seu direito no caso"*.[202] Funcionaliza, igualmente, o princípio da responsabilização e prestação de contas, inscrito no inciso X do art. 6º da LGPD.[203]

Estabelecem os incisos I a VII do art. 9º: a obrigatoriedade de disponibilizar e informar, no mínimo, a finalidade específica, a forma e duração do tratamento, observados os segredos comercial e industrial; a identificação e informações de contato do controlador; informações acerca do uso compartilhado de dados pelo controlador e suas finalidades; as responsabilidades dos agentes que realizarão o tratamento e; por fim, menção expressa e explícita aos direitos do titular contidos no art. 18.[204]

- I – finalidade específica do tratamento: deve observar o princípio da finalidade, inscrito no art. 6º, I, da LGPD, que determina a realização do tratamento para propósitos legítimos, específicos, explícitos e informados ao titular, sem possibilidade de tratamento posterior de forma incompatível com essas finalidades.
- II – forma e duração do tratamento, observados os segredos comercial e industrial: deve identificar o período de duração do tratamento, até sua eventual exclusão, bem como informações claras sobre a maneira que os dados são tratados. No entanto, o agente de tratamento não poderá ser obrigado a revelar as minúcias do tratamento a ponto de violar os segredos comercial e industrial.

---

[202] DONEDA, D. Considerações iniciais sobre os bancos de dados informatizados e o direito à privacidade. *In*: TEPEDINO, G. (coord.). *Problemas de direito civil-constitucional*. Rio de Janeiro: Renovar, 2000. p. 118.

[203] "A transparência, por sua vez, gera a obrigação ao agente de tratamento de prestar contas, onde serão evidenciadas as medidas que estão sendo tomadas para uma atuação em conformidade com as boas práticas impostas pela lei" (MULHOLLAND, C. A LGPD e o fundamento da responsabilidade civil dos agentes de tratamento de dados pessoais: culpa ou risco? *Migalhas*, 30 jun. 2020).

[204] "Quanto ao conteúdo de informações a serem disponibilizadas aos titulares, para cumprimento do princípio da transparência e efetivação do direito de livre acesso, o art. 9º da LGPD estabelece os requisitos legais mínimos sobre os tipos de informações que devem ser prestadas de ofício ou mediante requerimento dos titulares: Art. 9º (...)" (Nota Técnica n. 02/2021/CGTP/ANPD. Processo n. 00261.000012/2021-04, mar. 2021. Item 40, p. 8).

- III – identificação do controlador – e IV – informações de contato do controlador: para possibilitar o eventual exercício de quaisquer dos direitos dos titulares, o agente de tratamento deverá se identificar de maneira clara, fornecendo, ao menos, um canal para contato. Recomenda-se que o contato seja por canais facilitados, como e-mail ou formulário eletrônico. Sendo o agente de tratamento pessoa física, recomenda-se, no mínimo, que forneça seu nome completo. Sendo pessoa jurídica, recomenda-se, no mínimo, que forneça seu nome completo e CNPJ.
- V – informações acerca do uso compartilhado de dados[205] pelo controlador e a finalidade: trata-se de exigência que decorre dos princípios da finalidade e transparência, previstos, respectivamente, nos incisos I e IV do art. 6º.
- VI – responsabilidades dos agentes que realizarão o tratamento: trata da informação essencial aos titulares, de forma que a eles seja franqueado o efetivo controle e fiscalização sobre as atividades de tratamento, bem como possibilita que possam exercer seus direitos diretamente ao agente envolvido na respectiva operação em análise. Decorre do princípio da responsabilização e prestação de contas, inscrito no inciso X do art. 6º da LGPD.
- VII – direitos do titular, com menção explícita aos direitos contidos no art. 18 desta Lei: decorre dos princípios do livre acesso e da transparência – art. 6º, IV e VI, deixando explícito aos titulares que estes poderão exercer seus direitos previstos na LGPD.

Em geral, as informações exigidas nos incisos I a VII são publicadas através dos avisos de privacidade, comumente disponibilizados no *website* do agente de tratamento.

1. Vício de consentimento

Nos termos do art. 5º, XII, o consentimento é definido como a manifestação livre, informada e inequívoca pela qual o titular concorda com o tratamento de seus dados pessoais para uma finalidade determinada. O § 1º do art. 9º, portanto, trata da hipótese de eventual manifestação do titular eivada de vício, por ausência de informação.[206]

Vale mencionar os §§ 3º e 4º do art. 8º, que, respectivamente, aduz ser *"vedado o tratamento de dados pessoais mediante vício de consentimento"* e exige que *"o consentimento deverá referir-se a finalidades determinadas, e as autorizações genéricas para o tratamento de dados pessoais serão nulas"*.

O parágrafo em análise igualmente remonta à boa-fé[207] quando proíbe conteúdo enganoso ou abusivo.[208]

---

205 Ver comentário ao art. 5°, XVI, neste volume.

206 "Denominam-se vícios de consentimento (ou da vontade), em razão de se caracterizarem por influências exógenas sobre a vontade exteriorizada ou declarada, e aquilo que é ou devia ser a vontade real, se não tivessem intervindo as circunstâncias que sobre ela atuaram, provocando a distorção" (PEREIRA, C. M. S. *Instituições de direito civil.* Atualizado por M. C. B. de Moraes. 30. ed. Rio de Janeiro: Forense, 2017. v. 1, p. 417).

207 Ver comentário ao art. 6°, *caput*, neste volume.

208 Recorda-se a função tríplice da boa-fé objetiva: i) parâmetro de interpretação, na qualidade de *"cânone hermenêutico e integrativo"*; ii) cria deveres anexos e iii) limita o exercício de direitos subjetivos em determinadas situações. Ver: MARTINS-COSTA, J. Mercado e solidariedade social entre cosmos e taxis: a boa-fé nas relações de consumo. *In*: MARTINS-COSTA, J. (org.). *A reconstrução do direito privado*: reflexos

2. Alteração de finalidade (parágrafo segundo)

Mais uma vez, verifica-se a funcionalização do princípio da transparência. Reporta-se ao disposto no § 6º do art. 8º, que, por sua vez, determina que na hipótese de alteração da finalidade, forma e duração do tratamento, identificação do controlador ou de seus contatos, este *"deverá informar ao titular, com destaque de forma específica do teor das alterações"*, facultando-se ao titular *"nos casos em que o seu consentimento é exigido, revogá-lo caso discorde da alteração"*. O direito à revogação se encontra inscrito no art. 18, IX.

A ANPD já se posicionou sobre o tema, ao afirmar que *"é razoável suscitar, no âmbito desta cognição sumária, questionamentos sobre a compatibilidade da finalidade do tratamento posterior ("treinamento de sistemas de IA") com a finalidade original do compartilhamento das informações nas plataformas da Meta"*,[209] de maneira que deve haver extrema cautela por parte do controlador quando decidir optar pela alteração superveniente das finalidades originais.

3. Tratamento de dados como condição para fornecimento de produto ou de serviço ou para o exercício de direito (parágrafo terceiro)

São corriqueiras as situações nas quais ao recorrer a serviços (públicos ou privados), adquirir produtos ou estabelecer contratos com fornecedores de bens e serviços essenciais, o titular se vê diante de múltiplas decisões que, invariavelmente, envolvem a necessária disponibilização de seus dados pessoais.[210]

Por estas razões, optou o legislador por reforçar o dever de transparência na hipótese prevista no § 3º, em especial ao prever que *"o titular será informado com destaque sobre esse fato"*. Tal destaque deverá ser implementado, por exemplo, com texto em negrito ou com outra forma capaz de tornar a informação visualmente evidenciada face aos demais itens constantes das políticas/avisos de privacidade ou instrumento congênere que vise dar transparência aos titulares.

BIBLIOGRAFIA SELECIONADA

BIONI, B. R. *Proteção de dados pessoais:* a função e os limites do consentimento. Rio de Janeiro: Forense 2019. *e-Book.*

DONEDA, D. Considerações iniciais sobre os bancos de dados informatizados e o direito à privacidade. *In*: TEPEDINO, G. (coord.). *Problemas de direito civil-constitucional.* Rio de Janeiro: Renovar, 2000.

---

dos princípios, diretrizes e direitos fundamentais constitucionais no direito privado. São Paulo: Revista dos Tribunais, 2002. p. 640.

[209] Voto n. 11/2024/DIR-MW/CD. Processo n. 00261.004509/2024-36. Diretora Rel. Miriam Wimmer, jul. 2024. Item 4.31, p. 11.

[210] "Desenvolvem-se outras evidências que demonstram ser o fosso da assimetria informacional e da vulnerabilidade maior do que se aparentava ser naquela pesquisa anterior. Mesmo que os consumidores se capacitem para o controle de seus dados pessoais, o próprio mercado acaba por criar novas tecnologias para neutralizá-lo. Tal fator é determinante para se (re)pensar e (re)avaliar um quadro regulatório que eleva o consentimento como seu elemento normativo central e, por essa lógica, o seu titular como sujeito autônomo e capaz para exercer tal esfera de controle e, em última análise, desempenhar por si próprio a proteção de suas informações pessoais" (BIONI, B. R. *Proteção de dados pessoais:* a função e os limites do consentimento. Rio de Janeiro: Forense 2019. *e-Book*).

MARTINS-COSTA, J. Mercado e solidariedade social entre cosmos e taxis: a boa-fé nas relações de consumo. *In*: MARTINS-COSTA, J. (org.). *A reconstrução do direito privado:* reflexos dos princípios, diretrizes e direitos fundamentais constitucionais no direito privado. São Paulo: Revista dos Tribunais, 2002.

MULHOLLAND, C. A LGPD e o fundamento da responsabilidade civil dos agentes de tratamento de dados pessoais: culpa ou risco? *Migalhas*, 30 jun. 2020.

PEREIRA, C. M. S. *Instituições de direito civil.* Atualizado por M. C. B. de Moraes. 30. ed. Rio de Janeiro: Forense, 2017. v. 1.

Art. 10. O legítimo interesse do controlador somente poderá fundamentar tratamento de dados pessoais para finalidades legítimas, consideradas a partir de situações concretas, que incluem, mas não se limitam a:

I – apoio e promoção de atividades do controlador; e

II – proteção, em relação ao titular, do exercício regular de seus direitos ou prestação de serviços que o beneficiem, respeitadas as legítimas expectativas dele e os direitos e liberdades fundamentais, nos termos desta Lei.

§ 1º Quando o tratamento for baseado no legítimo interesse do controlador, somente os dados pessoais estritamente necessários para a finalidade pretendida poderão ser tratados.

§ 2º O controlador deverá adotar medidas para garantir a transparência do tratamento de dados baseado em seu legítimo interesse.

§ 3º A autoridade nacional poderá solicitar ao controlador relatório de impacto à proteção de dados pessoais, quando o tratamento tiver como fundamento seu interesse legítimo, observados os segredos comercial e industrial.

Artigo 10

Comentado por Isabela Maria Rosal e Rodrigo Dias de Pinho Gomes

DISPOSITIVOS RELACIONADOS NO ORDENAMENTO JURÍDICO BRASILEIRO

- Art. 14 do CDC.
- Art. 4º, § 2º, da Lei n. 9.609/1998.
- Art. 206 da Lei n. 9.279/1996.

DISPOSITIVOS RELACIONADOS NA LGPD

- Arts. 5º, XVII; 6º, I, III e VI; e 7º, VI e IX; art. 11, II, *d* e *g*; arts. 14 e 15, I; art. 18, § 2º; art. 21; art. 37; art. 38 e art. 55-J, II e X.

ATIVIDADES DA ANPD

- ANPD. Guia Orientativo. Hipóteses legais de tratamento de dados pessoais: legítimo interesse. Fev./2024.
- ANPD. Guia Orientativo. Tratamento de dados pessoais pelo Poder Público. Versão 2.0. Jun./2023.
- ANPD. Guia orientativo: Cookies e proteção de dados pessoais. Out./2022.
- ANPD. Estudo preliminar. Hipóteses legais aplicáveis ao tratamento de dados pessoais de crianças e adolescentes. Set./2022.

- ANPD. Guia orientativo para Definições dos Agentes de Tratamento de Dados; Pessoais e do Encarregado. Versão 2.0. Abr./2022.

CASOS E DECISÕES JUDICIAIS RELEVANTES

- TJSP, Ap. Civ. n. 1001010-43.2021.8.26.0126, Décima Primeira Câmara de Direito Privado, j. 20.10.2022, publicado em 20.10.2022.
- TJDFT, AgInt n. 0749765-29.2020.8.07.0000, Segunda Turma Cível, j. 26.05.2021, *DJe* 01.06.2021.

ANÁLISE

O legítimo interesse é um conceito jurídico aberto, trazido pela LGPD para conferir a possibilidade do tratamento de dados para situações não predefinidas, mas que são justificadas a partir da existência de uma finalidade lícita concreta do agente de tratamento ou de terceiro.[211] O RGPD, norma paradigmática na matéria de proteção de dados pessoais, em seus Considerandos, explora diversas situações que podem ser categorizadas como legítimo interesse além de trazer mais explicações sobre esse conceito aberto.[212] Na LGPD, isso consta, de certa maneira, na redação do art. 10, dispositivo responsável por delimitar condições de aplicação do legítimo interesse. Da leitura do presente artigo, é possível afirmar que a opção do agente d tratamento pelo fundamento do legítimo interesse atrai verdadeiro "ônus argumentativo reforçado",[213] exigindo a demonstração de medidas e salvaguardas mais contundentes, além das razoavelmente exigidas e esperadas para as demais bases legais.[214]

Apesar de essa ideia ter sido apresentada desde o anteprojeto de lei do Ministério da Justiça (MJ) (2015) que deu origem à LGPD, algumas mudanças interessantes ocorreram ao longo do processo legislativo.[215] O texto apresentado pelo Ministério não trazia os exemplos de situações que caracterizam o legítimo interesse, presentes no texto final nos incisos I e II. Contudo, o anteprojeto reforçava diretamente a necessidade de respeito pelos direitos e liberdades fundamentais do titular, além de mencionar a necessidade de contemplar as legítimas expectativas do titular de acordo com o princípio da adequação.[216] Essas previsões, apesar de excluídas, eram bastante interessantes por trazerem limitações mais claras ao tratamento secundário de dados baseados no legítimo interesse, tema que ainda merece mais atenção nas políticas e orientações publicadas pela ANPD. Sobre esse ponto, a autoridade apresentou no guia sobre o uso do legítimo interesse uma breve orientação de que a legítima

---

[211] Ver comentário ao art. 7º, IX, neste volume.

[212] Cf. Considerando 47 do RGPD.

[213] BIONI, B. R. *Proteção de dados pessoais:* a função e os limites do consentimento. 2. reimp. Rio de Janeiro: Forense, 2019. p. 28.

[214] GOMES, R. D. P. *Legítimos interesses na LGPD:* trajetória, consolidação e critérios de aplicação. Indaiatuba: Foco, 2024. p. 182-183.

[215] O foco do presente artigo será em relação ao anteprojeto do MJ apresentado em 2015, uma vez que esse é marco no processo legislativo que deu origem à LGPD após participação popular, o que permite considerações interessantes sobre as ideias iniciais sobre o legítimo interesse. No PL n. 4.060/2012, por outro lado, mencionava-se, somente, a necessidade de lealdade e boa-fé como forma de atender os legítimos interesses do titular (art. 9º).

[216] Ver comentário ao art. 6º, II, neste volume.

expectativa do titular deve considerar a "finalidade original da coleta e a compatibilidade com o tratamento posterior baseado no legítimo interesse", sem mais desenvolvimento sobre a relação dessa base legal com o princípio da adequação.

1. Finalidades legítimas

O art. 10 da LGPD estabelece que o legítimo interesse do controlador só pode justificar o tratamento de dados para finalidades legítimas, reafirmando o princípio da finalidade[217] do art. 6º, I. O tratamento deve ter propósitos específicos, explícitos e informados ao titular, sem uso posterior incompatível. Não há impedimento absoluto ao uso secundário dos dados pessoais, desde que os novos fins sejam compatíveis com os originais.[218]

Ainda, é necessário que essa finalidade legítima seja baseada em uma situação concreta, sem espaço para finalidades demasiadamente gerais, traduções dos próprios interesses comerciais do controlador.[219] Por exemplo, parece ser uma finalidade legítima bastante concreta o envio de publicidade sobre promoções para indivíduos que já consumiram algum produto oferecido pelo controlador. Contudo, o processamento de dados pessoais de clientes para o mero desenvolvimento da atividade empresarial do controlador parece ser uma justificativa não razoável por falta de claridade das finalidades do uso das informações, o que prejudica até o cumprimento dos requisitos de validade de uso da base legal do legítimo interesse.

Essas considerações são essenciais para a interpretação dos incisos I e II do art. 10, uma vez que esses dispositivos exemplificam situações gerais (logo, não concretas) que caracterizam finalidades legítimas. Dessa forma, para a devida adequação e observância da LGPD, o controlador pode utilizar os exemplos descritos no art. 10 como um interessante e legitimador guia, mas deve estabelecer finalidades mais concretas a partir da situação real para a utilização da base legal do legítimo interesse.

1.1. Atividades do controlador

O inciso I do art. 10 traz a possibilidade de utilização do legítimo interesse para tratamentos de dados pessoais com a finalidade de apoio e promoção de atividades do controlador. Essa hipótese é uma das situações mais correlacionadas com o uso do legítimo interesse,[220] incluindo a ideia de utilização para o tratamento de dados para fins de *marketing* e publicidade.

Contudo, ainda estamos diante de uma ideia indefinida, uma vez que apoio e promoção de atividades do controlador também se revelam bastante amplos. No Auto de Infração n. 3/2022/CGF/ANPD, foi constatada a violação ao princípio da finalidade quando a empresa utilizou dados públicos para atividades comerciais, sem cumprir o dever de aplicar propósitos legítimos, específicos, explícitos e informados ao titular. A ANPD concluiu que houve tratamento posterior de dados de forma incompatível com as finalidades originais. Portanto, a finalidade de "apoio e promoções de atividades" do controlador é um guarda-chuva geral que

---

[217] Ver comentário ao art. 6°, I, neste volume.

[218] Nesse sentido, a interpretação mais aceita sobre o uso secundário de dados a partir do RGPD é que esse tratamento depende de um teste de compatibilidade

[219] ANPD. *Guia Orientativo*: hipóteses legais de tratamento de dados pessoais: legítimo interesse, fev. 2024.

[220] ROSAL, I. M. O legítimo interesse do controlador ou terceiro e o teste de proporcionalidade no tratamento de dados pessoais. *In*: GRUPO DADOS ABERTOS.RN. *Open data day*: dados abertos governamentais e inovação cívica. Natal: Motres, 2020.

deve orientar os controladores a apresentarem finalidades legítimas específicas na utilização do legítimo interesse, principalmente no registro do teste do balanceamento.

A previsão do inciso I é bastante útil, uma vez que a discussão sobre a possibilidade da utilização do legítimo interesse para fins exclusivamente comerciais não é trivial. Esse tema, por exemplo, foi pauta de decisão do TJUE,[221] que confirmou a possibilidade do uso de legítimo interesse para fins exclusivamente comerciais desde que atendidas condições específicas, como a transparência com os titulares de dados, a observância dos princípios de proteção de dados e dos direitos do titular, além da necessidade de considerar se o titular tinha razoáveis expectativas sobre a possibilidade de aquele tratamento ser exercido. Nesse sentido, a lei brasileira parece adotar o mesmo entendimento, já estabelecendo no próprio texto legal a possibilidade de utilização do legítimo interesse como justificativa de tratamentos de dados pessoais realizados para fins exclusivamente comerciais (apoio e promoção de atividades do controlador), desde que os requisitos de validade sejam observados.

1.2. Proteção do titular

As legítimas expectativas do titular são parte da discussão do balanceamento de interesses para uso do legítimo interesse. Esse conceito é comparável com a expectativa do consumidor, base para diversas disputas consumeristas.[222] Disso, percebe-se que o titular guarda expectativas em relação à sua interação com o agente de tratamento/fornecedor, o que evidencia como essa relação influencia diretamente a análise e a viabilidade do uso do legítimo interesse.[223]

Neste sentido, vale citar o Enunciado 683 da IX Jornada de Direito Civil: *"A legítima expectativa do titular quanto ao tratamento de seus dados pessoais se relaciona diretamente com o princípio da boa-fé objetiva e é um dos parâmetros de legalidade e juridicidade do legítimo interesse"*.[224]

---

[221] A discussão teve início na Holanda, onde a Autoridade Nacional de Proteção de Dados holandesa adotava um posicionamento de que o exclusivo interesse comercial não poderia servir de justificativa para o uso do legítimo interesse como base legal. TJUE, Caso C-621/22, j. 04.10.2024.

[222] Cf. STJ, REsp n. 1.604.052, Terceira Turma, Rel. Min. Ricardo Villas Bôas Cueva, j. 16.08.2016, *DJe* 26.08.2016.

[223] KAMARA, I.; DE HERT, P. Understanding the balancing act behind the legitimate interest of the controller ground: a pragmatic approach. *Brussels Privacy Hub*, Working Paper, v. 4, n. 12, ago. 2018.

[224] "Justificativa: A Lei Geral de Proteção de Dados (Lei n. 13.709/1918) traz, no art. 10, parâmetros para a aplicação da base legal do legítimo interesse, que é um conceito jurídico indeterminado. A legítima expectativa baseia-se em um dever de lealdade e não frustração da confiança do titular de dados, de modo a garantir uma maior previsibilidade quanto à aplicação e interpretação do legítimo interesse.
A interpretação desta base legal deve necessariamente levar em consideração a forte influência do princípio da boa-fé no direito privado brasileiro e sua relação com a vedação do abuso de direito, que implica uma limitação ao tratamento de dados que não passe no teste do legítimo interesse. Tal orientação é condizente com as escolhas inscritas na Lei Geral de Proteção de Dados, que elege a boa-fé como princípio reitor dos demais princípios da lei (art. 6º, *caput*), e também com a busca por se evitar um transplante legal inadequado da figura do legítimo interesse para o ordenamento jurídico nacional.
Contudo, a legítima expectativa não é um valor absoluto, podendo ser flexibilizado se a análise do caso concreto revelar que o interesse do controlador ou de terceiros se sobrepõe à legítima expectativa (e.g., prevenção a fraudes), a partir de um equacionamento dos diversos aspectos do caso, o que se convencionou chamar teste do legítimo interesse" (CONSELHO DA JUSTIÇA FEDERAL. *Jornadas de Direito Civil.* Enunciados Aprovados, 2022).

Dessa forma, o inciso II reforça que o legítimo interesse pode justificar tratamento de dados que beneficiem o titular ("proteção, em relação ao titular, do exercício regular de seus direitos ou prestação de serviços que o beneficiem"), desde que observadas as expectativas do titular e os seus direitos e liberdades fundamentais. Exemplificando esse cenário, tem-se a possibilidade de tratamento de dados a partir do legítimo interesse para questões de cibersegurança. Essa previsão se mostra, então, relevante, justamente pelo fato de reafirmar a necessidade de considerar as expectativas e os direitos do titular, ainda que a finalidade do tratamento seja em direto benefício do indivíduo. Portanto, ainda nesses casos, é necessária a realização do teste de balanceamento do legítimo interesse para avaliação se existe observância desses critérios de validade.

2. Princípio da necessidade

O § 1° do art. 10 reforça o princípio da necessidade, ao mencionar que somente os dados estritamente necessários podem ser utilizados nos tratamentos baseados no legítimo interesse. Considerando a previsão do art. 6° sobre a minimização do uso de dados, a regra do princípio da necessidade se aplica a todas as atividades de tratamento de dados abarcadas pela LGPD[225] e, ainda, às atividades de tratamento para fins de segurança pública, defesa nacional, segurança do Estado ou atividades de investigação e repressão de infrações penais.[226] Dessa forma, a previsão do primeiro parágrafo do artigo em análise serve como uma reafirmação dessa obrigação já presente em qualquer atividade de tratamento.

A razão por trás da adição dessa quase repetição parece ser a necessidade de confirmar que o tratamento de dados somente deve ser realizado caso não exista outra forma menos intrusiva para alcançar essa finalidade.[227] Além disso, a utilização de dados desnecessários desequilibra o teste de balanceamento para a validade do uso do legítimo interesse, tornando esse processamento ilegal.[228] Dessa forma, a coleta indefinida de dados pessoais não será justificada, ainda que exista uma finalidade legítima por trás dessa atividade. O texto, como posto, também acaba por enfatizar a necessidade de uma situação concreta para a utilização do legítimo interesse.

Importante, contudo, avaliar as mudanças ocorridas ao longo do processo legislativo sobre esse ponto de reforço do princípio da necessidade no art. 10. O anteprojeto de lei apresentado pelo MJ ia além da menção do limite do tratamento aos dados estritamente necessários para a finalidade pretendida e ressaltava que os dados deveriam ser anonimizados sempre que isso não afetasse os objetivos do tratamento.[229] Essa exclusão foi uma perda para as garantias do titular, uma vez que a avaliação da possibilidade da anonimização de dados tratados a partir do legítimo interesse deixou de ser uma obrigação do controlador e

---

[225] Ver comentário ao art. 6°, III, neste volume.

[226] Art. 4°, § 1°, da LGPD.

[227] EDPB. Guidelines 1/2024 on processing of personal data based on Article 6(1)(*f*) GDPR, out. 2024.

[228] "Embora aplicável a todos os tratamentos de dados pessoais, a LGPD reforçou o dever de observância ao princípio da necessidade nos casos em que o legítimo interesse seja a hipótese legal utilizada. Assim, nos termos do art. 10, § 1º, somente os dados pessoais estritamente necessários para a finalidade pretendida poderão ser tratados" (ANPD. *Guia Orientativo*: Hipóteses legais de tratamento de dados pessoais. Legítimo interesse. Brasília: ANPD, fev. 2024. Versão 1.0, p. 25).

[229] No texto original do art. 10, § 3°, do anteprojeto de lei "Quando o tratamento for baseado no legítimo interesse do responsável, somente os dados pessoais estritamente necessários para a finalidade pretendida poderão ser tratados, devendo ser anonimizados sempre que compatível com a finalidade do tratamento".

passou a ser parte das medidas mitigadoras no último passo do teste de balanceamento.[230] Dessa forma, defende-se que a ANPD e outros órgãos responsáveis recomendem a anonimização de dados tratados a partir do legítimo interesse sempre que possível, além do direito à anonimização de dados desnecessários, excessivos ou tratados em desconformidade com a LGPD (art. 18, IV).

3. Dever de transparência

Em movimento semelhante ao princípio da necessidade, o art. 10 também reforça o dever de transparência imposto aos agentes de tratamento. Sobre esse ponto, em conjunto com o dever de minimização de dados, entende-se que existe uma proibição clara a *designs* manipulativos (*dark patterns*) que geram mais coleta de dados pessoais, muitas vezes de encontro aos interesses do titular.[231] Constitui, portanto, medida essencial e relevantíssima a qualquer atividade de tratamento, diante da proibição da opacidade no trato de dados pessoais, posto que haverá interferência nos direitos personalíssimos, de caráter fundamental.[232]

Ainda, em relação às regras de transparência, ao longo do processo legislativo foi excluída a previsão sobre a necessidade de fornecimento de mecanismos para que os titulares pudessem se opor ao tratamento de dados baseado no legítimo interesse. Esse foi um retrocesso bastante considerável, uma vez que o texto legal atual menciona o direito de oposição somente em caso de descumprimento da LGPD (art. 18, § 2°). Portanto, atualmente, é possível a interpretação de que o fornecimento de mecanismos de oposição ao tratamento baseado no legítimo interesse é somente uma boa prática, podendo ser utilizado como uma mitigação dos riscos trazidos pelo tratamento na avaliação do equilíbrio entre o legítimo interesse (art. 7°, IX) e os direitos e liberdades fundamentais do titular. Contudo, defende-se a interpretação de que o direito de oposição ao tratamento baseado no legítimo interesse deve sempre ser oferecido ao titular, inclusive como forma de observância da autodeterminação informativa, fundamento da LGPD.

3.1. ANPD e os segredos comercial e industrial

É bastante interessante verificar como o art. 10 busca o equilíbrio entre os interesses dos agentes de tratamento e a proteção de dados pessoais. Afinal, essa é uma das maiores motivações por trás da existência de leis de proteção de dados: garantir o fluxo de informações para o desenvolvimento econômico e social, ao passo que princípios e direitos são impostos a fim de garantir que os riscos e consequências para os indivíduos não sejam desproporcionais.[233] Dessa forma, ao reforçar os princípios de necessidade e transparência, mas trazer a obrigação de respeito aos segredos comercial e industrial e deixar espaço para exploração dos interesses e atividades dos agentes de tratamento, o art. 10 captura a essência do sistema de proteção de dados pessoais.

---

[230] Ver comentário ao art. 7°, IX, neste volume.

[231] ROSAL, I. M. O legítimo interesse do controlador ou terceiro e o teste de proporcionalidade no tratamento de dados pessoais. *In*: GRUPO DADOS ABERTOS.RN. *Open data day*: dados abertos governamentais e inovação cívica. Natal: Motres, 2020.

[232] GOMES, R. D. P. *Legítimos interesses na LGPD:* trajetória, consolidação e critérios de aplicação. Indaiatuba: Foco, 2024. p. 187.

[233] Cf. BALBONI, P. *et al.* Legitimate interest of the data controller, new data protection paradigm: legitimacy grounded on appropriate protection. *International Data Privacy Law*, v. 3, n. 4, 2013.

Essa previsão pode parecer simples à primeira vista, uma vez que a LGPD menciona a necessidade do respeito aos segredos comercial e industrial diversas vezes ao longo do seu texto. Contudo, essa previsão se mostra muito mais complexa ao considerarmos que esse conceito de "segredos comercial e industrial" ainda é algo em aberto, perpassando discussões do direito empresarial, propriedade intelectual, antitruste e até consumerista. A incerteza jurídica ainda aumenta pela falta de discussões jurídicas formais sobre proteção comercial no desenvolvimento de algoritmos e soluções tecnológicas elaboradas a partir de treinamento de dados pessoais.[234]

Essas incertezas podem ser mitigadas pela ANPD, mas na versão atual do guia sobre legítimo interesse já publicada pela autoridade, há mera menção de que "é possível que a ANPD solicite ao controlador a elaboração de RIPD, observados os segredos comercial e industrial", sem mais desenvolvimentos sobre o tema. Portanto, tanto a ANPD quanto os Tribunais brasileiros devem se debruçar sobre o tema, se utilizando, inclusive, da possibilidade dada à ANPD de realizar auditoria para verificação em tratamentos automatizados de dados (art. 20, § 2°),[235] para evitar possível mitigação de direitos e liberdades fundamentais do titular a partir de tratamentos realizados de forma não transparente a partir da proteção aos segredos comercial e industrial.

BIBLIOGRAFIA SELECIONADA

ANPD. *Guia Orientativo*: hipóteses legais de tratamento de dados pessoais. Legítimo interesse. Brasília: ANPD, fev. 2024. Versão 1.0.

BIONI, B. R. *Proteção de dados pessoais:* a função e os limites do consentimento. 2. reimp. Rio de Janeiro: Forense, 2019.

BALBONI, P. *et al.* Legitimate interest of the data controller, new data protection paradigm: legitimacy grounded on appropriate protection. *International Data Privacy Law*, v. 3, n. 4, 2013.

CONSELHO DA JUSTIÇA FEDERAL. *Jornadas de Direito Civil.* Enunciados Aprovados, 2022.

EDPB. Guidelines 1/2024 on processing of personal data based on Article 6(1)(*f*) GDPR, out. 2024.

FERRETTI F. Data Protection and the legitimate interest of data controllers: much ado about nothing or the winter of rights? *Common Market Law Review*, v. 51, 2014.

GOMES, R. D. P. *Legítimos interesses na LGPD:* trajetória, consolidação e critérios de aplicação. Indaiatuba: Foco, 2024.

KAMARA, I.; DE HERT, P. Understanding the balancing act behind the legitimate interest of the controller ground: a pragmatic approach. *Brussels Privacy Hub*, Working Paper, v. 4, n. 12, ago. 2018.

[234] Sobre o tema, ver LINDOSO, M. C. B. *A opacidade e os segredos de negócio no mercado de dados pessoais.* Tensões entre sigilo e transparência pela garantia fundamental à proteção de dados. 2024. Tese (Doutorado) – Universidade de Brasília, Brasília, 2024.

[235] Ver comentário ao art. 20 neste volume.

KRAMCSÁK, P. T. Can legitimate interest be an appropriate lawful basis for processing Artificial Intelligence training datasets? *Computer Law & Security Review*, v. 48, 2023.

LINDOSO, M. C. B. *A opacidade e os segredos de negócio no mercado de dados pessoais.* Tensões entre sigilo e transparência pela garantia fundamental à proteção de dados. 2024. Tese (Doutorado) – Universidade de Brasília, Brasília, 2024.

PONC, P. P. P.; MATTIUZZO, M. O legítimo interesse e o teste da proporcionalidade: uma proposta interpretativa. *Internet & Sociedade*, v. 1, n. 2, 2020.

ROSAL, I. M. O legítimo interesse do controlador ou terceiro e o teste de proporcionalidade no tratamento de dados pessoais. *In*: GRUPO DADOS ABERTOS.RN. *Open data day*: dados abertos governamentais e inovação cívica. Natal: Motres, 2020.

ROSAL, I. M. *Tratamento de dados pessoais para fins publicitários:* análise das bases legais, direitos do titular e deveres dos agentes de tratamento. Belo Horizonte: Fórum, 2024.

Seção II
Do Tratamento de Dados Pessoais Sensíveis

Art. 11. O tratamento de dados pessoais sensíveis somente poderá ocorrer nas seguintes hipóteses:

I – quando o titular ou seu responsável legal consentir, de forma específica e destacada, para finalidades específicas;

II – sem fornecimento de consentimento do titular, nas hipóteses em que for indispensável para:

a) cumprimento de obrigação legal ou regulatória pelo controlador;

b) tratamento compartilhado de dados necessários à execução, pela administração pública, de políticas públicas previstas em leis ou regulamentos;

c) realização de estudos por órgão de pesquisa, garantida, sempre que possível, a anonimização dos dados pessoais sensíveis;

d) exercício regular de direitos, inclusive em contrato e em processo judicial, administrativo e arbitral, este último nos termos da Lei n. 9.307, de 23 de setembro de 1996 (Lei de Arbitragem);

e) proteção da vida ou da incolumidade física do titular ou de terceiro;

f) tutela da saúde, exclusivamente, em procedimento realizado por profissionais de saúde, serviços de saúde ou autoridade sanitária; ou (Redação dada pela Lei n. 13.853, de 2019)

g) garantia da prevenção à fraude e à segurança do titular, nos processos de identificação e autenticação de cadastro em sistemas eletrônicos, resguardados os direitos mencionados no art. 9º desta Lei e exceto no caso de prevalecerem direitos e liberdades fundamentais do titular que exijam a proteção dos dados pessoais.

§ 1º Aplica-se o disposto neste artigo a qualquer tratamento de dados pessoais que revele dados pessoais sensíveis e que possa causar dano ao titular, ressalvado o disposto em legislação específica.

§ 2º Nos casos de aplicação do disposto nas alíneas *a* e *b* do inciso II do *caput* deste artigo pelos órgãos e pelas entidades públicas, será dada publicidade à referida dispensa de consentimento, nos termos do inciso I do *caput* do art. 23 desta Lei.

§ 3º A comunicação ou o uso compartilhado de dados pessoais sensíveis entre controladores com objetivo de obter vantagem econômica poderá ser objeto de vedação ou de regulamentação por parte da autoridade nacional, ouvidos os órgãos setoriais do Poder Público, no âmbito de suas competências.

§ 4º É vedada a comunicação ou o uso compartilhado entre controladores de dados pessoais sensíveis referentes à saúde com objetivo de obter vantagem econômica, exceto nas hipóteses relativas a prestação de serviços de saúde, de assistência farmacêutica e de assistência à saúde, desde que observado o § 5º deste artigo, incluídos os serviços auxiliares de diagnose e terapia, em benefício dos interesses dos titulares de dados, e para permitir: (Redação dada pela Lei n. 13.853, de 2019)

I – a portabilidade de dados quando solicitada pelo titular; ou (Incluído pela Lei n. 13.853, de 2019)

II – as transações financeiras e administrativas resultantes do uso e da prestação dos serviços de que trata este parágrafo. (Incluído pela Lei n. 13.853, de 2019)

§ 5º É vedado às operadoras de planos privados de assistência à saúde o tratamento de dados de saúde para a prática de seleção de riscos na contratação de qualquer modalidade, assim como na contratação e exclusão de beneficiários. (Incluído pela Lei n. 13.853, de 2019)

Artigo 11

Comentado por Ramon Costa e Bianca Kremer

DISPOSITIVOS RELACIONADOS NO ORDENAMENTO JURÍDICO BRASILEIRO

- Art. 14 da Lei 9.656/98.
- Art. 3º, §3º, II da LCP.
- Art. 1º da LAI.

DISPOSITIVOS RELACIONADOS NA LGPD

- Art. 5º, II; art. 7º; art. 8º, §5º; art. 9º; art. 12; art. 18, IX; e art. 23.

ATIVIDADES DA ANPD

- Texto para discussão n. 1/2022. Estudo Técnico.

CASOS E DECISÕES JUDICIAIS RELEVANTES

- TJMG, AgInt nº 1526213-63.2022.8.13.0000. 6ª Câmara Cível, Rel. Renan Chaves Carreira Machado, julgado em 22 de novembro de 2022, publicado em 30 de novembro de 2022.

JUSTIFICATIVA E FUNDAMENTOS

O art. 11 da LGPD tem como objetivo principal a disposição das bases legais para o tratamento de dados pessoais sensíveis. Por base legal, entende-se a hipótese legal que justifica o tratamento de dados pessoais sensíveis em um determinado contexto. Assim, este dispositivo tem como fundamento disciplinar a normatividade aplicável para os casos de tratamento de dados pessoais sensíveis, apresentando as opções definidas pelo legislador para que os controladores e operadores tratem dados pessoais sensíveis de maneira lícita e adequada à legislação que regula a atividade.

1. Análise das bases legais do art. 11 da LGPD

As bases legais do art. 11 da LGPD devem ser entendidas como um rol taxativo de opções para que os controladores de dados pessoais possam tratar dados sensíveis adequadamente. Dessa maneira, nenhum tratamento de dado pessoal sensível poderá ocorrer sem estar ancorado em uma das justificativas trazidas por este dispositivo. Na prática, cabe ainda observar que, havendo tratamento de dados pessoais sensíveis e não sensíveis em uma mesma atividade, sempre deverá prevalecer o maior rigor protetivo exigido na lei para os dados sensíveis, elegendo-se uma base legal prevista no art. 11 para o tratamento adequado.

As hipóteses legais para o tratamento de dados pessoais sensíveis demonstram o maior rigor elencado pelo legislador para a proteção dessa categoria de dados. Em comparação ao art. 7º, que dispõe as bases legais para o tratamento de dados pessoais não sensíveis[236], verifica-se que a normatividade do art. 11 para os dados sensíveis exclui as bases legais do legítimo interesse do controlador ou de terceiro (art. 7º, IX) e de proteção do crédito (art. 7º, X). Além disso, a base legal referente aos contratos apresenta nova aplicabilidade, mais restrita, sendo permitido o tratamento de dados pessoais sensíveis para o exercício regular de direitos, inclusive em contratos.

Em relação ao legítimo interesse, esta base legal tem seu regimento mais especificamente previsto no art. 10 da LGPD[237] e justifica apenas o tratamento de dados pessoais não sensíveis. Isso porque, a base legal pautada no interesse legítimo de controlador ou de terceiro apresenta uma maior flexibilidade ao agente de tratamento, que ao utilizar esta hipótese depende menos de uma interação com os titulares de dados pessoais e tem a abertura para justificar seus interesses a partir de um equilíbrio envolvendo os direitos de titulares, realizado por meio do chamado "teste de balanceamento". Nesse cenário, o legislador impediu o uso da base legal do legítimo interesse para o tratamento de dados sensíveis justamente para ratificar o maior rigor protetivo para essa categoria de dados, que não pode ser atravessada por uma justificativa legal maleável, que poderia causar maiores riscos de danos e violação de direitos e liberdades fundamentais dos titulares de dados sensíveis.

No caso da base legal de proteção ao crédito, cabe destacar que a LCP traz em seu art. 3º, §3º, II, a vedação de anotações de informações sensíveis para a formação de bancos de dados sobre adimplemento e histórico de crédito. Essa proibição tem como objetivo evitar discriminações e o respeito à privacidade do consumidor. Nesse sentido, o art. 11 da LGPD não elencou a base legal de proteção ao crédito para o tratamento de dados sensíveis, consubstanciando o já disposto pela LCP e alinhando-se à tutela prevista pelo sistema de proteção ao consumidor.

Todavia, a LGPD não tem como objetivo proibir ou dificultar o tratamento de dados sensíveis, quando necessário e adequado. Desse modo, o art. 11 estabeleceu oito hipóteses legais válidas e aplicáveis para o tratamento de dados pessoais sensíveis, que estão elucidadas a seguir.

1.1. Art. 11, I

A base legal do consentimento apresenta-se como um instrumento para a autodeterminação do titular de dados pessoais, tendo como característica principal o controle concedido ao titular sobre os seus dados.[238] A LGPD define o consentimento em seu art. 5º, XII como a

---

[236] Ver comentário ao art. 7° neste volume.

[237] Ver comentário ao art. 10 neste volume.

[238] COSTA, R.; OLIVEIRA, S. Os direitos da personalidade frente à sociedade de vigilância: privacidade, proteção de dados pessoais e consentimento nas redes sociais. *Revista Brasileira de Direito Civil em Perspectiva*, v. 5, n. 2, p. 22-41, 2019.

"manifestação livre, informada e inequívoca pela qual o titular concorda com o tratamento de seus dados pessoais para uma finalidade determinada".

O art. 11, I, traz o consentimento de forma destacada em inciso separado como a primeira hipótese legal para o tratamento de dados sensíveis. Contudo, isso não torna a base legal do consentimento hierarquicamente superior às demais bases legais apresentadas no inc. II do dispositivo, que traz uma lista taxativa de hipóteses legais que dispensam a obrigatoriedade do consentimento do titular para o tratamento de dados pessoais sensíveis. O consentimento previsto para o tratamento de dados pessoais sensíveis é entendido como um consentimento expresso por exigir maior empenho do titular e do controlador de dados para que seja válido. Para configuração desse consentimento é necessário que este seja específico, destacado e para fins específicos, resultando assim em um consentimento devidamente informado, inequívoco e explicitamente concedido para o tratamento, visto que o titular foi orientado de modo transparente e inteligível sobre a finalidade da coleta de seus dados e forma de tratamento.

No que tange à ideia de um consentimento específico, isso quer dizer que o consentimento deve ser manifestado objetivamente para propósitos determinados, que devem ser estipulados pelo controlador de dados de maneira anterior ao recolhimento do consentimento do titular. Dessa forma, o titular poderá ter o controle de consentir ou não de modo especificado, podendo inclusive optar por consentimentos granulares, ou seja, poderá, por exemplo, aceitar determinados tratamentos de seus dados e outros não, mesmo em um contexto de tratamento pelo mesmo agente.

Já um consentimento destacado pode ser definido no sentido de que esse consentimento deve ser pautado em uma apresentação adequada ao titular sobre quais dados serão tratados, como serão tratados e para quais finalidades. Ou seja, um consentimento destacado exige que o titular seja bem-informado antes de conceder ou não seu consentimento para um tratamento de dados. Desse modo, a autorização dada pelo titular deve ser recolhida de forma expressa e destacada, não sendo válido um consentimento recolhido de modo subliminar ou acessório.

A finalidade específica estabelece a necessidade de relação direta entre cada dado coletado e a finalidade de seu uso. Ou seja, para um consentimento válido, o titular deve ser devidamente informado sobre o objetivo específico de tratamento de cada dado recolhido em um contexto de tratamento, evitando-se usos generalizados e indiscriminados de dados sensíveis pelos agentes.

O consentimento para o tratamento de dados sensíveis é uma base legal pautada em um consentimento informado, baseado nas informações necessárias apresentadas de modo adequado para que o titular possa conceder uma autorização qualificada e consciente sobre o contexto e a forma como seus dados serão tratados. Para ser válido, este consentimento não poderá conter vícios e o titular deve ser instruído sobre todo o processo de tratamento que será realizado antes de seu recolhimento[239]. Assim, o agente de tratamento deve apresentar as informações de modo detalhado e inteligível para os titulares, evitando termos excessivamente técnicos e dando condições facilitadas para que o titular tenha a liberdade de recusar ou interromper o tratamento de dados a qualquer momento, o que é previsto como um direito do titular no art. 18, IX da LGPD e procedimentado pelo art. 8º, §5º da lei.

239 MULHOLLAND, C. Dados pessoais sensíveis e consentimento na Lei Geral de Proteção de Dados Pessoais. *Migalhas*, 22 jun. 2020.

1.2. Art. 11, II, *a*

A base legal para cumprimento de obrigação legal ou regulatória pelo controlador é uma justificativa legal para tratar dados sensíveis em cenários nos quais o controlador necessita tratar dados para atendimento de obrigações previstas em leis, regulamentos, Códigos de Ética profissionais, portarias do MJ e resoluções de Autoridades e Agências reguladoras. Importante destacar que as obrigações oriundas de relações contratuais não se encontram respaldadas por essa base legal.

A hipótese legal prevista no art. 11, II, "a", da LGPD, tem sua aplicabilidade observada em situações práticas, nas quais é possível justificar o recolhimento e uso dos dados sensíveis por meio de um contexto obrigatório. Nesse sentido, o argumento central é que o agente precisa tratar esses dados para que sua atividade seja lícita ou adequada a normas e regulações estipuladas por instrumentos legais e regulatórios. É o caso de setores profissionais e de serviços como a área da saúde, educação, o mercado financeiro e as obrigações trabalhistas, por exemplo.

1.3. Art. 11, II, *b*

A base legal prevista no art. 11, II, b, da LGPD, diz respeito ao tratamento de dados pessoais sensíveis pela Administração Pública, quando necessário para a execução de políticas públicas previstas em leis e regulamentos. Essa base legal tem sua aplicabilidade em situações como o desenvolvimento e implementação de políticas de saúde pública, prevenção de doenças e controles sanitários, campanhas de vacinação, auxílios e programas socioeconômicos para cidadãos e famílias em situação de vulnerabilidade, projetos governamentais voltados para o combate à discriminação de pessoas e grupos vulnerabilizados, políticas públicas educacionais para ações afirmativas, dentre outros exemplos.

O elemento do compartilhamento trazido por essa base legal, deve ser interpretado com cuidado. Isso porque, a terminologia causa uma ideia inicial de restrição de aplicação dessa hipótese legal apenas em contextos de tratamento compartilhado de dados. Contudo, como define o art. 5º, XVI da LGPD, o uso compartilhado de dados é uma modalidade de tratamento de dados. Desse modo, o dispositivo não limita a base legal apenas ao uso compartilhado de dados, mas inclui também as rotinas de tratamento de dados realizadas em geral pelo Poder Público para a execução de suas políticas.[240]

O tratamento de dados pessoais sensíveis para a execução de políticas públicas deve estar ancorado em políticas previstas anteriormente em leis ou regulamentos que definem e delimitam a atuação do ente público (Administração Pública)[241]. Essa base legal tem relação direta com o disposto no art. 23 da LGPD.

1.4. Art. 11, II, *c*

A base legal para o tratamento de dados pessoais com a finalidade de realização de estudos por órgão de pesquisa é prevista da mesma maneira na LGPD, tanto para os dados pessoais sensíveis (art. 11, II, c) quanto para os dados pessoais não sensíveis (art. 7º, IV).

---

[240] WIMMER, M. O regime jurídico do tratamento de dados pessoais pelo Poder Público. *In*: BIONI, B. (ed.). *Tratado de proteção de dados pessoais*. Rio de Janeiro: Forense, 2021.

[241] MULHOLLAND, C. O tratamento de dados pessoais sensíveis. *In*: MULHOLLAND, C. (ed.). *A LGPD e o novo marco normativo no Brasil*. Porto Alegre: Arquipélago, 2020.

Em ambos os dispositivos, o legislador requer que, sempre que possível, seja garantida a anonimização dos dados pessoais. A compreensão sobre essa hipótese legal se dá a partir de dois elementos principais: a) o agente habilitado como órgão de pesquisa e b) a possibilidade de anonimização.

Nesse sentido, a base legal prevista no art. 11, II, c, tem sua possibilidade de uso delimitada apenas para controladores de dados que estejam caracterizados como um órgão de pesquisa nos termos da lei. Exemplos de órgãos de pesquisa habilitados para o uso dessa base legal são: Fundação Oswaldo Cruz (Fiocruz), IBGE, ONGs e entidades sem fins lucrativos que tenham como uma de suas missões ou objetivos a produção de pesquisas.

Acerca da anonimização prevista no art. 11, II, c, a intenção do legislador foi garantir uma camada adicional de proteção, quando possível, visto que muitos estudos e pesquisas, especialmente de caráter quantitativo, podem ter os dados agregados e facilmente desidentificados sem prejuízos para seus resultados. A LGPD define em seu art. 5º, III, o dado anonimizado como dado relativo a titular que não possa ser identificado, considerando a utilização de meios técnicos razoáveis e disponíveis na ocasião de seu tratamento. Uma vez anonimizado, o dado deixa de ser pessoal, pois perde sua capacidade de identificar seu titular, salvo quando o processo de anonimização ao qual for submetido seja revertido, utilizando exclusivamente meios próprios, ou quando, com esforços razoáveis, puder ser revertido, como previsto no art. 12 da LGPD.

A ANPD se pronunciou sobre o tratamento de dados pessoais para pesquisa no estudo técnico apresentado no texto para discussão n. 1/2022. A Autoridade destacou a possibilidade do tratamento de dados sensíveis por órgãos de pesquisa. Ressaltou ainda que a responsabilidade pelo tratamento de dados pessoais no contexto de pesquisas é exclusivamente dos órgãos e entidades habilitados a tratarem dados com essa justificativa e não das pessoas envolvidas nos projetos como pesquisadores, bolsistas e estudantes, por exemplo.[242]

1.5. Art. 11, II, *d*

A base legal do exercício regular de direitos estabelece a possibilidade do tratamento de dados pessoais sensíveis nos casos em que o agente justifique que sua atuação está fundamentada em uma atividade alinhada ao exercício regular, não abusivo ou desproporcional, de direitos legítimos e concedidos em sede contratual ou judicial. Nessa conjuntura, será válido o uso da hipótese legal do art. 11, II, d, da LGPD, em situações em que é exigido ou necessário que o agente trate dados pessoais sensíveis em processos civis, cumprimento de ordens judiciais e adimplência contratual, por exemplo.

Essa base legal reproduz, em parte, o estipulado para dados pessoais não sensíveis no art. 7º, V, da LGPD. Isso porque, a base legal para o tratamento de dados sensíveis é contornada por maior rigor, visto que, no caso do art. 11, II, d, o legislador buscou frisar a necessidade de identificação de um direito decorrente de uma relação contratual, judicial ou administrativa para que a base legal possa ser utilizada. A ideia trazida pela base legal desse dispositivo vai além, pelo uso do termo "indispensável" no art. 11, II, denotando que é essencial a identificação de um direito concreto para aplicação dessa hipótese legal, sendo descartadas aplicações generalizantes.[243]

---

[242] ANPD. Texto para discussão nº 1/2022. Estudo Técnico. 2022.

[243] PALHARES, F.; PRADO, L.; VIDIGAL, P. *Compliance digital e LGPD*. São Paulo: Thomson Reuters Brasil, 2021.

Sobre a aplicabilidade da base legal para exercício de direitos em contratos, destaca-se que sua justificativa está contida no fato de que, muitas vezes, um controlador precisará tratar dados pessoais sensíveis para execução de obrigações e direitos relacionados à adimplência contratual, como no caso de acionamento de seguros de saúde, que podem demandar informações sensíveis sobre as condições de saúde de um titular segurado.

Já no caso do uso da base legal para o exercício de direitos em processos judiciais, administrativos e arbitrais, temos a aplicabilidade justificada para além de processos em andamento, sendo importante o uso da hipótese legal prevista no art. 11, II, d, até mesmo para processos futuros, os quais dependem de consultas e orientações jurídicas ou recolhimento de informações para o desenvolvimento de defesas. Essa base legal poderá ainda ser utilizada para a guarda de dados pessoais sensíveis para finalidades relacionadas a provas e obrigações, bem como para fins de atuações processuais alinhadas ao prazo de exercício das pretensões contidas nos processos.

1.6. Art. 11, II, *e*

A base legal de proteção da vida ou da incolumidade física do titular é aplicada especialmente em situações emergenciais como socorro médico para uma pessoa acidentada que necessita de um atendimento urgente. Nesse cenário, a base legal pode ser utilizada para justificar o tratamento de dados pessoais do titular, pois o atendimento pode necessitar de informações sobre seu histórico e condições de saúde. Nesse sentido, essa base legal é uma hipótese de dispensa do consentimento trazida pelo legislador para situações em que é necessário tratar dados pessoais sensíveis para fins de proteção da integridade física e até mesmo da vida de uma pessoa.

1.7. Art. 11, II, *f*

A base legal para o tratamento de dados sensíveis disposta no art. 11, II, f, é delimitada à tutela da saúde e utilizada apenas em contextos exclusivos para agentes de saúde, serviços de saúde ou autoridade sanitária. Diante disso, essa base legal fica restrita à área da saúde, sendo especialmente utilizada por controladores como hospitais, clínicas, laboratórios, Agência Nacional de Vigilância Sanitária e outros agentes de saúde habilitados. Contudo, é uma base legal que deve ser utilizada com cautela, visto que sua aplicabilidade não é indiscriminada e apenas pode ser mobilizada para procedimentos de saúde nos termos da lei, não abrangendo todos os processamentos de dados do setor da saúde.

Como exemplos de sua aplicação podemos citar situações em que o tratamento de dados sensíveis é necessário para que profissionais da saúde tenham acesso a prontuários médicos, compartilhamento de dados médicos para atuação de uma equipe de profissionais de saúde no atendimento a um paciente, não sendo excluído o sigilo médico na condução dessas atividades.

1.8. Art. 11, II, *g*

A base legal de garantia de prevenção à fraude e à segurança do titular é uma justificativa para o tratamento de dados pessoais sensíveis que visa a proteção do titular de dados em determinadas configurações, servindo, ainda, o interesse de determinadas entidades que poderão utilizá-la, como instituições bancárias, empregadores e aplicativos que realizam autenticação dos usuários. Em todos esses exemplos, é possível que as instituições tratem dados sensíveis, especialmente biométricos, para processos de identificação das pessoas como forma de assegurar acessos devidamente habilitados e prevenir eventuais fraudes.

A hipótese legal do art. 11, II, g, da LGPD assemelha-se à base legal do legítimo interesse (art. 7º, IX da LGPD), pois confere ao controlador uma justificativa legítima para o tratamento de dados pessoais, pautada na proteção e interesse do agente de tratamento em equilíbrio com o interesse ou benefício também trazido para o titular de dados. Contudo, a base legal de garantia de prevenção à fraude e à segurança do titular tem uma aplicação mais restrita e pode ser utilizada para o tratamento de dados sensíveis, enquanto o legítimo interesse apresenta-se como uma hipótese mais ampla e não pode ser aplicada para o tratamento de dados sensíveis.

Nesse sentido, a aplicabilidade da hipótese legal de garantia de prevenção à fraude e à segurança do titular deve necessariamente proteger o titular contra fraudes e inseguranças, ou seja, não pode ser mobilizada sem uma justificativa pautada no benefício do titular. Além disso, apenas poderá ser utilizada em processos de identificação e autenticação do cadastro de titulares em sistemas eletrônicos, tendo sua aplicabilidade restringida a esse tipo de dinâmica. A utilização dessa base legal requer ainda o respeito integral aos direitos do titular mencionados no art. 9º da LGPD, que dizem respeito ao acesso facilitado e inteligível às informações sobre o tratamento de seus dados.

O tratamento de dados sensíveis justificado pela garantia de prevenção à fraude ou à segurança do titular não poderá ocorrer em situações em que deva prevalecer direitos e liberdades fundamentais do titular que exijam a proteção dos dados pessoais. Isso quer dizer que para a hipótese legal ser aplicada deve haver uma observação cautelosa do agente em relação ao contexto do tratamento de dados pessoais sensíveis, tendo em vista que o uso da base legal não poderá suscitar lesões ou condutas indevidas que violem direitos e liberdades fundamentais dos titulares.

Esse processo pode ser documentado via RIPD ou estruturado como um teste de balanceamento para fins de aferição de riscos e mitigação de eventuais danos, aumentando a proteção aos dados sensíveis e auxiliando na justificativa para o uso dessa base legal. Nesse ponto, destaca-se que, o tratamento de dados sensíveis para segurança e prevenção à fraude deve ser justificado a partir do registro de relatórios e testes que evidenciem que o uso dessa hipótese está sendo gerido de acordo com os padrões exigidos pela lei, seguindo o disposto no art. 37 da LGPD, que determina o dever de registro das operações pelos controladores e operadores de dados.

2. Análise dos parágrafos do art. 11 da LGPD

O art. 11 da LGPD apresenta a normatividade prevista para o tratamento adequado dos dados pessoais sensíveis. Enquanto os incisos I e II dispõem sobre as hipóteses legais aplicáveis para o tratamento de dados sensíveis, os parágrafos do art. 11 trazem disposições mais específicas que devem ser observadas em variados contextos de tratamento de dados pessoais. A seguir, apresentamos uma análise específica para os parágrafos 1º, 2º, 3º, 4º e 5º do art. 11 da LGPD.

2.1. Art. 11, § 1º

O parágrafo primeiro do art. 11 delimita o âmbito de aplicação do regimento disposto para o tratamento de dados pessoais sensíveis na LGPD. Isso porque, o dispositivo amplia a concepção sobre identificação de um dado sensível, incluindo não apenas as hipóteses de tratamento de dados pessoais sensíveis nos termos do art. 5º, II[244], mas também dados pessoais que inicialmente podem não ser considerados sensíveis, mas que, a depender do contexto de tratamento, podem revelar dados sensíveis. Ou seja, parece que o legislador quis indicar a relevância de uma observação dinâmica para a proteção de dados sensíveis, garantindo a aplicação do regimento trazido pelo art. 11 para todas as ocasiões em que o tratamento de dados pessoais tenha potencial de ocasionar efeitos danosos e discriminatórios para os titulares.

Outro elemento fundamental para a compreensão desse dispositivo é o trecho "que possa causar dano ao titular". Essa construção do parágrafo traz uma suposta necessidade de configuração de danos ao titular para que seja aplicada a normatividade prevista na lei para a proteção dos dados sensíveis. No entanto, seguimos interpretação diversa, visto que a caracterização de danos em tratamentos indevidos de dados pessoais sensíveis pode dificultar uma tutela efetiva para os titulares, que teriam uma maior dificuldade em comprovarem danos concretos, pois muitas vezes os danos nesse tipo de tratamento são mais facilmente observados na coletividade, sem prejuízo de um titular afetado arguir individualmcnte a existência de danos concretos.[245]

Nesse sentido, o elemento "dano" trazido pelo art. 11, §1º, da LGPD cumpre função de destacar a potencialidade lesiva de tratamentos de dados pessoais sensíveis que não atendam ao regimento disposto no art. 11 da LGPD, ou seja, que não sejam devidamente justificados por uma das hipóteses legais trazidas no dispositivo. Ademais, a própria interpretação sobre a categoria de dados pessoais sensíveis exige a percepção de que esse tipo de dado pessoal possui uma maior capacidade de geração de danos personalíssimos e ofensas a direitos fundamentais para seus titulares, visto que podem gerar informações e inferências altamente discriminatórias, quando tratados de maneira indevida ou ilegal.

Cabe ainda destacar que a sensibilidade sobre os dados não está apenas em seu conteúdo informativo e identificador, mas especialmente nos usos que são destinados aos dados pessoais. Desse modo, dados não sensíveis podem ser utilizados de diversas formas inadequadas e com fins discriminatórios, impactando negativamente titulares, incluindo danos materiais. O tratamento sensível de dados pessoais é um aspecto essencial observado pelo art. 11, §1º. Existem dados e informações não contemplados expressamente no art. 5º, II da LGPD, mas que podem suscitar graves danos, discriminações e violação de direitos fundamentais. Considerando a realidade social brasileira, temos exemplos como os dados relacionados à identidade de gênero e os dados criminais.

A identidade de gênero é um dado recolhido em inúmeras situações cotidianas, incluindo casos de uso de nome social, consultas e tratamentos médicos. Esse dado identifica em especial pessoas transexuais, grupo altamente vulnerabilizado na sociedade brasileira. Dessa forma, o uso desse dado se dá inclusive de modo indireto pelo tratamento de outras informações como as de saúde e tem um potencial discriminatório, sendo necessária a aplicação do regimento disposto para dados sensíveis na LGPD, evitando-se um aumento dos riscos para as pessoas titulares. De todo modo, entendemos que o dado sobre identidade de gênero deve ser interpretado como um dado relacionado à vida sexual, apontada no rol de dados sensíveis do art. 5º, II. Todavia, nos casos em que controladores não optem por essa interpretação, o entendimento da sensibilidade deste dado a partir do art. 11, § 1º é uma conduta proativa para mitigar riscos e discriminação de grupos vulnerabilizados.

---

244 Ver comentário ao art. 5º, II, neste volume.

245 MULHOLLAND, C. O tratamento de dados pessoais sensíveis. *In*: MULHOLLAND, C. (ed.). *A LGPD e o novo marco normativo no Brasil*. Porto Alegre: Arquipélago, 2020.

Em relação aos dados criminais, compreendemos que envolvem um conjunto de informações com potencial discriminatório quando utilizados para finalidades ilícitas e desproporcionais aos fins para os quais são registrados geralmente relacionados ao trabalho de autoridades policiais, judiciais e administrativas. Esse tipo de dado não pode ser utilizado por controladores e operadores não autorizados e nem sem a observação de critérios básicos como finalidade e necessidade justificadas. Nesse sentido, esses dados, mesmo que não expressamente destacados como sensíveis pela LGPD, podem receber tratamento sensível e servirem a fins ilícitos e discriminatórios, podendo incluir relação com outros dados sensíveis como a raça dos cidadãos e outras informações de sua vida pessoal como endereço e condições socioeconômicas. Assim, mesmo que o tratamento de dados como antecedentes criminais e registros policiais não sejam proibidos de serem utilizados, as exigências para o tratamento adequado podem ser mais robustas e podem até mesmo serem dados considerados sensíveis a depender da forma como são utilizados e se estão cruzados com outras informações sensíveis.

2.2. Art. 11, § 2º

Este parágrafo estipula regra adicional ao uso das bases legais de cumprimento de obrigação legal ou regulatória (art. 11, II, a) e de execução de políticas públicas (art. 11, II, b), determinando que para o uso de ambas as hipóteses, o agente deverá tornar público que o tratamento de dados pessoais é realizado a partir da dispensa do consentimento dos titulares afetados, nos termos do art. 23, I, da LGPD[246], garantindo a publicidade facilitada das informações completas e de fácil compreensão para o titular acerca do tratamento de seus dados.

2.3. Art. 11, § 3º

Este parágrafo dispõe especificamente sobre situações de comunicação e compartilhamento de dados pessoais sensíveis, indicando a possibilidade de vedação para fins de vantagem econômica desse tipo de atividade por parte da ANPD. Isso demonstra a preocupação do legislador em dificultar cenários de exploração econômica de dados pessoais sensíveis de maneira generalizada e potencialmente danosa para o titular dos dados. Contudo, o dispositivo não esclarece padrões e critérios que deverão ser acionados para possíveis regulamentações e vedações por parte da Autoridade Nacional, exceto que deverão ser ouvidos os órgãos setoriais do Poder Público, de acordo com suas competências relacionadas aos setores afetados.

2.4. Art. 11, § 4º

Neste dispositivo, o legislador optou por vedar diretamente a comunicação ou o uso compartilhado entre controladores de dados pessoais sensíveis referentes à saúde com objetivo de obter vantagem econômica. Nesse sentido, o legislador destaca o conteúdo altamente discriminatório e danoso dos dados sensíveis de saúde, bem como pretende proteger o titular de dados da especulação econômica das informações sobre suas condições de saúde.

Todavia, o dispositivo traz exceções para os casos de prestação de serviços de saúde, de assistência farmacêutica e de assistência à saúde, desde que observado o §5º do art. 11, incluídos os serviços auxiliares de diagnose e terapia, em benefício dos interesses dos titulares de dados. Ou seja, o legislador compreende que, para benefício dos titulares de dados que

[246] Ver comentário ao art. 23 neste volume.

utilizam serviços comerciais de saúde, é necessário que haja atividades de compartilhamento de dados pessoais sensíveis para a prestação adequada do atendimento médico, farmacêutico e clínico, ressaltando que essas hipóteses são para o benefício dos interesses dos titulares.

Além disso, o art. 11, §4º destaca que a permissão do compartilhamento de dados pessoais sensíveis está restrita para dois tipos de atividade: a portabilidade de dados quando solicitada pelo titular ou para as transações financeiras e administrativas resultantes do uso e da prestação dos serviços de que trata este parágrafo. Ou seja, o dispositivo garante a possibilidade de tratamento de dados pessoais sensíveis de saúde, considerando operações necessárias para a prestação de serviços nesse setor, bem como os interesses e benefícios dos titulares para a garantia de demandas relacionadas à saúde.

2.5. Art. 11, § 5º

Este parágrafo estipula a vedação de tratamento de dados sensíveis de saúde para atividades de seleção de riscos e exclusão de beneficiários na contratação de planos privados de assistência à saúde. Este parágrafo evidencia, assim como o parágrafo 4º, a restrição das atividades em que é possível tratar dados sensíveis de saúde, resguardando o titular de possíveis tratamentos abusivos ou discriminatórios. O dispositivo dialoga com outras legislações e regulamentos que impõem restrições para a proteção de consumidores no contexto de contratação de planos privados de assistência à saúde.

Dessa maneira, o art. 11, §5º, deve ser lido em consonância com a Lei 9.656/98, que trata sobre planos e seguros privados de assistência a saúde e que, em seu art. 14, também estabelece a vedação à discriminação de consumidores por idade ou deficiência. Ademais, a ANS regula todo esse processo de contratação de planos de saúde, inclusive coibindo práticas discriminatórias e diferenciando a análise de risco da seleção de riscos. O cálculo ou análise de riscos é lícito e utilizado para precificar e subscrever serviços, já a seleção de riscos envolve a recusa de beneficiários baseados em suas características pessoais e condições de saúde, justamente a hipótese de tratamento de dados sensíveis que é vedada pelo art. 11, §5º.[247]

3. Análise de jurisprudência relacionada ao art. 11 da LGPD

Como evidenciado nos comentários do art. 5º, II, neste volume, a jurisprudência específica sobre o tratamento de dados pessoais sensíveis ainda é incipiente. Isso pode ser justificado por fatores como a recente vigência da LGPD e as dificuldades de desenvolvimento de uma cultura jurídica para a proteção de dados, que envolve o diálogo de setores públicos e privados em conjunto com a incidência da sociedade nos debates e processos educacionais dos cidadãos para o tema.

Contudo, o número ainda tímido de decisões sobre a proteção dos dados sensíveis não significa pouca preocupação da população em relação ao tratamento de seus dados mais suscetíveis a discriminação. As edições de 2021[248] e 2023[249] da pesquisa Privacidade e proteção de dados pessoais nas edições de perspectivas de indivíduos, empresas e organizações públicas no

[247] TEFFÉ, C. *Dados pessoais sensíveis:* qualificação, tratamento e boas práticas. Indaiatuba: Foco, 2022.

[248] CGI.br. *Privacidade e proteção de dados pessoais 2021:* perspectivas de indivíduos, empresas e organizações públicas no Brasil. 2022.

[249] CGI.br. *Privacidade e proteção de dados pessoais 2023:* perspectivas de indivíduos, empresas e organizações públicas no Brasil. 2024.

Brasil, realizadas pelo Cetic.br|NIC.br com usuários de Internet, demonstraram preocupação elevada em relação aos dados sensíveis, especialmente os dados biométricos e de saúde, que de forma recorrente ocupam a discussão social sobre violações a direitos fundamentais.[250]

Diante desse contexto, algumas decisões judiciais já apontam fundamentação relacionada à normatividade dos dados pessoais sensíveis prevista na LGPD. A título de exemplificação e análise, trazemos a decisão do TJMG sobre o Processo n° 1526213-63.2022.8.13.0000. Trata-se de AgInt, com pedido de efeito suspensivo, interposto pelo Sindicato dos Enfermeiros do Estado de Minas Gerais – SEEMG – contra a decisão de ordem n° 07, integrada pela de n° 09, proferida pela 3ª Vara da Fazenda Pública e Autarquias da comarca de Belo Horizonte, que, nos autos da liquidação de sentença pelo procedimento comum proposta pelo agravante em face da Fundação Hospitalar do Estado de Minas Gerais – FHEMIG -, determinou a intimação da parte autora para trazer aos autos a lista de seus filiados que estivessem nas condições discutidas na ação, em 15 dias.

A requerida, então, apresentou, listagem dos enfermeiros lotados nos hospitais e unidades de atendimentos vinculados à FHEMIG. Porém, informou que, para a apresentação dos contracheques ou fichas financeiras de todos os enfermeiros da listagem, desde julho de 2011, por se tratar de dados sensíveis, torna-se imperioso o sindicato apresentar a lista, de modo a identificar os servidores em relação aos quais serão levantados os dados financeiros pretendidos.

Ou seja, o caso aborda especificamente o tratamento de dados pessoais sensíveis no que diz respeito à filiação sindical, disposta como dado sensível no art. 5º, II da LGPD. Nesse contexto, a decisão destacou que o título judicial em discussão no caso abrange todos os servidores da categoria de enfermeiros, sendo desnecessária a apresentação de qualquer lista contendo os nomes dos membros filiados, uma vez que a execução abrangerá todos aqueles servidores que já recebem a benesse do adicional de insalubridade, filiados ou não.

Contudo, a decisão ressaltou que a alegação da requerida de impossibilidade de apresentação de contracheques e fichas financeiras, por serem informações pessoais e sensíveis protegidas pela LGPD, não merece acolhida. A fundamentação da decisão para o afastamento da impossibilidade do tratamento de dados sensíveis foi de que a LGPD elenca exceções em que será permitido o tratamento de dados pessoais sensíveis, dentre os quais se encontra a determinação judicial, prevista como uma possível base legal nos termos do art. 11, II, alíneas a e d. Assim, foi dado provimento ao recurso, para reformar a decisão agravada e exonerar o agravante da imposição de fornecer lista dos seus filiados, além de determinar à agravada que apresentasse as fichas financeiras dos enfermeiros que integram seu quadro clínico.

Desse modo, a decisão do TJMG indica uma coerente aplicação de hipóteses legais trazidas para o tratamento de dados sensíveis pelo art. 11 da LGPD, compreendendo que obrigações legais e judiciais justificam o tratamento de dados pessoais sensíveis de modo a não ser possível alegar a proteção de dados pessoais sensíveis para não cumprir uma determinação adequada e necessária ao processo judicial.

4. As bases legais para o tratamento de dados pessoais sensíveis em legislações estrangeiras

Em termos de direito internacional, a UE ocupa espaço de destaque na proteção de dados pessoais, especialmente por sua convergência regional que aloca o Bloco sob o mesmo

[250] OYADOMARI, W.; COSTA, R. S.; RIBEIRO, M. M. Perspectivas da sociedade brasileira em relação à privacidade e à proteção de dados pessoais. *Panorama Setorial da Internet*, ano 15, v. 2, jun. 2023.

RGPD, impedindo os países que compõem a comunidade de infringirem este regimento base, mesmo que possam regular a temática de acordo com seus contextos nacionais. A tradição europeia remonta à Convenção n. 108, de 1981, sendo o primeiro instrumento internacional juridicamente vinculativo adotado no domínio da proteção de dados[251].

Em termos de proteção de dados pessoais sensíveis, a Convenção já indicava em seu art. 6º uma categoria especial de dados, incluindo: dados genéticos; dados pessoais relativos a infrações, processos penais e condenações, bem como medidas de segurança conexas; dados biométricos que identifiquem uma pessoa de forma inequívoca; dados que revelem a origem racial ou étnica, as opiniões políticas, a filiação sindical, as crenças religiosas ou outras, a saúde ou a vida sexual.

A Convenção estipula que o tratamento desses dados só pode ser permitido se estiver disposto em hipóteses previstas na lei e a partir de garantias apropriadas que complementem as previstas na Convenção. Essas garantias devem prevenir os riscos que o tratamento de dados sensíveis possa representar para os interesses, os direitos e as liberdades fundamentais do titular dos dados, nomeadamente um risco de discriminação. Nesse sentido, a Convenção n. 108 do CoE já indicava a necessidade da construção de uma normatividade específica para o tratamento de dados pessoais sensíveis, que deveria estar prevista em lei de modo taxativo, ou seja, de modo a restringir legalmente as hipóteses de tratamento dessa categoria de dados pessoais.

Dessa forma, o atual RGPD da UE prevê a proibição do tratamento de dados pessoais sensíveis, mas elenca as exceções para a permissão de tratamento desses dados, que seriam o compatível às bases legais da LGPD[252].

A leitura das bases legais trazidas pelo RGPD para o tratamento de dados sensíveis deixa evidente que o legislador europeu apresentou as hipóteses de modo mais descritivo que o brasileiro. Além disso, o regulamento europeu dispõe de dez justificativas legais para o tratamento de dados pessoais sensíveis, duas a mais que a LGPD. Isso porque o RGPD optou por expressar a possibilidade de tratamento de dados pessoais sensíveis manifestamente tornados públicos pelo titular como uma exceção à sua regra de proibição do tratamento de dados sensíveis. Outra diferença visualizada é que o regulamento especifica duas hipóteses legais para o tratamento de dados pessoais sensíveis no âmbito da saúde. Uma mais voltada para a medicina preventiva e seara trabalhista e outra para o contexto de ações sanitárias e de saúde pública.

Ademais, o RGPD estipula que os Estados-Membros da UE podem manter ou introduzir condições adicionais, incluindo limitações, no que diz respeito ao tratamento de dados genéticos, dados biométricos ou dados relativos à saúde. Contudo, no geral, LGPD e RGPD apresentam regimentos semelhantes para o tratamento de dados pessoais sensíveis, com bases legais mais restritas que as possíveis para o tratamento de dados não sensíveis e com foco na proteção em contextos mais suscetíveis à discriminação e violação de direitos fundamentais, com especial destaque para os dados de saúde, que em ambos os diplomas normativos apresentam mais regras e especificidades para seu tratamento.

---

[251] Como mencionado, a Convenção é um marco histórico sobre o tema da proteção de dados na UE, mas o CoE – autoridade responsável pela elaboração do instrumento – representa a maioria dos países europeus, além dos Estados-Membros da UE. Ademais, é importante destacar que esse instrumento já ultrapassa as fronteiras da região, ocupando relevância mundial.

[252] O Art. 9º do RGPD descreve a categoria de dados pessoais sensíveis e as hipóteses de tratamento autorizadas para esse tipo de dado pessoal.

Para fins de comparação da legislação brasileira com um país da América do Sul, trazemos o disposto sobre o tratamento de dados pessoais sensíveis na lei uruguaia (Lei n. 18.331/08), que passou por acréscimos e modificações nos últimos anos, mas que manteve seu capítulo IV, específico sobre o tratamento de dados especialmente protegidos. A lei de proteção de dados do Uruguai detalha condições especiais para variados contextos e tipos de dados, não necessariamente sensíveis.

O art. 4º, *e*, da Lei n. 18.331/08 define os dados sensíveis como dados pessoais que revelam origem racial e étnica, preferências políticas, convicções religiosas ou morais, filiação sindical e informações referentes à saúde ou à vida sexual. Já o art. 18 determina que "nenhuma pessoa pode ser obrigada a fornecer dados sensíveis. Estes só podem ser objeto de tratamento com o consentimento expresso e escrito do titular.". Segundo a lei uruguaia, os dados sensíveis só podem ser coletados e objeto de tratamento quando houver razões de interesse geral autorizadas por lei, ou quando o organismo solicitante tiver mandato legal para fazê-lo. Também podem ser tratados para fins estatísticos ou científicos quando dissociados dos seus titulares.

A lei proíbe ainda a formação de bases de dados que armazenem informações que revelem diretamente ou indiretamente dados sensíveis. Mas, acentua exceções para bancos de dados relacionados a partidos políticos, sindicatos, igrejas, confissões religiosas, associações, fundações e outras entidades sem fins lucrativos, cujo propósito seja político, religioso, filosófico, sindical, referente à origem racial ou étnica, saúde e vida sexual, quanto aos dados relativos aos seus associados ou membros, sem prejuízo de que a comunicação desses dados exija sempre o prévio consentimento do titular do dado.

Ainda no art. 18, a lei estipula que os dados pessoais relacionados à comissão de infrações penais, civis ou administrativas só podem ser objeto de tratamento por parte das autoridades públicas competentes, no âmbito das leis e regulamentos respectivos, sem prejuízo das autorizações que a lei concede ou concederá. O dispositivo ratifica que nenhuma previsão da lei impedirá às autoridades públicas de comunicar ou tornar pública a identidade das pessoas físicas ou jurídicas que estejam sendo investigadas por, ou tenham cometido, infrações à normativa vigente, nos casos em que outras normas o imponham ou nos que o considerem conveniente.

A lei uruguaia também adicionou passagem especial para os dados biométricos em seu art. 18-BIS, indicando que os dados biométricos regulados na lei podem ser objeto de tratamento dentro do que está estabelecido no artigo 9° da lei, que apresenta hipóteses de tratamento além do consentimento, e após a realização de uma avaliação de impacto na proteção de dados pessoais.

O art. 19 da Lei uruguaia n° 18.331/08 expressa disposição específica para os dados sensíveis de saúde, dispondo que os estabelecimentos de saúde públicos ou privados e os profissionais ligados às ciências da saúde podem coletar e tratar os dados pessoais relativos à saúde física ou mental dos pacientes que recorram a eles ou que estejam ou tenham estado sob tratamento deles, respeitando os princípios do sigilo profissional, a normativa específica e o estabelecido na presente lei.

Dessa forma, é possível notar que a legislação uruguaia não diferencia tanto do padrão observado na LGPD ou no RGPD. Em todas as leis em análise é notório que os legisladores buscaram restringir e criar regras específicas para o tratamento de dados pessoais sensíveis. Contudo, a Lei do Uruguai apresenta uma forma diferenciada para apresentar a normatividade aplicada ao tratamento de dados sensíveis, pois o legislador optou pela criação de dispositivos mais extensos e elencados de forma mais textual, ao contrário da lei brasileira que evidenciou diferentes hipóteses legais em incisos específicos e de modo mais objetivo. De todo modo, a lei uruguaia também resguarda justificativas legais para o tratamento de dados sensíveis baseadas em fatores como consentimento expresso do titular, atividades do Poder Público, fins científicos e de pesquisa, prestação de serviços médicos e obrigações legais.

BIBLIOGRAFIA SELECIONADA

CGI.br. *Privacidade e proteção de dados pessoais 2021:* perspectivas de indivíduos, empresas e organizações públicas no Brasil. 2022.

CGI.br. *Privacidade e proteção de dados pessoais 2023:* perspectivas de indivíduos, empresas e organizações públicas no Brasil. 2024.

COSTA, R.; OLIVEIRA, S. Os direitos da personalidade frente à sociedade de vigilância: privacidade, proteção de dados pessoais e consentimento nas redes sociais. *Revista Brasileira de Direito Civil em Perspectiva*, v. 5, n. 2, p. 22-41, 2019.

MULHOLLAND, C. Dados pessoais sensíveis e consentimento na Lei Geral de Proteção de Dados Pessoais. *Migalhas*, 22 jun. 2020.

MULHOLLAND, C. O tratamento de dados pessoais sensíveis. *In*: MULHOLLAND, C. (ed.). *A LGPD e o novo marco normativo no Brasil.* Porto Alegre: Arquipélago, 2020.

OYADOMARI, W.; COSTA, R. S.; RIBEIRO, M. M. Perspectivas da sociedade brasileira em relação à privacidade e à proteção de dados pessoais. *Panorama Setorial da Internet*, ano 15, v. 2, jun. 2023.

PALHARES, F.; PRADO, L.; VIDIGAL, P. *Compliance digital e LGPD.* São Paulo: Thomson Reuters Brasil, 2021.

TEFFÉ, C. *Dados pessoais sensíveis:* qualificação, tratamento e boas práticas. Indaiatuba: Foco, 2022.

WIMMER, M. O regime jurídico do tratamento de dados pessoais pelo Poder Público. *In*: BIONI, B. (ed.). *Tratado de proteção de dados pessoais.* Rio de Janeiro: Forense, 2021.

Art. 12. Os dados anonimizados não serão considerados dados pessoais para os fins desta Lei, salvo quando o processo de anonimização ao qual foram submetidos for revertido, utilizando exclusivamente meios próprios, ou quando, com esforços razoáveis, puder ser revertido.

§ 1º A determinação do que seja razoável deve levar em consideração fatores objetivos, tais como custo e tempo necessários para reverter o processo de anonimização, de acordo com as tecnologias disponíveis, e a utilização exclusiva de meios próprios.

§ 2º Poderão ser igualmente considerados como dados pessoais, para os fins desta Lei, aqueles utilizados para formação do perfil comportamental de determinada pessoa natural, se identificada.

§ 3º A autoridade nacional poderá dispor sobre padrões e técnicas utilizados em processos de anonimização e realizar verificações acerca de sua segurança, ouvido o Conselho Nacional de Proteção de Dados Pessoais.

Artigo 12

Comentado por Diego Machado e Albert França Josuá Costa

DISPOSITIVOS RELACIONADOS NO ORDENAMENTO JURÍDICO BRASILEIRO

- Art. 51, § 1º, Lei n. 14.874/2024.

DISPOSITIVOS RELACIONADOS NA LGPD

- Art. 5º, III e XI; art. 13; art. 16, II e IV.

ATIVIDADES DA ANPD

- Nota Técnica n. 46/2022/CGF/ANPD.
- Nota Técnica n. 3/2023/CGF/ANPD.
- Guia Orientativo – Tratamento de dados pessoais para fins acadêmicos e para a realização de estudos e pesquisas (2023).
- Estudo Preliminar – Anonimização e pseudonimização para a proteção de dados pessoais (2024).
- Estudo técnico sobre anonimização de dados na LGPD – uma visão de processo baseado em risco e técnicas computacionais, 2023/CGTP/ANPD (2023).
- Estudo técnico sobre a anonimização de dados na LGPD – análise jurídica (2023).
- Estudo técnico sobre estudos de casos sobre anonimização de dados na LGPD (2023).

JUSTIFICATIVA E FUNDAMENTOS

A aplicação do regime jurídico de proteção de dados pessoais a atividade ou operação de tratamento de dados parte da premissa de que os dados em questão são qualificados como dados de caráter pessoal.[253] Tendo em vista a tradicional função do conceito de dado pessoal como noção delimitadora dos confins da aplicabilidade do direito de proteção de dados,[254] configura consequência lógico-jurídica a não incidência da LGPD e seu regime jurídico ao tratamento de *dados considerados não pessoais*.[255]

Sendo assim, a distinção entre dado pessoal e dado não pessoal é estruturante para o âmbito material de aplicação de marcos legais de proteção de dados: a lei se aplica, a princípio, a toda operação de tratamento que tenha por objeto dado pessoal – isto é, informação relativa à pessoa natural identificada ou identificável. Por essa razão, o art. 4º da LGPD prevê expressamente as hipóteses de delimitação negativa do âmbito material de aplicação da lei, é dizer, as situações em que a lei brasileira não se aplica apesar de envolver tratamento de dado pessoal.

Dado não pessoal constitui categoria geral que pode ser compreendida como gênero que abrange tanto o *dado anônimo* como o *dado anonimizado*.[256] Na doutrina, Kerstin N. Vokinger, Daniel J. Stekhoven e Michael Krauthammer diferenciam entre dados anonimizados, cujos identificadores foram removidos, podendo ser reversíveis ou irreversíveis, e dados anônimos, definidos como dados que foram coletados numa forma anônima ou foram agregados e a reidentificação de indivíduos não é possível.[257] No cenário brasileiro, Rafael Zanatta fez um resgate histórico a respeito da discussão em torno dos conceitos de dado anônimo e dado anonimizado ao tempo do Anteprojeto de Lei de Proteção de Dados Pessoais de 2015.[258] O debate público de então versava sobre adequação ou não da noção de "dado anônimo" usada na redação legislativa do Anteprojeto submetido a consulta pública.[259] De acordo com o autor,

---

[253] Ver comentário ao art. 5°, I, neste volume.

[254] HOOFNAGLE, C. J.; VAN DER SLOOT. B.; BORGESIUS, F. Z. The European Union General Data Protection Regulation: what it is and what it means. *Information & Communications Technology Law 65*, v. 28, p. 72, 2019; BYGRAVE, L. A.; TOSONI, L. Article 4(1). Personal data. *In*: KUNER, C.; BYGRAVE, L. A.; DOCKSEY, C. (ed.). *The EU General Data Protection Regulation:* a commentary. London: Oxford University Press, 2020. p. 105.

[255] RUPP, V.; VON GRAFENSTEIN, M. Clarifying "Personal Data" and the Role of Anonymisation in Data Protection Law Including and Excluding Data from the Scope of the GDPR (More Clearly) through Refining the Concept of Data Protection, *Computer Law and Security Review*, v. 52, 2024.

[256] ANPD. Estudo técnico sobre a anonimização de dados na LGPD – análise jurídica; VOKINGER, K. N.; STEKHOVEN, D. J.; KRAUTHAMMER, M. Lost in Anonymization – A Data Anonymization Reference Classification Merging Legal and Technical Considerations. *Journal of Law, Medicine and Ethics*, v. 48, p. 228-229, 2020.

[257] VOKINGER, K. N.; STEKHOVEN, D. J.; KRAUTHAMMER, M. Lost in Anonymization – A Data Anonymization Reference Classification Merging Legal and Technical Considerations. *Journal of Law, Medicine and Ethics*, v. 48, p. 228-229, 2020.

[258] ZANATTA R.A.F. *A proteção coletiva dos dados pessoais no Brasil*: vetores de interpretação. São Paulo: Letramento, 2023, p. 236-238. *Vide* também: INTERNETLAB. *O que está em jogo no debate sobre dados pessoais no Brasil?* 2016.

[259] O art. 5º, IV, do Anteprojeto previa o conceito de "dado anônimo" com o seguinte teor: "IV – dados anônimos: dados relativos a um titular que não possa ser identificado, nem pelo responsável pelo tratamento nem por qualquer outra pessoa, tendo em conta o conjunto de meios suscetíveis de serem razoavelmente utilizados para identificar o referido titular".

alguns críticos ao conceito, buscando dar ênfase ao processo de anonimização, sustentaram a impropriedade de se criar uma qualificação – dado anônimo – que não guardaria correspondência com a realidade cada vez mais pródiga de exemplos da ruptura com a "suposição da robusta anonimização".[260] De acordo com essa linha de pensamento, o dado anônimo seria apenas uma ficção, eis que sempre existente o risco de reidentificação.[261]

Entretanto, a partir da perspectiva que entende a anonimização de dados como processo, nos parece ainda haver alguma relevância e utilidade na classificação que distingue dado anônimo e dado anonimizado. *Dados anônimos* são dados que, desde sua origem, não se relacionam a pessoa natural identificada ou identificável. É o que ocorre, por exemplo, com os dados obtidos sobre os pontos de iluminação pública nos municípios brasileiros,[262] ou dados sobre substâncias poluentes coletados por sensores instalados em dispositivos de redes inteligentes para predição e monitoramento da qualidade do ar.[263-264] Já *dados anonimizados* são aqueles dados inicialmente vinculados à pessoa natural, mas que foram posteriormente submetidos a *processo de anonimização* que compreende uma série de atos e medidas técnicas ou paradigmas computacionais capazes de remover os identificadores diretos e indiretos dos dados, a fim de assegurar de forma duradoura a não identificabilidade dos dados.[265]

O art. 12 da LGPD visa não apenas reforçar que os dados anonimizados escapam ao âmbito material de aplicação da lei, mas também estabelecer critérios normativos a respeito da efetividade da anonimização de dados. Devido à farta comprovação científica do equívoco da já mencionada "suposição da robusta anonimização",[266] o legislador levou em consideração

---

260 Por todos, *vide*: MACHADO, D. *Algoritmos e proteção de dados pessoais*. Rio de Janeiro: Almedina, 2023; OHM, P. Broken promises of privacy: responding to the surprising failure of anonymization, UCLA *Law Review*, v. 57, 2010.

261 ZANATTA R.A.F. *A proteção coletiva dos dados pessoais no Brasil:* vetores de interpretação. São Paulo: Letramento, 2023, p. 237.

262 Para estimar o número de pontos de iluminação pública nos municípios do Brasil, recente estudo publicado pela Associação Brasileira de Concessionárias de Iluminação Pública (ABCIP) realizou análise da Base de Dados Geográfica da Distribuidora (BDGD) mantida pela Aneel, a partir das informações disponibilizadas e atualizadas pelas concessionárias de energia elétrica para o ano de 2023. São dados que podem ser considerados anônimos desde a origem. Censo da Iluminação Pública no Brasil: Base 2023. *Associação Brasileira de Concessionárias de Iluminação Pública*, 2023. Disponível em: https://www.associacaoabcip.com.br/_files/ugd/9d5550_bc353067bd5c43b9a3580478f72a5479.pdf#page=33.06.

263 *Vide* SCHÜRHOLZ, D; KUBLER, S.; ZASLAVSKY, A. Artificial intelligence-enabled context-aware air quality prediction for smart cities. *Journal of Cleaner Production*, v. 271, p. 10, 2024.

264 A Lei n. 14.874/2024, que dispõe sobre a pesquisa com seres humanos, lança mão do termo "dados anônimos" no texto do art. 51, § 1º. O dispositivo trata do dever da instituição executora da pesquisa armazenar os dados da pesquisa e zelar por sua confidencialidade, podendo compartilhar "dados anônimos ou codificados", observadas a LAI e a LGPD. Decerto, o termo não foi empregado de acordo com o conceito acima. Aliás, o texto legal não se atentou aos conceitos da LGPD, haja vista que ao invés de se referir a "dados pseudonimizados" adotou a nomenclatura "dados codificados", estranha à Lei de Proteção de Dados. A considerar o contexto normativo do art. 51, § 1º, da Lei n. 14.874/2024, deve-se interpretar "dados anônimos" de maneira a compreender tanto os dados anônimos como os dados anonimizados.

265 Ver comentário ao art. 5º, III e XI, neste volume.

266 Entre outros, podem ser citados os seguintes estudos: SWEENEY, L. *Simple demographics often identify people uniquely.* Pittsburgh: Carnegie Mellon University, Data Privacy Working Paper 3, 2000. Disponível em: https://dataprivacylab.org/projects/identifiability/paper1.pdf; NARAYANAN, A.; SHMATIKOV, V. Myths and fallacies of personally identifiable information. *Communications of the ACM*, v. 53, p. 24, 2010; WONDRACEK, G. *et al.* A practical attack to de-anonymize social network users. In: *IEEE Symposium*

as situações de risco de reidentificação de dados anonimizados em razão da reversibilidade do processo de anonimização. Esse cuidado foi introduzido desde a versão de 2015 do Anteprojeto de Lei de Proteção de Dados Pessoais, cujo art. 13 previa que "[o]s dados anonimizados serão considerados dados pessoais para os fins desta Lei quando o processo de anonimização ao qual foram submetidos for revertido ou quando, com esforços razoáveis, puder ser revertido".

ANÁLISE

1. Processo de anonimização de dados e abordagem de riscos na LGPD

O legislador brasileiro define anonimização como o uso de meios técnicos razoáveis e disponíveis no momento do tratamento, que tornam impossível associar um dado, direta ou indiretamente, a um indivíduo (LGPD, art. 5º, XI[267]). Uma leitura superficial do texto normativo poderia conduzir o intérprete à equivocada ideia de que se trata de ato isolado – o *uso* de meios técnicos de anonimização. Contudo, com base no art. 12, *caput*, da LGPD, percebe-se que a anonimização de dados não pode ser apreendida como um ato único e desprendido do seu contexto, mas sim um *processo* composto por uma série de ações e medidas interrelacionadas. Esse processo se inicia com o tratamento de dados pessoais e nele pode-se utilizar, a depender das características das bases de dados, diferentes técnicas e medidas para desvincular os identificadores dos dados em seu estado original ou bruto.[268]

A anonimização atua sobre identificadores existentes numa base de dados, porque esses são os elementos informativos que "mantém relação particularmente privilegiada e próxima com certo indivíduo"[269]. Os referidos identificadores podem ser, por sua vez, diretos ou indiretos.[270] O processo de anonimização de dados busca, em síntese, remover ou alterar identificadores diretos e indiretos, de forma que os dados resultantes não permitam, de maneira irreversível, identificar os titulares – sendo, portanto, considerados dados anonimizados. Trata-se de processo que se desenvolve por meio da utilização de técnicas diversificadas – a exemplo da supressão, generalização, permutação e perturbação – cuja escolha e pertinência são justificadas de acordo com as características e outros elementos contextuais da base de dados em questão. Isso porque além de a LGPD não impor qualquer tipo de técnica de anonimização específica, não há qualquer metodologia universal aplicável a todas as situações.[271]

---

on Security and Privacy, Proceedings, 2010, p. 223; ROCHER, L.; HENDRICKX, J. M.; MONTJOYE, Y. Estimating the success of re-identifications in incomplete datasets using generative models. *Nature Communications*, v. 10, 2019. Disponível em: http://dx.doi.org/10.1038/s41467-019-10933-3.

[267] Ver comentário sobre este dispositivo neste volume.

[268] A concepção da anonimização como *processo* é adotada por diversas autoridades de proteção de dados: ANPD, Estudo técnico sobre a anonimização de dados na LGPD – análise jurídica; ANPD, Estudo técnico sobre anonimização de dados na LGPD – uma visão de processo baseado em risco e técnicas computacionais; WP29. *Parecer 05/2014 sobre técnicas de anonimização*, 2014, p. 5; ICO. *Anonymisation:* managing data protection risk code of practice, 2012, p. 28; AEPD. *Orientaciones y garantias em los procedimientos de anonimización de dados personales*, 2016, p. 5; DATA PROTECTION COMMISSION (DPC). *Guidance on Anonymisation and Pseudonymisation,* 2019, p. 14; AGENCIA DE GOBIERNO ELECTRÓNICO Y SOCIEDAD DE LA INFORMACIÓN Y DEL CONOCIMIENTO. *Guía sobre Anonimización de Datos,* 2020, p. 4; PERSONAL DATA PROTECTION COMMISSION. *Guide to basic anonymisation*. 2022, p. 13.

[269] WP29. Parecer 04/2007 sobre o conceito de dados pessoais, 2007, p. 12.

[270] Sobre a definição de identificadores direto e indireto, ver comentário ao art. 5º, I, neste volume.

[271] Cf. NARAYANAN, A.; SHMATIKOV, V. Myths and fallacies of personally identifiable information. *Communications of the ACM*, v. 53, p. 26, 2010.

O estado atual da ciência e da tecnologia demonstra um consenso de que é inviável garantir a ausência total de riscos de reidentificação no tratamento de dados anonimizados.[272] Tendo em vista o enorme volume de dados auxiliares que são gerados e disponibilizados via internet, e o desenvolvimento da capacidade de processamento e análise de algoritmos de reidentificação, pode-se afirmar que sempre haverá fatores de risco de reidentificação. Nesse contexto, adotar um *modelo baseado em riscos* de reidentificabilidade se torna efetivamente pertinente para avaliar a robustez do processo de anonimização.[273] Esse processo deve ser contínuo e adaptativo, porquanto novos riscos podem surgir com os avanços tecnológicos e o aumento de dados auxiliares disponíveis.

Os riscos de reidentificação de dados anonimizados são expressos, em linguagem técnica, como possíveis *ataques de reidentificação*. O termo "ataque" é tomado por empréstimo da literatura especializada em segurança da informação, em que a avaliação do nível de segurança de determinado sistema computacional ou algoritmo de cifragem ocorre a partir do uso da figura de um hipotético "atacante", ou "adversário", que possui certas habilidades, conhecimento ou acesso[274]. De acordo com Simson Garfinkel, "[u]ma avaliação de risco envolve a catalogação da variedade de potenciais atacantes, e, para cada um, a probabilidade de sucesso".[275] Cumpre ressaltar que a noção de "atacante", ou "adversário", não pode ser confundida com atores que praticam atos ilícitos, sejam eles de natureza penal ou não. Basta considerar o exemplo de pesquisadores que avaliam a robustez de base de dados anonimizada compartilhada publicamente frente a certos algoritmos de reidentificação com o uso de dados auxiliares disponibilizados em bases de acesso público.[276]

Entre os exemplos de ataques ou riscos de reidentificação comumente abordados pela literatura, pode-se mencionar: (i) distinção (*singling out*), (ii) possibilidade de ligação

---

[272] No arco de mais duas décadas, vários estudos científicos demonstram os vários riscos de reidentificação no tratamento de bases de dados assumidas a princípio como anonimizadas. Dentre alguns desses trabalhos pode-se citar: SWEENEY, L. *Simple demographics often identify people uniquely*. Pittsburgh: Carnegie Mellon University, Data Privacy Working Paper 3, 2000. Disponível em: https://dataprivacylab.org/projects/identifiability/paper1.pdf; NARAYANAN, A.; SHMATIKOV, V. *How to break anonymity of the Netflix Prize dataset*, 2007. Disponível em: http://citeseerx.ist.psu.edu/viewdoc/download?doi=10.1.1.100 .3581&rep=rep1&type=pdf; WONDRACEK, G. *et al.* A practical attack to de-anonymize social network users. In: *IEEE Symposium on Security and Privacy*, Proceedings, 2010, p. 223; MONTJOYE, Y. A. de *et al.* Unique in the Crowd: The privacy bounds of human mobility. *Scientific Reports 1*, v. 3, 2013; ROCHER, L.; HENDRICKX, J. M.; MONTJOYE, Y. Estimating the success of re-identifications in incomplete datasets using generative models. *Nature Communications*, v. 10, 2019. Disponível em: http://dx.doi.org/10.1038/s41467-019-10933-3.

[273] ANPD. Estudo Preliminar – Anonimização e pseudonimização para a proteção de dados pessoais. *Vide*, ainda: BIONI, B. R. Compreendendo o conceito de anonimização e dado anonimizado. *Cadernos Jurídicos*, v. 53, p. 191-197, 2020; RUBINSTEIN, I. S.; HARTZOG, W. Anonymization and risk. *Washington Law Review*, v. 91, p. 703-747, 2016.

[274] De acordo com o glossário do NIST, atacante é *"[a] party, including an insider, who acts with malicious intent to compromise a system"*. (NATIONAL INSTITUTE OF STANDARDS AND TECHNOLOGY. Attacker. Disponível em: https://csrc.nist.gov/glossary/term/attacker. Acesso em: 16 set. 2025). A figura do atacante muito se aproxima do "intruso" (*intruder*) a que a autoridade de proteção de dados da Irlanda se refere: DATA PROTECTION COMMISSION (DPC). *Guidance on Anonymisation and Pseudonymisation*, 2019, p. 8-10.

[275] GARFINKEL, S. L. *De-Identification of Personal Information*. Gaithersburg: National Institute of Standards and Technology, 2015. p. 9.

[276] Entre outros diversos casos, foi o que aconteceu com os pesquisadores Arvind Narayanan e Vitaly Shmatikov ao realizarem estudo sobre a base de dados do *"Netflix Prize"* (NARAYANAN, A.; SHMATIKOV, V. Myths and fallacies of personally identifiable information. *Communications of the ACM*, v. 53, 2010).

(*linkability*), e (iii) a inferência.[277] A *distinção* consiste na capacidade de isolar registros que destacam um indivíduo em uma base de dados. Por sua vez, a *ligação* é definida pela possibilidade de se estabelecer conexões entre dois ou mais registros pertencentes ao mesmo indivíduo ou grupo. De outro lado, a *inferência* diz respeito à habilidade de prever, com alta probabilidade, o valor de um atributo a partir de outros atributos relacionados.

Para ilustrar o risco de inferência, considere o uso de dados agregados de geolocalização. Apesar de a agregação de dados[278] de localização reduzir os riscos, ela não elimina completamente a possibilidade de reidentificação dos usuários de dispositivos móveis. Os cientistas da computação Pyergelis, Troncoso e De Cristofaro destacam que a construção de modelos de mobilidade com base nesse tipo de dado, coletado ao longo de determinado período, está sujeita a ataques que, por inferência, podem identificar a contribuição de uma pessoa em um conjunto de dados agregados, especialmente se o adversário tiver acesso a dados auxiliares.[279]

Esse tipo de ataque, conhecido como *membership inference attack* (MIA), tem implicações significativas, conforme os autores ressaltam: (i) a simples identificação de que os dados de uma pessoa estão incluídos em um conjunto pode revelar informações relevantes; (ii) trata-se de ataque que pode servir como ponto de partida para inferências subsequentes, com o objetivo de obter mais informações sobre o indivíduo, como seu padrão de mobilidade ou suas trajetórias, a partir dos dados agregados.[280]

2. Reidentificação e os conceitos de "esforços razoáveis" e de "meios próprios"

A interpretação e aplicação do art. 12 da LGPD deve, necessariamente, passar pela compreensão de duas noções encontradas no *caput* do dispositivo legal: *esforços razoáveis* e *meios próprios*. De acordo com o texto normativo, serão considerados dados pessoais aqueles dados que foram submetidos a processo de anonimização que foi revertido "utilizando exclusivamente meios próprios, ou quando, com esforços razoáveis, puder ser revertido". Entender os referidos conceitos é importante visto que estão relacionados a critérios a serem considerados na avaliação da reversibilidade da anonimização a partir dos riscos de reidentificação.

O primeiro conceito – "esforços razoáveis" – configura um *conceito jurídico indeterminado*. Trata-se de um conceito vago, na medida em que se caracteriza como significado a respeito do qual há dúvida quanto à sua aplicação a casos-limite, isto é, a casos sobre os

---

[277] CAVOUKIAN, A.; EL EMAM, K. Dispelling the Myths Surrounding Anonymization Remains a Strong Tool for Protecting Privacy. *Information and Privacy Commissioner*, 2011. Disponível em: https://www.csri.info/wp-content/uploads/2012/08/anonymization.pdf.

[278] Define-se agregação de dados, de acordo com o extinto WP29, da seguinte maneira: "As técnicas de agregação e k-anonimato visam impedir que um titular dos dados seja selecionado através do agrupamento com, pelo menos, outras k pessoas. Para este efeito, os valores dos atributos são generalizados de modo a que cada pessoa partilhe o mesmo valor. Por exemplo, ao reduzir a granularidade de um local de uma cidade para um país é incluído um maior número de pessoas. As datas de nascimento individuais podem ser generalizadas num intervalo de datas ou agrupadas por mês ou ano. Outros atributos numéricos (por exemplo, salários, peso, altura ou a dosagem de um medicamento) podem ser generalizados por intervalos de valores (por exemplo, salário de 20 000 a 30 000 €). Estes métodos podem ser utilizados quando a correlação entre valores pontuais de atributos é passível de criar quase-identificadores" (WP29. *Parecer 04/2007 sobre o conceito de dados pessoais*, 2007, p. 18).

[279] PYRGELIS, A.; TRONCOSO, C.; DE CRISTOFARO, E. Measuring membership privacy on aggregate location time-series. *Proceedings of the ACM on Measurement and Analysis of Computing Systems*, v. 2, p. 1, 2020.

[280] PYRGELIS, A.; TRONCOSO, C.; DE CRISTOFARO, E. Measuring membership privacy on aggregate location time-series. *Proceedings of the ACM on Measurement and Analysis of Computing Systems*, v. 2, p. 1, 2020.

quais não há certeza de estarem ou não enquadrados na classe dos casos abrangidos pelo conceito.[281] Neste sentido, podemos nos questionar quais algoritmos de reidentificação, capacidades e custos de processamento, habilidades e conhecimentos podem ser considerados compreendidos no conceito de "esforços razoáveis" para reverter o processo de anonimização de certa base de dados operacionalizado por órgão de pesquisa na condução de pesquisa em saúde pública de âmbito regional.

Para reduzir essa vagueza, porém, o § 1º do art. 12 estipula que a determinação do que é razoável deve ser avaliada com base em fatores objetivos, como custo, tempo necessário e tecnologias disponíveis para reverter a anonimização. Mesmo assim, há relevante medida de incerteza na aplicação prática da noção "esforços razoáveis" – bem como do significado de "meios técnicos razoáveis e disponíveis" da definição legal do art. 5º, III, da LGPD. O conceito deve ser valorado, notadamente pela ANPD e pelos tribunais, de acordo com padrões de comportamento[282] que envolvem a adoção de técnicas de anonimização, medidas administrativas, tecnologias disponíveis e outros aspectos contextuais.

Entre os autores brasileiros, parcela da doutrina denomina o critério adotado por meio do conceito de esforços razoáveis como "filtro da razoabilidade"[283] ou "razoabilidade objetiva"[284]. Esse não nos parece, todavia, o caminho mais apropriado. Razoabilidade tem a natureza jurídica de *postulado aplicativo* que orienta a estrutura e aplicação de outras normas jurídicas (princípios e regras),[285] além de ser conceito com diversos sentidos[286] não pertinentes ao contexto normativo do art. 12 da LGPD.[287]

Tendo em vista a noção ampla de dado pessoal no direito brasileiro e a aproximação da teoria objetiva – ambos os aspectos já abordados no comentário ao art. 5º, I, deste volume –, o uso do critério dos *meios suscetíveis de ser razoavelmente utilizados* se mostra mais adequado.[288] Em vigor no direito europeu desde a Diretiva n. 95/46/CE, esse critério busca ser balizado por fatores objetivos como custos e tempo de trabalho exigidos para a (re) identificação, o estado da arte da tecnologia existente no período de duração do tratamento e os riscos de falhas técnicas, por exemplo.[289]

---

281 ÁVILA, H. *Teoria dos princípios*: da definição à aplicação dos princípios jurídicos. 21. ed. Salvador: JusPodivm, 2022.

282 Esse tipo de vagueza pode ser caracterizada como socialmente típica: ÁVILA, H. *Teoria dos princípios*: da definição à aplicação dos princípios jurídicos. 21. ed. Salvador: JusPodivm, 2022. p. 47.

283 BIONI, B. R. Compreendendo o conceito de anonimização e dado anonimizado. *Cadernos Jurídicos*, v. 53, p. 191, 2020. Disponível em: https://www.tjsp.jus.br/download/EPM/Publicacoes/CadernosJuridicos/ii_9_anonimiza%C3%A7%C3%A3o_e_dado.pdf.

284 FALEIROS JR., J. L.; MARTINS, G. M. Proteção de dados e anonimização; perspectivas à luz da Lei n. 13.709/2018, *Revista Estudos Institucionais*, v. 7, p. 376, 2021. Disponível em: https://doi.org/10.21783/rei.v7i1.47.

285 BUSTAMANTE, T. R. Conceito e critérios de razoabilidade: uma proposta para o direito brasileiro. *Revista Direito, Estado e Sociedade*, v. 27, p. 245, 2005. Disponível em: https://doi.org/10.17808/des.27.320; ÁVILA, H. *Teoria dos princípios*: da definição à aplicação dos princípios jurídicos. 21. ed. Salvador: JusPodivm, 2022. p. 200.

286 BUSTAMANTE, T. R. Conceito e critérios de razoabilidade: uma proposta para o direito brasileiro. *Revista Direito, Estado e Sociedade*, v. 27, p. 245, 2005. Disponível em: https://doi.org/10.17808/des.27.320; ÁVILA, H. *Teoria dos princípios*: da definição à aplicação dos princípios jurídicos. 21. ed. Salvador: JusPodivm, 2022. p. 200-211.

287 A análise do texto legal do art. 12 da LGPD sob o prisma da razoabilidade – que foge aos limites deste comentário – parece mais migrar da dimensão da aplicação da norma para a dimensão de sua *justificação* a partir da ideia de razoabilidade como dever de coerência.

288 MACHADO, D. *Algoritmos e proteção de dados pessoais*. Rio de Janeiro: Almedina, 2023. p. 26.

289 MACHADO, D. *Algoritmos e proteção de dados pessoais*. Rio de Janeiro: Almedina, 2023. p. 11.

O critério tem sido interpretado por diversos autores como elemento normativo que introduz uma análise de risco de identificabilidade,[290] ou um teste de risco de identificabilidade.[291] Por coerência lógica e sistemática, a compreensão de dado anonimizado, ou seja, "dado relativo a titular que não possa ser identificado, considerando a utilização de meios técnicos razoáveis e disponíveis na ocasião de seu tratamento" (art. 5º, III, da LGPD), necessariamente é moldada pela conceituação jurídica de dado pessoal e pela abordagem adotada. Assim, fica fundamentada a aplicação de um modelo baseado em riscos à delimitação do que configura dado pessoal (art. 5º, I) e dado anonimizado (art. 5º, III).

O art. 12, § 1º, da LGPD estabelece um *rol exemplificativo* de aspectos objetivos[292] que devem ser avaliados pelo intérprete ao preencher (ou determinar), nas situações concretas, o conteúdo do que é esforço razoável, isto é, dos meios suscetíveis de ser razoavelmente utilizados. Excluídas são quaisquer hipóteses especulativas ou cenários hipotéticos desconectados da realidade prática. O caso dos microdados do Inep, analisado pela ANPD, é um exemplo que reforça a necessidade de avaliações baseadas em evidências e cenários realistas, descartando análises baseadas em conjecturas ou limitações desancoradas da prática.[293]

Na avaliação dos fatores relacionados ao *custo* e ao *tempo* necessários para a reidentificação de titulares de dados e a reversão do processo de anonimização, é fundamental considerar elementos como os encargos associados à força de trabalho, os recursos humanos mobilizados, os custos econômicos envolvidos e o tempo a ser dedicado para alcançar a reidentificação. Além disso, outros fatores objetivos relevantes incluem as tecnologias e técnicas disponíveis no momento do tratamento e a licitude dos meios empregados.[294] Este último fator implica dizer que a prática de crimes ou o uso de meios proibidos por lei configuram meios e esforços irrazoáveis para a reidentificação ou reversão do processo de anonimização.[295]

Já o conceito de "meios próprios" possui definição mais clara e não se configura como um conceito juridicamente indeterminado. Meios próprios referem-se às competências, aos dados, às ferramentas e às técnicas que estão diretamente acessíveis ao agente de tratamento responsável pelo processo de anonimização.[296]

Por fim, a análise da reversibilidade da anonimização deve considerar tanto os meios próprios do agente de tratamento quanto os esforços razoáveis de terceiros que possam realizar a reidentificação. A bem da verdade, isso confirma que a LGPD aponta para a teoria objetiva do conceito amplo de dado pessoal.

3. Gestão de riscos de reidentificação

Como indicado acima, o dado anonimizado refere-se ao estado em que é eliminada a possibilidade de associação direta ou indireta do dado a uma pessoa natural por meio de

---

290 SCHWARTZ, P. M.; SOLOVE, D. J. The PII problem: privacy and a new concept of personally identifiable information. *New York University Law Review*, v. 86, p. 1814-1878, 2011.

291 FINK, M.; PALLAS, F. They Who Must Not Be Identified – Distinguishing Personal from Non-Personal Data Under the GDPR. *International Data Privacy Law*, v. 10, p. 11, 2020.

292 ANPD. Estudo Preliminar – Anonimização e pseudonimização para a proteção de dados pessoais, p. 15. No direito de proteção de dados da UE, *vide*: KUNER, C.; BYGRAVE, L. A.; DOCKSEY, C. (ed.). *The EU General Data Protection Regulation:* a commentary. London: Oxford University Press, 2020. p. 108.

293 ANPD, Nota Técnica n. 46/2022/CGF/ANPD.

294 MACHADO, D. *Algoritmos e proteção de dados pessoais*. Rio de Janeiro: Almedina, 2023. p. 26.

295 ANPD. Estudo técnico sobre anonimização de dados na LGPD – uma visão de processo baseado em risco e técnicas computacionais, p. 20.

296 ANPD. Estudo Preliminar – Anonimização e pseudonimização para a proteção de dados pessoais, p. 16.

técnicas específicas de anonimização. Embora a implementação dessas técnicas seja uma etapa importante do processo de anonimização, não há técnica conhecida com capacidade de produzir dados perfeita ou plenamente anonimizados – ou seja, cenário de risco de reidentificação zero –, visto que fatores como o contexto de tratamento dos dados, métodos de ataques[297] e avanços tecnológicos, a exemplo do aprendizado de máquina,[298-299] podem criar risco residual de reidentificação.[300]

Nesse sentido, a ANPD manifestou-se em nota técnica[301] sobre a possibilidade de reversão da anonimização dos dados e seus impactos: a avaliação deve ser fundamentada em evidências e em cenários que levem em conta aspectos objetivos da realidade. São descartadas, assim, análises meramente especulativas, construídas em conjunturas irreais ou que desconsiderem limitações práticas. Portanto, é importante reconhecer a existência de risco residual de reidentificação, que, por sua vez, deve ser identificado, mensurado e tratado de forma contínua[302] pelo agente de tratamento.

Diante do exposto, o objetivo da anonimização não deve ser confundido com a eliminação total dos riscos de reidentificação,[303] mas, sim, com a minimização desses riscos a um nível aceitável.[304] Trata-se de uma abordagem dinâmica e orientada à gestão de riscos, que visa assegurar a conformidade com a LGPD e demais normas correlatas, sem desconsiderar as limitações técnicas e práticas existentes.

Apesar de a gestão de riscos não ser explicitamente mencionada na LGPD, o regime jurídico previsto na lei adotou um modelo baseado em riscos a respeito da identificabilidade da pessoa natural, tal como salientado na seção anterior. Nessa linha de pensamento, em 2023, a ANPD publicou uma série de estudos técnicos sobre anonimização[305-306-307] que defendem esse modelo e destacam etapas mínimas que devem ser consideradas no processo de anonimização de dados. Essa abordagem também é recomendada pela Autoridade de Proteção de Dados de Singapura em seu guia sobre anonimização.[308] Ademais, é imprescin-

---

297 HENRIKSEN-BULMER, J.; JEARY, S. Re-identification attacks – A systematic literature review. *International Journal of Information Management*, v. 36, n. 6, p. 1184-1192, 2016.

298 LIU, B. *et al.* When Machine Learning Meets Privacy: a Survey and Outlook. *ACM Computing Surveys*, v. 54, n. 2, 2021.

299 RIGAKI, M.; GARCIA, S. A survey of privacy attacks in machine learning. *ACM Computing Surveys*, v. 56, n. 4, 2023.

300 NARAYANAN, A.; SHMATIKOV, V. Myths and fallacies of personally identifiable information. *Communications of the ACM*, v. 53, p. 24-26, 2010.

301 ANPD. Nota Técnica n. 46/2022/CGF/ANPD.

302 PERSONAL DATA PROTECTION COMMISSION, 2022.

303 Fink e Pallas argumentam que o parecer do antigo Grupo de Trabalho do Artigo 29 sobre técnicas de anonimização incorre numa contradição, pois ao mesmo tempo que reconhece a adoção pelo RGPD – à época em debate no Parlamento da UE – de abordagem baseada em risco, parece propor um "teste de risco zero", o que, na prática, significa uma rejeição a tal tipo de abordagem regulatória (FINK, M.; PALLAS, F. They Who Must Not Be Identified – Distinguishing Personal from Non Personal Data Under the GDPR. *International Data Privacy Law*, v. 10, p. 11-15, 2020).

304 Agencia Española de Protección de Datos, 2016.

305 ANPD. Estudo técnico sobre a anonimização de dados na LGPD – análise jurídica.

306 ANPD. Estudo técnico sobre anonimização de dados na LGPD – uma visão de processo baseado em risco e técnicas computacionais.

307 ANPD. Estudo técnico sobre estudos de casos sobre anonimização de dados na LGPD.

308 PERSONAL DATA PROTECTION COMMISSION, 2022.

dível entender que a gestão dos riscos de reidentificação deve ser estruturada considerando as particularidades e o contexto específicos do agente de tratamento e de sua atividade.

Embora não se pretenda estabelecer diretrizes específicas sobre a implementação do processo de anonimização, é fundamental destacar alguns aspectos que podem ser observados pelo agente de tratamento na implantação do processo de anonimização. Esses aspectos estão expostos na Figura 2.

Figura 2: Aspectos a serem observados na implantação do processo de anonimização.

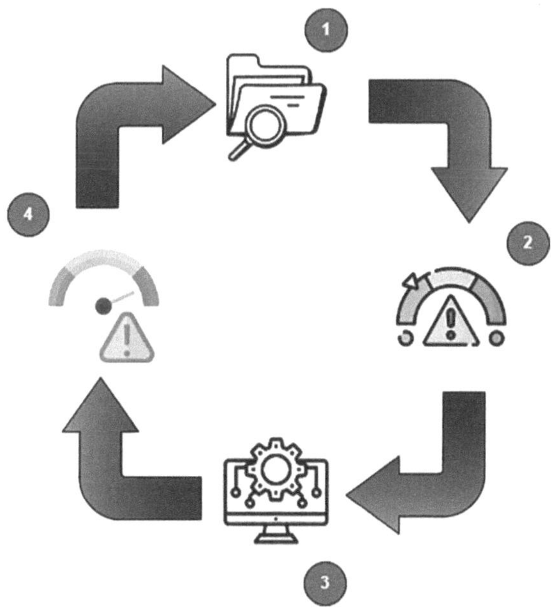

Fonte: elaborado pelos autores.

Observa-se que, sem conhecer todos os dados pessoais sob sua custódia, é inviável gerir adequadamente qualquer processo de tratamento. Nesse sentido, inventariar esses dados surge como um aspecto inicial para compreender quais dados estão sendo tratados, sua origem, ciclo de vida, finalidades e riscos associados. Além disso, o uso de ferramentas de descoberta de dados pessoais tende a tornar esse mapeamento mais eficiente, pois elas automatizam a identificação e classificação dos dados, facilitando a localização de dados sensíveis armazenados em diferentes sistemas, bancos de dados e repositórios distribuídos.

Outro aspecto que o agente de tratamento pode observar é a definição do nível máximo de risco tolerado para reidentificação, sendo esse um ponto central para o processo de anonimização. É importante considerar as características dos dados, do contexto do tratamento e das ameaças potenciais de reidentificação. Fatores como a presença de dados sensíveis ou financeiros exigem maior rigor na delimitação desse risco, garantindo maior precisão no tratamento e mitigando a probabilidade de que os dados sejam reidentificados por terceiros. A definição de um limite máximo para o risco de reidentificação não se limita a uma exigência técnica, mas também é uma prática de governança de dados que reforça a responsabilidade do agente de tratamento. Ao definir o risco aceitável, o agente assume uma abordagem proativa e preventiva, garantindo a proteção dos dados pessoais ao longo de todo o ciclo de tratamento.

O terceiro aspecto que pode ser observado é a aplicação das técnicas de anonimização aos dados, a seleção dessas deve considerar as características dos dados e o contexto de tratamento. Entre as técnicas mais utilizadas,[309] destacam-se a supressão;[310] generalização;[311] perturbação[312] e permutação[313]. Embora úteis, essas técnicas apresentam limitações relacionadas ao tipo de dado que podem ser aplicadas. Uma discussão mais detalhada é encontrada na próxima seção.

Por fim, o agente de tratamento deve conhecer o risco de um atacante[314] em ter sucesso ao tentar reidentificar um titular nos dados tratados. Nesse momento deve-se considerar o contexto específico de cada agente de tratamento, da finalidade de cada tratamento realizado, a natureza dos dados e do seu compartilhamento, não sendo adequada a adoção de riscos genéricos que não considerem essas particularidades. Para dados textuais estruturados,[315] existem algumas métricas amplamente reconhecidas para a mensuração do risco de reidentificação, como a K-Anonimização,[316] a T-Proximidade[317] e a L-Diversidade.[318] De forma semelhante às técnicas clássicas de anonimização, essas métricas de mensuração de risco citadas têm limitações técnicas relacionadas ao tipo de dado que pode ser aplicado.

O monitoramento do risco real de identificação se manter abaixo do risco real deve ser realizado de forma contínua pelo agente de tratamento.

Em síntese, a gestão do risco de reidentificação é um processo contínuo e dinâmico que exige do agente de tratamento uma abordagem proativa e adaptada ao contexto. Desde o inventário inicial dos dados até o monitoramento dos riscos, passando pela aplicação de técnicas de anonimização e a definição de limites aceitáveis de risco e do risco real de reidentificação, cada etapa contribui para fortalecer a proteção dos dados pessoais. Nesta abordagem baseada em riscos, o objetivo do processo de anonimização deixa de ser inalcançável (eliminar o risco de reidentificação) e passa a ser realista ao tentar reduzi-lo a níveis aceitáveis, objetivando a conformidade com a LGPD e outras normas.

4. Limitações da anonimização de dados

A anonimização de dados tem sido tratada como um pilar fundamental no âmbito da proteção de dados pessoais, especialmente após a vigência da LGPD. Contudo, é preciso reco-

[309] GARFINKEL, S. L. *De-Identification of Personal Information*. Gaithersburg: National Institute of Standards and Technology, 2015.

[310] Os identificadores indiretos são suprimidos ou eliminados.

[311] Os identificadores indiretos com alto grau de unicidade são agrupados e os valores dos grupos passam a ser usados no lugar dos valores originais dos identificadores indiretos.

[312] Ruídos são adicionados aos valores dos identificadores indiretos dentro de um intervalo predefinido.

[313] Os valores dos identificadores indiretos são trocados entre si, porém é necessário manter as propriedades estatísticas dentro do conjunto dos dados.

[314] O termo atacante tem significado semelhante ao termo "intruso" (*intruder*) utilizado pela autoridade de proteção de dados irlandesa: PERSONAL DATA PROTECTION COMMISSION. *Guide to basic anonymisation.* 2022, p. 8-10. Disponível em: https://www.pdpc.gov.sg/help-and-resources/2018/01/basic-anonymisation.

[315] Dados estruturados são informações organizadas em um formato fixo, como tabelas. Dados textuais estruturados, por sua vez, são dados que contêm textos armazenados em um formato fixo, tais como linhas e colunas (tabelas).

[316] SWEENEY, L.; PIERANGELA, S.; *Protecting privacy when disclosing information: k-anonymity and its enforcement through generalization and suppression*. 1998.

[317] LI, N.; LI, T.; VENKATASUBRAMANIAN, S. T-closeness: privacy beyond k-anonymity and l-diversity. In: *IEEE 23rd International Conference on Data Engineering*, 2007. Proceedings...: IEEE, 2007. p. 106-115.

[318] AGGARWAL, C.; YU, P. *Privacy-preserving data mining*: models and algorithms. New York: Springer, 2008.

nhecer os limites dessa prática, especialmente quando aplicada a diferentes formatos de dados, como dados textuais estruturados, imagens, vídeos, áudios, metadados e outros tipos de dados não estruturados. Aliás, vale ressaltar que, em razão dos avanços no campo do aprendizado de máquina (*machine learning*), é crescente o interesse dos setores público[319] e privado[320] no tratamento de dados não estruturados para deles inferir outras informações e conhecimento.

As técnicas clássicas de anonimização, tais como supressão, generalização, perturbação e permutação, foram inicialmente desenvolvidas para dados textuais estruturados, em que os dados estão organizados em colunas e linhas bem definidas. No entanto, esses métodos apresentam limitações significativas ao serem aplicados a dados multimodais[321].

A aplicação de técnicas clássicas em dados de formatos distintos é desafiadora, especialmente devido à diversidade de tipos de dados existentes. Em dados textuais estruturados, técnicas como generalização e supressão podem ocultar identificadores em campos predefinidos. Porém, em se tratando de dados não estruturados, como textos livres, áudios e vídeos, o contexto e o conteúdo semântico das informações são mais complexos, exigindo técnicas de Processamento de Linguagem Natural (PLN)[322] e reconhecimento de padrões de imagem e áudio para mitigar riscos de reidentificação. Por exemplo, em gravações de áudio, características vocais podem ser utilizadas para reidentificar indivíduos, mesmo após a aplicação de filtros de anonimização.

Outro ponto crucial é o papel dos metadados. Informações sobre a data e a localização de uma fotografia, as propriedades de um arquivo de vídeo ou o histórico de edição de um documento podem revelar dados pessoais, inclusive dados pessoais sensíveis. Esses dados, frequentemente esquecidos nos processos de anonimização, podem ser explorados para reidentificação. Técnicas de remoção de metadados são eficazes, mas, em muitos casos, a própria preservação dos metadados é necessária para a usabilidade do arquivo.

Em relação às imagens e vídeos, o uso de técnicas de desidentificação de faces[323] e remoção de elementos de fundo é comumente empregado. Todavia, algoritmos de IA e reconhecimento facial podem superar essas barreiras, especialmente quando combinados com bases de dados externas, isto é, dados auxiliares. Mesmo com a desfocagem de rostos, outras características visuais, como roupas, tatuagens e o ambiente circundante, podem permitir a reidentificação. Assim, métodos mais robustos, como a aplicação de privacidade diferencial,[324] são necessários.

Considerando o estado da arte, fica, enfim, evidenciado que as técnicas clássicas de anonimização, muito embora úteis para dados textuais estruturados, enfrentam obstáculos significativos – por vezes insuperáveis – quando aplicadas em dados multimodais. Para lidar com as demandas de anonimização multimodal, é essencial considerar técnicas de

---

319 CETERA, W. *et al.* Potential for the use of large unstructured data resources by public innovation support institutions. *Journal of Big Data*, v. 9, n. 1, 2022.

320 HARBERT, T. Tapping the power of unstructured data. *Ideas made to Mater,* 1º fev. 2021.

321 *Dados multimodais* são conjuntos de dados provenientes de diferentes tipos de fontes ou formatos (como texto, imagem, áudio ou vídeo), integrados para análise ou processamento conjunto.

322 O Processamento de Linguagem Natural (PLN) é um campo de pesquisa que tem como objetivo investigar e propor métodos e sistemas de processamento computacional da linguagem humana (CASELI, H.; NUNES, M. Processamento de linguagem natural: conceitos, técnicas e aplicações em português. *BPLN*, 2023).

323 ANPD. Estudo técnico sobre a anonimização de dados na LGPD – uma visão de processo baseado em risco e técnicas computacionais.

324 WEN, Y.; LI, Y.; WANG, R. *et al.* IdentityDP: differential private identification protection for face images. *Neurocomputing*, v. 501, p. 197-211, 2022.

anonimização além das usualmente mencionadas na literatura, como as já referidas técnicas clássicas, pensadas originalmente para remover identificadores de dados textuais estruturados. Entretanto, conforme os estudos técnicos publicados[325-326-327] pela ANPD em 2023, as técnicas de anonimização isoladamente não são capazes de garantir a privacidade e a proteção de dados, devendo o agente de tratamento considerar a anonimização como um processo gerenciável e baseado em riscos.

5. Formação de perfis comportamentais e dados anonimizados

O art. 12, § 2º, da LGPD, estabelece regramento aplicável ao perfilamento comportamental (*behavioral profiling*). Trata-se do único dispositivo da lei brasileira a versar sobre a criação de perfis, remetendo expressamente à formação de perfil comportamental "de determinada pessoa natural, se identificada". A disposição legal coloca o Brasil entre os poucos países a disciplinar de forma expressa e direta, numa Lei Geral de Proteção de Dados Pessoais, a criação de perfis.[328]

O texto proposto na versão de 2015 do Anteprojeto de Lei de Proteção de Dados Pessoais continha diferente teor da redação final. O §1º do então art. 13 estabelecia que: "[p]oderão ser igualmente considerados como dados pessoais para os fins desta lei os dados utilizados para a formação de perfil comportamental de uma determinada pessoa natural, ainda que não identificada".[329] Em algum momento do processo legislativo, contudo, o texto foi modificado para a versão aprovada pelo Congresso Nacional e atualmente em vigor.[330]

A doutrina tem se debruçado sobre o dispositivo e sua intepretação, o que tem se revelado tarefa árdua.[331] Por ser um dos parágrafos do art. 12, o § 2º diz respeito a uma particularidade complementar ou exceção à regra enunciada no *caput*[332], que, por sua vez, prevê a inaplicabilidade da LGPD a dados anonimizados. Todavia, ao estabelecer que serão considerados dados pessoais aqueles que a princípio foram anonimizados, mas usados para formação de perfil comportamental de determinada pessoa *identificada*, o legislador parece ter incorrido numa contradição nos termos. Como compatibilizar logicamente a determinação de que os dados anonimizados devem ser tratados para a criação de perfil de pessoa natural certa e individualizada? Não seria essa uma contradição irreconciliável, à luz do conceito de dado pessoal do art. 5º, I, da LGPD?

---

325 ANPD, Estudo técnico sobre a anonimização de dados na LGPD – análise jurídica.

326 ANPD, Estudo técnico sobre a anonimização de dados na LGPD – uma visão de processo baseado em risco e técnicas computacionais.

327 ANPD, Estudo técnico sobre a anonimização de dados na LGPD – análise jurídica.

328 MACHADO, D. *Algoritmos e proteção de dados pessoais*. Rio de Janeiro: Almedina, 2023. p. 217-218.

329 INTERNETLAB. *O que está em jogo no debate sobre dados pessoais no Brasil?* 2016.

330 ZANATTA, R.A.F. *A proteção coletiva dos dados pessoais no Brasil*: vetores de interpretação. São Paulo: Letramento, 2023, p. 240.

331 Escreveram sobre o tema, entre outros: BIONI, B. R. *Proteção de dados pessoais:* a função e os limites do consentimento. Rio de Janeiro: Forense, 2019. p. 80-81; MACHADO, D.; MENDES, L. S. Tecnologias de perfilamento e dados agregados de geolocalização no combate à Covid-19 no Brasil: uma análise dos riscos individuais e coletivos à luz da LGPD. *Direitos Fundamentais & Justiça*, v. 14, 2020; Rafael A. F. Zanatta (2023, p. 240); MACHADO, D. *Algoritmos e proteção de dados pessoais*. Rio de Janeiro: Almedina, 2023; Palmeira (2022, p. 162-165).

332 À luz da LC nº 95/1998, quanto à ordem lógica com que as disposições legais devem ser redigidas, há que se "expressar por meio dos parágrafos os aspectos complementares à norma enunciada no *caput* do artigo e as exceções à regra por este estabelecida" (art. 11, III, *c*).

De modo geral, as propostas interpretativas dos autores buscam oferecer solução à dúvida com base nos avanços das tecnologias orientadas por dados (*data-driven*), e defendem que o art. 12, § 2º, dá fundamento a certa ampliação da noção de dado pessoal no direito brasileiro. Destacam-se duas linhas de pensamento.

A primeira corrente sustenta que deve se fazer uma análise consequencialista do conceito de dado pessoal, pois que a estrutura regulatória da LGPD abre espaço "para uma escolha normativa *consequencialista*".[333] Isso significa, de acordo com essa visão, que a noção de dado pessoal abarca todas "as hipóteses nas quais o tratamento de dados pode ocasionar efeitos negativos sobre uma pessoa ou um grupo de pessoas".[334] Essa concepção consequencialista[335] recebe aportes do pragmatismo jurídico, de maneira que sua aplicação pode esbarrar em limitações e insuficiências da teoria pragmatista da privacidade.[336] Ao partir de um contexto específico (contextualismo[337]) advogando "a primazia das consequências na interpretação",[338] a referida abordagem consequencialista pode gerar uma hermenêutica reducionista, nas palavras de Luciano Floridi: se se considera dado pessoal o que pode ocasionar efeitos negativos sobre uma pessoa ou um grupo de pessoas, não havendo consequências socialmente negativas ou indesejáveis do tratamento de dados, não há que se falar em interesses juridicamente relevantes a proteger,[339] a exemplo do acesso à informação sobre a lógica de funcionamento de sistema de aprendizado de máquina que gera baixo risco a direitos fundamentais.

A segunda corrente toma como ponto de partida para a leitura do § 2º do art. 12 da LGPD, a eficácia irradiante do direito fundamental à proteção de dados pessoais e sua dimensão coletiva.[340] Neste sentido, compreende-se que o dispositivo prescreve que dados comportamentais submetidos a procedimentos que retiram a possibilidade de associação direta ou indireta a um indivíduo – independentemente da técnica utilizada – devem ser considerados dados anonimizados *prima facie*. Uma vez processados para a formação ou inferência de perfis, notadamente os de grupo ou abstratos, devem ser considerados dados de caráter pessoal pela lei, autorizando a incidência do seu regime protetivo.

---

333 BIONI, B. R. *Proteção de dados pessoais:* a função e os limites do consentimento. Rio de Janeiro: Forense, 2019. p. 78, grifos no original.

334 BIONI, B. R. *Proteção de dados pessoais:* a função e os limites do consentimento. Rio de Janeiro: Forense, 2019. p. 82.

335 Sobre o consequencialismo, v. BRANDÃO, R.; FARAH, A. Consequencialismo no Supremo Tribunal Federal: uma solução pela não surpresa. *Revista de Investigações Constitucionais*, v. 7, n. 3, 2020.

336 SOLOVE, D. J. *Understanding privacy*. Cambridge: Harvard University Press, 2008, p. 91 e ss.

337 BUTLER, B. E. Legal Pragmatism: Banal or Beneficial as a Jurisprudential Position? *Essays in Philosophy*, v. 3, n. 2, p. 269-278, 2002.

338 Tradução nossa de: "the primacy of consequences in interpretation" (POSNER, R. A. *Overcoming law*. Cambridge: Harvard University Press, 1995. p. 252).

339 Luciano Floridi critica o que ele denomina "interpretação reducionista" da privacidade informacional por se caracterizar pelo consequencialismo, isto é, que define a privacidade informacional a partir de indesejáveis efeitos: *"The advantage of the ontological interpretation over the reductionist one is then that consequentialist concerns may override respect for informational privacy, whereas the ontological interpretation, by equating its protection to the protection of personal identity, considers it a fundamental and inalienable right, so that, by default, the presumption should always be in favour of its respect. As we shall see, this is not to say that informational privacy is never negotiable in any degree"* (FLORIDI, L. The ontological interpretation of informational privacy. *Ethics and Information Technology*, v. 7, n. 4, p. 185-195, 2005).

340 MACHADO, D. *Algoritmos e proteção de dados pessoais*. Rio de Janeiro: Almedina, 2023.

BIBLIOGRAFIA SELECIONADA

AGENCIA DE GOBIERNO ELECTRÓNICO Y SOCIEDAD DE LA INFORMACIÓN Y DEL CONOCIMIENTO. *Guía sobre Anonimización de Datos,* 2020.

AEPD. *Orientaciones y garantias em los procedimentos de anonimización de dados personales,* 2016.

AGGARWAL, C.; YU, P. *Privacy-preserving data mining*: models and algorithms. New York: Springer, 2008.

ÁVILA, H. *Teoria dos princípios*: da definição à aplicação dos princípios jurídicos. 21. ed. Salvador: JusPodivm, 2022.

BIONI, B. R. Compreendendo o conceito de anonimização e dado anonimizado. *Cadernos Jurídicos,* v. 53, p. 191-197, 2020.

BIONI, B. R. *Proteção de dados pessoais:* a função e os limites do consentimento. Rio de Janeiro: Forense, 2019.

BRANDÃO, R.; FARAH, A. Consequencialismo no Supremo Tribunal Federal: uma solução pela não surpresa. *Revista de Investigações Constitucionais,* v. 7, n. 3, 2020.

BUSTAMANTE, T. R. Conceito e critérios de razoabilidade: uma proposta para o direito brasileiro. *Revista Direito, Estado e Sociedade,* v. 27, 2005. Disponível em: https://doi.org/10.17808/des.27.320.

BUTLER, B. E. Legal Pragmatism: Banal or Beneficial as a Jurisprudential Position? *Essays in Philosophy,* v. 3, n. 2, 2002.

BYGRAVE, L. A.; TOSONI, L. Article 4(1). Personal data. *In*: KUNER, C.; BYGRAVE, L. A.; DOCKSEY, C. (ed.). *The EU General Data Protection Regulation:* a commentary. London: Oxford University Press, 2020.

CASELI, H.; NUNES, M. Processamento de linguagem natural: conceitos, técnicas e aplicações em português. *BPLN,* 2023.

CAVOUKIAN, A.; EL EMAM, K. Dispelling the Myths Surrounding Anonymization Remains a Strong Tool for Protecting Privacy, Information and Privacy Commissioner, 2011. Disponível em: https://www.csri.info/wp-content/uploads/2012/08/anonymization.pdf.

CETERA, W. *et al.* Potential for the use of large unstructured data resources by public innovation support institutions. *Journal of Big Data,* v. 9, n. 1, 2022.

DATA PROTECTION COMMISSION (DPC). *Guidance on Anonymisation and Pseudonymisation,* 2019.

FALEIROS JR., J. L.; MARTINS, G. M. Proteção de dados e anonimização; perspectivas à luz da Lei n. 13.709/2018, *Revista Estudos Institucionais,* v. 7, p. 376, 2021. Disponível em: https://doi.org/10.21783/rei.v7i1.47.

FINK, M.; PALLAS, F. They Who Must Not Be Identified – Distinguishing Personal from Non-Personal Data Under the GDPR. *International Data Privacy Law,* v. 10, 2020.

FLORIDI, L. The ontological interpretation of informational privacy. *Ethics and Information Technology,* v. 7, n. 4, p. 185-195, 2005.

GARFINKEL, S. L. *De-Identification of Personal Information.* Gaithersburg: National Institute of Standards and Technology, 2015.

HARBERT, T. Tapping the power of unstructured data. *Ideas Made to Mater*, 1º fev. 2021.

HENRIKSEN-BULMER, J.; JEARY, S. Re-identification attacks – A systematic literature review. *International Journal of Information Management*, v. 36, n. 6, p. 1184-1192, 2016.

HOOFNAGLE, C. J.; VAN DER SLOOT. B.; BORGESIUS, F. Z. The European Union General Data Protection Regulation: what it is and what it means. *Information & Communications Technology Law 65*, v. 28, 2019.

ICO. *Anonymisation:* managing data protection risk code of practice, 2012.

INTERNETLAB. *O que está em jogo no debate sobre dados pessoais no Brasil?* 2016.

KUNER, C.; BYGRAVE, L. A.; DOCKSEY, C. (ed.). *The EU General Data Protection Regulation:* a commentary. London: Oxford University Press, 2020.

LIU, B. *et al.* When Machine Learning Meets Privacy: a Survey and Outlook. *ACM Computing Surveys*, v. 54, n. 2, 2021.

MACHADO, D. *Algoritmos e proteção de dados pessoais*. Rio de Janeiro: Almedina, 2023.

MACHADO, D.; MENDES, L. S. Tecnologias de perfilamento e dados agregados de geolocalização no combate à Covid-19 no Brasil: uma análise dos riscos individuais e coletivos à luz da LGPD. *Direitos Fundamentais & Justiça*, v. 14, p. 105, 2020.

MONTJOYE, Y. A. de *et al.* Unique in the Crowd: The privacy bounds of human mobility. *Scientific Reports 1*, v. 3, 2013.

NARAYANAN, A.; SHMATIKOV, V. *How to break anonymity of the Netflix Prize dataset*, 2007. Disponível em: http://citeseerx.ist.psu.edu/viewdoc/download?doi=10.1.1.100.3581&rep=rep1&type=pdf.

NARAYANAN, A.; SHMATIKOV, V. Myths and fallacies of personally identifiable information. *Communications of the ACM*, v. 53, p. 24, 2010.

VOKINGER, K. N.; STEKHOVEN, D. J.; KRAUTHAMMER, M. Lost in anonymization – a data anonymization reference classification merging legal and technical considerations. *Journal of Law, Medicine and Ethics*, v. 48, 2020.

WP29. *Parecer 04/2007 sobre o conceito de dados pessoais*, 2007.

WP29. *Parecer 05/2014 sobre técnicas de anonimização*, 2014.

Art. 13. Na realização de estudos em saúde pública, os órgãos de pesquisa poderão ter acesso a bases de dados pessoais, que serão tratados exclusivamente dentro do órgão e estritamente para a finalidade de realização de estudos e pesquisas e mantidos em ambiente controlado e seguro, conforme práticas de segurança previstas em regulamento específico e que incluam, sempre que possível, a anonimização ou pseudonimização dos dados, bem como considerem os devidos padrões éticos relacionados a estudos e pesquisas.

§ 1º A divulgação dos resultados ou de qualquer excerto do estudo ou da pesquisa de que trata o *caput* deste artigo em nenhuma hipótese poderá revelar dados pessoais.

§ 2º O órgão de pesquisa será o responsável pela segurança da informação prevista no *caput* deste artigo, não permitida, em circunstância alguma, a transferência dos dados a terceiro.

§ 3º O acesso aos dados de que trata este artigo será objeto de regulamentação por parte da autoridade nacional e das autoridades da área de saúde e sanitárias, no âmbito de suas competências.

§ 4º Para os efeitos deste artigo, a pseudonimização é o tratamento por meio do qual um dado perde a possibilidade de associação, direta ou indireta, a um indivíduo, senão pelo uso de informação adicional mantida separadamente pelo controlador em ambiente controlado e seguro.

Artigo 13

Comentado por Marina Feferbaum
e Lucas Maldonado Diz Latini

DISPOSITIVOS RELACIONADOS NO DIREITO INTERNACIONAL

- Declaração de Helsinque.

DISPOSITIVOS RELACIONADOS NO ORDENAMENTO JURÍDICO BRASILEIRO

- Art. 23, V, art. 200, V, art. 206, II, e art. 218 da CRFB.
- Art. 23, III, Lei n. 12.527/2011.
- Resolução CNS n. 466/2012.
- Resolução CNS n. 510/2016.
- Resolução CNS n. 674/2022.

DISPOSITIVOS RELACIONADOS NA LGPD

- Art. 2º, II e V; art. 4º, II, *b*; art. 5º, II e XVIII; art. 7º, IV; art. 11, II, *c*; art. 16, II.

ATIVIDADES DA ANPD

- Glossário de proteção de dados pessoais e privacidade (2024).
- Estudo Técnico: A LGPD e o tratamento de dados pessoais para fins acadêmicos e para a realização de estudos por órgão de pesquisa (2022).
- Guia Orientativo: Tratamento de dados pessoais para fins acadêmicos e para a realização de estudos e pesquisas (2023).

JUSTIFICATIVA E FUNDAMENTOS

O art. 13, da LGPD, reiterou a autorização conferida aos órgãos de pesquisa para tratar dados pessoais sensíveis em estudos, porém, de maneira mais controlada. De fato, o art. 13 estabelece um regime jurídico mais restritivo aos tratamentos de dados pessoais realizados em estudos em saúde pública. As restrições visam garantir o "compromisso legal e ético de respeitar a confidencialidade desses dados e a privacidade dos titulares" decorrente do dever de "sigilo às informações recebidas no exercício de sua atividade profissional".[341]

No PL da Câmara n. 53, de 2018, posteriormente convertido na LGPD, o art. 13 foi proposto com a mesma redação que possui atualmente. Durante a sua tramitação no Senado Federal, não houve apresentação de emendas com o objetivo de suprimir ou alterar esse dispositivo, mas somente a quem ele poderia ser aplicado, já que houve discussões sobre o conceito de "órgão de pesquisa".[342] Já durante a tramitação da Medida Provisória n. 869/2018, o Senador Oriovisto Guimarães apresentou emenda[343] para suprimir a redação prevista no § 4º do art. 13, que trata do conceito de pseudonimização, além de sugerir a inclusão dos incisos XX e XXI ao art. 5º, com os conceitos de "dado pseudonimizado" e "pseudonimização". A emenda foi rejeitada pela Comissão Mista da Medida Provisória n. 869, de 2018, relatada pelo Deputado Orlando Silva.[344]

Pela redação do § 3º do art. 13, verifica-se que o legislador delegou à ANPD e às autoridades de saúde e sanitárias regulamentação do acesso aos dados para a realização de estudos em saúde pública. Porém, até o momento de elaboração destes comentários, a referida regulamentação segue pendente, sem prejuízo da necessidade de observância, pelos órgãos de pesquisa, das resoluções já existentes do CNS, sempre que aplicável.

ANÁLISE

Incluído na seção que trata do tratamento de dados pessoais sensíveis (Capítulo II, Seção II), o art. 13 estabelece as regras para o tratamento de dados pessoais em estudo em saúde

---

341 ANPD. *Estudo Técnico:* a LGPD e o tratamento de dados pessoais para fins acadêmicos e para a realização de estudos por órgão de pesquisa, 2022, p. 9.

342 Ver comentário ao art. 5º, XVIII, neste volume.

343 GUIMARÃES, O. Emenda nº 59 à MPV 869, de 2018. 2019 Disponível em: https://legis.senado.leg.br/sdleg-getter/documento?dm=7915984&ts=1630433096209&disposition=inline. Acesso em: 19 mar. 2024.

344 SILVA, O.; CUNHA, R. *Parecer (CN) n. 1, de 2019*. Disponível em: https://legis.senado.leg.br/sdleg-getter/documento?dm=7948833&ts=1630433098036&disposition=inline.

pública por órgão de pesquisa. Comparativamente à regra geral do art. 11, II, *c*, que autoriza o órgão de pesquisa a tratar dados pessoais sensíveis gerais em estudos para pesquisa, o art. 13 estabelece um regime protetivo mais rígido aos tratamentos de dados de saúde pública em estudos por órgão de pesquisa. Trata-se, portanto, de uma limitação à autorização geral do art. 11, II, *c*. Perante os demais agentes de tratamento submetidos à LGPD, o art. 13 estabeleceu uma reserva implícita aos órgãos de pesquisa a acessar bases para realizar estudos em saúde pública.

Comparando-se os arts. 11, II, *c*, e 13, nota-se, nesse último, uma distinção implícita entre tratamentos de desenvolvimento do estudo (doravante tratamento de desenvolvimento) – aqueles afetos à metodologia da pesquisa – e tratamentos circundantes – os preparatórios (como o acesso à base), os gerenciais (como o armazenamento), os conclusivos (como a publicação) etc. Para os tratamentos de desenvolvimento, o art. 13 preservou a liberdade de investigação para a promoção do conhecimento; para os tratamentos circundantes, limitou ao mínimo necessário para viabilizar os tratamentos de desenvolvimento.

No que diz respeito aos tratamentos de desenvolvimento, a redação do art. 13 acrescentou a pseudonimização dos dados "sempre que possível". A inclusão nada muda, já que a garantia de anonimização do art. 11, II, *c*, compreende a pseudonimização, segundo a lógica do "quem deve o mais, deve o menos". Se a anonimização não for possível, mas a pseudonimização sim, então o agente de tratamento deve fazê-lo.

Ainda assim, a inclusão da pseudonimização na redação não foi sem razão. O texto, nessa parte, volta-se aos tratamentos circundantes ao estudo, analisados mais adiante. Ocorre que a ressalva feita pela expressão "sempre que possível" reconhece a possibilidade de os tratamentos de desenvolvimento utilizarem dados identificados ou identificáveis, permitindo implicitamente tais tratamentos no estudo, isto é, com dados identificados ou identificáveis, se assim a metodologia necessitar.

A redação incluiu também a necessidade de se considerar "os devidos padrões éticos relacionados a estudos e pesquisas". Idealmente, a observância de padrões éticos é necessária em todo tipo de estudos e pesquisas, como no caso de pesquisas acadêmicas, que se submetem a controle ético pelas instituições subjacentes. Contudo, a rigor, normas éticas não são jurídicas se não estão positivadas. Assim, a redação eleva o *status* das normas éticas em estudos e pesquisas com dados pessoais em saúde pública, possibilitando avaliar a licitude dos tratamentos (de dados) de desenvolvimento não apenas quanto às necessidades metodológicas, mas também quanto aos padrões éticos, mesmo que não juridicamente vinculantes em si, a exemplo da Declaração de Helsinque.

No que diz respeito aos tratamentos circundantes, a redação do art. 13 estabeleceu um regime protetivo bastante rígido, envolvendo tanto o controlador da base de dados, como o órgão de pesquisa (seja como controlador, cocontrolador ou operador dos dados). Como agente de tratamento, o órgão de pesquisa pode realizar os tratamentos essenciais ao estudo, sejam eles de desenvolvimento ou circundantes. Contudo, ele não poderá transferir dados a terceiros (art. 13, § 2º). Isso não impede que haja outros órgãos de pesquisa envolvidos no mesmo estudo, desde que submetidos diretamente ao controlador da base, vedada, portanto, a terceirização da pesquisa por parte do órgão de pesquisa responsável.

Além disso, caso a metodologia permita, a anonimização ou a pseudonimização deve ocorrer antes do acesso à base pelo órgão de pesquisa, ou seja, o controlador da base deve fornecer acesso à base previamente anonimizada ou pseudonimizada. Havendo necessidade de tratamento de desenvolvimento do estudo com dados identificados, o uso de base identificada deve-se limitar a esses tratamentos, utilizando-se bases pseudonimizada ou anonimizadas para os demais.

Por fim, a disponibilização dos resultados ou excerto não pode conter dados pessoais (art. 13, § 1º). Logo, a eventual publicação de dados para fundamentar as conclusões do estudo só pode ocorrer com dados anonimizados, os quais não são considerados dados pessoais pelo art. 5º, III e XI. No caso específico do § 1º do art. 13 (divulgação do estudo), a pseudonimização (conforme definição do art. 13, § 4º), a princípio, não seria suficiente para cumprir integralmente a exigência de que nenhum dado pessoal seja revelado. De acordo com a redação legal, o estudo, "em nenhuma hipótese", poderá revelar dados pessoais, o que reforça o caráter restritivo imposto pelo legislador, conforme exposto acima, ao não permitir qualquer situação de revelação dos dados pessoais na publicação. Mesmo que os dados presentes no estudo estejam pseudonimizados, eles ainda podem, em teoria, ser vinculados a indivíduos específicos, mediante uso de informação adicional mantida pelo controlador. Dessa forma, embora seja uma técnica relevante para proteção de dados e deva ser usada, sempre que possível, para a *realização* do estudo (tratamento de desenvolvimento), a pseudonimização, por si só, não é suficiente para satisfazer a exigência do art. 13, § 1º, em relação à divulgação do estudo (tratamento circundante), o que apenas ocorrerá mediante a efetiva anonimização dos dados pessoais tratados no estudo.

BIBLIOGRAFIA SELECIONADA

ALMEIDA, F. et al. *Guia de proteção de dados pessoais:* pesquisa (Versão 1.0), 2020. Disponível em: https://portal.fgv.br/sites/portal.fgv.br/files/u12834/guia_pesquisa.pdf. Acesso em: 18 mar. 2024.

DUCATO, R. Data protection, scientific research, and the role of information. *Computer Law & Security Review*, v. 37, 2020.

EUROPEAN UNIVERSITY INSTITUTE. *Guide on Good Data Protection Practice in Research*, 2022. Disponível em: https://www.eui.eu/documents/servicesadmin/deanofstudies/researchethics/guide-data-protection-research.pdf.

FERREIRA, L. *et al. Guia de proteção de dados pessoais:* estudos por órgãos de pesquisa (Versão 2.0), 2023. Disponível em: https://portal.fgv.br/sites/portal.fgv.br/files/u117 38/2023.10.23_-_guia_de_pesquisa.pdf. Acesso em: 18 mar. 2024.

GUIMARÃES, O. Emenda nº 59 à MPV 869, de 2018. 2019 Disponível em: https://legis.senado.leg.br/sdleg-getter/documento?dm=7915984&ts=1630433096209&disposition=inline. Acesso em: 19 mar. 2024.

HINTZE, M. Science and privacy: data protection laws and their impact on research. *Washington Journal of Law, Technology & Arts*, v. 14, p. 103, 2019.

SILVA, O.; CUNHA, R. *Parecer (CN) n. 1, de 2019*. Disponível em: https://legis.senado.leg.br/sdleg-getter/documento?dm=7948833&ts=1630433098036&disposition=inline

STAUNTON, C.; SLOKENBERGA, S.; MASCALZONI, D. The GDPR and the research exemption: considerations on the necessary safeguards for research biobanks. *European Journal of Human Genetics*, v. 27, p. 1159, 2019.

Seção III
Do Tratamento de Dados Pessoais de Crianças e de Adolescentes

Art. 14. O tratamento de dados pessoais de crianças e de adolescentes deverá ser realizado em seu melhor interesse, nos termos deste artigo e da legislação pertinente.

§ 1º O tratamento de dados pessoais de crianças deverá ser realizado com o consentimento específico e em destaque dado por pelo menos um dos pais ou pelo responsável legal.

§ 2º No tratamento de dados de que trata o § 1º deste artigo, os controladores deverão manter pública a informação sobre os tipos de dados coletados, a forma de sua utilização e os procedimentos para o exercício dos direitos a que se refere o art. 18 desta Lei.

§ 3º Poderão ser coletados dados pessoais de crianças sem o consentimento a que se refere o § 1º deste artigo quando a coleta for necessária para contatar os pais ou o responsável legal, utilizados uma única vez e sem armazenamento, ou para sua proteção, e em nenhum caso poderão ser repassados a terceiro sem o consentimento de que trata o § 1º deste artigo.

§ 4º Os controladores não deverão condicionar a participação dos titulares de que trata o § 1º deste artigo em jogos, aplicações de internet ou outras atividades ao fornecimento de informações pessoais além das estritamente necessárias à atividade.

§ 5º O controlador deve realizar todos os esforços razoáveis para verificar que o consentimento a que se refere o § 1º deste artigo foi dado pelo responsável pela criança, consideradas as tecnologias disponíveis.

§ 6º As informações sobre o tratamento de dados referidas neste artigo deverão ser fornecidas de maneira simples, clara e acessível, consideradas as características físico-motoras, perceptivas, sensoriais, intelectuais e mentais do usuário, com uso de recursos audiovisuais quando adequado, de forma a proporcionar a informação necessária aos pais ou ao responsável legal e adequada ao entendimento da criança.

Artigo 14

Comentado por Elora Fernandes e Marina Meira

DISPOSITIVOS RELACIONADOS NO DIREITO INTERNACIONAL

- Art. 3, item 1; art. 5; art. 12, item 1; art. 13, item 1; art. 14, item 2; art. 19, item 1; art. 29, item 1; art. 32, item 1; art. 36 da Convenção sobre os Direitos da Criança da ONU.

DISPOSITIVOS RELACIONADOS NO ORDENAMENTO JURÍDICO BRASILEIRO

- Arts. 3º a 5º, CC.
- Arts. 1º a 5º; art. 71, ECA.

- Art. 4º, I, Marco Legal da Primeira Infância.
- Art. 37, § 2º; art. 39, IV, CDC.
- Art. 29, MCI.

DISPOSITIVOS RELACIONADOS NA LGPD

- Arts. 6º, I, II, III, VI, IX, e 7º; art. 11, I, II; art. 18.

ATIVIDADES DA ANPD

- Enunciado CD/ANPD n. 1 (2023).
- Estudo Preliminar: Hipóteses Legais Aplicáveis ao Tratamento de Dados Pessoais de Crianças e Adolescentes (2022).
- Estudo Preliminar sobre Legítimo Interesse (2023).
- Glossário de Proteção de Dados Pessoais e Privacidade (2024).
- Nota Técnica n. 6/2023/CGF/ANPD.
- Nota Técnica n. 12/2023/CGF/ANPD.
- Nota Técnica n. 46/2022/CGF/ANPD.
- Portaria ANPD n. 35. Torna Pública a Agenda Regulatória para o biênio 2023-2024, (2022).
- Procedimento Preliminar n. 00261.001328/2023-77 (2023).
- Relatório de Ciclo de Monitoramento. 1º semestre de 2023 (2023).
- Resolução CD/ANPD n. 2 (2022).
- Resolução CD/ANPD n. 11 (2023). Altera a Agenda Regulatória para o biênio 2023-2024.
- Tomada de Subsídios para projeto regulatório sobre crianças e adolescentes (2024).

CASOS E DECISÕES JUDICIAIS RELEVANTES

- TJSP, Processo n. 1090663-42.2018.8.26.0100, Oitava Câmara de Direito Público, j. 10.05.2023, *DJe* 11.05.2023.
- TJSP, Processo n. 1010667-97.2022.8.26.0053, Sexta Vara de Fazenda Pública, Foro Central, j. 29.07.2022, *DJe* 30.07.2022.
- STF, ADI n. 5545/RJ, Rel. Min. Luiz Fux, Plenário, j. 13.04.2023, *DJe* 16.06.2023.

JUSTIFICATIVA E FUNDAMENTOS

Para além de um regime específico estabelecido para o tratamento de dados sensíveis (categoria especial de dados, cf. comentário ao art. 11 e ss.), a LGPD também estabelece regras específicas para o tratamento de dados de crianças e adolescentes (titulares especiais de dados). É possível dizer que essa abordagem especial é fundada em dois principais argumentos, *i.e.*, na sua pegada digital proporcionalmente maior, quando comparada à de adultos, e na sua condição de ser humano em desenvolvimento e, portanto, mais vulnerável.

Em relação ao primeiro argumento, é preciso lembrar que a infância atual começa a ser datificada antes mesmo do nascimento. Pesquisas na internet, uso de aplicativos de gravidez, postagens em redes sociais de imagens de ultrassom e consultas que geram dados acerca da saúde do nascituro são apenas alguns exemplos de como empresas e governos têm acesso desde cedo a dados pessoais deste grupo. Isso se intensifica após o nascimento a partir do uso de brinquedos conectados,[345] tecnologias junto ao corpo (*wearables*), e outras tecnologias digitais em casa e na escola.[346]

Ao longo da história, crianças foram submetidas à vigilância constante como uma forma de aumentar seu bem-estar, promover seu crescimento e educação e transformá-las em membros responsáveis da sociedade.[347] Todavia, ao contrário de gerações anteriores, crianças estão tendo todos os aspectos de sua vida transformados em pontos de dados, o que pode gerar perfis cada vez mais detalhados. A cada ano uma criança terá mais dados tratados sobre ela do que qualquer outra nascida em anos anteriores.[348] Quanto mais velha a criança, mais ela própria se engaja em atividades que demandam o tratamento de dados pessoais. Porém, diversos outros atores também fazem isso em seu nome, incluindo não só sua família e amigos, mas também professores, profissionais da saúde e empresas.

O segundo argumento está ligado à vulnerabilidade intrínseca de ser criança ou adolescente. No ambiente digital, é possível dizer que todos os seres humanos são vulneráveis devido às assimetrias de poder ali existentes. Todavia, a relação entre alguns indivíduos ou grupos e seu espaço faz com que outras camadas de vulnerabilidade possam ser identificadas, como idade, condições de saúde, raça, gênero, nacionalidade etc. Assim, Luna propõe que o conceito de vulnerabilidade seja entendido de forma dinâmica e relacional.[349] Crianças e adolescentes ainda estão se desenvolvendo física, mental e emocionalmente. Isso faz com que eles dependam, em grande medida, da proteção, da provisão e da tomada de decisões por outras pessoas.[350]

A importância de previsões relacionadas à proteção dos dados pessoais de crianças e adolescentes é tanta que a maior parte das versões legislativas propostas até a aprovação da LGPD contaram com ao menos alguma menção a este grupo, ainda que pontual. O primeiro Anteprojeto de Lei de Proteção de Dados Pessoais, elaborado e posto à consulta pública pelo

345 MASCHERONI, G.; HOLLOWAY, D. *The Internet of Toys:* practices, affordances and the political economy of children's smart play. New York: Springer, 2019.

346 FERNANDES, E. Edtech companies need to learn: children's data must be processed in their best interest. *CiTiP Blog*. 27 jan. 2023. Disponível em: https://www.law.kuleuven.be/citip/blog/edtech-companies-need-to-learn/

347 LUPTON, D.; WILLIAMSON, B. The datafied child: the dataveillance of children and implications for their rights. *New Media and Society*, v. 19, p. 780, 2017. Disponível em: https://doi.org/10.1177/1461444816686328.

348 YOUNG, A.; ERHULST, S. G. Why we need responsible data for children. *The Conversation*, 23 mar. 2020. Disponível em: https://theconversation.com/why-we-need-responsible-data-for-children-134052.

349 LUNA, F. Elucidating the concept of vulnerability: layers not labels. *International Journal of Feminist Approaches to Bioethics*, v. 2, p. 121, 2009. Disponível em: https://doi.org/10.3138/ijfab.2.1.121.

350 SANDBERG, K. The Convention on the Rights of the Child and the Vulnerability of Children. *Nordic Journal of International Law*, v. 84, p. 221, 2015. Disponível em: https://doi-org.kuleuven.e-bronnen.be/10.1163/15718107-08402004; COMMITTEE ON THE RIGHTS OF THE CHILD. General Comment n. 13, 2011. The Right of the Child to Freedom from All Forms of Violence. CRC/C/GC/13, 2011. Disponível em: https://www2.ohchr.org/english/bodies/crc/docs/crc.c.gc.13_en.pdf.

MJ em 2010, ao prever a base legal do consentimento, estipulava, de forma específica, que "o tratamento de dados pessoais de crianças somente será possível com o consentimento dos responsáveis legais". Ia além e dispunha que esse tratamento deveria ocorrer "no seu melhor interesse, sendo vedada a utilização destes dados para finalidades comerciais".

Essa previsão mais robusta não foi repetida em propostas legislativas apresentadas posteriormente, tais como PL n. 4.060/2012, que se limitava a estipular que "o tratamento de dados de crianças e adolescentes somente será possível mediante o consentimento dos seus pais, responsáveis legais ou por imposição legal"; o PL n. 330/2013, silente em relação a sujeitos com menos de 18 anos; e o substitutivo a este último, PL apresentado em 2015 pelo senador Aloysio Nunes, que propunha uma diferenciação entre crianças e pessoas absolutamente incapazes, e adolescentes e pessoas relativamente incapazes.[351]

Em 2016, a Presidência da República encaminha o PL n. 5.276 ao Congresso após seis anos de formulação no MJ, e este é apensado ao PL n. 4.060/2012. Ele previa em relação a crianças e adolescentes o que equivale ao atual *caput* do art. 14 da LGPD: "O tratamento de dados pessoais de crianças e adolescentes deverá ser realizado no seu melhor interesse, nos termos da legislação pertinente".

O texto que compõe os seis parágrafos adjacentes ao atual art. 14 da Lei foi incluído apenas nos últimos momentos da longa história de tramitação legislativa da lei brasileira, com o PL n. 53/2018. Questões que já haviam sido discutidas em versões anteriores, como o consentimento parental e o melhor interesse, se mantiveram no texto final. Pela primeira vez foram previstas regras em relação a temas como o exercício de direitos, e os princípios da necessidade, adequação e finalidade.

O fato de as principais versões legais que tramitaram entre 2010 e 2018 para a aprovação da LGPD não apontarem grandes discrepâncias ou divergências sobre a proteção de dados de crianças e adolescentes é interpretado como um indicativo de que "esse foi um tema coadjuvante, que sequer integrou a maior parte das versões de texto discutidas, ou os integrou de forma pontual, contraditória ou genérica"[352].

ANÁLISE

1. Art. 14, *caput*

A LGPD dedica sua Seção III e, mais especificamente, seu art. 14, ao tratamento de dados de crianças e adolescentes. De acordo com o *caput* do art. 14, dados de crianças e adolescentes devem ser tratados em seu melhor interesse, de acordo com este próprio artigo e a legislação específica.

A primeira questão que surge a partir da leitura deste dispositivo é a distinção entre crianças e adolescentes, enraizada no art. 2º do ECA, que estabelece como crianças os indivíduos até 12 anos incompletos e adolescentes aqueles entre 12 e 18 anos de idade. Dada a

---

[351] A diferenciação proposta pelo PL cria categorias eventualmente sobrepostas, o que poderia gerar inconsistências jurídicas, uma vez que adolescentes de 12 a 16 anos incompletos são, no regime do Código Civil, absolutamente incapazes.

[352] MENDONÇA, J.; MEIRA, M. A proteção legal dos dados pessoais de crianças e adolescentes no Brasil. *Conjur*, 17 out 2021. Disponível em: https://www.conjur.com.br/2021-out-17/opiniao-protecao-legal-dados-pessoais-criancas-adolescentes-brasil/.

ampla utilização e reconhecimento da terminologia do ECA, o legislador decidiu enfatizar que os dados referentes a adolescentes também devem ser tratados de acordo com seu melhor interesse. Essa diferenciação se torna especialmente relevante ao interpretar os parágrafos do art. 14, os quais estabelecem regras específicas para situações em que o titular dos dados se enquadra apenas na definição de criança de acordo com o ECA, como será discutido abaixo.

A Convenção sobre os Direitos da Criança da ONU (daqui em diante Convenção) já deveria ser considerada ao interpretar qualquer ação que afete os direitos de crianças (entendidas, na Convenção, como qualquer pessoa de até 18 anos). No entanto, enfatizar a importância da aplicação do melhor interesse, cerne do diploma internacional, no *caput* aqui discutido, reforça seu papel crítico como filtro em qualquer atividade de tratamento de dados pessoais envolvendo crianças e adolescentes.[353]

Em seu Comentário Geral n. 14, de 2013, o Comitê sobre os Direitos da Criança da ONU estabelece que o melhor interesse da criança pode ser entendido com função tripartite. Em primeiro lugar, pode ser entendido como o direito fundamental autoexecutável de crianças e adolescentes a terem seu melhor interesse considerado de forma primordial quando uma decisão que os envolva, direta ou indiretamente, seja tomada.

Em segundo lugar, deve ser entendido como um princípio jurídico interpretativo, que exige que, diante de disposições legais sujeitas a mais de uma interpretação, seja escolhida aquela que melhor atende aos interesses de crianças e adolescentes. Nesse sentido, lacunas da LGPD em relação ao tratamento de dados dos mais jovens, por exemplo, deveriam ser interpretadas privilegiando esses próprios sujeitos.[354]

Por fim, também é uma regra procedimental, determinando que processos decisórios que possam afetar crianças ou adolescentes devem ser precedidos de avaliações de seu impacto positivo ou negativo nesse grupo (os chamados *Children's Rights Impact Assessments* – CRIAs). Ao considerar a aplicação do melhor interesse enquanto regra de procedimento à seara da proteção de dados, argumenta-se que a condução de RIPD seria obrigatória para o tratamento de dados de crianças e adolescentes.[355]

Sendo um mandado de otimização com caráter procedimental, não é possível definir o que é de melhor interesse de uma criança ou grupo de crianças em abstrato. O conteúdo do melhor interesse será sempre o resultado de um exercício de balanceamento em casos

---

353 MULHOLLAND, C.; PALMEIRA, M. As bases legais para tratamento de dados de crianças e adolescentes. *In*: LATERÇA, P. *et al.* (ed.). *Privacidade e proteção de dados de crianças e adolescentes*. 2 ed. Rio de Janeiro: ITS Rio, 2024.

354 ASSOCIAÇÃO DATA PRIVACY BRASIL DE PESQUISA; DATA PRIVACY BRASIL ENSINO; COMISSÃO DE DEFESA DOS DIREITOS DA CRIANÇA E DO ADOLESCENTE DA ORDEM DOS ADVOGADOS DO BRASIL – SEÇÃO SÃO PAULO. *Contribuição à tomada de subsídios sobre tratamento de dados de crianças e adolescentes da Autoridade Nacional de Proteção de Dados*. 2022. Disponível em: https://www.dataprivacybr.org/documentos/contribuicao-a-tomada-de-subsidios-sobre-tratamento-de-dados-de-criancas-e-adolescentes-da-autoridade-nacional-de-protecao-de-dados/.

355 FERNANDES, E.; MEDON, F. Proteção de crianças e adolescentes na LGPD: desafios interpretativos. *Revista Eletrônica da PGE-RJ*, v. 4, p. 1, 2021. Disponível em: https://revistaeletronica.pge.rj.gov.br/index.php/pge/article/view/232; INSTITUTO ALANA. O melhor interesse de crianças e adolescentes e as bases legais aplicáveis ao tratamento de seus dados pessoais. Contribuição do Instituto Alana para a tomada de subsídios da ANPD sobre o tratamento de dados pessoais de crianças e adolescentes, 2022. Disponível em: https://criancaeconsumo.org.br/wp-content/uploads/2023/03/O-MELHOR-INTERESSE-DE-CRIANCAS-E-ADOLESCENTES-E-AS-BASES-LEGAIS-APLICAVEIS-AO-TRATAMENTO-DE-SEUS-DADOS-PESSOAIS.pdf.

concretos, a ser aferido a partir de CRIAs e/ou RIPDs. A fim de auxiliar a determinação do conteúdo do melhor interesse, o Comitê apresenta alguns parâmetros não exaustivos que devem ser utilizados, demonstrando que este não é um exercício subjetivo. Importante destacar, nesse sentido, que para além de se levar em conta efeitos negativos e positivos a todos os direitos presentes na Convenção durante a análise, é preciso também considerar efeitos de curto, médio e longo prazo das ações determinadas.[356] Assim, o princípio do melhor interesse também deve ser entendido como um *princípio de precaução*, exigindo que as decisões sejam sempre baseadas em evidências científicas, incluindo o conhecimento das necessidades de desenvolvimento de crianças e os impactos de inovações tecnológicas.[357]

Para além do melhor interesse, o *caput* do art. 14 também menciona que o tratamento de dados de crianças e adolescentes deve levar em consideração as demais regras de seus parágrafos, bem como a legislação pertinente. Isso certamente incluirá qualquer dispositivo relevante dentro do sistema jurídico brasileiro que possa, de alguma forma, afetar a atividade de tratamento. Mais especificamente, inclui a Constituição, o ECA (em especial o seu art. 17), o CC, o CDC e a Convenção sobre os Direitos da Criança como um todo. A previsão está diretamente ligada ao impacto do melhor interesse na caracterização do que é considerada uma finalidade legítima para o tratamento de dados, a partir do art. 6º, I, da LGPD.[358] É dizer, o critério de legitimidade vai além da mera existência de base legal na LGPD e deve considerar a legalidade mais ampla do tratamento de dados pessoais. Isso inclui, além do art. 14 da LGPD, todo o arcabouço jurídico de proteção de crianças e adolescentes. Assim, só deve ser considerada legítima a finalidade caso ela leve primordialmente em consideração o melhor interesse da criança, assim como todo o arcabouço jurídico de tutela da infância e adolescência.

2. Consentimento para o tratamento de dados de crianças e adolescentes

O art. 14, §1°, afirma que dados de crianças devem ser tratados com base no consentimento específico e em destaque dado por pelo menos um de seus pais ou representante legal. Essa regra também deve ser interpretada de acordo com o sistema jurídico brasileiro, em especial com o ECA e o regime das capacidades jurídicas do CC.

O CC apresenta dois níveis de capacidade legal. A chamada capacidade de direito pode ser considerada uma consequência da personalidade, inerente à condição de ser uma pessoa humana.[359] Por outro lado, a capacidade de fato está ligada à habilidade de exercer validamente atos da vida civil por si só, sem a necessidade de um representante ou o assentimento de um assistente.[360] O cerne da capacidade de fato reside no conceito de *discernimento*, por meio do qual a capacidade é medida pela eficácia dos resultados das escolhas de uma pessoa.[361]

O art. 3°, CC, define os indivíduos com menos de 16 anos como absolutamente incapazes, o que significa que sua vontade é em geral desconsiderada pelo sistema jurídico e sua representação

---

356 Para uma análise mais completa sobre o Princípio do Melhor Interesse no art. 14, cf.: FERNANDES, E. Contribuição à tomada de subsídios para o Projeto Regulatório da ANPD sobre Crianças e Adolescentes. 2024. Disponível em: https://lirias.kuleuven.be/4187781&lang=en.

357 LIVINGSTONE, S. *et al. The best interests of the child in the digital environment*. 2024. Disponível em: https://www.digital-futures-for-children.net/digitalfutures-assets/digitalfutures-documents/Best-Interests-of-the-Child-FINAL.pdf.

358 Ver comentário ao art. 6°, I, neste volume.

359 MENEZES, J. B. de *et al.* A capacidade civil e o sistema de apoios no Brasil. *Civilistica.com*, v. 10, 2021.

360 PEREIRA, F. Q. *et al.* A autonomia progressiva de crianças e adolescentes e a busca por um sistema de apoios. *Civilistica.com*, v. 12, p. 1, 2023.

361 MENEZES, J. B. de *et al.* A capacidade civil e o sistema de apoios no Brasil. *Civilistica.com*, v. 10, 2021.

é necessária. Por outro lado, o art. 4°, CC, define os indivíduos com idades entre 16 e 17 anos como relativamente incapazes. Isso significa que esses indivíduos podem realizar alguns atos civis diretamente, enquanto precisarão de assistência para outros (a pessoa incapaz participa do ato da vida civil em conjunto com seu assistente). O representante ou assistente são geralmente os pais (art. 1.690, CC), e, na ausência deles, um guardião nomeado por um juiz (art. 1.728, CC). Apesar de a Convenção reconhecer as capacidades em evolução e a autonomia progressiva da criança,[362] esse modelo estático puramente baseado na idade prevalece no sistema brasileiro.

Ao longo do tempo, outros dispositivos buscaram mitigar a rigidez do CC, apresentando exceções ao regime geral de incapacidade civil, especialmente quando se trata de direitos da personalidade.[363] Como apresentado acima, a LGPD utiliza a terminologia do ECA para crianças e adolescentes e não a do regime de capacidades do CC. Inicialmente, isso levou alguns pesquisadores a argumentar que a LGPD deveria ser interpretada à luz do CC e que o consentimento dos pais deve ser coletado para o tratamento de dados de todas as pessoas com menos de 16 anos.[364] No entanto, considerando a existência de outras exceções no sistema jurídico brasileiro e o fato de que a LGPD é posterior e especial em relação ao CC, é possível argumentar que o legislador de fato introduziu uma nova exceção, via *lex specialis*, permitindo que pessoas com 12 anos ou mais consintam para o tratamento de seus dados pessoais sem representação ou assistência.[365] Contudo, esse processo deve ser compreendido como uma forma de promover a autonomia progressiva da criança e o desenvolvimento de sua literacia digital, e não como uma justificativa para o tratamento de dados que contrarie seu melhor interesse.

Importa destacar também que a exceção ao regime das incapacidades disposta no art. 14, §1°, da LGPD, deve ser entendida restritivamente e aplicada exclusivamente ao consentimento fornecido para o tratamento de dados pessoais. Assim, isso não deve impactar a análise de legalidade e o regime de consentimento dado para a celebração de contratos eletrônicos (incluindo Termos de Uso) ou consentimento ético quando, por exemplo, de tratamento de dados para finalidade de pesquisas científicas.[366]

Isso demonstra a importância de momentos separados, na experiência do usuário, para o consentimento fornecido em contrato eletrônico e o consentimento fornecido para o tratamento de dados pessoais. Tal separação deve ocorrer não apenas pela necessidade de transparência e para que o consentimento seja de fato livre e em destaque, mas também

---

362 LANSDOWN, G. The evolving capacities of the child (Save the Children 2005). Disponível em: https://www.unicef-irc.org/publications/384-the-evolving-capacities-of-the-child.html.

363 TEFFÉ, C. S. de; FERNANDES, E. Contratação em redes sociais e proteção de dados de crianças e adolescentes. *In*: ROQUE, A. V.; OLIVA, M. D. (ed.). *Direito na era digital:* aspectos negociais, processuais e registrais. Salvador: JusPodivm, 2022.

364 HENRIQUES, I. *et al.* A proteção de dados pessoais de crianças e adolescentes. *In*: SCHERTEL MENDES, L. *et al.* (ed.). *Tratado de proteção de dados pessoais*. Rio de Janeiro: Forense, 2020; GOMES, M. C. O. G.; ZAPPELINI, T. D. A LGPD e a obtenção do consentimento dos pais ou responsáveis pela administração pública em escolas municipais. *Medium CEPI FGV*, 12 set. 2020.

365 FERNANDES, E.; MEDON, F. Proteção de crianças e adolescentes na LGPD: desafios interpretativos. *Revista Eletrônica da PGE-RJ*, v. 4, p. 1, 2021. Disponível em: https://revistaeletronica.pge.rj.gov.br/index.php/pge/article/view/232; DENSA, R. Artigo 14. *In*: MARTINS, G. M. *et al.* (ed.). *Comentários à Lei Geral de Proteção de Dados Pessoais*. 2. ed. São Paulo: Foco, 2023; TEFFÉ, C. S. de. Tratamento de dados pessoais de crianças e adolescentes: considerações sobre o artigo 14 da LGPD. *In*: MULHOLLAND, C. (ed.). *A LGPD e o novo marco normativo no Brasil*. Porto Alegre: Arquipélago, 2020.

366 TEFFÉ, C. S. de; FERNANDES, E. Contratação em redes sociais e proteção de dados de crianças e adolescentes. *In*: ROQUE, A. V.; OLIVA, M. D. (ed.). *Direito na era digital:* aspectos negociais, processuais e registrais. Salvador: JusPodivm, 2022.

porque pode haver situações em que pais ou responsáveis devem assistir ou representar o adolescente no consentimento para a celebração de contrato, mas em que o adolescente já pode consentir diretamente para o tratamento de certos dados pessoais (quando tiver, por exemplo, entre 12 e 17 anos de idade).

Assim como o consentimento dado para o tratamento de dados sensíveis, o consentimento parental para o tratamento de dados de crianças mencionado no art. 14, §1°, não deve apenas ter as mesmas características do consentimento dado para dados pessoais "comuns" (livre, informado e inequívoco[367]), mas também ser específico e em destaque.

Para que o consentimento seja específico, ele deve não somente estar ligado a uma finalidade específica, o que já é um requerimento do art. 5º, XII, mas, mais restritamente, a uma atividade de tratamento de dados específica e bem definida.[368] Assim, no caso de múltiplas operações de tratamento de dados para diversos fins, pais ou responsáveis legais deverão fornecer consentimento separadamente para cada uma dessas operações, possibilitando uma maior granularidade e implementação da autodeterminação informativa (mesmo que através do exercício do direito pelos pais ou responsáveis). Por outro lado, o requerimento de ser em destaque está relacionado à necessidade de chamar a atenção do usuário de forma mais intensa acerca da decisão que ele está prestes a tomar. Isso pode ser feito através de recursos visuais, como cores diferentes, caixas de seleção destacadas, *pop-ups*, ícones ou etiquetas virtuais.

Embora o legislador tenha permitido que os adolescentes consentissem sem representação ou assistência dos pais, essas duas salvaguardas adicionais, em leitura literal da LGPD, não parecem ser aplicáveis a eles. Entretanto, considerando que o melhor interesse deve ser aplicado a toda e qualquer pessoa de até 18 anos incompletos (isto é, a crianças e adolescentes, na linguagem do ECA), é indispensável que os adolescentes também contem com essa proteção adicional. Isso é especialmente o caso considerando que eles terão apenas iniciado a sua jornada de maior autonomia na proteção de seus dados pessoais e decisões equivocadas podem ser tomadas ao longo deste caminho. Portanto, a partir da intenção do legislador de oferecer mais proteção a crianças e adolescentes, não faz sentido tratar adolescentes como menos necessitados dos requisitos de um consentimento específico e destacado do que os pais ou responsáveis legais que consentem em nome de crianças.

Uma dúvida que frequentemente surge quando se trata da interpretação desse parágrafo 1º está relacionada a uma potencial divergência entre pais ou responsáveis legais em relação ao ato do consentimento. Essa questão deve ser interpretada com base no Direito das Famílias e, no caso de não composição, decidida pelo Poder Judiciário com base no melhor interesse da criança. Essa necessidade de interpretação da LGPD com base em outros diplomas legais também decorre do *caput* do art. 14 e deve ser levada em conta pela ANPD na elaboração de diretrizes sobre o tema.

Ainda a respeito da base legal do consentimento, o art. 14, §5°, da LGPD, exige que o controlador faça todos os esforços razoáveis para verificar que ele foi dado pelos pais ou pelo responsável legal da criança, considerando a tecnologia disponível. Isso deverá ser feito através de processos de verificação de idade, que podem ser agrupados em três categorias: (i) declaração da idade, (ii) estimação da idade e (iii) verificação a partir de documento oficial, sob as quais estão incluídos diversos métodos diferentes. Cada uma dessas categorias possui níveis de efetividade e riscos aos direitos fundamentais diferentes e deve ser analisada em separado.[369]

---

[367] Ver comentário ao art. 5°, XII, neste volume.

[368] BYGRAVE, L. A.; TOSONI, L. Article 4(11). Consent. *In*: KUNER, C. *et al.* (ed.). *The EU General Data Protection Regulation (GDPR)*: a commentary. London: Oxford University Press, 2020.

[369] EUROPEAN COMMISSION: DIRECTORATE-GENERAL FOR COMMUNICATIONS NETWORKS, CONTENT AND TECHNOLOGY; CENTER FOR LAW AND DIGITAL TECHNOLOGIES (eLaw);

É importante destacar, porém, que não existem ainda métodos perfeitos e universais para a verificação de idade dos usuários. Riscos incluem vazamento de dados, vigilância comportamental, roubo de identidade e influência excessiva na autonomia individual. Métodos tradicionais de verificação através de documentos oficiais, especialmente quando a identidade do usuário é compartilhada, devem ser utilizados apenas quando extremamente necessários, devido ao grande risco imposto a todos os usuários. A estimação da idade é ainda problemática devido à sua invasividade e imprecisão, assim como pelo potencial de tratamento de dados biométricos e de perfilamento de crianças e adolescentes.

Por fim, a declaração de idade continua sendo o método menos invasivo, mas pode facilmente ser contornado.[370] Muitas tecnologias em desenvolvimento são promissoras, como aquelas baseadas em identidades digitais e métodos de *zero knowledge proof*. De forma mais importante, é preciso recordar que o melhor interesse demanda uma atitude proativa para evitar a necessidade de utilização desses métodos através da mitigação dos riscos desde o início. Isso significa que, em determinadas situações, é possível implementar medidas de proteção de *design* para todos os usuários por padrão, fazendo com que todos estejam protegidos, e não apenas crianças e adolescentes.

A interpretação do art. 14, §5°, gera dois desafios, a saber, o que é considerado esforço razoável e o que constitui a tecnologia disponível. Ambos podem ser compreendidos caso a caso por meio de uma abordagem baseada em risco. O nível de esforço e tecnologia utilizada devem ser necessários e proporcionais ao tratamento de dados que requer consentimento e o melhor interesse da criança deve ser usado como diretriz. Por exemplo, se apenas o nome e o e-mail de uma criança vão ser tratados, não é proporcional utilizar tecnologias invasivas como estimativa de idade a partir de inteligência artificial para verificar o consentimento, pois isso acarretaria um risco muito maior do que a atividade de tratamento original. Por outro lado, se a atividade original estiver relacionada à saúde de uma criança, por exemplo, o limiar para a verificação deve ser mais alto.

3. Outras bases legais para o tratamento de dados de crianças e adolescentes

O disposto no art. 14, §1°, também levantou várias questões em relação às bases legais aplicáveis ao tratamento de dados de crianças e adolescentes. O dispositivo afirma que os dados de crianças devem ser tratados com base no consentimento específico e em destaque dado por pelo menos um dos pais ou pelo responsável legal, de forma que muitos o interpretaram como se o consentimento fosse a única base legal possível para tratar dados de crianças.

Essa interpretação seria problemática por duas razões principais. Primeiro, porque o próprio art. 14, §3°, como será discutido posteriormente, fornece outras duas bases legais para o tratamento de dados de crianças para situações específicas em que o consentimento não pode ser obtido. Segundo, porque essa interpretação não abrangeria situações fáticas em que o melhor interesse da criança precisa ser concretizado, e nas quais o consentimento não seria válido, como nos casos de obrigação legal ou quando interesses vitais estão em jogo. Portanto,

---

SHAFFIQUE, M. R.; VAN DER HOF, S. *Mapping age assurance typologies and requirements – Research report*, 2024. Disponível em: https://data.europa.eu/doi/10.2759/455338.

[370] SAS, M.; MÜHLBERG, J. T. Trustworthy Age Assurance? A Risk-Based Evaluation of Available und Upcoming Age Assurance Technologies from a Fundamental Rights Perspective. 2024. Disponível em: https://www.greens-efa.eu/files/assets/docs/ageassurance_v2.1.pdf; FERNANDES, E. Contribuição à tomada de subsídios para o Projeto Regulatório da ANPD sobre Crianças e Adolescentes. 2024. Disponível em: https://lirias.kuleuven.be/4187781&lang=en.

ao utilizar o melhor interesse como um princípio interpretativo, deve-se considerar que outras bases legais arroladas em outros dispositivos da LGPD podem e devem ser utilizadas.

O art. 14, §3°, estipula que dados de crianças podem ser coletados sem o consentimento previsto no art. 14, §1°, quando a coleta de dados é necessária para contatar os pais ou o responsável legal (usada apenas uma vez e sem armazenamento) ou para a sua proteção. Em nenhum desses dois casos os dados coletados podem ser compartilhados com terceiros sem o consentimento dos pais ou responsável.

Ainda não existe entendimento adequado e oficial do que constituiria a "proteção da criança" e os limites do uso dessa base legal. Uma possível forma de interpretar o alcance dessa previsão seria compreendê-la em termos de proteção abrangente, que é o objeto e o escopo do ECA (art. 1º). Considerando que o ECA é a consolidação do art. 227 da Constituição, a proteção abrangente poderia ser compreendida como o dever compartilhado entre o Estado, a família e a sociedade de proteger e promover todos os direitos das crianças e adolescentes com prioridade absoluta.

No entanto, essa interpretação ampliaria excessivamente o escopo da base legal e não parece ter sido essa a intenção do legislador. É possível argumentar que a regra foi desenvolvida a partir de uma narrativa de exceção. Isso fica evidente ao considerar que os dados coletados para contatar os pais devem ser usados apenas uma vez e sem armazenamento, ou quando, em ambos os casos, é firmado que os dados não podem ser compartilhados com terceiros até que o consentimento seja concedido (ou seja, quando a situação excepcional cessar). Portanto, é imperativo interpretar essa base legal no contexto de uma situação excepcional, abrangendo a proteção contra ameaças mais imediatas aos direitos da criança.

No que se refere ao uso de outras bases legais para além das existentes no art. 14, diversas interpretações possíveis surgiram com a promulgação da LGPD, incluindo a equiparação de dados de crianças e adolescentes a dados sensíveis[371] e o uso do melhor interesse da criança como um filtro interpretativo que deve ser aplicado *a priori* para determinar as bases legais a serem usadas para processar os dados das crianças[372]. Nesse sentido, de maneira geral, a doutrina tem considerado duas bases legais específicas como mais problemáticas: interesse legítimo e proteção de crédito.[373] Essas são bases legais altamente flexíveis, que priorizam

[371] HENRIQUES, I. *et al.* A proteção de dados pessoais de crianças e adolescentes. *In*: SCHERTEL MENDES, L. *et al.* (ed.). *Tratado de proteção de dados pessoais*. Rio de Janeiro: Forense, 2020; REQUIÃO, M.; MENDONÇA, J. O caminho mais adequado para o tratamento de dados pessoais de crianças e adolescentes: aplicação do artigo 11 da LGPD e a equiparação com dados sensíveis. *Diké,* v. 22, p. 291, 2023.

[372] FERNANDES, E.; MEDON, F. Proteção de crianças e adolescentes na LGPD: desafios interpretativos. *Revista Eletrônica da PGE-RJ*, v. 4, p. 1, 2021. Disponível em: https://revistaeletronica.pge.rj.gov.br/index.php/pge/article/view/232. Essa interpretação também foi adotada por duas emendas à Medida Provisória n. 1.124/2022, que sugeriam transformar a ANPD em uma agência autônoma especial e iniciaram o processo de independência para a autoridade. As emendas não foram incluídas no texto final da medida provisória (MENDONÇA, J.; RIELLI, M. A LGPD no Congresso após 4 anos de promulgação e 2 anos de vigência. *Jota*, 7 set. 2022. Disponível em: https://www.jota.info/opiniao-e-analise/artigos/a-lgpd-no-congresso-apos-4-anos-de-promulgacao-e-2-anos-de-vigencia).

[373] Cf. FERNANDES, E.; MEDON, F. Proteção de crianças e adolescentes na LGPD: desafios interpretativos. *Revista Eletrônica da PGE-RJ*, v. 4, p. 1, 2021. Disponível em: https://revistaeletronica.pge.rj.gov.br/index.php/pge/article/view/232; ASSOCIAÇÃO DATA PRIVACY BRASIL DE PESQUISA; DATA PRIVACY BRASIL ENSINO; COMISSÃO DE DEFESA DOS DIREITOS DA CRIANÇA E DO ADOLESCENTE DA ORDEM DOS ADVOGADOS DO BRASIL – SEÇÃO SÃO PAULO. *Contribuição à tomada de subsídios sobre tratamento de dados de crianças e adolescentes da Autoridade Nacional de Proteção de Dados*. 2022. Disponível em: https://www.dataprivacybr.org/documentos/contribuicao-a-tomada-de-subsidios-

interesses que não são os do titular, e que podem prejudicar, por exemplo, a transparência necessária na avaliação do melhor interesse em cada caso.

Quando se trata de interesse legítimo, há a necessidade de balancear os direitos no caso específico, o que é feito pelo controlador de dados. Seria responsabilidade da ANPD ou do Judiciário realizar uma análise *a posteriori* da adequação dessa base legal, o que aumentaria o risco de violação dos direitos fundamentais das crianças e iria contra a lógica precaucionária e preventiva do arcabouço jurídico de proteção à infância e à adolescência.[374] Em relação à base legal para proteção de crédito, é evidente que seu propósito é estritamente proteger interesses financeiros, o que pode não estar alinhado com o melhor interesse da criança.

Diante da controvérsia, em setembro de 2022, a ANPD publicou uma chamada para o envio de contribuições sobre as bases legais adequadas para o tratamento de dados de crianças. Para estimular a discussão, a Autoridade divulgou um estudo preliminar no qual reconhece três possíveis interpretações da LGPD: (a) a aplicação do consentimento como única base legal para o tratamento de dados de crianças; (b) a aplicação das bases legais delineadas no art. 11 para dados de crianças; e (c) a possibilidade de aplicar todas as bases legais existentes na LGPD, conforme previsto nos arts. 7º e 11, dependendo da categoria de dados.[375]

No próprio estudo, a ANPD expressou preferência pela última hipótese. O entendimento permaneceu inalterado mesmo após diversas posições contrárias da sociedade civil[376] e foi divulgado como Enunciado CD/ANPD n. 1, de 22 de maio de 2023. O mesmo entendimento havia sido materializado no Enunciado 684, oriundo da IX Jornada de Direito Civil, aprovado em 2022, que reconhece que o art. 14 da LGPD não exclui a aplicação de outras bases legais, quando aplicável, desde que observem o melhor interesse das crianças.[377]

---

sobre-tratamento-de-dados-de-criancas-e-adolescentes-da-autoridade-nacional-de-protecao-de-dados/; INSTITUTO ALANA. O melhor interesse de crianças e adolescentes e as bases legais aplicáveis ao tratamento de seus dados pessoais. Contribuição do Instituto Alana para a tomada de subsídios da ANPD sobre o tratamento de dados pessoais de crianças e adolescentes, 2022. Disponível em: https://criancaeconsumo.org.br/wp-content/uploads/2023/03/O-MELHOR-INTERESSE-DE-CRIANCAS-E-ADOLESCENTES-E-AS-BASES-LEGAIS-APLICAVEIS-AO-TRATAMENTO-DE-SEUS-DADOS-PESSOAIS.pdf; MULHOLLAND, C.; PALMEIRA, M. As bases legais para tratamento de dados de crianças e adolescentes. *In*: LATERÇA, P. *et al.* (ed.). *Privacidade e proteção de dados de crianças e adolescentes*. 2 ed. Rio de Janeiro: ITS Rio, 2024.

374 ASSOCIAÇÃO DATA PRIVACY BRASIL DE PESQUISA; DATA PRIVACY BRASIL ENSINO; COMISSÃO DE DEFESA DOS DIREITOS DA CRIANÇA E DO ADOLESCENTE DA ORDEM DOS ADVOGADOS DO BRASIL – SEÇÃO SÃO PAULO. *Contribuição à tomada de subsídios sobre tratamento de dados de crianças e adolescentes da Autoridade Nacional de Proteção de Dados*. 2022. Disponível em: https://www.dataprivacybr.org/documentos/contribuicao-a-tomada-de-subsidios-sobre-tratamento-de-dados-de-criancas-e-adolescentes-da-autoridade-nacional-de-protecao-de-dados/; LIEVENS, E. Growing up with digital technologies: how the precautionary principle might contribute to addressing potential serious harm to children's rights. *Nordic Journal of Human Rights*, v. 39, p. 128, 2021. Disponível em: https://doi.org/10.1080/18918131.2021.1992951.

375 ANPD. *Estudo preliminar*: hipóteses legais aplicáveis ao tratamento de dados pessoais de crianças e adolescentes, 2022.

376 ASSOCIAÇÃO DATA PRIVACY BRASIL DE PESQUISA; DATA PRIVACY BRASIL ENSINO; COMISSÃO DE DEFESA DOS DIREITOS DA CRIANÇA E DO ADOLESCENTE DA ORDEM DOS ADVOGADOS DO BRASIL – SEÇÃO SÃO PAULO. *Contribuição à tomada de subsídios sobre tratamento de dados de crianças e adolescentes da Autoridade Nacional de Proteção de Dados*. 2022. Disponível em: https://www.dataprivacybr.org/documentos/contribuicao-a-tomada-de-subsidios-sobre-tratamento-de-dados-de-criancas-e-adolescentes-da-autoridade-nacional-de-protecao-de-dados/.

377 CONSELHO DA JUSTIÇA FEDERAL. *IX Jornada de Direito Civil*: Enunciados aprovados. Disponível em: https://www.cjf.jus.br/cjf/corregedoria-da-justica-federal/centro-de-estudos-judiciarios-1/publicacoes-1/jornadas-cej/enunciados-aprovados-2022-vf.pdf.

No estudo, a ANPD destaca que, quando bases legais mais flexíveis são permitidas para tratar dados de crianças, elas devem ser usadas com uma camada adicional de cautela, considerando a vulnerabilidade das crianças e os riscos para seus direitos fundamentais.[378] Esta interpretação não impede a ANPD de estabelecer restrições ao tratamento de dados de crianças e adolescentes em situações específicas, o que inclui o uso de certas bases legais. Esse foi o caso, por exemplo, do legítimo interesse, cuja utilização foi interpretada de forma mais restritiva quando de sua aplicação ao tratamento de dados de crianças e adolescentes em guia específico publicado pela autoridade.[379]

4. A devida transparência no tratamento de dados de crianças e adolescentes e o exercício de direitos dos titulares

Os §§ 2º e 6º do art. 14 definem regras específicas de transparência para o tratamento de dados pessoais de crianças. O art. 14, §2º, estabelece que, ao tratar os dados a que se refere o art. 14, §1º – ou seja, dados de crianças processados com base no consentimento dos pais ou responsáveis – deve-se tornar públicas as informações sobre os tipos de dados coletados, como são processados e como os direitos do titular dos dados descritos no art. 18 podem ser exercidos.

Em relação ao exercício dos direitos do titular de dados previstos no art. 18, entende-se que, *a priori*, o regime das incapacidades do CC prevaleceria, tendo em vista que a regra especial definida no art. 14, §1º, seria relativa apenas ao consentimento enquanto base legal para o tratamento de dados. Assim, quando tratar-se de titular com idade abaixo de 16 anos, um de seus pais ou responsável legal o representaria, enquanto, no caso de pessoas com idade entre 16 e 18 anos incompletos, esse mesmo responsável o assistiria. É importante destacar, porém, a noção de autonomia progressiva que permeia todo o arcabouço jurídico de proteção à infância e adolescência. Na prática, a compreensão de que crianças e adolescentes estão desenvolvendo suas faculdades e devem ser apoiados nesse processo significa que o nível de envolvimento de seus responsáveis legais na tomada de decisões a respeito de suas vidas deve, progressivamente, tornar-se mais esparso.

A transposição desse pensamento à seara de direitos do titular leva, por exemplo, à compreensão de que a participação de mãe, pai ou responsável legal de adolescente no exercício de direito de acesso a dados (art. 18, II) poderia ser menor do que a participação no exercício do direito de revogação do consentimento (art. 18, IX), uma vez que este último potencialmente envolve consequências de maior risco que o primeiro. Desse modo, entende-se que a ANPD, ao regulamentar o §2º do art. 14 da LGPD, poderia considerar a autonomia progressiva de crianças e adolescentes e adequá-la à realidade do exercício de direitos dos titulares de dados. Vale destacar que a matéria ainda é pouco discutida e merece reflexões aprofundadas.

Por outro lado, enquanto os outros parágrafos do art. 14 se referem diretamente ao art. 14, §1º, o art. 14, §6º, se aplica tanto a crianças quanto a adolescentes, uma vez que se refere

---

[378] ANPD. *Estudo preliminar*: hipóteses legais aplicáveis ao tratamento de dados pessoais de crianças e adolescentes, 2022, p. 64.

[379] Segundo a autoridade, o legítimo interesse deve ser utilizado como base legal de forma *residual* para o tratamento de dados de crianças e adolescentes, em casos nos quais haja necessariamente: (i) relação prévia e direta do titular com o controlador, (ii) o tratamento visa a assegurar a proteção dos direitos e interesses da(s) criança(s) e/ou adolescente(s) envolvido(s) e (iii) quando o tratamento de dados sirva para viabilizar a prestação de serviços que beneficiem o titular de dados. Cf. ANPD. *Guia Orientativo:* hipóteses legais de tratamento de dados pessoais: legítimo interesse, 2024.

a informações sobre o tratamento de dados mencionados neste artigo como um todo (o qual inclui a regra principal do *caput* sobre o tratamento de dados no melhor interesse de crianças e adolescentes). Ele preconiza que as informações a respeito das atividades de tratamento devem ser fornecidas de maneira simples, clara e acessível, levando em consideração as características físicas, motoras, perceptivas, sensoriais, intelectuais e mentais do usuário. Quando apropriado, recursos audiovisuais devem ser utilizados para garantir que as informações sejam compreensíveis tanto para os pais ou responsáveis legais quanto para as crianças e adolescentes.

Esta regra é de suma importância no contexto geral da LGPD. O art. 6°, VI, estabelece o princípio da transparência[380] e o art. 14, §6°, vai além ao exigir que as informações fornecidas sobre o tratamento de dados sejam também *simples*. Além disso, a importância se deve ao fato de que as crianças, mesmo quando seus pais ou responsáveis legais consentem em seu nome, ainda são consideradas sujeitos de direitos e têm o direito de compreender o tratamento de seus dados pessoais. Também é importante para os adolescentes, que podem consentir por conta própria de acordo com a lei e precisam de informações apropriadas ao seu nível de compreensão e suas capacidades. Esse tipo de exigência está, afinal, alinhada ao desenvolvimento da autonomia e do letramento digital de crianças e adolescentes.

5. Aplicação especial dos princípios da finalidade, adequação e necessidade

O parágrafo 3° do art. 14 estipula que os controladores são proibidos de condicionar a participação dos titulares dos dados, conforme definido no art. 14, §1°, em jogos, aplicativos de internet ou outras atividades à prestação de informações pessoais além do que é estritamente necessário para a atividade. Seu principal objetivo é desencorajar as políticas de "tudo ou nada", nas quais o usuário deve aceitar todos os termos de serviço, sem qualquer granularidade, ou não pode utilizá-lo, o que é comum em contratos de adesão.[381]

De maneira geral, o princípio da necessidade está intrinsecamente relacionado ao princípio da finalidade, e não existe por si só. Isto é, o que é considerado necessário sempre dependerá da finalidade para o tratamento de dados pessoais (que, como discutido anteriormente, deve estar alinhada ao melhor interesse da criança e do adolescente para ser legítima). Assim, caso a finalidade seja legítima e o controlador tenha uma base legal adequada para tratar os dados necessários para essa finalidade, basta que a anuncie em sua política de privacidade e esteja em conformidade com o restante da LGPD.

Todavia, o art. 14, §4°, LGPD, apresenta regra mais restritiva para o tratamento de dados de crianças (titulares de que se trata o § 1° do art. 14). Este dispositivo dispõe que os controladores não deverão condicionar a sua participação em jogos, aplicações de internet ou outras atividades ao fornecimento de informações para além das estritamente necessárias à atividade. O legislador cita jogos e aplicações de internet como exemplos de atividades (tendo em vista os ter inserido logo antes da expressão "ou outras atividades").

Assim, entende-se que não se trata de dados necessários a determinada finalidade de tratamento de dados, mas sim de dados necessários para a aplicação prática ou funcional específica, para o serviço ou produto que requer o tratamento de dados pessoais. Embora essa

---

380 Ver comentário ao art. 6°, VI, neste volume.

381 TEFFÉ, C. S. de. Tratamento de dados pessoais de crianças e adolescentes: considerações sobre o artigo 14 da LGPD. *In*: MULHOLLAND, C. (ed). *A LGPD e o novo marco normativo no Brasil.* Porto Alegre: Arquipélago, 2020.

atividade possa envolver diversas finalidades de tratamento, os dados coletados, observados ou inferidos devem ter uma relação direta com a atividade em questão. Nesse sentido, apenas mencionar outras finalidades nos termos de serviço não é suficiente para coletar dados além dos principais objetivos da aplicação.[382]

Como exemplo da aplicação prática desta regra, considere que, para uma criança criar uma conta em um determinado jogo, apenas os dados essenciais para a sua execução devem ser coletados. Em outras palavras, a coleta de dados deve ser reservada para possibilitar o funcionamento do jogo, e não seria possível tratar dados, por exemplo, para direcionamento de publicidade ou treinamento de sistemas de IA. Portanto, os dados pessoais coletados devem aderir *estritamente* ao que é indispensável e justificável,[383] o que também está alinhado ao princípio da boa-fé.[384]

Esta é uma regra extremamente importante no âmbito da LGPD, que protege os dados das crianças desde o momento da coleta e impede que sejam acumulados em larga escala para fins não relacionados ao propósito principal do aplicativo ou jogo em que a criança está envolvida.

6. Jurisprudência

O Poder Judiciário ainda não se tornou *locus* de profusão de debates aprofundados em torno do art. 14 da LGPD. De forma mais ampla, porém, destaca-se o tratamento de dados de crianças e adolescentes como pauta de três processos judiciais.

O primeiro foi uma ACP[385] ajuizada pelo Idec em face da Via Quatro, concessionária responsável pela operação de uma das linhas do metrô da cidade de São Paulo, após a instalação de "portas interativas" destinadas a captar a emoção dos usuários do sistema de transporte para detectar sua reação a peças publicitárias. A instalação, vale dizer, se deu em 2018, antes da entrada em vigor da LGPD. O Instituto Alana, organização da sociedade civil focada em comunicação, *advocacy* e informação para os direitos de crianças e adolescentes, atuou como *amicus curiae* e destacou a problemática da realização de pesquisa de mercado forçada em crianças e adolescentes, que também utilizam o metrô diariamente, e da desproteção de dados biométricos causada pela instalação, com sobretudo base na CRFB, ECA e CDC. A ação foi julgada procedente em primeira e segunda instância e a Via Quatro foi obrigada a desinstalar o sistema e a pagar indenização por danos morais coletivos.

A segunda ação judicial mencionada também envolve o metrô de São Paulo, que, em 2019, lançou edital para a contratação de câmeras de reconhecimento facial a serem instaladas alegadamente para fins de segurança pública em suas estações. Entre os argumentos para a instalação, estava a proteção de crianças e adolescentes e a identificação de jovens desaparecidos. Organizações da sociedade civil em conjunto com a Defensoria Pública do Estado e da União se mobilizaram e ajuizaram ACP[386] que aguarda julgamento em sede de

---

[382] FERNANDES, E.; MEDON, F. Proteção de crianças e adolescentes na LGPD: desafios interpretativos. *Revista Eletrônica da PGE-RJ*, v. 4, p. 1, 2021. Disponível em: https://revistaeletronica.pge.rj.gov.br/index.php/pge/article/view/232.

[383] ZANATTA, R.; VALENTE, J.; MENDONÇA, J. Entre o abusivo e o excessivo: novos contornos jurídicos para o tratamento de dados pessoais de crianças e adolescentes na LGPD. *In*: LATERÇA, P. *et al.* (ed.). *Privacidade e proteção de dados de crianças e adolescentes*. Rio de Janeiro: ITS Rio, 2021.

[384] Ver comentário ao art. 6º, *caput*, neste volume.

[385] TJSP, Processo n. 1090663-42.2018.8.26.0100, Oitava Câmara de Direito Público, j. 10 de maio de 2023, *DJe* 11.05.2023.

[386] TJSP, Processo n. 1010667-97.2022.8.26.0053, Sexta Vara de Fazenda Pública, Foro Central, j. 29.07.2022, *DJe* em 30.07.2022.

primeira instância e mobiliza argumentos em relação ao descumprimento do melhor interesse da criança e do adolescente previsto no art. 14 da LGPD.

Por fim, ressalta-se também uma ADI[387] na qual foi questionada lei do estado do Rio de Janeiro que obrigava a coleta de dados genéticos de gestantes e recém-nascidos em maternidades. A justificativa da lei era evitar a troca de bebês. O acórdão, de relatoria do Min. Luiz Fux, ainda que não mobilize diretamente a LGPD – até por tratar-se de discussão em sede constitucional – acaba por entender que a medida é desproporcional diante da proteção que merecem dados pessoais, sobretudo dados genéticos, inclusive aqueles de crianças recém-nascidas.

7. Atividades regulatórias e fiscalizatórias da ANPD

A regulação do tratamento de dados de crianças e adolescentes está presente na agenda regulatória da ANPD para o biênio 2023-2024. O grau de prioridade para normatização em relação ao tema foi mantido pela Autoridade na revisão da agenda publicada no final de 2023, por meio da Resolução CD/ANPD n. 11, de 27 de dezembro de 2023.

Até o momento, porém, como explicitado anteriormente, a ANPD emitiu apenas um enunciado relativo a crianças e adolescentes, o qual indica a possibilidade do uso de todas as bases legais presentes nos arts. 7º e 11 para o tratamento de dados desses sujeitos, além de diretrizes especiais para a implementação do legítimo interesse como base legal. No final de junho de 2024, a autoridade abriu a "Tomada de Subsídios para o Projeto Regulatório sobre o Tratamento de Dados de Crianças e Adolescentes".[388] A chamada tem por objetivo embasar a análise e a proposição de projeto regulatório específico a respeito desse grupo de titulares e as contribuições da sociedade civil são de extrema importância para a tomada de decisão informada por parte da autoridade.

Em paralelo, apesar de ainda não ter emitido guia definitivo acerca das situações em que um RIPD deve ser elaborado, a autoridade expõe em seu site que controladores devem, quando apropriado, adotar a definição de tratamento de alto risco definida no art. 4º da Norma de aplicação da LGPD para microempresas e empresas de pequeno porte, aprovada por meio da Resolução CD/ANPD n. 2/2022.[389] Esse artigo inclui o tratamento de dados de crianças e adolescentes como um dos critérios específicos que perfaz, somado a um dos critérios gerais previstos na norma, alto risco e, portanto, demanda a elaboração do relatório. O entendimento do tratamento de dados de crianças e adolescentes como de alto risco também foi reafirmado no "Glossário de Proteção de Dados Pessoais e Privacidade" elaborado pela autoridade.

Adicionalmente a esses documentos de caráter interpretativo ou normativo, a ANPD se manifestou sobre a proteção de dados de crianças e adolescentes em alguns casos concretos que apreciou até o momento. Um deles é o caso do Inep, que teve início em 2022. Em fevereiro de tal ano, o Inep tirou do ar toda a série histórica do Censo Escolar da Educação Básica, que envolve dados pessoais e microdados de estudantes (em sua maioria crianças e adolescentes) e docentes de todo o país e constitui importante instrumento para a formulação de políticas públicas educacionais. A justificativa do Inep à época foi a necessidade

[387] STF, ADI n. 5.545/RJ, Rel. Min. Luiz Fux, Plenário, j. 13.04.2023, *DJe* 16.06.2023.

[388] ANPD. 2024.

[389] Regulamento de aplicação da Lei n. 13.709, de 14 de agosto de 2018, Lei Geral de Proteção de Dados Pessoais (LGPD), para agentes de tratamento de pequeno porte, 2022; ANPD, 2023.

de preservar a privacidade dos indivíduos cujos dados constavam no censo, uma vez que estudo elaborado pela UFMG teria apontado a necessidade de revisitar e atualizar as regras de anonimização adotadas em tal divulgação.

O fechamento dos dados foi severamente criticado por organizações da sociedade civil e a ANPD se manifestou ainda em 2022 sobre o ocorrido,[390] apontando a importância de se ponderar o interesse público na divulgação de tais dados com os riscos envolvidos a seus titulares. Nesse sentido, a Autoridade demandou do Inep a apresentação de RIPD, o que foi atendido. No final de 2023, após a apresentação do documento, a ANPD se manifestou novamente[391] e, desta vez, ao contrário da anterior, fez menção expressa à proteção de crianças e adolescentes como questão central ao caso.

A conclusão da autoridade na avaliação do RIPD do Inep foi a de que o Instituto foi "capaz de descrever os processos de tratamento de dados pessoais que podem gerar riscos às liberdades civis e aos direitos fundamentais, bem como indicou medidas, salvaguardas e mecanismos para mitigação de riscos identificados". O principal risco levantado no RIPD foi a reidentificação dos titulares, a qual, de acordo com a ANPD, "torna-se ainda mais grave tendo em vista que a base de dados no censo escolar do ensino médio contempla crianças e adolescentes em idade escolar obrigatória – dos 4 aos 17 anos". As medidas de mitigação diante de tal risco propostas pelo Inep, consideradas adequadas pela ANPD, foram a "modificação da estrutura dos arquivos que serão publicados", utilizando técnicas diversas como a agregação de dados, a generalização de categorias de variáveis e a supressão de dados pessoais, e o controle de acesso.

Outro processo de fiscalização digno de nota foi instaurado em 2021 em face ao TikTok (Bytedance Brasil Tecnologia Ltda.).[392] Em Nota Técnica focada no tratamento de dados durante o cadastro do usuário na plataforma, a ANPD destaca, *i.a.*, que o mecanismo de verificação da idade utilizado é insuficiente para a proteção de crianças e adolescentes; que a hipótese legal de execução de contrato não pode ser utilizada para tratar dados, tendo em vista a invalidade do contrato; a necessidade da condução de um RIPD; e a necessidade de um teste de conformidade para a utilização do legítimo interesse como base legal aplicável.

A proteção de dados de crianças e adolescentes também aparece no Procedimento Preliminar n. 00261.001328/2023-77 instaurado pela ANPD em face das empresas Centro de Mídias da Educação de São Paulo, Descomplica, Escola Mais, Estude em Casa, Explicaê, Manga High e Stoodi, cujos recursos educacionais digitais foram recomendados pelos estados de São Paulo e Minas Gerais durante a pandemia de Covid-19.[393] Pesquisa conduzida pela organização global Human Rights Watch lançada em 2022 analisou os produtos dessas empresas, além de outros aplicativos implementados por governos de diversos países como alternativa para o ensino remoto.[394] O relatório avaliou as práticas de tratamento de dados dos sites e apontou que eles compartilhariam informações de estudantes com empresas para fins de direcionamento publicitário, o que configuraria prática vigilantista e de exploração comercial, violando o melhor interesse da criança e do adolescente. O procedimento preli-

---

[390] Nota Técnica n. 46/2022/CGF/ANPD.

[391] Nota Técnica n. 12/2023/CGF/ANPD.

[392] Procedimento n. 000297/2021-75.

[393] ANPD. Relatório de Ciclo de Monitoramento. 1º semestre de 2023.

[394] HUMAN RIGHTS WATCH. *How dare they peep into my private life?:* children's rights violations by governments that endorsed online learning during the Covid-19 pandemic, 2022. Disponível em: https://www.hrw.org/report/2022/05/25/how-dare-they-peep-my-private-life/childrens-rights-violations-governments.

minar foi instaurado pela ANPD diante da repercussão da pesquisa e, até setembro de 2024, se encontra em fase de investigação.

8. Relação com dispositivos internacionais

A LGPD é um grande exemplo do efeito Bruxelas e foi fortemente influenciada pelo RGPD europeu. Todavia, é importante notar que o RGPD, no que se refere a um regime específico para o tratamento de dados de crianças e adolescentes, pode ser considerado mais limitado que a LGPD.

O Considerando (38) do diploma europeu apresenta uma proteção especial para crianças, determinando que elas "(...) merecem proteção especial quanto aos seus dados pessoais, uma vez que podem estar menos cientes dos riscos, consequências e garantias em questão e dos seus direitos relacionados com o tratamento dos dados pessoais. Essa proteção específica deverá aplicar-se, nomeadamente, à utilização de dados pessoais de crianças para efeitos de comercialização ou de criação de perfis de personalidade ou de utilizador, bem como à recolha de dados pessoais em relação às crianças aquando da utilização de serviços disponibilizados diretamente às crianças. (...)".

O art. 8º é dedicado à proteção específica de crianças, mas seu escopo está limitado às condições sob as quais o consentimento pode ser utilizado como base legal para o tratamento de dados de crianças pelos chamados Serviços da Sociedade da Informação.[395] Como regra geral, quando o consentimento é utilizado como base legal por essas entidades, ele deve ser dado ou autorizado pelo representante legal até que a criança atinja os 16 anos. Todavia, cada Estado-membro da UE pode ajustar essa idade conforme a sua realidade, podendo chegar até os 13 anos.

Ademais, o serviço mencionado no Considerando (38) deve ser oferecido diretamente a uma criança. Isso, porém, deve ser interpretado de forma ampla e não deve ser entendido como aqueles serviços que foram desenvolvidos apenas para crianças, o que poderia abrir margem para abusos. É dizer, se crianças fazem parte da audiência-alvo daquele serviço, independentemente do que dizem, por exemplo, seus Termos de Uso, o artigo se aplica.[396] Se, todavia, o serviço pretende excluir diretamente as crianças de seu uso, é crucial que isso seja apresentado de forma transparente[397] e que todas as medidas necessárias sejam tomadas para impedir a sua utilização por crianças.

Para além do RGPD, outra norma bastante importante no que se refere à proteção de dados de crianças é o *Children's Online Privacy Protection Rule* (Coppa), no âmbito dos EUA. O Coppa impõe certos requisitos aos operadores de sites ou serviços online direcionados a crianças com menos de 13 anos ou àqueles que tenham conhecimento efetivo de que estão coletando informações pessoais de uma criança com menos de 13 anos. Até o momento, a efetividade do Coppa era bastante restrita à coleta do consentimento dos pais ou responsáveis da pessoa com menos de 13 anos.[398]

---

[395] Para uma definição de Serviços da Sociedade da Informação, cf.: Diretiva (EU) 2015/1535 do Parlamento Europeu e do Conselho de 9 de setembro de 2015 relativa a um procedimento de informação no domínio das regulamentações técnicas e das regras relativas aos serviços da sociedade da informação (OJ L 241) 1.

[396] KOSTA, E. Article 8. Conditions Applicable to Child's Consent in Relation to Information Society Services. *In*: KUNER, C. *et al.* (ed.). *The EU General Data Protection Regulation (GDPR):* a commentary. London: Oxford Academic Press, 2020.

[397] EDPB. *Guidelines 05/2020 on Consent under Regulation 2016/679*. Version 1.1, 2020, para. 130. Disponível em: https://www.edpb.europa.eu/sites/default/files/files/file1/edpb_guidelines_202005_consent_en.pdf.

[398] O marco etário utilizado pelo Coppa é o motivo pelo qual as principais plataformas de redes sociais são voltadas a indivíduos com mais de 13 anos. Ao estabelecer esse limite, as empresas não precisariam se sujeitar às regras mais rigorosas da lei estadunidense.

Todavia, no final de 2023 a Comissão Federal do Comércio (trad. de *Federal Trade Commission* – FTC), responsável pela aplicação do Coppa, publicou uma *Notice of Proposed Rulemaking* (NPRM) a fim de propor mudanças à legislação. De acordo com a FTC Chair, Lina Khan, crianças devem poder brincar e aprender no ambiente digital sem serem rastreadas por empresas que procuram rentabilizar os seus dados pessoais. A proposta impõe obrigações diretas aos prestadores de serviços, incluindo a proibição do uso comercial de dados de crianças – inclusive para o desenvolvimento de serviços; a proibição de condicionar a participação de uma criança em um serviço digital à coleta de informações pessoais (o que está bastante alinhado ao art. 14, § 4º, da LGPD), limites para incentivar crianças a permanecerem online; e a exigência de um consentimento separado para publicidade direcionada.[399]

No âmbito dos Brics, é interessante destacar as normas constantes nos ordenamentos chinês e indiano quanto aos dados de crianças e adolescentes. No caso da China, sob *a Personal Information Protection Law* (PIPL), o controlador de dados pessoais deve sempre obter o consentimento dos pais ou responsável legal antes de tratar dados de crianças com menos de 14 anos (art. 31). Ademais, uma política de privacidade específica para esse público deve ser disponibilizada. É importante destacar que dados de crianças são considerados dados sensíveis sob essa legislação (art. 28).

A Índia muito recentemente aprovou o *Digital Personal Data Protection Act* (DPDPA), que também conta com dispositivos específicos para o tratamento de dados de crianças. A Seção 9 da Lei estabelece três condições para o tratamento dos dados pessoais de crianças (pessoas com idade inferior a 18 anos). Ela determina a obtenção do consentimento verificável dos pais; que o tratamento dos dados pessoais esteja alinhado com o bem-estar da criança; e a proibição de rastreamento ou monitoramento comportamental de crianças ou publicidade direcionada a crianças.[400]

Na América do Sul, a lei colombiana de proteção de dados (*Ley 1581 de 2012*) reconhece a vulnerabilidade de crianças e adolescentes e veda, por regra, o tratamento de dados desses sujeitos que não sejam de natureza pública. O tratamento de suas informações deve, ainda, respeitar o melhor interesse e os direitos fundamentais de crianças e adolescentes.[401] O diploma também estabelece que ao Estado e às entidades educacionais cabe informar e capacitar os representantes legais e responsáveis sobre os possíveis riscos que crianças e adolescentes correm em relação ao tratamento indevido de seus dados pessoais.[402]

---

[399] FTC. *FTC Proposes Strengthening Children's Privacy Rule to Further Limit Companies' Ability to Monetize Children's Data*, 20 dez. 2023. Disponível em: https://www.ftc.gov/news-events/news/press-releases/2023/12/ftc-proposes-strengthening-childrens-privacy-rule-further-limit-companies-ability-monetize-childrens; New Coppa NPRM. *Public Interest Privacy Center*, 20 dez. 2023. Disponível em: https://pipc.substack.com/p/tis-the-season-for-rulemaking-ftc?r=26ap01.

[400] Para mais detalhes sobre a lei indiana, cf.: SUKRITI. Navigating the Indian Data Protection Law: Children's Privacy and the Digital Personal Data Protection Act, 2023. *The CCG Blog*. 21 nov. 2023. Disponível em: https://ccgnludelhi.wordpress.com/2023/11/21/navigating-the-indian-data-protection-law-childrens-privacy-and-the-digital-personal-data-protection-act-2023/.

[401] SUPERINTENDENCIA DE INDUSTRIA Y COMERCIO – COLOMBIA. ¿Los Datos Personales de Los Niños, Niñas y Adolescentes Tienen Alguna Protección Especial? Disponível em: https://www.sic.gov.co/content/%C2%BFlos-datos-personales-de-los-ni%C3%B1os-ni%C3%B1as-y-adolescentes-tienen-alguna-protecci%C3%B3n-especial. Acesso em: 24 jan. 2024.

[402] Ley 1.581, de 2012.

BIBLIOGRAFIA SELECIONADA

ANPD. Perguntas e respostas sobre o relatório de impacto à proteção de dados pessoais (6 abr. 2023). Disponível em: https://www.gov.br/anpd/pt-br/canais_atendimento/agente--de-tratamento/relatorio-de-impacto-a-protecao-de-dados-pessoais-ripd.

ANPD. ANPD Abre Tomada de Subsídios para Projeto Regulatório sobre Crianças e Adolescentes, 18 jun. 2024. Disponível em: https://www.gov.br/anpd/pt-br/assuntos/noticias/anpd-abre-tomada-de-subsidios-para-projeto-regulatorio-sobre-criancas-e-adolescentes.

ASSOCIAÇÃO DATA PRIVACY BRASIL DE PESQUISA, DATA PRIVACY BRASIL ENSINO E COMISSÃO DE DEFESA DOS DIREITOS DA CRIANÇA E DO ADOLESCENTE DA ORDEM DOS ADVOGADOS DE SÃO PAULO. Contribuição à Tomada de subsídios sobre tratamento de dados de crianças e adolescentes da autoridade nacional de proteção de dados. 2022. Disponível em: https://www.dataprivacybr.org/documentos/contribuicao--a-tomada-de-subsidios-sobre-tratamento-de-dados-de-criancas-e-adolescentes-da-autoridade-nacional-de-protecao-de-dados/.

BYGRAVE, L. A.; TOSONI, L. Article 4(11). Consent. *In*: KUNER, C. *et al.* (ed.). *The EU General Data Protection Regulation (GDPR):* a commentary. London: Oxford University Press, 2020.

CARTA ABERTA – Atuação da ANPD na proteção de dados pessoais de crianças e adolescentes, 2022. Disponível em: https://www.dataprivacybr.org/documentos/carta-aberta-atuacao--da-anpd-na-protecao-de-dados-pessoais-de-criancas-e-adolescentes/. Acesso em: 14 jan. 2024.

COMMITTEE ON THE RIGHTS OF THE CHILD. General Comment n. 13, 2011. The Right of the Child to Freedom from All Forms of Violence. CRC/C/GC/13, 2011. Disponível em: https://www2.ohchr.org/english/bodies/crc/docs/crc.c.gc.13_en.pdf. Acesso em: 23 jun. 2023.

CONSELHO DA JUSTIÇA FEDERAL. IX Jornada de Direito Civil: Enunciados aprovados. Disponível em: https://www.cjf.jus.br/cjf/corregedoria-da-justica-federal/centro--de-estudos-judiciarios-1/publicacoes-1/jornadas-cej/enunciados-aprovados-2022-vf.pdf.

DENSA, R. Artigo 14. *In*: MARTINS, G. M. *et al.* (ed.). *Comentários à Lei Geral de Proteção de Dados Pessoais*. 2. ed. São Paulo: Foco, 2023.

EDPB. *Guidelines 05/2020 on Consent under Regulation 2016/679*. Version 1.1, 2020. Disponível em: https://sl1nk.com/qmj2S.

EUROPEAN COMMISSION: DIRECTORATE-GENERAL FOR COMMUNICATIONS NETWORKS, CONTENT AND TECHNOLOGY; CENTER FOR LAW AND DIGITAL TECHNOLOGIES (eLaw); SHAFFIQUE, M. R.; VAN DER HOF, S. *Mapping age assurance typologies and requirements – Research report*, 2024. Disponível em: https://sl1nk.com/FeRCO.

FERNANDES, E. Contribuição à tomada de subsídios para o Projeto Regulatório da ANPD sobre Crianças e Adolescentes. 2024. Disponível em: https://lirias.kuleuven.be/4187781&lang=en

FERNANDES, E. Edtech companies need to learn: children's data must be processed in their best interest. *CiTiP Blog*. 27 jan. 2023. Disponível em: https://www.law.kuleuven.be/citip/blog/edtech-companies-need-to-learn/.

FERNANDES, E.; MEDON, F. Proteção de crianças e adolescentes na LGPD: desafios interpretativos. *Revista Eletrônica da PGE-RJ* 1, v. 4, 2021. Disponível em: https://revistaeletronica.pge.rj.gov.br/index.php/pge/article/view/232.

FTC. *FTC Proposes Strengthening Children's Privacy Rule to Further Limit Companies' Ability to Monetize Children's Data*, 20 dez. 2023. Disponível em: https://www.ftc.gov/news-events/news/press-releases/2023/12/ftc-proposes-strengthening-childrens-privacy-rule-further-limit-companies-ability-monetize-childrens. Acesso em: 25 dez. 2023.

GOMES, M. C. O. G.; ZAPPELINI, T. D. A LGPD e a obtenção do consentimento dos pais ou responsáveis pela administração pública em escolas municipais. *Medium CEPI FGV*, 12 set. 2020. Disponível em: https://sl1nk.com/4EMAG.

HENRIQUES, I.; PITA, M.; HARTUNG, P. A proteção de dados pessoais de crianças e adolescentes. *In*: SCHERTEL MENDES, L. *et al.* (ed.). *Tratado de proteção de dados pessoais*. Rio de Janeiro: Forense, 2020. Disponível em: https://medium.com/o-centro-de-ensino-e-pesquisa-em-inova%C3%A7%C3%A3o-est%C3%A1/a-lgpd-e-a-obten%C3%A7%C3%A3o-do-consentimento-dos-pais-ou-respons%C3%A1veis-pela-administra%C3%A7%C3%A3o-p%C3%BAblica-em-escolas-b9432ad3ab47.

HUMAN RIGHTS WATCH. *How dare they peep into my private life?:* Children's rights violations by governments that endorsed online learning during the Covid-19 pandemic, 2022. Disponível em: https://www.hrw.org/report/2022/05/25/how-dare-they-peep-my-private-life/childrens-rights-violations-governments.

INSTITUTO ALANA. O melhor interesse de crianças e adolescentes e as bases legais aplicáveis ao tratamento de seus dados pessoais. Contribuição do Instituto Alana para a tomada de subsídios da ANPD sobre o tratamento de dados pessoais de crianças e adolescentes, nov. 2022. Disponível em: https://criancaeconsumo.org.br/wp-content/uploads/2023/03/O-MELHOR-INTERESSE-DE-CRIANCAS-E-ADOLESCENTES-E-AS-BASES-LEGAIS-APLICAVEIS-AO-TRATAMENTO-DE-SEUS-DADOS-PESSOAIS.pdf.

KOSTA, E. Article 8. Conditions Applicable to Child's Consent in Relation to Information Society Services. *In*: KUNER, C. *et al.* (ed.). *The EU General Data Protection Regulation (GDPR):* a commentary. London: Oxford Academic Press, 2020.

LANSDOWN, G. The Evolving Capacities of the Child' (Save the Children 2005). Disponível em: https://www.unicef-irc.org/publications/384-the-evolving-capacities-of-the-child.html.

LIEVENS, E. Growing up with digital technologies: how the precautionary principle might contribute to addressing potential serious harm to children's rights. *Nordic Journal of Human Rights*, v. 39, 2021. Disponível em: https://doi.org/10.1080/18918131.2021.1992951.

LIVINGSTONE, S. et al. The Best Interests of the Child in the Digital Environment, 2024. Disponível em: https://www.digital-futures-for-children.net/digitalfutures-assets/digitalfutu res-documents/Best-Interests-of-the-Child-FINAL.pdf.

LUNA, F. Elucidating the concept of vulnerability: layers not labels. *International Journal of Feminist Approaches to Bioethics*, v. 2, 2009. Disponível em: https://doi.org/10.3138/ijfab.2.1.121.

LUPTON, D.; WILLIAMSON, B. The datafied child: the dataveillance of children and implications for their rights. *New Media and Society*, v. 19, 2017. Disponível em: https://doi.org/10.1177/1461444816686328.

MASCHERONI, G.; HOLLOWAY, D. *The Internet of Toys:* practices, affordances and the political economy of children's smart play. New York: Springer, 2019.

MENDONÇA, J.; MEIRA, M. A proteção legal dos dados pessoais de crianças e adolescentes no Brasil, *Conjur*, 17 out. 2021. Disponível em: https://www.conjur.com.br/2021-out-17/opiniao-protecao-legal-dados-pessoais-criancas-adolescentes-brasil/

MENDONÇA, J.; RIELLI, M. A LGPD no Congresso após 4 anos de promulgação e 2 anos de vigência. *Jota*, 7 set. 2022. Disponível em: https://www.jota.info/opiniao-e-analise/artigos/a-lgpd-no-congresso-apos-4-anos-de-promulgacao-e-2-anos-de-vigencia.

MENEZES, J. B. de; RODRIGUES, F. L. L.; BODIN DE MORAES, M. C. A capacidade civil e o sistema de apoios no Brasil. *Civilistica.com*, v. 10, 2021.

MULHOLLAND, C.; PALMEIRA, M. As bases legais para tratamento de dados de crianças e adolescentes. *In*: LATERÇA, P. *et al.* (ed.). *Privacidade e proteção de dados de crianças e adolescentes.* 2 ed. Rio de Janeiro: ITS Rio, 2024.

PEREIRA, F. Q.; LARA, M. A.; RODRIGUES, A. L. B. A autonomia progressiva de crianças e adolescentes e a busca por um sistema de apoios. *Civilistica.com*, v. 12, 2023.

REQUIÃO, M.; MENDONÇA, J. O caminho mais adequado para o tratamento de dados pessoais de crianças e adolescentes: aplicação do artigo 11 da LGPD e a equiparação com dados sensíveis. *Diké,* v. 22, 2023.

SANDBERG, K. The Convention on the Rights of the Child and the Vulnerability of Children. *Nordic Journal of International Law*, v. 84, 2015. Disponível em: https://doi-org.kuleuven.e-bronnen.be/10.1163/15718107-08402004.

SAS, M.; MÜHLBERG, J. T. Trustworthy age assurance? A risk-based evaluation of available und upcoming age assurance technologies from a fundamental rights perspective. 2024. Disponível em: https://www.greens-efa.eu/files/assets/docs/ageassu rance_v2.1.pdf.

SUKRITI. Navigating the Indian Data Protection Law: Children's Privacy and the Digital Personal Data Protection Act, 2023. *The CCG Blog*, 21 nov. 2023. Disponível em: https://ccgnludelhi.wordpress.com/2023/11/21/navigating-the-indian-data-protection-law-childrens-privacy-and-the-digital-personal-data-protection-act-2023/.

SUPERINTENDENCIA DE INDUSTRIA Y COMERCIO – COLOMBIA. ¿Los Datos Personales de Los Niños, Niñas y Adolescentes Tienen Alguna Protección Especial? Disponível em: https://www.sic.gov.co/content/%C2%BFlos-datos-personales-de-los-ni%C3%B1os-ni%-C3%B1as-y-adolescentes-tienen-alguna-protecci%C3%B3n-especial. Acesso em: 24 jan. 2024.

TEFFÉ, C. S. de. Tratamento de dados pessoais de crianças e adolescentes: considerações sobre o artigo 14 da LGPD. *In*: MULHOLLAND, C. (ed.). *A LGPD e o novo marco normativo no Brasil.* Porto Alegre: Arquipélago, 2020.

TEFFÉ, C. S. de; FERNANDES, E. Contratação em redes sociais e proteção de dados de crianças e adolescentes. *In*: ROQUE, A. V.; OLIVA, M. D. (ed.). *Direito na era digital:* aspectos negociais, processuais e registrais. Salvador: JusPodivm, 2022.

VANCE, A.; SEXTON, M. e KALPOS, K. S. Tis the Season for Rulemaking: FTC Announces New Coppa NPRM. *Public Interest Privacy Center*, 20 dez. 2023. Disponível em: https://pipc.substack.com/p/tis-the-season-for-rulemaking-ftc?r=26ap01.

YOUNG, A.; ERHULST, S. G. Why we need responsible data for children. *The Conversation*, 23 mar. 2020. Disponível em: https://theconversation.com/why-we-need-responsible-data-for-children-134052.

ZANATTA, R.; VALENTE, J.; MENDONÇA, J. Entre o abusivo e o excessivo: novos contornos jurídicos para o tratamento de dados pessoais de crianças e adolescentes na LGPD. *In*: LATERÇA, P. *et al.* (ed.). *Privacidade e proteção de dados de crianças e adolescentes.* Rio de Janeiro: ITS Rio, 2021.

Seção IV
Do Término do Tratamento de Dados

Art. 15. O término do tratamento de dados pessoais ocorrerá nas seguintes hipóteses:

I – verificação de que a finalidade foi alcançada ou de que os dados deixaram de ser necessários ou pertinentes ao alcance da finalidade específica almejada;

II – fim do período de tratamento;

III – comunicação do titular, inclusive no exercício de seu direito de revogação do consentimento conforme disposto no § 5º do art. 8º desta Lei, resguardado o interesse público; ou

IV – determinação da autoridade nacional, quando houver violação ao disposto nesta Lei.

Artigo 15

Comentado por Guilherme Pereira Pinheiro

DISPOSITIVOS RELACIONADOS NO ORDENAMENTO JURÍDICO BRASILEIRO

- Art. 43, § 5º, CDC.
- Art. 5º, I e III; art. 17, § 2º, LCP.
- Art. 7º, X; art. 19; art. 21 do MCI.

DISPOSITIVOS RELACIONADOS NA LGPD

- Art. 5º, X e XIV; art. 8º, § 5º; art. 16; art. 18, IV; art. 18, § 6º; e art. 52, VI.

ATIVIDADES DA ANPD RELACIONADAS À ELIMINAÇÃO DE DADOS PESSOAIS

- Guia ANPD: Tratamento de Dados Pessoais pelo Poder Público.
- Guia ANPD: Cookies e Proteção de Dados Pessoais.
- Guia ANPD: Tratamento de Dados Pessoais para Fins Acadêmicos e para a Realização de Estudos e Pesquisas.

CASOS E DECISÕES JUDICIAIS RELEVANTES

- STJ, REsp 2092096 SP 2023/0294797-4, 3ª Turma, Rel. Min. Nancy Andrighi, j. 12.12. 2023, *DJe* 15.12.2023.

- TSE, Processo Administrativo 60044851 Brasília-DF. Rel. Min, Og Fernandes, j. 16.06.2020, Data da Publicação: 04.08.2020.

JUSTIFICATIVA E FUNDAMENTOS

Em relação ao término do tratamento, a eliminação dos dados pessoais e as exceções à obrigatoriedade de eliminação, de que trata o art. 15 da LGPD, destaca-se no campo do direito internacional os arts. 13, 14, 15 e 17 do RGPD.

O referido dispositivo faz referência ao direito ao apagamento dos dados, ou o chamado *right to be forgotten*. Juntamente com o direito à limitação temporal dos dados, chamado prazo de conservação no Regulamento Geral sobre a Proteção de Dados (RGPD), inclui o rol dos direitos atrelados à limitação do tratamento.[403]

Diante desse direito, o titular pode obter do agente de tratamento o apagamento ou a eliminação dos seus dados pessoais, sem demora injustificada, quando ocorra uma das seguintes hipóteses: (i) os dados pessoais deixaram de ser necessários para a finalidade que motivou a sua recolha ou tratamento; (ii) o titular retirou o consentimento em que se baseia o tratamento dos dados; (iii) o titular opõe-se ao tratamento e não existem interesses legítimos prevalecentes que o justifiquem; (iv) os dados pessoais foram tratados ilicitamente; (v) os dados pessoais devem ser apagados para o cumprimento de obrigação jurídica decorrente do direito da UE a que o agente de tratamento se sujeita; ou (vi) os dados pessoais foram recolhidos no contexto da oferta de serviços da sociedade da informação.[404]

Vale observar que, quando o agente de tratamento já tiver tornado os dados públicos, ele deve envidar os esforços para apagá-los, tomando medidas razoáveis, incluindo as de caráter técnico, e considerando a tecnologia disponível e os custos da sua aplicação, a fim de informar aos outros responsáveis pelo tratamento efetivo dos dados pessoais que o titular solicitou sua eliminação.

Por fim, o dispositivo prevê, ainda, que o direito ao apagamento ou eliminação não é aplicável quando os dados são necessários: (i) ao exercício da liberdade de expressão e de informação; (ii) ao cumprimento de uma obrigação legal que exija o tratamento; (iii) por motivos de interesse público no domínio da saúde pública; (iv) para fins de arquivo de interesse público, para fins de investigação científica ou histórica ou para fins estatísticos; ou (v) para efeitos de declaração, exercício ou defesa de um direito num processo judicial.

A Lei de Privacidade do Consumidor da Califórnia (CCPA), de 2018, dispõe, em seu item 1798.205, sobre o direito à eliminação (*right to delete*). O direito pode ser invocado pelo titular a qualquer momento e o agente de tratamento deve notificar outras empresas as quais tenha contratado e compartilhado os dados para que também eles os apaguem, a não ser que tal esforço se prove impossível ou envolva um esforço desproporcional.

Além disso, a CCPA prevê também a possibilidade de manutenção de um cadastro de titulares que efetuaram solicitações de eliminação dos dados, com o propósito de evitar

---

403 MALDONADO, V. N. Direitos dos titulares de dados. *In*: MALDONADO, V. N.; BLUM, R. O. (coord.). *Comentários ao GDPR*. Regulamento Geral de Proteção de Dados da União Europeia. São Paulo: Revista dos Tribunais; Thomson Reuters, 2018. p. 91.

404 Nos termos da Diretiva 2015/1535, serviço da sociedade da informação é qualquer serviço prestado normalmente mediante remuneração, a distância, por via eletrônica e mediante pedido individual de um destinatário de serviços.

eventual venda, transferência ou compartilhamento dos dados a terceiros ou em casos exigidos pela lei.

Em relação a dados que já foram transferidos para terceiros, a CCPA determina que os prestadores de serviços ou contratados do agente de tratamento deverão cooperar com este na resposta a uma solicitação de apagamento do consumidor e, sob sua orientação, excluirão ou permitirão que a empresa exclua e notifique qualquer um de seus próprios prestadores de serviços ou contratados para excluírem informações pessoais coletadas, usadas, processadas ou retidas sobre o consumidor. Tal obrigação deixa de ser exigível caso se revele impossível ou envolva um esforço desproporcional.

Como exceção ao direito de eliminação dos dados pessoais, a CCPA traz os seguintes casos: (i) concluir a transação para a qual as informações pessoais foram coletadas, cumprir os termos de uma garantia por escrito ou *recall* de produto de acordo com a lei, fornecer um bem ou serviço solicitado pelo consumidor, ou de outra forma executar um contrato entre a empresa e o consumidor; (ii) ajudar a garantir a segurança e a integridade na medida em que o uso das informações pessoais do consumidor seja razoavelmente necessário e proporcional para esses fins; (iii) depurar e reparar erros que prejudiquem a funcionalidade dos serviços prestados; (iv) exercer a liberdade de expressão, garantir o direito de outro consumidor de exercer o direito de liberdade de expressão ou exercer outro direito previsto em lei; (v) utilizar os dados em pesquisas científicas, históricas ou estatísticas públicas, quando a exclusão das informações pela empresa for suscetível de tornar impossível ou prejudicar seriamente a capacidade de concluir tal pesquisa, se o consumidor tiver fornecido consentimento informado; (vi) permitir usos exclusivamente internos à empresa que estejam razoavelmente alinhados com as expectativas do consumidor e compatíveis com o contexto em que o consumidor forneceu a informação; (vii) para o cumprimento de uma obrigação legal.

A razão da inclusão do art. 15 na LGPD é evitar a perpetuação da retenção de dados pessoais por controladores e operadores, pondo fim ao ciclo que deu início ao tratamento dos dados pessoais. A limitação do tempo de posse dos dados pelos agentes de tratamento visa preservar os direitos dos titulares, refreando o comércio do tratamento de dados pessoais.[405]

O objetivo é justamente evitar que, não mais subsistindo os motivos que justificaram o começo do tratamento de dados, os agentes de tratamento permaneçam com a potencialidade de os coletar, reproduzir, processar, modificar, enfim, tratá-los de qualquer modo.

Há um risco de que os dados pessoais, mesmo após o fim do tratamento, permaneçam armazenados pelo controlador, aumentando possibilidades de vazamento e utilização indevida, para outros fins que não os originalmente previstos. Ao mesmo tempo, em algumas hipóteses, os dados devem ser mantidos, ainda que haja pedido expresso do titular para eliminá-los, como veremos mais à frente.

A finalidade, portanto, é a de permitir ao usuário o controle sobre o ciclo de suas informações, porquanto o tratamento dos dados não transfere aos agentes de tratamento a titularidade dos dados, assumindo uma natureza ambulatória.[406]

---

405 TSESIS, A. The right to be forgotten and erasure: privacy, data brokers and the indefinite retention of data. *Wake Forest Law Review*, v. 48, 2014.

406 "Ambulatório" no sentido de que os dados ora estão sob a batuta de um agente de tratamento, ora estão sob a regência de outro, mas logo dele são retirados pelo titular, assumindo assim um caráter de constantes mudanças. Cf.: SAMPAIO, G.; MEIRELLES, R. Término do tratamento dos dados. *In*: TEPEDINO, G.;

O dispositivo não constava expressamente no PL n. 4.060/2012, de autoria do deputado Milton Monti, a proposta legislativa originária e de iniciativa do próprio Poder Legislativo. O referido projeto trazia o art. 16, o qual determinava que, quando do término ou bloqueio do tratamento dos dados pessoais, o responsável poderia conservá-los ou compartilhá-los com terceiros somente quando tais práticas fossem adotadas para finalidades históricas, estatísticas ou de pesquisa científica. Ou seja, já criava algumas hipóteses de exceções para a conservação dos dados após o término do tratamento.

Em seguida, o PL n. 5.276/2016, de autoria do Poder Executivo, trouxe o assunto de maneira muito mais detalhada, com uma seção específica e na forma de dois artigos, os de número 15 e 16, que, curiosamente, mantiveram a numeração na redação final da LGPD.

Em relação ao texto final, as alterações substantivas em relação ao PL n. 5.276/2016, referente ao art. 15, foram as seguintes: (i) acréscimo da expressão "resguardado o interesse público" ao final do inciso III do art. 15, para criar exceção ao término do tratamento quando houver comunicação do titular. Ou seja, na hipótese de haver interesse público, a mera comunicação do titular dos dados pessoais, inclusive no exercício de seu direito de revogação, não necessariamente resultará no término do tratamento; e (ii) exclusão de um parágrafo único que previa que o órgão competente estabeleceria períodos máximos para o tratamento de dados pessoais, ressalvada a legislação específica. Nesse último caso, optou-se por excluir o dispositivo em razão da complexidade regulatória em se determinar prazos específicos para cada tratamento, que considerasse, por exemplo, a atividade desenvolvida pelo controlador, os riscos para o titular, entre outras variáveis. É questão controversa, como veremos à frente.

ANÁLISE

A LGPD possui como corolário a limitação das possibilidades de tratamento dos dados pessoais. Uma das variáveis de conformação é o tempo, resultando na impossibilidade de um tratamento ilimitado.[407] Nesse sentido, o art. 15 destaca, sem exauri-las, hipóteses nas quais ocorrerá o término do tratamento de dados pessoais. Ou seja, as hipóteses de término do tratamento previstas no art. 15 não são exaustivas, mas constituem rol aberto. Essa é também a opinião de Bruno Feigelson e Antonio Siqueira, que defendem ser o rol meramente exemplificativo, uma vez que hipóteses claras foram deixadas de lado, como o desinteresse superveniente do agente em dar continuidade ao tratamento.[408]

O término do tratamento implica a cessação de qualquer atividade relacionada aos dados, incluindo o arquivamento e o armazenamento, já que tais atividades estão contidas na definição de tratamento. Vamos analisar, uma a uma, as hipóteses obrigatórias de término do tratamento previstas na LGPD.

Primeiro, temos que o tratamento será terminado quando se verificar que sua finalidade foi alcançada ou que os dados deixaram de ser necessários ou pertinentes ao alcance da finalidade específica almejada. A dificuldade aqui se encontra justamente no elemento subjetivo do que

---

FRAZÃO, A.; OLIVA, M. D. (coord.). *Lei Geral de Proteção de Dados Pessoais e suas repercussões no direito brasileiro*. São Paulo: Revista dos Tribunais; Thomson Reuters, 2019. p. 220-221.

[407] PINHEIRO, P. P. *Proteção de dados pessoais*. Comentários à Lei nº 13.709/2018 (LGPD). São Paulo: Saraiva, 2018. p. 76-77.

[408] FEIGELSON, B.; SIQUEIRA, A. *Comentários à Lei Geral de Proteção de Dados Pessoais* – Lei n. 13.709/2018. São Paulo: Revista dos Tribunais; Thomson Reuters, 2019. p. 111.

é uma finalidade alcançada e de quem a define. Em alguns casos, titular e controlador podem discordar acerca de eventual alcance dessa finalidade. Por exemplo, se uma rede social trata dados pessoais a fim de criar uma experiência direcionada e personalizada para um usuário, quando se pode afirmar que tal finalidade foi alcançada? Depois de coletar 500 ou 2 mil dados pessoais? Ou 10 mil, ou 20 mil dados? Já não seria possível criar uma experiência direcionada e personalizada na posse de 10 mil dados? Para que coletar outros 10 mil?

Sérgio Alves Jr. destaca essa dificuldade no caso de dados financeiros, assinalando ser pouco crível, em razão de indeterminação desses conceitos, que instituições financeiras com finalidades expressas de segurança e comodidade, por exemplo, interrompam o tratamento, reconhecendo que alcançaram totalmente as referidas finalidades.[409]

A finalidade, portanto, deve ser aferida no caso concreto, diante da circunstância específica do tratamento. Os princípios da proporcionalidade e razoabilidade, bem como os da adequação e necessidade, previstos na própria LGPD, serão essenciais para encontrar a solução mais apropriada. Alguns autores destacam a dificuldade de definição do prazo de retenção dos dados, uma vez que ele é dependente de muitas variáveis[410] e que uma mera previsão contratual genérica, de que os dados não serão armazenados por período mais longo que o necessário, não será suficiente.

A LGPD não trouxe o delineio de critérios, como o RGPD , para o estabelecimento de prazos para o tratamento. Tal omissão, contudo, não implica a possibilidade de tratamento sem prazo, ou que, após a obtenção do consentimento ou na incidência de alguma outra base legal de tratamento, o responsável não mais precise, decorrido determinado período, reafirmar e reassegurar o fundamento jurídico para permanecer tratando os dados.

Outra hipótese de término do tratamento prevista no art. 15 é, como não poderia deixar de ser, o fim do período de tratamento. Algumas bases legais para o tratamento de dados pessoais pressupõem a existência de um contrato entre titular e controlador. Nesse acordo, muitas vezes existe a disposição de um prazo de duração para o tratamento de dados pessoais. Decorrido esse período, o controlador deve, não importando se os dados cumpriram ou não a função para a qual foram tratados,[411] pôr fim ao tratamento e eliminar os dados pessoais do titular.[412]

Note-se que o RGPD[413] determina ao controlador que, a fim de preservar um tratamento transparente e equitativo com o titular, indique um prazo de conservação dos dados pessoais ou, caso isso não seja viável, que ao menos informe os critérios que serão usados para definir a duração do tratamento. A obrigação de comunicar ao titular incide, inclusive, quando os dados não foram obtidos via consentimento direto, e deve ser realizada em prazo razoável após a obtenção dos dados pessoais. No mais tardar, no prazo de um mês, tendo em conta as circunstâncias específicas em que estes forem tratados.[414]

---

409 ALVES JR., S. Fechando um ciclo: do término do tratamento de dados pessoais (arts. 15 e 16 da LGPD). *In*: MENDES, L. S. *Tratado de proteção de dados pessoais*. Rio de Janeiro: Forense, 2021. p. 232.

410 FEILER, L. *et al. The EU General Data Protection Regulation (GDPR):* a commentary. Frankfurt: German Law Publishers, 2018. p. 108.

411 FEIGELSON, B.; SIQUEIRA, A. *Comentários à Lei Geral de Proteção de Dados Pessoais* – Lei n. 13.709/2018. São Paulo: Revista dos Tribunais; Thomson Reuters, 2019. p. 112.

412 LAMBERT, P. *Understanding the New European Data Protection Rules*. Boca Raton: CRC Press, 2017. p. 185.

413 Trata-se do art. 13 (2)(a) do RGPD.

414 Arts. 14(2)(a) e 14(3)(a).

O prazo de conservação dos dados pessoais é considerado um direito do titular pelo RGPD.[415] Mesmo para dados pessoais que devam ser armazenados em função de necessidades da segurança do Estado, ou defesa nacional e segurança pública, por exemplo, deve ser determinado prazo que leve em conta a natureza, o âmbito e os objetivos do tratamento ou das categorias de tratamento.[416] O direito ao conhecimento do prazo é visto como elemento essencial ao balanceamento da informação entre titular e agente de tratamento.[417]

Embora a legislação brasileira não imponha a obrigação de se estabelecer um prazo, não é menos verdade que existem "balizas de temporalidade"[418] fincadas pela LGPD, como é o caso do próprio art. 15 e de princípios como os da finalidade, adequação, entre outros.

A terceira hipótese de término do tratamento da LGPD é a comunicação do titular, inclusive no exercício de seu direito de revogação do consentimento, desde que resguardado o interesse público. De fato, o consentimento pode ser revogado a qualquer momento mediante manifestação expressa do titular, por procedimento gratuito e facilitado. Diante desse pedido, deve o controlador, então, cessar o tratamento e eliminar os dados pessoais do titular.

Por fim, o tratamento deve ser terminado em face a uma determinação expressa da ANPD, em casos de violação a algum dispositivo da LGPD. A competência fiscalizatória e sancionadora da ANPD empresta à autoridade o poder de eliminar dados pessoais referentes a uma dada infração, ou até mesmo proibir, total ou parcialmente, o exercício de atividades relacionadas a tratamento de dados. Em ambas as manifestações da autoridade de dados, haverá o término do tratamento de dados pessoais. De igual modo, o RGPD prevê que os dados devem ser eliminados quando forem tratados ilicitamente.[419]

Não podemos deixar de considerar que tanto o RGPD quanto a CCPA trazem hipótese de exceção ao direito de eliminação não contemplada pela LGPD, aplicável quando os dados forem necessários ao exercício da liberdade de expressão e de informação. A CCPA, na verdade, vai além, resguardando da eliminação os dados usados não só para exercer a própria liberdade de expressão, como também garantir o direito de outro consumidor exercer o direito de liberdade de expressão. Ou seja, se os dados a serem eliminados foram utilizados sob o agasalho do direito fundamental da livre expressão, própria ou de terceiros, o agente de tratamento não seria obrigado e apagá-los, mesmo diante de um pedido do titular. A ausência dessa previsão na LGPD, dentre outras razões, pode ser vislumbrada em razão de sua aplicação mais clara a casos atinentes ao direito ao esquecimento.[420]

No Direito brasileiro, há outros dispositivos legais e infralegais que possuem paralelos ou semelhanças com o instituto da eliminação de dados pessoais.

Embora o CDC não traga previsão expressa desse instituto, entendemos que o § 5º do art. 43, o qual determina que não serão fornecidas, pelos respectivos Sistemas de Proteção ao Crédito, quaisquer informações que possam impedir ou dificultar novo acesso ao crédito junto aos fornecedores, após consumada a prescrição relativa à cobrança de débitos

---

415 Art. 15(1)(d).

416 Art. 15(2)(f), do RGPD.

417 VOIGT, P.; VON DEM BUSSCHE, A. *The EU General Data Protection Regulation (GDPR). A Practical Guide*. Hamburg: Springer, 2017, p. 145.

418 ALVES JR., S. Fechando um ciclo: do término do tratamento de dados pessoais (arts. 15 e 16 da LGPD). *In*: MENDES, L. S. *Tratado de proteção de dados pessoais*. Rio de Janeiro: Forense, 2021. p. 233.

419 Art. 17(1)(d), do RGPD.

420 LAMBERT, P. *Understanding the New European Data Protection Rules*. Boca Raton: CRC Press, 2017. p. 203.

do consumidor, é uma espécie de obrigação parcial tácita à eliminação dos dados pessoais consumeristas nessas circunstâncias.

Bancos de dados de consumo e de crédito constituem importantes ferramentas de ampliação e aceleração na circulação de bens e serviços, mais ainda numa sociedade globalizada.[421] Tendo isso em vista, a Lei n. 12.414/2011, a chamada Lei do Cadastro Positivo, traz dispositivos que mantêm relação próxima com o direito à eliminação de dados pessoais, não obstante se valham de terminologia diversa, em muitos casos. Podemos citar, por exemplo, os seguintes comandos:

(i) art. 5º, I, que determina que é direito do titular de dados (ou cadastrado) obter o cancelamento ou a reabertura do cadastro, sempre quando solicitado e de forma gratuita;
(ii) art. 5º, III, o qual prevê que o titular ou cadastrado poderá solicitar o cancelamento em todos os bancos de dados que compartilharam qualquer informação sobre ele erroneamente anotada em banco de dados;
(iii) o § 2º do art. 17, que determina o cancelamento dos dados de titulares que tenham cadastros irregulares em bancos de dados cujo objetivo seja subsidiar a concessão de crédito, a realização de venda a prazo ou de outras transações comerciais e empresariais que impliquem risco financeiro, e sejam, ao mesmo tempo, consumidores. Esses cancelamentos, que equivalem à eliminação, caberão aos órgãos de proteção e defesa do consumidor, que poderão aplicar medidas corretivas aos controladores, sejam eles consulentes ou gestores, nos termos da Lei do Cadastro Positivo.

No que se refere ao Marco Civil, temos os seguintes dispositivos que guardam analogia com o instituto da eliminação de dados pessoais:

(i) art. 7º, X, que determina que haja exclusão definitiva dos dados pessoais fornecidos por usuário a aplicação de internet, a seu requerimento, ao término da relação entre as partes. O comando traz a ressalva quanto às hipóteses de guarda obrigatória de registros de aplicações e de conexão, como nos casos em que autoridades policiais ou o Ministério Público requerem ao Poder Judiciário a extensão do período de guarda desses dados;
(ii) arts. 19 e 21, que dizem respeito a obrigações de os provedores de aplicações removerem conteúdos por ordem judicial ou mera notificação do usuário prejudicado, respectivamente. Esses conteúdos podem conter, e muitas vezes contêm, dados pessoais acerca de determinado titular, que ele deseja ver removido da internet.

BIBLIOGRAFIA SELECIONADA

ALVES JR., S. Fechando um ciclo: do término do tratamento de dados pessoais (arts. 15 e 16 da LGPD). *In*: MENDES, L. S. *Tratado de proteção de dados pessoais*. Rio de Janeiro: Forense, 2021.

FEIGELSON, B.; SIQUEIRA, A. *Comentários à Lei Geral de Proteção de Dados Pessoais* – Lei n. 13.709/2018. São Paulo: Revista dos Tribunais; Thomson Reuters, 2019.

FEILER, L. *et al. The EU General Data Protection Regulation (GDPR):* a commentary. Frankfurt: German Law Publishers, 2018.

---

[421] MIRANDA, L. A. *A proteção de dados pessoais e o paradigma da privacidade*. São Paulo: All Print, 2018. p. 223.

LAMBERT, P. *Understanding the New European Data Protection Rules.* Boca Raton: CRC Press, 2017.

MALDONADO, V. N. Direitos dos titulares de dados. *In*: MALDONADO, V. N.; BLUM, R. O. (coord.). *Comentários ao GDPR*. Regulamento Geral de Proteção de Dados da União Europeia. São Paulo: Revista dos Tribunais; Thomson Reuters, 2018.

MIRANDA, L. A. *A proteção de dados pessoais e o paradigma da privacidade*. São Paulo: All Print, 2018.

PINHEIRO, P. P. *Proteção de dados pessoais.* Comentários à Lei nº 13.709/2018 (LGPD). São Paulo: Saraiva, 2018.

SAMPAIO, G.; MEIRELLES, R. Término do tratamento dos dados. *In*: TEPEDINO, G.; FRAZÃO, A.; OLIVA, M. D. (coord.). *Lei Geral de Proteção de Dados Pessoais e suas repercussões no direito brasileiro*. São Paulo: Revista dos Tribunais, Thomson Reuters, 2019.

TSESIS, A. The right to be forgotten and erasure: privacy, data brokers and the indefinite retention of data. *Wake Forest Law Review*, v. 48, 2014.

VOIGT, P.; VON DEM BUSSCHE, A. *The EU General Data Protection Regulation (GDPR)*. A Practical Guide. Hamburg: Springer, 2017.

Art. 16. Os dados pessoais serão eliminados após o término de seu tratamento, no âmbito e nos limites técnicos das atividades, autorizada a conservação para as seguintes finalidades:

I – cumprimento de obrigação legal ou regulatória pelo controlador;

II – estudo por órgão de pesquisa, garantida, sempre que possível, a anonimização dos dados pessoais;

III – transferência a terceiro, desde que respeitados os requisitos de tratamento de dados dispostos nesta Lei; ou

IV – uso exclusivo do controlador, vedado seu acesso por terceiro, e desde que anonimizados os dados.

Artigo 16

Comentado por Guilherme Pereira Pinheiro

DISPOSITIVOS RELACIONADOS NO ORDENAMENTO JURÍDICO BRASILEIRO

- Art. 43, § 5º, CDC.
- Art. 5º, I e III; art. 17, § 2º, LCP.
- Art. 7º, X; art. 19; art. 21, MCI.

DISPOSITIVOS RELACIONADOS NA LGPD

- Art. 5º, X e XIV; art. 8º, § 5º; art. 16; art. 18, IV; art. 18, § 6º; art. 52, VI.

ATIVIDADES DA ANPD RELACIONADAS À ELIMINAÇÃO DE DADOS PESSOAIS

- Guia ANPD: Tratamento de Dados Pessoais pelo Poder Público.
- Guia ANPD: Cookies e Proteção de Dados Pessoais.
- Guia ANPD: Tratamento de Dados Pessoais para fins Acadêmicos e para a Realização de Estudos e Pesquisas.
- Enunciado CD/ANPD n. 1 (2023).

CASOS E DECISÕES RELEVANTES

- STF, RE 1010606 (Repercussão Geral 786), Rel. Min. Dias Toffoli, j. 11.02.2021, *DJe* 11.02.2021.

- STJ, REsp 2092096 SP 2023/0294797-4, 3ª Turma, Rel. Min. Nancy Andrighi, j. 12.12.2023, *DJe* 15.12.2023.
- TSE, Processo Administrativo n. 60044851 Brasília-DF. Rel. Min. Og Fernandes, j. 16.06.2020, Data de Publicação: 04.08.2020.

JUSTIFICATIVA E FUNDAMENTOS

A razão da inclusão do dispositivo é evitar a perpetuação da retenção de dados pessoais por controladores e operadores, pondo fim ao ciclo que deu início ao tratamento dos dados pessoais. A limitação do tempo de posse dos dados pelos agentes de tratamento visa preservar os direitos dos titulares, refreando o comércio do tratamento de dados pessoais.[422]

O objetivo é justamente evitar que, não mais subsistindo os motivos que justificaram o começo do tratamento de dados, os agentes de tratamento permaneçam com a potencialidade de os coletar, reproduzir, processar, modificar, enfim, tratá-los de qualquer modo.

Há um risco de que os dados pessoais, mesmo após o fim do tratamento, permaneçam armazenados pelo controlador, aumentando possibilidades de vazamento e utilização indevida, para outros fins que não os originalmente previstos. Ao mesmo tempo, em algumas hipóteses os dados devem ser mantidos, ainda que haja pedido expresso do titular para eliminá-los, como veremos mais à frente.

A finalidade, portanto, é a de permitir ao usuário o controle sobre o ciclo de suas informações, porquanto o tratamento dos dados não transfere aos agentes de tratamento a titularidade dos dados, assumindo uma natureza ambulatória.[423]

O dispositivo não constava expressamente no PL n. 4.060/2012, de autoria do deputado Milton Monti, a proposta legislativa originária e de iniciativa do próprio Poder Legislativo. O referido projeto trazia um art. 16, o qual determinava que, quando do término ou bloqueio do tratamento dos dados pessoais, o responsável poderia conservá-los ou compartilhá-los com terceiros somente quando tais práticas fossem adotadas para finalidades históricas, estatísticas ou de pesquisa científica. Ou seja, já criava algumas hipóteses de exceções para a conservação dos dados após o término do tratamento.

Em seguida, o PL n. 5.276/2016, de autoria do Poder Executivo, trouxe o assunto de maneira muito mais detalhada, com uma seção específica e na forma de dois artigos, os de número 15 e 16, que, curiosamente, mantiveram a numeração na redação final da LGPD.

Em relação ao texto final, as alterações substantivas em relação ao PL n. 5.276/2016, referente ao art. 16, foram as seguintes: (i) acréscimo da expressão "no âmbito e nos limites técnicos das atividades" no *caput* do artigo, condicionando a obrigação de eliminação dos dados pessoais após o término de seu tratamento à existência de uma possibilidade técnica e a restringindo devidamente ao âmbito dos serviços; (ii) no inciso I, aditou-se o cumpri-

[422] TSESIS, A. the right to be forgotten and erasure: privacy, data brokers and the indefinite retention of data. *Wake Forest Law Review*, v. 48, 2014.

[423] "Ambulatório" no sentido de que os dados ora estão sob a batuta de um agente de tratamento, ora estão sob a regência de outro, mas logo dele são retirados pelo titular, assumindo assim um caráter de constantes mudanças. Cf. SAMPAIO, G.; MEIRELLES, R. Término do tratamento dos dados. *In*: TEPEDINO, G.; FRAZÃO, A.; OLIVA, M. D. (coord.). *Lei Geral de Proteção de Dados Pessoais e suas repercussões no direito brasileiro*. São Paulo: Revista dos Tribunais; Thomson Reuters, 2019, p. 220-221.

mento de obrigação regulatória, além da obrigação legal; (iii) no inciso II, restringiu-se a autorização para a conservação dos dados. O texto original previa que a exceção se estendia à pesquisa histórica, científica e estatística, hipóteses reduzidas posteriormente apenas à de estudo por órgão de pesquisa; (iv) a redação final incorporou também um inciso IV, que previu que a conservação, após o término do tratamento também poderia ocorrer para o uso exclusivo do controlador, sendo vedado seu acesso por terceiro, e desde que os dados fossem anonimizados. Esta última alteração é bastante lógica, já que os dados efetivamente anonimizados estão fora do alcance da LGPD; e (v) foi excluída da versão final a proposta de que o órgão competente poderia estabelecer hipóteses específicas de conservação de dados pessoais, ressalvado o disposto em legislação específica.

Quanto ao art. 16, especialmente em razão das alterações que o texto sofreu ao longo do processo legislativo, podemos concluir que a LGPD pretendeu estabelecer um rol fechado das possibilidades de conservação dos dados pessoais, ao invés do modelo proposto originalmente, como forma de reduzir os riscos de continuidade ilícita do tratamento dos dados. Diante disso, é razoável defender que qualquer interpretação sobre a conservação de dados pessoais após o término do tratamento seja sempre restritiva.

ANÁLISE

Tanto o RGPD quanto a CCPA trazem hipótese de exceção ao direito de eliminação não contemplada pela LGPD, aplicável quando os dados forem necessários ao exercício da liberdade de expressão e de informação. A CCPA, na verdade, vai além, resguardando da eliminação os dados usados não só para exercer a própria liberdade de expressão, como também garantir o direito de outro consumidor exercer o direito de liberdade de expressão. Ou seja, se os dados a serem eliminados foram utilizados sob o agasalho do direito fundamental da livre expressão, própria ou de terceiros, o agente de tratamento não seria obrigado e apagá-los, mesmo diante de um pedido do titular. A ausência dessa previsão na LGPD, dentre outras razões, pode ser vislumbrada em razão de sua aplicação mais clara a casos atinentes ao direito ao esquecimento.[424]

O art. 16 da LGPD haure inspiração no RGPD[425] para criar exceções à regra da eliminação após o término do tratamento. Em alguns casos, porém, há um alto valor na manutenção da base de dados pessoais, sendo a anonimização muitas vezes adotada como último recurso viável.[426] Existe claro, uma preocupação significativa com a segurança desses dados e o RGPD prevê, por exemplo, que a conservação ocorra estritamente pelo período necessário, devendo haver um prazo para eliminação ou uma revisão periódica da necessidade de guarda.[427]

No caso das exceções previstas no art. 16, entendemos constituírem lista exaustiva, porquanto restritivas de direitos. Outra vez temos a influência do RGPD, que prevê uma lista de exceções à regra do direito ao apagamento dos dados.[428]

---

[424] LAMBERT, P. *Understanding the New European Data Protection Rules*. Boca Raton: CRC Press, 2017. p. 203.

[425] *Vide* art. 17(3), do RGPD.

[426] PINHEIRO, P. P. *Proteção de dados pessoais*. Comentários à Lei nº 13.709/2018 (LGPD). São Paulo: Saraiva, 2018. p. 77.

[427] Considerando 39, do RGPD.

[428] Art. 17(3), do RGPD.

Primeiro, o art. 16 prevê um condicionamento às hipóteses de eliminação de dados pessoais após o término do tratamento. Determina que o dever de eliminação dos dados pessoais após o término do tratamento está condicionado ao âmbito e limites técnicos das atividades realizadas pelos agentes de tratamento. Em seguida, o dispositivo relaciona 4 ressalvas ao direito de eliminação, que passamos a analisar a seguir.

A primeira ressalva é o cumprimento de obrigação legal ou regulatória pelo controlador, inspirada outra vez no RGPD. Temos aqui inúmeros exemplos de obrigação legal, como as informações referentes ao recolhimento do FGTS à Caixa Econômica Federal, a Declaração do Imposto de Renda Retido na Fonte (Dirf), Previdência Social (Sefip), obrigação de guardas de dados de ligações telefônicas por 5 anos, de registros de aplicações e conexões pelos prazos previstos no MCI, guarda de registros de certas transações financeiras por instituições financeiras por um período de 5 anos,[429] entre outros.

Alguns tribunais vêm entendendo que, não obstante haja o interesse público na publicização de alguns dados, em certas situações deve prevalecer o direito à privacidade. É o caso de candidato derrotado em eleições para senador da República, que pretendeu excluir seus dados pessoais, incluindo declaração de bens e certidões criminais, do Sistema de Divulgação de Candidaturas (DivulgaCand). Nesse caso, o TSE entendeu que a finalidade de publicização estava exaurida com o fim do pleito eleitoral, não subsistindo razão para manutenção pública dos dados. Na decisão, o tribunal afirma que o "tratamento de dados pessoais pelo Poder Público deve ser realizado para atender à sua finalidade pública, na persecução do interesse público, com o escopo de executar as competências legais ou cumprir as atribuições legais do serviço público e concretizar políticas públicas" e que, "verificado que tal propósito foi alcançado ou exaurido, deixando os dados de ser necessários ou pertinentes segundo a causa justificadora, torna-se imprescindível promover o término desse tratamento, mormente se o acesso a eles for de caráter público".

A segunda exceção abrange os estudos por órgão de pesquisa, garantida, sempre que possível, a anonimização dos dados pessoais. Como vimos, tal isenção encontra amparo na CCPA, que prevê a possibilidade de preservação dos dados para utilização em pesquisas científicas, históricas ou estatísticas públicas, quando a exclusão das informações pela empresa for suscetível de tornar impossível ou prejudicar seriamente a capacidade de concluir tal pesquisa, se o consumidor tiver fornecido consentimento informado. Previsão semelhante trouxe também o RGPD, que menciona investigações científicas ou históricas e fins estatísticos como hipóteses que excepcionam a obrigação de eliminação dos dados.[430]

Preocupa, no texto da LGPD, a expressão "sempre que possível", indicadora de margem de subjetividade na manutenção desse dado, concedendo ao agente de tratamento excessiva discricionariedade na garantia ou não da anonimização e insegurança jurídica.[431]

Uma terceira exceção à regra da eliminação dos dados pessoais é a prevista no inciso III do art. 16, incidente em casos de transferência dos dados pessoais a terceiro, desde que respeitados os requisitos de tratamento de dados dispostos na LGPD. À primeira vista, a redação pode causar estranheza, ao possibilitar a guarda e transferência de dados após o término do tratamento. Ocorre que tal hipóteses está condicionada ao respeito aos requisi-

---

429 *Vide* art. 10, § 2º, da Lei n. 9.613/1998.

430 Art. 17(3)(d), do RGPD.

431 FEIGELSON, B.; SIQUEIRA, A. *Comentários à Lei Geral de Proteção de Dados Pessoais* – Lei n. 13.709/2018. São Paulo: Revista dos Tribunais; Thomson Reuters, 2019. p. 114.

tos de tratamento da LGPD, elencados especialmente nos arts. 7º e 11.[432] Ou seja, caso haja consentimento, ou o respaldo de outra base legal prevista na lei, será possível essa transferência de dados.

Tal dispositivo, contudo, parece contraditório com o § 6º do art. 18, que determina ao responsável o dever de informar, imediatamente, aos agentes de tratamento com os quais tenha realizado uso compartilhado de dados a eliminação, a fim de que repitam idêntico procedimento. Parte da estranheza vem da imprecisão do termo "transferência", que não é incluído na definição de uso compartilhado, embora tal definição faça referência à transferência internacional. Estranheza também que se deve à aparente contradição entre o dever de informar a terceiros sobre a eliminação, mas, ao mesmo tempo, manter a possibilidade de guarda e tratamento dos dados para transferência a terceiros após o término do tratamento. O ideal seria que esta exceção viesse condicionada à anonimização dos dados , como foi o caso do inciso IV do art. 16.

O RGPD, em seu art. 17, prevê como hipótese de término do tratamento a oposição do titular combinada à não existência de interesses legítimos prevalecentes que justifiquem o tratamento. Uma forma de ler o dispositivo é justamente à luz da existência de eventuais interesses legítimos, ou legítimo interesse, do agente de tratamento que o permitissem transferir os dados a terceiros. O CCPA, por exemplo, permite que o agente de tratamento não elimine os dados em casos de usos exclusivamente internos à empresa e que estejam razoavelmente alinhados com as expectativas do consumidor e compatíveis com o contexto em que o consumidor forneceu a informação.

Vale, ainda, notar que os dados pessoais de crianças e adolescentes, segundo a LGPD, não poderão ser repassados a terceiros sem o consentimento específico e em destaque dado por pelo menos um dos pais ou pelo responsável legal,[433] apesar de a ANPD já ter decidido que o consentimento não é a única base legal para o tratamento de dados de crianças.[434]

Por fim, a última exceção diz respeito ao caso de uso exclusivo dos dados pelo controlador, sendo vedado seu acesso por terceiro, e desde que anonimizados os dados. Ou seja, uma vez anonimizados os dados, não há que se falar sobre a incidência da LGPD.

Vale uma palavra sobre a diferença entre o direito à eliminação de dados pessoais e o direito ao esquecimento. O art. 17 do RGPD confere aos titulares de dados o direito à exclusão de seus dados pessoais em algumas situações. Tal direito, chamado pelo RGPD de direito ao apagamento dos dados (ou "direito a ser esquecido") tem o objetivo de emprestar aos titulares o poder de requerer a exclusão de seus dados quando sua manutenção for inconsistente com as exigências do próprio RGPD ou alguma outra legislação.

Vale notar que o direito à eliminação ou "ao esquecimento" já existe no âmbito da UE desde pelo menos a edição da Diretiva 95/46/CE, além de várias leis nacionais fazerem referência também ao referido direito, como o *Data Protection Act*, de 2018, do Reino Unido. O RGPD, contudo, dá mais destaque ao tema e torna o direito mais explícito.[435]

---

432 FEIGELSON, B.; SIQUEIRA, A. *Comentários à Lei Geral de Proteção de Dados Pessoais* – Lei n. 13.709/2018. São Paulo: Revista dos Tribunais; Thomson Reuters, 2019. p. 114.

433 Art. 14, §§ 1º e 3º, LGPD.

434 Enunciado CD/ANPD n. 1 (2023).

435 LAMBERT, P. *Understanding the New European Data Protection Rules*. Boca Raton: CRC Press, 2017. p. 205.

De modo geral, no âmbito do RGPD, o direito à eliminação está relacionado a casos em que: os dados não são mais necessários para os propósitos aos quais foram inicialmente coletados, o titular retirou o seu consentimento, os titulares se opõem ao tratamento desses dados ou o tratamento está em desacordo com o RGPD.

Já o art. 47 do *Data Protection Act*, de 2018, do Reino Unido (*right to erasure or restriction of processing*), determina que o responsável pelo tratamento deve apagar os dados pessoais sem demora injustificada quando: (i) o processamento dos dados pessoais violar princípios de proteção de dados; e (ii) o responsável pelo tratamento tiver a obrigação legal de apagar os dados.[436] Ademais, quando um controlador for requisitado a apagar os dados, mas eles tiverem de ser mantidos para fins de prova, ao invés de apagá-los, o controlador deverá restringir o seu processamento.[437]

A maior diferenciação está na abrangência, pela legislação europeia, em relação à eliminação de dados pessoais, ao que se chama direito ao apagamento dos dados (ou "direito a ser esquecido"), que tangencia o que entendemos por direito ao esquecimento no Brasil. O caso paradigmático, no âmbito da UE, Google Spain *vs* Agencia Española de Protección de Datos (AEPD) e Gonzáles,[438] considerou que a atividade clássica de um buscador, qual seja, a de buscar informações de terceiros e indexá-las de forma automatizada, armazená-la e disponibilizá-la para o público em geral de acordo com uma ordem de preferência, consistia em processar (ou tratar, na linguagem da LGPD) dados pessoais. Alguns autores notam que mesmo a liberdade de imprensa não está imune ao direito ao esquecimento, mas que o RGPD, embora tenha incrementado esses direitos, não os criou, sendo direitos já existentes em países como Bélgica, França (*le doit a l'oubli*) e outros.[439]

A nosso ver, o direito à eliminação de dados difere do que entendemos, no Brasil, por direito ao esquecimento. O primeiro não abarca o segundo, como ocorre no âmbito da UE. De um lado, o direito à eliminação de dados constitui relação jurídica entre as partes regida pela LGPD, em que há o tratamento de dados pessoais. De outro, no direito ao esquecimento, adentramos o campo da liberdade de imprensa e da livre expressão, que estão excluídos, em grande medida, da incidência da LGPD. Não obstante haja possibilidade de casos de sobreposição, não parece haver confusão no direito brasileiro entre os diferentes direitos.

Num caso hipotético limítrofe, podemos tentar vislumbrar situação em que um buscador, que obteve dados pessoais nos termos da LGPD, os utilize, desvirtuando o princípio da finalidade, para criar reportagens, automatizadas ou não, sobre determinados indivíduos. Nessa hipótese, caso esses indivíduos se entendam prejudicados por tais conteúdos, poderiam eventualmente valer-se com êxito tanto do direito à eliminação de dados pessoais como do direito ao esquecimento para vê-los retirados da internet. As ações, contudo, teriam escopos distintos. O pedido de eliminação dos dados obrigaria ao controlador excluir esses dados do banco de dados em que estão armazenados, enquanto o direito ao esquecimento con-

---

436 CAREY, P. *Data protection:* a practical guide to UK and EU Law. New York: Oxford University Press, 2018. p. 143-147.

437 Curiosamente, há disposição semelhante, também no art. 47 do *Data Protection Act*, em relação a dados cuja correção foi solicitada pelo titular ao controlador. Nesse caso, quando um titular de dados contesta a sua exatidão, mas não é possível determinar se são exatos ou não, o responsável pelo tratamento deve restringir seu processamento.

438 TJUE. Google Spain v. AEPD e Mario Costeja González, 13 de maio de 2014.

439 SYNODINOU, T. E. The media coverage of court proceedings in Europe: striking a balance between freedom of expression and fair process. *Computer Law & Security Review*, v. 28, p. 208-217, 2012.

sistiria na própria remoção da reportagem publicada na internet.[440] Conquanto o direito ao esquecimento também comporte a proteção à privacidade, ele se manifesta com objetivos que vão além disso, como o desejo de recomeçar do zero e o de estar conectado unicamente com o presente.[441]

Assim entendem também vários autores. Gisele Sampaio e Rose Meirelles assentam que o direito ao esquecimento se refere ao desejo de se defender contra a publicidade de uma memória negativa ou constrangedora de eventos passados, resultando na desindexação de determinados termos ou frase para dificultar o acesso a certas informações, enquanto o direito à eliminação foi concebido para tornar os dados pessoais indisponíveis, independente do contexto publicitário negativo.[442]

Lembramos que o direito ao esquecimento no Brasil ainda não está assentado. Recentemente, o STF enfrentou a questão no caso Aída Curi, cujos contornos fáticos específicos permitem prever que o Tribunal deverá revisitar o tema brevemente. Também a doutrina carece de critérios claros e objetivos para os contornos desse direito, demandando novos esforços e desenvolvimentos.[443] No mesmo sentido, Schreiber, para quem a lei brasileira de proteção de dados pessoais não trata a rigor do direito esquecimento, entendido este como a oposição à recordação pública e repressiva de fatos que não mais refletem a identidade da pessoa.[444]

BIBLIOGRAFIA SELECIONADA

ALVES JR., S. Fechando um ciclo: do término do tratamento de dados pessoais (arts. 15 e 16 da LGPD). *In*: MENDES, L. S. *Tratado de proteção de dados pessoais*. Rio de Janeiro: Forense, 2021.

CAREY, P. *Data protection:* a practical guide to UK and EU Law. New York: Oxford University Press, 2018.

FEIGELSON, B.; SIQUEIRA, A. *Comentários à Lei Geral de Proteção de Dados Pessoais* - Lei n. 13.709/2018. São Paulo: Revista dos Tribunais; Thomson Reuters, 2019.

FEILER, L. *et al. The EU General Data Protection Regulation (GDPR):* a commentary. Frankfurt: German Law Publishers, 2018.

LAMBERT, P. *Understanding the New European Data Protection Rules.* Boca Raton: CRC Press, 2017.

440 STF, RE 1010606.

441 MALDONADO, V. N. Direitos dos titulares de dados. *In*: MALDONADO, V. N.; BLUM, R. O. (coord.). *Comentários ao GDPR*. Regulamento Geral de Proteção de Dados da União Europeia. São Paulo: Revista dos Tribunais; Thomson Reuters, 2018. p. 201.

442 SAMPAIO, G.; MEIRELLES, R. Término do tratamento dos dados. *In*: TEPEDINO, G.; FRAZÃO, A.; OLIVA, M. D. (coord.). *Lei Geral de Proteção de Dados Pessoais e suas repercussões no direito brasileiro*. São Paulo: Revista dos Tribunais; Thomson Reuters, 2019. p. 220-221.

443 SIQUEIRA, D. P.; VIEIRA, A. E. S. F. O direito ao esquecimento *post mortem* à luz do direito de personalidade e do julgamento do Supremo Tribunal Federal na Repercussão Geral 786. *Revista Brasileira de Direito*, v. 34, p. 278-300, 2023.

444 SCHREIBER, A. Direito ao esquecimento e proteção de dados pessoais na Lei n. 13.709/2018: distinções e potenciais convergências. *In*: TEPEDINO, G.; FRAZÃO, A.; OLIVA, M. D. (coord.). *Lei Geral de Proteção de Dados Pessoais e suas repercussões no direito brasileiro.* São Paulo: Revista dos Tribunais; Thomson Reuters, 2019. p. 379-380.

MALDONADO, V. N. Direitos dos titulares de dados. *In*: MALDONADO, V. N.; BLUM, R. O. (coord.). *Comentários ao GDPR*. Regulamento Geral de Proteção de Dados da União Europeia. São Paulo: Revista dos Tribunais; Thomson Reuters, 2018.

MIRANDA, L. A. *A proteção de dados pessoais e o paradigma da privacidade*. São Paulo: All Print, 2018.

PINHEIRO, P. P. *Proteção de dados pessoais*. Comentários à Lei nº 13.709/2018 (LGPD). São Paulo: Saraiva, 2018.

SAMPAIO, G.; MEIRELLES, R. Término do tratamento dos dados. *In*: TEPEDINO, G.; FRAZÃO, A.; OLIVA, M. D. (coord.). *Lei Geral de Proteção de Dados Pessoais e suas repercussões no direito brasileiro*. São Paulo: Revista dos Tribunais; Thomson Reuters, 2019.

SCHREIBER, A. Direito ao esquecimento e proteção de dados pessoais na Lei n. 13.709/2018: distinções e potenciais convergências. *In*: TEPEDINO, G., FRAZÃO, A.; OLIVA, M. D. (coord.). *Lei Geral de Proteção de Dados Pessoais e suas repercussões no direito brasileiro*. São Paulo: Revista dos Tribunais; Thomson Reuters, 2019.

SIQUEIRA, D. P.; VIEIRA, A. E. S. F. O direito ao esquecimento *post mortem* à luz do direito de personalidade e do julgamento do Supremo Tribunal Federal na Repercussão Geral 786. *Revista Brasileira de Direito*, v. 34, p. 278-300, 2023.

SYNODINOU, T. E. The media coverage of court proceedings in Europe: striking a balance between freedom of expression and fair process. *Computer Law & Security Review*, v. 28, p. 208-217, 2012.

TSESIS, A. The right to be forgotten and erasure: privacy, data brokers and the indefinite retention of data. *Wake Forest Law Review*, v. 48, 2014.

VOIGT, P.; VON DEM BUSSCHE, A. *The EU General Data Protection Regulation (GDPR)*. A Practical Guide. Hamburg: Springer, 2017.

Capítulo III
DOS DIREITOS DO TITULAR

Art. 17. Toda pessoa natural tem assegurada a titularidade de seus dados pessoais e garantidos os direitos fundamentais de liberdade, de intimidade e de privacidade, nos termos desta Lei.

Artigo 17

Comentado por Ricardo Villas Bôas Cueva

DISPOSITIVOS RELACIONADOS NO DIREITO INTERNACIONAL

- Art. 1°; art. 3°; art. 12°, Declaração de Direitos Humanos da ONU.
- Art. 7; art. 11(2), Convenção Americana sobre Direitos Humanos (Pacto de San José – OEA).
- Art. 17, Pacto Internacional sobre os Direitos Civis e Políticos.
- Art. 16, Convenção sobre Direitos da Criança.
- Art. 5°; art. 8°, Convenção Europeia dos Direitos do Homem.
- Art. 1°, Convenção 108.

DISPOSITIVOS RELACIONADOS NO ORDENAMENTO JURÍDICO BRASILEIRO

- Art. 1º, II; art. 5º, *caput,* X, XII, LXXIX; art. 21, XXVI; art. 22, XXX, CRFB.
- Arts. 11 e 12; arts. 16, 17, 18, 19, 20 e 21, CC.
- Arts. 3° e 4°; arts. 15 e 16; art. 100, parágrafo único, V; art. 190-E, parágrafo único, ECA.
- Art. 147-A; art. 154-A; art. 216-B, CP.
- Art. 3°; arts. 7° e 8°; arts. 10 e 11; art. 21; e art. 23, MCI.

DISPOSITIVOS RELACIONADOS NA LGPD

- Art. 2º; art. 5°, XVII; art. 7°, IX; art. 11, II, *g*.

CASOS E DECISÕES RELEVANTES

- STF, Medida Cautelar na ADI n. 6.387/DF, Tribunal Pleno, Min. Rel. Rosa Weber, j. 07.05.2020, *DJe* 12.11.2020.

JUSTIFICATIVA E FUNDAMENTOS

A LGPD precedeu a EC n. 115, de 10 de fevereiro de 2022, que alterou a CRFB para incluir a proteção de dados pessoais entre os direitos e garantias fundamentais (art. 5º, LXXIX, CRFB) e para fixar a competência da União para organizar e fiscalizar a proteção e o tratamento de dados pessoais, bem como para legislar privativamente sobre o tema (arts. 21, XXVI, e 22, XXX, CRFB).

O texto legal é também anterior à histórica decisão do STF, que referendou, em 7 de maio de 2020, a medida cautelar deferida pela Ministra Rosa Weber na ADI n. 6.387/DF, proposta pelo CFOAB para que se declarasse a inconstitucionalidade da Medida Provisória n. 954/2020, que obrigava as empresas de telecomunicações a compartilharem com o IBGE dados pessoais de seus usuários. Entendeu-se, na ocasião, que os direitos à privacidade e à autodeterminação informativa foram positivados no art. 2º, I e II, da LGPD, não obstante a Lei ainda se encontrar no período de *vacatio legis*. E mais: "interpretando o artigo 5º, *caput*, X e XII, da Carta da República, o Plenário do Supremo Tribunal Federal expressamente reconheceu o direito constitucional à proteção de dados, circunstância que, aliás, ficou explicitada nos votos dos demais Ministros, destacando-se o entendimento dos Ministros Luiz Fux, Ricardo Lewandowski, Gilmar Mendes e Cármen Lúcia, no qual tal direito é requerido".[1]

É compreensível, portanto, que o legislador tenha procurado não apenas atrelar a titularidade dos dados pessoais às pessoas naturais – que parece ser a função topológica desse dispositivo, ao encabeçar os artigos do Capítulo III, referentes aos direitos do titular[2] –, mas também ancorar o direito à proteção de dados pessoais aos direitos fundamentais de liberdade, de intimidade e de privacidade. Essa construção talvez se deva ao modo como são arrolados os direitos e garantias fundamentais no art. 5º da CRFB, embora talvez fosse possível e até mesmo desejável ancorar o direito à proteção de dados pessoais à dignidade da pessoa humana, haja vista seu caráter matricial e fundante de todos os direitos fundamentais, e ao direito ao livre desenvolvimento da personalidade, com base nos quais a Corte Constitucional alemã consagrou o direito geral de personalidade.[3] Entre nós, a dignidade da pessoa humana é um dos fundamentos da República Federativa do Brasil (art. 1º, III, da CRFB) e pode ser entendida como chave de leitura para a despatrimonialização e repersonalização do direito privado, contexto no qual os direitos da personalidade são expressões da cláusula geral de tutela da pessoa humana. Os dados pessoais inserem-se entre os direitos de personalidade, pois se caracterizam como projeções, extensões ou dimensões de seu titular.[4]

---

1 SILVA, M. C. M. da. A Lei Geral de Proteção de Dados: aperfeiçoamento e consolidação no Brasil. *In*: MARINHO, G. *et al.* (org.). *Aspectos relevantes da Lei Geral de Proteção de Dados*. São Paulo: Contracorrente, 2021. p. 49.

2 Outra possibilidade é aventada por Ana Frazão, Angelo Prata de Carvalho e Giovanna Milanez: "Talvez a verdadeira importância do art. 17 da LGPD seja a de assegurar a titularidade dos dados pessoais aos indivíduos e não aos agentes de tratamento" (FRAZÃO, A.; CARVALHO, A. P.; MILANEZ, G. *Curso de proteção de dados pessoais:* fundamentos da LGPD. Rio de Janeiro: Forense, 2022. p. 306).

3 ROCHFELD, J. *Le grandes notions de droit privé*. Paris: PUF, 2011. p. 57.

4 BIONI, B. R. *Proteção de dados pessoais:* a função e os limites do conhecimento. 3. ed. Rio de Janeiro: Forense, 2021. p. 51 e s. V. também SARLET, I. Fundamentos constitucionais: o direito fundamental à proteção de dados. *In*: DONEDA, D. *et al.* (coord.). *Tratado de proteção de dados pessoais*. Rio de Janeiro: Forense, 2021. p. 36.

À míngua, à época da elaboração da LGPD, de expresso reconhecimento pelo Judiciário, assim como de positivação no texto constitucional, de um direito fundamental autônomo à proteção de dados pessoais, o legislador não teve escolha senão vincular expressamente o direito à proteção de dados pessoais à matriz constitucional (sobretudo o inciso X do art. 5º da Constituição). Esta, em princípio, já permitiria o reconhecimento de um direito fundamental autônomo decorrente daqueles, mas que, em razão de uma interpretação dominante no STF do "sigilo de dados", previsto na truncada redação do inciso XII do art. 5º da Constituição, como sigilo atinente apenas à transmissão de dados, e não aos dados em si mesmos considerados, retardou o início da efetiva proteção de dados pessoais no Brasil. No ambiente normativo e jurisprudencial do momento em que elaborado o texto final da LGPD, em 2016, foi necessário invocar a matriz constitucional, a fim de que o direito à proteção de dados pessoais não fosse passível de interpretação meramente instrumental, desassociada de um direito fundamental.

Veja-se, a propósito, que o RGPD, já em seu primeiro considerando, enuncia que "a proteção das pessoas singulares relativamente ao tratamento de dados pessoais é um direito fundamental" previsto na Carta dos Direitos Fundamentais da UE e no Tratado sobre o Funcionamento da UE. Do mesmo modo, o art. 1º do RGPD, que define o objeto e os objetivos da norma, delimita o âmbito de proteção às pessoas singulares e deixa claro que o regulamento "defende os direitos e as liberdades fundamentais das pessoas singulares, nomeadamente o seu direito à proteção dos dados pessoais".

ANÁLISE

A titularidade dos dados pessoais é atribuída às pessoas naturais identificadas ou identificáveis, nos termos do art. 5º, I, o que exclui, obviamente, as pessoas jurídicas.[5] Há vozes doutrinárias, contudo, que sustentam a aplicabilidade dos direitos de personalidade às pessoas jurídicas e questionam a opção legal. As pessoas jurídicas e os entes despersonalizados também teriam direito à proteção de dados que possam afetar direitos e interesses de terceiros, notadamente pessoas naturais. Prevalece, entretanto, o entendimento de que "as pessoas jurídicas já são protegidas, inclusive na perspectiva jusfundamental, por outros direitos e garantias (sigilo industrial e comercial, propriedade imaterial etc.)", sendo duvidoso que "a inclusão das pessoas jurídicas no polo subjetivo ativo dos direitos à privacidade e intimidade, bem como do direito à proteção de dados pessoais, implique em ganho real qualitativo de proteção". Além disso, "a opção legislativa guarda a harmonia e a simetria necessárias com os marcos normativos mais relevantes para o sistema brasileiro, em especial o Regulamento Geral de Proteção de Dados da Europa, que, de resto, foi em boa parte recepcionado pelo nosso legislador e já havia encontrado ressonância nos trabalhos preparatórios de elaboração do projeto de lei".[6]

Também se excluem da tutela da lei os dados que não permitam identificar uma pessoa, especialmente os dados anonimizados ou dados estatísticos que não comportem desanonimização, a exemplo do que ocorre na UE sob a égide do RGPD. Consoante o TJUE, para determinar a referibilidade de uma informação objetiva a uma pessoa basta a possibilidade

---

5 MALDONADO, V. N. Dos direitos do titular. *In*: MALDONADO, V. N.; BLUM, R. O. (coord.). *Lei Geral de Proteção de Dados comentada*. São Paulo: RT, 2019. p. 220.

6 SARLET, I. Fundamentos constitucionais: o direito fundamental à proteção de dados. *In*: DONEDA, D. *et al.* (coord.). *Tratado de proteção de dados pessoais*. Rio de Janeiro: Forense, 2021. p. 48.

de, com um esforço não injustificável e com meios legais, estabelecer o liame da informação com a pessoa concreta.[7]

Por fim, a expressão "nos termos desta lei" indica a possibilidade de limites e restrições ao direito à proteção de dados, ou seja, de uma ampliação ou redução das balizas já existentes na LGPD, o que acabou por se reforçar na reserva legal expressamente estatuída no inciso LXXIX do art. 5º da Constituição. Tais limites e restrições devem ser compreendidos em suas dimensões objetiva e subjetiva. Nesta, sobretudo levando-se em conta os deveres estatais de proteção de outros direitos, verificam-se intervenções nas posições jurídicas atribuídas aos titulares do direito à proteção de dados.

BIBLIOGRAFIA SELECIONADA

BIONI, B. R. *Proteção de dados pessoais:* a função e os limites do conhecimento. 3. ed. Rio de Janeiro: Forense, 2021.

DÖHMANN, I. S. A proteção de dados pessoais sob o Regulamento Geral de Proteção de Dados da União Europeia. *In*: DONEDA, D. *et al.* (Coord.). *Tratado de proteção de dados pessoais*. Rio de Janeiro: Forense, 2021.

FRAZÃO, A.; CARVALHO, A. P.; MILANEZ, G. *Curso de proteção de dados pessoais:* fundamentos da LGPD. Rio de Janeiro: Forense, 2022.

MALDONADO, V. N. Dos direitos do titular. *In*: MALDONADO, V. N.; BLUM, R. O. (coord.). *Lei Geral de Proteção de Dados comentada*. São Paulo: RT, 2019.

ROCHFELD, J. *Le grandes notions de droit privé*. Paris: PUF, 2011.

SARLET, I. Fundamentos constitucionais: o direito fundamental à proteção de dados. *In*: DONEDA, D. *et al.* (coord.). *Tratado de proteção de dados pessoais*. Rio de Janeiro: Forense, 2021.

SILVA, M. C. M. da. A Lei Geral de Proteção de Dados: aperfeiçoamento e consolidação no Brasil. *In*: MARINHO, G. *et al.* (org.). *Aspectos relevantes da Lei Geral de Proteção de Dados*. São Paulo: Contracorrente, 2021.

[7] DÖHMANN, I. S. A proteção de dados pessoais sob o Regulamento Geral de Proteção de Dados da União Europeia. *In*: DONEDA, D. *et al.* (Coord.). *Tratado de proteção de dados pessoais*. Rio de Janeiro: Forense, 2021. p. 103.

Art. 18. O titular dos dados pessoais tem direito a obter do controlador, em relação aos dados do titular por ele tratados, a qualquer momento e mediante requisição:

I – confirmação da existência de tratamento;

II – acesso aos dados;

III – correção de dados incompletos, inexatos ou desatualizados;

IV – anonimização, bloqueio ou eliminação de dados desnecessários, excessivos ou tratados em desconformidade com o disposto nesta Lei;

V – portabilidade dos dados a outro fornecedor de serviço ou produto, mediante requisição expressa, de acordo com a regulamentação da autoridade nacional, observados os segredos comercial e industrial; (Redação dada pela Lei n. 13.853, de 2019)

VI – eliminação dos dados pessoais tratados com o consentimento do titular, exceto nas hipóteses previstas no art. 16 desta Lei;

VII – informação das entidades públicas e privadas com as quais o controlador realizou uso compartilhado de dados;

VIII – informação sobre a possibilidade de não fornecer consentimento e sobre as consequências da negativa;

IX – revogação do consentimento, nos termos do § 5º do art. 8º desta Lei.

§ 1º O titular dos dados pessoais tem o direito de peticionar em relação aos seus dados contra o controlador perante a autoridade nacional.

§ 2º O titular pode opor-se a tratamento realizado com fundamento em uma das hipóteses de dispensa de consentimento, em caso de descumprimento ao disposto nesta Lei.

§ 3º Os direitos previstos neste artigo serão exercidos mediante requerimento expresso do titular ou de representante legalmente constituído, a agente de tratamento.

§ 4º Em caso de impossibilidade de adoção imediata da providência de que trata o § 3º deste artigo, o controlador enviará ao titular resposta em que poderá:

I – comunicar que não é agente de tratamento dos dados e indicar, sempre que possível, o agente; ou

II – indicar as razões de fato ou de direito que impedem a adoção imediata da providência.

§ 5º O requerimento referido no § 3º deste artigo será atendido sem custos para o titular, nos prazos e nos termos previstos em regulamento.

§ 6º O responsável deverá informar, de maneira imediata, aos agentes de tratamento com os quais tenha realizado uso compartilhado de dados a correção, a eliminação, a anonimização ou o bloqueio dos dados, para que repitam idêntico procedimento, exceto nos casos em que esta comunicação seja comprovadamente impossível ou implique esforço desproporcional. (Redação dada pela Lei n. 13.853, de 2019)

§ 7º A portabilidade dos dados pessoais a que se refere o inciso V do *caput* deste artigo não inclui dados que já tenham sido anonimizados pelo controlador.

§ 8º O direito a que se refere o § 1º deste artigo também poderá ser exercido perante os organismos de defesa do consumidor.

Artigo 18, I

Comentado por Raquel Lima Saraiva e André Lucas Fernandes

DISPOSITIVOS RELACIONADOS NO DIREITO INTERNACIONAL

- Art. 8 da Convenção 108 CoE.

DISPOSITIVOS RELACIONADOS NO ORDENAMENTO JURÍDICO BRASILEIRO

- Art. 7°, VIII, MCI.
- Arts. 1º a 4º, Lei n. 9.507/1997.
- Art. 43, CDC.

DISPOSITIVOS RELACIONADOS NA LGPD

- Art. 6, VI; art. 9°, VII e § 3°; art. 14, § 2°; art. 19.

ATIVIDADES DA ANPD

- Relatório de Análise de Impacto Regulatório: construção do modelo regulatório para a aplicação da LGPD a microempresas e empresas de pequeno porte, startups e pessoas físicas que tratam dados pessoais (2021).
- Resolução CD/ANPD nº 2/2022.

AÇÕES REGULATÓRIAS E FISCALIZATÓRIAS DE ENTIDADES GOVERNAMENTAIS E ÓRGÃOS DE CONTROLE

- Resolução n. 363/2021 do CNJ.

JUSTIFICATIVA E FUNDAMENTOS

O art. 18 dispõe sobre os direitos dos titulares e pode ser visto como a expressão mais concreta do fundamento da autodeterminação informativa disposto no art. 2°, II. O conceito de autodeterminação informativa tem origem na interpretação abrangente realizada pelo Tribunal Constitucional Alemão do dispositivo segundo o qual "Todos têm o direito ao livre desenvolvimento de sua personalidade", quando, ao decidir sobre o procedimento de recenseamento da população, a Corte entendeu que o tratamento de dados pessoais deve ocorrer somente se houver uma justificativa legal a partir da finalidade do procedimento, já que a atividade de recenseamento seria capaz de criar perfis completos sobre a população alemã.[8] Nesse sentido,

[8] SCHERTEL MENDES, L. Autodeterminação Informativa: a história de um conceito. *Pensar – Revista de Ciências Jurídicas*, v. 25, n. 4, p. 1-18, 2020.

passou-se a entender que aos titulares caberia o controle sobre as suas informações, razão pela qual, nas legislações mais modernas sobre proteção de dados pessoais, foram incluídos dispositivos que expressam esses direitos.

Nesse sentido, o referido dispositivo, ao expressar o direito do titular de dados pessoais à confirmação da existência do tratamento dos seus dados, abre as portas para o exercício dos demais direitos, pois, a partir da confirmação da existência do tratamento é que se podem exercer direitos como acesso, correção e anonimização de dados.

O objetivo premente do art. 18 é positivar os direitos dos titulares de dados. Especificamente em relação à confirmação do tratamento, expressa no inciso I, trata-se da condição primeira a ser verificada antes de o titular exercer os demais direitos elencados no artigo em tela.

A aplicação do artigo, portanto, será literal: cabe aos agentes de tratamento assegurarem o exercício dos direitos elencados no art. 18, em especial a confirmação de tratamento, sendo decorrente dela o exercício dos demais, facilitando o procedimento e não imputando ao titular de dados dificuldades para o exercício dos seus direitos.

ANÁLISE

O art. 18 elenca especificamente os direitos que podem ser exercidos pelo titular de dados pessoais, sendo estes derivados do conceito de autodeterminação informativa, conforme mencionado no tópico anterior. Trata-se de dispositivo que guarda relação com o paradigma defendido por doutrinadores como Stefano Rodotà[9] e Danilo Doneda[10], de que os dados pessoais integram os direitos de personalidade, sendo intrinsecamente relacionados à promoção dos direitos fundamentais da pessoa natural.

Neste sentido, no intuito de resguardar esta intrínseca associação, embora saiba-se que a tutela individual não é suficiente e é necessária ainda uma dimensão coletiva de proteção, a LGPD carrega mecanismos através dos quais o titular de dados pode exercer controle pela circulação de suas informações. Um destes mecanismos é justamente o art. 18, que elenca, entre incisos e parágrafos, o que é possível ao titular dos dados pessoais no intuito de prevenir e, inclusive, remediar eventuais abusos cometidos pelo controlador nas operações de tratamento de dados.

Como primeiro direito da lista, o inciso I expressa o direito à confirmação do tratamento dos dados. Trata-se de um direito decorrente do princípio da transparência expresso no art. 6º, VI, da LGPD, que garante aos titulares "informações claras, precisas e facilmente acessíveis sobre a realização do tratamento e os respectivos agentes de tratamento, observados os segredos comercial e industrial".

Conforme disposto no *caput* do art. 18, o direito de confirmação do tratamento poderá ser exercido a qualquer momento e mediante requisição enviada ao controlador dos dados. Neste ponto, é preciso ressaltar que a confirmação de tratamento é condição necessária ao exercício dos demais direitos expressos no art. 18, como o acesso, a portabilidade ou a eliminação dos dados. Assim, a comunicação a respeito da confirmação da existência de

---

9 RODOTÀ, S. *A vida na sociedade da vigilância:* a privacidade hoje. Rio de Janeiro: Renovar, 2008.

10 DONEDA, D. *Da privacidade à proteção de dados pessoais.* 3. ed. São Paulo: Thomson Reuters Brasil, 2021.

tratamento deve conter todas as informações necessárias ao exercício dos demais direitos, ou seja, deve ser informado o titular não só a existência do tratamento, mas em que condições ela ocorre, contendo finalidades, bases legais, situações de compartilhamento e quais os entes envolvidos na operação, entre outras informações que se mostrem essenciais, assim como a identificação dos agentes de tratamento. Nos casos em que o tratamento é feito com base no consentimento, por exemplo, o titular precisa verificar em que condições está sendo feito o tratamento, a fim de avaliar se deve manter o consentimento ou revogá-lo com base no inciso IX do art. 18. Portanto, mostra-se fundamental que a confirmação do tratamento de dados seja feita da forma mais detalhada possível, sendo decorrente dela o exercício dos demais direitos elencados no dispositivo.

No mesmo sentido, também depende da confirmação do tratamento de dados o exercício do direito contido no art. 7°, VIII, do MCI. Para que o titular saiba que seus dados estão sendo utilizados de acordo com o disposto no referido dispositivo, é preciso que a confirmação de tratamento seja informada com riqueza de detalhes, resguardando o pleno exercício dos direitos. Aqui se afigura importante mencionar que, embora o MCI tenha sido aprovado anos antes da LGPD, já havia um entendimento e uma orientação comuns de resguardo da privacidade em ambientes digitais e de que o uso de dados pessoais dos usuários de Internet deveria ser limitado, para evitar eventuais abusos nessas operações.

Da mesma forma, o exercício do direito de petição com base na Lei do *Habeas Data* (LHD), Lei n. 9.507/1997, depende da existência de um banco de dados referente ao titular, razão pela qual nós podemos equiparar o requerimento constante do art. 2° da referida Lei com o do dispositivo ora em comento, apesar de a LHD ser muito anterior às discussões sobre proteção de dados pessoais que resultaram na aprovação da LGPD.

No mesmo sentido, apesar do art. 43 do CDC não se referir à confirmação de existência de tratamento, pode-se inferir que o direito de acesso às informações constantes em cadastros, fichas, registros e dados pessoais de consumo arquivados sobre o titular depende da confirmação de existência, que se dá previamente ao acesso. Assim, o inciso I do art. 18 da LGPD também se alinha perfeitamente ao CDC e aos direitos elencados no art. 43.

Observe-se que a LHD e o CDC se dirigem a relações jurídicas com entes diversos: a primeira, entre cidadão e entes públicos, conforme disposto no art. 7° da Lei n. 9.507/1997; a segunda, entre cidadão e pessoa física ou jurídica, pública ou privada, nacional ou estrangeira, e ainda entes despersonalizados que desenvolvem as atividades descritas no art. 3° do CDC. Em ambos os casos, o alinhamento em relação à existência de tratamento de dados pessoais constante do art. 18, I, da LGPD amplia ainda mais o escopo protetivo do titular de dados, conformando um sistema jurídico coeso e robusto de proteção de dados pessoais.

Em termos de legislação internacional, o dispositivo em comento se relaciona diretamente aos arts. 12, 13, 14 e, especialmente e mais diretamente, ao art. 15 do RGPD da UE, que tratam sobre a transparência no tratamento de dados e o consequente direito de acesso do titular dos dados. A lei europeia serviu de influência direta na construção da LGPD e, portanto, por aqui foi adotado direcionamento semelhante em relação aos direitos do titular de dados pessoais.

O presente artigo alinha-se também ao disposto no art. 8 da Convenção 108 do CoE, que afirma ao titular dos dados o direito de estabelecer a existência de tratamento automático de dados pessoais, seus principais propósitos, assim como a identidade e o principal endereço de negócios do controlador.

Do ponto de vista doutrinário, tem-se reconhecido que os dados pessoais seriam elementos da personalidade, pois são capazes de tornar uma pessoa única e identificável. Nesse sentido, seriam, portanto, uma extensão do seu titular. Nas palavras de Priscilla Regina Silva,

> Considerando que os direitos da personalidade têm como características principais a irrenunciabilidade e intransmissibilidade, os dados nunca são desatrelados da pessoa à qual se referem e, por isso, a capacidade de agenciamento sobre eles deverá sempre ser fornecida ao titular.[11]

Em 2022, com promulgação da EC n. 115, que inseriu no rol do art. 5° da Constituição Federal o direito à proteção de dados pessoais, tal discussão foi sacramentada no ordenamento jurídico, que passou a considerá-lo como direito fundamental. Trata-se de um enorme avanço na consolidação do regime de proteção de dados pessoais no país.

BIBLIOGRAFIA SELECIONADA

DONEDA, D. *Da privacidade à proteção de dados pessoais.* 3. ed. São Paulo: Thomson Reuters Brasil, 2021.

RODOTÀ, S. *A vida na sociedade da vigilância:* a privacidade hoje. Rio de Janeiro: Renovar, 2008.

SILVA, P. R. Os direitos dos titulares de dados. *In*: MULHOLLAND, C. (ed.). *A LGPD e o novo marco normativo do Brasil.* Porto Alegre: Arquipélago, 2020.

SCHERTEL MENDES, L. Autodeterminação Informativa: a história de um conceito. *Pensar – Revista de Ciências Jurídicas*, v. 25, n. 4, p. 1-18, 2020.

Artigo 18, II

Comentado por Laurianne-Marie Schippers e Heloisa Massaro

DISPOSITIVOS RELACIONADOS NO DIREITO INTERNACIONAL

- Art. 19, Declaração Universal dos Direitos Humanos.
- Art. 19, Pacto Internacional sobre os Direitos Civis e Políticos.
- Art. 13, Convenção Americana sobre Direitos Humanos.
- Itens 2 e 3; Declaração de Princípios sobre a Liberdade de Expressão da OEA.

DISPOSITIVOS RELACIONADOS NO ORDENAMENTO JURÍDICO BRASILEIRO

- Art. 5º, LXXII, CRFB.
- Art. 43, *caput*, e §§1º ao 3º e 6º, CDC.

---

11 SILVA, P. R. Os direitos dos titulares de dados. *In*: MULHOLLAND, C. (ed.). *A LGPD e o novo marco normativo do Brasil.* Porto Alegre: Arquipélago, 2020.

- Art. 5º, II; art. 6º, LCP.
- Art. 6º, III, Lei n. 13.460/2017.

DISPOSITIVOS RELACIONADOS NA LGPD

- Art. 2º, II e III; art. 6º, IV e VI; art. 9º; art. 18, I e VII; art. 19.

ATIVIDADES DA ANPD

- Guia Orientativo: Aplicação da Lei Geral de Proteção de Dados Pessoais (LGPD) por agentes de tratamento no contexto eleitoral.
- Guia Orientativo: Tratamento de dados pessoais pelo Poder Público.
- Guia Orientativo: Cookies e proteção de dados pessoais.
- Resolução CD/ANPD n. 2/2022.

CASOS E DECISÕES JUDICIAIS RELEVANTES

- TJPR, RI n. 0044368-02.2021.8.16.0014, 1ª Turma Recursal, j. 03.10.2022.
- TJPR, RI n. 0000352-14.2022.8.16.0018, 1ª Turma Recursal, j. 02.05.2023.
- TJSP, Ap. Civ. n. 1004580-74.2022.8.26.0361, Rel. Des. Rômolo Russo, 34ª Câmara de Direito Privado, j. 29.08.2023.

JUSTIFICATIVA E FUNDAMENTOS

O direito de acesso aos dados pessoais pelo titular é um dos ferramentais essenciais para que se alcancem as finalidades últimas do direito à proteção de dados pessoais: o equilíbrio de informações entre os titulares de dados e os agentes que realizam o tratamento; a autodeterminação informativa, que pode ser traduzida como o controle do titular sobre os seus próprios dados pessoais;[12] e, de uma maneira mais ampla, a própria transparência.

Cabe notar que o direito de acesso às informações pessoais não é uma novidade que chega ao ordenamento jurídico brasileiro com a LGPD. Danilo Doneda ensina que esse direito já estava inserido com a previsão do *habeas data* na Constituição Federal de 1988, servindo justamente como um meio para se obter conhecimento de quais dados pessoais os órgãos do governo – especialmente aqueles que atuaram na repressão ao longo do período de regime militar – teriam sobre o cidadão. De acordo com Doneda,

---

[12] "O direito à autodeterminação informativa, na era do *big data*, é compreendido como forma de garantir o controle do cidadão sobre suas próprias informações. Ou seja, ele certifica que o titular tenha domínio sobre os seus dados pessoais, ainda que o tratamento dessas informações seja legítimo. O seu reconhecimento assegura que todos os dados pessoais sejam protegidos, indo além do conceito de intimidade, trazendo a privacidade para o âmbito procedimental" (ROSAL, I. M.; PICOLO, C. Autodeterminação Informativa: como esse direito surgiu e como ele me afeta? *Lapin*, 27 abr. 2021. Disponível em: https://lapin.org.br/2021/04/27/autodeterminacao-informativa-como-esse-direito-surgiu-e-como-ele-me-afeta/. Acesso em: 15 jun. 2025).

> A ação de *habeas data* visa a assegurar um direito presente em nosso ordenamento jurídico, ainda que não expresso literalmente. Por meio dela, o cidadão pode acessar e retificar seus dados pessoais em bancos de dados "de entidades governamentais ou de caráter público" (posteriormente ampliou-se o sentido desse "caráter público", incluindo-se bancos de dados referentes a consumidores, mesmo que administrados por privados).[13]

O autor criticava, no entanto, a ausência de outras previsões que permitissem a viabilidade e eficácia da garantia do direito, sendo extremamente oneroso para a parte interessada dar andamento ao seu pedido, como a necessidade de um advogado para interpô-lo ou comprovação de que a entidade não forneceu o acesso aos dados.[14]

A construção do direito de acesso previsto na LGPD parece resolver essas questões, uma vez que, além de oferecer canal facilitado, traz diferentes requisitos (não exaustivos), como informações sobre: a finalidade, forma, duração do tratamento, se há compartilhamento; quem é o controlador, como contatá-lo, e as responsabilidades de quem faz o tratamento; prazos para o fornecimento dos dados para o titular; meios pelos quais eles poderão ser encaminhados (eletrônico ou impresso), dentre outras (arts. 9 e 19, da LGPD).

Nesse sentido, a importância do direito de acesso vem da facilitação do controle, pelo titular, de quais são os seus dados pessoais tratados pelos diferentes agentes de tratamento, sem a necessidade de um intermediário para que eles possam ser acessados:

> [O] valor do direito de acesso consiste no fato de que ele renegou a impenetrabilidade das coletâneas de informações, [...] e também porque foi adotado um critério de controle difuso, exercido diretamente pelos interessados [...].[15]

Sendo assim, e conforme indicado no "Guia Orientativo: aplicação da Lei Geral de Proteção de Dados Pessoais (LGPD) por agentes de tratamento no contexto eleitoral", publicado pela ANPD, trata-se de um direito essencial para a garantia da autodeterminação informativa dos titulares, uma vez que ter noção de quais dados são detidos pelos agentes de tratamento é condição para o exercício dos demais direitos relacionados à proteção de dados pessoais.

No que se refere ao caminho legislativo deste dispositivo, o direito de acesso, assim como o princípio do livre acesso (ver comentário ao art. 6º, IV, deste volume), estão presentes desde o anteprojeto da LGPD levado para consulta pública pela Senacon e pela SAL entre janeiro e julho de 2015.[16]

---

[13] DONEDA, D. A proteção dos dados pessoais como um direito fundamental. *Espaço Jurídico Journal of Law*, v. 12, n. 2, p. 104, jul./dez. 2011. Disponível em: https://periodicos.unoesc.edu.br/espacojuridico/article/view/1315. Acesso em: 15 jun. 2025.

[14] DONEDA, D. A proteção dos dados pessoais como um direito fundamental. *Espaço Jurídico Journal of Law*, v. 12, n. 2, p. 104, jul./dez. 2011. Disponível em: https://periodicos.unoesc.edu.br/espacojuridico/article/view/1315. Acesso em: 15 jun. 2025.

[15] FÁCIO, R. N. A transparência e o direito de acesso no tratamento de dados pessoais: considerações sobre intersecções entre Lei Geral de Proteção de Dados e Lei de Acesso à Informação no Brasil. *Revista Eurolatinoamericana de Derecho Administrativo*, Santa Fé, v. 10, n. 2, p. 10, e247, jul./dez. 2023. Disponível em: https://www.redalyc.org/journal/6559/655978330007/html/. Acesso em: 15 jun. 2025.

[16] CRUZ, F. B. *et al.* O que está em jogo no debate sobre dados pessoais no Brasil? Relatório final sobre o debate público promovido pelo Ministério da Justiça sobre o anteprojeto de Lei de Proteção de Dados Pessoais. *InternetLab*, 2016. Disponível em: https://www.internetlab.org.br/wp-content/uploads/2016/05/reporta_apl_dados_pessoais_final.pdf. Acesso em: 15 jun. 2025.

Especificamente sobre o direito de acesso, o Anteprojeto contava com a sua previsão em diferentes momentos, a começar pelo art. 10º, VII, *b*. Esse artigo, em geral, discorria sobre o dever de informação ao titular no momento do fornecimento do consentimento. Essas informações seriam vinculadas a aspectos mais amplos do tratamento, como finalidade, forma, duração, identificação do responsável, existência de compartilhamento, responsabilidade dos agentes de tratamento e outros direitos do titular. As contribuições feitas pela sociedade, naquele momento, versavam sobre a necessidade de se evidenciar que os dados sob tutela seriam os dados pessoais.[17]

Já o art. 17, II, do Anteprojeto levado à consulta tratava de forma mais específica da lista de direitos dos titulares de dados. Os comentários enviados destacaram alterações ou mesmo limitações para o seu exercício, argumentando a existência de casos em que haveria vinculação de dados do titular a dados de terceiros – que não poderiam ser revelados –, ou mesmo propondo uma ponderação de razoabilidade do que poderia ser oferecido ao titular, "de forma que ele não exija coleta de mais dados para a autenticação do usuário do que aqueles necessários para a prestação de serviços".[18] Também se chamou atenção para a necessidade de se estabelecer o formato para a entrega das informações aos titulares. A versão final do artigo, no Anteprojeto, apenas adicionou ao *caput* a informação de que o titular poderia exercer seus direitos com relação aos seus próprios dados.[19]

O art. 18 trazia mais informações sobre o exercício do direito de acesso, como os tipos de dados que seriam entregues ao titular (formato simplificado ou declaração clara e completa), o formato (eletrônico ou impresso, e que permitisse a sua utilização posterior), dentre outras disposições mais gerais. Um ponto de atenção desde pronto é a ausência de um prazo para resposta ao titular para os pedidos de declaração completa. As contribuições da sociedade também trouxeram a necessidade da existência de uma solicitação de acesso do titular ao encarregado, a ponderação sobre prejuízos de se estabelecer um formato específico, a importância de se oferecer a portabilidade de dados e sua interoperabilidade, a proteção do segredo de negócio, além da discussão sobre eventuais custos para impressão das informações, caso o titular optasse pela via física. Dentre as alterações feitas para a nova versão do artigo, adicionou-se o prazo de 7 dias para emissão da declaração completa, e acatou-se a possibilidade de cobrança para a entrega das informações em formato físico.[20]

---

[17] CRUZ, F. B. *et al.* O que está em jogo no debate sobre dados pessoais no Brasil? Relatório final sobre o debate público promovido pelo Ministério da Justiça sobre o anteprojeto de Lei de Proteção de Dados Pessoais. *InternetLab*, p. 113-119, 2016. Disponível em: https://www.internetlab.org.br/wp-content/uploads/2016/05/reporta_apl_dados_pessoais_final.pdf. Acesso em: 15 jun. 2025.

[18] CRUZ, F. B. *et al.* O que está em jogo no debate sobre dados pessoais no Brasil? Relatório final sobre o debate público promovido pelo Ministério da Justiça sobre o anteprojeto de Lei de Proteção de Dados Pessoais. *InternetLab*, p. 174, 2016. Disponível em: https://www.internetlab.org.br/wp-content/uploads/2016/05/reporta_apl_dados_pessoais_final.pdf. Acesso em: 15 jun. 2025.

[19] CRUZ, F. B. *et al.* O que está em jogo no debate sobre dados pessoais no Brasil? Relatório final sobre o debate público promovido pelo Ministério da Justiça sobre o anteprojeto de Lei de Proteção de Dados Pessoais. *InternetLab*, p. 171-174 e 183, 2016. Disponível em: https://www.internetlab.org.br/wp-content/uploads/2016/05/reporta_apl_dados_pessoais_final.pdf. Acesso em: 15 jun. 2025.

[20] CRUZ, F. B. *et al.* O que está em jogo no debate sobre dados pessoais no Brasil? Relatório final sobre o debate público promovido pelo Ministério da Justiça sobre o anteprojeto de Lei de Proteção de Dados Pessoais. *InternetLab*, p. 184-189, 2016. Disponível em: https://www.internetlab.org.br/wp-content/uploads/2016/05/reporta_apl_dados_pessoais_final.pdf. Acesso em: 15 jun. 2025.

O PL n. 5.276/2016, que derivou da consulta pública realizada, carregou as alterações mencionadas acima. A justificativa do projeto não mencionava especificamente o direito de acesso, mas trazia argumentos que ressaltavam a sua importância de forma indireta. Argumentava-se que a lei seria um caminho para permitir maior transparência na forma como os dados pessoais são utilizados, considerando um cenário em que cada vez mais tecnologias e serviços dependem de dados, além do desenvolvimento tecnológico que permite o processamento de informações cada vez maior e com mais usos:

> O processamento dessas informações influencia diretamente na vida das pessoas, afetando oportunidades, escolhas e interações sociais, elementos que compõem o livre desenvolvimento da sua própria personalidade.

O PL n. 5.276/2016 teve sua tramitação apensada ao PL n. 4.060/2012, que trazia uma versão mais enxuta de um projeto de regulação de proteção de dados pessoais. No texto inicial deste, não havia previsão do direito de acesso aos dados, mas apenas de acesso à informação sobre como dados pessoais serão tratados pelo responsável pelo tratamento (art. 20).

A LGPD, que deriva da redação final do PL n. 4.060/2012, mantém parte da estrutura que o PL n. 5.276/2016 estabeleceu, ao menos no que se refere ao direito de acesso e à forma do seu cumprimento (o que poderá ser mais bem visualizado no item específico sobre o direito de acesso na LGPD abaixo).

ANÁLISE

1. O direito de acesso a dados no ordenamento jurídico brasileiro

Conforme já mencionado anteriormente, a CRFB traz, desde 1988, a previsão do *habeas data*, um instrumento para garantir que as pessoas tenham conhecimento sobre as informações sobre si que estejam presentes nos bancos de dados das entidades governamentais ou de caráter público; e para que se possa retificar dados. No entanto, dentre os requisitos para que ele seja impetrado, está a recusa do acesso às informações ou da retificação pelo órgão detentor, conforme disposto pelo art. 8º da Lei n. 9.507/1997, que regulamenta o rito do *habeas data*.

Para além do *habeas data*, o direito de acesso a dados pessoais já era previsto pelo CDC no art. 43. Neste, dispõe-se que o consumidor tem direito de "acesso às informações existentes em cadastros, fichas, registros e dados pessoais e de consumo arquivados sobre ele, bem como sobre suas respectivas fontes". Os §§ 1º ao 3º e 6º destrincham esse acesso e direitos correlatos, destacando a obrigatoriedade de veracidade, clareza e facilidade de compreensão, bem como a possibilidade de correção – que envolve o prazo de 5 dias úteis para que os destinatários sejam avisados das alterações – e de pedido para que as informações sejam oferecidas em "formatos acessíveis, inclusive para a pessoa com deficiência". As empresas e entidades também devem informar o consumidor por escrito sobre abertura de "cadastro, ficha, registro e dados pessoais" não solicitada por ele.

Também deve-se mencionar a LCP, que regula a criação de bancos de dados relacionados ao histórico de crédito, bem como a sua consulta. O art. 5º, II, estabelece, como um direito da pessoa natural ou jurídica que tenha informações registradas nos bancos de dados, o acesso gratuito a elas. Esse direito também envolve a lista de informações constantes do art. 6º, i.e., informações existentes nos arquivos e suas fontes, com quais gestores de bancos de dados houve o seu compartilhamento, quem fez consulta às informações no período de 6 meses antes da solicitação de acesso, e, em sendo o caso, a confirmação de que o cadastro foi cancelado.

Por fim, indica-se ainda o Código de Defesa do Usuário do Serviço Público (Lei n. 13.460/2017), que visa a garantia dos direitos dos usuários de serviços públicos oferecidos pela administração pública, e que traz o direito de acesso desses usuários aos próprios dados em seu art. 6º, III.

2. O direito de acesso na LGPD

A previsão expressa do acesso às informações pessoais como um direito, na LGPD, está no Capítulo III – Dos Direitos do Titular, no art. 18, II. Aqui, não há grandes informações sobre de que forma esse direito pode ser oferecido ou cumprido, dispondo-se apenas que ele pode ser exercido frente ao controlador a qualquer momento e mediante requisição (art. 18, *caput*, LGPD).

Há outras disposições, contudo, que interagem com o art. 18, II, e influenciam diretamente a sua aplicação e interpretação, de forma a efetivamente destrinchá-lo.

O art. 2º, em seu inciso II, traz como um dos fundamentos da proteção de dados pessoais a autodeterminação informativa, cuja relação com o direito de acesso já foi explorada acima. Já o inciso III traz a liberdade de informação como fundamento, que também se conecta com o direito de acesso como será demonstrado na análise de dispositivos presentes no direito internacional mais à frente neste artigo.

O art. 6º, IV, discorre sobre o princípio do livre acesso a dados como um dos pilares da LGPD, indicando que esse acesso deve ser gratuito, de consulta facilitada, e que envolva as informações de forma, duração e integralidade dos dados. Da mesma forma, o acesso se relaciona e até mesmo decorre do princípio da transparência (inciso VI), que preza pelo fornecimento de informações sobre o tratamento de dados de forma mais ampla.[21]

O art. 9º, ainda que não trate especificamente sobre o acesso a dados pessoais, traz requisitos de informações relacionadas ao seu tratamento. Nesse sentido, um "pacote" de informações mais completo, que inclua como os dados são utilizados e por quem, pode fazer diferença para uma melhor tomada de decisão quanto ao exercício dos direitos pelo titular. Assim, o mínimo que deve ser informado ao titular de forma clara, adequada e ostensiva é: finalidade (e eventuais mudanças desta), forma e duração do tratamento, além de dados de contato e identificação do controlador, se existe compartilhamento de dados e para quais finalidades, responsabilidades dos agentes de tratamento e os direitos do titular. A idoneidade, transparência e veracidade dessas informações são condições para a validade do consentimento do titular quando este for requerido.

Já no Capítulo III e no próprio art. 18, sobre direitos do titular, o direito de acesso interage com os direitos de confirmação da existência do tratamento (inciso I), e correção de dados incompletos, inexatos ou desatualizados (inciso III). Eles se interligam ao acesso pelo fato, novamente, de que muitas vezes este pode ser essencial para que se possa ter conhecimento sobre se uma entidade realiza tratamento das informações do titular, de maneira que ele

---

[21] MONTEIRO, R. L.; CRUZ, S. Direitos dos titulares: fundamentos, limites e aspectos práticos. *In*: FRANCOSKI, D. de S. L.; TASSO, Fernando Antonio. *A Lei Geral de Proteção de Dados Pessoais:* aspectos práticos e teóricos relevantes no setor público e privado. São Paulo: Revista dos Tribunais, 2021. p. 9.

consiga exercer seus demais direitos frente a ela; ou mesmo para que ele possa saber com precisão quais dados precisam ser corrigidos ou atualizados.

O art. 19 é aquele que vai destrinchar as maneiras como o direito de acesso deverá ser atendido. Sendo assim, as duas possíveis formas de viabilização são: em formato simplificado, imediatamente; ou via declaração completa, constando: a origem dos dados, inexistência de registro, se for o caso; finalidade e critérios utilizados para o tratamento. Diferentemente das discussões realizadas no âmbito dos projetos de lei, a LGPD confere 15 dias, a partir da solicitação do titular, para que essa declaração seja a ele encaminhada. O formato de envio pode ser por meio eletrônico ou sob a forma impressa, gratuitamente. A lei ainda estabelece que o titular pode pedir cópia eletrônica integral dos dados pessoais em um formato em que eles possam ser utilizados para outras operações de tratamento de dados nos casos em que o tratamento for motivado por consentimento ou em contrato.

Por fim, no art. 19, também é prevista a limitação que a lei oferece ao direito de acesso, que é a necessidade de se observar os segredos comercial e industrial da parte que o providenciará (inciso II e § 3º do art. 19).

3. O entendimento da ANPD

Até o momento, a ANPD não publicou diretrizes ou posicionamentos específicos sobre e que detalham o direito de acesso. Contudo, é possível observar breves menções sobre o tema em sua Resolução CD/ANPD n. 2, de 27 de janeiro de 2022, que regulamenta a aplicação da LGPD para os agentes de tratamento de pequeno porte, e em seu "Guia Orientativo: aplicação da Lei Geral de Proteção de Dados Pessoais (LGPD) por agentes de tratamento no contexto eleitoral".

A Resolução apenas reforça o já disposto pela LGPD, de forma a indicar em seu art. 7º que os agentes de tratamento de pequeno porte também devem cumprir com o disposto nos arts. 9º e 18 da Lei – ou seja, atender aos pedidos de informações sobre o tratamento de dados, inclusive quanto aos dados pessoais titulares sob posse do agente. O art. 7º ainda traz que essas informações devem ser viabilizadas por meio eletrônico, impresso ou qualquer outra forma que permita um acesso facilitado.

O Guia Orientativo mencionado, de forma geral, traz preocupações relacionadas à garantia da proteção de dados pessoais ao longo do processo eleitoral, considerando que se trata de um contexto que envolve uma grande quantidade de dados circulando entre diferentes públicos e que depende do estabelecimento de uma relação de confiança entre partidos políticos, candidatos e eleitores.[22] No material há um tópico sobre direito de titular e livre acesso aos dados pessoais, que retoma a autodeterminação informativa como base da LGPD e o art. 18 como uma das partes da Lei que garante o controle das próprias informações pelos titulares de dados:[23]

---

[22] ANPD. *Guia Orientativo:* aplicação da Lei Geral de Proteção de Dados Pessoais (LGPD) por agentes de tratamento no contexto eleitoral. Brasília: Tribunal Superior Eleitoral, 2021. p. 7-8. Disponível em: https://www.gov.br/anpd/pt-br/centrais-de-conteudo/materiais-educativos-e-publicacoes/guia_lgpd_final.pdf. Acesso em: 15 jun. 2025.

[23] ANPD. *Guia Orientativo:* aplicação da Lei Geral de Proteção de Dados Pessoais (LGPD) por agentes de tratamento no contexto eleitoral. Brasília: Tribunal Superior Eleitoral, 2021. p. 38. Disponível em: https://www.gov.br/anpd/pt-br/centrais-de-conteudo/materiais-educativos-e-publicacoes/guia_lgpd_final.pdf. Acesso em: 15 jun. 2025.

> [E]m qualquer hipótese, o controlador deverá fornecer à pessoa titular o acesso às informações referentes ao tratamento de seus dados, nos termos do art. 9º da LGPD, de maneira facilitada, de forma a viabilizar o exercício dos direitos estabelecidos na legislação e possibilitar, caso necessário, a apresentação de requerimentos, diante de possíveis violações às disposições da LGPD.[24]

A ANPD também traz guias – como o "Guia Orientativo: tratamento de dados pessoais pelo Poder Público" e o "Guia Orientativo: Cookies e proteção de dados pessoais" – que fazem menção ao princípio do livre acesso, intimamente ligado ao artigo da Lei aqui estudado. Nestes, o livre acesso a dados é compreendido como algo fortemente ligado ao princípio da transparência, sendo mencionados em conjunto quando a orientação oferecida é a de disponibilizar ao titular informações relevantes sobre o procedimento que envolve o tratamento dos seus dados pessoais.

4. Entendimento dos tribunais

Ainda não há grandes desenvolvimentos no debate jurisprudencial vinculado à interpretação do direito de acesso previsto no art. 18, II.[25] Contudo, é possível notar que o exercício – ou impedimento – do acesso pode estar bastante entrelaçado a circunstâncias que dependem do caso concreto conjuntamente com as interpretações – por vezes confusas – de outros dispositivos da LGPD, assim como de outros instrumentos normativos do ordenamento jurídico brasileiro. Exemplo disso são os autos do processo n. 0044368-02.2021.8.16.0014 (Paraná), em que a parte autora teve um contrato de compra e venda de imóvel negado por uma empresa construtora e incorporadora e solicitou, com base no art. 18 da LGPD, saber quais foram as informações e bancos de dados utilizados nessa avaliação e decisão. A juíza relatora do caso entendeu que a empresa não teria a obrigação de cumprir com a solicitação, pois: (i) não se enquadraria nos conceitos de "controlador" e "operador" da LGPD; e (ii) a avaliação de aprovação ou não do contrato de venda a crédito "está sim na esfera de discricionariedade da atividade fornecedora, desde que não haja tratamento discriminatório ou preterição de qualquer ordem, nos termos do art. 39, IX, do Código de Defesa do Consumidor [...]".

No Recurso Inominado Cível n. 0000352-14.2022.8.16.0018 (Paraná), a parte autora, que vinha sofrendo cobranças excessivas via telefone e mensagens de dívidas de terceiros, solicitou à empresa ré informações sobre origem dos dados, base legal para o tratamento e se ela permaneceria tratando os dados mesmo após o pedido de exclusão realizado anteriormente. A decisão justifica o direito de informação sobre origem/fonte de coleta dos dados a partir do art. 43, do CDC, mas alega que o pedido referente às informações sobre hipótese legal e sobre a continuidade do tratamento não teriam respaldo legal – nem sob o art. 18, I e II, da LGPD. Transcreve-se os dispositivos indicados, que fazem referência à confirmação da existência de tratamento e ao acesso a dados, e menciona-se que esses aspectos não foram alvo de solicitação da parte autora.[26]

---

[24] ANPD. *Guia Orientativo:* aplicação da Lei Geral de Proteção de Dados Pessoais (LGPD) por agentes de tratamento no contexto eleitoral. Brasília: Tribunal Superior Eleitoral, 2021. p. 39. Disponível em: https://www.gov.br/anpd/pt-br/centrais-de-conteudo/materiais-educativos-e-publicacoes/guia_lgpd_final.pdf. Acesso em: 15 jun. 2025.

[25] SCHERTEL MENDES, L.; FUJIMOTO, M. Relatório do Painel LGPD nos Tribunais 2023. *Instituto Brasileiro de Ensino, Desenvolvimento e Pesquisa*, p. 81, 2024. Disponível em: https://static.jusbr.com/painel-lgpd/edicoes/relatorio-do-painel-lgpd-nos-tribunais-2023.pdf. Acesso em: 15 jun. 2025.

[26] Por fim, com relação aos demais pedidos formulados pelo autor, de que a reclamada esclareça a "hipótese legal para o tratamento e se ainda trata os dados mesmo após o pedido de exclusão/correção", inexiste

Já na Ap. Civ. n. 1004580-74.2022.8.26.0361 (São Paulo), entendeu-se ser justa a recusa de clínica médica oferecer acesso ao prontuário de paciente, que demandava que ele fosse disponibilizado a terceiro sem a devida procuração. Nesse sentido, a decisão se baseou tanto nos ditames do Código de Ética Médica, quanto no § 3º do art. 18 da LGPD, que dispõe sobre a possibilidade de exercício dos direitos do titular por parte terceira, desde que legalmente constituído.

5. O direito de acesso a dados no âmbito internacional

5.1. Tratados e convenções internacionais

Para tratar sobre regras internacionais e de outras jurisdições que também discorrem sobre o direito de acesso aos dados do titular, é importante ter em mente, em primeiro lugar, que as normas internacionais gerais – como tratados ou convenções – mencionam de forma mais corriqueira um direito à informação dentro do espectro da liberdade de expressão, ou seja: da mesma forma que as pessoas têm o direito de exprimir suas ideias e opiniões de forma livre, elas também devem o ser para obter as informações que sejam de seu interesse.

Este é um direito preconizado em diferentes instrumentos internacionais. É possível mencionar o art. 19, tanto da Declaração Universal dos Direitos Humanos, quanto do Pacto Internacional sobre Direitos Civis e Políticos, que inclui a liberdade de expressão e o direito de procurar e obter informações a partir de quaisquer fontes e por quaisquer meios que se deseje.

Normativas regionais de direitos humanos também o replicam: a Carta Africana dos Direitos Humanos e dos Povos prevê o direito a ter informação em seu art. 9º(1), assim como a Convenção Americana de Direitos Humanos traz previsão semelhante ao dos documentos acima mencionados em seu art. 13. A Declaração de Princípios sobre a Liberdade de Expressão da Comissão Interamericana de Direitos Humanos também estabelece, em seu princípio 2, o direito de procurar e acessar informações nesta faceta mais ampla; e, no princípio 3, estabelece o direito de as pessoas terem acesso e poderem retificar, de maneira não onerosa, as informações sobre elas mesmas que existam em bases de dados públicas e privadas.

Destaca-se que alguns desses instrumentos foram posteriormente mais bem detalhados por meio de relatórios e/ou comentários para se compreender melhor os objetos de proteção de seus direitos. No caso do art. 19 do Pacto Internacional sobre os Direitos Civis e Políticos, a Comissão de Direitos Humanos da ONU publicou o Comentário Geral n. 34. O documento indica que o direito de acesso à informação contido no Pacto também abarca o conhecimento, pelas pessoas, de quais dados pessoais são armazenados em arquivos automáticos de dados, as finalidades desse tratamento e quem controla essas informações. Também é garantido a correção dos registros pessoais caso as informações armazenadas estejam incorretas ou se o tratamento tiver ocorrido de forma ilegal. Esse mesmo entendimento já havia sido trazido no Comentário Geral n. 16, que trata sobre o direito à privacidade contido no art. 17 do Pacto.

No mesmo sentido, e visando a Convenção Americana e a Declaração de Princípios sobre a Liberdade de Expressão, é possível mencionar um relatório específico que destrincha o escopo do direito de acesso à informação e a sua relação com a liberdade de expressão.

---

respaldo legal. Veja-se que o art. 18, I e II, da Lei n. 13.709/2018 citado pelo autor, dispõe que "O titular dos dados pessoais tem direito a obter do controlador, em relação aos dados do titular por ele tratados, a qualquer momento e mediante requisição: I – confirmação da existência de tratamento; II – acesso aos dados", o que não foi requerido pelo reclamante.

O documento ressalta o direito de acesso como basilar para a democracia, para o monitoramento e prevenção, pela população, de abusos nas atividades estatais; para a garantia da transparência, e permite a autodeterminação da população, visto que ele "tende a garantir que as decisões coletivas sejam adotadas de maneira consciente e informada",[27] além de ser essencial para a consecução de outros direitos humanos.[28] O Relatório ainda indica que os tipos de informação que estão sob o guarda-chuva desse direito são:

> [...] informações que estejam sob a custódia, administração ou posse do Estado; informações que o Estado produz, ou informações que ele é obrigado a produzir; informações na posse de pessoas que gerem serviços ou recursos públicos; informação que o Estado recebe, ou é obrigado a recolher no exercício de suas funções; e informações relativas aos próprios dados pessoais (*habeas data*) ou ativos, em poder daqueles que administram registros ou bases de dados privadas e são legalmente obrigados a fornecê-las.[29]

Por fim, cabe menção à Carta dos Direitos Fundamentais da UE, que também traz um direito de acesso à informação mais geral e vinculado à liberdade de expressão em seu art. 11. Mais especificamente na seara do direito à proteção de dados pessoais, ela também estabelece, em seu art. 8º, a previsão da proteção das informações pessoais, com as garantias de que elas sejam tratadas para fins específicos, com fundamento em bases legais legítimas e previstas em lei. Juntamente a isso, indica-se que os titulares devem ter o acesso aos dados coletados relativos a eles, bem como a possibilidade de retificá-los.

5.2. Outras normativas de proteção de dados pessoais

Entrando no âmbito mais específico da proteção de dados pessoais, normas de outras jurisdições também preveem o direito de acesso do titular aos seus dados pessoais em sentidos bastante semelhantes aos já explorados.

5.2.1. California, EUA: California Consumer Privacy Act

Nos EUA, o *California Consumer Privacy Act*, de 2018, em sua seção 1798.100 estabelece, de forma mais ampla, que ao coletar dados pessoais de consumidores, há a necessidade de as empresas os informar sobre quais dados são coletados, para quais finalidades, se são compartilhados ou vendidos, o tempo de tratamento, dentre outras informações. A norma também prevê em suas seções 1798.106, 1798.110, 1798.115 e 1798.130 que o consumidor tem direito a retificar dados incorretos e obter informações sobre: a categoria dos dados coletados, a categoria das fontes, a finalidade do tratamento das informações, a categoria das partes com quem os dados são compartilhados, a categoria dos dados vendidos e/ou compartilhados, e quais são as informações coletadas de forma mais específica. Algumas dessas informações devem ser disponibilizadas pela empresa em suas políticas de privacidade online ou em seus websites.

---

[27] Relatoria Especial para a Liberdade de Expressão da Comissão Interamericana de Direitos Humanos (2009, p. 2, § 7, tradução nossa).

[28] Relatoria Especial para a Liberdade de Expressão da Comissão Interamericana de Direitos Humanos (2009, p. 1-2, §§ 4-8).

[29] Relatoria Especial para a Liberdade de Expressão da Comissão Interamericana de Direitos Humanos (2009, p. 3-4, § 16, tradução nossa).

5.2.2. Argentina: Lei n. 25.326

Na Argentina, a Lei n. 25.326, de 2000, também regulamenta o direito de acesso do titular aos seus dados em diferentes artigos. Em seu art. 16, estabelece-se expressamente esse direito, condicionado à comprovação da identidade do requerente, e se aplica a bancos de dados públicos ou privados. O prazo para fornecimento desses dados é de 10 dias, e o acesso é a princípio gratuito, desde que não haja mais solicitações em um período de 6 meses (a não ser que exista uma justificativa legítima). É interessante notar ainda que essa norma traz algumas disposições sobre situações específicas, por exemplo: na hipótese de acesso a dados de pessoas falecidas, são os sucessores universais que podem solicitá-los.[30]

A Lei ainda determina, no art. 15, que os dados devem ser oferecidos aos titulares, da forma como este preferir, seja por escrito, digitalmente, por meio de imagens etc., e "de forma clara, isenta de codificações e, se for esse o caso, acompanhada de explicação, em linguagem acessível ao conhecimento médio da população".[31] Também deve ser sempre fornecida a integralidade do que consta sobre o titular, mesmo que a solicitação seja sobre um só elemento.

Dentre as limitações ao direito de acesso, previstas no art. 17, estão a sua negativa fundamentada por motivos de segurança nacional, pública, ou de direitos e interesses de outrem. Ademais, o acesso a dados também pode ser negado quando o seu conhecimento puder prejudicar o andamento de investigações penais e administrativas, processos administrativos e judiciais fiscais e previdenciários, além de atividades que envolvem o controle sanitário e do meio ambiente.

A Lei n. 25.326 possui um Decreto regulamentador (n. 1558, de 2001), que adiciona à sua compreensão quais informações devem ser repassadas aos titulares, quais sejam: se há dados armazenados, e, caso haja, quais são eles; quais as fontes utilizadas para obtenção dos dados; as finalidades e o destino que os dados terão.[32]

5.2.3. União Europeia: RGPD

O RGPD, que serviu de inspiração para a LGPD, dispõe expressamente sobre o direito de acesso em seu art. 15, indicando que o titular tem direito à confirmação da existência do tratamento, bem como a dados como finalidades dos tratamentos, categorias de dados pessoais tratados, com quem os dados são compartilhados (no caso de serem entes em outros países ou organizações internacionais, o titular deve também ter informações sobre as salvaguardas adotadas para a garantia da segurança das suas informações), tempo e critérios para definir o tempo de armazenamento das informações, o direito de retificação e eliminação, fontes utilizadas para obtenção dos dados, e se as informações são tratadas por meio de processos de tomada de decisão automatizada. Ainda, estabelece-se que o acesso deve ser gratuito, sendo que cópias adicionais dos dados em tratamento poderão ser cobradas pelo controlador para cobrir custos administrativos, por exemplo, como nos casos de demandas repetitivas de acesso.

Enquanto limitações, o art. 15(4) prevê apenas que o acesso aos dados dos titulares não pode causar prejuízos aos direitos e às liberdades de pessoas terceiras.

---

30 Art. 14, Lei n. 25.326/2000.

31 Art. 15, Lei n. 25.326/2000, tradução nossa.

32 Art. 14, Decreto Regulamentador n. 1.558/2001.

Por fim, o EDPB criou as "Orientações 01/2022 sobre os direitos de titulares de dados – Direito de acesso", adotadas em 2023. Esse documento estabelece que

> [O] objetivo geral do direito de acesso é prover os indivíduos com informações suficientes, transparentes e facilmente acessíveis sobre o tratamento dos seus dados pessoais de forma que eles possam ter conhecimento e verificar a licitude do tratamento e a acurácia dos dados tratados. Isso tornará mais fácil – mas não é uma condição – para o indivíduo exercer outros direitos como o direito à eliminação e à retificação.[33]

Indica-se que há três elementos formadores do direito de acesso: a confirmação do tratamento, o acesso em si aos dados tratados e demais detalhamentos sobre o tratamento: "finalidade, categorias dos dados e de destinatários, duração do tratamento, direitos dos titulares de dados e salvaguardas apropriadas em caso de transferência para países terceiros".[34] Aqui também se entende que o acesso se refere a todo o conjunto de dados do titular sob custódia do controlador, e, caso a quantidade de informações seja muito grande e implique dificuldade de entendimento ao titular, o EDPB indica a possibilidade de fornecê-las em diferentes camadas. Como sempre, o acesso aos dados precisa ser dado de forma "concisa, transparente, inteligível e facilmente acessível, usando linguagem clara e simples",[35] por meio de cópias aos titulares que podem ser escritas, por vias eletrônicas, ou até mesmo orais se o titular assim solicitar.[36]

Sobre as limitações do art. 15(4), o EDPB comenta que não se deve bloquear ao titular o acesso à totalidade de seus dados com base na possibilidade de impacto aos direitos de terceiros – o ideal seria impedir o acesso apenas a esses dados com potencial prejudicial.

6. Conclusões da análise

Uma das bases centrais para um regime de proteção de dados pessoais, o direito de acesso a dados pessoais não é novidade no ordenamento jurídico brasileiro. Conforme visto, esse direito já era previsto anteriormente em diferentes legislações, assumindo a forma do *habeas data* na CRFB e sendo garantido também por meio do CDC, da LCP, e do Código de Defesa do Usuário do Serviço Público. Considerando uma certa dificuldade para uso do *habeas data*, devidos às exigências condicionais que vêm com esse instituto, bem como a necessidade de que o titular se veja em situações jurídicas específicas para que possa acessar suas próprias informações por meio das outras duas leis, as disposições da LGPD vêm como uma forma de tornar esse acesso mais fácil e garantido em todos os âmbitos da vida do titular.

---

[33] EDPB. *Guidelines 01/2022 on data subject rights* – Right of access. 2022, p. 3 (tradução nossa). Disponível em: https://www.edpb.europa.eu/system/files/2023-04/edpb_guidelines_202201_data_subject_rights_access_v2_en.pdf. Acesso em: 15 jun. 2025.

[34] EDPB. *Guidelines 01/2022 on data subject rights* – Right of access. 2022, p. 3 (tradução nossa). Disponível em: https://www.edpb.europa.eu/system/files/2023-04/edpb_guidelines_202201_data_subject_rights_access_v2_en.pdf. Acesso em: 15 jun. 2025.

[35] EDPB. *Guidelines 01/2022 on data subject rights* – Right of access. 2022, p. 4 (tradução nossa). Disponível em: https://www.edpb.europa.eu/system/files/2023-04/edpb_guidelines_202201_data_subject_rights_access_v2_en.pdf. Acesso em: 15 jun. 2025.

[36] EDPB. *Guidelines 01/2022 on data subject rights* – Right of access. 2022, p. 4-5 (tradução nossa). Disponível em: https://www.edpb.europa.eu/system/files/2023-04/edpb_guidelines_202201_data_subject_rights_access_v2_en.pdf. Acesso em: 15 jun. 2025.

A existência desses diferentes cenários de garantia do direito ao acesso, porém, não significa que exista uma contrariedade entre elas. Essas diferentes previsões, inclusive, se complementam. O direito de acesso previsto na LGPD traz diretivas gerais sobre como deve ser viabilizado o acesso aos titulares de dados pessoais, em aspectos de forma e tipos de dados pessoais, enquanto os âmbitos consumeristas e aquele relacionado ao cadastro positivo devem harmonizar as suas previsões com estas mais gerais, adicionando as especificidades que lhe são características.

É de se notar, ainda, que o direito de acesso previsto na LGPD dialoga com as previsões de acesso a dados que existem em tratados e convenções internacionais, e com as normativas de proteção de dados pessoais de outras jurisdições. Ainda que com diferenças de detalhamento e de determinadas hipóteses de aplicação, todas as normativas apresentadas parecem concordar que o direito de acesso a dados pelo titular é um direito essencial para a autodeterminação informativa, para a transparência e para que o titular possa exercer com o máximo de informações possíveis as suas liberdades e demais direitos, sejam eles relacionados à proteção de dados pessoais ou não.

BIBLIOGRAFIA SELECIONADA

ANPD. *Guia Orientativo:* aplicação da Lei Geral de Proteção de Dados Pessoais (LGPD) por agentes de tratamento no contexto eleitoral. Brasília: Tribunal Superior Eleitoral, 2021. Disponível em: https://www.gov.br/anpd/pt-br/centrais-de-conteudo/materiais-educativos-e-publicacoes/guia_lgpd_final.pdf. Acesso em: 15 jun. 2025.

CRUZ, F. B. *et al.* O que está em jogo no debate sobre dados pessoais no Brasil? Relatório final sobre o debate público promovido pelo Ministério da Justiça sobre o anteprojeto de Lei de Proteção de Dados Pessoais. *InternetLab*, 2016. Disponível em: https://www.internetlab.org.br/wp-content/uploads/2016/05/reporta_apl_dados_pessoais_final.pdf. Acesso em: 15 jun. 2025.

DONEDA, D. A proteção dos dados pessoais como um direito fundamental. *Espaço Jurídico Journal of Law*, v. 12, n. 2, p. 91-108, jul./dez. 2011. Disponível em: https://periodicos.unoesc.edu.br/espacojuridico/article/view/1315. Acesso em: 15 jun. 2025.

EDPB. *Guidelines 01/2022 on data subject rights* – Right of access. Disponível em: https://www.edpb.europa.eu/system/files/2023-04/edpb_guidelines_202201_data_subject_rights_access_v2_en.pdf. Acesso em: 15 jun. 2025.

FÁCIO, R. N. A transparência e o direito de acesso no tratamento de dados pessoais: considerações sobre intersecções entre Lei Geral de Proteção de Dados e Lei de Acesso à Informação no Brasil. *Revista Eurolatinoamericana de Derecho Administrativo*, Santa Fé, v. 10, n. 2, e247, jul./dez. 2023. Disponível em: https://www.redalyc.org/journal/6559/655978330007/html/. Acesso em: 15 jun. 2025.

MONTEIRO, R. L.; CRUZ, S. Direitos dos titulares: fundamentos, limites e aspectos práticos. *In*: FRANCOSKI, D. de S. L.; TASSO, Fernando Antonio. *A Lei Geral de Proteção de Dados Pessoais:* aspectos práticos e teóricos relevantes no setor público e privado. São Paulo: Revista dos Tribunais, 2021.

RELATORIA ESPECIAL PARA A LIBERDADE DE EXPRESSÃO DA COMISSÃO INTERAMERICANA DE DIREITOS HUMANOS. *O direito de acesso à informação.* Organização dos Estados Americanos, 2009.

ROSAL, I. M.; PICOLO, C. Autodeterminação Informativa: como esse direito surgiu e como ele me afeta? *Lapin*, 27 abr. 2021. Disponível em: https://lapin.org.br/2021/04/27/autodeterminacao-informativa-como-esse-direito-surgiu-e-como-ele-me-afeta/. Acesso em: 15 jun. 2025.

SCHERTEL MENDES, L.; FUJIMOTO, M. Relatório do Painel LGPD nos Tribunais 2023. *Instituto Brasileiro de Ensino, Desenvolvimento e Pesquisa*, 2024. Disponível em: https://static.jusbr.com/painel-lgpd/edicoes/relatorio-do-painel-lgpd-nos-tribunais-2023.pdf. Acesso em: 15 jun. 2025.

Artigo 18, III

Comentado por Ana Paula Bialer e Daniel Eustachio

DISPOSITIVOS RELACIONADOS NO DIREITO INTERNACIONAL

- Art. 9º, § 1º, *e*, Convenção 108.

DISPOSITIVOS RELACIONADOS NO ORDENAMENTO JURÍDICO BRASILEIRO

- Art. 5º, LXXII, *b*, CRFB.
- Art. 43, § 3º, CDC.
- Art. 29-A, § 2º, Lei n. 8.213/1991.

DISPOSITIVOS RELACIONADOS NA LGPD

- Art. 2º, § 2º; art. 6º, V; art. 7º, § 7º; art. 9º, VII; art. 18, § 6º; e art. 23, § 3º.

ATIVIDADES DA ANPD

- Guia orientativo para definições dos agentes de tratamento de dados pessoais e do encarregado. Maio, 2021.
- Tomada de subsídios: Direitos dos titulares de dados pessoais, 2024.
- Nota Técnica n. 68/2022 – Portaria RFB n. 167 de 19 de abril de 2022.
- Nota Técnica n. 19/2023 – Atividade de monitoramento.

AÇÕES REGULATÓRIAS E FISCALIZATÓRIAS DE ENTIDADES GOVERNAMENTAIS E ÓRGÃOS DE CONTROLE

- INSS. IN 77/2015: Art. 61.
- Senacon. Portaria n. 7, Anexo I, *b*, item 15.

CASOS E DECISÕES JUDICIAIS RELEVANTES

- TJAL, Processo n. 0702229-51.2018.8.02.0058, 2ª Câmara Cível, j. 29.07.2021, p. 04.08.2021.
- TJAM, Processo n. 0210037-82.2021.8.04.0001, 6ª Vara do Juizado Especial Cível, j. 25.01.2023, p. 01.02.2023.
- TJDFT. Processo n. 0700285-18.2021.8.07.0010, 6ª Turma Cível, j. 01.09.2023, p. 06.09.2023.

JUSTIFICATIVA E FUNDAMENTOS

O direito subjetivo do titular de dados pessoais de corrigir dados incompletos, inexatos ou desatualizados não estava presente na proposição original do PL da Câmara dos Deputados n. 4.060/2012 (principal proposta que resultou na LGPD), tendo sido trazido no PL n. 5.276/2016, de autoria do Poder Executivo, e incorporado, juntamente com outros direitos do titular, no texto substitutivo apresentado pelo Deputado Orlando Silva após numerosas discussões públicas no âmbito de uma Comissão Especial sobre tratamento e proteção de dados pessoais, instaurada na Câmara dos Deputados.

Essencialmente, os direitos dos titulares previstos no art. 18 se põem como garantias efetivas para que o titular possa diretamente lançar mão de faculdades que lhe garantam seu direito fundamental à proteção de dados. Assim sendo, em seu âmago, este direito em específico tem por fundamento a atribuição de capacidade ao titular de dados para intervir em tratamento de dados que lhe diga respeito com o objetivo de retificar seus próprios dados pessoais, podendo os completar, especificar ou atualizar.

Ao mesmo tempo, há que se ter em mente que não apenas o direito à retificação, mas os próprios direitos dos titulares tal qual positivados no art. 18 da LGPD constituem uma das características centrais da experiência legislativa europeia, que foi defendida pelo Deputado Orlando Silva quando da apresentação do texto como uma maneira de compatibilizar a legislação nacional com práticas internacionais e assim possibilitar o investimento de empresas estrangeiras no país, nos seguintes termos:

> Em tempos de computação em nuvem, um país que atenda à legislação europeia possui condições de atrair processamento de dados daquele bloco. E atrair o tratamento de dados implica não só a possibilidade de instalação de *data centers*, mas das próprias empresas de TIC, incluindo as gigantes ponto com. Por isso, a necessidade de o Brasil possuir, sem abrir mão de suas especificidades e soberania, uma legislação harmônica com o mundo e com os principais blocos organizados, como a União Europeia.[37]

ANÁLISE

Representante da letra R dos popularmente chamados direitos ARCO,[38] o direito de retificação está presente no art. 18, III, da LGPD e, não por acaso, frequentemente figura

---

[37] SILVA, O. Parecer apresentado à Comissão Especial destinada a proferir parecer ao Projeto de Lei n. 4.060, de 2012, do Dep. Milton Monti, que "dispõe sobre o tratamento de dados pessoais e dá outras providências", e apensado, 24 maio 2018, p. 11.

[38] Acrônimo que se refere a Acesso, Retificação, Cancelamento e Oposição (*Access, Rectification, Cancellation* e *Objection*).

na atividade de fiscalização da ANPD, como se vê nos pedidos de esclarecimentos à Receita Federal (Nota Técnica n. 68/2022, anteriormente referida), sobre maneiras de garantir o referido direito,[39] e no próprio relatório de atividades de monitoramento (Nota Técnica n. 19/2023, anteriormente referida), que aponta o direito como o terceiro mais requerido por titulares a autoridades no período entre 2022 e 2023.[40] De fato, trata-se de uma faculdade que, ao possibilitar o controle do titular sobre seus dados, serve como instrumento direto de exercício da autodeterminação informativa por parte do titular.

Considerada a importância deste direito, abaixo são oferecidos detalhes sobre seus precedentes internacionais e nacionais e, em seguida, articula-se uma síntese sobre suas principais características.

1. Precedentes internacionais

As primeiras experiências legislativas internacionais garantidoras do direito de retificação de dados datam da década de 1970, sendo pioneira a lei federal americana "Ato sobre Crédito Justo" (tradução livre de *Fair Credit Reporting Act* – FCRA), que garantiu o direito do consumidor de disputar a exatidão de seus dados pessoais em contexto de proteção ao crédito, sempre que seu pedido for razoável.[41] No entanto, é na Europa que o direito de retificação deixa de ser restrito à proteção de crédito para se tornar um direito de aplicação transversal em todos os setores: na França,[42] também nos anos 1970, positivou-se em lei o direito de o titular de dados corrigir e completar seus próprios dados. Mais do que o direito em si, este país também positivou outras características que viriam a ser influentes: a resposta à requisição do titular em prazo razoável, a informação ao titular sobre a negativa da requisição e o dever ao controlador de informar sobre a retificação outros agentes que tenham tratado os dados objeto de correção.

Com efeito, a normatização francesa encontrou guarida na Convenção 108, tratado do CoE de 1981, em cujo texto se positivou um direito de retificação a ser garantido em tempo razoável,[43] adicionando, em comentários ao texto normativo, que o direito deveria ser obtido livre de custos e o dever de informação a outros agentes apenas se aplica quando possível e sem a realização de esforços desproporcionais.[44] Neste sentido seguiu a Diretiva 95/46, que regulou a proteção de dados na UE até 2018: os titulares tinham o direito de retificação, mas o dever de informação a outros agentes por parte do controlador só se aplicaria em caso de possibilidade e esforços proporcionais.[45]

---

39 ANPD. Nota Técnica n. 68/2022 – Portaria RFB n. 167, de 19 de abril de 2022.

40 ANPD. Nota Técnica n. 19/2023 – Atividade de monitoramento.

41 EUA. *Fair Credit Reporting Act*, Section 611.

42 França. *Loi n. 78-17 du 6 janvier 1978 relative à l'informatique, aux fichiers et aux libertés*, art. 70-20 (revogado).

43 CoE. Convenção 108 (1981), art. 8 (c).

44 A versão original do Relatório Explicativo (tradução nossa de *Explanatory Report*) falava que "a legislação ou a prática nacional normalmente prevê que, quando apropriado, as retificações devem ser informadas aos destinatários do compartilhamento dos dados" (tradução nossa). Mais recentemente, os comentários apontam que "[A] retificação ou exclusão, se justificada, deve ser gratuita. No caso de retificações e exclusões obtidas em conformidade com o princípio estabelecido na alínea *e*, essas retificações e exclusões devem, sempre que possível, ser levadas ao conhecimento dos destinatários do compartilhamento de dados, a menos que isso se mostre impossível ou envolva esforços desproporcionais" (tradução nossa). V. CoE (2018), p. 15 e s.

45 UE. Diretiva 95/46: Art. 12, alínea *b* [*revogada*].

Durante o período de vigência da Diretiva 95/46 em território europeu, alguns países fora do continente positivaram o direito de retificação – casos de Uruguai[46] e Argentina,[47] que garantiram a possibilidade de correção de dados dentro de prazos razoáveis (às vezes numericamente definidos) ao mesmo tempo que deram espaço ao dever de informação a outros agentes que eventualmente tenham tido acesso aos dados corrigidos.

De qualquer modo, o caso de maior repercussão se deu com a promulgação do RGPD, que substituiu, com força de lei, a Diretiva 95/46. Trazendo o direito de retificação em seu art. 16, o RGPD reproduziu aspectos que já se faziam presentes na experiência francesa e na Convenção 108: o direito inclui as faculdades de corrigir e completar dados pessoais. O prazo de resposta a requisições é determinado a até um mês, prorrogável por dois meses adicionais, e o procedimento deverá ser livre de custos.[48] Além disso, os controladores devem informar sobre a retificação tanto os titulares quanto outros agentes que tratem o dado objeto de correção.[49]

2. Precedentes nacionais

Dentro do ordenamento jurídico nacional, a retificação de dados pessoais como um direito subjetivo começou a ganhar força com o *habeas data*, instituto presente no art. 5º, LXXII, da CRFB de 1988, que garante ao cidadão, pela via de uma ação judicial constitucional, o acesso e a correção de seus dados detidos por entidades governamentais ou de caráter público. Trata-se de um direito que tem como fundamento primeiro não a proteção de dados em específico, mas a defesa do cidadão contra o Estado em sentido mais amplo, especialmente tendo em conta que o regime político anterior ao atual texto constitucional tinha caráter marcadamente autoritário e reunia informações sobre os cidadãos através do Serviço Nacional de Informações (SNI). Neste contexto, a experiência brasileira se revelou relevante para outros países latino-americanos, que, também ao sair de experiências institucionais autoritárias, reproduziram a cultura do *habeas data* como instrumento de proteção do cidadão frente ao Estado, o que sem dúvidas representou um ganho em termos de autodeterminação informativa.[50]

Entretanto, na condição de proteção do cidadão frente ao Estado, o *habeas data* apresenta a limitação de ter como sujeitos passivos exclusivamente entidades governamentais ou aquelas que porventura detenham dados de caráter público. Além disso, como se trata de uma ação constitucional, ele traz consigo a necessidade de um processo judicial, o que tende a tornar mais moroso e complexo o exercício do direito.

Para cumprir função semelhante à retificação do *habeas data* no setor privado, surge o art. 43 do CDC, em cujo § 3º se estabelece o direito de retificação do consumidor em termos semelhantes à experiência europeia – com aplicação imediata, sem necessidade de ação judicial e havendo o dever de comunicação a agentes que eventualmente tenham recebido a informação incorreta. Nas palavras da ANPD, "[a] obrigação do controlador de comunicar o pedido de retificação aos agentes de tratamento com os quais compartilhou o dado é um

---

46 Uruguai. Ley 18.331: Art. 15.

47 Argentina. Ley 25.326: Art. 16.

48 UE. RGPD, Considerando 59.

49 EU. RGPD, art. 19.

50 Uma análise da cultura do *habeas data* à luz da proteção de dados pode ser conferida em Guadamuz (2001).

aspecto crítico para garantir a eficácia do direito à correção de dados pessoais sob a LGPD [...] o encargo deve ser suportado pelo agente que decidiu compartilhar os dados pessoais"[51] [*sic*].

A autodeterminação informativa, desta forma, passava a ganhar espaço também nas relações de consumo, e neste aspecto ainda é regulada e fiscalizada por entidades administrativas como a Senacon e os Procons ao redor do país, além do próprio Judiciário. Afinal, até o momento, decisões judiciais (como algumas das mencionadas acima), embora reconheçam a legislação de proteção de dados, por vezes se apoiam prioritariamente sobre o CDC, possivelmente tido como mais consolidado do ponto de vista jurisprudencial, quando tratam sobre retificação de dados.

Mas o fato é que o direito de retificação garantido pelo art. 18, III, da LGPD, promulgada em 2018, é mais amplo e vem a preencher lacunas deixadas pelo *habeas data* e pelo direito de retificação do consumidor. Afinal, ele é transversal, com aplicação em todos os setores, sejam públicos ou privados, e não requer ação judicial para sua operacionalização.

3. Conformação do direito

3.1. Relação com a qualidade de dados

Chama atenção o fato de que o art. 18, III, estabelece um direito de "correção de dados incompletos, inexatos ou desatualizados", ao passo que o art. 6º, V, traz o princípio da qualidade de dados, consistente na garantia de exatidão e atualização dos dados. Embora a similaridade semântica à primeira vista já possa sugerir a relação intrínseca entre ambos os dispositivos, é preciso atentar para as duas diferenças essenciais entre eles.

Em primeiro lugar, o art. 18, III, apresenta um direito subjetivo do titular de dados pessoais, ao passo que o art. 6º, V, se refere a um princípio. Assim sendo, o direito de retificação depende do requerimento justificado e expresso do titular em determinado tratamento de dados para a retificação de seus próprios dados, enquanto a qualidade de dados se aplica, por meio de ponderação com outros princípios do ordenamento, em todas as operações de tratamento de dados, independentemente da vontade dos titulares envolvidos.

Em segundo lugar, o art. 18, III, de fato se refere a dimensões da qualidade de dados – nomeadamente, completude, exatidão e atualização –, mas o art. 6º, V, se revela mais amplo, abarcando de maneira expressa também as dimensões da relevância e da clareza dos dados.

Desta forma, pode-se dizer que o direito de retificação está contido na qualidade de dados: serve como um elemento para que um determinado dado ou conjunto de dados, adquirindo maior exatidão, completude ou atualização, ganhe em qualidade, eventualmente gerando efeitos e/ou servindo como base para inferências e decisões que se revelem mais adequadas à realidade do titular de dados pessoais.

3.2. Objeto e limites

Através da interpretação gramatical, depreende-se que o art. 18, III, autoriza o uso do direito de retificação para completar, atualizar e tornar mais exatos dados pessoais do próprio titular em determinado tratamento de dados, mesmo que não tenham sido diretamente oferecidos por ele mesmo ao controlador. Como já foi dito, trata-se de referência expressa

---

51 ANPD. Tomada de subsídios sobre os direitos dos titulares de dados pessoais, 2024.

a apenas algumas dimensões do conceito técnico de qualidade de dados,[52] o que levanta a questão: este direito poderia ser instrumentalizado exclusivamente para o aperfeiçoamento destas dimensões, em detrimento das outras?

Uma vez que se trata de uma garantia que propicia a consecução dos objetivos do art. 1º da Lei – em especial, a proteção dos "direitos fundamentais de liberdade e de privacidade e o livre desenvolvimento da personalidade da pessoa natural" –, a interpretação não pode se limitar à gramática, cabendo, a exemplo do art. 6º, V, a leitura analógica das dimensões mencionadas, equiparando-as a outras dimensões do conceito técnico de qualidade de dados. Deste modo, por exemplo, a dimensão de completude pode ensejar a consistência, ao passo que a exatidão pode dar azo à granularidade de dados. Ou seja, em princípio o titular pode requisitar não apenas que seus dados sejam completados ou tornados mais exatos, mas também que sejam consistentes com outros dados eventualmente tratados por aquele controlador ou que detenham maior número de informações, de modo a esclarecer determinado fato tido como pertinente. Esta abordagem expansiva e garantista já foi defendida na doutrina europeia, por Diana Dimitrova, também a partir da interpretação do direito de retificação a partir das variadas dimensões da qualidade de dados.[53]

A interpretação teleológica, no entanto, não significa que o direito de retificação possa ser usado incondicionalmente. Na verdade, dois limites principais se impõem.

De um lado, os dados retificados, já que atendem ao vocábulo "correção", devem ser verazes, de modo que os titulares, mais do que expressar sua vontade, devem fazer prova da veracidade das informações pessoais que buscam inserir ou emendar. Afinal, como postulado pela ANPD, "a fidedignidade dos dados pessoais, além de ser um direito do titular, é um dever do agente de tratamento, um princípio geral da proteção de dados pessoais e um pressuposto para a adequação do tratamento".[54]

De outro lado, a efetiva retificação depende do atendimento dos princípios aplicáveis, em especial a qualidade e a minimização de dados, principalmente porque estes princípios servem como limitação à inclusão de dados que não sejam relevantes e/ou proporcionais com relação às finalidades do tratamento em análise.

3.3. Sujeitos e modos de exercício

Como um direito subjetivo, o direito de retificação tem o titular de dados pessoais no polo ativo e o controlador no polo passivo. Assim sendo, é o controlador que, em princípio, se responsabiliza pela correção dos dados e os deveres que a acompanham, inclusive com relação a todos os outros agentes de tratamento eventualmente envolvidos. Estes deveres incluem a disponibilização de informação sobre maneiras de exercer os direitos dos titulares, a avaliação de eventual requisição de correção por parte do titular em tempo razoável, a notificação justificada a respeito da resolução e, quando possível e sem a realização de esforços desarrazoados, a comunicação da correção a outros agentes de tratamento que tenham tido acesso aos dados objeto de retificação. A propósito da relação entre tempo razoável e esforços desarrazoados, a ANPD se pronunciou no sentido de que a retificação deve se dar imediatamente a partir da ciência da incorreção dos dados, já que "[t]anto a

---

52 Ver comentário ao art. 6º, V, neste volume.

53 DIMITROVA, D. The rise of the personal data quality principle: Is it legal and does it have an impact on the right to recitification? *European Journal of Law and Technology*, v. 12, 2021.

54 ANPD. Tomada de subsídios sobre os direitos dos titulares de dados pessoais, 2024.

correção pelo controlador quanto a comunicação sobre tal necessidade aos demais agentes de tratamento envolvidos somente poderiam ser retardadas em caso de impossibilidade ou esforço desproporcional comprovados".[55]

Embora a Lei não especifique em detalhe os modos de exercício do direito de retificação frente ao controlador, deve-se assumir que, como se trata de direito, a requisição e a efetiva retificação de dados não podem ser objeto de nenhum tipo de cobrança.

Em especial, quando se tratar de controlador que integre o Poder Público, os procedimentos específicos serão regulados por legislação específica, com destaque para "as disposições constantes da Lei n. 9.507, de 12 de novembro de 1997 (LHD), da Lei n. 9.784, de 29 de janeiro de 1999 (Lei Geral do Processo Administrativo), e da LAI",[56] sem que isso implique restrição da eficácia do exercício de direitos frente ao Poder Público até publicação da referida legislação, haja vista que o art. 18 se põe como instrumento essencial para a concretização do direito fundamental à proteção de dados pessoais, à luz do art. 5º, LXXIX e § 1º, da CRFB.

De todo modo, o titular, especialmente na ausência de modos de requerer o direito de retificação ao controlador, pode realizar o pedido através da própria ANPD, que então o dirigirá ao controlador, já em sede de processo administrativo que enseja a verificação de eventuais infrações administrativas e imposição de sanções.

BIBLIOGRAFIA SELECIONADA

COUNCIL OF EUROPE (CoE). *Explanatory Report to the Convention for the Protection of Individuals with regard to Automatic Processing of Personal Data.* Strasbourg, 2018.

DIMITROVA, D. The rise of the personal data quality principle: Is it legal and does it have an impact on the right to recitification? *European Journal of Law and Technology*, v. 12, 2021.

EUA. *Fair Credit Reporting Act*, Section 611. Revisão 2023. Disponível em: https://www.ftc.gov/system/files/ftc_gov/pdf/fcra-may2023-508.pdf.

GUADAMUZ A. Habeas Data vs. The European Data Protection Directive. *J Information, Law & Technology*, v. 3, 2001.

SILVA, O. Parecer apresentado à Comissão Especial destinada a proferir parecer ao Projeto de Lei n. 4.060, de 2012, do Dep. Milton Monti, que "dispõe sobre o tratamento de dados pessoais e dá outras providências", e apensado, 24 maio 2018.

WANG, J.; LIU, Y.; LI, P. Overview of Data Quality: Examining the Dimensions, Antecedents, and Impacts of Data Quality. *J Knowl Econ*, 2023.

55 ANPD. Tomada de subsídios sobre os direitos dos titulares de dados pessoais, 2024.

56 Ver comentário ao art. 23 neste volume.

Artigo 18, IV

Comentado por Jordan Vinícius de Oliveira

DISPOSITIVOS RELACIONADOS NO ORDENAMENTO JURÍDICO BRASILEIRO

- Arts. 8º e 25, Lei n. 8.159/1991.
- Art. 2º-A, § 3º, Lei n. 12.682/2012.
- Arts. 205 e 206, CC.
- Arts. 27 e 43, § 1º, CDC.
- Art. 174, CTN.
- Art. 11, CLT.

DISPOSITIVOS RELACIONADOS NA LGPD

- Art. 5º, XI, XIII e XIV; art. 6º, III; art. 16; art. 18, VI, §§ 2º, 4º e 6º; art. 44.

ATIVIDADES DA ANPD

- Tomada de Subsídios para a norma sobre os Direitos dos Titulares.

AÇÕES REGULATÓRIAS E FISCALIZATÓRIAS DE ENTIDADES GOVERNAMENTAIS E ÓRGÃOS DE CONTROLE

- Arts. 6º e 8º, Resolução n. 1.821/2007, CFM.
- Art. 10, Resolução n. 4.474/2016, CMN.
- Códigos de Classificação e Tabelas de Temporalidade e Destinação de Documentos Relativos às Atividades-Fim Aprovados pelo Arquivo Nacional.
- Código de Classificação e Tabela de Temporalidade e Destinação e Documentos Relativos às Atividades-Meio do Poder Executivo Federal.
- Art. 7º, Resolução n. 54/2023, Conselho Nacional de Arquivos (Conarq).

CASOS E DECISÕES JUDICIAIS RELEVANTES

- STJ. REsp n. 2.092.096 – SP (2023/0294797-4). Rel. Min. Nancy Andrighi, j. 12.12.2023.

JUSTIFICATIVA E FUNDAMENTOS

No PL n. 4.060/2012 – que foi transformado no PL da Câmara n. 53/2018, sendo a "raiz" do texto legislativo aprovado como a Lei n. 13.709/2018 – os arts. 7º, VII, e 19 previam tão somente o direito de bloqueio do tratamento de dados pessoais, excetuada a hipótese de manutenção do tratamento para fins de obrigações legais ou contratuais[57]. Por "bloqueio", a legislação previa a "suspensão temporária ou permanente de qualquer operação de tratamento realizada sobre dados pessoais específicos ou sobre a integralidade de um ou mais bancos de dados".

Este conceito foi transformado para contemplar não somente o bloqueio, mas também a anonimização e a eliminação de dados pessoais, havendo ainda a condição de que o tratamento desses dados seja considerado desnecessário, excessivo ou em desconformidade com a lei.

Vê-se, assim, que o objetivo central do dispositivo, desde a sua redação original, era interromper o tratamento de dados pessoais que não encontrasse um substrato ou fundamento subjacente. Ocorre, contudo, que no bloqueio essa interrupção não ficava claramente determinada, já que se a suspensão fosse temporária os dados pessoais continuavam em posse dos agentes de tratamento, sendo efetivamente afetado tão somente o seu uso corrente até a segunda ordem.

Logo, para a compreensão da lógica que fundamenta o art. 18, IV, em sua redação atual é necessário listar que existem dois pontos centrais de preocupação: primeiro, a interrupção do tratamento, que pode variar desde uma mera suspensão temporária a até uma exclusão com caráter definitivo do dado pessoal e, segundo o caráter não potestativo desse direito, que pode não ser concedido a despeito da vontade do titular.

No primeiro ponto, caso a ação sobre o dado pessoal seja a de anonimização ou de eliminação, tratar-se-á de uma interrupção definitiva do tratamento. Na anonimização (ver comentário ao art. 5º, XI, neste volume), há um procedimento com caráter permanente de desvinculação do dado pessoal em relação ao seu titular, de modo que esse dado não mais possa ser reidentificado (por meios próprios do agente de tratamento ou por técnicas razoáveis de terceiros). Já na eliminação há um definitivo apagamento do dado. Caso seja uma ação de bloqueio, tem-se tão somente a suspensão temporária das operações de tratamento, exceto em relação ao próprio armazenamento do dado, que não é apagado.

No segundo ponto, não obstante o desejo do titular seja o de que seus dados pessoais sejam apagados do banco de dados do agente de tratamento, é importante elencar que a LGPD se preocupou com as condições efetivas para que essa requisição seja acolhida: o tratamento deverá ser qualificado como desnecessário, excessivo ou desconforme para que a solicitação possa ser deferida.

Essa segunda condição, em especial, é elementar para ressaltar que o direito à proteção de dados pessoais, macroscopicamente considerado tal como previsto no art. 5º, LXXIX, da CRFB, não é um direito absoluto, devendo sofrer limites conforme a interpretação dos direitos fundamentais em seus limites internos e externos. Assim, ao prever que os dados pessoais só poderão ser eliminados, anonimizados ou bloqueados quando o seu tratamento for desnecessário, excessivo ou desconforme ao disposto na lei, a LGPD estipula limites internos ao seu alcance. Estes limites, contudo, poderão ainda ser contemplados por barreiras externas, pois a própria LGPD reconhece a existência de outras leis e fundamentos que não apenas a proteção dos dados pessoais e/ou a privacidade, como a liberdade de expressão, informação, comunicação e opinião (art. 2º, III), a intimidade, a honra e a imagem (art. 2º, IV), o desenvolvimento econômico, tecnológico e a inovação (art. 2º, V), a livre-iniciativa, a livre concorrência e a defesa do consumidor (art. 2º, VI) e os direitos humanos, o livre

57 BRASIL. Projeto de Lei n. 4.060/2012.

desenvolvimento da personalidade, a dignidade e o exercício da cidadania das pessoas naturais (art. 1º, *caput* e 2º, VII).

Portanto, ao se deparar com uma requisição de eliminação, anonimização ou bloqueio de dados pessoais, tal como elencada no art. 18, IV, o agente de tratamento controlador poderá avaliar esta requisição mediante um filtro interno e externo de razoabilidade sobre a pertinência ou impertinência do tratamento, não havendo nenhuma obrigação imperativa de eliminação, anonimização ou bloqueio.

ANÁLISE

1. Experiência internacional

No RGPD, o Considerando 59 expõe que os direitos dos titulares de dados pessoais, especialmente os direitos de acesso, retificação/atualização, eliminação e objeção deverão ser exercidos por meios gratuitos e que, caso o agente de tratamento não possa acolher a requisição do titular, ele deverá fundamentar as razões para o indeferimento.

Em paralelo ao direito de eliminação, o art. 17 do regulamento europeu prevê o direito de "apagamento" (*erasure*) quando as seguintes condições se aplicam: (i) os dados pessoais já não sejam mais necessários em relação ao propósito para o qual foram originalmente coletados ou tratados; (ii) o titular dos dados tenha retirado o seu consentimento; (iii) o titular dos dados se recuse ao tratamento (nos termos do art. 21 do Regulamento, como se verá); (iv) os dados pessoais sejam tratados sem base legal; (v) os dados pessoais devam ser apagados por obrigação legal; e (vi) os dados pessoais tenham sido coletados para o oferecimento de "serviços da sociedade da informação" (que, nos termos do § 25 do art. 4º do Regulamento, são serviços normalmente providos para remuneração à distância por meios eletrônicos e à requisição do destinatário destes serviços).

Ainda conforme o art. 17, o controlador que apagar os dados deverá tomar medidas razoáveis para, caso os dados pessoais tenham sido revelados a terceiros, informar a esses controladores sobre a requisição do titular para que deletem quaisquer links, cópias ou replicações desses dados pessoais.

Como exceção razoável às hipóteses do art. 17, o RGPD prevê cinco situações, quais sejam: (i) o exercício do direito de liberdade de expressão e informação; (ii) o cumprimento de obrigação legal em relação a uma tarefa realizada em interesse público ou para o desempenho do papel de autoridade oficial pelo controlador; (iii) em função do interesse público para fins de saúde pública (conforme as disposições do art. 9(2) e (3), relativas a hipóteses de autorização para tratamentos sensíveis); (iv) para fins de arquivamento de interesse público, de pesquisas científicas ou históricas ou estatísticas (quando o direito de eliminação inviabilizar ou prejudicar seriamente a execução dessas tarefas); e (v) para fins de exercício regular de direitos.

Por sua vez, em paralelo ao direito de bloqueio, o RGPD previu ao seu art. 18 o direito de restrição de tratamento (*restriction of processing*), aplicável em quatro situações, quando: (i) a precisão dos dados pessoais for contestada pelo titular de dados; (ii) o tratamento for feito sem base legal e o titular se oponha ao apagamento de seus dados, requisitando em seu lugar a restrição de seu uso; (iii) o controlador não precisar dos dados pessoais para os propósitos do tratamento, mas eles forem requisitados pelo titular para o exercício de seus direitos; (iv) e quando o titular se oponha ao tratamento de seus dados na forma do art. 21(1) do RGPD (quando o tratamento dos dados for pautado para interesses legítimos do controlador ou de terceiros ou, ainda, for necessário para execução de tarefa de interesse público ou para o desempenho do papel de autoridade oficial pelo controlador) e restar pendente a verificação de que o tratamento possua, de fato, motivos legítimos que superem o interesse do titular.

Vale citar, ainda, que o art. 21 do RGPD previu o direito de objeção ao tratamento de dados pessoais (*right to object*), direito este ligeiramente próximo ao do conceito do direito de oposição previsto na LGPD (ver comentário ao art. 18, § 2°, neste volume) por ser restrito a hipóteses de tratamento pautadas em bases legais de interesses públicos ou legítimos (embora a objeção diga respeito a quaisquer bases legais que não o consentimento).

Vê-se, assim, que os direitos de apagamento e de restrição (próximos aos direitos de eliminação e de bloqueio) não são absolutos no contexto europeu e que as hipóteses para o seu deferimento são abrangentes e relativamente mais meticulosas do que na LGPD. Sobre o direito de anonimização, ele está previsto na legislação europeia apenas como uma técnica para desassociar o dado pessoal de seu titular e não como um direito a ser requisitado do agente de tratamento no regulamento.

Por fim, o art. 19 do RGPD possui previsão próxima à constante ao § 6° do art. 18 da LGPD (este, relativo aos direitos de correção, eliminação, anonimização ou bloqueio de dados) no sentido de que, caso haja deferimento de requisição de correção (atualização de dados), de eliminação ou de restrição de dados pessoais, todos os agentes de tratamento para os quais estes dados foram revelados deverão ser avisados, exceto se este procedimento se tornar impossível ou exigir esforços desproporcionais.

2. Dispositivos correlatos no ordenamento nacional e na LGPD

Vale dizer que os direitos de eliminação, bloqueio e anonimização esbarram, necessariamente, em hipóteses nas quais a conservação de dados pessoais se fizer necessária. Na prática, só poderá ser eliminado, bloqueado ou anonimizado o dado pessoal que, além de preencher os requisitos do art. 18, IV, não sofra uma obrigação legal de manutenção. Por requisitos do art. 18, IV, fala-se na verdade em dois tipos, quais sejam: (a) desnecessidade/excessividade, conceitos ligados diretamente ao princípio da necessidade exposto ao art. 6°, III, da Lei; ou (b) desconformidade, conceito abrangente ligado a toda a Lei, inclusive seus arts. 7° e 11, que tratam de bases legais, art. 16, que trata de exceções à eliminação e, especialmente, o art. 44, que define tratamento irregular aquele que não obedeça à legislação ou não forneça a segurança esperada ao titular.

Quando a LGPD prevê que dados "tratados em desconformidade com o disposto nesta Lei" poderão ser eliminados, anonimizados ou bloqueados não é possível dizer que essa conformidade se dá apenas em relação à própria LGPD ("conformidade interna"). Como a construção da legislação de proteção de dados pessoais brasileira é também principiológica e não afasta, por exemplo, obrigações legais ou regulatórias (arts. 7°, II, 11, II, *a*, e 16, I), todo o ordenamento jurídico e regulatório nacional precisará ser considerado ("conformidade externa"), já que inexiste um microssistema de proteção de dados pessoais independente de outros setores regulados.

Assim, as leis e regulamentos aplicáveis que disponham sobre regras de armazenamento/conservação de dados pessoais e de seus respectivos documentos também precisam ser consideradas. Na prática, ao contrário do que a LGPD faz parecer, para setores regulados como o educacional, o médico, o financeiro ou o trabalhista, por exemplo, será mais comum a manutenção dos dados pessoais em razão de obrigação de guarda permanente do que a sua eliminação.

Tem-se, a mero título exemplificativo, os prazos decadenciais e, ainda, os prescricionais (estes especialmente sujeitos a causas de suspensão ou interrupção em sua contagem). Apenas se tratando de prescrição, por exemplo, para a reparação civil, o CC estipulou prazos que variam de 1 a 10 anos (respeitadas situações em que outra lei tenha disposto prazo maior). Para a cobrança de crédito tributário, o CTN estipulou 5 anos da sua constituição definitiva. A CLT fixou 5 anos prescricionais de créditos resultantes de relações de trabalho, cobertos até o limite de 2 anos após a extinção do contrato de trabalho. Para relações consumeristas, o CDC estabeleceu o prazo prescricional de 5 anos para reparação por danos causados por fato do produto ou do serviço, contados do conhecimento do dano e de sua autoria, além de ter fixado 5 anos para o registro de anotações negativas em cadastros de proteção ao crédito.

Ainda, vale lembrar que a já citada Lei n. 8.159/1991 (ver comentário ao art. 5º, IV, neste volume) estabeleceu as classificações de arquivos em fases corrente, intermediária e permanente, sendo que a última categoria implica o armazenamento definitivo e não a eliminação como pressuposto. A Lei estipulou ainda ao seu art. 25 que ficará sujeito à responsabilidade penal, civil e administrativa aquele que desfigurar ou destruir documentos de valor permanente ou considerados de interesse público ou social. Do mesmo modo, a Lei n. 12.682/2012 (que dispõe sobre a elaboração e o arquivamento de documentos em meios eletromagnéticos) trouxe ao seu art. 2º-A, § 3º, a possibilidade de armazenamento em meio eletrônico, óptico ou equivalente de documentos públicos ou privados, respeitando sempre os prazos de decadência ou prescrição antes de sua eliminação.

Assim, todas as situações narradas anteriormente e outras mais previstas no vasto, denso e complexo ordenamento jurídico e regulatório nacional aqui não citadas implicarão a necessidade, por parte dos agentes de tratamento, de retenção de dados, documentos e arquivos físicos ou digitais, não sendo possível o simples descarte ou eliminação de dados ainda que haja solicitação do titular pautada no art. 18, IV, da LGPD.

Voltando à própria LGPD, os conceitos de eliminação, anonimização e bloqueio foram objeto, inclusive, de definição ao art. 5º da legislação. Entre eliminação (art. 5º, XIV) e anonimização (art. 5º, XI), há em comum o resultado pretensamente irreversível de reconstituição do dado pessoal e sua ligação ao seu titular, seja por destruição lógica/física do dado ou de seu meio de armazenamento no caso da eliminação (ex.: formatação irreversível/*zero fill*, fragmentação, incineração e outros) ou por desidentificação não reversível (considerados meios razoáveis empregáveis por terceiros e meios próprios) de atributos do dado em relação ao seu titular no caso da anonimização. Já o bloqueio (art. 5º, XIII) trata da suspensão temporária da operação de tratamento (exceto ao próprio armazenamento), que pode ou não ser retomada a depender das circunstâncias.

É necessário ainda elucidar a importante distinção entre dois tipos de eliminação previstas no art. 18: a do inciso IV e a do inciso VI. No primeiro, como já explicado, fala-se do direito de eliminação (bem como anonimização e/ou bloqueio) de dados tratados em desconformidade e excessividade/desnecessidade enquanto, no segundo, fala-se em eliminação de dados tratados com consentimento do titular. Logo, a principal diferença entre os dois incisos está na base legal: especificamente o consentimento para o inciso VI e todas as demais bases legais para o inciso IV. Como o consentimento pressupõe ato de vontade livre, inequívoco, informado, específico e revogável do titular, a diferenciação parece correta, pois as hipóteses cobertas por outras bases legais não terão o tratamento de dados pessoais necessariamente condicionado ao desejo de seu titular.

Um penúltimo esclarecimento é o de que a Lei previu, ainda, no art. 18, § 2º, o direito do titular de "opor-se a tratamento realizado com fundamento em uma das hipóteses de dispensa de consentimento, em caso de descumprimento ao disposto nesta Lei". Aqui, vale a conexão imediata com o direito de bloqueio: o direito paralelo ao direito de oposição (relativo a outras bases legais da LGPD) é o de revogação de consentimento (previsto no art. 18, IX), sendo a diferença entre ambos a base legal empregada (consentimento no último caso e qualquer outra base legal na oposição). Tanto na revogação de consentimento quando na oposição, não há necessária obrigação de eliminação de dados (vale lembrar que o art. 8º, § 5º, prevê expressamente que quando a revogação de consentimento é requerida os tratamentos realizados anteriormente sobre esta base ficam ratificados, ou seja, validados, enquanto não houver requisição de eliminação), sendo que se o titular desejar este desfecho de eliminação deverá abrir uma requisição específica (valendo-se dos já citados incisos IV e VI).

Logo, pelo caráter temporário dos direitos de revogação de consentimento e oposição, a repercussão concreta de seu deferimento será a de suspensão de seu tratamento até segunda ordem, efeito prático do bloqueio.

Por fim, vale ressaltar que, especificamente o direito de eliminação encontra limitações internas no art. 16 da LGPD. Dados, documentos ou arquivos que estejam sob o amparo de obrigações legais ou regulatórias, de estudos por órgão de pesquisa, de transferência a terceiro ou de uso exclusivo do controlador mediante anonimização poderão ter rejeitada a eliminação requisitada pelo titular.

A principal "pegadinha" dos direitos de eliminação, anonimização e bloqueio, assim, subsiste pelo fato de que diversas obrigações legais ou regulatórias do ordenamento jurídico nacional não se amparam sobre dados pessoais propriamente ditos, mas sim sobre documentos ou arquivos que poderão contê-los. Vale citar que nos setores regulados, como o educacional, trabalhista, financeiro ou de saúde, as regulações raramente tratam de dados pessoais propriamente ditos, mas sim de documentos ou arquivos. Caberá, pois, aos agentes de tratamento um hercúleo estudo das obrigações legais às quais estão sujeitos mediante uma análise jurídica bem fundamentada para que não bloqueiem e, especialmente dado o seu caráter irreversível, eliminem ou anonimizem dados pessoais sujeitos a obrigações de manutenção.

3. Aspectos técnicos

De forma direta, o deferimento do direito de eliminação de dados pessoais não é potestativo, como já visto, e deve ser avaliado em seus limites internos ou externos, conforme já explicado na análise de legislação nacional e da própria LGPD realizada no tópico anterior. Por limites internos, ele deve ser pautado em tratamento de dados pessoais desnecessário/ excessivo ou desconforme para merecer deferimento. Por limites externos, ele não deve se sobrepor a outros direitos ou obrigações legalmente estabelecidos.

No primeiro ponto, os adjetivos "desnecessários" e "excessivos" para dados pessoais (no contexto do princípio da necessidade previsto ao art. 6º, III, da LGPD) estão empregados de forma quase pleonástica para dispor que os dados pessoais devem se limitar ao tratamento mínimo necessário considerando a finalidade à qual se destinam, mediante exame de pertinência, proporcionalidade e não excessividade.

Já no segundo ponto, os já citados direitos de liberdade de expressão, informação, comunicação, opinião, intimidade, honra, imagem, desenvolvimento econômico, tecnológico e de inovação, livre-iniciativa, concorrência e defesa do consumidor, direitos humanos, desenvolvimento da personalidade, dignidade, exercício de cidadania ou quaisquer obrigações legais de manutenção/conservação de dados, documentos e arquivos não necessariamente deverão ser preteridos em uma avaliação de colisão perante o direito à proteção de dados pessoais. Cabe, portanto, um exame dos direitos envolvidos nos casos concretos, sem a necessária prevalência *a priori* do direito de eliminação, anonimização ou bloqueio.

Vale dizer, ainda, que o § 4º do art. 18 previu que, caso o agente de tratamento não possa deferir uma requisição de direito realizada por um titular de imediato, ele deverá comunicar: ou que não é o agente de tratamento (indicando o agente pertinente para que a requisição seja feita), ou que existem razões de fato ou de direito que impeçam a adoção da solicitação.

Por fim, a eliminação, a anonimização ou o bloqueio possuem duas etapas inexoráveis: jurídica e técnica. Juridicamente, todo o ordenamento legal e regulatório nacional (não só a LGPD) precisa ser levado em conta para o juízo sobre o deferimento ou indeferimento do pedido do titular. Tecnicamente, as equipes operacionais envolvidas deverão dialogar com a equipe com expertise jurídica para estabelecer qual a forma mais recomendada para que essa eliminação, bloqueio ou anonimização ocorra.

No caso da eliminação, poderá ser mais recorrente para dados em formato impresso, que independem de esquemas relacionais em bancos de dados (ou seja, seus atributos não estão ligados por sistemas). No caso da anonimização, poderá ser mais recorrente quando os dados pessoais estiverem interligados em sistemas, situação na qual o mero apagar do dado pode ser prejudicial e ocasionar falhas técnicas especialmente em bancos de dados relacionais (ver comentário ao art. 5º, IV, neste volume). Já para o bloqueio, fala-se especialmente em controle de acesso e das permissões dos usuários do agente de tratamento, ou seja, deve ser garantido que aquele dado ou conjunto de dados tenha seu acesso, coleta ou uso suspenso, mantido tão somente o seu armazenamento.

4. Parâmetros de regulação no Brasil

Vale registrar que o tema de direitos dos titulares é um dos prioritários no mapa de regulação da ANPD, que já abriu consulta à sociedade mediante a "Tomada de Subsídios sobre os Direitos dos Titulares".

Na consulta, um dos pontos principais atinentes ao presente art. 18, IV, indagava se o direito de eliminação poderia ser considerado intercambiável com o direito de anonimização ("A anonimização e a eliminação podem ser adotadas alternativamente, considerando situações específicas? Explique").

A respeito, uma decisão exarada pela Autoridade de Proteção de Dados da Áustria[58] (*Datenschutzbehörde*) debruçou-se exatamente sobre a instrumentalidade/intercâmbio entre o direito de eliminação e o procedimento de anonimização. A decisão entendeu que a(o) destruição/apagar dos dados (eliminação) ou o não reconhecimento do titular aos quais os dados se referiam originalmente (anonimização) são suficientes para satisfazer o direito de eliminação, reconhecendo, assim, um intercâmbio entre os dois procedimentos.

No Brasil, embora exista a peculiaridade da previsão específica de um direito à anonimização (o que como já visto, inexiste no RGPD), tem-se que ele está previsto em paralelo ao direito à eliminação no inciso IV da LGPD como medida pretensamente irreversível/definitiva de exclusão dos dados. Assim, a resposta ao questionamento da ANPD pode ser positiva do ponto de vista técnico desde que o procedimento de anonimização respeite os pressupostos de desidentificação não reversível por meios razoáveis (terceiros) ou próprios (agente de tratamento).

---

58 ÁUSTRIA. *Datenschutzbehörde*. 2018.

Logo, caberá ao agente de tratamento avaliar a peculiaridade da sua base/banco de dados e efetuar uma análise de duas fases (jurídica e técnica, como já abordado acima) antes de qualquer tomada de decisão.

Ressalta-se, ainda, que além de todas as legislações nacionais, obrigações regulatórias como por exemplo as dispostas aos arts. 6º e 8º, da Resolução n. 1.821/2007 do CFM, ao art. 10 da Resolução n. 4.474/2016 do CMN, ao art. 7º da Resolução n. 54/2023 do Conarq, bem como nas regulamentações para atividades-meio e atividades-fim.

No caso da resolução do CFM, os prontuários de pacientes poderão ser digitalizados mediante regras específicas, sendo o prazo mínimo para a sua preservação em suporte de papel (quando não arquivados em meio eletrônico, óptico, microfilmado ou digitalizado) o período de 20 anos contados do último registro. Para a Resolução do CMN, documentos referentes a operações e transações realizadas pelas instituições financeiras e demais instituições autorizadas pelo Bacen que foram digitalizados podem ser descartados, desde que esse descarte não prejudique direitos e obrigações do documento de origem ou de atos normativos específicos. Já a Resolução do Conarq estipula que é vedada a eliminação de dados pessoais que estejam contidos em arquivos permanentes do custodiador, regra aplicável inclusive a arquivos privados que ainda não tenham sido formalmente declarados como de interesse público e social.

Ainda, cabe mencionar que existe um complexo arcabouço regulatório de gestão de documentação que passa por aprovação do Conarq, afetando diversos setores, como o financeiro, de transportes, educacional, de saúde e outros. Este arcabouço costuma ser composto por um código de classificação de documentos, que lista as definições dos documentos centrais relacionados a determinadas atividades, bem como uma tabela de temporalidade conectada a esse contexto[59], classificada por fases corrente e intermediária e destinação final (que pode ser de eliminação ou de guarda permanente).

Portanto, reitera-se que o direito à eliminação/anonimização ou bloqueio não é potestativo e que em setores regulados a sua análise será complexa e dependerá de análise legal e de arquivologia.

5. Decisão judicial

Cabe, por fim, citar a decisão judicial do STJ no âmbito do REsp n. 2.092.096 (2023/0294794-4), no qual foi discutida a abertura de conta de investimentos em nome de um titular em uma corretora por terceiro fraudador, sem movimentações financeiras. Além da abertura da conta, por meio de consulta a sistema denominado Canal Eletrônico do Investidor (CEI) da Bolsa de Valores brasileira (B3), esse terceiro pôde visualizar investimentos mantidos pelo titular em outras corretoras, já que foi feito um cadastro irregular no sistema mediante uso de senha, telefone e e-mail alterados/irregulares para login no perfil desse titular.

A fraude, vale registrar, ocorreu no âmbito do sistema de uma corretora, mas em proveito dos dados ali obtidos foi possível que o fraudador pudesse criar um cadastro não solicitado pelo titular (mas pelo fraudador) no sistema de controle de investimentos da B3. Desse modo, em relação à B3, o STJ entendeu que não subsistia responsabilidade pelo uso indevido de dados, já que ele ocorreu por culpa exclusiva de terceiro, tendo sido afastada nas instâncias inferiores qualquer obrigação de indenização em relação ao seu sistema.

---

59 BRASIL. Ministério da Gestão e da Inovação em Serviços. *Códigos de Classificação e Tabelas de Temporalidade e Destinação de Documentos Relativos às Atividades-Fim Aprovados pelo Arquivo Nacional*, 2021.

Contudo, a B3 foi obrigada a tão somente fornecer informações sobre o registro de conexão e de dados sobre esses acessos irregulares, bem como a excluir os dados inseridos pelos fraudadores mediante interpretação conjunta do art. 18, IV, e dos arts. 46 a 49 (Seção I do Capítulo VII da LGPD, que trata da segurança e sigilo de dados) e 6º, II e VII, da LGPD (que trata dos princípios da adequação e segurança).

O caso é importante por articular corretamente os pressupostos de responsabilidade civil (não pode o agente de tratamento terceiro, no caso a B3, ser responsabilizado civilmente por dados do titular que foram extraídos de sistemas de outro agente de tratamento, uma corretora de investimentos) e, ao mesmo tempo, deferir o direito de eliminação de dados requerido pelo titular que foi alvo da fraude financeira.

BIBLIOGRAFIA SELECIONADA

ÁUSTRIA. *Datenschutzbehörde*. DSB-D123.270/0009-DSB/2018. 5 dezembro 2018.

BRASIL. Projeto de Lei n. 4.060/2012.

BRASIL. Ministério da Gestão e da Inovação em Serviços. *Códigos de Classificação e Tabelas de Temporalidade e Destinação de Documentos Relativos às Atividades-Fim Aprovados pelo Arquivo Nacional*, 2021.

Artigo 18, V

Comentado por Mario Viola e Leonardo Heringer

DISPOSITIVOS RELACIONADOS NO ORDENAMENTO JURÍDICO BRASILEIRO

- Anexo à Resolução n. 73/1998, Anatel.
- Art. 14, II, LC n. 109/2001.
- Resolução n. 4.292/2013, Banco Central do Brasil.
- Resolução Normativa n. 438/2018, ANS.
- Resolução n. 50/2022, Conselho Nacional de Previdência Complementar.
- Resolução n. 17/2022, Superintendência Nacional de Previdência Complementar.

DISPOSITIVOS RELACIONADOS NA LGPD

- Art. 11, § 4º, I; art. 18, §§ 4º, 5º e 7º; art. 19, § 3º; e art. 40.

CASOS E DECISÕES JUDICIAIS RELEVANTES

- STF, Medida Cautelar nas ADIs n. 6389, 6390, 6393, 6388 e 6387. Plenário. Rel. Min. Rosa Weber, j. 07.05.2020. *DJe* 12.11.2020.
- TJSP, Ap. Civ. n. 1000826-51.2020.8.26.0311, 32ª Câmara de Direito Privado, julgada e publicada em: 04.03.2021.

JUSTIFICATIVA E FUNDAMENTOS

A redação original do PL n. 4.060/2012, que resultou na LGPD, não dispunha sobre o direito à portabilidade de dados. Apesar disso, porém, em razão da relevância do tema, a subemenda substitutiva global que restou aprovada pela Câmara dos Deputados ao final do processo legislativo – posteriormente confirmada pelo Senado Federal – acabou por incorporar ao texto da Lei a previsão desse direito. Adotou-se, no particular, a proposta contida no PL n. 5.276/2016[60] (um dos projetos de lei apensados ao PL n. 4.060/2012), com alguns acréscimos redacionais para resguardar os segredos comercial e industrial do controlador, bem como para estabelecer que esse direito deverá ser exercido de acordo com a regulamentação a ser editada pela ANPD.[61]

Quanto ao seu fundamento, o direito à portabilidade de dados decorre da autodeterminação informativa e representa a reafirmação da ideia de que os dados pessoais pertencem ao seu titular, a quem cabe o controle, ainda que não absoluto,[62] de como eles poderão ser utilizados. Trata-se, portanto, da representação da autodeterminação informativa em sua dimensão individual, como um direito subjetivo, na medida em que significa a possibilidade de o titular decidir sobre o acesso, uso e difusão de seus dados pessoais.[63]

Mas o direito à portabilidade de dados também possui uma dimensão econômica, constituindo-se como um importante instrumento de desenvolvimento econômico e concorrencial. A portabilidade de dados pode servir de ferramenta para mitigar assimetrias informacionais que estão na origem das concentrações em diversos setores da economia. Conforme bem explica Daniela Copetti Cravo, a portabilidade de dados "apresenta uma dupla essência: além de permitir que os indivíduos exercitem o seu direito à autodeterminação informacional, busca promover a concorrência em um mercado caracterizado por grandes vencedores monopolistas e com efeitos de rede".[64]

Na Europa, onde há um reconhecido acúmulo de conhecimento sobre proteção de dados, o direito à portabilidade é igualmente compreendido sob essas diferentes perspectivas,

---

60 Especificamente sobre o direito à portabilidade, o PL n. 5.276/2016 propunha o seguinte: "Art. 18. O titular dos dados pessoais tem direito a obter, em relação aos seus dados: (...) V – portabilidade, mediante requisição, de seus dados pessoais a outro fornecedor de serviço ou produto;".

61 Embora a Lei n. 13.853/2019 tenha posteriormente alterado a redação do dispositivo para substituir "órgão controlador" por "autoridade nacional", não o modificou em sua essência.

62 "De fato, eventuais restrições ao direito à privacidade, à proteção de dados e à autodeterminação informativa podem e devem ocorrer, posto inexistir direitos absolutos, mas sempre orientadas por parâmetros constitucionais e legais. Nas palavras de Solove, "Sacrifícios de direitos e liberdades civis devem ser feitos somente quando o governo justifica adequadamente por que esses sacrifícios são necessários. É preciso submeter tais restrições a um escrutínio meticuloso, especialmente porque, em tempos de crise, o medo distorce nosso julgamento. (...) devemos ser extremamente cautelosos ao fazer sacrifícios desnecessários" (SOLOVE, Daniel J. *Nothing to hide*: The false tradeoff between privacy and security. New Haven: Yale University Press, 2011. p. 61) (Trecho do voto proferido pelo Min. Luiz Fux, do STF, no Referendo na Medida Cautelar nas ADIs n. 6.390 e outras, de relatoria da Ministra Rosa Weber).

63 SARLET, I. W. Fundamentos constitucionais: o direito fundamental à proteção de dados. *In*: SCHERTEL MENDES, L.; DONEDA, D.; SARLET, I. W.; RODRIGUES JR., O. L. (org.). *Tratado de proteção de dados pessoais*. 2. ed. Rio de Janeiro: Forense, 2023.

64 CRAVO, D. C. O direito à portabilidade na Lei de Proteção de Dados. *In*: FRAZÃO, A.; TEPEDINO, G.; OLIVA, M. D. (org.). *Lei Geral de Proteção de Dados Pessoais e suas repercussões no direito brasileiro*. São Paulo: Revista dos Tribunais, 2019. v. 1.

conforme indicam as "Orientações sobre o direito à portabilidade de dados"[65] elaboradas pelo Grupo de Trabalho do Artigo 29:[66]

> (...) O objetivo deste novo direito é dar poderes ao titular dos dados e conferir-lhe um maior controle sobre os dados pessoais que lhe dizem respeito.
>
> Uma vez que possibilita a transmissão direta de dados pessoais entre dois responsáveis pelo tratamento, o direito à portabilidade dos dados constitui igualmente um instrumento importante, que apoiará o livre fluxo de dados pessoais na UE e estimulará a concorrência entre os responsáveis pelo tratamento. Facilitará a mudança para diferentes prestadores de serviços e, por conseguinte, fomentará o desenvolvimento de novos serviços no contexto da Estratégia para o Mercado Único Digital.

Em resumo, sem negar que o direito à portabilidade de dados é a expressão inequívoca da autodeterminação informativa do titular e que seja esse o seu principal fundamento,[67] não há como não apontar para a dimensão econômica desse direito e os seus reflexos no campo das relações concorrenciais[68] e de consumo. Afinal, em uma sociedade cada vez mais datificada, em que os dados se tornaram fonte de aquisição, consolidação e exercício do poder econômico,[69] é inevitável que a liberdade conferida ao titular para determinar o uso de seus dados pessoais seja empregada para viabilizar a contratação das melhores ofertas de produtos e serviços.[70]

---

[65] WP29. *Orientações sobre o direito à portabilidade de dados*, 2017. Disponível em: https://www.sciencedirect.com/science/article/pii/S0267364917303333. Acesso em: 15 jun. 2025.

[66] O Grupo de Trabalho do Artigo 29 foi um colegiado, criado pela Diretiva n. 95/46/EC, que reuniu todas as autoridades de proteção de dados pessoais dos países-membros da UE para a produção de recomendações sobre como aplicar os dispositivos da Diretiva. No texto do RGPD (art. 68 *et seq.*) o colegiado foi transformado no EDPB.

[67] "Percebe-se que a dimensão preponderante da portabilidade seja de natureza individual, situando-se o seu objetivo imediato na perspetiva do titular dos dados, na sua capacitação, no reforço do controlo sobre os seus dados no ambiente digital ou no 'ecossistema de dados'" (MONIZ, G. C. Direitos do titular dos dados pessoais: o direito à portabilidade. *Anuário da Proteção de dados*, p. 23, 2018).

[68] "Quanto às implicações concorrenciais da portabilidade, estas derivam da relevância econômica dos dados pessoais. Argumenta-se que se trata de vantagem competitiva – uma vez que a detenção de dados sobre preferências e comportamento do consumidor possibilitariam um *feedback loop:* mais informações importariam em melhorias no serviço, com o aumento de verbas publicitárias do outro lado do mercado, gerando, ainda, maior investimento em qualidade dos serviços, o que, por sua vez, implicaria a detenção de mais dados (OCDE, 2016, p. 10; Stucke e Grunes, 2016, p. 175-176). Nesse sentido, fala-se em *data-driven network effects*: isto é, a ideia que quanto mais usuários utilizam um serviço ou produto, mais atraente este se torna, especialmente em razão das economias escala e escopo relacionadas aos dados coletados (OCDE, 2016, p. 10; Stucke e Grunes, 2016, p. 7)" (PONCE, P. P. Direito à portabilidade de dados: entre a proteção de dados e a concorrência. *RDC*, v. 8, n. 1, 2020).

[69] FRAZÃO, A. *Big Data* e aspectos concorrenciais do tratamento de dados. *In*: SCHERTEL MENDES, L.; DONEDA, D.; SARLET, I. W.; RODRIGUES JR., O. L. (org.). *Tratado de proteção de dados pessoais*. 2. ed. Rio de Janeiro: Forense, 2023.

[70] "A portabilidade de dados "afeta diretamente o cerne da política concorrencial" (tradução livre de *goes to the heart of competition policy*) e tem um impacto significativo ao impedir o aprisionamento do consumidor (*consumer lock-in*) e diminuir os custos de troca (*switching cost*). Esses custos precisam ser eliminados ou reduzidos, uma vez que criam barreiras ao livre trânsito dos consumidores entre as opções disponíveis no mercado, impedindo que esses exerçam seu direito de escolha diante do efeito de aprisionamento (*lock-in effect*). Tais custos são um fator diferencial na oferta de produtos homogêneos e

ANÁLISE

Diferentemente dos modelos adotados no RGPD[71] e na Lei mexicana de proteção de dados aplicável aos entes públicos (LGPDSSO),[72] que estabelecem no próprio texto legal os principais contornos do direito à portabilidade de dados, a LGPD, à semelhança da Lei de Singapura,[73] abordou o tema de modo mais genérico, remetendo a modelagem do instituto

---

podem ser a razão pela qual não haja uma competição praticável em determinados mercados" (CRAVO, D. C. O direito à portabilidade na Lei de Proteção de Dados. *In*: FRAZÃO, A.; TEPEDINO, G.; OLIVA, M. D. (org.). *Lei Geral de Proteção de Dados Pessoais e suas repercussões no direito brasileiro*. São Paulo: Revista dos Tribunais, 2019. v. 1, p. 347-366).

71 "Art. 20. Direito de portabilidade de dados. 1. O titular dos dados tem o direito de receber os dados pessoais que lhe digam respeito e que tenha fornecido a um responsável pelo tratamento, num formato estruturado, de uso corrente e de leitura automática, e o direito de transmitir esses dados a outro responsável pelo tratamento sem que o responsável a quem os dados pessoais foram fornecidos o possa impedir, se: a) O tratamento se basear no consentimento dado nos termos do artigo 6º, n. 1, alínea *a*, ou do artigo 9º, n. 2, alínea *a*, ou num contrato referido no artigo 6º, n. 1, alínea *b*; e b) O tratamento for realizado por meios automatizados. 2. Ao exercer o seu direito de portabilidade dos dados nos termos do n. 1, o titular dos dados tem o direito a que os dados pessoais sejam transmitidos diretamente entre os responsáveis pelo tratamento, sempre que tal seja tecnicamente possível. 3. O exercício do direito a que se refere o n. 1 do presente artigo aplica-se sem prejuízo do artigo 17º. Esse direito não se aplica ao tratamento necessário para o exercício de funções de interesse público ou ao exercício da autoridade pública de que está investido o responsável pelo tratamento. 4. O direito a que se refere o n. 1 não prejudica os direitos e as liberdades de terceiros."

72 "Art. 57. Cuando se traten datos personales por vía electrónica en un formato estructurado y comúnmente utilizado, el titular tendrá derecho a obtener del responsable una copia de los datos objeto de tratamiento en un formato electrónico estructurado y comúnmente utilizado que le permita seguir utilizándolos. Cuando el titular haya facilitado los datos personales y el tratamiento se base en el consentimiento o en un contrato, tendrá derecho a transmitir dichos datos personales y cualquier otra información que haya facilitado y que se conserve en un sistema de tratamiento automatizado a otro sistema en un formato electrónico comúnmente utilizado, sin impedimentos por parte del responsable del tratamiento de quien se retiren los datos personales. El Sistema Nacional establecerá mediante lineamientos los parámetros a considerar para determinar los supuestos en los que se está en presencia de un formato estructurado y comúnmente utilizado, así como las normas técnicas, modalidades y procedimientos para la transferencia de datos personales" (Artigo 57. Quando os dados pessoais forem tratados eletronicamente num formato estruturado e de uso corrente, o titular do dado tem o direito de obter do controlador uma cópia dos dados objeto de tratamento num formato eletrônico estruturado e de uso corrente que lhe permita continuar a utilizá-los. Quando o titular do dado tiver fornecido os dados pessoais e o tratamento for baseado em consentimento ou contrato, o titular do dado terá o direito de transmitir esses dados pessoais e quaisquer outras informações que tenha fornecido e que sejam armazenadas em um sistema de tratamento automatizado para outro sistema em um formato eletrônico comumente usado, sem impedimento do controlador de quem os dados pessoais são removidos. O Sistema Nacional estabelecerá, por meio de diretrizes, os parâmetros a serem considerados para determinar os casos em que há um formato estruturado e comumente utilizado, bem como as normas técnicas, modalidades e procedimentos para a transferência de dados pessoais – tradução nossa)

73 SEC. 18. Right to Data Portability. – The data subject shall have the right, where personal information is processed by electronic means and in a structured and commonly used format, to obtain from the personal information controller a copy of data undergoing processing in an electronic or structured format, which is commonly used and allows for further use by the data subject. The Commission may specify the electronic format referred to above, as well as the technical standards, modalities and procedures for their transfer. (SEÇÃO 18. Direito à portabilidade de dados. – O titular dos dados tem o direito, quando as informações pessoais forem tratadas por meios eletrônicos e em um formato estruturado e comumente usado, de obter do controlador uma cópia dos dados em tratamento em formato eletrônico ou estruturado, que seja comumente

para uma futura regulamentação da Autoridade de Proteção de Dados, no caso do Brasil, a ANPD, o que ainda não ocorreu.

Diante dessa realidade, na falta de balizas legais mais concretas será preciso buscar outras fontes para interpretar esse direito. E, embora os modelos de portabilidade de serviços já implementados em diversos setores da economia (telefonia, financeiro etc.) possam auxiliar nessa tarefa, é preciso ter cautela para não os assumir acriticamente, o que poderia limitar ou ampliar indevidamente as potencialidades da portabilidade de dados.[74]

Portanto, para suprir a lacuna legal, entendemos que o direito à portabilidade de dados pessoais deve ser compreendido à luz da experiência internacional e de acordo com uma interpretação sistemática da LGPD, seja para definir o seu conteúdo (estabelecer quais dados são portáveis), seja para delinear as suas limitações (hipóteses em que esse direito não poderá ser exercido).

Partindo dessa premissa, cumpre, então, inicialmente, perquirirmos a finalidade da portabilidade, de modo a apreendermos o seu objetivo para delimitá-la adequadamente. Nesse sentido, uma primeira tarefa que se impõe é distinguir o direito de portabilidade do direito de acesso aos dados,[75] eis que, apesar de guardarem semelhanças, na essência não se confundem. Na portabilidade o objetivo precípuo é a transmissão e a reutilização dos dados pessoais. O direito de acesso, por sua vez, serve como meio para permitir que o titular controle os seus dados pessoais e os tratamentos que são realizados.[76]

É verdade que o titular pode se valer do direito de portabilidade para receber os seus dados pessoais sem que necessariamente tenha que transmiti-los a um terceiro. Afinal, tratando-se de portabilidade de dados, e não de serviços,[77] a portabilidade não pressupõe a transmissão dos dados diretamente para um terceiro prestador de serviços, apesar de a

---

usado e permita uso posterior pelo titular dos dados. A Comissão pode especificar o formato eletrônico acima referido, bem como as normas técnicas, as modalidades e os procedimentos para a sua transferência – tradução nossa)

[74] "Não se trata de um instituto novo, uma vez que já era incorporado em outros âmbitos regulatórios, como no mercado financeiro, na telefonia e até mesmo como um remédio concorrencial. Como a portabilidade não surge com a consagração de um instrumento jurídico para facilitar a migração de dados, modelos anteriores podem gerar uma pré-compreensão enviesada do instituto, desviando-o, quando aplicado à proteção de dados pessoais, de suas novas e legítimas finalidades" (NEGRI, S. M. C. A.; KORKMAZ, M. R. D. C. R.; FERNANDES, E. R. Portabilidade e proteção de dados pessoais: tensões entre pessoa e mercado. *Civilistica.com*, Rio de Janeiro, ano 10, n. 1, p. 5, 2021).

[75] Ver comentário ao art. 18, II, neste volume.

[76] "A adequada tutela do direito de controle dos dados pessoais (*rectius,* do direito à privacidade) depende essencialmente da efetividade do que se denomina de *direito de acesso.* De fato, escanteado do tratamento dos dados que lhe pertencem, torna-se inviável qualquer possibilidade do exercício do controle por parte do titular. O direito de acesso se traduz, assim, em pedra angular para a proteção das informações pessoais" (MONTEIRO FILHO, C. E. R.; CASTRO, D. P. de. Potencialidades do direito de acesso na nova Lei Geral de Proteção de Dados (Lei 13.709/2018). *In*: FRAZÃO, A.; TEPEDINO, G.; OLIVA, M. D. (org.). *Lei Geral de Proteção de Dados Pessoais e suas repercussões no direito brasileiro*. São Paulo: Revista dos Tribunais, 2019. v. 1).

[77] "Portanto, a primeira diferença está no objetivo da operação, ou seja, nas portabilidades de serviços ou ativos. A ideia é assegurar que o usuário/cliente possa trocar de fornecedor e manter os mesmos ativos financeiros que possuía, os mesmos direitos adquiridos (como no caso das carências no plano de saúde) ou o mesmo número de telefone, no caso da telefonia. Na portabilidade dos dados, por sua vez, pretende-se que o titular dos dados possa levar os seus dados pessoais para um novo fornecedor, ainda que não seja fornecedor de serviços que atue na mesma área do fornecedor que disponibilizará os dados para serem portados"

redação do dispositivo sugerir isso ao afirmar que o titular tem direito à "portabilidade dos dados a outro fornecedor de serviço ou produto". Entendemos que aqui há uma mera impropriedade redacional. A uma, porque a portabilidade de dados (diferentemente da portabilidade de serviços) não precisa se estabelecer, necessariamente, em uma relação de consumo, não fazendo sentido, portanto, restringir o exercício desse direito à hipótese de transmissão dos dados para outro "fornecedor de serviço ou produto". A duas, porque se o titular tem o direito de determinar a transmissão dos seus dados pessoais para um terceiro, não seria razoável impedi-lo de receber, ele próprio, esses mesmos dados.[78] A despeito dessa constatação, porém, não se deve confundir a portabilidade de dados com direito de acesso, pois, levando-se em conta o que estabelecem os arts. 11, § 4º, I, 18, V, e 40 da LGPD, entendemos, através de uma interpretação sistemática, que a portabilidade é mais do que o direito de acesso aos dados pessoais, é o direito do titular de receber ou transmitir a informação visando a sua reutilização.

Valendo-se dos sempre precisos e valiosos ensinamentos do saudoso professor Danilo Doneda, "[p]or portabilidade de dados pessoais, entende-se a possibilidade de copiar e transferir os próprios dados pessoais inseridos em um determinado serviço (...) de forma a permitir a sua reutilização em outro serviço similar ou para outro uso possível".[79]

Analisando o direito à portabilidade sob a perspectiva do RGPD, Hert, Papakonstantinou, Malgieri, Beslay e Sanchez assentam que o direito à portabilidade contempla "três direitos em um", decompondo-o da seguinte forma:

> Em suma, fica muito claro que o direito à portabilidade de dados – na versão final do RGPD – é composto por três direitos diferentes:
>
> 1) o direito de receber (sem impedimento do controlador de dados) dados relativos ao titular dos dados que ele / ela forneceu (§ 1);
>
> 2) o direito de transmitir (sem impedimento do controlador de dados) esses dados a outro controlador (§ 1); e
>
> 3) o direito de ter os dados pessoais transmitidos diretamente de um controlador para outro (§ 2).[80]

(VIOLA, M.; THOMAZELLI, P. *Portabilidade de Dados, interoperabilidade e open banking*. Rio de Janeiro: ITS Rio, 2021).

78 "Também no caso brasileiro, há evidente paralelismo entre o direito à portabilidade e o direito ao acesso, uma vez que, diante dos princípios já previstos no art. 6º da LGPD, pode-se concluir que o usuário tem o direito de receber os dados de maneira estruturada e de leitura automática, seja para o seu conhecimento e uso pessoal, seja para transmiti-los a outro responsável" (FRAZÃO A. A nova Lei de Proteção de Dados Pessoais – Principais repercussões para a atividade empresarial: considerações finais sobre o direito à portabilidade, Parte XIII. *Jota*, 2018).

79 DONEDA, D. Reflexões sobre proteção de dados pessoais em redes sociais. *Revista Internacional de Protección de Datos Personales*, Bogotá, n. 1, 2012.

80 Tradução realizada com o recurso de tradução do Microsoft Word. No original: "In sum, it becomes very clear that the right to data portability – in the final version of the GDPR – is composed of three different rights: 1) the right to receive (without hindrance from the data controller) data concerning data subject which he/she has provided (§ 1); 2) the right to transmit (without hindrance from the data controller) those data to another controller (§ 1); and 3) the right to have the personal data transmitted directly from one controller to another (§ 2)" (DE HERT, P.; PAPAKONSTANTINOU, V.; MALGIERI, G.; BESLAY, L.; SANCHEZ, I. The right to data portability in the GDPR: Towards user-centric interoperability of digital services, *Computer Law & Security Review*, v. 34, n. 2, 2018).

Destarte, considerando que essas observações são perfeitamente aplicáveis à portabilidade de dados pessoais no contexto da LGPD, é possível concluir que a portabilidade não exclui, ao contrário, engloba, o direito de acesso, mas com ele não se confunde, já que não tem como principal finalidade o acesso aos dados, mas a sua transmissão (direta ou indireta), a pedido do titular, objetivando a reutilização desses dados por ele próprio ou para outro fim, porém com controlador diverso.

Por outro lado, não se deve confundir a portabilidade de dados, que é um direito conferido ao titular, com o compartilhamento de dados, que é uma modalidade de tratamento de dados. A portabilidade depende da expressa requisição do titular,[81] ao passo que o compartilhamento de dados pode ser realizado pelo controlador independentemente da vontade do titular, desde que a atividade esteja amparada em alguma das bases legais da LGPD[82] e esteja de acordo com os demais requisitos legais.

Assentadas tais premissas e compreendido o direito à portabilidade de dados de um modo mais amplo, cumpre interpretarmos o instituto para estabelecermos o seu alcance, ou seja, definirmos quais dados podem ser portados e em quais hipóteses esse direito não poderá ser exercido.

A LGPD confere ao titular, mediante requisição e sem custos[83], o direito de portar os seus dados pessoais (genericamente considerados) que estejam sendo tratados pelo controlador. Isso não significa que a portabilidade deva abranger todos os dados pessoais do titular que estejam sendo tratados pelo controlador. Admitir essa hipótese seria desconsiderar a intenção do legislador de limitar esse direito, que, para ser exercido de forma legítima, deve se compatibilizar com a preservação dos segredos comercial e industrial do controlador.

Conforme mencionado anteriormente, durante a tramitação da proposição legislativa que deu origem à LGPD houve a preocupação de inserir no dispositivo que trata da portabilidade a ressalva para proteger os segredos comercial e industrial do controlador. Logo, para respeitar a vontade do legislador e a validade dessa sua legítima escolha, impõe-se excluir do âmbito da portabilidade os dados derivados e inferidos pelo controlador.[84] Ou seja, não

---

81 Versando sobre a portabilidade de serviços é possível encontrar decisões judiciais reconhecendo a ilicitude da portabilidade realizada sem a solicitação do consumidor. Nesse sentido: "(...) Portabilidade da linha telefônica móvel do autor efetivada à sua revelia. Linha telefônica desativada sem solicitação. Rés que não se desincumbiram do ônus de comprovar a solicitação de portabilidade pelo autor. Falhas das rés na prestação dos serviços caracterizadas. Responsabilidade objetiva do fornecedor ou prestador do serviço. Art. 14, CDC. Solidariedade das requeridas. Dano moral configurado. Ofensa a direito de personalidade. Dever de indenizar (...)" (TJSP, Ap. Civ. n. 1000826-51.2020.8.26.0311, 32ª Câmara de Direito Privado, julgada e publicada em 04.03.2021).

82 Ver comentários aos arts. 7° e 11 neste volume.

83 Ver comentário ao art. 18, § 5°, neste volume.

84 Essa interpretação se origina, também, da experiência europeia "(...) os dados inferidos e os dados derivados são criados pelo responsável pelo tratamento com base nos dados 'fornecidos pelo titular dos dados'. Por exemplo, o resultado de uma avaliação da saúde de um utilizador ou o perfil criado no âmbito das regulamentações de gestão dos riscos e do setor financeiro (p. ex., para atribuir uma pontuação de crédito ou cumprir regras de combate ao branqueamento de capitais) não podem, em si, ser considerados dados 'fornecidos pelo' titular dos dados. Ainda que esses dados possam fazer parte de um perfil conservado por um responsável pelo tratamento e sejam inferidos ou derivados de uma análise dos dados fornecidos pelo titular dos dados (p. ex., através das suas ações), regra geral, estes dados não serão considerados 'fornecidos pelo titular dos dados' e, por conseguinte, não serão abrangidos pelo âmbito deste novo direito" (WP29, Orientações sobre o direito à portabilidade de dados, 2017).

estão abrangidos pela portabilidade os dados gerados ou complementados pelo controlador, como seria o caso, por exemplo, de um perfil de crédito.

Esse entendimento, embora não seja unânime,[85] foi o mesmo externado pela Comissão Mista instalada no Congresso Nacional para apreciar a Medida Provisória n. 869/2018, que afirmou que "a portabilidade diz respeito aos dados do próprio titular e não àqueles gerados ou complementados devido a tratamentos realizados pelo controlador".[86] Em reforço ao argumento, chamamos a atenção para o fato de que embora o direito de portabilidade não se confunda com o direito de acesso e não se submeta, por consequência, às suas limitações, como já antes referido, forçoso é reconhecer que o primeiro engloba o segundo. Assim, o entendimento de que os dados derivados e inferidos pelo controlador estão excluídos do âmbito da portabilidade parece representar uma interpretação mais harmônica da LGPD, especialmente ao considerar as restrições estabelecidas ao direito de acesso.[87] Além disso, oportuno observar que esse entendimento também tem prevalecido na experiência internacional,[88] o que respalda a nossa posição de admiti-lo como correto.

Abordagem diversa, entretanto, merecem os chamados "dados observados", que são aqueles fornecidos pelo titular (às vezes até mesmo involuntariamente) em razão de sua atividade. Em geral, como exemplos desse tipo de dados são mencionados aqueles gerados pelos históricos de pesquisas na internet, as informações coletadas através de *cookies* etc. Com relação a estes dados, nos parece que o melhor entendimento é admiti-los como passíveis de portabilidade, salvo se, no caso concreto, restar demonstrada a necessidade de preservar segredos de negócio do controlador ou restar configurada hipótese que possa justificar a recusa do pedido.[89] Sobre o ponto, importante salientar que mesmo sob a perspectiva do direito europeu, em que a portabilidade é restrita aos dados "fornecidos pelo titular" (limite que a LGPD sequer estabelece), os dados observados são considerados portáveis:

> Há muitos exemplos de dados pessoais "fornecidos pelo" titular de dados de forma ativa e consciente, como os dados relativos a contas (p. ex., endereço postal, nome de utilizador, idade) transmitidos através de formulários na Internet. Todavia, os dados "fornecidos pelo" titular dos dados são também provenientes da observação das suas atividades. Como tal, o Grupo de Trabalho do Artigo 29 considera que, para potenciar ao máximo o valor deste novo direito, os dados "fornecidos pelo" titular devem igualmente incluir os dados pessoais que sejam observados a partir

---

[85] "No argumento apresentado pela Comissão Mista, é importante observar certa desatenção com o conceito legal de 'dado pessoal', definido na LGPD como 'informação relacionada a pessoa natural identificada ou identificável'. Embora não se desconsidere a importância da proteção do segredo de empresa, percebe-se que o argumento promove uma separação entre os dados referidos como sendo 'do próprio titular' e aqueles gerados ou complementados através da atividade do agente de tratamento, distinção essa que a LGPD não faz" (NEGRI, S. M. C. A.; KORKMAZ, M. R. D. C. R.; FERNANDES, E. R. Portabilidade e proteção de dados pessoais: tensões entre pessoa e mercado. *Civilistica.com*, Rio de Janeiro, ano 10, n. 1, p. 17, 2021).

[86] Parecer (CN) n. 1, de 2019, da Comissão Mista destinada a emitir parecer sobre a Medida Provisória n. 869, de 28 de dezembro de 2018. Vale ressaltar que a MP n. 869/2018 foi convertida na Lei n. 13.853/2019.

[87] Ver comentário ao art. 19 neste volume.

[88] A título exemplificativo, pode-se citar a observação feita pela professora Ana Guadalupe Olivera-Arellano sobre o direito à portabilidade sob a ótica da legislação mexicana: "Además, la solicitud no es procedente tratándose de información derivada, inferida, creada o generada por el responsable" (Olivera-Arellano, 2023). "Além disso, a solicitação não é apropriada no caso de informações derivadas, inferidas, criadas ou geradas pelo controlador" – tradução nossa.

[89] Ver comentário ao art. 18, § 4º, neste volume.

> das atividades dos utilizadores, tais como os dados brutos tratados por um contador inteligente ou por outros tipos de objetos conectados, os registos das atividades e os históricos da utilização de um sítio *Web* ou das pesquisas realizadas.[90]

Logo, na ausência de legítimas razões que possam impedir, no caso concreto, o exercício do direito à portabilidade dos dados pessoais observados, entendemos que a pretensão do titular de portá-los deverá, como regra, ser acatada pelo controlador, privilegiando-se a autodeterminação informativa do titular, que é, ao fim e ao cabo, o fundamento nuclear desse direito.

Ainda sobre os seus limites, constata-se que a portabilidade de dados também poderá ser obstada por inviabilidade técnica. Até que a ANPD regulamente esse direito e, em especial, disponha sobre os padrões de interoperabilidade,[91] a pretensão de portabilidade poderá esbarrar em limitações de natureza técnica, permitindo que o controlador justifique, de forma legítima, diga-se, a impossibilidade de adoção da providência vindicada pelo titular.[92]

Uma outra importante observação a ser feita sobre o exercício do direito de portabilidade diz respeito à titularidade dos dados que podem ser portados. Apesar de parecer algo óbvio, pois deduz-se que os dados portáveis são aqueles do próprio titular que solicitou a portabilidade, haverá casos em que os dados pessoais portados poderão estar associados a informações de terceiros, como, por exemplo, nos registros telefônicos, nos registros bancários, nas fotografias etc. E é necessário avaliar se nesses casos a portabilidade poderá incluir os dados de terceiro.

Diante do progressivo processo de digitalização e a forma como as interações ocorrem em ambientes digitais, acreditamos que impedir, em qualquer hipótese, que a portabilidade englobe dados de terceiros é reduzir drasticamente o alcance desse direito, inviabilizando-o em muitos aspectos. Por esse motivo, sem prejuízo de reconhecermos a existência de abalizadas posições em sentido contrário[93] e apesar de concordarmos com a ideia de que é preciso estimular a implementação de mecanismos que permitam selecionar dados relevantes e excluir os de terceiros,[94] nosso entendimento é de que a portabilidade pode, em situações específicas, envolver dado de terceiro.

---

90 WP29. *Orientações sobre o direito à portabilidade de dados*, 2017. Disponível em: https://www.sciencedirect.com/science/article/pii/S0267364917303333. Acesso em: 15 jun. 2025.

91 Ver comentário ao art. 40, neste volume.

92 Ver comentário ao art. 18, § 4º, neste volume.

93 "A specific remark should be dedicated to third data subjects' rights. Indeed, the exercise of right to data portability may imply that also information from a third data subject are ported, e.g., because they are inseparable from the first data subject who is exercising the right. Actually, Article 20 states clearly that only 'data concerning him or her' could be ported. This means that, unless there is consent from third interested parties, the object of data portability should be reduced only to data concerning exclusively the data subject" (DE HERT, P.; PAPAKONSTANTINOU, V.; MALGIERI, G.; BESLAY, L.; SANCHEZ, I. The right to data portability in the GDPR: Towards user-centric interoperability of digital services, *Computer Law & Security Review*, v. 34, 2, 2018). "Uma observação específica deve ser dedicada aos direitos terceiros titulares de dados. Com efeito, o exercício do direito à portabilidade dos dados pode implicar que também as informações de um terceiro titular de dados sejam portadas, por exemplo, porque são inseparáveis do primeiro titular de dados que está exercendo o direito. Na verdade, o artigo 20 afirma claramente que apenas 'dados relativos a ele' podem ser transferidos. Isto significa que, salvo consentimento de terceiros interessados, o objeto da portabilidade dos dados deve ser limitado apenas aos dados que digam exclusivamente respeito ao titular dos dados" (tradução nossa).

94 MONIZ, G. C. Direitos do titular dos dados pessoais: o direito à portabilidade. *Anuário da Proteção de dados*, 2018.

Para tanto, é preciso que o dado do terceiro esteja inevitavelmente associado ao dado pessoal do titular, como, por exemplo, em fotografias. Além disso, reputamos cabível impor restrições ao novo controlador, que não poderá tratar o dado pessoal de terceiro para outro fim (salvo se restar demonstrada a necessidade, como na hipótese do cumprimento de um dever legal, por exemplo) que não seja compatível com a portabilidade. Em outras palavras, nesses casos será necessário adotar medidas para preservar direitos de terceiro, sendo recomendável observar, à luz do direito comparado, a mesma diretriz contida no Considerando 68 do RGPD, que estabelece que "[q]uando um determinado conjunto de dados pessoais disser respeito a mais de um titular, o direito de receber os dados pessoais não deverá prejudicar os direitos e liberdades de outros titulares de dados".

Com efeito, os dados pessoais portáveis são, a princípio, os do próprio titular, mas, em circunstâncias excepcionais e observadas algumas condições, poderão conter informações de terceiros, desde que estes não tenham os seus direitos e liberdades prejudicados.

Cabe uma última observação sobre a portabilidade, para esclarecer que esse direito não contempla o direito de eliminação (apagamento) dos dados portados. Para o apagamento dos dados pessoais a LGPD estabelece regras específicas,[95] que não se confundem com aquelas aplicáveis à portabilidade. Com isso, concluímos que, tal como no RGPD, também na LGPD "[a] portabilidade dos dados não desencadeia automaticamente o apagamento dos dados".[96]

BIBLIOGRAFIA SELECIONADA

CRAVO, D. C. O direito à portabilidade na Lei de Proteção de Dados. *In*: FRAZÃO, A.; TEPEDINO, G.; OLIVA, M. D. (org.). *Lei Geral de Proteção de Dados Pessoais e suas repercussões no direito brasileiro*. São Paulo: Revista dos Tribunais, 2019. v. 1, p. 347-366.

DE HERT, P.; PAPAKONSTANTINOU, V.; MALGIERI, G.; BESLAY, L.; SANCHEZ, I. The right to data portability in the GDPR: Towards user-centric interoperability of digital services, *Computer Law & Security Review*, v. 34, n. 2, 2018.

DONEDA, D. Reflexões sobre proteção de dados pessoais em redes sociais. *Revista Internacional de Protección de Datos Personales*, Bogotá, n. 1, 2012.

FRAZÃO, A. *Big Data* e aspectos concorrenciais do tratamento de dados. *In*: SCHERTEL MENDES, L.; DONEDA, D.; SARLET, I. W.; RODRIGUES JR., O. L. (org.). *Tratado de proteção de dados pessoais*. 2. ed. Rio de Janeiro: Forense, 2023. p. 541-558.

FRAZÃO A. A nova Lei de Proteção de Dados Pessoais – Principais repercussões para a atividade empresarial: considerações finais sobre o direito à portabilidade, Parte XIII. *Jota*, 2018.

MONIZ, G. C. Direitos do titular dos dados pessoais: o direito à portabilidade. *Anuário da Proteção de dados*, 2018.

MONTEIRO FILHO, C. E. R.; CASTRO, D. P. de. Potencialidades do direito de acesso na nova Lei Geral de Proteção de Dados (Lei 13.709/2018). *In*: FRAZÃO, A.; TEPEDINO,

[95] Ver comentários aos arts. 16 e 18, IV e VI, neste volume.

[96] WP29. *Orientações sobre o direito à portabilidade de dados*, 2017. Disponível em: https://www.sciencedirect.com/science/article/pii/S0267364917303333. Acesso em: 15 jun. 2025.

G.; OLIVA, M. D. (org.). *Lei Geral de Proteção de Dados Pessoais e suas repercussões no direito brasileiro*. São Paulo: Revista dos Tribunais, 2019. v. 1, p. 323-345.

NEGRI, S. M. C. A.; KORKMAZ, M. R. D. C. R.; FERNANDES, E. R. Portabilidade e proteção de dados pessoais: tensões entre pessoa e mercado. *Civilistica.com*, Rio de Janeiro, ano 10, n. 1, 2021.

OLIVERA-ARELLANO, A. G. El derecho a la portabilidad de datos personales y su utilidad en la garantía del derecho a la salud en el sistema sanitario mexicano. *Cuadernos Manuel Giménez Abad*, n. 26, 2023.

PONCE, P. P. Direito à portabilidade de dados: entre a proteção de dados e a concorrência. *RDC*, v. 8, n. 1, p.134-176, 2020.

SARLET, I. W. Fundamentos constitucionais: o direito fundamental à proteção de dados. *In*: SCHERTEL MENDES, L.; DONEDA, D.; SARLET, I. W.; RODRIGUES JR., O. L. (org.). *Tratado de proteção de dados pessoais*. 2. ed. Rio de Janeiro: Forense, 2023. p. 21-60.

SOLOVE, Daniel J. *Nothing to hide:* The false tradeoff between privacy and security. New Haven: Yale University Press, 2011.

VIOLA, M.; THOMAZELLI, P. *Portabilidade de Dados, interoperabilidade e open banking*. Rio de Janeiro: ITS Rio, 2021.

WP29. *Orientações sobre o direito à portabilidade de dados*, 2017. Disponível em: https://www.sciencedirect.com/science/article/pii/S0267364917303333. Acesso em: 15 jun. 2025.

Artigo 18, VI

Comentado por Alexandra Krastins Lopes, Gabriel Araújo Souto e Paulo Henrique Atta Sarmento

DISPOSITIVOS RELACIONADOS NO DIREITO INTERNACIONAL

- Art. 8, Convenção 108.
- Art. 16, Convenção Internacional sobre os Direitos da Criança.

DISPOSITIVOS RELACIONADOS NO ORDENAMENTO JURÍDICO BRASILEIRO

- Arts. 20 e 21, CC.
- Art. 189, CPC.
- Art. 5º, § 3º, LCP.
- Art. 7º, X, MCI.

DISPOSITIVOS RELACIONADOS NA LGPD

- Arts. 7º e 8º; arts. 15 e 16; arts. 19 e 20; e art. 26.

ATIVIDADES DA ANPD

- Resolução CD/ANPD n. 11, de 27 de dezembro de 2023.
- Tomada de subsídios para norma sobre direitos dos titulares de dados pessoais (fevereiro/2024).

CASOS E DECISÕES RELEVANTES

- STF, Medida Cautelar nas ADIs n. 6389, 6390, 6393, 6388 e 6387. Plenário. Rel. Min. Rosa Weber, j. 07.05.2020. *DJe* 12.11.2020.
- STF, RE n. 1.010.606/RJ. Rel. Min. Dias Toffoli, j. 11.02.2021. *DJe* 20.05.2021.
- TJDFT, Acórdão 1434128, Processo n. 0739758-90.2021.8.07.0016. Primeira Turma Recursal, Rel. Aiston Henrique de Souza, j. 24.06.2022. *DJe* 14.07.2022.

JUSTIFICATIVA E FUNDAMENTOS

O art. 18, VI, da LGPD assegura ao titular o direito à eliminação de seus dados pessoais tratados com base no consentimento, ressalvadas as exceções previstas no art. 16.

A principal razão para a inserção do dispositivo na LGPD é garantir ao titular o controle sobre seus dados pessoais, em um evidente fortalecimento à sua autodeterminação informativa, que viria posteriormente a ser considerado como direito fundamental autônomo pelo STF na ADI 6393. Ao prever a possibilidade de eliminação dos dados, o legislador objetiva assegurar um controle elevado por parte do titular de dados aos dados tratados com base no consentimento, estabelecendo um equilíbrio entre o poder dos controladores e os direitos de privacidade dos indivíduos.[97]

Além de garantir um elevado nível de controle destes dados por parte do titular, este dispositivo igualmente busca evitar que os controladores mantenham dados pessoais sem justificativa válida, contribuindo para a proteção da privacidade e minimizando os riscos associados ao uso indevido de dados.

O direito à eliminação dos dados pessoais foi parte integrante da LGPD desde seu projeto inicial, sendo inspirado em regulamentações internacionais, como o RGPD da UE. Durante a tramitação no Congresso Nacional, o dispositivo passou por revisões e refinamentos, sobretudo para integrar as exceções previstas no art. 16, que permitem a conservação dos dados em situações específicas, como para cumprimento de obrigações legais ou para pesquisas científicas.

As exceções são fundamentais para ajustar o direito à eliminação com as necessidades legítimas dos controladores, assegurando que a lei não inviabilize setores que dependem de dados para fins legais, como o cumprimento de obrigações normativas ou a condução de pesquisas científicas.

As justificativas subjacentes ao art. 18, VI, influenciam diretamente sua interpretação, ao evidenciarem que esse direito não pode ser analisado de forma isolada, mas deve ser

97 TEFFÉ, C. A. S. de; TEPEDINO, G. O consentimento na circulação de dados pessoais. *Revista Brasileira de Direito Civil*, v. 25, n. 3, p. 83, 2020.

compreendido dentro de um contexto mais amplo de equilíbrio entre o direito do titular à privacidade e as obrigações dos controladores. A vinculação às exceções do art. 16 demonstra que o direito à eliminação não é absoluto, devendo sua aplicação considerar as circunstâncias específicas de cada caso e o contexto contido nesta operação.[98]

A inclusão dessas exceções impede uma leitura simplista e literal do direito à eliminação, exigindo que os operadores do direito considerem o contexto em que os dados são mantidos. Dessa forma, ao aplicar o dispositivo, é necessário observar não apenas o pedido do titular, mas também as condições legais que justificam a retenção dos dados, como o cumprimento de obrigações legais ou a realização de pesquisas científicas.

Em síntese, as justificativas e os fundamentos do art. 18, VI, reforçam a necessidade de uma aplicação equilibrada e ponderada do direito à eliminação de dados, garantindo sua observância sem comprometer atividades legítimas e necessárias dos controladores.

ANÁLISE

O dispositivo do art. 18, VI, da LGPD do Brasil, que aborda o direito à eliminação de dados pessoais tratados com o consentimento do titular, exceto em casos específicos, estabelece um paralelo significativo com o RGPD da UE. Este último reconhece o direito ao apagamento, popularmente conhecido como "direito ao esquecimento" (em inglês, *right to be forgotten*), conforme descrito no art. 17. Ademais, a Convenção 108 do CoE, em seu art. 6º, também aborda o direito à retificação, eliminação ou bloqueio de dados pessoais.[99]

A evolução jurisprudencial sobre esse tema é notável, dada a novidade da legislação. Um caso recente tratou da exposição de dados pessoais não sensíveis em um site da internet e a subsequente exclusão dessas informações. O TJDFT decidiu que a simples exposição do nome, CPF e endereço residencial dos autores em um site da internet não constitui automaticamente dano moral. Esse entendimento se fundamentou no requisito legal de demonstração concreta do dano causado pelo tratamento inadequado de dados, conforme previsto no art. 42 da LGPD. Além disso, o tribunal ressaltou a ausência de dados sensíveis no caso em questão, bem como a falta de evidências de que os autores tenham sofrido limitações ou violações de seus interesses essenciais, como imagem, privacidade, honra, intimidade ou integridade corporal. O acórdão também fez menção ao art. 18, VI, da LGPD, que confere ao titular dos dados pessoais o direito de solicitar a eliminação dos dados tratados pelo controlador. Portanto, concluiu-se que a exposição dos dados em questão não configurou dano moral.[100]

No âmbito nacional, outras normas também se assemelham ao direito à eliminação de dados pessoais. O art. 5º da Lei n. 12.414/2011, conhecida como Lei do Cadastro Positivo, estabelece o direito de solicitar a impugnação de qualquer informação erroneamente anotada sobre o cadastrado em bancos de dados. Além disso, o mesmo artigo prevê que o cadastrado tem o direito de corrigir ou cancelar essa informação em todos os bancos de dados que a compartilharam, dentro de um prazo de até 10 dias. Da mesma forma, o MCI (Lei n. 12.965/2014), em seu art. 7º, X, assegura ao usuário o direito de excluir definitivamente os

---

98 NISSENBAUM, H. *Privacy in context:* technology, policy, and the integrity of social life. Redwood City: Stanford University Press, 2010.

99 ALLEGRI, M. R. The right to be forgotten in the Digital Age. *Frontiers in Sociology and Social Research*, p. 237, 2022.

100 TJDFT, Acórdão 1434128 (2022).

dados pessoais fornecidos a uma determinada aplicação de internet, mediante solicitação, ao término da relação entre as partes.

É importante ressaltar a distinção entre o chamado "direito ao esquecimento" e o direito à eliminação de dados estabelecido pela LGPD. Enquanto o regulamento europeu – RGPD – reconhece o direito ao esquecimento, o STF do Brasil entendeu que esse direito é incompatível com a Constituição Federal, ao negar provimento no RE n. 1010606.[101] Quanto ao direito à eliminação de dados, trata-se de um conceito distinto, no qual os dados tratados em desconformidade com a LGPD devem ser eliminados. Este direito já deve ser exercido pelo agente de tratamento ao término do tratamento, independentemente de requerimento do titular, conforme estabelecido no art. 16 da LGPD.

Entretanto, esse direito não é absoluto, uma vez que o agente de tratamento pode avaliar a plausibilidade do requerimento e apresentar eventuais argumentos para negar a eliminação. Os direitos dos titulares, incluindo o direito à eliminação, estão previstos na agenda regulatória 23/24 da ANPD.[102] Em 2024, foi aberta uma consulta pública para que o público pudesse contribuir com *insights* sobre o tema. Um dos questionamentos dessa consulta pública consistiu em compreender se o titular precisa fundamentar seu requerimento e demonstrar a desnecessidade dos dados, a excessividade do tratamento, a desconformidade ou o descumprimento legal. Essa questão é relevante, pois o direito à eliminação pode ser influenciado pela resposta que guiará o entendimento futuro da ANPD.

Caso não haja uma fundamentação clara ou prova da desnecessidade dos dados ou da excessividade do tratamento, o agente de tratamento não terá embasamento para justificar a eliminação dos dados. O agente de tratamento não pode simplesmente excluir os dados sem justificativa e ainda estará sujeito a reclamações do titular ou ações judiciais por não atender à sua solicitação. A ANPD também questionou se o direito à eliminação e à anonimização poderiam ser realizados alternativamente. Considerando que os dados anonimizados deixam de ser considerados dados pessoais para fins da LGPD (art. 12), o entendimento prevalecente deve ser de que o direito à eliminação está adequadamente atendido.

Assim, qualquer interpretação que exija o apagamento total dos arquivos contendo os dados deve ser rejeitada. O controlador pode tornar os dados inacessíveis e, assim, alcançar os efeitos do apagamento da informação. Garantir um resultado prático equivalente seria tornar os dados inutilizáveis. No que diz respeito à atividade da ANPD, também houve questionamentos sobre os efeitos da eliminação nos tratamentos realizados com base no consentimento. É importante esclarecer que não há obrigação de eliminação automática em caso de revogação do consentimento, de acordo com a LGPD.

Portanto, há duas hipóteses em relação ao consentimento e à eliminação: (i) consentimento revogado sem solicitação de eliminação dos dados; (ii) consentimento revogado com solicitação de eliminação dos dados. Salvo as hipóteses legais adicionais que possam justificar o tratamento, como o cumprimento de obrigações legais, os dados devem ser armazenados pelo agente de tratamento, mesmo diante da solicitação de eliminação.

---

[101] STF. STF conclui que direito ao esquecimento é incompatível com a Constituição Federal. Eventuais excessos ou abusos no exercício da liberdade de expressão e de informação devem ser analisados caso a caso. 11 fev. 2021. Disponível em: https://portal.stf.jus.br/noticias/verNoticiaDetalhe.asp?idConteudo=460414&ori=. Acesso em: 15 jun. 2025.

[102] ANPD. ANPD publica primeira revisão da Agenda Regulatória 2023-2024. Documento confere previsibilidade, transparência, eficiência e segurança jurídica às entidades reguladas. Dos 20 temas prioritários, dois tiveram o grau de prioridade alterado. 29 dez. 2023.

O processo de tomada de subsídios realizado pela ANPD, em 2024, trouxe à tona uma série de questões relevantes para o entendimento e aplicação do direito à eliminação de dados.[103] Entre elas, destacou-se a necessidade de fundamentação por parte do titular ao requerer a eliminação dos dados. Essa exigência busca assegurar que o pedido de eliminação seja fundamentado em razões legítimas e que realmente sejam verificados elementos como a desnecessidade dos dados, a excessividade do tratamento, a desconformidade ou o descumprimento legal.

A falta de uma fundamentação clara por parte do titular pode dificultar a análise e a eventual aceitação do pedido de eliminação pelo agente de tratamento. Isso porque o agente precisa avaliar se o pedido está em conformidade com os princípios e diretrizes estabelecidos na LGPD, bem como se há justificativas sólidas para a eliminação dos dados em questão. Portanto, é essencial que o titular forneça informações consistentes e relevantes para embasar seu pedido de eliminação.

Outro ponto relevante levantado durante a tomada de subsídios foi a possibilidade de realização alternativa entre a eliminação e a anonimização dos dados. A discussão girou em torno da adequação da anonimização como uma medida substituta à eliminação, considerando que dados anonimizados deixam de ser considerados dados pessoais nos termos da LGPD. No entanto, a decisão sobre qual medida adotar deve levar em conta a natureza dos dados, o contexto em que foram coletados e os objetivos do tratamento, além de garantir a eficácia na proteção da privacidade e dos direitos dos titulares.

Ainda em relação à atividade da ANPD, foi questionado o impacto da eliminação de dados nos tratamentos realizados com base no consentimento. Como a revogação do consentimento não implica automaticamente a eliminação dos dados, surgem dúvidas sobre como conciliar essa situação com o direito à eliminação previsto na LGPD. Nesse sentido, é fundamental esclarecer que a revogação do consentimento não exime o agente de tratamento de cumprir com suas obrigações legais em relação aos dados já tratados. Ou seja, mesmo após a revogação do consentimento, o agente pode ter bases legais para manter os dados, como o cumprimento de uma obrigação legal ou o exercício regular de direitos em processo judicial, administrativo ou arbitral.

Diante dessas questões levantadas durante a tomada de subsídios, espera-se que a ANPD forneça diretrizes claras e orientações consistentes para a aplicação do direito à eliminação de dados, garantindo assim a proteção efetiva da privacidade e dos direitos dos titulares. Essas diretrizes devem levar em consideração os princípios da legalidade, finalidade, adequação, necessidade, livre acesso, qualidade dos dados, transparência, segurança, prevenção, não discriminação e responsabilização e prestação de contas, conforme estabelecido pela LGPD.

Além disso, é essencial que o processo de implementação do direito à eliminação de dados seja acompanhado de medidas adequadas de segurança da informação e de governança de dados, visando evitar o acesso não autorizado, o uso indevido ou a divulgação não autorizada dos dados durante todo o ciclo de vida do tratamento. Isso inclui a implementação de controles de acesso, criptografia, monitoramento de atividades, auditorias de segurança e a adoção de políticas e procedimentos claros para o tratamento e a proteção dos dados pessoais.

Em suma, o direito à eliminação de dados previsto na LGPD representa um importante avanço na proteção da privacidade e dos direitos dos titulares no ambiente digital. No entanto, sua eficácia depende não apenas da existência da norma legal, mas também da sua

---

103 ANPD. Tomada de subsídios para norma sobre direitos dos titulares de dados pessoais. 2024.

correta interpretação e aplicação pelas autoridades competentes, bem como do engajamento e da conscientização de todos os envolvidos no tratamento de dados pessoais. A promoção de uma cultura de proteção de dados e o desenvolvimento de boas práticas de governança e segurança da informação são fundamentais para assegurar o respeito aos direitos fundamentais dos cidadãos no contexto da sociedade da informação.

BIBLIOGRAFIA SELECIONADA

ALLEGRI, M. R. The right to be forgotten in the Digital Age. *Frontiers in Sociology and Social Research*, 2022.

ANPD. *ANPD publica primeira revisão da Agenda Regulatória 2023-2024.* Documento confere previsibilidade, transparência, eficiência e segurança jurídica às entidades reguladas. Dos 20 temas prioritários, dois tiveram o grau de prioridade alterado. 29 dez. 2023.

NISSENBAUM, H. *Privacy in context:* technology, policy, and the integrity of social life. Redwood City: Stanford University Press, 2010.

STF. *STF conclui que direito ao esquecimento é incompatível com a Constituição Federal.* Eventuais excessos ou abusos no exercício da liberdade de expressão e de informação devem ser analisados caso a caso. 11 fev. 2021. Disponível em: https://portal.stf.jus.br/noticias/verNoticiaDetalhe.asp?idConteudo=460414&ori=. Acesso em: 15 jun. 2025.

TEFFÉ, C. A. S. de; TEPEDINO, G. O consentimento na circulação de dados pessoais. *Revista Brasileira de Direito Civil*, v. 25, n. 3, p. 83, 2020.

Artigo 18, VII

Comentado por Lucas Borges de Carvalho

DISPOSITIVOS RELACIONADOS NO DIREITO INTERNACIONAL

- Arts. 8(d) e 9(b), Convenção 108+.

DISPOSITIVOS RELACIONADOS NO ORDENAMENTO JURÍDICO BRASILEIRO

- Art. 43, CDC.
- Arts. 5º, III e V, e 6º, III, LCP.
- Art. 7º, VI a VIII, MCI.

DISPOSITIVOS RELACIONADOS NA LGPD

- Arts. 5º, XVI, e 6º, I, IV e VI; art. 9º; arts. 25, 26 e 27; e arts. 29 e 30.

ATIVIDADES DA ANPD

- Guia Orientativo – Tratamento de dados pessoais pelo Poder Público (2023).

JUSTIFICATIVA E FUNDAMENTOS

O inciso VII do art. 18 confere ao titular o direito de solicitar informações sobre os agentes de tratamento com os quais o controlador realiza uso compartilhado de dados pessoais. O dispositivo materializa os princípios da transparência e do livre acesso e está diretamente associado ao art. 9º, V, da LGPD,[104] segundo o qual o controlador detém a obrigação de disponibilizar aos titulares informações claras, adequadas e ostensivas acerca do uso compartilhado de dados e a sua finalidade. Assim, à obrigação dos controladores, prevista no art. 9º, V, corresponde o direito dos titulares previsto no art. 18, VII, razão pela qual esses dispositivos devem ser interpretados em conjunto e de forma coerente e sistemática.

O objetivo principal do direito previsto no inciso VII do art. 18 é o de ampliar as informações disponibilizadas aos titulares, de modo a reduzir as assimetrias entre estes e os controladores. Busca-se assegurar maior transparência sobre as operações de compartilhamento de dados e garantir que o titular possa exercer um efetivo controle sobre o uso de seus dados pessoais, em particular quando esses dados são compartilhados com outros agentes de tratamento.

A inspiração para este dispositivo vem do RGPD, no qual há previsão similar no art. 15, 1, *c*. Este dispositivo confere ao titular europeu o direito de obter do controlador informações sobre "destinatários ou categorias de destinatários a quem os dados pessoais foram ou serão divulgados, nomeadamente os destinatários estabelecidos em países terceiros ou pertencentes a organizações internacionais". Tal comando normativo é reforçado pelos arts. 13 e 14 do RGPD, que atribuem ao controlador a obrigação de fornecer aos titulares informações sobre "os destinatários ou categorias de destinatários dos dados pessoais, se houver".

A primeira versão do PL n. 5.276/2016, de autoria do Poder Executivo, um dos PLs que deu origem à LGPD, adotou redação semelhante ao disposto no RGPD. No entanto, o Projeto se limitava a estabelecer a obrigação de disponibilização aos titulares de informações "sobre sujeitos ou categorias de sujeitos para os quais os dados podem ser comunicados e o âmbito de sua difusão" (art. 8º, V). Não havia, portanto, determinação correspondente a essa entre os direitos dos titulares, o que somente foi inserido na norma posteriormente, durante a sua tramitação na Câmara dos Deputados. Na ocasião, o relator do PL, Deputado Orlando Silva, sugeriu a ampliação do rol dos direitos previstos na proposta legislativa, incluindo, entre outros, o atual inciso VII do art. 18. O objetivo, ainda segundo o deputado, era o de robustecer os direitos dos titulares e conferir a estes "meios e informações para proteger efetivamente seus dados pessoais".[105]

ANÁLISE

O art. 18, VII, integra o arcabouço normativo da LGPD que dispõe sobre a transparência das operações realizadas com dados pessoais. Por isso, o dispositivo deve ser aplicado em harmonia com os princípios da transparência e do livre acesso, de forma a conferir concretude a esses princípios e garantir aos titulares acesso efetivo a informações claras, precisas e facilmente acessíveis sobre o compartilhamento de seus dados pessoais com terceiros.

---

104 Ver comentário ao art. 9º neste volume.

105 SILVA, Orlando. Parecer ao Projeto de Lei n. 4.060, de 2012 (Apenso PLs n. 5.276/2016 e 6.291/2016). 24 maio 2018.

De forma mais específica, o art. 18, VII, deve ser interpretado e aplicado em conjunto com o art. 9º, V, da LGPD, segundo o qual o controlador detém a obrigação de disponibilizar aos titulares informações claras, adequadas e ostensivas acerca do uso compartilhado de dados e a sua finalidade.

Considerando-se o que estabelecem os dois dispositivos citados (art. 18, VII, e art. 9º, V), bem como as determinações dos princípios da transparência e do livre acesso, pode-se afirmar que o titular tem o direito de requisitar ao controlador, a qualquer momento, informações sobre o uso compartilhado de seus dados pessoais, especialmente sobre a finalidade e sobre os agentes de tratamento envolvidos na operação, sejam estes órgãos públicos ou entidades privadas.

Em termos práticos, os controladores devem ser proativos e divulgar essas informações em documentos publicamente disponíveis, como políticas e avisos de privacidade, os quais podem ser facilmente acessados pelos titulares, por exemplo, em aplicativos ou sítios eletrônicos. Os titulares podem, ainda, recorrer aos canais de atendimento disponibilizados pelo controlador para solicitar o acesso a essas informações, o que deverá ser providenciado pelo controlador, observado o disposto na LGPD.

Vale ressaltar que o art. 5º, XVI, da LGPD[106] traz uma definição ampla da expressão "uso compartilhado de dados", que inclui o compartilhamento de dados realizado entre órgãos públicos, entre estes e o setor privado ou, ainda, entre entes privados. Assim, em todas essas situações, nas quais é realizado uso compartilhado de dados, deve ser observado o disposto no art. 18, VII, da LGPD.

BIBLIOGRAFIA SELECIONADA

CARVALHO, L. B. de. O poder público e a proteção de dados pessoais no Brasil: novos desafios, velhas práticas administrativas. *Revista de Direito Administrativo*, v. 282, 2023.

EUROPEAN DATA PROTECTION BOARD. *Guidelines 01/2022 on data subject rights* – Right of access, v. 2.1, mar. 2023.

SARLET, I. Proteção de dados pessoais como direito fundamental na constituição federal brasileira de 1988: contributo para a construção de uma dogmática constitucionalmente adequada. *Direitos Fundamentais & Justiça*, n. 42, p. 179-218, 2020.

SILVA, Orlando. Parecer ao Projeto de Lei n. 4.060, de 2012 (Apenso PLs n. 5.276/2016 e 6.291/2016). 24 maio 2018.

VRABEC, H. *Data Subject Rights under the GDPR*. Oxford: Oxford University Press, 2021.

Artigo 18, VIII e IX

Comentado por Gabriel Campos Soares da Fonseca e Bruno Fernandes de Paula

DISPOSITIVOS RELACIONADOS NO DIREITO INTERNACIONAL

- Art. 8º, Convenção 108.

[106] Ver comentário ao art. 5º, XVI, neste volume.

DISPOSITIVOS RELACIONADOS NO ORDENAMENTO JURÍDICO BRASILEIRO

- Art. 7°, VIII, MCI.
- Arts. 1° a 4°, LHD.
- Art. 43, CDC.

DISPOSITIVOS RELACIONADOS NA LGPD

- Art. 6º, VI; art. 9°, VII e § 3°, art. 14, § 2°; art. 19.

ATIVIDADES DA ANPD

- Relatório de Análise de Impacto Regulatório: construção do modelo regulatório para a aplicação da LGPD a microempresas e empresas de pequeno porte, startups e pessoas físicas que tratam dados pessoais (2021).

AÇÕES REGULATÓRIAS E FISCALIZATÓRIAS DE ENTIDADES GOVERNAMENTAIS E ÓRGÃOS DE CONTROLE

- Resolução n. 363/2021, CNJ.

JUSTIFICATIVA E FUNDAMENTOS

Essencialmente, os dispositivos legais ora analisados se fundamentam nos objetivos complementares de: (i) proteger o livre desenvolvimento da personalidade da pessoa natural (art. 1º, *caput*, da LGPD); (ii) promover a autodeterminação informativa do titular dos dados pessoais (art. 2º, II, da LGPD); bem como (iii) propiciar que o consentimento do titular dos dados seja efetivo, isto é, fruto de manifestação livre, informada e inequívoca da sua anuência com o tratamento de seus dados pessoais para realização de finalidades determinadas e legítimas (art. 5º, XII, c/c art. 6º, I, da LGPD).

Com a aprovação da EC n. 115, de 10 de fevereiro de 2022, esses objetivos legais foram alçados ao âmbito constitucional. Por consequência, os incisos VIII e IX do art. 18 da LGPD também se fundamentam no art. 5º, LXXIX, da Constituição Federal, o qual assegura, nos termos da LGPD, o direito fundamental à proteção de dados pessoais, inclusive nos meios digitais.[107]

Em outras palavras, o objetivo dos incisos VIII e IX do art. 18 da LGPD consiste em materializar a autodeterminação informativa do titular dos dados pessoais, ou seja, o seu poder decisório "em determinar fundamentalmente por si mesmo sobre a coleta e a utili-

---

[107] Sobre a proteção dos dados pessoais na CRFB, mesmo antes da aprovação da referida Emenda Constitucional, cf. SARLET, I. W. Proteção de dados pessoais como direito fundamental na Constituição Federal Brasileira de 1988. *Revista Brasileira de Direitos Fundamentais & Justiça*, p. 179, 2020.

zação de seus dados pessoais".[108] Por essa razão, os referidos dispositivos legais positivam os direitos que o titular dos dados pessoais pode demandar em face das utilizações desses dados pelos agentes de tratamento.

ANÁLISE

Para materializar esse direito à autodeterminação informativa, o VIII do art. 18 da LGPD garante ao titular o direito de ser informado sobre a possibilidade de não consentir com o tratamento dos seus dados pessoais, o qual, para tanto, deverá também estar munido de informações sobre quais são as consequências decorrentes dessa negativa.

Sem dúvidas, esse dispositivo legal se alinha com o princípio da transparência, previsto no art. 6º, VI, da LGPD, segundo o qual os titulares têm direito de receber dos agentes envolvidos informações claras, precisas e facilmente acessíveis acerca do tratamento desempenhado com seus dados pessoais.

Igualmente, esse artigo legal está em convergência com o art. 6º do CDC (quando o consentimento é aplicado às relações de consumo), segundo o qual é direito básico de todo/a consumidor/a obter informações adequadas e claras acerca dos diferentes produtos e serviços fornecidos, "com especificação correta de quantidade, características, composição, qualidade, tributos incidentes e preço, bem como sobre os riscos que apresentem".

Todavia, em balanceamento com o art. 5º, XXIX, da CRFB c/c a Lei n. 9.279, de 14 de maio de 1996, o próprio art. 18, VIII, da LGPD, ora analisado, impõe limites a esse direito do titular. Por isso, resguarda as informações protegidas pelos segredos comercial e industrial em relação à transparência exigida.

De fato, o intuito primordial do art. 18, VIII, da LGPD consiste em materializar os requisitos de *liberdade* e de *informação* que integram o próprio conceito legal do consentimento, nos termos do art. 5º, XII, da LGPD c/c o art. 7º, VII, do MCI.

Em outras palavras, para tomar uma decisão livre, refletida e consciente no sentido de consentir ou rejeitar um serviço, é importante que o titular dos dados pessoais esteja munido de informações completas, atualizadas, claras e acessíveis, por exemplo, acerca das finalidades e dos riscos envolvidos caso consinta com o tratamento que ocorrerá. Ou, por outro lado, informações sobre as consequências decorrentes de rejeitar o tratamento, a exemplo de não poder acessar determinado serviço disponível.

Nessa linha é que o inciso IX do art. 18 da LGPD prevê o direito do titular de expressamente revogar, a qualquer momento, mediante procedimento gratuito e facilitado, o seu consentimento anteriormente fornecido ao agente (art. 8º, § 5º, da LGPD).

Isso, porque o titular pode posteriormente não concordar com eventuais alterações – por exemplo – na finalidade, na forma, na duração, no compartilhamento e nos demais termos do tratamento que lhe foram inicialmente informados pelo agente (art. 8º, § 6º, c/c o art. 9º, I a IV, da LGPD). Por consequência, nos termos do art. 15º, III, essa comunicação de revogação deve acarretar o término do tratamento desempenhado.

Em verdade, o art. 9º, § 2º, da LGPD, impõe ao controlador o dever de informar previamente ao titular quaisquer alterações incompatíveis com o consentimento originalmente

[108] SCHERTEL MENDES, L. *Habeas data* e autodeterminação informativa. *Revista Brasileira de Direitos Fundamentais & Justiça*, v. 12, n. 39, p. 188, 2019.

fornecido, em linha com o princípio da adequação previsto no art. 6º, II, da LGPD. É dizer: o tratamento efetivamente desempenhado deve ser compatível com finalidades informadas ao titular. As alterações do contexto e das condições desse tratamento devem ser informadas previamente ao titular justamente para que tome uma decisão livre, informada e inequívoca sobre manter seu consentimento ou revê-lo.

Entretanto, como destacado em trabalho anterior, no âmbito virtual, várias políticas de privacidade e de proteção de dados são apresentadas em textos extensos, com linguagem complexa e escritas em fontes demasiadamente pequenas. Nesse sentido, importantes estudos de economia comportamental têm demonstrado que o titular dos dados, frequentemente, não as lê, não as compreende ou até sofre de sobrecarga e de vieses cognitivos, os quais prejudicam substancialmente esse ideal de materializar um consentimento efetivo.[109]

Em verdade, no atual paradigma tecnológico, é comum que uma mesma base de dados seja utilizada por uma gama de agentes, bem como para fins diversos. Assim, em decorrência da escala de processamento e a enorme capacidade de agregação da informação pelas tecnologias disponíveis, é improvável que o titular, no momento de fornecer seu consentimento inicial, consiga – desde logo – gerenciar plenamente o que será feito com seus dados pessoais ao longo dessa extensa e complexa cadeia de atores, de agregação, de compartilhamento e de cruzamentos.[110]

Além disso, essas políticas são usualmente expostas em termos binários (tudo ou nada, *take it or leave it*), de modo que o exercício dos direitos do titular à revogação do consentimento ou à rejeição do tratamento se torna meramente aparente, pois vários dos serviços oferecidos (*v.g.*, comunicação interpessoal) se tornaram essenciais para a vida profissional e social na atualidade.[111]

Por essa razão, é sempre importante conjugar a interpretação dos dispositivos legais analisados não só com os princípios da finalidade e da adequação no tratamento de dados pessoais, como também com os princípios regulatórios *ex ante* de segurança e de prevenção. Tudo isso a fim de materializar a autodeterminação informativa dos titulares.

BIBLIOGRAFIA SELECIONADA

BIONI, B. R. *Proteção de dados pessoais:* a função e os limites do consentimento. 2. ed. Rio de Janeiro: Forense, 2020.

CATE, F. H.; MAYER-SCHÖNBERGER, V. Notice and consent in a world of big data. *International Data Privacy Law*, 2013.

DONEDA, D. *Da privacidade à proteção de dados pessoais*. 3. ed. São Paulo: Thomson Reuters Brasil, 2021.

SARLET, I. W. Proteção de dados pessoais como direito fundamental na Constituição Federal Brasileira de 1988. *Revista Brasileira de Direitos Fundamentais & Justiça*, 2020.

[109] SCHERTEL MENDES, L.; FONSECA, G. C. S. da. Proteção de dados para além do consentimento: tendências contemporâneas de materialização. *REI – Revista Estudos Institucionais*, p. 517-519, 2020.

[110] SCHERTEL MENDES, L.; FONSECA, G. C. S. da. Proteção de dados para além do consentimento: tendências contemporâneas de materialização. *REI – Revista Estudos Institucionais*, p. 517-519, 2020.

[111] SCHERTEL MENDES, L.; FONSECA, G. C. S. da. Proteção de dados para além do consentimento: tendências contemporâneas de materialização. *REI – Revista Estudos Institucionais*, p. 517-519, 2020.

SCHERTEL MENDES, L. *Habeas data* e autodeterminação informativa. *Revista Brasileira de Direitos Fundamentais & Justiça*, v. 12, n. 39, 2019.

SCHERTEL MENDES, L.; FONSECA, G. C. S. da. Proteção de dados para além do consentimento: tendências contemporâneas de materialização. *REI – Revista Estudos Institucionais*, 2020.

TEIXEIRA, T.; ARMELIN, R. M. G. F. *Lei Geral de Proteção de Dados Pessoais:* comentada artigo por artigo. 2. ed. São Paulo: JusPodivm, 2020.

TEFFÉ, C. A. S. de; TEPEDINO, G. O consentimento na circulação de dados pessoais. *Revista Brasileira de Direito Civil*, 2020.

TEFFÉ, C. A. S. de; VIOLA, M. Tratamento de dados pessoais na LGPD: estudo sobre as bases legais. *Civilistica.com*, 2020.

Artigo 18, § 1°

Comentado por Ana Paula Canto de Lima e Oscar Valente Cardoso

DISPOSITIVOS RELACIONADOS NO DIREITO INTERNACIONAL

- Art. 9, 1.*b*, *c* e *e*, Convenção 108+.

DISPOSITIVOS RELACIONADOS NO ORDENAMENTO JURÍDICO BRASILEIRO

- Art. 5º, XXXIV, *a*; e art. 37, CRFB.

DISPOSITIVOS RELACIONADOS NA LGPD

- Art. 18, *caput*; art. 50; e art. 55-J, V.

ATIVIDADES DA ANPD

- Formulário de denúncias e petições.

JUSTIFICATIVA E FUNDAMENTOS

A análise do art. 18, § 1º, da LGPD exige que se situe este dispositivo dentro do contexto mais amplo dos direitos fundamentais garantidos pela CRFB de 1988. O dispositivo legal confere ao titular dos dados pessoais o direito de peticionar em relação ao tratamento de seus dados tanto diretamente ao controlador quanto à ANPD.

Importa destacar que esse direito não é uma inovação da legislação de proteção de dados, mas deriva diretamente de um direito individual assegurado pela Constituição. Em consequência, é preciso inicialmente realizar uma abordagem constitucional do art. 18, § 1º, da LGPD para, em seguida, examinar os aspectos legais e práticos desse direito no contexto da proteção de dados pessoais.

Observa-se o art. 5º, XXXIV, *a*, da Constituição, que assegura, independentemente do pagamento de taxas, "o direito de petição aos Poderes Públicos em defesa de direitos ou contra ilegalidade ou abuso de poder".

O direito de petição consiste no direito genérico de qualquer pessoa (natural ou jurídica, brasileira ou estrangeira) peticionar, ou seja, de apresentar pedidos aos Poderes Públicos e a qualquer órgão da Administração Pública, com o objetivo de defender direitos (próprio, alheio ou coletivo), de prevenir ou de impedir a ilegalidade ou o abuso de poder.

Esse direito deriva do *right of petition* inglês, implicitamente contido na Magna Carta de 1215 e expressamente assegurado no *Bill of Rights*, de 1689[112], ato original do Parlamento Inglês, nos seguintes termos: "(...) *é direito dos súditos peticionar ao rei* (...)". Ou seja, desde o século XIII, período monárquico, esse direito já era garantido.[113]

O direito de petição não se confunde com o direito de ação. Este é uma espécie daquele. Enquanto o direito de petição (gênero) permite a qualquer pessoa apresentar à Administração Pública o seu requerimento para a defesa de direitos ou para se opor à ilegalidade ou ao abuso de poder, o direito de ação consiste na apresentação dessa manifestação perante o Judiciário, para que preste tal jurisdição.

Qualquer pessoa pode exercer diretamente o seu direito de petição nos órgãos administrativos, formulando requerimentos, interpondo recursos e praticando os atos necessários para esse fim. Assim, pode-se considerar que o direito de petição confere uma *legitimação universal* para qualquer pessoa manifestar algum pedido diante da Administração Pública, com o objetivo principal de acessar informações.[114]

ANÁLISE

Quando o titular de dados pessoais exercita seu direito de petição perante o controlador, pessoa natural ou jurídica, de direito público ou privado, ele o faz com o intuito de questionar, requerer informações ou solicitar providências relacionadas ao tratamento de seus dados pessoais. A petição endereçada à Autoridade apenas ocorre no caso de o titular não ser atendido.[115]

De acordo com o previsto no art. 4º, III e V, da Resolução CD/ANPD n. 1/2021, a petição do titular é o meio adequado para este exercer algum de seus direitos, após ter recebido resposta negativa ou insuficiente do controlador. Por sua vez, a denúncia consiste na comunicação realizada por qualquer pessoa (natural ou jurídica, de direito privado ou público) à ANPD com o objetivo de informar a ocorrência de infração às normas (legais ou regulamentares) de proteção de dados pessoais. Ainda, o art. 4º, VI, da referida Resolução permite a apresentação

---

[112] YALE LAW SCHOOL. *English Bill of Rights 1689*. Disponível em: https://avalon.law.yale.edu/17th_century/england.asp. Acesso em: 27 ago. 2024.

[113] HIGGINSON, S. A. A short history of the right to petition government for the redress of grievances. *The Yale Law Journal*, v. 96, p. 142, 1986.

[114] Sobre o assunto: WEINGARTNER, M. The right to petition as access and information. *University of Pennsylvania Law Review*, v. 169, n. 1235, 2021.

[115] Segundo a ANPD, a petição de titular é uma solicitação realizada à ANPD pelo titular de dados pessoais, quando não conseguir exercer seus direitos perante o controlador. ANPD. *Denúncias ou petições de titular*.

de requerimento, que consiste em uma comunicação à ANPD, a qual contém, ao mesmo tempo, a petição do titular e a denúncia, isto é, trata-se de um ato praticado pelo titular que informa à autoridade nacional a ocorrência de um ato ilícito praticado pelo controlador que causou, entre as suas consequências, violação e/ou danos ao seu direito.

Logo, enquanto o direito de petição só pode ser exercido pelo titular (ou por pessoa que o represente), a denúncia pode ser comunicada por qualquer pessoa, com o objetivo principal de buscar a efetividade da legislação sobre a proteção de dados pessoais no país e que pode ter – ou não – o objetivo secundário de proteger direitos (e que se caracterizará como um requerimento, quando for formulado pelo próprio titular do direito violado).

Cabe à ANPD, como órgão regulador e fiscalizador da aplicação da LGPD, a função de garantir que os controladores e operadores de dados pessoais atuem em conformidade com as normas legais e regulamentares. Neste contexto, o direito de petição funciona como um importante mecanismo de controle social e administrativo, ao permitir que os titulares dos dados busquem a proteção de seus direitos diretamente com a autoridade responsável pela supervisão do cumprimento da LGPD.[116]

Quando o titular de dados pessoais exercita seu direito de petição perante controladores que sejam pessoas jurídicas de direito público, esta petição pode ter como objetivo final a correção direta de informações incorretas, a exclusão de dados indevidamente tratados ou, ainda, a contestação de procedimentos que estejam em desacordo com a LGPD ou que configurem abuso de poder. Em outras palavras, o direito eventualmente violado será diretamente corrigido pela Administração Pública, no desempenho de atividades de controlador de dados pessoais.

Este exercício garante não apenas que o tratamento de dados por pessoas jurídicas de direito público seja realizado com a devida transparência e o respeito às demais normas da LGPD, mas também com a observância dos princípios constitucionais aplicáveis à Administração Pública, como a legalidade, impessoalidade, moralidade, publicidade e eficiência (art. 37 da CRFB).

Ainda, tais órgãos devem estabelecer estruturas adequadas para receber requerimentos de titulares e solicitações de providências determinadas pela ANPD.

Sobre o assunto, o art. 55-J, V, da LGPD, lista entre as atribuições da ANPD a de "apreciar petições de titular contra controlador após comprovada pelo titular a apresentação de reclamação ao controlador não solucionada no prazo estabelecido em regulamentação".

A petição ao controlador inclui o exercício de direitos garantidos na LGPD, como, por exemplo, a retificação, a eliminação de dados, a obtenção de informações sobre o tratamento, ou o questionamento de práticas que o titular considere irregulares ou que estejam em desacordo com as normas de proteção de dados.

Quando o titular exerce seu direito de petição perante o controlador, ele está, efetivamente, fazendo uso do meio adequado para questionar ou exigir que o controlador aja de acordo com a legislação. Caso ele não seja atendido pelo controlador, direcionará sua reclamação à ANPD.

Nesse sentido, de um lado o art. 18 da LGPD prevê em seu *caput* que o titular pode exercer os seus direitos perante o controlador, em regra, "mediante requisição", enquanto

116 Sobre o direito de petição na LGPD: VIEIRA, L. P. Direitos do titular de dados pessoais no ordenamento jurídico brasileiro. *Revista dos Tribunais*, v. 119, n. 1058, 2023.

de outro lado se observa no art. 50 da LGPD, que contém as regras de boa prática e de governança dos controladores e operadores, a definição do procedimento para a apreciação das petições dos titulares.

Portanto, o direito de petição na LGPD assegura que o titular dos dados tenha um canal direto para reivindicar seus direitos "exercidos em face de um agente de tratamento (controlador e/ou operador) e que, portanto, pode reivindicar direitos a respeito desse tratamento. Desse modo, todos os indivíduos (pessoa natural ou física) são sujeitos de direitos com fundamento na LGPD"[117].

Após a tentativa frustrada, seja por ausência de resposta ou por resposta insuficiente, pode-se peticionar perante a ANPD em sua página na internet,[118] mediante requerimento no formulário destinado a esse fim. É importante ressaltar que as petições de titulares não poderão ser enviadas de forma anônima. É preciso realizar o cadastro e enviar um documento comprobatório da identidade (a fim de, inclusive, evitar incidentes com os dados dos titulares). Validado o cadastro, é possível acompanhar o requerimento na página "Minhas Solicitações".

A exigência de identificação do titular visa garantir a autenticidade da solicitação, a verificação da alegação de violação de direito, bem como a prevenção de abusos ou fraudes que poderiam ocorrer caso terceiros não autorizados tentassem agir em nome dos titulares de dados. Tal medida fortalece a segurança do processo e evita que o próprio direito de petição seja utilizado para fins diversos daqueles previstos na LGPD.

Entretanto, limitar a possibilidade de peticionar anonimamente também pode gerar consequências negativas. Para alguns titulares de dados, especialmente em situações sensíveis ou de vulnerabilidade, o receio de expor sua identidade pode inibir o exercício desse direito. A obrigatoriedade de identificação pode desencorajar a atuação daqueles que temem retaliações ou represálias por parte dos controladores de dados, particularmente quando se trata de grandes corporações ou órgãos governamentais que possuem relações assimétricas com os titulares.

Excepcionalmente, o art. 25, § 3º, da Resolução CD/ANPD n. 1/2021, admite a apresentação de denúncia anônima, que será recebida e processada pela ANPD se as alegações forem verossímeis e não for necessária a identificação do denunciante para a apuração dos fatos. Nessa hipótese, o próprio titular pode optar por apresentar uma denúncia anônima, o que equilibra, em certa medida, a necessidade de segurança e a possibilidade de anonimato, ao menos para situações que não exijam a confirmação da identidade do peticionante.

Portanto, o direito de petição fortalece a proteção de dados pessoais dos titulares e promove a *accountability*, ou responsabilização e a prestação de contas, além de outros princípios e normas legais por parte dos agentes de tratamento.

BIBLIOGRAFIA SELECIONADA

ANPD. Denúncias ou petições de titular. Disponível em: https://www.gov.br/anpd/pt-br/canais_atendimento/cidadao-titular-de-dados/denuncia-peticao-de-titular. Acesso em: 27 ago. 2024.

---

117 BRASIL. GOV.BR. Abrir requerimento relacionado à LGPD (ANPD). Disponível em: https://www.gov.br/pt-br/servicos/abrir-requerimento-relacionado-a-lgpd. Acesso em: 27 ago. 2024.

118 A partir de 08.07.2024, o envio de requerimentos à ANPD (Denúncias e Petições) deve ser realizado por meio do preenchimento de formulário disponível na página do serviço no seguinte *link*: https://sso.acesso.gov.br/login?client_id=solicitacao2.servicos.gov.br&authorization_id. Acesso em: 27 ago. 2024.

BRASIL. GOV.BR. *Abrir requerimento relacionado à LGPD (ANPD).* Disponível em: https://www.gov.br/pt-br/servicos/abrir-requerimento-relacionado-a-lgpd. Acesso em: 27 ago. 2024.

HIGGINSON, S. A. A short history of the right to petition government for the redress of grievances. *The Yale Law Journal,* v. 96, 1986.

VIEIRA, L. P. Direitos do titular de dados pessoais no ordenamento jurídico brasileiro. *Revista dos Tribunais,* v. 119, n. 1058, 2023.

WEINGARTNER, M. The right to petition as access and information. *University of Pennsylvania Law Review,* v. 169, n. 1235, 2021.

YALE LAW SCHOOL. *English Bill of Rights 1689.* Disponível em: https://avalon.law.yale.edu/17th_century/england.asp. Acesso em: 27 ago. 2024.

Artigo 18, § 2°

Comentado por Andressa Girotto Vargas, Fabrício Guimarães Madruga Lopes e Isabela Maiolino

DISPOSITIVOS RELACIONADOS NO DIREITO INTERNACIONAL

- Art. 9º(d), Convenção 108+.
- Art. 13(d), Orientações sobre Privacidade da OCDE.

DISPOSITIVOS RELACIONADOS NO ORDENAMENTO JURÍDICO BRASILEIRO

- Art. 43, § 1º, §§ 3° e 5°; e art. 54-G, I, CDC.
- Art. 21; art. 33; e art. 53, ECA.
- Art. 5º, *caput*, I e III, § 4º, e § 6º, I e II, LCP.
- Art. 7º, X, MCI.

DISPOSITIVOS RELACIONADOS NA LGPD

- Art. 2º, II; art. 7º, IX, §§ 3º, 4º, 6º e 7º; e art. 18, § 3º.

ATIVIDADES DA ANPD

- Item 2 da Agenda Regulatória para o biênio 2023/2024.

CASOS E DECISÕES JUDICIAIS RELEVANTES

- TJSP, Processo n. 0007766-56.2023.8.26.0016. Juizado Especial Cível, Foro Central, j. 24.01.2024.

JUSTIFICATIVA E FUNDAMENTOS

A oposição prevista no art. 18, § 2º, da LGPD desempenha um papel crucial na proteção dos dados pessoais dos indivíduos, refletindo a importância de um ambiente transparente e respeitoso no tratamento desses dados. A inclusão dessa previsão no texto da lei não é meramente um detalhe técnico, mas sim uma garantia para os titulares de dados que guarda relação com a premissa de que o cidadão tem o direito de não ser incomodado caso este seja o seu desejo, como assim reconhecem alguns dispositivos do ordenamento brasileiro e que entendemos que podem ter influenciado a elaboração da LGPD.

Cabe explicar, no entanto, que essa previsão no ordenamento brasileiro, diferentemente de como é feita na LGPD, não é expressa, mas sim construída a partir da interpretação sistemática da legislação. No caso, o CDC prevê que o consumidor poderá exigir a imediata correção de seus dados e cadastros quando estes estiverem incorretos. É nessa mesma linha que seguiu a LCP, ao prever como direito do cadastrado a possibilidade de impugnar qualquer informação erroneamente anotada em banco de dados, além da possibilidade de corrigir ou cancelar esse registro de dados em todos os bancos que compartilharam esse dado (art. 5º, III, da Lei n. 12.414/2011 – LCP).

Nota-se, no entanto, que nenhuma das previsões acima é específica para proteção de dados, mas deixam implícitas a possibilidade que o cidadão ou cadastrado consiga se opor em relação ao registro ou uso de dados que não sejam condizentes com a realidade. A inclusão da oposição na LGPD, dessa forma, apesar de não espelhar texto já existente no ordenamento jurídico, guarda relação com o contexto legislativo já existente no Brasil.

A inclusão desse dispositivo na LGPD tem por finalidade assegurar que os direitos e liberdades fundamentais dos titulares sejam protegidos. É por intermédio da oposição que os titulares questionam e se manifestam contrariamente ao tratamento de seus dados quando percebem que esse tratamento está em descumprimento com a Lei.

Além disso, o dispositivo promove a transparência e a autonomia dos titulares. Ao permitir que os indivíduos se oponham ao tratamento de seus dados, a LGPD reforça a necessidade de as organizações serem claras e transparentes sobre como e por que estão utilizando esses dados. Isso não só melhora a confiança entre as partes envolvidas, mas também garante que os titulares tenham um controle efetivo sobre seus dados pessoais.

Outra consequência importante da oposição é promover, de forma contínua e em acordo com os demais dispositivos da LGPD, um equilíbrio justo entre os interesses dos titulares de dados e controladores. Esse equilíbrio é essencial para evitar abusos e garantir que o tratamento de dados pessoais ocorra dentro dos limites legais e éticos estabelecidos pela LGPD.

Além de empoderar os titulares de dados,[119] a oposição também enseja que os controladores forneçam justificativas claras e detalhadas sobre o tratamento de dados que vem sendo realizado. Apesar de ainda não ter sido regulamentado, é razoável esperar que quando um titular se oponha, a organização responsável pelo tratamento dos dados deverá revisar seus processos e fornecer uma resposta fundamentada, explicando por que o tratamento é necessário ou em que medida ele está de acordo com a Lei. Isso não apenas aumenta a responsabilidade das organizações, mas também incentiva melhores práticas de conformidade e governança de dados.

---

119 SCHIOPU, S. D. Considerations on the Data Subject's Right to Object. *Rev. Universul Juridic*, v. 73, 2019.

Em última análise, a inclusão da oposição, prevista no art. 18, § 2º, da LGPD insere nova ferramenta para que o titular possa intervir contra o uso abusivo ou indevido de seus dados pessoais. Ao proporcionar um mecanismo legal para que os titulares possam contestar tais práticas, a lei fortalece a proteção dos dados pessoais e incentiva os agentes de tratamento a adotarem práticas mais rigorosas e respeitosas no tratamento desses dados.

Por fim, cabe pontuar que a possibilidade de se opor ao tratamento de dados pessoais está prevista justamente no Capítulo III da norma de proteção de dados, referente aos direitos do titular de dados pessoais. Ao prever que o titular de dados tem direito, quando oportuno, de consentir que seu dado seja tratado, que tem direito que seu dado seja corrigido caso esteja errado (art. 18, III), por interpretação lógica do conjunto de direitos previstos pela LGPD, é tão somente razoável que o titular possa se opor caso esse tratamento de dados não esteja ocorrendo nos termos da legislação aplicável.

ANÁLISE

No exercício de buscar um paralelo com a previsão do art. 18, § 2º, prevista na LGPD, não foi possível encontrar previsão semelhante em outras leis brasileiras que compartilham com a LGPD o fato de disporem sobre tratamento de dados pessoais, ainda que sob outra ótica.

Seja o CDC, o MCI, seja a LCP, todos têm em comum o fato de reconhecerem ao cidadão/titular/consumidor determinados direitos no que se refere ao tratamento de dados pessoais previstos em seus contextos e nenhum deles, apesar da relativa abundância de direitos reconhecidos ao titular, previu faculdade semelhante. Nem por isso, como se tem visto ao longo dos anos, as pessoas ficaram impedidas de exigir tais direitos ou de se socorrer à tutela estatal, administrativa ou judiciária, para tê-los respeitados.

Dito isso, importa questionar: e se não houvesse a previsão constante do § 2º do art. 18, estaria o titular impedido de fazer valer a lei e provocar a tutela de seus direitos nela previstos? Tendo em vista que esta ausência não atrapalhou a efetividade de outros direitos, parece que não.

Não obstante, é válido afirmar que dessa constatação não decorre uma redução da importância da possibilidade de o titular se opor. Possivelmente, ocorre o contrário.

A redação do § 2º no art. 18 da LGPD, em função da estrutura do *caput* e incisos do art. 18, trouxe contornos próprios à oposição no direito brasileiro, para além da óbvia inspiração no direito previsto no art. 21 do RGPD.

O direito homônimo previsto no RGPD é invocável em circunstâncias em que o tratamento de dados pessoais não precisa constituir violação ao RGPD, como visto abaixo.

A faculdade de o titular se opor, conforme previsto na LGPD, por sua vez, é aplicável em situações em que o tratamento ocorre em desacordo com a LGPD; se configura, portanto, como o poder que o titular possui de exigir o cumprimento da lei no tratamento de seus dados pessoais. Não se fixa em direito ou conduta específica, mas coloca o titular em posição de exigir do controlador de dados que cesse o tratamento irregular de seus dados, evitando, assim, que seus dados pessoais sejam usados de forma não consentida ou de maneira indevida.

Prosseguindo, é possível afirmar que o poder de oposição previsto na LGPD assume natureza diversa e autônoma. A oposição, como um poder, é aplicável em qualquer situação de tratamento irregular de dados pessoais. Ela assume um caráter mais amplo, transversal em relação às obrigações e direitos previstos na LGPD e confere ao titular a possibilidade de impedir o tratamento irregular de seus dados pessoais.

Nesse sentido, há como entender o poder de oposição como a operacionalização da autodeterminação informativa[120] – no sentido de a oposição constituir o poder de o titular intervir quando afetam o desenvolvimento de sua personalidade no âmbito da sociedade ou perante terceiros em desacordo com os limites impostos pela LGPD.

Desse modo, o poder de oposição parece recuperar sua relevância porque sintetiza de forma pragmática e tangível ao titular de dados sua capacidade de exigir a cessação do tratamento de seus dados, seja pela violação de um direito específico ou de um princípio, seja porque o tratamento a que se opõe não respeita suas legítimas expectativas.

Ao mesmo tempo que a LGPD estabeleceu as circunstâncias em que o tratamento de dados pessoais pode acontecer independentemente do consentimento do titular, limitando sua autodeterminação informativa, o poder de oposição resgata-a em sua plenitude quando o tratamento ocorre fora dos contornos estabelecidos pela Lei. Vale lembrar que a oposição não se aplica ao tratamento de dados realizado com base na hipótese legal do consentimento. No entanto, considerando que o titular pode revogá-lo a qualquer momento, mediante manifestação expressa, os efeitos da revogação do consentimento acabam por se assemelhar aos da oposição, em certa medida (EDPB, 2020).

Outra circunstância digna de nota sobre o poder de oposição diz respeito a quem ele deve ser dirigido. Da leitura do *caput* e § 3º do art. 18 da LGPD, percebe-se que os direitos previstos nos incisos I a IX devem ser dirigidos ao controlador, mediante requisição expressa do titular ou de representante legal.

Tal previsão não é automaticamente aplicável ao § 2º, ao menos não por força do disposto no *caput* e no § 3º do art. 18, que referenciam exclusivamente os direitos previstos no art. 18.

Ocorre que o poder de oposição não consta expressamente como direito:

> Art. 18. O titular dos dados pessoais *tem direito* a obter do controlador, em relação aos dados do titular por ele tratados, a qualquer momento e mediante requisição: [...]
>
> § 1º O titular dos dados pessoais *tem o direito* de peticionar em relação aos seus dados contra o controlador perante a autoridade nacional.
>
> § 2º O titular pode opor-se a tratamento realizado com fundamento em uma das hipóteses de dispensa de consentimento, em caso de descumprimento ao disposto nesta Lei.
>
> § 3º *Os direitos* previstos neste artigo serão exercidos mediante requerimento expresso do titular ou de representante legalmente constituído, a agente de tratamento. [...]
>
> § 8º *O direito a que se refere o § 1º* deste artigo também poderá ser exercido perante os organismos de defesa do consumidor. (grifos nossos)

Observe-se que o legislador não se furtou a reconhecer direitos fora dos incisos do art. 18 e a conferir a eles tratamento uniforme. Todavia, não classificou o poder de oposição expressamente como direito.

---

[120] Sobre a relação entre direito ao respeito à esfera privada, direito geral de personalidade e desenvolvimento da personalidade no âmbito da sociedade, cf. MENDES, L. S. F. Autodeterminação informativa: a história de um conceito. *Pensar – Revista de Ciências Jurídicas 1*, v. 25, n. 4, 2020.

Não se deve inferir desta distinção uma menor relevância do poder de oposição, como já exposto nos parágrafos anteriores.

Retomando a questão de a quem o poder de oposição deve ser dirigido, entende-se que o poder de oposição também deve ser dirigido ao controlador, mediante requisição expressa do titular ou de representante legal, por força da leitura conjunta do inciso V do art. 55-J e do § 1º do art. 18, que deverá estar preparado para garantir a efetivação desse direito.[121] Enquanto este estipula que é direito do titular peticionar em relação a seus dados contra o controlador perante a autoridade nacional, aquele prevê que compete à ANPD apreciar petições de titular após comprovada tentativa de solução diretamente com o controlador.

Desse modo, ainda que por via reflexa, ao poder de oposição bem como a outros direitos previstos em outros dispositivos da LGPD, cabe o mesmo rito previsto para o exercício dos direitos previstos no art. 18.

1. Relação com dispositivos internacionais

A LGPD foi fortemente influenciada pela legislação europeia de proteção de dados. No entanto, no que se refere à oposição, a Lei brasileira não guarda correspondência direta com Regulamento europeu.

Fato é que, muito antes da edição do RGPD, em 1995, a Diretiva 95/46/CE já previra em seu art. 14 o direito dos titulares se oporem a (i) qualquer momento, ao tratamento dos dados pessoais que lhe digam respeito, nas hipóteses legais previstas no art. 7º, alíneas (e)[122] e (f)[123], salvo se o responsável pelo tratamento demonstrar motivos legítimos para o tratamento que prevaleçam sobre os seus interesses ou direitos e liberdades fundamentais; e (ii) tratamento de seus dados pessoais realizado para fins de marketing direto. Além disso, em seu art. 15, havia previsão de oposição a decisões tomadas exclusivamente com base em tratamento automatizado, quando destinada a avaliar determinados aspectos da personalidade.

Em substituição à Diretiva, aprovado em 2016 e em vigor desde o ano de 2018, o RGPD trouxe, para além do texto ora previsto na Diretiva 95/46/CE, a possibilidade de o titular se opor ao tratamento de dados pessoais realizado para fins de investigação científica, histórica ou para fins estatísticos, salvo se houver razões de interesse público. Adicionalmente, considerando o contexto de utilização dos serviços da sociedade da informação, o RGPD previu, ainda, que os titulares pudessem exercer tal direito por meios automatizados.

Ademais, a Convenção 108+ (art. 9º, *d*), aprovada em 2018 pelo CoE, sinalizou que o direito de oposição no âmbito do RGPD não é absoluto, uma vez considerados os motivos que justifiquem a continuidade do tratamento pelo controlador, seja em razão do exercício regular de direitos em processo judicial, seja para fins de investigação ou repressão de infrações penais, por exemplo.

---

[121] TABOLKA, L. H. L.; LANG, L. H.; GAI, E. A. Princípios da lei geral de proteção de dados e o exercício do direito de oposição do titular. *In*: KNOLL, Alessandra. *Desafios do direito frente às novas tecnologias*. Guarujá: Editora Científica Digital, 2024.

[122] O tratamento for necessário para a execução de uma missão de interesse público ou o exercício da autoridade pública de que é investido o responsável pelo tratamento ou um terceiro a quem os dados sejam comunicados.

[123] O tratamento for necessário para prosseguir interesses legítimos do responsável pelo tratamento ou do terceiro ou terceiros a quem os dados sejam comunicados, desde que não prevaleçam os interesses ou os direitos e liberdades fundamentais da pessoa em causa, protegidos ao abrigo do n. 1 do artigo 1º.

Assim, ressalvado o tratamento para fins de marketing direto, no qual não é necessário que a oposição seja justificada, nas hipóteses de tratamento pela Administração Pública, legítimo interesse do controlador ou de terceiro, e, ainda, para fins de investigação científica, histórica ou estatística, é possível que o controlador não acolha o pleito do titular, uma vez demonstrado que existem interesses legítimos que se sobreponham aos direitos e liberdades do titular, ou, ainda, que o tratamento é necessário para fins de exercício de direitos em processos judiciais.[124]

Nesse sentido, a autoridade de proteção de dados do Reino Unido, a ICO, destaca que quanto ao tratamento de dados para fins de marketing direto, o direito de oposição é absoluto, não havendo exceções para negá-lo.[125]

Embora não utilize a terminologia "direito de oposição", a CCPA (em tradução livre, Lei de Privacidade do Consumidor da Califórnia), publicada em 2018, trouxe consigo a ideia nele consubstanciada, ao dispor sobre o direito de desativação (*opt-out*) sobre a venda ou compartilhamento de seus dados a terceiros. Na mesma linha, a Lei Federal Americana aprovada em 2022, *American Data Privacy and Protection Act*[126] (ADPPA, em tradução livre, Ato sobre Privacidade e Proteção de Dados), tratou, em sua seção 204, acerca da possibilidade de que o titular opte por impedir o recebimento de publicidade direcionada, a partir de mecanismos de desativação (*opt-out*).

Por sua vez, na América Latina, destaca-se a previsão expressa acerca do direito à oposição na Lei peruana de Proteção de Dados,[127] segundo a qual uma vez havendo oposição fundada em motivos justificados e legítimos o encarregado deverá proceder com a supressão dos dados:

> salvo disposição em contrário em lei e quando o titular não tiver fornecido consentimento, o titular pode se opor ao tratamento quando existirem motivos justificados e legítimos relativos a uma situação específica e que lhe diga o respeito. No caso de uma oposição fundamentada o encarregado deverá proceder a supressão conforme a lei.[128] (tradução nossa)

Ademais, a referida norma assegura o prazo de até dez dias para resposta a tais solicitações, contados a partir da data de recebimento.

De modo diverso, no México, na *Ley Federal de Protección de Datos Personales en Posesión de los Particulares*,[129] foi previsto o prazo de até vinte dias para atendimento à solicitação de oposição ao tratamento, o qual, poderá ser prorrogado uma vez por igual período.

2. Análise de jurisprudência e atividades da ANPD

De acordo com pesquisa realizada, foi possível encontrar tão somente um único caso relacionado ao direito de oposição. Trata-se de caso do Juizado Especial Cível do TJSP, n.

---

[124] ICO. *Right to Object* (s.n.). Disponível em: https://ico.org.uk/for-organisations/uk-gdpr-guidance-and-resources/individual-rights/individual-rights/right-to-object/. Acesso em: 24 jun. 2024.

[125] ICO. *Right to Object* (s.n.). Disponível em: https://ico.org.uk/for-organisations/uk-gdpr-guidance-and-resources/individual-rights/individual-rights/right-to-object/. Acesso em: 24 jun. 2024.

[126] EUA. American Data Privacy and Protection Act, Bill n. H.R. 8152, 30 dez. 2022.

[127] PERU. Ley de protección de datos personales, Ley n. 29733, 2 de julho de 2011, 3 jul. 2011.

[128] "Siempre que, por ley, no se disponga lo contrario y cuando no hubiera prestado consentimiento, el titular de datos personales puede oponerse a su tratamiento cuando existan motivos fundados y legítimos relativos a una concreta situación personal. En caso de oposición justificada, el titular o el encargado de tratamiento de datos personales, según corresponda, debe proceder a su supresión, conforme a ley."

[129] MÉXICO. Ley Federal de Protección de Datos Personales en Posesión de los Particulares, Ley, *Diario Oficial de la Federación*, 5 jul. 2010.

0007766-56.2023.8.26.0016, julgado em 24 de janeiro de 2024, que consiste em alegação de recebimento de mensagens de publicidade não solicitadas após uma consulta de serviços feita pela requerida. No entanto, mesmo após solicitar o cancelamento de sua inscrição, o autor da ação continuou a receber as mensagens publicitárias. A ré contestou, alegando falta de comprovação suficiente por parte do autor, porém não apresentou evidências que contestasse os documentos apresentados.

Diante disso, o juiz considerou procedente em parte o pedido inicial, condenando a requerida a retirar os dados do autor de seu banco de dados e a pagar R$1.500,00 por danos morais, devido à importunação persistente. A sentença foi fundamentada na LGPD e no CDC, destacando a necessidade de respeitar a privacidade e evitar práticas comerciais abusivas.

Muito embora um único caso não seja suficiente para alegar que existe jurisprudência pacificada sobre o direito de oposição, o caso nos mostra uma das possíveis interpretações que o Poder Judiciário poderá adotar ao analisar reclamações que envolvam a oposição em relação ao tratamento de dados pessoais, que é um posicionamento judicial que favorece a proteção dos titulares de dados e uma postura protetiva ao interpretar o direito de oposição.

No entanto, cabe ressalvar que outros casos poderão levar a conclusões variadas, influenciadas por diferentes fatores como a natureza do tratamento de dados, a transparência das práticas das empresas e a efetividade dos mecanismos de contestação oferecidos aos titulares de dados.

De maneira similar, não há posicionamento da ANPD sobre o tema. Inicialmente previsto na Agenda Regulatória para o biênio 2021-2022, o tema de Direito dos Titulares teve a sua continuidade prevista na Agenda para o biênio atual na fase 1, isto é, consiste em um item cujo início da regulamentação ocorreu durante a vigência da Agenda Regulatória para o biênio 2021-2022. No entanto, não houve, até a data de finalização do comentário, publicação específica sobre o tema, somente a abertura de tomada de subsídios para norma sobre direitos dos titulares de dados pessoais. Há, assim, que se esperar pelo posicionamento oficial da Autoridade sobre a matéria.

BIBLIOGRAFIA SELECIONADA

AUSLOOS, J.; VEALE, M.; MAHIEU, R. Getting Data Subject Rights Right. *Journal of Intellectual Property, Information Technology, and Electronic Commerce Law*, v. 10, n. 1, 2019.

BIONI, B.; KITAYAMA, M.; RIELLI, M. *O legítimo interesse na LGPD:* quadro geral e exemplos de aplicação. São Paulo: Associação Data Privacy Brasil de Pesquisa, 2021.

EDPB. *Guidelines 05/2020 on Consent Under Regulation 2016/679*, 2020.

ICO. *Right to Object* (s.n.). Disponível em: https://ico.org.uk/for-organisations/uk-gdpr-guidance-and-resources/individual-rights/individual-rights/right-to-object/. Acesso em: 24 jun. 2024.

MANTELERO, A. Right to object and right to erasure. *EDPB – European Data Protection Board*, 9 dez. 2022.

MENDES, L. S. F. Autodeterminação informativa: a história de um conceito. *Pensar – Revista de Ciências Jurídicas 1*, v. 25, n. 4, 2020.

SCHIOPU, S. D. Considerations on the Data Subject's Right to Object. *Rev. Universul Juridic*, v. 73, 2019.

TABOLKA, L. H. L.; LANG, L. H.; GAI, E. A. Princípios da lei geral de proteção de dados e o exercício do direito de oposição do titular. *In*: KNOLL, Alessandra. *Desafios do direito frente às novas tecnologias*. Guarujá: Editora Científica Digital, 2024.

TERWANGNE, C. de. Internet privacy and the right to be forgotten/right to oblivion. *IDP Revista de Internet Derecho y Política*, n. 13, 2012.

Artigo 18, §§ 3º a 6º

Comentado por Paula Guedes Fernandes da Silva e Maraísa Rosa Cezarino

DISPOSITIVOS RELACIONADOS NO DIREITO INTERNACIONAL

- Art. 9º; art. 18, Convenção 108+.

DISPOSITIVOS RELACIONADOS NO ORDENAMENTO JURÍDICO BRASILEIRO

- Art. 5º, LXXIX, CRFB.
- Arts. 11, 12 e 21, CC.
- Art. 43, CDC.
- Arts. 5º e 6º, § 2º, LCP.
- Art. 7º, MCI.

DISPOSITIVOS RELACIONADOS NA LGPD

- Arts. 19, 20, 21, 22 e 23, §§ 3º, 4º e 5º; e art. 41, § 2º, I.

ATIVIDADES DA ANPD

- Guia orientativo: Aplicação da Lei geral de proteção de dados pessoais (LGPD) por agentes de tratamento no contexto eleitoral (2021) – capítulo sobre direitos da pessoa titular de dados pessoais.
- Guia Orientativo para Definições dos Agentes de Tratamento de Dados Pessoais e do Encarregado (2021).
- Guia Orientativo: Tratamento de dados pessoais pelo Poder Público (2023) – (e) Transparência e direitos dos titulares.
- Guia orientativo: Tratamento de dados pessoais para fins acadêmicos e para a realização de estudos e pesquisas (2023).
- Guia Orientativo: Cookies e proteção de dados pessoais (2022) – (iii) Direitos do Titular.
- Nota Técnica n. 19/2023/CGF/ANPD – pontos 6.4, 7.4.
- Nota Técnica n. 29/2024/FIS/CGF/ANPD – pontos 5.5.4.11. a 5.5.4.17.; 6.1.17. a 6.1.19.
- Portaria ANPD n. 35, de 4 de novembro de 2022.

- Relatório de Análise de Impacto Regulatório: Construção do Modelo Regulatório previsto para Aplicação da LGPD a Microempresa e Empresas de Pequeno Porte, startups e pessoas físicas que tratam dados pessoais (2021).
- Art. 15 da Resolução CD/ANPD n. 15, de 24 de abril de 2024.
- Art. 7º; e art. 14, I, da Resolução CD/ANPD n. 2, de 27 de janeiro de 2022.
- Resolução CD/ANPD n. 19, de 23 de agosto de 2024 – Cláusulas-Padrão Contratual, cláusula 15 (Direitos do Titular).

JUSTIFICATIVA E FUNDAMENTOS

O Capítulo III da LGPD dedica-se aos direitos dos titulares, sendo basilar para o regime de proteção de dados pessoais no Brasil. O art. 18 dispõe especificamente sobre alguns desses direitos, que podem ser solicitados ao controlador a qualquer momento, mediante requisição expressa (§ 3º) e sem custos, o que deve ser prontamente atendido nos termos e prazos legais (§ 5º).

Para além da importância dos direitos listados nos incisos do *caput* do art. 18 (ver comentário ao art. 18 neste volume), os §§ 3º a 6º conferem parâmetros mínimos para o seu exercício. Neles, encontram-se a definição dos legitimados para exercer esses direitos, a forma de exercício e os deveres e condições na quais os responsáveis pela sua efetivação devem efetivá-los.

É importante lembrar que alguns desses direitos já estavam previstos em leis esparsas do ordenamento jurídico como a LAI e o CDC, no seu art. 43. Portanto, os parágrafos do art. 18 da LGPD também proporcionam um piso interpretativo sobre a forma adequada de dar efetividade a outras normas brasileiras que protegem os dados pessoais dos cidadãos.

Apesar disso, o tema não foi objeto direto de debate nas audiências públicas que precederam a aplicação da LGPD, realizadas entre 2016 e 2018. Mas estas disposições estão em consonância com os fundamentos da Lei, com destaque para o da autodeterminação informativa (art. 2º, II), e com os princípios, em especial os do livre acesso, da transparência e da responsabilização e prestação de contas (art. 6º, IV, VI e X, respectivamente).

Assim, este comentário explora os aspectos da procedimentalização dos direitos dos titulares, apresentada nos §§ 3º a 6º, discorrendo sobre a sua operacionalização e aspectos práticos da sua interpretação em conjunto com a própria LGPD e outras leis do ordenamento jurídico brasileiro.

ANÁLISE

Os §§ 3º a 6º do art. 18 apresentam os seguintes parâmetros para o exercício e cumprimento dos direitos dos titulares de forma individual:

	Quem pode exercer?	A quem são oponíveis?	Qual o período de exercício?	Qual a forma?	Em quanto tempo devem ser atendidos?
	O titular ou representante legalmente constituído	Agente de tratamento	A qualquer momento	Mediante requerimento expresso e sem custos	Imediatamente e, quando não for possível, nos prazos e nos termos previstos em regulamento
Previsão na LGPD	Art. 18, § 3º	Art. 18, § 3º	Art. 18, *caput*	Art. 18, §§ 3º e 5º	Art. 18, §§ 4º e 5º

Importa destacar que os direitos dos titulares podem ser exercidos de forma coletiva, conforme o comentário ao art. 22 encontrado neste volume. Além disso, a Lei não especifica como essa solicitação deve ser realizada e como ser propriamente atendida, ficando a cargo da regulamentação infralegal, especialmente as regulamentações da ANPD, definir os detalhes e procedimentos. Nesses termos, a Agenda Regulatória para o biênio 2023-2024 da ANPD listou como um de seus temas prioritários os "Direitos dos titulares de dados pessoais".[130]

1. Agentes legitimados para requerer e cumprir o direito do titular de dados pessoais

Da simples leitura do § 3º do art. 18 entende-se que os direitos listados são subjetivos do titular de dados que, por função de determinação legal ou vontade própria, pode ser substituído neste exercício por representante legalmente constituído (art. 115, CC). A definição dos casos de representação legal está descrita em outras leis, como de filhos pelos seus pais, enquanto a representação voluntária depende da outorga de poderes, de acordo com as condições definidas nos arts. 653 em diante do CC.

De acordo com os Padrões de Proteção de Dados da Rede Ibero-Americana de Proteção de Dados,[131] documento que busca contribuir para implementação das iniciativas regulatórias da matéria na região, os representantes legais continuam habilitados para exercer os direitos relativos à proteção de dados, inclusive de pessoas falecidas (art. 32.3). A LGPD, no entanto, não menciona esta prerrogativa do representante, tópico este que poderá ser regulamentado por futuras disposições da ANPD.

Ainda, apesar do *caput* do art. 18 dispor que os direitos são oponíveis somente ao controlador, a interpretação sistemática da LGPD, sob a luz de seus princípios, torna mais adequada a compreensão de que eles são oponíveis aos "agentes de tratamento"[132] – tanto ao controlador como ao operador – nos termos do texto do § 3º do art. 18. O que acontece é que, mesmo se o titular opor seu direito em face do operador, a responsabilidade pela sua efetivação é do controlador, ele é o responsável por atender às solicitações de exercício de direitos do titular, pois é quem opera a atividade de tratamento na qual o operador está inserido. Assim, é o controlador que reúne o poder e as condições para fazer isso da melhor forma.[133] Justamente por isso, como se verá mais à frente, de acordo com o § 6º do mesmo artigo, o controlador também tem a obrigação de repassar a outros agentes de tratamento a requisição e as medidas adotadas para respondê-la ao titular, de forma que eles possam replicá-la.

2. A gratuidade do exercício do direito – hipervulnerabilidade e acesso à justiça

No contexto do RGPD, é possível argumentar que, caso haja requisições infundadas ou excessivas do titular, o controlador pode eventualmente recusar a atender a solicitação

---

[130] BRASIL. Portaria ANPD n. 35, de 4 de novembro de 2022. Torna Pública a Agenda Regulatória para o biênio 2023-2024, *Diário Oficial da União*, 2022.

[131] RED IBEROAMERICANA DE PROTECCIÓN DE DATOS. *Padrões de proteção de dados pessoais para os Estados Ibero-americanos*, 2017.

[132] SILVA, P. R. Os direitos dos titulares de dados. *In*: MULHOLLAND, C. (org.). *A LGPD e o novo marco normativo no Brasil*. Porto Alegre: Arquipélago, 2020; FRAZÃO, A. Nova LGPD: direitos dos titulares de dados pessoais. *Jota*, 24 out. 2018.

[133] ANPD. *Guia Orientativo para definições dos agentes de tratamento de dados pessoais e do encarregado*, 2021.

ou exigir cobrança de taxa para atender ao exercício de direito.[134] Já a LGPD não traz essa previsão expressa, o que reforça a obrigação do agente de tratamento de cumprir com o direito do titular de dados sem custos. De toda forma, o CC permite que o agente de tratamento busque refúgio para casos de excesso do titular por meio da alegação de abuso de direito, nos termos do art. 187, CC.

Apesar disso, relembra-se que um dos intuitos centrais do direito à proteção de dados pessoais, enquanto liberdade positiva, é a de salvaguardar os dados pessoais das pessoas e grupos e, consequentemente, outros direitos fundamentais.[135] Tal interpretação se alinha com a inegável preocupação do direito constitucional brasileiro com a garantia de direitos e liberdades fundamentais, o que é constatado pelo amplo rol de garantias fundamentais enumeradas no art. 5º e potencialmente aumentadas pelo § 3º deste artigo.

Nesse ponto, vale ressaltar que, em razão do tratamento de dados pessoais ser considerado uma atividade de risco e diante da grande assimetria técnica, econômica, de informações e de poder entre os agentes de tratamento e o indivíduo, cujos dados são tratados, o titular de dados pode ser considerado sujeito vulnerável da relação jurídica,[136] em similaridade ao *status* de consumidor no âmbito do CDC.

Consequentemente, reconhece-se a importância do § 5º do art. 18 ao determinar que o exercício de direitos fundamentais pelo titular é, como regra, sem custos, o que representa um esforço da LGPD em proteger os direitos fundamentais do indivíduo titular de dados, vulnerável, em tentativa de rebalancear os poderes naturalmente assimétricos desta relação jurídica. Assim, a gratuidade no acesso e exercício dos direitos do titular de dados na LGPD pode ser compreendido como uma concretização do princípio constitucional do acesso à justiça, disposto no art. 5º, XXXV, da CRFB.

3. O prazo para cumprimento dos direitos dos titulares – art. 18, § 4º, I

Em regra, pela interpretação do § 4º, I, do art. 18 da LGPD, o cumprimento dos requerimentos de direitos dos titulares deve ser "imediato", sendo que a lei prevê a possibilidade de que a ANPD emita orientação quanto ao significado específico deste termo. É importante notar que, apesar do cumprimento imediato ser a regra geral, o art. 19, II, da LGPD contém um prazo específico de 15 dias para fornecimento de declaração clara e completa, uma das formas de exercício do direito de acesso que podem ser exigidas pelo titular de dados.

Nesse contexto, um dos primeiros posicionamentos da ANPD sobre os prazos para exercício e cumprimento de direitos do titular foi explicitado no Guia de Flexibilização para Agentes de Tratamento de Pequeno Porte. Nele, definiu-se que todo agente de tratamento que se enquadra na definição de agente de pequeno porte poderá atender às requisições dos titulares por meio eletrônico ou impresso (art. 7º do Guia) e terá prazo em dobro no atendimento das solicitações dos titulares referentes ao tratamento de seus dados pessoais, conforme previsto no art. 18, §§ 3º e 5º (art. 14, I do Guia).[137]

---

134 EDPB. *Data Protection Guide for Small Businesses*, 2024.

135 DONEDA, D. *Da privacidade à proteção de dados pessoais:* fundamentos da Lei geral de proteção de dados. 3. ed. São Paulo: Revista dos Tribunais, 2021.

136 BESSA, L. R.; ALMEIDA, M. H. S. A vulnerabilidade do titular de dados e a responsabilidade civil na Lei Geral de Proteção de Dados – LGPD. *Civilistica.com*, 2023.

137 ANPD. *Relatório de Análise de Impacto Regulatório* – Construção do Modelo Regulatório previsto para Aplicação da LGPD a Microempresa e Empresas de Pequeno Porte, startups e pessoas físicas que tratam dados pessoais, 2021.

Ainda, no âmbito das transferências internacionais de dados pessoais legitimadas por cláusulas contratuais padrão, a ANPD especifica que o prazo para atendimento das solicitações de direitos do titular de dados nesse contexto é de 15 dias, contados da data do requerimento, com exceção dos casos de prazo distinto com base em regulamentação da ANPD (cláusula 15 do Anexo II do Regulamento de Transferência Internacional de Dados). Nesse âmbito, as partes envolvidas na transferência internacional deverão atuar em assistência mútua para atendimento eficiente das solicitações dos titulares.[138]

Na hipótese de impossibilidade de cumprimento imediato, a LGPD exige que este seja justificado, nos moldes do referido § 4º. Neste caso, o controlador possui duas opções alternativas, quais sejam: (i) comunicar que não é o agente de tratamento e, se possível, indicar quem o é; (ii) indicar as razões de fato ou de direito que o impedem de cumprir com o requerimento de forma imediata. Em ambos os casos, o agente de tratamento deve, de acordo com o § 4º, enviar comunicação à pessoa titular de dados informando a negativa e o seu motivo.[139] O prazo para cumprimento das respostas alternativas ao atendimento imediato será também posteriormente regulamentado pela ANPD, conforme interpretação do § 5º, sem prejuízo do prazo em dobro para os agentes de pequeno porte.

4. A possibilidade de negativa do direito do titular de dados – art. 18, § 4º, II

De acordo com o inciso II, o controlador tem o direito de indicar para o titular de dados quando não é possível cumprir o direito requisitado por ele. O próprio texto da LGPD traz alguns elementos que podem servir de justificativa para o não atendimento da requisição de direitos do titular, a exemplo dos segredos comercial e industrial, mencionados mais de 12 vezes na lei. Ademais, é interessante notar que o conjunto de diretrizes da Rede Ibero-Americana de Proteção de Dados Pessoais[140] apresenta algumas outras causas (art. 32.2), em formato não exaustivo, para a improcedência de uma requisição de direitos e que também podem ser usadas para parametrizar a possibilidade de negativa apresentada no § 4º do art. 18 da LGPD.

Segundo o documento, o agente de tratamento pode se negar a cumprir uma requisição de direitos quando: (i) a atividade de tratamento de dados for necessária para cumprir um objetivo de interesse público; (ii) a atividade de tratamento de dados for necessária para o exercício de uma função própria de autoridade pública; (iii) o agente de tratamento explicar os motivos legítimos pelos quais a atividade de tratamento deve prevalecer sobre os interesses, direitos e liberdades do titular; (iv) a atividade de tratamento for necessária para cumprir uma obrigação legal; e (v) a atividade for necessária para manter ou cumprir uma relação jurídica ou contratual.

A ANPD já possui algumas posições sobre a negativa e os motivos de não cumprimento do direito dos titulares. Em orientações sobre o tratamento de dados pessoais para fins acadêmicos e para a realização de estudos e pesquisas, a Autoridade confirma que eventual negativa a pedido de eliminação de dados pessoais deve ser sempre motivada e, no caso de pesquisa, deve o agente de tratamento demonstrar que a conservação do dado pessoal é ne-

---

138 Resolução CD/ANPD n. 19, de 23 de agosto de 2024.

139 ANPD. *Guia Orientativo:* aplicação da Lei geral de proteção de dados pessoais (LGPD) por agentes de tratamento no contexto eleitoral, 2021.

140 RED IBEROAMERICANA DE PROTECCIÓN DE DATOS. *Padrões de proteção de dados pessoais para os Estados Ibero-americanos*, 2017.

cessária em razão de vínculo real com o atendimento à finalidade específica para realização de estudos e pesquisas.[141]

Para o caso de segurança pública, a ANPD estipulou a possibilidade de o agente de tratamento justificar eventual restrição de direito de acesso quando esta for necessária para impedir prejuízos a inquéritos, investigações ou procedimentos oficiais e judiciais em andamento e para proteger direitos e liberdades de terceiros.[142]

Ainda sobre o assunto, a diretriz estabelecida para os estados Ibero-americanos é a de que o titular pode não concordar ou buscar impugnar respostas concedidas pelo responsável perante as autoridades administrativas e judiciais dos países (art. 32.4). Sobre este tópico, a página da ANPD para petição do titular de dados indica a necessidade de comprovar a tentativa de resolução prévia da situação junto ao agente de tratamento de dados pessoais, informando ao titular que toda a documentação apresentada neste momento pode ser acessada por este agente em caso de atuação da ANPD.[143]

Isso acontece porque, normalmente, é dada a ele a oportunidade de explicar o motivo do não atendimento ao titular para a própria autoridade. De qualquer forma, devido aos princípios do acesso à justiça e da inafastabilidade da jurisdição (art. 5º, XXXV, da CRFB), se mesmo a atuação da ANPD for insatisfatória, o titular poderá apresentar seu caso ao judiciário, de forma individual ou coletiva (art. 22).[144]

Em análise sobre possíveis dificuldades de os titulares de dados exercerem seus direitos, a ANPD listou como exemplos a insatisfação com a ausência de resposta ou com respostas incompletas ou insatisfatórias. Nesses casos, se ficar comprovada a falta de atenção dos agentes de tratamentos aos pedidos dos titulares, é possível configurar infração à LGPD, pois, nos termos do § 5º do art. 18, cabe aos agentes o atendimento dos direitos dos titulares sem custos, nos prazos e termos razoáveis.[145]

5. Obrigação do controlador de informar agentes de tratamento com quem tenha uso compartilhado de dados sobre o exercício de certos direitos dos titulares – art. 18, § 6º

O § 6º do art. 18 da LGPD cria a obrigação de os agentes de tratamento informarem de forma imediata aos agentes de tratamento com quem tenham uso compartilhado de dado[146] a correção, a eliminação, a anonimização ou o bloqueio dos dados. Tal obrigação é necessária para que os demais agentes, que tiveram acesso aos dados, possam igualmente repetir o procedimento, em atendimento à solicitação do titular de dados. Excepcionalmente, nos casos em que a comunicação for comprovadamente impossível ou implique esforço desproporcional, o agente de tratamento pode se eximir da obrigação.

---

[141] ANPD. *Guia Orientativo:* tratamento de dados pessoais para fins acadêmicos e para a realização de estudos *e pesquisas*, 2023.

[142] ANPD. Nota Técnica n. 29/2024/FIS/CGF/ANPD.

[143] ANPD. Denúncias ou petições de titular. Disponível em: https://www.gov.br/anpd/pt-br/canais_atendimento/cidadao-titular-de-dados/denuncia-peticao-de-titular. Acesso em: 29 out. 2024.

[144] ANPD. *Guia Orientativo:* aplicação da Lei Geral de Proteção de Dados Pessoais (LGPD) por agentes de tratamento no contexto eleitoral, 2021.

[145] ANPD. Nota Técnica n. 19/2023/CGF/ANPD.

[146] Ver comentário ao art. 5º, XVI, neste volume.

Em relação a esta obrigação, a própria interpretação sistemática da LGPD permite compreender a sua lógica: pode-se dizer que estão atrelados a essa obrigação os princípios da qualidade (art. 6º, V) e da prevenção (art. 6º, VIII). O princípio da qualidade impõe aos agentes de tratamento a obrigação de zelar pela atualização e exatidão dos dados dos titulares de dados pessoais. Essa obrigação relaciona-se ao fato de que, atualmente, os cidadãos são afetados por uma série de decisões tomadas com base em bancos de dados disponíveis para os agentes de tratamento. Segundo Rodotá:

> Os perfis são utilizados para decisões que, para a maioria dos cidadãos, são mais frequentes e, no mais das vezes, mais significativas do que as judiciais ou administrativas, e que são aquelas que dizem respeito ao cidadão consumidor ou ao usuário de serviços (comerciais, bancários e assim por diante) (...).[147]

Nesse sentido, se os dados pessoais serão utilizados para decisões, que impactam diretamente os titulares de dados, a desatualização ou inexatidão dos dados pode levar a um dano ao titular. Por isso, a manutenção da qualidade dos dados está conectada ao princípio da prevenção, que obriga os agentes de tratamento a adotarem medidas aptas a prevenir a ocorrência de danos decorrentes do tratamento de dados pessoais por eles realizados.

Assim, a obrigação de os agentes de tratamento informarem a outros agentes quanto ao exercício de direitos de um titular, repassando-lhes a medida de correção requisitada, confere efetividade aos princípios da qualidade, da prevenção, e até mesmo do princípio da autodeterminação informativa (art. 2º, II, da LGPD). Isso porque, se os dados foram corrigidos pelo titular, essa correção deve ser replicada por todos os agentes envolvidos no ecossistema do tratamento de seus dados, a fim de garantir que quaisquer decisões sobre a esfera de direitos e oportunidades do titular sejam realizadas com base em dados que refletem sua atual realidade.

Com relação às requisições de bloqueio, anonimização e/ou eliminação dos dados, é preciso lembrar que estes direitos estão sujeitos à comprovação do tratamento pelo agente em desconformidade com a Lei (art. 18, IV). Por isso, a obrigação de repasse a outros agentes de tratamento também está atrelada à possibilidade de responsabilização pelo envolvimento de outros agentes da cadeia de tratamento de dados no tratamento violador da Lei, nos termos do art. 42 da LGPD.

Assim, o repasse da requisição do titular para a implementação pelos demais agentes de tratamento também está em linha com a implementação do fundamento da boa-fé objetiva, que orienta a aplicação da LGPD e o desenvolvimento das relações jurídicas privadas. Isso porque, se o tratamento está comprovadamente em desconformidade com a Lei, o agente de tratamento deve interrompê-lo após requisição do titular e dar aos seus pares o aviso que também o interrompam, com o objetivo de evitar uma situação futura na qual todos possam ser responsabilizados pela violação legal.

6. Esclarecimento sobre direitos dos titulares em face de agentes de tratamento do setor público

Em manifestação conclusiva da fiscalização sobre Projeto Estádio Seguro, que trata da cooperação entre o MJ e a CBF para compartilhamento de dados pessoais visando ao

[147] RODOTÀ, S. *A vida na sociedade da vigilância:* a privacidade hoje. Organização Maria Celina Bodin de Moraes. Tradução Danilo Doneda e Luciana Cabral Doneda. Rio de Janeiro: Renovar, 2008. p. 115.

aprimoramento da segurança nas arenas desportivas,[148] a ANPD trouxe relevantes considerações sobre o direito de acesso (art. 9º da LGPD e art. 5º, XXXIII, da CRFB).

Quanto ao seu exercício em face de agentes de tratamento do setor público, é possível que o titular de dados faça a requisição nos moldes da LGPD, por meio de canais de atendimento e a partir dos mecanismos de transparência passiva contidos na LAI. Porém, conforme considerações sobre negativa de acesso discutida em tópico acima, o acesso a determinadas informações associadas a questões de segurança pública pode ser limitado quando a publicização for considerada prejudicial ao interesse público, devendo ser sempre fornecida negativa fundamentada, sem prejuízo do titular buscar os remédios legais dispostos na LAI.[149]

Nesse âmbito, cabe explicitar que nem todos os direitos dos titulares previstos no art. 18 da LGPD podem ser exercidos por meio de pedido de acesso à informação, pois não possuem conteúdo para este pedido, estando de fora do escopo de aplicação da LAI. Englobam-se nessa categoria, por exemplo, os direitos de correção, anonimização, bloqueio ou eliminação e de portabilidade, que podem ser exercidos por meio de canais de atendimento e ouvidorias.[150]

BIBLIOGRAFIA SELECIONADA

ANPD. Denúncias ou petições de titular. Disponível em: https://www.gov.br/anpd/pt-br/canais_atendimento/cidadao-titular-de-dados/denuncia-peticao-de-titular. Acesso em: 29 out. 2024.

ANPD. *Guia Orientativo:* tratamento de dados pessoais para fins acadêmicos e para a realização de estudos e pesquisas, 2023.

ANPD. *Guia Orientativo para definições dos agentes de tratamento de dados pessoais e do encarregado*, 2021.

ANPD. *Guia Orientativo:* aplicação da Lei Geral de Proteção de Dados Pessoais (LGPD) por agentes de tratamento no contexto eleitoral, 2021.

ANPD. *Relatório de Análise de Impacto Regulatório* – Construção do Modelo Regulatório previsto para Aplicação da LGPD a Microempresa e Empresas de Pequeno Porte, startups e pessoas físicas que tratam dados pessoais, 2021.

BESSA, L. R.; ALMEIDA, M. H. S. A vulnerabilidade do titular de dados e a responsabilidade civil na Lei Geral de Proteção de Dados – LGPD. *Civilistica.com,* p. 1-23, 2023.

BRASIL. Portaria ANPD n. 35, de 4 de novembro de 2022. Torna Pública a Agenda Regulatória para o biênio 2023-2024, *Diário Oficial da União*, 2022.

DONEDA, D. *Da privacidade à proteção de dados pessoais:* fundamentos da Lei geral de proteção de dados. 3. ed. São Paulo: Revista dos Tribunais, 2021.

EDPB. *Data Protection Guide for Small Businesses*, 2024.

FRAZÃO, A. Nova LGPD: direitos dos titulares de dados pessoais. *Jota*, 24 out. 2018.

[148] ANPD. Nota Técnica n. 29/2024/FIS/CGF/ANPD, 2024.

[149] ANPD. Nota Técnica n. 29/2024/FIS/CGF/ANPD, 2024, p 36.

[150] ANPD. Nota Técnica n. 29/2024/FIS/CGF/ANPD, 2024, p 47.

RED IBEROAMERICANA DE PROTECCIÓN DE DATOS. *Padrões de proteção de dados pessoais para os Estados Ibero-Americanos*, 2017.

RODOTÀ, S. *A vida na sociedade da vigilância:* a privacidade hoje. Organização Maria Celina Bodin de Moraes. Tradução Danilo Doneda e Luciana Cabral Doneda. Rio de Janeiro: Renovar, 2008.

SILVA, P. R. Os direitos dos titulares de dados. *In*: MULHOLLAND, C. (org.). *A LGPD e o novo marco normativo no Brasil.* Porto Alegre: Arquipélago, 2020.

Artigo 18, § 7°

Comentado por Mario Viola e Leonardo Heringer

DISPOSITIVOS RELACIONADOS NA LGPD

- Art. 5º, III e IX; arts. 12 e 13, § 4º; e art. 18, V.

JUSTIFICATIVA E FUNDAMENTOS

Conforme mencionado anteriormente,[151] o direito à portabilidade de dados pessoais não estava contemplado na versão original do PL n. 4.060/2012, que deu origem à LGPD, tendo sido incorporado ao texto no curso do processo legislativo. E, no ensejo de incorporar esse direito à nossa Lei Geral de Proteção de Dados, o legislador entendeu pertinente estabelecer, de modo expresso, que a portabilidade não inclui os dados que já tenham sido anonimizados pelo controlador.[152]

Considerando que a LGPD não se aplica ao tratamento de dados anonimizados,[153] essa previsão poderia até mesmo soar desnecessária. Entretanto, é preciso rememorarmos a forma como o texto da Lei foi construído para compreendermos a razão que levou o legislador a incluir o § 7º no art. 18 da LGPD.

Quando este dispositivo foi incorporado ao PL, o art. 12 não ostentava a redação atual e previa que "[o]s dados anonimizados serão considerados dados pessoais, para os fins desta Lei, quando o processo de anonimização ao qual foram submetidos for revertido ou quando, com esforços razoáveis, puder ser revertido". Somente durante a tramitação da proposição legislativa no Senado Federal é que a redação do art. 12 foi aperfeiçoada para adotar o texto hoje vigente. Na ocasião, segundo constou no Parecer da Comissão de Assuntos Econômicos do Senado Federal que analisava a matéria,[154] buscou-se "inverter a lógica narrativa, para conferir maior clareza ao dispositivo", de modo a tornar expressa a "não aplicabilidade da Lei aos dados anonimizados", conferindo, assim, "maior segurança jurídica nesse tipo de tratamento".

---

151 Ver comentário ao art. 18, V, neste volume.

152 Na Comissão Especial da Câmara dos Deputados destinada a proferir parecer ao PL n. 4.060/2012, o relator, deputado Orlando Silva, consignou o seguinte: "Por fim, entendemos não fazer sentido o direito de portabilidade de dados anonimizados já tratados pelo responsável, e por isso excluímos tal possibilidade".

153 Ver comentário ao art. 12 neste volume.

154 Comissão de Assuntos Econômicos, Senado Federal. Parecer sobre o PL n. 53, de 2018.

Diante disso, embora o dispositivo analisado sugira uma mera redundância do que já estabelece o art. 12 da LGPD, demonstra, na realidade, a inequívoca vontade manifestada pelo legislador de excluir do âmbito do direito de portabilidade os dados que já tenham sido anonimizados pelo controlador.

ANÁLISE

Ao analisar a portabilidade de dados pessoais à luz do RGPD, mais especificamente a exclusão dos dados anonimizados do escopo desse direito, Graça Canto Muniz chama a atenção para o risco de se frustrar um dos objetivos da portabilidade, que é exatamente o de facilitar que o titular possa trocar de fornecedor.[155]

Subjaz neste alerta, segundo a nossa compreensão, o reconhecimento da relevância que os dados, mesmos aqueles que já tenham sido anonimizados, têm em uma sociedade cada vez mais datificada.

Ao discorrer sobre a importância da utilização de dados não considerados pessoais (o que, evidentemente, inclui os dados anonimizados) em combinação com dados pessoais nas tecnologias digitais, o professor Wolfgang Hoffmann-Riem afirma que:[156]

> Diferentes tipos de dados podem ser usados para combinações específicas e para diferentes propósitos. Na maioria das áreas de aplicação de tecnologias digitais na indústria, pesquisa, comércio ou mercados de capitais, o uso de dados não pessoais supera o uso de dados pessoais.
>
> O conhecimento adquirido com a combinação de diferentes dados é uma base essencial para novos conhecimentos e para o sucesso econômico das empresas que utilizam as tecnologias digitais para análises, previsões, consultas, decisões de produção, estratégias de negócio etc. Esse conhecimento também pode ser importante para agências governamentais.

Desta forma, acreditamos que a exclusão dos dados anonimizados do escopo da portabilidade não pode ser compreendida sob a crença de que esses dados são irrelevantes, até porque, como demonstrado, eles não são.[157] Os dados, mesmo após serem anonimizados, continuam sendo extremamente úteis para as atividades do controlador. Assim, pela mesma

---

155 "Ora, nenhum problema se coloca nos casos em que o titular dos dados exerça o direito à portabilidade *antes* da operação de anonimização. O mesmo não se pode dizer se *consentir* nesta operação de anonimização, pretendendo, posteriormente, exercer o direito à portabilidade. Se, por um lado, o RGPD exclui do seu âmbito de aplicação os dados anónimos, por outro lado, um dos objetivos da portabilidade – prevenir uma situação de *lock-in* – será difícil de garantir neste segundo caso" (MONIZ, G. C. Direitos do titular dos dados pessoais: o direito à portabilidade. *Anuário da Proteção de Dados*, 2018).

156 HOFFMANN-RIEM, W. *Teoria geral do direito digital.* Transformação digital: desafios para o direito. 2. ed. Rio de Janeiro: Forense, 2022. p. 16.

157 Tanto é verdade que o Regulamento sobre a Governação de Dados da UE, aprovado em 30 de maio de 2022, incluiu regras específicas sobre os dados não pessoais, estabelecendo, inclusive, que, no setor público "[o]s dados não pessoais só deverão ser transmitidos se não houver motivos para crer que a combinação de conjuntos de dados não pessoais conduziria à identificação dos titulares dos dados" (Considerando 15). Regulamento (UE) 2022/868 do Parlamento Europeu e do Conselho de 30 de maio de 2022 relativo à governação europeia de dados e que altera o Regulamento (UE) 2018/1724 (Regulamento sobre a Governação de Dados).

lógica que parece orientar o RGPD,[158] norma que inegavelmente inspirou a LGPD, entendemos que é a impossibilidade de identificação do titular dos dados anonimizados que obsta a portabilidade, e não qualquer juízo de desimportância sobre esses dados, até porque exigir o fornecimento de dados anonimizados no âmbito do exercício do direito à portabilidade, iria, a nosso ver, colidir com a própria lógica da proteção de dados, já que importaria exigir que o controlador reidentificasse o titular do dado, revertendo o processo de anonimização.

Sem a necessidade de avançarmos na análise dos pormenores do conceito de anonimização adotado pela LGPD,[159] pode-se afirmar que a principal característica do dado anonimizado é não poder ser associado a uma pessoa natural identificada ou identificável.[160] E, deixando de lado as complexas questões sobre a efetividade dos métodos de anonimização de dados pessoais,[161] notadamente com relação aos dados de localização,[162] a premissa básica que deve ser considerada é que se o dado foi anonimizado é porque, ao menos em tese, não pode mais ser associado a uma pessoa natural identificada ou identificável. Logo, se não é possível associar o dado anonimizado a um titular específico, torna-se inviável o exercício do direito de portabilidade.

Entretanto, se sob a perspectiva da LGPD a impossibilidade de portar os dados anonimizados é induvidosa – seja porque essa foi a vontade do legislador, seja porque não é possível reverter o processo de anonimização e determinar a titularidade desses dados para

---

[158] "Os princípios da proteção de dados não deverão, pois, aplicar-se às informações anónimas, ou seja, às informações que não digam respeito a uma pessoa singular identificada ou identificável nem a dados pessoais tornados de tal modo anónimos que o seu titular não seja ou já não possa ser identificado. O presente regulamento não diz, por isso, respeito ao tratamento dessas informações anónimas, inclusive para fins estatísticos ou de investigação" (Considerando 26 do RGPD).

[159] Ver comentário ao art. 5°, XI, neste volume.

[160] "A antítese do conceito de dado pessoal seria um dado anônimo, ou seja, aquele que é incapaz de revelar a identidade de uma pessoa. Diante do próprio significado do termo, anônimo seria aquele que não tem nome nem rosto (Houaiss; Villar, 2009, p. 140)" (BIONI, B. R. Compreendendo o conceito de anonimização e dado anonimizado. *Cadernos Jurídicos*, São Paulo, ano 21, n. 53, p. 191, jan./mar. 2020).

[161] Sobre o tema ver VIOLA, M.; DONEDA, D.; ANDRADE, N. La Re-Identificazione Dei Dati Anonimi e Il Trattamento Dei Dati Personali Per Ulteriore Finalità: Sfide Alla Privacy. *Ciberspazio e Diritto*, v. 11, n. 4, p. 641-655, 2010): "Si noti, tuttavia, che la distinzione tra i dati personali e i dati anonimi non è assoluta e recentemente diversi dubbi sono stati sollevati riguardo alla sua validità come eccezione alla applicazione di norme in materia di protezione dei dati personali. Questo perché moderne tecniche di trattamento dei dati applicati a volumi di dati anonimi (e quindi liberamente utilizzati in base al concetto dominante nella maggior parte delle leggi sulla protezione dei dati), sono in grado di recuperare la connessione tra un'informazione anonima e il suo detentore. Per quanto concerne la relazione tra le tecniche di anonimizzazione dell'informazione personale e la sicurezza su cui il legislatore contava, è da richiamare all'attenzione uno studio realizzato nel 2000 da Latanya Sweeney. Questa specialista in informatica ha dimostrato che era possibile determinare l'identità dell'87% dei cittadini nordamericani a partire da sole tre informazioni non identificate (in cui cioè la corrispondenza con il soggetto detentore non era stata definita)".

[162] "Empresas estão botando essas capacidades de vigilância em atividade. A Broadcom produziu um 'sistema de navegação global via satélite' num chip que combina comunicações via satélite com os sensores no seu celular para criar um 'mecanismo de posicionamento' capaz de encontrar sua localização mesmo que você não esteja conectado a uma rede, inclusive onde está dentro de um prédio, quantos passos você deu, em que direção, em que altura. Tudo isso depende somente de um fator, diz um vice-presidente da companhia: 'o aparelho que você tem na mão'. Arvind Narayanan e Edward Felten, cientistas da computação de Princenton, resumiram a situação da seguinte maneira: 'Não se sabe da existência de nenhum método eficaz para anonimizar dados de localização, e não há evidência alguma de que seja possível fazê-lo de maneira significativa'" (ZUBOFF, S. *A era do capitalismo de vigilância:* a luta por um futuro humano na nova fronteira do poder. Trad. George Schlesinger. Rio de Janeiro: Intrínseca, 2020. p. 282).

legitimar o exercício do direito à portabilidade –, o mesmo não pode ser afirmado com relação aos dados pseudonimizados.

Relativamente aos dados pseudonimizados, a perda da possibilidade de associação da informação a um indivíduo é apenas circunstancial, sendo possível determinar a titularidade desses dados "pelo uso de informação adicional mantida separadamente pelo controlador em ambiente controlado e seguro"[163] . Ou seja, os dados pseudonimizados, ao contrário dos dados anonimizados, continuam sendo considerados dados pessoais, cujo tratamento, consequentemente, permanece submetido ao regime jurídico estabelecido pela LGPD. Sendo assim, é preciso distinguir dados anonimizados de dados pseudonimizados para fins de portabilidade, e, uma vez que a regra do § 7º do art. 18 da LGPD é limitadora do direito do titular, deve ser interpretada restritivamente.

Portanto, orientados pela literalidade do que dispõe a LGPD, entendemos que os dados pseudonimizados não devem ser excluídos da portabilidade.

Esse entendimento também já foi manifestado por Ana Frazão:[164]

> Outra questão importante diz respeito às exceções à portabilidade. No caso brasileiro, uma delas é expressa no § 7º do art. 18, segundo o qual "A portabilidade dos dados pessoais a que se refere o inciso V do *caput* deste artigo não inclui dados que já tenham sido anonimizados pelo controlador". Daí por que, em princípio, não se afastaria o direito diante de dados pseudonimizados, ainda que isso possa gerar algumas dificuldades operacionais.

Nesse mesmo sentido também é o posicionamento de Daniela Copetti Cravo:[165]

> Da mesma forma como acontece no RGPD (considerando número 26), não estão abrangidos na portabilidade os dados anônimos, conforme dispõe o § 7º do art. 18 da Lei n. 13.709/2018. Todavia, defende-se que sempre que for possível identificar o titular dos dados por meio do fornecimento de informações adicionais, tais dados devem ser abrangidos pela portabilidade, como se tem sido defendido no âmbito europeu, com apoio no art. 11 do Regulamento. Assim, os dados pseudonimizados estariam abrangidos na portabilidade.

Em reforço ao argumento, aproveitando-se da referência à experiência europeia contida na transcrição acima, mostra-se pertinente aludir às "Orientações sobre o direito à portabilidade de dados"[166] elaboradas pelo Grupo de Trabalho do Artigo 29 (WP29), que ao tratar do tema assenta o seguinte:

---

163 Ver comentário ao art. 13 neste volume.

164 FRAZÃO A. A nova Lei Geral de Proteção de Dados Pessoais. Principais repercussões para a atividade empresarial: considerações finais sobre o direito à portabilidade. 2018. Disponível em: https://www.professoraanafrazao.com.br/files/publicacoes/2019-10-28-A_nova_Lei_Geral_de_Protecao_de_Dados_Pessoais_Principais_repercussoes_para_a_atividade_empresarial_consideracoes_finais_sobre_o_direito_a_portabilidade_Parte_XIII.pdf. Acesso em 15 jun. 2025.

165 CRAVO, D. C. O direito à portabilidade na Lei de Proteção de Dados. *In:* FRAZÃO, A.; TEPEDINO, G.; OLIVA, M. D. (org.). *Lei Geral de Proteção de Dados Pessoais e suas repercussões no direito brasileiro.* São Paulo: Revista dos Tribunais, 2019. v. 1, p. 360.

166 EDPB. *Guidelines on the right to data portability under Regulation 2016/679.* 25 maio 2018. Disponível em: https://www.edpb.europa.eu/our-work-tools/our-documents/guidelines/guidelines-right-data-portability-under-regulation-2016679_en. Acesso em: 15 jun. 2025.

> Apenas os dados pessoais são abrangidos pelo âmbito de um pedido de portabilidade dos dados. Por conseguinte, todos os dados que sejam anónimos ou não digam respeito ao titular dos dados não se inserem neste âmbito. Todavia, os dados sob pseudónimos que possam claramente ser associados a um titular de dados (p. ex., quando este fornece o respetivo identificador; ver artigo 11.º, n. 2) são abrangidos pelo âmbito.[167]

Adicionalmente, podem ser mencionadas as orientações da Autoridade de Proteção de Dados do Reino Unido (ICO), que endossam esse entendimento e indicam que:

> O direito à portabilidade de dados só se aplica aos dados pessoais. Isto significa que não se aplica a dados genuinamente anônimos. No entanto, dados sob pseudônimo que podem ser claramente vinculados a um indivíduo (por exemplo, quando esse indivíduo fornece o respectivo identificador) estão dentro do escopo do direito.[168]

Nesse mesmo sentido é o posicionamento da doutrina ao analisar o que dispõe o RGPD sobre o direito à portabilidade:

> O direito à portabilidade dos dados limita-se aos dados que "digam respeito a uma pessoa em causa". "Relativamente a uma pessoa em causa" significa que deve existir uma ligação entre os dados e a identidade de uma pessoa. Consequentemente, os dados anónimos são excluídos do âmbito da portabilidade dos dados. Além disso, o artigo 11.º, n.º 2, isenta o responsável pelo tratamento do cumprimento dos direitos do titular dos dados quando não é capaz de identificá-lo. Assim, esses dados desidentificados do artigo 11.º, n.º 2, também não são abrangidos pelo âmbito de aplicação da portabilidade dos dados. No entanto, se o titular dos dados fornecer informações adicionais que permitam a sua identificação, o direito à portabilidade dos dados deverá voltar a surgir.[169]

Contudo, é preciso advertir que o reconhecimento da possibilidade de portar dados pseudonimizados não significa admitir a existência de um direito que permita exigir do controlador a adoção de providências complexas ou economicamente inviáveis para identificar o titular desses dados.

Partindo agora de uma interpretação sistemática da LGPD, considerando especialmente o que estabelece o seu art. 12, § 1º, entendemos que o exercício do direito de portabilidade

---

[167] O Grupo de Trabalho do Artigo 29 foi um colegiado, criado pela Diretiva n. 95/46/EC, que reuniu todas as autoridades de proteção de dados pessoais dos países-membros da UE para a produção de recomendações sobre como aplicar os dispositivos da Diretiva. No texto do RGPD (art. 68 *et seq.*) o colegiado foi transformado no Comitê Europeu para Proteção de Dados (EDPB).

[168] No original: "[t]he right to data portability only applies to personal data. This means that it does not apply to genuinely anonymous data. However, pseudonymous data that can be clearly linked back to an individual (eg where that individual provides the respective identifier) is within scope of the right" ICO (s.n.). Tradução realizada com o recurso de tradução do Microsoft Word.

[169] No original: "The right to data portability is limited to data that 'concerns a data subject' 'Concerning a data subject' means that there must be a connection between the data and the identity of an individual. Consequently, anonymous data is excluded from the scope of data portability. Moreover, Article 11(2) exempts a controller from complying with data subject rights when he is not able to identify the data subject. Thus, such Article 11(2) de-identified data also falls out of the scope of data portability. However, if the data subject provides additional information enabling her identification, the right to data portability should again arise" Ursic (2018). Tradução realizada com o recurso de tradução do Microsoft Word.

poderá ser negado nas hipóteses em que determinar a titularidade dos dados pseudonimizados implicar ônus demasiado para o controlador. Nesses casos, salvo se forem fornecidas ao controlador informações complementares que possam eficazmente viabilizar, de maneira induvidosa e sem grande ônus, a identificação da titularidade dos dados,[170] vislumbramos razão legítima para obstar o exercício da portabilidade, o que está em linha com o que igualmente estabelece o RGPD em seu art. 11, que, como já destacamos, foi o grande inspirador da nossa LGPD.

BIBLIOGRAFIA SELECIONADA

BIONI, B. R. Compreendendo o conceito de anonimização e dado anonimizado. *Cadernos Jurídicos*, São Paulo, ano 21, n. 53, jan./mar. 2020.

CRAVO, D. C. O direito à portabilidade na Lei de Proteção de Dados. *In:* FRAZÃO, A.; TEPEDINO, G.; OLIVA, M. D. (org.). *Lei Geral de Proteção de Dados Pessoais e suas repercussões no direito brasileiro*. São Paulo: Revista dos Tribunais, 2019. v. 1.

EDPB. *Guidelines on the right to data portability under Regulation 2016/679*. 25 maio 2018. Disponível em: https://www.edpb.europa.eu/our-work-tools/our-documents/guidelines/guidelines-right-data-portability-under-regulation-2016679_en. Acesso em: 15 jun. 2025.

FRAZÃO A. A nova Lei Geral de Proteção de Dados Pessoais. Principais repercussões para a atividade empresarial: considerações finais sobre o direito à portabilidade. 2018. Disponível em: https://www.professoraanafrazao.com.br/files/publicacoes/2019-10-28-A_nova_Lei_Geral_de_Protecao_de_Dados_Pessoais_Principais_repercussoes_para_a_atividade_empresarial_consideracoes_finais_sobre_o_direito_a_portabilidade_Parte_XIII.pdf. Acesso em 15 jun. 2025.

HOFFMANN-RIEM, W. *Teoria geral do direito digital.* Transformação digital: desafios para o direito. 2. ed. Rio de Janeiro: Forense, 2022.

ICO. *Right to data portability.* (s.n.). Disponível em: https://ico.org.uk/for-organisations/uk-gdpr-guidance-and-resources/individual-rights/individual-rights/right-to-data-portability/#:~:text=The%20right%20to%20data%20portability%20only%20applies%20to%20personal%20data,within%20scope%20of%20the%20right. Acesso em: 25 jan. 2024.

MONIZ, G. C. Direitos do titular dos dados pessoais: o direito à portabilidade. *Anuário da Proteção de Dados*, p. 29-39, 2018.

---

[170] Essa é a solução adotada pelo RGPD, *verbis*: "Art. 11. Tratamento que não exige identificação. 1. Se as finalidades para as quais se proceder ao tratamento de dados pessoais não exigirem ou tiverem deixado de exigir a identificação do titular dos dados por parte do responsável pelo seu tratamento, este último não é obrigado a manter, obter ou tratar informações suplementares para identificar o titular dos dados com o único objetivo de dar cumprimento ao presente regulamento. 2. Quando, nos casos referidos no n.º 1 do presente artigo, o responsável pelo tratamento possa demonstrar que não está em condições de identificar o titular dos dados, informa-o, se possível, desse facto. Nesses casos, os artigos 15.º a 20.º não são aplicáveis, exceto se o titular dos dados, com a finalidade de exercer os seus direitos ao abrigo dos referidos artigos, fornecer informações adicionais que permitam a sua identificação".

URSIC, H. Unfolding the New-Born Right to Data Portability: Four Gateways to Data Subject Control. *SCRIPTed: A Journal of Law, Technology and Society*, v. 15, n. 1, p. 42-69, Aug. 2018.

VIOLA, M.; DONEDA, D.; ANDRADE, N. La Re-Identificazione Dei Dati Anonimi e Il Trattamento Dei Dati Personali Per Ulteriore Finalità: Sfide Alla Privacy. *Ciberspazio e Diritto*, v. 11, n. 4, p. 641-655, 2010.

ZUBOFF, S. *A era do capitalismo de vigilância:* a luta por um futuro humano na nova fronteira do poder. Trad. George Schlesinger. Rio de Janeiro: Intrínseca, 2020.

Artigo 18, § 8°

Comentado por Bruno Miragem

DISPOSITIVOS RELACIONADOS NO ORDENAMENTO JURÍDICO BRASILEIRO

- Art. 5°, XXXII, CRFB.
- CDC.

DISPOSITIVOS RELACIONADOS NA LGPD

- Art. 2°, VI; art. 20; art. 45; art. 55-K, parágrafo único; e art. 64.

ATIVIDADES DA ANPD

- ACT n. 1/2021-GAB-Senacon/Senacon.

JUSTIFICATIVA E FUNDAMENTOS

A pessoa natural como titular de dados pessoais possui o direito de requerer do controlador informações acerca do tratamento de dados que porventura realize, assim como providências para assegurar a proteção dos seus direitos assegurados por lei. Nesse sentido, o art. 18 da LGPD prevê o direito de requisição pelo titular dos dados, de informações sobre o tratamento. Ao mesmo tempo, o § 1º do artigo estabelece que "o titular dos dados pessoais tem o direito de peticionar em relação aos seus dados contra o controlador perante a autoridade nacional". Esse direito de peticionar à ANPD compreende o objetivo, sobretudo, de noticiar a violação de norma legal ou regulatória pelo controlador e eventual lesão aos direitos assegurados pela LGPD ao titular dos dados pessoais. É direito de petição com a finalidade de dar ciência e requerer providências da ANPD, em especial a apuração das eventuais violações e instauração de procedimento sancionatório, se for o caso.

O § 8º do art. 18, estende o exercício do direito de petição do titular de dados pessoais também aos "organismos de defesa do consumidor". A disposição tem grande importância no sistema de distribuição de competências definidas pela LGPD. De um lado, confirma o caráter transversal da competência relativa à proteção de dados pessoais, em especial no tocante à sua relação com a defesa do consumidor. Nesse sentido, a estrutura definida pelo legislador merece destaque: de um lado, conferiu à ANPD uma ampla competência (art. 55-J), inclusive ressalvando, no tocante ao exercício do poder de polícia, sua competência exclusiva para aplicação das sanções previstas na LGPD (art. 55-K, *caput*). Porém, não deixou de reconhecer a competência concorrente de outras entidades ou órgãos da Administração, assegurando à ANPD a prevalência em relação à interpretação da Lei e o estabelecimento de normas e diretrizes para a sua implementação (art. 55-K, parágrafo único). Ao estender o direito de petição do titular de dados pessoais também aos "organismos de defesa do consumidor", a Lei confirma a competência de atuação dos órgãos e entidades da Administração, integrantes do SNDC.

ANÁLISE

O SNDC tem previsão legal no art. 105 do CDC, que dispõe: "Integram o Sistema Nacional de Defesa do Consumidor (SNDC), os órgãos federais, estaduais, do Distrito Federal e municipais e as entidades privadas de defesa do consumidor". A coordenação do SNDC, de sua vez, compete à Senacon (art. 106 do CDC c/c o Decreto n. 7.738/2012). O reconhecimento da competência dos órgãos do SNDC como destinatários do direito de petição dos titulares de dados em relação à atividade dos controladores estende a competência para atuação em relação ao tratamento de dados de consumidores. Daí são duas as situações possíveis: a) tratando-se da apuração de violação dos direitos dos titulares de dados pessoais previstos na LGPD, a competência para aplicação das sanções previstas nessa lei é exclusiva da ANPD, o que se deve considerar, pois, também em relação ao processo administrativo específico para esse fim; b) uma segunda hipótese é a de que a atividade de fornecedores, na condição de controladores de dados, também violem, direta ou indiretamente, os direitos dos consumidores titulares de dados, previstos no CDC. Nesse caso, há competência plena dos órgãos e entidades públicas integrantes do SNDC para fiscalização e sanção das condutas que se caracterizem infração ao disposto no CDC e em outras leis de proteção do consumidor. Contudo, as sanções aplicáveis não serão as do SNDC, mas as previstas na legislação de proteção do consumidor. Um exemplo ilustra: o tratamento de dados de proteção ao crédito deve observar os deveres definidos no art. 43 do CDC. Eventual violação da norma, atrai a incidência das sanções do art. 56 do CDC, cuja competência para aplicação é dos órgãos do SNDC.

Todavia, o direito de petição assegurado no art. 18, § 8º, da LGPD diz respeito aos direitos do titular dos dados previstos nessa Lei. Logo, se for o caso de infração aos direitos nela previstos, os órgãos do SNDC terão a competência para receber e apurar, mas não poderão aplicar as sanções previstas na LGPD, considerando o disposto no seu art. 55-K, *caput*. Ganha importância, nesse sentido, a efetiva articulação entre os órgãos, do SNDC e a ANPD, como é o caso do Acordo de Cooperação Técnica n. 1/2021/ GAB-Senacon/Senacon, pelo qual, ao mesmo tempo que é reconhecida a competência da ANPD, para regulação e fiscalização do tratamento de dados pessoais, a Senacon assume a obrigação de dar acesso às demandas, denúncias, notificações e reclamações "que produzam impacto sobre a proteção de dados pessoais".

Há situações, contudo, em que o tratamento irregular de dados pessoais será meio para violação de outros direitos dos consumidores, previstos no CDC. Nesse caso, a competência exclusiva da ANPD não se aplica, sendo plena a competência dos órgãos e entidades públicas do SNDC para aplicação das sanções previstas no art. 56 do CDC. Assim o caso, por exemplo, de o tratamento de dados servir ao direcionamento de publicidade ilícita (art. 37 do CDC), ou para a diferenciação indevida de preços que viole do direito básico à igualdade nas contratações (art. 6º, II, do CDC). Determinados direitos do titular de dados pessoais presentes no rol do art. 18 da LGPD, de sua vez, relacionam-se diretamente com interesses legítimos a serem tutelados nas relações de consumo. É o caso do inciso V, que assegura a "portabilidade dos dados a outro fornecedor de serviço ou produto, mediante requisição expressa, de acordo com a regulamentação da autoridade nacional, observados os segredos comercial e industrial". Eventual violação desse "direito à portabilidade dos dados" será causa do direito do consumidor relacionado ao contrato de consumo, como, por exemplo, de transmissão de crédito, extinção do contrato com determinado fornecedor, e constituição de novo contrato com outro, ou outras formas pelas quais se caracterize a portabilidade. Nesses casos, a violação do direito à portabilidade dos dados assegurada pelo art. 18, V, da LGPD poderá ser o meio para violação de outros direitos do consumidor, atraindo, em razão disso, a competência dos órgãos e entidades públicas do SNDC.

BIBLIOGRAFIA SELECIONADA

DENARI, Z. *et al. Código Brasileiro de Defesa do Consumidor comentado pelos autores do anteprojeto.* 8. ed. Rio de Janeiro: Forense Universitária, 2005.

MARQUES, C. L.; BENJAMIN, A. H.; MIRAGEM, B. *Comentários ao Código de Defesa do Consumidor.* São Paulo: RT, 2004.

MARQUES, C. L.; MIRAGEM, B. O necessário diálogo entre a LGPD e o Código de Defesa do Consumidor e os novos direitos do consumidor titular dos dados. *In*: MENDES, L. S.; DONEDA, D.; SARLET, I. W.; RODRIGUES JR., O. L. (ed.). *Tratado de proteção de dados pessoais.* 2. ed. Rio de Janeiro: Forense 2023.

Art. 19. A confirmação de existência ou o acesso a dados pessoais serão providenciados, mediante requisição do titular:

I – em formato simplificado, imediatamente; ou

II – por meio de declaração clara e completa, que indique a origem dos dados, a inexistência de registro, os critérios utilizados e a finalidade do tratamento, observados os segredos comercial e industrial, fornecida no prazo de até 15 (quinze) dias, contado da data do requerimento do titular.

§ 1º Os dados pessoais serão armazenados em formato que favoreça o exercício do direito de acesso.

§ 2º As informações e os dados poderão ser fornecidos, a critério do titular:

I – por meio eletrônico, seguro e idôneo para esse fim; ou

II – sob forma impressa.

§ 3º Quando o tratamento tiver origem no consentimento do titular ou em contrato, o titular poderá solicitar cópia eletrônica integral de seus dados pessoais, observados os segredos comercial e industrial, nos termos de regulamentação da autoridade nacional, em formato que permita a sua utilização subsequente, inclusive em outras operações de tratamento.

§ 4º A autoridade nacional poderá dispor de forma diferenciada acerca dos prazos previstos nos incisos I e II do *caput* deste artigo para os setores específicos.

Artigo 19

Comentado por André Lucas Fernandes e Raquel Lima Saraiva

DISPOSITIVOS RELACIONADOS NO DIREITO INTERNACIONAL

- Art. 9, Convenção 108.

DISPOSITIVOS RELACIONADOS NO ORDENAMENTO JURÍDICO BRASILEIRO

- Art. 7º, VIII, MCI.
- Arts. 1º a 5º, LHD.
- Art. 43, CDC.

DISPOSITIVOS RELACIONADOS NA LGPD

- Art. 6º, VI; e art. 18, I.

AÇÕES REGULATÓRIAS E FISCALIZATÓRIAS DE ENTIDADES GOVERNAMENTAIS E ÓRGÃOS DE CONTROLE

- Resolução n. 363, de 12 de janeiro de 2021, CNJ.

CASOS E DECISÕES JUDICIAIS RELEVANTES

- STJ, REsp n. 2034862, decisão monocrática, Rel. Min. Regina Helena Costa, j. 25.10.2022, *DJe* 26.10.2022.
- TJSP, Ap. Civ. n. 1008308-35.2020.8.26.0704, 27ª Câmara de Direito Privado, julgado e publicado 16.11.2021.
- TJSP, Ap. Civ. n. 1000331-24.2021.8.26.0003, 27ª Câmara de Direito Privado, julgado e publicado 16.11.2021.
- TJSP, Ap. Civ. n. 1126196-91.2020.8.26.0100, 36ª Câmara de Direito Privado, julgado e publicado 18.11.2022.
- TJSP, Processo n. 1003086-21.2021.8.26.0003, 1ª Vara do Juizado Especial Cível, j. 17.06.2021, publicado 21.06.2021.
- TJSP, Processo n. 1003692-23.2021.8.26.0529, 3ª Vara Cível, j. 12.08.2023, publicado 16.08.2023.
- TJSP, Processo n. 1000590-65.2021.8.26.0020, 3ª Vara Cível, j. 25.10.2021, publicado 28.10.2021.
- TJSP, Ap. Civ. n. 1000794-59.2021.8.26.0554, 27ª Câmara de Direito Privado, julgado e publicado 25.02.2022.
- TJSP, Processo n. 1003864-88.2021.8.26.0003, 1ª Vara do Juizado Especial Cível, j. 18.06.2021, publicado em 23.06.2021.
- TJSP, Processo n. 1003110-49.2021.8.26.0003, 1ª Vara do Juizado Especial Cível, j. 14.04.2021, publicado em 19.04.2021.
- TJSP, Procedimento Comum Cível n. 1000865-53.2021.8.26.0007, 4ª Vara Cível, j. 15.06.2021, publicado em 22.06.2021.
- TJSP, Processo n. 1013390-36.2022.8.26.0006, 1ª Vara do Juizado Especial Cível, j. 28.07.2023, publicado em 01.08.2023.
- TJSP, Processo n. 10008655320218260007, 5ª Vara Cível, j. 15 de junho de 2021, publicado em 22.06.2021.
- TJSP, Processo n. 1000568-46.2021.8.26.0007, 1ª Vara Cível, j. 26.07.2021, publicado em 21.07.2021.
- TJMG, Processo n. 5146800-65.2021.8.13.0024, 8° Juizado da Comarca de Belo Horizonte, j. 04.03.2022.

JUSTIFICATIVA E FUNDAMENTOS

O dispositivo, avançando numa tendência mundial, explicita o procedimento de fornecimento dos dados ao titular, ante requisição. O objetivo do dispositivo é uniformizar o procedimento de cumprimento do dever de confirmar a existência ou tratamento de dados pessoais pelo agente de tratamento. Ao descrever a forma pela qual tal confirmação deve ocorrer, a finalidade do dispositivo é o nivelamento das práticas pelos agentes.

O texto do dispositivo não constava integralmente na proposta originária do PL n. 4.060/2012, entretanto, o texto é aperfeiçoado com detalhes que não modificam sua *ratio*

(Emenda n. 3, do deputado Sóstenes, na CCTI) e ganha seu contorno final na versão do Substitutivo n. 1, de 2018.

ANÁLISE

1. Contexto comparado

O art. 19, da LGPD, define o procedimento a ser adotado, pelo titular e pelo agente de tratamento, para perfazer, de um lado, a requisição para confirmação de existência do tratamento e, do outro, a resposta hábil a tornar adimplida a obrigação. Diante do seu adendo, ao longo do trâmite do processo legislativo, o artigo dá maior certeza ao exercício de direitos do titular e amplia a segurança jurídica para o agente de tratamento que tem sua contraparte (dever) legalmente embasado.

As disposições do artigo estão, portanto, intimamente ligadas com a procedimentalização do exercício dos direitos elencados no artigo antecedente.[171] Há uma proximidade, também, no que se refere à experiência comparada, com a bússola do Regramento Europeu (RGPD), não apenas quanto ao enunciar os direitos, mas com as formas de exercício do direito de acesso e confirmação de tratamento (procedimentalização). Entretanto, a lei brasileira foi mais rígida no prazo para cumprimento, por parte do agente de tratamento, da confirmação e fornecimento de informações, na forma do art. 19, § 2º.

Nesse sentido, levando em conta a necessidade de um padrão mínimo de adequação e convalidação entre os regimes normativos para permitir não apenas a transferência internacional de dados, mas os modelos de negócio que envolvam tratamento de dados de cidadãos de outros países, vê-se que a LGPD cria um patamar superior de proteção. Portanto, ao adequar-se ao padrão brasileiro, agentes de tratamento encontrar-se-ão em situação de adequação perante outros regimes menos rígidos (no ponto, tal ocorre com o RGPD), ou perante regramentos que não definem prazo específico (tal como ocorre com a legislação japonesa – *Act on the Protection of Personal Information*, em tradução livre, Marco de Proteção de Dados Pessoais –, por exemplo, que em seus arts. 25 e s., apenas apresenta o comando de um atendimento "sem demora", mas não aponta prazo ou procedimento específico).

2. Doutrina e jurisprudência

A LGPD não apenas elenca direitos, como aponta para a forma de cumprimento das obrigações postas aos agentes de tratamento. O vetor crucial a ser observado é o da simplicidade da comunicação, declarada especialmente pelo agente de tratamento – parte da relação de tratamento com maior capacidade técnica – para apresentar uma comunicação ao titular de dados, muitas vezes pessoa leiga. Ao se desincumbir dos seus deveres, o agente deve prezar, portanto, pela boa-fé, transparência e clareza.

O art. 19, I e II e parágrafos, é claro: a prevalência é, ante informe simples, de disponibilização imediata e simplificada das informações ao titular de dados. Buscando um regime rigoroso, mas factível, a Lei comanda que declarações completas deverão ser fornecidas num prazo de até 15 (quinze) dias do requerimento, comprovada a tomada de conhecimento pelo controlador através de registro (*log*) de acesso e confirmação imediata ao titular de início do processamento da requisição.

---

[171] Ver comentário ao art. 18 neste volume.

A forma escolhida pelo legislador deixa claro o esforço de adequação que os agentes de tratamento devem empreender de modo a gerar uma dinâmica de fácil acesso pelo titular dos dados tratados, seja na forma eletrônica ou impressa. Importante notar que o comando não deve ser considerado obsoleto, num contexto de desigualdade de acesso à internet e poder computacional, além da disparidade de recursos da população. Também por isso, a forma como os dados serão fornecidos é de escolha do titular, já que tal acesso precisa ser adaptado às suas condições, e não de acordo com os interesses dos agentes de tratamento, caso contrário o acesso não será efetivo e o direito não será exercido em sua plenitude. Aqui mostra-se, ainda, a linha adotada pela Lei de predominância da transparência nas relações de tratamento de dados, bem como a concretização da autodeterminação informativa, na forma de direito de petição do titular de dados.

Conforme explicitado por Souza ,[172] mesmo diante de tratamento que tome como suporte outra base legal que não o consentimento, há o dever expedito de fornecimento das informações requisitadas, com a mesma facilidade e completude postas em toda a teleologia da norma.

A jurisprudência tem tomado, como fundamento da ação,[173] o artigo posto e a sua aplicabilidade estão diretamente relacionados aos padrões mínimos e obrigatórios no atendimento, por parte dos agentes de tratamento, do dever de confirmar a existência e, ato contínuo, dar acesso ao conjunto de dados. Tal entendimento decorre do fato, como explicitado no comentário ao art. 18, I, de que o direito de confirmação da existência de tratamento é condição para exercício dos demais direitos do titular expressos na LGPD.

A aplicação do dispositivo, portanto, ainda que não se possa dizer pacificada, vem sendo adotada com certa regularidade entre as diferentes competências da Justiça Estadual, notadamente em casos não apenas afetados pelo rito ordinário, mas também em procedimentos simplificados junto aos Juizados Especiais Cíveis.

A título de exemplo, a Ap. Civ. n. 1008308-35.2020.8.26.0704, julgada pela 27ª Câmara de Direito Privado do TJSP, deferiu o pedido fundamentado nos arts. 18, VII, e 19, II, da LGPD, no caso de vazamento de dados pessoais em que a empresa reconheceu e comunicou os titulares de dados sobre o incidente de segurança. Assim se manifestou o Tribunal sobre o pedido em comento:

> Com razão o autor com relação à pretensão de apresentação de informação das entidades públicas e privadas com as quais a ré realizou o uso compartilhado de seus dados, conforme o art. 18, VII, da LGPD, devendo a ré fornecer declaração completa que indique a origem dos dados, a inexistência de registro, os critérios utilizados e a finalidade do tratamento, assim como a cópia exata de todos os dados referentes ao titular constantes em seus bancos de dados, conforme o art. 19, II, da LGPD.[174]

---

[172] SOUZA, E. N. Direitos do titular de dados pessoais na Lei 13709/2018: uma abordagem sistemática. *In*: FRAZÃO *et al.* (ed.). *Lei Geral de Proteção de Dados Pessoais e suas repercussões no direito brasileiro*. São Paulo: Thomson Reuters Brasil, 2019. p. 132.

[173] "A ação é inflamação do direito ou da pretensão. 'Direito de ação', no sentido privatístico, é expressão que se deve evitar: há ação, se há direito, ainda que de outrem; direito de ação é confusão entre ação e a ligação dela ao direito. [...] Direito de ação seria o direito de 'ação', direito e pretensão à tutela jurídica, que, exercendo-se, suscita à 'ação'" (PONTES DE MIRANDA, F. C. *Tratado das ações*. São Paulo: RT, 1972. t. I). É o direito à tutela jurídica, na forma de um remédio processual.

[174] TJSP, Ap. Civ. n. 1008308-35.2020.8.26.0704, 27ª Câmara de Direito Privado, julgado e publicado em 16.11.2021.

Em outras decisões dentre as ora referenciadas, o direito de acesso aos dados pelo titular mostra-se, assim como na decisão acima, incontroverso, mesmo nos casos em que não são reconhecidos os critérios para concessão de danos morais. Nesse sentido, fortalece-se o entendimento de que o disposto no art. 19 é um direito inerente ao titular de dados.

BIBLIOGRAFIA SELECIONADA

PONTES DE MIRANDA, F. C. *Tratado das ações*. São Paulo: RT, 1972. t. I.

SOUZA, E. N. Direitos do titular de dados pessoais na Lei 13709/2018: uma abordagem sistemática. *In*: FRAZÃO *et al.* (ed.). *Lei Geral de Proteção de Dados Pessoais e suas repercussões no direito brasileiro*. São Paulo: Thomson Reuters Brasil, 2019.

Art. 20. O titular dos dados tem direito a solicitar a revisão de decisões tomadas unicamente com base em tratamento automatizado de dados pessoais que afetem seus interesses, incluídas as decisões destinadas a definir o seu perfil pessoal, profissional, de consumo e de crédito ou os aspectos de sua personalidade. (Redação dada pela Lei n. 13.853, de 2019)

§ 1° O controlador deverá fornecer, sempre que solicitadas, informações claras e adequadas a respeito dos critérios e dos procedimentos utilizados para a decisão automatizada, observados os segredos comercial e industrial.

§ 2° Em caso de não oferecimento de informações de que trata o § 1° deste artigo baseado na observância de segredo comercial e industrial, a autoridade nacional poderá realizar auditoria para verificação de aspectos discriminatórios em tratamento automatizado de dados pessoais.

§ 3° (VETADO).

Artigo 20

Comentado por Maria Regina Rigolon Korkmaz e Isabella Z. Frajhof

DISPOSITIVOS RELACIONADOS NO DIREITO INTERNACIONAL

- Art. 9º, *a*, Convenção 108 do CoE.
- Arts. 1.2. e 1.3, Recomendação do Conselho da OCDE em Inteligência Artificial.

DISPOSITIVOS RELACIONADOS NO ORDENAMENTO JURÍDICO BRASILEIRO

- Art. 1º; art. 6º; art. 43; e art. 72, CDC.
- Arts. 3º, 4º, 5º, 6º, LCP.
- Arts. 7º, 8º; e art. 25, MCI.
- Art. 195; e art. 206, Lei de Propriedade Industrial (Lei n. 9.279/1996).

DISPOSITIVOS RELACIONADOS NA LGPD

- Art. 6º; art. 12; arts. 18 e 19; art. 38; e art. 50.

CASOS E DECISÕES JUDICIAIS RELEVANTES

- STJ, REsp n. 1.419.697/RS, Rel. Min. Paulo de Tarso Sanseverino, Segunda Seção, j. 12.11.2014, *DJe* 17.11.2014.

JUSTIFICATIVA E FUNDAMENTOS

Os direitos à revisão e à explicação de decisões tomadas unicamente com base em tratamento automatizado de dados pessoais, previstos no art. 20 da LGPD, revelam sua importância em regular de maneira própria e específica o tratamento de dados pessoais que ocorre de maneira automatizada, isto é, com o uso de algoritmos[175] de tomada de decisão. O uso desses algoritmos, especialmente os que se valem de IA,[176] não é mais uma novidade, mas quase um pressuposto para qualquer aplicação que se destine a tornar mais eficiente um processo de tomada de decisão. A presença desses algoritmos nos mais diversos contextos, torna a proteção dos titulares de dados imprescindível, diante do potencial impacto que eles podem sofrer em virtude dos seus usos.

Desta forma, o art. 20 trata de dois direitos centrais para o titular de dados no atual contexto tecnológico: os direitos à revisão e à explicação. Apesar da sua importância, este artigo sofreu alguns reveses, tendo sido alterado pela Medida Provisória n. 869/2018, convertida na Lei n. 13.853/2019. A redação original do *caput* estabelecia que o titular de dados teria direito a solicitar a revisão por pessoa natural, e o PL de Conversão n. 7/2019, referente à Medida Provisória referida acima incluiu um § 3º ao art. 20, que delegava à ANPD o poder de regulamentar a revisão prevista pelo *caput,* que deveria levar em "consideração a natureza e o porte da entidade ou o volume de operações de tratamento de dados".[177] A referida Medida Provisória, contudo, modificou o *caput*, removendo a necessidade de que a revisão fosse feita por pessoa humana, e o § 3º foi vetado, sob a justificativa de que a presença de uma pessoa humana iria de encontro com o interesse público, inviabilizando modelos de negócio de empresas, como startups, a análise de crédito e novos modelos de negócios de instituições financeiras, afetando negativamente a oferta de crédito aos consumidores e a política monetária.[178]

---

175 O termo "algoritmo" foi utilizado no presente texto não apenas enquanto uma construção matemática, mas também com base em uma apreensão funcional, como suas construções como tecnologias e programas e suas configurações como aplicações (MITTELSTADT, B. D. *et al.* The ethics of algorithms: mapping the debate. *Big Data & Society,* v. 3, 2016).

176 O grupo especializado em IA formado pela Comissão Europeia aborda os aspectos mais relevantes da IA, propondo a seguinte definição sobre tais sistemas: "Artificial intelligence (AI) systems are software (and possibly also hardware) systems designed by humans that, given a complex goal, act in the physical or digital dimension by perceiving their environment through data acquisition, interpreting the collected structured or unstructured data, reasoning on the knowledge, or processing the information, derived from this data and deciding the best action(s) to take to achieve the given goal. AI systems can either use symbolic rules or learn a numeric model, and they can also adapt their behaviour by analysing how the environment is affected by their previous actions" (COMISSÃO EUROPEIA. *A definition of AI:* main capabilities and scientific disciplines, 2020, p. 6).

177 A redação proposta ao § 3º do art. 20 era: "A revisão de que trata o *caput* deste artigo deverá ser realizada por pessoa natural, conforme previsto em regulamentação da autoridade nacional, que levará em consideração a natureza e o porte da entidade ou o volume de operações de tratamento de dados".

178 As razões de veto, na íntegra, indicam que: "A propositura legislativa, ao dispor que toda e qualquer decisão baseada unicamente no tratamento automatizado seja suscetível de revisão humana, contraria o interesse público, tendo em vista que tal exigência inviabilizará os modelos atuais de planos de negócios de muitas empresas, notadamente das startups, bem como impacta na análise de risco de crédito e de novos modelos de negócios de instituições financeiras, gerando efeito negativo na oferta de crédito aos consumidores, tanto no que diz respeito à qualidade das garantias, ao volume de crédito contratado e à composição de preços, com reflexos, ainda, nos índices de inflação e na condução da política monetária".

Assim, a ausência de obrigatoriedade expressa de que seja realizada uma revisão por pessoa natural cria uma certa dificuldade em relação à efetividade da proteção da pessoa diante dessas decisões. No entanto, demanda-se uma interpretação sistemática da LGPD, inclusive considerando suas implicações coletivas, para que se consiga extrair o potencial regulatório do art. 20.

ANÁLISE

1. Introdução

Brent Mittelstadt, Patrick Allo, Mariarosaria Taddeo, Sandra Wachter e Luciano Floridi sistematizaram um mapa de desafios éticos na utilização dos algoritmos. O primeiro desafio é que algoritmos podem gerar evidências inconclusivas, na medida em que os métodos estatísticos podem apresentar correlações significativas, mas que não necessariamente implicam existência de causalidade. O segundo desafio é a inescrutabilidade da evidência produzida, uma vez verificada a dificuldade de se saber quais dados foram efetivamente utilizados e qual peso foi atribuído a cada um deles para se chegar à conclusão esboçada na decisão. O fato de que o *output* não pode ir além do *input* de dados considerado pelo sistema contribui para um desafio que os autores chamam de evidência mal orientada ou equivocada. Estes desafios são categorizados como problemas epistêmicos no uso de algoritmos. Com relação aos desafios ético-normativos, destaca-se a possibilidade de resultados injustos – no sentido de que, embora um resultado se apresente como estatisticamente acurado, a sua aplicação pode promover discriminações –, bem como os efeitos transformativos dos algoritmos sobre a forma como conceituamos o mundo, com a capacidade de modificar a sua organização social ou política. O último desafio mapeado é o da rastreabilidade, compreendida como a dificuldade de identificação dos responsáveis pelos danos algorítmicos e de apuração dos próprios danos, o que teria, simultaneamente, natureza epistêmica e ético-normativa.[179]

Apesar dos problemas associados à utilização de decisões automatizadas, verifica-se sua ampla utilização na vida social. Essas decisões são tomadas, de forma total ou parcial, com base em processamento automatizado de dados pessoais ou não pessoais, especialmente com a utilização de sistemas de IA.

No âmbito do RGPD, as decisões tomadas unicamente com base em tratamento automatizado de dados pessoais, incluindo a definição de perfis, que produzam efeitos na esfera jurídica ou que afetem o titular de dados de forma similarmente significativa, conforme o art. 22, são, de plano, vedadas. Entretanto, o regulador europeu admite exceções, inclusive atribuindo abertura regulatória para a União ou os Estados-membros estipularem exceções próprias. Se aplicáveis as hipóteses que excepcionam a regra da vedação previstas no RGPD, o direito de obter intervenção humana em face da decisão é previsto como uma das salvaguardas mínimas garantidas ao titular, juntamente com a prerrogativa de manifestar o seu ponto de vista e de contestar a decisão.

---

[179] MITTELSTADT, B. D. *et al.* The ethics of algorithms: mapping the debate. *Big Data & Society*, v. 3, 2016. A sistematização apresentada foi objeto de nova publicação no ano de 2021, oportunidade na qual os avanços no estado da arte da tecnologia foram categorizados no mesmo eixo de desafios apresentados na primeira publicação. Ressalvou-se a crescente defesa da *AI for social good*, destacando-se que para esse objetivo devem igualmente ser tratados os riscos que cada uma das seis categorias indicadas no mapa original apontou (TSAMADOS, A. *et al.* The ethics of algorithms: key problems and solutions. *AI & Society*, v. 37, p. 215, 2021).

De maneira relativamente paralela ao modelo europeu, porém menos rigorosa, os remédios estabelecidos na LGPD se aplicam diante de "decisões tomadas unicamente com base em tratamento automatizado de dados pessoais que afetem seus interesses, incluídas as decisões destinadas a definir o seu perfil pessoal, profissional, de consumo e de crédito ou os aspectos de sua personalidade". Diversamente do RGPD, a LGPD não estabelece a vedação *ex ante* dessas decisões com expressas autorizações de quando elas poderão se dar. Em outros termos, a LGPD não prevê a lógica específica da oposição com relação a tais decisões, mas assegura os direitos à revisão e à explicação.

2. Definindo o que são decisões totalmente automatizadas

Para qualificar-se no escopo do *caput* do art. 20 da LGPD, demanda-se que a decisão seja tomada unicamente com base no tratamento automatizado de dados pessoais e que a decisão afete os interesses do titular, inclusive no que se refere à definição de perfis. A previsão do RGPD, por outro lado, aplica-se às decisões que produzam efeitos na esfera jurídica ou que afetem o titular de dados de forma similarmente significativa. Há, portanto, uma menor exigência da intensidade das implicações jurídicas da decisão para que o art. 20 da LGPD se aplique, em comparação com o modelo europeu, o que pode explicar o menor patamar de proteção que a norma brasileira oferta de maneira expressa.

O Grupo de Trabalho do Artigo 29 (WP29, na sigla em inglês)[180] exemplifica a produção de efeitos na esfera jurídica do titular como as decisões que envolvam a criação de avaliações ou de *scorings*; monitoramento sistemático; que utilizem dados sensíveis; e processamentos que impeçam titulares de dados de exercerem direitos, de utilizarem determinado serviço ou de celebrarem determinados contratos. Afetar significativamente de forma similar abrangeria decisões como as que influenciam circunstâncias, comportamentos e escolhas do titular, que poderiam levar a situações de exclusão ou de discriminação; elegibilidade para crédito; acesso a serviços de saúde; seleções profissionais e que determinem o acesso à educação.[181] No Brasil, tais critérios ainda não foram amadurecidos. No entanto, apesar de a redação da LGPD indicar esse menor rigor, demanda-se cautela em sua interpretação para que não se banalize a aplicação do art. 20.

Discussão que também deve ser assinalada diz respeito ao que se qualificaria como uma decisão tomada unicamente com base em processamento automatizado de dados. Sistemas algorítmicos de tomada de decisão podem servir de apoio a decisões nas quais a resolução final é adotada por um ser humano, ou podem produzir determinada decisão sem que se envolva a análise humana para a sua implementação. Reconhecem-se, de plano, os riscos da chamada "fabricação de intervenção humana" ou do *token gesture*, de maneira que, para uma decisão perder a sua natureza de totalmente automatizada, a intervenção humana deve ser consistente e ter a aptidão de alterar o resultado.[182]

---

[180] Com a promulgação do RGPD, o WP29 atualmente encontra-se sob o formato e denominação do EDPB.

[181] WP29. *Guidelines on Automated Individual Decision-Making and Profiling for the Purposes of Regulation 2016/679*, 22 ago. 2018. Disponível em: https://ec.europa.eu/newsroom/article29/items/612053/en. Acesso em: 15 jun. 2025.

[182] "To qualify as human involvement, the controller must ensure that any oversight of the decision is meaningful, rather than just a token gesture. It should be carried out by someone who has the authority and competence to change the decision. As part of the analysis, they should consider all the relevant data" (WP29. *Guidelines on Automated Individual Decision-Making and Profiling for the Purposes of Regulation 2016/679*, 22 ago. 2018. Disponível em: https://ec.europa.eu/newsroom/article29/items/612053/en. Acesso em: 15 jun. 2025).

Além disso, a suposta natureza objetiva desses sistemas, acrescentada ao fato de o agente humano ser, frequentemente, subordinado a uma determinada organização, apresenta questões críticas no que diz respeito ao papel desses tomadores de decisão humanos e à sua liberdade de escolha, no campo das decisões parcialmente automatizadas. Isso porque, ainda que valendo-se de variados graus de automação para produzir uma determinada decisão, a automatização exerce forte condicionamento dos resultados decisórios, podendo influenciar o humano envolvido no processo (o chamado *automation bias*).

Assim, foi possível desenvolver, em outra sede, a partir de uma interpretação funcional e sem afastar a previsão legislativa que optou por inserir os termos "unicamente" e "tratamento automatizado" no *caput* do art. 20, a necessidade de sua interpretação ampliada. Entendeu-se pelo necessário alargamento do termo "unicamente" para abranger todas as decisões que têm a sua racionalidade definida majoritariamente pelo processamento automatizado, considerando, sobretudo, três fatores: (i) viés de automação; (ii) efetiva interpretabilidade do processo decisório e da decisão; e (iii) estruturas de poder influentes sobre o interventor humano.[183] Ou seja, será considerada como uma decisão automatizada para fins de aplicação do art. 20 aquela que, ainda que envolva uma interferência humana, esteja sob a influência de um destes três fatores.

De outra parte, não há expressa exigência legal de que seja inserido um componente humano quando da revisão de uma decisão automatizada, apesar de prevista, originariamente, na redação da LGPD, conforme exposto acima.

3. A supervisão humana: uma interpretação possível

Apesar dos mapeados problemas epistêmicos e ético-normativos na utilização de algoritmos e, especificamente, de decisões automatizadas, a partir de uma breve digressão histórica, identificam-se duas tendências no panorama internacional. De um lado, a experiência europeia se expressa pela estipulação de fronteiras importantes sobre o que significa ser humano, notadamente sobre como as tecnologias computacionais devem aderir a certas restrições, principalmente para injetar o *human in the loop*.[184]

No entanto, nas primeiras apreensões do fenômeno no contexto europeu, foram identificados posicionamentos de que máquinas não podiam apresentar os preconceitos das pessoas e que seriam tomadoras de decisões neutras ideais, o que teve uma influência considerável em alguns casos envolvendo intermediários *online* e sua responsabilização por danos algorítmicos.[185] Em 1992, a Comissão Europeia observou que o resultado produzido pela máquina teria um caráter aparentemente objetivo e incontestável, ao qual um tomador de decisão humano poderia atribuir muito peso, abdicando de sua responsabilidade.[186]

Porém, o amadurecimento do debate e diversas evidências se colocaram na contramão desse diagnóstico inicial. Assim, quase duas décadas após o posicionamento de 1992, a Comissão Europeia divulgou as "Diretrizes Éticas para Inteligência Artificial Confiável", estruturadas com centralidade no ser humano ante os riscos que as tecnologias podem oferecer para a democracia, as garantias legais, a justiça distributiva e os direitos fundamentais.

183 KORKMAZ, M. R. R. *Decisões automatizadas*. São Paulo: Thomson Reuters Brasil, 2023.

184 JONES, M. L. *Right to a human in the loop:* political constructions of computer automation & personhood from data banks to algorithms. 1.º mar. 2017.

185 Edwards e Veale (2017).

186 Edwards e Veale (2017).

O documento destaca a relação entre supervisão humana e autonomia na esfera da IA, distinguindo as noções de intervenção humana (*human-in-the-loop*), de fiscalização humana (*human-on-the-loop*) e de controle humano (*human-in-command*).[187]

Em outra direção, aproximações políticas nos EUA não pretenderam traçar claramente a distinção entre o humano e a máquina. Notáveis estudiosos norte-americanos divergiam dessa abordagem, como Alan Westin e Arthur Miller, ao enfatizarem o efeito "desumanizador" das Tecnologias da Informação e da Comunicação (TICs). Apesar disso, prosperou a apreensão do desenvolvimento tecnológico como indicativo do progresso e da "sobrevivência" norte-americanos, além da ênfase da "cibercultura" e da datificação enquanto a legitimação de uma estreita proximidade com o mundo como um universo informacional.[188]

A proteção da personalidade, no contexto norte-americano, foi atrelada à submissão de indivíduos e de grupos ao máximo possível de precisão, de equidade e de objetividade, com o propósito de protegê-los das falhas dos julgamentos humanos e atingir a neutralidade computacional, como destacado por Meg Leta Jones. Tal neutralidade seria apreendida como uma solução para as questões norte-americanas de informação e de privacidade, e não uma fonte de problemas, diferentemente da abordagem europeia, lastreada na categorização jurídica da proteção de dados pessoais e na garantia da intervenção humana enquanto direitos fundamentais. Apesar disso, a demarcação dessas abordagens jurídicas não significa a inexistência de movimentos em sentidos divergentes em cada uma dessas tradições.[189]

A ausência de expressa previsão da intervenção humana no texto da LGPD, porém, não afasta a sua exigibilidade a partir de uma interpretação sistemática e constitucionalizada da LGPD.[190] Isso porque, como desenvolvido em outra sede, considerando que a função do direito à revisão seria a de submeter a decisão a um controle de legitimidade e aumentar o grau de proteção conferido ao titular, envolvendo critérios e parâmetros compreensíveis e contestáveis por humanos, não assegurar a intervenção humana em tais decisões representaria autorizar a subjugação da pessoa a interesses de mercado ou a ordens políticas dominantes, além de naturalizar processamentos automatizados com ampla potencialidade de esvaziar o conteúdo substancial da dignidade. A intencional redução matemática operada por esses sistemas e a sua implementação como mecanismos de abstração das pessoas atingiriam especialmente aquelas em situação de vulnerabilidade. Os princípios da LGPD, notadamente os princípios da não discriminação e da responsabilização e prestação de contas, bem como a expressa tutela de direitos e de garantias fundamentais, demanda a inserção de um componente humano qualificado no ato de revisão, sob pena de esvaziá-la.[191] Demandar-se-ia, em última análise, um regime de supervisão humana dessas aplicações, em um cenário de

---

187 COMISSÃO EUROPEIA. *Ethics Guidelines for Trustworthy AI.* Shaping Europe's Digital Future, 8 abr. 2019.

188 JONES, M. L. *Right to a human in the loop:* political constructions of computer automation & personhood from data banks to algorithms. 1.º mar. 2017.

189 JONES, M. L. *Right to a human in the loop:* political constructions of computer automation & personhood from data banks to algorithms. 1.º mar. 2017.

190 KORKMAZ, M. R. R. *Decisões automatizadas.* São Paulo: Thomson Reuters Brasil, 2023.

191 A intervenção humana deve ser realizada por pessoa capacitada para: "(i) avaliar determinado resultado algorítmico; (ii) analisar o processamento que lhe originou, inclusive considerando informações adicionais; (iii) verificar possíveis falhas no sistema, bem como a (in)existência de processos discriminatórios; e (iv) ter a capacidade e a autoridade de alterar a decisão, de maneira fundamentada, ou mesmo de afastá-la, parcialmente ou de todo" (KORKMAZ, M. R. R. *Decisões automatizadas.* São Paulo: Thomson Reuters Brasil, 2023).

proteção coletiva, que não fique na dependência do exercício do direito de revisão de forma individual pelo titular.[192]

Destaque-se que, em atenção aos assinalados limites desses sistemas, reconhece-se, na literatura, que, em determinadas situações, as decisões automatizadas sequer seriam admissíveis,[193] seja por sua limitação a fatores matemáticos, seja pelos riscos de discriminação, ou mesmo por representarem uma diminuição da dignidade da pessoa a ela sujeita.

4. O direito à explicação em duas dimensões

Especificamente em relação ao art. 20, § 1º,[194] este assegura ao titular de dados um direito à explicação, que consiste na possibilidade de requerer ao controlador que sejam "fornecidas informações claras e adequadas a respeito dos critérios e dos procedimentos utilizados para a decisão automatizada". Embora a LGPD não tenha utilizado o termo "direito à explicação", tal qual o RGPD, no Brasil este direito tem sido amplamente reconhecido, sem gerar maiores questionamentos, como ocorreu inicialmente na UE.[195] Atualmente, o tema tem caminhado para uma discussão mais ampla sobre sistemas de IA, e a necessária prestação de contas e responsabilização em relação aos seus algoritmos.[196]

Apesar das diferenças entre a previsão do direito à explicação na LGPD e no RGPD, em ambos os casos é preciso fazer uma interpretação sistemática de diferentes dispositivos para abarcar todas as dimensões, deveres e salvaguardas que devem ser observados pelo controlador. No RGPD, o direito à explicação é compreendido a partir de alguns artigos e considerandos da norma que tratam da tomada de decisão algorítmica. São eles: os arts. 13 e 14, que se referem às informações que devem ser fornecidas aos titulares de dados quando seus dados pessoais forem coletados e tratados (chamado também como direito de notificação), o art. 15, que se refere ao direito de acesso a dados, e o art. 22, que trata especificamente de decisões individuais automatizadas, incluindo definição de perfil. Ainda, os Considerandos 63 e 71 também tratam do direito de acesso e das decisões tomadas exclusivamente com base no tratamento automatizado, incluindo a definição de perfis, respectivamente.

Explicações de decisões algorítmicas têm sido exigidas como uma maneira de avaliar a legitimidade e legalidade das motivações que ocasionaram a tomada de decisão algorítmica.[197] Sob o ponto de vista do sujeito afetado, a explicação também visa a lhe permitir

---

[192] KORKMAZ, M. R. R. *Decisões automatizadas*. São Paulo: Thomson Reuters Brasil, 2023.

[193] DONEDA, D.; WIMMER, M. "Falhas de IA" e a intervenção humana em decisões automatizadas: parâmetros para a legitimação pela humanização. *Direito Público*, v. 18, 2022.

[194] Este artigo possui trechos que são transcrições integrais, com pequenas modificações, da seguinte tese de doutorado: FRAJHOF, I. *Direito à explicação e proteção de dados pessoais nas decisões por algoritmos de Inteligência Artificial*. 2022. Tese (Doutorado em Direito) – Pontifícia Universidade Católica do Rio de Janeiro, Rio de Janeiro, 2022.

[195] Para conhecer a discussão: FRAJHOF, I. *Direito à explicação e proteção de dados pessoais nas decisões por algoritmos de Inteligência Artificial*. 2022. Tese (Doutorado em Direito) – Pontifícia Universidade Católica do Rio de Janeiro, Rio de Janeiro, 2022.

[196] Ver em: KAMINSKI, M. E. Governança binária: lições da abordagem do GDPR à responsabilização algorítmica. *S. Cal. L. Rev.*, v. 92, p. 1529, 2019. Disponível em https://scholar.law.colorado.edu/faculty-articles/1265. Acesso em: 15 jun. 2025.

[197] KAMINSKI, M. E. Governança binária: lições da abordagem do GDPR à responsabilização algorítmica. *S. Cal. L. Rev.*, v. 92, p. 1529, 2019. Disponível em https://scholar.law.colorado.edu/faculty-articles/1265. Acesso em: 15 jun. 2025.

tomar uma ação, como pedir a revisão da decisão, contestá-la, ou se opor ao tratamento de dados, a fim de mudar a situação danosa causada pela decisão algorítmica. Como colocado por Ana Frazão, o direito à explicação busca oferecer "uma espécie de devido processo legal para proteger os cidadãos contra a 'tirania' dos julgamentos automatizados",[198] assegurando o que se tem denominado como uma espécie de devido processo algorítmico.

Neste sentido, pode-se dizer que o direito à explicação possui duas dimensões: em relação ao seu mérito e conteúdo (i.e. o tipo de informação que deverá ser fornecido ao titular de dados) e o procedimental (i.e. outros direitos que devem ser assegurados para garantir sua plena efetividade, isto é, permitir que o sujeito seja notificado quando estiver sujeito a uma decisão totalmente automatizada (art. 18, I, da LGPD), que ele tenha acesso aos dados utilizados pela decisão automatizada (arts. 6º, IV e V, 18, II e II, e 19 da LGPD), e que possa pleitear a sua revisão (art. 20, *caput,* da LGPD). [199]

A dimensão de mérito coloca em discussão o conteúdo que deverá ser apresentado enquanto explicação. Embora alguns autores argumentem pela limitação do tipo de informação que poderia ser exigido pelo RGPD,[200] esta discussão parece ter sido superada, e a literatura tem apontado para a existência de diferentes tipos de explicações.[201] Por exemplo, a Autoridade de Proteção de Dados Pessoais do Reino Unido, *Information Commissioner's Office* (ICO), elaborou um relatório listando os diferentes tipos de explicações que podem ser pleiteadas pelo controlador,[202] associando este conteúdo com o objetivo e finalidade que se visa alcançar com a explicação.

Assim, apesar de o art. 20, § 1º, da LGPD indicar que "o controlador deverá fornecer, sempre que solicitadas, informações claras e adequadas a respeito dos critérios e dos procedimentos utilizados para a decisão automatizada", como apontam Souza et al., não há a obrigatoriedade de que sejam divulgados elementos técnicos aos titulares de dados, mas que sejam fornecidos elementos suficientes para que estes possam exercer outros direitos, tais como o próprio direito de revisão e o direito de oposição (art. 18, § 2º, da LGPD).[203] Portanto, a informação que o controlador deverá fornecer deve ser adequada para o sujeito que está solicitando, seja este o titular de dados ou a própria ANPD, e para o uso pretendido daquela informação.

5. Instrumentos para contornar a opacidade de algoritmos

Ocorre que a segunda parte do art. 20, § 1º, da LGPD, traz uma importante limitação à eficácia do direito à explicação, ao prever a necessidade de se observar o segredo

[198] FRAZÃO, A. O direito à explicação e à oposição diante de decisões totalmente automatizadas. *Revista Jota*, 5 dez. 2018.

[199] Os fundamentos para o exercício dessas prerrogativas decorrem da autodeterminação informativa do titular de dados, e dos princípios de livre acesso, qualidade e clareza dos dados, transparência dos dados, prevenção de danos, não discriminação, e responsabilização e prestação de contas (FRAZÃO, A. O direito à explicação e à oposição diante de decisões totalmente automatizadas. *Revista Jota*, 5 dez. 2018).

[200] Ver: WACHTER, S.; MITTELSTADT, B.; FLORIDI, L. Why a right to explanation of automated decision-making does not exist in the General Data Protection Regulation. *International Data Privacy Law*, v. 7, p. 76, 2017.

[201] CHARI, S. *et al. Directions for Explainable Knowledge-Enabled Systems,* 17 mar. 2020. Disponível em: https://arxiv.org/abs/2003.07523. Acesso em: 27 fev. 2024.

[202] São elas explicação das razões: de responsabilidade, dos dados, de justiça/igualdade, de segurança e desempenho, do impacto (Information Commissioner Office e The Alan Turing Institute, 2022).

[203] SOUZA, C. A.; PERRONE, C.; MAGRANI, E. o direito à explicação entre a experiência europeia e a sua positivação na LGPD. *In*: BIONI, B. *et al. Tratado de proteção de dados pessoais.* Rio de Janeiro: Forense, 2021. p. 479.

comercial e industrial. Esta proteção legal tem sido um forte argumento para impedir o acesso a informações sobre algoritmos, o que tem sido objeto de crítica contundente por parte da doutrina.[204] Conforme aponta Ana Frazão, esta proteção jurídica "não pode ser utilizad[a] para a ausência de explicações".[205] O que se espera, em atenção aos princípios da transparência e responsabilização e prestação de contas, não é que haja a abertura indistinta de informações sobre o algoritmo, como o seu código-fonte, por exemplo, mas que sejam disponibilizadas formas que permitam uma compreensão sobre o processo de desenvolvimento do algoritmo, seus usos e resultados. Isso vai implicar a necessidade de que sejam produzidos documentos técnicos e jurídicos, que sejam capazes de auxiliar nesta compreensão, que devem ser produzidos antes do desenvolvimento do algoritmo e depois da sua implementação e uso.

Desta forma, ora se propõe a adoção de uma abordagem multidisciplinar e multifacetada para que os controladores tenham o dever de gerar evidências que auxiliem na compreensão destes algoritmos de tomada de decisão, fazendo com que não seja necessário compartilhar dados sensíveis do negócio. Esta abordagem também é importante para lidar com um outro tipo de opacidade,[206] comum a alguns tipos de algoritmos de tomada de decisão, que está relacionada à dificuldade em compreender seu processo de trabalho e resultados. Essas evidências, portanto, podem permitir que pessoas técnicas e não técnicas possam ser capazes de assimilar o funcionamento desses artefatos.

Neste sentido, alguns dos documentos jurídicos que podem ser exigidos são: a elaboração de relatório de impacto de proteção de dados pessoais, previsto pelos arts. 5º, XVII, e 38, da LGPD, quando há o uso de tecnologias que prescindem de dados pessoais,[207] e previsão de recomendações específicas em códigos de boas práticas e de governança (art. 50 da LGPD) em relação aos cuidados necessários no manejo de dados pessoais destinados a algoritmos de tomada de decisão. Em relação aos documentos e medidas técnicas recomendadas, são elas: implementação de técnicas de interpretabilidade e explicabilidade; documentação com preocupações éticas, como os *model cards*,[208] e auditorias, conduzida por um corpo técnico e não técnico para avaliar a confiabilidade dos resultados.[209]

Por fim, o art. 20, § 2º, da LGPD prevê que uma auditoria possa ser realizada pela ANPD, caso o controlador tenha se negado a oferecer as informações indicadas no § 1º, e a negativa tenha sido baseada na necessidade de proteger o segredo comercial e industrial do controlador, com o objetivo de verificar aspectos discriminatórios do sistema. Esta previsão revela a importância do direito à explicação também como uma forma de proteger e aten-

[204] Ver por todos: PASQUALE, F. *The black box society:* the secret algorithms that control money and information. London: Harvard University Press, 2016.

[205] FRAZÃO, A. Transparência de algoritmos x segredo de empresa. *Jota*, 9 jun. 2021.

[206] Jenna Burrell apresenta três eventos que podem ocasionar a opacidade dos algoritmos de aprendizado de máquina (BURRELL, J. How the machine "thinks": understanding opacity in machine learning algorithms. *Big Data & Society*, v. 3, 2016).

[207] WP29. *Guidelines on Data Protection Impact Assessment (DPIA) and Determining Whether Processing is "Likely to Result in a High Risk" for the Purposes of Regulation 2016/679*, 13 out. 2017, p. 9. Disponível em: https://ec.europa.eu/newsroom/article29/items/611236/en. Acesso em: 15 jun. 2025.

[208] MITCHELL, M. *et al.* Model Cards for Model Reporting. Proceedings of the Conference on Fairness, Accountability, and Transparency. *ACM*, 2019.

[209] Ver: FRAJHOF, I. *Direito à explicação e proteção de dados pessoais nas decisões por algoritmos de Inteligência Artificial.* 2022. Tese (Doutorado em Direito) – Pontifícia Universidade Católica do Rio de Janeiro, Rio de Janeiro, 2022.

der ao princípio da não discriminação (art. 6º, IX, da LGPD).[210] Algumas críticas, contudo, merecem ser feitas. Primeiro, a discricionariedade da ANPD em proceder ou não com a auditoria pode incentivar o controlador a meramente alegar a proteção do sigilo comercial ou industrial, pois sabe que a opção de iniciar uma auditoria seria optativa. Segundo, caso o controlador apresente uma motivação diferente para não fornecer essas informações, tal como dificuldades técnicas, resta saber se isso será considerado como um fato impeditivo para a ANPD proceder com a auditoria ou não.[211]

6. Conclusão

Vislumbrando-se, portanto, o caminho a ser percorrido para o *enforcement* das prerrogativas da revisão e da explicação de decisões automatizadas, indispensável é destacar o seu necessário atrelamento a uma proteção em nível coletivo. Cenários de hipervulnerabilidades e de assimetrias de poder, que tomam contornos ainda mais profundos na interface que se desenha entre proteção de dados pessoais e IA, indicam a necessidade de instrumentos coletivos de governança, com foco na prevenção de danos e na construção de um ambiente transparente e de responsabilização e de prestação de contas. Para tanto, recomenda-se progressiva atenção para a avaliação e o relatório de impacto à proteção de dados pessoais; o desenho dos sistemas, valorizando-se a arquitetura; auditorias internas e externas; indicação de selos de privacidade não obrigatórios e mecanismos de certificação; códigos de conduta; comitês de ética, entre outros.[212] Adicionalmente, o desenvolvimento de uma articulação institucional no cenário brasileiro, entre ANPD, Defensoria Pública, Ministério Público, Judiciário, Agências de Proteção e Defesa do Consumidor, entre outros, na esfera de suas competências, é de fundamental relevância para que o propósito constitucional de proteção da pessoa humana seja progressivamente consolidado no campo das decisões automatizadas.

Este caminho merece atenção redobrada diante das novas propostas regulatórias da IA, que têm sido apresentadas no Brasil, com a proeminência do PL n. 2.338/2023, e promulgadas na UE, com o *AI Act* (Regulamento Inteligência Artificial). Ambas as normas trazem previsões sobre os direitos de revisão e explicação, sendo necessário realizar uma interpretação sistemática desses direitos com os marcos normativos já existentes, em atenção às interfaces entre proteção de dados pessoais e IA.

BIBLIOGRAFIA SELECIONADA

BURRELL, J. How the machine "thinks": understanding opacity in machine learning algorithms. *Big Data & Society*, v. 3, 2016.

CHARI, S. *et al.* Directions for explainable knowledge-enabled systems. 17 mar. 2020. Disponível em: https://arxiv.org/abs/2003.07523. Acesso em: 27 fev. 2024.

COMISSÃO EUROPEIA. *A definition of AI:* main capabilities and scientific disciplines, 2020.

[210] SILVA, T. Racismo algorítmico em plataformas digitais: microagressões e discriminações em código, 2019. Disponível em: https://lavits.org/wp-content/uploads/2019/12/Silva-2019-LAVITSS.pdf. Acesso em: 27 fev. 2024.

[211] MULHOLLAND, C.; FRAJHOF, I. Inteligência Artificial e a Lei Geral de Proteção de Dados Pessoais: breves anotações sobre o direito à explicação perante a tomada de decisões por meio de *machine learning*. *Inteligência Artificial e direito:* ética, regulação e responsabilidade. São Paulo: Thomson Reuters, 2019. p. 271.

[212] KORKMAZ, M. R. R. *Decisões automatizadas*. São Paulo: Thomson Reuters Brasil, 2023.

COMISSÃO EUROPEIA. *Ethics Guidelines for Trustworthy AI.* Shaping Europe's Digital Future, 8 abr. 2019.

DONEDA, D.; WIMMER, M. "Falhas de IA" e a intervenção humana em decisões automatizadas: parâmetros para a legitimação pela humanização. *Direito Público*, v. 18, 2022.

DOSHI-VELEZ, F. *et al.* Accountability of AI under the law: the role of explanation. Disponível em: https://arxiv.org/abs/1711.01134. Acesso em: 10 mar. 2021.

FRAJHOF, I. *Direito à explicação e proteção de dados pessoais nas decisões por algoritmos de Inteligência Artificial.* 2022. Tese (Doutorado em Direito) – Pontifícia Universidade Católica do Rio de Janeiro, Rio de Janeiro, 2022.

FRAZÃO, A. Nova LGPD: ainda sobre a eficácia do direito à explicação e à oposição. *Jota*, 26 dez. 2018.

FRAZÃO, A. O direito à explicação e à oposição diante de decisões totalmente automatizadas. *Jota*, 5 dez. 2018.

FRAZÃO, A. Transparência de algoritmos x segredo de empresa. *Jota*, 9 jun. 2021.

GOODMAN, B.; FLAXMAN, S. European Union Regulations on algorithmic decision making and a "right to explanation". *AI Magazine*, v. 38, n. 50, 2017.

ICO; THE ALAN TURING INSTITUTE. Explaining Decisions Made with AI. *Information Commissioner Office.*

JONES, M. L. *Right to a human in the loop:* political constructions of computer automation & personhood from data banks to algorithms, 1.º mar. 2017, p. 216-239.

KAMINSKI, M. E. Governança binária: lições da abordagem do GDPR à responsabilização algorítmica. *S. Cal. L. Rev.*, v. 92, 2019. Disponível em https://scholar.law.colorado.edu/faculty-articles/1265. Acesso em: 15 jun. 2025.

KEATS, D.; PASQUALE, F. The scored society: due process for automated predictions. *Wash. L. Rev.*, v. 89, 2014.

KORKMAZ, M. R. R. *Decisões automatizadas.* São Paulo: Thomson Reuters Brasil, 2023.

MITCHELL, M. *et al.* Model Cards for Model Reporting. Proceedings of the Conference on Fairness, Accountability, and Transparency. *ACM*, 2019.

MITTELSTADT, B. D. *et al.* The ethics of algorithms: mapping the debate. *Big Data & Society*, v. 3, 2016.

MULHOLLAND, C.; FRAJHOF, I. Inteligência Artificial e a Lei Geral de Proteção de Dados Pessoais: breves anotações sobre o direito à explicação perante a tomada de decisões por meio de *machine learning*. *Inteligência Artificial e direito:* ética, regulação e responsabilidade. São Paulo: Thomson Reuters, 2019.

PASQUALE, F. *The black box society:* the secret algorithms that control money and information. London: Harvard University Press, 2016.

SELBST, A. D.; POWLES. J. Meaningful Information and the Right to Explanation. *International Data Privacy Law*, v. 7, 2017.

SILVA, T. Racismo algorítmico em plataformas digitais: microagressões e discriminações em código, 2019. Disponível em: https://lavits.org/wp-content/uploads/2019/12/Silva-2019-LAVITSS.pdf. Acesso em: 27 fev. 2024.

SOUZA, C. A.; PERRONE, C.; MAGRANI, E. o direito à explicação entre a experiência europeia e a sua positivação na LGPD. *In*: BIONI, B. *et al*. *Tratado de proteção de dados pessoais*. Rio de Janeiro: Forense, 2021.

TSAMADOS, A. *et al*. The ethics of algorithms: key problems and solutions. *AI & Society*, v. 37, 2021.

WACHTER, S.; MITTELSTADT, B. A Right to reasonable inferences: re-thinking data protection law in the age of big data and AI. *Columbia Business Law Review*, 2019.

WACHTER, S.; MITTELSTADT, B.; FLORIDI, L. Why a right to explanation of automated decision-making does not exist in the General Data Protection Regulation. *International Data Privacy Law*, v. 7, 2017.

WACHTER, S; MITTELSTADT, B.; RUSSELL, C. Counterfactual explanations without opening the black box: automated decisions and the GDPR. *Harvard Journal of Law and Technology*, v. 31, n. 2, 2018.

WP29. *Guidelines on Automated Individual Decision-Making and Profiling for the Purposes of Regulation 2016/679*, 22 ago. 2018. Disponível em: https://ec.europa.eu/newsroom/article29/items/612053/en. Acesso em: 15 jun. 2025.

WP29. *Guidelines on Data Protection Impact Assessment (DPIA) and Determining Whether Processing is "Likely to Result in a High Risk" for the Purposes of Regulation 2016/679*, 13 out. 2017. Disponível em: https://ec.europa.eu/newsroom/article29/items/611236/en. Acesso em: 15 jun. 2025.

Art. 21. Os dados pessoais referentes ao exercício regular de direitos pelo titular não podem ser utilizados em seu prejuízo.

Artigo 21

Comentado por Tainá Aguiar Junquilho e Laura Schertel Mendes

DISPOSITIVOS RELACIONADOS NO DIREITO INTERNACIONAL

- Art. 17; e art. 19, Pacto Internacional sobre os Direitos Civis e Políticos.
- Art. 2°, Pacto Internacional sobre os Direitos Econômicos, Sociais e Culturais (ICESCR).
- Art. 11; e art. 13, Convenção Americana sobre Direitos Humanos (Pacto de San José da Costa Rica).
- Art. 12; e art. 19, Declaração Universal dos Direitos Humanos.

DISPOSITIVOS RELACIONADOS NO ORDENAMENTO JURÍDICO BRASILEIRO

- Art. 12; e art. 21, CC.
- Art. 77, IV; e art. 373, I, CPC.
- Art. 43, § 2º; e art. 55, CDC.
- Art. 17; e art. 100, II, ECA.
- Art. 153; e art. 154-A, CP.
- Art. 201, § 6º, CPP.
- Art. 7°; e art. 10, LCP.
- Art. 7°, VIII; e art. 10, MCI.

DISPOSITIVOS RELACIONADOS NA LGPD

- Art. 2º; arts. 5º, 6º, 7º, 8º, 9º, 10; art. 18; arts. 22, 23, 24; arts. 42, 43, 44; art. 46; art. 50; e art. 52.

CASOS E DECISÕES RELEVANTES

- TJSP, Embargos de Declaração n. 1003645-65.2019.8.26.0223, 30ª Câmara de Direito Privado, j. 03.11.2021, publicado em 12.11.2021.

- TJSP, Embargos de Declaração n. 1003645-65.2019.8.26.0223, 30ª Câmara de Direito Privado, j. 03.11.2021.
- TJRJ, AgInt n. 0016109-84.2023.8.19.0000, decisão monocrática, j. 17.04.2023.
- TRF-4, Recurso Cível n. 5007524-04.2021.4.04/SC, Juizado Especial Cível, j. 15.12.2022 e 31.01.2023.
- TRF-4, Recurso Cível n. 5005496-17.2022.4.04.720/SC. 3ª Turma Recursal de Santa Catarina, j. 10.04.2023.
- TRF-4, Recurso Cível n. 5000339-43.2021.4.04.7127/RS, 5ª Turma Recursal do RS, j. 16.12.2021.
- TRF-4, AgInt n. 5045156-39.2021.4.04.0000, Decisão Monocrática, j. 02.11.2021.
- TRF-4, Recurso Cível n. 5005029-78.2021.4.04.7107/RS, 5ª Turma Recursal do RS, j. 16.09.2021.

JUSTIFICATIVA E FUNDAMENTOS

O art. 21 da LGPD dispõe que os dados pessoais referentes ao exercício regular de direitos pelo titular não podem ser utilizados em seu prejuízo. A inclusão desse dispositivo na legislação tem uma razão subjacente profundamente ligada à proteção dos direitos fundamentais e à preservação da dignidade humana.[213]

A razão principal para a inclusão desse artigo é assegurar que os indivíduos possam exercer plenamente seus direitos sem o temor de sofrerem retaliações ou prejuízos como resultado. Esse dispositivo visa proteger os titulares de dados contra a utilização indevida de informações sensíveis relacionadas ao exercício de direitos legais, tais como o direito de reclamar, de litigar, de votar, de expressar opiniões e de exercer qualquer outro direito garantido pela legislação.[214]

Os objetivos e finalidades deste dispositivo são múltiplos. Primeiramente, ele busca garantir a liberdade e a autonomia dos indivíduos, permitindo que possam exercer seus direitos sem sofrer consequências adversas. Além disso, promove um ambiente de segurança jurídica, onde os titulares de dados podem confiar que suas ações, especialmente aquelas voltadas à busca de justiça ou exercício de cidadania, não serão utilizadas contra eles. A preservação da integridade e confidencialidade das informações relacionadas ao exercício de direitos é essencial para evitar abusos e proteger a privacidade dos cidadãos.

Quanto ao caminho legislativo deste dispositivo, o art. 21 foi incluído na tramitação da LGPD como parte das preocupações amplas com a proteção de dados pessoais e a garantia dos direitos fundamentais. A LGPD, inspirada no RGPD da UE, foi elaborada para proporcionar um robusto quadro de proteção de dados no Brasil. A inclusão de dispositivos como o art. 21 reflete uma tentativa de equilibrar os interesses de proteção de dados com a necessidade de assegurar que os cidadãos possam exercer seus direitos sem medo de repercussões negativas.

---

213 DONEDA, D. *Da privacidade à proteção de dados pessoais:* fundamentos da Lei Geral de Proteção de Dados. 3. ed. São Paulo: Thomson Reuters Brasil, 2021.

214 MENDES, L. S. F. Constitucionalismo digital e o direito fundamental à proteção de dados. *Fumus Boni Iuris, O Globo*, 2022.

As justificativas e fundamentos para este dispositivo afetam diretamente a interpretação e aplicação da lei, pois orientam os órgãos reguladores e o judiciário na proteção dos direitos dos titulares de dados. A interpretação deste artigo deve ser feita de maneira a maximizar a proteção dos indivíduos, assegurando que qualquer tratamento de dados pessoais que envolva o exercício de direitos seja realizado com o mais alto grau de confidencialidade e respeito à integridade do titular.

Em resumo, o art. 21 da LGPD é uma peça fundamental para garantir que os cidadãos possam exercer seus direitos sem sofrerem prejuízos decorrentes do uso indevido de seus dados pessoais. Ele reforça a importância de uma proteção de dados robusta como uma extensão da proteção dos direitos humanos, promovendo um ambiente onde a liberdade de ação e a busca por justiça são salvaguardadas.

ANÁLISE

1. Exercício regular de direito

Para compreender o que diz o art. 21 da LGPD, um conceito é fundamental: é necessário entender primeiro o que é exercício regular de direito.

O exercício regular de direitos refere-se ao uso legítimo e apropriado dos direitos garantidos a uma pessoa ou entidade pela lei. Isso significa que os direitos são exercidos de acordo com as normas e regulamentos estabelecidos, sem abuso ou desvio de finalidade. Esses direitos podem ser classificados em diversas categorias, como direitos civis, políticos, sociais, econômicos e culturais.

Isso é, trata-se de exercício de direitos legalmente previstos, sem ultrapassar os limites do previsto. No direito penal, por exemplo, o exercício de direito previsto em lei é excludente de ilicitude.[215]

Os direitos civis asseguram a proteção da integridade física e moral dos indivíduos, incluindo o direito à vida, à liberdade e à segurança pessoal. O exercício regular desses direitos envolve ações como a liberdade de expressão, o direito à privacidade e a proteção contra discriminação. Já os direitos políticos referem-se à participação no governo e na política, como o direito ao voto, à candidatura em eleições e à participação em partidos políticos. O exercício regular desses direitos é realizado através da participação ativa nos processos democráticos.

Os direitos sociais incluem o acesso à educação, à saúde, ao trabalho e à previdência social. Exercê-los regularmente significa garantir que todas as pessoas tenham acesso a esses serviços de maneira justa e equitativa. Os direitos econômicos, por sua vez, referem-se ao direito ao trabalho, a condições justas de emprego e à proteção contra o desemprego. O exercício regular desses direitos implica a busca de condições de trabalho justas e a promoção da segurança econômica.

Além disso, os direitos culturais relacionam-se ao direito de participar da vida cultural da comunidade, incluindo o direito ao acesso à cultura, à ciência e à tecnologia. O exercício regular desses direitos envolve a promoção da diversidade cultural e o acesso equitativo aos recursos culturais.[216]

---

[215] NUCCI, G. S. *Curso de direito penal.* 8. ed. São Paulo: Forense, 2024.

[216] MENDES, G. F.; BRANCO, P. G. G. *Curso de direito constitucional.* 19. ed. São Paulo: Saraiva Jur, 2024.

O conceito de exercício regular de direitos é fundamental para a manutenção de uma sociedade justa e democrática, onde todos os indivíduos têm a oportunidade de exercer plenamente seus direitos, respeitando os direitos dos outros e as normas legais estabelecidas. É importante destacar que o abuso de direitos, como usar um direito para prejudicar outros, pode ser sancionado, pois vai contra o princípio do exercício regular de direitos.

Portanto, o exercício regular de direitos é essencial para garantir a convivência harmoniosa e o desenvolvimento social, assegurando que cada indivíduo possa usufruir de seus direitos de forma justa e equitativa, contribuindo para uma sociedade mais inclusiva e democrática.

2. Relação com outros dispositivos

O artigo em questão insere-se no Capítulo III, dos Direitos do Titular, reforçando que os dados utilizados em exercício regular de direitos não podem ser utilizados em prejuízo dos titulares.

Os direitos previstos na LGPD são um dos pilares para implementação da Lei,[217] já que ela incentiva o fluxo de dados pessoais, mas cria parâmetros para que este ocorra de forma adequada. A título de exemplo, para o tratamento conforme, é necessária a observância dos princípios, dos direitos dos titulares e das hipóteses legais que fundamentam o tratamento, todos previstos na LGPD.

Existem vários termos e definições em outros artigos da LGPD que influenciam a interpretação do art. 21. Por exemplo, o conceito de "dados pessoais" (art. 5º, I) e "titular de dados" (art. 5º, V) são cruciais para entender quem está protegido por esse direito e quais informações são abrangidas. Além disso, a definição de "controlador" (art. 5º, VI) e "operador" (art. 5º, VII) esclarece quais entidades são obrigadas a prestar as informações solicitadas pelo titular dos dados. Esses termos e definições são essenciais para a aplicação prática do art. 21, assegurando que os titulares possam exercer seus direitos de maneira eficaz e informada.

3. Experiência internacional

Comparando com outras legislações, o art. 21 da LGPD possui semelhanças com o art. 15 do RGPD da UE, que garante ao titular o direito de obter informações sobre o processamento de seus dados pessoais, incluindo a finalidade do processamento e os destinatários dos dados. Ambas as legislações enfatizam a transparência e o controle dos titulares sobre seus dados, embora o RGPD seja geralmente mais detalhado em suas obrigações. A CCPA da Califórnia também fornece aos consumidores o direito de saber quais informações pessoais estão sendo coletadas e compartilhadas (Seção 1798.110). No entanto, a CCPA se aplica principalmente a empresas e possui um foco maior na comercialização de dados, enquanto a LGPD tem um escopo mais amplo, abrangendo tanto o setor público quanto privado.

A Lei de Proteção de Dados Pessoais e Documentos Eletrônicos (Pipeda) do Canadá estabelece o direito dos indivíduos de acessar suas informações pessoais e ser informados sobre como essas informações são utilizadas (Princípio 9 – Acesso Individual). Embora similar, a Pipeda coloca uma ênfase significativa na responsabilidade das organizações em manter registros precisos e atualizados. Essas comparações demonstram que, embora existam

---

[217] MENDES, L. S. O direito fundamental à proteção de dados pessoais. *Revista de Direito do Consumidor*, v. 70, p. 45-81, 2011.

variações nas abordagens legislativas, o princípio subjacente de transparência e controle do titular é amplamente compartilhado.

Além do RGPD, outras legislações relevantes incluem a Lei de Proteção de Dados Pessoais de Singapura (PDPA), que também garante o direito dos indivíduos de acessar e corrigir suas informações pessoais. A Lei de Proteção de Informações Pessoais da Coreia do Sul (Pipa) vai além, exigindo que as organizações obtenham consentimento explícito antes de compartilhar dados com terceiros. Essas legislações, assim como a LGPD, enfatizam a importância da transparência e do consentimento informado, demonstrando uma tendência global em direção à proteção rigorosa dos dados pessoais.

Harmonizar a LGPD com outras legislações pode facilitar o comércio e o fluxo de dados entre fronteiras, além de promover um padrão global de proteção de dados.[218] No entanto, divergências podem surgir devido a diferenças culturais, econômicas e jurídicas entre países, complicando potencialmente a conformidade para organizações multinacionais. Por exemplo, enquanto o RGPD permite maior uniformidade dentro da UE, a diversidade de regulamentações nos EUA, como a CCPA, pode criar desafios adicionais para empresas que operam internacionalmente.

O art. 21 da LGPD está alinhado com princípios de instrumentos internacionais, como as Diretrizes da OCDE sobre a Proteção da Privacidade e os Fluxos Transfronteiriços de Dados Pessoais e as Regras de Privacidade da Cooperação Econômica Ásia-Pacífico (Apec). Esses instrumentos enfatizam a necessidade de transparência e direitos de acesso, que são fundamentais para a confiança e proteção do consumidor. Esse alinhamento com padrões internacionais reforça a posição da LGPD como uma legislação robusta e moderna de proteção de dados, capaz de interagir de maneira eficiente com outras jurisdições.

Em conclusão, o art. 21 da LGPD é uma peça-chave na promoção da transparência e controle dos titulares sobre seus dados pessoais, alinhando-se com padrões internacionais e destacando-se no cenário global de proteção de dados. Harmonizar com outras legislações fortalece a confiança e facilita o fluxo internacional de dados, embora as divergências devam ser cuidadosamente geridas para garantir conformidade e proteção eficazes. O alinhamento com instrumentos e tratados internacionais, bem como com legislações de outros países, posiciona a LGPD como uma legislação robusta e relevante no contexto global de proteção de dados pessoais.

4. Como os tribunais têm interpretado?

Em geral o artigo é usado como argumento de partes nos casos que, após o fornecimento de seus dados para exercício regular de direitos, o titular acaba tendo seus dados pessoais utilizados por outras instituições e para outras finalidades, por exemplo, quando o controlador compartilha esses dados com terceiros não abrangidos pelo consentimento ou pela hipótese de base legal.

Nessas situações o autor fornece dados, por exemplo, para o INSS[219] para exercício regular de direito e, em seguida, começa a receber diversas ligações de instituições financeiras oferecendo serviços indesejados.

---

[218] MENDES, L. S.; DONEDA, D.; CUEVA, R. V. B. *Lei Geral de Proteção de Dados (Lei n. 13.709/2018) a caminho da efetividade*: contribuições para a implementação da LGPD. São Paulo: Thomson Reuters/Revista dos Tribunais, 2020. v. 1.

[219] TRF-4. Recurso Cível n. 5005496-17.2022.4.04.720/SC. 3ª Turma Recursal de Santa Catarina, j. 10.04.2023.

Nas ações interpostas, o pedido do titular é por danos morais em face do controlador, em razão do repasse e do compartilhamento indevido de dados que originalmente foram compartilhados para exercício regular de direito, com base no que dispõe o art. 21 da LGPD.

Entretanto, a jurisprudência dos tribunais tem sido no sentido de negar a responsabilidade do controlador nesses casos, em especial quando trata-se de controlador do setor público, sob o fundamento de que o compartilhamento se dá com base na LAI.

Diante dos desafios de implementação, fiscalização (*enforcement*) e de infraestrutura,[220] a ANPD tem realizado uma série de consultas públicas para colher a colaboração e auxílio dos mais diversos setores nas temáticas de concretização normativa. Nesse sentido, realizou a Tomada de Subsídios sobre os direitos dos titulares, cuja abertura foi em 02 de fevereiro 2024 e encerramento em 03 de abril 2024. Foram recebidas 49 contribuições[221] de inúmeros atores que buscaram informar sobre a materialização de direitos dos titulares.

Cabe destacar, contudo, que até o momento, a ANPD não publicou diretrizes específicas, posicionamentos ou sanções diretamente relacionadas ao art. 21 da LGPD. A expectativa é que futuras diretrizes da ANPD forneçam clareza e segurança jurídica, orientando as organizações sobre como evitar o uso prejudicial dos dados pessoais dos titulares.

BIBLIOGRAFIA SELECIONADA

DONEDA, D. *Da privacidade à proteção de dados pessoais:* fundamentos da Lei Geral de Proteção de Dados. 3. ed. São Paulo: Thomson Reuters Brasil, 2021.

MENDES, G. F.; BRANCO, P. G. G. *Curso de direito constitucional.* 19. ed. São Paulo: Saraiva Jur, 2024.

MENDES, L. S. *A Lei Geral de Proteção de Dados Pessoais*: um modelo de aplicação em três níveis. Edição especial LGPD. São Paulo: Revista dos Tribunais, 2019.

MENDES, L. S. Constitucionalismo digital e o direito fundamental à proteção de dados. *Fumus Boni Iuris, O Globo*, 2022.

MENDES, L. S. O direito fundamental à proteção de dados pessoais. *Revista de Direito do Consumidor*, v. 70, p. 45-81, 2011.

MENDES, L. S.; DONEDA, D. Comentário à nova Lei de Proteção de Dados (Lei 13.709/2018): o novo paradigma da proteção de dados no Brasil. *Revista de Direito do Consumidor,* 2018.

MENDES, L. S.; DONEDA, D. Reflexões iniciais sobre a nova Lei Geral de Proteção de Dados, *Revista de Direito do Consumidor,* 2018.

MENDES, L. S.; DONEDA, D.; CUEVA, R. V. B. *Lei Geral de Proteção de Dados (Lei n. 13.709/2018) a caminho da efetividade:* contribuições para a implementação da LGPD. São Paulo: Thomson Reuters/Revista dos Tribunais, 2020. v. 1.

[220] WIMMER, M. Os desafios do *enforcement* na LGPD: fiscalização, aplicação de sanções administrativas e coordenação intergovenamental. *In*: DONEDA, D.; SARLET, I. W.; MENDES, L. S.; RODRIGUES JUNIOR, O. L. *Tratado de proteção de dados pessoais*. Rio de Janeiro: GEN/Forense, 2021.

[221] Disponível em: https://www.gov.br/participamaisbrasil/consulta-a-sociedade-sobre-os-direitos-dos-titulares. Acesso em: 15 jun. 2025.

MENDES, L. S.; DONEDA, D.; SARLET, I. W. *Estudos sobre proteção de dados pessoais.* São Paulo: Saraiva Jur, 2022.

NUCCI, G. S. *Curso de direito penal.* 8. ed. São Paulo: Forense, 2024.

WIMMER, M. Os desafios do *enforcement* na LGPD: fiscalização, aplicação de sanções administrativas e coordenação intergovenamental. *In*: DONEDA, D.; SARLET, I. W.; MENDES, L. S.; RODRIGUES JUNIOR, O. L. *Tratado de proteção de dados pessoais.* Rio de Janeiro: GEN/Forense, 2021. p. 375-387.

Art. 22. A defesa dos interesses e dos direitos dos titulares de dados poderá ser exercida em juízo, individual ou coletivamente, na forma do disposto na legislação pertinente, acerca dos instrumentos de tutela individual e coletiva.

Artigo 22

Comentado por Claudia Lima Marques e Laís Bergstein

DISPOSITIVOS RELACIONADOS NO DIREITO INTERNACIONAL

- Art. 8, Convenção Americana sobre Direitos Humanos (Pacto de São José da Costa Rica), de 22 de novembro de 1969.
- United Nations Guidelines for the Regulation of Computerized Data Files (1990), adopted by U.N. General Assembly Resolution 45/95 (December 14, 1990).
- Princípios 8º e 11º, Princípios da OEA sobre privacidade e proteção de dados pessoais de 2021.
- Princípios Orientadores da OCDE sobre a Proteção da Privacidade e o Fluxo Transfronteiriço de Dados Pessoais.
- Decisão do Secretário-Geral da OCDE sobre a Proteção das Pessoas Relativamente ao Tratamento de seus Dados Pessoais (2019).
- Declaração de Princípios da Cúpula Mundial sobre a Sociedade da Informação de 2003.
- Padrões de Proteção de Dados Pessoais para os Estados Ibero-Americanos (2017).
- Declaração Especial dos Presidentes do Mercosul sobre Democracia e Integridade da Informação em Ambientes Digitais (2023).

DISPOSITIVOS RELACIONADOS NO ORDENAMENTO JURÍDICO BRASILEIRO

- Art. 5º, LXXIX, CRFB.
- Art. 12, CC.
- Art. 139, X, CPC.
- Arts. 81 a 100, CDC.
- Art. 201; arts. 208 a 221, ECA.
- Lei n. 7.347/1985.
- Art. 19, MCI.

DISPOSITIVOS RELACIONADOS NA LGPD

- Arts. 42; art. 45; e art. 64.

ATIVIDADES DA ANPD

- Relatório de Análise de Impacto Regulatório. Construção do Modelo Regulatório Previsto da LGPD com Relação à Aplicação de Sanções Administrativas e às Metodologias de Cálculo do Valor-base das Sanções de Multa (2022).
- Acordo de Cooperação Técnica ANPD e Senacon (2021).

CASOS E DECISÕES JUDICIAIS RELEVANTES

- TJSP, Ap. Civ. 1027572-79.2022.8.26.0506, Rel. Des. Schmitt Corrêa, Terceira Câmara de Direito Privado, j. 12.12.2023, publicado em 15.12.2023.
- TJDFT, Ap. Civ. 07366.34-81.2020.8.07.0001, Ac. 139.7176, Rel. Des. Sandoval Oliveira, Segunda Turma Cível, j. 09.02.2022, publicado em 11.02.2022.
- TRT-8, ROT 0000205-11.2021.5.08.0013, Rel. Desª Rosita de Nazaré Sidrim Nassar, Primeira Turma, j. 03.11.2022, publicado em 08.11.2022.

JUSTIFICATIVA E FUNDAMENTOS

O art. 22 da LGPD cumpre uma função relevante de efetividade da tutela dos direitos dos titulares de dados pessoais. Além de destacar a possibilidade de tutela individual, ressalta a importância da tutela coletiva de interesses individuais homogêneos e difusos. Para tanto, é preciso aplicar a LGPD em diálogo com as previsões da Lei n. 7.347/1985 (Lei da Ação Civil Pública) e do CDC, que disciplinam as ferramentas para a tutela de interesses individuais homogêneos, coletivos e difusos.

Como ensina Danilo Doneda,

> [...] a proteção de dados no Brasil é uma disciplina para cuja legitimidade e formação contribuíram diversos atores, desde a propositura do Anteprojeto de Lei sobre Proteção de Dados pelo Poder Executivo, passando pelo protagonismo do Poder Legislativo ao encaminhar a matéria até culminar com o reconhecimento por esta Egrégia Corte do Direito Fundamental à Proteção de Dados – a partir do que o caminho trilhado não teria mais retorno.[222]

E dar concretude ao microssistema de proteção de dados brasileiro igualmente não é o trabalho exclusivo de uma agência ou um setor.

A efetividade da tutela de dados pessoais resultará de um esforço conjunto de diversos entes públicos e privados, assegurando-se a todos os legitimados legais para a propositura de ações coletivas as ferramentas necessárias para o desempenho dessa relevante função.

---

[222] DONEDA, D. Sustentação oral na ADI n. 6649. *Civilística*, 2022.

ANÁLISE

1. Análise contextual

No mundo, a proteção de interesses e garantias fundamentais em determinadas matérias se dá quase exclusivamente por meio de ações coletivas. Os recursos necessários para a tutela individual de direitos por vezes inviabilizam a adoção de medidas judiciais pelo lesado. É o que se destaca no notório precedente norte-americano AT&T Mobility *versus* Concepcion: "a alternativa realista para uma ação coletiva não é de dezessete milhões de ações individuais, mas de zero ações individuais, já que apenas um lunático ou um fanático processa por trinta dólares" é repetida também em outros precedentes norte-americanos.[223] Há anos, a doutrina aborda a problemática do expressivo volume de danos de pequena expressão econômica individual que não são reclamados judicialmente, gerando prejuízos à grande massa de consumidores (e, consequentemente, lucros aos fornecedores desleais). Os recursos financeiros necessários e o tempo investido em resoluções de certos conflitos muitas vezes não justificam – sopesando-se custo e benefício – o esforço do titular, especialmente no que tange às transações de pequena repercussão econômica.[224]

A história das demandas coletivas no Brasil é recente. Excetuados os dissídios coletivos do trabalho,[225] ela começa paulatinamente com regulação da ação popular pela Lei n. 4.717/1965. A primeira disciplina mais sistemática da matéria, no campo do processo civil, ocorre com a edição de lei específica da ação civil pública (Lei n. 7.347/1985).[226]

Em 1988, com a promulgação da Constituição Cidadã, os interesses difusos e coletivos foram elevados ao plano constitucional. E, enfim, em 1990, com a edição do CDC, passa-se a tutelar todo e qualquer interesse ou direito transindividual. Este Código, como destaca Ada Pellegrini Grinover, "foi além da dicotomia dos interesses difusos e coletivos" e acabou "criando a categoria dos chamados *interesses individuais homogêneos*, que abriram caminho às ações reparatórias dos prejuízos individualmente sofridos (correspondendo, no sistema norte-americano, às *class actions for damages*)".[227]

Na verdade, a Lei n. 7.913/1989 já previa uma ação coletiva de legitimidade exclusiva do Ministério Público em defesa dos interesses individuais homogêneos dos titulares de valores

---

[223] "The realistic alternative to a class action is not 17 million individual suits, but zero individual suits, as only a lunatic or a fanatic sues for $30." Frase originalmente citada em *Carnegie v. Household International Inc. 376 F.3d 656 (7th Cir. 2004)*. Veja, ainda, *Stolt-Nielsen S.A. v. AnimalFeeds International Corp. No. 08-1198 (US Supreme Court) (Ginsburg, J., dissenting)*.

[224] Conforme destacam Egon Bockmann Moreira, Andreia Cristina Bagatin, Sérgio Cruz Arenhart e Marcella Pereira Ferraro, a via coletiva é, em muitas ocasiões, a única que possibilita o acesso à Justiça. Uma dessas situações é a dos danos de pequena monta, que de modo geral não têm sua reparação postulada individualmente (MOREIRA, E. B.; BAGATIN, A. C.; ARENHART, S. C.; FERRARO, M. P. *Comentários à Lei de Ação Civil Pública*. São Paulo: Revista dos Tribunais, 2016. p. 283).

[225] Citam-se, ainda, a Lei n. 1.134/1950, que trata da representação dos funcionários ou empregados de empresas industriais da União por associações de classe e a Lei n. 4.215/1963, revogada pela Lei n. 8.906/1994, que permitia à Ordem representar os interesses dos advogados.

[226] WATANABE, K. Demandas coletivas e os problemas emergentes da práxis forense. *In*: BOBBIO, N.; HOFFMANN, M. P. (org.). *As garantias do cidadão na Justiça*. São Paulo: Saraiva, 1993.

[227] GRINOVER, A. P. Rumo a um sistema ibero-americano de tutela de interesses transindividuais. *In*: GIDI, A.; MAC-GREGOR, E. F. *La tutela de los derechos difusos, colectivos e individuales homogéneos*: hacia un Código modelo para Iberoamérica. México: Porrúa, 2004. p. XLVI.

mobiliários e investidores desse mercado, mas nessa época a expressão "direitos individuais homogêneos" não foi empregada. Atribui-se a Barbosa Moreira uso dessa expressão pela primeira vez no Brasil antes da publicação do CDC, ao se referir ao "feixe de interesses individuais homogêneos e paralelos", em comentário às *class actions for damages* norte-americanas.[228]

O art. 22 da LGPD apresenta, assim, as ferramentas processuais e jurídicas necessárias para se dar concretude aos direitos dos titulares de dados pessoais.

No âmbito do RGPD reconhece-se no Considerando 141 que "os titulares dos dados deverão ter direito a apresentar reclamação a uma única autoridade de controlo única, particularmente no Estado-Membro da sua residência habitual, e direito a uma ação judicial efetiva, nos termos do artigo 47.º da Carta, se considerarem que os direitos que lhes são conferidos pelo presente regulamento foram violados ou se a autoridade de controlo não responder a uma reclamação, a recusar ou rejeitar, total ou parcialmente, ou não tomar as iniciativas necessárias para proteger os seus direitos". O direito de recurso judicial é uma garantia fundamental ao titular de dados pessoais.

O art. 78 do RGPD estabelece, com mais detalhes, o direito à ação judicial contra as decisões juridicamente vinculativas das autoridades de controle que lhes digam respeito. Da mesma forma, os titulares dos dados têm direito à ação judicial se a autoridade de controle competente não tratar a reclamação ou não informar o titular dos dados, no prazo de três meses, sobre o andamento ou o resultado da reclamação que tenha apresentado nos termos do Regulamento. As medidas são interpostas nos tribunais do Estado-Membro onde a autoridade esteja estabelecida.

Não existe igual previsão na LGPD, mas a sistemática processual pátria prevê instrumentos de controle judicial de atos emanados por autoridades, inclusive com a possibilidade de controle concentrado ou difuso de constitucionalidade de normativas editadas pela Autoridade.

2. Análise doutrinária

Na medida em que o dispositivo reproduz redação semelhante àquela consolidada no Brasil, como a legislação de defesa do consumidor, para a defesa de direitos nos planos individual e coletivo, é pouco provável que surjam muitas divergências interpretativas quanto às ferramentas de exercício do direito de ação.

O critério científico para diferenciar um direito difuso, coletivo, individual homogêneo ou individual puro não é, segundo Antonio Gidi, "a matéria, o tema, o assunto abstratamente considerados, mas o direito subjetivo específico que foi violado".[229] A categoria dos interesses ou direitos individuais homogêneos[230] contempla "verdadeiros direitos subjetivos tradicionais, passíveis, ainda hoje, de tratamento processual individual, mas também, agora, de tratamento coletivo, em razão de sua homogeneidade e de sua origem comum".[231] Eles são definidos no inciso III do art. 81 do CDC como "os decorrentes de origem comum".

---

[228] Conf.: GIDI, A. *Coisa julgada e litispendência em ações coletivas*. São Paulo: Saraiva, 1995. p. 19, nota 49.

[229] GIDI, A. *Coisa julgada e litispendência em ações coletivas*. São Paulo: Saraiva, 1995. p. 21.

[230] "Os direitos individuais homogêneos se caracterizam por serem um feixe de direitos subjetivos individuais, marcado pela nota da divisibilidade, de que é titular uma comunidade de pessoas indeterminadas mas determináveis, cuja origem está em alegações de questões comuns de fato ou de direito" (GIDI, A. *Coisa julgada e litispendência em ações coletivas*. São Paulo: Saraiva, 1995. p. 30).

[231] GRINOVER, A. P. Da *class action for damages* à ação de classe brasileira: os requisitos de admissibilidade. *In*: GRINOVER, A. P.; BENJAMIN, A. H. V.; WAMBIER, T. A. A.; VIGOROTI, V. (org.). *Processo coletivo:* do surgimento à atualidade. São Paulo: Revista dos Tribunais, 2014. p. 171.

Os direitos individuais homogêneos são, nesse sentido, "acidentalmente coletivos". Isso enquanto os direitos difusos e coletivos são "essencialmente coletivos",[232] na medida em que transcendem a esfera individual (daí a expressão *transindividuais* no CDC), são chamados *superindividuais* e "não pertencem a uma pessoa física ou jurídica determinada, mas a uma comunidade amorfa, fluida e flexível, com identidade social, porém sem personalidade jurídica".[233] A natureza dos direitos individuais homogêneos "não é difusa, nem puramente individual, mas sim coletiva *stricto sensu* ou individual homogênea".[234]

O direito à proteção dos dados pessoais tem estreita relação com o dever de prevenção de danos. A prevenção (*lato sensu*) é um dos quatro princípios regentes da responsabilidade civil e consequência inafastável da aplicação de qualquer uma das suas funções: reparatória, punitiva e "precaucional", de desestímulo à atitude danosa. É o que afirma Nelson Rosenvald, para quem "na função reparatória da indenização é acrescida a uma 'prevenção de danos'; na função punitiva, a pena civil é acrescida a uma 'prevenção de ilícitos'; enquanto na função precaucional, a sanção é acrescida a uma 'prevenção de riscos'".[235]

O ponto de partida da reparação é, necessariamente, o dano. Clóvis V. do Couto e Silva construiu um conceito de *dano* partindo da premissa de que é a "noção jurídica de interesse [...] que determina a extensão do dano que alguém esteja obrigado a indenizar", pois "como sucede muitas vezes, a norma jurídica seleciona uma fração do fato social para transformá-lo numa situação jurídica. Alude-se a esse propósito a noção de interesse violado".[236] Diante de uma gama de interesses que não mais se acomodam no conceito tradicional de ato ilícito, formou-se na pós-modernidade a compreensão de que a reparação de danos deve estar mais ligada à noção de dano injusto.[237]

AÇÕES REGULATÓRIAS E FISCALIZATÓRIAS DE ENTIDADES GOVERNAMENTAIS E ÓRGÃOS DE CONTROLE

O primeiro acordo de cooperação técnica[238] firmado pela ANPD foi com a Senacon, em 22 de março de 2021. Objetiva-se, em um esforço conjunto, assegurar maior agilidade nas investigações de incidentes de segurança, por meio do compartilhamento de informações coletadas a partir de reclamações de consumidores.

O acordo prevê ações conjuntas nas áreas de proteção de dados pessoais e defesa do consumidor, prevendo a uniformização de entendimentos, cooperação na fiscalização, desenvolvimento de indicadores, ações de educação, formação e capacitação. O SNDC já dispõe de uma ampla rede de atendimentos ao cidadão, a exemplo dos postos de atendimento dos

[232] Moreira (1995) *apud* GIDI, A. *Coisa julgada e litispendência em ações coletivas*. São Paulo: Saraiva, 1995. p. 25.

[233] GIDI, A. *Coisa julgada e litispendência em ações coletivas*. São Paulo: Saraiva, 1995. p. 26.

[234] BENJAMIN, A. H. V. Comentários ao art. 81. *In*: MARQUES, C. L.; BENJAMIN, A. H. V.; MIRAGEM, B. (org.). *Comentários ao Código de Defesa do Consumidor*. 3. ed. São Paulo: Revista dos Tribunais, 2010. p. 1297.

[235] ROSENVALD, N. *As funções da responsabilidade civil*: a reparação e a pena civil. São Paulo: Atlas, 2014. v. 2, p. 16-17.

[236] COUTO E SILVA, C. O conceito de dano no direito brasileiro e comparado. *Revista dos Tribunais*, São Paulo, v. 677, p. 7-16, 1991.

[237] WELTER, F.; BERGSTEIN, L. O dano pela privação de uso. *Boletim do Escritório Professor René Dotti*, Curitiba, v. 35, jan./mar. 2017.

[238] ANPD (2021).

Procons estaduais e municipais, o que pode fortalecer o trabalho da Agência Nacional na proteção de dados pessoais.

Além disso, as associações de defesa dos consumidores, o ministério público e demais legitimados indicados no art. 82 do CDC podem promover ações coletivas para a defesa de direitos dos consumidores envolvendo, também, aspectos da proteção de dados pessoais. Nessas situações, pode-se adotar a teoria do diálogo das fontes como método de compatibilizar e harmonizar as normativas dos microssistemas de defesa dos consumidores e de proteção de dados pessoais.

As sanções administrativas aplicáveis isolada ou cumulativamente pela ANPD são previstas no art. 52 da LGPD e poderão incluir uma multa por infração de até 2% (dois por cento) do faturamento da pessoa jurídica, grupo ou conglomerado no Brasil no seu último exercício, podendo atingir até R$ 50.000.000,00 (cinquenta milhões de reais) (art. 52, II, LGPD). Também é prevista uma sanção de *shaming*, ou seja, de publicização da infração após a apuração e a confirmação da sua ocorrência por meio de processo administrativo (art. 52, IV, LGPD).

As sanções previstas na LGPD não excluem as previstas em outras leis, como, por exemplo, a que define o crime de concorrência desleal em desfavor de outras empresas do setor quando os dados obtidos ilegalmente forem utilizados para oferta de produtos ou serviços, gerando uma vantagem competitiva no setor. O art. 195, XI e XII, da Lei n. 9.279/1996 prevê que:

> Art. 195. Comete crime de concorrência desleal quem: [...]
>
> XI – divulga, explora ou utiliza-se, sem autorização, de conhecimentos informações ou dados confidenciais, utilizáveis na indústria, comércio ou prestação de serviços, excluídos aqueles que sejam de conhecimento público ou que sejam evidentes para um técnico no assunto, a que teve acesso mediante relação contratual ou empregatícia, mesmo após o término do contrato;
>
> XII – divulga, explora ou utiliza-se, sem autorização, de conhecimentos ou informações a que se refere o inciso anterior, obtidos por meios ilícitos ou a que teve acesso mediante fraude. Pena – detenção, de 3 (três) meses a 1 (um) ano, ou multa.

A conformidade com a legislação demanda que os controladores implementem medidas adequadas para a efetiva proteção de dados, as quais devem ser concebidas para garantir que, por padrão, somente os dados necessários para cada finalidade específica sejam processados. Na LGPD, a *accountability* está presente através do princípio da "responsabilização e prestação de contas: [consistindo na] demonstração, pelo agente, da adoção de medidas eficazes e capazes de comprovar a observância e o cumprimento das normas de proteção de dados pessoais e, inclusive, da eficácia dessas medidas" (art. 6º, X). Todavia, em termos concretos, ela fica centrada em questões de segurança no tratamento dos dados: "os agentes de tratamento devem adotar medidas de segurança, técnicas e administrativas aptas a proteger os dados pessoais de acessos não autorizados e de situações acidentais ou ilícitas de destruição, perda, alteração, comunicação ou qualquer forma de tratamento inadequado ou ilícito [as quais] deverão ser observadas desde a fase de concepção do produto ou do serviço até a sua execução" (art. 46, *caput* e § 2º). Ao passo que a elaboração de um "relatório de impacto à proteção de dados pessoais, documentação do controlador que contém a descrição dos processos de tratamento de dados pessoais que podem gerar riscos às liberdades civis e aos direitos fundamentais, bem como medidas, salvaguardas e mecanismos de mitigação de risco" (art. 5º XVIII) é casuística, estando dependente da ANPD.

Os precedentes selecionados nesse tópico indicam como a LGPD tem sido invocada pelos tribunais com a sua dimensão constitucional de proteção de dados pessoais. Processualmente, a atribuição do ônus da prova ao agente de tratamento quanto à inocorrência de violação à legislação[239] é um aspecto fundamental para a efetividade da tutela judicial dos direitos dos titulares de dados pessoais. Da mesma forma, destaca-se a necessidade de transparência sobre os trâmites de coleta e tratamento, para que não ocorram violações à esfera da privacidade.[240]

BIBLIOGRAFIA SELECIONADA

BENJAMIN, A. H. V. Comentários ao art. 81. *In*: MARQUES, C. L.; BENJAMIN, A. H. V.; MIRAGEM, B. (org.). *Comentários ao Código de Defesa do Consumidor*. 3. ed. São Paulo: Revista dos Tribunais, 2010.

BERGSTEIN, L. Direito à portabilidade na Lei Geral de Proteção de Dados. *Revista dos Tribunais,* v. 433, 2019.

COUTO E SILVA, C. O conceito de dano no direito brasileiro e comparado. *Revista dos Tribunais*, São Paulo, v. 677, p. 7-16, 1991.

DONEDA, D. *A proteção de dados pessoais nas relações de consumo:* para além da informação creditícia. Rio de Janeiro: Renovar, 2006.

DONEDA, D. Sustentação oral na ADI n. 6649. *Civilística*, 2022.

FINDLAW. *Carnegie v. Household International Inc.*, 376 F.3d 656 (7th Cir. 2004). Disponível em: http://caselaw.findlaw.com/us-7th-circuit/1296172.html. Acesso em: 19 nov. 2017.

GIDI, A. *Coisa julgada e litispendência em ações coletivas.* São Paulo: Saraiva, 1995.

GRINOVER, A. P. Da *class action for damages* à ação de classe brasileira: os requisitos de admissibilidade. *In*: GRINOVER, A. P.; BENJAMIN, A. H. V.; WAMBIER, T. A. A.; VIGOROTI, V. (Org.). *Processo coletivo:* do surgimento à atualidade. São Paulo: Revista dos Tribunais, 2014.

GRINOVER, A. P. Rumo a um sistema ibero-americano de tutela de interesses transindividuais. *In*: GIDI, A.; MAC-GREGOR, E. F. *La tutela de los derechos difusos, colectivos e individuales homogéneos:* hacia un Código modelo para Iberoamérica. México: Porrúa, 2004.

LIMA, C. R. P.; DE LUCCA, N.; MARQUES, C. L. Desafios à proteção de dados dos consumidores no cenário transfronteiriço interamericano. *Regulação das relações de consumo: lições contemporâneas.* São Paulo: Foco, 2023.

MARQUES, C. L.; LIMA, C. R. P. Relatório de impacto à proteção de dados dos trabalhadores: dilemas em torno da análise de risco. *In*: BARZOTTO, L. C.; COSTA, R. H. A. M. (org.). *Estudos sobre a LGPD – Lei Geral de Proteção de Dados – Lei n. 13.709/2018:* doutrina e aplicabilidade no âmbito laboral. Porto Alegre: Escola Judicial do TRT-4ª Região/ Diadorim Editora, 2022. v. 1.

MARQUES, C. L.; LIMA, C. R. P.; PEROLI, K. A proteção de dados pessoais nos Estados-Membros do Mercosul. *Revista CNJ*, Brasília, v. 7, 2023.

239 TRT-8, ROT 0000205-11.2021.5.08.0013.

240 TJDFT, Ap. Civ. 07366.34-81.2020.8.07.0001.

MARQUES, C. L.; MIRAGEM, B. O necessário diálogo entre a LGPD e o Código de Defesa do Consumidor e os novos direitos do consumidor-titular dos dados. *In*: DONEDA, D.; MENDES, L. S.; SARLET, I. W.; RODRIGUES JR., O. L. (coord.). *Tratado de proteção de dados pessoais*. Rio de Janeiro: Forense, 2022. v. 1.

MARQUES, C. L.; MIRAGEM, B. "Serviços simbióticos" do consumo digital e o PL 3.514/2015 de atualização do CDC. *Revista de Direito do Consumidor*, São Paulo, n. 132, p. 91, 2020.

MARQUES, C. L.; MUCELIN, M. Responsabilidade civil dos provedores de aplicação por violação de dados pessoais na internet: o método do diálogo das fontes e o regime do Código de Defesa do Consumidor. *STF, Secretaria de Altos Estudos, Pesquisas e Gestão da Informação,* 2023.

MENDES, L. S. Segurança da informação, proteção de dados pessoais e confiança. *Revista de Direito do Consumidor*, São Paulo, v. 22, n. 90, nov./dez. 2013.

MENDES, L. S.; DONEDA, D. Comentário à nova Lei de Proteção de Dados (Lei 13.709/2018): o novo paradigma da proteção de dados no Brasil. *Revista de Direito do Consumidor,* São Paulo, n. 120, 2018.

MIRAGEM, B. *Curso de direito do consumidor*. São Paulo: Revista dos Tribunais, v. 8, 2019.

MIRAGEM, B. A Lei Geral de Proteção de Dados (Lei 13.709/2018) e o direito do consumidor. *Revista dos Tribunais,* São Paulo, n. 1009, 2019.

MOCELLIN, G.; BERGSTEIN, L.; MARTINI, S. R. Precificação discriminatória no novo paradigma tecnológico do mercado de consumo: a tutela do consumidor e a defesa da concorrência contra práticas abusivas com o uso de dados pessoais. *Revista Direito Mackenzie,* São Paulo, v. 14, p. 20, 2020.

MOREIRA, E. B. Tutela jurisdicional dos interesses coletivos ou difusos. *In*: DINAMARCO, C. F. J.; WAMBIER, T. A. A. (org.). *Temas de direito processual:* relatório apresentado em 1983 no VII Congresso Internacional de Direito Processual em Würzburg. São Paulo: Saraiva, 1995.

MOREIRA, E. B.; BAGATIN, A. C.; ARENHART, S. C.; FERRARO, M. P. *Comentários à Lei de Ação Civil Pública*. São Paulo: Revista dos Tribunais, 2016.

ROSENVALD, N. *As funções da responsabilidade civil:* a reparação e a pena civil. São Paulo: Atlas, 2014. v. 2.

SPIECKER, I. *et al.* The regulation of commercial profiling – a comparative analysis. *European Data Protection Law Review,* 2016.

STOLT-NIELSEN S.A. v. *AnimalFeeds International Corp.* No. 08-1198 (US Supreme Court) (Ginsburg, J., dissenting). Disponível em: https://supreme.justia.com/cases/federal/us/559/08-1198/dissent.pdf. Acesso em: 19 dez. 2023.

WATANABE, K. Demandas coletivas e os problemas emergentes da práxis forense. *In*: BOBBIO, N.; HOFFMANN, M. P. (org.). *As garantias do cidadão na Justiça*. São Paulo: Saraiva, 1993.

WELTER, F.; BERGSTEIN, L. O dano pela privação de uso. *Boletim do Escritório Professor René Dotti*, Curitiba, v. 35, jan./mar. 2017.

Capítulo IV
DO TRATAMENTO DE DADOS PESSOAIS PELO PODER PÚBLICO

Seção I
Das Regras

Art. 23. O tratamento de dados pessoais pelas pessoas jurídicas de direito público referidas no parágrafo único do art. 1º da Lei n. 12.527, de 18 de novembro de 2011 (Lei de Acesso à Informação), deverá ser realizado para o atendimento de sua finalidade pública, na persecução do interesse público, com o objetivo de executar as competências legais ou cumprir as atribuições legais do serviço público, desde que:

I – sejam informadas as hipóteses em que, no exercício de suas competências, realizam o tratamento de dados pessoais, fornecendo informações claras e atualizadas sobre a previsão legal, a finalidade, os procedimentos e as práticas utilizadas para a execução dessas atividades, em veículos de fácil acesso, preferencialmente em seus sítios eletrônicos;

II – (VETADO); e

III – seja indicado um encarregado quando realizarem operações de tratamento de dados pessoais, nos termos do art. 39 desta Lei; e (Redação dada pela Lei n. 13.853, de 2019)

IV – (VETADO).

§ 1º A autoridade nacional poderá dispor sobre as formas de publicidade das operações de tratamento.

§ 2º O disposto nesta Lei não dispensa as pessoas jurídicas mencionadas no *caput* deste artigo de instituir as autoridades de que trata a Lei n. 12.527, de 18 de novembro de 2011 (Lei de Acesso à Informação).

§ 3º Os prazos e procedimentos para exercício dos direitos do titular perante o Poder Público observarão o disposto em legislação específica, em especial as disposições constantes da Lei n. 9.507, de 12 de novembro de 1997 (Lei do *Habeas Data*), da Lei n. 9.784, de 29 de janeiro de 1999 (Lei Geral do Processo Administrativo), e da Lei n. 12.527, de 18 de novembro de 2011 (Lei de Acesso à Informação).

§ 4º Os serviços notariais e de registro exercidos em caráter privado, por delegação do Poder Público, terão o mesmo tratamento dispensado às pessoas jurídicas referidas no *caput* deste artigo, nos termos desta Lei.

§ 5º Os órgãos notariais e de registro devem fornecer acesso aos dados por meio eletrônico para a administração pública, tendo em vista as finalidades de que trata o *caput* deste artigo.

Artigo 23

Comentado por Gustavo Gil Gasiola e Otavio Venturini

DISPOSITIVOS RELACIONADOS NO DIREITO INTERNACIONAL

- Art. 12, Declaração Universal dos Direitos do Homem ONU.
- Art. 17, Pacto Internacional dos Direitos Civis e Políticos ONU.

- Art. 11(2), Convenção Americana sobre Direitos Humanos (Pacto de San José da Costa Rica) OEA.

DISPOSITIVOS RELACIONADOS NO ORDENAMENTO JURÍDICO BRASILEIRO

- Arts. 10 a 20, LAI.
- Lei n. 9.507/1997 (Lei do *Habeas Data*).
- Art. 20, LINDB.
- Art. 11, IV, Lei n. 8.429/1992 (Lei de Improbidade Administrativa).

DISPOSITIVOS RELACIONADOS NA LGPD

- Arts. 6º e 7º; art. 11; e art. 24.

ATIVIDADES DA ANPD

- Guia Orientativo: Tratamento de Dados Pessoais pelo Poder Público (v 2.0, 2023).
- Nota Técnica n. 92/2022/CGF/ANPD (2022).

CASOS E DECISÕES JUDICIAIS RELEVANTES

- STF, Medida Cautelar nas ADIs n. 6389, 6390, 6393, 6388 e 6387. Plenário. Rel. Min. Rosa Weber. j. 07.05.2020. *DJe* 12.11.2020.
- STF, ADPF n. 695/DF e ADI 6.649/DF, Tribunal Pleno, Rel. Min. Gilmar Mendes, j. 15.12.2022, *DJe* 19.06.2023.

JUSTIFICATIVA E FUNDAMENTOS

O art. 23 da LGPD estabelece requisitos específicos para a admissibilidade do tratamento de dados pessoais pelo Poder Público. Esses requisitos somam-se às regras gerais para adequar o regime de proteção de dados ao Direito Público e, em especial, ao Direito Administrativo. Tal adequação é necessária, na medida em que o tratamento de dados realizado pelo Poder Público se difere essencialmente do realizado por entes privados. Assim, o art. 23 fundamenta a identificação de um Direito Administrativo da Proteção de Dados Pessoais,[1] ou seja, um regime de proteção dos dados pessoais aplicado ao tratamento de dados pelo Poder Público. Dessa forma, abre-se uma nova perspectiva de análise de um regime jurídico próprio para o Poder Público que se extrai do conjunto normativo da LGPD.

---

[1] Veja GASIOLA, G. G. Proteção de dados na administração pública: estudo sobre o programa City Câmeras do município de São Paulo. *In*: FERRAZ, S.; VENTURINI, O.; GASIOLA, G. G. (ed.). *Proteção de dados pessoais e* compliance *digital*. São Paulo: Umanos, 2022. p. 210-212.

A despeito de sua importância, o Capítulo IV não havia sido previsto no projeto de lei original (PL n. 4.060/2012).[2] Esse regramento aparece ao longo do processo legislativo, especificamente no PL n. 5.276/2016, elaborado pelo MJ e apensado ao PL n. 4.060/2012. Posteriormente, a Comissão Especial adicionou, dentre outros dispositivos, o art. 23 no Substitutivo ao PL n. 4.060/2012. Conforme o relatório da Comissão Especial, os arts. 23 a 30 teriam o objetivo de compatibilizar as regras da LGPD com a LAI.[3] Após poucas alterações no art. 23 – como a inclusão dos §§ 4° e 5° – o PL foi aprovado no Congresso Nacional.

Ao sancionar a LGPD, a Presidência da República vetou o inciso II do art. 23 da LGPD. O dispositivo garantia o sigilo de requerentes de acesso à informação e vedava o compartilhamento dos dados pessoais dos requerentes. De acordo com o Relatório da Comissão Especial, tal dispositivo visava "ampliar a proteção à privacidade das pessoas quando seus dados são tratados pelo Poder Público".[4] Nas razões de veto, a Presidência afirmou que a norma impediria o compartilhamento de dados no âmbito do Poder Público e com pessoas jurídicas privadas e que tal atividade seria essencial para o exercício de atividades públicas.[5] Posteriormente, a LGPD foi alterada pela Lei n. 13.853/2019 e a mesma norma foi reintroduzida no inciso IV do art. 23 da LGPD. Novamente, a Presidência da República vetou o dispositivo reafirmando as razões de veto.[6]

A proteção específica dos requerentes de acesso à informação é um instrumento adequado para garantir o direito de acesso à informação pública (art. 5°, XXXIII, CRFB) e evitar um possível efeito inibidor[7] (*chilling effect*) sobre os requerentes. Tendo em vista o âmbito limitado dessa proteção – sigilo e restrição do compartilhamento apenas dos dados relativos à solicitação de acesso à informação nos termos da LAI –, as razões de veto mostram-se, porém, inadequadas. Cumpriria a Presidência informar em que medida os dados dos requerentes de acesso à informação seriam essenciais para as atividades públicas (para além da própria realização do direito de acesso à informação). Independentemente do veto, a divulgação e o compartilhamento de dados pessoais dos requerentes apenas serão admissíveis quando os demais requisitos da LGPD, em geral, e do art. 23, em específico, estiverem satisfeitos.

ANÁLISE

1. Análise contextual

O âmbito de aplicação da LGPD abrange o tratamento de dados pessoais realizado por pessoas naturais e jurídicas de direito público e privado (art. 1). De forma geral, a LGPD

---

2 Inclusive, o art. 6, III, do PL n. 4.060/2012 excluía do âmbito de aplicação os bancos de dados "de administração pública".

3 Parecer do Relator da Comissão Especial PL n. 4.060/2012 (2018) 38. Entretanto, cumpre pontuar que o conteúdo normativo dos arts. 23 a 30 não se limita em compatibilizar a LGPD e a LAI, mas sim a própria compatibilização das regras gerais da LGPD com o regime jurídico de Direito Público.

4 Parecer do Relator da Comissão Especial PL n. 4.060/2012 (2018, p. 38).

5 Presidência da República, Mensagem 451 (2018).

6 Presidência da República, Mensagem 288 (2019).

7 Visto que o sigilo não é garantido e o compartilhamento não é proibido, as pessoas podem deixar de exercitar seu legítimo direito com receio de eventuais represálias ou outros efeitos negativos decorrentes do requerimento.

não diferencia o tratamento realizado por entes públicos ou privados[8] ou de acordo com o contexto de tratamento. Essa estrutura transversal, que cria requisitos gerais para qualquer tratamento de dados pessoais, diferencia-se de uma abordagem setorial, restrita a atores e contextos específicos. Ela se baseia no desenvolvimento de um direito fundamental à proteção de dados pessoais (art. 5º, LXXIX, CRFB), cujo âmbito de proteção se estende sobre qualquer tratamento de dados pessoais.

No entanto, a criação de um regime de proteção único é limitada pela tradicional diferenciação entre o direito público e o direito privado. O Poder Público está sujeito a um regime jurídico específico, que estabelece competências e limites para a realização do interesse público. Tendo em vista que o exercício das competências públicas e o atendimento do interesse público dependem do tratamento de dados pessoais – como uma atividade material que suporta a tomada de decisão – o regime de proteção de dados pessoais para o Poder Público precisa ser analisado sob as lentes do Direito Público.

É nesse contexto que se insere o art. 23 da LGPD. O dispositivo é o ponto de partida para identificar e compreender o Direito Administrativo da Proteção de Dados Pessoais, ou seja, o recorte interpretativo que deve passar por todas as regras da LGPD para a sua adequada interpretação para o Poder Público.[9] O art. 23 da LGPD não se limita, portanto, a adequar as regras da LGPD para o regime de acesso à informação da LAI ou mesmo para adaptar pontualmente as regras gerais para o Poder Público. Mais do que isso, o art. 23 reafirma e exige do intérprete a diferenciação entre o tratamento de dados por pessoas de direito privado e por pessoas de direito público.

Antes de analisarmos os principais impactos do art. 23 à interpretação das regras gerais da LGPD, cabe pontuar rapidamente alguns aspectos de direito comparado. Apesar da LGPD se inspirar no RGPD, o regulamento europeu não prevê regra semelhante ao art. 23 da LGPD. Essa ausência é explicada, no entanto, pela falta de competência legislativa da UE para regular sobre Direito Administrativo. Por conta disso, regras específicas de proteção de dados para os entes públicos são encontradas no direito nacional dos Estados Membros. E, nesse âmbito nacional, é possível identificar normas semelhantes às do art. 23 da LGPD.[10] Dessa maneira, o art. 23 da LGPD não corresponde propriamente a uma inovação no direito da proteção de dados.

2. Âmbito de aplicação das regras específicas para o Poder Público

As regras do art. 23 da LGPD são aplicadas ao tratamento de dados realizado pelo Poder Público. Para definir o conceito de Poder Público, a LGPD refere-se ao parágrafo único do

---

[8] MENDES, L. S.; DONEDA, D. Reflexões iniciais sobre a nova Lei Geral de Proteção de Dados. *Revista de Direito do Consumidor*, São Paulo, n. 469, p. 472, 2018; CELANO, P. B.; ESPERATO, V. Disposições preliminares. *In*: FEIGELSON, B.; BECKER, D.; CAMARINHA, S. M. F. (ed.). *Comentários à Lei Geral de Proteção de Dados*. São Paulo: Thomson Reuters Brasil, 2020. p. 22; RANK, A. T.; BARBERI, M. A. *Big Data* e direitos fundamentais sob o enfoque da Lei Geral de Proteção de Dados. *International Journal of Data Law*, v. 9, p. 22, 2022.

[9] Cf. BELLINI, G. Compatibilidade entre a proteção de dados pessoais e o dever de transparência pública. *In*: DAL POZZO, A. N.; MARTINS, R. M. (ed.). *LGPD & Administração Pública*. São Paulo: Revista dos Tribunais, 2020. p. 300.

[10] Veja, por exemplo, o § 3 da Lei Federal de Proteção de Dados da Alemanha (BDSG); o art. 4(1) Lei de Proteção de Dados do Estado da Bavária (BayDSG); o § 4 Lei de Proteção de Dados do Estado de Baden-Württemberg (BWDSG).

art. 1º da LAI. Tal referência é reminiscência da intenção do legislador em harmonizar a LAI com as regras de proteção de dados. O conceito de Poder Público deve ser compreendido de forma ampla,[11] abrangendo os órgãos públicos integrantes da administração direta dos Poderes Executivo, Legislativo, incluindo as Cortes de Contas, Judiciário e Ministério Público (art. 1º, parágrafo único, I, LAI) e as autarquias, as fundações públicas, as empresas públicas, as sociedades de economia mista e demais entidades controladas direta ou indiretamente pela União, Estados, Distrito Federal e Municípios (art. 1º, parágrafo único, II, LAI). O art. 24 da LGPD excepciona desse regime especial as empresas públicas e as sociedades de economia mista que atuam em regime de concorrência. No entanto, empresas públicas e as sociedades de economia mista que operacionalizam políticas públicas estão sujeitas às regras especiais do Capítulo IV (art. 24, parágrafo único, LGPD).[12] Finalmente, o § 4°, do art. 23 da LGPD estende o conceito de Poder Público também para os serviços notariais e de registro,[13] que deverão se sujeitar às regras específicas do Capítulo IV.

3. Admissibilidade do tratamento de dados pessoais pelo Poder Público

3.1. Relação entre os arts. 7º e 11 e o art. 23, *caput*, da LGPD

O tratamento de dados pessoais apenas é admissível quando se ampara em pelo menos uma das hipóteses de tratamento dos arts. 7º ou 11 (no caso de dados sensíveis). Conforme o art. 23, *caput*, da LGPD, o tratamento de dados pelo Poder Público deve também "ser realizado para o atendimento de sua finalidade pública, na persecução do interesse público, com o objetivo de executar as competências legais ou cumprir as atribuições legais do serviço público". A primeira dificuldade interpretativa é a relação entre os arts. 7º e 11, de um lado, e o art. 23, *caput*, de outro.

Para parte da doutrina,[14] o art. 23, *caput*, da LGPD deveria ser interpretado como uma extensão dos arts. 7º e 11 da Lei, ou seja, como uma hipótese de tratamento adicional para o Poder Público. Nesse sentido, o tratamento de dados pessoais pelo Poder Público seria

---

11 ANPD. *Guia Orientativo*: Tratamento de Dados Pessoais pelo Poder Público, versão 2.0, 2023, p. 7.

12 ANPD. *Guia Orientativo*: Tratamento de Dados Pessoais pelo Poder Público, versão 2.0, 2023, p. 7.

13 ANPD. *Guia Orientativo*: Tratamento de Dados Pessoais pelo Poder Público, versão 2.0, 2023, p. 7.

14 GAROFANO, R. R. *Limitação de finalidade no tratamento de dados pessoais pelo Poder Público*. 2022. Tese (Doutorado) – Universidade de São Paulo, São Paulo, 2022, p. 153; DI SALVO, S. H. P. G. J. *Direitos e garantias da proteção de dados pessoais tratados pela administração pública brasileira:* o piso da proteção normativa. 2022. Tese (Doutorado) – Universidade de São Paulo, São Paulo, 2022, p. 60; BELLINI, G. Compatibilidade entre a proteção de dados pessoais e o dever de transparência pública. *In*: DAL POZZO, A. N.; MARTINS, R. M. (ed.). *LGPD & Administração Pública*. São Paulo: Revista dos Tribunais, 2020. p. 298; BAIÃO, R. B. S. M.; TEIVE, M. M. O artigo 23 da LGPD como base legal autônoma para o tratamento de dados pessoais pelo Poder Judiciário. *In*: PALHARES, F. (ed.). *Temas atuais de proteção de dados*. São Paulo: Revista dos Tribunais, 2020. p. 315; MENDES, L. S.; BIONI, B. O Regulamento Europeu de Proteção de Dados Pessoais e a Lei Geral de Proteção de Dados brasileira: mapeando convergências na direção de um nível de equivalência. *Revista de Direito do Consumidor*, São Paulo, n. 124, p. 158, 2019; WIMMER, M. Proteção de dados pessoais no Poder Público: incidência, bases legais e especificidades. *Revista de Administração*, São Paulo, v. 144, p. 132, 2019; SIMÃO FILHO, A. Regime jurídico do banco de dados: função econômica e reflexos na monetização. *In*: LUCCA, N. de *et al*. (ed.). *Direito & Internet IV*. São Paulo: Quartier Latin, 2019. p. 183; BIONI, B.; MENDES, L. S. Regulamento Europeu de Proteção de Dados Pessoais e a Lei Geral Brasileira de Proteção de Dados: mapeando convergências na direção de um nível de equivalência. *In*: TEPEDINO, G.; FRAZÃO, A.; OLIVA, M. D. (ed.). *Lei Geral de Proteção de Dados Pessoais e suas repercussões no direito brasileiro*. São Paulo: Revista dos Tribunais, 2019. p. 812.

admissível se fosse amparado em pelo menos uma hipótese de tratamento dos arts. 7º e 11 ou pela hipótese de tratamento do art. 23, *caput*, da LGPD. Essa interpretação reconhece no art. 23, *caput*, da LGPD uma cláusula geral permissiva, paralela aos arts. 7º e 11.

Entretanto, tal interpretação é inadequada. Em primeiro lugar, ela contradiz a própria estrutura da LGPD, ao criar uma hipótese de tratamento fora dos arts. 7º e 11 da LGPD.[15] Em segundo lugar, a interpretação do art. 23, *caput*, da LGPD como uma nova hipótese de tratamento ignora o caráter aditivo do dispositivo, o qual exige o cumprimento dos requisitos do art. 23 da LGPD para qualquer tratamento de dados pessoais realizado pelo Poder Público.

O tratamento de dados pessoais pelo Poder Público será admissível apenas se amparado em pelo menos uma das hipóteses dos arts. 7º ou 11 e os requisitos do art. 23 estiverem satisfeitos.[16] Por ser um requisito adicional de admissibilidade para o Poder Público,[17] o tratamento de dados não será admissível caso as condições do art. 23 da LGPD não estiverem cumpridas – ainda que o tratamento se ampare em uma ou várias hipóteses de tratamento.[18] Da mesma forma, o tratamento de dados não será admissível se, cumprindo os requisitos do art. 23 da LGPD, o Poder Público não se amparar em uma das hipóteses dos arts. 7º ou 11. Ademais, as próprias hipóteses de tratamento dos arts. 7º e 11 "devem ser interpretadas em conjunto e de forma sistemática com os critérios adicionais previstos no art. 23",[19] de forma que este dispositivo influencia na própria apreciação das hipóteses de tratamento para o Poder Público.

3.2. Art. 23, *caput*, da LGPD e o princípio da legalidade

De acordo com o art. 23, *caput*, da LGPD, o tratamento de dados por entes públicos deve ser realizado para o atendimento de sua finalidade pública, na persecução do interesse público, com o objetivo de executar as competências legais ou cumprir as atribuições legais do serviço público. Trata-se da concretização do princípio da legalidade, conforme art. 37, *caput*, da CRFB, para o tratamento de dados pessoais.

De acordo com o princípio da legalidade, toda atividade restritiva da Administração Pública, ou seja, que limita direitos e liberdades individuais, precisa de um fundamento legal que outorgue competência ao ente público e fundamente a atividade, estabelecendo o interesse público a ser concretizado.[20] Na medida em que todo tratamento de dados pessoais representa uma restrição ao direito fundamental à proteção dos dados pessoais (art. 5º, LXXIX, da CRFB),[21] essa atividade exige sempre uma justificativa legal suficiente.

---

[15] VIOLA, M.; TEFFÉ, C. S. Tratamento de dados pessoais na LGPD: estudo sobre as bases legais dos artigos 7º e 11º. *In*: MENDES, L. S. *et al.* (ed.). *Tratado de proteção de dados pessoais*. Rio de Janeiro: Forense, 2021. p. 133.

[16] Veja ANPD, Nota Técnica 92/2022/CGF/ANPD, 2022, p. 3.

[17] CAPANEMA, W. A. Os desafios da compatibilização da LAI com a LGPD no Judiciário. *In*: FRANCOSKI, D. S. L.; TASSO, F. A. (ed.). *A Lei Geral de Proteção de Dados Pessoais*. São Paulo: Revista dos Tribunais, 2021. p. 355-356.

[18] VIOLA, M.; TEFFÉ, C. S. Tratamento de dados pessoais na LGPD: estudo sobre as bases legais dos artigos 7º e 11º. *In*: MENDES, L. S. *et al.* (ed.). *Tratado de proteção de dados pessoais*. Rio de Janeiro: Forense, 2021. p. 133.

[19] ANPD. *Guia Orientativo*: Tratamento de Dados Pessoais pelo Poder Público, versão 2.0, 2023, p. 10.

[20] MORAES JÚNIOR, W. P. Princípio da legalidade. *In*: DI PIETRO, M. S. Z. (ed.). *Tratado de direito administrativo*. 2. ed. São Paulo: Revista dos Tribunais, 2019. v. 1, p. 315; MARRARA, T. *Manual de direito administrativo*. [S.l.]: Kindle Direct Publishing, 2017. v. 1, p. 64-65; DI PIETRO, M. S. Z. *Direito administrativo*. 27. ed. São Paulo: Atlas, 2014. p. 64-65.

[21] STF, Medida Cautelar na ADI 6387/DF, Tribunal Pleno, Min. Rel. Rosa Weber, j. 07.05.2020, *DJe* 12.11. 2020; STF, ADPF 695/DF e ADI 6.649/DF, Tribunal Pleno, Rel. Min. Gilmar Mendes, j. 15.09.2022, *DJe* 19.06.2023.

Essa previsão legal deve outorgar competência a um ente público para realizar um tratamento de dados pessoais com a finalidade de concretizar um ou diversos interesses públicos. Além disso, o fundamento legal pode estabelecer ainda limites ou requisitos adicionais ao tratamento de dados. Por exemplo, a previsão legal pode determinar a coleta de dados para a outorga de um benefício social e delimitar quais dados pessoais poderão ser coletados e de que forma deverão ser processados.

Essa é a estrutura que dá fundamento ao art. 23, *caput*, da LGPD. O tratamento de dados pelo Poder Público depende de uma previsão legal e deve ser realizado de acordo com ela (princípio da legalidade). O art. 23, *caput*, da LGPD determina o conteúdo que essa justificativa legal deve ter, qual seja, o estabelecimento de uma finalidade pública e/ou o interesse público perseguido e atribuição de competência legal ou de execução de serviços públicos. Em geral, esse requisito da previsão legal não é cumprido diretamente pela própria LGPD. Nem o art. 7º, nem o art. 11 da LGPD estabelecem competências ou finalidades públicas para que o Poder Público trate dados pessoais. Consequentemente, o art. 23, *caput*, da LGPD pressupõe que os legisladores federais, estaduais e municipais estabeleçam as respectivas bases legais e que haja uma relação entre o tratamento de dados e o interesse público e competência legais.[22]

3.3. Base legal como hipótese de tratamento para o Poder Público

Como concluímos anteriormente, o art. 23, *caput*, LGPD não corresponde a uma hipótese de tratamento. A admissibilidade do tratamento de dados pelo Poder Público depende do amparo a uma ou mais hipóteses de tratamento previstas nos arts. 7º e 11 da LGPD. Em especial, a base legal pode estabelecer obrigação legal ou regulatória (arts. 7º, II, e 11, II, *a*, da LGPD) ou prever a realização de políticas públicas (arts. 7º, III, e 11, II, *b*, da LGPD).

De acordo com a ANPD, as obrigações legais abrangem tanto as normas de conduta quanto as normas de organização.[23] Pela norma de conduta, a lei exige um comportamento conforme uma hipótese legal com a previsão de consequência jurídica decorrente do descumprimento. As normas de organização, por sua vez, abrangem a atribuição de competência a entes públicos. Isso porque a atribuição de competência cria ao Poder Público o poder-dever de exercitar a competência atribuída e, assim, realizar o interesse público. Percebe-se a íntima relação entre o art. 23, *caput*, da LGPD e a hipótese de tratamento para a realização de obrigação legal. Na medida em que o Poder Público só pode atuar com base em e no limite de sua competência, e a atribuição legal de competência é compreendida como obrigação legal nos termos dos arts. 7, II, e 11, II, *a*, da LGPD, é admissível o tratamento de dados pessoais para o cumprimento de competências legais.

Outra hipótese de tratamento de grande importância para o Poder Público é a realização de políticas públicas. De acordo com o art. 7, III, as políticas públicas poderiam ser criadas por meio de leis ou regulamentos ou expressas em contratos, convênios ou instrumentos similares. Porém, uma leitura sistemática desse dispositivo com o art. 23, *caput*, da LGPD e o princípio da legalidade exige considerar admissível o tratamento de dados pelo Poder Público para a execução de políticas públicas apenas quando houver uma previsão legal estabelecendo a política pública e a respectiva atribuição de competência. A concretização da política pública, inclusive aspectos relativos ao tratamento de dados, pode ser detalhada

---

[22] CABRAL, F. G. O princípio da boa administração pública e a LGPD (Lei 13.709/18). *In*: DAL POZZO, A. N.; MARTINS, R. M. (ed.). *LGPD & Administração Pública*. São Paulo: Revista dos Tribunais, 2020. p. 71.

[23] ANPD. *Guia Orientativo:* Tratamento de Dados Pessoais pelo Poder Público, versão 2.0, 2023, p. 15.

por instrumentos infralegais. A ausência de um fundamento legal, porém, viola o requisito do art. 23, *caput*, LGPD e torna inadmissível o tratamento de dados pessoais.

3.4. Consentimento como hipótese de tratamento para o Poder Público

Apesar de exigir uma previsão legal, o art. 23, *caput*, da LGPD não impede que o tratamento de dados pessoais pelo Poder Público seja amparado também pelo consentimento. Isso porque é possível uma interação entre a previsão legal e o consentimento para a legitimação do tratamento de dados. Essa dinâmica se concretiza pela atribuição de discricionariedade ao Poder Público ou no estabelecimento de condicionamentos adicionais ao tratamento de dados.

No primeiro caso, a Lei atribui determinada competência ao poder público, mas não determina de forma vinculante o modo em que essa competência deverá ser exercida. Dentro do seu âmbito de discricionariedade, o Poder Público poderá determinar como sua competência será concretizada. Com relação ao tratamento de dados pessoais, essa discricionariedade pode abranger as categorias de dados coletados, a forma e o procedimento utilizado para a coleta etc. Assim, ao Poder Público é permitido gerir a coleta de dados necessários, inclusive permitindo que o titular de dados faça determinadas escolhas. Por exemplo, o titular poderia escolher entre apresentar diretamente os dados solicitados para a prestação de um serviço público ou consentir com a transferência de seus dados por um ente público que já disponham deles. Em outra situação, pode-se permitir ao titular de dados a escolha de apresentar dados adicionais com base no consentimento para a otimização do serviço público (pesquisa de satisfação).

No segundo caso, a própria previsão legal estabelece, de forma vinculante, que o tratamento de dados pessoais depende do consentimento do titular de dados. Aqui, o fundamento legal retira do Poder Público a discricionariedade sobre a coleta dos dados e a condiciona ao consentimento do titular. Na ausência do consentimento, o Poder Público não está autorizado a realizar o tratamento de dados pessoais.

Em ambos os casos, o consentimento apenas será válido se corresponder a uma "manifestação livre, informada e inequívoca pela qual o titular concorda com o tratamento de seus dados pessoais" (art. 5º, XII, da LGPD). Isso significa que o consentimento para o Poder Público apenas será possível para tratamento de dados não compulsório,[24] ou seja, para aquelas atividades que não sejam essenciais para o cumprimento da atribuição ou dever legal. De toda forma, apesar do art. 23 da LGPD não proibir o consentimento como hipótese válida de tratamento, ele o limita, na medida em que o Poder Público não é livre para determinar as finalidades desse tratamento, estando vinculado às finalidades públicas e pelo interesse público estabelecido pela previsão legal.

4. Finalidade pública (art. 23, *caput*, da LGPD)

O art. 23, *caput*, da LGPD especifica o princípio da vinculação à finalidade para o Poder Público. Todo processamento de dados pessoais deve ser realizado para fins legítimos, específicos e explícitos (art. 6º, I, LGPD).[25] As finalidades legítimas são geralmente compreendidas como todas as finalidades que não são proibidas pelo sistema jurídico.[26] No

---

[24] ANPD. *Guia Orientativo:* Tratamento de Dados Pessoais pelo Poder Público, versão 2.0, 2023, p. 11.

[25] Ver comentário ao art. 6, I, neste volume.

[26] GAROFANO, R. R. *Limitação de finalidade no tratamento de dados pessoais pelo Poder Público*. 2022. Tese (Doutorado) – Universidade de São Paulo, São Paulo, 2022, p. 98-99.

entanto, o art. 23, *caput*, da LGPD exige que a finalidade seja pública,[27] isto é, esteja vinculada às competências legais e aos interesses públicos protegidos.[28] Dessa forma, a finalidade é legítima na medida em que corresponda à competência do órgão público ou (no caso de regras de conduta) esteja prevista em lei.

5. Dever de publicidade (art. 23, I e II, da LGPD)

De acordo com o art. 23, I, da LGPD, o Poder Público deverá informar as hipóteses em que realiza o tratamento de dados pessoais para o exercício de suas competências. Essas informações devem ser claras e atualizadas e abarcar a previsão legal, a finalidade, os procedimentos e as práticas utilizadas para a execução dessas atividades.[29] Ainda, o dispositivo estabelece que essas informações devem ser veiculadas em meios de fácil acesso, de preferência em seus sítios eletrônicos.

O art. 23, I, da LGPD concretiza tanto o princípio geral de publicidade da Administração Pública (art. 37, *caput*, da CRFB), quanto o da transparência no tratamento de dados pessoais (art. 6, VI, da LGPD). A norma cria para o Poder Público um dever de prestar informação *ex officio* como condição para a admissibilidade do tratamento de dados.[30] Entretanto, não se trata de um dever de fornecer informações diretamente ao titular de dados. O art. 23, I, da LGPD exige apenas que as informações sejam disponibilizadas por meios de fácil acesso, preferencialmente em *websites*.[31] Portanto, trata-se apenas de um dever de publicidade.[32] Caso o Poder Público não cumpra com esse dever, o agente estatal estará sujeito à responsabilidade por improbidade administrativa de acordo com o art. 11, IV, da Lei n. 8.429/1992.[33] Ressalta-se, contudo, que atos oficiais podem ter sua publicidade negada se imprescindíveis para a segurança da sociedade e do Estado, ou de outras hipóteses instituídas em lei, conforme alteração dada pela Lei n. 14.230/2021.

---

[27] ANPD. *Guia Orientativo:* Tratamento de Dados Pessoais pelo Poder Público, versão 2.0, 2023, p. 22; BASSO, B. B. Direito à privacidade e o tratamento de dados pessoais pelo Poder Público: o interesse público como elemento dialógico da relação. *In*: DAL POZZO, A. N.; MARTINS, R. M. (ed.). *LGPD & Administração Pública*. São Paulo: Revista dos Tribunais, 2020. p. 190.

[28] GAROFANO, R. R. *Limitação de finalidade no tratamento de dados pessoais pelo Poder Público*. 2022. Tese (Doutorado) – Universidade de São Paulo, São Paulo, 2022, p. 99.

[29] DI SALVO, S. H. P. G. J. *Direitos e garantias da proteção de dados pessoais tratados pela administração pública brasileira:* o piso da proteção normativa. 2022. Tese (Doutorado) – Universidade de São Paulo, São Paulo, 2022, p. 66; TEPEDINO, G.; TEFFÉ, C. D. Consentimento e proteção de dados pessoais na LGPD. *In*: TEPEDINO, G.; FRAZÃO, A.; OLIVA, M. D. (ed.). *Lei Geral de Proteção de Dados Pessoais e suas repercussões no direito brasileiro*. São Paulo: Revista dos Tribunais, 2019. p. 301.

[30] CANHADAS, F. A. M. A Lei de Acesso à Informação e a Lei Geral de Proteção de Dados: a transparência proibida. *In*: DAL POZZO, A. N.; MARTINS, R. M. (ed.). *LGPD & Administração Pública*. São Paulo: Revista dos Tribunais, 2020. p. 429. Como um direito subjetivo do titular em ser informado, veja DI SALVO, S. H. P. G. J. *Direitos e garantias da proteção de dados pessoais tratados pela administração pública brasileira:* o piso da proteção normativa. 2022. Tese (Doutorado) – Universidade de São Paulo, São Paulo, 2022, p. 75.

[31] Veja LEVIN, A. Tratamento de dados pessoais pelo Poder Público: particularidades previstas na LGPD (Lei 13.709/2018). *In*: DAL POZZO, A. N.; MARTINS, R. M. (ed.). *LGPD & Administração Pública*. São Paulo: Revista dos Tribunais, 2020. p. 239-240.

[32] STF, ADPF 695/DF e ADI 6.649/DF; ANPD. *Guia Orientativo:* Tratamento de Dados Pessoais pelo Poder Público, versão 2.0, 2023, p. 27.

[33] STF, ADPF 695/DF e ADI 6.649/DF.

A ANPD tem o poder de regulamentar o fornecimento de informações (art. 23, § 1°, da LGPD), o que pode incluir tanto os prazos quanto a forma de divulgação. Até o momento, entretanto, a ANPD não exerceu seus poderes regulatórios a esse respeito.

6. Prazos e procedimentos para exercício de direitos do titular perante o Poder Público (art. 23, § 3º, da LGPD)

De acordo com o art. 23, § 3°, da LGPD, os prazos e procedimentos para o exercício de direitos do titular perante o Poder Público observarão o disposto em legislação específica. Apesar do processamento de dados pessoais não representar um procedimento administrativo em si, mas uma atividade material da administração pública, o exercício de direitos do titular perante o Poder Público é realizado através de procedimento administrativo. Dessa forma, a LGPD procura harmonizar o reconhecimento de direitos do titular (em especial, previstos nos arts. 17 a 22 da LGPD) com a existente regulamentação dos procedimentos administrativos. Exemplo de regulamentação específica é o procedimento previsto nos arts. 10 a 20 da LAI para acesso a dados pessoais.

Caso o exercício de um determinado direito do titular não for regulamentado por legislação específica, vigoram as regras gerais do processo administrativo (no caso da União, a Lei de Processo Administrativo Federal, Lei n. 9.784/1999). Assim, o art. 23, § 2°, da LGPD não restringe o exercício de direitos dos titulares reconhecidos pela LGPD, mas apenas reconhece a incidência das regras do procedimento administrativo quando o controlador for o Poder Público.

7. Regras específicas para órgãos notariais e de registro (art. 23, §§ 4° e 5°, da LGPD)

Os serviços notariais e de registro são exercidos em caráter privado, por delegação do Poder Público (art. 236 da CRFB). Os órgãos notariais e de registro não integram a administração pública direta ou indireta, ainda que exerçam uma função pública.[34] Dessa forma, o art. 23, § 4°, da LGPD estende a aplicação das regras específicas do Capítulo IV para o Poder Público também para essas atividades. Isso significa que a admissibilidade do tratamento de dados para esses entes privados está sujeita aos critérios dos arts. 23 a 30 da LGPD.

O art. 23, § 5°, da LGPD estabelece uma obrigação específica para os órgãos notariais e de registro. De acordo com o parágrafo, esses entes "devem fornecer acesso aos dados por meio eletrônico para a administração pública, tendo em vista as finalidades de que trata o *caput* deste artigo". Conforme esclarece a parte final do § 5°, o acesso por meio eletrônico apenas deverá ser fornecido para as finalidades do art. 23, *caput*, da LGPD. Isso significa, que o fornecimento do acesso deverá ocorrer apenas quando os dados pessoais forem necessários para a realização da finalidade pública de um determinado órgão da administração pública e não houver obrigação legal para a realização da coleta direta dos dados pessoais, ou seja, diretamente junto ao titular. Nesse caso, o acesso deve ser fornecido apenas ao órgão solicitante e a extensão do acesso deve corresponder às finalidades públicas ou ao interesse público buscados. O art. 23, § 5°, da LGPD não corresponde, portanto, a uma cláusula geral que autoriza o compartilhamento indiscriminado de dados pessoais entre órgãos notariais e de registro com a administração pública.

---

[34] LEVIN, A. Tratamento de dados pessoais pelo Poder Público: particularidades previstas na LGPD (Lei 13.709/2018). *In*: DAL POZZO, A. N.; MARTINS, R. M. (ed.). *LGPD & Administração Pública*. São Paulo: Revista dos Tribunais, 2020. p. 238.

BIBLIOGRAFIA SELECIONADA

BAIÃO, R. B. S. M.; TEIVE, M. M. O artigo 23 da LGPD como base legal autônoma para o tratamento de dados pessoais pelo Poder Judiciário. *In*: PALHARES, F. (ed.). *Temas atuais de proteção de dados*. São Paulo: Revista dos Tribunais, 2020.

BASSO, B. B. Direito à privacidade e o tratamento de dados pessoais pelo Poder Público: o interesse público como elemento dialógico da relação. *In*: DAL POZZO, A. N.; MARTINS, R. M. (ed.). *LGPD & Administração Pública*. São Paulo: Revista dos Tribunais, 2020.

BELLINI, G. Compatibilidade entre a proteção de dados pessoais e o dever de transparência pública. *In*: DAL POZZO, A. N.; MARTINS, R. M. (ed.). *LGPD & Administração Pública*. São Paulo: Revista dos Tribunais, 2020.

BIONI, B., MENDES, L. S. Regulamento Europeu de Proteção de Dados Pessoais e a Lei Geral Brasileira de Proteção de Dados: mapeando convergências na direção de um nível de equivalência. *In*: TEPEDINO, G.; FRAZÃO, A.; OLIVA, M. D. (ed.). *Lei Geral de Proteção de Dados Pessoais e suas repercussões no direito brasileiro*. São Paulo: Revista dos Tribunais, 2019.

CABRAL, F. G. O princípio da boa administração pública e a LGPD (Lei 13.709/18). *In*: DAL POZZO, A. N.; MARTINS, R. M. (ed.). *LGPD & Administração Pública*. São Paulo: Revista dos Tribunais, 2020.

CANHADAS, F. A. M. A Lei de Acesso à Informação e a Lei Geral de Proteção de Dados: a transparência proibida. *In*: DAL POZZO, A. N.; MARTINS, R. M. (ed.). *LGPD & Administração Pública*. São Paulo: Revista dos Tribunais, 2020.

CAPANEMA, W. A. Os desafios da compatibilização da LAI com a LGPD no Judiciário. *In*: FRANCOSKI, D. S. L.; TASSO, F. A. (ed.). *A Lei Geral de Proteção de Dados Pessoais*. São Paulo: Revista dos Tribunais, 2021.

CELANO, P. B.; ESPERATO, V. Disposições preliminares. *In*: FEIGELSON, B.; BECKER, D.; CAMARINHA, S. M. F. (ed.). *Comentários à Lei Geral de Proteção de Dados*. São Paulo: Thomson Reuters Brasil, 2020.

DI PIETRO, M. S. Z. *Direito administrativo*. 27. ed. São Paulo: Atlas, 2014.

DI SALVO, S. H. P. G. J. *Direitos e garantias da proteção de dados pessoais tratados pela administração pública brasileira:* o piso da proteção normativa. 2022. Tese (Doutorado) – Universidade de São Paulo, São Paulo, 2022.

GAROFANO, R. R. *Limitação de finalidade no tratamento de dados pessoais pelo Poder Público*. 2022. Tese (Doutorado) – Universidade de São Paulo, São Paulo, 2022.

GASIOLA, G. G. Proteção de dados na administração pública: estudo sobre o programa City Câmeras do município de São Paulo. *In*: FERRAZ, S.; VENTURINI, O.; GASIOLA, G. G. (ed.). *Proteção de dados pessoais e* compliance *digital*. São Paulo: Umanos, 2022..

GASIOLA, G. G.; MACHADO, D.; MENDES, L. S. A administração pública entre a transparência e a proteção de dados. *Revista de Direito do Consumidor*, São Paulo, n. 135, p. 179, 2021.

LEVIN, A. Tratamento de dados pessoais pelo Poder Público: particularidades previstas na LGPD (Lei 13.709/2018). *In*: DAL POZZO, A. N.; MARTINS, R. M. (ed.). *LGPD & Administração Pública*. São Paulo: Revista dos Tribunais, 2020.

MARRARA, T. *Manual de direito administrativo.* [S.l.]: Kindle Direct Publishing, 2017. v. 1.

MENDES, L. S.; BIONI, B. O Regulamento Europeu de Proteção de Dados Pessoais e a Lei Geral de Proteção de Dados brasileira: mapeando convergências na direção de um nível de equivalência. *Revista de Direito do Consumidor*, São Paulo, n. 124, 2019.

MENDES, L. S.; DONEDA, D. Reflexões iniciais sobre a nova Lei Geral de Proteção de Dados. *Revista de Direito do Consumidor,* São Paulo, n. 469, p. 472, 2018.

MORAES JÚNIOR, W. P. Princípio da legalidade. *In*: DI PIETRO, M. S. Z. (ed.). *Tratado de direito administrativo.* 2. ed. São Paulo: Revista dos Tribunais, 2019. v. 1.

RANK, A. T.; BARBERI, M. A. *Big Data* e direitos fundamentais sob o enfoque da Lei Geral de Proteção de Dados. *International Journal of Data Law*, v. 9, p. 22, 2022.

SIMÃO FILHO, A. Regime jurídico do banco de dados: função econômica e reflexos na monetização. *In*: LUCCA, N. de *et al.* (ed.). *Direito & Internet IV.* São Paulo: Quartier Latin, 2019.

TEPEDINO, G.; TEFFÉ, C. D. Consentimento e proteção de dados pessoais na LGPD. *In*: TEPEDINO, G.; FRAZÃO, A.; OLIVA, M. D. (ed.). *Lei Geral de Proteção de Dados Pessoais e suas repercussões no direito brasileiro.* São Paulo: Revista dos Tribunais, 2019.

VIOLA, M.; TEFFÉ, C. S. Tratamento de dados pessoais na LGPD: estudo sobre as bases legais dos artigos 7° e 11°. In: MENDES, L. S. *et al.* (ed.). *Tratado de proteção de dados pessoais.* Rio de Janeiro: Forense, 2021.

WIMMER, M. O regime jurídico do tratamento de dados pessoais pelo Poder Público. *In*: MENDES, L. S. *et al.* (Ed.). *Tratado de proteção de dados pessoais.* Rio de Janeiro: Forense, 2021.

WIMMER, M. Proteção de dados pessoais no Poder Público: incidência, bases legais e especificidades. *Revista de Administração*, São Paulo, v. 144, 2019.

Art. 24. As empresas públicas e as sociedades de economia mista que atuam em regime de concorrência, sujeitas ao disposto no art. 173 da Constituição Federal, terão o mesmo tratamento dispensado às pessoas jurídicas de direito privado particulares, nos termos desta Lei.

Parágrafo único. As empresas públicas e as sociedades de economia mista, quando estiverem operacionalizando políticas públicas e no âmbito da execução delas, terão o mesmo tratamento dispensado aos órgãos e às entidades do Poder Público, nos termos deste Capítulo.

Artigo 24

Comentado por Gustavo Gil Gasiola e Otavio Venturini

DISPOSITIVOS RELACIONADOS NO DIREITO INTERNACIONAL

- Art. 12, Declaração Universal dos Direitos do Homem ONU.
- Art. 17, Pacto Internacional dos Direitos Civis e Políticos ONU.
- Art. 11(2), Convenção Americana sobre Direitos Humanos (Pacto de San José da Costa Rica) OEA.

DISPOSITIVOS RELACIONADOS NO ORDENAMENTO JURÍDICO BRASILEIRO

- Arts. 1 a 4, Lei n. 13.303/2016 (Lei das Estatais).
- Art. 5, II, Decreto-lei n. 200/1967.
- Art. 235, Lei n. 6.404/1976.
- Arts. 1, 10 a 20, LAI.
- Lei n. 9.507/1997, Lei do *Habeas Data*.
- Lei n. 9.784/1999 (Lei Geral do Processo Administrativo).
- Art. 11, IV, Lei n. 8.429/1992 (Lei de Improbidade Administrativa).

DISPOSITIVOS RELACIONADOS NA LGPD

- Arts. 6 e 7; art. 11; art. 24.

ATIVIDADES DA ANPD

- ANPD, Guia Orientativo: Tratamento de Dados Pessoais pelo Poder Público (v 2.0, 2023).
- Nota Técnica n. 92/2022/CGF/ANPD (2022).

CASOS E DECISÕES JUDICIAIS RELEVANTES

- STF, ADI n. 6389, 6390, 6393, 6388 e 6387, Rel. Min. Rosa Weber, Plenário, j. 07.05.2020, *DJe* 12.11.2020.
- STF, ADPF n. 695/DF, Rel. Min. Gilmar Mendes, Plenário, j. 15..2022, *DJe* 23.09.2022.
- STF, ADI n. 6.649/DF, Rel. Min. Gilmar Mendes, Plenário, j. 15.09.2022, *DJe* 19.06.2023.

JUSTIFICATIVA E FUNDAMENTOS

O art. 24 da LGPD identifica os regimes jurídicos aplicáveis às empresas públicas e às sociedades de economia mista no tratamento de dados pessoais.

Como já destacado nos comentários ao art. 23, a despeito de sua importância, o Capítulo IV não havia sido previsto no projeto de lei original (PL n. 4.060/2012). Esse regramento aparece ao longo do processo legislativo, especificamente no PL n. 5.276/2016, elaborado pelo MJ e apensado ao PL n. 4.060/2012. Posteriormente, a Comissão Especial adicionou, dentre outros dispositivos, o art. 24 no Substitutivo ao PL n. 4.060/2012. Conforme o relatório da Comissão Especial, os art. 23 a 30 teriam o objetivo de compatibilizar as regras da LGPD com a LAI.

A *ratio* do dispositivo segrega os regimes jurídicos aplicáveis às empresas estatais (empresas públicas e sociedades de economia mista) de acordo com a natureza de suas atividades: (i) na atuação em regime de concorrência e (ii) na operacionalização de políticas públicas. Para o primeiro grupo, a LGPD dispensa o mesmo regime jurídico aplicável às pessoas jurídicas de direito privado particulares; ao passo que para o segundo, o regime aplicável é o dos órgãos e entidades do Poder Público, isto é, o Direito Administrativo da Proteção de Dados Pessoais.[35]

ANÁLISE

1. Análise contextual

As empresas estatais desempenham funções da maior relevância no país e no mundo, e o tratamento de dados pessoais é um dos importantes pressupostos para o exercício dessas funções. Há, inclusive, estatais com objeto social voltado ao processamento de dados: no âmbito Federal, esse é o caso do Serviço Federal de Processamento de Dados (Serpro), empresa pública, constituída sob a forma de sociedade anônima de capital fechado, vinculada ao Ministério da Economia, que tem como uma das suas funções os "serviços de tratamento de dados e informações, inclusive mediante a disponibilização de acesso a estes e a terceiros".[36]

Como forma de dimensionar a importância da atuação das estatais no Brasil, vale ressaltar que, de acordo com os dados do último relatório "Raio-x das empresas dos Estados

---

35 Ver comentário ao art. 23 neste volume.

36 Cf. SERPRO. *Estatuto do Serpro*. 2024.

brasileiros em 2022", existem 292 empresas controladas pelos estados e 47 estatais de controle direto da União;[37] isso tudo, sem contabilizar as controladas por municípios brasileiros.

A atuação das estatais envolve atividade econômica de produção ou comercialização de bens ou de prestação de serviços, ainda que a atividade econômica esteja sujeita ao regime de monopólio da União ou seja de prestação de serviços públicos. Dentro do modelo econômico plasmado na CRFB e dado o seu regime jurídico de direito privado, a instituição de uma estatal se justifica, em regra, no contexto de exploração direta de atividade econômica pelo Estado, o que só é permitido quando necessário aos imperativos da segurança nacional ou a relevante interesse coletivo (art. 173, CRFB).

Ademais, em outros países, sobretudo os de economia dirigida pelo Estado, as estatais (*state-owned enterprise* – SOE) são compreendidas como uma importante ferramenta de política governamental, inclusive, para investimento direto em países terceiros,[38] o que propicia um olhar atento à intersecção de temas de soberania e proteção de dados pessoais.

2. Âmbito de aplicação: empresas públicas, sociedades de economia mista e subsidiárias

O art. 24 da LGPD aplica-se a todas e quaisquer empresas públicas e sociedades de economia mista da União, dos Estados, do Distrito Federal e dos Municípios.

Empresa pública é a entidade dotada de personalidade jurídica de direito privado, com criação autorizada por lei, sob qualquer forma societária admitida em direito e com patrimônio próprio, cujo capital social é integralmente detido pela União, pelos Estados, pelo Distrito Federal ou pelos Municípios (art. 3º da Lei n. 13.303/2016 e art. 5º, II, do Decreto-lei n. 200/1967).[39]

Por sua vez, sociedade de economia mista é a entidade dotada de personalidade jurídica de direito privado, com criação autorizada por lei, sob a forma de sociedade anônima e capital público e privado, mas cujas ações com direito a voto (controle acionário) pertencem em sua maioria à União, aos Estados, ao Distrito Federal, aos Municípios ou a entidade da administração indireta (art. 4º da Lei n. 13.303/2016 e art. 5º, III, do Decreto-lei n. 200/1967).

Como consequência da forma de sociedade anônima, a pessoa jurídica que controla a sociedade de economia mista tem os deveres e as responsabilidades do acionista controlador, estabelecidos na Lei n. 6.404/1976, e deverá exercer o poder de controle no interesse da companhia, respeitado o interesse público que justificou sua criação. Além das normas previstas nesta Lei, as companhias abertas de economia mista sujeitam-se também às disposições da Lei 6.385/1976 (art. 4º da Lei n. 13.303/2016 e art. 235 da Lei n. 6.404/1976).

---

37 MINISTÉRIO DA ECONOMIA. Ministério da Economia lança nova versão do "raio X das estatais" com dados agregados das 47 empresas de controle direto da União. 1.º jul. 2022. Disponível em: https://www.gov.br/economia/pt-br/assuntos/noticias/2022/julho/raio-x-das-estatais-ministerio-da-economia-lanca-nova-versao-de-relatorio-com-dados-agregados-das-47-empresas-de-controle-direto-da-uniao. Acesso em: 11 nov. 2024.

38 Na China, por exemplo, há 1.432 empresas estatais listadas. Cf., YU, S. Investors sour on Beijing's bid to boost state-owned enterprises. *Financial Times*, 18 jun. 2023.

39 Admite-se, no capital da empresa pública, a participação de outras pessoas jurídicas de direito público interno, bem como de entidades da administração indireta da União, dos Estados, do Distrito Federal e dos Municípios, desde que a maioria do capital votante permaneça em propriedade do Ente Federativo controlador.

Embora não explicitado na redação do art. 24 da LGPD, entendemos que os regimes de proteção de dados aplicáveis às estatais também se estendem às chamadas subsidiárias, isto é, empresas cuja maioria das ações com direito a voto pertença direta ou indiretamente a empresa pública ou a sociedade de economia mista. Isso porque o art. 24 da LGPD delimita o regime jurídico de proteção de dados para entidades que operacionalizam políticas públicas. Na medida em que empresas subsidiárias são responsáveis em realizar uma política pública específica, o tratamento de dados pessoais realizado para os fins dessa atividade estarão sujeitos ao regime jurídico estabelecido pelos arts. 23-32 da LGPD.

3. Dois regimes jurídicos: concorrência com outras empresas e operacionalização de políticas públicas

O art. 24 da LGPD identifica dois regimes jurídicos distintos aplicáveis às estatais: caso (i) estejam atuando em regime de concorrência, deverão observar o mesmo regime jurídico dispensado às pessoas jurídicas de direito privado particulares; e na hipótese de (ii) operacionalizem políticas públicas, no âmbito da execução destas, deverão seguir o regime jurídico dispensado aos órgãos e às entidades do Poder Público (Direito Administrativo da Proteção de Dados, conforme disciplina dos arts. 23-32 da LGPD).

Desde já têm-se dois desafios hermenêuticos: 1) a conceituação de "políticas públicas", de modo a delimitar seu significado em relação à atuação "em regime de concorrência"; e 2) a possibilidade de incidência de regime duplo de proteção de dados sobre as estatais.

A LGPD não define o conceito de "políticas públicas", tampouco foi editada regulamentação da ANPD sobre o tema até o presente momento. O que há é a recomendação no Guia de Tratamento de Dados Pessoais pelo Poder Público da ANPD no sentido de que o "conceito de política pública seja interpretado de forma ampla, de modo a abranger qualquer programa ou ação governamental, definido em instrumento formal, isto é, lei, regulamento ou ajuste contratual, conforme o caso, cujo conteúdo inclui, em regra, objetivos, metas, prazos e meios de execução".

O problema é que, nos termos do art. 173 da CRFB, a exploração direta de atividade econômica pelo Estado, via estatais, só é permitida quando necessária aos imperativos da segurança nacional ou a relevante interesse coletivo, o que por si só expressa, ainda que de forma genérica, uma política pública de intervenção do Estado no domínio econômico, por intermédio da criação e atuação de estatais. No entanto, ao adotar-se uma compreensão ampla do termo, a aplicação do art. 24 da LGPD perderia o sentido.[40]

Assim, seria necessário adotar uma compreensão mais restritiva do termo "política pública" de modo a segregar as estatais que exploram atividades econômicas em concorrência com outras empresas privadas.

Mas há ainda uma segunda questão que é a hipótese de uma mesma empresa estatal, para além de explorar atividade econômica em regime de concorrência, operacionalizar tarefas relacionadas a políticas públicas. Rafael Schwind traz como exemplo o caso da Caixa Econômica Federal, que realiza tratamento de dados pessoais para prestação de serviços

[40] Veja ISSA, R. H. As empresas estatais e implementação da governança na proteção de dados. *In*: DAL POZZO, A. N.; MARTINS, R. M. (ed.). *LGPD & Administração Pública*. São Paulo: Revista dos Tribunais, 2020. p. 509-510; SCHWIND, R. W. LGPD, empresas estatais e sanções aplicáveis: o critério do proveito econômico é baliza importante para a aplicação da LGPD às estatais. *Informativo Justen, Pereira, Oliveira e Talamini*, Curitiba, n. 177, nov. 2020.

em concorrência com instituições financeiras privadas e, simultaneamente, também trata dados pessoais com fins de operacionalizar uma política pública, como o pagamento de um auxílio emergencial durante a pandemia do Covid-19, além de outras políticas públicas.[41] Nesses casos, entendemos que deve haver aplicação de regime dúplo a uma mesma estatal, de acordo com a atividade desenvolvida.[42]

Essa possibilidade de incidência de regime duplo fica evidente no parágrafo único do art. 24, com o emprego da oração subordinada adverbial "quando estiverem operacionalizando políticas públicas e no âmbito da execução delas", indicando a possibilidade de uma única estatal operacionalizar, ainda que transitoriamente, políticas públicas.

4. Como distinguir na prática?

Os desafios hermenêuticos expostos podem ser solucionados ao identificarmos o critério funcional utilizado pelo art. 24 da LGPD para diferenciar os regimes jurídicos, ou seja, a determinação do regime jurídico de proteção de dados (ou geral ou específico para o Poder Público) depende da atividade (finalidade) para a qual o tratamento de dados será realizado. Dessa forma, aplica-se o regime de direito público para as empresas estatais e sociedades de economia mista na medida em que (e apenas quando) elas operacionalizam políticas públicas. Note-se que o critério é diferente daquele utilizado pelo art. 23: enquanto o art. 23 aplica um critério subjetivo (pessoas jurídicas de direito público), o art. 24 exige analisarmos as diferentes atividades desenvolvidas pelas empresas públicas e sociedades de economia mista.

Portanto, a identificação do regime jurídico depende da categorização das funções realizadas pelas estatais. O art. 24 da LGPD impede, dessa forma, identificarmos um regime jurídico único de proteção de dados para as estatais, exigindo sempre uma análise das atividades desenvolvidas de acordo com a noção (fluida) de políticas públicas. Dada a imprecisão do termo "operacionalização de políticas públicas" utilizado pela Lei, a identificação do regime jurídico de proteção de dados das empresas públicas e sociedades de economia mista pode ser auxiliada com o emprego do critério do serviço público – entendendo serviço público como uma das principais categorias de uma noção ampla de políticas públicas, conforme defendida pela ANPD.[43] Nos termos do art. 1º da Lei n. 13.303/2016, as estatais exploram atividade econômica de produção ou comercialização de bens ou de prestação de serviços, ainda que a atividade econômica esteja sujeita ao regime de monopólio, ou seja, de prestação de serviços públicos. A definição do objeto social das estatais reflete a clássica distinção que tanto a doutrina e a jurisprudência já faziam entre estatais: (i) exploradoras de atividade econômica e (ii) prestadoras de serviço público, com consequências para o regime jurídico aplicável.[44]

---

41 SCHWIND, R. W. LGPD, empresas estatais e sanções aplicáveis: o critério do proveito econômico é baliza importante para a aplicação da LGPD às estatais. *Informativo Justen, Pereira, Oliveira e Talamini*, Curitiba, n. 177, nov. 2020.

42 Note-se também que mesmo a execução de políticas públicas pode ser realizada em regime de concorrência. Nesse sentido, cf. ISSA, R. H. As empresas estatais e implementação da governança na proteção de dados. *In*: DAL POZZO, A. N.; MARTINS, R. M. (ed.). *LGPD & Administração Pública*. São Paulo: Revista dos Tribunais, 2020. p. 511. Outra dificuldade figuram as empresas públicas que atuam em regime de monopólio, mas não realizam políticas públicas, como seria o caso da Petrobras. Veja MENEGAT, F. Tratamento de dados por empresas estatais no regime da LGPD. *In*: DAL POZZO, A. N.; MARTINS, R. M. (ed.). *LGPD & Administração Pública*. São Paulo: Revista dos Tribunais, 2020. p. 548.

43 ANPD. *Guia Orientativo*: Tratamento de Dados Pessoais pelo Poder Público, versão 2.0, 2023, p. 21.

44 "Há, portanto, dois tipos fundamentais de empresas públicas e sociedades de economia mista: exploradoras de atividade econômica e prestadoras de serviços públicos ou coordenadoras de obras públicas e demais

Essa é uma distinção que, embora não amoldável de forma perfeita ao critério de política pública do art. 24, auxilia na categorização. Isso porque, como regra, os serviços públicos e atividades sob regime de monopólio não se enquadram na definição de atividade econômica em regime de concorrência com outras empresas privadas. No entanto, essa distinção não permite classificar o regime jurídico aplicável a toda empresa pública ou sociedade de economia mista. A LGPD exige uma análise mais detalhada das atividades desenvolvidas e, caso seja identificada a execução de políticas públicas, tal como parte das atividades da Caixa Econômica Federal, para essas atividades vigora o Direito Administrativo da Proteção de Dados Pessoais.

5. Consequências práticas da incidência do duplo regime

Importante mencionar algumas consequências práticas da incidência do duplo regime sobre estatais que, de forma ampla, exploram atividade econômica, mas pontualmente operacionalizam políticas públicas. Antes de tudo, a incidência do duplo regime para as empresas públicas e sociedades de economia mista não significa que para um mesmo tratamento de dados serão aplicáveis ambos os regimes. Pelo contrário, significa que para os tratamentos de dados que servirem de base à operacionalização de políticas públicas – muitas vezes reconhecidos como serviços públicos – vigora o regime de direito público, enquanto para os tratamentos de dados pessoais cuja finalidade sejam as atividades realizadas em regime de concorrência, vigora o regime do direito da proteção de dados para entes privados.

Visto que haverá diferença de regimes conforme a atividade desenvolvida, uma consequência importante é o rigor e maior complexidade na gestão das práticas internas de governança em privacidade (*compliance digital*).[45] Isto é, políticas e procedimentos específicos para cada regime. Pode-se citar, por exemplo, os deveres específicos de prestação de informação do art. 23 da LGPD para a operacionalização de políticas públicas ou o respeito aos prazos e procedimentos da LAI ou da Lei de Processo Administrativo (art. 23, § 3º, LGPD).

De forma mais acentuada, há a necessidade de segregar as bases de dados para cada atividade, com proibição, *a priori*, de reutilizar os dados entre as atividades (por exemplo, alegando legítimo interesse). Essa proibição decorreria do princípio da vinculação à finalidade (art. 6º, I, LGPD), na medida em que os dados teriam sido coletados para a realização de diferentes finalidades – vinculadas ou a uma atividade econômica em regime de concorrência ou para a operacionalização de serviços públicos. A reutilização de bases de dados centralizadas para a realização de diferentes finalidades, além de levantar preocupações de ordem concorrencial, é de difícil compatibilização com a LGPD. Ainda que a transferência de dados entre entes públicos e privados ou a reutilização de dados pessoais pelas estatais para outras atividades possa representar ganhos de eficiência, os critérios de legalidade, para

atividades públicas. Seus regimes não são, nem podem ser, idênticos (...). No primeiro caso, é compreensível que o regime jurídico de tais pessoas seja o mais próximo possível daquele aplicável à generalidade das pessoas de Direito Privado" (BANDEIRA DE MELLO, C. A. *Curso de direito administrativo*. 29. ed. São Paulo: Malheiros, 2012. p. 203). Vale lembrar também a antiga redação do art. 173, § 1º, CRFB, antes da EC n. 19/1998: "§ 1º A empresa pública, a sociedade de economia mista e outras entidades que explorem atividade econômica sujeitam-se ao regime jurídico próprio das empresas privadas, inclusive quanto às obrigações trabalhistas e tributárias".

45 VENTURINI, O. Programa de *compliance* digital. *In*: CARVALHO, A.; ALVIM, T.; BERTOCCELLI, R.; VENTURINI, O. (ed.). *Manual de compliance*. 4. ed. Rio de Janeiro: Forense, 2023.

a compatibilização com o princípio da vinculação à finalidade, ainda não foram esclarecidos pela doutrina ou jurisprudência.

Por fim, há também consequências relacionadas ao regime sancionatório. Na medida em que o regime jurídico de proteção de dados para as estatais depende das atividades desenvolvidas, entendemos que, apenas quando se tratar de atividade de operacionalização de políticas públicas valerá a delimitação do art. 52, § 3º, da LGPD, não se aplicando a essas empresas estatais ou sociedades de economia mista sanções de ordem pecuniária – a saber: a) multa simples, de até 2% do faturamento da pessoa jurídica; e b) multa diária, restrita às entidades privadas.[46]

BIBLIOGRAFIA SELECIONADA

ARAGÃO, A. S. de. *Empresas estatais:* o regime jurídico das empresas públicas e sociedades de economia mista. Rio de Janeiro: GEN/Forense, 2017.

BANDEIRA DE MELLO, C. A. *Curso de direito administrativo.* 29. ed. São Paulo: Malheiros, 2012.

BASSO, B. B. Direito à privacidade e o tratamento de dados pessoais pelo Poder Público: o interesse público como elemento dialógico da relação. *In*: DAL POZZO, A. N.; MARTINS, R. M. (ed.). *LGPD & Administração Pública.* São Paulo: Revista dos Tribunais, 2020.

CABRAL, F. G. O princípio da boa administração pública e a LGPD (Lei 13.709/18). *In*: DAL POZZO, A. N.; MARTINS, R. M. (ed.). *LGPD & Administração Pública.* São Paulo: Revista dos Tribunais, 2020.

CANHADAS, F. A. M. A Lei de Acesso à Informação e a Lei Geral de Proteção de Dados: a transparência proibida. *In*: DAL POZZO, A. N.; MARTINS, R. M. (ed.). *LGPD & Administração Pública.* São Paulo: Revista dos Tribunais, 2020.

DI SALVO, S. H. J.; VENTURINI, O. Sanções aos entes públicos na LGPD: eficácia na era do digital. *Revista Consultor Jurídico*, 2021.

ISSA, R. H. As empresas estatais e implementação da governança na proteção de dados. *In*: DAL POZZO, A. N.; MARTINS, R. M. (ed.). *LGPD & Administração Pública.* São Paulo: Revista dos Tribunais, 2020.

LEVIN, A. Tratamento de dados pessoais pelo Poder Público: particularidades previstas na LGPD (Lei 13.709/2018). *In*: DAL POZZO, A. N.; MARTINS, R. M. (ed.). *LGPD & Administração Pública.* São Paulo: Revista dos Tribunais, 2020.

MENEGAT, F. Tratamento de dados por empresas estatais no regime da LGPD. *In*: DAL POZZO, A. N.; MARTINS, R. M. (ed.). *LGPD & Administração Pública.* São Paulo: Revista dos Tribunais, 2020.

MINISTÉRIO DA ECONOMIA. Ministério da Economia lança nova versão do "raio X das estatais" com dados agregados das 47 empresas de controle direto da União. 1.º jul. 2022. Disponível em: https://www.gov.br/economia/pt-br/assuntos/noticias/2022/julho/raio-x-das-estatais-ministerio-da-economia-lanca-nova-versao-de-relatorio-com-dados-agregados-das-47-empresas-de-controle-direto-da-uniao. Acesso em: 11 nov. 2024.

[46] DI SALVO, S. H. J.; VENTURINI, O. Sanções aos entes públicos na LGPD: eficácia na era do digital. *Revista Consultor Jurídico*, 2021.

SCHWIND, R. W. LGPD, empresas estatais e sanções aplicáveis: o critério do proveito econômico é baliza importante para a aplicação da LGPD às estatais. *Informativo Justen, Pereira, Oliveira e Talamini,* Curitiba, n. 177, nov. 2020.

SERPRO. *Estatuto do Serpro.* 2024.

VENTURINI, O. Programa de compliance digital. *In*: CARVALHO, A.; ALVIM, T.; BERTOCCELLI, R.; VENTURINI, O. (ed.). *Manual de compliance.* 4. ed. Rio de Janeiro: Forense, 2023.

WIMMER, M. O regime jurídico do tratamento de dados pessoais pelo Poder Público. *In*: MENDES, L. S. *et al.* (ed.). *Tratado de proteção de dados pessoais.* Rio de Janeiro: Forense, 2021.

YU, S. Investors sour on Beijing's bid to boost state-owned enterprises. *Financial Times*, 18 jun. 2023.

Art. 25. Os dados deverão ser mantidos em formato interoperável e estruturado para o uso compartilhado, com vistas à execução de políticas públicas, à prestação de serviços públicos, à descentralização da atividade pública e à disseminação e ao acesso das informações pelo público em geral.

Artigo 25

Comentado por Nathalie Fragoso e Clarice Tavares

DISPOSITIVOS RELACIONADOS NO ORDENAMENTO JURÍDICO BRASILEIRO

- Art. 1°, III; art. 5°, *caput*, II, X, XII e LXXII; art. 37; art. 84, VI; e art. 216, CRFB.
- Art. 24, III e IV, MCI.
- Art. 11, Lei n. 13.444/2017.
- Art. 3°; art. 6°, LAI.
- Art. 1°, Decreto n. 10.046/2019.
- Art. 1º, II e VI; art. 4°, Decreto n. 9.094/2017.

DISPOSITIVOS RELACIONADOS NA LGPD

- Arts. 6°, I, II e III, e 7°, III; art. 11, II, *b*; arts. 23 e 24; arts. 26, 27, 29 e 30; e art. 33, VII.

ATIVIDADES DA ANPD

- Guia Orientativo de Tratamento de dados pessoais pelo Poder Público, versão 2.0, junho de 2023.

AÇÕES REGULATÓRIAS E FISCALIZATÓRIAS DE ENTIDADES GOVERNAMENTAIS E ÓRGÃOS DE CONTROLE

- Portaria n. 92/2014 do Ministério do Planejamento, Orçamento e Gestão.
- TCU, Acórdão DEN 2640/2022, de 30 de novembro de 2022. Rel. Min. Antonio Anastasia.
- TCU, Acórdão RACOM 2279/2021, de 22 de setembro de 2021. Rel. Min. Aroldo Cedraz.

CASOS E DECISÕES JUDICIAIS RELEVANTES

- STF, Medida Cautelar nas ADIs n. 6389, 6390, 6393, 6388 e 6387. Plenário. Rel. Min. Rosa Weber, j. 07.05.2020, *DJe* 12.11.2020.

JUSTIFICATIVA E FUNDAMENTOS

O art. 25 da LGPD estabelece que, no âmbito do Poder Público, os dados pessoais de cidadãs e cidadãos deverão ser mantidos em formato interoperável e estruturado para o uso compartilhado entre órgãos da Administração Pública. A interoperabilidade, nos termos do art. 25, tem o objetivo de garantir a execução de políticas públicas, a prestação de serviços públicos, a descentralização da atividade pública e acesso à informação. Isto é, o art. 25 considera as relações entre órgãos públicos e redes colaborativas que integram com outros órgãos, com pessoas jurídicas de direito privado e com cidadãos (G2G, G2C, G2B). Cumpre ressaltar, conforme estabelecido no Guia Orientativo de Tratamento de Dados Pessoais pelo Poder Público,[47] que o rol de finalidades previstas pelo art. 25 não é taxativo, mas exemplificativo, podendo haver outras hipóteses para o uso compartilhado de dados pelo Poder Público que justificam e motivam a determinação de interoperabilidade.

A inclusão do dispositivo na LGPD está fundada no reconhecimento da importância crítica da interoperabilidade para a colaboração e cooperação entre órgãos da Administração Pública. Reflete também uma tendência de facilitação do compartilhamento de bases de dados nos últimos anos, declaradamente orientada para desburocratizar procedimentos, combater fraudes e aperfeiçoar políticas públicas.[48]

Ao determinar que os órgãos da Administração Pública mantenham seus dados de forma interoperável e estruturada, a legislação reforça o caráter instrumental dos dados pessoais para a Administração Pública, ou seja, reconhece que os dados são insumos necessários para a execução de políticas públicas.[49] A interoperabilidade, conforme afirmam Teixeira e Guerreiro,[50] consiste "na capacidade de um sistema se comunicar com outro sistema, que pode ser semelhante ou não ao primeiro", i.e. a capacidade de transferir dados e outras informações entre organizações, sistemas, aplicações, componentes. O conceito e suas implicações podem variar conforme o contexto, extrapolando aspectos tecnológicos e alcançando aspectos conceituais e organizacionais.

Porque a interoperabilidade está associada a um melhor processo de tomada de decisão, à transparência e controle externo, e à melhor prestação de serviços públicos,[51] a previsão se alinda ao princípio da eficiência da Administração Pública, previsto no art. 37 da CRFB, segundo o qual os órgãos públicos devem atuar de forma eficiente, com rendimento funcional, com resultados positivos para o serviço público, em tempo razoável.[52]

No âmbito da LGPD, as regras sobre as formas de manutenção de dados pessoais de maneira estruturada e interoperável impactam as condicionantes para o tratamento e uso compartilhado de dados necessários à execução de políticas públicas, autorizado pela base

---

[47] ANPD. *Guia Orientativo:* Tratamento de dados pessoais pelo Poder Público, versão 2.0, jun. 2023.

[48] WIMMER, M. O regime jurídico do tratamento de dados pessoais pelo Poder Público. *In*: MENDES, L. S.; DONEDA, D.; SARLET, I. W.; RODRIGUES JR., O. L. (coord.); BIONI, B. (coord. executivo). *Tratado de proteção de dados pessoais*. 2. reimp. Rio de Janeiro: Forense, 2021. p. 426.

[49] CARDOSO, A. G. O regime do uso e compartilhamento de dados pessoais pela Administração Pública no âmbito da LGPD. *Informativo Justen, Pereira, Oliveira e Talamini*, Curitiba, n. 163, p. 3, set. 2020.

[50] TEIXEIRA, T.; GUERREIRO, R. M. *Lei Geral de Proteção de Dados Pessoais (LGPD):* comentada artigo por artigo. 4. ed. São Paulo: Saraiva, 2022. p. 36.

[51] PNUD. *e-Government Interoperability*: ePrimers for the information economy, society and polity. Bangkok: United Nations Development Programme, 2008.

[52] MEIRELLES, H. L. *Direito administrativo brasileiro*. 36. ed. São Paulo: Malheiros, 2010.

legal pelo art. 7º, III, da legislação. Nesse mesmo sentido, o art. 11, II, *b*, autoriza o tratamento compartilhado de dados sensíveis necessários à execução de políticas públicas, desde que estejam previstas em leis ou regulamentos. Ainda, para a transferência internacional de dados, o art. 33, VII, estabelece que uma das hipóteses para a transferência é quando "for necessária para a execução de política pública ou atribuição legal do serviço público". Assim, a forma interoperável e estruturada exigida pelo art. 25 pretende dar efetividade às regras e às possibilidades de uso compartilhado de dados pelo Poder Público.

Ressalta-se que tais regras devem observar os princípios gerais de proteção de dados previstos no art. 6º da LGPD e devem observar a estrita proporcionalidade e razoabilidade nas operações de tratamento.

ANÁLISE

1. Análise contextual

1.1. O uso compartilhado de dados pelo Poder Público no contexto da LGPD

Como aponta Miriam Wimmer[53] "a relação entre cidadão e Poder Público, diferentemente da relação com atores privados, é compulsória e se configura como pré-condição para o exercício da cidadania". E, conforme afirma a autora, o tratamento de dados pessoais pelo Estado é imprescindível para o desempenho de seu mandato constitucional e execução de políticas públicas em prol do cidadão. Assim, a qualidade e forma de manutenção das bases de dados da Administração Pública implica, diretamente, a forma como tais atribuições são operacionalizadas. Teixeira e Guerreiro[54] afirmam que "quanto mais fidedigno possível, um banco de dados pode ajudar a implementação de políticas públicas e à prestação de serviços públicos; mas para isso é necessário que os dados sejam capazes de transitar entre os mais diversos órgãos públicos de forma interoperável e estruturada, não perdendo de vista a sua finalidade, que é o interesse público".

As regras acerca da manutenção de dados para uso compartilhado de dados alcançam as pessoas jurídicas previstas nos arts. 23 e 24, da LGPD, ou seja: (i) os órgãos da Administração Pública direta ou indireta, dos três Poderes de Estado e de todas as instâncias federativas; (ii) autarquias e fundações públicas constituídas como pessoas jurídicas de Direito Público; e (iii) empresas públicas e sociedades de economia mista, quando as atividades exercidas por elas estiverem relacionadas à operacionalização de políticas públicas.[55]

Se, por um lado, o uso compartilhado e a capacidade de trânsito de dados entre diferentes bases de dados, sistemas, aplicações e componentes no âmbito da Administração Pública se mostram fundamentais para a execução de políticas públicas e para a maior efetividade e eficiência do Poder Público; por outro lado, a expansão da informatização e automatização

---

[53] WIMMER, M. O regime jurídico do tratamento de dados pessoais pelo Poder Público. *In*: MENDES, L. S.; DONEDA, D.; SARLET, I. W.; RODRIGUES JR., O. L. (coord.); BIONI, B. (coord. executivo). *Tratado de proteção de dados pessoais*. 2. reimp. Rio de Janeiro: Forense, 2021.

[54] TEIXEIRA, T.; GUERREIRO, R. M. *Lei Geral de Proteção de Dados Pessoais (LGPD):* comentada artigo por artigo. 4. ed. São Paulo: Saraiva, 2022.

[55] ADAMI, M. P.; LANGENEGGER, N. Impacto da LGPD em parcerias privadas no contexto de governos eletrônicos e digitalização dos serviços: uma pauta de pesquisa? *Revista do Advogado*, São Paulo, n. 144, p. 126, nov. 2019.

dos sistemas de tratamento de dados, com maior potencial de transferência e compartilhamento de dados de administrados, gera risco de indevida utilização de dados pessoais do cidadão e aprofundam-se os riscos à privacidade, à proteção de dados, à segurança de dados dos cidadãos e à vigilância do Estado.[56] Esses riscos aprofundam-se quando levamos em consideração a assimetria de poder entre o cidadão e o Estado, e o atributo de compulsoriedade da relação do cidadão com o Poder Público. Desta forma, a análise e interpretação do art. 25 deve estar em conformidade com os demais dispositivos da LGPD, em especial os princípios previstos no art. 6º, as bases legais (art. 7º), as garantias dos direitos dos titulares (art. 9º) e as regras específicas aplicáveis ao Poder Público (art. 23 a 30).

Dentre os princípios de proteção de dados que devem ser observados para o "uso compartilhado" de dados no âmbito da Administração Pública, destacam-se a finalidade (art. 6º, I), adequação (art. 6º, II) e necessidade (art. 6º, III),[57] sempre orientada pelo fundamento da autodeterminação informativa, isto é, o direito dos indivíduos de "decidirem por si próprios, quando e dentro de quais limites seus dados pessoais podem ser utilizados".[58]

1.2. Para além da LGPD: o arcabouço legal sobre o uso compartilhado de dados pelo Poder Público

Anteriormente à aprovação e entrada em vigor da LGPD no Brasil, o compartilhamento de dados dentro da Administração Pública já vinha sendo impulsionado com o objetivo de desburocratizar procedimentos e serviços públicos, em busca de uma maior efetividade.[59] O Decreto n. 8.789/2016 já buscava, de forma similar ao art. 25 da LGPD, criar regras para a promoção de um amplo compartilhamento de dados e informações da Administração Pública Federal, com a "simplificação da oferta de serviços públicos" (art. 2°, I); "a formulação, a implementação, a avaliação e o monitoramento de políticas públicas" (art. 2°, II); "análise da regularidade da concessão ou do pagamento de benefícios, ou da execução de políticas públicas" (art. 2°, III); e "melhoria da qualidade e da fidedignidade dos dados constantes" das bases de dados dos órgãos da Administração Pública Federal (art. 2°, IV). Posteriormente, tal Decreto foi revogado pelo Decreto n. 10.046/2019, que criou o chamado Cadastro Base do Cidadão e o Comitê Central de Governança de Dados.

O Decreto que instituiu o Cadastro Base do Cidadão regulamenta o compartilhamento de dados entre órgãos e entidades da Administração Pública Federal, de forma mais extensa do que a norma anterior. A nova regulamentação reduz barreiras ao compartilhamento e cruzamento de dados do Poder Público, em nível federal, com o objetivo não apenas de simplificar a oferta de serviços públicos, mas também "orientar e otimizar a formulação, a implementação, a avaliação e o monitoramento de políticas públicas" (art. 1°, II) e "possibilitar a análise das condições de acesso e manutenção de benefícios sociais e fiscais" (art. 1°, III), além de "aumentar a qualidade e a eficiência das operações internas da Administração Pública federal" (art. 1°, V).

---

[56] SANTOS, A. F. *et al.* LGPD na perspectiva do administrador público. *In*: TOMASEVICIUS FILHO, Eduardo (coord.). *A Lei Geral de Proteção de Dados brasileira:* análise setorial. São Paulo: Almedina, 2021. v. III, p. 115.

[57] Para aprofundamento sobre princípios da LGPD, ver os comentários ao art. 6°, neste volume.

[58] PANEBIANCO, M. Bundesverfassungsgericht, dignità umana e diritti fondamentali. *Diritto e Società*, n. 2, p. 187, 2000.

[59] WIMMER, M. O regime jurídico do tratamento de dados pessoais pelo Poder Público. *In*: MENDES, L. S.; DONEDA, D.; SARLET, I. W.; RODRIGUES JR., O. L. (coord.); BIONI, B. (coord. executivo). *Tratado de proteção de dados pessoais*. 2. reimp. Rio de Janeiro: Forense, 2021. p. 426.

Assim, o Decreto do Cadastro Base do Cidadão "ampliou as finalidades a que o compartilhamento de dados pode servir" e criou uma "base integradora e plataforma de interoperabilidade que possibilitará o intercâmbio de dados entre esta base e outras bases temáticas, como no atual sistema GovData".[60]

Para além dos decretos que disciplinam compartilhamento e bases de dados compartilhadas no âmbito da Administração Pública, estabelecendo normas acerca da forma como os dados devem ser mantidos, outras normativas também buscavam simplificar atos e procedimentos administrativos. Destaca-se, nesse sentido, o Decreto n. 9.094/2017 que institui o CPF como instrumento suficiente e substitutivo para a apresentação de dados do cidadão no exercício de obrigações e direitos e na obtenção de benefícios, de forma que os órgãos e entidades devem obter os documentos comprobatórios para prestação de serviços diretamente do órgão ou de entidade responsável pela base de dados.

Não apenas o uso compartilhado de dados já era uma previsão legal antes da LGPD, mas também a interoperabilidade no âmbito da Administração Pública já estava presente na legislação brasileira. O MCI, em seu art. 24, III e IV, prevê que constituem diretrizes para a atuação da União, dos Estados, do DF e dos Municípios no desenvolvimento da internet no Brasil a "promoção da racionalização e da interoperabilidade tecnológica dos serviços de governo eletrônico, entre os diferentes Poderes e âmbitos da Federação, para permitir o intercâmbio de informações e a celeridade de procedimentos" e "a promoção da interoperabilidade entre sistemas e terminais diversos, inclusive entre os diferentes âmbitos federativos e diversos setores da sociedade".

Seguindo a toada das regulamentações sobre interoperabilidade, tem-se a Portaria n. 92/2014 do Ministério do Planejamento, Orçamento e Gestão. A Portaria institui a arquitetura ePING, isto é, Padrões de Interoperabilidade de Governo Eletrônico, que define um conjunto mínimo de premissas, políticas e especificações técnicas que regulamentam a utilização da Tecnologia de Informação e Comunicação na interoperabilidade de serviços de Governo Eletrônico. A ePING é, portanto, uma estrutura básica para estratégia de transformação digital do governo brasileiro.[61]

Assim, o art. 25 da LGPD harmoniza-se com as supramencionadas previsões legais que pretendem facilitar a transferência e o compartilhamento de dados entre diferentes órgãos da Administração Pública, de forma a estabelecer regra específica sobre como os dados devem ser mantidos, tendo em vista o uso compartilhado e em observância às demais regras de proteção de dados previstas pela Lei.

Ainda, ressalta-se que o art. 25 estabelece que os dados devem ser mantidos em formato interoperável para "a disseminação e ao acesso das informações pelo público em geral". Assim, para além de execução de políticas públicas, a interoperabilidade tem o objetivo, também, de garantir o acesso à informação, tal qual previsto pela LAI e pelos arts. 5º, II, § 3º, 37, § 2º, e 216 da CRFB.

1.3. Contexto internacional

O uso compartilhado de dados no âmbito do Poder Público, bem como as formas de manutenção dos dados custodiados pela Administração Pública, é tópico de regulamentação e discussão no contexto internacional há anos. Assim como no caso brasileiro, governos

---

60 Para mais detalhes sobre o Cadastro Base do Cidadão, ver discussão sobre a ADI 6.649/DF a seguir.

61 ROCHA, W. A Lei Geral de Proteção de Dados e a interoperabilidade dos dados públicos. *Migalhas*, 2023.

ao redor do mundo vêm implementando estratégias e reformas legais e regulatórias com o objetivo de expandir a digitalização da gestão pública. Pesquisa realizada pela OCDE[62] demonstrou que 80% dos países que responderam à pesquisa afirmam ter legislação em vigor sobre compartilhamento de dados governamentais entre diferentes órgãos da Administração Pública e, ainda, 60% afirmam que possuem legislações sobre interoperabilidade entre órgãos do Poder Público.

Em relatório elaborado pelo World Bank Group, intitulado "Interoperability: Towards a Data-Driven Public Sector" (em tradução livre, Interoperabilidade: rumo para um setor público orientado por dados), os autores apresentam uma lista de países que têm regulamentação sobre interoperabilidade de dados no âmbito da Administração Pública:

> (...) vários exemplos de países demonstram a relevância substancial da interoperabilidade em seus quadros legais e regulatórios de GovTech. Na Áustria (Grupo A, GTMI 2020), a Lei de Governo Eletrônico aprovada em 2004 destaca seu propósito de promover a comunicação eletrônica legalmente relevante. Ela atribui grande importância à governança de dados e à troca entre organizações do setor público, desde que os direitos de privacidade dos cidadãos sejam respeitados. A Lei de Governo Eletrônico contém disposições sobre a aplicação do princípio de "só uma vez", onde a aplicação do quadro de interoperabilidade da Áustria assume particular relevância. Na Finlândia (Grupo A, GTMI 2020), a Lei de Administração Pública capacita o Ministério das Finanças a coordenar a interoperabilidade de conjuntos de dados do setor público, indicando também que as organizações do setor público devem reutilizar conjuntos de dados dentro da administração sempre que possível. Na Irlanda (Grupo B, GTMI 2020), a Lei de Compartilhamento e Governança de Dados aprovada em 2019 fornece base legal para o compartilhamento de dados pessoais em certas circunstâncias entre organizações do setor público, desde que sua privacidade seja assegurada. O objetivo da lei é reduzir substancialmente o ônus para os cidadãos associado à disponibilização de seus dados pessoais para numerosos órgãos públicos. Em Portugal (Grupo A, GTMI 2020), uma resolução adotada pelo Conselho de Ministros em 2015 prevê a adoção preferencial da Plataforma de Interoperabilidade para a Administração Pública (iAP) como o principal meio de troca de informações entre departamentos e entidades da Administração Pública. A Croácia (Grupo A, GTMI 2020) definiu padrões técnicos para interoperabilidade por meio do Decreto de 2017 sobre Padrões Organizacionais e Técnicos para Conexão à Infraestrutura Nacional de Informações.[63]

A maior parte das normas sobre interoperabilidade no setor público mencionadas pelo World Bank Group está prevista em legislações e regulamentos sobre governo eletrônico, desburocratização e em normas administrativas, em vez de ser parte das regulações sobre proteção de dados. No caso espanhol, por exemplo, a disposição sobre interoperabilidade está prevista na Lei n. 39/2015, sobre Procedimento Administrativo Comum das Administrações Públicas, em seu art. 16:

> Art. 16. Os órgãos públicos vinculados ou dependentes de cada Administração podem ter seu próprio registro eletrônico totalmente interoperável e interconectado com o Registro Eletrônico Geral da Administração à qual estão subordinados.

---

[62] OCDE. Digital Government Index: 2019 results. *OECD Public Governance Policy Papers*, Paris, n. 3, 2020.

[63] WORLD BANK. *Interoperability:* towards a data-driven public sector. Washington, DC: World Bank Publications, 2022.

> (...) Os registros eletrônicos de cada Administração devem ser totalmente interoperáveis, garantindo assim sua compatibilidade e interconexão computacional, bem como a transmissão telemática dos assentos de registro e documentos apresentados em qualquer um dos registros. (tradução nossa)

Contudo, preocupações acerca da interconexão de bases de dados entre órgãos do Poder Público levaram a manifestações de autoridades de proteção de dados europeias.[64] Nesse sentido, o Documento de Trabalho sobre Governo Eletrônico do Grupo de Trabalho do Artigo 29[65] afirma que "uma preocupação particular, expressa de forma vívida pela Autoridade Britânica, é que o desenvolvimento do governo digital não deve operar como uma cortina de fumaça escondendo uma interconexão generalizada de bancos de dados de informações públicas e um aumento na troca de dados pessoais entre as administrações" (2003; tradução nossa).

O RGPD, em seu Considerando 68, que trata do direito à portabilidade de dados pessoais, estabelece que "os responsáveis pelo tratamento de dados deverão ser encorajados a desenvolver formatos interoperáveis que permitam a portabilidade dos dados". Contudo o Regulamento não trata, em mais detalhes, sobre regras de interoperabilidade.

2. Análise doutrinária

O compartilhamento de dados pelo Poder Público e a manutenção de dados pessoais de forma interoperável por órgãos públicos são analisados e interpretados, via de regra, a partir de duas perspectivas distintas. De um lado, parte dos autores argumenta que a interoperabilidade e o compartilhamento de dados constituem uma forma de ampliação da eficiência e uma modernização do Estado brasileiro, sendo necessária e fundamental para a execução de políticas públicas;[66] de outro, doutrinadores chamam atenção para o risco de vigilância, de invasão de privacidade e ampliação da assimetria de poder do Estado em relação ao cidadão.[67]

Os autores ligados à primeira dessas perspectivas argumentam que o art. 25 consolida um processo de desburocratização e integração de sistemas da Administração, ao estabelecer

---

[64] WIMMER, M. O regime jurídico do tratamento de dados pessoais pelo Poder Público. *In*: MENDES, L. S.; DONEDA, D.; SARLET, I. W.; RODRIGUES JR., O. L. (coord.); BIONI, B. (coord. executivo). *Tratado de proteção de dados pessoais*. 2. reimp. Rio de Janeiro: Forense, 2021. p. 449.

[65] WP29. *Working Document on E-Government*. 2003.

[66] Cf. TAVARES, A. A.; BITENCOURT, C. M. Avaliação de políticas públicas e interoperabilidade na perspectiva da governança pública digital. *Revista de Direito Econômico e Socioambiental*, v. 13, n. 3, p. 687-723, set./dez. 2022; FANTONELLI, M. *et al.* Lei geral de proteção de dados e a interoperabilidade na saúde pública. *Journal of Health Informatics*, v. 12, 2021; SILVA, L. G.; LIMA, B. D. F. A colaboração compartilhada de dados no governo digital brasileiro: a necessidade de interoperabilidade dos serviços da Administração Pública. *Revista Jurídica*, v. 1, n. 68, p. 527-548, mar. 2022.

[67] WIMMER, M. O regime jurídico do tratamento de dados pessoais pelo Poder Público. *In*: MENDES, L. S.; DONEDA, D.; SARLET, I. W.; RODRIGUES JR., O. L. (coord.); BIONI, B. (coord. executivo). *Tratado de proteção de dados pessoais*. 2. reimp. Rio de Janeiro: Forense, 2021; FRAGOSO, N.; MASSARO, H. Cadastro base e amplo compartilhamento de dados pessoais: a que se destina? *InternetLab*, 2019.; CELLA, J. R. G.; COPETTI, R. Compartilhamento de dados pessoais e a Administração Pública brasileira. *Revista de Direito, Governança e Novas Tecnologias*, Maranhão, v. 3, p. 39-58, jul./dez. 2017; SANTOS, A. F. *et al.* LGPD na perspectiva do administrador público. *In*: TOMASEVICIUS FILHO, Eduardo (coord.). *A Lei Geral de Proteção de Dados brasileira:* análise setorial. São Paulo: Almedina, 2021. v. III.

um modo específico de manutenção de dados tendo em vista o uso compartilhado. Argumenta-se que a interoperabilidade das bases de dados sob custódia do Poder Público facilita o desenvolvimento de uma infraestrutura acessível, com maior participação da população e com a interação entre diferentes serviços da Administração Pública.

A doutrina que se mostra mais preocupada quanto à expansão da interoperabilidade das bases de dados Administração Pública aponta que o art. 25 faz parte de "uma visão utilitária e pragmática do compartilhamento de dados".[68] Wimmer argumenta que a LGPD tratou de maneira pouco sistemática sobre as condições objetivas sobre o compartilhamento de dados no âmbito do Poder Público.[69] Ainda, uma outra preocupação elencada pela doutrina é a de que a interoperabilidade e manutenção dos dados estruturados para o uso compartilhado pela Administração Pública pode abrir espaço para que os dados coletados para uma finalidade passem a ser usados em contextos diversos daquele que justificou a coleta e tratamento inicial.

3. Análise de Jurisprudência e atividades da ANPD

3.1. O julgamento do Cadastro Base do Cidadão

O principal julgado sobre compartilhamento de bases de dados no âmbito do Poder Público, que aborda o art. 25, foi a ADI n. 6.649/DF, julgada em 15 de setembro de 2022 pelo plenário do STF, com relatoria do Min. Gilmar Mendes. A ADI foi ajuizada pelo CFOAB, contra o Decreto n. 10.046/2019, que dispõe acerca do compartilhamento de dados no âmbito da Administração Pública e que institui o Cadastro Base do Cidadão. A ADI foi julgada conjuntamente com ADPF n. 695/DF, ajuizada pelo Partido Socialista Brasileiro (PSB), que tinha por objeto acordo firmado entre Serpro e Abin, com base no Decreto do Cadastro Base do Cidadão, que previa o compartilhamento de dados da Carteira Nacional de Habilitação.

Na petição inicial da ADI, o CFOAB argumentava pela inconstitucionalidade da integralidade dos dispositivos do Decreto, que afrontaria o art. 84, VI, *a*; o art. 1º, III; e o art. 5º, *caput*, X, XII e LXXII, da CRFB, os quais asseguram a dignidade da pessoa humana; a inviolabilidade da intimidade, da privacidade e da vida privada, da honra e da imagem das pessoas, o sigilo dos dados, a garantia do *habeas data*, a proteção de dados pessoais e a autodeterminação informativa.

A Corte Suprema julgou parcialmente procedente o pedido da ADI. O entendimento do STF foi de que "[o] tratamento de dados pessoais pelo Estado é essencial para a prestação de serviços públicos. Todavia, diferentemente do que assevera o ente público, a discussão sobre a privacidade nas relações com a Administração Estatal não deve partir de uma visão dicotômica que coloque o interesse público como bem jurídico a ser tutelado de forma totalmente distinta e em confronto com o valor constitucional da privacidade e proteção de dados pessoais".

Por maioria dos votos, a Corte decidiu que os órgãos da Administração Pública podem compartilhar dados pessoais entre si, desde que observem integralmente os seguintes requisitos: "(i) adoção de medidas proporcionais e estritamente necessárias ao atendimento do

---

[68] WIMMER, M. O regime jurídico do tratamento de dados pessoais pelo Poder Público. *In*: MENDES, L. S.; DONEDA, D.; SARLET, I. W.; RODRIGUES JR., O. L. (coord.); BIONI, B. (coord. executivo). *Tratado de proteção de dados pessoais*. 2. reimp. Rio de Janeiro: Forense, 2021. p. 436.

[69] WIMMER, M. O regime jurídico do tratamento de dados pessoais pelo Poder Público. *In*: MENDES, L. S.; DONEDA, D.; SARLET, I. W.; RODRIGUES JR., O. L. (coord.); BIONI, B. (coord. executivo). *Tratado de proteção de dados pessoais*. 2. reimp. Rio de Janeiro: Forense, 2021. p. 436.

interesse público; (ii) instauração de procedimento administrativo formal, acompanhado de prévia e exaustiva motivação, para permitir o controle de legalidade pelo Poder Judiciário; (iii) utilização de sistemas eletrônicos de segurança e de registro de acesso, inclusive para efeito de responsabilização em caso de abuso; e (iv) observância dos princípios gerais de proteção e dos direitos do titular previstos na LGPD, no que for compatível com o exercício dessa função estatal".

No que tange à interpretação do art. 25 da LGPD, o Min. Rel. Gilmar Mendes, argumentou que a leitura do referido dispositivo em consonância com outras legislações federais, como o art. 11 da Lei n. 13.444/2017, o art. 24, III e IV, do MCI, entre outras, é obrigação do Poder Público garantir a interoperabilidade entre diferentes sistemas da Administração Pública:

Em suma, a partir desse amplo conjunto de leis federais, constato que são obrigações do Poder Público, entre outras, as seguintes providências: (i) promover a racionalização e a interoperabilidade tecnológica dos serviços de governo eletrônico e entre sistemas e terminais diversos, inclusive entre os diferentes âmbitos federativos e diversos setores da sociedade; (ii) tratar de forma adequada as informações e dados pessoais.[70]

Ainda, o Ministro afirma que os dispositivos, tanto da LGPD quanto de outras normativas, que determinam a interoperabilidade e manutenção de dados em forma estruturada para uso compartilhado no âmbito do Poder Público tem a "finalidade de aumentar a confiabilidade dos cadastros administrativos, aprimorar a gestão de políticas públicas e permitir a atuação articulada dos órgãos estatais na prestação de serviços públicos".[71]

3.2. Atividades da ANPD

A ANPD publicou, até o presente momento, dois guias orientativos sobre o tratamento de dados pessoais pelo Poder Público. O Guia 2.0, a versão mais atualizada publicada em junho de 2023, busca "delinear parâmetros que possam auxiliar entidades e órgãos públicos nas atividades de adequação e de implementação da LGPD".[72]

Quanto ao art. 25, o Guia ressalta que o uso compartilhado de dados é "um mecanismo relevante para a execução de atividades típicas e rotineiras do Poder Público, a exemplo de pagamento de servidores e prestação de serviços públicos".[73] Nesse sentido, o art. 25 consagra e reconhece a relevância deste tipo de prática no âmbito da Administração Pública. A ANPD afirma, também, que a interpretação do referido dispositivo deve estar em conformidade com a LGPD:

> Não obstante, assim como ocorre com as demais operações de tratamento, o uso compartilhado de dados pessoais deve ser realizado em conformidade com a LGPD, notadamente com os princípios, as bases legais, garantia dos direitos dos titulares e outras regras específicas aplicáveis ao Poder Público. Além de conferir maior previsibilidade, transparência e segurança jurídica ao uso compartilhado de dados, a observância dessas disposições legais constitui peça-chave para a promoção de uma relação de confiança com os titulares e para a adequada gestão de riscos pelos controladores, inclusive para evitar a ocorrência de abusos e desvios de finalidades.[74]

[70] STF, ADI n. 6.649/DF.

[71] STF, ADI n. 6.649/DF.

[72] ANPD. *Guia Orientativo:* Tratamento de dados pessoais pelo Poder Público, versão 2.0, jun. 2023, p. 6.

[73] ANPD. *Guia Orientativo:* Tratamento de dados pessoais pelo Poder Público, versão 2.0, jun. 2023, p. 29.

[74] ANPD. *Guia Orientativo:* Tratamento de dados pessoais pelo Poder Público, versão 2.0, jun. 2023, p. 30.

A título de orientação a entidades e órgãos públicos, a ANPD indica os principais requisitos que devem ser observados nos processos de compartilhamento de dados, são eles: (i) a necessidade de formalização e registro por meio de atos formais como contratos, convênios ou instrumentos similares; (ii) a clara identificação dos dados pessoais envolvidos e a finalidade específica para a qual são compartilhados; (iii) a definição de base legal para o compartilhamento; (iv) a estipulação de um prazo de tratamento definido, com avaliações periódicas para garantir a eliminação dos dados após o período determinado; (v) a previsão de transparência e respeito aos direitos dos titulares nos atos que regulamentam e autorizam o compartilhamento; e (vi) a implementação de medidas de segurança para proteger os dados pessoais contra acessos não autorizados e eventualidades acidentais ou ilícitas.

BIBLIOGRAFIA SELECIONADA

ADAMI, M. P.; LANGENEGGER, N. Impacto da LGPD em parcerias privadas no contexto de governos eletrônicos e digitalização dos serviços: uma pauta de pesquisa? *Revista do Advogado,* São Paulo, n. 144, nov. 2019.

CARDOSO, A. G. O regime do uso e compartilhamento de dados pessoais pela Administração Pública no âmbito da LGPD. *Informativo Justen, Pereira, Oliveira e Talamini,* Curitiba, n. 163, set. 2020.

CELLA, J. R. G.; COPETTI, R. Compartilhamento de dados pessoais e a Administração Pública brasileira. *Revista de Direito, Governança e Novas Tecnologias*, Maranhão, v. 3, p. 39-58, jul./dez. 2017.

DENER, C.; NII-APONSAH, H.; GHUNNEY, L. E.; JOHNS, K. D. *GovTech Maturity Index:* the state of public sector digital transformation. Washington, DC: World Bank, 2021. Disponível em: https://openknowledge.worldbank.org/handle/10986/36233. Acesso em: 15 jun. 2025.

FANTONELLI, M. *et al.* Lei geral de proteção de dados e a interoperabilidade na saúde pública. *Journal of Health Informatics*, v. 12, 2021.

FRAGOSO, N.; MASSARO, H. Cadastro base e amplo compartilhamento de dados pessoais: a que se destina? *InternetLab,* 2019.

MEIRELLES, H. L. *Direito administrativo brasileiro*. 36. ed. São Paulo: Malheiros, 2010.

OCDE. Digital Government Index: 2019 results. *OECD Public Governance Policy Papers*, Paris, n. 3, 2020.

OPICE BLUM, R.; LÓPEZ, N. Lei Geral de Proteção de Dados no setor público: transparência e fortalecimento do Estado Democrático de Direito. *Cadernos Jurídicos*, São Paulo, ano 21, n. 53, p. 171-177, jan./mar. 2020.

PANEBIANCO, M. Bundesverfassungsgericht, dignità umana e diritti fondamentali. *Diritto e Società,* n. 2, 2000.

PNUD. *e-Government Interoperability:* ePrimers for the information economy, society and polity. Bangkok: United Nations Development Programme, 2008.

ROCHA, W. A Lei Geral de Proteção de Dados e a interoperabilidade dos dados públicos. *Migalhas,* 2023.

SANTOS, A. F. *et al.* LGPD na perspectiva do administrador público. *In*: TOMASEVICIUS FILHO, Eduardo (coord.). *A Lei Geral de Proteção de Dados brasileira:* análise setorial. São Paulo: Almedina, 2021. v. III.

SILVA, L. G.; LIMA, B. D. F. A colaboração compartilhada de dados no governo digital brasileiro: a necessidade de interoperabilidade dos serviços da Administração Pública. *Revista Jurídica,* v. 1, n. 68, p. 527-548, mar. 2022.

TAVARES, A. A.; BITENCOURT, C. M. Avaliação de políticas públicas e interoperabilidade na perspectiva da governança pública digital. *Revista de Direito Econômico e Socioambiental,* v. 13, n. 3, p. 687-723, set./dez. 2022.

TEIXEIRA, T.; GUERREIRO, R. M. *Lei Geral de Proteção de Dados Pessoais (LGPD):* comentada artigo por artigo. 4. ed. São Paulo: Saraiva, 2022.

WIMMER, M. O regime jurídico do tratamento de dados pessoais pelo Poder Público. *In*: MENDES, L. S.; DONEDA, D.; SARLET, I. W.; RODRIGUES JR., O. L. (coord.); BIONI, B. (coord. executivo). *Tratado de proteção de dados pessoais.* 2. reimp. Rio de Janeiro: Forense, 2021.

WORLD BANK. *Interoperability:* towards a data-driven public sector. Washington, DC: World Bank Publications, 2022.

WP29. *Working Document on E-Government.* 2003.

Art. 26. O uso compartilhado de dados pessoais pelo Poder Público deve atender a finalidades específicas de execução de políticas públicas e atribuição legal pelos órgãos e pelas entidades públicas, respeitados os princípios de proteção de dados pessoais elencados no art. 6º desta Lei.

§ 1º É vedado ao Poder Público transferir a entidades privadas dados pessoais constantes de bases de dados a que tenha acesso, exceto:

I – em casos de execução descentralizada de atividade pública que exija a transferência, exclusivamente para esse fim específico e determinado, observado o disposto na Lei n. 12.527, de 18 de novembro de 2011 (Lei de Acesso à Informação);

II – (VETADO);

III – nos casos em que os dados forem acessíveis publicamente, observadas as disposições desta Lei;

IV – quando houver previsão legal ou a transferência for respaldada em contratos, convênios ou instrumentos congêneres; ou (Incluído pela Lei n. 13.853, de 2019)

V – na hipótese de a transferência dos dados objetivar exclusivamente a prevenção de fraudes e irregularidades, ou proteger e resguardar a segurança e a integridade do titular dos dados, desde que vedado o tratamento para outras finalidades. (Incluído pela Lei n. 13.853, de 2019)

§ 2º Os contratos e convênios de que trata o § 1º deste artigo deverão ser comunicados à autoridade nacional.

Artigo 26

Comentado por Lucas Borges de Carvalho

DISPOSITIVOS RELACIONADOS NO ORDENAMENTO JURÍDICO BRASILEIRO

- Art. 25; arts. 38 a 41, Lei do Governo Digital (Lei n. 14.129/2021).
- Decreto n. 10.046, de 9 de outubro de 2019.

DISPOSITIVOS RELACIONADOS NA LGPD

- Arts. 5º, XVI, e 6º, I, IV e VI; art. 9º; art. 18, VII; art. 23; art. 25; art. 27; arts. 29 e 30.

ATIVIDADES DA ANPD

- Guia Orientativo – Tratamento de dados pessoais pelo Poder Público (2023).
- Nota Técnica n. 29/2024/ FIS/CGF/ANPD.
- Nota Técnica n. 92/2022/CGF/ANPD.

CASOS E DECISÕES JUDICIAIS RELEVANTES

- STF, ADI n. 6649 e ADPF n. 695. Plenário. Rel. Min. Gilmar Mendes, j. 15.12.2022. *DJe* 19.06.2023.
- STF, Medida Cautelar nas ADIs n. 6389, 6390, 6393, 6388 e 6387. Plenário. Rel. Min. Rosa Weber, j. 07.05.2020. *DJe* 12.11.2020.
- STF, Suspensão de Liminar n. 1.103. Presidência. Rel. Min. Cármen Lúcia, j. 02.05.2017.

JUSTIFICATIVA E FUNDAMENTOS

Os arts. 26 e 27 da LGPD estabelecem regras específicas a serem observadas nas operações de compartilhamento de dados pessoais realizadas por entidades e órgãos públicos. O objetivo principal é assegurar que essas operações ocorram com ampla transparência e respeito aos direitos dos titulares.

A importância desses dispositivos decorre do fato de que, como regra geral, a coleta de dados pessoais pelo Estado é efetuada compulsoriamente, em observância a determinações legais e como parte de uma relação que se estabelece de forma assimétrica entre os cidadãos e entidades e órgãos públicos. No Brasil, essa assimetria e a consequente vulnerabilidade dos cidadãos são acentuadas por uma tradição política autoritária, que se apresenta sob a forma de uma larga desconfiança em torno do tratamento de dados pessoais realizado pelo Estado, em especial diante de potenciais danos decorrentes de desvios de finalidade, falta de transparência, vigilância e restrições indevidas a liberdades políticas e civis.[75]

É relevante considerar, ainda, que as instituições estatais detêm uma quantidade massiva de dados pessoais, inclusive dados sensíveis. Esses dados são, cada vez mais, armazenados em formato digital e tratados mediante o uso de sistemas automatizados, o que amplia sobremaneira os riscos de abusos decorrentes do tratamento. Diante desse cenário, a questão central a ser considerada é que:

> No contexto do século XXI, um dos elementos característicos dos processos de coleta massiva de dados pessoais é a geração de um "excedente comportamental", isto é, uma espécie de sobrevalor, que transcende os propósitos originais da operação de coleta. Como consequência, mesmo após exauridos os seus objetivos iniciais, o uso de um conjunto de dados pessoais tende a permanecer atrativo e valioso para outras finalidades. Esse uso subsequente e contínuo dos dados pessoais permite gerar um valor adicional significativo – seja ele de ordem pública, política ou econômica – a um custo marginal reduzido, em particular diante da possibilidade de realização de novas inferências a partir de técnicas de análise de dados ou de simples agregação de novas informações, entre outras possibilidades, sempre visando ao controle, à previsão e ao direcionamento de comportamentos.[76]

---

[75] Sobre o tema, ver CARVALHO, L. B. de. O Poder Público e a proteção de dados pessoais no Brasil: novos desafios, velhas práticas administrativas. *Revista de Direito Administrativo*, Rio de Janeiro, v. 282, 2023; ZANATTA, R. *A proteção coletiva dos dados pessoais no Brasil:* vetores de interpretação. Belo Horizonte: Letramento, 2023.

[76] CARVALHO, L. B. de. O Poder Público e a proteção de dados pessoais no Brasil: novos desafios, velhas práticas administrativas. *Revista de Direito Administrativo*, Rio de Janeiro, v. 282, p. 143-144, 2023.

Assim, se, por um lado, o uso e o compartilhamento intensivo de dados pessoais por instituições estatais é insumo essencial para a formulação de políticas públicas baseadas em evidências e a prestação de serviços públicos de forma mais eficiente e inovadora; por outro lado, em razão das inúmeras possibilidades de destinação desses mesmos dados para novas finalidades, ampliadas diante da crescente digitalização e do uso de sistemas de decisão automatizados, é necessário adotar as devidas salvaguardas para evitar a ocorrência de abusos, a exemplo de discriminação e vigilância ou de ilícitos como fraudes financeiras e uso indevido de dados cadastrais.

Sobre o tema, vale a pena mencionar a decisão proferida pelo STF na ADI 6387. Na ocasião, a Corte considerou inconstitucional medida provisória que obrigava as prestadoras de serviços de telecomunicações a compartilhar dados pessoais de seus usuários com o IBGE para fins de "produção estatística oficial". Tal compartilhamento seria necessário a fim de viabilizar a realização de entrevistas não presenciais durante o período da pandemia do Covid-19. Na medida cautelar que determinou a suspensão da medida provisória, a Min. Rosa Weber, relatora do caso, apontou, como principal justificativa, a ausência de delimitação clara das finalidades do compartilhamento dos dados:

> [A]o não definir propriamente como e para que serão utilizados os dados coletados, a MP n. 954/2020 não oferece condições para avaliação da sua adequação e necessidade, assim entendidas como compatibilidade do tratamento com as finalidades informadas e sua limitação ao mínimo necessário para alcançar suas finalidades.[77]

Em outro precedente relevante, no qual se discutia a legitimidade do compartilhamento de dados de carteiras de motorista entre o Denatran e a Abin, o STF firmou entendimento de que o regime constitucional de tutela da privacidade "conduz ao abandono de qualquer interpretação que possibilite um amplo e irrestrito compartilhamento de dados pessoais entre órgãos e entidades da Administração Pública Federal".[78] Daí a necessidade de justificativa minudente e exaustiva das finalidades, da limitação aos dados estritamente necessários ao alcance dessas finalidades e da transparência e do dever de publicidade sobre as informações relativas ao tratamento.

Alinhada às determinações da Corte Constitucional, a ANPD emitiu orientações que devem ser observadas nas operações de compartilhamento de dados pessoais realizadas no setor público. De acordo com o exposto no "Guia Orientativo – Tratamento de Dados Pessoais pelo Poder Público":

> [A]ssim como ocorre com as demais operações de tratamento, o uso compartilhado de dados pessoais deve ser realizado em conformidade com a LGPD, notadamente com os princípios, as bases legais, garantia dos direitos dos titulares e outras regras específicas aplicáveis ao Poder Público. Além de conferir maior previsibilidade, transparência e segurança jurídica ao uso compartilhado de dados, a observância dessas disposições legais constitui peça-chave para a promoção de uma relação de confiança com os titulares e para a adequada gestão de riscos pelos controladores, inclusive para evitar a ocorrência de abusos e desvios de finalidades.[79]

De forma mais específica, a ANPD orienta que o compartilhamento de dados pessoais no setor público deve ser formalizado, mediante a instauração de processo administrativo,

---

[77] STF, Medida Cautelar nas ADIs 6389, 6390, 6393, 6388 e 6387.

[78] STF, ADI 6649 e ADPF 695.

[79] ANPD. *Guia Orientativo:* Tratamento de Dados Pessoais pelo Poder Público, 2023, p. 30.

do qual constem análises técnica e jurídica, que explicitem a motivação para a realização da operação. Ademais, o compartilhamento deve ser estabelecido em ato formal, a exemplo de uma decisão administrativa ou instrumento contratual, conforme o caso.[80]

A ANPD ressalta, ainda, entre outros pontos, a necessidade de: (i) indicação de forma objetiva e detalhada dos dados pessoais objeto do compartilhamento; (ii) delimitação de finalidade específica, com a avaliação de sua compatibilidade com o propósito original da coleta; (iii) definição da hipótese legal aplicável ao caso, em conformidade com o disposto nos arts. 7º ou 11 da LGPD; (iv) estabelecimento expresso da duração do tratamento, incluindo a possibilidade ou não de conservação dos dados após o término da operação; e (v) adoção de medidas de transparência e de segurança e a definição de responsabilidades quanto ao atendimento a solicitações de titulares.[81]

Em suma, considerando os fundamentos e os princípios previstos na LGPD, bem como as orientações da ANPD e os precedentes do STF mencionados acima, pode-se afirmar que os arts. 26 e 27 estabelecem limites e parâmetros que devem ser observados por entidades e órgãos públicos ao compartilhar dados pessoais. Em particular, não se admite que o compartilhamento de dados pessoais seja realizado de forma irrestrita, sem a devida transparência e com base em finalidades genéricas e critérios discricionários.

ANÁLISE

O *caput* do art. 26 estabelece dois critérios gerais que devem ser atendidos por toda operação de compartilhamento de dados pessoais realizada pelo Poder Público. A expressão utilizada pelo dispositivo é "uso compartilhado de dados", cuja definição, nos termos do art. 5º, XVI, da LGPD, é ampla e inclui o compartilhamento de dados realizado entre órgãos públicos e entre estes e o setor privado.[82] Assim, em todas essas situações é necessária a observância dos critérios gerais previstos no *caput* do art. 26.

O primeiro desses critérios é o atendimento a uma finalidade pública específica. Ou, conforme a redação do art. 26, de finalidades específicas de execução de políticas públicas e atribuição legal pelos órgãos e entidades públicas. O art. 23 contém determinação similar, segundo a qual o tratamento de dados pessoais por organizações públicas deve ser realizado para o atendimento de finalidades públicas, na persecução do interesse público, com o objetivo de executar competências legais ou cumprir atribuições legais do serviço público.

Conforme mencionado na seção anterior deste comentário, o critério da delimitação de finalidade pública específica foi objeto de decisões recentes do STF, nas quais o Tribunal considerou que o compartilhamento de dados pessoais pelo Poder Público com base em finalidades genéricas é incompatível com a ordem jurídica. Como pude ressaltar em outro trabalho a respeito do assunto:

> [A]s mais recentes decisões do STF estabeleceram parâmetros jurídicos objetivos e vinculantes, que limitam o campo de atuação discricionária de autoridades públicas. Em consonância com as disposições da LGPD, o tribunal deixou claro que o tratamento de dados pessoais pelo Poder Público pressupõe uma delimitação clara e precisa de sua fundamentação legal, do valor ou do benefício público gerado e

80 ANPD. *Guia Orientativo:* Tratamento de Dados Pessoais pelo Poder Público, 2023, p. 30.

81 ANPD. *Guia Orientativo:* Tratamento de Dados Pessoais pelo Poder Público, 2023, p. 30-35.

82 Ver comentário ao art. 5º, XVI, neste volume.

da aderência da operação às competências legais dos órgãos e entidades envolvidos. Por isso, a finalidade deve ser, efetivamente, específica, o que demanda a indicação, também de forma clara e precisa, de qual iniciativa, ação ou projeto será viabilizado pelo uso dos dados. Trata-se de um ônus argumentativo e de uma exigência de prestação de contas que devem ser assumidos pelos gestores públicos, afastando-se – por se reconhecer, de antemão, como ilegítima – qualquer hipótese de tratamento de dados pessoais sem motivação adequada e baseada apenas em fins genéricos, a exemplo de "formulação, execução e avaliação de políticas públicas", "produção estatística oficial" e "atividades de inteligência".[83]

O segundo critério geral referido no *caput* do art. 26 é o respeito aos princípios de proteção de dados previstos no art. 6º. A ênfase aos princípios não é desprovida de sentido jurídico. Trata-se de uma determinação legal que traz como implicação prática a obrigatoriedade de expressa avaliação da conformidade da operação de compartilhamento com os princípios previstos na LGPD.

Entre esses, para fins do presente comentário, merecem especial destaque os princípios da finalidade, necessidade e transparência. O princípio da finalidade (art. 6º, I) reforça a importância de serem delimitados propósitos "legítimos, específicos, explícitos e informados ao titular". Além disso, é essencial que o gestor responsável avalie a compatibilidade do compartilhamento dos dados com a finalidade original da coleta dos dados, uma vez que "é vedado o tratamento posterior de forma incompatível com essas finalidades". Sobre a avaliação de compatibilidade, a ANPD recomenda que sejam considerados os seguintes parâmetros:

> (i) o contexto e as circunstâncias relevantes do caso concreto; (ii) a existência de conexão fática ou jurídica entre a finalidade original e a que fundamenta o tratamento posterior; (iii) a natureza dos dados pessoais, adotando-se posição de maior cautela quando abrangidos dados sensíveis; (iv) as expectativas legítimas dos titulares e os possíveis impactos do tratamento posterior sobre seus direitos; e (v) o interesse público e a finalidade pública específica do tratamento posterior, bem como o seu vínculo com as competências legais dos órgãos ou entidades envolvidos, nos termos do art. 23 da LGPD.[84]

Por sua vez, o princípio da necessidade (art. 6º, III) determina que o compartilhamento seja limitado ao mínimo necessário para realizar a sua finalidade específica. Assim, a motivação do compartilhamento deve demonstrar que estão sendo compartilhados apenas os dados pertinentes, proporcionais e não excessivos em relação às finalidades, isto é, os dados sem os quais a finalidade não seria alcançada.

Por fim, o princípio da transparência (art. 6º, VI) demanda que as entidades e os órgãos públicos divulguem de forma proativa, preferencialmente em seus sítios eletrônicos, as informações relativas ao compartilhamento. Tais informações devem ser disponibilizadas de forma clara, precisa e facilmente acessível aos cidadãos.

1. Transferência a entidades privadas

Os critérios gerais estabelecidos no *caput* do art. 26 ganham contornos mais específicos nos §§ 1º e 2º do mesmo artigo. Nesse sentido, o § 1º veda ao Poder Público a realização de

---

[83] CARVALHO, L. B. de. O Poder Público e a proteção de dados pessoais no Brasil: novos desafios, velhas práticas administrativas. *Revista de Direito Administrativo*, Rio de Janeiro, v. 282, p. 149-150, 2023.

[84] ANPD. *Guia Orientativo:* Tratamento de Dados Pessoais pelo Poder Público, 2023.

transferência de dados pessoais a entidades privadas, ressalvadas as exceções previstas em seus incisos.

Antes de analisar essas exceções, é importante definir o termo "transferência". De acordo com a Resolução CD/ANPD n. 19, de 23 de agosto de 2024, que aprovou o Regulamento de Transferência Internacional de Dados, transferência é a "operação de tratamento por meio da qual um agente de tratamento transmite, compartilha ou disponibiliza acesso a dados pessoais a outro agente de tratamento" (art. 3º, III).

Apesar de estabelecida no contexto específico de transferência internacional de dados, a definição acima reproduzida, que possui contornos amplos, também pode ser utilizada para fins de interpretação do art. 26, § 1º, da LGPD. Desse modo, qualquer operação do Poder Público que envolva transmissão, compartilhamento ou disponibilização de acesso a dados pessoais para entidades privadas deve observar, além dos critérios gerais estabelecidos no *caput* do art. 26, o disposto em seu § 1º.

Conforme este dispositivo, a transferência de dados pessoais a entidades privadas somente poderá ocorrer se identificada a presença de, ao menos, uma das seguintes hipóteses:

(i) execução descentralizada de atividade pública que exija a transferência, exclusivamente para esse fim específico e determinado, observado o disposto na Lei n. 12.527/2011;

(ii) os dados pessoais objeto do compartilhamento são acessíveis publicamente, observadas as disposições da LGPD;

(iii) quando houver previsão legal ou a transferência for respaldada em contratos, convênios ou instrumentos congêneres; ou

(iv) na hipótese de a transferência dos dados objetivar exclusivamente a prevenção de fraudes e irregularidades, ou proteger e resguardar a segurança e a integridade do titular dos dados, desde que vedado o tratamento para outras finalidades.

Assim, a entidade ou o órgão público responsável deve identificar qual das hipóteses específicas acima referidas ampara a realização da transferência de dados pessoais a entidades privadas, sem prejuízo da observância dos demais requisitos aplicáveis, entre os quais a delimitação de finalidade pública específica e a demonstração de aderência aos princípios previstos no art. 6º da LGPD. É importante mencionar, ainda, que além das hipóteses específicas indicadas no art. 26, § 1º, é necessária a identificação da hipótese legal aplicável ao caso, nos termos do art. 7º ou 11 da LGPD.

Ainda sobre a interpretação das hipóteses específicas em que autorizada a transferência de dados a entidades privadas, conforme o art. 26, § 1º, cabe destacar que:

(i) "execução descentralizada" (art. 26, § 1º, I) se refere a qualquer atividade estatal realizada por entidades privadas mediante delegação, a exemplo de concessões públicas ou parcerias público-privadas;

(ii) nos casos de dados acessíveis publicamente (art. 26, § 1º, III), tais como aqueles disponibilizados em transparência ativa nos sítios eletrônicos de entidades e órgãos públicos, é necessária a observância do disposto no art. 7º, §§ 3º e 7º, da LGPD. Segundo esses dispositivos, o tratamento de dados pessoais cujo acesso é público deve considerar a finalidade, a boa-fé e o interesse público que justificaram a sua disponibilização, admitindo-se o tratamento para novas finalidades, desde que observados os propósitos legítimos e específicos para o novo tratamento e a preservação dos direitos do titular, assim como os fundamentos e os princípios previstos na Lei;

(iii) caso a transferência de dados a entidade privada envolva dados sensíveis, a operação não poderá ser respaldada apenas em contratos, convênios ou instrumentos congêneres, ou seja, sem o amparo em expressa previsão legal (art. 26, § 1º, IV). Isso ocorre porque o tratamento de dados pessoais pela Administração Pública com respaldo unicamente em contratos, convênios ou instrumentos congêneres é aplicável apenas para operações realizadas com dados comuns, conforme previsto no art. 7º, III, da LGPD. Esta determinação legal não foi reproduzida no art. 11, II, *b*, da LGPD, que dispõe sobre o tratamento de dados sensíveis. Dessa forma, o disposto no art. 26, § 1º, IV, deve ser interpretado em harmonia com o art. 7º, III, e o art. 11, II, *b*, da LGPD, levando-se sempre em consideração as restrições aplicáveis ao tratamento de dados pessoais sensíveis;[85]

(iv) a última hipótese (art. 26, § 1º, V) deve ser objeto de interpretação restritiva, o que significa que caberá ao órgão ou entidade pública demonstrar que a transferência de dados pessoais a entidade privada se justifica e é realizada exclusivamente para: (a) prevenir fraudes ou irregularidades; ou (b) proteger e resguardar a segurança e a integridade do titular. A indicação desses requisitos deve ser efetuada da forma mais específica e objetiva possível, evitando-se a mera reprodução genérica das expressões legais, sem a devida motivação. Ademais, nessa hipótese, não se admite o tratamento para outras finalidades, vedação que é recomendável que conste do ato administrativo ou contratual que rege a operação de transferência.

Por fim, o § 2º do art. 26 determina que a entidade ou o órgão público responsável pela transferência de dados pessoais a entidade privada deverá comunicar a ocorrência da operação à ANPD, mediante o encaminhamento dos "contratos e convênios" pertinentes. Este dispositivo ainda não foi objeto de orientação ou de regulamentação específica, o que dificulta a sua aplicação prática, haja vista, por exemplo, a ausência de definição de prazos e de procedimentos a serem observados para o encaminhamento desses documentos para a ANPD.

Vale ressaltar que o art. 27 estabelece obrigação similar de comunicação à ANPD nos casos em que entidades e órgãos públicos realizarem compartilhamento de dados pessoais com entidades privadas. Esta disposição legal é complementada pelo parágrafo único do mesmo artigo, segundo o qual "a informação à autoridade nacional de que trata o *caput* deste artigo será objeto de regulamentação", o que ainda não foi objeto de orientação ou de regulamento da ANPD.[86]

Diante desse cenário, o mais apropriado é que, por cautela, a entidade ou órgão público preserve, pelos prazos legais aplicáveis, toda a documentação referente às transferências de dados a entidades privadas, fornecendo as informações pertinentes à ANPD sempre que solicitado ou conforme as orientações ou regulamentação futura sobre o assunto.

85 Ver comentários aos arts. 7º, III, e 11 neste volume.

86 Ver comentário ao art. 27 neste volume.

BIBLIOGRAFIA SELECIONADA

ANPD. *Guia Orientativo – Tratamento de Dados Pessoais pelo Poder Público*, 2023.

CARVALHO, L. B. de. O Poder Público e a proteção de dados pessoais no Brasil: novos desafios, velhas práticas administrativas. *Revista de Direito Administrativo*, Rio de Janeiro, v. 282, p. 133, 2023.

OCDE. OECD Good Practice Principles for Data Ethics in the Public Sector. *OECD Public Governance Policy Papers*, n. 57, Paris: OECD Publishing, 2021.

WIMMER, M. O regime jurídico do tratamento de dados pessoais pelo Poder Público. In: MENDES, L. S.; DONEDA, D.; SARLET, I. W.; RODRIGUES JR., O. L. (Org.). *Tratado de proteção de dados pessoais*. Rio de Janeiro: Forense, 2021. p. 271-288.

ZANATTA, R. *A proteção coletiva dos dados pessoais no Brasil:* vetores de interpretação. Belo Horizonte: Letramento, 2023.

Art. 27. A comunicação ou o uso compartilhado de dados pessoais de pessoa jurídica de direito público a pessoa de direito privado será informado à autoridade nacional e dependerá de consentimento do titular, exceto:

I – nas hipóteses de dispensa de consentimento previstas nesta Lei;

II – nos casos de uso compartilhado de dados, em que será dada publicidade nos termos do inciso I do *caput* do art. 23 desta Lei; ou

III – nas exceções constantes do § 1º do art. 26 desta Lei.

Parágrafo único. A informação à autoridade nacional de que trata o *caput* deste artigo será objeto de regulamentação. (Incluído pela Lei n. 13.853, de 2019)

Artigo 27

Comentado por Lucas Borges de Carvalho

DISPOSITIVOS RELACIONADOS NO ORDENAMENTO JURÍDICO BRASILEIRO

- Art. 25; e arts. 38 a 41, Lei do Governo Digital (Lei n. 14.129/2021).
- Decreto n. 10.046, de 9 de outubro de 2019.

DISPOSITIVOS RELACIONADOS NA LGPD

- Arts. 5º, XVI, e 6º, I, IV e VI; art. 9º; art. 18, VII; art. 23; art. 25; art. 26; arts. 29 e 30.

ATIVIDADES DA ANPD

- Guia Orientativo – Tratamento de Dados Pessoais pelo Poder Público (2023).
- Nota Técnica n. 29/2024/ FIS/CGF/ANPD.
- Nota Técnica n. 92/2022/CGF/ANPD.

CASOS E DECISÕES JUDICIAIS RELEVANTES

- STF, ADI n. 6649 e ADPF n. 695. Plenário. Rel. Min. Gilmar Mendes, j. 15.09.2022. *DJe* 19.06.2023.
- STF, Medida Cautelar nas ADIs n. 6389, 6390, 6393, 6388 e 6387. Plenário. Rel. Min. Rosa Weber, j. 07.05.2020, *DJe* 12.11.2020.
- STF, Suspensão de Liminar n. 1.103. Presidência. Rel. Min. Cármen Lúcia, j. 02.05.2017.

JUSTIFICATIVA E FUNDAMENTOS

O art. 27 contém regras similares e complementares ao disposto no art. 26, § 1º, da LGPD. Mais do que isso, verifica-se que há uma sobreposição entre esses dois dispositivos, acentuada pela atecnia da redação utilizada na LGPD. Como resultado, tem-se um grau elevado de imprecisão das normas que regem o compartilhamento de dados pessoais realizado entre entidades do setor público e do setor privado.

Assim, por exemplo, enquanto o art. 26, § 1º, utiliza a expressão "transferência" de dados pessoais, o art. 27 recorre às expressões "comunicação" ou "uso compartilhado de dados pessoais". Na prática, no entanto, ambos os dispositivos se referem – e, portanto, aplicam-se – a operações muito similares, que se caracterizam pelo compartilhamento de dados pessoais entre entidades públicas e privadas.

Por isso, as operações de compartilhamento de dados pessoais entre entidades públicas e privadas devem seguir as mesmas regras e parâmetros, o que demanda uma interpretação sistemática e coerente entre o disposto no art. 26, § 1º, e no art. 27. Dito de outro modo, a interpretação que se defende aqui é a de que não há distinção fática ou jurídica relevante que justifique a submissão a regimes jurídicos distintos de operações de "transferência", "comunicação" ou "uso compartilhado de dados" realizadas entre o setor público e o setor privado.

Essa interpretação reflete de forma mais adequada as mais relevantes decisões do STF sobre compartilhamento de dados pessoais no setor público.[87] Nesses precedentes, o Tribunal não estabeleceu nenhum tipo de tratamento diferenciado em razão da especificidade técnica da operação realizada, ou seja, se transferência, comunicação ou outra similar. Embora eventuais especificidades técnicas possam eventualmente ser consideradas, o fato é que, como regra geral, os parâmetros jurídico-constitucionais estabelecidos pelo STF devem ser observados independentemente do tipo de operação realizada para viabilizar o compartilhamento dos dados.

Na mesma linha, a ANPD também não estabeleceu requisitos diferenciados a serem aplicados conforme a natureza técnica da operação. De forma distinta, no "Guia Orientativo – Tratamento de Dados Pessoais pelo Poder Público", a Autoridade Nacional estabeleceu requisitos gerais que devem ser atendidos por qualquer tipo de operação que implique compartilhamento de dados pessoais por entidades e órgãos públicos.[88]

ANÁLISE

Partindo dos pressupostos acima, uma interpretação coerente do art. 27 da LGPD deve considerar que este dispositivo se refere, primordialmente, às hipóteses legais que autorizam a realização de compartilhamento de dados pessoais entre entidades públicas e privadas. Nesse sentido, como regra geral, o *caput* do art. 27 estabelece que esse tipo de compartilhamento dependerá de consentimento do titular, salvo, conforme previsto em seu inciso I, nas hipóteses de dispensa de consentimento previstas na própria LGPD.

Sobre o tema, vale anotar que não há hierarquia entre as hipóteses legais, de modo que o tratamento de dados pessoais pode ser realizado sem consentimento, desde que aplicável

87 STF, Medida Cautelar nas ADIs 6389, 6390, 6393, 6388 e 6387; STF, ADI 6649 e ADPF 695.

88 ANPD. *Guia Orientativo:* Tratamento de Dados Pessoais pelo Poder Público, 2023, p. 30.

ao caso concreto uma das demais hipóteses legais previstas no art. 7º ou no art. 11 da Lei. É o caso, por exemplo, das hipóteses de cumprimento de obrigação legal, execução de políticas públicas ou realização de estudos por órgãos de pesquisa.

Por outro lado, a referência ao consentimento no *caput* do art. 27 não afasta a necessidade de avaliar se esta hipótese legal é adequada ao caso concreto. Isso porque o consentimento pressupõe que se atribua ao titular uma escolha efetiva, expressa na possibilidade real de autorizar ou recusar o tratamento de seus dados pessoais. No caso do setor público, muitas vezes essa escolha é inexistente, dada a compulsoriedade da operação, tal como quando é necessária para o cumprimento de uma obrigação legal.[89]

Dessa forma, é incompatível com a LGPD qualquer espécie de consentimento "forçado" ou "de fachada".[90] É o que ocorreria, por exemplo, em situações nas quais um órgão público confere uma única opção ao titular ("concordo com a realização do tratamento") ou, ainda, realiza o tratamento de seus dados pessoais apesar de eventual manifestação negativa do titular.

O inciso II do art. 27 estabelece que o consentimento também poderá ser dispensado "nos casos de uso compartilhado de dados, em que será dada publicidade nos termos do inciso I do *caput* do art. 23 desta Lei". Esse dispositivo legal tem aplicação prática limitada, na medida em que a finalidade de realizar "uso compartilhado de dados", por si só, não autoriza a realização da operação. Afinal, também neste caso, a entidade ou o órgão público responsável pelo compartilhamento de dados pessoais deverá avaliar e indicar de forma precisa qual hipótese legal, entre as previstas no art. 7º ou 11 da LGPD, autoriza a realização do "uso compartilhado de dados".

O mesmo raciocínio se aplica ao inciso III do art. 27, segundo o qual o uso compartilhado de dados com entidades privadas não dependerá de consentimento "nas exceções constantes do § 1º do art. 26 desta Lei". Como mencionado no comentário ao art. 26 efetuado neste volume, a presença de uma das hipóteses específicas indicadas no art. 26, § 1º, não afasta a necessidade de identificação da hipótese legal aplicável ao caso, nos termos do art. 7º ou 11 da LGPD.

Em resumo do exposto, pode-se concluir que:

(i) o art. 27 deve ser interpretado de forma coerente e sistemática com as demais disposições da LGPD, em especial com o art. 26;

(ii) independentemente da natureza técnica da operação realizada, isto é, se transferência, comunicação ou uso compartilhado, o compartilhamento de dados pessoais entre entidades públicas e privadas deve observar os parâmetros estabelecidos na LGPD, em precedentes do STF e nas orientações da ANPD;

(iii) entre esses parâmetros, destacam-se especialmente os seguintes:

  (a) delimitação de finalidade pública específica e demonstração de aderência aos princípios de proteção de dados previstos no art. 6º da LGPD (art. 26, *caput*);

  (b) amparo em hipótese legal, conforme o disposto nos arts. 7º ou 11 da LGPD, utilizando-se o consentimento apenas quando efetivamente apropriado ao caso (arts. 26, *caput*, e 27, I); e

---

[89] ANPD. *Guia Orientativo:* Tratamento de Dados Pessoais pelo Poder Público, 2023, p. 11.

[90] ANPD. *Guia Orientativo: Cookies* e proteção de dados pessoais, 2022, p. 18.

(c) identificação de qual das hipóteses específicas previstas no art. 26, § 1º, autoriza a realização da operação (art. 26, § 1º c/c art. 27, III).

Por fim, o parágrafo único do art. 27 esclarece que será objeto de regulamentação a obrigação de envio de comunicação à ANPD sobre a realização do compartilhamento de dados pessoais a entidades privadas. Como mencionado no comentário ao art. 26 efetuado neste volume, este dispositivo ainda não foi objeto de orientação ou regulamento da ANPD, razão pela qual o mais apropriado é que, por cautela, a entidade ou o órgão público preserve, pelos prazos legais aplicáveis, toda a documentação referente à operação de compartilhamento de dados pessoais com entidades privadas, fornecendo as informações pertinentes à ANPD sempre que solicitado ou conforme as orientações ou regulamentação futura sobre o assunto.

BIBLIOGRAFIA SELECIONADA

ANPD. *Guia Orientativo – Tratamento de Dados Pessoais pelo Poder Público*, 2023.

ANPD. *Guia Orientativo – Cookies e proteção de dados pessoais*, 2022.

CARVALHO, L. B. de. O Poder Público e a proteção de dados pessoais no Brasil: novos desafios, velhas práticas administrativas. *Revista de Direito Administrativo*, Rio de Janeiro, v. 282, p. 133, 2023.

OCDE. *OECD Good Practice Principles for Data Ethics in the Public Sector. OECD Public Governance Policy Papers*, n. 57, Paris: OECD Publishing, 2021.

WIMMER, M. O regime jurídico do tratamento de dados pessoais pelo Poder Público. In: MENDES, L. S.; DONEDA, D.; SARLET, I. W.; RODRIGUES JR., O. L. (Org.). *Tratado de proteção de dados pessoais*. Rio de Janeiro: Forense, 2021. p. 271-288.

ZANATTA, R. *A proteção coletiva dos dados pessoais no Brasil: vetores de interpretação*. Belo Horizonte: Letramento, 2023.

> **Art. 28.** (VETADO).
>
> **Art. 29.** A autoridade nacional poderá solicitar, a qualquer momento, aos órgãos e às entidades do Poder Público a realização de operações de tratamento de dados pessoais, informações específicas sobre o âmbito e a natureza dos dados e outros detalhes do tratamento realizado e poderá emitir parecer técnico complementar para garantir o cumprimento desta Lei. (Redação dada pela Lei n. 13.853, de 2019)

Artigo 29

Comentado por Lucas Borges de Carvalho

DISPOSITIVOS RELACIONADOS NO ORDENAMENTO JURÍDICO BRASILEIRO

- Art. 25, § 2º, Lei do Governo Digital (Lei n. 14.129/2021).
- Art. 5º, § 3º, II, Decreto n. 10.046, de 9 de outubro de 2019.

DISPOSITIVOS RELACIONADOS NA LGPD

- Art. 4º, 3º; art. 23, § 1º; art. 52, 3º; e art. 55-J, XI, XVI, XXII.

ATIVIDADES DA ANPD

- Guia Orientativo – Tratamento de Dados Pessoais pelo Poder Público (jun./2023).
- Regulamento do Processo de Fiscalização e do Processo Administrativo Sancionador no âmbito da Autoridade Nacional de Proteção de Dados (Resolução CD/ANPD n. 1/2021).
- Regulamento de Dosimetria e Aplicação de Sanções Administrativas (Resolução CD/ANPD n. 4/2023).

JUSTIFICATIVA E FUNDAMENTOS

O art. 29 tem por objetivo reforçar e detalhar as competências fiscalizatórias da ANPD sobre entidades e órgãos públicos que realizam tratamento de dados pessoais.

Esta determinação normativa é relevante ao se considerar que as sanções pecuniárias não são aplicáveis a entes públicos, conforme se verifica do disposto no art. 52, § 3º, da LGPD.[91] Com efeito, não obstante essa opção legislativa quanto às sanções pecuniárias,

[91] Ver comentário ao art. 52 neste volume.

outros dispositivos da Lei – a exemplo dos arts. 4º, § 3º; 23, § 1º; 52, § 3º; e 55-J, XI, XVI e XXII, e o próprio art. 29 – atribuem competências específicas para o exercício das atividades de fiscalização e de regulamentação da ANPD sobre o setor público.

Em conjunto, esses dispositivos expressam a importância do cumprimento das normas de proteção de dados pessoais por entidades e órgãos públicos. Assim, o art. 29 se insere nesse arcabouço normativo específico estabelecido pela LGPD, do qual constam prerrogativas de fiscalização atribuídas para a ANPD, visando, em especial, assegurar mecanismos de transparência, controle social e exercício de direitos no âmbito do setor público.

ANÁLISE

Inicialmente, deve-se considerar que o art. 29 possui redação muito similar ao art. 55-J, XI. A principal diferença entre os dois dispositivos é de ordem semântica, com reduzido impacto na interpretação do comando normativo estabelecido em ambos os casos.

Assim, enquanto o art. 29 estabelece que a ANPD poderá solicitar "aos órgãos e entidades do Poder Público *a realização* de operações de tratamento de dados pessoais", o art. 55-J, XI, menciona que a solicitação pode ser dirigida "às entidades do Poder Público *que realizem* operações de tratamento de dados".

Como se pode observar, a redação do art. 55-J, XI, parece mais apropriada e razoável, na medida em que esclarece que a solicitação da ANPD é dirigida às entidades (ou aos órgãos) públicos "*que realizem*" operações de tratamento de dados. Ou seja, a solicitação é dirigida para essas entidades, sem a finalidade de determinar "a realização de operações de tratamento", como se verifica da redação – aparentemente, equivocada – do art. 29.

Este é, então, o primeiro aspecto a ser considerado sobre o art. 29 da LGPD: sua interpretação deve ser efetuada de forma coerente e harmônica com o disposto no art. 55-J, XI, de modo que a ANPD poderá enviar solicitações para entidades e órgãos públicos que realizem tratamento de dados pessoais.

Um segundo aspecto a ser considerado é que essa solicitação pode ser realizada "a qualquer momento", o que significa que a LGPD conferiu à Autoridade Nacional uma prerrogativa ampla para definir quando realizar esse tipo de solicitação. Por exemplo, a solicitação da ANPD poderá ser efetuada antes, durante ou, mesmo, após concluída uma determinada operação de tratamento.

O terceiro aspecto a ser considerado é que a recusa ao atendimento de solicitação da ANPD pode configurar "obstrução à atividade de fiscalização", uma infração administrativa de natureza grave.[92] Dessa forma, eventual não atendimento de solicitação da ANPD, por

[92] Conforme o art. 4º, IV, do Regulamento do Processo de Fiscalização e do Processo Administrativo Sancionador no âmbito da ANPD, aprovado pela Resolução CD/ANPD n. 1/2021, "obstrução à atividade de fiscalização" é definida como: "ato, comissivo ou omissivo, direto ou indireto, da fiscalização ou de seus pressupostos, que impeça, dificulte ou embarace a atividade de fiscalização exercida pela ANPD, mediante o oferecimento de entrave à situação dos agentes, a recusa no atendimento, e o não envio ou envio intempestivo de quaisquer dados e informações pertinentes à obrigação do agente regulado". Por sua vez, o art. 8º, § 3º, II, do Regulamento de Dosimetria e Aplicação de Sanções Administrativas, aprovado pela Resolução CD/ANPD n. 4/2023, estabelece que a infração será considerada grave, entre outras hipóteses, quando "constituir obstrução à atividade de fiscalização".

exemplo, mediante o não envio de informações ou documentos necessários à instrução de processo de fiscalização, poderá ensejar a abertura de processo sancionador e a aplicação de sanções administrativas.

O quarto e último aspecto a ser considerado diz respeito à finalidade da solicitação de que trata o art. 29. De acordo com este dispositivo legal, a ANPD poderá solicitar informações específicas sobre: (i) o âmbito e a natureza dos dados e outros detalhes do tratamento; e (ii) poderá emitir parecer técnico complementar para garantir o cumprimento da LGPD. Como se pode extrair da redação do art. 29, o comando legal é meramente exemplificativo, de forma que outras informações poderão ser solicitadas de acordo com o contexto e o caso concreto. Da mesma forma, a referência à emissão de "parecer técnico" vem acompanhada da expressão "poderá", o que indica se tratar de uma prerrogativa que pode ou não ser exercida pela ANPD, sem prejuízo do exercício de outras atribuições previstas na Lei, inclusive a de aplicação de sanções administrativas, nos termos do art. 52.

BIBLIOGRAFIA SELECIONADA

CARVALHO, L. B. de. O Poder Público e a proteção de dados pessoais no Brasil: novos desafios, velhas práticas administrativas. *Revista de Direito Administrativo*, Rio de Janeiro, v. 282, 2023.

OCDE. *OECD Good Practice Principles for Data Ethics in the Public Sector. OECD Public Governance Policy Papers,* Paris, n. 57, 2021.

WIMMER, M. O regime jurídico do tratamento de dados pessoais pelo Poder Público. *In*: MENDES, L. S.; DONEDA, D.; SARLET, I. W.; RODRIGUES JR., O. L. (org.). *Tratado de proteção de dados pessoais.* Rio de Janeiro: Forense, 2021. p. 271-288.

WIMMER, M. Os desafios do *enforcement* na LGPD: fiscalização, aplicação de sanções administrativas e coordenação intergovernamental. *In*: MENDES, L. S.; DONEDA, D.; SARLET, I. W.; RODRIGUES JR., O. L. (org.). *Tratado de proteção de dados pessoais.* Rio de Janeiro: Forense, 2021. p. 375-388.

Art. 30. A autoridade nacional poderá estabelecer normas complementares para as atividades de comunicação e de uso compartilhado de dados pessoais.

Artigo 30

Comentado por Nathalie Fragoso e Clarice Tavares

DISPOSITIVOS RELACIONADOS NA LGPD

- Art. 5°, XVI; art. 11, § 3°; art. 23, § 1º; art. 32; e art. 55.

ATIVIDADES DA ANPD

- Guia Orientativo de Tratamento de Dados Pessoais pelo Poder Público, versão 2.0 (2023).
- Guia orientativo de Tratamento de Dados Pessoais pelo Poder Público, versão 1.0 (2022).

JUSTIFICATIVA E FUNDAMENTOS

O art. 30 da LGPD determina que a ANPD poderá estabelecer novas normativas acerca da comunicação e uso compartilhado de dados pessoais no âmbito da Administração Pública. A opção do legislador foi de garantir à autoridade nacional a opção de, a partir do caso concreto e levando em consideração as nuances acerca das especificidades do tratamento e compartilhamento de dados pelo Poder Público, estabelecer regras com maior ou menor rigor sobre proteção de dados. Em um contexto de datificação de políticas públicas e do Poder Público, isto é, fenômeno social em que diferentes aspectos da vida social, informações de cidadãos e da própria administração tornam-se dados tabuláveis, quantificáveis e analisáveis,[93] o estabelecimento de normas específicas para atividades de compartilhamento e comunicação, que levem em consideração as nuances de cada hipótese, torna-se ainda mais essencial.

Ressalta-se que a ANPD é o órgão central de interpretação da LGPD e do estabelecimento de normas e diretrizes para a implementação da legislação. A Autoridade possui, portanto, competência originária, específica e uniformizadora sobre as regras de proteção de dados e aplicação da Lei n. 13.709/2018[94]. Nesse sentido, o art. 30 tem fundamento nesta competência da ANPD, consagrada também pelo art. 55-J, I, no que tange ao dever da Autoridade de "zelar pela proteção dos dados pessoais". Assim, conforme estabelecido pelo

---

[93] MAYER-SCHOENBERGER, V.; CUKIER, K. *Big data:* a revolution that will transform how we live, work, and think. London: John Murray, 2013.

[94] Ver comentário ao art. 55-J neste volume.

"Guia orientativo de Tratamento de Dados Pessoais pelo Poder Público", a interpretação da ANPD sobre a LGPD deve "se compatibilizar com a atuação de outros entes públicos que possam eventualmente tratar sobre o tema".[95]

Desta forma, no âmbito de suas competências, a ANPD poderá estabelecer normas para aquilo que se denomina "atividades de comunicação e de uso compartilhado de dados pessoais", no âmbito do setor público. De acordo com o art. 5° da LGPD,[96] compreende-se por uso compartilhado de dados quaisquer atos de "comunicação, difusão, transferência internacional, interconexão de dados pessoais ou tratamento compartilhado de bancos de dados pessoais", tanto por órgãos e entidades públicos, quanto privados. Portanto, atividades de comunicação e distribuição, bem como compartilhamento, são consideradas tratamento de dados que podem ser objetos de normas complementares pela ANPD.

ANÁLISE

1. Análise contextual

A ANPD havia sido incluída, nas discussões legislativas sobre a LGPD, pela Comissão Especial da Câmara dos Deputados, criada para analisar o PL n. 5.276/2016. Em sua forma inicial, a ANPD estava prevista para ser uma autarquia federal em regime especial. O formato da ANPD, enquanto uma autarquia federal, foi aprovado tanto na Câmara dos Deputados, como no Senado Federal. Contudo, a estrutura da ANPD foi vetada pelo então Presidente da República, Michel Temer, sob o argumento de que a inclusão da ANPD, por iniciativa parlamentar, incorreria "em inconstitucionalidade do processo legislativo, por afronta ao art. 61, 1º, II, *e*, cumulado com o art. 37, XIX, da Constituição",[97] isto é, os dispositivos extrapolariam a competência do Legislativo, na medida em que esta seria matéria de competência restrita da Presidência da República, por propor aumento de despesa. O veto, contudo, não impactou as demais previsões sobre a ANPD que constavam no texto sancionado pela Presidência da República, como o art. 30.

No final do mesmo ano da aprovação da LGPD, o Poder Executivo publicou a Medida Provisória n. 869/2018, que criava a ANPD, alterava a LGPD e estabelecia uma estrutura para o órgão. A Medida Provisória propunha que a Autoridade seria "um órgão público, formalmente localizado dentro da estrutura da Presidência da República – dessa forma cumprindo com os requisitos formais que, à época, impediam o próprio Poder Executivo de propor uma estrutura cuja implementação implicasse despesas para o Tesouro Nacional, dadas as limitações estabelecidas pela Lei de Responsabilidade Fiscal.[98] Em 2019, após modificações pelo Congresso Nacional, a Medida Provisória foi convertida na Lei n. 13.853/2019.

Com a nova legislação acerca da ANPD, a LGPD sofreu alterações para incluir as competências do órgão. Entre as novas competências, o art. 55-J da LGPD passou a prever, em seu inciso XIII, que compete à autoridade nacional "editar regulamentos e procedimentos sobre

[95] ANPD. *Guia Orientativo:* Tratamento de Dados Pessoais pelo Poder Público, versão 2.0, 2023, p. 8.

[96] Ver comentário ao art. 5° neste volume.

[97] BRASIL. *Diário Oficial da União*, Íntegra do veto: https://pesquisa.in.gov.br/imprensa/jsp/visualiza/index.jsp?data=15/08/2018&jornal=515&pagina=81&totalArquivos=215. Acesso em: 18 jun. 2025.

[98] DONEDA, D. *Da privacidade à proteção de dados pessoais:* elementos da formação da Lei Geral de Proteção de Dados. 2. ed. São Paulo: Thomson Reuters Brasil, 2020. p. 312.

proteção de dados pessoais e privacidade, bem como sobre relatórios de impacto à proteção de dados pessoais para os casos em que o tratamento representar alto risco à garantia dos princípios gerais de proteção de dados pessoais previstos nesta Lei".

Assim, o art. 30 relaciona-se com o art. 55-J da LGPD, introduzido pela Lei n. 13.853/2019, ao estabelecer a possibilidade de edição de normas complementares, não apenas para os casos em que o tratamento representar alto risco à garantia dos princípios gerais de proteção de dados pessoais, mas para qualquer comunicação ou compartilhamento de dados no âmbito do Poder Público.

Por fim, ressalta-se que com a Medida Provisória n. 1.124/2022, editada pelo Poder Executivo em 2022, e posteriormente transformada na Lei n. 14.460/2022, a ANPD foi transformada em uma autarquia de natureza especial.

2. Análise atividades da ANPD

Até o presente momento, a ANPD não publicou normativas específicas sobre comunicação e uso compartilhado de dados pelo Poder Público. A Autoridade publicou dois guias orientativos sobre o tratamento de dados pessoais pelo Poder Público, em que: (i) faz uma explanação sobre conceitos básicos, como o conceito de Poder Público, o que é a LGPD e as competências da ANPD; (ii) apresenta orientações sobre as bases legais mais comuns e os princípios mais relevantes que devem nortear o tratamento de dados pessoais por órgãos da Administração Pública; (iii) apresenta orientações sobre as operações de compartilhamento de dados e divulgação de dados pessoais pelo Poder Público, a partir de uma perspectiva de conformidade com as regras da LGPD.

Assim, a partir dessa estrutura, o Guia Orientativo não estabelece normas complementares que devem ser observadas pelos órgãos da Administração Pública, mas apenas delimita "parâmetros que possam auxiliar entidades e órgãos públicos nas atividades de adequação e de implementação da LGPD". Trata-se, portanto, de um primeiro momento de delimitação da interpretação da LGPD aplicável ao Poder Público. Pela natureza orientativa e inicial do Guia, o documento fica aberto a comentários e contribuições da sociedade de forma contínua para futuras atualizações.

BIBLIOGRAFIA SELECIONADA

ANPD. *Guia Orientativo:* Tratamento de Dados Pessoais pelo Poder Público, versão 2.0, 2023.

DONEDA, D. *Da privacidade à proteção de dados pessoais:* elementos da formação da Lei Geral de Proteção de Dados. 2. ed. São Paulo: Thomson Reuters Brasil, 2020.

MAYER-SCHOENBERGER, V.; CUKIER, K. *Big data:* a revolution that will transform how we live, work, and think. London: John Murray, 2013.

TAVARES, C.; SIMÃO, B.; CINTRA, A. M.; FONTELES, J. *Tecnologia, dados e políticas públicas.* São Paulo: Nexo Políticas Públicas, 2022.

TEIXEIRA, T.; GUERREIRO, R. M. *Lei Geral de Proteção de Dados Pessoais (LGPD):* comentada artigo por artigo. São Paulo: Saraiva, 2022.

VAN DIJCK, J. Confiamos nos dados? As implicações da datificação para o monitoramento social. *Matrizes*, São Paulo, v. 11, n. 1, jan./abr. 2017.

Seção II
Da Responsabilidade

Art. 31. Quando houver infração a esta Lei em decorrência do tratamento de dados pessoais por órgãos públicos, a autoridade nacional poderá enviar informe com medidas cabíveis para fazer cessar a violação.

Artigo 31

Comentado por Filipe Medon
e Rodrigo Borges Valadão

DISPOSITIVOS RELACIONADOS NO ORDENAMENTO JURÍDICO BRASILEIRO

- Art. 37, § 6º, CRFB.

DISPOSITIVOS RELACIONADOS NA LGPD

- Arts. 23, 24, 25, 26 e 27; arts. 29 e 30; art. 52, § 3°; art. 55-J, XI.

ATIVIDADES DA ANPD

- Art. 10, VIII; art. 17, XXIII; art. 62, § 2º, I, Portaria n. 1, de 8 de março de 2021, da ANPD, que estabelece o Regime Interno da ANPD.
- Art. 1º, § 1º; arts. 31 e 32, III; art. 35, Resolução CD/ANPD n. 1, de 28 de outubro de 2021, que aprova o Regulamento do Processo de Fiscalização e do Processo Administrativo Sancionador no âmbito da ANPD.
- Processo Administrativo Sancionador n. 00261.001969/2022-41.
- Processo Administrativo Sancionador n. 00261.001886/2022-51.

JUSTIFICATIVA E FUNDAMENTOS

A razão principal que anima a inclusão deste dispositivo na legislação é reforçar o caráter pedagógico da ANPD na aplicação de suas sanções, especialmente em relação ao Poder Público. Isso porque, mais do que sancionar, o legislador quer buscar garantir que os órgãos violadores aprendam e não voltem a reincidir nas mesmas inobservâncias à lei.

O dispositivo tem missão pedagógica e instrutiva, visando o aprimoramento das boas práticas a serem adotadas pelos órgãos públicos, na direção da construção de uma cultura de proteção de dados pessoais no Brasil.

ANÁLISE

A Seção II (Da Responsabilidade), que compreende os arts. 31 e 32, encerra o Capítulo IV, que disciplina o Tratamento de Dados Pessoais pelo Poder Público na LGPD. Contrariando aquilo que se poderia supor, a seção destinada às responsabilidades do Poder Público não traz a previsão de sanções específicas.

Em realidade, o art. 31 apenas aponta uma medida concreta que pode ser adotada pela ANPD em relação a órgãos públicos em virtude do cometimento de infrações, com o objetivo de fazer cessar as violações em curso, qual seja, o envio de um informe com a discriminação de medidas cabíveis para tanto. Reforça-se, assim, a missão pedagógica da ANPD, que concentra mais a sua atuação na adequação do Poder Público à legislação e à mudança de cultura do que na atividade sancionatória de caráter punitivo que também pode – e deve – exercer.

Adverte-se, contudo, que uma leitura apressada e apegada apenas à literalidade do dispositivo poderia conduzir à exegese, equivocada, de que o envio do informe constituiria o único poder da Autoridade em face das violações cometidas por órgãos do Poder Público e seus agentes. Adotar semelhante entendimento significaria admitir a existência de injustificada imunidade ao Estado pelas violações eventualmente cometidas em relação aos titulares de dados pessoais.[99]

Daí por que se tem compreendido, acertadamente, em doutrina que o dispositivo não afasta, sob nenhuma hipótese, as responsabilidades civil e administrativa previstas, não apenas pela LGPD, como por outros diplomas, como a própria CRFB em seu art. 37, § 6º. Com efeito, o dispositivo em comento deveria ser encarado "apenas como um *plus*, no sentido de ressaltar a importância da cessação da violação, sem prejuízo da possibilidade de aplicação das demais regras de responsabilidade previstas na LGPD, sempre que compatíveis com as peculiaridades do Poder Público".[100]

Dúvidas não há, portanto, em relação à possibilidade de aplicação de sanções ao Poder Público pela ANPD, como se pode observar pela simples leitura do § 1º do art. 1º da Resolução CD/ANPD n. 1, de 28 de outubro de 2021, que Aprova o Regulamento do Processo de Fiscalização e do Processo Administrativo Sancionador no âmbito da ANPD, que assim estabelece:

> Art. 1º Este Regulamento tem por objetivo estabelecer os procedimentos inerentes ao processo de fiscalização e as regras a serem observadas no âmbito do processo administrativo sancionador pela Autoridade Nacional de Proteção de Dados (ANPD).

---

99 FRAZÃO, A.; CARVALHO, A. P. de; MILANEZ, G. *Curso de proteção de dados pessoais:* fundamentos da LGPD. Rio de Janeiro: Forense, 2022. p. 236.
Na mesma direção: "(...) tais dispositivos, embora inseridos em seção denominada "Da responsabilidade", não versam exatamente sobre a responsabilidade do Poder Público, mas tão somente contém uma tímida e potencialmente inócua previsão de possibilidades e – nem sequer obrigatoriedade – de medidas a serem adotadas pela autoridade nacional em razão de falhas no tratamento de dados por órgãos públicos" (SCOPEL, A. S. Breves considerações sobre tratamento de dados pelo poder público e meios de defesa dos dados pessoais por particulares. *Revista de Direito e Novas Tecnologias*, São Paulo, v. 7, p. 1-16, abr./jun. 2020).

100 FRAZÃO, A.; CARVALHO, A. P. de; MILANEZ, G. *Curso de proteção de dados pessoais:* fundamentos da LGPD. Rio de Janeiro: Forense, 2022. p. 236.

> § 1º As disposições deste regulamento aplicam-se aos titulares de dados, aos agentes de tratamento, pessoas naturais ou jurídicas, de direito público ou privado e demais interessados no tratamento de dados pessoais, nos termos do art. 13.

Isso não significa, contudo, que o exercício da atividade sancionatória da ANPD em relação ao Poder Público não seja dotado de peculiaridades que o diferenciam do regime geral aplicável aos particulares. Tais limitações se dão "em virtude da sua natureza de direito público e do próprio fato de que a ANPD constitui órgão diretamente vinculado ao Executivo federal (no caso, à Presidência da República)".[101]

Tanto é assim que o art. 52 da LGPD prevê em seu § 3º que nem todas as sanções previstas no rol do art. 52 são aplicáveis ao Poder Público, mas apenas as penas de advertência, publicização da infração, bloqueio, eliminação, suspensão parcial do funcionamento do banco de dados, suspensão da atividade de tratamento e proibição parcial ou total de atividades de tratamento. Não se pode aplicar ao Poder Público, por ausência de previsão legal, as penas de *multa simples* ou *multa diária*.[102]

Note-se, outrossim, que qualquer medida que impeça o tratamento de dados pessoais pelo Poder Público, se considerada constitucional, deve ser aplicada com muito cuidado e parcimônia, sob pena de comprometer o funcionamento de atividades públicas essenciais e, como consequência, o exercício de outros direitos fundamentais pelos cidadãos. Assim, em vez de aplicar uma sanção proibitiva *tout court* (sem mais nada), a ANPD deverá, de forma pedagógica, orientar o órgão público, buscando fomentar a sua adequação responsável aos ditames da legislação.

Especificamente em relação ao informe de que trata o dispositivo legal em comento, importa observar que a sua natureza não será a de sanção ao agente regulado, mas sim de mera medida preventiva.[103] É o que se pode extrair da leitura conjugada dos arts. 31 e 32 da já referida Resolução CD/ANPD 1/2021, que se referem às medidas a serem aplicadas pela CGF da Autoridade:

> Art. 31. As medidas aplicadas pela Coordenação-Geral de Fiscalização ao longo da atividade preventiva não constituem sanção ao agente regulado.
>
> Art. 32. São consideradas medidas preventivas:
>
> I – divulgação de informações;
>
> II – aviso;
>
> III – solicitação de regularização ou informe; e
>
> IV – plano de conformidade.

---

[101] FRAZÃO, A.; CARVALHO, A. P. de; MILANEZ, G. *Curso de proteção de dados pessoais:* fundamentos da LGPD. Rio de Janeiro: Forense, 2022. p. 237. Na mesma direção, "[o]utra questão que se coloca em relação às referidas disposições normativas diz respeito à atuação da ANPD perante outros órgãos e entidades do Poder Público, à luz do pacto federativo e da repartição de Poderes" (DI BIASE, N. F.; AGUILERA, D. F. Dificuldades interpretativas no regime de tratamento de dados pelo poder público: lacunas, contradições e atecnias da LGPD. *Revista Eletrônica da PGE-RJ*, [S. l.], v. 4, n. 2, p. 24, 2021).

[102] Ver comentário ao art. 52 neste volume.

[103] FRAZÃO, A.; CARVALHO, A. P. de; MILANEZ, G. *Curso de proteção de dados pessoais:* fundamentos da LGPD. Rio de Janeiro: Forense, 2022. p. 237.

Nada obstante, segundo consta do mesmo art. 32 da Resolução, podem ser adotadas outras medidas não previstas no artigo, se compatíveis com o disposto nos arts. 30 e 31 (§ 1º) e, conforme disposto pelo inciso I do § 2º, o não atendimento de medida preventiva pode tanto ensejar a "progressão de atuação da ANPD para que, a seu critério, adote outras medidas preventivas ou atue de modo repressivo, com a adoção de medidas compatíveis" e, finalmente, segundo o inciso II "será considerado circunstância agravante em caso de instauração de processo administrativo sancionador".

É dizer: por mais que o informe contendo as medidas que devem ser adotadas não se revista de conteúdo sancionatório, o não atendimento acabará repercutindo em eventual processo administrativo sancionador, eis que poderá ser enquadrado como circunstância agravante para fins de dosimetria e aplicação da sanção ao órgão do Poder Público.

Finalmente, merece destaque que a ANPD, na sua atividade fiscalizatória e sancionatória dos órgãos do Poder Público, tem evitado impor medidas corretivas mais drásticas, primando, pelo menos por enquanto, por uma ação de natureza mais educativa. Alguns casos podem ser aqui mencionados. Veja-se, por exemplo, que no Processo Administrativo Sancionador n. 00261.001969/2022-41, em que foi autuado o Instituto de Assistência Médica ao Servidor Público Estadual de São Paulo, foi imposta a pena de advertência e algumas medidas corretivas, como, por exemplo, o ajuste de informações constantes do sítio eletrônico da entidade. Já no Processo Administrativo Sancionador n. 00261.001886/2022-51, que autuou a Secretaria de Estado da Saúde de Santa Catarina, foi imposta apenas a pena de advertência.

BIBLIOGRAFIA SELECIONADA

DI BIASE, N. F.; AGUILERA, D. F. Dificuldades interpretativas no regime de tratamento de dados pelo poder público: lacunas, contradições e atecnias da LGPD. *Revista Eletrônica da PGE-RJ* [S. l.], v. 4, n. 2, 2021.

FRAZÃO, A.; CARVALHO, A. P. de; MILANEZ, G. *Curso de proteção de dados pessoais:* fundamentos da LGPD. Rio de Janeiro: Forense, 2022.

SCOPEL, A. S. Breves considerações sobre tratamento de dados pelo poder público e meios de defesa dos dados pessoais por particulares. *Revista de Direito e Novas Tecnologiaz*, São Paulo, v. 7, p. 1-16, abr./jun. 2020.

Art. 32. A autoridade nacional poderá solicitar a agentes do Poder Público a publicação de relatórios de impacto à proteção de dados pessoais e sugerir a adoção de padrões e de boas práticas para os tratamentos de dados pessoais pelo Poder Público.

Artigo 32

Comentado por Filipe Medon e Rodrigo Borges Valadão

DISPOSITIVOS RELACIONADOS NA LGPD

- Art. 5, XVII; arts. 23, 24, 25, 26 e 27; arts. 29 e 30; art. 52, § 3°; e art. 55-J, XI.

ATIVIDADES DA ANPD

- Art. 17, IX e XXIV; art. 62, § 2º, I, Portaria n. 1, de 8 de março de 2021, da ANPD, que estabelece o Regime Interno da ANPD.
- Processo Administrativo Sancionador n. 00261.001969/2022-41.
- Processo Administrativo Sancionador n. 00261.001886/2022-51.
- Guia Orientativo de Tratamento de Dados Pessoais pelo Poder Público.

JUSTIFICATIVA E FUNDAMENTOS

A razão principal que anima a inclusão deste dispositivo na legislação é, na linha do dispositivo anterior,[104] reforçar o caráter pedagógico da ANPD na aplicação de suas sanções, especialmente em relação ao Poder Público, na direção da construção de uma cultura de proteção de dados pessoais no Brasil.

O dispositivo também tem missão pedagógica e instrutiva, visando o aprimoramento das boas práticas a serem adotadas pelos órgãos públicos, o que se faz, por exemplo, por meio do estímulo à publicação de relatórios de impacto à proteção de dados pessoais.

ANÁLISE

Encerrando a Seção II (Da Responsabilidade) já comentada anteriormente, o presente dispositivo legal atua como um complemento, reforçando a missão da ANPD na direção da construção de uma cultura de governança e de respeito à legislação de proteção de dados pessoais também no âmbito do Poder Público.

---

104 Ver comentário ao art. 31 neste volume.

Merece, desde logo, um destaque especial, o fato de que, diferentemente do dispositivo que o antecede, o art. 32, em uma primeira leitura, parece não depender da existência de infração à legislação de proteção de dados pelos órgãos do Poder Público para ser aplicado. É dizer: a solicitação para que agentes do Poder Público disponibilizem relatórios de impactos e a sugestão da adoção de padrões e de boas práticas independeria da concreta ocorrência de uma violação à lei. Sublinha-se, com efeito, a diferença no escopo entre os dois dispositivos (arts. 31 e 32) integrantes da mesma Seção: "enquanto o primeiro se volta para a correção de violação à privacidade já perpetrada, o segundo se ocupa do controle dos riscos e da prevenção à ocorrência de danos".[105]

Tal observação apenas serve para reforçar, na linha do que já se afirmou nos comentários ao dispositivo anterior, que a missão da ANPD se concentra, sobretudo, em sua atividade preventiva e pedagógica. Para tanto, previu o legislador a possibilidade de que ela venha a sugerir, ainda que sem caráter coercitivo, a adoção de padrões e de boas práticas por parte dos órgãos do Poder Público.

Como apontam Aline de Miranda Valverde Terra e Diana Paiva Castro a esse respeito:

> Afigura-se, portanto, elogiável a perspectiva trazida pela legislação, que, em vez de tratar do tema da responsabilidade estatal apenas sob a perspectiva da reparação pecuniária de danos causados (arts. 42 a 45 da LGPD), busca tutelar de modo efetivo a dignidade da pessoa humana e o direito fundamental à privacidade, por meio da proposição de medidas que ponham fim à eventual violação e evitem a ocorrência de eventos danosos. Os artigos 31 e 32 da LGPD representam, em síntese, concretizações dos já mencionados princípios de transparência, prevenção, responsabilização e prestação de contas, contemplados no artigo 6º da LGPD.[106]

Por outro lado, a locução verbal empregada pelo legislador em relação à publicação dos relatórios de impacto foi diversa: *poderá solicitar*. Ou seja: caso a ANPD assim o faça, haverá uma verdadeira obrigação cogente a ser cumprida pelo controlador, devendo, no entanto, tal exigência observar os princípios constitucionais que regem a Administração Pública, especialmente a proporcionalidade e a razoabilidade. Note-se que não há aqui, nem mesmo em qualquer outro dispositivo legal, a obrigação de que os controladores publiquem, espontaneamente, os RIPDs. Todavia, em se tratando do Poder Público e em razão deste dispositivo, a ANPD pode determinar que os RIPDs sejam publicados no *Diário Oficial* ou no sítio eletrônico correspondente.

Por certo, ainda não há manifestação da ANPD a sufragar ou a rechaçar o entendimento aqui apontado de que o artigo em comento se aplicaria independentemente da ocorrência de concreta violação. Nada obstante, corrobora a exegese aqui defendida o fato de que as medidas impostas nos arts. 31 e 32 não são dotadas de natureza sancionatória e apenas serviriam para reforçar, em caráter cooperativo, a construção de uma cultura de governança pública de dados pessoais no Brasil.

---

105 TERRA, A. M. V. T.; CASTRO, D. P. A responsabilidade do poder público no tratamento de dados pessoais: análise dos artigos 31 e 32 da LGPD. *In*: MULHOLLAND, C. (coord.). *A LGPD e o novo marco normativo do Brasil*. Porto Alegre: Arquipélago, 2020. p. 256.

106 TERRA, A. M. V. T.; CASTRO, D. P. A responsabilidade do poder público no tratamento de dados pessoais: análise dos artigos 31 e 32 da LGPD. *In*: MULHOLLAND, C. (coord.). *A LGPD e o novo marco normativo do Brasil*. Porto Alegre: Arquipélago, 2020. p. 256-257.

A evidenciar o fortalecimento de tal cultura, o Guia Orientativo de Tratamento de Dados Pessoais pelo Poder Público apresentado pela ANPD em 2022 e atualizado em 2023 já traz uma série de parâmetros e boas práticas a serem adotadas pelos órgãos da Administração Pública em temas de vital interesse, como o alcance interpretativo das bases legais autorizativas, a aplicação dos princípios, a divulgação de dados pessoais e, principalmente, o controvertido tema do compartilhamento de dados pessoais pelo Poder Público.

Conforme consta do inciso IX do art. 17 da já referida Resolução CD/ANPD 1/2021, é de competência da CGF da Autoridade: "requisitar aos agentes de tratamento de dados a apresentação de Relatório de Impacto à Proteção de Dados Pessoais". A título de curiosidade, o dispositivo já foi mencionado no âmbito do Processo Administrativo Sancionador n. 00261.001969/2022-41, em que foi autuado o Iamspe.

No entanto, foi no Processo Administrativo Sancionador n. 00261.001886/2022-51, que autuou a Secretaria de Estado da Saúde de Santa Catarina, que a exigência de RIPD foi mais evidenciada. No referido procedimento, verificou-se que, num primeiro momento, o controlador não havia apresentado, no processo anterior ao sancionador, o RIPD solicitado pela ANPD. Posteriormente, o documento apresentado pela Secretaria teria sido suficiente para atender o objetivo do processo fiscalizatório e, por isso, acabou sendo aceito pela CGF da ANPD. No entanto, houve uma advertência expressa de que o documento não estaria "de acordo com o que é esperado de um relatório de impacto".[107] Ocorre que, por ora, a ANPD ainda não lançou as diretrizes mínimas ou um modelo de relatório, o que, de fato, se revela como um desafio para a sua adequada implementação pelos agentes de tratamento.[108]

BIBLIOGRAFIA SELECIONADA

TERRA, A. M. V. T.; CASTRO, D. P. A responsabilidade do poder público no tratamento de dados pessoais: análise dos artigos 31 e 32 da LGPD. *In*: MULHOLLAND, C. (coord.). *A LGPD e o novo marco normativo do Brasil*. Porto Alegre: Arquipélago, 2020.

---

[107] Processo Administrativo Sancionador n. 00261.001886/2022-51.

[108] Ver comentário ao art. 5, XVII, neste volume.

Capítulo V
DA TRANSFERÊNCIA INTERNACIONAL DE DADOS

Art. 33. A transferência internacional de dados pessoais somente é permitida nos seguintes casos:

I – para países ou organismos internacionais que proporcionem grau de proteção de dados pessoais adequado ao previsto nesta Lei;

II – quando o controlador oferecer e comprovar garantias de cumprimento dos princípios, dos direitos do titular e do regime de proteção de dados previstos nesta Lei, na forma de:

a) cláusulas contratuais específicas para determinada transferência;

b) cláusulas-padrão contratuais;

c) normas corporativas globais;

d) selos, certificados e códigos de conduta regularmente emitidos;

III – quando a transferência for necessária para a cooperação jurídica internacional entre órgãos públicos de inteligência, de investigação e de persecução, de acordo com os instrumentos de direito internacional;

IV – quando a transferência for necessária para a proteção da vida ou da incolumidade física do titular ou de terceiro;

V – quando a autoridade nacional autorizar a transferência;

VI – quando a transferência resultar em compromisso assumido em acordo de cooperação internacional;

VII – quando a transferência for necessária para a execução de política pública ou atribuição legal do serviço público, sendo dada publicidade nos termos do inciso I do *caput* do art. 23 desta Lei;

VIII – quando o titular tiver fornecido o seu consentimento específico e em destaque para a transferência, com informação prévia sobre o caráter internacional da operação, distinguindo claramente esta de outras finalidades; ou

IX – quando necessário para atender as hipóteses previstas nos incisos II, V e VI, do art. 7º desta Lei.

Parágrafo único. Para os fins do inciso I deste artigo, as pessoas jurídicas de direito público referidas no parágrafo único do art. 1º da Lei n. 12.527, de 18 de novembro de 2011 (Lei de Acesso à Informação), no âmbito de suas competências legais, e responsáveis, no âmbito de suas atividades, poderão requerer à autoridade nacional a avaliação do nível de proteção a dados pessoais conferido por país ou organismo internacional.

Artigo 33

Comentado por Nicolo Zingales e Erica Bakonyi

DISPOSIÇÕES RELACIONADAS NO DIREITO INTERNACIONAL

- Convenção 108 do CoE.

- Protocolo Adicional à Convenção 108, de 8 novembro de 2001, respeitante às autoridades de controle e aos fluxos transfronteiriços de dados (ETS 181).
- Acordo Geral sobre Comércio de Serviços (General Agreement on Trade in Services) de 15 de abril de 1994, art. XIV(c)(ii).
- Para 5(d) do anexo de Telecomunicações do GATS.

DISPOSIÇÕES RELACIONADAS NO ORDENAMENTO JURÍDICO BRASILEIRO

- Art. 16, Resolução CMN n. 4.893/2021.
- Art. 16, Resolução BCB n. 85/2021.
- Art. 11, *d*, Instrução Normativa n. 5/2021 do Gabinete de Segurança Institucional.
- Resolução n. 19/2024/CD/ANPD.

DISPOSITIVOS RELACIONADOS NA LGPD

- Arts. 5º, XV, 6º e 7º, II, V e VI; art. 23, I; arts. 34, 35 e 36.

ATIVIDADES DA ANPD

- Audiência Pública para debate sobre proposta de Resolução referente ao Regulamento de Transferências Internacionais de Dados Pessoais e do modelo de Cláusulas-Padrão Contratuais.
- Balanço de agenda regulatória 2023-2024. Segundo semestre de 2023 (janeiro/2024).
- Nota Técnica n. 20/2022/CGN/ANPD.
- Portaria ANPD n. 1/2021.
- Relatório de Análise de Impacto Regulatório (AIR) – Construção do modelo regulatório para transferência internacional de dados pessoais.

AÇÕES REGULATÓRIAS E FISCALIZADORAS DE ENTIDADES GOVERNAMENTAIS E ÓRGÃOS DE CONTROLE

- TCU, Relatório de Auditoria 13842022, Processo 039.606/2020-1. Plenário. Rel. Min. Augusto Nardes, j. 15.06.2022.
- Câmara Nacional de Modelos de Licitações e Contratos Administrativos da Advocacia Geral da União, Parecer n. 00004/2022/CNMLC/CGU/AGU.[1]

---

[1] Recomenda, enquanto não for editada a regulamentação específica da ANPD, a inserção de cláusula genérica nas minutas contratuais que eventualmente possam exigir transferência internacional nos seguintes termos: "a contratada tem ciência de que a transferência internacional de dados somente será admitida nas hipóteses do art. 33 da LGPD e responderá legalmente caso desrespeite as disposições desta Lei".

JUSTIFICATIVA E FUNDAMENTOS

A inclusão do art. 33 na LGPD busca estabelecer um quadro regulatório claro e seguro para a transferência internacional de dados pessoais. Isso é fundamental para proteger os dados dos titulares localizados no Brasil, no momento da coleta, contra abusos e para garantir que os dados transferidos para fora do país recebam um nível de proteção adequado. A razão subjacente é garantir que as transferências internacionais só ocorram sob condições que assegurem a privacidade e a segurança dos dados, alinhando-se com padrões internacionais de proteção de dados, de modo a não obstaculizar acordos comerciais e/ou cooperação entre entes públicos ou privados.

O principal objetivo é descrever as hipóteses em que se permite a transferência internacional de dados. Dessa forma, reitera-se a sua pretensão de assegurar que a transferência internacional de dados pessoais ocorra de forma segura, economicamente sustentável e em conformidade com os princípios e direitos estabelecidos na LGPD.

No que concerne ao trâmite legislativo deste dispositivo, com base no parecer da Comissão Especial criada na tramitação da proposta legislativa,[2] é relevante mencionar que, além dos países terceiros, o inciso I do artigo passou a considerar as organizações internacionais como sujeitos da transferência internacional de dados, com o objetivo de facilitar e possibilitar as transferências de dados essenciais para o trabalho dessas entidades multilaterais. O termo "proteção adequada" foi escolhido em vez de "proteção equiparável" no intuito de restringir e tornar menos ambígua a comparação do grau de proteção, considerando que a formulação inicial poderia aumentar demais os custos e a burocracia.[3]

No inciso II, incluíram-se formas adicionais de reconhecimento da proteção de dados pessoais pelo órgão competente, a saber: cláusulas contratuais específicas para uma transferência determinada, cláusulas contratuais padrão, normas corporativas globais, e a emissão de selos, certificados ou códigos de conduta e adequação por organismos internacionais, solução que vem sendo adotada por vários países.

Outro ponto, no inciso VIII, foi a adição do requisito de que o consentimento para a transferência internacional seja específico e em destaque, com clara menção à transferência transfronteiriça. Esta adição reforça a proteção oferecida por tal hipótese justificativa, embora mereça críticas: primeiro porque a sua própria existência fragiliza a proteção ao indivíduo, carregando-o com uma excessiva responsabilidade e enfraquecendo o papel educativo da legislação,[4] segundo, porque essa base legal não afasta outros deveres de diligência relativos à segurança da operação e à garantia de princípios e direitos. Adicionalmente, o inciso IX foi incluído para permitir a transferência internacional sem o consentimento nas situações de cumprimento de obrigação legal ou regulatória, de execução de contrato ou procedimentos preliminares do contrato do qual o titular é parte, e para o exercício regular de direitos em processo judicial, administrativo ou arbitral. Em princípio, a obrigação legal ou regulatória

---

2 BRASIL. Câmara dos Deputados, 2018.

3 MARQUES, F. M.; AQUINO, T. M. O regime de transferência internacional de dados da LGPD: delineando as opções regulatórias em jogo. *In*: DONEDA, D. *et al.* (coord.). *Tratado de proteção de dados pessoais*. 2. reimp. Rio de Janeiro: Forense, 2021.

4 CENTRO DE TECNOLOGIA E SOCIEDADE FGV RIO (CTS). *Contribuição ao debate público sobre o Anteprojeto de Lei de Proteção de Dados Pessoais*. Rio de Janeiro: CTS/FGV Direito Rio, 2015. (Policy Paper.)

pode advir de outro ordenamento jurídico, pelo menos até a eventual adoção de uma interpretação autoritativa em sentido contrário pela ANPD.[5]

Finalmente, previu-se que pessoas jurídicas de direito público, conforme suas competências, possam, sob determinadas condições, requerer ao órgão competente a avaliação do nível de proteção de dados pessoais conferido por país ou organização internacional (art. 33, parágrafo único).

Em conclusão, as justificativas e fundamentos deste artigo afetam significativamente a sua interpretação e aplicação ao definir precisamente as condições em que a transferência internacional de dados é permitida. Essas justificações orientam a hermenêutica jurídica ao estabelecer que a proteção dos dados deve ser mantida mesmo em transferências internacionais, guiando a aplicação rigorosa da norma para assegurar que os dados pessoais coletados no Brasil sejam sempre protegidos conforme os padrões definidos pela LGPD.

ANÁLISE

O Capítulo V da LGPD, denominado "Transferência Internacional de Dados", estabelece, no art. 33, as situações jurídicas que autorizam a transferência internacional de dados pessoais. Tal autorização é concedida tanto com base no nível de proteção de dados no país de destinação da transferência, quanto na existência de salvaguardas adequadas através das quais o exportador consegue garantir uma proteção adequada.

Para fins de contextualização, convém relembrar que as opções disponíveis para a regulação da transferência internacional de dados podem ser reconduzidas a três grandes modelos:

> (i) o de fluxo livre de dados; (ii) o de obrigações para os exportadores de dados de garantir um nível adequado de proteção; e (iii) um modelo híbrido em que para alguns países – considerados com nível adequado de regulação de proteção – há uma liberdade de circulação e para outros há que se encontrar um mecanismo que permita a transferência, usualmente através do uso de cláusulas contratuais padrão.[6]

O art. 33 da LGPD reflete a escolha legislativa pela terceira opção, porém com mecanismos que vão bem além de cláusulas contratuais padrão, como pode ser observado pelo próprio texto do art. 33, III (que inclui normas corporativas globais, certificações e selos) e VIII (que se refere ao consentimento explícito e específico como fonte de legitimação).

Em primeiro lugar, o dispositivo estabelece que tal transferência pode ocorrer para países ou organismos internacionais que garantam um nível de proteção de dados pessoais adequado ao exigido pela LGPD, conforme detalhado no art. 34 da mesma Lei. Essa referência à adequação da proteção em países terceiros tem origem no modelo da Convenção 108 do CoE, de 28 de janeiro de 1981, o primeiro instrumento internacional juridicamente vinculativo adotado na área (lembrando que o Brasil participa como observador da Convenção desde 2018). No seu art. 12, sob o título "Fluxos de dados pessoais transfronteiriços

---

[5] LEONARDI, M. Transferência internacional de dados pessoais. *In*: DONEDA, D. *et al.* (coord.). *Tratado de proteção de dados pessoais*. 2. reimp. Rio de Janeiro: Forense, 2021.

[6] PERRONE, C.; LEMOS, R. A bolha e o escudo: oportunidades e desafios da transferência internacional de dados. *In*: FRAZÃO, A.; CUEVA, R. (coord.). *Compliance e políticas de proteção de dados*. São Paulo: Revista dos Tribunais, 2022.

e sistemas jurídicos nacionais", estabeleceu-se a regra geral pela qual os Estados-partes não podem proibir ou condicionar transferência de dados para outros países a autorização especial somente por questões de privacidade. Contudo, previu-se a possibilidade de um Estado-parte vedar ou condicionar transferências para outro Estado-parte à autorização especial na medida em que a sua legislação inclua prescrições regulatórias aplicáveis a categorias específicas de dados pessoais ou de arquivos de dados pessoais automatizados, em razão da natureza de tais dados ou arquivos, exceto quando as prescrições regulatórias do outro Estado-parte prover uma proteção equivalente. Importante destacar, portanto, que a regra foi alterada para uma versão mais restritiva com a reforma de 2018, ratificada por 21 países, estabelecendo que um Estado-parte *deve* proibir ou limitar a transferência se houver riscos reais e relevantes de que tal transferência ocasione a evasão das prescrições da presente Convenção.

A modernizada Convenção 108 define, no art. 14 (3), duas maneiras de assegurar o nível adequado de proteção, abrindo um leque para soluções de direito público e privado, a saber:

a) pelo direito do Estado de uma organização internacional, incluindo-se os tratados e os acordos internacionais; ou
b) por meio de salvaguardas aprovadas ou aplicáveis *ad hoc* – ou seja, somente para o caso específico – fornecidas por instrumentos jurídicos obrigatórios e aplicáveis por força de lei, adotadas e implantadas pelas pessoas envolvidas na transferência e no futuro tratamento dos dados pessoais.

Em paralelo, o art. 14(4) prevê que cada Estado-parte pode viabilizar uma transferência de dados em três casos "não obstante o disposto nos números anteriores": (a) o titular dos dados tiver dado o seu consentimento explícito, específico e livre, depois de ter sido informado dos riscos que podem surgir na ausência de salvaguardas apropriadas; (b) os interesses específicos do titular dos dados o exijam no caso concreto; ou (c) os interesses legítimos prevalecentes, em especial interesses públicos importantes, estejam previstos na lei e essa transferência constitua uma medida necessária e proporcional em uma sociedade democrática.

Além disso, para garantir uma efetiva fiscalização, o art. 14(5) exige que a autoridade de supervisão tenha acesso a todas as informações concernentes às transferências de dados, e o art. 14(6) obriga cada Estado-parte a garantir que a autoridade de supervisão possua o direito subjetivo de requerer à pessoa que transfere dados pessoais a demonstração da efetividade das salvaguardas ou, ainda, a existência de interesses legítimos e predominantes, bem como que a autoridade de supervisão possa, com o fim de proteger os direitos e liberdades fundamentais dos titulares de dados pessoais, proibir, suspender ou submeter a condições determinadas transferências.

Essa competência para determinar a eventual adequação de determinados países, para além do conteúdo de cláusulas contratuais e de autorizações para transferências específicas, foi atribuída ao Conselho Diretor da ANPD por meio do inciso XI do art. 4º do Anexo I do Decreto n. 10.474, de 2020, que conferiu o poder de avaliar:

a) os requerimentos encaminhados à ANPD sobre o nível de proteção de dados pessoais conferido por outro país ou por organismo internacional; e
b) o nível de proteção de dados de país estrangeiro ou de organismos internacionais que proporcionem grau de proteção de dados pessoais e sua adequação às disposições da Lei n. 13.709, de 2018.

Sob o aspecto formal, a Resolução CD/ANPD n. 19/2024 determinou no art. 13 o procedimento para emissão de decisão de adequação,[7] que deve ser adotada pelo Conselho Diretor de ofício ou a pedido de qualquer órgão público integrante da administração direta dos Poderes Executivo, Legislativo e Judiciário, e do Ministério Público, autarquia, ou até fundação pública, existindo também uma obrigação de cientificar os órgãos e entidades da Administração Pública com competências afetas ao tema para lhe facultar a apresentação de manifestação no âmbito de suas competências legais. Isto permite uma participação de agentes públicos com atribuições de relações internacionais e de proteção do comércio internacional, por exemplo, para estimular a coordenação interna no intuito de produzir decisões compatíveis com os interesses geopolíticos do Brasil com relação aos fluxos de dados envolvidos.

Adicionalmente, o art. 33 permite a transferência quando o controlador oferecer garantias de cumprimento dos princípios e direitos dos titulares, através de cláusulas contratuais padrão ou específicas, normas corporativas globais, selos, certificados e códigos de conduta. Essa norma se conecta com os artigos subsequentes, pois o art. 34 detalha os pilares da avaliação de adequação pela ANPD e o art. 35 dispõe que a ANPD definirá o conteúdo das cláusulas-padrão contratuais, bem como a verificação de cláusulas contratuais específicas, conforme descrito no inciso II do *caput* do art. 33.

Uma terceira hipótese justificativa de transferência se encontra no art. 33, III, que estabelece a permissão da transferência internacional de dados quando for "necessária para a cooperação jurídica internacional entre órgãos de inteligência pública, de investigação e de ação penal, de acordo com os instrumentos do direito internacional". Nota-se que as atividades de inteligência, investigação e ação penal são explicitamente incluídas como circunstâncias em que a proteção do interesse público justifica a transferência de dados, apesar da falta de regulamentos de proteção de dados no domínio dessas atividades no Brasil. Assim como o RGPD na UE, no Brasil a LGPD não se aplica em casos de tratamento de informações para segurança pública e persecução criminal. Porém, diferentemente do sistema europeu, onde existe legislação específica (Diretiva 2016/680) regulamentando a proteção de dados pessoais no âmbito das atividades de inteligência, investigação e persecução penal, no Brasil, a chamada Lei Geral de Proteção de Dados Criminais permanece como projeto de lei pendente de votação, deixando um vácuo regulamentar significativo. Uma implicação disso é que nesses casos não caberia avaliar o nível de proteção do país terceiro, o que pode fragilizar tal mecanismo na garantia da privacidade e da proteção de dados do titular afetado.

Nas demais situações discriminadas no artigo estudado, permite-se transferências necessárias para a proteção da vida ou integridade física do titular ou de terceiros, execução de políticas públicas, cumprimento de obrigação legal, execução de contrato e consentimento. Em alguma medida, essas normas estabelecem uma série de hipóteses legais taxativas (e exaustivas) para autorização das transferências internacionais, de forma semelhante ao mecanismo criado pelos arts. 7º e 11 em relação às bases legais para o tratamento de dados. Assim, em caso de transferência internacional, o controlador deverá demonstrar a existência de um respaldo legal tanto para a transferência quanto para o sucessivo tratamento. Ademais, a Resolução CD/ANPD n. 19/2024 esclarece que, independentemente do mecanismo aplicável, as transferências internacionais deverão ser amparadas em uma das hipóteses de base legal dos arts. 7º e 11 e atender a propósitos legítimos, específicos, explícitos e informados ao titular, sem possibilidade de tratamento posterior de forma incompatível. Isso é interes-

[7] Aplicável, *mutatis mutandis*, à atuação da ANPD sobre atos relativos ao reconhecimento do Brasil como país adequado por outro país ou organismo internacional, conforme o art. 14.

sante porque cria uma exigência de maior transparência sobre as finalidades de tratamento mesmo para situações em que a LGPD criou flexibilizações ao princípio de finalidade, como os dados de acesso público ou tornados manifestamente públicos pelo titular (art.7º, § 7º).

Já o art. 33, V (quinta hipótese), estabelece que a transferência internacional de dados pessoais poderá ocorrer "quando a autoridade nacional autorizar a transferência". Esse dispositivo atribui poder relevante à ANPD, que possui considerável discricionariedade – e potencial licença criativa – para regular as transferências internacionais de dados na total ausência de procedimentos e critérios de avaliação já estabelecidos em lei. Diferente de outros aspectos do art. 33, esta hipótese não foi regulamentada com a Resolução CD/ANPD n. 19/2024, deixando uma ampla margem de ação para a autoridade. Conforme o art. 5º do Regimento Interno da ANPD (Portaria n. 1, de 8 de março de 2021), compete ao Conselho Diretor a autorização de transferências internacionais de dados pessoais. Por sua vez, o inciso IV do art. 12 desse mesmo Regimento conferiu à Coordenação-Geral de Relações Institucionais a atribuição de "autorizar a transferência internacional de dados pessoais, de acordo com os parâmetros estabelecidos em regulamento". A princípio, essas autorizações poderiam se enquadrar dentro do art. 14(4) (d) de modernização da Convenção 108, referente às medidas necessárias e proporcionais numa sociedade democrática para perseguir a liberdade de expressão ou outros interesses legítimos.

Contudo, a falta de critérios objetivos pode gerar certa preocupação e insegurança ao possibilitar que agentes de tratamento de dados procurem outras formas de legitimação das transferências. Comparativamente, destaca-se que o legislador europeu no art. 49 da RGPD reserva para situações excepcionais as hipóteses de legitimação fora de situações de reconhecimento de nível de proteção adequado (como, por exemplo, aquelas baseadas em consentimento, execução do contrato, razões de interesse público, declaração, exercício ou defesa de um direito num processo judicial, proteção de interesses vitais do titular dos dados ou de outras pessoas se estiverem incapazes de dar o seu consentimento, ou a partir de um registro que se destine a informar o público e se encontre aberto à consulta do público em geral ou de qualquer pessoa que possa provar nela ter um interesse legítimo), exigindo que tais transferências não sejam repetitivas, que digam respeito a um número limitado de titulares dos dados e sejam necessárias para efeitos dos interesses legítimos visados pelo responsável pelo seu tratamento.[8]

Outrossim, considera-se essencial nesse cenário a notificação tanto da autoridade de controle quanto do titular sobre cada uma dessas transferências, que em qualquer caso não podem envolver a totalidade dos dados pessoais nem categorias completas de dados pessoais constantes do registro; e dispõe que, quando o registro se destinar a ser consultado por pessoas com um interesse legítimo, as transferências só podem ser efetuadas a pedido dessas mesmas pessoas ou se forem elas os seus destinatários.[9] Em resumo, a abordagem europeia parece oferecer uma maior proteção aos titulares em razão das limitações sobre a possibilidade de legitimar transferências com base em mecanismos alternativos às decisões de adequação ou às soluções privadas visando garantir um nível de proteção adequado.

Por fim, pela sexta hipótese, o art. 33, VI, estabelece que a transferência internacional de dados pessoais é permitida "quando a transferência resultar em compromisso assumido

---

[8] Desde que a tais interesses não se sobreponham aos interesses ou os direitos e liberdades do titular dos dados, e o responsável pelo tratamento tiver ponderado todas as circunstâncias relativas à transferência de dados e, com base nessa avaliação, tiver apresentado garantias adequadas

[9] Art. 49(2), RGPD.

em acordo de cooperação internacional". Deve-se reconhecer que a redação desse dispositivo cria uma confusão considerável, uma vez que, se interpretada literalmente, parece considerar a transferência como dando origem ao compromisso internacional. Assim, é possível concluir que essa norma deve ser considerada viciada por um erro de redação por parte do legislador que ao invés de escrever "resultar em", deveria ter escrito "resultar de", tornando dessa maneira a transferência fruto do compromisso internacional, e não o contrário.[10]

BIBLIOGRAFIA SELECIONADA

BELLI, L.; NOUGRÈRES, A. B.; MENDOZA ISERTE, J.; PALAZZI, P. A.; REMOLINA ANGARITA, N. Hacia un modelo latinoamericano de adecuación para la transferencia internacional de datos personales. *In*: PALAZZI, P. A. (org.). *Protección de datos personales:* doctrina y jurisprudencia. Buenos Aires: CETYS, 2023.

CENTRO DE TECNOLOGIA E SOCIEDADE FGV RIO (CTS). *Contribuição ao debate público sobre o Anteprojeto de Lei de Proteção de Dados Pessoais.* Rio de Janeiro: CTS/FGV Direito Rio, 2015. (Policy Paper.)

KUNER, C. Territorial scope and data transfer rules in the GDPR: realising the EU's ambition of borderless data protection. *Law, Research Paper,* Cambridge, n. 20. 2021.

LEONARDI, M. Transferência internacional de dados pessoais. *In*: DONEDA, D. *et al.* (coord.). *Tratado de proteção de dados pessoais.* 2. reimp. Rio de Janeiro: Forense, 2021.

MARQUES, F. M.; AQUINO, T. M. O regime de transferência internacional de dados da LGPD: delineando as opções regulatórias em jogo. *In*: DONEDA, D. *et al.* (coord.). *Tratado de proteção de dados pessoais.* 2. reimp. Rio de Janeiro: Forense, 2021.

PERRONE, C.; LEMOS, R. A bolha e o escudo: oportunidades e desafios da transferência internacional de dados. *In*: FRAZÃO, A.; CUEVA, R. (coord.). *Compliance e políticas de proteção de dados.* São Paulo: Revista dos Tribunais, 2022. *e-Book.*

VERONESE, A. Transferências internacionais de dados pessoais: o debate transatlântico norte e sua repercussão no Brasil e na América Latina. *In*: MENDES, L. S.; BIONDI, B. R. (coord.). *Tratado de proteção de dados pessoais.* Rio de Janeiro: Forense, 2021. p. 689-726.

YAKOVLEVA, S. Personal data transfers in international trade and EU law: a tale of two "necessities". *The Journal of World Investment & Trade*, v. 21, n. 6, p. 881-919, 2020.

ZALNIERIUTE, M. Data transfers after Schrems II: the EU-US disagreements over data privacy and national security. *Vanderbilt Journal of Transnational Law*, v. 55, n. 1, p. 1-48, 2022. (UNSW Law Research.)

[10] BELLI, L.; NOUGRÈRES, A. B.; MENDOZA ISERTE, J.; PALAZZI, P. A.; REMOLINA ANGARITA, N. Hacia un modelo latinoamericano de adecuación para la transferencia internacional de datos personales. *In*: PALAZZI, P. A. (org.). *Protección de datos personales:* doctrina y jurisprudencia. Buenos Aires: CETYS, 2023. p. 25.

Art. 34. O nível de proteção de dados do país estrangeiro ou do organismo internacional mencionado no inciso I do *caput* do art. 33 desta Lei será avaliado pela autoridade nacional, que levará em consideração:

I – as normas gerais e setoriais da legislação em vigor no país de destino ou no organismo internacional;

II – a natureza dos dados;

III – a observância dos princípios gerais de proteção de dados pessoais e direitos dos titulares previstos nesta Lei;

IV – a adoção de medidas de segurança previstas em regulamento;

V – a existência de garantias judiciais e institucionais para o respeito aos direitos de proteção de dados pessoais; e

VI – outras circunstâncias específicas relativas à transferência.

Artigo 34

Comentado por Nicolo Zingales e Erica Bakonyi

DISPOSIÇÕES RELACIONADAS NO DIREITO INTERNACIONAL

- Convenção 108.
- Protocolo Adicional à Convenção 108, de 8 novembro de 2001, respeitante às autoridades de controle e aos fluxos transfronteiriços de dados (ETS 181).
- Acordo Geral sobre Comércio de Serviços (General Agreement on Trade in Services) de 15 de abril de 1994, art. XIV(c)(ii).
- Para 5(d) do anexo de Telecomunicações do GATS.

DISPOSITIVOS RELACIONADOS NA LGPD

- Art. 5º, XV; art. 33, I; arts. 35 e 36.

ATIVIDADES DA ANPD

- Audiência Pública para debate sobre proposta de Resolução referente ao Regulamento de Transferências Internacionais de Dados Pessoais e do modelo de Cláusulas-Padrão Contratuais.
- Balanço de agenda regulatória 2023-2024. Segundo semestre de 2023 (janeiro/2024).
- Nota Técnica n. 20/2022/CGN/ANPD.
- Portaria ANPD n. 1/2021.
- Relatório de Análise de Impacto Regulatório (AIR) – Construção do modelo regulatório para transferência internacional de dados pessoais.

JUSTIFICATIVA E FUNDAMENTOS

O art. 34 da LGPD detalha os pilares da avaliação de adequação dos países estrangeiros ou organismos internacionais para os quais os agentes de tratamento estarão autorizados a realizar a transferência internacional de dados pessoais, independentemente de mecanismos de salvaguarda adicionais.

Ao especificar os critérios de avaliação de adequação dos países estrangeiros e organismos internacionais, o artigo tem como objetivo estabelecer um processo transparente e consistente de tomada de decisão pela ANPD, permitindo uma proteção eficaz e robusta contra possíveis abusos ou inadequações e uma maior nitidez sobre os aspectos jurídicos, institucionais e técnicos que devem ser considerados na análise das jurisdições receptoras. Assim, o dispositivo propõe critérios balizadores para os processos de adequação sujeitos à análise da ANPD, garantindo que sejam realizados de forma criteriosa, detalhada e padronizada.

A previsão já constava no PL n. 5.276/2016, sofrendo apenas alterações pontuais para a versão atual. Em consonância com a alteração que ocorreu na definição de "transferência internacional de dados" (ver comentário ao art. 5º, XV, neste volume), adicionou-se ao inciso I a hipótese de considerar na avaliação de adequação os organismos internacionais, paralelo a dos países estrangeiros. Além disso, previu-se expressamente no inciso III a necessidade de a jurisdição receptora observar os direitos dos titulares e, no inciso V, prever "garantias judiciais e institucionais para o respeito aos direitos de proteção de dados pessoais".

ANÁLISE

O Capítulo V da LGPD, denominado "Transferência Internacional de Dados", estabelece em seu art. 33 as hipóteses legais que autorizam a transferência internacional de dados pessoais, enquanto o art. 34 discrimina os pilares da avaliação de adequação do país estrangeiro ou do organismo internacional pela ANPD. É um dispositivo nitidamente inspirado no diploma europeu. Ao prever a análise de elementos mínimos relativos à garantia de princípios e direitos dos titulares no contexto da proteção de dados assegura igualmente a segurança jurídica face à clareza e previsibilidade correlata aos seus termos

Nesse sentido, na avaliação de adequação desses entes, a ANPD deverá seguir os critérios que buscam:

I. Assegurar que a legislação estrangeira seja analisada de forma abrangente e específica, garantindo que as normas ofereçam um nível de proteção equivalente àquele previsto na LGPD;

II. Considerar a natureza dos dados pessoais transferidos, reconhecendo que alguns dados podem exigir níveis de proteção mais ou menos rigorosos (como, por exemplo, dados de crianças e adolescentes, de idosos, pessoas com deficiência, sensíveis, entre outros);

III. Garantir que os princípios fundamentais de proteção de dados e direitos dos titulares previstos na LGPD sejam respeitados e aplicados nas jurisdições receptoras.

IV. Assegurar que as medidas técnicas e organizacionais adequadas estejam em vigor para proteger os dados pessoais durante e após a transferência;

V. Avaliar se existem mecanismos judiciais e institucionais eficazes para a proteção e cumprimento dos direitos dos titulares de dados; e,

VI. Permitir que a ANPD considere fatores adicionais relevantes para a avaliação de adequação.

Seguindo o cenário regulatório internacional, o nível de proteção é geralmente avaliado com base em um critério material e outro formal: ou seja, pelo conteúdo das regras e padrões de proteção de dados pessoais garantidos no terceiro avaliado, e pela disponibilidade de procedimentos capazes de garantir a aplicação desses padrões, por meio de uma autoridade independente e pela existência de remédios judiciais e administrativos à disposição do titular.[11]

Adicionalmente, destaca-se que, com a Resolução CD/ANPD n. 19/2024, houve a inclusão dos riscos, benefícios e impactos sobre o fluxo internacional de dados, as relações diplomáticas, o comércio internacional e a cooperação internacional do Brasil com outros países e organismos internacionais gerados pelas decisões de adequação (art. 12, I e II). Ademais, frisa-se que serão priorizadas as avaliações do nível de adequação de países e organismos internacionais que garantam a reciprocidade de tratamento com o Brasil e a garantia do livre fluxo de transferências entre si após o reconhecimento da adequação (parágrafo único do art. 12).

Maldonado e Blum apontam que a ANPD não deve se limitar a uma análise estritamente textual da legislação de proteção de dados do país terceiro, devendo também considerar se o país possui meios efetivos para tornar o regime legal eficaz.[12] Esses autores também apontam a ausência de qualquer previsão relativa à possibilidade de revogação da decisão de reconhecimento do nível de adequação pela ANPD caso o país anteriormente chancelado deixe de cumprir os requisitos impostos pelo art. 34. Comparativamente, o RGPD prevê o controle contínuo da Comissão Europeia tanto de eventuais alterações relativas aos requisitos mínimos assegurados nos processos decisórios quanto do desenvolvimento dos países terceiros e organizações que possam impactar nas decisões de adequação proferidas (art. 45º(4) e (5)). Todavia, a omissão legislativa pode ser solucionada por meio de uma interpretação sistemática da LGPD na medida em que a ausência de qualquer um daqueles elementos listados no artigo seja suficiente para provocar a autoridade ou para que ela própria, de ofício, possa revisar a decisão de adequação. Paralelamente, ainda no exercício interpretativo e sistemático, convém sublinhar que o rol de competências do Conselho Diretor listadas no Regimento Interno da ANPD, especificamente em relação aos organismos de certificação, menciona as ações de designar, revogar e revisar atos quando sobrevier o descumprimento da lei (art. 5º, V e VI, da Portaria n. 1/2021).

O processo de análise e emissão de decisão de adequação é de competência do Conselho Diretor da ANPD, e poderá ser instaurado de ofício ou por solicitação de pessoas jurídicas de direito público (inciso I do art. 13, da Resolução CD/ANPD 19/2024). Embora não seja de praxe nacional ou internacional, questiona-se sobre a possibilidade de provocação também de pessoa jurídica de direito privado, sobretudo em razão da provável especialidade e proximidade com as demandas do mercado. Ademais, um segundo ponto de atenção é a desvinculação e demasiada liberdade atribuída ao órgão decisório ao prever a manifestação

---

[11] MARQUES, F. M.; AQUINO, T. M. O regime de transferência internacional de dados da LGPD: delineando as opções regulatórias em jogo. *In*: DONEDA, D. *et al.* (coord.). *Tratado de proteção de dados pessoais*. 2. reimp. Rio de Janeiro: Forense, 2021.

[12] MALDONADO, V.; BLUM, R. Capítulo V. Da transferência internacional de dados. *In*: MALDONADO, V.; BLUM, R. (org.). *LGPD:* Lei Geral de Proteção de Dados Pessoais comentada. São Paulo: Revista dos Tribunais, 2022.

prévia da Procuradoria Federal Especializada sem dispor acerca da necessidade de fundamentar eventual posicionamento contrário a ela (inciso III do mesmo artigo).

A clareza e detalhamento dos critérios estabelecidos pelo art. 34 são essenciais para garantir que a proteção dos dados pessoais seja efetiva e abrangente, refletindo os mais altos padrões internacionais de segurança e privacidade. É importante ressaltar que, até a data de escrita do comentário, nenhuma decisão de adequação foi tomada pela ANPD.

BIBLIOGRAFIA SELECIONADA

CENTRO DE TECNOLOGIA E SOCIEDADE FGV RIO (CTS). *Contribuição ao debate público sobre o Anteprojeto de Lei de Proteção de Dados Pessoais.* Rio de Janeiro: CTS/FGV Direito Rio, 2015. (Policy Paper).

MALDONADO, V.; BLUM, R. Capítulo V. Da transferência internacional de dados. *In*: MALDONADO, V.; BLUM, R. (org.). *LGPD:* Lei Geral de Proteção de Dados Pessoais comentada. São Paulo: Revista dos Tribunais, 2022.

MARQUES, F. M.; AQUINO, T. M. O regime de transferência internacional de dados da LGPD: delineando as opções regulatórias em jogo. *In*: DONEDA, D. *et al.* (coord.). *Tratado de proteção de dados pessoais.* 2. reimp. Rio de Janeiro: Forense, 2021.

Art. 35. A definição do conteúdo de cláusulas-padrão contratuais, bem como a verificação de cláusulas contratuais específicas para uma determinada transferência, normas corporativas globais ou selos, certificados e códigos de conduta, a que se refere o inciso II do *caput* do art. 33 desta Lei, será realizada pela autoridade nacional.

§ 1º Para a verificação do disposto no *caput* deste artigo, deverão ser considerados os requisitos, as condições e as garantias mínimas para a transferência que observem os direitos, as garantias e os princípios desta Lei.

§ 2º Na análise de cláusulas contratuais, de documentos ou de normas corporativas globais submetidas à aprovação da autoridade nacional, poderão ser requeridas informações suplementares ou realizadas diligências de verificação quanto às operações de tratamento, quando necessário.

§ 3º A autoridade nacional poderá designar organismos de certificação para a realização do previsto no *caput* deste artigo, que permanecerão sob sua fiscalização nos termos definidos em regulamento.

§ 4º Os atos realizados por organismo de certificação poderão ser revistos pela autoridade nacional e, caso em desconformidade com esta Lei, submetidos a revisão ou anulados.

§ 5º As garantias suficientes de observância dos princípios gerais de proteção e dos direitos do titular referidas no *caput* deste artigo serão também analisadas de acordo com as medidas técnicas e organizacionais adotadas pelo operador, de acordo com o previsto nos §§ 1º e 2º do art. 46 desta Lei.

Artigo 35

Comentado por Nicolo Zingales e Erica Bakonyi

DISPOSITIVOS RELACIONADOS NA LGPD

- Art. 5º, XV; arts. 33, II, e 34; art. 36; art. 46, §§ 1º e 2º.

ATIVIDADES DA ANPD

- Audiência Pública para debate sobre proposta de Resolução referente ao Regulamento de Transferências Internacionais de Dados Pessoais e do modelo de Cláusulas-Padrão Contratuais.
- Balanço de agenda regulatória 2023-2024. Segundo semestre de 2023 (janeiro/2024).
- Nota Técnica n. 20/2022/CGN/ANPD.
- Portaria ANPD n. 1/2021.
- Portaria ANPD n. 16/2021.
- Relatório de Análise de Impacto Regulatório (AIR) – Construção do modelo regulatório para transferência internacional de dados pessoais.

JUSTIFICATIVA E FUNDAMENTOS

O art. 35 da LGPD tem como objetivo garantir que a transferência internacional de dados pessoais ocorra de maneira segura e alinhada aos padrões de proteção de dados estabelecidos pela lei. Ao delegar ao órgão competente a definição do conteúdo de cláusulas contratuais padrão e a verificação de outras formas de garantias, a lei busca assegurar que as transferências sejam realizadas com um nível de proteção equivalente ao ordenamento jurídico interno. Isso é essencial para evitar lacunas na proteção dos dados pessoais transferidos para outras jurisdições, especialmente na ausência de decisões de adequação aplicáveis à jurisdição receptora.[13]

Os principais objetivos do art. 35 são proporcionar um marco regulatório claro e robusto para a transferência internacional de dados pessoais baseada em mecanismos contratuais, na garantia da conformidade com os princípios e direitos estabelecidos pela LGPD, e na facilitação da harmonização das práticas de proteção de dados entre diferentes países e organizações internacionais. Ao estabelecer que a ANPD definirá e verificará cláusulas e normas específicas, o dispositivo também busca assegurar que as transferências internacionais de dados sejam feitas de maneira segura e com a devida diligência, protegendo os direitos dos titulares de dados.

A previsão já constava no PL n. 5.276/2016, ainda que tenha sofrido alterações materiais até chegar à versão atual. A designação de um "órgão competente" é um dos principais pontos de inovação apresentados por essa proposta legislativa. A definição dessa autoridade, que hoje é a ANPD, como a entidade habilitada para diversas atividades políticas-chave para a regulação do tema (como as cláusulas globais e o poder para requerimento de informações e realização de diligências) foi uma contribuição relevante que resultou do processo de maturação legislativa desse dispositivo.[14]

A hermenêutica jurídica deve considerar a intenção do legislador de criar mecanismos que garantam a continuidade e a segurança da proteção de dados mesmo fora das fronteiras nacionais. O dispositivo visa assegurar esse objetivo ao prever a possibilidade de implementação de mecanismos contratuais pelos agentes de tratamento para viabilizarem essas transferências de forma alinhada à LGPD e, principalmente, ao erigir a ANPD lugar de destaque na procedimentalização e fiscalização da implementação desses mecanismos por tais agentes. A interpretação do art. 35 deve focar na importância de se estabelecer normas nítidas e verificáveis para garantir que qualquer transferência internacional de dados esteja em conformidade com os padrões da LGPD. Além disso, a possibilidade de a ANPD requerer informações suplementares e realizar diligências de verificação reforçam a respectiva atuação no sentido supracitado.

ANÁLISE

O art. 35 da LGPD desempenha um papel crucial na regulação da transferência internacional de dados pessoais, habilitando a ANPD a definir e verificar cláusulas contratuais padrão, normas corporativas globais, selos, certificados e códigos de conduta.

O item 9 da agenda regulatória semestral 2021-2022 da ANPD, aprovada pela Portaria n. 11/2021, refere-se à regulamentação da transferência internacional de dados pessoais. Entre

---

13 Ver comentários ao art. 34 neste volume.

14 BRASIL. Câmara dos Deputados, 2018.

2022 e 2023, a ANPD organizou processos participativos para desenvolver a sua abordagem regulatória, com destaque para consulta pública – conhecida como "tomada de subsídios", que pode ser entendida como "consulta preliminar" por ainda contar com o rascunho do texto normativo – sobre a proposta de Regulamento sobre Transferências Internacionais de Dados Pessoais e Cláusulas Contratuais Modelo, com a posterior realização de audiência pública sobre o tema. Este processo foi fundamental para a elaboração de um regulamento que reflete as necessidades e preocupações dos cidadãos e das entidades envolvidas no tratamento de dados.

A consulta cidadã, prevista no art. 14 da Portaria CD/ANPD n. 16/2021, desempenhou um papel essencial na AIR. Essa fase preliminar permitiu identificar aspectos significativos relacionados ao tema e delimitar os problemas e alternativas regulatórias a serem abordados. A partir desse documento redigiu-se a minuta do regulamento e, em agosto de 2023, submeteu-se o texto ao escrutínio público.

Nesse relatório, cujo objetivo era estabelecer mecanismos e procedimentos que permitam a transferência de dados de forma segura e conforme os princípios da LGPD, destacou-se a necessidade de regulamentar cinco questões principais: a definição de transferência internacional de dados pessoais, os requisitos mínimos para a transferência, o conteúdo das cláusulas contratuais modelo, o processo de verificação de cláusulas contratuais específicas e de regras corporativas globais, e a comunicação de alterações nas garantias apresentadas.

A adoção de cláusulas contratuais padrão foi destacada como uma das modalidades mais eficazes e amplamente utilizadas para a transferência internacional de dados. Essas cláusulas funcionam como uma ferramenta de convergência entre diferentes sistemas jurídicos e oferecem uma solução imediata e eficaz para garantir a conformidade com a LGPD. A ANPD reconheceu a importância dessas cláusulas, especialmente para pequenos empreendimentos, devido ao custo reduzido e à facilidade de implementação e, na sua elaboração, utilizou experiências internacionais relevantes, prospectando impactos administrativos e operacionais.

Portanto, privilegiou-se a regulamentação das cláusulas contratuais padrão (CPCs) em detrimento de outras modalidades em razão da premente necessidade de regularização abrangente e uniforme dos fluxos transfronteiriços de dados no Brasil. Em sua declaração, a ANPD destacou que outros institutos, como decisões de adequação, selos, certificados e códigos de conduta, apresentam desafios específicos e complexidades que tornam o seu processo de implementação mais lento e restrito. As decisões de adequação são demoradas e limitadas às localizações avaliadas, enquanto selos e certificados requerem um estudo aprofundado dos padrões técnicos de segurança. Códigos de conduta têm um uso mais limitado. Diante disso, reafirma-se a urgência de os atores serem amparados pela regulamentação de mecanismos de aplicação imediata de transferência internacional de dados, as CPCs, juntamente com cláusulas contratuais específicas e normas corporativas globais – ferramentas similares às CPCs (capítulos VI a VIII da Resolução CD/ANPD n. 19/2024) –, o que justifica aquela elaborada pela autoridade.

A Resolução CD/ANPD n. 19/2024 criou o primeiro conjunto de cláusulas contratuais padrão (Anexo II) e detalhou as garantias mínimas e as condições válidas para a utilização deste instrumento. Um primeiro destaque é que as cláusulas devem ser adotadas na sua integralidade, sem possibilidades de modificação ou exclusão por disposições incluídas no instrumento contratual ou em contratos coligados firmados pelas partes.[15] Segundo, quanto às medidas de transparência sobre o seu uso, o controlador será obrigado a disponibilizar

[15] Art. 16.

a íntegra das cláusulas (no prazo de 15 dias)[16] em caso de solicitação do titular,[17] e deverá ainda publicar em sua página na Internet documento contendo informações na língua portuguesa, em linguagem simples, clara, precisa e acessível sobre a realização da transferência internacional de dados[18]. Essa transparência parece ir além das informações exigidas pelo art. 19 da LGPD, igualando assim a obrigação imposta no RGPD pelo art. 15(2) para implementação do direito à informação sobre as salvaguardas apropriadas utilizadas para amparar as transferências internacionais.

Em relação ao conteúdo das CPCs aprovadas, é importante salientar que, diferente de outros países.[19] existe somente um modelo geral de cláusulas (entre Exportador e Importador), embora se diferenciem os contratos celebrados somente entre operadores daqueles envolvendo ao menos um controlador, este último figurando como ator responsável pelo atendimento às determinações da ANPD, pelas obrigações de transparência, comunicação de incidente de segurança e pelo exercício dos direitos dos titulares. Ademais, concedeu-se às partes a faculdade de escolherem um regime que proíbe ou autoriza transferências posteriores, sem ulteriores restrições.

Nas demais cláusulas (não derrogáveis), previu-se a responsabilização solidária dos agentes de tratamento envolvidos (tanto controladores quanto operadores que descumpram a lei ou as instruções recebidas),[20] sendo nula qualquer disposição contratual contrária (inclusive em contratos coligados).[21] Outro ponto interessante nas CPCs é a exigência de salvaguardas adicionais para cenários de transferência internacional envolvendo dados pessoais sensíveis ou de crianças[22], o que demonstra que as cláusulas têm a função de garantia mínima e que as medidas ulteriores são necessárias para lidar com situações de risco maior. Além disso, merece menção o fato de que as CPCs preveem a alternativa de autorização generalizada (nas cláusulas) ou *ad hoc* para transferências posteriores de dados pessoais objeto da transferência internacional de dados, exigindo que em qualquer caso o importador assegure a compatibilidade da transferência posterior. Como comentado anteriormente (ver comentário ao art. 5, XV, neste volume), a legitimidade de regulação sobre transferência posterior é limitada pelo escopo geográfico de aplicação da LGPD e pelo próprio direito internacional, motivo pelo qual a única forma de evitar falhas de proteção é envolver os atores privados na regulamentação da sua própria cadeia de valor.

---

16 Art. 17, 1º.

17 Art. 17.

18 Segundo o art. 17, § 2º, tais informações deverão incluir pelo menos o seguinte: "I – a forma, a duração e a finalidade específica da transferência internacional; II – o país de destino dos dados transferidos; III – a identificação e os contatos do controlador; IV – o uso compartilhado de dados pelo controlador e a finalidade; V – as responsabilidades dos agentes que realizarão o tratamento e as medidas de segurança adotadas; e VI – os direitos do titular e os meios para o seu exercício, incluindo canal de fácil acesso e o direito de peticionar contra o controlador perante a ANPD".

19 Por exemplo, a UE prevê três módulos de cláusulas (entre controladores, entre operadores, e entre controlador e operador), enquanto a Rede Ibero-americana e o ASEAN dois (entre controladores, e entre controlador e operador) e o Comitê da Convenção 108 dois, mas já anunciou a criação de um terceiro. Para uma comparação entre os diferentes modelos, ver MATHESON, L. *Not-so-standard clauses:* an examination of three regional contractual frameworks for international data transfers. Washington, DC: Future of Privacy Forum, 2023.

20 Cláusula 17.

21 Cláusula 8.1.

22 Cláusulas 11 e 12.

Um procedimento especial abordado pela Resolução concerne o reconhecimento da equivalência de CPC de outros países: nesta hipótese o procedimento não dependerá somente da Autoridade. Especificamente, poderá ser instaurado por decisão do Conselho Diretor tanto de ofício quanto a requerimento dos interessados, e será concluído com a deliberação do Conselho após a manifestação da Procuradoria Federal Especializada, contando também com a possível participação ao longo do processo de entidades da Administração Pública com competências afetas ao tema (como nos procedimentos de decisões de adequação) e uma possível consulta à sociedade.[23] Embora este último detalhe amplie a possibilidade de participação pública na discussão sobre a eventual equivalência, o impacto concreto deste dispositivo depende da implementação escolhida pelo Conselho Diretor, que a rigor pode decidir não apenas se consultará a sociedade mas também qual a forma eleita de participação (como, por exemplo, tomada de subsídio, consulta no portal Participa.br ou audiência pública).

Uma alternativa à utilização das cláusulas contratuais padrão mencionada na Resolução é a aprovação pela autoridade do uso de cláusulas contratuais específicas, que ofereçam e comprovem garantias de cumprimento dos princípios, dos direitos do titular e do regime de proteção de dados. Contudo, essa possibilidade é reservada para casos de transferência internacional que não possa ser realizada por meio das cláusulas-padrão contratuais, em razão de circunstâncias excepcionais de fato ou de direito devidamente comprovadas pelo controlador.[24] Portanto, é esperado que esse instrumento particular seja utilizado menos frequentemente.

As normas corporativas globais (NCGs), inspiradas nas *Binding Corporate Rules* (BCRs) do sistema europeu, permitem a transferência de dados pessoais entre empresas do mesmo grupo econômico, sujeitas a uma política interna comum de proteção de dados. Essa política é um dos elementos que serve para demonstrar o preenchimento dos requisitos de um grupo econômico: ou seja, conforme a definição dada pela ANPD na Resolução CD/ANPD n. 19/2024, remete ao interesse integrado, à efetiva comunhão de interesses e atuação conjunta das empresas sob direção, controle ou administração de uma pessoa natural ou jurídica ou ainda a grupo de pessoas que detêm, isolada ou conjuntamente, poder de controle sobre as demais.

Mesmo quando for comprovada a existência de um grupo econômico, o art. 35 da LGPD exige que a ANPD verifique o conteúdo dessas normas, podendo requerer informações suplementares e realizar diligências de verificação relativas às operações de tratamento de dados. Note-se que, normalmente, as BCR ou NCG de um determinado grupo econômico não se limitam à definição das condições das transferências internacionais: estabelecem os procedimentos, as políticas e as medidas organizacionais e técnicas adotadas por todo o grupo para garantir a proteção dos dados pessoais. Por exemplo, na Resolução CD/ANPD n. 19/2024 a utilização desse instrumento é vinculada à adoção de um programa de governança em privacidade que atenda às condições mínimas detalhadas pelo art. 50, II, da LGPD.[25] Além disso, a ANPD determinou para os agentes de tratamento que adotam tal tipo de instrumento um regime de transparência equivalente àquele imposto para a utilização de CPCs.[26]

Conforme a Resolução, o reconhecimento tanto das NCGs quanto das cláusulas contratuais específicas também será objeto de deliberação pelo Conselho Diretor, após mani-

23 Art. 18, 2º.

24 Art. 21.

25 Art. 26.

26 Art. 31 e 32.

festação da Procuradoria Federal Especializada, contando com a participação apenas das partes interessadas[27] – o que se explica em razão do caráter mais particular dos interesses dos agentes de tratamento envolvidos. Eventuais alterações nas cláusulas contratuais específicas e nas normas corporativas globais deverão ser previamente submetidas para a aprovação da ANPD utilizando o mesmo procedimento, embora haja a ressalva de que o Conselho Diretor poderá estabelecer metodologia simplificada para a análise das modificações que não afetem as garantias apresentadas como suficientes.[28] Nesse mesmo sentido, postulou-se a obrigatoriedade de comunicação à ANPD sobre quaisquer alterações nas garantias apresentadas como satisfatórias e conforme aos princípios, direitos do titular e regime de proteção de dados previsto na LGPD, especialmente na hipótese em que um dos membros do grupo ou conglomerado de empresas estiver submetido a determinação legal de outro país que impeça o cumprimento das normas corporativas.[29]

Por fim, o art. 35, § 3º, prevê que a ANPD poderá designar organismos de certificação para verificar a conformidade com as normas de proteção de dados, que permanecerão sob sua fiscalização e poderão ser revistas, se necessário, como disposição expressa no § 4º. Convém destacar que, até o presente momento, a ANPD ainda não exerceu essas atribuições e competência, e nem as incluiu na agenda regulatória de 2023/2024. Contudo, cabe destacar que essas disposições criam um ambiente fértil para a autorregulação regulada, ou metarregulação,[30] que pode desenvolver um papel muito importante de auxílio ao regulador tanto na fiscalização quanto na determinação de padrões comuns para diversos atores. Em qualquer caso, o art. 35, § 5º, esclarece que as garantias não se baseiam apenas em promessas contratuais e serão analisadas de acordo com as medidas técnicas e organizacionais adotadas pelo operador, de acordo com o previsto nos §§ 1º e 2º do art. 46 da LGPD.

BIBLIOGRAFIA SELECIONADA

ARTIGO 19. *Proteção de dados pessoais no Brasil: análise dos projetos de lei em tramitação no Congresso Nacional*. 2017. Disponível em: https://artigo19.org/wp-content/blogs.dir/24/files/2017/01/Prote%C3%A7%C3%A3o-de-Dados-Pessoais-no-Brasil-ARTIGO-19.pdf. Acesso em: 15 jun. 2025.

HON, K. *Data localization law and policy*. Cheltenham: Edward Elgar Publishing, 2017.

LINHARES, A. et al. *Relatório de Análise de Impacto Regulatório (AIR): construção do marco regulatório para transferência internacional de dados pessoais*. Brasília: ANPD, 2021. Disponível em: https://www.gov.br/anpd/pt-br/assuntos/noticias/AIR__Transferencias_VF.pdf. Acesso em: 15 jun. 2025.

MARQUES, F. M.; AQUINO, T. M. O regime de transferência internacional de dados da LGPD: delineando as opções regulatórias em jogo. *In*: DONEDA, D. *et al.* (coord.). *Tratado de proteção de dados pessoais*. 2. reimp. Rio de Janeiro: Forense, 2021. p. 289-298.

27 Art. 29.

28 Arts. 33 e 27, VII.

29 Art. 27, VIII.

30 ZINGALES, N. The DSA as a paradigm shift for online intermediaries' due diligence: hail to meta-regulation. *In*: VAN HOBOKEN, J.; QUINTAIS, J. P.; APPELMAN, N.; FAHY, R.; BURI, I.; STRAUB, M. (ed.). *Putting the DSA into practice:* enforcement, access to justice and global implications. Berlim: Verfassungblog, 2023.

MATHESON, L. *Not-so-standard clauses:* an examination of three regional contractual frameworks for international data transfers. Washington, DC: Future of Privacy Forum, 2023.

ZINGALES, N. The DSA as a paradigm shift for online intermediaries' due diligence: hail to meta-regulation. *In*: VAN HOBOKEN, J.; QUINTAIS, J. P.; APPELMAN, N.; FAHY, R.; BURI, I.; STRAUB, M. (ed.). *Putting the DSA into practice:* enforcement, access to justice and global implications. Berlim: Verfassungblog, 2023.

Art. 36. As alterações nas garantias apresentadas como suficientes de observância dos princípios gerais de proteção e dos direitos do titular referidas no inciso II do art. 33 desta Lei deverão ser comunicadas à autoridade nacional.

Artigo 36

Comentado por Nicolo Zingales e Erica Bakonyi[31]

DISPOSITIVOS RELACIONADOS NA LGPD

- Art. 5º, XV; arts. 33, II, 34 e 35.

ATIVIDADES DA ANPD

- Audiência Pública para debate sobre proposta de Resolução referente ao Regulamento de Transferências Internacionais de Dados Pessoais e do modelo de Cláusulas-Padrão Contratuais.
- Balanço de agenda regulatória 2023-2024. Segundo semestre de 2023 (janeiro/2024).
- Nota Técnica n. 20/2022/CGN/ANPD.
- Relatório de Análise de Impacto Regulatório (AIR) – Construção do modelo regulatório para transferência internacional de dados pessoais.
- Resolução CD/ANPD n. 1/2021.
- Resolução n. 19/2024/CD/ANPD.

JUSTIFICATIVA E FUNDAMENTOS

A inclusão do art. 36 na LGPD visa garantir que qualquer alteração nas garantias apresentadas pelas entidades que tratam dados pessoais seja comunicada à ANPD. Isso é fundamental para manter a transparência e a conformidade com os princípios gerais de proteção de dados e os direitos dos titulares. Essa medida robustece a supervisão e a fiscalização do tratamento de dados no Brasil, promovendo maior segurança jurídica e fortalecendo a atuação da autoridade.

Apesar da relevância, não havia qualquer menção similar à regra do art. 36 nos Projetos de Lei n. 4.060/2012, da Câmara dos Deputados, e n. 330/2013, do Senado Federal. Nem mesmo no texto original do PL n. 5.276/2016, principal proposta legislativa que deu

[31] Os autores agradecem a Rafaela Ferreira Gonçalves da Silva e Jaqueline Simas Claveland de Oliveira, alunas do Mestrado em Direito da Regulação (FGV Direito Rio), pelo suporte na pesquisa.

origem à LGPD, continha a regra de comunicação de modificações ulteriores. Esta norma foi introduzida durante o processo legislativo da LGPD, sendo incorporada para garantir que as alterações nas garantias apresentadas pela entidade responsável pelo tratamento de dados pessoais fossem obrigatoriamente comunicadas à ANPD. A inclusão do art. 36 durante a tramitação reflete o compromisso e o esforço para fortalecer a supervisão e a transparência no tratamento de dados pessoais no Brasil, adaptando-se às necessidades e desafios específicos da proteção de dados na era digital.

ANÁLISE

Esse dispositivo visa promover a transparência, a prestação de contas e o fortalecimento da supervisão e fiscalização sobre o tratamento de dados, permitindo que a autoridade competente seja informada sobre mudanças que possam impactar a segurança e privacidade dos dados pessoais. Portanto, assim como os programas de adequação dos agentes de tratamento de dados devem ser revistos e monitorados continuamente, as decisões de adequação são "instrumentos vivos" ou "*living instruments*"[32] e merecem revisão perante eventuais modificações substanciais capazes de vulnerar princípios e direitos previstos na LGPD. Similar ao art. 33, o art. 36 enfatiza a importância de uma gestão diligente por parte dos controladores de dados, facilitando a intervenção da autoridade nacional quando necessário para garantir o cumprimento da legislação de proteção de dados no Brasil.

A atuação normativa da ANPD torna-se crucial nesse contexto, pois cabe a ela não apenas receber essas comunicações, mas também estabelecer diretrizes e regulamentos que definam claramente os requisitos e procedimentos para essas comunicações e para a manutenção da conformidade contínua com a LGPD (ver comentários aos arts. 33, 34 e 35 neste volume).

Nesse sentido, os procedimentos de validação e revisão dos instrumentos elencados no inciso II do art. 33 – a saber: cláusulas contratuais específicas para determinada transferência, cláusulas-padrão contratuais, normas corporativas globais, selos, certificados e códigos de conduta regularmente emitidos –, foram detalhados nos arts. 15 a 33 da Resolução CD/ANPD n. 19/2024. Precisamente sobre as modificações ulteriores às cláusulas contratuais específicas e às normas corporativas globais, estabeleceu-se a necessidade de autorização prévia da ANPD e a possibilidade de o Conselho Diretor editar procedimento simplificado de aprovação dessas atualizações quando não afetarem as garantias apresentadas como suficientes de observância dos princípios, dos direitos do titular e do regime de proteção de dados nacional (art. 33).

Tais procedimentos seguirão as diretrizes estabelecidas no Regimento Interno da ANPD (Portaria n. 1/2021), conforme determinado nos arts. 13, 18, 30 e 34 da Resolução CD/ANPD n. 19/2024, enquanto a contagem do prazo de 10 dias úteis para o pedido de reconsideração das decisões do Conselho Diretor será iniciada com ciência oficial pelo interessado, conforme regra do art. 12 do Anexo da Resolução CD/ANPD n. 1/2021 (art. 34 da Resolução CD/ANPD n. 19/2024). Em relação ao decurso temporal dos trâmites procedimentais, sublinha-se que somente a revisão dos termos contratuais deve ser apresentados previamente à autoridade. Portanto, embora essa omissão evite que as tratativas negociais sejam obstaculizadas ou de

---

[32] EUROPEAN COMMISSION. *Report from the Commission to the European Parliament and the Council on the first review of the functioning of the adequacy decisions adopted pursuant to Article 25(6) of Directive 95/46/EC*. COM(2024) 7 final. Bruxelas: European Commission, 2024.

alguma maneira prejudicadas, a análise durante ou posterior às transferências internacionais pode gerar um cenário de risco na medida em que transferências internacionais possam ser realizadas inadequadamente (nesses casos, a realização de relatórios de impacto seria fortemente recomendável). Outro aspecto que se depreende do art. 36 é a essencialidade da elaboração de plano de comunicação robusto coordenado pela ANPD, algo inclusive reconhecido como relevante pela autoridade no Relatório de Análise de Impacto Regulatório (AIR) referente à matéria. Conforme afirmado no documento, essa estratégia deverá envolver diversas áreas estratégicas da instituição, como normatização, comunicação, relações internacionais, fiscalização e tecnologia. A coordenação dessas ações fomenta a conscientização entre os agentes de tratamento de dados, aumenta a previsibilidade sobre os procedimentos internos e garantem que a sociedade em geral esteja informada e engajada, contribuindo para a implementação efetiva da LGPD e para a construção de uma cultura de proteção de dados no Brasil. O monitoramento contínuo e a avaliação dos indicadores estabelecidos são essenciais para ajustes regulatórios necessários, assegurando que a legislação se mantenha atualizada e eficaz diante das dinâmicas do tratamento de dados pessoais.

BIBLIOGRAFIA SELECIONADA

EUROPEAN COMMISSION. *Report from the Commission to the European Parliament and the Council on the first review of the functioning of the adequacy decisions adopted pursuant to Article 25(6) of Directive 95/46/EC*. COM(2024) 7 final. Bruxelas: European Commission, 2024.

Capítulo VI
DOS AGENTES DE TRATAMENTO DE DADOS PESSOAIS

Seção I
Do Controlador e do Operador

Art. 37. O controlador e o operador devem manter registro das operações de tratamento de dados pessoais que realizarem, especialmente quando baseado no legítimo interesse.

Artigo 37

Comentado por José Luiz de Moura Faleiros Júnior

DISPOSITIVOS RELACIONADOS NO ORDENAMENTO JURÍDICO BRASILEIRO

- Artigo 7º, X, MCI.

DISPOSITIVOS RELACIONADOS NA LGPD

- Art. 5º, VI e VII; art. 7º, IX; art. 10; e art. 40.

ATIVIDADES DA ANPD

- Guia Orientativo – Definição dos agentes de tratamento e do encarregado, versão 2.0. (2022).
- Resolução CD/ANPD n. 2, de 27/01/2022 – Aprova o Regulamento de aplicação da Lei n. 13.709, de 14 de agosto de 2018, Lei Geral de Proteção de Dados Pessoais (LGPD), para agentes de tratamento de pequeno porte.
- Guia Orientativo – Hipóteses legais de tratamento de dados pessoais. Legítimo Interesse (2024).

JUSTIFICATIVA E FUNDAMENTOS

A inclusão do art. 37 na LGPD visa garantir os princípios da transparência e da responsabilização e prestação de contas no tratamento de dados pessoais. Manter registros das operações de tratamento de dados é essencial para que os controladores e operadores possam demonstrar conformidade com a lei e assegurar que os dados pessoais sejam tratados de maneira adequada e segura. Este dispositivo permite a fiscalização efetiva pelas autoridades competentes, além de proporcionar uma forma de controle interno para os agentes de tratamento.

Os objetivos e finalidades do art. 37 incluem: (i) permitir que os titulares dos dados e as autoridades reguladoras tenham clareza sobre como os dados pessoais estão sendo tratados; (ii) estabelecer a responsabilidade dos controladores e operadores ao exigir que mantenham registros detalhados das operações de tratamento de dados; (iii) facilitar a auditoria e fiscalização pelas autoridades competentes, como a ANPD; (iv) ajudar os controladores e operadores a demonstrar que estão em conformidade com os requisitos da LGPD, especialmente quando o tratamento é baseado no legítimo interesse; (v) garantir que os processos de tratamento de dados pessoais sejam realizados de maneira segura, protegendo os direitos dos titulares dos dados.

Durante a tramitação da LGPD, o art. 37 foi mantido consistentemente nas diversas versões do projeto de lei, refletindo a crescente preocupação global com a privacidade e a proteção de dados. A inclusão desse artigo está alinhada com as melhores práticas internacionais e com a necessidade de regulamentar o tratamento de dados pessoais de forma mais rigorosa.

As justificativas e os fundamentos para a inclusão do art. 37 afetam diretamente sua interpretação e aplicação de diversas maneiras: a obrigatoriedade de manter registros impõe uma responsabilidade adicional aos controladores e operadores, incentivando-os a adotar práticas mais cuidadosas e transparentes no tratamento de dados pessoais. Especificamente quando o tratamento é baseado no legítimo interesse, a manutenção de registros é crucial para justificar que os interesses do controlador não sobrepõem os direitos e liberdades dos titulares dos dados. A existência de registros detalhados facilita a fiscalização pela ANPD e outras autoridades, permitindo avaliar a conformidade das operações de tratamento com a LGPD. Além disso, os registros ajudam a identificar e mitigar riscos associados ao tratamento de dados pessoais, promovendo uma abordagem proativa à segurança da informação e à proteção de dados. Em resumo, o art. 37 da LGPD é essencial para assegurar que as operações de tratamento de dados pessoais sejam realizadas de maneira transparente, segura e responsável, permitindo tanto a fiscalização eficiente quanto a proteção dos direitos dos titulares dos dados.

ANÁLISE

1. Análise contextual

O art. 37 da LGPD, que obriga o controlador e o operador a manterem registro das operações de tratamento de dados pessoais, especialmente quando baseado no legítimo interesse, está inserido dentro do arcabouço de governança e responsabilidade da lei. Trata-se de atribuição que corrobora o direito fundamental à proteção dos dados pessoais, estabelecendo dever específico de manutenção de registros das operações de tratamento para garantir a efetividade de alguns princípios, com destaque para o da transparência (art. 6º, VI) e para o da *accountability* ou responsabilização e prestação de contas (art. 6º, X). O dispositivo assegura que os controladores e operadores tenham um histórico documentado de suas ações, facilitando auditorias, inspeções e eventuais investigações por parte da ANPD e outras autoridades competentes.

Vários termos e definições presentes em outros artigos da LGPD influenciam a interpretação do art. 37, tais como "controlador" (art. 5º, VI), "operador" (art. 5º, VII), "tratamento de dados pessoais" (art. 5º, X), "legítimo interesse" (arts. 7º, IX, e 10).

A obrigação de manter registros das operações de tratamento de dados pessoais não é exclusiva da LGPD e pode ser encontrada em outras legislações de proteção de dados ao redor do mundo, com diferentes graus de rigor e especificidade. Por exemplo, o RGPD, no art. 30, estabelece uma obrigação semelhante, impondo que responsáveis pelo tratamento (equivalente a controladores) e subcontratantes (equivalentes a operadores) mantenham registros das atividades de processamento, incluindo detalhes como o nome e os contatos do controlador, as finalidades do processamento, uma descrição das categorias de titulares e dados pessoais, entre outros. O RGPD é muitas vezes mais detalhado na especificação dos conteúdos que devem constar nos registros. Por outro lado, a CCPA da Califórnia, EUA, embora não exija explicitamente a manutenção de registros de atividades de tratamento de dados, impõe várias obrigações de transparência e *accountability*, como a obrigação de divulgar às autoridades e aos consumidores as práticas de tratamento de dados, especialmente quando há solicitações específicas.

Harmonizar a LGPD com outras legislações, como o RGPD, pode trazer vários benefícios, incluindo facilidade de conformidade para empresas multinacionais ou que operam em múltiplas jurisdições, maior confiança dos consumidores, que percebem um padrão elevado e uniforme de proteção de dados, e redução de riscos jurídicos, minimizando o risco de sanções e litígios. Por outro lado, divergências podem causar complexidade administrativa, com empresas enfrentando desafios adicionais ao tentar cumprir diferentes normas e regulamentos, aumentando os custos de conformidade, e criando barreiras comerciais que afetam operações comerciais e inovadoras.

O art. 37 da LGPD está alinhado com os princípios e melhores práticas recomendados por vários instrumentos e tratados internacionais que promovem a proteção de dados pessoais, como as *Guidelines for the Regulation of Computerized Personal Data Files* da ONU (1990),[1] que recomendam a manutenção de registros para garantir a transparência e a *accountability* das operações de tratamento de dados, e as *OECD Guidelines on the Protection of Privacy and Transborder Flows of Personal Data* (1980),[2] que enfatizam a importância da *accountability* e da transparência nas práticas de proteção de dados.

No Japão, o art. 25 do *Act on the Protection of Personal Information* (APPI) exige que os controladores mantenham registros das atividades de tratamento, especialmente quando envolvem dados sensíveis ou transferências internacionais. Na Coreia do Sul, o art. 29 da *Personal Information Protection Act* (PIPA) estabelece que os responsáveis pelo tratamento de dados devem manter registros detalhados de suas atividades de tratamento, assegurando a conformidade com as normas de proteção de dados.

Similarmente, a Section 61 do *Data Protection Act 2018* do Reino Unido impõe a obrigação de manter registros detalhados das atividades de tratamento de dados pessoais. Esta seção estabelece que os controladores devem documentar as operações de tratamento, fornecendo um histórico que facilite a transparência e a conformidade com as normas de proteção de dados. Tal como no RGPD, a manutenção de registros no contexto do *Data Protection Act 2018* serve como uma ferramenta fundamental para a prestação de contas e para a mitigação de riscos, garantindo que as operações de tratamento de dados sejam auditáveis e que qualquer incidente possa ser rastreado e corrigido rapidamente.

Na África do Sul, a Seção 14 do *Protection of Personal Information Act* (POPIA) exige que as partes responsáveis mantenham registros das atividades de tratamento, incluindo a

---

1 UNITED NATIONS. *Guidelines for the Regulation of Computerized Personal Data Files*. New York: United Nations, 1990.

2 OCDE. *OECD Guidelines on the Protection of Privacy and Transborder Flows of Personal Data*. Paris: OECD Publishing, 1980.

finalidade do tratamento e as categorias de dados pessoais processados. Esta disposição é semelhante ao art. 30 do RGPD e reflete a importância de uma gestão transparente e responsável dos dados pessoais.

Essas regulamentações internacionais demonstram uma convergência em torno da necessidade de manutenção de registros detalhados das atividades de tratamento de dados pessoais, especialmente quando baseadas no legítimo interesse. A harmonização dessas práticas contribui para uma maior proteção dos direitos dos titulares de dados e facilita a conformidade para empresas que operam em múltiplas jurisdições. O art. 37 da LGPD brasileira, portanto, está em consonância com as melhores práticas internacionais, promovendo um ambiente regulatório robusto e transparente para a proteção de dados pessoais.

2. Análise doutrinária

O art. 37 da LGPD reforça o princípio da responsabilização e prestação de contas, conforme descrito no art. 6º, X, da LGPD, assim conceituado. A manutenção de registros é essencial para garantir, ainda, a transparência, definida no art. 6º, VI, da LGPD, e o controle sobre as atividades de tratamento de dados, assegurando que a lei seja cumprida de forma eficaz e verificável.

A elaboração e manutenção desses registros derivam das práticas de mapeamento de dados (*data mapping*) e descobrimento de dados (*data discovery*).[3] Essas práticas são fundamentais para que os agentes de tratamento de dados estejam em conformidade com a LGPD, pois os registros devem abranger todas as operações de tratamento de dados, independentemente da hipótese que dá lastro à atividade, com especial atenção ao legítimo interesse. Isso se deve ao fato de que o legítimo interesse, diferentemente de outras hipóteses, não possui um requisito objetivo claramente definido na lei.[4]

Os registros de operações de tratamento de dados pessoais são uma salvaguarda para os agentes de tratamento, proporcionando evidências do cumprimento da lei em caso de fiscalização pela ANPD. Esses registros documentam o tipo de tratamento realizado, os

---

[3] FEICHAS, R. V. Art. 37. *In*: MARTINS, G. M.; LONGHI, J. V. R.; FALEIROS JÚNIOR, J. L. M. (coord.). *Comentários à Lei Geral de Proteção de Dados Pessoais* (Lei n. 13.709/2018). 2. ed. São Paulo: Foco, 2024. p. 399.

[4] Com efeito, Lucas Colombera Vaiano Piveto (Artigo 10. *In*: MARTINS, G. M.; LONGHI, J. V. R.; FALEIROS JÚNIOR, J. L. M. (coord.). *Comentários à Lei Geral de Proteção de Dados* (Lei n. 13.709/2018). 2. ed. São Paulo: Foco, 2024. p. 129) destaca o seguinte: "O artigo 10, da Lei Geral de Proteção de Dados, por sua vez, foi criado para capitanear todo e qualquer tipo de aplicação do instituto do legitimo interesse. Em termos de hermenêutica, a interpretação deste artigo provoca dois resultados, sendo o primeiro destinado a aplicação do legítimo interesse do controlador, ou do legítimo interesse de terceiros; e o segundo destinado a relação de incisos e parágrafos do artigo em discussão com condicionantes cumulativas e não alternativas, garantindo uma aplicação uniforme da base legal. Nesse contexto, a primeira etapa (LGPD, art. 7º, IX, c/c o art. 10, *caput* e I) e corroborar se o interesse do controlador e legítimo, ou seja, se o propósito para o tratamento de dados pessoais contraria legislações esparsas. Aqui, o responsável pelo tratamento deve identificar, expressamente, os interesses em jogo e a razão pela qual este prevalece sobre os interesses dos titulares em causa, perquirindo uma situação concreta para não ser considerado um instituto de cheque em branco. O interesse deve ser definido, expressamente, para permitir o teste de proporcionalidade em relação aos interesses e aos direitos e as garantias (situação concreta). No segundo passo, também conhecido como 'teste da necessidade' (LGPD, arts. 7º, IX, e 10, § 1º, quando aplicável), o controlador ou terceiro deve considerar se os dados coletados são, realmente, aqueles indispensáveis para se alcançar as finalidades almejadas e se o tratamento dos dados não seria mais bem aplicado por outras hipóteses jurídicas autorizativas que não aquela do interesse legítimo".

dados pessoais envolvidos, os agentes de tratamento e o encarregado, além de identificar vulnerabilidades e prioridades no tratamento de dados. Assim, os registros contribuem para demonstrar a conformidade com a LGPD e podem ser decisivos em situações de auditorias e investigações. São valiosos, ainda, para facilitar a elaboração dos relatórios de impacto sobre a proteção de dados (art. 5º, XVII, LGPD) e para cumprimento dos deveres de comunicação da ocorrência de incidentes de segurança com dados pessoais (art. 48 da LGPD e Resolução CD/ANPD n. 15, de 24.04.2024).

A manutenção dos registros também visa assegurar o controle e a transparência no cumprimento do próprio tratamento de dados, uma vez que a conformidade com a LGPD não se limita à observância das normas nela estatuídas, mas também inclui a documentação de que tais normas foram seguidas, o que demanda rigor probatório e zelo documental. Esse trabalho detalhado e meticuloso quanto ao arquivamento de tudo o que se realiza é crucial, pois a realização de uma finalidade específica de tratamento geralmente requer múltiplas atividades, que devem ser devidamente documentadas para evitar responsabilidades.

Diversos princípios da LGPD são evidenciados na atividade de registro das operações de tratamento, incluindo os princípios da finalidade, adequação, necessidade, transparência, segurança e responsabilização, todos fundamentais para garantir que as operações de tratamento de dados sejam realizadas de forma legítima e segura, protegendo os direitos dos titulares dos dados e assegurando a conformidade dos agentes de tratamento com os dizeres da lei.

Embora a prática de criar um "inventário" de dados não seja nova no Brasil, a LGPD traz uma abordagem mais abrangente em comparação com o MCI, que se concentra principalmente na segurança da informação e nos registros de conexão (art. 5º, VIII, MCI). Para as atividades de tratamento de dados, como se deve comprovar a efetividade das medidas adotadas, torna-se imprescindível que os registros contemplem todos os aspectos do tratamento de dados, incluindo detalhes técnicos e administrativos que garantam a integridade e a segurança dos dados pessoais. Dessa forma, a LGPD amplia o escopo e a profundidade dos registros exigidos dos agentes de tratamento.

Os registros das operações de tratamento também são essenciais nas situações em que os titulares dos dados invocam seus direitos, cujo rol consta do art. 18 da LGPD. A existência de registros estruturados facilita, por exemplo, a identificação da existência de tratamento, o acesso, o bloqueio e a portabilidade dos dados pessoais, garantindo que os titulares possam exercer seus direitos de forma efetiva e em prazos razoáveis.

A experiência internacional, como a do RGPD, destaca a importância da documentação e atualização contínua dos processos de tratamento de dados, em especial quanto ao zelo documental nas atividades relacionadas ao legítimo interesse do titular, que devem ser instruídas pelo *Legitimate Interest Assessment* (LIA), adotado para identificar e documentar o interesse legítimo do controlador ou de um terceiro de forma clara e específica. Essa abordagem evidencia a importância de manter registros detalhados e atualizados para garantir a conformidade contínua e a segurança dos dados pessoais.

Em conclusão, o art. 37 da LGPD impõe uma obrigação crucial aos agentes de tratamento: a manutenção de registros detalhados das operações de tratamento de dados pessoais. Embora a LGPD não especifique diretamente todas as informações que esses registros devem conter, é fundamental que incluam a finalidade do tratamento, descrição das categorias de dados e titulares, fluxos de dados, medidas de segurança, identificação do controlador e períodos para exclusão dos dados.

BIBLIOGRAFIA SELECIONADA

BAUMGRATZ DELGADO, C. C. *O legítimo interesse na Lei Geral de Proteção de Dados Pessoais:* critérios e balizas para sua aplicação. São Paulo: Dialética, 2023.

BUKATY, P. *The California Consumer Privacy Act (CCPA):* an implementation guide. Ely: IT Governance Publishing, 2019.

FEICHAS, R. V. Art. 37. *In*: MARTINS, G. M.; LONGHI, J. V. R.; FALEIROS JÚNIOR, J. L. M. (coord.). *Comentários à Lei Geral de Proteção de Dados Pessoais* (Lei n. 13.709/2018). 2. ed. São Paulo: Foco, 2024. p. 396-404.

FEILER, L.; FORGÓ, N.; WEIGL, M. (ed.). *The EU General Data Protection Regulation (GDPR):* a commentary. London: Globe Law and Business; German Law Publishers, 2018.

JOELSONS, M. *Lei Geral de Proteção de Dados:* fronteiras do legítimo interesse. São Paulo: Foco, 2022.

KUNER, C. *et al.* (ed.). *The EU General Data Protection Regulation (GDPR):* a commentary. Oxford: Oxford University Press, 2020.

OCDE. *OECD Guidelines on the Protection of Privacy and Transborder Flows of Personal Data.* Paris: OECD Publishing, 1980.

PINK, S. W. *California Consumer Privacy Act annotated.* New York: PLI Press, 2024.

PIVETO, L. C. V. *O legítimo interesse na Lei Geral de Proteção de Dados.* Rio de Janeiro: Lumen Juris, 2020.

PIVETO, L. C. V. Artigo 10. *In*: MARTINS, G. M.; LONGHI, J. V. R.; FALEIROS JÚNIOR, J. L. M. (coord.). *Comentários à Lei Geral de Proteção de Dados* (Lei n. 13.709/2018). 2. ed. São Paulo: Foco, 2024. p. 125-140.

UNITED NATIONS. *Guidelines for the Regulation of Computerized Personal Data Files.* New York: United Nations, 1990.

VIEGAS, J. R. B. *O interesse legítimo e a relação de consumo:* entre dados, equilíbrio e vulnerabilidade. São Paulo: Thoth, 2023.

Art. 38. A autoridade nacional poderá determinar ao controlador que elabore relatório de impacto à proteção de dados pessoais, inclusive de dados sensíveis, referente a suas operações de tratamento de dados, nos termos de regulamento, observados os segredos comercial e industrial.

Parágrafo único. Observado o disposto no *caput* deste artigo, o relatório deverá conter, no mínimo, a descrição dos tipos de dados coletados, a metodologia utilizada para a coleta e para a garantia da segurança das informações e a análise do controlador com relação a medidas, salvaguardas e mecanismos de mitigação de risco adotados.

Artigo 38

Comentado por Maria Cecília Oliveira Gomes

DISPOSITIVOS RELACIONADOS NO DIREITO INTERNACIONAL

- Art. 10, (2), (84) da Convenção 108+.

DISPOSITIVOS RELACIONADOS NO ORDENAMENTO JURÍDICO BRASILEIRO

- Art. 6º, Lei n. 13.848/2019.
- Art. 5º, Lei n. 13.874/2019.
- Decreto n. 10.411/2020.
- Art. 225, 1º, IV, CRFB.
- Resolução CONAMA n. 01/86.

DISPOSITIVOS RELACIONADOS NA LGPD

- Arts. 4, § 3°, e 5, XVII; art. 10; art. 32; e art. 55-J, XIII.

ATIVIDADES DA ANPD

- Guia Orientativo: Aplicação da Lei Geral de Proteção de Dados Pessoais por agentes de tratamento no contexto eleitoral (2021).
- Perguntas e Respostas sobre o Relatório de Impacto à Proteção de Dados Pessoais (2023).
- Glossário de Proteção de Dados Pessoais (Versão 1.0).
- Resolução CD/ANPD n. 2, de 27 de janeiro de 2022.

- Nota Técnica n. 2/2024/ FIS/CGF/ANPD.
- Nota Técnica n. 12/2023/CGF/ANPD.
- Nota Técnica n. 16/2023/CGTP/ANPD.
- Nota Técnica n. 175/2023/CGF/ANPD.
- Nota Técnica n. 46/2022/CGF/ANPD.
- Nota Técnica n. 49/2022/CGF/ANPD.
- Nota Técnica n. 68/2022/CGF/ANPD.

CASOS E DECISÕES JUDICIAIS RELEVANTES

- STF, ADI 6387/DF. Rel. Min. Rosa Weber, Tribunal Pleno, j. 05.05.2020.

JUSTIFICATIVA E FUNDAMENTOS

No art. 5º, XVII, conforme já foi analisado em artigo próprio, é apontada a definição do RIPD, e já no art. 38 é indicada a responsabilidade pela elaboração do relatório de impacto, a qual recai ao controlador, bem como é descrito o mínimo do que deve constar nesse processo e documentação, mas sem mencionar o momento da sua realização ou determinar os casos em que esse seria obrigatório devido à vinculação do risco. Ambos os artigos favorecem a melhoria da governança em privacidade e proteção de dados no País, tornando o ecossistema como um todo mais saudável e conscientizando uma ampla gama de controladores em diferentes setores sobre a necessidade da elaboração desse procedimento.

No que concerne a avaliação de riscos, a qual faz parte do relatório de impacto como um dos seus elementos integrantes, é importante mencionar que podem ser utilizados diversos métodos para essa forma de avaliação. Uma delas é a matriz de risco, derivada da Teoria da Probabilidade[5] e conhecida na área de proteção de dados e de segurança através da fórmula: Nível de Risco (N) é igual ao Impacto (I) vezes a Probabilidade (P) (N = I x P). Existem várias outras metodologias, bem como fórmulas diferentes, como na abordagem baseada em riscos e benefícios e na abordagem baseada em direitos. No entanto, a matriz de cálculo indicada acima é atualmente a mais comum, sendo utilizada para atender regulações que adotam como base a metodologia da abordagem baseada em risco e como modelo em materiais de Autoridades de Proteção de Dados[6], as quais seguem essa abordagem.

Considerando esses pontos, é essencial que a avaliação de impacto seja inserida em leis e arcabouços regulatórios do campo da privacidade e da proteção de dados, de modo a subsidiar uma tomada de decisão que leve em consideração de forma detalhada e mais

[5] "A Teoria da Probabilidade pode ser aplicada tanto pela geometria quanto pela matemática. No caso em específico, focamos na matemática. Historiadores sobre a teoria da probabilidade, sempre indicam que o ponto de partida mais importante foi o trabalho de Blaise Pascal e Pierre de Fermat em 1654, desenvolvido a partir do desafio do monge Luca Paccioli proposto em 1494, conhecido como o problema dos pontos" (GOMES, M. C. O. Entre o método e a complexidade: compreendendo a noção de risco na LGPD. *In*: PALHARES, F. (coord.). *Temas atuais de proteção de dados*. São Paulo: Thomson Reuters Brasil, 2020. p. 251-252).

[6] A Autoridade de Proteção de Dados da Espanha é uma delas, para saber mais *vide*: AEPD. *Realización de evaluaciones de impacto de protección de datos*. Madrid: AEPD, 13 nov. 2023.

precisa os riscos associados a um tratamento, resguardando, portanto, os direitos dos titulares envolvidos. Desse modo, contribuindo de maneira mais efetiva para a prevenção da ocorrência de potenciais danos aos titulares de dados e, consequentemente, promovendo a adequação da tecnologia analisada, a fim de que ela se torne mais aderente e compatível com os princípios e obrigações legais relativas ao tratamento dos dados.

Essas obrigações tanto podem estar previstas em uma legislação geral quanto em uma setorial, assim como em orientações e em uma regulamentação específica por parte de uma Autoridade de Proteção de Dados, sendo, no caso do Brasil, a da ANPD.

ANÁLISE

A LGPD possui como base uma estrutura principiológica, a qual conta com um arcabouço normativo vasto, cujo conteúdo busca dialogar com temas presentes em outras leis setoriais através de um leque amplo de obrigações. Assim, é válido ressaltar que, ao incorporar em sua redação a previsão de uma avaliação de impacto focada em avaliar riscos associados ao tratamento de dados de titulares nos mais diferentes tipos e formatos de tecnologias, ela também estabeleceu um parâmetro mais elevado de governança em privacidade e proteção de dados para o País.

Logo, os dispositivos, como o art. 5º, XVII, e o art. 38, se relacionam com muitos dos temas trazidos e ressaltados por esta Lei. Desde os princípios trazidos no art. 6º, em especial, os incisos VIII e o X, até questões referentes à responsabilidade,[7] governança, segurança e o papel da própria ANPD em estabelecer diretrizes e posteriores regulamentações sobre esse objeto, como no art. 55-J, XIII.

Dessa forma, os artigos que abordam o relatório de impacto trazem uma ferramenta e um processo efetivo para elevar o nível de governança no ecossistema como um todo, uma vez que ele é um importante aliado para a ANPD poder utilizá-lo como uma forma de fiscalização e supervisão da atuação dos controladores. Além de contribuir para a promoção de boas práticas em um movimento de dentro para fora de cada controlador, já que incentiva uma melhoria nos processos internos que envolvem diversos tipos de tratamento de dados. Proporcionando uma fotografia mais detalhada sob vários aspectos, bem como estabelecendo uma governança em forma de câmbio entre os agentes de tratamento.

Isto porque, muitas vezes, a obrigação da elaboração do RIPD consta em cláusulas contratuais entre as partes de um contrato que envolve o tratamento de dados pessoais, reforçando uma já estabelecida obrigação legal para o controlador e, ao mesmo tempo, especificando como o operador pode contribuir com esse processo através do fornecimento de subsídios.

Nesse sentido, foi bastante positivo o efeito das previsões do RIPD no contexto da LGPD, desde a proposição de uma definição no art. 5º, seguindo ao longo de toda a Lei, onde se vê em diversos capítulos o relatório ser indicado. Conforme já foi indicado anteriormente, em dispositivos relacionados a outras legislações, a avaliação de impacto está presente em outras leis no País, como a AIR, prevista no Decreto n. 10.411, de 30 de junho de 2020. No Estudo de Impacto Ambiental (EIA) e no Relatório de Impacto do Meio Ambiente (RIMA), ambos previstos na Resolução CONAMA n. 01/86. No entanto, é importante mencionar que, no

[7] Ver comentário ao art. 32 neste volume.

tocante à proteção de dados pessoais, esse procedimento aparece pela primeira vez na LGPD, não estando previsto em outras leis setoriais anteriores à sanção desta Lei.

Para além dos artigos mencionados em outras normas, o relatório de impacto também está previsto em outros 3 artigos na LGPD, no caso, no art. 4º, § 3º, no art. 10, § 3º, e no art. 32. No art. 4º, ele é trazido de uma forma que o torna uma possibilidade, mas ao mesmo tempo gera questionamentos, isso porque este artigo trata da exceção de aplicação da LGPD, e o § 3º faz menção às atividades previstas no inc. III, as quais são: segurança pública; defesa nacional; segurança do Estado; ou atividades de investigação e repressão de infrações penais. Assim, é indicado posteriormente no §§ 3º que: "A autoridade nacional emitirá opiniões técnicas ou recomendações referentes às exceções previstas no inciso III do caput deste artigo e deverá solicitar aos responsáveis relatórios de impacto à proteção de dados pessoais".

Em síntese, os temas abordados no incisoIII serão objetos de posterior regulamentação tanto por parte da Autoridade, no que concerne a opiniões e recomendações, assim como, também são matérias que estão pendentes de uma legislação própria, no que poderia se tornar a chamada "LGPD Penal".[8]

Quanto às expressões "deverá solicitar" ou "poderá solicitar" que aparecem nos artigos que tratam sobre o RIPD na Lei, não há, até o momento, um esclarecimento se há uma diferença interpretativa entre elas no entendimento da ANPD. No caso do art. 4º é indicado o verbo "dever", já nos outros dois artigos relacionados, como no art. 10, §§ 3º e no art. 32, aparece o verbo "poder". Em todos é compreendido que é possível a Autoridade exigir o relatório de impacto de um controlador, no entanto, o verbo "poder" levanta a dúvida se de fato existe ou não uma obrigação prévia do controlador, ou seja, deste agente de tratamento já ter o documento pronto antes da solicitação por parte da ANPD.

A Autoridade até o momento tem solicitado o RIPD em processos fiscalizatórios[9] nos quais está indicado o requerimento da elaboração do relatório de impacto com fundamento no art. 38, o qual tem uma redação mais ampla no *caput*, no caso, de que a ANPD "poderá determinar ao controlador que elabore relatório de impacto". Assim, além da solicitação, a Autoridade tem determinado um prazo para a apresentação deste documento no processo em que o controlador é parte.

Seguindo na análise dos artigos que abordam o relatório de impacto é importante mencionar o art. 10, o qual especifica os casos em que poderá ser utilizada a base legal do legítimo interesse, bem como indica em seus parágrafos a possibilidade da Autoridade solicitar alguns documentos, desde o conhecido teste de balanceamento, indicado no §§ 2º, até a indicação do RIPD em seu §§ 3º. O ponto relevante a ser citado sobre este parágrafo é que a LGPD estabelece uma correlação entre base legal e relatório de impacto e isso é novo, no sentido de que não é comum solicitar essa ferramenta devido a escolha, aplicação ou cabimento de uma determinada base legal.

Como será abordado mais adiante, o relatório fica associado à existência de alto risco no tratamento de dados, portanto, não está suficientemente clara a razão do legislador ter incluído o relatório no artigo da lei que trata sobre legítimo interesse. Neste parágrafo em específico, é estabelecido que a ANPD poderá solicitar esse instrumento "quando o tratamento tiver como fundamento seu interesse legítimo". No entanto, conforme indicado anteriormente, o

---

8 STJ. Comissão entrega à Câmara anteprojeto sobre tratamento de dados pessoais na área criminal. *STJ Notícias*, 5 nov. 2020.

9 Nos casos em que são públicas as Notas Técnicas, estando estas disponíveis no site da ANPD.

que se tem visto até o momento é a solicitação do relatório pela ANPD com base no art. 38, o qual é mais amplo, do que através do art. 10, §§ 3º.

Outro artigo que menciona essa ferramenta é o art. 32, que é um dos artigos que faz parte do Capítulo IV, o qual aborda o tratamento de dados pessoais pelo Poder Público. A redação dele indica que a ANPD poderá solicitar a publicação do relatório de impacto. Assim, é interessante citar que este dispositivo não traz uma possibilidade de exceção, que é o que se vê no art. 10, §§ 3º e no art. 38 analisados, quando é mencionado ao final do texto: "observados os segredos comercial e industrial". Isto provavelmente acontece no art. 32 devido o princípio da publicidade[10] existente na Administração Pública.

Ao mesmo tempo, é válido mencionar que é uma excelente prática publicar o relatório de impacto e fazer o processo de consulta pública das partes interessadas na sociedade. Contudo, o relatório de impacto pode vir a conter informações confidenciais, mesmo no caso do art. 32. Isto porque parte do conteúdo do relatório é descrever medidas de segurança adotadas e detalhá-las e, nesse ponto, sempre surge a reflexão de como fazer a publicização do relatório de impacto de maneira adequada, garantindo, no caso da Administração Pública, o cumprimento do princípio da publicidade, mas ao mesmo tempo, não fornecendo informações que possam expor brechas ao sistema de segurança analisado no RIPD.

Além disso, a LGPD não diferencia Poder Público de Administração Pública, tema esse que já foi objeto de debate em inúmeros artigos, sendo um deles o da Miriam Wimmer.[11] Portanto, verifica-se uma necessidade de haver um detalhamento e diferenciação maior do tema por parte da Autoridade, a título de esclarecimento para esse setor em específico.

Por fim, é válido fazer uma breve comparação entre o que está disposto no art. 5º, XVII com o art. 55-J, XIII. No primeiro, onde é mencionada a definição do relatório de impacto, é trazida a expressão "podem gerar riscos", já no segundo, é citado que compete à Autoridade "editar regulamentos e procedimentos sobre proteção de dados pessoais e privacidade, bem como sobre relatórios de impacto à proteção de dados pessoais para os casos em que o tratamento representar alto risco à garantia dos princípios gerais de proteção de dados pessoais previstos nesta Lei". Na definição do RIPD é trazida uma redação mais genérica e abrangente, já na redação do art. 55-J, XIII, a qual foi introduzida depois da aprovação da LGPD, com a criação da ANPD e as suas competências via Lei n. 13.853/19, é citado o relatório de uma forma um pouco mais específica, trazendo a menção a "alto risco".

Mas, ao mesmo tempo, não estão expressamente indicados na redação dos dispositivos da LGPD os casos que possuem tratamento que possam ser considerados de alto risco. Nesse sentido, a ANPD vem trabalhando para esclarecer esse aspecto, seja através do processo de regulamentação do próprio objeto do relatório de impacto, seja através de

---

10 Art. 37, *caput* da CRFB: "A administração pública direta e indireta de qualquer dos Poderes da União, dos Estados, do Distrito Federal e dos Municípios obedecerá aos princípios de legalidade, impessoalidade, moralidade, publicidade e eficiência e, também, ao seguinte".

11 "O segundo aspecto sob o qual tal sistemática é problemática tem natureza mais prosaica: ao buscar regular os diferentes atores que integram o Poder Público, a lei incorre em graves imprecisões técnicas, utilizando de maneira aparentemente intercambiável termos como Administração Pública, Poder Público e pessoas jurídicas de Direito Público. No art. 23, a lei aponta ainda especificamente para aquelas pessoas jurídicas "de direito público" referidas no parágrafo único do art. 1º da LAI, aparentemente desconsiderando que o referido artigo se aplica também a pessoas jurídicas de direito privado, como sociedades de economia mista e empresas públicas" (WIMMER, M. Proteção de dados pessoais no Poder Público: incidência, bases legais e especificidades. *Revista do Advogado*, v. XXXIX, n. 144, p. 130, 2019).

outros temas da Agenda Regulatória, os quais por vezes guardam correlação com o RIPD e risco. Esse foi o caso da regulamentação do tema "proteção de dados e da privacidade para pequenas e médias empresas, startups e pessoas físicas que tratam dados pessoais com fins econômicos", no qual foram indicados o que são considerados tratamentos de alto risco, através da publicação da Resolução CD/ANPD n. 2, em 27 de janeiro de 2022. Nela, em seu art. 4º, estão previstos critérios gerais (inciso I) e critérios específicos (inciso II), nos quais estão descritos os tratamentos de dados que são considerados pela Autoridade como de alto risco.

O fato da expressão "alto risco" na LGPD aparecer de forma exclusiva no art. 55-J, XIII, o qual inclusive, foi inserido em um momento posterior ao da sanção da Lei, conforme indicado acima, é importante por trazer esse conceito para o escopo normativo da LGPD. No entanto, ele não preenche a omissão que existe em relação a esse termo em outros artigos da Lei, os quais poderiam, no passado, ter sido mais esclarecidos e aprofundados durante o processo de redação do texto na ocasião do projeto de lei.

1. RIPD no direito estrangeiro

Já em relação a possibilidade de estabelecer um diálogo de direito comparado entre a legislação brasileira e a de outros países no que concerne ao relatório de impacto, é importante mencionar que da mesma forma em que hoje no mundo mais de uma centena de países possuem leis gerais de proteção de dados, segundo o levantamento do David Banisar, o qual mantém um mapa atualizado,[12] o RIPD acaba sendo uma ferramenta ou procedimento presente em muitas dessas leis. Não é o objetivo desse capítulo fazer uma análise comparativa e exaustiva sobre o tema, uma vez que de fato são muitas leis, as quais estão presentes nos 5 (cinco) continentes, portanto, não seria possível fazer um recorte metodológico com essa amplitude. O que é possível afirmar em um aspecto meramente descritivo é que a previsão do Avaliação de Impacto à Privacidade (tradução livre de *Privacy Impact Assessment* – PIA) na Diretiva n. 95/46/CE da UE, influenciou amplamente outras legislações de proteção de dados, as quais passaram a indicar esse procedimento.

O relatório de impacto – ou avaliação de impacto, estava previsto de maneira inicial, no texto da Diretiva europeia através da inferência dos Considerandos 53 e 54, em alinhamento com o art. 20. No entanto, ele não era à época mencionado como um instrumento obrigatório, assim como, a redação do texto não previa a procedimentalização dessa ferramenta, de modo que ela não foi, na prática, frequentemente elaborada e implementada por muitos agentes de tratamento naquele período. O livro *Privacy Impact Assessment*, de David Wright e Paul De Hert[13] é um retrato de como a avaliação de impacto era compreendida no início dos anos 2000 em alguns países, como, por exemplo, na Austrália, Canadá, Nova Zelândia, Reino Unido e EUA. Na obra são trazidos alguns casos de implementação do PIA por agentes de tratamento nesses diferentes países, bem como é apresentado se já havia previsão normativa desse procedimento nas diferentes legislações analisadas.

---

[12] Mapa elaborado por David Banisar. De acordo com ele, em 2024, existem 160 países no mundo com leis de proteção de dados (BANISAR, D. Data protection map and update 2024. *LinkedIn*, 27 jan. 2024. Disponível em: https://www.linkedin.com/pulse/data-protection-map-update-2024-david-banisar-j9w5e%3FtrackingId=KtBAjS30Q1SNxStoHb6OxQ%253D%253D/?trackingId=KtBAjS30Q1SNxStoHb6OxQ%3D%3D. Acesso em: 11 mar. 2024).

[13] WRIGHT, D.; DE HERT, P. (ed.). *Privacy impact assessment*. Law, governance and technology series. Dordrecht: Springer, 2012.

Nesse sentido, é válido ressaltar que nas décadas de 1990 e de 2000 houve um crescimento gradativo em diversos países em relação a aprovação de leis gerais de proteção de dados e algumas dessas leis previam a elaboração do relatório de impacto. O qual é nomeado de forma diferente quando é traduzido para as mais diferentes línguas que indicam esse procedimento, como no inglês, é conhecido como *Impact Assessment*, *Privacy Impact Assessment* ou *Data Protection Impact Assessment*. No espanhol, é indicado como *Evaluación de Impacto en la Protección de Datos* e *Evaluaciones de Impacto de Protección de Datos*. E no português de Portugal como Avaliação de Impacto sobre a Proteção de Dados, e no português do Brasil como Relatório de Impacto à Proteção de Dados Pessoais.

A estrutura normativa por trás dessas legislações também sofreu influência do contexto europeu, devido a Diretiva de 95, a qual foi uma das precursoras em relação a indicação desse objeto no âmbito de uma regulação de proteção de dados. E como desdobramento dessa influência, passou a haver um amplo debate regional, inclusive em países da América do Sul, para a criação de leis de proteção de dados, as quais seguiam majoritariamente uma estrutura regulatória inspirada na abordagem baseada em risco. Considerando esses aspectos, consequentemente o relatório de impacto, por estar previsto em várias dessas legislações, acabou seguindo também essa abordagem e um direcionamento interpretativo e normativo voltado para "riscos".

Já na década de 2010 e, atualmente na década de 2020, surgiu com mais força o debate sobre outras formas de abordagem, como a abordagem baseada em direitos e a abordagem baseada em riscos e benefícios.[14] E, mais recentemente, devido aos debates envolvendo propostas de regulação sobre IA, tem surgido sugestões de Avaliação de Impacto Algorítimico (AIA)[15] e, até mesmo, o modelo proposto por Alessandro Mantelero intitulado "*Human Rights, Ethical and Social Impact Assessment*" (em tradução livre, Avaliação de Impacto a Direitos Humanos, Ética e Sociedade).[16]

Os dispositivos legais que tratam sobre o RIPD tendem a variar bastante em termos de redação, em algumas leis, são trazidos exemplos mais gerais para a elaboração dessa ferramenta, como é o caso da LGPD e da *Ley de Protección de Datos Personales* do Uruguai. Em outras, o relatório de impacto recebe um detalhamento maior e específico ao longo da redação da lei, como é o caso do RGPD e da LGPDPPSO Mexicana. As quais são mais recentes, considerando que o Regulamento Europeu é de 2016 e a Lei do México que foi mencionada especificamente é de 2017.

Uma estrutura normativa de um país, especialmente se ela for mais antiga, certamente pode influenciar um outro local, onde ainda está sendo debatida uma regulamentação sobre proteção de dados, ou passando esta, por uma atualização ou regulamentação específica por parte de uma autoridade de proteção de dados. No entanto, é importante que seja preservado ao máximo o senso crítico ao olhar para legislações de outros países, isto porque a estrutura regulatória muitas vezes é diferente, além do arcabouço legal, composto por leis setoriais, também ser. Então, uma experiência regulatória em outro país pode servir de parâmetro para entender o que funcionou e o que não funcionou em termos de implementação e posterior fiscalização de obrigações legais, mas nunca como uma cópia ou espelhamento do que está previsto em outra lei ou tratado internacional.

---

[14] FUTURE OF PRIVACY FORUM. *City of Seattle Open Data Risk Assessment*. Final Report, jan. 2018, p. 91.

[15] Art. 13, §§ 3º e 4º; art. 21, § 2º; arts. 22, 23, 24, 25 e 26; art. 32, VI, *b*, do PL n. 2.338/2023.

[16] MANTELERO, A. Beyond data: human rights, ethical and social impact assessment in AI. *In*: MANTELERO, A. *Information Technology and Law Series*. Dordrecht: Springer, 2022. v. 36, p. 200.

2. A lei brasileira

Quanto às complexidades envolvidas na interpretação dos dispositivos que tratam sobre o relatório de impacto na LGPD, por mais que não esteja indicado expressamente em seu texto quais são os casos em que obrigatoriamente o controlador deve elaborar o RIPD, ao longo da sua redação são mencionados em alguns dispositivos legais casos em que a ANPD pode ou deve solicitar o relatório, como estão indicados nos arts. 4º, § 3º, 10, § 3º, 32 e 38.

Para além disso, a ANPD tem se posicionado no sentido de que esta obrigação seja relativa aos casos de tratamento de alto risco e tem considerado como uma boa prática a realização de relatórios de impacto por parte dos controladores.[17]

Indicar a sua elaboração em casos em que sejam identificadas atividades de tratamento de dados de alto risco é uma orientação adequada, considerando que este é o entendimento majoritário em regulações de proteção de dados no contexto internacional, uma vez que o relatório de impacto não se aplica a qualquer atividade de tratamento que represente riscos. Isto porque risco é um conceito amplo e muitas vezes transdisciplinar, o qual indica de forma geral a existência de riscos como a possibilidade de algo futuro acontecer e de se tomar decisões com base nisso.

Dessa forma, vale apontar pelo menos dois referenciais como uma tentativa de parametrizar o entendimento do conceito, já que risco possui definições e abordagens distintas, a depender da área de conhecimento que o define e o trabalha como seu objeto de pesquisa. Observando como risco é construído e trabalhado na área de proteção de dados, faz sentido, utilizar como parâmetro a definição do Peter Bernstein, a qual contribui para a compreensão da amplitude desse conceito e da escolha utilizada na forma de calculá-lo, quando ele indica que: "risco é a capacidade de definir o que vai acontecer no futuro e escolher entre alternativas".[18] Ou seja, faz uma referência a Teoria da Probabilidade, a qual é utilizada em metodologias de avaliação de risco em relatórios de impacto.

E de forma complementar, é importante mencionar um outro referencial teórico, que neste caso é da área do Direito, na intersecção com proteção de dados, que é o Raphael Gellert. Para ele o risco pode ser compreendido como:

> In a nutshell, one can argue that risk can be given two meanings – a vernacular one and a more technical one. In the vernacular sense, risk is usually referred to as future, possible danger, i.e., as "an eventual danger that can be foreseen only to some extent" (Godard et al., 2002, p. 12). In a technical sense however, risk can be seen as a two-fold notion. It is used for decision-making based on the assessment of future events. Its constitutive elements are two distinct yet joined operations: forecasting future events (both negative and positive) and making decisions on the basis thereof. One can therefore argue that "any decision relating to risk involves two distinct and yet inseparable elements: the objective facts and a subjective view about the desirability of what is to be gained, or lose, by the decision").[19]

---

[17] Ver mais em "3. Em qual contexto a ANPD recomenda que seja elaborado o RIPD?". ANPD, "Perguntas e Respostas sobre o Relatório de Impacto à Proteção de Dados Pessoais".

[18] BERNSTEIN, P. L. *Against the gods:* the remarkable story of risk. Hoboken: John Wiley & Sons, 1996. p. 5.

[19] "Em poucas palavras, pode-se argumentar que o risco pode ter dois significados – um vernacular e outro mais técnico. No sentido vernacular, o risco é geralmente referido como um futuro, possível perigo, ou seja, como 'um perigo eventual que pode ser previsto apenas até certo ponto' (Godard et al., 2002, p. 12). No sentido técnico, no entanto, o risco pode ser visto como uma noção dupla. Isto é usado para tomada de decisão com base na avaliação de futuros eventos. Seus elementos constitutivos são duas operações distintas

Esse é um ponto importante para a compreensão do que está indicado no art. 5º, XVII, isto porque nele consta que o relatório de impacto é uma documentação referente ao tratamento de dados pessoais que "podem gerar riscos às liberdades civis e aos direitos fundamentais". Redação esta que desencadeou muitas dúvidas nos agentes de tratamento regulados, uma vez que, pela forma como se encontra escrita a norma, não é indicado de forma expressa quais seriam os casos em que a ANPD poderia determinar a obrigatoriedade.

Considere-se esse contexto aliado ao fato de que a ANPD demorou dois anos para ser constituída, depois da sanção da LGPD em 2018, e a regulamentação do tema ainda se encontra em andamento na Autoridade. Ou seja, é um recorte temporal curto quando se considera uma perspectiva histórica do amadurecimento da estrutura regulatória sobre o tema e, que provavelmente será alterado com a posterior regulamentação, e com o consequente aprofundamento da compreensão prática e teórica sobre o tema. A solução provisória para essa questão foi a indicação de orientações da ANPD com o "Perguntas e Respostas sobre o Relatório de Impacto à Proteção de Dados Pessoais", o qual traz 15 (quinze) perguntas e respostas sobre esse objeto, incluindo a questão da obrigatoriedade mencionada acima.

Importante ressaltar que o objetivo para além dos já mencionados, também é conseguir cumprir com o princípio da responsabilização e da prestação de contas, mais conhecido como *accountability*,[20] previsto no art. 6º, X, da LGPD.[21]

Assim, o RIPD se torna um excelente mecanismo de controle e de verificação do atendimento às mais diversas obrigações legais previstas na LGPD e pode, como vem sendo utilizado, servir como um importante aliado da ANPD em processos administrativos ou de fiscalização. Tendo em vista que é um procedimento detalhado, específico e sofisticado de apresentar o racional por trás de decisões que foram tomadas relativas aos tratamentos de dados que estão sob escrutínio da Autoridade. Conforme é possível aferir na lista de Notas Técnicas da ANPD que mencionam o RIPD, as quais estão indicadas no item "Atividades da ANPD".[22]

No ordenamento jurídico brasileiro já existiam outras formas de avaliação de impacto, como já foi abordado, no caso do RIMA, do EIA e da AIR. Em que pese a existência dessas ferramentas em outras leis fora do campo da privacidade e da proteção de dados no país, isso não necessariamente simplificou o aprendizado de como manusear uma avaliação de impacto no âmbito da LGPD. Pode se supor que seja devido ao fato de pouca interlocução entre essas áreas, considerando o amplo número de profissionais que trabalham com pro-

---

e unidas: prever eventos futuros (negativos e positivos) e tomar decisões com base nisso. Portanto, pode-se argumentar que 'qualquer decisão relacionada ao risco envolve dois e, ainda assim, elementos inseparáveis: os fatos objetivos e uma visão subjetiva sobre a conveniência do que deve se ganhar, ou perder, pela decisão'" (GELLERT, R. Understanding the notion of risk in the General Data Protection Regulation. *Computer Law & Security Review*, v. 34, n. 2, p. 279, 2018 – tradução nossa).

20 "*Accountability* é o envelope da mensagem regulatória encaminhada pelas práticas informacionais justas. Em um contexto no qual inexistia procedimentos mínimos para que a extração de dados pessoais fosse responsável, sustentável e menos lesiva, o ponto de partida seria atribuir, de forma cruzada, direitos e deveres aos agentes da cadeia de tratamento de dados e aos seus respectivos titulares" (BIONI, B. R. *Regulação e proteção de dados pessoais:* o princípio da *accountability*. Rio de Janeiro: Forense, 2022. p. 18).

21 Ver comentário ao art. 6º, X, neste volume.

22 Nota da autora, foram indicadas as Notas Técnicas tornadas públicas pela ANPD até a data de 17 de março de 2024.

teção de dados e que não necessariamente acabam tendo contato com o Direito Ambiental ou o Direito Administrativo.

Nesse sentido, a partir da sanção e publicação da LGPD, em 2018, questões relativas a interpretação, procedimentalização, funções e motivos pelos quais o relatório de impacto se insere em determinados dispositivos da Lei vieram à superfície. Essas dúvidas eram naturais, considerando que eram decorrentes de uma nova obrigação legal, e que, para cumpri-las, as pessoas e organizações precisavam de orientações para implementar o RIPD de forma adequada e alinhada com a Lei. Sendo assim, desde então, têm sido publicadas uma série de documentos, como tentativas de esclarecimento acerca do que significa o relatório de impacto. E, parte desse trabalho de compreensão, implica em uma verificação de uma série de camadas, as quais precisam ser adentradas, exploradas e analisadas para se ter uma percepção mais aprofundada dessa ferramenta ou processo.

3. O papel da ANPD

Em relação ao papel da ANPD em emitir orientações e esclarecimentos sobre esse objeto, conforme uma das suas competências prevista no art. 55-J, XIII, deve ser evidenciado que desde 2021 ela vem publicando materiais que abordam diretamente e indiretamente esse tema.

Um dos primeiros materiais foi o Guia Orientativo intitulado "Aplicação da Lei Geral de Proteção de Dados Pessoais (LGPD) por agentes de tratamento no contexto eleitoral", desenvolvido conjuntamente com o TSE em 2021. Para além do que já foi mencionado, ele foi o primeiro documento associado à ANPD a indicar a necessidade de elaboração do RIPD em contextos de tratamento de "alto risco". Uma vez que, no contexto eleitoral, há um tratamento de dados em larga escala, bem como que os dados tratados são dados sensíveis, já que envolvem orientação política. Assim é indicado no documento que:

> Embora a LGPD não determine os contextos em que a elaboração de um RIPD é obrigatória, sua elaboração, principalmente em cenários de alto risco, como os que envolvam tratamento de dados sensíveis e em larga escala, é *altamente recomendável*. Como no contexto eleitoral pode ocorrer o tratamento de um grande volume de dados sensíveis relacionados a opiniões e filiações políticas, o RIPD se torna um instrumento importante de *accountability*.[23]

Conforme foi mencionado, em 2022, a ANPD publicou a Resolução CD/ANPD n. 2,[24] na qual são trazidos os primeiros critérios para a classificação de alto risco, conforme consta em seu art. 4º, com a menção a critérios gerais e específicos, mas sem haver uma indicação expressa e direta de alto risco para relatórios de impacto.

No ano seguinte, em 2023, a Autoridade publicou o "Perguntas e Respostas sobre o Relatório de Impacto à Proteção de Dados Pessoais".[25] Nele são trazidas 15 (quinze) per-

---

[23] ANPD; TSE, *Guia Orientativo:* Aplicação da Lei Geral de Proteção de Dados Pessoais por agentes de tratamento no contexto eleitoral.

[24] Resolução CD/ANPD n. 2, de 27 de janeiro de 2022, sobre a aplicação da LGPD para agentes de tratamento de pequeno porte.

[25] ANPD. *Perguntas e Respostas sobre o Relatório de Impacto à Proteção de Dados Pessoais.* 6 abr. 2023. Disponível em: https://www.gov.br/anpd/pt-br/canais_atendimento/agente-de-tratamento/relatorio-de-impacto-a-protecao-de-dados-pessoais-ripd/relatorio-de-impacto-a-protecao-de-dados-pessoais. Acesso em: 15 jun. 2025.

guntas sobre o tema, desde a questão da obrigatoriedade, do que se trata o RIPD, fluxo de procedimentalização dele, elementos que o compõe, critérios de alto risco etc. Nesse sentido, é válido ressaltar a resposta da ANPD sobre quando elaborar o relatório de impacto, a qual está prevista na pergunta 3 (três) "Em qual contexto a ANPD recomenda que seja elaborado o RIPD?", *vide*:

> Como regra geral, é recomendado elaborar o RIPD em todo contexto em que as operações de tratamento de dados pessoais possam gerar alto risco à garantia dos princípios gerais de proteção de dados pessoais previstos na LGPD e às liberdades civis e aos direitos fundamentais do titular de dados, conforme art. 5º, XVII, e art. 55-J, XIII, da LGPD, o que deverá ser avaliado pelo agente de tratamento.[26]

4. Judiciário e RIPD

Não é possível afirmar, neste momento, que existe jurisprudência relevante sobre a aplicação e interpretação do RIPD, o que existem são decisões judiciais, mas não jurisprudência no rigor do seu conceito. No entanto, é possível afirmar que este tema já chegou na mais alta corte do País, no caso, no STF, através do julgamento da ADI 6387, a qual pode ser considerada como um precedente. Nesta ADI era questionado o compartilhamento de dados de milhões de brasileiros com o IBGE, tratamento este que estava previsto na redação da Medida Provisória n. 954/2020. Este julgamento ficou conhecido como o "Caso IBGE de compartilhamento de dados", e se relaciona com o relatório de impacto, porque no texto da Medida Provisória estava prevista a elaboração dessa ferramenta e, consequentemente, a avaliação dos riscos, após o compartilhamento dos dados e não antes. Em um sentido contrário ao racional de prevenção de riscos através da análise das operações de tratamento ou conjunto dessas operações em um momento anterior à implementação de uma atividade de tratamento ou ação, e não depois.

Gomes, em seu artigo "A essencialidade do relatório de impacto à proteção de dados pessoais na conformação de políticas públicas: Uma análise do Caso do IBGE no STF",[27] comenta sobre como foi compreendido o objeto do RIPD através da análise dos votos dos Ministros neste caso. Primeiramente com o voto da Min. Rosa Weber, relatora da ADI, no qual ela decidiu em caráter liminar pela suspensão dos efeitos da Medida Provisória n. 954/2020. O RIPD, em sua decisão, é mencionado brevemente, a fim de fornecer uma contextualização de como ele estava indicado no texto da norma. Em seguida, o relatório de impacto é mencionado no Referendo na Medida Cautelar relacionada a esta ADI, estando expressamente mencionado no voto do Min. Luiz Fux. Sobre esse voto Gomes comenta e destaca os trechos em que o relatório de impacto é mencionado:

> O RIPD foi mencionado nos votos do Ministro Luis Fux em dois momentos, sendo o primeiro: "Por fim, eu afirmo que predica que a Fundação IBGE vai divulgar o relatório de impacto à proteção de dados pessoais após o compartilhamento.

[26] ANPD. *Perguntas e Respostas sobre o Relatório de Impacto à Proteção de Dados Pessoais.* 6 abr. 2023. Disponível em: https://www.gov.br/anpd/pt-br/canais_atendimento/agente-de-tratamento/relatorio-de-impacto-a-protecao-de-dados-pessoais-ripd/relatorio-de-impacto-a-protecao-de-dados-pessoais. Acesso em: 15 jun. 2025.

[27] GOMES, M. C. O. A essencialidade do relatório de impacto à proteção de dados pessoais na conformação de políticas públicas: uma análise do caso do IBGE no STF. *In*: VALE, L. M. B.; PEREIRA, J. S. S. (coord.). *LGPD:* influxos no direito processual. São Paulo: Thomson Reuters Brasil, 2024.

> Ocorre que esse relatório tem de ser anterior à coleta e uso dos dados, e não posterior".[28] E em um segundo momento: "Em quarto lugar, a MPv predica que a Fundação IBGE "divulgará relatório de impacto à proteção de dados pessoais" após o compartilhamento e o tratamento dos dados. Ocorre que esse relatório deve ser anterior à coleta e uso dos dados, e não posterior, a fim de garantir a transparência pública e medir os riscos do compartilhamento.[29]

O RIPD também foi mencionado no voto do Min. Ricardo Lewandowski, no qual Gomes[30] destaca o trecho:

> Ora, a confecção de relatório de impacto à proteção das informações pessoais dos consumidores não pode ser feito a destempo, depois de já compartilhados e ocorridos eventuais abusos, pois assim, ao menos em um juízo de cognição sumária, será tarde demais para que seja apurado se houve ou não adequação à legislação e como foi impactado o regime de proteção de dados.[31]

É válido mencionar que o Referendo na Medida Cautelar na ADI 6387/2020 é datado de 07 de maio de 2020, ou seja, o entendimento de que o RIPD precisa ser feito antes, e não depois, de um tratamento que venha impactar milhões de titulares de dados, aconteceu 3 (três) anos antes da divulgação das orientações da ANPD sobre relatório de impacto. Nesse,ela esclarece na pergunta 4 (quatro), o momento da elaboração: "Recomenda-se elaborar o RIPD antes de o controlador iniciar o tratamento dos dados pessoais para a finalidade desejada, justamente para que ele possa avaliar, de antemão, os possíveis riscos associados a esse tratamento".

Nesse sentido, a decisão do STF foi relevante para criar um precedente de entendimento sobre o momento da elaboração do RIPD, mas também para reforçar a sua importância diante de cenários como esse do caso do IBGE, o qual produz efeitos para outros tipos de casos que venham a ser objeto de julgamento no STF e no judiciário como um todo.

Mas ainda não existe uma jurisprudência de fato sobre o tema, ou um entendimento consolidado. Até porque o RIPD se desdobra em muitas possíveis aplicações e cenários diferentes, considerando que essa ferramenta se aplica a todos os setores e pode envolver diversos tipos de tecnologias, desde as já existentes, até mesmo as consideradas emergentes, que ainda estão sendo desenvolvidas e amadurecidas.

Portanto, conclui-se que mesmo com as mais diversas atividades já realizadas pela ANPD em tão pouco tempo, o tema do RIPD é extremamente complexo e levará um tempo para que a sociedade tenha uma perspectiva mais ampla e aprofundada sobre as várias camadas que envolvem esse procedimento. O qual é possível que seja considerado como um

---

28 STF, Referendo na Medida Cautelar na Ação Direta de Inconstitucionalidade 6.387 Distrito Federal (2020, p. 54).

29 GOMES, M. C. O. A essencialidade do relatório de impacto à proteção de dados pessoais na conformação de políticas públicas: uma análise do caso do IBGE no STF. *In*: VALE, L. M. B.; PEREIRA, J. S. S. (coord.). *LGPD:* influxos no direito processual. São Paulo: Thomson Reuters Brasil, 2024. p. 105.

30 GOMES, M. C. O. A essencialidade do relatório de impacto à proteção de dados pessoais na conformação de políticas públicas: uma análise do caso do IBGE no STF. *In*: VALE, L. M. B.; PEREIRA, J. S. S. (coord.). *LGPD:* influxos no direito processual. São Paulo: Thomson Reuters Brasil, 2024.

31 STF, Referendo na Medida Cautelar na Ação Direta de Inconstitucionalidade 6.387 Distrito Federal (2020, p. 87).

instrumento extremamente sofisticado e que provavelmente irá produzir efeitos cada vez maiores no cenário da tecnologia, seja no campo da proteção de dados, seja no campo da IA, seja em outras propostas de regulamentação de temas associados a tecnologia que preveem a elaboração de avaliação de impacto.

BIBLIOGRAFIA SELECIONADA

AEPD. *Realización de evaluaciones de impacto de protección de datos.* Madrid: AEPD, 13 nov. 2023.

ANPD; TSE. *Guia Orientativo:* Aplicação da Lei Geral de Proteção de Dados Pessoais por agentes de tratamento no contexto eleitoral. Brasília, 2021. Disponível em: https://www.gov.br/anpd/pt-br/centrais-de-conteudo/materiais-educativos-e-publicacoes/guia_lgpd_final.pdf. Acesso em: 15 jun. 2025.

ANPD. *Perguntas e Respostas sobre o Relatório de Impacto à Proteção de Dados Pessoais.* 6 abr. 2023. Disponível em: https://www.gov.br/anpd/pt-br/canais_atendimento/agente-de-tratamento/relatorio-de-impacto-a-protecao-de-dados-pessoais-ripd/relatorio-de-impacto-a-protecao-de-dados-pessoais. Acesso em: 15 jun. 2025.

BANISAR, D. Data protection map and update 2024. *LinkedIn*, 27 jan. 2024. Disponível em: https://www.linkedin.com/pulse/data-protection-map-update-2024-david-banisar-j9w5e%3FtrackingId=KtBAjS30Q1SNxStoHb6OxQ%253D%253D/?trackingId=KtBAjS30Q1SNxStoHb6OxQ%3D%3D. Acesso em: 11 mar. 2024.

BERNSTEIN, P. L. *Against the gods:* the remarkable story of risk. Hoboken: John Wiley & Sons, 1996.

BIONI, B. R. *Regulação e proteção de dados pessoais:* o princípio da *accountability*. Rio de Janeiro: Forense, 2022.

FUTURE OF PRIVACY FORUM. *City of Seattle Open Data Risk Assessment.* Final Report, jan. 2018.

GELLERT, R. Understanding the notion of risk in the General Data Protection Regulation. *Computer Law & Security Review*, v. 34, n. 2, p. 279-288, 2018.

GOMES, M. C. O. A essencialidade do relatório de impacto à proteção de dados pessoais na conformação de políticas públicas: uma análise do caso do IBGE no STF. *In*: VALE, L. M. B.; PEREIRA, J. S. S. (coord.). *LGPD:* influxos no direito processual. São Paulo: Thomson Reuters Brasil, 2024.

GOMES, M. C. O. Entre o método e a complexidade: compreendendo a noção de risco na LGPD. *In*: PALHARES, F. (coord.). *Temas atuais de proteção de dados.* São Paulo: Thomson Reuters Brasil, 2020.

GOMES, M. C. O. Relatório de impacto à proteção de dados: uma breve análise da sua definição e papel na LGPD. *Revista do Advogado*, v. XXXIX, n. 144, p. 174-187, 2019.

KLOZA, D. *et al.* Avaliações de impacto sobre a proteção de dados na União Europeia: complementando o novo regime jurídico em direção a uma proteção mais robusta dos indivíduos. *d.pia.lab Policy Brief*, n. 1/2017. Bruxelas: Vrije Universiteit Brussel, 2020.

MANTELERO, A. Beyond data: human rights, ethical and social impact assessment in AI. *In*: MANTELERO, A. *Information Technology and Law Series.* Dordrecht: Springer, 2022. v. 36.

RIBEIRO, D. L. *Avaliação de impacto regulatório:* passado, presente e futuro. Brasília: [s.n.], 2019.

STJ. Comissão entrega à Câmara anteprojeto sobre tratamento de dados pessoais na área criminal. *STJ Notícias*, 5 nov. 2020. Disponível em: https://www.stj.jus.br/sites/portalp/Paginas/Comunicacao/Noticias/05112020-Comissao-entrega-a-Camara-anteprojeto-sobre-tratamento-de-dados-pessoais-na-area-criminal.aspx#:~:text=Comiss%C3%A3o%20entrega%20%C3%A0%20C%C3%A2mara%20anteprojeto%20sobre%20tratamento%20de%20dados%20pessoais%20na%20%C3%A1rea%20criminal,-Conte%C3%BAdo%20da%20P%C3%A1gina&text=%E2%80%8BO%20presidente%20da%20C%C3%A2mara,nacional%20e%20atividades%20de%20investiga%C3%A7%C3%A3o. Acesso em: 15 jun. 2025.

WIMMER, M. Proteção de dados pessoais no Poder Público: incidência, bases legais e especificidades. *Revista do Advogado,* v. XXXIX, n. 144, p. 126-139, 2019.

WRIGHT, D.; DE HERT, P. (ed.). *Privacy impact assessment.* Law, governance and technology series. Dordrecht: Springer, 2012.

Art. 39. O operador deverá realizar o tratamento segundo as instruções fornecidas pelo controlador, que verificará a observância das próprias instruções e das normas sobre a matéria.

Artigo 39

Comentado por José Luiz de Moura Faleiros Júnior

DISPOSITIVOS RELACIONADOS NA LGPD

- Art. 5º, VII; art. 42, § 1º, I; art. 44, parágrafo único.

ATIVIDADES DA ANPD

- Guia Orientativo – Definição dos agentes de tratamento e do encarregado, versão 2.0. (2022).
- Resolução CD/ANPD n. 2, de 27/01/2022 – Aprova o Regulamento de aplicação da Lei n. 13.709, de 14 de agosto de 2018, Lei Geral de Proteção de Dados Pessoais (LGPD), para agentes de tratamento de pequeno porte.

JUSTIFICATIVA E FUNDAMENTOS

A razão subjacente para a inclusão do art. 39 da LGPD na legislação brasileira é garantir que o tratamento de dados pessoais seja realizado de forma segura e em conformidade com as diretrizes estabelecidas pelo controlador. Isso é fundamental para assegurar a proteção dos direitos dos titulares dos dados, uma vez que o operador, ao tratar dados pessoais, deve seguir estritamente as instruções do controlador, que é o responsável direto pela definição das finalidades e meios do tratamento de dados.

Os objetivos e finalidades deste dispositivo são múltiplos. Em primeiro lugar, visa garantir a responsabilidade do operador em relação ao tratamento dos dados, assegurando que este aja conforme as instruções do controlador e as normas vigentes sobre a proteção de dados pessoais. Em segundo lugar, pretende-se fomentar a conformidade e a segurança jurídica, estabelecendo uma clara divisão de responsabilidades entre controladores e operadores, o que facilita a governança de dados dentro das organizações e contribui para a confiança dos titulares na proteção de seus dados.

O caminho legislativo deste dispositivo na tramitação da LGPD não envolve alterações significativas após sua inclusão inicial. A redação do art. 39 permaneceu consistente desde os primeiros projetos de lei, refletindo a atenção do Brasil à preocupação global crescente com a proteção de dados pessoais e à necessidade de regulamentar a relação entre controladores e operadores. A inclusão deste dispositivo esteve em consonância com legislações internacionais similares, como o RGPD da UE, servindo de referência e evidenciando uma tendência de padronização das práticas de proteção de dados.

As justificativas e fundamentos para a criação deste dispositivo impactam diretamente sua interpretação e aplicação. A necessidade de uma clara atribuição de responsabilidades entre controlador e operador é fundamental para garantir que ambos cumpram suas obrigações legais e éticas na proteção dos dados pessoais. Isso implica que qualquer tratamento de dados fora das instruções fornecidas pelo controlador pode ser considerado uma violação das normas de proteção de dados, sujeitando o operador a penalidades e responsabilidades.

Além disso, a aplicação do art. 39 indica a imprescindibilidade de vigilância constante por parte do controlador para assegurar que o operador esteja em conformidade com as suas instruções e determinações. Isso envolve a implementação de mecanismos de monitoramento e auditoria, bem como a adoção de medidas corretivas em caso de desvios. A eficácia do dispositivo depende, portanto, da capacidade do controlador de supervisionar e, se necessário, intervir no processo de tratamento de dados realizado pelo operador.

A inclusão deste dispositivo reforça a necessidade de contratos claros e detalhados entre controladores e operadores, especificando as instruções e responsabilidades de cada parte. Esses contratos servem não apenas como ferramentas de conformidade, mas também como instrumentos para a aplicação prática das disposições legais da LGPD.

ANÁLISE

1. Análise contextual

O art. 39 reflete a necessidade de um controle rigoroso sobre o tratamento de dados, reforçando a relação hierárquica e de supervisão entre o controlador e o operador. Na LGPD, existem vários termos e definições que influenciam a interpretação do art. 39, especialmente nos arts. 5º, 6º, 37, 42 e 50. O art. 5º define os termos básicos como "controlador" (inciso VI) e "operador" (inciso VII), enquanto o art. 6º estabelece os princípios que devem guiar o tratamento de dados, incluindo a finalidade (inciso I), adequação (inciso II), necessidade (inciso III) e segurança (inciso VII). O art. 37 menciona a obrigação do controlador de manter registro das operações de tratamento de dados pessoais, o que complementa a necessidade de supervisão destacada no art. 39. Os arts. 42 e 50 reforçam a responsabilização e a necessidade de medidas de segurança e governança para proteger os dados pessoais.

Comparando com outras legislações, o RGPD estabelece um regime semelhante. Seu art. 28 detalha as obrigações do operador de dados, exigindo que este trate os dados conforme as instruções do controlador e que ambas as partes adotem medidas técnicas e organizativas adequadas para proteger os dados. Os Considerandos 80, 81 e 82 do RGPD enfatizam a importância da clara divisão de responsabilidades entre controlador e operador, além da supervisão contínua pelo controlador. O art. 4(8) do RGPD define sucontratante ("operador") de maneira muito similar à LGPD.

No Reino Unido, o *Data Protection Act 2018* também apresenta disposições similares. Sections 32, 59, 60, 83, 105 e 106 detalham as responsabilidades dos operadores e controladores, estabelecendo mecanismos de supervisão e conformidade. A lei britânica, embora adaptada do RGPD, mantém uma estrutura de controle rigorosa que assegura a conformidade através de auditorias e verificações constantes.

No Japão, o *Act on the Protection of Personal Information* (APPI) nos arts. 21 e 22, impõe responsabilidades ao operador similarmente ao art. 39 da LGPD, requerendo que o tratamento de dados seja realizado conforme instruções do controlador e que o operador mantenha medidas de segurança adequadas.

Na Coreia do Sul, o *Personal Information Protection Act* (PIPA), especialmente no art. 28, estabelece responsabilidades para os operadores em linha com as instruções dos controladores, reforçando a necessidade de medidas de segurança e conformidade.

Na África do Sul, o *Protection of Personal Information Act 4 of 2013* (POPIA) no seu art. 20, aborda a responsabilidade do operador de tratar os dados conforme as instruções do controlador e de implementar medidas de segurança apropriadas, similar ao dispositivo da LGPD.

Harmonizar a LGPD com outras legislações pode trazer várias implicações positivas, como facilitar a transferência internacional de dados e criar um ambiente de conformidade global mais consistente. No entanto, divergências podem causar desafios, especialmente para empresas operando em múltiplas jurisdições, que precisarão adaptar suas políticas de privacidade e práticas de tratamento de dados para atender aos diferentes requisitos legais.

O art. 39 da LGPD se alinha com instrumentos e tratados internacionais que estabelecem normas para a proteção de dados pessoais. A Convenção 108 do CoE e suas emendas, por exemplo, exigem que as partes tomem medidas para garantir que os operadores tratem os dados conforme as instruções do controlador e adotem medidas de segurança apropriadas.

Em síntese, o art. 39 da LGPD reflete uma tendência global de regulamentar rigorosamente o tratamento de dados pessoais, estabelecendo responsabilidades claras para operadores e controladores e alinhando-se com as melhores práticas internacionais. A convergência de normas ajuda a proteger os direitos dos titulares de dados e a facilitar a conformidade para empresas que operam em múltiplas jurisdições.

2. Análise doutrinária

O art. 39 da LGPD impõe ao operador a obrigação de realizar o tratamento de dados pessoais conforme as instruções fornecidas pelo controlador, além de responsabilizar o controlador pela verificação do cumprimento dessas instruções e das normas pertinentes. Quanto à interpretação granular do artigo, "operador" refere-se à pessoa física ou jurídica que realiza o tratamento de dados em nome do controlador, enquanto "controlador" é quem determina as finalidades e os meios desse tratamento. O termo "instruções" abrange diretrizes detalhadas e específicas que devem ser seguidas pelo operador, implicando que tais instruções precisam ser claras, completas e documentadas. A palavra "tratamento" é definida amplamente pela LGPD e inclui qualquer operação realizada com dados pessoais, como coleta, armazenamento, uso e eliminação. A expressão "verificará a observância" indica um dever contínuo de supervisão e não apenas uma verificação pontual, exigindo do controlador uma postura ativa na gestão da conformidade.

A interpretação deste dispositivo revela nuances e complexidades significativas, especialmente no que diz respeito à divisão de responsabilidades e à operacionalização prática das instruções, e tais instruções "necessitam guardar pertinência ao consentimento prestado, pelo titular de dados, quando seja esta a base legal para o tratamento, ou, havendo outra base legal, suas peculiaridades também devem ser observadas no momento do repasse das instruções".[32]

Primeiramente, ao definir que o operador deverá realizar o tratamento segundo as instruções fornecidas pelo controlador, o legislador estabeleceu uma relação hierárquica e de subordinação entre controlador e operador. Esta relação implica que o operador não tem

[32] PITTARI, M. Art. 39. *In*: MARTINS, G. M.; LONGHI, J. V. R.; FALEIROS JÚNIOR, J. L. M. (coord.). *Comentários à Lei Geral de Proteção de Dados Pessoais* (Lei n. 13.709/2018). 2. ed. São Paulo: Foco, 2024. p. 413.

autonomia para decidir sobre as finalidades e os meios do tratamento de dados, cabendo-lhe apenas executar as diretrizes estabelecidas pelo controlador.

Este dispositivo ainda carrega nuances importantes e complexidades que merecem análise detalhada em linha com o que definiu a ANPD no Guia Orientativo que contém a definição dos agentes de tratamento e do encarregado, versão 2.0, segundo o qual o operador, conforme definido no guia, é a pessoa natural ou jurídica que realiza o tratamento de dados em nome do controlador, obedecendo às finalidades estabelecidas por este. A essência desta relação está no poder de decisão: enquanto o controlador define as finalidades e os elementos essenciais do tratamento, o operador age dentro desses limites, implementando as instruções específicas recebidas. Isso implica que o operador não tem autonomia para definir novos objetivos ou finalidades para os dados tratados, estando restrito às determinações contratuais e legais estabelecidas pelo controlador.

No entanto, a prática pode ser mais complexa. Em muitos casos, operadores podem ter expertise técnica significativa e, portanto, uma certa margem de discricionariedade operacional, o que pode levar a situações em que as instruções do controlador são interpretadas ou adaptadas pelo operador. Isso levanta questões sobre a extensão dessa margem de discricionariedade e sobre a responsabilidade em caso de divergências na interpretação das instruções.

Adicionalmente, a segunda parte do artigo, segundo a qual o controlador verificará a observância das próprias instruções e das normas sobre a matéria, impõe ao controlador uma dupla responsabilidade: não apenas deve emitir instruções claras e precisas, como também monitorar continuamente a conformidade do operador com essas instruções e com a legislação aplicável. Essa exigência coloca um ônus significativo sobre o controlador, que precisa desenvolver mecanismos eficazes de monitoramento e auditoria.

Outro aspecto importante abordado no Guia Orientativo da ANPD é a necessidade de o operador firmar contratos que estabeleçam claramente as responsabilidades e limites de atuação, incluindo a necessidade de obter autorização do controlador para subcontratar terceiros (suboperadores). Essa prática visa evitar ambiguidades que possam resultar em tratamento de dados fora das instruções do controlador, o que poderia acarretar responsabilidade solidária, conforme previsto no art. 42 da LGPD, em casos de danos decorrentes do descumprimento das instruções legais.

Além disso, o guia ressalta que a relação entre controlador e operador deve ser baseada na confiança, visto que o operador executa tarefas cruciais para o tratamento de dados, muitas vezes envolvendo medidas técnicas como a escolha de softwares e a implementação de segurança da informação. O controlador, por sua vez, é responsável por supervisionar e garantir que o operador cumpra as instruções e as normas aplicáveis, mantendo a conformidade com a LGPD. Logo, a supervisão do controlador sobre o operador é essencial para assegurar a conformidade com a LGPD e a proteção efetiva dos dados pessoais. A observância rigorosa das instruções e a formalização de contratos detalhados são práticas recomendadas para mitigar riscos e garantir a responsabilidade adequada de cada parte envolvida no tratamento de dados.

BIBLIOGRAFIA SELECIONADA

KREMER, B. Os agentes de tratamento de dados pessoais. *In*: MULHOLLAND, C. (ed.). *A LGPD e o novo marco normativo no Brasil*. Porto Alegre: Arquipélago, 2020. p. 289-318.

PITTARI, M. Art. 39. *In*: MARTINS, G. M.; LONGHI, J. V. R.; FALEIROS JÚNIOR, J. L. M. (coord.). *Comentários à Lei Geral de Proteção de Dados Pessoais* (Lei n. 13.709/2018). 2. ed. São Paulo: Foco, 2024. p. 409-414.

Art. 40. A autoridade nacional poderá dispor sobre padrões de interoperabilidade para fins de portabilidade, livre acesso aos dados e segurança, assim como sobre o tempo de guarda dos registros, tendo em vista especialmente a necessidade e a transparência.

Artigo 40

Comentado por Mario Viola e Vinicius Padrão

DISPOSITIVOS RELACIONADOS NO ORDENAMENTO JURÍDICO BRASILEIRO

- Anexo à Resolução n. 73/1998, da Anatel.
- Art. 2°, XVIII, Decreto n. 10.046/2019.
- Art. 14, II, LC n. 109/2001.
- Resolução Conjunta n. 5 do Banco Central do Brasil e da Superintendência de Seguros Privados, de 20 de maio de 2022.
- Resolução do Banco Central do Brasil n. 32 de 29 de outubro de 2020.
- Resolução n. 459/2023, do Conselho Nacional de Seguros Privados.
- Circular Susep n. 693/2023, da Superintendência de Seguros Privados.
- Resolução Normativa n. 438/2018, da Agência Nacional de Saúde Suplementar.
- Resolução n. 50/2022, do Conselho Nacional de Previdência Complementar.
- Resolução n. 17/2022, da Superintendência Nacional de Previdência Complementar.

DISPOSITIVOS RELACIONADOS NA LGPD

- Art. 11, § 4º, I; arts. 18, §§ 4º, 5º e 7º, 19, § 3º; e art. 40.

JUSTIFICATIVA E FUNDAMENTOS

Como já destacado no comentário ao inciso V do art. 18,[33] a redação original do projeto de lei (PL n. 4.060/2012) que resultou na LGPD não dispunha sobre o direito à portabilidade de dados, inexistindo, também, previsão que conferisse à ANPD a competência para "dispor sobre padrões de interoperabilidade para fins de portabilidade, livre acesso aos dados e segurança, assim como sobre o tempo de guarda dos registros, tendo em vista especialmente a necessidade e a transparência". Também não existia previsão sobre a matéria no PL n. 5.276/2016.

[33] Ver comentário ao art. 18, V, neste volume.

Esse dispositivo, contudo, veio a ser incorporado ao texto no curso do processo legislativo, passando a constar no substitutivo apresentado pela Comissão Especial destinada a proferir parecer ao PL n. 4.060/2012. Foi exatamente nesse contexto da discussão sobre o direito à portabilidade de dados que o dispositivo foi inserido, apesar de ele ir mais além do que simplesmente tratar desse direito, visto que confere à ANPD outras competências quanto a concretizar princípios e direitos estabelecidos na LGPD. O dispositivo em questão, além de possibilitar que a ANPD dê maior concretude ao direito à portabilidade, com o estabelecimento de padrões que possibilitem o compartilhamento de dados por diferentes agentes de tratamento, também confere à mesma ANPD a possibilidade de estabelecer elementos de concretude para o direito de livre acesso, além de poder estabelecer regras para o tempo de guarda dos registros de tais operações.

ANÁLISE

O dispositivo em questão, inserido na seção que trata das obrigações dos agentes de tratamento, contempla alguns dos temas que poderão ser, em momento posterior à aprovação da legislação, disciplinados pela ANPD. Tal abordagem revela-se particularmente sensata, sobretudo diante da constante evolução tecnológica e das sempre mutáveis práticas de mercado. Com efeito, essa natureza dinâmica e imprevisível natural às atividades de tratamento de dados impõe desafios ao legislador, que, ao tentar antecipar todas as possíveis situações e hipóteses, poderia, no limite, correr o risco de formular disposições que rapidamente se tornariam obsoletas ou que, no pior dos cenários, inviabilizassem determinadas operações.

Assim, a opção legislativa de delegar à ANPD a responsabilidade por regulamentar esses aspectos específicos demonstra uma postura de prudência e adaptabilidade. Em vez de cristalizar normas que possam perder a relevância ou eficácia com o tempo, a legislação opta por uma estrutura flexível, permitindo que a ANPD, órgão especializado, elabore regulamentações ajustadas às circunstâncias contemporâneas. A estratégia legislativa possibilita que a regulação acompanhe o avanço das tecnologias e as mudanças no mercado de forma contínua e atualizada, sem a necessidade de revisões legislativas frequentes. Ademais, tal solução assegura que os direitos dos titulares de dados sejam resguardados de maneira mais eficaz e consistente, na medida em que a ANPD poderá monitorar e reagir de forma célere às novas demandas e desafios impostos pela transformação digital, assim como poderá considerar as peculiaridades dos distintos setores que tratam dados pessoais no desenvolvimento de suas atividades, seja no âmbito do Poder Público, seja na iniciativa privada.

O art. 40, portanto, enumera os seguintes temas que poderão ser objeto de posterior regulamentação por parte da Autoridade Nacional: (i) padrões de interoperabilidade para fins de portabilidade, livre acesso e segurança; e (ii) o tempo de guarda dos registros. Cumpre ressaltar que a posterior regulamentação oferece uma série de benefícios que vão além da mera atualização normativa. Um dos principais pontos positivos dessa abordagem é a abertura de consultas públicas, promovida pela ANPD, que permite a participação ativa de diversos setores da sociedade, incluindo empresas, entidades de classe, academia, especialistas em tecnologia e organizações da sociedade civil, isso sem falar na necessidade de elaboração de relatório de impacto regulatório antes da adoção de suas normas e regulamentos.[34] Esse processo democrático de construção normativa possibilita a oxigenação das ideias, na medida em que múltiplas perspectivas são consideradas na formulação de regras que afetam

[34] Art. 55-J, § 2º, da LGPD.

um amplo espectro de atividades econômicas e sociais e, por meio dos relatórios de impacto regulatório, permite-se à ANPD identificar alternativas regulatórias e seus impactos nos distintos setores que serão afetados pela norma a ser por ela adotada.

A participação plural enriquece o debate, garantindo que as regulamentações reflitam as reais necessidades do mercado, as particularidades dos diferentes setores e os direitos dos titulares de dados. Ainda, esse mecanismo de consulta pública permite que as regras adotadas sejam mais eficientes e aplicáveis, uma vez que são construídas em diálogo com aqueles que serão diretamente impactados por elas. Tal participação contínua na elaboração normativa também fortalece a transparência e a legitimidade da atuação da ANPD, promovendo uma maior aceitação das regras por parte dos agentes de tratamento de dados e aumentando a segurança jurídica no cenário nacional.

1. Portabilidade e interoperabilidade

Especificamente em relação à portabilidade, o art. 18, V, da LGPD estabelece que o titular tem direito à "portabilidade dos dados a outro fornecedor de serviço ou produto, mediante requisição expressa, de acordo com a regulamentação da autoridade nacional, observados os segredos comercial e industrial".[35] Apesar de ser um direito garantido ao titular, a portabilidade de dados não é uma tarefa de implementação simples ou trivial, em especial porque exige que os dados pessoais sejam transferidos de um sistema para outro de forma segura, eficiente e sem prejuízo para a integridade das informações. Esse processo, no entanto, envolve uma série de desafios técnicos e operacionais que tornam sua execução complexa.

Por essa razão, o art. 40 fala em "padrões de interoperabilidade". De fato, é imprescindível garantir a compatibilidade entre os sistemas de origem e destino, o que nem sempre é possível devido à diversidade de formatos, arquiteturas e plataformas tecnológicas que as empresas utilizam. Da mesma forma, deve-se assegurar que a transferência seja realizada de maneira íntegra e sem perdas, o que demanda um nível elevado de interoperabilidade e padronização entre os sistemas. Outro aspecto a ser considerado é a segurança durante a transmissão dos dados, para que não haja vulnerabilidades ou brechas que possam comprometer os dados envolvidos na operação.

Diante dessas complexidades, o papel da ANPD torna-se fundamental. A Autoridade deve atuar de forma contínua e vigilante, regulamentando e fiscalizando a implementação da portabilidade, garantindo que os agentes de tratamento adotem as melhores práticas e técnicas disponíveis para permitir a comunicação entre os sistemas de forma segura e eficiente. Nesse sentido, em comparação ao processo legislativo, a Autoridade goza de maior flexibilidade para atualizar os termos de eventual regulamentação à luz das constantes transformações tecnológicas. Ainda a esse respeito, é responsabilidade da ANPD estabelecer contextos e diretrizes que assegurem a preservação dos segredos empresariais dos agentes de tratamento, evitando que, no processo de portabilidade, informações estratégicas e confidenciais das empresas sejam expostas ou utilizadas de maneira inadequada. Nesse sentido, a regulamentação da ANPD deve equilibrar o direito à portabilidade com a proteção dos interesses empresariais, garantindo um ambiente regulatório que favoreça tanto a proteção dos dados pessoais quanto a segurança e integridade das operações empresariais.

A bem da verdade, a LGPD não estabelece uma definição para o conceito de interoperabilidade, sendo necessário extraí-la de outros diplomas normativos que dispõem a

35 Ver comentário ao art. 18, V, neste volume.

respeito de padrões técnicos em atividades que envolvam o tratamento de dados. O Decreto n. 10.046/2019, por exemplo, que, entre outras disposições, prevê as diretrizes para o compartilhamento de dados entre os órgãos da administração pública federal, define interoperabilidade como a "capacidade de diversos sistemas e organizações trabalharem em conjunto, de modo a garantir que pessoas, organizações e sistemas computacionais troquem dados".[36] A SGD, por sua vez, prevê que esta capacidade técnica deverá propiciar uma interação eficaz entre organizações e sistemas operacionais, de modo a permitir uma efetiva *interoperação* na troca de informações.[37]

Ademais, a interação entre os sistemas utilizados na transferência e na portabilidade de dados pessoais, para além de assegurar a implementação de padrões técnicos que possibilitem a interoperação necessária para a transferência de dados, deverá observar, também, a garantia da interoperabilidade semântica entre os sistemas. Isto é, os sistemas deverão promover a compreensão das informações transmitidas em sua integralidade, de modo a preservar a finalidade e, por consequência, o "*significado*" atribuído aos dados pessoais recebidos.[38] Nesse sentido, em posição oposta à LGPD, o RGPD[39] estabelece os requisitos mínimos para o atendimento ao direito à portabilidade, prevendo que os dados pessoais submetidos à portabilidade deverão ser transmitidos em formato "*estruturado, de uso corrente, de leitura automática*".[40]

O conceito de interoperabilidade, contudo, somente passa a ser diretamente associado ao direito à portabilidade por meio do Considerando n. 68 do RGPD, que indica que a portabilidade dos dados deverá, para além de observar os requisitos previstos pelo art. 20 do RGPD, observar um formato "*interoperável*", além de dispor que os controladores são "encorajados a desenvolver um formato interoperável que possibilite a portabilidade dos dados pessoais".[41] A esse respeito, o Grupo de Trabalho 29 (ou "*Working Party 29*"), órgão consultivo em proteção de dados, que posteriormente foi substituído pelo Comitê Europeu

[36] Art. 2º, XVIII, do Decreto n. 10.046/2019, de 9 de outubro de 2019. Dispõe sobre a governança no compartilhamento de dados no âmbito da administração pública federal e institui o Cadastro Base do Cidadão e o Comitê Central de Governança de Dados.

[37] A Secretaria de Governo Digital define que a "interoperabilidade pode ser entendida como uma característica que se refere à capacidade de diversos sistemas e organizações trabalharem em conjunto (interoperar) de modo a garantir que pessoas, organizações e sistemas computacionais interajam para trocar informações de maneira eficaz e eficiente".

[38] Sobre a interoperabilidade semântica, a OCDE, no âmbito do entende que: "A interoperabilidade semântica está relacionada com a garantia de que a estrutura e o significado dos dados sejam preservados à medida que os dados circulem através de sistemas separados. Os padrões semânticos são acordados com base nas definições de conjuntos de elementos de dados específicos de determinado setor e na relação que existe entre eles. Isto envolve, por um lado, a definição controlada de vocabulários, tesauros, listas de códigos ou outras formas de metadados, a fim de estabelecer o significado dos dados (...)" (OCDE. *Digital education outlook 2023:* towards an effective digital education ecosystem. Paris: OECD Publishing, 2023. p. 280 – tradução nossa).

[39] A Regulação Europeia n. (EU) 2016/679 é o ato normativo responsável por estabelecer as normas aplicáveis ao tratamento de dados pessoais conduzido em território europeu.

[40] "O titular dos dados tem o direito de receber os dados pessoais que lhe digam respeito e que tenha fornecido a um responsável pelo tratamento, num formato estruturado, de uso corrente e de leitura automática, e o direito de transmitir esses dados a outro responsável pelo tratamento sem que o responsável a quem os dados pessoais foram fornecidos o possa impedir (...)."

[41] Considerando n. 68 do RGPD. No original: "Os responsáveis pelo tratamento de dados deverão ser encorajados a desenvolver formatos interoperáveis que permitam a portabilidade dos dados".

de Proteção de Dados, prevê que os termos "*estruturados, de uso corrente e de leitura automática*" constituem requisitos mínimos que facilitarão a transmissão das informações e a leitura por diferentes sistemas, tratando-se de propriedades que, quando associadas, têm por resultado final a interoperabilidade.[42] Desse modo, a presença dos requisitos concretos definidos pelo art. 20 do RGPD garantiria, no limite, o cumprimento pelo agente de tratamento das obrigações legais concretas previstas pela legislação europeia.

O *Information Commissioner's Office* (ou "ICO"), a autoridade de proteção de dados do Reino Unido, por sua vez, entende que a obrigação do controlador está limitada a garantir a interoperabilidade com demais sistemas comumente utilizados, não sendo de responsabilidade do controlador assegurar a compatibilidade técnica de seus sistemas com os sistemas adotados por outros agentes de tratamento.[43]

Desse modo, verifica-se a relevância da implementação de medidas e ferramentas que assegurem que os sistemas utilizados no tratamento de dados pessoais possuem um grau adequado de interoperabilidade, considerando ambas as dimensões, tanto técnica quanto semântica, em face da constante transferência de dados entre agentes de tratamento, e para possibilitar o efetivo exercício do direito à portabilidade e ao livre acesso aos dados pessoais pelos titulares.[44] Caberá à ANPD, pois, se debruçar sobre a temática, enfrentando o desafio de desenhar a estrutura de operação capaz de equilibrar o interesse de agentes de diferentes setores econômicos, garantir o cumprimento das obrigações e das melhores práticas em privacidade e proteção de dados e, em última medida, cumprir com o papel de desenvolvimento econômico e tecnológico cristalizado pela LGPD.[45]

Ante a complexidade do tema e dos esforços necessários para promover o equilíbrio na atividade regulatória, o principal desafio está relacionado à dificuldade no desenvolvimento de um arcabouço normativo que estabeleça padrões de interoperabilidade comuns para agentes de tratamento atuantes em distintos setores da economia. Em especial, diante das particularidades de cada segmento econômico, bem como da existência de regras vigentes e previamente definidas por entidades regulatórias setoriais. Além disso, a aplicação de regras gerais e comuns poderá demandar um significativo esforço operacional e financeiro para os agentes de tratamento na implementação dos padrões de interoperabilidade,[46] além

---

42 No original: "Os termos 'estruturado', 'de uso corrente' e 'de leitura automática' compõem o conjunto dos requisitos mínimos que devem possibilitar a interoperabilidade do formato que o responsável pelo tratamento utiliza para fornecer os dados. Como tal, o caráter 'estruturado, de uso corrente e de leitura automática' corresponde às especificações aplicáveis aos meios, ao passo que a interoperabilidade é o resultado desejado" (GT29. *Orientações sobre o direito à portabilidade dos dados,* 2017).

43 ICO. "Ao mesmo tempo, não se espera que você mantenha sistemas que sejam tecnicamente compatíveis com os de outras organizações. A portabilidade de dados visa produzir sistemas interoperáveis, e não compatíveis" (tradução nossa).

44 "A interoperabilidade tem, então, um papel relevante para garantir que os objetivos do compartilhamento dos dados e serviços sejam atingidos de forma a propiciar o efetivo uso e reuso da informação compartilhada pelas organizações que recebem os dados, facilitando o desenvolvimento de novas tecnologias, serviços e produtos. Neste ponto, o conceito de interoperabilidade deve ser bem entendido por todos os atores do sistema" (VIOLA, M.; THOMAZELLI, P. *Portabilidade, interoperabilidade e Open Banking.* Rio de Janeiro: Instituto de Tecnologia e Sociedade – ITS Rio, 2021. p. 12).

45 "Art. 2º A disciplina da proteção de dados pessoais tem como fundamentos: V – o desenvolvimento econômico e tecnológico e a inovação."

46 "É provável que a portabilidade de dados seja mais cara para algumas empresas do que para outras. A proporcionalidade precisará ser mantida para organizações que, em primeiro lugar, não mantêm muitos

de acentuar a atividade fiscalizatória para garantir conformidade com as normas previstas pela ANPD.[47]

Note-se que esta é uma preocupação comum ao cenário regulatório global. Por essa razão, ressalta-se a necessidade de participação da sociedade no processo de elaboração normativa pela autoridade responsável, seja por meio de recursos de fomento à participação da sociedade, como consultas públicas, ou em colaboração direta com entidades econômicas representativas. Na Europa, o Grupo de Trabalho 29 incentivou diretamente que o desenvolvimento dos padrões de interoperabilidade comuns ocorra a partir da cooperação e do esforço coletivo entre diferentes agentes econômicos, a fim de garantir o atendimento aos requisitos de portabilidade previstos pela lei europeia.[48]

Com efeito, o setor privado já dispõe de medidas e iniciativas próprias voltadas à adequação às obrigações legislativas no tratamento de dados pessoais, bem como para promover as boas práticas em privacidade e proteção de dados pessoais, como por meio da adoção de normas desenvolvidas pela Organização Internacional da Normalização (normas ISO,[49] de *privacy frameworks* voltados à promoção da segurança da informação.[50] No entanto, o desenvolvimento de normas regulatórias pela ANPD permanece sendo recomendável, sobretudo corroborar com a construção de um ambiente normativo com menor insegurança jurídica, propício para o desenvolvimento de atividades econômicas fundamentadas no uso compartilhado de dados e para viabilizar o atendimento adequado às solicitações do exercício de direito à portabilidade dos dados.[51] Além disso, parece-nos que neste cenário

---

dados. Poderá ser contemplado um limiar mínimo para o volume de dados e um limite para a frequência dos pedidos" (Personal Data Protection Commission In collaboration with Competition and Consumer Commission of Singapore, 2019, p. 18, tradução nossa).

47 "Onde existe uma colcha de retalhos de regras e regulamentos, é difícil tanto para os agentes tomadores de decisões políticas aplicarem eficazmente os objetivos de privacidade e protecção de dados em diferentes jurisdições, como também para as empresas operarem em vários mercados" (OCDE. *Interoperability of privacy and data protection frameworks*. Paris: OECD Publishing, 2021, p. 12, tradução nossa).

48 "O GT 29 apela vivamente à cooperação entre as partes interessadas do setor e as associações comerciais, no sentido de colaborar no desenvolvimento de um conjunto comum de normas e formatos interoperáveis que permitam cumprir os requisitos do direito à portabilidade dos dados. O Quadro Europeu de Interoperabilidade (QEI) atentou igualmente neste desafio, tendo criado uma abordagem acordada da interoperabilidade para as organizações que pretendam prestar serviços públicos conjuntamente. Dentro do seu âmbito de aplicação, esse quadro especifica um conjunto de elementos comuns, a saber, o vocabulário, os conceitos, os princípios, as políticas, as orientações, as recomendações, as normas, as especificações e as práticas" (WP29. *Article 29 Data Protection Working Party*. 29 nov. 2017. Disponível em: https://ec.europa.eu/newsroom/article29/redirection/document/51025. Acesso em: 15 jun. 2025).

49 "É a Organização Internacional de Normalização, com sede em Genebra, na Suíça. Foi criada em 1946 e tem como associados organismos de normalização de cerca de 160 países. A ISO tem como objetivo criar normas que facilitem o comércio e promovam boas práticas de gestão e o avanço tecnológico, além de disseminar conhecimentos." Disponível em: http://www.inmetro.gov.br/qualidade/responsabilidade_social/o-que-iso.asp.

50 Os *frameworks* de privacidade são controles e ferramentas desenvolvidas para melhorar a privacidade através da gestão de risco empresariais, incluindo um conjunto de diretrizes abrangentes e de melhores práticas concebidas para as organizações gerirem os riscos de privacidade e protegerem os dados pessoais tratados. Cf. NIST. *Frequently asked questions*. Disponível em: https://www.nist.gov/privacy-framework/frequently-asked-questions#pf. Acesso em: 15 jun. 2025.

51 "O benefício da interoperabilidade da privacidade é que esta pode servir para clarificar os princípios orientadores de uma privacidade e protecção de dados eficaz nas transferências de dados que abrangem

se apresenta como instrumento fundamental o estabelecimento de um canal de coordenação entre a ANPD e os órgãos e entidades públicos responsáveis pela regulação de setores específicos da atividade econômica e governamental, na linha do que determina o § 3º do art. 55-J da LGPD.[52]

2. Guarda de registros

Além dos padrões de interoperabilidade, o art. 40 também determina que a ANPD poderá dispor sobre o tempo de guarda dos registros dessas operações. Com efeito, ao ser concretizado, o direito à portabilidade deixa registros, que documentam todas as etapas do processo de transferência dos dados pessoais do titular, garantindo a rastreabilidade e a segurança da operação. O armazenamento desses registros não é apenas uma medida de boa prática, mas também uma exigência legal para assegurar que, em casos de auditoria ou contestação, o agente de tratamento possa demonstrar que a portabilidade foi realizada de maneira correta, segura e em conformidade com a legislação aplicável. Portanto, é essencial que as regras relacionadas ao armazenamento desses registros, incluindo prazo de guarda, extensão dos dados e os requisitos de transparência, sejam claras.

Todavia, os registros não são meros documentos técnicos; eles estão diretamente atrelados aos titulares que solicitaram a portabilidade, e, em muitos casos, contêm os próprios dados pessoais transferidos. Assim, a complexidade técnica e jurídica envolvida no armazenamento desses registros demanda atenção, já que, no detalhe, eles revelam o que foi transferido, para onde e sob quais condições. Isso impõe aos agentes de tratamento a responsabilidade de garantir que essas informações permaneçam protegidas mesmo após a conclusão da operação de portabilidade. Como estão diretamente relacionados a pessoas naturais, os registros são considerados dados pessoais e, portanto, estão sujeitos às disposições da LGPD.

Ciente da importância de guardar esses registros tanto para dar transparência aos titulares quanto para confirmar que a operação de portabilidade foi corretamente realizada, o legislador optou por delegar à ANPD a responsabilidade de definir, dentre outros, o prazo pelo qual esses registros devem ser mantidos. Enquanto órgão regulador especializado, a Autoridade tem a competência de avaliar as nuances técnicas e jurídicas envolvidas e determinar prazos adequados, levando em consideração fatores como a segurança jurídica, a proteção dos titulares e a integridade das operações empresariais.

Nessa tarefa, a ANPD poderá se basear em premissas já praticadas pelo mercado, como, por exemplo, os prazos prescricionais de ações judiciais que possam estar relacionadas aos

---

distintas jurisdições e, em particular, esclarecer para as empresas quais requisitos legais devem observar. Como será destacado nas próximas seções, existe um grande potencial para a interoperabilidade da privacidade de alguns mecanismos de transferência de dados nas atuais leis de privacidade, o que deveria ser mais explorado. As medidas que estimulam e promovem a interoperabilidade da privacidade podem ajudar a promover a convergência, reduzir as barreiras ao investimento e reduzir os custos de transação dos fluxos de dados transfronteiriços devido à incerteza sobre as regras e regulamentos aplicáveis. Consequentemente, a interoperabilidade pode assegurar um elevado nível de confiança também nos fluxos transfronteiriços de dados" (OCDE. *Interoperability of privacy and data protection frameworks*. Paris: OECD Publishing, 2021. p. 12, tradução nossa).

52 Importante essa colaboração, visto que diversos órgãos fiscalizadores de setores regulados, como o bancário, securitário, de saúde suplementar, de telecomunicações e de previdência complementar, já estabeleceram normas orientadas à interoperabilidade e, em alguma medida, à portabilidade de dados tratados no âmbito de tais setores e até mesmo entre distintos setores, como ocorre no âmbito do *Open Finance*.

serviços de portabilidade. Isso porque, em casos de litígios, os registros de portabilidade podem ser fundamentais para que o agente de tratamento possa se defender adequadamente. Manter os registros pelo período correspondente ao prazo prescricional é uma maneira de garantir que o agente esteja resguardado contra possíveis ações, provando que a operação foi realizada corretamente, na data apropriada, com os dados corretos e no formato exigido. Essa documentação é crucial para evitar responsabilidades indevidas, especialmente quando os dados compartilhados são mal utilizados por terceiros, fora do controle do agente de tratamento original. Importante notar que face à inexistência de regulamentação por parte da ANPD quanto ao prazo de guarda de tais registros, o tratamento de tais dados neste momento teria como base "o exercício regular de direitos em processo judicial, administrativo ou arbitral" (art. 7°, VI, da LGPD)", contudo, se a ANPD incorporar tais preceitos na regulamentação da matéria, o tratamento de tais dados passará, então, a fundar-se no "cumprimento de obrigação legal ou regulatória pelo controlador" (art. 7°, II, da LGPD), já que decorrente de determinação contida em normativo por ela adotado.

Ademais, a ANPD poderá também estabelecer regras relativas ao princípio da necessidade, estipulando o mínimo de informações que devem ser mantidas pelos controladores para comprovar que a portabilidade foi corretamente realizada, na linha do que fez quando estabeleceu o modelo de Registro de Operações de Tratamento de Dados para Agentes de Pequeno Porte.[53] Trata-se de postura essencial para evitar o armazenamento excessivo de dados, garantindo que apenas as informações estritamente necessárias sejam mantidas. Ao mesmo tempo, sobre o aspecto da *transparência*, caberá à ANPD esclarecer a melhor forma de os agentes de tratamento informarem aos titulares como a operação de portabilidade foi realizada, assegurando que o processo seja claro e acessível e, em consequência, garantindo que o titular possa acompanhar e entender, de forma objetiva, todas as etapas envolvidas na portabilidade de seus dados.

BIBLIOGRAFIA SELECIONADA

ANPD – AGÊNCIA NACIONAL DE PROTEÇÃO DE DADOS. ANPD divulga modelo de registro simplificado de operações com dados pessoais para Agentes de Tratamento de Pequeno Porte (ATPP). 2023. Disponível em: https://www.gov.br/anpd/pt-br/assuntos/noticias/anpd-divulga-modelo-de-registro-simplificado-de-operacoes-com-dados-pessoais-para-agentes-de-tratamento-de-pequeno-porte-atpp. Acesso em: 15 jun. 2025.

GT29. *Orientações sobre o direito à portabilidade dos dados*. 2017.

ICO – INFORMATION COMMISSIONER'S OFFICE. Should we use an 'interoperable' format? Disponível em: https://ico.org.uk/for-organisations/uk-gdpr-guidance-and-resources/individual-rights/individual-rights/right-to-data-portability/#ib14. Acesso em: 15 jun. 2025.

NIST – NATIONAL INSTITUTE OF STANDARDS AND TECHNOLOGY. *Frequently asked questions*. Disponível em: https://www.nist.gov/privacy-framework/frequently-asked-questions#pf. Acesso em: 15 jun. 2025.

---

[53] ANPD – AGÊNCIA NACIONAL DE PROTEÇÃO DE DADOS. ANPD divulga modelo de registro simplificado de operações com dados pessoais para Agentes de Tratamento de Pequeno Porte (ATPP). 2023. Disponível em: https://www.gov.br/anpd/pt-br/assuntos/noticias/anpd-divulga-modelo-de-registro-simplificado-de-operacoes-com-dados-pessoais-para-agentes-de-tratamento-de-pequeno-porte-atpp. Acesso em: 15 jun. 2025.

OCDE. *Digital education outlook 2023:* towards an effective digital education ecosystem. Paris: OECD Publishing, 2023.

OCDE. *Interoperability of privacy and data protection frameworks.* Paris: OECD Publishing, 2021.

PDPC – PERSONAL DATA PROTECTION COMMISSION; CCCS – COMPETITION AND CONSUMER COMMISSION OF SINGAPORE. *Discussion paper on data portability.* 2019. Disponível em: https://www.pdpc.gov.sg/-/media/Files/PDPC/PDF-Files/Resource-for-Organisation/Data-Portability/PDPC-CCCS-Data-Portability-Discussion-Paper---250219.pdf. Acesso em: 15 jun. 2025.

VIOLA, M.; THOMAZELLI, P. *Portabilidade, interoperabilidade e* Open Banking. Rio de Janeiro: Instituto de Tecnologia e Sociedade – ITS Rio, 2021.

WP29. *Article 29 Data Protection Working Party.* 29 nov. 2017. Disponível em: https://ec.europa.eu/newsroom/article29/redirection/document/51025. Acesso em: 15 jun. 2025.

Seção II
Do Encarregado pelo Tratamento de Dados Pessoais

Art. 41. O controlador deverá indicar encarregado pelo tratamento de dados pessoais.

§ 1º A identidade e as informações de contato do encarregado deverão ser divulgadas publicamente, de forma clara e objetiva, preferencialmente no sítio eletrônico do controlador.

§ 2º As atividades do encarregado consistem em:

I – aceitar reclamações e comunicações dos titulares, prestar esclarecimentos e adotar providências;

II – receber comunicações da autoridade nacional e adotar providências;

III – orientar os funcionários e os contratados da entidade a respeito das práticas a serem tomadas em relação à proteção de dados pessoais; e

IV – executar as demais atribuições determinadas pelo controlador ou estabelecidas em normas complementares.

§ 3º A autoridade nacional poderá estabelecer normas complementares sobre a definição e as atribuições do encarregado, inclusive hipóteses de dispensa da necessidade de sua indicação, conforme a natureza e o porte da entidade ou o volume de operações de tratamento de dados.

§ 4º (VETADO).

Artigo 41

Comentado por Felipe Palhares

DISPOSITIVOS RELACIONADOS NO DIREITO INTERNACIONAL

- Artigo 10 (87) da Convenção 108+.

DISPOSITIVOS RELACIONADOS NA LGPD

- Art. 5º, VIII; art. 23, III.

ATIVIDADES DA ANPD

- Guia Orientativo para Definições dos Agentes de Tratamento de Dados Pessoais e do Encarregado (2022).
- Regulamento sobre a atuação do Encarregado pelo tratamento de dados pessoais.
- Relatório de Análise de Impacto Regulatório para Construção do Modelo Regulatório para Aplicação da LGPD a Microempresas e Empresas de Pequeno Porte, *Startups* e Pessoas Físicas que Tratam Dados Pessoais.

- Relatório de Instrução n. 1/2023/CGF/ANPD.
- Resolução CD/ANPD n. 18, de 16 de julho de 2024.

JUSTIFICATIVA E FUNDAMENTOS

Criar uma lei nova, sobre um tema ainda pouco explorado no Brasil, sem instituir a figura de uma pessoa responsável por fomentar o assunto dentro das organizações que serão obrigadas a cumprir com a legislação e de interagir com titulares e com o órgão regulador faria pouco sentido.

A obrigação prevista no art. 41 foi incluída como forma de conferir maior efetividade aos termos da legislação, que inevitavelmente precisam ser conhecidos em profundidade por ao menos uma pessoa dentro de cada órgão público ou agente de tratamento da iniciativa privada.

Durante a tramitação do Projeto de Lei de Conversão n. 7/2019, oriundo da Medida Provisória n. 869/2018, o Congresso Nacional havia inserido um § 4º ao referido dispositivo, que estabelecia que o Encarregado deveria ser detentor de conhecimento jurídico-regulatório e ser apto a prestar serviços especializados em proteção de dados, e que a ANPD regulamentaria: (i) os casos em que o operador deveria nomear Encarregado; (ii) a indicação de um mesmo Encarregado por um grupo econômico; e (iii) a garantia de autonomia técnica e profissional no exercício do cargo.

Respectivo parágrafo foi vetado pelo Presidente da República sob o argumento de que a disposição contrariaria o interesse público ao estabelecer exigência com rigor excessivo, o que violaria o livre exercício profissional.

ANÁLISE

O *caput* do art. 41 estabelece uma obrigação ampla, geral e irrestrita aos controladores de dados pessoais de nomearem um Encarregado, disponibilizando informações sobre a sua identidade e dados de contato publicamente, preferencialmente no *website* da organização. Não há, por ausência de qualquer menção nesse sentido, obrigação similar a operadores, conforme mencionado no comentário ao art. 5º, VIII.

É difícil entender a valia de exigência tão abrangente quanto esta ou a motivação que levou o Congresso Nacional a criar uma obrigação desse patamar, sem qualquer exceção ou limitação pré-estabelecida na própria legislação. Nem mesmo jurisdições muito mais avançadas do que o Brasil em temas de proteção de dados, como a UE, instituíram obrigações como a criada pelo legislador nacional.

O Encarregado tem, sem sombra de dúvidas, papel fundamental na estrutura de governança de dados pessoais de uma organização, mas está longe de ser função necessária para todo e qualquer caso, a exemplo de uma pequena mercearia de bairro, de um salão de beleza ou de um lava-rápido.

Na forma como disciplinada pela legislação, não há empresa que não precise nomear um Encarregado, haja vista que qualquer organização, por menor que seja, atuará como controlador de dados pessoais em algum cenário, ao menos em relação aos dados pessoais de seus sócios ou colaboradores.

É fato que o legislador previu, no parágrafo 3º do art. 41, que a ANPD poderá editar normas complementares a respeito da atuação do Encarregado, incluindo hipóteses de dispensa da obrigação de sua nomeação. Ainda assim, a redação atual de respectivo dispositivo legal, especialmente em período anterior às normas complementares da ANPD, parece-nos excessiva e desproporcional.

No dia 27 de janeiro de 2022, a ANPD editou a Resolução CD/ANPD n. 2, que aprovou o Regulamento de aplicação da LGPD para agentes de tratamento de pequeno porte. Dentre as benesses contidas no normativo, em seu art. 11, (e talvez a mais relevante delas) está justamente a dispensa da obrigação de nomeação de Encarregado aos agentes de pequeno porte.

A desobrigação, no entanto, vem com uma contrapartida: a obrigação de que os agentes de tratamento de pequeno porte disponibilizem um canal de comunicação com o titular de dados. Por outro lado, os agentes de pequeno porte que indicarem um Encarregado e que forem eventualmente sancionados por infrações à legislação farão jus à atenuante prevista no art. 52, 1º, IX, da LGPD.

Vale citar que a minuta do Regulamento sobre a Atuação do Encarregado apresentada pela ANPD em novembro de 2023 não trazia nenhuma nova hipótese de dispensa de nomeação, que também não foi incorporada na versão final do Regulamento.

No que tange à fiscalização da nomeação do Encarregado no Brasil, a ANPD já possui um precedente sobre o tema, consubstanciado na primeira decisão emitida pela Autoridade de imposição de sanção por infração à LGPD.

No dia 6 de julho de 2023, foi publicado no *Diário Oficial da União* o Despacho que decidiu, em primeira instância, o Processo Administrativo Sancionador n. 00261.000489/2022-62, que impôs três sanções administrativas ao empresário individual Emmanuel Gomes de Jesus, que utilizava o nome fantasia de Telekall Infoservice. Ainda que existam questionamentos amplos a respeito da legalidade de respectivas sanções,[54] fato é que uma das sanções aplicadas pela ANPD foi justamente uma advertência por infração ao art. 41 da LGPD.

A argumentação adotada pela ANPD para a imposição dessa sanção específica, por suposta ausência de indicação de Encarregado, é controversa. Conforme suscitado pela ANPD no Relatório de Instrução n. 1/2023/CGF/ANPD, "antes da lavratura do auto de infração, o agente regulado não atendeu à determinação [de indicar a identidade do Encarregado], somente vindo a fazê-lo por ocasião da apresentação da Defesa".[55]

Trata-se de argumento questionável pelo fato de que o infrator posteriormente indicou a identidade do Encarregado (dando a entender que existiria um Encarregado previamente nomeado), o que poderia resultar em infração por suposta obstrução à fiscalização, mas não ao art. 41 da LGPD. Ademais, em nenhum momento a ANPD fez qualquer menção à dispensa prevista no art. 11 do Regulamento de Aplicação da LGPD para Agentes de Tratamento de Pequeno Porte, que seria potencialmente aplicável ao caso concreto.

Em resumo, a imposição de sanção, ainda que advertência, por suposta violação ao art. 41 da LGPD parece desmedida, demonstrando um viés punitivo por parte da Autoridade que não era esperado pelo mercado, especialmente nos casos envolvendo agentes de tratamento de menor porte.

---

[54] PALHARES, F. A primeira sanção aplicada pela ANPD está errada. 25 jul. 2023. Disponível em: https://www.linkedin.com/posts/felipepalhares_a-primeira-san%C3%A7%C3%A3o-aplicada-pela-anpd-est%C3%A1-activity-7089562024212332545-YXlw. Acesso em: 15 jun. 2025.

[55] ANPD. Relatório de Instrução n. 1/2023/CGF/ANPD.

Sob a égide do RGPD, controladores e operadores, indiferentemente do seu porte, estão obrigados a nomear um DPO em três situações: (i) quando o tratamento for efetuado por autoridade ou organismo público, exceto os tribunais no exercício de sua função jurisdicional; (ii) quando as atividades centrais do agente de tratamento consistirem em operações de tratamento que, em razão de sua natureza, escopo e/ou finalidade exijam o monitoramento regular e sistemático de titulares de dados em larga escala; ou (iii) quando as atividades centrais do agente de tratamento consistirem em operações de tratamento de dados pessoais sensíveis ou relativos a condenações e ilícitos criminais em larga escala.

Trata-se de hipóteses bem delimitadas, nas quais a obrigação se mostra razoável e adequada em virtude dos riscos envolvidos aos titulares de dados, em cenário diametralmente oposto ao previsto pela legislação brasileira.

Por serem situações manifestamente relevantes, a fiscalização das autoridades supervisoras de Estados-Membros da UE em relação à nomeação de um DPO quando a obrigação é aplicável se mostra contundente, inclusive com a imposição de sanções.

Nesse sentido, existem vários exemplos de organizações que foram multadas por deixarem de nomear um DPO, com sanções sendo aplicadas por essa razão pelas autoridades supervisoras da França (CNIL),[56] da Espanha (AEPD),[57, 58, 59, 60] da Itália (Garante),[61, 62, 63] de Portugal (CNPD),[64] e da Grécia (HDPA).[65] Na mesma linha, a autoridade supervisora da Irlanda (DPC) também já impôs uma reprimenda pelo esse motivo.[66]

Ao redor do mundo, são diversos os exemplos de jurisdições nas quais existe uma obrigação legal (ao menos em determinados casos) ou uma forte recomendação a respeito da nomeação de um DPO além da UE. É o que se observa, por exemplo, na Tailândia (seção 41 do *Personal Data Protection Act*[67]), na Coreia do Sul (art. 31(1) do *Personal Information Protection Act*[68]), na Indonésia (art. 53 da *Law No. 27 of 2022 on Personal Data Protection*[69]), na Colômbia (*Guía Oficial de Protección de Datos Personales*[70]), nas Filipinas (*National Pri-*

---

[56] CNIL. *Délibération de la Formation Restreinte n. SAN-2023-018 du 12 décembre 2023 concernant la commune de Kourou*. 19 dez. 2023.

[57] AEPD – AGÊNCIA ESPANHOLA DE PROTEÇÃO DE DADOS. *Procedimento n. PS/00140/2022*. 2023.

[58] AEPD – AGÊNCIA ESPANHOLA DE PROTEÇÃO DE DADOS. *Procedimento n. PS/00231/2021*. 2021.

[59] AEPD – AGÊNCIA ESPANHOLA DE PROTEÇÃO DE DADOS. *Procedimento n. PS/00417/2019*. 2019.

[60] AEPD – AGÊNCIA ESPANHOLA DE PROTEÇÃO DE DADOS. *Procedimento n. PS/00251/2020*. 2020.

[61] GARANTE PER LA PROTEZIONE DEI DATI PERSONALI – GARANTE. *Ordinanza ingiunzione nei confronti di Società Poliambulatorio Radiologico "il Sorriso" S.r.l.* 2022.

[62] GARANTE PER LA PROTEZIONE DEI DATI PERSONALI – GARANTE. *Ordinanza ingiunzione nei confronti di Acqua Novara.VCO S.p.a.* 2022.

[63] GARANTE PER LA PROTEZIONE DEI DATI PERSONALI – GARANTE. *Ordinanza di ingiunzione nei confronti di Ministero dello Sviluppo Economico*. 2021.

[64] COMISSÃO NACIONAL DE PROTEÇÃO DE DADOS. *Deliberação/2022/1040*. 2022.

[65] HELLENIC DATA PROTECTION AUTHORITY. *Decision n. 27/2022*. 2022.

[66] DATA PROTECTION COMMISSION – DPC. *DPC Case Reference: IN-22-2-1*. 3 maio 2022.

[67] TAILÂNDIA. *Personal Data Protection Act, B.E. 2562 (2019)*. 24 maio 2019.

[68] COREIA DO SUL. *Personal Information Protection Act*. 29 mar. 2011.

[69] INDONÉSIA. *Law n. 27 of 2022 on Personal Data Protection*. 17 out. 2022.

[70] SUPERINTENDENCIA DE INDUSTRIA Y COMERCIO. *Guía oficial de protección de datos personales*. 4 ago. 2023.

vacy Commision Advisory No. 2017-01[71]), na Nigéria (art. 32(1) do *Data Protection Act*[72]), em Uganda (art. 6 do *Data Protection and Privacy Act*[73]), em Ruanda (art. 40 da *Law n. 058/2021*[74]), em Israel (Seção 17B da *Protection of Privacy Law* após a *Amendment 14*[75]), em Singapura (Seção 11(3) do *Personal Data Protection Act 2012*[76]), em Bermuda (Seção 5(4) do *Personal Information Protection Act*[77]), no Uruguai (art. 40 da *Ley n. 19670*[78]) e no Equador (art. 48 da *Ley Orgánica de Protección de Datos Personales*[79]).

De acordo com a LGPD, o Encarregado possui três atribuições essenciais, além de executar as demais tarefas que lhe forem incumbidas pelo controlador ou estabelecidas em normas complementares: (i) servir como canal de comunicação com titulares de dados, respondendo a questionamentos, dúvidas, reclamações ou solicitações; (ii) atuar como interlocutor com a ANPD, adotando as providências necessárias; e (iii) orientar os colaboradores da organização sobre as práticas de proteção de dados.

No entanto, o Regulamento sobre a atuação do Encarregado pelo tratamento de dados pessoais, aprovado pela Resolução CD/ANPD n. 18, de 16 de julho de 2024, ampliou significativamente as atribuições desse profissional.

De acordo com o art. 16 do Regulamento, cabe também ao Encarregado prestar assistência e orientação na elaboração, definição e implementação dos seguintes itens:

(i) registro e comunicação de incidentes de segurança;
(ii) registro das operações de tratamento de dados pessoais;
(iii) relatório de impacto à proteção de dados pessoais;
(iv) mecanismos internos de supervisão e de mitigação de riscos relativos ao tratamento de dados pessoais;
(v) medidas de segurança, técnicas e administrativas;
(vi) processos e políticas internas que assegurem o cumprimento da LGPD e dos regulamentos e orientações da ANPD;
(vii) instrumentos contratuais que disciplinem questões relacionadas ao tratamento de dados pessoais;
(viii) transferências internacionais de dados;
(ix) regras de boas práticas e de governança e de programa de governança em privacidade;
(x) produtos e serviços que adotem padrões de design compatíveis com os princípios previstos na LGPD, incluindo a privacidade por padrão e a limitação da coleta de dados pessoais ao mínimo necessário para a realização de suas finalidades; e
(xi) outras atividades e tomada de decisões estratégicas referentes ao tratamento de dados pessoais.

---

71 NATIONAL PRIVACY COMMISSION – NPC. *NPC Advisory n. 2017-01*. 29 mar. 2017.
72 NIGÉRIA. *Data Protection Act*. 14 jun. 2023.
73 UGANDA. *Data Protection and Privacy Act*. 25 fev. 2019.
74 RUANDA. *Law n. 058/2021*. 15 out. 2021.
75 ISRAEL. *Protection of Privacy Law*. 2 jan. 2022.
76 SINGAPORE. *Personal Data Protection Act 2012*. 2012.
77 BERMUDA. *Personal Information Protection Act*. 2016.
78 URUGUAI. *Ley n. 19670*. 25 out. 2018.
79 EQUADOR. *Ley Orgánica de Protección de Datos Personales*. 21 maio 2021.

Trata-se de rol tão extenso que deve dar margem a pedidos de aumento salarial por parte de Encarregados nomeados previamente à publicação do Regulamento. Não bastasse incluir diversas atribuições antes inexistentes, parte delas pode suscitar questionamentos relevantes. Considerando que o Encarregado não precisa ser advogado, como poderia ser responsável pela elaboração de contratos? E se não precisa ser profissional de segurança da informação, faz sentido exigir a sua participação na definição de medidas de segurança?

Por melhor que tenha sido a intenção da ANPD ao elaborar o Regulamento, parece que determinadas escolhas feitas pela Autoridade em relação ao Encarregado fazem pouco sentido na prática.

Ressalta-se que o Encarregado não é diretamente responsável pela conformidade do agente de tratamento com a legislação e nem responde pessoalmente por eventuais infrações cometidas pelo agente de tratamento, inexistindo qualquer responsabilidade cível, criminal ou administrativa imposta a ele pela LGPD.

Esse aspecto já foi reconhecido pela ANPD no Guia Orientativo, ao indicar que "a responsabilidade pelas atividades de tratamento de dados pessoais continua sendo do controlador ou do operador de dado, conforme estabelece o art. 42 da LGPD",[80] e no art. 17 do Regulamento:

> Art. 17. O desempenho das atividades e das atribuições dispostas nos arts. 15 e 16 não confere ao encarregado a responsabilidade, perante a ANPD, pela conformidade do tratamento dos dados pessoais realizado pelo controlador.[81]

Fora isso, a LGPD não traz qualquer disposição adicional a respeito de quais qualificações o DPO deveria ter, entre outros aspectos. No texto do Projeto de Lei de Conversão n. 7/2019 (oriundo da Medida Provisória n. 869/2018) que foi enviado ao Presidente da República para sanção, havia várias prescrições relevantes no § 4º do art. 41, como a obrigatoriedade de o DPO ser detentor de conhecimento jurídico-regulatório e estar apto a prestar serviços especializados em proteção de dados.

No entanto, respectivo parágrafo foi vetado pelo Presidente Jair Bolsonaro sob o argumento de que contrariava o interesse público ao constituir exigência de rigor excessivo e que restringiria o livre exercício profissional. O argumento utilizado é no mínimo curioso, já que parece inconcebível imaginar que um profissional sem conhecimentos específicos de proteção de dados, tanto em aspectos jurídicos quanto regulatórios, teria condições de exercer a função de DPO a contento, respondendo titulares de dados e a ANPD, e orientando colaboradores sobre temas de proteção de dados.

No Regulamento, a ANPD não estabelece condições específicas para a qualificação do Encarregado, indicando, no art. 7º, que essa definição cabe ao agente de tratamento, muito embora haja menção ao fato de que deve ser levado em consideração o conhecimento do nomeado sobre a legislação de proteção de dados, bem como o contexto, volume e risco das operações de tratamento realizadas pelo agente de tratamento.

Por outro lado, a regulamentação deixa claro que o Encarregado não precisa possuir qualquer certificação ou formação profissional específica, muito menos se inscrever em qualquer entidade para poder exercer sua função. Esse aspecto é relevante uma vez que

[80] ANPD. Guia Orientativo para Definições dos Agentes de Tratamento de Dados Pessoais e do Encarregado.

[81] ANPD. Resolução CD/ANPD n. 18, de 16 de julho de 2024.

determinadas associações começaram a veicular ofertas de supostas "carteirinhas de Encarregado", que seriam itens pretensamente relevantes para o cargo. Nada mais distante da realidade, no entanto.

Além de criar competências adicionais ao Encarregado, o Regulamento também criou obrigações burocráticas aos agentes de tratamento. De acordo com seu art. 3º, a nomeação do Encarregado deve ocorrer por meio de documento escrito, datado e assinado, com a indicação das formas de atuação e atividades a serem desempenhadas. A necessidade desse ato formal faz com que a mera indicação do nome do Encarregado em políticas ou avisos de privacidade, ou o envio de e-mail aos colaboradores da organização com a nomeação do Encarregado, não sejam suficientes para atender ao requisito previsto na norma.

Também foi instituída a obrigação de nomeação de um Encarregado substituto, para atuar nas ausências, impedimentos e vacâncias do Encarregado titular, requisito que sequer existe na LGPD, além da necessidade de o Encarregado ser capaz de se comunicar em língua portuguesa.

Não há clareza se isso significa que o Encarregado precisa necessariamente falar português ou se ele pode contar com a ajuda de alguém da sua equipe (ou de fora) que seja fluente na língua oficial. Caso a expectativa da Autoridade seja efetivamente que o próprio Encarregado fale português, criar-se-ia uma barreira relevante para empresas internacionais que não possuem estabelecimento no Brasil, mas que estão sujeitas à LGPD, em cumprir com a norma.

Mais do que isso, haveria clara distinção entre o tratamento outorgado em casos nos quais o Encarregado é uma pessoa física, daqueles em que o Encarregado é uma pessoa jurídica. Neste último cenário, por óbvio que uma equipe será responsável por atuar como Encarregado, de modo que caso qualquer integrante seja fluente na língua portuguesa o requisito precisaria ser interpretado como observado.

Não obstante o Regulamento deixe várias dúvidas no ar, há um aspecto específico que ele efetivamente soluciona: o questionamento acerca da identidade do Encarregado. Na forma do art. 9º, § 1º, deve ser divulgado o nome completo do Encarregado (quando for pessoa natural), bem como o nome completo da pessoa natural responsável (quando for pessoa jurídica).

Respeitado o entendimento diverso, há pouca valia na indicação do nome completo do Encarregado. Desde que o agente de tratamento possua um canal de comunicação efetivo, que possa ser utilizado pelo titular de dados para se comunicar e exercer os seus direitos, é irrelevante quem exatamente é o Encarregado. A divulgação do nome completo do Encarregado traz prejuízos ao próprio Encarregado, que pode ser perseguido em redes sociais ou mesmo em interações presenciais, ainda que esteja fora do seu horário de trabalho.

Também não é de se estranhar caso os Encarregados comecem a ser incluídos no polo passivo de demandas judiciais ajuizadas por titulares de dados contra agentes de tratamento, muito embora o próprio Regulamento defina que eles não possuem responsabilidade pessoal pela conformidade com a legislação.

Um dos pontos de maior discussão na nomeação de um Encarregado em âmbito global está justamente relacionado ao possível conflito de interesses que existiria em situações nas quais o DPO tenha outras funções e responsabilidades, especialmente quando estas estejam estritamente vinculadas à determinação dos propósitos e meios do tratamento de dados pessoais.

No dia 9 de fevereiro de 2023, o TJUE proferiu uma decisão preliminar no caso C-453/21 X-FAB Dresden GmbH & Co. KG v FC, no qual interpretou o art. 38(6) do RGPD no sentido de definir que, embora não exista uma incompatibilidade total no fato de o DPO ter outras tarefas ou funções, respectivas atribuições não podem gerar um conflito de interesses sob pena de causarem impacto na independência funcional que o DPO deveria ter para conseguir cumprir as funções que lhe são designadas pela legislação.

Na visão do Tribunal, existiria, portanto, um conflito de interesses nos casos em que o DPO fosse incumbido de ações que possam resultar na definição dos objetivos e métodos do tratamento, cabendo às cortes locais realizarem essa análise caso a caso, de acordo com as circunstâncias fáticas das situações sob sua apreciação.[82]

Por sua vez, a AZOP, autoridade supervisora da Croácia, emitiu uma opinião, em janeiro de 2022, indicando entender que existiria um conflito de interesses quando a pessoa nomeada como DPO fosse também integrante da alta administração da organização.[83]

Ainda em relação a aspectos de conflitos de interesse, em janeiro de 2020, a autoridade supervisora da Grécia emitiu uma nota indicando que DPOs não podem representar controladores de dados em procedimentos perante o órgão regulador, uma vez que respectivos profissionais devem ser independentes e não defensores do controlador em qualquer cenário.[84]

Várias decisões emitidas por autoridades supervisoras da UE resultaram na imposição de sanções a organizações em virtude da identificação de um conflito de interesses na nomeação de um DPO.

Em dezembro de 2022, a autoridade supervisora de Berlin aplicou uma multa de 525.000 Euros a um grupo de varejo local por esse motivo. De acordo com a autoridade supervisora, o DPO nomeado pelo grupo atuava como diretor executivo de duas empresas do mesmo grupo, que tratavam dados pessoais em nome da outra organização, tornando inviável que o DPO realizasse o monitoramento da conformidade com a legislação por parte das duas empresas na qual ele atuava como diretor executivo.[85]

A autoridade supervisora de Luxemburgo também se pronunciou num caso sobre conflito de interesses, em junho de 2021, indicando que a nomeação do *Chief Compliance Officer*, profissional que era responsável pelos processos de verificação de lavagem de dinheiro e confirmação de identidade (AML e KYC) como DPO acarretava um conflito de interesses, na medida em que respectivo profissional determinava as finalidades e meios de tratamento nos processos acima.[86]

Na mesma linha, a autoridade supervisora da Bélgica, em abril de 2020, impôs uma sanção de multa no valor de 50.000 Euros a uma organização por ter nomeado o diretor de auditoria interna, gerenciamento de riscos e *compliance* como DPO, alegando a existência de conflito de interesses e o não envolvimento adequado de respectivo profissional em incidentes que resultaram em vazamentos de dados.[87]

---

[82] TJUE - TRIBUNAL DE JUSTIÇA DA UNIÃO EUROPEIA. *Case C-453/21*. 9 fev. 2023.

[83] AGENCIJA ZA ZAŠTITU OSOBNIH PODATAKA. *Imenovanje službenika za zaštitu podataka*. 19 jan. 2022. Disponível em: https://azop.hr/imenovanje-sluzbenika-za-zastitu-podataka-2/. Acesso em: 15 jun. 2025.

[84] HELLENIC DATA PROTECTION AUTHORITY. *Representation of controllers before the DPA*. 2020.

[85] BERLINER BEAUFTRAGTE FÜR DATENSCHUTZ UND INFORMATIONSFREIHEIT. *Interessenkonflikt des betrieblichen Datenschutzbeauftragten*: 525.000 Euro Bußgeld gegen die Tochtergesellschaft eines Berliner E-Commerce-Konzerns. 20 set. 2022.

[86] CNPD - COMMISSION NATIONALE POUR LA PROTECTION DES DONNÉES. *Délibération n. 19FR/2021*. 2021.

[87] DATA GUIDANCE. *Belgium:* Belgian DPA issues €50,000 fine to organisation for DPO appointment violation. 30 abr. 2020.

A avaliação a respeito do conflito de interesses, no entanto, não é trivial e tem dividido autoridades supervisoras. Em fevereiro de 2021, a autoridade da Islândia analisou o caso do Arion Bank, que também decidiu por nomear o seu *Compliance Officer* como DPO. Naquela situação, a Persónuvernd entendeu que o banco havia estabelecido processos internos adequados para lidar com eventual conflito, de modo que a nomeação cumpria com os requisitos previstos na legislação.[88]

Em aspectos de sanções, a *Commission Nationale Pour La Protection des Données*, autoridade supervisora de Luxemburgo, possivelmente é o órgão regulador que mais fiscalizou casos envolvendo violações a artigos do RGPD relativos ao DPO, tendo aplicado diversas sanções até o momento, incluindo, por exemplo: (i) uma multa de 15.400 Euros pelo DPO não estar envolvido em todos os assuntos relacionados à proteção de dados, não ter sua autonomia garantida e não ter reporte frequente de suas atividades para a alta administração;[89] (ii) uma multa de 80.000 Euros pela ausência de nomeação de DPO;[90] (iii) uma multa de 18.700 Euros pela não indicação de dados de contato do DPO, por ele não estar envolvido em todos os temas de proteção de dados e não ter garantida sua independência;[91] (iv) uma multa de 18.000 Euros por falta de envolvimento do DPO e insuficiência de recursos para a função;[92] e (v) uma multa de 18.000 Euros pelo DPO não ter um nível de envolvimento com assuntos operacionais suficiente.[93]

Recentemente, no dia 17 de janeiro de 2024, o EDPB adotou um relatório sobre achados relacionados à segunda ação coordenada de fiscalização da observância ao RGPD, que teve como foco avaliar investigações conduzidas por 25 autoridades supervisoras de Estados Membros da UE sobre a designação e posição de DPOs.[94]

Respectivas autoridades enviaram questionários formulados em conjunto para um total de 61.962 recipientes, sendo a grande maioria organizações e o restante DPOs. Ao final, foram obtidas respostas de 17.490 *stakeholders*, compostos por 15.108 organizações e 2.382 DPOs.

Dentre os principais desafios identificados durante as investigações estão: (i) a falta de nomeação de um DPO, mesmo quando exigido pela legislação; (ii) a insuficiência de recursos alocados ao DPO, sejam eles recursos humanos, financeiros ou técnicos; (iii) a insuficiência de conhecimentos técnicos e de treinamento constante de DPOs; (iv) a não observância às tarefas estipuladas pela legislação como atribuições do DPO; (v) a existência de conflitos de interesse ou a inexistência de atuação independente do DPO; e (vi) a falta de uma linha de reporte adequada do DPO à alta administração das organizações.

---

88 PERSÓNUVERND. *Bréf Persónuverndar til Arion Banka hf. vegna stöðu persónuverndarfulltrúa bankans.* 15 fev. 2021.

89 CNPD – COMMISSION NATIONALE POUR LA PROTECTION DES DONNÉES. *Délibération n. 40FR/2021.* 2021.

90 CNPD – COMMISSION NATIONALE POUR LA PROTECTION DES DONNÉES. *Délibération n. 42FR/2021.* 2021f.

91 CNPD – COMMISSION NATIONALE POUR LA PROTECTION DES DONNÉES. *Délibération n. 41FR/2021.* 2021e.

92 CNPD – COMMISSION NATIONALE POUR LA PROTECTION DES DONNÉES. *Délibération n. 38FR/2021.* 2021c.

93 CNPD – COMMISSION NATIONALE POUR LA PROTECTION DES DONNÉES. *Délibération n. 18FR/2021.* 2021a.

94 EDPB – EUROPEAN DATA PROTECTION BOARD. *2023 coordinated enforcement action* – Designation and position of data protection officers. 16 jan. 2024.

Interessante notar que mesmo no âmbito da UE, reconhecidamente muito mais evoluída em temas e normas de proteção de dados, DPOs enfrentam desafios similares àqueles que se verificam atualmente na realidade brasileira.

Tão relevante quanto a identificação dos desafios enfrentados em relação à posição do DPO são as recomendações feitas pelo EDPB para endereçar tais pontos de preocupação. Entre elas está a necessidade de controladores e operadores que decidam contratar serviços de DPOs externos avaliarem se respectivas organizações ou pessoas têm efetiva condição de atender adequadamente as prescrições legais a respeito da função, inclusive mediante o questionamento prévio de quantos clientes determinado DPO externo possui.

O relatório também reforça a importância que controladores devem dar à avaliação dos recursos ofertados aos seus DPOs, registrando internamente o racional dessas avaliações para permitir que, caso sejam questionados por autoridades supervisoras, possam demonstrar as análises que foram feitas sobre o assunto.

Por sua vez, o Regulamento sobre a atuação do Encarregado pelo tratamento de dados pessoais trouxe previsões específicas a respeito de conflito de interesses, ainda que tais disposições não sejam necessariamente claras e não permitam, de forma indubitável, compreender em quais cenários existiria real conflito.

De acordo com o art. 19, § 1º, do Regulamento, é possível que seja configurado conflito de interesses em dois casos: (i) entre as atribuições exercidas internamente em um agente de tratamento ou no exercício da atividade de encarregado em agentes de tratamento distintos; ou (ii) com o acúmulo das atividades de Encarregado com outras que envolvam a tomada de decisões estratégicas sobre o tratamento de dados pessoais pelo controlador, ressalvadas as operações com dados pessoais inerentes às atribuições do encarregado.

Diversas posições podem estar envolvidas na tomada de "decisões estratégicas" sobre o tratamento de dados, de modo que, tal como lançada, respectiva disposição pode levar a crer que seria necessário nomear uma pessoa que atuasse somente como Encarregado, sem cumular qualquer outro cargo. Seria, no entanto, irreal.

A realidade de boa parte das organizações brasileiras que já empregaram esforços para adequarem suas operações aos termos da legislação é bem diferente desse cenário utópico potencialmente esperado pela ANPD. Gerentes jurídicos, de tecnologia e segurança da informação, de recursos humanos, são comumente também nomeados como Encarregados, considerando seus vastos conhecimentos sobre temas relevantes relacionados à proteção de dados e sobre a própria organização.

Em certa medida, toda e qualquer posição em um nível hierárquico mais elevado tem condições de ser envolvida em decisões estratégicas que envolvam o tratamento de dados pessoais, ainda que não seja esse o seu papel primordial ou corriqueiro.

Talvez esse tenha sido o motivo pelo qual o Regulamento definiu, no parágrafo único do art. 21, que uma das alternativas, caso seja constatada a possibilidade de conflito de interesses, é a implementação de medidas para afastar o risco de conflito.

Será importante acompanhar a evolução desse tema e a interpretação que será conferida pela ANPD em casos concretos, uma vez que essa avaliação é fundamental para garantir segurança jurídica ao mercado e evitar que a Autoridade posteriormente questione a nomeação de determinado profissional como Encarregado.

BIBLIOGRAFIA SELECIONADA

AEPD – AGÊNCIA ESPANHOLA DE PROTEÇÃO DE DADOS. *Procedimento n. PS/00417/2019*. 2019.

AEPD – AGÊNCIA ESPANHOLA DE PROTEÇÃO DE DADOS. *Procedimento n. PS/00251/2020*. 2020.

AEPD – AGÊNCIA ESPANHOLA DE PROTEÇÃO DE DADOS. *Procedimento n. PS/00231/2021*. 2021.

AEPD – AGÊNCIA ESPANHOLA DE PROTEÇÃO DE DADOS. *Procedimento n. PS/00140/2022*. 2023.

AGENCIJA ZA ZAŠTITU OSOBNIH PODATAKA. *Imenovanje službenika za zaštitu podataka*. 19 jan. 2022. Disponível em: https://azop.hr/imenovanje-sluzbenika-za-zastitu-podataka-2/. Acesso em: 15 jun. 2025.

BERLINER BEAUFTRAGTE FÜR DATENSCHUTZ UND INFORMATIONSFREIHEIT. *Interessenkonflikt des betrieblichen Datenschutzbeauftragten:* 525.000 Euro Bußgeld gegen die Tochtergesellschaft eines Berliner E-Commerce-Konzerns. 20 set. 2022.

BERMUDA. *Personal Information Protection Act*. 2016.

CNIL. *Délibération de la Formation Restreinte n. SAN-2023-018 du 12 décembre 2023 concernant la commune de Kourou*. 19 dez. 2023.

CNPD – COMMISSION NATIONALE POUR LA PROTECTION DES DONNÉES. *Délibération n. 18FR/2021*. 2021.

CNPD – COMMISSION NATIONALE POUR LA PROTECTION DES DONNÉES. *Délibération n. 19FR/2021*. 2021.

CNPD – COMMISSION NATIONALE POUR LA PROTECTION DES DONNÉES. *Délibération n. 38FR/2021*. 2021.

CNPD – COMMISSION NATIONALE POUR LA PROTECTION DES DONNÉES. *Délibération n. 40FR/2021*. 2021.

CNPD – COMMISSION NATIONALE POUR LA PROTECTION DES DONNÉES. *Délibération n. 41FR/2021*. 2021.

CNPD – COMMISSION NATIONALE POUR LA PROTECTION DES DONNÉES. *Délibération n. 42FR/2021*. 2021f.

COMISSÃO NACIONAL DE PROTEÇÃO DE DADOS. *Deliberação/2022/1040*. 2022.

COREIA DO SUL. *Personal Information Protection Act*. 29 mar. 2011.

DATA GUIDANCE. *Belgium:* Belgian DPA issues €50,000 fine to organisation for DPO appointment violation. 30 abr. 2020.

DPC – DATA PROTECTION COMMISSION. *DPC Case Reference:* IN-22-2-1. 3 maio 2022.

EDPB – EUROPEAN DATA PROTECTION BOARD. *2023 coordinated enforcement action* – Designation and position of data protection officers. 16 jan. 2024.

EQUADOR. *Ley Orgánica de Protección de Datos Personales*. 21 maio 2021.

GARANTE PER LA PROTEZIONE DEI DATI PERSONALI – GARANTE. *Ordinanza ingiunzione nei confronti di Acqua Novara.VCO S.p.a.* 2022.

GARANTE PER LA PROTEZIONE DEI DATI PERSONALI – GARANTE. *Ordinanza ingiunzione nei confronti di Società Poliambulatorio Radiologico "il Sorriso" S.r.l.* 2022.

GARANTE PER LA PROTEZIONE DEI DATI PERSONALI – GARANTE. *Ordinanza di ingiunzione nei confronti di Ministero dello Sviluppo Economico.* 2021.

HELLENIC DATA PROTECTION AUTHORITY. *Decision n. 27/2022.* 2022.

HELLENIC DATA PROTECTION AUTHORITY. *Representation of controllers before the DPA.* 2020.

INDONÉSIA. *Law n. 27 of 2022 on Personal Data Protection.* 17 out. 2022.

ISRAEL. *Protection of Privacy Law.* 2 jan. 2022.

NATIONAL PRIVACY COMMISSION – NPC. *NPC Advisory n. 2017-01.* 29 mar. 2017.

NIGÉRIA. *Data Protection Act.* 14 jun. 2023.

PALHARES, F. A primeira sanção aplicada pela ANPD está errada. 25 jul. 2023. Disponível em: https://www.linkedin.com/posts/felipepalhares_a-primeira-san%C3%A7%C3%A3o-aplicada-pela-anpd-est%C3%A1-activity-7089562024212332545-YXlw. Acesso em: 15 jun. 2025.

PERSÓNUVERND. *Bréf Persónuverndar til Arion Banka hf. vegna stöðu persónuverndarfulltrúa bankans.* 15 fev. 2021.

RUANDA. *Law n. 058/2021.* 15 out. 2021.

SINGAPORE. *Personal Data Protection Act 2012.*

SUPERINTENDENCIA DE INDUSTRIA Y COMERCIO. *Guía oficial de protección de datos personales.* 4 ago. 2023.

TAILÂNDIA. *Personal Data Protection Act, B.E. 2562 (2019).* 24 maio 2019.

TJUE – TRIBUNAL DE JUSTIÇA DA UNIÃO EUROPEIA. *Case C-453/21.* 9 fev. 2023.

UGANDA. *Data Protection and Privacy Act.* 25 fev. 2019.

URUGUAI. *Ley n. 19670.* 25 out. 2018.

Seção III
Da Responsabilidade
e do Ressarcimento de Danos

Art. 42. O controlador ou o operador que, em razão do exercício de atividade de tratamento de dados pessoais, causar a outrem dano patrimonial, moral, individual ou coletivo, em violação à legislação de proteção de dados pessoais, é obrigado a repará-lo.

§ 1º A fim de assegurar a efetiva indenização ao titular dos dados:

I – o operador responde solidariamente pelos danos causados pelo tratamento quando descumprir as obrigações da legislação de proteção de dados ou quando não tiver seguido as instruções lícitas do controlador, hipótese em que o operador equipara-se ao controlador, salvo nos casos de exclusão previstos no art. 43 desta Lei;

II – os controladores que estiverem diretamente envolvidos no tratamento do qual decorreram danos ao titular dos dados respondem solidariamente, salvo nos casos de exclusão previstos no art. 43 desta Lei.

§ 2º O juiz, no processo civil, poderá inverter o ônus da prova a favor do titular dos dados quando, a seu juízo, for verossímil a alegação, houver hipossuficiência para fins de produção de prova ou quando a produção de prova pelo titular resultar-lhe excessivamente onerosa.

§ 3º As ações de reparação por danos coletivos que tenham por objeto a responsabilização nos termos do *caput* deste artigo podem ser exercidas coletivamente em juízo, observado o disposto na legislação pertinente.

§ 4º Aquele que reparar o dano ao titular tem direito de regresso contra os demais responsáveis, na medida de sua participação no evento danoso.

Artigo 42

Comentado por Caitlin Mulholland
e Cláudio Roberto Santos

DISPOSITIVOS RELACIONADOS NO ORDENAMENTO JURÍDICO BRASILEIRO

- Art. 37, § 6º, CRFB.
- Art. 186; art. 927; art. 934; e art. 942, CC.
- Art. 373, §§ 1º e 2º, CPC.
- Art. 14; e art. 91, CDC.
- Arts. 1º e ss., Lei n. 7.347/85 (Lei da Ação Civil Pública).
- Art. 16, LCP.
- Art. 34, LAI.

DISPOSITIVOS RELACIONADOS NA LGPD

- Art. 6º, VII, VIII e X; art. 11, § 1º; e arts. 48 a 50.

CASOS E DECISÕES JUDICIAIS RELEVANTES

- TJDFT, Processo n. 0703573-06.2023.8.07.0009, Rel. Marilia de Avila e Silva Sampaio. Segunda Turma Recursal, j. 01.12.2023, *DJe* 13.12.2023.
- STJ, RE n. 2077278/SP, Rel. Nancy Andrighi, 3ª Turma, j. 03.10.2023, *DJe* 09.10.2023.
- TJSP, Ap. Civ. n. 1001263-71.2022.8.26.0651, Rel. Marcia Monassi, 6ª Câmara de Direito Privado, j. 25.08.2023, *DJe* 25.08.2023.
- TJRJ, Ap. Civ. n. 0127705-07.2022.8.19.0001, Rel. Des. Cezar Augusto Rodrigues Costa, Décima Sétima Câmara Cível, j. 08.03.2023, *DJe* 10.03.2023.
- TJSP, Ap. Civ. n. 1002413-24.2021.8.26.0554, Rel. Lígia Araújo Bisogni, 34ª Câmara de Direito Privado, j. 16.03.2022, *DJe* 16.03.2022.
- TJDFT, Processo n. 0730867-17.2020.8.07.0016, Rel. Ana Cláudia Loiola de Morais Mendes, Segunda Turma Recursal, j. 01.12.2021, *DJe* 14.12.2021.
- TJSP, Ap. Civ. n. 1008308-35.2020.8.26.0704, Rel. Alfredo Attié, 27ª Câmara de Direito Privado, j. 16.11.2021, *DJe* 16.11.2021.
- TJSP, Ap. Civ. n. 1004576-36.2021.8.26.0405, Rel. Mario A. Silveira, 33ª Câmara de Direito Privado, j. 23.08.2021, *DJe* 24.08.2021.

JUSTIFICATIVA E FUNDAMENTOS

O art. 42 inaugura a Seção III do Capítulo VI da LGPD, intitulada "Da Responsabilidade e do Ressarcimento de Danos". Trata o artigo do reconhecimento da responsabilidade civil dos agentes de tratamento de dados – controlador e operador – em situações nas quais ocorre tratamento que viola os preceitos da lei ou que é caracterizado como irregular, conforme previsto nos arts. 44 e 46 da LGPD.

A presença deste artigo na legislação reflete o compromisso do legislador em assegurar a reparação integral dos danos, dentro de uma perspectiva setorial, reforçando a proteção dos titulares contra práticas abusivas e ilícitas no tratamento de seus dados pessoais. Sendo assim, ele visa promover um ambiente de confiança e transparência na gestão dos dados pessoais, incentivando as práticas de governança, *compliance* e prestação de contas por parte dos agentes de tratamento, por meio de documentação de avaliação de riscos e adoção de medidas de segurança e salvaguarda dos direitos dos titulares.

As justificativas e fundamentos subjacentes ao artigo em comento exercem uma influência significativa na sua interpretação e aplicação. Estes orientam a ação dos agentes de tratamento no sentido de aderir aos princípios estabelecidos pela LGPD, em seu art. 6º, como os da transparência, prevenção, segurança e responsabilização. Em complemento, os fundamentos da lei, previstos em seu art. 2º, IV, quais sejam, a inviolabilidade da intimidade, da honra e da imagem; e no VII, dentre eles, o livre desenvolvimento da personalidade e a dignidade, são a base para o reconhecimento de uma obrigação de indenizar os danos ocasionados ao titular de dados.

Além disso, a principiologia da LGPD deve influenciar o Poder Judiciário e os órgãos reguladores na aplicação da lei, priorizando a proteção dos direitos dos titulares de dados frente aos riscos a eles impostos pelas atividades de tratamento. Tal posicionamento implica uma ênfase na adoção de medidas preventivas e estratégias de governança por parte dos agentes de tratamento, refletindo diretamente na abordagem proativa adotada por eles em relação à proteção de dados em suas operações cotidianas.

Em suma, o art. 42 emerge como um pilar essencial para a promoção e garantia da proteção de dados no Brasil, estabelecendo um fator de equilíbrio entre as atividades de tratamento de dados e a proteção dos direitos dos titulares.

ANÁLISE

Inicialmente é importante reconhecer que o regime de responsabilidade civil adotado pela LGPD independe da natureza do dado tutelado, se sensível ou não, pois a consequência de sua violação – o dano patrimonial ou moral, individual ou coletivo – não se relaciona às distintas categorias de dados, devendo ser o dano integralmente reparado, apesar da classificação concedida na Lei (art. 5º, I e II, LGPD). Dito de outra forma, a consideração do dado sensível como merecedor de uma tutela mais rigorosa da lei, por referir-se a informações que têm uma alta capacidade discriminatória, não impacta na atribuição da obrigação de indenizar ao agente de tratamento, que decorre da qualificação do dano como injusto, devendo ser indenizado em sua extensão e integralidade.

Por ora, a divergência reserva-se ao debate sobre a natureza do regime de responsabilidade civil adotado na LGPD, o que implicará na identificação dos elementos de prova que devem ser produzidos pela vítima do dano. Sendo assim, a LGPD, em seus arts. 42 a 45, estabelece as regras referentes à responsabilidade civil dos agentes de tratamento de dados pessoais, inaugurando um debate doutrinário a respeito da natureza da obrigação de indenizar, se subjetiva – baseada na conduta culposa do agente de tratamento – ou objetiva – fundamentada no risco da atividade desenvolvida pelos agentes ou outro fator de atribuição de característica especial, por exemplo, a irregularidade do tratamento, conforme previsto no art. 44 da LGPD.[95] Estas normas, por sua vez, são justificadas por três princípios da LGPD, quais sejam, os princípios da segurança, da prevenção e da responsabilização e prestação de contas. Complementa o debate, os arts. 46 e seguintes da LGPD, que tratam da segurança de dados, governança e sanções administrativas adequadas em caso de incidentes de segurança. Reconhece este artigo, portanto, as boas práticas aplicáveis ao tratamento de dados pessoais, indicando a necessidade de adoção de medidas que previnam e evitem danos aos titulares de dados.

De acordo com Gisela Sampaio da Cruz Guedes e Rose Melo Vencelau Meireles[96], a LGPD adotou claramente a teoria subjetiva da responsabilidade civil, devendo haver a prova da culpa do agente de tratamento na ocasião do dano, por sua vez fundamentada (i) na omissão na adoção de medidas de segurança para o tratamento adequado dos dados ("quando não fornecer a segurança que o titular dele pode esperar"); (ii) no descumprimento

---

[95] O RGPD possui regras semelhantes às adotadas em nossa legislação, reconhecendo no art. 82 e Considerando 146, RGPD, a obrigação de indenizar danos causados quando houver violação do regulamento.

[96] GUEDES, G. S. C.; MEIRELES, R. M. V. Término do tratamento de dados. *In*: FRAZÃO, A.; OLIVA, M. D.; TEPEDINO, G. (coord.). *Lei Geral de Proteção de Dados Pessoais*: e suas repercussões no direito brasileiro. São Paulo: Revista dos Tribunais, 2019. p. 231.

das obrigações impostas na lei ("em violação à legislação de proteção de dados pessoais" ou "quando deixar de observar a legislação"). Para as autoras, "o legislador criou uma série de deveres de cuidado que devem ser seguidos pelo controlador e pelo operador, sob pena de virem a ser responsabilizados".

As autoras indicam que o Capítulo VI da LGPD (arts. 46 a 54) – que trata de *standards* de conduta (culpa normativa)[97] a serem seguidos pelos agentes de tratamento de dados para a segurança, sigilo, boas práticas e governança de dados – seria o fundamento para o reconhecimento da responsabilidade subjetiva. Em complementação, na análise das excludentes de responsabilidade do art. 43 da LGPD, o inciso II pareceria indicar a adoção de uma excludente tipicamente relacionada às hipóteses de responsabilidade civil subjetiva. Estabelece este inciso que os agentes de tratamento de dados só não serão responsabilizados se, ainda que exista o dano, não houver violação da legislação de proteção de dados. A violação da lei, para as autoras, seria elemento subjetivo da obrigação de indenizar e indicaria a conduta culposa do agente de tratamento de dados. Assim, não haverá obrigação de indenizar quando o agente de tratamento de dados tiver demonstrado que "(...) observou o *standard* esperado e, se o incidente ocorreu, não foi em razão de sua conduta culposa".[98] Em resumo, sustentam as autoras que a LGPD adota a teoria subjetiva da responsabilidade civil, calcada em duas "dicas" deixadas pelo legislador: (i) no art. 44, quando o legislador faz menção a medidas de segurança; (ii) no art. 43, II, quando o legislador estabelece excludente de ilicitude referente ao cumprimento das normas da LGPD.

Em posição diversa, Maria Celina Bodin de Moraes e João Quinelato Queiroz[99] acreditam que a LGPD adota a chamada teoria ativa ou proativa da responsabilidade civil. Esta teoria indica a necessidade de olhar-se a responsabilidade civil de um ponto de vista positivo, sustentado pela necessidade da adoção de posturas pelos agentes de tratamento de dados que tutelem a prevenção de danos, sendo a obrigação de indenizar medida excepcional a ser tomada. De acordo com os autores, "a proteção da intimidade por vias da mera não interferência na esfera individual cede espaço à tutela positiva e proativa, isto é, que garanta ao titular o conhecimento pleno das formas de tratamento, finalidade e destino de seus dados".[100] Complementam essa afirmação, indicando que os dados pessoais, por constituírem conteúdo do direito à privacidade, impõem que "a coleta e o tratamento de dados pessoais devem ser precedidos de medidas rigorosas e eficazes de proteção, especialmente em relação aos dados sensíveis, núcleo duro da dignidade humana".[101] Os autores sustentam que a

---

[97] Para Maria Celina Bodin de Moraes, "a noção normativa de culpa, como inobservância de uma norma objetiva de conduta, praticamente substitui a noção psicológica, com vistas a permitir que se apure o grau de reprovação social representado pelo comportamento concreto do ofensor, isto é, a correspondência, ou não, do fato a um padrão (*standard*) objetivo de adequação, sem que se dê relevância à sua boa ou má intenção. (...) a figura do ilícito permanece ancorada no fato "culposo", o qual, porém, foi redefinido, através dessa concepção da culpa, como sendo um fato avaliado negativamente em relação a parâmetros objetivos de diligência" (MORAES, M. C. B. *Danos à pessoa humana*. Renovar: Rio de Janeiro, 2003. p. 212.).

[98] GUEDES, G. S. C.; MEIRELES, R. M. V. Término do tratamento de dados. *In*: FRAZÃO, A.; OLIVA, M. D.; TEPEDINO, G. (coord.). *Lei Geral de Proteção de Dados Pessoais*: e suas repercussões no direito brasileiro. São Paulo: Revista dos Tribunais, 2019. p. 236.

[99] MORAES, M. C. B. de; QUEIROZ, J. Q. de. Autodeterminação informativa e responsabilização proativa: novos instrumentos de tutela da pessoa humana na LGPD. *Cadernos Adenauer*, ano XX, v. 3, 2019.

[100] MORAES, M. C. B. de; QUEIROZ, J. Q. de. Autodeterminação informativa e responsabilização proativa: novos instrumentos de tutela da pessoa humana na LGPD. *Cadernos Adenauer*, ano XX, v. 3, p. 118, 2019.

[101] MORAES, M. C. B. de; QUEIROZ, J. Q. de. Autodeterminação informativa e responsabilização proativa: novos instrumentos de tutela da pessoa humana na LGPD. *Cadernos Adenauer*, ano XX, v. 3, p. 119, 2019.

"responsabilidade proativa" encontra-se justificada no art. 6º, X, da LGPD, que reconhece o princípio da responsabilização e prestação de contas que impõem aos agentes de tratamento de dados pessoais a "demonstração, pelo agente, da adoção de medidas eficazes e capazes de comprovar a observância e o cumprimento das normas de proteção de dados pessoais e, inclusive, da eficácia dessas medidas". Para os autores,

> as características peculiares da hipótese de responsabilidade civil em questão – que se expressam principalmente na regulação detalhada das obrigações comportamentais do controlador e do operador de dados, com um novo foco no perfil de gerenciamento de riscos, especialmente relacionado ao uso da inovação tecnológica – possibilita garantir a efetividade do recurso de compensação, adaptando-o às especificidades da atividade de processamento de dados pessoais e aos requisitos de proteção que ele apresenta.[102]

De outro lado, Laura Schertel Mendes e Danilo Doneda[103] consideram que a atividade de tratamento de dados encerra um risco intrínseco, na medida em que há uma potencialidade danosa considerável em caso de violação desses direitos, que se caracterizam por sua natureza de direito personalíssimo e de direito fundamental. Partem os autores da constatação de que a legislação de proteção de dados tem como um dos seus principais fundamentos a diminuição de riscos de dano. Tanto assim, que a lei adota como princípio, no art. 6º, III, o da necessidade que impõe a "limitação do tratamento ao mínimo necessário para a realização de suas finalidades, com abrangência dos dados pertinentes, proporcionais e não excessivos em relação às finalidades do tratamento de dados". Este dever estaria relacionado diretamente ao fator de risco referente ao tratamento de dados. Para eles:

> A consideração da responsabilidade dos agentes leva em conta, em primeiro lugar, a natureza da atividade de tratamento de dados, que a LGPD procura restringir às hipóteses com fundamento legal (art. 7º) e que não compreendam mais dados do que o estritamente necessário (princípio da finalidade, art. 6º, III) nem sejam inadequadas ou desproporcionais em relação à sua finalidade (art. 6º, II).[104]

Estas considerações a respeito da finalidade da lei e dos princípios por ela adotados (necessidade, minimização, responsabilidade e prestação de contas, entre outros), levam Mendes e Doneda a concluir que o legislador optou por um regime de responsabilidade objetiva, vinculando o exercício da atividade de tratamento de dados pessoais a um risco inerente, potencialmente causador de danos a seus titulares.

Analisando os princípios acima indicados, de acordo com o art. 6º, X, da LGPD, que reconhece o princípio da responsabilização e prestação de contas, os agentes de tratamento devem apresentar medidas de segurança eficazes e capazes de comprovar que o tratamento está em conformidade com a lei. O princípio da prestação de contas estabelece a necessidade, primeiramente, de atender à transparência a ser adotada pelo agente de tratamento de dados acerca dos procedimentos que são tomados para a segurança no tratamento de

---

[102] MORAES, M. C. B. de; QUEIROZ, J. Q. de. Autodeterminação informativa e responsabilização proativa: novos instrumentos de tutela da pessoa humana na LGPD. *Cadernos Adenauer*, ano XX, v. 3, p. 133-134, 2019.

[103] SCHERTEL MENDES, L.; DONEDA, D. Reflexões iniciais sobre a nova Lei Geral de Proteção de Dados. *Revista de Direito do Consumidor*, n. 120, nov./dez. 2018.

[104] SCHERTEL MENDES, L.; DONEDA, D. Reflexões iniciais sobre a nova Lei Geral de Proteção de Dados. *Revista de Direito do Consumidor*, n. 120, p. 479, nov./dez. 2018.

dados. Esta transparência – que pode muito bem ser considerada como uma consequência da proteção do princípio da boa-fé objetiva – deve ser considerada como um dever "ativo". Isto é, aos titulares de dados devem ser comunicadas todas as medidas de segurança que serão tomadas para evitar o dano.

A transparência, por sua vez, gera a obrigação do agente de tratamento de prestar contas, nas quais serão evidenciadas as medidas que estão sendo tomadas para uma atuação em conformidade com as boas práticas impostas pela lei. Uma das formas, inclusive, de avaliação destas práticas se dá pelo chamado RIPD, que se configura como a "documentação do controlador que contém a descrição dos processos de tratamento de dados pessoais que podem gerar riscos às liberdades civis e aos direitos fundamentais, bem como medidas, salvaguardas e mecanismos de mitigação de risco" (ver comentário ao art. 5º, XVII, neste volume). O uso deste termo – "mecanismos de mitigação do risco" –, refere-se à capacidade do pretenso ofensor de reconhecer previamente os riscos relacionados à atividade que ele desenvolve e tomar as medidas para evitar o dano, numa antecipação que o controlador ou operador deverá considerar para evitar a obrigação de reparar, por meio da gestão dos riscos relacionados à atividade desenvolvida.

Consideradas as posições opostas levantadas pelos autores citados, afirma-se que a LGPD, em seu art. 42, adota a teoria que impõe a obrigação de indenizar independentemente da análise da culpa dos agentes de tratamento de dados, isto é, a responsabilidade civil é objetiva.

Superada a discussão acerca do regime de responsabilidade adotado, resta esclarecer alguns pontos sobre o conteúdo do art. 42 em comento.

O *caput* do art. 42 da LGPD assegura que controlador e operador serão responsabilizados somente quando for identificado que o dano é consequência do exercício de atividade de tratamento de dados pessoais. Isto é, somente serão aplicáveis as regras de responsabilidade civil previstas na LGPD, em seus arts. 42 a 45, às hipóteses em que o dano é decorrência do tratamento de dados pessoais, identificando-se nesta norma o elemento causal da obrigação de indenizar. Para danos decorrentes de condutas ou atividades desenvolvidas pelo agente de tratamento que não são causalmente ligadas ao tratamento de dados pessoais serão aplicáveis outros regramentos, tais como o CC (arts. 927, 931 e 932, por exemplo).

Serão os agentes responsáveis por danos de qualquer ordem ou natureza, sendo prevista a indenizabilidade dos danos patrimoniais ou morais, individuais ou coletivos. Não traz o legislador uma conceituação particular ou setorial de cada uma destas categorias, no que podemos concluir que os conceitos adotados serão os mesmos utilizados pela teoria geral da responsabilidade civil. A previsão expressa sobre a responsabilidade por danos coletivos mostra-se relevante diante do fato de que há inúmeras situações em que o bem da vida afetado são os valores e interesses fundamentais da sociedade. O que demonstra o comprometimento do legislador com a tutela de interesses difusos e individuais homogêneos, corroborado pela previsão do § 3º deste mesmo dispositivo que referência a legislação pertinente, quais sejam, o CDC e a Lei da Ação Civil Pública. Isso é fundamental no contexto de violações de dados, nas quais o impacto pode ser difuso e nem sempre quantificável a nível individual, mas ainda assim gerador de um dano coletivo significativo, a exemplo do que se identifica nos danos sofridos em caso de incidentes de segurança que atingem grandes bases de dados pessoais. Essa disposição alinha a LGPD com uma visão moderna de tutela de direitos coletivos e danos transindividuais.

De outro lado, a obrigação de compensar o dano moral é consequência da ofensa a situações subjetivas de natureza existencial, como ocorre nos casos de violação do direito à imagem, à honra, à privacidade, por exemplo. A própria previsão constitucional do direito à proteção de dados como direito fundamental de natureza individual no art. 5º, LXXIX, CRFB, reconhece a sua natureza personalíssima, impondo a obrigação de indenizar pelos danos morais advindos de sua violação. Sobre a qualificação do dano moral, a questão debatida pela doutrina e jurisprudência[105] envolve a possibilidade de presunção de existência de dano moral indenizável quando da violação do direito à proteção de dados. No caso, o denominado dano moral *in re ipsa*[106] é qualificado independentemente da necessidade de prova de outros elementos, sejam de natureza subjetiva – como dor, vexame, constrangimento, etc. – sejam de natureza objetiva – como danos emergentes e lucros cessantes, de natureza estritamente patrimonial.

Exemplificando, no caso de um incidente de segurança, em que é reconhecido pelo controlador o acesso por terceiros não autorizados a dados pessoais, este fato já seria suficiente para qualificar o dano moral, na medida em que houve tratamento irregular, com violação da lei ou descumprimento do dever de cuidado e segurança por parte do agente de tratamento. Sobre a quantificação do dano moral, deve-se considerar os parâmetros já consolidados no STJ, tais como (i) a extensão do dano – por exemplo, se o dado tem natureza sensível –, (ii) a qualificação subjetiva da vítima – por exemplo, se criança, idoso, portador de alguma outra vulnerabilidade –, e (iii) a qualificação do ofensor – considerando nesse caso, a sua capacidade econômica como elemento primordial.

Ainda em análise ao *caput* do art. 42, identifica-se que a obrigação de indenizar pode ser atribuída tanto ao controlador quanto ao operador, que serão responsabilizados na medida de sua participação no evento danoso, indicando, portanto, a necessária análise do nexo de causalidade para a imputação do dever indenizatório tanto a um quanto ao outro, e ainda solidariamente em determinadas circunstâncias previstas nos parágrafos do art. 42. Assim, não é correto afirmar que somente o controlador é obrigado a indenizar os danos sofridos pelo titular. Por exemplo, o § 1º, I, estabelece a responsabilidade solidária com o operador, que trata os dados sob as diretrizes indicadas pelo controlador.

Tal previsão de responsabilidade solidária com o controlador dos dados sugere que este último é o principal responsável pelas atividades de tratamento de dados pessoais, caso contrário o referido inciso teria previsto a responsabilidade exclusiva do operador, haja vista que a obrigação descrita se refere a atos que se relacionam diretamente com a conduta exclusiva do operador ao tratar dados pessoais. Isto é, a responsabilidade do operador pelos danos causados – solidária – depende de duas circunstâncias independentes, quais sejam: quando descumprir as obrigações da legislação de proteção de dados ou quando não tiver seguido as instruções lícitas do controlador. Tal medida se justifica porque a relação do titular de dados pessoais se dá com o controlador, onde na maioria dos casos esses titulares não têm conhecimento de quem são os operadores que intervêm nas atividades de tratamento.

---

[105] Sobre essas discussões ver Grossi (A violação dos direitos de personalidade na LGPD: a problemática do dano moral *in re ipsa*. *In*: PARENTONI, L.; CARDOSO, R. C. (org.). *Law, technology and innovation*: insights on Artificial Intelligence and the law, 2022. v. II) e Ardoso (O dano moral "*in re ipsa*" e o tratamento indevido de dados sob o prisma dos julgados: REsp 1.758.799/MG e ADI 6387 MC-REF. *Revista IBERC*, v. 4, n. 1, p. 133-153, 2021). Ver também posicionamento do STJ no julgamento do REsp 1.758.799.

[106] Dano presumido, quando a ocorrência do dano é intrínseco ao fato, não carecendo de outras comprovações. Como nos diz Paulo Lôbo: "A responsabilidade opera-se pelo simples fato da violação (*damnum in re ipsa*); assim, verificada lesão a direitos da personalidade, surge a necessidade de reparação do dano moral" (LÔBO, P. *Direito civil:* obrigações. 7. ed. São Paulo: Saraiva Educação, 2019. p. 49).

Já o inciso II deste mesmo parágrafo estabelece a responsabilidade solidária entre controladores, aqui considerados como cocontroladores, pois diretamente envolvidos no tratamento e, por consequência, pelos danos daí decorrentes. Esta disposição visa assegurar que os titulares de dados possam obter reparação, independentemente das complexidades das relações entre diferentes entidades que tratam seus dados.

Ainda, devemos considerar que nos casos de responsabilidade solidária, haverá a possibilidade de promoção de ação regressiva para reaver o valor indenizado daquele que pagou. O § 4º introduz esta possibilidade, o que significa que, se um agente (controlador ou operador) pagar a indenização, ele pode buscar reembolso de outros agentes responsáveis pelo dano. Isso é particularmente relevante em situações em que vários agentes estão envolvidos no tratamento de dados que levou ao dano. A ação regressiva é uma ferramenta importante para assegurar que a responsabilidade pelo dano seja efetivamente atribuída à parte que agiu culposamente, incentivando assim maior diligência no tratamento de dados pessoais.

Importa destacar que a responsabilidade solidária é crucial para a efetividade dos direitos dos titulares em cenários onde múltiplos agentes estão envolvidos no tratamento dos dados pessoais, além de garantir a ampla satisfação dos danos, em atendimento ao princípio da reparação integral.

O § 2º do art. 42 permite a inversão do ônus da prova em favor do titular dos dados, em sintonia com o previsto no CPC brasileiro. Esta disposição é particularmente relevante em litígios sobre proteção de dados, onde o titular dos dados muitas vezes não possui acesso ou capacidade técnica para provar a falha no tratamento dos seus dados. A inversão do ônus da prova coloca a responsabilidade de demonstrar a conformidade com a LGPD sobre o agente de tratamento, facilitando assim a defesa dos direitos dos titulares.

Ao pesquisar a jurisprudência utilizando o termo LGPD, ou algum que lhe seja correlato, o resultado tem sido, em sua maioria, de casos em que se discute a responsabilidade civil por danos provocados por vazamento de dados pessoais, isto é, por incidentes de segurança. Contudo é possível identificar, até o momento, a recorrência de dois fatores que impedem a responsabilização. O primeiro deles é a dificuldade em se produzir provas acerca do nexo de causalidade entre o acesso não autorizada aos dados e o dano concreto ocasionado. Quando superada esta dificuldade inicial, esbarra-se no segundo ponto, a comprovação de dano. O posicionamento atual da Jurisprudência brasileira é que os danos precisam ser comprovados, não cabendo sua presunção – dano *in re ipsa* – pela simples prova da existência de um incidente de segurança. Nesse sentido, "(...) Verifica-se, portanto, que não basta a ação negligente da ré para ensejar indenização, mas também o efetivo dano, que deve ser comprovado, não havendo que se falar em presunção. A mesma diretriz, aliás, foi observada no art. 42 da LGPD, ao enfatizar que o controlador ou operador que, em razão do exercício de tratamento de dados pessoais, causar dano patrimonial ou moral, é obrigado a repará-lo".[107]

BIBLIOGRAFIA SELECIONADA

ARDOSO, J. V. G. O dano moral "*in re ipsa*" e o tratamento indevido de dados sob o prisma dos julgados: REsp 1.758.799/MG e ADI 6387 MC-REF. *Revista IBERC*, v. 4, n. 1, p. 133-153, 2021.

[107] TJSP, Ap. Civ. n. 1008308-35.2020.8.26.0704.

BESSA, L. R.; ALMEIDA, M. H. S. de. A vulnerabilidade do titular de dados e a responsabilidade civil na Lei Geral de Proteção de Dados – LGPD. *Civilistica.com*, v. 12, n. 2, p. 1-23, 1º out. 2023.

BIONI, B. R. *Proteção de dados pessoais*: a função e os limites do consentimento. 3. ed. Rio de Janeiro: Forense, 2021.

BIONI, B. R.; LUCIANO, M. O princípio da precaução na regulação de inteligência artificial: seriam as leis de proteção de dados o seu portal de entrada? *In*: FRAZÃO, A.; MULHOLLAND, C.; SILVEIRA, A. *et al.* (coord.). *Inteligência artificial e direito:* ética, regulação e responsabilidade. São Paulo: Revista dos Tribunais, 2019. p. 207-228.

CAPANEMA, W. A. A responsabilidade civil na Lei Geral de Proteção de Dados. *Cadernos Jurídicos*, v. 21, n. 53, p. 163-170, jan./mar. 2020.

COLOMBO, C.; FACCHINI NETO, E. "Corpo eletrônico" como vítima de ofensas em matéria de tratamento de dados pessoais: reflexões acerca da responsabilidade civil por danos à luz da Lei Geral de Proteção de Dados Pessoais brasileira e a viabilidade de aplicação da noção de dano estético ao mundo digital. *In*: ROSENVALD, N.; DRESCH, R. F. V.; WESENDONCK, T.; PASQUALOTTO, A. *et al.* (coord.). *Responsabilidade civil:* novos riscos. São Paulo: Foco, 2019. p. 45-64.

CORDEIRO, A. B. M. Repercussões do RGPD sobre a responsabilidade civil. *In*: FRAZÃO, A.; OLIVA, M. D.; TEPEDINO, G. (Coord.). *Lei Geral de Proteção de Dados Pessoais*: e suas repercussões no direito brasileiro. São Paulo: Revista dos Tribunais, 2019. p. 777-795.

CUEVA, R. V. B. A proteção de dados pessoais na jurisprudência do Superior Tribunal de Justiça. *In*: FRAZÃO, A.; OLIVA, M. D.; TEPEDINO, G. (Coord.). *Lei Geral de Proteção de Dados Pessoais*: e suas repercussões no direito brasileiro. São Paulo: Revista dos Tribunais, 2019. p. 85-98.

DONEDA, D. *Da privacidade à proteção de dados pessoais:* fundamentos da Lei Geral de Proteção de Dados. 3. ed. São Paulo: Revista dos Tribunais, 2021.

DONEDA, D.; SCHERTEL MENDES, L.; CUEVA, R. V. B. (coord.). *Lei Geral de Proteção de Dados (Lei n. 13.709/2018):* a caminho da efetividade: contribuições para a implementação da LGPD. São Paulo: Revista dos Tribunais, 2020.

DRESCH, R. F. V.; FALEIROS JÚNIOR, J. L. M. Reflexões sobre a responsabilidade civil na Lei Geral de Proteção de Dados (Lei n. 13.709/2018). *In*: ROSENVALD, N.; DRESCH, R. F. V.; WESENDONCK, T.; PASQUALOTTO, A. *et al.* (coord.). *Responsabilidade civil:* novos riscos. São Paulo: Foco, 2019. p. 65-89.

FRANZOLIN, C. J.; VALENTE, V. A. E. Alguns apontamentos sobre a responsabilidade ativa mediante a prestação de contas e a prevenção de danos por meio de conformidades: a Lei Geral de Proteção de Dados e a tutela do consumidor em construção. *Revista de Direito do Consumidor*, v. 30, n. 133, p. 75-106, jan./fev. 2021.

GODINHO, A. M.; QUEIROGA NETO, G. R. de; TOLÊDO, R. C. M. A responsabilidade civil pela violação a dados pessoais. *Revista IBERC*, v. 3, n. 1, p. 15, 3 abr. 2020.

GUEDES, G. S. C. Regime de responsabilidade adotado pela Lei de Proteção de Dados brasileira. *In*: SOUZA, C. A.; MAGRANI, E.; SILVA, P. (coord.). *Caderno Especial:* Lei Geral de Proteção de Dados (PGPD). São Paulo: Revista dos Tribunais, 2019. p. 167-182.

GUEDES, G. S. C.; MEIRELES, R. M. V. Término do tratamento de dados. *In*: FRAZÃO, A.; OLIVA, M. D.; TEPEDINO, G. (coord.). *Lei Geral de Proteção de Dados Pessoais*: e suas repercussões no direito brasileiro. São Paulo: Revista dos Tribunais, 2019. p. 219-241.

GROSSI, B. M. A violação dos direitos de personalidade na LGPD: a problemática do dano moral *in re ipsa*. *In*: PARENTONI, L.; CARDOSO, R. C. (org.). *Law, technology and innovation*: insights on Artificial Intelligence and the law, 2022. v. II.

JIUKOSKI DA SILVA, S.; FONTÃO PIRES, T. C. Perspectivas sobre a responsabilidade civil por danos causados pelas aplicações de Inteligência Artificial no delineamento do perfil do consumidor no Brasil. *Cadernos de Direito Actual*, v. 16, p. 369-383, 2021.

LÔBO, P. *Direito civil:* obrigações. 7. ed. São Paulo: Saraiva Educação, 2019..

LONGHI, J. V. R.; MARTINS, G. M. (Coord.). *Direito digital:* direito privado e internet. 4. ed. São Paulo: Foco, 2021.

MORAES, M. C. B. de; QUEIROZ, J. Q. de. Autodeterminação informativa e responsabilização proativa: novos instrumentos de tutela da pessoa humana na LGPD. *Cadernos Adenauer*, v. 3, ano XX, 2019.

MULHOLLAND, C. *A LGPD e o novo marco normativo no Brasil.* Porto Alegre: Arquipélago, 2020.

MULHOLLAND, C. Responsabilidade civil por danos causados pela violação de dados sensíveis e a Lei Geral de Proteção de Dados Pessoais (Lei 13.709/18). *In*: MARTINS, G. M.; ROSENVALD, N. (org.). *Responsabilidade civil e novas tecnologias.* São Paulo: Foco, 2020. p. 109-124.

MULHOLLAND, C.; KREMER, B. Responsabilidade civil por danos causados pela violação do princípio da igualdade no tratamento de dados pessoais. *In*: SILVA, R. G.; TEPEDINO, G. (org.). *O direito civil na era da inteligência artificial.* São Paulo: Revista dos Tribunais, 2020. p. 565-584.

PAGANELLA, V. A responsabilidade civil na Lei Geral de Proteção de Dados: uma análise do nexo de imputação. *In*: MENKE, F.; DRESCH, R. F. V. (Coord.). *Lei Geral de Proteção de Dados:* aspectos relevantes. São Paulo: Foco, 2021. p. 207-230.

SCHERTEL MENDES, L.; DONEDA, D. Comentário à nova Lei de Proteção de Dados (Lei 13.709/2018), o novo paradigma da proteção de dados no Brasil. *Revista de Direito do Consumidor*, n. 120, p. 555, 2018.

SCHERTEL MENDES, L.; DONEDA, D. Reflexões iniciais sobre a nova Lei Geral de Proteção de Dados. *Revista de Direito do Consumidor*, n. 120, p. 469-483, nov./dez. 2018.

SCHERTEL MENDES, L.; DONEDA, D.; SARLET, I. W.; RODRIGUES JR., O. L.; BIONI, B. R. (coord.). *Tratado de proteção de dados pessoais.* Rio de Janeiro: Forense, 2021.

SCHREIBER, A. Responsabilidade civil da Lei Geral de Proteção de Dados Pessoais. *In*: SCHERTEL MENDES, L. *et al.* (coord.). *Tratado de proteção de dados pessoais.* Rio de Janeiro: Forense, 2021.. p. 319-338.

TASSO, F. A. A responsabilidade civil na Lei Geral de Proteção de Dados e sua interface com o Código Civil e o Código de Defesa do Consumidor. *Cadernos Jurídicos*, v. 21, n. 53, p. 97-115, jan./mar. 2020.

FRAZÃO, A.; OLIVA, M. D.; TEPEDINO, G. (Coord.). *Lei Geral de Proteção de Dados Pessoais*: e suas repercussões no direito brasileiro. São Paulo: Revista dos Tribunais, 2019..

TEPEDINO, G.; SILVA, R. G. Inteligência artificial e elementos da responsabilidade civil. *In*: FRAZÃO, A.; OLIVA, M. D.; TEPEDINO, G. (Coord.). *Lei Geral de Proteção de Dados Pessoais*: e suas repercussões no direito brasileiro. São Paulo: Revista dos Tribunais, 2019. p. 293-324.

TOMASEVICIUS FILHO, E. (Coord.). *A Lei Geral de Proteção de Dados brasileira.* São Paulo: Almedina, 2021.

Art. 43. Os agentes de tratamento só não serão responsabilizados quando provarem:

I – que não realizaram o tratamento de dados pessoais que lhes é atribuído;

II – que, embora tenham realizado o tratamento de dados pessoais que lhes é atribuído, não houve violação à legislação de proteção de dados; ou

III – que o dano é decorrente de culpa exclusiva do titular dos dados ou de terceiro.

Artigo 43

Comentado por Caitlin Mulholland e Cláudio Roberto Santos

DISPOSITIVOS RELACIONADOS NO ORDENAMENTO JURÍDICO BRASILEIRO

- Art. 14, § 3º, CDC.

DISPOSITIVOS RELACIONADOS NA LGPD

- Art. 6º, X, arts. 48 a 51.

CASOS E DECISÕES JUDICIAIS RELEVANTES

- TJDFT, Processo n. 0723973-81.2022.8.07.0007, Rel. Marilia de Avila e Silva Sampaio, Segunda Turma Recursal, j. 13.12.2023, *DJe* 15.12.2023.
- TJDFT, Processo n. 0703573-06.2023.8.07.0009, Rel. Marilia de Avila e Silva Sampaio, Segunda Turma Recursal, j. 01.12.2023, *DJe* 13.12.2023.
- TJDFT, Processo n. 0702358-56.2023.8.07.0021, Rel. Marilia de Avila e Silva Sampaio, Segunda Turma Recursal, j. 01.122023, *DJe* 12.12.2023.
- TJSP, Ap. Civ. n. 1065775-67.2022.8.26.0100, Rel. Benedito Antonio Okuno, 8ª Câmara de Direito Privado, j. 21.11.2023, *DJe* 21.11.2023.
- TJDFT, Processo n. 0702790-67.2021.8.07.0014, Rel. Arnaldo Corrêa Silva, Segunda Turma Recursal, j. 09.02.2022, *DJe* 16.02.2022.
- TJSP, Ap. Civ. n. 1000331-24.2021.8.26.0003, Rel. Alfredo Attié, 27ª Câmara de Direito Privado, j. 16.11.2021, *DJe* 16.11.2021.
- TJSP, Ap. Civ. n. 1008308-35.2020.8.26.0704, Rel. Alfredo Attié, 27ª Câmara de Direito Privado, j. 16.11.2021, *DJe* 16.11.2021.
- TJSP, Ap. Civ. n. 1025180-52.2020.8.26.0405, Rel. Arantes Theodoro, 36ª Câmara de Direito Privado, j. 26.08.2021, *DJe* 26.08.2021.

JUSTIFICATIVA E FUNDAMENTOS

São três os elementos que compõem a obrigação de indenizar: (i) o dano – pressuposto da responsabilidade; (ii) um fator de atribuição – culpa, risco, defeito do produto, irregularidade do tratamento, por exemplo, a justificar a responsabilização; e (iii) o fator de imputação, denominado nexo de causalidade, relacionando o dano sofrido pelo titular à atividade de tratamento de dados desenvolvida pelo agente. A incapacidade da vítima do dano de provar quaisquer desses elementos traz como consequência a insubsistência da obrigação de indenizar. Assim, o afastamento da responsabilidade dá-se por meio das excludentes de culpa, quando a conduta do agente de tratamento for lícita, como, por exemplo, em estrito cumprimento do dever legal, em estado de perigo ou em legítima defesa (art. 188, CC); ou pelas excludentes de causalidade, como, por exemplo, nos casos de fortuito externo, força maior (art. 393, CC), culpa exclusiva da vítima ou culpa exclusiva de terceiro.

O propósito central do art. 43 da LGPD é reconhecer três hipóteses excludentes de causalidade, que se aplicam tão somente no âmbito das atividades de tratamento de dados pessoais. O art. 43 impõe um regime de excludentes que é baseado em evidências, exigindo dos agentes de tratamento a concreção do princípio da transparência, representado pela manutenção de registros adequados das atividades de tratamento de dados pessoais e a demonstração de conformidade com as normas da LGPD, para eximir os agentes de tratamento da obrigação de indenizar.

ANÁLISE

O art. 43, da LGPD reconhece três excludentes de responsabilidade, que possibilitam aos agentes de tratamento sua defesa contra reivindicações de indenizações em determinadas circunstâncias. Ele apresenta uma previsão significativa que se diferencia das excludentes previstas no CDC,[108] por exemplo. Não obstante há quem opine a favor da ideia de que ele adotou uma estrutura semelhante àquela do CDC

> Ainda sob o ponto de vista principiológico, destaca-se que a estrutura da LGPD se assemelha, em muito, à do Código de Defesa do Consumidor e à do Marco Civil da Internet, haja vista que todos os três diplomas legais possuem estrutura principiológica que fundamenta os demais direitos, deveres e regulamentações, de modo que as demais regras decorrem diretamente dos princípios que são inicialmente estabelecidos.[109]

As excludentes previstas neste art. 43 incluem a demonstração de que o agente não realizou o tratamento de dados pessoais que lhe é atribuído; a comprovação de que, apesar de ter realizado o tratamento, não houve violação à legislação de proteção de dados; ou a prova de que o dano é decorrente de culpa exclusiva do titular dos dados ou de terceiro.

Antes de analisar tais hipóteses é importante destacar que a previsão contida no presente artigo leva à presunção de alguns elementos da responsabilidade civil, conforme explicam Bioni e Dias:

---

[108] BIONI, B.; DIAS, D. Responsabilidade civil na proteção de dados pessoais: construindo pontes entre a Lei Geral de Proteção de Dados Pessoais e o Código de Defesa do Consumidor. *Civilistica.com*, São Paulo, v. 9, n. 3, p. 2, 2020.

[109] SANTOS, C. F. dos; SILVA, J. G.; PADRÃO, V. Responsabilidade civil pelo tratamento de dados pessoais na Lei Geral de Proteção de Dados. *Revista Eletrônica da PGE-RJ*, v. 4, n. 3, p. 3, 2021.

> A partir das excludentes de responsabilidade estabelecidas no artigo 43 da LGPD, e em face de dano decorrente de tratamento de dados, presume-se: (i) a autoria do tratamento por parte do agente a quem o tratamento é atribuído; e (ii) a violação à legislação de proteção de dados ou irregularidade do tratamento.[110]

A razão para tal presunção reside no fato de que ao ser demandado por algum titular de dados, caso queira afastar sua responsabilidade, o agente de tratamento precisa demonstrar a incidência de alguma das hipóteses previstas neste art. 43 da LGPD. Aliada ainda à possibilidade de inversão do ônus da prova em favor do titular, contida no § 2º do artigo anterior (art. 42), reforça a sua tutela, sem, contudo, afastar a obrigação de demonstração de que o dano fora provocado envolvendo alguma atividade de tratamento de seus dados pessoais, a própria comprovação do dano sofrido e o nexo de causalidade entre um e outro.[111]

A análise deste artigo inicia-se pela interpretação do *caput*, no qual se reconhece que "só" não serão responsabilizados os agentes de tratamento que demonstrarem a existência de uma das hipóteses previstas nos seus incisos I a III. A utilização do advérbio "só" poderia indicar uma limitação das hipóteses de exclusão de responsabilidade. Isto é, somente seriam admitidas como excludentes da responsabilidade civil dos agentes de tratamento as hipóteses previstas nos incisos, sendo desconsideradas as demais excludentes genéricas previstas no CC em seus arts. 188 e 393. Evidentemente, tal interpretação deve ser afastada sob pena de impor ao agente de tratamento obrigação por demais onerosa, abarcando situações danosas pelas quais o controlador ou operador não teriam qualquer capacidade de previsão ou controle. Melhor interpretação é aquela que entende que, para além das excludentes genéricas já mencionadas e aquelas específicas previstas no art. 43 da LGPD, outras eventuais causas de afastamento da obrigação de indenizar não estão abarcadas pela legislação.

> (...) afinal, a LGPD precisa ser harmonizada com o ordenamento jurídico vigente, o que inclusive está expresso no artigo 64, da LGPD, até mesmo porque sua missão é ousada e abrangente ao regular o tratamento de dados pessoais em harmonia com o *macrossistema privado e público*, assim como com outros *microssistemas*, como o CDC, Marco Civil da Internet, CLT, o ECA, Estatuto do Idoso, Lei Brasileira de Inclusão da Pessoa com Deficiência (Estatuto da Pessoa com Deficiência), Lei de Acesso à Informação, dentre outros.[112]

Por outro lado, essa interpretação municia os defensores da teoria objetiva da responsabilidade civil de argumentos relevantes, já que nas hipóteses de excludentes previstas, nenhuma refere-se à exclusão da conduta culposa, mas somente a situações relacionadas ao afastamento da causalidade, reconhecendo o legislador a irrelevância da pesquisa da culpa para a imposição ou afastamento da obrigação de indenizar (ver comentário ao art. 42 neste volume).

Sobre a primeira hipótese de excludentes, o inciso I dá ao agente de tratamento demandado a possibilidade de produzir prova de que não realizou a atividade de tratamento

---

[110] BIONI, B.; DIAS, D. Responsabilidade civil na proteção de dados pessoais: construindo pontes entre a Lei Geral de Proteção de Dados Pessoais e o Código de Defesa do Consumidor. *Civilistica.com*, São Paulo, v. 9, n. 3, p. 18, 2020.

[111] BIONI, B.; DIAS, D. Responsabilidade civil na proteção de dados pessoais: construindo pontes entre a Lei Geral de Proteção de Dados Pessoais e o Código de Defesa do Consumidor. *Civilistica.com*, São Paulo, v. 9, n. 3, p. 18, 2020.

[112] ARAÚJO, R. M. F. de. *Excludentes de responsabilidade civil no contexto da proteção de dados pessoais*. São Paulo: USP/Faculdade de Direito, 2022. p. 145-146.

que lhe é atribuída. Neste caso, está-se diante de hipótese de quebra do nexo de causalidade,[113] na medida em que não será possível conectar o dano sofrido à atividade desenvolvida pelo pretendido ofensor, agente de tratamento. Essa prova pode ser facilmente constituída quando o agente de tratamento mantém de forma organizada um relatório de atividades de tratamento de dados pessoais, conhecido como registro de atividades de tratamento, ou em inglês, ROPA (*Record Of Processing Activities*). Este tipo de documentação representa a adoção por parte do agente de tratamento de uma cultura proativa de tutela dos dados pessoais, por meio da constituição de processos de governança de dados, que permitem a concreção dos princípios da transparência (art. 6º, VI), segurança (art. 6º, VII), prevenção (art. 6º, VIII) e prestação de contas (art. 6º, X).

Já no inciso II parte-se do pressuposto que o agente demandado de fato realizou a atividade de tratamento de dados pessoais, contudo a realizou em conformidade com a lei de proteção de dados, constituindo esta hipótese em uma excludente de ilicitude.

> Pode-se afirmar, com efeito, que a exclusão da responsabilidade civil ocorrerá quando o tratamento observar a legislação da proteção de dados pessoais – exclusão da responsabilidade subjetiva – e quando o tratamento fornecer a segurança que dele se pode esperar – exclusão da responsabilidade objetiva.[114]

Ora, o atendimento à lei é pressuposto de licitude para o tratamento de dados pessoais e a sua violação, associada à ocasião de um dano e a uma atividade de tratamento, leva por óbvio à responsabilização do agente (art. 44, LGPD). Contudo, a redação deste inciso, por mais simples que seja, pode levar a interpretações interessantes. Por exemplo, se o tratamento foi realizado em conformidade com a lei, mas ainda assim o dano adveio em decorrência da atividade desenvolvida, haverá responsabilidade do agente? Ou seja, prova-se a existência de um dano, confirma-se que houve o desenvolvimento de atividade de tratamento de dados imputada ao agente, estabelece-se a causalidade entre um e outro, no entanto, a atividade desenvolvida não viola os preceitos da lei, é lícita. Em sendo irregular o tratamento (art. 44, LGPD), isto é, quando deixar de observar a legislação, está caracterizado o fator de atribuição de responsabilidade (conduta culposa antijurídica ou ilicitude) e haverá a obrigação de indenizar, caso haja dano e atividade de tratamento a ele causalmente ligado. Por conclusão lógica, se o tratamento de dados pessoais observar a legislação, ainda que haja dano e causalidade, não haverá a obrigação de indenizar, por exclusão da ilicitude.

Este é um dos principais argumentos utilizados pelos defensores da natureza subjetiva da responsabilidade civil ao interpretar este inciso, em tradução *a contrario sensu*. Contudo, para os adeptos da teoria objetiva da responsabilidade, a não observância da legislação é considerada como critério de aferição objetiva de natureza normativa, não havendo qualquer tipo de avaliação subjetiva quanto à conduta do agente de tratamento. Basta verificar que a lei foi descumprida (por exemplo, não foram atendidas as bases legais para tratamento de dados sensíveis, previstas no art. 11 da LGPD) e que o dano é decorrência desta atividade irregular para que seja imputada a obrigação de indenizar ao agente. Senão vejamos o excerto de decisão proferida pelo TJSP:

---

[113] DANTAS BISNETO, C. Reparação por danos morais pela violação à LGPD e ao RGPD: uma abordagem de direito comparado. *Civilistica.com*, São Paulo, v. 9, n. 3, p. 13, 2020.

[114] SCHREIBER, A. Responsabilidade civil da Lei Geral de Proteção de Dados Pessoais. *In*: SCHERTEL MENDES, L. *et al.* (coord.). *Tratado de proteção de dados pessoais*. Rio de Janeiro: Forense, 2021. p. 330.

> Aliás, exatamente isso fora enfatizado no parecer jurídico acostado à peça de defesa, como se vê nessa passagem: "Pela análise dos dados a mim entregues e diante de todas as medidas adotadas pela Ré, tanto em relação à segurança da informação, quanto para garantir a plena comunicação dos titulares dos dados afetados e das autoridades competentes, verifico que não houve violação à legislação de proteção de dados, razão pela qual se aplica a excludente de responsabilidade prevista no art. 43, II, da LGPD, acima transcrita".[115]

Por fim, o inciso III traz a excludente de responsabilidade, onde identifica-se que o fato danoso ocorreu por culpa exclusiva do titular de dados pessoais, ou por culpa exclusiva de terceiro. Inicialmente é importante distinguir a culpa exclusiva da culpa concorrente, a fim de tornar mais clara a compreensão da excludente sob análise. A culpa exclusiva do titular ou do terceiro afasta a responsabilidade do agente de tratamento enquanto a culpa concorrente, não prevista expressamente na LGPD, invocará a aplicação da regra contida no art. 945 do CC, permitindo assim a redução do valor da indenização a ser paga pelo agente causador do dano.[116]

A culpa exclusiva do titular dos dados pode ser observada, a título de exemplo, quando este não toma as medidas de segurança adequadas para proteger seus dados pessoais, como ao compartilhar seu usuário do sistema, ou redes sociais, com outras pessoas, ou ainda quando deixa sua senha anotada no monitor do computador. Lembrando que essa omissão no dever de cuidado pelo titular de dados deve ser avaliada a partir da atuação do agente de tratamento, identificando se houve orientações suficientes sobre os recursos de segurança disponíveis, se há transparência nas atividades de tratamento, entre outras medidas que competem ao agente de tratamento realizar. Aduz-se aqui que esta excludente de responsabilidade deve levar em consideração não somente a causalidade, mas também a culpa propriamente dita do titular, no sentido de omissão a um dever de cuidado ou *standard* de conduta, contrariando de certa forma a tese de que a causalidade seria o único elemento caracterizador dela. Contudo, neste ponto, há quem discorde da aferição de culpa da vítima titular de dados pessoais, mas que sim, deve ser verificado se o dano ocorreu por sua contribuição causal exclusiva.

> A compreensão dessa causa de exclusão no âmbito do requisito da causalidade, e não da culpa, possui a vantagem de permitir sua aplicação inclusive às hipóteses de responsabilidade objetiva. Se, contudo, a conduta do terceiro (ou da própria vítima) não for a causa exclusiva do dano, mas sim concorrer com a conduta do agente de tratamento para a sua produção, o efeito será não o afastamento da responsabilidade do agente, mas sim a limitação do *quantum debeatur* à proporção correspondente à sua contribuição para o processo causal.[117]

Ainda no inciso III, interessante comentar a referência à culpa exclusiva de terceiro. Quem seria este terceiro? Um cibercriminoso que teve acesso à base de dados, um ex-funcionário que leve consigo documentos de clientes após ser desligado, um operador? O operador não pode ser considerado terceiro, já que, ainda que descumpra obrigações legais ou orientações dadas pelo controlador, este não pode alegar culpa exclusiva do operador, pois

---

115 TJSP, Ap. Civ. n. 1025180-52.2020.8.26.0405.

116 CARDOSO, O. V. Responsabilidade civil na Lei Geral de Proteção de Dados Pessoais. *Revista de Direito Privado*, São Paulo, n. 111, p. 119, 2022.

117 SCHREIBER, A. Responsabilidade civil da Lei Geral de Proteção de Dados Pessoais. *In*: SCHERTEL MENDES, L. *et al.* (coord.). *Tratado de proteção de dados pessoais*. Rio de Janeiro: Forense, 2021. p. 331.

que o inciso I do § 1º do art. 42 prevê sua responsabilidade solidária, sem contar que haveria dúvidas sobre se o operador pode ser considerado terceiro nesta relação entre Controlador e Titulares. Terceiro, portanto, é sempre alguém externo à relação sob análise (Controlador x Titular; e Controlador x Operador), que por seu comportamento acaba por interferir e causar dano ao Titular. Sendo assim, *v.g.*, o cibercriminoso poderia ser um "terceiro" para fins de aplicação desta excludente de responsabilidade, desde que o agente de tratamento tenha implementado as medidas de segurança adequadas em obediência aos arts. 46 e seguintes, da LGPD.

Reflexão interessante acerca desta figura do terceiro é a que envolve a pessoa dos empregados do Agente de tratamento. No início da vigência da LGPD ocorreram uma série de interpretações equivocadas sobre as definições de controlador e operador, inclusive chegaram a se referir à estranha figura de operador interno, que seriam os funcionários da empresa que executam atividades de tratamento de dados pessoais. A ANPD publicou um guia dedicado ao tema[118] para dirimir estas dúvidas orientando a sociedade sobre as definições corretas. Superadas as dificuldades de interpretação, fica claro que o empregado não pode ser considerado um terceiro a quem se pode atribuir culpa exclusiva para fins de aplicação da excludente de responsabilidade em comento. O agente de tratamento empregador será responsabilizado por seus atos, como já era previsto no art. 932, III, do CC, cabendo, contudo, ação regressiva com o empregado que praticou o ato danoso.

> De qualquer forma, cabe direito de regresso do empregador contra o empregado, nos termos do art. 934 do Código Civil, sendo certo que, em decorrência de condutas dolosas causadoras de dano ao empregador, é possível realizar desconto diretamente no salário do empregado, a teor do § 1º do art. 462 da CLT.[119]

E o ex-funcionário? No exemplo dado acima, o ex-funcionário é que leva consigo documentos de clientes contendo dados pessoais destes, após ter sido desligado. Ele até poderá ser considerado um terceiro, mas há que se verificar se houve falha na segurança dos documentos por parte do agente de tratamento, para somente depois aplicar a dita excludente de responsabilidade.

Conclui-se que o art. 43 da LGPD é um componente crítico na legislação de proteção de dados do Brasil. Sua interpretação e aplicação contínua serão decisivas na evolução das práticas de tratamento de dados. À medida que a tecnologia avança e o cenário de dados se transforma, a análise deste artigo deve evoluir, garantindo que a lei permaneça eficaz e relevante.

BIBLIOGRAFIA SELECIONADA

ARAÚJO, R. M. F. de. *Excludentes de responsabilidade civil no contexto da proteção de dados pessoais*. São Paulo: USP/Faculdade de Direito, 2022.

BESSA, L. R.; ALMEIDA, M. H. S. de. A vulnerabilidade do titular de dados e a responsabilidade civil na Lei Geral de Proteção de Dados – LGPD. *civilistica.com*, São Paulo, v. 12, n. 2, p. 1-23, 2023.

---

118 ANPD. *Guia Orientativo para Definições dos Agentes de Tratamento de Dados Pessoais e do Encarregado*. versão 2.0.

119 ARAÚJO, R. M. F. de. *Excludentes de responsabilidade civil no contexto da proteção de dados pessoais*. São Paulo: USP/Faculdade de Direito, 2022. p. 230-231.

BIONI, B. R. *Proteção de dados pessoais:* a função e os limites do consentimento. 3. ed. Rio de Janeiro: Forense, 2021.

BIONI, B.; DIAS, D. Responsabilidade civil na proteção de dados pessoais: construindo pontes entre a Lei Geral de Proteção de Dados Pessoais e o Código de Defesa do Consumidor. *Civilistica.com*, São Paulo, v. 9, n. 3, 2020.

BIONI, B. R.; LUCIANO, M. O princípio da precaução na regulação de inteligência artificial: seriam as leis de proteção de dados o seu portal de entrada? *In*: FRAZÃO, A. (coord.). *Inteligência artificial e direito*: ética, regulação e responsabilidade. São Paulo: Revista dos Tribunais, 2019.

CAPANEMA, W. A. A responsabilidade civil na Lei Geral de Proteção de Dados. *Cadernos Jurídicos*, São Paulo, v. 21, n. 53, p. 163-170, 2020.

CARDOSO, O. V. Responsabilidade civil na Lei Geral de Proteção de Dados Pessoais. *Revista de Direito Privado*, São Paulo, n. 111, p. 109-123, 2022.

COLOMBO, C.; FACCHINI NETO, E. "Corpo eletrônico" como vítima de ofensas em matéria de tratamento de dados pessoais: reflexões acerca da responsabilidade civil por danos à luz da Lei Geral de Proteção de Dados Pessoais brasileira e a viabilidade de aplicação da noção de dano estético ao mundo digital. *In*: ROSENVALD, N. (coord.). *Responsabilidade civil:* novos riscos. Porto Alegre: Foco, 2019.

CORDEIRO, A. B. M. Repercussões do RGPD sobre a responsabilidade civil. *In*: FRAZÃO, A.; OLIVA, M. D.; TEPEDINO, G. (Coord.). *Lei Geral de Proteção de Dados Pessoais*: e suas repercussões no direito brasileiro. São Paulo: Revista dos Tribunais, 2019.

CUEVA, R. B. A proteção de dados pessoais na jurisprudência do Superior Tribunal de Justiça. *In*: FRAZÃO, A.; OLIVA, M. D.; TEPEDINO, G. (Coord.). *Lei Geral de Proteção de Dados Pessoais*: e suas repercussões no direito brasileiro. São Paulo: Revista dos Tribunais, 2019.

DANTAS BISNETO, C. Reparação por danos morais pela violação à LGPD e ao RGPD: uma abordagem de direito comparado. *Civilistica.com*, São Paulo, v. 9, n. 3, p. 1, 2020.

DONEDA, D. *Da privacidade à proteção de dados pessoais:* fundamentos da Lei geral de proteção de dados. 3. ed. São Paulo: Revista dos Tribunais, 2021.

DONEDA, D.; MENDES, L. S.; CUEVA, R. B. (coord.). *Lei Geral de Proteção de Dados (Lei n. 13.709/2018):* a caminho da efetividade: contribuições para a implementação da LGPD. São Paulo: Revista dos Tribunais, 2020.

DRESCH, R. F. V.; FALEIROS JÚNIOR, J. L. M. Reflexões sobre a responsabilidade civil na Lei Geral de Proteção de Dados (Lei n. 13.709/2018). *In*: MENKE, F.; DRESCH, R. F. V. (coord.). *Lei Geral de Proteção de Dados:* aspectos relevantes. Porto Alegre: Foco, 2021.

FRANZOLIN, C. J.; VALENTE, V. A. E. Alguns apontamentos sobre a responsabilidade ativa mediante a prestação de contas e a prevenção de danos por meio de conformidades: a Lei geral de proteção de dados e a tutela do consumidor em construção. *Revista de Direito do Consumidor*, São Paulo, v. 30, n. 133, p. 75-106, 2021.

GODINHO, A. M.; QUEIROGA NETO, G. R.; TOLÊDO, R. C. de M. A responsabilidade civil pela violação a dados pessoais. *Revista IBERC*, São Paulo, v. 3, n. 1, p. 15, 2020.

GUEDES, G. S. C. Regime de responsabilidade adotado pela Lei de Proteção de Dados brasileira. *In*: SOUZA, C. A.; MAGRANI, E.; SILVA, P. (coord.). *Caderno Especial:* Lei Geral de Proteção de Dados (PGPD). São Paulo: Revista dos Tribunais, 2019.

GUEDES, G. S. C.; MEIRELES, R. M. V. Término do tratamento de dados. *In*: FRAZÃO, A.; OLIVA, M. D.; TEPEDINO, G. (coord.). *Lei Geral de Proteção de Dados Pessoais*: e suas repercussões no direito brasileiro. São Paulo: Revista dos Tribunais, 2019.

JIUKOSKI DA SILVA, S.; FONTÃO PIRES, T. C. Perspectivas sobre a responsabilidade civil por danos causados pelas aplicações de Inteligência Artificial no delineamento do perfil do consumidor no Brasil. *Cadernos de Dereito Actual*, Santiago de Compostela, n. 16, p. 369-383, 2021.

LONGHI, J. V. R.; MARTINS, G. M. (coord.). *Direito digital:* direito privado e internet. 4. ed. Porto Alegre: Foco, 2021.

MORAES, M. C. B. de; QUEIROZ, J. Q. de. Autodeterminação informativa e responsabilização proativa: novos instrumentos de tutela da pessoa humana na LGPD. *Proteção de dados pessoais*: avanço tecnológico. São Paulo: Fundação Konrad Adenauer, Cadernos Adenauer, 2019.

MULHOLLAND, C. *A LGPD e o novo marco normativo no Brasil.* São Paulo: Arquipélago, 2020.

MULHOLLAND, C. Responsabilidade civil por danos causados pela violação de dados sensíveis e a Lei Geral de Proteção de Dados Pessoais (Lei 13.709/18). *In*: MARTINS, G. M.; ROSENVALD, N. (coord.). *Responsabilidade civil e novas tecnologias.* Porto Alegre: Foco, 2020.

MULHOLLAND, C.; KREMER, B. Responsabilidade civil por danos causados pela violação do princípio da igualdade no tratamento de dados pessoais. *In*: SILVA, R. G.; TEPEDINO, G. (coord.). *O direito civil na era da inteligência artificial.* São Paulo: Revista dos Tribunais, 2020.

PAGANELLA, V. A responsabilidade civil na Lei Geral de Proteção de Dados: uma análise do nexo de imputação. *In*: MENKE, F.; DRESCH, R. F. V. (coord.). *Lei Geral de Proteção de Dados:* aspectos relevantes. Porto Alegre: Foco, 2021.

ROSENVALD, N. (coord.). *Responsabilidade civil:* novos riscos. Porto Alegre: Foco, 2019.

SANTOS, C. F. dos; SILVA, J. G.; PADRÃO, V. Responsabilidade civil pelo tratamento de dados pessoais na Lei Geral de Proteção de Dados. *Revista Eletrônica da PGE-RJ*, v. 4, n. 3, 2021.

SCHERTEL MENDES, L.; DONEDA, D. Comentário à nova Lei de Proteção de Dados (Lei 13.709/2018), o novo paradigma da proteção de dados no Brasil. *Revista de Direito do Consumidor*, São Paulo, n. 120, p. 555, 2018.

SCHERTEL MENDES, L.; DONEDA, D. Reflexões iniciais sobre a nova Lei Geral de Proteção de Dados. *Revista de Direito do Consumidor*, São Paulo, n. 120, p. 469-483, 2018.

SCHERTEL MENDES, L. et. al. (coord.). *Tratado de proteção de dados pessoais.* Rio de Janeiro: Forense, 2021.

SCHREIBER, A. Responsabilidade civil da Lei Geral de Proteção de Dados Pessoais. *In*: SCHERTEL MENDES, L. *et al.* (coord.). *Tratado de proteção de dados pessoais.* Rio de Janeiro: Forense, 2021.

TASSO, F. A. A responsabilidade civil na Lei Geral de Proteção de Dados e sua interface com o Código Civil e o Código de Defesa do Consumidor. *Cadernos Jurídicos*, São Paulo, v. 21, n. 53, p. 97-115, 2020.

TEPEDINO, G.; FRAZÃO, A.; OLIVA, M. D. (coord.). *Lei Geral de Proteção de Dados Pessoais:* e suas repercussões no direito brasileiro. 2. ed. São Paulo: Revista dos Tribunais, 2020.

TEPEDINO, G.; SILVA, R. G. Inteligência artificial e elementos da responsabilidade civil. *In*: FRAZÃO, A.; MULHOLLAND, C. (coord.). *Inteligência artificial e direito:* ética, regulação e responsabilidade. São Paulo: Revista dos Tribunais, 2019.

TOMASEVICIUS FILHO, E. (coord.). *A Lei Geral de Proteção de Dados brasileira*. São Paulo: Almedina, 2021.

Art. 44. O tratamento de dados pessoais será irregular quando deixar de observar a legislação ou quando não fornecer a segurança que o titular dele pode esperar, consideradas as circunstâncias relevantes, entre as quais:

I – o modo pelo qual é realizado;

II – o resultado e os riscos que razoavelmente dele se esperam;

III – as técnicas de tratamento de dados pessoais disponíveis à época em que foi realizado.

Parágrafo único. Responde pelos danos decorrentes da violação da segurança dos dados o controlador ou o operador que, ao deixar de adotar as medidas de segurança previstas no art. 46 desta Lei, der causa ao dano.

Artigo 44

Comentado por Caitlin Mulholland e Cláudio Roberto Santos

DISPOSITIVOS RELACIONADOS NO ORDENAMENTO JURÍDICO BRASILEIRO

- Art. 14, § 1º, CC.

DISPOSITIVOS RELACIONADOS NA LGPD

- Art. 6º, VII, VIII, e X; art. 42; arts. 45, 46, 47, 48, 49 e 50.

ATIVIDADES DA ANPD

- Guia orientativo sobre Segurança da Informação para agentes de tratamento de pequeno porte – versão 1.0 (outubro/2021).

CASOS E DECISÕES JUDICIAIS RELEVANTES

- TJSP, Ap. Civ. n. 1008444-28.2023.8.26.0348, Rel. Alexandre David Malfatti, 12ª Câmara de Direito Privado, j. 24.01.2024, *DJe* 24.01.2024.
- TJSP, Ap. Civ. n. 1004242-61.2022.8.26.0568, Rel. José Marcos Marrone, 23ª Câmara de Direito Privado, j. 24.01.2024, *DJe* 24.01.2024.
- TJDFT, Processo n. 0703573-06.2023.8.07.0009, Rel. Marilia de Avila e Silva Sampaio, Segunda Turma Recursal, j. 01.12.2023, *DJe* 13.12.2023.
- TJSP, Ap. Civ. n. 1016450-45.2022.8.26.0320, Rel. Luis Carlos de Barros, 20ª Câmara de Direito Privado, j. 30.11.2023, *DJe* 30.11.2023.

- TJDFT, Processo n. 0708934-80.2023.8.07.0016, Rel. Margareth Cristina Becker, Terceira Turma Recursal, j. 23.10.2023, *DJe* 01.11.2023.
- TJDFT, Processo n. 0716704-72.2023.8.07.0001, Rel. Getúlio de Moraes Oliveira, 7ª Turma Cível, j. 11.10.2023, *DJe* 24.10.2023.
- STJ, REsp n. 2077278/SP, Rel. Nancy Andrighi, 3ª Turma, j. 03.10.2023, *DJe* 09.10. 2023.
- TJDFT, Processo n. 0702790-67.2021.8.07.0014, Rel. Arnaldo Corrêa Silva, Segunda Turma Recursal, j. 09.02.2022, *DJe* 16.02.2022.

JUSTIFICATIVA E FUNDAMENTOS

O art. 44 da LGPD, apresenta os requisitos para a responsabilização dos agentes de tratamento de dados pessoais pelos danos ocasionados aos titulares. Respaldado no princípio da segurança (art. 6º, VII), pretende o artigo identificar a fundamentação da responsabilidade civil dos agentes de tratamento no conceito de irregularidade do tratamento, que, de um lado, é caracterizada pela falha no dever de segurança, e de outro, pela não observância da legislação de proteção de dados pessoais. De uma forma semelhante à técnica adotada no art. 14, § 1º, do CDC, o legislador buscou indicar critérios relativamente objetivos para delimitar o conceito de padrão de segurança legitimamente esperado nos casos de tratamento de dados pessoais.

ANÁLISE

Trata o art. 44 da LGPD de hipótese em que se reconhece que haverá tratamento irregular de dados quando o agente de tratamento (i) deixar de observar a legislação; ou (ii) não oferecer a segurança que o titular dele pode esperar (legítima expectativa). Por sua vez, a caracterização do tratamento irregular de dados por falha na segurança deve ser analisada considerando, dentre outras circunstâncias, o modo como o tratamento é realizado, o resultado e os riscos razoavelmente esperados pelo tratamento e as técnicas de tratamento de dados disponíveis à época em que este foi realizado.[120]

Complementa a redação do art. 44 o seu parágrafo único, que estabelece que o controlador ou o operador será obrigado a indenizar os danos decorrentes da violação da segurança dos dados quando deixarem de adotar as medidas de segurança previstas no art. 46, da LGPD, quais sejam, aquelas "aptas a proteger os dados pessoais de acessos não autorizados e de situações acidentais ou ilícitas de destruição, perda, alteração, comunicação ou qualquer forma de tratamento inadequado ou ilícito".

Com base na redação do art. 44 da LGPD, questiona-se se o legislador consagrou um regime de responsabilidade civil adicional àquele adotado no art. 42 da LGPD, ao inaugurar o conceito de tratamento irregular.

[120] Em relação a este último fundamento ("riscos razoavelmente esperados pelo tratamento e as técnicas de tratamento de dados disponíveis à época em que este foi realizado"), questiona-se se o legislador reconheceu na hipótese a teoria do risco de desenvolvimento que poderia servir como eventual excludente de responsabilidade civil do agente de tratamento de dados pessoais, por não ser possível a ele técnica e temporalmente conhecer métodos de tratamento de dados que, se aplicados, poderiam ter evitado o dano. Sobre a teoria do risco de desenvolvimento e as consequências de sua adoção para a manutenção ou exclusão da responsabilidade do fornecedor de produtos na seara do Direito do Consumidor, ver, por todos, Calixto (*A responsabilidade civil do fornecedor de produtos pelos riscos de desenvolvimento.* Rio de Janeiro: Renovar, 2004).

O art. 42 não adota o termo "tratamento irregular", e estatui como requisitos para a responsabilidade civil do agente (i) o dano ao titular, (ii) o exercício de atividade de tratamento de dados pessoais e (iii) a violação à legislação de proteção de dados pessoais pelo agente ofensor. Trata-se de hipótese de evidente natureza objetiva. Bastaria à vítima do dano comprovar a sua existência e que foi decorrente da violação da lei (objetivamente considerada), dentro de um contexto de exercício de atividades de tratamento de dados, para ver-se indenizada.

Por sua vez, o art. 44 reconhece dois cenários, considerando irregular tanto o tratamento que não observa a legislação (conforme previsto no art. 42), como, alternativamente, aquele que não fornece a segurança legitimamente esperada pelo titular. Assim, para além da hipótese de responsabilidade civil decorrente da violação da lei, objetivamente analisada e em conformidade com o art. 42, o art. 44 condiciona a hipótese de responsabilidade civil prevista em seu parágrafo único, à violação da segurança dos dados, caracterizada pela falha na adoção de medidas de segurança e de boas práticas que devem ser adotadas pelo agente de tratamento para a prevenção de danos decorrentes de incidentes de segurança (art. 46, LGPD).

Assim sendo, enquanto o art. 42 da LGPD impõe a obrigação de indenizar "em razão do exercício de atividade de tratamento de dados pessoais" em violação à legislação, o art. 44 e seu parágrafo único determinam adicionalmente a obrigação de indenizar caso haja tratamento irregular de dados pessoais, identificado como sendo aquele decorrente da "violação da segurança dos dados".

A LGPD adota dois regimes de responsabilidade civil, então? A resposta deve ser negativa. O regime é único, porém o contexto e as circunstâncias, diversos.

Pode-se exemplificar da seguinte maneira: um titular tem seus dados tratados fora da finalidade para a qual foi determinado o tratamento ou, então, utilizando-se de base legal não prevista. Comprovando-se um dano sofrido e a relação deste com a atividade desenvolvida pelo agente, haverá obrigação de indenizar pela simples violação da lei. Veja que não se está dispensando a necessária prova dos demais elementos da responsabilidade civil, quais sejam, o dano e a causalidade. Contudo, o fator de atribuição de responsabilidade nesse caso é objetivamente aferível: violação da lei, isto é, tratamento de dados realizado fora das hipóteses previstas expressamente na lei.

Na segunda hipótese, um titular de dados teve dados sensíveis acessados por terceiro, sem sua autorização, sendo identificado um incidente de segurança pelo agente de tratamento. Aqui, comprovado o dano, o titular será indenizado pelo agente de tratamento que deixou de adotar as medidas de segurança – previstas no art. 46 – violando-se a segurança dos dados. Nesse caso, a obrigação de indenizar terá como justificativa – fator de atribuição – a falha na prestação do dever de segurança, considerada a legítima expectativa do titular. Ainda assim, pode-se argumentar que no caso de incidentes de segurança ("quando não fornecer a segurança"), estaria contemplada igualmente a violação à LGPD, seja pelo descumprimento dos princípios da segurança (art. 6º, VII) e da prevenção (art. 6º, VIII), seja pela inobservância do próprio art. 46. Contudo, numa interpretação sistemática da lei conclui-se que há previsão de duas hipóteses distintas de atribuição de responsabilidade, ainda que o regime seja único.

Em sentido diverso, entende Anderson Schreiber pelo reconhecimento de uma duplicidade de regimes de responsabilidade civil – um objetivo, calcado na violação da lei (art. 42); outro subjetivo, calcado na falha do dever de segurança, sustentando que

> (...) não há uma resposta unívoca à indagação sobre a espécie de responsabilidade civil que vigora no âmbito da LGPD. (...) Ambos os regimes de responsabilidade civil – subjetivo e objetivo – convivem na legislação de proteção de dados pessoais.

> Dentre as hipóteses de responsabilidade subjetiva, o legislador destacou, por meio do parágrafo único do art. 44, a hipótese de ausência de adoção de medidas protetivas indicadas no art. 46, mas isso não afasta outros casos de responsabilidade civil subjetiva (por inobservância de deveres legalmente previstos para o agente que realiza o tratamento de dados pessoais alheios), e muito menos os casos de responsabilidade civil objetiva, decorrentes do tratamento de dados pessoais que não forneça a segurança que pode esperar o titular dos referidos dados, à luz das circunstâncias indicadas nos incisos do art. 44 da LGPD.[121]

Por outro lado, o fator de atribuição previsto no art. 44, qual seja, a "falha do dever de segurança" pode ser comparado ao fator de atribuição previsto no CDC, em seu art. 14, qual seja, o defeito do serviço. Sustenta-se assim que o regime da responsabilidade civil prevista no art. 44 seria objetivo especial, pois baseado na ideia de que a falha no dever de segurança seria aferida pela própria consequência danosa (tanto havia falha de segurança, que o dano se concretizou), sendo excluída a obrigação de indenizar do agente com a prova de que inexiste o descumprimento do dever de segurança. Esse argumento, por sua vez, merece uma crítica, pois o art. 43, ao prever as excludentes específicas de responsabilidade civil, não indica a inexistência da falha do dever de segurança para afastar a obrigação de indenizar, mas somente se refere à excludente relacionada ao cumprimento da legislação de proteção de dados.

Ainda sobre os incidentes de segurança decorrentes da falha no dever de sua prestação, pode-se considerá-los como acontecimentos que se relacionam ao risco inerente ao desenvolvimento da atividade de tratamento de dados, como vazamentos não intencionais e invasão de sistemas e bases de dados por terceiros não autorizados. Neste sentido, esses riscos devem ser necessariamente situados como intrínsecos à atividade de tratamento de dados e, portanto, considerados, em última análise, como hipótese de fortuito interno, incapazes de afastar a obrigação dos agentes de tratamento de indenizar os danos causados pelos incidentes. A crítica que se apresenta nesse caso se dá pela previsão no art. 43, III, da exclusão de responsabilidade do agente quando o dano é decorrente de culpa exclusiva de terceiro. Isso dito, quando a falha do dever de segurança for ocasionada exclusivamente pela conduta de um terceiro – por exemplo, um hacker –, haverá o afastamento da responsabilidade do agente. Em outras hipóteses, em que não há culpa exclusiva de terceiro ou quando houver concorrência de condutas, será mantida a obrigação de indenizar do agente, sendo certo que, na última hipótese, o valor da indenização será reduzido proporcionalmente.

Por fim, a respeito da delimitação do conceito de tratamento irregular, por violação do dever de segurança, devem ser considerados, dentre outros elementos: (i) o modo pelo qual é realizado; (ii) o resultado e os riscos que razoavelmente dele se esperam; e (iii) as técnicas de tratamento de dados pessoais disponíveis à época em que foi realizado. A metodologia utilizada pelo legislador é semelhante à adotada no CDC, em seu art. 14, § 1º, quando da definição do que caracteriza um serviço defeituoso. O que se busca com esta norma é identificar se o agente de tratamento de dados está atuando em conformidade ao que usualmente é realizado naquele determinado contexto, isto é, se os padrões que são adotados por agentes, que realizam habitualmente o mesmo tipo de tratamento de dados, estão sendo seguidos. A análise de tais *standards* é fundamental para identificar a regularidade do tratamento e o atendimento a padrões técnicos mínimos exigidos tanto pelo mercado, quanto pela ANPD, aptos "a proteger os dados pessoais de acessos não autorizados e de situações acidentais

[121] SCHREIBER, A. Responsabilidade civil da Lei Geral de Proteção de Dados Pessoais. *In*: SCHERTEL MENDES, L. *et al.* (coord.). *Tratado de proteção de dados pessoais*. Rio de Janeiro: Forense, 2021. p. 327-328.

ou ilícitas de destruição, perda, alteração, comunicação ou qualquer forma de tratamento inadequado ou ilícito" (art. 46, LGPD).

Sendo o conceito de "tratamento irregular" suscetível de inúmeras interpretações, buscou o legislador parâmetros que possam auxiliar na sua delimitação. O primeiro deles – modo de realização – indica a necessidade de o intérprete identificar o contexto no qual ocorre o tratamento de dados, por exemplo, se é realizado de forma digital, se a base de dados é mantida em arquivos em nuvem, se existe alguma limitação de acesso à base de dados a pessoas determinadas etc.

O segundo critério – resultado e riscos esperados – é relevante para identificar se o resultado danoso que é consequência do tratamento realizado foge ao risco inerente à atividade de tratamento de dados ou não. Isto é, se seria possível ao agente de tratamento prever que aquela atividade teria como possíveis consequências um risco que se concretiza num determinado dano. A resposta a esta formulação determina se o risco é inerente à atividade de tratamento desenvolvida, indicando na ocasião do dano a existência de um caso fortuito interno, incapaz de afastar a obrigação de indenizar. Se, contudo, forem irrazoáveis ou imprevisíveis os riscos, configura-se o fortuito externo, caracterizado como o fato necessário, cujos efeitos não era possível evitar ou impedir, afastando assim a obrigação de indenizar (art. 393, CC). O instrumento por excelência para documentar tal análise de riscos é o RIPD.

Por último, o terceiro parâmetro para a qualificação do tratamento de dados como irregular é a avaliação das técnicas de tratamento disponíveis à época em que foi realizado. Com o desenvolvimento de sistemas e tecnologias de segurança da informação cada vez mais sofisticados e acessíveis, deve-se considerar se o tratamento realizado num determinado período corresponde a estas técnicas ou não. Ao mesmo tempo, não se pode considerar irregular um tratamento de dados pessoais que segue um determinado padrão da comunidade, apesar da existência de técnica mais moderna. Por exemplo, apesar de existirem aplicativos e softwares que administram prontuários médicos e mantêm bases de dados online, com segurança (criptografia, por exemplo), grande parte da comunidade médica ainda utiliza prontuários de papel, armazenando tais documentos que contêm dados de natureza sensível em envelopes, guardados em grandes armários de arquivos. Tal tratamento (arquivamento) pode ser considerado irregular? A resposta deve ser negativa, pois a técnica de armazenamento, ainda que substituída por outra mais moderna, é admitida pela comunidade. Contudo, tal técnica passa a qualificar o tratamento como irregular se não são utilizados os padrões de segurança a ele correspondentes. No exemplo citado acima – arquivos médicos em papel, guardados em armário –, um padrão de segurança tradicional pode ser utilizado para evitar incidentes: o cadeado no armário e a única cópia da chave guardada com o médico.

É facilmente percebido que as controvérsias em torno da interpretação do art. 44 ainda não foram dirimidas. Será necessário aguardar o amadurecimento doutrinário e jurisprudencial para que se possa, de fato, determinar os elementos indispensáveis para a constituição do dever de indenizar para, a partir disso, identificar a natureza do regime de responsabilidade civil adotado pela LGPD.

BIBLIOGRAFIA SELECIONADA

BESSA, L. R.; ALMEIDA, M. H. S. de. A vulnerabilidade do titular de dados e a responsabilidade civil na Lei Geral de Proteção de Dados – LGPD. *Civilistica.com*, São Paulo, v. 12, n. 2, p. 1-23, 1 out. 2023.

BIONI, B. R. *Proteção de dados pessoais: a função e os limites do consentimento*. 3. ed. Rio de Janeiro: Forense, 2021.

BIONI, B. R.; LUCIANO, M. O princípio da precaução na regulação de inteligência artificial: seriam as leis de proteção de dados o seu portal de entrada? *In*: FRAZÃO, A.; MULHOLLAND, C.; SILVEIRA, A. *et al.* (coord.). *Inteligência artificial e direito:* ética, regulação e responsabilidade. São Paulo: Revista dos Tribunais, 2019. p. 207-228.

CALIXTO, M. J. *A responsabilidade civil do fornecedor de produtos pelos riscos de desenvolvimento.* Rio de Janeiro: Renovar, 2004.

CAPANEMA, W. A. A responsabilidade civil na Lei Geral de Proteção de Dados. *Cadernos Jurídicos,* São Paulo, v. 21, n. 53, p. 163-170, jan./mar. 2020.

COLOMBO, C.; FACCHINI NETO, E. "Corpo eletrônico" como vítima de ofensas em matéria de tratamento de dados pessoais: reflexões acerca da responsabilidade civil por danos à luz da Lei Geral de Proteção de Dados Pessoais brasileira e a viabilidade de aplicação da noção de dano estético ao mundo digital. *In*: ROSENVALD, N.; DRESCH, R. F. V.; WESENDONCK, T.; PASQUALOTTO, A. *et al.* (coord.). *Responsabilidade civil:* novos riscos. Porto Alegre: Foco, 2019. p. 45-64.

CORDEIRO, A. B. M. Repercussões do RGPD sobre a responsabilidade civil. *In*: FRAZÃO, A.; OLIVA, M. D.; TEPEDINO, G. (Coord.). *Lei Geral de Proteção de Dados Pessoais:* e suas repercussões no Direito brasileiro. São Paulo: Revista dos Tribunais, 2019. p. 777-795.

CUEVA, R. V. B. A proteção de dados pessoais na jurisprudência do Superior Tribunal de Justiça. *In*: FRAZÃO, A.; OLIVA, M. D.; TEPEDINO, G. (Coord.). *Lei Geral de Proteção de Dados Pessoais*: e suas repercussões no direito brasileiro. São Paulo: Revista dos Tribunais, 2019. p. 85-98.

DONEDA, D. *Da privacidade à proteção de dados pessoais:* fundamentos da Lei geral de proteção de dados. 3. ed. São Paulo: Revista dos Tribunais, 2021.

DONEDA, D. *et al.* (coord.). *Tratado de proteção de dados pessoais.* Rio de Janeiro: Forense, 2021.

DONEDA, D.; MENDES, L. S.; CUEVA, R. V. B. (coord.). *Lei Geral de Proteção de Dados (Lei n. 13.709/2018):* a caminho da efetividade: contribuições para a implementação da LGPD. São Paulo: Revista dos Tribunais, 2020.

DRESCH, R. F. V.; FALEIROS JÚNIOR, J. L. de M. Reflexões sobre a responsabilidade civil na Lei Geral de Proteção de Dados (Lei n. 13.709/2018). *In*: ROSENVALD, N.; DRESCH, R. F. V.; WESENDONCK, T.; PASQUALOTTO, A. *et al.* (coord.). *Responsabilidade civil:* novos riscos. Porto Alegre: Foco, 2019. p. 65-89.

FRANZOLIN, C. J.; VALENTE, V. A. E. Alguns apontamentos sobre a responsabilidade ativa mediante a prestação de contas e a prevenção de danos por meio de conformidades: a Lei geral de proteção de dados e a tutela do consumidor em construção. *Revista de Direito do Consumidor,* São Paulo, v. 30, n. 133, p. 75-106, jan./fev. 2021.

GODINHO, A. M.; QUEIROGA NETO, G. R.; TOLÊDO, R. C. de M. A responsabilidade civil pela violação a dados pessoais. *Revista IBERC,* São Paulo, v. 3, n. 1, p. 15, 2020.

GUEDES, G. S. C. Regime de responsabilidade adotado pela Lei de Proteção de Dados brasileira. *In*: SOUZA, C. A.; MAGRANI, E.; SILVA, P. (coord.). *Caderno Especial:* Lei Geral de Proteção de Dados (PGPD). São Paulo: Revista dos Tribunais, 2019. p. 167-182.

GUEDES, G. S. C.; MEIRELES, R. M. V. Término do tratamento de dados. *In*: FRAZÃO, A.; OLIVA, M. D.; TEPEDINO, G. (coord.). *Lei Geral de Proteção de Dados Pessoais*: e suas repercussões no direito brasileiro. São Paulo: Revista dos Tribunais, 2019. p. 219-241.

JIUKOSKI DA SILVA, S.; FONTÃO PIRES, T. C. Perspectivas sobre a responsabilidade civil por danos causados pelas aplicações de Inteligência Artificial no delineamento do perfil do consumidor no Brasil. *Cadernos de Direito Actual*, Santiago de Compostela, n. 16, p. 369-383, 2021.

LONGHI, J. V. R.; MARTINS, G. M. (coord.). *Direito digital:* direito privado e internet. 4. ed. Porto Alegre: Foco, 2021.

MORAES, M. C. B. de; QUEIROZ, J. Q. de. Autodeterminação informativa e responsabilização proativa: novos instrumentos de tutela da pessoa humana na LGPD. *Cadernos Adenauer*, ano XX, v. 3, p. 113-135, 2019.

MULHOLLAND, C. *A LGPD e o novo marco normativo no Brasil.* São Paulo: Arquipélago, 2020. 400 p.

MULHOLLAND, C. Responsabilidade civil por danos causados pela violação de dados sensíveis e a Lei Geral de Proteção de Dados Pessoais (Lei 13.709/18). *In*: MARTINS, G. M.; ROSENVALD, N. (coord.). *Responsabilidade civil e novas tecnologias.* Porto Alegre: Foco, 2020. p. 109-124.

MULHOLLAND, C.; KREMER, B. Responsabilidade civil por danos causados pela violação do princípio da igualdade no tratamento de dados pessoais. *In*: SILVA, R. G.; TEPEDINO, G. (coord.). *O direito civil na era da inteligência artificial.* São Paulo: Revista dos Tribunais, 2020. p. 565-584.

PAGANELLA, V. A responsabilidade civil na lei geral de proteção de dados: uma análise do nexo de imputação. *In*: MENKE, F.; DRESCH, R. F. V. (coord.). *Lei Geral de Proteção de Dados:* aspectos relevantes. Porto Alegre: Foco, 2021. p. 207-230.

SCHERTEL MENDES, L.; DONEDA, D. Comentário à nova Lei de Proteção de Dados (Lei 13.709/2018), o novo paradigma da proteção de dados no Brasil. *Revista de Direito do Consumidor,* São Paulo, n. 120, p. 555, 2018.

SCHERTEL MENDES, L.; DONEDA, D. Reflexões iniciais sobre a nova Lei Geral de Proteção de Dados. *Revista de Direito do Consumidor,* São Paulo, n. 120, p. 469-483, nov./dez. 2018.

SCHERTEL MENDES, L.; DONEDA, D.; SARLET, I. W.; RODRIGUES JÚNIOR, O. L.; BIONI, B. R. (coord.). *Tratado de proteção de dados pessoais.* Rio de Janeiro: Forense, 2021.

SCHREIBER, A. Responsabilidade civil da Lei Geral de Proteção de Dados Pessoais. *In*: SCHERTEL MENDES, L. *et al.* (coord.). *Tratado de proteção de dados pessoais.* Rio de Janeiro: Forense, 2021. p. 319-338.

TASSO, F. A. A responsabilidade civil na Lei Geral de Proteção de Dados e sua interface com o Código Civil e o Código de Defesa do Consumidor. *Cadernos Jurídicos*, São Paulo, v. 21, n. 53, p. 97-115, jan./mar. 2020.

TEPEDINO, G.; FRAZÃO, A.; OLIVA, M. D. (Coord.). *Lei Geral de Proteção de Dados Pessoais*: e suas repercussões no direito brasileiro. 2. ed. São Paulo: Revista dos Tribunais, 2020.

TEPEDINO, G.; SILVA, R. G. Inteligência artificial e elementos da responsabilidade civil. *In*: FRAZÃO, A.; MULHOLLAND, C. (coord.). *Inteligência artificial e direito:* ética, regulação e responsabilidade. São Paulo: Revista dos Tribunais, 2019. p. 293-324.

TOMASEVICIUS FILHO, E. (coord.). *A Lei Geral de Proteção de Dados brasileira.* São Paulo: Almedina, 2021.

Art. 45. As hipóteses de violação do direito do titular no âmbito das relações de consumo permanecem sujeitas às regras de responsabilidade previstas na legislação pertinente.

Artigo 45

Comentado por Bruno Miragem

DISPOSITIVOS RELACIONADOS NO ORDENAMENTO JURÍDICO BRASILEIRO

- Art. 5°, XXXII, CRFB.
- Art. 3°, §§ 1° e 2°; art. 6, IV; arts. 7°, *caput*, e 8°; arts. 12, 13 e 14, CDC.

DISPOSITIVOS RELACIONADOS NA LGPD

- Art. 2°, VI; art. 18, § 8°; arts. 42, 43, 44; art. 46; art. 55-K, parágrafo único; e art. 64.

ATIVIDADES DA ANPD

- ACT n. 1/2021-GAB-SENACON/SENACON.

AÇÕES REGULATÓRIAS E FISCALIZATÓRIAS DE ENTIDADES GOVERNAMENTAIS E ÓRGÃOS DE CONTROLE

- Senacon, Processo n. 08012.004630/2015-11. Nota Técnica n. 33/2019/CSA-SENACON/CGTSA/DPDC/SENACON/MJ (SEI n. 7950196).
- Senacon, Processo n. 08012.005555/2015-13. Nota Técnica n. 101/2019/CSA-SENACON/CGTSA/DPDC/SENACON/MJ (SEI n. 8058811).
- Senacon, Processo n. 08012.002467/2018/02. Nota Técnica n. 109/2019/CSA-SENACON/CGTSA/DPDC/SENACON/MJ (SEI n. 8214211).
- Senacon, Processo n. 08012.001492/2019-41. Nota Técnica n. 231/2019/CSA-SENACON/CGTSA/DPD/SENACON/MJ (SEI n. 9109278).
- Senacon, Processo n. 08012.001476/2019-59. Nota Técnica n. 28/2021/CSA-SENACON/CGTSA/DPDC/SENACON/MJ (SEI n. 14883965).

CASOS E DECISÕES RELEVANTES

- STJ, REsp n. 2.077.278/SP, Terceira Turma, Rel. Min. Nancy Andrighi, j. 03.10.2023, *DJe* 09.10.2023.

JUSTIFICATIVA E FUNDAMENTOS

O art. 45 da LGPD define que, no âmbito das relações de consumo, o regime de responsabilidade pela violação do direito do titular de dados pessoais será o da legislação pertinente que, no caso, é o previsto no CDC. Essa remissão expressa, que ao mesmo tempo excepciona o regime de responsabilidade própria dos agentes de tratamento, previsto nos arts. 42 e seguintes da LGPD, exige que se qualifique o regime de responsabilidade entre os previstos no CDC.

A defesa do consumidor tem fundamento constitucional (art. 5º, XXXII, da CRFB) e legal (CDC), de modo que o próprio art. 2º, VI, da LGPD dispõe, entre seus fundamentos, "a livre-iniciativa, a livre concorrência e a defesa do consumidor". A proteção do consumidor como titular de dados pessoais é objeto, igualmente, de diversas disposições da LGPD, atendendo à necessária articulação entre esta norma e o CDC. Dispõe, assim, o art. 18, § 8º, da LGPD,[122] a competência dos órgãos de defesa do consumidor para atuar, mediante requerimento do titular dos dados, no caso de infração aos seus direitos pelo controlador. Igualmente, o art. 55-K, parágrafo único,[123] define o dever de a ANPD articular sua atuação com outros órgãos e entidades com competências sancionatórias e normativas afetas ao tema de proteção de dados pessoais, como é o caso dos órgãos de defesa do consumidor.[124]

A complementaridade entre a LGPD e o CDC resulta, igualmente, de disposições legais expressas que reconhecem a abertura de ambas as normas a outras disposições que ampliem os direitos que consagram. Nesse sentido, o art. 7º, *caput*, do CDC dispõe que "os direitos previstos neste código não excluem outros decorrentes de tratados ou convenções internacionais de que o Brasil seja signatário, da legislação interna ordinária, de regulamentos expedidos pelas autoridades administrativas competentes, bem como dos que derivem dos princípios gerais do direito, analogia, costumes e equidade". Do mesmo modo, prevê o art. 64 da LGPD: "Os direitos e princípios expressos nesta Lei não excluem outros previstos no ordenamento jurídico pátrio relacionados à matéria ou nos tratados internacionais em que a República Federativa do Brasil seja parte"[125].

O regime de responsabilidade pelos danos decorrentes do exercício da atividade de tratamento de dados pessoais previsto nos arts. 42 e seguintes da LGPD, guarda certa proximidade com o regime de responsabilidade pelo fato do produto ou do serviço no CDC. Estão sujeitos à responsabilização por danos aos titulares de danos, segundo a LGPD, os agentes de tratamento de dados, assim considerados os controladores e operadores de dados.[126]

O art. 42, *caput*, da LGPD define: "O controlador ou o operador que, em razão do exercício de atividade de tratamento de dados pessoais, causar a outrem dano patrimonial, moral, individual ou coletivo, em violação à legislação de proteção de dados pessoais, é obri-

---

[122] Ver comentário ao art. 18, § 8º, neste volume.

[123] Ver comentário ao art. 55-K neste volume.

[124] Na redação original da Medida Provisória 869, que deu origem à norma, inclusive, constava expressamente o dever da ANPD de articular sua atuação com o SNDC do MJ e com outros órgãos e entidades com competências sancionatórias e normativas afetas ao tema de proteção de dados pessoais. A referência expressa ao SNDC, contudo, não foi mantida na Lei 13.853/2019, que resultou do projeto de conversão aprovado pelo Congresso Nacional.

[125] Ver comentário ao art. 64 neste volume.

[126] Ver comentários ao art. 5º, VI e VII, neste volume.

gado a repará-lo". Da mesma forma, a norma prevê a responsabilidade solidária do operador "quando descumprir as obrigações da legislação de proteção de dados, ou quando não tiver seguido as instruções lícitas do controlador", hipótese em que se equipara ao controlador (art. 42, § 1º, I). Há, neste caso, espécie de *solidariedade condicionada*, para a qual se exige a demonstração da conduta do operador de desatenção às instruções dadas pelo controlador. Também respondem solidariamente pela indenização "os controladores que estiverem diretamente envolvidos no tratamento do qual decorreram danos ao titular dos dados" (art. 42, § 1º, II). Ressalva-se, nas hipóteses de solidariedade, o direito de regresso daquele que venha a reparar o dano, em relação a quem lhe deu causa (art. 42, § 4º). Prevê, ainda a LGPD expressamente a possibilidade de inversão do ônus da prova, pelo juiz, em favor do titular dos dados pessoais, quando for verossímil a alegação, houver hipossuficiência para a produção de prova, ou quando esta produção de prova resultar excessivamente onerosa (art. 42, § 2º).[127] É regra que guarda identidade, ainda que com maior detalhamento, com o art. 6º, IV, do CDC, que contempla o direito do consumidor à facilitação de sua defesa, inclusive com a inversão do ônus da prova em seu favor, em condições semelhantes às definidas pela LGPD. É denominada inversão *ope iudicis*, pois não automática, mas a critério do juízo, preenchida alguma das condições da lei.

A técnica legislativa adotada pela LGPD em relação ao regime de responsabilidade pelo ressarcimento de danos do titular de dados pessoais guarda marcada semelhança com a do regime do fato do produto e do serviço estabelecido pelo CDC. É o que se evidencia, inclusive, nas hipóteses que eximem a responsabilidade dos agentes de tratamento, previstas no art. 43 da LGPD, com grande proximidade ao que dispõem os arts. 12, § 3º, e 14, § 3º, do CDC. São hipóteses legais em apreço que se referem a situações que excluem o nexo de causalidade entre a conduta dos agentes de tratamento e eventual dano que resulte do tratamento irregular, seja porque *não houve tratamento*, porque este *se realizou de acordo com a legislação*, ou porque *a causa do dano se atribui à culpa exclusiva do titular dos dados ou de terceiro*.

Da mesma forma, examinando as condições para a responsabilidade pelo ressarcimento do titular de dados, contudo, é de destacar que apenas se cogita de imputação quando caracterizado o *tratamento irregular*. Neste ponto também, as disposições da LGPD guardam semelhança, em termos de técnica legislativa, com a relação não exaustiva dos critérios para caracterização do defeito, nexo de imputação da responsabilidade dos fornecedores pelo fato do produto ou do serviço no regime de responsabilidade do fornecedor (arts. 12, § 1º, e 14, § 1º, do CDC). A existência *do tratamento irregular* é condição necessária à atribuição de responsabilidade dos agentes de tratamento. Dentre os critérios para sua caracterização, previstos no art. 44 da LGPD, relacionam-se: ao *modo* de sua realização, ao *resultado e riscos razoavelmente esperados* e as *técnicas disponíveis ao tempo em que foi realizado*. Por outro lado, o parágrafo único do art. 44 da LGPD refere que "responde pelos danos decorrentes da violação da segurança dos dados o controlador ou o operador que, ao deixar de adotar as medidas de segurança previstas no art. 46 desta Lei, der causa ao dano".

A violação do dever de segurança legitimamente esperada pelo consumidor, no regime do CDC, dá causa à responsabilidade do fornecedor pelo fato do produto ou do serviço (arts. 12 a 14 do CDC). A violação dos direitos do titular de dados pessoais, tanto pode se dar em relação ao fornecimento de um produto, quanto de um serviço. No primeiro caso, examine-se o caso de bens digitais ou aplicações de internet que se podem qualificar como

[127] Ver comentário ao art. 42 neste volume.

produtos, nos precisos termos do art. 3º, § 1º, do CDC: "Produto é qualquer bem, móvel ou imóvel, material ou imaterial". Incidentes de segurança com dados constantes em aplicações de internet, podem atrair o regime de responsabilidade pelo fato do produto, nos termos do art. 12 do CDC (por fato do produto). Por outro lado, dizendo respeito a atividade de tratamento de dados em si, eventual falha pode ser qualificada como um defeito do serviço, trazendo a incidência do art. 14 do CDC (por fato do serviço).

Sabe-se que o regime de responsabilidade pelo fato do produto ou do serviço fundamenta-se na existência de um defeito, assim compreendido como uma falha no processo de fornecimento que viola a segurança legitimamente esperada pelo consumidor, o que tem seu sentido e alcance determinado pelo dever originário previsto no art. 8º do CDC: "Os produtos e serviços colocados no mercado de consumo não acarretarão riscos à saúde ou segurança dos consumidores, exceto os considerados normais e previsíveis em decorrência de sua natureza e fruição". No caso do tratamento de dados pessoais, a *violação da segurança* refere-se, em especial, a situações de acesso não autorizado ou de comprometimento da integridade dos dados, por destruição, perda, alteração ou comunicação. Não se confunde com o *tratamento inadequado ou excessivo*, em desatenção à finalidade legítima.

O art. 46 da LGPD estabelece o dever legal dos agentes de tratamento adotarem medidas de segurança aptas a proteger os dados pessoais em relação a estas violações, que poderão, inclusive, ser preenchidas por padrões técnicos definidos pela ANPD (art. 46, § 1º). Da mesma forma, tais medidas devem ser observadas desde a fase de concepção do produto ou serviço até sua execução (art. 46, § 2º), o que coloca em evidência o próprio *design* ou arquitetura dos *softwares* e soluções tecnológicas a serem utilizados nas diferentes atividades que integram o tratamento de dados.[128]

Note-se que o regime de responsabilidade dos agentes de tratamento de dados, no CDC, os inclui na cadeia de fornecimento do produto ou serviço, de modo que se dá independentemente de culpa. Essa natureza objetiva da responsabilidade alcança tanto as hipóteses de violação do dever de segurança propriamente dito, quanto as situações de tratamento irregular ou excessivo, violando os limites definidos pela LGPD.

No direito europeu, esse exame é feito à luz do RGPD, reconhecido como uma das inspirações da legislação brasileira. O art. 82(3) do RGPD, ao prever o regime de responsabilidade por danos decorrentes "de uma violação ao regulamento", dispõe que "o responsável pelo tratamento ou o subcontratante fica isento de responsabilidade nos termos do n. 2, se provar que não é de modo algum responsável pelo evento que deu origem aos danos". A fórmula "não é de modo algum responsável" é interpretada pela doutrina europeia, tanto como conglobante das noções de culpa e nexo causal,[129] ou mesmo com o predomínio da culpa, conduzindo à responsabilidade subjetiva,[130] de modo que "a não responsabilização, em concreto, dos responsáveis pelo tratamento ou dos subcontratantes ocorrerá sempre que consigam afastar a ilicitude e a culpa dos seus atos e omissões ou demonstrar não terem os seus comportamentos contribuído (nexo causal), de forma alguma, para a ocorrência dos

[128] Ver comentário ao art. 46 neste volume.

[129] António Barreto Menezes Cordeiro credita as dificuldades de interpretação à versão portuguesa da fórmula "não é de modo algum responsável" (MENEZES CORDEIRO, A. B. *Direito da proteção de dados à luz do RGPD e da Lei n. 58/2019*. Coimbra: Almedina, 2020. p. 394).

[130] BERGT, M. Haftung und Recht auf Schadenersatz. *In*: KÜHLING, J.; BUCHNER, B. (ed.). *Datenschutz-Grundverordnung BDSG Kommentar*. 3. ed. München: C.H. Beck, 2020. p. 1264 e s.

danos".[131] Assim, entre os exemplos trazidos pela mesma lição doutrinária sobre situações nas quais haveria esta exclusão de responsabilidade, um primeiro é em todo relevante para o exame da questão posta neste parecer, ao referir caso de não responsabilização em que "um terceiro acede, ilicitamente, aos dados recolhidos, mas o responsável ou o subcontratante demonstram terem cumprido todas as medidas de segurança previstas no art. 32 (...)".[132]

Na legislação brasileira, por sua vez, a responsabilidade dos agentes de tratamento pelos danos decorrentes do tratamento irregular de dados, assim considerado quando deixam de "observar a legislação" ou quando "não fornecem a segurança que o titular dele pode esperar", parece compreender bases distintas. A *responsabilidade por não fornecer a segurança que o titular dele pode esperar*, prevista na LGPD (art. 44, parágrafo único), é fórmula que tem clara simetria com o dever de segurança previsto no CDC ("a segurança que o consumidor dele pode esperar" – art. 14, § 1º), o que remeteria, desde logo, à responsabilidade objetiva, vinculada a um resultado esperado – expectativa legítima de segurança. Porém, no regime da LGPD, a responsabilidade pela violação do dever de segurança será delimitada, igualmente, pelas condições de imputação definidas pelo parágrafo único do seu art. 44.

ANÁLISE

1. Responsabilidade consumerista sob as regras da LGPD

A rigor, a atividade de tratamento de dados pessoais nas relações de consumo pode se dar tanto como forma de contraprestação do fornecedor por serviços (prestação de utilidade ou vantagem ao consumidor em troca de seus dados), como para auxiliar e viabilizar a constituição e execução do contrato de consumo. Ao referir que as hipóteses de violação do direito do titular dos dados "permanecem sujeitas" às regras de responsabilidade previstas na legislação pertinente, o legislador expressamente remete à disciplina da responsabilidade do fornecedor por fato do produto e do serviço, do CDC, o que repercute sobre as condições de responsabilização do agente de tratamento na qualidade de fornecedor. Em especial, no tocante à natureza da responsabilidade, à solidariedade dos membros da cadeia de fornecimento – que é mais ampla do que a hipótese prevista no art. 42 da LGPD[133] –, e ao prazo para exercício da pretensão (prazo prescricional).

Contudo, eventual incidência do regime da responsabilidade do fornecedor não afasta, por si, a incidência da LGPD. Tanto as disposições já mencionadas, do art. 7º, *caput*, do CDC, e do art. 64 da LGPD, quanto a exigência de interpretação e concreção de conceitos legais, exigem o exame sistemático de ambas as normas.

O regime de responsabilidade pelo fato do produto e do serviço do CDC (arts. 12 e 14), pressupõe a presença do defeito na prestação (nexo de imputação), e sua relação causal com o dano objeto de reparação. A determinação concreta do que se caracteriza como defeito

---

[131] MENEZES CORDEIRO, A. B. *Direito da proteção de dados à luz do RGPD e da Lei n. 58/2019*. Coimbra: Almedina, 2020.

[132] MENEZES CORDEIRO, A. B. *Direito da proteção de dados à luz do RGPD e da Lei n. 58/2019*. Coimbra: Almedina, 2020.

[133] MARTINS, G. M. Comentário ao art. 45. *In*: MARTINS, G. M.; LONGHI, J. V. R.; FALEIROS JÚNIOR, J. L. M. (coord.). *Comentários à Lei Geral de Proteção de Dados Pessoais*. Porto Alegre: Foco, 2022. p. 426.

(produto ou serviço defeituoso), apenas se realiza a partir dos parâmetros que a LGPD define para o tratamento irregular ou da violação de segurança dos dados.

A responsabilidade do fornecedor no CDC observa dois regimes distintos: do fato do produto ou do serviço e do vício do produto ou do serviço. O tratamento de dados como atividade qualifica-se, como regra, como espécie de serviço (art. 3º, § 2º, do CDC: "qualquer atividade fornecida no mercado de consumo"), atraindo o regime de responsabilidade pelo fato do serviço (art. 14 do CDC). Contudo, nada impede que a violação dos direitos do titular dos dados se dê, igualmente, em relação a dados pessoais exigidos para a fruição de produtos, ou que decorra do acesso não autorizado a dados armazenados em aplicações, cuja qualificação mais precisa a aproxima do conceito de produto. Assim pode ocorrer, tanto com o tratamento irregular, no qual agentes de tratamento deixam de observar os deveres legais que lhe são imputáveis, quanto hipóteses em que os dados pessoais são acessados por terceiros, dando causa a "vazamentos" ou incidentes de segurança, implicando diretamente a violação do dever de segurança, que é dever jurídico expressamente previsto tanto na LGPD quanto no CDC.[134]

1.1. Defeito

A responsabilidade pelo fato do serviço, prevista no art. 14 do CDC, pressupõe a realização de atividade, da qual resulta o dano, pelo fornecedor. Da mesma forma, exige-se a precisa identificação do nexo de causalidade entre o dano causado ao consumidor e certa conduta do fornecedor na oferta ou execução do serviço. A responsabilidade do fornecedor, neste aspecto, nasce apenas na hipótese em que o dano esteja vinculado, por relação lógica de causa e efeito, à atividade do fornecedor, o que se realiza mediante pressuposto que é próprio do regime de responsabilidade do CDC, no caso, o *defeito*. O *defeito* é o *nexo de imputação* entre a atividade do fornecedor e o dano sofrido pelo consumidor. Compreende uma falha que deve estar presente em uma das etapas do fornecimento do serviço. Neste sentido, a imputação de responsabilidade do fornecedor para que indenize o consumidor em razão de fato do serviço, exige que, para além dos pressupostos elementares da relação obrigatória - *conduta* ou *atividade, nexo de causalidade e dano* –, neste caso, também esteja presente o *defeito*.

O CDC não define o defeito, mas dispõe sobre critérios para sua identificação (arts. 12, § 1º, I a III, e 14, § 1º, I a III). Com fundamento nestes critérios, a doutrina brasileira[135] sistematiza-os em três grupos: a) *defeitos de projeto ou concepção*; b) *defeitos de execução*; c) *defeitos de informação*. Trata-se de classificação admitida, em comum, para produtos e

---

[134] STJ, REsp n. 2.077.278/SP.

[135] Veja-se, dentre outros: SANSEVERINO, P. T. V. *Responsabilidade civil no Código do Consumidor e a defesa do fornecedor*. São Paulo: Saraiva, 2002; BENJAMIN, A. H. V. *et al. Comentários ao Código de Proteção do Consumidor*. São Paulo: Saraiva, 1991. p. 61; LEÃES, L. G. P. B. *A responsabilidade do fabricante pelo fato do produto*. São Paulo: Saraiva, 1987. p. 158; LOPES, J. R. L. *Responsabilidade civil do fabricante e a defesa do consumidor*. São Paulo: Revista dos Tribunais, 1992. p. 29; DENARI, Z. *et al. Código Brasileiro de Defesa do Consumidor comentado pelos autores do anteprojeto*. 8. ed. Rio de Janeiro: Forense Universitária, 2005. p. 183-184; MARINS, J. *Responsabilidade da empresa pelo fato do produto: os* acidentes de consumo no Código de Proteção e Defesa do Consumidor. São Paulo: Revista dos Tribunais, 1993. p. 111; ROCHA, S. L. F. *Responsabilidade civil do fornecedor pelo fato do produto no direito brasileiro*. São Paulo: Revista dos Tribunais, 1992. p. 99.

serviços, e com pequenas variações quanto à terminologia adotada, em diferentes sistemas jurídicos – caso de Itália, França, Alemanha e EUA.[136]

Os defeitos de projeto ou concepção (*design defects, diffeti de progettazzione, Konstruktionsfehler* ou *défauts de conception*) compreendem falhas em projetos, fórmulas – o que no campo da informática pode abranger a arquitetura ou *design* da solução, em razão da qual se realiza o dano.

Os defeitos de execução do serviço vinculam-se ao momento de realização da atividade, de modo que embora tenha sido concebida corretamente, há falha na prestação, dando causa a danos ao consumidor. A identificação da falha se realiza a partir da comparação do serviço defeituoso e as demais situações em que foi prestado regularmente.

Os defeitos de informação (*Instruktionsfehler; difetto de informazione, defectos de instrucción o de información* ou *défauts d'instruction*) são extrínsecos ao serviço, dizendo respeito à oferta ou publicidade e o não atendimento do dever de informar do fornecedor nesta etapa, em razão do que o consumidor se submete a risco que não existiria caso tivesse sido adequadamente esclarecido.

Não há imputação de responsabilidade do fornecedor sem defeito, conceito que se vincula, necessariamente, ao de segurança legitimamente esperada. A incidência do regime do fato do serviço em relação ao tratamento de dados dos consumidores, admitido o envio da matéria feito pelo art. 45 da LGPD, exige a demonstração do defeito. Sua concreção, a par dos critérios gerais definidos pelo art. 14, § 1º, do CDC, não se realiza, em concreto, sem as disposições da LGPD que, afinal, definem os deveres específicos dos agentes de tratamento.

Neste sentido, os critérios para a definição de defeito na atividade de tratamento de dados – "I – o modo pelo qual é realizado; II – o resultado e os riscos que razoavelmente dele se esperam; III – as técnicas de tratamento de dados pessoais disponíveis à época em que foi realizado" (art. 44 da LGPD) – guardam paralelo ao disposto também no art. 14, § 1º, do CDC.

No tocante à *violação da segurança dos dados*, prevista no parágrafo único do art. 44 da LGPD, igualmente, a não adoção das medidas de segurança definidas a partir da lei dá causa, igualmente, à caracterização do defeito. Esta se preenche pelo disposto no art. 46, sendo reconhecida também – embora não apenas – na interação entre arquitetura e infraestrutura de rede, e sua regulação, pelas noções de privacidade por desenho e por padrão (*privacy by design* e *privacy by default*). Em precisa síntese doutrinária, a privacidade por desenho (*privacy by design*) envolve a adoção da privacidade como diretriz do processamento de dados pessoais, desde sua concepção; a privacidade por padrão (*privacy by default*) relaciona-se a produtos e serviços tornados disponíveis, contemplando configurações de privacidade que visem a proteção dos dados pessoais, em especial com operações, dentre outras, de minimização, exclusão e anonimização de dados.[137]

Nestes termos, pelo fato de permanecerem submetidas ao regime de responsabilidade previsto no CDC, as situações de tratamento de dados aptos à causação de danos aos consumidores titulares de dados não afastam ou excluem a incidência das normas da LGPD,

---

[136] LOPES, J. R. L. *Responsabilidade civil do fabricante e a defesa do consumidor*. São Paulo: Revista dos Tribunais, 1992. p. 61.

[137] SOMBRA, T. L. S. *Fundamentos da regulação da privacidade e proteção de dados pessoais*. São Paulo: Revista dos Tribunais, 2019. p. 204.

o que se dará especialmente na caracterização do defeito – requisito de responsabilização do fornecedor. O que será definido como defeito dependerá também da concretização dos deveres impostos aos agentes de tratamento pela LGPD e por normas regulatórias, assim como o conteúdo e extensão que se preencham como legítima expectativa de segurança do titular dos dados.

Esta técnica de complementaridade entre as normas, conhecida no direito brasileiro também como "diálogo das fontes" ou "diálogo entre fontes", corrobora interpretação sistemática que visa assegurar um efeito útil, mediante coordenação da aplicação de diferentes normas a um mesmo caso, sem exclusão.[138] O termo *diálogo das fontes* cunhada pelo professor alemão Erik Jayme em seu curso de direito internacional na Academia de Haia, em 1995, exprime um "método que se destine a coordenar as fontes é preferível a uma solução hierárquica",[139] de modo que "a solução dos conflitos de leis emerge como resultado de um diálogo entre as fontes mais heterogêneas. Os direitos do homem, as constituições, as convenções internacionais, os sistemas nacionais: todas estas fontes não mais se excluem mutuamente; elas conversam uma com a outra. Os juízes são necessários para coordenar essas fontes, escutando o que elas dizem".[140] No direito brasileiro, o método é desenvolvido, sobretudo, para coordenar a interpretação e aplicação das normas do CDC, de 1990, e do CC, de 2002,[141] buscando assegurar coerência do ordenamento jurídico, mediante aplicação coordenada entre as normas,[142] inclusive para que as definições de uma norma possam ser tomadas em consideração para interpretação e concreção de conceitos de outra (adaptação sistemática), mediante *influências recíprocas* entre as normas.[143]

BIBLIOGRAFIA SELECIONADA

BENJAMIN, A. H. V. *et al. Comentários ao Código de Proteção do Consumidor.* São Paulo: Saraiva, 1991.

BERGT, M. Haftung und Recht auf Schadenersatz. *In*: KÜHLING, J.; BUCHNER, B. (ed.). *Datenschutz-Grundverordnung BDSG Kommentar.* 3. ed. München: C.H. Beck, 2020.

DENARI, Z. *et al. Código Brasileiro de Defesa do Consumidor comentado pelos autores do anteprojeto.* 8. ed. Rio de Janeiro: Forense Universitária, 2005.

---

[138] Ver comentário ao art. 64 neste volume.

[139] JAYME, E. Identité culturelle et intégration: le droit international privé postmoderne. Cours général de droit international privé. *Recueil des Cours*, Dordrecht, v. 251, p. 60-61, 1995.

[140] JAYME, E. Identité culturelle et intégration: le droit international privé postmoderne. Cours général de droit international privé. *Recueil des Cours*, Dordrecht, v. 251, p. 259, 1995.

[141] Originalmente Claudia Lima Marques expõe o método na introdução aos *Comentários ao Código de Defesa do Consumidor*, publicados em 2004 (MARQUES, C. L.; BENJAMIN, A. H.; MIRAGEM, B. *Comentários ao Código de Defesa do Consumidor*. São Paulo: Revista dos Tribunais, 2004).

[142] Veja-se, a respeito: MARQUES, C. L.; MIRAGEM, B. O necessário diálogo entre a LGPD e o Código de Defesa do Consumidor e os novos direitos do consumidor titular dos dados. *In*: MENDES, L. S.; DONEDA, D.; SARLET, I. W.; RODRIGUES JÚNIOR, O. L. (coord.). *Tratado de proteção de dados pessoais.* 2. ed. Rio de Janeiro: Forense, 2023. p. 795 e s.

[143] MIRAGEM, B. *Eppur si muove.* Diálogo das fontes como método de interpretação sistemática no direito brasileiro. *In*: MARQUES, C. L. (ed.). *Diálogo das fontes:* do conflito à coordenação das normas no direito brasileiro. São Paulo: Revista dos Tribunais, 2012. p. 67 e s.

JAYME, E. Identité culturelle et intégration: le droit international privé postmoderne. Cours général de droit international privé. *Recueil des Cours*, Dordrecht, v. 251, 1995.

LEÃES, L. G. P. B. *A responsabilidade do fabricante pelo fato do produto*. São Paulo: Saraiva, 1987.

LOPES, J. R. L. *Responsabilidade civil do fabricante e a defesa do consumidor*. São Paulo: Revista dos Tribunais, 1992.

MARINS, J. *Responsabilidade da empresa pelo fato do produto:* os acidentes de consumo no Código de Proteção e Defesa do Consumidor. São Paulo: Revista dos Tribunais, 1993.

MARQUES, C. L.; BENJAMIN, A. H.; MIRAGEM, B. *Comentários ao Código de Defesa do Consumidor*. São Paulo: Revista dos Tribunais, 2004.

MARQUES, C. L.; MIRAGEM, B. O necessário diálogo entre a LGPD e o Código de Defesa do Consumidor e os novos direitos do consumidor titular dos dados. *In*: MENDES, L. S.; DONEDA, D.; SARLET, I. W.; RODRIGUES JÚNIOR, O. L. (coord.). *Tratado de proteção de dados pessoais*. 2. ed. Rio de Janeiro: Forense, 2023.

MARTINS, G. M. Comentário ao art. 45. *In*: MARTINS, G. M.; LONGHI, J. V. R.; FALEIROS JÚNIOR, J. L. M. (coord.). *Comentários à Lei Geral de Proteção de Dados Pessoais*. Porto Alegre: Foco, 2022.

MENEZES CORDEIRO, A. B. *Direito da proteção de dados à luz do RGPD e da Lei n. 58/2019*. Coimbra: Almedina, 2020.

MIRAGEM, B. *Eppur si muove*. Diálogo das fontes como método de interpretação sistemática no direito brasileiro. *In*: MARQUES, C. L. (ed.). *Diálogo das fontes:* do conflito à coordenação das normas no direito brasileiro. São Paulo: Revista dos Tribunais, 2012.

ROCHA, S. L. F. *Responsabilidade civil do fornecedor pelo fato do produto no direito brasileiro*. São Paulo: Revista dos Tribunais, 1992.

SANSEVERINO, P. T. V. *Responsabilidade civil no Código do Consumidor e a defesa do fornecedor*. São Paulo: Saraiva, 2002.

SOMBRA, T. L. S. *Fundamentos da regulação da privacidade e proteção de dados pessoais*. São Paulo: Revista dos Tribunais, 2019.

Capítulo VII
DA SEGURANÇA E DAS BOAS PRÁTICAS

Seção I
Da Segurança e do Sigilo de Dados

Art. 46. Os agentes de tratamento devem adotar medidas de segurança, técnicas e administrativas aptas a proteger os dados pessoais de acessos não autorizados e de situações acidentais ou ilícitas de destruição, perda, alteração, comunicação ou qualquer forma de tratamento inadequado ou ilícito.

§ 1º A autoridade nacional poderá dispor sobre padrões técnicos mínimos para tornar aplicável o disposto no *caput* deste artigo, considerados a natureza das informações tratadas, as características específicas do tratamento e o estado atual da tecnologia, especialmente no caso de dados pessoais sensíveis, assim como os princípios previstos no *caput* do art. 6º desta Lei.

§ 2º As medidas de que trata o *caput* deste artigo deverão ser observadas desde a fase de concepção do produto ou do serviço até a sua execução.

Art. 47. Os agentes de tratamento ou qualquer outra pessoa que intervenha em uma das fases do tratamento obriga-se a garantir a segurança da informação prevista nesta Lei em relação aos dados pessoais, mesmo após o seu término.

Artigos 46 e 47

Comentados por José Renato Laranjeira de Pereira e Thiago Guimarães Moraes

DISPOSITIVOS RELACIONADOS NO DIREITO INTERNACIONAL

- Art. 10, Convenção 108+.
- Para. 19(g), Orientações sobre Privacidade da OCDE.

DISPOSITIVOS RELACIONADOS NO ORDENAMENTO JURÍDICO BRASILEIRO

- Art. 48, da Lei n. 14.129/2021.
- Art. 26, LAI.
- Art. 3º, V, Decreto n. 11.856/2023.
- Arts. 198 e 199, CTN.

DISPOSITIVOS RELACIONADOS NA LGPD

- Arts. 5º, XVII, 6º, VII, VIII e X; arts. 12 e 13; arts. 34, IV, e 35, § 5º; art. 38, parágrafo único; art. 44; arts. 47, 48 e 49; e art. 55-J, VI, VIII e XIII.

ATIVIDADES DA ANPD

- Guia de Segurança da Informação para Agentes de Tratamento de Pequeno Porte (2021).
- Estudo Técnico Sobre Anonimização de Dados na LGPD: uma Visão de Processo Baseado em Risco e Técnicas Computacionais (*sob Consulta Pública à época de redação deste comentário*).

AÇÕES REGULATÓRIAS E FISCALIZATÓRIAS DE ENTIDADES GOVERNAMENTAIS E ÓRGÃOS DE CONTROLE

- TCU, Processo n. 039.606/2020-1, Plenário, Acórdão 1384/2022, j. 15.06.2022.

CASOS E DECISÕES JUDICIAIS RELEVANTES

- TJSP, Recurso Inominado Cível n. 1003382-33.2021.8.26.0071, 2ª Turma Recursal Cível e Criminal, julgado e publicado em 26 de outubro de 2021.
- TJSP, Ap. Civ. n. 1000397-59.2021.8.26.0405, 2ª Vara Cível, j. 28.07.2021, publicado em 02.10.2021.
- TJDFT, Ap. Civ. n. 0720647-74.2022.8.07.0020, 8ª Turma Cível, j. 03.10.2023, *DJe* 18.10.2023.
- TST, AIRR n. 218-16.2021.5.08.0011, 5ª Turma, Rel. Min. Breno Medeiros, j. 22.05.2024, publicado em 24.05.2024.

JUSTIFICATIVA E FUNDAMENTOS

Os arts. 46 e 47 da LGPD estabelecem obrigações para que agentes de tratamento e outras pessoas, físicas ou jurídicas, que participem de alguma etapa de determinado tratamento de dados pessoais adotem medidas voltadas a garantir sua proteção e segurança de forma proativa.

O art. 46 tem como objetivo assegurar que todas as medidas possíveis e proporcionais de ordem de segurança, técnica e administrativa sejam adotadas por agentes de tratamento para garantir a proteção dos dados pessoais tratados no escopo de suas atividades. Já o art. 47 estende seu escopo no que diz respeito à garantia da segurança da informação para além dos mencionados agentes, incluindo qualquer outra pessoa que intervenha em uma das fases do tratamento.

Ambos os dispositivos consistem em obrigações gerais de operacionalização dos princípios, direitos e demais regras da LGPD por meio da criação de salvaguardas que impeçam qualquer tipo de tratamento que não esteja de acordo com a lei, de modo a garantir que aqueles que participem dele se antecipem a eventos que possam vir a violar a proteção dos dados pessoais sob sua responsabilidade.

Pela relação de interdependência que caracteriza os arts. 46 e 47, nos debruçamos sobre o conteúdo de ambos de forma conjunta ao longo deste comentário. Apesar de frequentemente nos referirmos aos dois dispositivos em conjunto, em determinados momentos tratamos separadamente de cada um deles, considerando suas particularidades.

As ações descritas nos arts. 46 e 47 devem ser adotadas, como mencionado acima, de forma proativa. Além disso, a escolha e implementação das medidas têm como intuito garantir grau de proteção adequado ao risco decorrente da natureza das informações tratadas, das características específicas do tratamento e do estado atual de desenvolvimento das tecnologias envolvidas. O art. 46 reforça que casos de tratamento de dados sensíveis devem ser especialmente protegidos, como resultado da abordagem baseada em risco da LGPD, que considera esses dados como objeto de maior proteção pelo alto potencial discriminatório que possuem.

Os artigos deixam explícita a necessidade de se adotar todas as precauções possíveis e necessárias ao cumprimento do disposto na LGPD ao longo de cada estágio do ciclo de vida de um tratamento de dados pessoais. Incluem-se nesse ciclo diversas etapas, desde o primeiro momento de coleta de determinado dado até mesmo depois do fim de seu tratamento. Afinal, o risco de ocorrência de ilícito aos dados tratados pode ocorrer em qualquer instante, por meio de falhas na governança dos dados, inclusive por erros humanos, ou vulnerabilidades nos sistemas utilizados, por exemplo.

As regras previstas nos arts. 46 e 47 estão intimamente ligadas à noção de privacidade desde a concepção (*privacy by design*, ou PbD, no inglês). Trata-se de um conjunto de princípios voltados a guiar a incorporação da privacidade a sistema de dados, tecnologias e práticas organizacionais desde sua concepção[1] até depois do seu descarte.[2] Se relacionam diretamente à ideia de privacidade por padrão (*by default*), em que as proteções à privacidade mais completas possíveis já são incorporadas a sistemas e tecnologias de forma independente de eventuais ações adicionais pela pessoa que for utilizá-lo, seja esta a titular de dados ou não.[3]

A noção de privacidade desde a concepção foi desenvolvida inicialmente por Ann Cavoukian, que delimitou sete princípios para guiar agentes de tratamento de dados em sua implementação, seja quando aplicada a tecnologias da informação, práticas organizacionais, design físico ou ecossistemas de informações em rede. Esses princípios[4] são:

1. Ação proativa, não reativa; e preventiva, não corretiva

A abordagem de privacidade desde a concepção é caracterizada pela adoção de medidas proativas que buscam antecipar e evitar eventos invasivos à privacidade antes que eles aconteçam. A PbD não espera que os riscos à privacidade se materializem, nem oferece soluções para resolver infrações de privacidade depois que elas ocorrem – pelo contrário, ela visa *evitar* que elas se materializem.

2. Privacidade como configuração padrão (*by default*)

A privacidade por padrão, como adiantado acima, representa como a PbD busca oferecer o grau máximo de privacidade, garantindo que os dados pessoais sejam automaticamente

---

1 CAVOUKIAN, A. *Privacy by design:* the 7 foundational principles – implementation and mapping of fair information practices. Toronto: Information and Privacy Commissioner of Ontario, 2011.

2 IPC – INFORMATION AND PRIVACY COMMISSION OF ONTARIO. *Privacy by design.* Toronto, 2018. Disponível em: https://www.ipc.on.ca/wp-content/uploads/2018/01/pbd.pdf. Acesso em: 13 jul. 2020.

3 AEPD – AGÊNCIA ESPANHOLA DE PROTEÇÃO DE DADOS. *Guía de privacidad desde el diseño.* Madri, 2019.

4 CAVOUKIAN, A. *Privacy by design:* the 7 foundational principles – implementation and mapping of fair information practices. Toronto: Information and Privacy Commissioner of Ontario, 2011.

sujeitos ao mais alto grau possível de proteção em qualquer sistema de Tecnologia da Informação (TI) ou prática comercial. Sua ideia é que nenhuma ação seja necessária por parte do indivíduo para proteger sua privacidade ao máximo – tal nível deve ser já incorporado ao sistema por padrão.

3. Privacidade incorporada à concepção (*design*)

A privacidade desde a concepção deve ser incorporada desde a fase de concepção, ou, mais especificamente, de design do tratamento, da arquitetura dos sistemas de tecnologia da informação utilizados para tal e às práticas comerciais. Ela não deve ser incluída à dinâmica de um tratamento de dados como um complemento, após o fato. O objetivo é que ela se torne um componente essencial da funcionalidade principal que está sendo fornecida por meio de um produto, serviço, ou tratamento de dados da forma como se der.

4. Funcionalidade total – soma positiva, não soma zero

Apesar de a privacidade ser muitas vezes colocada em uma situação de soma zero, como se tivesse que competir com outros interesses, a PbD prega a acomodação de todos esses interesses, como eficiência, funcionalidade e segurança, em conjunto com a privacidade. A racionalidade aqui é a de que é sim possível combiná-los, resultando em uma soma positiva; a privacidade não exclui nenhum deles.

5. Segurança de ponta a ponta – proteção total do ciclo de vida

A PbD, tendo sido incorporada ao sistema antes mesmo de o primeiro dado ser coletado, deve se estender com segurança por todo o ciclo de vida do tratamento de dados.

6. Visibilidade e transparência

Deve-se garantir a todas as partes interessadas que, independentemente da prática comercial ou da tecnologia envolvida, elas estejam, de fato, operando de acordo com as promessas e os objetivos declarados, de modo que possam comprovar tal proteção se sujeitas à verificação independente. Tratamentos de dados devem, pois, permanecer visíveis e transparentes, tanto para os usuários e titulares de dados quanto para os agentes de tratamento.

7. Respeito à privacidade do usuário

Agentes de tratamento devem manter os interesses do indivíduo em primeiro lugar, oferecendo medidas como padrões rígidos de privacidade, avisos apropriados e opções amigáveis ao usuário para eventualmente alterar configurações do tratamento.

Com a incorporação da privacidade desde a concepção em leis de proteção de dados ao redor do mundo, consolidou-se essa lógica como fundamental para garantir a proteção de dados pessoais em qualquer gênero de tratamento, e não só sua inclusão em tecnologias e sistemas. Por isso, a leitura de Cavoukian[5] da privacidade desde a concepção envolve sua aplicação a uma tríade formada por sistemas de TI; práticas de negócios responsáveis; e design físico e infraestrutura em rede.

---

[5] CAVOUKIAN, A. *Privacy by design:* the 7 foundational principles – implementation and mapping of fair information practices. Toronto: Information and Privacy Commissioner of Ontario, 2011.

A adoção do termo em algumas leis de proteção de dados recentes levou à substituição do termo "privacidade" por "proteção de dados", como em "proteção de dados desde a concepção" e "proteção de dados por padrão". É o que ocorre, por exemplo, na lei de proteção de dados equatoriana,[6] em seu art. 39, e no RGPD, art. 25, ao dispor de regras similares às previstas no art. 46 da LGPD. Tal movimento segue as transformações operadas na proteção da privacidade com o desenvolvimento tecnológico e o consequente aumento da capacidade de processamento de informações de computadores. Tais mudanças levaram à necessidade de a disciplina da privacidade evoluir de um paradigma de proteção do espaço físico da intimidade de uma pessoa para a proteção dos dados que a esta se referem.[7]

De todo modo, pode-se considerar que a razão para incorporação de obrigações de privacidade e proteção de dados desde a concepção nessas leis é o potencial que tais arquiteturas têm de moldar condutas humanas, especialmente quando aplicadas à concepção de tecnologias da informação ou de processos de governança, podendo ser até mais eficientes que contratos ou normas.[8]

No contexto brasileiro, a lógica do art. 46 esteve presente já na primeira versão do anteprojeto da LGPD que partiu do MJ, em 2010,[9] objeto de consulta pública realizada na época. O texto original, no que era seu art. 23, obrigava agentes de tratamento a adotarem "medidas idôneas de segurança preventiva", não especificando ainda, portanto, a natureza dessas medidas, que vieram a ser descritas no texto atual da LGPD como "técnicas e administrativas". Estas seriam voltadas a "reduzir ao mínimo" "o risco de sua destruição ou perda, de acesso não autorizado ou de tratamento não permitido pelo titular ou diverso da finalidade da sua coleta, independentemente do motivo".

A versão de 2010 explicitava ainda que as medidas deveriam ser proporcionais "ao atual estado da tecnologia, à natureza dos dados e às características específicas do tratamento, em particular no caso do tratamento de dados sensíveis". Não havia referência, à época, ao conteúdo do atual § 2º, no qual se prevê que a observação das medidas previstas no *caput* deve se dar "desde a fase de concepção do produto ou do serviço até a sua execução".

O art. 26 da versão de 2010 pode ser considerado, por sua vez, um precursor do atual art. 47. Ele previa obrigação ao agente de tratamento de garantir o segredo dos dados até mesmo depois do fim do tratamento. Deve-se observar, por certo, que segredo e segurança de dados são conceitos distintos. O segredo, também referido como *confidencialidade*, consistiria na vedação de acesso a determinados entes sobre dados específicos, e faz parte da disciplina maior da segurança da informação. Esta abarca outros elementos além dele, como a *integridade*, relacionada à garantia da correção e autenticidade dos dados, e a *disponibilidade*, que consiste em manter o dado acessível, compreensível e processável em tempo hábil. Juntas, confidencialidade, integridade e disponibilidade formam a chamada "tríade CIA" da segurança da informação.[10]

---

6 EQUADOR. *Ley Orgánica de Protección de Datos Personales*, de 26 de mayo de 2021 (2010).

7 MAYER-SCHÖNBERGER, V. Generational development of data protection in Europe. *In*: AGRE, P. E.; ROTENBERG, M. (ed.). *Technology and privacy:* the new landscape. Cambridge: MIT Press, 1998.

8 BYGRAVE, L. A. Article 25 Data protection by design and by default. *In*: KUNER, C.; BYGRAVE, L. A.; DOCKSEY, C. (ed.). *The EU General Data Protection Regulation (GDPR)*: a commentary. New York: Oxford Academic, 2020.

9 MJ. *Anteprojeto de Lei para a Proteção de Dados Pessoais:* proteção de dados pessoais. 2015. Disponível em: https://www.gov.br/mj/pt-br/assuntos/noticias/mj-apresenta-nova-versao-do-anteprojeto-de-lei-de-protecao-de-dados-pessoais/apl.pdf.

10 HANSEN, M. *et al.* Protection goals for privacy engineering. *IEEE CS Security and Privacy Workshops*, 2015.

Em 2015, nova versão do anteprojeto da LGPD[11] apresentada pelo MJ antes de sua apresentação ao Congresso Nacional aproximava-se mais à redação atual. Em relação à versão de 2010, o novo *caput* do então art. 45 ampliou as espécies de medidas a serem adotadas para além daquelas focadas em segurança, incluindo explicitamente medidas técnicas e administrativas. Importa considerar, inclusive, que o princípio da segurança descrito na LGPD consiste justamente na "utilização de medidas técnicas e administrativas aptas a proteger os dados pessoais (...)", de modo que a redação da versão de 2015 e a final promovem esse diálogo próximo entre a proteção de dados desde a concepção e o conceito de segurança.[12]

Outro aspecto em que a redação da versão de 2015 do anteprojeto estendeu sua aplicação em relação a sua predecessora foi para mencionar o papel do regulador em dispor sobre padrões técnicos mínimos para garantir o cumprimento do *caput*, ainda que não fizesse referência expressa, à época, aos princípios previstos no art. 6º. Tais medidas cumpririam os requisitos anteriormente mencionados na versão de 2010, no sentido de dever considerar "a natureza das informações tratadas, as características específicas do tratamento e o estado atual da tecnologia, especialmente no caso de dados pessoais sensíveis".

Essa inclusão da autoridade reguladora na dinâmica de definição de medidas cabíveis torna protagonista o órgão estatal enquanto orientador de agentes de tratamento no detalhamento de quais ações são apropriadas ou não para garantir a proteção de dados pessoais. Vale ressaltar, no entanto, que o texto final do art. 46 não pretende tornar os agentes de tratamento dependentes da autoridade, já que esta passa a ter meramente a *possibilidade* de atuar, não isentando controladores e operadores de sua obrigatória proatividade.

No que tange à lógica de garantia do segredo dos dados prevista no art. 26, da versão de 2010, ela foi mantida no art. 46 da versão de 2015. Essa noção só foi modificada ao longo dos debates no Congresso Nacional, até chegar à redação atual, que prevê a necessidade de garantia da segurança da informação como um todo.

ANÁLISE

1. Análise contextual

Os arts. 46 e 47 consistem em uma obrigação transversal de garantia de adequação aos princípios, direitos e demais regras, previstos na LGPD, por todo o ciclo de vida de um tratamento de dados pessoais. Por isso, se relaciona estreitamente com uma série de outras obrigações presentes na Lei.

Dentre elas, vale ressaltar, por exemplo, o RIPD, descrito no art. 5º, XVII, da LGPD, pelo qual controladores descrevem medidas, salvaguardas e mecanismos voltados à mitigação de riscos a direitos fundamentais de determinado tratamento de dados.

Ainda que as obrigações dos arts. 46 e 47 sejam mais amplas do que as voltadas aos relatórios por se aplicarem a qualquer tratamento de dados – e não só àqueles que gerem os riscos previstos no art. 5º, XVII –, relatórios de impacto podem ser importantes instrumentos para guiar controladores e informar a autoridade e demais atores que tiverem acesso a

---

11 MJ. MJ apresenta nova versão do Anteprojeto de Lei de Proteção de Dados Pessoais – Ministério da Justiça e Segurança Pública.

12 Ver comentário ao art. 6º, VII, neste volume.

seu conteúdo a respeito das medidas adotadas para proteção dos dados pessoais. Por conta disso, pode ser inclusive meio para o agente de tratamento demonstrar ter aplicado medidas adequadas à conformidade com a norma em casos de incidentes de segurança, conforme previsões do art. 48, LGPD.

Os arts. 46 e 47 também estão em estreita relação com os arts. 48 e 49, que tratam de incidentes de segurança. Afinal, conforme vimos acima quando tratamos dos princípios da privacidade desde a concepção, o objetivo da adoção de medidas de segurança, técnicas e administrativas é justamente o de prevenir incidentes.

Isso se aplica, por exemplo, ao § 1º, III (medidas técnicas e de segurança utilizadas para a proteção dos dados, observados os segredos comercial e industrial) e VI (medidas que foram ou que serão adotadas para reverter ou mitigar os efeitos do prejuízo), do art. 48. Medidas de prevenção de incidentes de segurança estão alinhadas com o conceito de segurança desde a concepção (*security by design*), que se relacionam, por sua vez, com a privacidade desde a concepção. Ainda, outro exemplo é o § 3º do art. 48. Este dispositivo determina que, no juízo de gravidade do incidente, e, consequentemente, na avaliação do grau de culpa do agente de tratamento, será avaliada a adoção de medidas técnicas adequadas para dificultar a inteligibilidade dos dados pessoais por terceiros não autorizados, tenham eles objetivos maliciosos ou não, cuja segurança foi afetada. Essas medidas podem se relacionar justamente às medidas previstas nos arts. 46 e 47.

Outros dispositivos da LGPD com os quais o art. 46 se relaciona são os seguintes:

- O princípio da segurança, previsto no art. 6º, VII, que se refere à "utilização de medidas técnicas e administrativas aptas a proteger os dados pessoais de acessos não autorizados e de situações acidentais ou ilícitas de destruição, perda, alteração, comunicação ou difusão", se relacionando, portanto, justamente às medidas mencionadas no *caput* do art. 46;
- O princípio da prevenção, do art. 6º, VIII, que prescreve que tratamentos de dados devem ocorrer sempre com a adoção de "medidas para prevenir a ocorrência de danos em virtude do tratamento de dados pessoais". Por consistir o art. 46 em uma obrigação de se adotar medidas proativas para evitar tratamentos ilícitos de dados, se relaciona diretamente à noção de prevenção de incidentes;
- O princípio da responsabilização e prestação de contas, previsto no art. 6º, X, que indica a importância de o agente de tratamento não só garantir a adoção das medidas previstas no art. 46 por todo o ciclo de vida de um tratamento de dados para protegê-los de tratamentos ilícitos, como também documentar quais medidas foram estas de modo a prestar contas à ANPD, ao Judiciário ou titulares de dados em caso de requisição de informações ou mesmo de incidente de segurança;
- O art. 12, que, ao diagnosticar que a anonimização de dados pode ser revertida, determina que agentes de tratamento devem empreender esforços razoáveis para evitar que isso ocorra e potencialmente leve a tratamentos ilícitos. Essa obrigação é relevante ao art. 46 por demonstrar que as medidas de segurança, técnicas e organizacionais a serem adotadas para seu cumprimento devem levar em consideração inclusive o período após o fim do tratamento dos dados, caso isso se dê por meio de processos de anonimização;
- O art. 13, que prevê a necessidade de medidas específicas de proteção a dados tratados em estudos sobre saúde pública por órgãos de pesquisa, incluindo com obrigações sobre restrições de acesso, transferências e recomendação de práticas como anonimização ou pseudonimização de dados;

- O art. 35, § 5º, que determina que, para a definição do conteúdo de cláusulas-padrão contratuais e para a verificação de cláusulas contratuais específicas, bem como normas corporativas globais ou selos, certificados e códigos de conduta, todos voltados a transferências internacionais, será levada em consideração a adequabilidade das medidas técnicas e organizacionais adotadas pelo operador voltadas ao cumprimento do art. 46;
- O art. 38, parágrafo único, que trata da adoção da documentação de medidas, salvaguardas e mecanismos de mitigação de risco adotados quando da elaboração de relatórios de impacto à proteção de dados realizados a partir de comando da autoridade de supervisão ao controlador;
- O art. 44, parágrafo único, que determina que responde "pelos danos decorrentes da violação da segurança dos dados o controlador ou o operador que, ao deixar de adotar as medidas de segurança previstas no art. 46 desta Lei, der causa ao dano";
- O art. 47, que explicita que medidas de segurança da informação devem ser adotadas por agentes de tratamento por todo o ciclo de vida do tratamento do dado pessoal, inclusive após seu fim.

Já no que diz respeito à relação do art. 46 com outras normas brasileiras, pode-se mencionar a LAI, cujo art. 26 determina a adoção de medidas e procedimentos de segurança para tratamento de informações sigilosas, dentre as quais podem ser incluídos dados pessoais.

Outro caso é a Lei n. 14.129/2021, que traz regras para o projeto de Governo Digital brasileiro. Seu art. 48 determina que órgãos e entidades que estão no escopo da norma devem estabelecer, manter, monitorar e aprimorar sistema de gestão de riscos e de controle interno com vistas à identificação, à avaliação, ao tratamento, ao monitoramento e à análise crítica de riscos da prestação digital de serviços públicos – o que engloba, no escopo da lei, o tratamento de dados pessoais –, inclusive aqueles que podem afetar a proteção às liberdades civis e aos direitos fundamentais.

Também vale mencionar o Decreto 11.856/2023, que institui a Política Nacional de Cibersegurança e o Comitê Nacional de Cibersegurança. Seu art. 3º, V, estimula "a adoção de medidas de proteção cibernética e de gestão de riscos para prevenir, evitar, mitigar, diminuir e neutralizar vulnerabilidades, incidentes e ataques cibernéticos, e seus impactos".

Tal interdependência e mútua influência dos arts. 46 e 47 da LGPD, com importantes normas vinculadas ao acesso à informação pela sociedade, ao processo de transformação digital da Administração Pública, bem como à tão aguardada Política Nacional de Cibersegurança, garante a harmonização do ordenamento jurídico brasileiro no que tange à adoção de medidas de segurança, técnicas e administrativas adequadas à proteção dos dados pessoais em território nacional. Trata-se de passo fundamental para o aprofundamento da cultura de proteção de dados na sociedade brasileira em todas as suas instâncias, incluindo tanto o setor público quanto o privado, de modo a promover proatividade na adoção de medidas protetivas a direitos vinculados a esses dados.

Os arts. 46 e 47 também se alinham com instrumentos internacionais como a Convenção 108+, que, em seu art. 10º, determina que controladores e operadores devem conceber tratamentos de dados em uma forma que minimize riscos a direitos e liberdades. De forma explícita, o dispositivo determina que esses agentes devem implementar medidas técnicas e organizacionais adequadas à proteção de dados pessoais em todos os estágios do tratamento. Tais medidas devem levar em conta a natureza e o volume dos dados, a natureza, o escopo e a finalidade do tratamento e, quando apropriado, o tamanho do controlador ou processador, e sua adoção deve ser devidamente demonstrável.

No âmbito da OEA, o Comitê Jurídico Interamericano, que é o órgão consultivo da Organização em temas jurídicos, adotou o documento "*Proposed Statement of Principles for Privacy and Personal Data Protection in the Americas*", em 2012. Nele, propunha que um dos princípios a serem adotados pelos Estados-Membros da OEA deveria incluir a regra de que controladores e operadores de dados devem fornecer medidas técnicas e organizacionais razoáveis para garantir a integridade, a confidencialidade e a disponibilidade dos dados pessoais. Tais medidas dependem, para o grupo, de como os dados pessoais são processados, das consequências para o indivíduo se houver uma violação, da sensibilidade das informações e de quaisquer obrigações impostas pela legislação nacional.[13]

As diretrizes sobre privacidade (*Privacy Guidelines*)[14] da OCDE são outro instrumento que prescreve a seus Estados-Membros que promovam a adoção de medidas técnicas para proteção da privacidade.

Os artigos também encontram paralelo em legislações de outros países. Na América Latina, a *Ley Orgánica de Protección de Datos Personales* equatoriana,[15] por exemplo, usa explicitamente o termo *protección de datos personales desde el diseño y por defecto*, em seu art. 39, para se referir à proteção de dados desde a concepção e por padrão. O dispositivo obriga tanto controladores quanto operadores de dados a adotarem medidas técnicas e organizacionais apropriadas a garantir proteção e segurança dos dados e a contínua e permanentemente verificar a eficiência das medidas técnicas, organizacionais ou de qualquer outra natureza para a proteção desses dados. É explícito sobre a proteção de dados por padrão ao estipular que os dados pessoais tratados deverão ser sempre os necessários à finalidade do tratamento.

No México,[16] o art. 19 da *Ley Federal de Protección de Datos Personales en Posesión de los Particulares* cumpre papel similar, também determinando a adoção de medidas de segurança administrativas, técnicas e físicas para proteger dados que sejam compatíveis com o risco, a sensibilidade dos dados, o desenvolvimento tecnológico e as possíveis consequências para os titulares. Importa ressaltar que o artigo se aplica ao "responsável", que seria figura similar ao controlador na LGPD.

O Quênia é outro país que adota, nos arts. 41 e 42 de sua lei de proteção de dados (*Data Protection Act*), obrigações similares ao art. 46, que se aplicam tanto a controladores quanto a operadores.[17]

Já no contexto europeu, o RGPD prevê a proteção de dados desde a concepção em seu art. 25 e Considerando 78. Sua racionalidade é similar à adotada na LGPD e nas leis equatoriana e mexicana. O Regulamento determina a adoção de medidas "técnicas e organizacionais" apropriadas a proteger os dados pessoais tratados pelo controlador. Diferentemente da LGPD, no entanto, o art. 25 do RGPD se refere exclusivamente ao controlador e é explícito tanto ao mencionar a pseudonimização e a minimização de dados como medidas a serem buscadas quanto que seu conteúdo deve ser seguido inclusive no momento da determinação dos meios de processamento. Por fim, o RGPD é explícito, de forma semelhante à lei equa-

---

13 OAS - ORGANISATION OF AMERICAN STATES. *Preliminary Principles and Recommendations on Data Protection* (the Protection of Personal Data). 2011.

14 OCDE. *Recommendation of the Council concerning Guidelines Governing the Protection of Privacy and Transborder Flows of Personal Data*. 2013.

15 EQUADOR. *Ley Orgánica de Protección de Datos Personales*, de 26 de mayo de 2021 (2010).

16 MÉXICO. *Ley Federal de Protección de Datos Personales en Posesión de los Particulares, de 5 de julio de 2010*. 2010.

17 QUÊNIA. *Data Protection Act*. 2019.

toriana, sobre a noção de proteção de dados por padrão (ou "por defeito", na tradução em português europeu). Nesse sentido, determina que, por padrão, somente os dados pessoais necessários para cada finalidade específica do processamento serão tratados.

2. Análise doutrinária

Como já inicialmente discutido acima, pode-se interpretar o art. 46 como uma regra que torna obrigatória aos agentes de tratamento a adoção proativa de medidas de segurança, técnicas e administrativas aptas a proteger os dados pessoais.

2.1. Art. 46, *caput*

2.1.1. Agentes

Ao referir-se a *agentes*, percebe-se que o art. 46 se aplica tanto a controladores quanto a operadores de dados pessoais,[18] ou seja, tanto àqueles atores a quem competem as decisões referentes ao tratamento de dados pessoais quanto àqueles que realizam o tratamento de dados em seu nome, respectivamente conforme definições presentes no art. 5º, VI e VII, da LGPD.

Por esse motivo, do lado do controlador, é necessário que tais medidas estejam incorporadas a cada decisão tomada relativa ao tratamento dos dados pessoais. Já do lado do operador, este é responsável por avaliar se as diretrizes de proteção definidas pelo controlador são de fato adequadas às regras previstas na LGPD. Por isso, ainda que realize o tratamento de dados atendendo a demandas do controlador, o operador também tem a responsabilidade sobre a proteção dos dados, devendo garantir que as medidas que adote sejam de fato adequadas à lei, ainda que se mostrem adicionais às inicialmente estipuladas pelo controlador. Caso contrário, o operador estará tão sujeito a sanções quanto o controlador, já que deve não só seguir as diretrizes deste quanto avaliar se elas são de fato compatíveis com o grau de proteção necessário à adequação do tratamento à LGPD.

2.1.2. Medidas de segurança, técnicas e administrativas

No que diz respeito ao conceito de *segurança*, a própria LGPD o institui como princípio de proteção de dados em seu art. 6º, VII, e o define como a "utilização de medidas técnicas e administrativas aptas a proteger os dados pessoais de acessos não autorizados e de situações acidentais ou ilícitas de destruição, perda, alteração, comunicação ou difusão". Como se vê, a expressão "medidas técnicas e administrativas aptas a proteger os dados pessoais" aqui presente também está incorporada ao *caput* do art. 46.

Tal aspecto da lei poderia demonstrar, ao menos à primeira vista, certa redundância no texto da lei. No entanto, pode-se interpretá-la também como diagnóstico de que o art. 46 pretende ir além de medidas de segurança da informação, já que esta, apesar de contribuir à proteção de dados, não se confunde com ela. Nos termos da ISO 27000:2018,[19] segurança da informação se refere à preservação da confidencialidade, integridade e disponibilidade de determinada informação, bem como sua autenticidade, capacidade de permitir a responsabilização e prestação de contas pela forma como a informação é tratada (*accountability*), confiabilidade e a habilidade de provar a ocorrência e a origem de um evento ou ação.

---

18 JIMENE, C. V. Da segurança e das boas práticas. *In*: MALDONADO, V. N.; BLUM, R. O. (ed.). *LGPD*: Lei Geral de Proteção de Dados comentada. São Paulo: Revista dos Tribunais, 2019. p. 38.

19 ISO. ISO/IEC 27000:2018 (*ISO*, 2022).

Já a disciplina da proteção de dados pretende ir além, sendo uma garantia não só a um certo direito à intimidade e a ser deixado em paz, como mecanismo fundamental para garantir direitos como a liberdade de expressão e a equidade, por meio de princípios como os presentes na LGPD.[20] Por isso, deve garantir, por exemplo, mecanismos voltados a permitir o consentimento do titular de dados quando este for medida adequada ao tratamento, bem como ações que dados só sejam tratados se adequados e necessários para a finalidade a que se propõem, além de outros aspectos como transparência e garantia de acesso aos dados pelo titular.

As medidas previstas no art. 46, portanto, pretendem abarcar essas diferentes esferas de proteção, e demonstra como as práticas a serem adotadas para proteger dados devem ter caráter multifacetado. Ao explicitar *medidas técnicas*, a LGPD inclui, por um lado, ações garantidoras de maior proteção e segurança dos dados no design de *hardwares*, na arquitetura de sistemas, na operacionalização de *softwares*, ou no próprio trato dos dados. Medidas nessa linha podem ser a adoção de criptografia, implementação de pseudonimização e anonimização, autenticações multifatoriais, proteções contra tentativas de acesso utilizando força bruta, e finalização automática de seções, por exemplo.

Por outro, ao falar de *medidas administrativas*, ela se estende também a práticas organizacionais, por meio de regras que determinam, por exemplo, quem, e sob que circunstâncias, está autorizado a ter acesso aos dados pessoais sob tratamento, bem como a ações a serem tomadas para atualizar sistemas, dentre outras.[21] Contratos, códigos de boas práticas, são outros instrumentos que se somam a medidas administrativas passíveis de adoção com vistas ao cumprimento do art. 46. Vale dizer que medidas técnicas e administrativas são mutuamente influenciáveis, já que tanto restrições ou permissões feitas no âmbito da tecnologia podem afetar decisões administrativas feitas em relação ao tratamento dos dados quanto contratos e regras organizacionais podem guiar a escolha de qual tecnologia adotar.

Definir qual técnica ou prática administrativa adotar para proteger dados, considerando que recursos sempre podem ser escassos, é um desafio considerável. Agentes de tratamento devem buscar sempre desenvolver em suas organizações uma *mentalidade* de proteção de dados, de modo a serem capazes de, em suas escolhas, garantirem a melhor combinação entre quais tecnologias e arranjos organizacionais. Conforme expresso por Koops e Leenes, trata-se de incluir a proteção de dados desde a concepção não só na seção de "código" da ferramenta regulatória, mas também nas ferramentas que regulam a própria comunicação interna e externa de agentes de tratamento.[22]

2.1.3. Ameaças

Ainda analisando o *caput* do art. 46, este cita exemplos a respeito de quais são as ações contra as quais dados pessoais devem ser protegidos. Como *acessos não autorizados*, pode-se considerar, por um lado, todo acesso realizado por pessoa que não seja permitida pelo agente de tratamento para ter acesso a determinado dado,[23] bem como, por outro, o acesso

---

20 DONEDA, D. *Da privacidade à proteção de dados pessoais*. Rio de Janeiro: Renovar, 2006.

21 BYGRAVE, L. A. Article 25 Data protection by design and by default. *In*: KUNER, C.; BYGRAVE, L. A.; DOCKSEY, C. (ed.). *The EU General Data Protection Regulation (GDPR)*: a commentary. New York: Oxford Academic, 2020.

22 KOOPS, B. J.; LEENES, R. Privacy regulation cannot be hardcoded: a critical comment on the "privacy by design" provision in data-protection law. *International Review of Law, Computers & Technology*, Oxford, v. 28, n. 2, p. 159, 2014.

23 JIMENE, C. V. Da segurança e das boas práticas. *In*: MALDONADO, V. N.; BLUM, R. O. (ed.). *LGPD:* Lei Geral de Proteção de Dados comentada. São Paulo: Revista dos Tribunais, 2019. p. 38.

por pessoa autorizada mas que leve, em última instância, à realização de um tratamento de forma não autorizada pelo agente. Este último seria o caso de uma ameaça interna, que é, por exemplo, descrita pela Agência de Cibersegurança e Infraestrutura de Segurança dos EUA (CISA) como a ameaça de que uma pessoa já com acesso interno usará este, intencionalmente ou não, para prejudicar a missão, os recursos, o pessoal, as instalações, as informações, os equipamentos, as redes ou os sistemas de determinada organização.[24]

Destruição pode se referir a um processo pelo qual determinado dado pessoal pode ser modificado de forma irreversível, de forma que pode não mais ser reconhecido, usado ou reconstruído após esse processo.[25] Já *perda* pode se referir à exposição da informação – nesse caso, dados pessoais – por meio de roubo ou vazamento, conforme conceituado pelo NIST.[26]

Para compreender o conceito de *alteração*, vale lançar mão da definição presente na ISO 5127:2017 para modificação do dado (*modification of data*), considerando ambos os termos sinônimos para representação mudanças ocorridas no dado de modo a alterar a informação que representa.[27] Vale considerar aqui que a ISO diferencia dado de informação, sendo o dado uma "representação reinterpretável de informações em uma maneira formalizada adequada para comunicação, interpretação ou processamento"[28] e a informação "dados que são processados, organizados e correlacionados para produzir significado".[29] Já como *comunicação* podemos considerar "uma forma de telecomunicação destinada à transferência de informações entre equipamentos de processamento de dados",[30] de acordo com a IEC.

É objetivo do art. 46, nesse sentido, evitar que qualquer uma dessas ações aconteça de forma incondizente com o que determina a LGPD ou o ordenamento brasileiro, como, por exemplo, em casos de violação às regras sobre sigilo fiscal, conforme disposto pelo CTN em seus arts. 198 e 199.

Por fim, ao também mencionar que o agente de tratamento deve lançar mão das medidas de segurança, técnicas e administrativas para proteger dados contra *tratamentos inadequados ou ilícitos*, o *caput* determina que é objetivo dessas medidas impedir qualquer ato ilícito com os dados. Isso pode incluir, assim como mencionado anteriormente, hipóteses que vão além do que preconiza a LGPD para abarcar todo o ordenamento jurídico brasileiro.

2.2. Art. 46, § 1º

Passando ao § 1º do art. 46, trata-se de dispositivo que permite à autoridade nacional dispor de *padrões técnicos mínimos* para tornar aplicável a regra do *caput*. Aqui, autoridade se refere à ANPD, que é autarquia de natureza especial dotada de autonomia técnica e decisória (art. 55-A, LGPD).

---

[24] CISA. *Defining insider threats*. 2019. Disponível em: https://nvlpubs.nist.gov/nistpubs/ir/2013/nist.ir.7298r2.pdf. Acesso em: 27 fev. 2024.

[25] ISO. *ISO/IEC 27555:2021:* Information security, cybersecurity and privacy protection – Guidelines on personally identifiable information deletion. Genebra: ISO, 2021.

[26] NIST – NATIONAL INSTITUTE OF STANDARDS AND TECHNOLOGY. *Data loss*. 2015. Disponível em: https://csrc.nist.gov/glossary/term/data_loss. Acesso em: 30 jan. 2024.

[27] ISO. *5127:2017:* Information and documentation – Foundation and vocabulary. Genebra: ISO, 2017.

[28] ISO. *5127:2017:* Information and documentation – Foundation and vocabulary. Genebra: ISO, 2017.

[29] ISO. *5127:2017:* Information and documentation – Foundation and vocabulary. Genebra: ISO, 2017.

[30] IEC – INTERNATIONAL ELECTROTECHNICAL COMMISSION. Disponível em: https://www.electropedia.org/iev/iev.nsf/display?openform&ievref=701-01-12. Acesso em: 15 jun. 2025.

A competência concedida pelo art. 46, § 1º, da LGPD, se soma a outras prerrogativas do ente público que são previstas no art. 55-J, como o estímulo à adoção de padrões que facilitem o exercício de controle dos titulares sobre seus dados pessoais (VIII), a edição de regulamentos e procedimentos (XIII) e o papel de disseminação de conhecimento das normas e das políticas públicas sobre proteção de dados pessoais e das medidas de segurança (VI). Todas essas competências são fundamentais para a promoção da proteção de dados desde a concepção no país.

Padrões técnicos podem se referir aqui a normas que guiam a adoção de medidas especialmente no âmbito da tecnologia que garantam maior proteção aos dados. Exemplos de padrões que já existem são aqueles criados pela ISO. Seus padrões são normalmente criados por especialistas de diferentes países, e vários deles tratam especificamente de segurança da informação, proteção de dados e privacidade que são amplamente adotadas por organizações. No Brasil, as regras da ISO e outros órgãos de padronização são traduzidas pela ABNT. São alguns desses padrões as normas ABNT ISO/IEC 27001:2013, ABNT ISO/IEC 27002:2013 e ABNT ISO/IEC 27005:2019, que discorrem sobre sistemas de gestão da segurança da informação (SGSI), e a ABNT ISO/IEC 27701:2019, para tratar da gestão da privacidade em organizações.

Vale reforçar que o § 1º do art. 46 se refere a padrões mínimos. Os parâmetros adequados deverão ser definidos caso a caso e seguir os requisitos mencionados no restante do dispositivo. Como se verá dos parágrafos seguintes, consideramos tais requisitos como também guias para a escolha de medidas voltadas ao cumprimento do disposto no *caput* por agentes de tratamento, por serem condizentes com seu conteúdo e com as demais regras da LGPD.

A adequação das medidas adotadas sempre deverá considerar, em primeiro lugar e para fins de conformidade à LGPD, a *natureza das informações* tratadas. Esta pode se relacionar diretamente com o fato de os dados serem de antemão *sensíveis* ou não – o que o próprio dispositivo já menciona –, mas também com outras características do dado que, ainda que não sejam à primeira vista atributos de sensibilidade conforme determinados no art. 5º, II, LGPD,[31] possam, uma vez tratados de forma isolada ou a partir de cruzamentos com outros dados, vir a tornar-se sensíveis ou pelo menos colocar o titular em particular situação de vulnerabilidade.

A respeito do juízo sobre a sensibilidade de um dado e, com ela, a exigência de mais ou menos medidas de segurança a serem implementadas para sua proteção, tal avaliação depende do risco que envolve o contexto em que ocorre o tratamento de dados e as expectativas do titular em relação a como suas informações serão utilizadas.[32] Por exemplo, o número de RG de um indivíduo em uma base de dados de clientes de determinada loja de roupas pode não ser necessariamente um dado sensível. Já o mesmo dado em uma lista de pacientes à espera de uma cirurgia certamente o será. A natureza de um dado depende, pois, de seu contexto.

Essa noção de contexto se refere também às *características específicas do tratamento*, que podem se referir, por exemplo, a quem é o agente de tratamento envolvido, qual a finalidade que tem, qual a quantidade de dados que trata e sob o escopo de qual produto ou atividade faz uso do dado. Para exemplificar, um sistema utilizado por um birô de crédito para analisar o histórico financeiro de milhares de pessoas provavelmente deverá adotar medidas mais protetivas do que uma base de dados de clientes com cartão fidelidade gerido por uma loja de açaí de bairro.

---

31 Ver comentário ao art. 5º, II, neste volume.

32 *Vide* NISSENBAUM, H. Privacy as contextual integrity. *Washington Law Review*, Seattle, 2004.

O *estado atual da tecnologia* também pode ser objeto de padronização pela autoridade e ser tratado com cuidado pelo agente de tratamento ao determinar as melhores medidas a serem adotadas para cumprimento do art. 46. "Estado atual" tem conotação semelhante à de "estado da arte", que diz respeito, no contexto da LGPD, às tecnologias mais avançadas, ou mais adequadas em uma relação custo *x* benefício, para garantir a proteção adequada.

Aqui, cabe fazer referência à Opinião Preliminar emitida pelo EDPS. O documento reforça a responsabilidade do agente da organização de escolher as salvaguardas tecnológicas adequadas dentre as existentes no mercado, ao mesmo tempo que sopesa seus custos e o risco do tratamento, desde que garanta o nível de proteção adequado.[33]

O § 1º também faz referência aos *princípios* previstos no art. 6º, da LGPD, como fundamentais de serem levados em conta na determinação dos padrões pela autoridade e das medidas a serem adotadas pelo agente de tratamento.

Por fim, é fundamental reforçar, ainda que possa ser considerada informação auto evidente, que a omissão da autoridade em estabelecer os padrões referenciados no § 1º não isenta o agente de tratamento da responsabilidade de conformidade do agente com o art. 46. Primeiro, porque seu *caput* já determina a obrigação de forma independente; segundo, porque o § 1º trata só de permissão, ao usar o termo "poderá", de modo que se trata de faculdade da ANPD e não imposição legal.

2.3. Art. 46, § 2º

No que tange ao aspecto temporal relativo à obrigação de adoção das medidas preventivas mencionadas no *caput*, o § 2º determina que seu cumprimento deve ocorrer desde a fase de *concepção do produto ou serviço até sua execução*.

Aqui, o objetivo buscado parece ser o de garantir que produtos e serviços que envolvam tratamentos de dados pessoais devem ser planejados e aplicados sempre com o objetivo de proteger os dados pessoais que por meio deles são tratados. Para tanto, é cabível interpretar o conceito de "execução" de forma ampla, de modo a abranger tanto o momento em que ele é descartado, destruído ou anonimizado, como também após a realização de uma dessas ações. É, portanto, todo o ciclo de vida do produto ou do serviço que deve ser garantidor de proteção, não somente seu *design* ou sua aplicação, o que inclui até mesmo sua descontinuação e o período posterior a ela.

A necessidade de estender tal observância inclusive a momentos posteriores ao tratamento ocorre, por exemplo, pelos riscos envolvidos em processos de anonimização, conforme já abordamos acima.

A LGPD conceitua a anonimização como a "utilização de meios técnicos razoáveis e disponíveis no momento do tratamento, por meio dos quais um dado perde a possibilidade de associação, direta ou indireta, a um indivíduo", conforme art. 5º, XI.[34] Por isso, o dado que passa por um processo de anonimização – processo que consiste em um tratamento de dados pessoais, vale dizer – perderia sua natureza de dado pessoal, já que, em tese, deixaria de permitir a reidentificação da titular de dados.

---

[33] European Data Protection Supervisor (2018).

[34] Ver comentário ao art. 5°, XI, neste volume.

Ocorre que, tecnicamente, a absoluta anonimização de um dado é considerada um objetivo inalcançável, já que é sempre possível reidentificar sua titular.[35] A reidentificação pode ocorrer a partir de ações como (i) o isolamento de dados relativos a um indivíduo em determinada base de dados, processo referido como *singling out*, ou "destaque"; (ii) a ligação (*linkability*) de um dado com outros registros por meio da conjunção de diferentes bases de dados; e (iii) a inferência, pela qual o contexto permite deduzir informações relativas a um dado a partir de atributos de outro dado.[36]

Considerando que dados tornados anonimizados, apesar de não serem considerados pessoais, estão sempre sujeitos à possibilidade de reidentificação[37] – voltando a tornar-se dados pessoais, portanto –, mesmo o término do tratamento que sucede à anonimização não isenta o agente de tratamento da responsabilidade de protegê-los. Isso inclui a garantia de que as medidas adotadas para a anonimização sejam proporcionais ao risco de reidentificação, levando em conta aspectos como os custos para tal identificação, probabilidade de problemas técnicos, as finalidades do tratamento, tempo necessário a ser despendido para a identificação, estado da arte da tecnologia, dentre outros.[38] Afinal, sua reidentificação significará que a forma como se deu o término do tratamento por parte do controlador ou operador foi insuficiente, seja porque as medidas adotadas para tanto foram insuficientes por negligência do agente de tratamento e, por si só, levaria à sua responsabilização por infringir o art. 46, seja porque as ferramentas usadas para reidentificação foram superiores às razoavelmente esperadas para tanto.

Por isso é que a anonimização é um processo de gestão de riscos, que deve ser realizado, como propõe a ANPD (em documento ainda sob consulta pública à época da redação deste comentário), de "forma contínua durante todo o tratamento de dados realizado, para que o controlador tenha evidências suficientes para a tomada de decisão relacionada à proteção de dados e à privacidade dos titulares de dados".[39] Ou seja, a avaliação das medidas adequadas ao processo de anonimização para garantir grau razoável de proteção ao titular deve ser feita ao longo de todo o tratamento.

Em todo modo, a reidentificação traz, por si só, de volta à luz as responsabilidades do agente relativas à proteção dos dados sob seu tratamento como um todo, considerando que o dado voltou a ser pessoal.[40] Por isso, tem-se a necessidade de se considerar o conteúdo do art. 46 como aplicável até após o tratamento de dados, já que a natural falibilidade dos processos de anonimização leva a uma necessidade de se constantemente rever a adequação das medidas aplicadas, o que inclui a adoção ou manutenção das medidas de segurança, técnicas e administrativas necessárias à proteção dos dados nos termos do art. 46.[41]

---

[35] RUBINSTEIN, I. S.; HARTZOG, W. Anonymization and risk. *Washington Law Review*, Seattle, v. 91, p. 703, 2016.

[36] WP29. *Opinion 05/2014 on anonymisation techniques.* (WP 216). Bruxelas, 10 abr. 2014.

[37] FINCK, M.; PALLAS, F. They who must not be identified – distinguishing personal from non-personal data under the GDPR. *International Data Privacy Law*, Oxford, v. 1, 2020.

[38] WEITZENBOECK, E. M.; LISON, P.; CYNDECKA, M.; LANGFORD, M. The GDPR and unstructured data: is anonymization possible? *International Data Privacy Law*, Oxford, v. 12, n. 3, p. 184-206, 2022.

[39] ANPD. *Estudo Técnico sobre Anonimização de Dados na LGPD:* uma visão de processo baseado em risco e técnicas computacionais. 2023.

[40] WP29. *Opinion 05/2014 on anonymisation techniques.* (WP 216). Bruxelas, 10 abr. 2014.

[41] Vale ressaltar que essa breve análise da anonimização adota uma abordagem baseada em risco, que muitas vezes tem sido analisada pela doutrina como distinta do que seria uma abordagem de risco zero. Para uma

2.4. Art. 47

Quando passamos a uma análise do art. 47, conclusões similares podem ser extraídas no que diz respeito à temporalidade de sua aplicação, sendo possível considerá-lo como de sentido complementar ao proposto no art. 46. Suas diferenças, entretanto, se resumem a dois pontos. O primeiro é que o art. 47 é explícito no sentido de que as medidas de segurança que prevê são impostas até mesmo *após* o término do tratamento de dados.

O segundo é que seu conteúdo não é tão abrangente quanto o do art. 46, já que a segurança de dados não abrange todo o grau de proteção relativo à proteção de dados pessoais. Como vimos, uma das formas de se compreender os elementos fundantes da segurança da informação é pela chamada "tríade CIA", segundo a qual a segurança seria formada por imperativos de confidencialidade, integridade e disponibilidade dos dados. A proteção de dados vai além da segurança, como já exposto, ao especificar, por exemplo, que dados só podem ser tratados quando necessários e adequados à finalidade do tratamento (minimização de dados) ou que seu tratamento seja realizado com transparência em relação ao titular, conforme previsto nos princípios do art. 6º da LGPD. Portanto, não se trata apenas de manter os dados em segurança, mas de garantir que dados só possam ser tratados quando realmente proporcionais ao que se pretende fazer com eles sob um ponto de vista de garantir controle efetivo por seus titulares.

Em todo caso, ainda que a ANPD ou os órgãos do Judiciário venham a interpretar de forma mais restritiva do que a que propomos em relação à abrangência temporal do art. 46 – ou seja, se ela se estende ou não para além do fim do tratamento –, o art. 47 proporciona proteção estendida por si só. Isso porque este dispositivo evidencia que, ainda que nem todas as medidas de segurança, técnicas e administrativas previstas no art. 46 sejam aplicáveis após o fim de um tratamento de dados, minimamente deverá ser garantida a segurança da informação, que pode ser interpretada como a garantia de, pelo menos, confidencialidade, integridade e disponibilidade dos dados.

3. Análise de Jurisprudência e Atividades da ANPD

A ANPD ainda não se deteve, em suas posições, a uma análise mais detida no disposto nos arts. 46 e 47. Apesar de mencionar seu conteúdo em documentos como o Guia de Segurança da Informação para Agentes de Tratamento de Pequeno Porte, não há, ainda, documento no qual interprete minuciosamente os conceitos do dispositivo.

Já o TCU trouxe análise relevante sobre o dispositivo no Acórdão n. 1384/2022, em que analisa a aderência de organizações públicas federais à LGPD e propõe recomendações, especialmente no que tange a quais as medidas necessárias a serem adotadas pelo Poder Público para sua adequação à lei. Em sua análise, observa que 54% das organizações analisadas não são capazes de comprovar que adotaram medidas de segurança, técnicas e administrativas, aptas a proteger os dados pessoais. Isso demonstra como a capacidade de comprovação da adoção das medidas e sua adequação ao disposto na LGPD é fundamental para aferir o cumprimento da lei.

De modo a endereçar isso, duas recomendações que propõe são particularmente interessantes para os arts. 46 e 47. A primeira é a "implementação de processo de controle de acesso

---

análise dessa diferença, *vide* WEITZENBOECK, E. M.; LISON, P.; CYNDECKA, M.; LANGFORD, M. The GDPR and unstructured data: is anonymization possible? *International Data Privacy Law*, Oxford, v. 12, n. 3, p. 184-206, 2022.

de usuários em sistemas que realizam tratamento de dados pessoais, considerando o disposto nos arts. 46 e 47 da Lei n. 13.709/2018 e as diretrizes estabelecidas nos itens 6.6.2.1 e 6.6.2.2 da ABNT NBR ISO/IEC 27701:2019". Tais medidas devem ser adotadas, conforme ressalta explicitamente o Tribunal, "desde a fase de concepção até a fase de execução de processos e sistemas (*Privacy by Design*), incluindo a coleta de dados limitada ao que é estritamente necessário ao alcance do propósito definido (*Privacy by Default*)".

No Judiciário, por sua vez, não existe, a essa altura, jurisprudência relevante para o art. 46. Decisões que mencionam o tema têm sido esporádicas e não são particularmente elucidativas sobre a interpretação de conceitos relevantes do dispositivo. Por exemplo, nenhuma delas se aprofunda na definição de o que seriam "medidas de segurança, técnicas e administrativas" ou "acessos não autorizados", bem como quais poderiam ser considerados "padrões técnicos mínimos".

Da interpretação do art. 46 das decisões mencionadas acima que foram proferidas pelos tribunais de justiça de SP e do DF, há certa tendência em se considerar que, quando houver incidente de segurança, há automática violação do dispositivo em análise. É o caso do Recurso Inominado Cível n. 1003382-33.2021.8.26.0071 e da Ap. Civ. n. 1000397-59.2021.8.26.0405, julgados pelo TJSP, e da Ap. Civ. n. 0720647-74.2022.8.07.0020, do TJDFT.

BIBLIOGRAFIA SELECIONADA

AEPD – AGÊNCIA ESPANHOLA DE PROTEÇÃO DE DADOS. *Guía de privacidad desde el diseño.* Madrid, 2019.

BYGRAVE, L. A. Article 25 Data protection by design and by default. *In*: KUNER, C.; BYGRAVE, L. A.; DOCKSEY, C. (ed.). *The EU General Data Protection Regulation (GDPR):* a commentary. New York: Oxford Academic, 2020. (Online edn).

CAVOUKIAN, A. *Privacy by design:* the 7 foundational principles – implementation and mapping of fair information practices. Toronto: Information and Privacy Commissioner of Ontario, 2011.

CISA. *Defining insider threats.* 2019. Disponível em: https://nvlpubs.nist.gov/nistpubs/ir/2013/nist.ir.7298r2.pdf. Acesso em: 27 fev. 2024.

DONEDA, D. *Da privacidade à proteção de dados pessoais.* Rio de Janeiro: Renovar, 2006.

EUROPEAN DATA PROTECTION SUPERVISOR. *Opinion 5/2018:* preliminary opinion on privacy by design. Bruxelas, 2018.

EUROPEAN UNION AGENCY FOR FUNDAMENTAL RIGHTS; COUNCIL OF EUROPE. *Handbook on data protection.* Luxemburgo: Publications Office of the European Union, 2018.

FINCK, M.; PALLAS, F. They who must not be identified – distinguishing personal from non-personal data under the GDPR. *International Data Privacy Law,* Oxford, v. 1, 2020.

HANSEN, M. et al. Protection goals for privacy engineering. *IEEE CS Security and Privacy Workshops*, 2015.

IEC – INTERNATIONAL ELECTROTECHNICAL COMMISSION. Disponível em: https://www.electropedia.org/iev/iev.nsf/display?openform&ievref=701-01-12. Acesso em: 15 jun. 2025.

IPC – INFORMATION AND PRIVACY COMMISSION OF ONTARIO. *Privacy by design*. Toronto, 2018. Disponível em: https://www.ipc.on.ca/wp-content/uploads/2018/01/pbd.pdf. Acesso em: 13 jul. 2020.

ISO. *5127:2017:* Information and documentation – Foundation and vocabulary. Genebra: ISO, 2017.

ISO. *ISO/IEC 27000:2018:* Information technology – Security techniques – Information security management systems – Overview and vocabulary. Genebra: ISO, 2022.

ISO. *ISO/IEC 27555:2021:* Information security, cybersecurity and privacy protection – Guidelines on personally identifiable information deletion. Genebra: ISO, 2021.

JIMENE, C. V. Da segurança e das boas práticas. *In*: MALDONADO, V. N.; BLUM, R. O. (ed.). *LGPD:* Lei Geral de Proteção de Dados comentada. São Paulo: Revista dos Tribunais, 2019.

KOOPS, B. J.; LEENES, R. Privacy regulation cannot be hardcoded: a critical comment on the "privacy by design" provision in data-protection law. *International Review of Law, Computers & Technology,* Oxford, v. 28, n. 2, p. 159, 2014.

MAYER-SCHÖNBERGER, V. Generational development of data protection in Europe. *In*: AGRE, P. E.; ROTENBERG, M. (ed.). *Technology and privacy:* the new landscape. Cambridge: MIT Press, 1998.

NISSENBAUM, H. Privacy as contextual integrity. *Washington Law Review*, Seattle, 2004.

NIST – NATIONAL INSTITUTE OF STANDARDS AND TECHNOLOGY. *Data loss.* 2015. Disponível em: https://csrc.nist.gov/glossary/term/data_loss. Acesso em: 30 jan. 2024.

RUBINSTEIN, I. S.; HARTZOG, W. Anonymization and risk. *Washington Law Review*, Seattle, v. 91, p. 703, 2016.

WEITZENBOECK, E. M.; LISON, P.; CYNDECKA, M.; LANGFORD, M. The GDPR and unstructured data: is anonymization possible? *International Data Privacy Law*, Oxford, v. 12, n. 3, p. 184-206, 2022.

WP29. *Opinion 05/2014 on anonymisation techniques.* (WP 216). Bruxelas, 10 abr. 2014.

Art. 48. O controlador deverá comunicar à autoridade nacional e ao titular a ocorrência de incidente de segurança que possa acarretar risco ou dano relevante aos titulares.

§ 1º A comunicação será feita em prazo razoável, conforme definido pela autoridade nacional, e deverá mencionar, no mínimo:

I – a descrição da natureza dos dados pessoais afetados;

II – as informações sobre os titulares envolvidos;

III – a indicação das medidas técnicas e de segurança utilizadas para a proteção dos dados, observados os segredos comercial e industrial;

IV – os riscos relacionados ao incidente;

V – os motivos da demora, no caso de a comunicação não ter sido imediata; e

VI – as medidas que foram ou que serão adotadas para reverter ou mitigar os efeitos do prejuízo.

§ 2º A autoridade nacional verificará a gravidade do incidente e poderá, caso necessário para a salvaguarda dos direitos dos titulares, determinar ao controlador a adoção de providências, tais como:

I – ampla divulgação do fato em meios de comunicação; e

II – medidas para reverter ou mitigar os efeitos do incidente.

§ 3º No juízo de gravidade do incidente, será avaliada eventual comprovação de que foram adotadas medidas técnicas adequadas que tornem os dados pessoais afetados ininteligíveis, no âmbito e nos limites técnicos de seus serviços, para terceiros não autorizados a acessá-los.

Artigo 48

Comentado por José Renato Laranjeira de Pereira
e Thiago Guimarães Moraes

DISPOSITIVOS RELACIONADOS NO DIREITO INTERNACIONAL

- Art. 7(2), Convenção 108+.

DISPOSITIVOS RELACIONADOS NO ORDENAMENTO JURÍDICO BRASILEIRO

- Art. 10º, § 1º, CDC.
- Art. 12, IV, Decreto n. 10.748/2021.
- Item 10.6, Norma Complementar 05/IN01/DSIC/GSIPR.
- Cláusula 6, Norma Complementar 08/IN01/DSIC/GSIPR.
- Art. 17, Decreto n. 9.637/2018.

DISPOSITIVOS RELACIONADOS NA LGPD

- Art. 6º, VII e VIII; arts. 12 e 13; art. 34, IV; art. 38, parágrafo único; art. 40; art. 44; arts. 46, 47 e 49; art. 50, *caput*, c/c, § 1º, I, *g*.

ATIVIDADES DA ANPD

- Resolução CD/ANPD n. 15, de 24 de abril de 2024, referente ao Regulamento de Comunicação de Incidente de Segurança com Dados Pessoais.
- Resolução CD/ANPD n. 19, de 23 de agosto de 2024, referente ao Regulamento de Transferência Internacional de Dados e o conteúdo das cláusulas-padrão contratuais.
- Minuta de Resolução referente ao Regulamento de Transferências Internacionais de Dados (2023).
- ANPD e Senacon, Guia orientativo "Como proteger seus dados pessoais" (2021).
- ANPD e CERT.Br, Fascículo "Proteção de Dados" da Cartilha de Segurança para Internet.
- ANPD e CERT.Br, Fascículo "Vazamento de Dados" da Cartilha de Segurança para Internet.
- Guia orientativo "Segurança da Informação para Agentes de Tratamento de Pequeno Porte" (2021).
- Processo Administrativo Sancionador n. 00261001969/2022-41.
- Relatório de Instrução n. 4/2023/FIS/CGF/ANPD.

AÇÕES REGULATÓRIAS E FISCALIZATÓRIAS DE ENTIDADES GOVERNAMENTAIS E ÓRGÃOS DE CONTROLE

- TCU, Relatório de Acompanhamento n. 036.301/2021-3 (Apensos: TC 000.284.2022-0 e 003.372/2022-6), Acórdão TCU 1768/2022, Plenário, Rel. Min. Vital do Rêgo, j. 03.08.2022.
- Ministério da Gestão e Inovação, Guias e Modelos – Governo Digital.
- Ministério da Gestão e Inovação, Guia do Framework de Privacidade e Segurança da Informação (2024).
- Ministério da Gestão e Inovação, Guia de Resposta a Incidentes de Segurança (2024).
- Ministério da Gestão e Inovação, Guia de Gerenciamento de Vulnerabilidades (2023).

JUSTIFICATIVA E FUNDAMENTOS

Regras sobre comunicação de incidentes de segurança estão presentes desde a primeira versão do anteprojeto de lei elaborado pelo MJ.[42] Contudo, algumas modificações

[42] MJ. Anteprojeto de Lei para a Proteção de Dados Pessoais: proteção de dados pessoais. 2015. Disponível em: https://www.gov.br/mj/pt-br/assuntos/noticias/mj-apresenta-nova-versao-do-anteprojeto-de-lei-de-protecao-de-dados-pessoais/apl.pdf.

relevantes foram feitas no decurso do processo legislativo. Associações do setor empresarial criticaram as regras então previstas, de que a comunicação tivesse que ser feita de forma imediata. Na segunda versão do anteprojeto, apresentada em 2015,[43] a proposta de comunicação imediata, então prevista no *caput*, foi substituída pela de comunicação "em prazo razoável". Em contrapartida, foi incluso no conteúdo mínimo da comunicação a obrigação do controlador informar "os motivos da demora, no caso da comunicação não ter sido imediata" (art. 48, § 1º, V).

A segunda versão do anteprojeto foi eventualmente convertida no PL n. 5.276/2016, apensado ao PL n. 4.060/2012. Durante os debates que se seguiram no Congresso, novas contribuições modificaram outros trechos do art. 48.

O *Centre for Information Policy Leadership* (CIPL),[44] o *Information Technology Industry Council* (ITI)[45] e a Brasscom[46] reiteraram a importância de que a comunicação seja feita por um prazo razoável a ser definido pela autoridade competente, e que, portanto, essa comunicação não tenha que ser feita de maneira imediata. De acordo com o CIPL, "as empresas precisam de tempo para estabelecer os fatos e a natureza da violação, para determinar quais dados que foram impactados, qual foi o impacto, e quais foram os riscos e danos resultantes da violação, bem como as medidas de mitigação que tenham sido ou venham a ser tomadas". Afinal, é necessário um "tempo para empreender essa análise pericial forense e jurídica e não faz sentido comunicar e onerar pessoas e autoridades até que os fatos sejam conhecidos e os riscos e prejuízos em potencial sejam avaliados".[47] O instituto também recomendou que regras similares sejam estabelecidas para a comunicação a titulares, devendo ser abandonada a regra de "pronta comunicação aos titulares", que possui interpretação controversa. Na versão final da LGPD, esta regra foi retirada.

Além disso, o ITI argumentou que a lei deve trazer regras distintas para a notificação da autoridade competente e dos titulares de dados.[48] Embora essa sugestão não tenha implicado uma alteração direta na LGPD, é possível observar que na proposta de Resolução de Comunicação de Incidentes de Segurança, a ANPD está trazendo regras específicas para cada tipo de comunicação.

Outra alteração do texto original do PL 5.276/2016 que merece destaque foi a alteração da menção ao termo "prejuízo", no *caput* do art. 48, por "dano". Esta substituição amplia a esfera de proteção do titular de dados, uma vez que a noção de dano inclui não apenas aqueles de ordem patrimonial (prejuízos) como os de natureza extrapatrimonial, como danos morais e reputacionais.

---

43 MJ. MJ apresenta nova versão do Anteprojeto de Lei de Proteção de Dados Pessoais. 2015. Disponível em: https://www.gov.br/mj/pt-br/assuntos/noticias/mj-apresenta-nova-versao-do-anteprojeto-de-lei-de-protecao-de-dados-pessoais.

44 CIPL. *Pontos de discussão – Projeto de Lei n. 5276/2016*. 2017.

45 ITI. Comentários do *Information Technology Industry Council* em resposta à solicitação feita pela Comissão Especial da Câmara dos Deputados encarregada de discutir o Projeto de Lei sobre tratamento e proteção de dados. 2017.

46 BRASSCOM. *Contribuições à Comissão Especial:* dados pessoais da Câmara dos Deputados sobre a Lei de Tratamento e Proteção de Dados Pessoais. Brasília, 2017.

47 CIPL. *Pontos de discussão – Projeto de Lei n. 5276/2016*. 2017, p. 10.

48 ITI. Comentários do *Information Technology Industry Council* em resposta à solicitação feita pela Comissão Especial da Câmara dos Deputados encarregada de discutir o Projeto de Lei sobre tratamento e proteção de dados. 2017, p. 15.

Também no *caput*, a expressão "responsável pelo tratamento" foi substituída pelo "controlador". Isto restringiu o escopo de aplicação desta obrigação legal a esta categoria específica de agente de tratamento.

No § 1º, III, foi incluída a expressão "observados os segredos comercial e industrial", que não existia nas versões do anteprojeto. Esta ressalva representa anseios do setor produtivo que temia que o compartilhamento de medidas de segurança implementadas poderia trazer riscos de exposição dos seus segredos de negócio.

Por fim, é importante destacar que foi adicionado ao § 3º do art. 48 a expressão "no âmbito e nos limites técnicos de seus serviços". Este dispositivo, que fomenta o uso de técnicas de anonimização e pseudonimização para tornar os dados pessoais afetados ininteligíveis, passou a reconhecer que se deve considerar esforços razoáveis na implementação destas medidas técnicas.

ANÁLISE

1. Análise contextual

A comunicação de incidentes de segurança é atividade essencial para se implementar os princípios da segurança[49] e da prevenção.[50] Deste modo, a LGPD estabeleceu regras específicas para comunicar incidentes de segurança que envolvam dados pessoais (incidentes de segurança com dados pessoais).

Além desses, o art. 48 da LGPD se relaciona com diversos artigos desta Lei. Para além dos demais artigos da Seção I (Da Segurança e do Sigilo de Dados) do Capítulo VII (Da Segurança e das Boas Práticas) desta Lei, é possível destacar:

- as regras sobre anonimização, previstas no art. 12;
- as regras de segurança aplicáveis a estudos em saúde pública, previstas no art. 13, e em particular a pseudonimização, definida no § 4º deste artigo;
- obrigações referentes à adoção de medidas de segurança para a transferência internacional de dados, de acordo com o art. 34, IV;
- a metodologia adotada para a elaboração de RIPD, conforme art. 38, parágrafo único;
- padrões de segurança que a ANPD possa vir a dispor, nos termos do art. 40;
- a responsabilização dos agentes de tratamento por irregularidade no tratamento de dados pessoais ou por deixar de fornecer a segurança esperada pelo titular, conforme art. 44;
- as normas de segurança que venham a ser estabelecidas pelos agentes de tratamento como mecanismos de boas práticas e governança, que deverá contar em seus programas de governança em privacidade com planos de resposta a incidentes e remediação, de acordo com o art. 50, *caput*, c/c, § 1º, I, *g*.

---

49 Ver comentário ao art. 6º, VII, neste volume.

50 Ver comentário ao art. 6º, VIII, neste volume.

Algumas observações quanto a esses dispositivos merecem ser destacadas.

Em primeiro lugar, cabe notar que o princípio da segurança busca evitar que o incidente de segurança ocorra, a partir da adoção de medidas de segurança, técnicas e administrativas.[51] Contudo, uma vez que esse incidente tenha ocorrido, aplica-se a diretriz do princípio da prevenção, que tenta evitar que este incidente resulte em danos, de ordem patrimonial ou extrapatrimonial, ao titular.

Quanto aos processos de anonimização[52] e pseudonimização,[53] estes fazem parte de um conjunto de técnicas de aprimoramento da privacidade (*Privacy Enhancing Technologies* ou PETs),[54] com foco específico na desidentificação do dado pessoal (*data de-identification*). Desse modo, são medidas implementadas para que, caso um incidente venha a ocorrer, o risco de dano aos titulares seja mitigado.

No ordenamento jurídico brasileiro, há uma regra análoga com relação à segurança de produtos e serviços, prevista no CDC. De acordo com o art. 10, § 1º, "o fornecedor de produtos e serviços que, posteriormente à sua introdução no mercado de consumo, tiver conhecimento da periculosidade que apresentem, deverá comunicar o fato imediatamente às autoridades competentes e aos consumidores, mediante anúncios publicitários".

Assim, de maneira similar, há a obrigação de informar tanto as autoridades competentes quanto os indivíduos afetados (no caso da LGPD, os titulares de dados; no caso do CDC, os consumidores). Uma diferença, contudo, é que, no que diz respeito à comunicação de incidentes de segurança, a ampla divulgação em meios de comunicação não é de obrigação imediata, dependendo de determinações impostas pela ANPD. Já para a comunicação de periculosidade de produtos ou serviços, a comunicação deve ser feita necessariamente mediante anúncios publicitários.

No setor público, há também obrigações de comunicação de incidentes de segurança reguladas pelo GSIPR. As diretrizes deste órgão são obrigatórias para órgãos e entidades da Administração Pública Federal direta, autárquica e fundacional. Assim, de acordo com o art. 12, IV, do Decreto n. 10.748/2021, compete a esses entes regulados comunicar imediatamente o Centro de Prevenção, Tratamento e Resposta a Incidentes Cibernéticos de Governo (CTIR GOV), por meio de suas equipes de prevenção, tratamento e resposta a incidentes cibernéticos (ETIR), sobre a existência de vulnerabilidades ou incidentes de segurança cibernética que impactem ou que possam impactar os serviços prestados ou contratados, nos termos do disposto no art. 17 do Decreto n. 9.637/2018.

Outras obrigações específicas estão dispostas:

i. na Norma Complementar 05/IN01/DSIC/GSIPR, que estabelece no item 10.6 da cláusula 10, que "a ETIR deverá comunicar de imediato a ocorrência de todos os incidentes de segurança ocorridos na sua área de atuação ao CTIR GOV, conforme padrão definido por esse órgão, a fim de permitir a geração de estatísticas e soluções integradas para a Administração Pública Federal";

---

[51] Ver comentário ao art. 46 neste volume.

[52] Ver comentário ao art. 12 neste volume.

[53] Ver comentário ao art. 13 neste volume.

[54] ONU. *UN guide on privacy-enhancing technologies for official statistics:* Task Team on Privacy Enhancing Techniques – UN-CEBD. New York: ONU, 2023.

ii. na Norma Complementar 08/IN01/DSIC/GSIPR, que estabelece na cláusula 6 que "a ETIR comunicará a ocorrência de incidentes de segurança em redes de computadores ao Centro de Tratamento de Incidentes de Segurança em Redes de Computadores da Administração Pública Federal – CTIR Gov, conforme procedimentos a serem definidos pelo próprio CTIR Gov, com vistas a permitir que sejam dadas soluções integradas para a APF, bem como a geração de estatísticas".

As normas do GSIPR são aplicáveis para todos os tipos de incidentes de segurança, incluindo aqueles que não incluam dados pessoais. Contudo, de forma distinta à LGPD, elas não estabelecem obrigações de comunicação destes incidentes aos titulares de dados.

No contexto internacional, a obrigação de comunicar incidentes de segurança relacionados a dados pessoais está presente no art. 7(2) da Convenção 108+, do CoE:

> 2. Cada Parte assegurará que o controlador notifique, sem demora, pelo menos a autoridade supervisora competente, nos termos do art. 15.º da presente Convenção, sobre as violações de dados que possam interferir gravemente com os direitos e liberdades fundamentais dos titulares dos dados.

Cabe notar que enquanto a Convenção menciona violações de dados (*data breach*), a LGPD cita incidentes de segurança com dados pessoais. Estes conceitos serão discutidos mais adiante, na seção de análise doutrinária.

No RGPD, o art. 33 traz regras para a notificação de uma violação de dados pessoais à autoridade supervisora, enquanto o art. 34 estabelece as obrigações de notificação de uma violação de dados pessoais aos titulares de dados pessoais. O RGPD estabelece regras distintas para cada grupo:

i. para as autoridades, a notificação deve ser feita em até 72 horas. O conteúdo da comunicação é similar ao estabelecido na LGPD. Caso as informações não possam ser fornecidas ao mesmo tempo, elas poderão ser realizadas de forma faseada, sem demora injustificada;
ii. para os titulares, a notificação deve ser feita "sem demora justificada". Além disso, há regras que isentam o controlador de comunicar o titular de forma individual, de acordo com o art. 34(3).

No âmbito da América Latina, a Rede Ibero-Americana de Proteção de Dados, ao estabelecer os Padrões de Proteção de Dados Pessoais para os Estados Ibero-Americanos,[55] recomendou, em seu art. 22(1), que as leis de proteção de dados de seus países-membros incluam regras para notificação imediata da autoridade de controle e dos titulares, em caso de vulneração de segurança dos dados pessoais. Os padrões preveem a isenção desta obrigação no caso em que o agente de tratamento demonstre improbabilidade da vulneração de segurança, ou que ela não apresenta risco para os direitos e liberdades dos titulares envolvidos (art. 22(2)). Na lista do conteúdo mínimo da notificação, estão inclusas recomendações para o titular sobre medidas que poderia adotar para proteger seus interesses e os meios disponíveis para o titular para obter mais informações sobre a questão.

---

[55] REDE IBERO-AMERICANA DE PROTEÇÃO DE DADOS. *Padrões de proteção de dados pessoais para os Estados Ibero-americanos*, 2017.

A LGPD, ao estabelecer a noção de "risco ou dano relevante", estabelece um parâmetro para que se possa identificar quais casos exigem notificação. Contudo, o conceito de risco ou dano relevante depende da Resolução de Comunicação de Incidente de Segurança, que até dezembro de 2023, ainda estava em processo de normatização pela ANPD.

Na Colômbia, a *Ley 1.581/2012*[56] estabeleceu, de forma abstrata, no art. 17(k), a obrigação dos responsáveis pelo tratamento de informar à autoridade de proteção de dados sobre violações a códigos de segurança e riscos na administração da informação dos titulares.

No México, a *Ley Federal de Protección de Datos Personales en Posesión de los Particulares* (LFPDPPP), de 2010, impõe no art. 20 que os responsáveis pelo tratamento do setor privado devem informar ao titular de maneira imediata as vulnerabilidades que afetam de forma significativa seus direitos patrimoniais ou morais.[57] Por sua vez, a LGPDPPSO,[58] de 2017, aplicável ao setor público mexicano, estabelece em seu art. 40 regras de notificação à autoridade de proteção de dados e aos titulares. Comparada às legislações da Colômbia e do México, a LGPD traz regras mais detalhadas sobre notificações de incidentes de segurança.

Outro arcabouço normativo internacional importante para o tema são as normas técnicas, que estabelecem padrões para diversos setores da indústria, inclusive a segurança da informação. Dentre as diversas normas existentes, cabe destaque às da ISO. A série 27xxx é voltada para normas de segurança da informação.

A ISO 27001 apresenta recomendações para a gestão da segurança da informação,[59] e a ISO 27002 traz os controles para essa gestão.[60] Já a ISO 27701 expande a 27001 para incluir controles de gestão da privacidade da informação.[61] No Brasil, a ABNT é responsável por realizar a tradução das ISOs.

A ISO 27002 apresenta 93 (noventa e três) controles divididos em quatro grupos: (i) pessoais, referentes a pessoas individuais; (ii) físicos, referentes a objetos físicos; (iii) tecnológicos, referentes a tecnologias; e (iv) organizacionais, para os demais.

Na lista de controles organizacionais, há 6 (seis) deles que dizem respeito direta ou indiretamente aos incidentes de segurança:

- Controle 5.24. Preparação e Planejamento de Gerenciamento de Incidentes de Segurança da Informação;
- Controle 5.25. Avaliação e Decisão sobre Eventos de Segurança da Informação;
- Controle 5.26. Resposta aos Incidentes de Segurança da Informação;
- Controle 5.27. Aprendizado com Incidentes de Segurança da Informação;

---

56 COLOMBIA. *Ley 1581 de 17 de Octubre de 2012*. 2012.

57 MÉXICO. *Ley Federal de Protección de Datos Personales en Posesión de los Particulares, de 5 de julio de 2010*. 2010.

58 MÉXICO. *Ley Federal de Protección de Datos Personales en Posesión de los Particulares, de 5 de julio de 2010*. 2010.

59 ISO. *ISO/IEC 27001:2022:* Information security, cybersecurity and privacy protection – Information security management systems – Requirements. Genebra: ISO, 2023.

60 ISO. *ISO/IEC 27002:2022:* Information security, cybersecurity and privacy protection – Information security controls. Genebra: ISO, 2022.

61 ISO. *ISO/IEC 27701:2019:* Security techniques – Extension to ISO/IEC 27001 and ISO/IEC 27002 for privacy information management – Requirements and guidelines. Genebra: ISO, 2019.

- Controle 5.28. Coleta de Evidências;
- Controle 5.29. Segurança da Informação durante Interrupção.

Além disso, os seguintes controles tecnológicos também são particularmente relevantes para a prevenção de incidentes:

- Controle 8.7. Proteção contra *Malware*;
- Controle 8.8. Gerenciamento de Vulnerabilidades Técnicas;
- Controle 8.9. Gerenciamento de Configuração;
- Controle 8.10. Exclusão de Informações;
- Controle 8.11. Mascaramento de Dados;
- Controle 8.12. Prevenção de Vazamento de Dados.

Outra norma técnica relevante para a gestão de incidentes de segurança é o Guia de Aperfeiçoamento da Segurança Cibernética para Infraestrutura Crítica do Instituto Nacional de Padrões e Tecnologia dos EUA - NIST.[62] A Estrutura Básica (*framework*) é desenvolvida em um ciclo composto por cinco funções: (i) Identificar; (ii) Proteger, (iii) Detectar, (iv) Responder, (v) Recuperar. Destas, as três últimas são diretamente focadas em gestão de incidentes e apresentam categorias focadas em detectar incidentes de segurança e responder de forma célere para mitigar riscos e danos relevantes aos ativos da segurança da informação.

Por fim, cabe destacar os controles do *Center for Internet Security* (CIS), que na sua 8ª versão (v8), apresenta 18 (dezoito) Controles. Um aspecto interessante dos Controles CIS v8 é que eles são organizados em três Grupos de Implementação (IGs) de acordo com o nível de maturidade da organização, sendo o IG1 o nível mais básico, e o IG3 o mais avançado. A ideia é que organizações mais simples implementem um número mínimo de medidas de segurança de cada Controle e vá avançando conforme sua maturidade aumente. Além disso, os Controles CIS apresentam uma tabela que se relaciona com a Estrutura Básica do NIST, possuindo alta compatibilidade com aquele *framework*.

Ainda com respeito ao CIS v8, o Controle 17 diz respeito à Gestão de Respostas a Incidentes, tendo como objetivo estabelecer um programa para desenvolver e manter uma capacidade de resposta a incidentes (por exemplo, políticas, planos, procedimentos, funções definidas, treinamento e comunicações) para preparar, detectar e responder rapidamente a um ataque. Este Controle apresenta nove medidas de segurança voltadas a responder e recuperar de incidentes detectados, sendo três medidas recomendadas para o IG1, seis para o IG2 e todas para o IG3.

Outro Controle complementar para o tema de incidentes de segurança é o Controle 18, relacionado a Testes de Invasão, que tem por objetivo testar a eficácia e a resiliência dos ativos corporativos por meio da identificação e exploração de fraquezas nos controles (pessoas, processos e tecnologia) e da simulação dos objetivos e ações de um atacante. Composto por cinco medidas de segurança, o Controle 18 é recomendado apenas para organizações com maior nível de maturidade, sendo três medidas voltadas para o IG2 e todas para o IG3.

---

[62] NIST. *Framework for improving critical infrastructure cybersecurity*, version 1.1, 2018.

2. Análise doutrinária

De acordo com a ISO 27000:2018,[63] um incidente de segurança da informação é um evento de segurança da informação único ou uma série de eventos indesejados ou inesperados que têm uma probabilidade significativa de comprometer as operações de negócios e ameaçar a segurança da informação. Por sua vez, a segurança da informação é a preservação da confidencialidade, da integridade e da disponibilidade da informação.[64]

Deve-se observar que um incidente de segurança não irá, necessariamente, envolver dados pessoais, ou afetar diretamente titulares de dados. A LGPD foca na obrigação de comunicar "incidente de segurança que possa acarretar risco ou dano relevante aos titulares". Para simplificação, refere-se a esta categoria como incidente de segurança com dados pessoais.

No direito comparado, é possível notar outras expressões utilizadas. Por exemplo, no direito europeu, o RGPD e diversas leis nacionais europeias utilizam a expressão "*personal data breach*", traduzida para o português de Portugal como "violação de dados pessoais". De acordo com o ICO, do Reino Unido, uma violação de dados pessoais pode ser definida como um incidente de segurança que afetou a confidencialidade, integridade ou disponibilidade de dados pessoais.[65] De maneira similar, a Comissão Europeia afirma que uma violação de dados ocorre quando os dados pelos quais uma organização é responsável sofrem um incidente de segurança que resulta numa quebra de confidencialidade, disponibilidade ou integridade.[66]

No direito latinoamericano hispânico é possível encontrar a expressão "*vulneración de seguridad*", como no caso dos Estandartes da Rede Ibero-Americana de Proteção de Dados,[67] ou na LFPDPPP Mexicana .[68] Do ponto de vista técnico, existem distinções entre vulnerabilidades e incidentes. Por exemplo, a ISO 27000 define vulnerabilidade como "fraqueza de um ativo ou controle que pode ser explorada por uma ou mais ameaças".[69] Contudo, nota-se que a tradução do termo "*vulneración*" é vulneração, o que traz a conotação de que a vulnerabilidade foi explorada. Além disso, uma análise contextual dos dispositivos legais em que a expressão aparece nos permite concluir que a intenção foi similar: incluir obrigações de transparência para que agentes de tratamento informem autoridades supervisoras e/ou titulares sobre incidentes de segurança que tenham impacto significativo nos direitos fundamentais de indivíduos. Assim, para fins jurídicos, é possível considerar as expressões "violações de dados pessoais", "vulneração de dados pessoais" e "incidente de segurança com dados pessoais" sinônimas.

---

63 ISO. *ISO/IEC 27000:2018:* Information technology – Security techniques – Information security management systems – Overview and vocabulary. Genebra: ISO, 2022. definição 3.31.

64 ISO. *ISO/IEC 27000:2018:* Information technology – Security techniques – Information security management systems – Overview and vocabulary. Genebra: ISO, 2022. definição 3.28.

65 ICO. *Personal Data Breaches:* A Guide. Disponível em: https://ico.org.uk/for-organisations/report-a-breach/personal-data-breach/personal-data-breaches-a-guide/. Acesso em: 11 jan. 2024.

66 COMISSÃO EUROPEIA. What is a data breach and what do we have to do in case of a data breach?.

67 REDE IBERO-AMERICANA DE PROTEÇÃO DE DADOS. *Padrões de Proteção de Dados Pessoais para os Estados Ibero-Americanos.*

68 MÉXICO. *Ley Federal de Protección de Datos Personales en Posesión de los Particulares, de 5 de julio de 2010.* 2010.

69 ISO. *ISO/IEC 27000:2018:* Information technology – Security techniques – Information security management systems – Overview and vocabulary. Genebra: ISO, 2022, definição 3.77.

Dito isto, o conceito de incidentes de segurança não deve ser confundido com o de vazamento de dados. Enquanto o primeiro é gênero, o segundo seria espécie, uma vez que diz respeito a incidentes que tenham comprometido especificamente a confidencialidade dos dados pessoais por meio de acesso indevido e exfiltração (compartilhamento indevido com terceiros). A ANPD, em conjunto com o CERT.br,[70] explica que vazamentos de dados (*data leak*) ocorrem quando dados são indevidamente acessados, coletados e divulgados na Internet, ou repassados a terceiros.

Também é importante considerar que violações à privacidade não são necessariamente violações à segurança da informação ou vice-versa. O NIST desenvolveu uma Moldura de Privacidade (*Privacy Framework*) que considera riscos à privacidade como problemas em potencial que indivíduos podem experimentar a partir de operações de sistemas, produtos ou serviços que tratam dados pessoais.[71] A instituição traz um diagrama bastante interessante que relaciona os riscos de cibersegurança e privacidade. Este diagrama é apresentado em versão traduzida na Figura 3.

Figura 3: Relação entre riscos de cibersegurança e privacidade (adaptado de NIST, 2020).

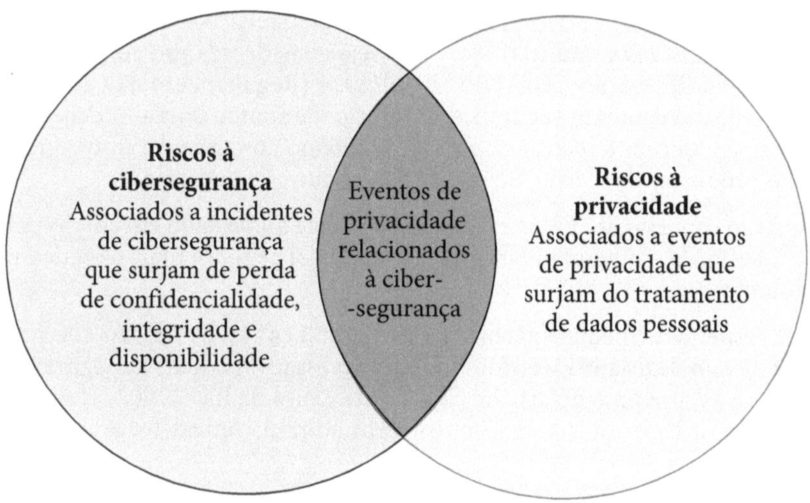

Fontes: Adaptado de NIST, 2020.

O diagrama proposto pelo NIST reforça o argumento de que a noção de "risco ou dano relevante aos titulares" do art. 48 da LGPD diz respeito a um conjunto de riscos à privacidade restritos ao contexto de incidentes de cibersegurança, o que é representado pela intersecção na figura.

Ainda sobre categorização, Daniel Solove desenvolveu uma taxonomia que é considerada por diversos autores o esquema de classificação mais completo atualmente existente sobre violações à privacidade.[72] A taxonomia de Solove é composta por quatro categorias que, por sua vez, se ramificam em 16 subcategorias. As categorias principais focam em quatro tipos

[70] CERT.Br; ANPD. *Cartilha de Segurança para Internet:* Fascículo Vazamento de Dados. Brasília, 2021.

[71] NIST. *NIST privacy framework:* a tool for improving privacy through enterprise risk management, version 1.0. NIST CSWP 01162020, 2020.

[72] SOLOVE, D. A taxonomy of privacy. *University of Pennsylvania Law Review*, Philadelphia, v. 154, p. 477, 2006.

de atividades relativas ao fluxo informacional: (i) coleta de informação, (ii) processamento de informação, (iii) disseminação de informação e (iv) invasão.

Dessas categorias, a que mais diretamente se relaciona com o tema de incidentes de segurança é a de processamento da informação, que traz como uma de suas violações a "insegurança", o descuido em proteger a informação contra vazamentos ou acesso indevido. Essa violação compromete principalmente a confidencialidade da informação. Contudo, é importante lembrar que há outros tipos de violações que também comprometem a integridade ou a disponibilidade. Por exemplo, Solove atenta para violações de distorção, que envolvem a disseminação de informações falsas ou imprecisas sobre o titular.

Com relação a dano, em 2022, Citron e Solove desenvolveram uma tipologia de danos à privacidade, composta por oito categorias distintas: (i) físicos, (ii) econômicos, (iii) reputacionais, (iv) psicológicos, (vi) de autonomia, (vii) discriminatórios e (viii) de relacionamento.[73] Outro aspecto a se considerar é que uma definição objetiva de risco ou dano relevante para o titular é bastante desafiador, uma vez que a privacidade é um conceito essencialmente contextual. Helen Nissenbaum, ao desenvolver seu modelo de Integridade Contextual, defendeu que as normas sociais estabelecidas em um determinado contexto são os aspectos mais relevantes para se definir os riscos à privacidade.[74] Assim, é importante que a noção de "risco ou dano relevante ao titular" não seja considerada um conceito fechado. Pelo que se observa na Resolução CD/ANPD n. 15/2024 (Regulamento da CIS ou RCIS), sobre comunicação de incidentes de segurança, a Autoridade adotou uma abordagem aberta, trazendo critérios para definir a relevância do risco ou dano ao titular no caso concreto, se aproximando das propostas de Citron, Solove e Nissenbaum (ver adiante).

Com relação ao conceito de "prazo razoável" (§ 1º), ele foi deixado em aberto para que a ANPD viesse a defini-la em regulamentação futura. O conceito foi mais bem delimitado no RCIS (ver adiante).

No que diz respeito a "medidas técnicas e de segurança" (§ 1º, III), ao que parece, a expressão é uma atecnia legislativa, confundindo a expressão "medidas de segurança, técnicas e administrativas" presente no art. 46. Como se observa da ISO 27002, as medidas de segurança podem ser categorizadas, entre outras, em administrativas (organizacionais) e técnicas (tecnológica).

No inciso VI do § 1º menciona-se sobre "efeitos do prejuízo". O termo "prejuízo" não é citado em nenhum outro trecho do art. 48, nem em nenhum dos demais artigos do Capítulo de Segurança e Boas Práticas. Entretanto, como se verá adiante, no texto original do PL n. 5.276/2016, falava-se de "risco ou prejuízo relevante". Assim, eventualmente "prejuízo" foi substituído por "dano" no *caput*, o que representa uma expansão da proteção ao titular para além de danos econômicos, uma abordagem compatível com a visão de Citron e Solove. Deste modo, é possível que a expressão "prejuízo" seja um resquício da versão original do PL que inspirou a LGPD, e deveria ter sido substituído por dano. É inclusive neste sentido que o RCIS da ANPD abandona a noção de prejuízo e faz referência a "medidas que foram ou que serão adotadas para reverter ou mitigar os efeitos do incidente sobre os titulares" (art. 6º, § 2º, VI).

Outro conceito aberto do art. 48 é o de "ampla divulgação", do inciso I do § 2º. Aqui, mais uma vez, a intenção do legislador foi deixar que a ANPD pudesse trazer mais contexto para esse conceito. De fato, esse tema é explorado no RCIS (ver adiante).

---

[73] CITRON, D. K.; SOLOVE, D. J. Privacy harms. *Social Science Research Network – SSRN*, 2021.

[74] NISSENBAUM, H. Privacy as contextual integrity. *Washington Law Review*, Seattle, v. 79, p. 119, 2004.

Por fim, o § 3º traz o conceito de "gravidade do incidente". A noção de gravidade se aproxima à de "magnitude" ou "impacto" da gestão de riscos à segurança da informação. Conforme a ISO 27005, o risco é a combinação das consequências que podem seguir após a ocorrência de um evento indesejado e da probabilidade da ocorrência deste.[75] Essas consequências podem ser qualificadas de acordo com o grau de seu impacto. Deste modo, o legislador parece ter determinado que a ANPD seria a responsável por verificar o impacto do incidente ao titular de dados. O RCIS menciona em seu art. 19, § 1º, que a gravidade do incidente deve ser avaliada com base nas informações obtidas a respeito do incidente e os critérios estabelecidos na Resolução (ver adiante).

3. Análise de jurisprudência e atividades da ANPD

A jurisprudência sobre o art. 48 a nível do Poder Judiciário é ainda inexistente. Embora existam decisões que citem incidentes de segurança relativos a dados pessoais, o artigo analisado nessas oportunidades foi, até então, o 46 e sugere-se consultar o comentário referente a este dispositivo para mais detalhes. Um dos fatores que pode ter contribuído para esta realidade é pelo fato que, por tratar de comunicações de incidentes de segurança à ANPD, o Judiciário só poderia ser instado a se posicionar caso um processo administrativo sancionador da Autoridade se tornasse objeto de litigância, o que até então não parece ter ocorrido.

Dito isso, no nível administrativo, cumpre destacar que o TCU, expediu, em 03 de agosto de 2022, o Acórdão 1768/2022[76] a respeito de relatório de acompanhamento para avaliar a maturidade das organizações federais quanto à implementação de controles críticos de segurança da informação e segurança cibernética. A fiscalização do TCU apurou que o Brasil ocupou a 8ª posição do mundo em número de ataques a dispositivos da internet das coisas (IOT) no período de abril a junho de 2021 e o 5º lugar em ataques de sequestro de dados em meados de 2021.[77] Em 2020, ocorreram 41 bilhões de tentativas de ataques cibernéticos na América Latina, sendo 8,4 bilhões no Brasil.[78]

A Corte de Contas identificou que ativos não autorizados, tais como computadores portáteis e dispositivos móveis, não estão sendo contemplados nos controles de segurança cibernética dos entes administrativos investigados.[79] 88,1% das organizações possuíam algum inventário desses ativos corporativos, mas menos da metade (44,3%) realizou algum tratamento de cibersegurança sobre ativos não autorizados, efetivamente corrigindo-os ou removendo-os da rede.[80]

Outro achado da auditoria do TCU foram as deficiências nos processos de gestão e de correção de vulnerabilidades. Nesse caso, a maioria (57%) das organizações ainda não havia estabelecido um processo de gestão de vulnerabilidades. Tal controle é considerado crítico porque grande parte dos ataques diz respeito à pesquisa por vulnerabilidades que possam ser exploradas com sucesso.[81]

---

[75] ISO. *ISO/IEC 27005:2022*: Information security, cybersecurity and privacy protection – Guidance on managing information security risks. Genebra: ISO, 2022.

[76] TCU. Relatório de Acompanhamento n. 036.301/2021-3. 2022.

[77] TCU. Relatório de Acompanhamento n. 036.301/2021-3. 2022, para. 210.

[78] TCU. Relatório de Acompanhamento n. 036.301/2021-3. 2022, para. 211.

[79] TCU. Relatório de Acompanhamento n. 036.301/2021-3. 2022, para. 29.

[80] TCU. Relatório de Acompanhamento n. 036.301/2021-3. 2022, para. 30.

[81] TCU. Relatório de Acompanhamento n. 036.301/2021-3. 2022, para. 32.

Além disso, o TCU relatou a carência de treinamentos para identificar e notificar a falta de atualizações nos ativos e sobre os riscos da transmissão de dados por meio de redes inseguras. Poucas organizações treinaram seus colaboradores em técnicas de engenharia social ou em requisitos específicos de segurança antes de assumirem novos cargos, estando em um estágio inicial com relação à adoção desse controle.[82]

Por fim, no que diz respeito diretamente à comunicação de incidentes de segurança, o TCU identificou que o processo de gestão de resposta a incidentes de segurança é deficiente. Menos da metade (47,5%) dos entes fiscalizados mantém um processo adequado para recebimento de notificação.[83] Apenas 65,8% das organizações designaram algum responsável por gerenciar o tratamento de incidentes de segurança, sendo que, entre as 248 organizações que disseram efetuar a designação, a grande maioria não revisava essa designação sequer anualmente. Assim, a avaliação concluiu que a Administração Pública Federal ainda está no estágio inicial de capacidade com relação a esse controle.[84]

O relatório da Corte de Contas apontou que os incidentes cibernéticos ocorridos no âmbito dos sistemas e serviços disponibilizados pelo Ministério da Saúde em 2021 foram de extrema gravidade, dado o contexto da crise de saúde pública do COVID-19.[85] Dito isto, as ações realizadas por este órgão para recuperação dos sistemas afetados foram adequadas.[86] Ainda, foram elaborados planos pelos gestores do órgão de modo a aprimorar os controles de segurança de modo a prevenir a ocorrência futura de incidentes semelhantes.

Assim, o TCU recomendou diversas ações visando o fortalecimento das adesões à Rede Federal de Gestão de Incidentes Cibernéticos, nos termos do § 4º do art. 7º do Decreto 10.748/2021, bem como a manutenção de ações pedagógicas por parte da SGD.[87] Dirigiu, também, recomendação aos demais Poderes da República no sentido de implementarem controles críticos e medidas de segurança cibernética, bem como de, na ausência de normativos próprios, adotarem as práticas preconizadas pelos normativos editados no âmbito do Poder Executivo.[88] A lista completa de recomendações pode ser encontrada no § 315 do relatório deste Acórdão.

Por sua vez, a SGD do antigo Ministério da Economia,[89] elaborou um conjunto de guias e modelos para auxiliar no aumento da maturidade organizacional quanto à privacidade e segurança da informação de órgãos e entidades da Administração Pública Federal.[90] Dentre estes, cabe destacar:

- o Framework de Privacidade e Segurança da Informação,[91] que, na versão 1.1.2, de setembro de 2023, propõe a Política de Privacidade e Segurança da Informação (PPSI) e estabelece alguns controles relacionados diretamente a incidentes de segurança, a

---

82 TCU. Relatório de Acompanhamento n. 036.301/2021-3. 2022, para. 35.

83 TCU. Relatório de Acompanhamento n. 036.301/2021-3. 2022, para. 36.

84 TCU. Relatório de Acompanhamento n. 036.301/2021-3. 2022, para. 37.

85 TCU. Relatório de Acompanhamento n. 036.301/2021-3. 2022, para. 44.

86 TCU. Relatório de Acompanhamento n. 036.301/2021-3. 2022, para. 50.

87 TCU. Relatório de Acompanhamento n. 036.301/2021-3. 2022, para. 69.

88 TCU. Relatório de Acompanhamento n. 036.301/2021-3. 2022, para. 70.

89 De 2019 a 2022, a SGD fez parte do Ministério da Economia, extinto em 2023. A partir desse ano, a SGD integrou o Ministério da Gestão e Inovação.

90 Ministério da Gestão e Inovação. Guias e Modelos – Governo Digital.

91 Ministério da Gestão e Inovação. Guia do Framework de Privacidade e Segurança da Informação. 2023.

saber: (i) o controle 7, sobre gestão contínua de vulnerabilidades; (ii) o controle 17, sobre gestão de resposta a incidentes; e (iii) o controle 18, sobre testes de invasão;

- o Guia de Gerenciamento de Vulnerabilidades,[92] que, na versão 2.0, de março de 2023, expande o controle 7 do PPSI/GSIPR para trazer orientações específicas sobre gerenciamento de vulnerabilidades. As recomendações são divididas em três ciclos: (i) detecção; (ii) relatórios; e (iii) remediação;
- o Guia de Resposta a Incidentes de Segurança,[93] que, na versão 3.0, de março de 2023, expande o controle 17 do PPSI/GSIPR para trazer orientações específicas sobre gestão de resposta a incidentes. O guia traz recomendações específicas para tratar incidentes de segurança com dados pessoais e propõe um ciclo de respostas a incidentes dividido nas seguintes etapas: (i) preparação; (ii) detecção e análise de incidentes; (iii) contenção, erradicação e recuperação; (iv) atividades pós-incidente.

Com relação às atividades da ANPD, em 24 de abril de 2024, a Resolução CD/ANPD n. 15, que aprova o Regulamento de Comunicação de Incidentes de Segurança, (RCIS) foi publicada[94] após consulta pública lançada em 2 de maio de 2023[95]. Esta Resolução detalha uma série de questões relativas ao art. 48, em particular: (a) os critérios para determinar se o incidente pode acarretar em risco ou dano relevante aos titulares; (b) o prazo e conteúdo da comunicação dos incidentes de segurança à ANPD; (c) o prazo e conteúdo da comunicação dos incidentes de segurança aos titulares de dados pessoais; (d) o registro de incidentes de segurança com dados pessoais, inclusive daqueles não comunicados à ANPD e aos titulares; (e) os procedimentos de apuração de incidentes de segurança e de comunicação de incidente de segurança; (f) os critérios para se exigir a ampla divulgação do incidente; (g) as regras para extinção dos processos de comunicação de incidente de segurança.

O RCIS considera uma abordagem bipartite para o conceito de "risco ou dano relevante aos titulares". Em primeiro lugar, como critério geral, o incidente deve ter um potencial de afetar significativamente interesses e direitos fundamentais dos titulares.[96] Para isto, o incidente deve (i) impedir ou limitar o exercício de direitos ou a utilização de um serviço; ou (ii) ocasionar danos materiais ou morais aos titulares, tais como discriminação, violação à integridade física, ao direito à imagem e à reputação, fraudes financeiras ou uso indevido de identidade. Estes conceitos se aproximam da classificação de Citron e Solove.

Ademais, o incidente deve envolver ao menos um dos seguintes critérios específicos: (i) dados sensíveis; (ii) dados de crianças, de adolescentes ou de idosos; (iii) dados financeiros; (iv) dados de autenticação em sistemas; (v) dados protegidos por sigilo legal, judicial ou profissional; ou (vi) dados em larga escala.[97] Vale notar que "dados sensíveis", "dados de crianças e adolescentes ou de idosos" e "dados em larga escala" estão presentes na lista para critérios de "alto risco" da Resolução CD/ANPD n. 2/2022.[98] Com relação aos "dados financeiros", "dados de autenticação" e "dados protegidos por sigilo", a Autoridade parece

---

[92] Ministério da Gestão e Inovação. Guia de Gerenciamento de Vulnerabilidades. 2023.

[93] Ministério da Gestão e Inovação. Guia de Resposta a Incidentes de Segurança. 2023.

[94] ANPD. Resolução CD/ANPD n. 15, de 24 de abril de 2024.

[95] ANPD. ANPD abre consulta pública sobre norma de comunicação de incidente de segurança com dados pessoais. Brasília, 2023.

[96] RCIS, art. 5º, *caput*.

[97] RCIS, art. 5º, incisos I a VI.

[98] ANPD. Resolução CD/ANPD n. 2, de 27 de janeiro de 2022.

ter dado destaque a categorias de dados que costumam trazer vulnerabilidade aos titulares quando expostos em incidentes de segurança.

Com relação ao "prazo razoável", o RCIS propõe três dias úteis para que as comunicações sejam feitas pelo controlador, tanto à ANPD quanto aos titulares de dados.[99] De forma excepcional, as informações à ANPD poderão ser complementadas em vinte dias úteis, a contar da data da comunicação.[100] O prazo para agentes de tratamento de pequeno porte é contado em dobro.[101]

No que diz respeito ao conteúdo das comunicações, além do conteúdo mínimo previsto na LGPD, outros elementos são incluídos na comunicação à ANPD, em especial a data de ocorrência do incidente, quando possível determiná-la, e de seu conhecimento pelo controlador; os dados do encarregado ou de quem represente o controlador, bem como do próprio controlador e do operador; e a descrição do incidente.[102] Já para os titulares, o conteúdo da comunicação inclui lista reduzida, devendo usar de linguagem simples e ser de fácil entendimento, e ocorrer de forma direta e individualizada, caso seja possível identificar o titular afetado.[103]

Finalmente, quanto à "ampla divulgação", o RCIS, em seu art. 19, propõe que ela deve ocorrer nas hipóteses em que a comunicação direta e individualizada se mostre insuficiente para alcançar parcela significativa dos titulares afetados pelo incidente. Neste caso, o controlador deverá comunicar a ocorrência do incidente, m meio físico ou digital, considerada sempre a necessidade de se atingir o maior número possível de titulares afetados, admitidos os seguintes meios de veiculação: (i) mídia escrita impressa; (ii) radiodifusão de sons e de sons e imagens; ou (iii) transmissão de informações pela Internet.[104]

Além do RCIS, em 15 de agosto de 2023, a ANPD lançou consulta pública sobre a minuta de Resolução referente ao Regulamento de Transferências Internacionais de Dados (RTID).[105] Em 23 de agosto de 2024, a Resolução CD/ANPD n. 19, que aprova o RTID, foi publicada. Esse Regulamento apresenta, em seu Anexo II, um modelo de Cláusulas-Padrão Contratuais, que contém Cláusula específica sobre a comunicação de incidentes de segurança (Cláusula 16).[106]

Importante ainda destacar que, antes da publicação do RCIS, a Autoridade já havia disponibilizado alguns guias com recomendações sobre segurança da informação para diferentes públicos:

- em junho de 2021, a ANPD publicou, em conjunto com a Senacon, o guia "Como proteger seus dados pessoais",[107] voltado para o cidadão/consumidor. Entre outros

---

[99] RCIS, art. 6º, *caput*.

[100] RCIS, art. 6º, § 3º.

[101] RCIS, art. 6º, § 8º.

[102] RCIS, art. 6º, § 2º.

[103] RCIS, art. 9º, § 1º.

[104] RCIS, art. 19, § 5º.

[105] ANPD. Aberta consulta pública sobre norma de transferências internacionais de dados pessoais. Brasília, 2023.

[106] "CLÁUSULA 16. Comunicação de Incidente de Segurança
16.1. A Parte Designada deverá comunicar à ANPD e aos Titulares, no prazo de 3 (três) dias úteis, a ocorrência de incidente de segurança que possa acarretar risco ou dano relevante para os Titulares, observado o disposto na Legislação Nacional.
16.2. O Importador deve manter o registro de incidentes de segurança nos termos da Legislação Nacional."

[107] ANPD; SENACON. *Guia do Núcleo de Proteção de Dados do Conselho Nacional de Defesa do Consumidor:* como proteger seus dados pessoais. Brasília, 2021.

pontos, o guia fornece dicas de como o titular pode proteger seus dados pessoais, incluindo recomendações que reduzem o risco de se expor a incidentes de segurança;

- em julho de 2021, a ANPD publicou, em parceria com o CERT.br, dois fascículos da Cartilha de Segurança para Internet: (i) "Proteção de Dados";[108] e (ii) "Vazamento de Dados".[109] Também destinados aos cidadãos, os documentos apresentam, em linguagem simples, informações gerais sobre o tema. Em particular, o segundo fascículo lista os principais riscos relacionados a vazamento de dados, dicas de prevenção e informações a quem recorrer em caso de incidentes;
- em outubro de 2021, a ANPD publicou o guia orientativo de "Segurança da Informação para Agentes de Tratamento de Pequeno Porte".[110] Destinado a microempresas e empresas de pequeno porte, o guia traz algumas medidas de segurança da informação, tais como elaboração de políticas de segurança da informação, ações de conscientização e treinamento e manutenção de programa de gerenciamento de vulnerabilidades.

Até dezembro de 2023, a ANPD havia publicizado três sanções, duas das quais dizem respeito a infrações ao art. 48 da LGPD (entre outros dispositivos legais violados). Nos dois casos, os autuados foram representantes do setor público, sancionados com advertências pela ANPD.

No Processo Administrativo Sancionador n. 00261.001969/2022-41,[111] contra o Instituto de Assistência Médica ao Servidor Público Estadual de São Paulo (Iamspe), o autuado foi sancionado com advertência por violação ao art. 48. Em sua fundamentação, a ANPD afirmou que a Comunicação de Incidentes de Segurança foi realizada de forma insuficiente aos titulares de dados.

O Iamspe realizou a comunicação do incidente de segurança de forma individualizada por dois meios: (i) mensagens SMS para um grupo de titulares (28% dos titulares afetados) e (ii) e-mails para um grupo maior de titulares (82%). Ainda que tivesse ciência do ocorrido desde janeiro/fevereiro, esta comunicação somente foi enviada ao final de maio, com cerca de três meses de atraso. Além disso, o autuado realizou comunicação em seu sítio eletrônico de maneira insuficiente, estando ausentes diversos elementos exigidos no § 1º, do art. 48, a saber: a descrição da natureza dos dados (inciso I); informações dos titulares envolvidos (inciso II); os riscos relacionados ao incidente (inciso IV); e os motivos da demora, no caso de a comunicação não ter sido imediata (inciso V). Assim, a ANPD concluiu que o instituto "não realizou a comunicação em tempo razoável e, mesmo quando o fez, seu teor foi insuficiente, em infringência ao art. 48 da LGPD".[112]

Na dosimetria da sanção, a Autoridade classificou a infração ao art. 48 como grave, uma vez que além das falhas em comunicar em tempo razoável e com informações insuficientes, o incidente envolveu dados de crianças e adolescentes.[113] Assim, cominou-se a pena

---

[108] CERT.Br; ANPD. *Cartilha de Segurança para Internet:* Fascículo Vazamento de Dados. Brasília, 2021.

[109] CERT.Br; ANPD. *Cartilha de Segurança para Internet:* Fascículo Vazamento de Dados. Brasília, 2021.

[110] ANPD. *Guia Orientativo de Segurança da Informação para Agentes de Tratamento de Pequeno Porte.* Brasília, 2021.

[111] ANPD. Processo Administrativo Sancionador n. 00261001969/2022-41.

[112] ANPD, Processo Administrativo Sancionador n. 00261001969/2022-41, para. 6.34.

[113] ANPD,, Processo Administrativo Sancionador n. 00261001969/2022-41, para. 7.19.

de advertência com imposição de medidas corretivas, quais sejam: (a) ajustar, no prazo de 10 (dez) dias úteis da data de intimação, o comunicado do sítio eletrônico do Iamspe, com conteúdo sugerido pela ANPD, devendo esta comunicação ser comprovada; (b) manter o comunicado disponível por 90 (noventa) dias, com posterior comprovação.

Ao se realizar uma consulta em um buscador da internet, foi possível verificar que esse comunicado foi realizado.[114] Entretanto, a comunicação não foi disponibilizada na página principal do sítio eletrônico, nem na seção do site dedicada à LGPD,[115] o que põe uma dúvida sobre a efetividade da medida corretiva imposta pela ANPD, por não ter explicitado que a comunicação do incidente de segurança deveria ter sido disponibilizada na página principal do sítio eletrônico. Esta questão foi evitada na segunda sanção por violação ao art. 48.

No Relatório de Instrução do Processo Administrativo Sancionador n. 00261.001886/2022-51,[116] contra a SES/SC, a autuada foi sancionada com advertência por violação ao art. 48. Em sua fundamentação, a ANPD afirmou que a comunicação do incidente de segurança foi realizada de forma insuficiente aos titulares de dados. Neste caso, mais uma vez, os titulares não foram informados em prazo razoável – a SES/SC demorou cerca de oito meses para informar aos titulares do incidente ocorrido, e quando o fez, comunicou de forma geral e não específica, em página escondida do sítio eletrônico, o que se mostrou inadequado para que os titulares afetados tomassem ciência do ocorrido.[117] Além disso, a natureza dos dados tratados pela Secretária implica que o incidente envolveu dados sensíveis de saúde.[118]

Assim, a ANPD considerou a infração grave, cominando-se na pena de advertência com imposição das seguintes medidas corretivas: (a) disponibilizar a comunicação de incidente de segurança geral na primeira página do sítio eletrônico da CGF, por mais de 90 (noventa) dias; (b) enviar comunicação de incidente de segurança de maneira individualizada aos titulares identificados por meio de extração de informação de arquivo vazado e veiculado em site de terceiro.[119] Estas medidas teriam que ser comprovadas por meio de juntadas aos autos. Observou-se neste caso que a comunicação de incidente de segurança foi comunicada na página principal, conforme determinado pela Autoridade.[120]

Nos dois casos analisados, conquanto tenha considerado as infrações ao art. 48 graves, com incidentes em larga escala e envolvendo dados sensíveis, a ANPD limitou-se à sanção de advertência, aplicando apenas medidas corretivas, o que pode criar um perigoso precedente para as ações de fiscalização futuras da Autoridade, nos cenários em que queira aplicar sanções mais severas a órgãos e entidades do setor público.

---

[114] IAMSPE. *Lei Geral de Proteção de Dados Pessoais – LGPD*. 2024. Disponível em: https://www.iamspe.sp.gov.br/lei-geral-de-protecao-de-dados-pessoais-lgpd/. Acesso em: 11 jan. 2024.

[115] IAMSPE. *Política de privacidade e proteção de dados pessoais no portal Iamspe*. 2024. Disponível em: https://www.iamspe.sp.gov.br/politica-de-privacidade-2/. Acesso em: 11 jan. 2024.

[116] ANPD. Processo n· 00261001886/2022-51, Relatório de Instrução n. 4/2023/FIS/CGF/ANPD.

[117] ANPD. Processo n. 00261001886/2022-51, Relatório de Instrução n. 4/2023/FIS/CGF/ANPD, para. 6.17.

[118] ANPD. Processo n. 00261001886/2022-51, Relatório de Instrução n. 4/2023/FIS/CGF/ANPD, para. 7.18.

[119] ANPD. Processo n. 00261001886/2022-51, Relatório de Instrução n. 4/2023/FIS/CGF/ANPD, para. 7.21.

[120] SECRETARIA DE SAÚDE DO ESTADO DE SANTA CATARINA. *Lista de espera SUS*. Disponível em: https://listadeespera.saude.sc.gov.br/#/home. Acesso em: 11 jan. 2024.

BIBLIOGRAFIA SELECIONADA

ANPD. Aberta consulta pública sobre norma de transferências internacionais de dados pessoais. Brasília, 2023.

ANPD. ANPD abre consulta pública sobre norma de comunicação de incidente de segurança com dados pessoais. Brasília, 2023.

ANPD; SENACON. *Guia do Núcleo de Proteção de Dados do Conselho Nacional de Defesa do Consumidor:* como proteger seus dados pessoais. Brasília, 2021.

BRASSCOM. *Contribuições à Comissão Especial:* dados pessoais da Câmara dos Deputados sobre a Lei de Tratamento e Proteção de Dados Pessoais. Brasília, 2017.

CERT.Br; ANPD. *Cartilha de Segurança para Internet:* Fascículo Vazamento de Dados. Brasília, 2021.

CITRON, D. K.; SOLOVE, D. J. Privacy harms. *Social Science Research Network – SSRN*, 2021.

COMISSÃO EUROPEIA. What is a data breach and what do we have to do in case of a data breach? Disponível em: https://commission.europa.eu/law/law-topic/data-protection/reform/rules-business-and-organisations/obligations/what-data-breach-and-what-do-we-have-do-case-data-breach_en. Acesso em: 11 jan. 2024.

CIPL. *Pontos de discussão – Projeto de Lei n. 5276/2016*. 2017.

IAMSPE. *Lei Geral de Proteção de Dados Pessoais – LGPD*. 2024. Disponível em: https://www.iamspe.sp.gov.br/lei-geral-de-protecao-de-dados-pessoais-lgpd/. Acesso em: 11 jan. 2024.

IAMSPE. *Política de privacidade e proteção de dados pessoais no portal Iamspe*. 2024. Disponível em: https://www.iamspe.sp.gov.br/politica-de-privacidade-2/. Acesso em: 11 jan. 2024.

ICO. *Personal Data Breaches:* A Guide. Disponível em: https://ico.org.uk/for-organisations/report-a-breach/personal-data-breach/personal-data-breaches-a-guide/. Acesso em: 11 jan. 2024.

ISO. *ISO/IEC 27000:2018:* Information technology – Security techniques – Information security management systems – Overview and vocabulary. Genebra: ISO, 2022.

ISO. *ISO/IEC 27001:2022:* Information security, cybersecurity and privacy protection – Information security management systems – Requirements. Genebra: ISO, 2023.

ISO. *ISO/IEC 27002:2022:* Information security, cybersecurity and privacy protection – Information security controls. Genebra: ISO, 2022.

ISO. *ISO/IEC 27005:2022:* Information security, cybersecurity and privacy protection – Guidance on managing information security risks. Genebra: ISO, 2022.

ISO. *ISO/IEC 27701:2019:* Security techniques – Extension to ISO/IEC 27001 and ISO/IEC 27002 for privacy information management – Requirements and guidelines. Genebra: ISO, 2019.

ITI. Comentários do *Information Technology Industry Council* em resposta à solicitação feita pela Comissão Especial da Câmara dos Deputados encarregada de discutir o Projeto de Lei sobre tratamento e proteção de dados. 2017. Disponível em: https://www2.camara.leg.br/atividade-legislativa/comissoes/comissoes-temporarias/especiais/55a-legislatura/pl-4060-12-tratamento-e-protecao-de-dados-pessoais/documentos/outros-documentos/ITIInformationTechnologyIndustryCouncil.pdf. Acesso em: jan. 2024.

NIST. *NIST privacy framework:* a tool for improving privacy through enterprise risk management, version 1.0. NIST CSWP 01162020. 2020.

NIST. *Framework for improving critical infrastructure cybersecurity*, version 1.1. 2018.

NISSENBAUM, H. Privacy as contextual integrity. *Washington Law Review*, Seattle, v. 79, p. 119, 2004.

ONU. *UN guide on privacy-enhancing technologies for official statistics:* Task Team on Privacy Enhancing Techniques – UN-CEBD. New York: ONU, 2023.

REDE IBERO-AMERICANA DE PROTEÇÃO DE DADOS. *Padrões de proteção de dados pessoais para os Estados Ibero-americanos.* 2017.

SECRETARIA DE SAÚDE DO ESTADO DE SANTA CATARINA. *Lista de espera SUS*. Disponível em: https://listadeespera.saude.sc.gov.br/#/home. Acesso em: 11 jan. 2024.

SOLOVE, D. A taxonomy of privacy. *University of Pennsylvania Law Review*, Philadelphia, v. 154, p. 477, 2006.

TCU. Relatório de Acompanhamento n. 036.301/2021-3, 2022.

Art. 49. Os sistemas utilizados para o tratamento de dados pessoais devem ser estruturados de forma a atender aos requisitos de segurança, aos padrões de boas práticas e de governança e aos princípios gerais previstos nesta Lei e às demais normas regulamentares.

Artigo 49

Comentado por José Renato Laranjeira de Pereira e Thiago Guimarães Moraes

DISPOSITIVOS RELACIONADOS NA LGPD

- Art. 6º, VII e VIII; arts. 12 e 13; art. 34, IV; art. 38, parágrafo único; art. 40; art. 44; arts. 46, 47 e 48; art. 50 e 51.

ATIVIDADES DA ANPD

- Resolução CD/ANPD n. 15, de 24 de abril de 2024, referente ao Regulamento de Comunicação de Incidente de Segurança com Dados Pessoais.
- Resolução CD/ANPD n. 19, de 23 de agosto de 2024, referente ao Regulamento de Transferência Internacional de Dados e o conteúdo das cláusulas-padrão contratuais.
- Fascículo "Proteção de Dados" da Cartilha de Segurança para Internet.
- Fascículo "Vazamento de Dados" da Cartilha de Segurança para Internet.
- Guia orientativo "Segurança da Informação para Agentes de Tratamento de Pequeno Porte".
- Processo Administrativo Sancionador n. 00261001969/2022-41, Despacho Decisório.
- Processo n. 00261001886/2022-51, Relatório de Instrução n. 4/2023/FIS/CGF/ANPD.

AÇÕES REGULATÓRIAS E FISCALIZATÓRIAS DE ENTIDADES GOVERNAMENTAIS E ÓRGÃOS DE CONTROLE

- TCU, Relatório de Acompanhamento n. 036.301/2021-3. (Apensos: TC 000.284.2022-0 e 003.372/2022-6), Acórdão TCU 1768/2022, Plenário, Rel. Min. Vital do Rêgo, j. 03.08.2022.[121]
- Ministério da Gestão e Inovação, Guias e Modelos – Governo Digital.
- Ministério da Gestão e Inovação, Guia do Framework de Privacidade e Segurança da Informação.

[121] Ver comentário ao art. 48 neste volume.

- Ministério da Gestão e Inovação, Guia de Resposta a Incidentes de Segurança.
- Ministério da Gestão e Inovação, Guia de Gerenciamento de Vulnerabilidades.

JUSTIFICATIVA E FUNDAMENTOS

Este artigo condensa diversos dispositivos da LGPD que versam sobre a segurança e boas práticas para a proteção dos dados pessoais, reforçando o conceito de privacidade desde a concepção, presente no art. 46, § 2º.

O texto legal sofreu apenas uma adaptação desde sua proposta original na primeira versão do anteprojeto do MJ.[122] Originalmente, o dispositivo não fazia menção aos "padrões de boas práticas e de governança", conceito que dialoga diretamente com os arts. 50 c/c 51 da LGPD,[123] os quais passaram por diversas modificações no decurso do processo legislativo. A menção a essa expressão só foi incluída na versão final do texto, no relatório apresentado pela Comissão Especial destinada a proferir parecer ao PL n. 4.060/2012.[124]

ANÁLISE

1. Análise contextual

Este artigo explicita que sistemas de informação que tratem dados pessoais devem contemplar: (i) os princípios gerais, (ii) os requisitos de segurança e (iii) os padrões de boas práticas e de governança. Estes elementos podem estar previstos na LGPD ou em demais normas regulamentares. O dispositivo tem o papel de integrar esses conceitos e reforçar o conceito de privacidade desde a concepção, do art. 46, § 2º.

Com relação aos princípios gerais, cabe destaque aos princípios da segurança (art. 6º, VII) e da prevenção (art. 6º, VIII). O primeiro prescreve a utilização de medidas técnicas e administrativas aptas a proteger os dados pessoais de acessos não autorizados e de situações acidentais ou ilícitas de destruição, perda, alteração, comunicação ou difusão. O segundo prescreve a adoção de medidas para prevenir a ocorrência de danos em virtude do tratamento de dados pessoais. Deste modo, os dois princípios dialogam com os requisitos de segurança e os padrões de boas práticas e de governança que serão adotados para prevenir e mitigar os riscos e danos aos titulares.

Quanto aos requisitos de segurança, o termo não é utilizado em outros trechos da LGPD. No entanto, considerando o contexto da seção em que foi inserido, é possível inferir que o termo é sinônimo das medidas de segurança mencionadas no *caput* do art. 46.[125] Esta interpretação é reforçada ao se analisar a definição doutrinária da expressão, conforme analisado mais adiante.

Por fim, os padrões de boas práticas e de governança dialogam diretamente com os arts. 50 c/c 51 da LGPD. Estes padrões incluem, dentre outros, códigos de conduta, normas de

---

[122] MJ. *Anteprojeto de Lei para a Proteção de Dados Pessoais:* proteção de dados pessoais.

[123] Ver comentários aos arts. 50 e 51 neste volume.

[124] SILVA, Orlando. Parecer proferido em Plenário pelo Relator, Dep. Orlando Silva (PCdoB-SP), pela Comissão Especial. Brasília, 2018.

[125] Ver comentário ao art. 46 neste volume.

segurança, programas de governança em privacidade, e quaisquer outros padrões técnicos que venham a ser desenvolvidos por representantes do setor econômico, pela ANPD, ou por demais órgãos e entidades do Poder Público.

Assim, ao mesmo tempo que a LGPD obriga os agentes de tratamento a desenvolverem seus sistemas se atentando a princípios gerais, requisitos de segurança e padrões de boas práticas e de governança, ela permite que estes padrões possam ser buscados em uma ampla gama de normas, incluindo as de natureza técnica.

No contexto europeu, o Considerando 78 do RGPD, informa que

> (...) no contexto do desenvolvimento, concessão, seleção e utilização de aplicações, serviços e produtos que se baseiam no tratamento de dados pessoais ou recorrem a este tratamento para executarem as suas funções, haverá que incentivar os fabricantes dos produtos, serviços e aplicações a ter em conta o direito à proteção de dados quando do seu desenvolvimento e concessão e, no devido respeito pelas técnicas mais avançadas, a garantir que os responsáveis pelo tratamento e os subcontratantes estejam em condições de cumprir as suas obrigações em matéria de proteção de dados.

Percebe-se, portanto, que, tanto no RGPD quanto na LGPD, há uma forte correlação da obrigação de implementar valores da proteção de dados em sistemas informáticos e o conceito de privacidade desde a concepção.

2. Análise doutrinária

Este dispositivo da LGPD é de interpretação consideravelmente simples. O único conceito novo trazido é o de "requisitos de segurança". Na doutrina das Ciências da Computação, a especificação de requisitos é a etapa da construção de software em que os desenvolvedores de sistemas de informação determinam as funcionalidades destas aplicações (requisitos funcionais) e as restrições às funcionalidades deste sistema (requisitos não funcionais).[126] Classicamente, os requisitos de segurança fazem parte da segunda categoria.

A especificação de requisitos de segurança permite que os desenvolvedores de sistemas de informação prevejam possíveis ameaças, suas consequências e contramedidas antes que um sistema esteja em funcionamento, minimizando a probabilidade de precisar reagir a essas ameaças a partir de possíveis ataques desastrosos a sistemas em funcionamento.[127]

Na doutrina jurídica, não é possível vislumbrar uma distinção prática entre os conceitos de "requisitos de segurança" e "medidas de segurança". Por exemplo, o ICO, em seu guia para redes e sistemas de informação, menciona que o principal requisito de segurança é identificar e tomar medidas adequadas e proporcionais para gerir os riscos colocados à segurança das redes e dos sistemas de informação.[128] Outros entes reguladores internacionais também utilizam requisitos de segurança e medidas de segurança como sinônimos. A Agência da União Europeia para Cibersegurança – ENISA, elaborou um guia para "requisitos mínimos de segurança" e ao longo de seu guia permuta a expressão com a de "medidas mínimas de segurança".[129]

---

126 SOMMERVILLE, I. *Engenharia de software*. 8. ed. São Paulo: Pearson, 2007. v. 10.

127 SINDRE, G.; OPDAHL, A. Eliciting security requirements with misuse cases. *Requirements Engineering*, London, v. 10, n. 1, p. 34, 2005.

128 ICO. *Security requirements*. London, 2023.

129 ENISA. *Minimum security requirements*. Heraklion, 2014.

Assim, considerando que, para fins jurídicos, não há distinção relevante entre os "requisitos de segurança" e as "medidas de segurança", é possível inferir que o art. 49 almeja integrar os diversos dispositivos da LGPD que tratam sobre valores relacionados à segurança, boas práticas e governança, reforçando como estes elementos se retroalimentam numa abordagem de privacidade desde a concepção.

Na doutrina das Ciências da Computação, o desenvolvimento seguro de sistemas é estruturado em um ciclo de vida conhecido como *Secure Software Development Life Cycle* (em tradução livre, Ciclo de Desenvolvimento Seguro de Software – SSLDC).[130] O modelo é análogo ao de *Software Development Life Cycle* (em tradução livre, Ciclo de Desenvolvimento de Software – SDLC) da ISO 12207,[131] mas incluindo controles para garantir que requisitos de segurança sejam implementados em todo o ciclo de desenvolvimento. As etapas são: (i) requisito de segurança, (ii) design de segurança, (iii) desenvolvimento de segurança, (iv) testes de segurança, (v) implementação de segurança e (vi) fases de manutenção de segurança. A ISO 27002:2022 incluiu o Controle 8.25 de "Ciclo de Vida de Desenvolvimento Seguro".[132] Este controle apresenta recomendações para implementar, de forma preventiva, medidas de segurança ao longo de todas as etapas de desenvolvimento de sistemas de informação.

O NIST desenvolveu um *framework* para desenvolvimento seguro de sistemas, conhecido como *Security Software Development Framework* (em tradução livre, Marco para Desenvolvimento Seguro de Software – SSDF), o NIST 800-218.[133] A norma recomenda a adoção de práticas, que estão organizadas em quatro grupos: (i) Preparar a Organização; (ii) Proteger o Software; (iii) Produzir Software Bem Protegido; e (iv) Responder às Vulnerabilidades.

3. Análise de jurisprudência e atividades da ANPD

De maneira similar ao art. 48, não há jurisprudência específica que verse sobre o art. 49. Até então, ao tratar temas relacionados à segurança no contexto da LGPD, o Judiciário parece ter se concentrado em análises do art. 46.[134] Não obstante, a ANPD já produziu alguns materiais e decisões administrativas referentes a este artigo.

No Guia orientativo de "Segurança da Informação para Agentes de Tratamento de Pequeno Porte",[135] a ANPD apresenta uma lista de medidas de segurança da informação que podem ser implementados. Destinadas a microempresas e empresas de pequeno porte, as medidas recomendadas também são importantes para organizações com maior estrutura.

Embora sejam medidas destinadas à infraestrutura organizacional de forma ampla, há algumas que se relacionam diretamente com o desenvolvimento de *software* seguro, tais como

---

[130] DAVIS, N. *Secure software development life cycle processes.* Pittsburgh: Software Engineering Institute, 2013.

[131] ISO. *ISO/IEC/IEEE 12207:2017:* Systems and software engineering – Software life cycle processes. Genebra: ISO, 2021.

[132] ISO. *ISO ISO/IEC 27001:2022:* Information security, cybersecurity and privacy protection – Information security management systems – Requirements. Genebra: ISO, 2023.

[133] INFORMATION TECHNOLOGY LABORATORY – COMPUTER SECURITY DIVISION. *Secure software development framework | CSRC | CSRC.* Gaithersburg: NIST, 2021. Disponível em: https://csrc.nist.gov/Projects/ssdf. Acesso em: 11 jan. 2024.

[134] Ver comentário ao art. 46 neste volume.

[135] ANPD. *Guia Orientativo de Segurança da Informação para Agentes de Tratamento de Pequeno Porte.* Brasília, 2021.

as medidas técnicas de controle de acesso, de segurança dos dados pessoais armazenados, de gerenciamento de vulnerabilidades e de serviços em nuvem. Por exemplo, com relação ao armazenamento seguro de dados, a ANPD recomenda que os agentes de tratamento armazenem apenas os dados pessoais que são realmente necessários para atingir os objetivos do tratamento para a finalidade pretendida e que utilizem técnicas como a criptografia para guardar dados pessoais sensíveis. Além disso, para o controle de acesso, inclusive para serviços em nuvem, a Autoridade recomenda que usuário se autentique para cada serviço utilizado, e que sejam adotadas técnicas de autenticação multifator.

Até dezembro de 2023, a ANPD havia publicizado três sanções, duas das quais dizem respeito a infrações ao art. 49 da LGPD (entre outros dispositivos legais violados). Nos dois casos, os autuados foram representantes do setor público, sancionados com advertências pela ANPD.

No Despacho Decisório do Processo Administrativo Sancionador n. 00261.001969/2022-41,[136] contra o Iamspe, o autuado foi sancionado com advertência por violação ao art. 49. Em sua fundamentação, a ANPD afirmou que houve falha na implementação de controles para garantir a confidencialidade dos dados, de modo a assegurar que a informação fosse acessível apenas àqueles autorizados a ter acesso.

De acordo com a Autoridade:

> O processo originário (incidente de segurança) foi aberto por conta de denúncia que reportava vulnerabilidades em sistemas de informação mantidos pelo IASMPE que permitiriam, sem o uso de credenciais válidas, o acesso a informações constantes em sua base de dados (...) esse acesso poderia ser feito até por terceiros não autorizados que poderiam acessar não só o conjunto de dados pessoais (...) como também cópias de documentos (...)
>
> De acordo com o próprio autuado em manifestação a esta CGF, foram identificados 4 pontos de acesso na API do site app.iamspe.sp.gov.br que não contariam com controles de segurança adequados. Apesar de reconhecer a falha, o controlador não foi capaz de apurar se ela foi efetivamente explorada por terceiros.[137]

Ademais, a ANPD afirmou que a ausência de evidências de exploração das vulnerabilidades ocorreu da ausência de guardas de registros (*logs*) de acesso pelo autuado à época da denúncia.[138] De acordo com a Autoridade, a ausência de registros (*logs*) constitui falha no dever de proteger os dados pessoais sob a custódia do controlador, uma vez que ele não é capaz de cumprir ou demonstrar que cumpre esse dever sem que saiba quando e por quem esses dados são acessados.[139] Por fim, fundamentou que o autuado apenas empreendeu seus melhores esforços no intuito de aprimorar a segurança de dados, após a ocorrência do incidente que demonstrou haver falhas no sistema.[140]

Na dosimetria da sanção, a Autoridade classificou a infração ao art. 49 como grave, uma vez que o sistema do Iamspe tratava dados pessoais de aproximadamente 1,5 milhão de pessoas, incluindo crianças, adolescentes e idosos.[141] Cominou-se, portanto, na pena de

---

[136] ANPD. Processo Administrativo Sancionador n. 00261001969/2022-41, 2023.

[137] ANPD. Processo Administrativo Sancionador n. 00261001969/2022-41, 2023, para. 6.36 c/c 6.37.

[138] ANPD. Processo Administrativo Sancionador n. 00261001969/2022-41, 2023, para. 6.42.

[139] ANPD. Processo Administrativo Sancionador n. 00261001969/2022-41, 2023, para. 6.48.

[140] ANPD. Processo Administrativo Sancionador n. 00261001969/2022-41, 2023, para. 6.57.

[141] ANPD. Processo Administrativo Sancionador n. 00261001969/2022-41, 2023, para. 7.32.

advertência com imposição de medidas corretivas, quais sejam, a comprovação do resultado dos programas e objetivos desenvolvidos e implementados conforme planos operacionais de aprimoramento de segurança dos sistemas afetados pelo incidente.[142]

No Relatório de Instrução do Processo Administrativo Sancionador n. 00261.001886/2022-51,[143] contra a SES/SC, a autuada foi sancionada com advertência por violação ao art. 49. Também neste caso, a ANPD identificou que os requisitos de segurança somente foram implementados no sistema invadido após a ocorrência do incidente.[144] Afirmou ainda que "a obrigação de observar os requisitos de segurança nos sistemas utilizados pelo Estado é ainda mais severa, tendo em vista que os dados pessoais dos titulares afetados são tratados de forma compulsória".[145]

Quanto à dosimetria, a ANPD considerou a infração grave, uma vez que as vulnerabilidades do sistema acarretaram o vazamento de dados sensíveis.[146] Cominou-se a pena de advertência com imposição de medidas corretivas.[147]

Nos dois casos analisados, conquanto tenha considerado as infrações ao art. 49 graves, com incidentes em larga escala e envolvendo dados sensíveis, a ANPD limitou-se à sanção de advertência, quando muito com a aplicação de medidas corretivas, o que pode criar um perigoso precedente para as ações de fiscalização futuras da Autoridade, nos cenários em que queira aplicar sanções mais severas a órgãos e entidades do setor público.

BIBLIOGRAFIA SELECIONADA

ANPD. *Guia Orientativo de Segurança da Informação para Agentes de Tratamento de Pequeno Porte*. Brasília, 2021.

DAVIS, N. *Secure software development life cycle processes*. Pittsburgh: Software Engineering Institute, 2013.

ENISA. *Minimum security requirements*. Heraklion, 2014.

ICO. *Security requirements*. London, 2023.

INFORMATION TECHNOLOGY LABORATORY – COMPUTER SECURITY DIVISION. *Secure software development framework* | CSRC | CSRC. Gaithersburg: NIST, 2021. Disponível em: https://csrc.nist.gov/Projects/ssdf. Acesso em: 11 jan. 2024.

ISO. *ISO/IEC 27701:2019:* Security techniques – Extension to ISO/IEC 27001 and ISO/IEC 27002 for privacy information management – Requirements and guidelines. Genebra: ISO, 2020.

142 ANPD. Processo Administrativo Sancionador n. 00261001969/2022-41, 2023, para. 8.1.3.

143 ANPD. Processo n. 00261001886/2022-51, Relatório de Instrução n. 4/2023/FIS/CGF/ANPD, 2023.

144 ANPD. Processo n. 00261001886/2022-51, Relatório de Instrução n. 4/2023/FIS/CGF/ANPD, 2023, para. 6.36.

145 ANPD. Processo no 00261001886/2022-51, Relatório de Instrução n. 4/2023/FIS/CGF/ANPD, 2023, para. 6.38.

146 ANPD. Processo n. 00261001886/2022-51, Relatório de Instrução n. 4/2023/FIS/CGF/ANPD, 2023, para. 7.26.

147 ANPD. Processo n. 00261001886/2022-51, Relatório de Instrução n. 4/2023/FIS/CGF/ANPD, 2023, para. 8.1.3.

ISO. *ISO/IEC/IEEE 12207:2017:* Systems and software engineering – Software life cycle processes. Genebra: ISO, 2021.

ISO. *ISO/IEC 27001:2022:* Information security, cybersecurity and privacy protection – Information security management systems – Requirements. Genebra: ISO, 2023.

NIST. *NIST CSF v1.1 Portuguese translation*. Gaithersburg, 2021. Disponível em: https://www.nist.gov/system/files/documents/2021/12/14/NIST%20CSF%20v1.1%20Portuguese%20Translation.pdf. Acesso em: 10 jan. 2024.

SINDRE, G.; OPDAHL, A. Eliciting security requirements with misuse cases. *Requirements Engineering*, London, v. 10, n. 1, p. 34, 2005.

SOMMERVILLE, I. *Engenharia de software*. 8. ed. São Paulo: Pearson, 2007. v. 10.

Seção II
Das Boas Práticas e da Governança

Art. 50. Os controladores e operadores, no âmbito de suas competências, pelo tratamento de dados pessoais, individualmente ou por meio de associações, poderão formular regras de boas práticas e de governança que estabeleçam as condições de organização, o regime de funcionamento, os procedimentos, incluindo reclamações e petições de titulares, as normas de segurança, os padrões técnicos, as obrigações específicas para os diversos envolvidos no tratamento, as ações educativas, os mecanismos internos de supervisão e de mitigação de riscos e outros aspectos relacionados ao tratamento de dados pessoais.

§ 1º Ao estabelecer regras de boas práticas, o controlador e o operador levarão em consideração, em relação ao tratamento e aos dados, a natureza, o escopo, a finalidade e a probabilidade e a gravidade dos riscos e dos benefícios decorrentes de tratamento de dados do titular.

§ 2º Na aplicação dos princípios indicados nos incisos VII e VIII do *caput* do art. 6º desta Lei, o controlador, observados a estrutura, a escala e o volume de suas operações, bem como a sensibilidade dos dados tratados e a probabilidade e a gravidade dos danos para os titulares dos dados, poderá:

I – implementar programa de governança em privacidade que, no mínimo:

a) demonstre o comprometimento do controlador em adotar processos e políticas internas que assegurem o cumprimento, de forma abrangente, de normas e boas práticas relativas à proteção de dados pessoais;

b) seja aplicável a todo o conjunto de dados pessoais que estejam sob seu controle, independentemente do modo como se realizou sua coleta;

c) seja adaptado à estrutura, à escala e ao volume de suas operações, bem como à sensibilidade dos dados tratados;

d) estabeleça políticas e salvaguardas adequadas com base em processo de avaliação sistemática de impactos e riscos à privacidade;

e) tenha o objetivo de estabelecer relação de confiança com o titular, por meio de atuação transparente e que assegure mecanismos de participação do titular;

f) esteja integrado a sua estrutura geral de governança e estabeleça e aplique mecanismos de supervisão internos e externos;

g) conte com planos de resposta a incidentes e remediação; e

h) seja atualizado constantemente com base em informações obtidas a partir de monitoramento contínuo e avaliações periódicas;

II – demonstrar a efetividade de seu programa de governança em privacidade quando apropriado e, em especial, a pedido da autoridade nacional ou de outra entidade responsável por promover o cumprimento de boas práticas ou códigos de conduta, os quais, de forma independente, promovam o cumprimento desta Lei.

§ 3º As regras de boas práticas e de governança deverão ser publicadas e atualizadas periodicamente e poderão ser reconhecidas e divulgadas pela autoridade nacional.

Artigo 50

Comentado por Marcela Mattiuzzo e Helena Secaf dos Santos

DISPOSITIVOS RELACIONADOS NO DIREITO INTERNACIONAL

- Annex to the Recommendation of the Council of 23rd September 1980 Guidelines Governing the Protection of Privacy and Transborder Flows of Personal Data: 14. Accountability Principle.

DISPOSITIVOS RELACIONADOS NO ORDENAMENTO JURÍDICO BRASILEIRO

- Lei n. 13.303, de 30 de julho de 2016 (Lei das Estatais).
- Art. 7º, VIII, Lei n. 12.846, de 1º de agosto de 2013 (Lei Anticorrupção).
- Arts. 56 e 57, Decreto n. 11.129/2022.
- Art. 10, III, Lei n. 9.613, de 3 de março de 1998.

DISPOSITIVOS RELACIONADOS NA LGPD

- Art. 6º, VII e VIII; art. 32; art. 49; art. 51; art. 52, § 1º, IX; art. 55-J, III, VI, VIII.

ATIVIDADES DA ANPD

- Relatório de Análise de Impacto Regulatório: Construção do Modelo de Atuação Fiscalizatória da ANPD para Zelar, Implementar e Fiscalizar o Cumprimento da Lei Geral de Proteção de Dados Pessoais (2021).
- Resolução CD/ANPD n.1, de 28 de outubro de 2021.
- Portaria ANPD n. 35, de 4 de novembro de 2022.
- Relatório de Análise de Impacto Regulatório: Construção do Modelo Regulatório Previsto na LGPD com Relação à Aplicação de Sanções Administrativas e às Metodologias de Cálculo do Valor-Base das Sanções de Multa (2022).
- Resolução CD/ANPD n. 4, de 24 de fevereiro de 2023.

AÇÕES REGULATÓRIAS E FISCALIZATÓRIAS DE ENTIDADES GOVERNAMENTAIS E ÓRGÃOS DE CONTROLE

- CADE, Guia para Programas de Compliance, 2016.
- Ministério da Transparência e Controladoria Geral da União: Manual Prático de Avaliação de Programas de Integridade em PAR, 2018.

JUSTIFICATIVA E FUNDAMENTOS

A entrada em vigor da LGPD, especialmente com o art. 50, estabeleceu um marco legal que incentiva a aplicação prática de suas diretrizes. Por meio da promoção de regras de boas práticas e governança, a Lei estimula os entes regulados a cumprirem com suas obrigações de maneira proativa. Embora o conceito de "boas práticas e governança" não seja estritamente definido, a LGPD fornece uma estrutura para iniciativas de conformidade que refletem seus princípios e encoraja a adoção voluntária dessas práticas.

Esse modelo permite ao Estado delegar parte da supervisão aos próprios entes regulados, os quais, ao adotarem uma postura proativa de conformidade, podem obter reconhecimento da autoridade reguladora e, em casos de infrações, até atenuação de sanções. Essa abordagem contribui para o fortalecimento da cultura de proteção de dados, incentivando que agentes de tratamento adotem políticas e práticas em consonância com os princípios e direitos previstos na LGPD, em alinhamento com a lógica de regulação responsiva promovida pela Lei.

A adoção de práticas de governança e responsabilidade na regulação de dados pessoais não se inicia com a LGPD, tampouco se limita ao campo específico da proteção de dados. Esse modelo de boas práticas já está consolidado em normas nacionais e internacionais, promovendo responsabilidade e transparência em diversas áreas regulatórias e refletindo uma abordagem de regulação responsiva, que combina governança com mecanismos de controle e sanção.

Com a LGPD, o Brasil incorpora ao campo da proteção de dados uma abordagem de regulação responsiva similar àquela da UE,[148] promovendo uma cultura de proteção de dados que incentiva o cumprimento proativo e adaptado às capacidades dos regulados. É possível afirmar que tal abordagem reflete o princípio da *accountability*, originalmente introduzido pelas Diretrizes da OCDE de 1980. Essas diretrizes pioneiras estabeleceram que agentes de tratamento de dados devem adotar medidas concretas para assegurar a conformidade com normas de privacidade, promovendo uma cultura de responsabilidade e transparência

Na Europa, a proteção de dados pessoais evoluiu com a extinta Diretiva 95/46/CE e mais recentemente com o RGPD, que formaliza o princípio de *accountability* nos arts. 5(2) e 24, exigindo que os controladores adotem medidas para demonstrar a conformidade com as normas.[149]Além disso – e mais especificamente – o art. 42 do RGPD promoveu a adoção de mecanismos de certificação e selos de privacidade, consolidando instrumentos que reforçam a transparência e a autorregulação, como exemplificado pela CNIL, na França, e pela ICO, no Reino Unido, em seus guias e procedimentos de governança de privacidade.[150] A ANPD ainda não padronizou oficialmente o que entende por "boas práticas".

---

[148] Vale ressaltar que, embora adotem estruturas similares, no que diz respeito aos mecanismos disponíveis "(...) pode-se dizer que a Autoridade Nacional de Proteção de Dados brasileira tem 'menos dentes' que as autoridades nacionais europeias, não apenas por contar com menos opções de sanções, mas também por ser a sua sanção mais 'dura' a de aplicação de multa, cujo valor máximo de R$ 50 milhões por infração equivale praticamente apenas a metade do valor máximo que pode ser aplicado por suas contrapartes europeias, no caso €20 milhões" (IRAMINA, A. RGPD v. LGPD: adoção estratégica da abordagem responsiva na elaboração da Lei Geral de Proteção de Dados do Brasil e do Regulamento Geral de Proteção de Dados da União Europeia. *Revista de Direito, Estado e Telecomunicações*, Brasília, v. 12, 2020).

[149] Esse princípio se reflete em outros artigos, como o art. 26, que determina que a proteção de dados esteja embutida no design dos produtos e serviços (*privacy by design* e *by default*), e o art. 40, que encoraja a criação de códigos de conduta.

[150] CARVALHO, V. M.; MATTIUZZO, M.; PONCE, P. P. Boas práticas e governança na LGPD. *In*: BIONI, B.; MENDES, L. S.; DONEDA, D.; SARLET, I. W.; RODRIGUES JR, O. L. (coord.). *Tratado de proteção de dados pessoais*. Rio de Janeiro: Forense, 2023. p. 363.

ANÁLISE

1. Introdução

A LGPD seguiu a lógica de uma regulação responsiva, incentivando a conformidade regulatória através de diálogo e cooperação. Esta abordagem, conforme será explicado mais adiante, busca promover uma cultura de melhoria contínua e aprendizado, considerando as particularidades e capacidades de cada entidade regulada para cumprir com os objetivos regulatórios. Como tal, para além de sancionar práticas em desconformidade com a lei, a LGPD busca fortalecer a cultura de proteção de dados pessoais a partir de uma série de mecanismos. Entre eles, destaca-se um conjunto de diretrizes e práticas de governança, conforme delineado na Seção II do Capítulo VII, abrangendo os arts. 50 e 51.[151]

O art. 50, foco do presente comentário, habilita controladores e operadores a criarem regras de boas práticas e governança, delineando a estrutura para o tratamento de dados pessoais de suas respectivas organizações. Isso engloba desde procedimentos operacionais e normas de segurança até mecanismos de supervisão e mitigação de riscos, estabelecendo um panorama abrangente para o manejo seguro e eficiente dos dados pessoais. Também em consonância com o objetivo da legislação de estimular uma postura proativa por parte dos agentes de tratamento, os parágrafos do art. 50 orientam – e não impõem – alguns contornos para as regras de boas práticas e para a implementação de programa de governança, respectivamente.

Especificamente, no parágrafo primeiro, o legislador definiu o que os agentes de tratamento devem levar em consideração ao estabelecerem regras de boas práticas: a natureza, o escopo, a finalidade bem como a probabilidade e a gravidade dos riscos e dos benefícios decorrentes de tratamento de dados pessoais. Já no parágrafo segundo, estabeleceu que o controlador poderá implementar programa de governança em privacidade, observadas a estrutura, a escala e o volume de suas operações, bem como a sensibilidade dos dados tratados e a probabilidade e a gravidade dos danos para os titulares dos dados. Esse programa de governança se ergue como uma faceta da aplicação dos princípios de segurança e prevenção (art. 6º, VII e VIII, LGPD) e deve atender a critérios mínimos.[152] A efetividade desse programa de governança deverá ser demonstrada quando requisitada por alguma autoridade competente. Por fim, o parágrafo terceiro indica que as regras de boas práticas e governança deverão ser publicadas e atualizadas periodicamente e poderão ser reconhecidas e divulgadas pela autoridade nacional.

Esses mecanismos criam uma dinâmica de *feedback* positivo, em que o regulado tem um grau de liberdade elevado na construção dos contornos exatos das regras que deverá seguir e, assim, é incentivado a adotar tais padrões de boas práticas e governança, facilitando

[151] Além dos dispositivos da LGPD destacados neste comentário, que reforçam o esforço de promoção de uma cultura de proteção de dados baseada em governança, vale destacar o art. 32, que autoriza a ANPD a exigir que órgãos públicos publiquem relatórios de impacto sobre a proteção de dados e recomendar boas práticas de tratamento. É relevante também mencionar o art. 49, que estabelece o conceito de *privacy by design*, isto é, a integração da proteção de dados desde as primeiras etapas do desenvolvimento de produtos, serviços e sistemas, garantindo que a privacidade esteja embutida no *design*.

[152] Para mais detalhes, ver: CARVALHO, V. M.; MATTIUZZO, M.; PONCE, P. P. Boas práticas e governança na LGPD. *In*: BIONI, B.; MENDES, L. S.; DONEDA, D.; SARLET, I. W.; RODRIGUES JR, O. L. (coord.). *Tratado de proteção de dados pessoais*. Rio de Janeiro: Forense, 2023.

o trabalho do regulador em termos de fiscalização. Ao adotarem essas práticas, as entidades reguladas permitem que os reguladores monitorem o cumprimento das normas de forma mais eficiente, resultando em uma conformidade mais eficaz e sistêmica das diretrizes estabelecidas.

Apesar de a Agenda Regulatória 2023-2024 da ANPD destacar a importância da questão, ainda não há regulamentação formal que defina os critérios para reconhecer e publicar regras de boas práticas e governança. Diante dessa ausência, este artigo demonstra como alguns ramos, frente a esse vácuo regulatório, lideraram a criação de diretrizes específicas para boas práticas e governança no manejo de dados pessoais. Argumenta-se que a formalização de tais regulamentos pela ANPD traria mais segurança jurídica, tanto para as entidades reguladas quanto para a autoridade, marcando um avanço significativo dentro de um sistema regulatório responsivo que permite ao regulador maior liberdade de ação. Por fim, este comentário busca contribuir com o debate sugerindo três estratégias construtivas que poderiam facilitar a normatização da autoridade: integrar normas setoriais já estabelecidas, fomentar o diálogo com a sociedade e consolidar a jurisprudência sobre o assunto em processos sancionadores.

2. Governança e boas práticas: pilares da regulação responsiva

O processo de fiscalização da ANPD segue a lógica de uma regulação responsiva que, em apertada síntese, estabelece uma sinergia entre a punição e a persuasão.[153] Ratificado em outubro de 2021, o Regulamento do Processo de Fiscalização e do Processo Administrativo Sancionador reflete essa estratégia e evidencia a escolha por um caminho cooperativo em diversas passagens. Por exemplo, o art. 15 do Regulamento do Processo de Fiscalização e do Processo Administrativo Sancionador detalha o escopo da regulação responsiva, apresentando um leque de ações – como monitoramento, orientação, prevenção e repressão – à disposição da autoridade. Da mesma forma, o art. 17 sublinha que a fiscalização deve ser responsiva, adotando medidas proporcionais ao risco e à conduta dos agentes regulados.[154,155] Esse enfoque é refletido em falas institucionais, como a de Waldemar Ortunho, diretor-presidente da ANPD, em julho de 2021, que destacou a regulação responsiva na aplicação de multas da LGPD,[156] e os comentários de Miriam Wimmer, diretora da ANPD, que enfatizou a importância de fomentar uma cultura de proteção de dados pessoais, além da imposição

153 MELLO DA SILVA, J. M. A. A regulação responsiva das telecomunicações: novos horizontes para o controle de obrigações pela Anatel. *Revista de Direito Setorial e Regulatório*, Brasília, v. 3, p. 255, 2017; SANTOS, F. J. dos. Atuação ANPD. *SERPRO Notícias*, Brasília, 18 ago. 2023. Disponível em: https://www.serpro.gov.br/menu/noticias/noticias-2023/atuacao-anpd. Acesso em: 19 mar. 2024.

154 Resolução CD/ANPD N.1, de 28 de outubro de 2021.

155 "Por exemplo, em seu artigo 15, que cuida de descrever o objeto da atuação responsiva, elencando a graduação de atuação disponível para a autoridade (monitoramento, orientação, prevenção e repressão), bem como o artigo 17, que elenca, dentre as premissas do processo de fiscalização, a IV – atuação de forma responsiva, com a adoção de medidas proporcionais ao risco identificado e à postura dos agentes regulados;" (Resolução CD/ANPD n.1, de 28 de outubro de 2021). Falas institucionais também evidenciam essa lógica regulatória. Ver, por exemplo, Urupá (2021). Ou, mais recentemente, a fala de Miriam Wimmer, atual diretora da ANPD, em debate sobre proteção de dados no Sul Global: "a atuação da autoridade não tem por escopo somente a atividade sancionadora, mas enfatiza a disseminação de uma cultura de proteção de dados pessoais." Nesse sentido, ressalta a postura responsiva em seus processos de fiscalização e de sancionamento da autoridade, almejando uma mudança de comportamento dos agentes de tratamento de dados" (ANPD. Diretora da ANPD participa de debate sobre proteção de dados no Sul Global. Brasília, 7 dez. 2023).

156 URUPÁ, M. Regulação responsiva pautará a aplicação das multas previstas na LGPD. *Teletime*, jul. 2021.

de sanções.[157] Essas abordagens ressaltam a preferência por uma regulação que almeja a transformação comportamental no tratamento de dados.

Ao contrário da lógica de comando e controle, uma regulação responsiva não visa somente à correção de irregularidades a partir de sanções, mas também à prevenção a partir de um diálogo com os regulados, em espécie de "sistema regulatório híbrido".[158] Isto é, a partir da interação entre as ordens regulatórias público e privada impõe-se, primeiramente, estratégias de *compliance*, como persuasão e educação, mas com a possibilidade de respostas punitivas se o regulado desviar da conduta desejada.[159] Essa lógica tem feito cada vez mais sentido dada a complexificação das atividades econômicas e consequente limitação das intervenções estatais tradicionais – afinal de contas, especialmente em se tratando de uma política pública transversal como a de proteção de dados pessoais, a capacidade para conhecer a fundo cada setor e assim estabelecer regramento para o funcionamento dos tratamentos em cada um deles, respeitando as especificidades é de difícil desenvolvimento.[160] A ideia é bem sintetizada por Schapiro e Marinho:

> (...) a centralidade da regulação pública tem sido compartilhada com iniciativas de governança corporativa, que atribuem às empresas e aos seus gestores uma responsabilidade ativa na identificação de condutas ilícitas e na reparação dos danos causados à coletividade.[161]

A escolha pela regulação responsiva pela ANPD foi deliberada e embasada no Relatório de Análise de Impacto Regulatório (AIR) para a construção do modelo de atuação fiscalizatória da autoridade, publicado em maio de 2021.[162] Este relatório avaliou duas abordagens para a fiscalização: o modelo tradicional de comando e controle e o modelo de regulação

---

[157] ANPD. Diretora da ANPD participa de debate sobre proteção de dados no Sul Global. Brasília, 7 dez. 2023.

[158] ZANATTA, R. A. F. A proteção de dados entre leis, códigos e programação: os limites do Marco Civil da Internet. *In*: DE LUCCA, N.; SIMÃO FILHO, A.; LIMA, C. R. P. (Ed.). *Direito e internet III:* Marco Civil da Internet. São Paulo: Quartier Latin, 2015.

[159] BALDWIN, R.; BLACK, J. Regulação realmente responsiva. *Revista de Direito Administrativo*, Rio de Janeiro, v. 281, n. 2, 2022.

[160] "Nos últimos anos, observou-se uma progressiva valorização de mecanismos de boas práticas e governança em todo o mundo. À medida que aumenta a complexidade das atividades econômicas, a regulação estatal empenha-se em acompanhar essas mudanças. Inevitavelmente, chegamos a um cenário de maior complexidade da própria regulação econômica, em que crescem os riscos de descumprimento da legislação. Nesse sentido, o incentivo pelo Estado à adoção de mecanismos de boas práticas, governança ou *compliance* representa uma forma de compartilhar atividade própria do Poder Público (isto é, a garantia do cumprimento da legislação) com agentes privados, sempre tendo em mente que o principal objetivo da Administração na implementação de uma política pública é que a legislação seja efetivamente cumprida" (CARVALHO, V. M.; MATTIUZZO, M.; PONCE, P. P. Boas práticas e governança na LGPD. *In*: BIONI, B.; MENDES, L. S.; DONEDA, D.; SARLET, I. W.; RODRIGUES JR, O. L. (coord.). *Tratado de proteção de dados pessoais*. Rio de Janeiro: Forense, 2023. p. 364).

[161] SCHAPIRO, M. G.; MARINHO, S. M. M. Compliance concorrencial: cooperação regulatória na defesa da concorrência? *Revista de Informação Legislativa*, Brasília, v. 53, n. 211, p. 274, 2016.

[162] É importante destacar uma observação do próprio relatório: "O Relatório de Análise de Impacto Regulatório é uma ferramenta de análise técnica desenvolvida pela equipe técnica da ANPD. As informações e conclusões apresentadas baseiam-se em suas análises e não representam necessariamente a posição final da ANPD, que é definida pelo seu Conselho Diretor" (p. 2). Neste caso, a decisão regulatória acabou alinhando-se com as conclusões do relatório (ANPD. *Relatório de Análise de Impacto Regulatório:* Construção do Modelo

responsiva. Após consultas com agências reguladoras, acadêmicos e análise de estudos, como o da OCDE, o relatório favoreceu a regulação responsiva, citando sua maior eficiência[163] e alinhamento com a legislação vigente, ao invés do modelo de comando e controle, que apresentou resultados menos eficientes em outras agências reguladoras.

O relatório destaca que a própria LGPD direciona a fiscalização da ANPD para adotar uma regulação responsiva, como ilustrado pelo art. 50, que enfatiza a autorregularão e a conformidade proativa, encorajando práticas que demonstram aderência aos princípios da lei numa abordagem mais preventiva que punitiva, incentivando a atuação do regulado para a conformidade normativa.

Importante destacar que essa abordagem não é exclusiva do campo da proteção de dados, muito pelo contrário. Diversos esforços foram feitos ao longo das últimas décadas para estudar e averiguar mecanismos alternativos que aumentassem a conformidade dos agentes, e ferramentas de regulação responsiva foram apontadas como caminhos em outras políticas públicas. Por exemplo, a Lei Anticorrupção (Lei n. 12.846/2013) e seu decreto regulamentador (Decreto n. 11.129/2022), que incentivam a implementação de programas de integridade, capazes de reduzir penalidades administrativas e promover uma cultura de conformidade organizacional, e o CADE considera programas de *compliance* como fator para diminuir multas em Termos de Compromisso de Cessação.[164] Da mesma forma, a Lei das Estatais (Lei n. 13.303/2016) e a Lei de Lavagem de Dinheiro (Lei n. 9.613/1998) fomentam o uso de controles internos para evitar práticas ilícitas, estabelecendo padrões voltados à minimização de riscos e à transparência nos processos. Essa estratégia busca promover a conformidade através do incentivo e do diálogo, ao invés de regular estritamente por uma lógica punitivista.

3. A importância de regras de governança e boas práticas para a ANPD: o art. 50

O Regulamento de Dosimetria e Aplicação de Sanções Administrativas (aprovado pela Resolução CD/ANPD n. 4, de 24 de fevereiro de 2023) reforçou, no ordenamento brasileiro, a relevância das regras de boas práticas e governança. Em consonância com o art. 52, § 1°, IX, da LGPD, estabeleceu, em seu art. 7°, que, dentre outros parâmetros, a adoção de políticas de boas práticas e governança deverá ser considerada na definição da

---

de Atuação Fiscalizatória da ANPD para Zelar, Implementar e Fiscalizar o Cumprimento da Lei Geral de Proteção de Dados Pessoais, 2021).

163 O modelo de comando e controle, que já foi adotado por muitas agências, consistiria no uso imperativo do poder de polícia pela ANPD. Com isso, cada atividade de fiscalização pela Autoridade que constatasse uma suposta conduta violadora dos direitos dos titulares implicaria a instauração de um processo administrativo. Surgiria, então, o poder-dever da ANPD de aplicar a sanção àquela conduta, nos termos estabelecidos pela LGPD e na regulamentação sobre o tema. Nesse modelo, a ação pedagógica no âmbito da fiscalização seria a aplicação da sanção. A ideia é que com um constrangimento efetivo e vendo que de fato existe o risco de instauração de processo e aplicação de sanção, os agentes de tratamento deixariam de praticar condutas que, no presente caso, violariam os direitos dos titulares de dados, sob pena de sofrerem as mesmas consequências. Além disso, o modelo presume que, após a sanção, o agente de tratamento corrigiria a situação irregular a fim de evitar nova punição (ANPD. *Relatório de Análise de Impacto Regulatório*: Construção do Modelo de Atuação Fiscalizatória da ANPD para Zelar, Implementar e Fiscalizar o Cumprimento da Lei Geral de Proteção de Dados Pessoais, 2021, p. 18).

164 CARVALHO, V. M.; MATTIUZZO, M.; PONCE, P. P. Boas práticas e governança na LGPD. *In*: BIONI, B.; MENDES, L. S.; DONEDA, D.; SARLET, I. W.; RODRIGUES JR, O. L. (coord.). *Tratado de proteção de dados pessoais*. Rio de Janeiro: Forense, 2023. p. 364.

sanção. Mas a autoridade foi além, alçou essa adoção à circunstância atenuante da pena em caso de aplicação de multas simples.[165]

É importante destacar que, após a consulta pública realizada pela ANPD em agosto de 2022,[166] as disposições permaneceram inalteradas. A consulta refletiu a abordagem responsiva da ANPD, visando discutir com a sociedade os critérios para aplicar sanções administrativas quando a prevenção e o monitoramento não fossem suficientemente incentivadores para a conformidade com a LGPD. A minuta do regulamento recebeu 2.504 sugestões, e uma audiência pública complementou o processo, mostrando que o regulamento resultou de um diálogo abrangente com a sociedade.[167] Isso sugere que as entidades reguladas veem o estabelecimento de boas práticas e governança como mais benéfico do que a imposição de sanções pela autoridade.

Para esta consulta pública, a autoridade não só apresentou a primeira minuta posta para discussão, mas também um Relatório de Análise de Impacto Regulatório[168] – elaborado pela equipe técnica da ANPD – e os votos proferidos pelos diretores que a embasaram. O Relatório, ao se debruçar sobre como a adoção de boas práticas e governança pelo infrator poderia impactar na dosimetria da multa e na adoção das outras sanções dispostas no art. 52 da LGPD, sugeriu que isso fosse um parâmetro considerado no *cálculo* de multa, exclusivamente como circunstância atenuante.[169] Ou seja, diferentemente de alguns Estados-Membros europeus, não se fala em não adoção de boas práticas como agravante. Como se vê pelo regulamento, essa sugestão foi acatada, indicando incentivo na adoção de boas práticas e governança.[170]

A promoção, por meio de legislação e instrumentos regulatórios, da implementação de boas práticas revela-se vantajosa para ambas as partes envolvidas.[171] Os regulados têm a oportunidade de ganhar reconhecimento por parte da autoridade ao demonstrarem proatividade na organização e conformidade com a legislação. Em casos de potenciais infrações,

---

[165] Art. 13. O *valor da multa simples será reduzido*, nos percentuais abaixo, caso incidam as seguintes circunstâncias atenuantes: I – nos casos de cessação da infração: (...) II – *20% (vinte por cento), nos casos de implementação de política de boas práticas e de governança* ou de adoção reiterada e demonstrada de mecanismos e procedimentos internos capazes de minimizar os danos aos titulares, voltados ao tratamento seguro e adequado de dados, até a prolação de decisão de primeira instância no âmbito do processo administrativo sancionado. (grifo nosso)

[166] ANPD. Aberta consulta pública sobre norma de dosimetria. Brasília, 16 ago. 2022.

[167] ANPD. Publicação do regulamento de aplicação de sanções administrativas. Brasília, 27 mar. 2023.

[168] ANPD. *Relatório de Análise de Impacto Regulatório*: Construção do Modelo Regulatório Previsto na LGPD com Relação à Aplicação de Sanções Administrativas e às Metodologias de Cálculo do Valor-Base das Sanções de Multa, 2022.

[169] Esse modelo se assemelha ao adotado pela UE, mas com uma diferença: se lá os Estados-Membros adotam esse parâmetro como um agravante ou atenuante (ANPD. Aberta consulta pública sobre norma de dosimetria. Brasília, 16 ago. 2022, p. 68).

[170] Interessante notar também que o Relatório afasta a possibilidade de considerá-lo no valor base da multa, como faz a autoridade do Reino Unido (ICO), porque "(...) a não adoção de políticas de boas práticas pode ser uma das razões que levou à infração, mas a gravidade está mais relacionada aos riscos e danos causados ao titular de dados pessoais" (ANPD. *Relatório de Análise de Impacto Regulatório*: Construção do Modelo Regulatório Previsto na LGPD com Relação à Aplicação de Sanções Administrativas e às Metodologias de Cálculo do Valor-Base das Sanções de Multa, 2022, p. 68).

[171] GARBACCIO, G. L.; KISCHELEWSKI, F. L. N. Governança e boas práticas na Lei Geral de Proteção de Dados por meio da conformidade, da gestão de riscos e da *accountability*. *Governance and Best Practices at LGPD through Compliance, Risk Management and Accountability*, v. 128, 2024.

essa abordagem também se revela benéfica ao possibilitar que se evitem sanções mais graves ou que, em caso de multa, se considere a postura diligente dos regulados como circunstância atenuante.

Por outro lado, o regulador colhe benefícios ao encorajar os regulados a se alinharem com as normas legais. Essa iniciativa simplifica as atividades de fiscalização, estabelecendo critérios mais objetivos para a própria autoridade. Além disso, contribui para a introjeção mais sólida de uma cultura de proteção de dados entre os regulados: ao implementar um programa de boas práticas de governança, os agentes de tratamento não apenas adotam políticas e práticas alinhadas aos princípios e direitos estabelecidos pela LGPD, mas o fazem de forma proativa, alinhada à lógica de uma regulação responsiva, conforme previsto pela lei.

Apesar de todos estes incentivos, ainda não há uma padronização oficial do que a ANPD entende por boas práticas.[172] Embora o art. 50 forneça diretrizes gerais, conforme reconhece o próprio Relatório de AIR, ainda não há "(...) na legislação, uma definição clara de 'regras de boas práticas e de governança', o que poderá ser estabelecido em regulamento próprio para maior segurança jurídica" (p. 67). Dada essa lacuna regulatória, alguns setores optaram por uma abordagem proativa, desenvolvendo códigos específicos para orientar boas práticas e governança no manuseio de dados pessoais. O próximo tópico destaca esse movimento em cinco setores específicos: transporte, saúde, seguros, telecomunicações e indústria.

4. Avanços na autorregulação: a consolidação de práticas setoriais

O art. 50 define que a implementação de boas práticas e governança pode ocorrer de duas formas: individualmente por controladores ou operadores, através de programas de *compliance*, ou coletivamente, por meio de associações, favorecendo a autorregulação. Essa possibilidade de autoelaboração de um arranjo setorial é vantajosa, uma vez que os desafios de conformidade são comuns, permitindo que as associações facilitem o diálogo e a definição de normas para o tratamento de dados pessoais, muitas vezes indo além das exigências da LGPD.[173] O presente tópico ilustra a autorregulação através de uma visão geral de códigos de boas práticas e governança em proteção de dados desenvolvidos por cinco setores distintos.

Em 2019, a CNseg lançou um guia de boas práticas de governança de dados pessoais para o setor segurador.[174] O Guia foi elaborado por um Grupo de Trabalho com membros das empresas associadas e coordenado pela Superintendência Jurídica da CNseg, com apoio de consultoria jurídica especializada, e lançado antes da entrada em vigor da LGPD.

---

[172] Há, inclusive, recomendações da OCDE para que as agências reguladoras desenvolvam ferramentas práticas e acessíveis, como guias e checklists, com o intuito de promover consistência e clareza nos requisitos de conformidade (OCDE – ORGANIZAÇÃO PARA A COOPERAÇÃO E DESENVOLVIMENTO ECONÔMICO . *Regulatory enforcement and inspections:* OECD best practice principles for regulatory policy. Paris: OECD Publishing, 2014).

[173] Vale ressaltar, ainda, que "embora facilite o estabelecimento de normas e diretrizes, efetiva implementação de regras e parâmetros debatidos em sede de associações sempre dependerá do compromisso de cada um dos agentes de tratamento associados e de medidas concretas tomadas por cada um deles dentro de cada entidade" (CARVALHO, V. M.; MATTIUZZO, M.; PONCE, P. P. Boas práticas e governança na LGPD. *In*: BIONI, B.; MENDES, L. S.; DONEDA, D.; SARLET, I. W.; RODRIGUES JR, O. L. (coord.). *Tratado de proteção de dados pessoais*. Rio de Janeiro: Forense, 2023. p. 365).

[174] CNSEG – CONFEDERAÇÃO NACIONAL DAS EMPRESAS DE SEGUROS GERAIS, PREVIDÊNCIA PRIVADA E VIDA, SAÚDE SUPLEMENTAR E CAPITALIZAÇÃO. *Guia de boas práticas do mercado segurador brasileiro sobre a proteção de dados pessoais*. Rio de Janeiro, dez. 2019.

O objetivo era antecipar-se às exigências da nova legislação, considerando a dependência do setor de seguros em relação aos dados, o que o tornaria rapidamente afetado por essa regulamentação.[175]

Especificamente, o Guia é dividido em uma primeira parte, que esclarece os princípios e principais conceitos da LGPD, e uma segunda parte, na qual se explora as fases operacionais das seguradoras em detalhe, mostrando como cada uma se relaciona com a lei. Por exemplo, na fase de prospecção, em que as seguradoras utilizam dados para identificar clientes potenciais e desenvolver novos produtos, o Guia enfatiza a importância de tratar os dados de forma anônima sempre que viável, reduzindo riscos legais e protegendo a privacidade dos indivíduos. Ou, ainda, durante a angariação de propostas e avaliação de risco, onde dados pessoais e sensíveis são coletados para determinar a viabilidade do seguro e o perfil de risco, é crucial estabelecer uma base legal clara para o tratamento desses dados, como o consentimento do titular ou a execução contratual. Além disso, destaca que após a avaliação de risco, se a proposta de seguro for rejeitada, as informações coletadas devem ser descartadas, a menos que se enquadrem em certas exceções legais que permitam a retenção desses dados, como para prevenção de fraudes.

Dois anos mais tarde, já publicada a LGPD, nasce o "Código de Boas Práticas: Proteção de Dados para Prestadores Privados em Saúde"[176], primeiro guia de conduta do setor de saúde para atendimento à LGPD. A Confederação Nacional de Saúde (CNSaúde), reconhecendo a importância da proteção de dados, iniciou estudos em 2019 para criar o código de condutas. Assim, foi criado um Grupo de Trabalho,[177] que contou com a participação de especialistas, tais quais Laura Schertel Mendes e Danilo Doneda, bem como membros da Agência Nacional de Saúde e representantes do setor. O objetivo, conforme consta no documento, foi colaborar com a ANPD e demais entes da Administração Pública na aplicação da LGPD no setor privado de saúde, estabelecendo um marco autorregulatório a ser seguido. Buscou-se, assim, "(...) a confluência das especificidades normativas já existentes na prestação de serviços de saúde e a efetividade da proteção de dados, nos termos do previsto no art. 50 da LGPD".[178]

Assim como o guia do setor de seguros, a primeira parte do documento trata dos princípios e conceitos da lei, ao passo que a segunda parte estabelece protocolos específicos para o setor de saúde, incluindo protocolos de atendimento (dados cadastrais, prontuário médico e consulta, exames laboratoriais, e telemedicina), de compartilhamento de dados (entre os profissionais de saúde, entre estabelecimentos, entre a ANS e entre operadoras),

---

[175] O temor de multas inicialmente foi um fator relevante que impulsionou a adesão às normas, conforme demonstra o Guia ao citar o art. 52 da LGPD como um motivo para justificar sua elaboração. Nos guias lançados após a implementação da Lei, percebe-se uma mudança motivacional, transitando do medo de penalidades para uma abordagem positiva de adaptação. Isso reflete uma evolução na mentalidade dos regulados: o receio, antes resultado de uma abordagem regulatória de comando e controle, dá lugar a uma postura proativa e adaptativa, estimulada pela percepção de incentivos que vão além do temor de sanções.

[176] CNSAÚDE – CONFEDERAÇÃO NACIONAL DE SAÚDE. *Código de boas práticas de proteção de dados para os prestadores privados em saúde*. Brasília: CNSaúde, 2021.

[177] "Foi criado o Grupo de Trabalho pela CNSaúde, Rede Ímpar/DASA, o Grupo Sabin, a Rede D'Or São Luiz e a MaterDei Rede de Saúde, representando Hospitais Gerais e entidades de Medicina Diagnóstica. O referido Grupo de Trabalho foi estruturado sob a Coordenação Executiva do Coordenador Geral Jurídico da CNSaúde, Marcos Vinícius Ottoni" (CNSAÚDE – CONFEDERAÇÃO NACIONAL DE SAÚDE. *Código de boas práticas de proteção de dados para os prestadores privados em saúde*. Brasília: CNSaúde, 2021. p. 5).

[178] CNSAÚDE – CONFEDERAÇÃO NACIONAL DE SAÚDE. *Código de boas práticas de proteção de dados para os prestadores privados em saúde*. Brasília: CNSaúde, 2021. p. 24.

de pesquisa clínica e, por fim, para o exercício dos direitos dos titulares. O guia enfatiza, por exemplo, que no caso de exames laboratoriais, a gestão de dados sensíveis deve respeitar o consentimento do paciente, com procedimentos claros de coleta, análise e compartilhamento de resultados;[179] que, no caso da telemedicina, há de se cuidar da segurança na transmissão de dados sensíveis, com infraestrutura que previna acessos não autorizados;[180] e ressalta, ainda, que o compartilhamento de dados com operadoras deve ser realizado com consentimento do paciente e limitado ao necessário.[181]

O terceiro exemplo é o "Guia de Boas Práticas de Proteção de Dados no Setor de Transporte",[182] também publicado em 2021. Assim como no setor da saúde, o Guia de Boas Práticas no Setor de Transporte foi desenvolvido por um comitê de especialistas em proteção de dados e representantes de diversos modais de transporte, enfatizando a necessidade de abordagens adaptadas às características únicas de cada setor, em vez de um modelo único. A redação, coordenada pelo Sistema da Confederação Nacional do Transporte,[183] esclarece que a oportunidade de elaboração de um guia se dá a partir do comando do art. 50 da LGPD, proporcionando ao setor a padronização de elementos que facilitem a implementação da lei.[184] O setor de telecomunicações, com seu "Código de Boas Práticas de Proteção de Dados"[185] é o quarto.[186] Este setor, após ganhar experiência com a aplicação da LGPD, formou um Grupo de Trabalho para compartilhar conhecimentos e experiências, culminando na criação do guia. Publicado em agosto de 2022, o documento também destaca as especificidades do setor – como a complexidade operacional, altos padrões de qualidade, grande volume de clientes e regulamentações específicas, todos girando em torno do extenso processamento de dados pessoais. O Código delineia essas especificidades em sua primeira

---

179 CNSAÚDE – CONFEDERAÇÃO NACIONAL DE SAÚDE. *Código de boas práticas de proteção de dados para os prestadores privados em saúde.* Brasília: CNSaúde, 2021. p. 64.

180 CNSAÚDE – CONFEDERAÇÃO NACIONAL DE SAÚDE. *Código de boas práticas de proteção de dados para os prestadores privados em saúde.* Brasília: CNSaúde, 2021. p. 67-68.

181 CNSAÚDE – CONFEDERAÇÃO NACIONAL DE SAÚDE. *Código de boas práticas de proteção de dados para os prestadores privados em saúde.* Brasília: CNSaúde, 2021. p. 91-92.

182 CNT/SEST SENAT/ITL (2021).

183 Além da Confederação Nacional do Transporte (CNT), o sistema é composto pelo Serviço Social do Transporte (SEST); Serviço Nacional de Aprendizagem do Transporte (SENAT) e pelo Instituto de Transporte e Logística (ITL).

184 Em síntese: "Considerando que a LGPD é uma lei geral, aplicável indistintamente a todos os setores quando estes realizam tratamentos de dados pessoais, ela, naturalmente, não almeja tratar de particularidades de cada um desses setores, senão fornecer uma disciplina capaz de se adaptar às diversas realidades e situações de cada um. Reconhecendo a necessidade e valor de uma leitura das regras gerais da LGPD a partir das especificidades do setor de transporte, um dos objetivos deste Guia de Boas Práticas é a melhor visualização de como as normas gerais da LGPD serão efetivadas na realidade do setor, o que é útil não somente para as empresas de transporte como para os reguladores e autoridades públicas, que poderão contar com uma perspectiva da aplicação da Lei já adaptada ao setor" (CNT, 2021, p. 34).

185 CONEXIS BRASIL DIGITAL. *Código de boas práticas de proteção de dados para o setor de telecomunicações.* Brasília, 2022.

186 No caso deste setor, o código se soma ao Sistema de Autorregulação do Setor de Telecomunicações (SART) como outra iniciativa para melhorar o relacionamento com os consumidores. Criado em 2020, o SART se transformou em um marco para uma regulação efetiva e eficiente, estimulando boas práticas como a criação de normativos de atendimento, cobrança e ofertas, além do código de conduta de telemarketing (CONEXIS BRASIL DIGITAL. Setor de telecomunicação publica código de boas práticas para a proteção de dados. Brasília, 30 ago. 2022).

parte (Parte Geral) para, em um segundo momento, adentrar nos protocolos elaborados. A iniciativa foi bem recebida tanto pela Anatel quanto pela ANPD.[187]

Por fim, em 2023, a Confederação Nacional da Indústria (CNI) publicou o "Guia de boas práticas de proteção de dados para a indústria",[188] esclarecendo a aplicação da LGPD ao setor, considerando sua evolução tecnológica. Assim como os demais, o guia aborda fundamentos da LGPD e detalha a sua implementação nos processos industriais.[189] Visa fortalecer a liderança industrial, melhorando a governança, reduzindo riscos, fomentando uma cultura de proteção de dados, e ampliando a confiança e oportunidades de negócios (p. 11-12).

5. A normatização de diretrizes mínimas de governança e breves sugestões

Conforme destacado anteriormente, apesar de já existirem iniciativas concretas sendo implementadas, ainda não há uma padronização oficial do que a ANPD entende por boas práticas, em consonância com as competências atribuídas pela LGPD à ANPD.[190] Essa normatização seria relevante para que a relação de *feedback* positivo que a norma pretende conferir se efetive. Além desse aspecto, sua importância se destaca como exigência de uma regulação responsiva. A ANPD pode graduar sua atuação e agir de modo proporcional ao comportamento do regulado e aos riscos envolvidos. Há discricionariedade, portanto, que implica a necessidade de estabelecer parâmetros claros e transparentes para conferir previsibilidade. A normatização, ao instituir parâmetros, emerge como uma contribuição significativa, proporcionando uma estrutura mais sólida para esse processo decisório.

A busca por uma padronização representa uma abordagem estratégica para promover uma cultura de proteção de dados. As regras de boas práticas de governança estão diretamente associadas ao fortalecimento dessa cultura, um valor crucial para a autoridade. Ao implementar um programa de boas práticas de governança, os agentes de tratamento não apenas adotam políticas e práticas alinhadas aos princípios e direitos estabelecidos pela LGPD, mas o fazem de forma proativa, indicando que as regras elaboradas e adotadas sejam verdadeiramente pertinentes e eficazes dentro da organização. Mesmo com o setor privado avançando nessa área, é importante reconhecer que as práticas de boa governança necessitam regulamentação – até para que a ANPD possa avaliar se as regras criadas efetivamente estão de acordo com a sua interpretação da legislação.

A fim de contribuir para esse processo normativo, propõe-se um conjunto de três estratégias que a autoridade poderia adotar: (i) avaliar e eventualmente integrar normas

---

[187] JULIÃO, H. Operadoras lançam código de boas práticas para proteção de dados em telecom. *Teletime*, 30 ago. 2022.

[188] CNI – CONFEDERAÇÃO NACIONAL DA INDÚSTRIA. *Guia de boas práticas de proteção de dados para a indústria*. 2023. Disponível em: https://static.portaldaindustria.com.br/portaldaindustria/noticias/media/filer_public/e0/77/e0777a13-c7b7-402f-a5ce-fb522cb6d663/guia_de_boas_praticas_de_protecao_de_dados_para_a_industria.pdf. Acesso em: 31 mar. 2024.

[189] CNI – CONFEDERAÇÃO NACIONAL DA INDÚSTRIA. *Guia de boas práticas de proteção de dados para a indústria*. 2023, p. 34. Disponível em: https://static.portaldaindustria.com.br/portaldaindustria/noticias/media/filer_public/e0/77/e0777a13-c7b7-402f-a5ce-fb522cb6d663/guia_de_boas_praticas_de_protecao_de_dados_para_a_industria.pdf. Acesso em: 31 mar. 2024.

[190] Especificamente, o art. 55-J em seus incisos III, VI e VIII determina que a ANPD deve definir diretrizes para a Política Nacional de Proteção de Dados, promover a conscientização pública sobre normas de proteção e segurança, e incentivar padrões em produtos e serviços que facilitem o controle dos titulares sobre seus dados, considerando o tipo de atividade e o porte das organizações.

setoriais já estabelecidas à lógica de cumprimento da LGPD, (ii) fomentar o diálogo com a sociedade e (iii) consolidar a jurisprudência sobre o assunto em processos sancionadores.

A primeira delas consiste na avaliação dos esforços setoriais já realizados, como os exemplificados no presente comentário, e formalização das diretrizes de boas práticas e governança. Se estas normas forem consideradas adequadas pela ANPD, pode-se acelerar significativamente o processo de estabelecimento de padrões oficiais, evitando redundâncias e aproveitando as melhores práticas que já foram testadas e refinadas no contexto setorial. Além disso, a autoridade poderia discutir coletivamente com o setor, caso queira reavaliar alguma disposição sugerida, e encontrar caminhos de conformidade mais ágeis e efetivos. Esta abordagem não apenas otimiza o tempo e os recursos, mas também assegura que as regulamentações gerais sejam mais adaptadas e pertinentes às realidades operacionais específicas dos diversos setores, contribuindo para uma estratégia regulatória mais coerente. Entendemos ser factível que a ANPD crie um procedimento específico por meio do qual entidades setoriais poderiam submeter seus guias ou manuais à avaliação da autoridade, o que também traria transparência operacional ao processo.

Em segundo lugar, sugere-se um diálogo com a sociedade sobre o tema. O CNPD poderia desempenhar o papel de mediador e facilitador no diálogo entre entidades reguladas e a autoridade reguladora, até porque ele já é composto por representantes setoriais.[191] Ademais, seria proveitoso que a ANPD iniciasse uma tomada de subsídios sobre este tema, dado que tal mecanismo tem sido frequentemente utilizado pela autoridade que, portanto, já dispõe das ferramentas necessárias para implementá-lo. Essa iniciativa permitiria explorar as experiências e desafios de setores que já estão engajados na formulação de suas regras de governança e boas práticas, antes do lançamento de uma consulta pública focada numa resolução específica.

Sugere-se, nesse sentido, perguntas que busquem identificar: (i) práticas existentes (i.e. quais práticas de governança e proteção de dados já estão sendo implementadas no setor e como elas se alinham com os princípios e requisitos da LGPD); (ii) desafios específicos do setor (i.e. quais são os maiores desafios enfrentados pelo setor na implementação de práticas de governança e proteção de dados e como esses desafios podem ser abordados nas diretrizes mínimas estabelecidas pela ANPD?); (iii) melhores práticas e "lições aprendidas" (i.e. quais são as melhores práticas e lições aprendidas que poderiam informar a elaboração das diretrizes de governança e boas práticas pela ANPD?); (iv) medidas de sucesso e avaliação (i.e. quais critérios e indicadores de sucesso são importantes para avaliar a eficácia das práticas de governança e proteção de dados no setor?); e, por fim, mas não menos importante, (v) integração e coerência regulatória (i.e. como as diretrizes propostas pela ANPD podem ser integradas de forma eficaz às normas setoriais existentes para garantir uma abordagem coerente e holística à proteção de dados pessoais?).

Finalmente, entende-se que seria importante que a ANPD elaborasse como entende que as regras de boas práticas e governança que podem servir como atenuantes em processos sancionatórios. Para isso, a autoridade poderia utilizar os processos em curso e outros futuros como meio para desenvolver e esclarecer esses padrões. A fim de preservar a confidencialidade dos procedimentos, a autoridade poderia instituir um modelo de informe de jurisprudência, no qual, ao invés de disponibilizar a íntegra dos procedimentos, divulgaria à sociedade apenas os entendimentos que considera relevantes para a orientação sobre a aplicação da LGPD e para casos futuros.

191 Eram eles: Danilo Doneda, no caso de saúde e transportes, e Natasha Nunes, no caso de telecomunicações.

6. Conclusão

Conforme demonstrado, a implementação de boas práticas em proteção de dados é altamente relevante, apesar da ausência de uma diretriz oficial da autoridade competente. O art. 50 pode se mostrar elemento crucial para promover a cultura de proteção de dados e simplificar o papel de fiscalização da própria autoridade. A definição de padrões proporcionaria maior segurança jurídica tanto para os regulados quanto para os reguladores, o que se torna especialmente relevante em processos sancionatórios, tendo em vista que a ANPD já definiu que boas práticas e governança serão consideradas circunstâncias atenuantes.

A definição do que são boas práticas está no radar próximo da autoridade e, nesse contexto, este comentário argumentou que há caminhos que podem facilitar essa empreitada. O primeiro seria o mapeamento de setores que já se organizaram, com a possibilidade de reconhecer oficialmente os códigos de condutas já elaborados. O segundo enfatiza o diálogo com a sociedade, via CNPD e por meio de processos de tomada de subsídios. O terceiro e último consiste na possibilidade de utilização dos processos sancionatórios em andamento para, quando cabível, estabelecer parâmetros do que a ANPD entenderá como boas práticas, de maneira mais contundente.

O ditado "prevenir é melhor do que remediar", incorporado na lógica da LGPD, tem no art. 50 seu maior exemplo. Na dinâmica de regulação responsiva, caracterizada pelo diálogo entre regulado e regulador, esta é uma ferramenta valiosa que deve ser mais bem explorada. Nesse contexto, a ação do regulador ao estabelecer normas e reconhecer as verdadeiras boas práticas emerge como o próximo passo fundamental para trilhar uma jornada mais segura e transparente na política de proteção de dados pessoais brasileira.

BIBLIOGRAFIA SELECIONADA

ANPD. Aberta consulta pública sobre norma de dosimetria. Brasília, 16 ago. 2022.

ANPD. Diretora da ANPD participa de debate sobre proteção de dados no Sul Global. Brasília, 7 dez. 2023.

ANPD. Publicação do regulamento de aplicação de sanções administrativas. Brasília, 27 mar. 2023.

ANPD. *Relatório de Análise de Impacto Regulatório:* Construção do Modelo de Atuação Fiscalizatória da ANPD para Zelar, Implementar e Fiscalizar o Cumprimento da Lei Geral de Proteção de Dados Pessoais, 2021.

BALDWIN, R.; BLACK, J. Regulação realmente responsiva. *Revista de Direito Administrativo,* Rio de Janeiro, v. 281, n. 2, p. 45-90, 2022.

CARVALHO, V. M.; MATTIUZZO, M.; PONCE, P. P. Boas práticas e governança na LGPD. *In*: BIONI, B.; MENDES, L. S.; DONEDA, D.; SARLET, I. W.; RODRIGUES JR, O. L. (coord.). *Tratado de proteção de dados pessoais.* Rio de Janeiro: Forense, 2023. p. 363-379.

CNI – CONFEDERAÇÃO NACIONAL DA INDÚSTRIA. *Guia de boas práticas de proteção de dados para a indústria.* Brasília, 2023.

CNSAÚDE – CONFEDERAÇÃO NACIONAL DE SAÚDE. *Código de boas práticas de proteção de dados para os prestadores privados em saúde.* Brasília: CNSaúde, 2021.

CNSEG – CONFEDERAÇÃO NACIONAL DAS EMPRESAS DE SEGUROS GERAIS, PREVIDÊNCIA PRIVADA E VIDA, SAÚDE SUPLEMENTAR E CAPITALIZAÇÃO. *Guia de boas práticas do mercado segurador brasileiro sobre a proteção de dados pessoais*. Rio de Janeiro, dez. 2019.

CNT; SEST SENAT; ITL. *Guia de boas práticas de proteção de dados no setor de transporte*. Brasília, 2024.

CONEXIS BRASIL DIGITAL. *Código de boas práticas de proteção de dados para o setor de telecomunicações*. Brasília, 2022.

CONEXIS BRASIL DIGITAL. Setor de telecomunicação publica código de boas práticas para a proteção de dados. Brasília, 30 ago. 2022.

GARBACCIO, G. L.; KISCHELEWSKI, F. L. N. Governança e boas práticas na Lei Geral de Proteção de Dados por meio da conformidade, da gestão de riscos e da *accountability*. *Governance and Best Practices at LGPD through Compliance, Risk Management and Accountability*, v. 128, p. 1-28, 2024.

IRAMINA, A. RGPD v. LGPD: adoção estratégica da abordagem responsiva na elaboração da Lei Geral de Proteção de Dados do Brasil e do Regulamento Geral de Proteção de Dados da União Europeia. *Revista de Direito, Estado e Telecomunicações*, Brasília, v. 12, 2020.

JULIÃO, H. Operadoras lançam código de boas práticas para proteção de dados em telecom. *Teletime*, 30 ago. 2022.

MELLO DA SILVA, J. M. A. A regulação responsiva das telecomunicações: novos horizontes para o controle de obrigações pela Anatel. *Revista de Direito Setorial e Regulatório*, Brasília, v. 3, p. 255, 2017.

OCDE – ORGANIZAÇÃO PARA A COOPERAÇÃO E DESENVOLVIMENTO ECONÔMICO . *Regulatory enforcement and inspections:* OECD best practice principles for regulatory policy. Paris: OECD Publishing, 2014. Disponível em: http://dx.doi.org/10.1787/9789264208117-en. Acesso em: 19 mar. 2024.

SANTOS, F. J. dos. Atuação ANPD. *SERPRO Notícias*, Brasília, 18 ago. 2023. Disponível em: https://www.serpro.gov.br/menu/noticias/noticias-2023/atuacao-anpd. Acesso em: 19 mar. 2024.

SCHAPIRO, M. G.; MARINHO, S. M. M. Compliance concorrencial: cooperação regulatória na defesa da concorrência? *Revista de Informação Legislativa*, Brasília, v. 53, n. 211, p. 273-299, 2016.

URUPÁ, M. Regulação responsiva pautará a aplicação das multas previstas na LGPD. *Teletime*, jul. 2021.

ZANATTA, R. A. F. A proteção de dados entre leis, códigos e programação: os limites do Marco Civil da Internet. *In*: DE LUCCA, N.; SIMÃO FILHO, A.; LIMA, C. R. P. (Ed.). *Direito e internet III:* Marco Civil da Internet. São Paulo: Quartier Latin, 2015. p. 447-470.

Art. 51. A autoridade nacional estimulará a adoção de padrões técnicos que facilitem o controle pelos titulares dos seus dados pessoais.

Artigo 51

Comentado por Alexandre Veronese e Rodrigo de Freitas Nogueira

DISPOSITIVOS RELACIONADOS NO DIREITO INTERNACIONAL

- Parte 5, parágrafo 19, *g*, Marco de Privacidade da OCDE, 2013.
- Art. 10, item 3, Convenção 108+.

DISPOSITIVOS RELACIONADOS NO ORDENAMENTO JURÍDICO BRASILEIRO

- Art. 4°, I, II, III, IV e IV; e art. 105, IV, CDC.
- Art. 7°, VIII, MCI.
- Art. 4°, XVI, Decreto n. 10.474/2020.

DISPOSITIVOS RELACIONADOS NA LGPD

- Art. 2°, II; art. 6°, VI; art. 18; art. 19; art. 55-J, VIII.

ATIVIDADES DA ANPD[191]

- Guia do Núcleo de Proteção de Dados do Conselho Nacional de Defesa do Consumidor em parceria com a ANPD e a Senacon (2021).
- CGI.br, ANPD. Cartilha "Proteção de Dados".
- Guia Orientativo: Segurança da Informação para agentes de pequeno porte (2021).
- Guia Orientativo: Cookies e proteção de dados pessoais (2022).

JUSTIFICATIVA E FUNDAMENTOS

A criação desse artigo deriva de uma adaptação nacional de elementos que estão prescritos tanto em um documento internacional (Diretrizes da OCDE), quanto num tratado

[191] A ANPD não criou um guia técnico específico para o tema. Tampouco publicou algum estudo sobre as normas técnicas disponíveis (ISO/IEC 27701: 2019). Ela tem se dedicado à publicação de guias ou cartilhas, em autoria própria ou colaborativa, que tratam do tema de forma incidental.

internacional (Convenção 108+ do CoE). Não obstante, cabe notar que o dispositivo atribui uma obrigação à ANPD, que é estimular a adoção de padrões técnicos com uma finalidade específica: facilitar o controle dos dados pessoais pelos titulares. O maior fundamento é a identificação de que o tema não se resume às soluções jurídicas, ou seja, são necessários meios técnicos para garantir a efetividade da Lei n. 13.709/2018.

ANÁLISE

1. Resumo

Um dos grandes desafios da implementação da LGPD é tornar efetiva a proteção, de forma a prevenir incidentes, compartilhamentos e acessos não autorizados por terceiros. Esse dispositivo tem como objetivo obrigar a adoção de padrões técnicos que facilitem o controle dos dados pessoais pelos titulares. Essa obrigação se dirige à ANPD. Ela tem a responsabilidade de estimular a adoção desses padrões. Mas não é suficiente apenas o fomento à adoção de padrões técnicos. É necessária a interação dos atores envolvidos e a adoção sistemática desses padrões. Ou seja, não é possível proteger dados pessoais sem a adesão de pessoas jurídicas, de responsáveis pelos tratamentos, de pessoas físicas, bem como dos titulares. A ANPD serve como impulsionadora de políticas públicas. As conclusões indicam que o desenvolvimento de estratégias para ampliar o controle dos próprios dados pessoais pelos titulares exige maior interveniência deles. Mas, para que isso ocorra, os titulares precisam, ao menos, identificar quem realiza o tratamento, sua abrangência e demais fundamentos legais. A partir disso será possível, por meios técnicos, estabelecer limites e reduzir sua disponibilidade ao estritamente necessário.

2. Análise preliminar

Até o presente momento, não foi possível identificar nenhuma publicação da ANPD que aborde explicitamente esses padrões. No Brasil, existem guias e cartilhas, de cunho geral, os quais tangenciam questões técnicas.[192] Porém, há necessidade de adoção de padrões técnicos. Isso é indicado em documentos que acompanham a Convenção 108+ (do CoE) e as Diretrizes da OCDE. No caso da primeira é indicado que:

> O parágrafo 3 específica que, de modo a melhor garantir um nível efetivo de proteção, os controladores e, onde aplicável, operadores, devem garantir que os requisitos para proteção de dados estão integrados, tão logo possível – ou seja, idealmente no estágio de arquitetura e desenho de sistemas – nas operações de tratamento de dados por meio de medidas técnicas e organizacionais (proteção de dados por desenho). A implementação dos requisitos de proteção de dados deve ser atingida não apenas no que concerne à tecnologia usada no tratamento; mas, também, nos processos relacionados de trabalho e de gerenciamento. Funcionalidades de uso simples que facilitem a adequação ao direito aplicável devem ser colocadas em ação. Por exemplo, acesso seguro e em linha aos seus próprios dados devem ser oferecidos aos titulares quando possível e relevante. (...). Ao serem definidos requisitos técnicos para definições pré-ajustadas, controladores e operadores devem optar por configurações padronizadas que sejam pró-priva-

[192] Cf., por exemplo, Gov.br. *Guia de Boas Práticas*. Lei Geral de Proteção de Dados (LGPD). abr., 2020. Disponível em: https://repositorio.cgu.gov.br/bitstream/1/66447/3/Guia-lgpd.pdf.

> cidade, de modo a que o uso das aplicações e dos programas de computador não viole os direitos dos titulares (proteção de dados por *default*); notadamente para evitar o tratamento de mais dados do que o necessário ao atingir das finalidades legítimas. Por exemplo, redes sociais devem ser configuradas por *default* de modo a encaminhar postagens ou imagens apenas para círculos restritos e escolhidos; não para toda a Internet.[193]

O relatório que acompanha o texto das Diretrizes da OCDE também é claro ao definir que o seu parágrafo 19(g) trata da imposição, pelos países-membros de medidas complementares à ação direta de proteção de dados pessoais, em especial, a promoção de medidas técnicas:

> O parágrafo 19 (g) clama aos países-membros para considerar a adoção de medidas complementares, incluindo a educação e o aumento da conscientização, além do desenvolvimento de habilidades e da promoção de medidas técnicas que auxiliem na proteção da privacidade. (...) Medidas técnicas também possuem um papel crescentemente importante na complementação do direito à proteção da privacidade. O parágrafo 19 (g) encoraja medidas que fomentem o desenvolvimento de tecnologias que sejam respeitosas e ampliadoras da privacidade (*privacy-enhancing technologies*, PET). Por exemplo, países-membros podem escolher apoiar o desenvolvimento de padrões técnicos pelos quais haja avanços em princípios em prol da privacidade. Iniciativas de padronização internacional podem, também, avançar no tema da interoperabilidade técnica entre várias PET, o que pode ajudar na promoção ampla dessas tecnologias.[194]

As duas transcrições demonstram a origem do art. 51 a partir de documentos internacionais, apesar do Brasil não ter aderido à Convenção 108+ e nem, tampouco, ser – ainda – um país-membro da OCDE.

A Seção 2 do RGPD versa sobre segurança dos dados. Ela não dispõe sobre uma obrigação similar para as autoridades de controle dos Estados-Membros da UE. O tema dos padrões técnicos é remetido para a seção 5, que trata de códigos de conduta e de certificação. Desse modo, cabe indicar que houve um movimento na ISO e na IEC para elaborar padrões técnicos de privacidade em sistemas de informação. Esses padrões técnicos (NBR 27.001: 2013, 2022), aos quais o Brasil aderiu por força da ABNT fazer parte da ISO, estão consolidados como uma adição aos padrões da família ISO/IEC 27000. Essa família de normas técnicas trata de sistemas de gestão de segurança da informação (*information security management systems*, ISMS). Elas têm sido usadas por atores do mercado (nacional e internacional) como base para a construção e para a gestão de sistemas de segurança da informação, com adesão aos ditames relacionados à privacidade. Cabe notar que as disposições específicas sobre privacidade estão em uma norma técnica da família (ISO/IEC 27701: 2019), que merecem uma análise específica.[195] A UE também utiliza esses padrões técnicos, os quais possuem aderência com vários dispositivos do RGPD.[196]

---

[193] CoE. *Convention 108+:* Convention for Protection of Individuals with Regard to the Processing of Personal Data, 25.

[194] OCDE. *The OECD Privacy Framework*, 2013.

[195] SHIPMAN, A.; WATKINS, S. *ISO/IEC 27701:2019:* an introduction to privacy information management. Ely: IT Governance Publishing, 2020.

[196] UE. European Data Protection Board – EDPB. Opinion 15/2020 on the draft decision of the competent supervisory authorities of Germany regarding the approval of the requirements for accreditation of a certification body pursuant to Article 43.3 (GDPR). *EDPB*, 2020.

Assim, apesar de inexistir – ainda – alguma posição específica da ANPD sobre quais devem ser os padrões técnicos, a LGPD oferece alguns caminhos a serem adotados em eventual publicação. Esses caminhos jurídicos visam facilitar o controle dos seus próprios dados pessoais pelos titulares. Dentre eles, destaca-se a determinação para que as informações de contato do controlador e do encarregado estejam disponíveis de forma pública no sítio eletrônico da instituição que realiza o tratamento. Um segundo padrão que merece destaque é a determinação, na própria LGPD, da amplitude de transparência dos critérios adotados para o cumprimento da Lei.

De acordo com o art. 9º da LGPD, "o titular tem direito ao acesso facilitado às informações sobre o tratamento de seus dados", pela divulgação da "finalidade específica do tratamento; forma e duração do tratamento, observados os segredos comercial e industrial; identificação do controlador; informações de contato do controlador; informações acerca do uso compartilhado de dados pelo controlador e a finalidade; e responsabilidades dos agentes que realizarão o tratamento".[197] No art. 18 da LGPD também estão previstos direitos que ampliam a extensão dos processos de transparência.[198] Nessa perspectiva, os movimentos para adequação à LGPD podem impulsionar a evolução de ferramentas tecnológicas e o desenvolvimento de práticas para qualificar a aproximação dos titulares dos dados pessoais aos processos gerenciais das instituições. Assim, a distinção de papéis e de responsabilidades deve ser evidenciada para estabelecer limites entre as expectativas de tratamento dos titulares em relação às ações das instituições controladoras dos dados e, ainda, entre todos e à ANPD, como responsável pela promoção de boas práticas.

3. Como a ANPD pode estimular a adoção de padrões técnicos que facilitem o acesso aos titulares dos dados?

O desafio imposto à ANPD permeia a capacidade dessa instituição de dialogar com a sociedade de forma a tornar boas práticas recomendadas em ações efetivas. Um meio é extrair da legislação os recortes de aplicação e fazer sua difusão por meio de guias e instrumentos de orientação. Isso é fundamental à consolidação do conhecimento. No entanto, é importante frisar que a definição de técnicas exige estudos e pesquisas que devem ir além do senso comum.

A observação dos princípios de livre acesso e transparência sugere uma interação com alguma afinidade, que perpassa um diálogo que coloca o titular dos dados pessoais no centro, mas que exige esforço contínuo de aproximação pelos controladores e ANPD.[199] Desse modo, há expectativa de que a ANPD fomente a adoção de pelo menos dois tipos de padrões técnicos. O primeiro tipo abrange padrões relacionados às ações de segurança e procedimentos para proteção de dados no âmbito das instituições. O segundo tipo está voltado a facilitar o acesso e controle dos dados pelo titular dos dados.

A ênfase inicial dada pela ANPD no fomento a adoção de técnicas de proteção é evidenciada por publicações, como o "guia orientativo: segurança da informação para agentes de tratamento de pequeno porte".[200] Ele indica medidas técnicas que devem ser adotadas por essas instituições: controle de acesso; segurança dos dados pessoais armazenados; segurança

---

197 Ver comentário ao art. 9° neste volume.

198 Ver comentários ao art. 18 neste volume.

199 Ver comentários ao art. 6°, IV e VI, neste volume.

200 ANPD. *Guia Orientativo:* segurança da informação para agentes de tratamento de pequeno porte. 2021.

das comunicações e manutenção de programa de gerenciamento de vulnerabilidades. No entanto, no que se refere às técnicas que facilitam o acesso e o controle pelos titulares, ainda há muito a se desenvolver.

A ANPD publicou outros guias. O primeiro deles é o "como proteger seus dados pessoais: guia do Núcleo de Proteção de Dados do Conselho Nacional de Defesa do Consumidor em parceria com a ANPD e a Senacon".[201] O segundo é uma cartilha sobre "proteção de dados", em conjunto com o CGI.br.[202] O terceiro é o "guia orientativo: *cookies* e proteção de dados pessoais".[203] O quarto é o "guia orientativo: tratamento de dados pessoais pelo Poder Público".[204] Há outros materiais e é certo que essa atividade de difusão irá continuar. Esses materiais pretendem informar os titulares de dados pessoais para empoderá-los na atuação de controle e monitoramento. Eles possuem linguagem simples, contudo, apontam conceitos, princípios e direitos da LGPD.

Cabe destacar que as autoridades da UE valorizam a adoção de outras medidas técnicas de segurança, que podem ser consideradas nos protocolos de proteção de dados a serem fomentados pela ANPD. *MIT Technology Review*, publicação do Massachusetts Institute of Technology, apresentou um relatório que identifica algumas soluções técnicas adotadas. São elas: 1) monitoramento de contas de usuário privilegiados; 2) monitoramento do acesso e uso de bancos de dados com dados pessoais; 3) implementação de fortalecimento de servidores, para evitar acesso a contas de administradores ou super usuários; 4) cifração ou encriptação de dados pessoais e dados pessoais sensíveis; 5) uso de autenticação multifatorial; 6) controle de acesso rígido para aplicações, com base na necessidade e remoção de acesso quando não for mais necessário; 7) teste de invasão frequentes; 8) não armazenamento de senhas em texto claro em arquivos não criptografados; 9) registro de tentativas de login sem sucesso; 10) revisão manual de códigos, para verificação se há dados pessoais indevidos; e, por fim, 11) processamento de dados de cartões de crédito e débito, de acordo com o padrão PCI DSS (*Payment Card Industry Data Security Standard*, em tradução livre, estandarte da indústria de pagamento seguro com cartão). Nesse sentido, o nível de desenvolvimento de estratégias técnicas aplicáveis à proteção de dados pessoais tem se consolidado. Assim, é possível ver, internacionalmente, resultados significativos com o uso de padrões de proteção cada vez mais sofisticados.[205]

A adoção de alguns padrões técnicos e soluções podem gerar benefícios amplos, tanto para o controlador e operador, quanto para os titulares. Um exemplo é a confirmação de identidade de acesso, por meio de mecanismo de autenticação em dois fatores. Outro exemplo é a caracterização de perfis exclusivos para gerenciamento dos próprios dados pessoais. Ainda, a criação de meios técnicos que permitem ao titular excluir dados não obrigatórios das plataformas e aplicações. Também poderia se indicar a adoção de ferramentas de IA que combinem o gerenciamento de dados institucionais e os direitos dos titulares para reduzir a disponibilidade de dados desnecessários.

---

[201] ANPD. Como proteger seus dados pessoais: guia do Núcleo de Proteção de Dados do Conselho Nacional de Defesa do Consumidor em parceria com a ANPD e a Senacon.

[202] ANPD. CGI.br, Proteção de Dados.

[203] ANPD. *Guia Orientativo:* cookies e proteção de dados pessoais. 2022.

[204] ANPD. *Guia Orientativo:* tratamento de dados pessoais pelo Poder Público. 2023.

[205] MIRTSCH, M.; POHLISCH, J.; BLIND, K. International diffusion of the information security management system standard ISO/IEC 27001: exploring the role of culture. *Twenty-Eighth European Conference on Information Systems – ECIS 2020*, 2020.

4. Qual é o papel das instituições como facilitadoras da interação com os titulares dos dados?

Os agentes de tratamento efetuam a custódia e a gestão dos dados pessoais. Logo, a eles cabe atuar com transparência para demonstrar as finalidades e os limites dos compartilhamentos no âmbito da sua atuação. Em regra, o princípio da transparência garante ao titular o direito de ser informado sobre como seus dados pessoais são tratados. A atuação institucional na proteção de dados pessoais e o reconhecimento de boas práticas deve ser recompensada. A mudança de cultura institucional deve ser trabalhada por meio de sensibilizações, treinamentos, políticas, discussões e procedimentos técnicos que tornem natural a prática da proteção de dados pessoais. É importante que haja o pensamento crítico sobre o porquê de coletar dados que alcance todos os níveis institucionais, além de investimentos em ferramentas técnicas para ampliar a gestão dos dados pessoais pelos titulares. Nesse contexto, os princípios da LGPD se solidificam e chancelam padrões técnicos e práticas que se qualificam sistematicamente. A transparência é a chave para que o controle seja efetivo, permitindo uma interação com o titular que extrapola a relação de obrigação.

Um exemplo de busca por boas práticas institucionais que visam o alcance de técnicas e padrões adequados de proteção e segurança de dados pessoais é o Programa de Privacidade e Segurança da Informação, regulado pela Portaria SGD/MGI n. 852, de 28 de março de 2023[206]. O Programa estimula, monitora e acompanha no âmbito do Poder Executivo federal a implementação de um "framework de privacidade e segurança da informação" com, pelo menos, 310 medidas. Elas abrangem desde a promoção da segurança e da proteção de dados pessoais até a adoção pelas instituições públicas federais de técnicas diversas que alcancem a facilitação de acesso aos dados pelos titulares.

Em suma, o art. 51 da LGPD determina à ANPD a responsabilidade pelo fomento e pelo estímulo na adoção de técnicas que facilitem o controle dos dados pelos titulares. Contudo, as instituições, em geral, não podem só observar passivamente o cenário. Elas devem se mobilizar para encontrar práticas e técnicas que simplifiquem suas interações com os titulares, assim como precisam buscar boas práticas para tornar a proteção de dados pessoais efetiva.

5. Como o titular pode colaborar para adoção de padrões técnicos eficientes e suficientes para suas necessidades?

Ao titular dos dados pessoais cabe à autodeterminação informativa (art. 2°, II, da LGPD), que deriva da definição prevista no art. 8° da Carta dos Direitos Fundamentais da UE. Esse conceito foi reconhecido pelo Tribunal Constitucional Federal Alemão, em um caso famoso no qual foi declarada a inconstitucionalidade da Lei do Censo de 1983, em 1981[207]. O Brasil seguiu esse exemplo e inseriu, em sua CRFB, a proteção de dados pessoais como um direito fundamental. Inexiste dúvida sobre a importância do conceito de autodeterminação informativa como relevante para a efetividade da proteção de dados pessoais. A questão do art. 51 é dotar os titulares de meios técnicos para tanto, de modo a mitigar a assimetria entre eles e os agentes de tratamento. A motivação e interesse do titular nas ações de controle de seus

---

206 BRASIL. *Portaria SGD/MGI n. 852/2023*, 2023.

207 KONRAD-ADENAUER-STIFTUNG. Census Act, BVerfGE 65, 1. *In*: BRÖHMER, J.; HILL, C.; SPITZKATZ, M. (ed.). *60 years German Basic Law:* the German constitution and its court landmark decisions of the Federal Constitutional Court of Germany in the area of fundamental rights. [S.l.]: Konrad-Adenauer-Stiftung, 2012.

dados deve ser estimulada com campanhas de sensibilização, nas quais os titulares devem ser o foco, ao invés dos agentes de tratamento. Essas ações os prepararão para interagir em contextos agressivos em busca por seus dados pessoais.

Há práticas de tratamento de dados pessoais que se propõem a enganar os titulares com informações falsas ou inverídicas que o induziriam a autorizar o compartilhamento ou tratamentos amplos, sem clareza das finalidades. Elas são conhecidas pelo termo "padrões obscuros de privacidade" (*privacy dark patterns*)[208]. Essas práticas se manifestam de formas variadas, de acordo com a ISACA[209]. Elas podem ocorrer por meio de "avisos de *cookies* confusos; *banner* de *cookies* com vários cliques; configurações de privacidade complicadas; falta de interfaces em dispositivos de Internet das Coisas; linguagem manipulativa/confusa; *design* de interface ruim; inscrições forçadas; incapacidade de alterar as configurações e a configuração padrão"[210]. De acordo com Martin Brenncke, o Direito da UE já possui regras para proteção contra essas práticas[211]. Não obstante, o problema do desenho das aplicações ainda é uma questão de complexa solução. Segundo Colette Cujipers e Mara Paun, a solução seria impor o uso de "Data Protection by Design and by Default", com efetiva possibilidade de auditoria tecnológica[212].

Assim, aos titulares cabe interação crítica sobre o tratamento oferecido aos seus dados pessoais. Contudo, há necessidade de apoio, em especial pela adoção de tecnologias que simplificam a comunicação entre os agentes de tratamento e os titulares. Exigir a diminuição de barreiras e de excessos de procedimentos pode ser um bom caminho para que o titular possa se familiarizar com as diversas formas de tratamento. O controle só é possível se houver compreensão de como fazê-lo. Essa análise é corroborada por Jean Michel Duarte Santana. Para ele, será o uso do princípio da transparência, prescrito no artigo 6º, VI da LGPD, que permitirá ao titular compreender os tratamentos e, assim, exercer seus direitos[213]. Contudo, cabe adicionar que os padrões técnicos são meios para ajudar na produção de sistemas que garantam melhores práticas de gerenciamento[214].

6. Considerações finais

A LGPD apresenta diretrizes jurídicas para que os dados pessoais sejam protegidos. Contudo, ela reconhece a limitação do direito como único protetivo. O art. 51 compõe o

---

208 ISACA. Eliminating deceptive practices: building trust by addressing dark patterns. *White Paper*. 2023. Disponível em: https://www.isaca.org/resources/white-papers/2023/eliminating-deceptive-privacy-practices. Acesso em: 26 jan. 2024.

209 A ISACA (Information Systems Audit and Control Association) é uma entidade associativa e profissional, comprometida com o avanço da confiança digital (ISACA. *Who we are*. 2024. Disponível em: https://www.isaca.org/about-us/who-we-are. Acesso em: 26 jan. 2024).

210 ISACA. Eliminating deceptive practices: building trust by addressing dark patterns. *White Paper*. 2023. Disponível em: https://www.isaca.org/resources/white-papers/2023/eliminating-deceptive-privacy-practices. Acesso em: 26 jan. 2024.

211 BRENNCKE, M. Regulating dark patterns. *Notre Dame Journal of International Comparative Law*, v. 14, 2024.

212 CUIJPERS, C.; PAUN, M. Embedded data protection – how law and technology interact. *In*: SAVIN, A.; TRZASKOWSKI, J. (ed.). *Research handbook on EU internet law*. Cheltenham: Edward Elgar Publishing, 2023.

213 SANTANA, J. M. D. Inteligência artificial no contexto da proteção de dados: garantindo-se a transparência com o titular. *In*: AGÊNCIA NACIONAL DE PROTEÇÃO DE DADOS – ANPD (ed.). *Monografias vencedoras:* I Concurso de Monografias da ANPD – Prêmio Danilo Doneda. Brasília: ANPD, 2023. p. 13.

214 LACHAUD, E. ISO/IEC 27701 Standard: threats and opportunities for GDPR certification. *European Data Protection Law Review*, p. 194, 2020.

capítulo VII da LGPD, sendo o último artigo da seção que aborda boas práticas e a governança. No conjunto, a seção atribui responsabilidades aos controladores e aos operadores e determina à ANPD a ação de facilitar, por meio de padrões técnicos, o controle do tratamento dos dados pessoais pelos seus titulares. A atuação da ANPD implica em observar estratégias que garantam aos titulares o alcance de seus direitos, principalmente aqueles previstos no capítulo III da LGPD. Para tanto, eles deverão poder obter estruturas tecnológicas simples que permitam o acesso, a atualização, exclusão, correção ou revogação de consentimento, se for o caso. A própria compreensão terminológica da LGPD deve ser facilitada, possibilitando a compreensão de conceitos complexos.

BIBLIOGRAFIA SELECIONADA

ANPD. *Como proteger seus dados pessoais:* guia do Núcleo de Proteção de Dados do Conselho Nacional de Defesa do Consumidor em parceria com a ANPD e a Senacon. Brasília [s.d.].

ANPD. *Guia Orientativo: cookies* e proteção de dados pessoais. Brasília, 2022.

ANPD. *Guia Orientativo:* segurança da informação para agentes de tratamento de pequeno porte. Brasília, 2021.

ANPD. *Guia Orientativo:* tratamento de dados pessoais pelo Poder Público. Brasília, 2023.

BRASIL. Comitê Central de Governança de Dados. *Guia de boas práticas: Lei Geral de Proteção de Dados (LGPD).* Brasília, abr. 2020. Disponível em: https://repositorio.cgu.gov.br/bitstream/1/66447/3/Guia-lgpd.pdf. Acesso em: [colocar a data de acesso, ex.: 18 ago. 2025].

BRENNCKE, M. Regulating dark patterns. *Notre Dame Journal of International Comparative Law*, v. 14, 2024.

CUIJPERS, C.; PAUN, M. Embedded data protection – how law and technology interact. *In*: SAVIN, A.; TRZASKOWSKI, J. (ed.). *Research handbook on EU internet law*. Cheltenham: Edward Elgar Publishing, 2023.

ISACA. Eliminating deceptive practices: building trust by addressing dark patterns. *White Paper.* 2023. Disponível em: https://www.isaca.org/resources/white-papers/2023/eliminating-deceptive-privacy-practices. Acesso em: 26 jan. 2024.

ISACA. *Who we are.* 2024. Disponível em: https://www.isaca.org/about-us/who-we-are. Acesso em: 26 jan. 2024.

KONRAD-ADENAUER-STIFTUNG. Census Act, BVerfGE 65, 1. *In*: BRÖHMER, J.; HILL, C.; SPITZKATZ, M. (ed.). *60 years German Basic Law:* the German constitution and its court landmark decisions of the Federal Constitutional Court of Germany in the area of fundamental rights. [S.l.]: Konrad-Adenauer-Stiftung, 2012.

LACHAUD, E. ISO/IEC 27701 Standard: threats and opportunities for GDPR certification. *European Data Protection Law Review*, 2020.

MIRTSCH, M.; POHLISCH, J.; BLIND, K. International diffusion of the information security management system standard ISO/IEC 27001: exploring the role of culture. *Twenty-Eighth European Conference on Information Systems – ECIS 2020,* 2020.

SANTANA, J. M. D. Inteligência artificial no contexto da proteção de dados: garantindo-se a transparência com o titular. *In:* AGÊNCIA NACIONAL DE PROTEÇÃO DE

DADOS – ANPD (ed.). *Monografias vencedoras:* I Concurso de Monografias da ANPD – Prêmio Danilo Doneda. Brasília: ANPD, 2023.

SHIPMAN, A.; WATKINS, S. *ISO/IEC 27701: 2019:* an introduction to privacy information management. Ely: IT Governance Publishing, 2020.

UE. European Data Protection Board – EDPB. Opinion 15/2020 on the draft decision of the competent supervisory authorities of Germany regarding the approval of the requirements for accreditation of a certification body pursuant to Article 43.3 (GDPR). *EDPB*, 2020.

Capítulo VIII
DA FISCALIZAÇÃO

Seção I
Das Sanções Administrativas

Art. 52. Os agentes de tratamento de dados, em razão das infrações cometidas às normas previstas nesta Lei, ficam sujeitos às seguintes sanções administrativas aplicáveis pela autoridade nacional:

I – advertência, com indicação de prazo para adoção de medidas corretivas;

II – multa simples, de até 2% (dois por cento) do faturamento da pessoa jurídica de direito privado, grupo ou conglomerado no Brasil no seu último exercício, excluídos os tributos, limitada, no total, a R$ 50.000.000,00 (cinquenta milhões de reais) por infração;

III – multa diária, observado o limite total a que se refere o inciso II;

IV – publicização da infração após devidamente apurada e confirmada a sua ocorrência;

V – bloqueio dos dados pessoais a que se refere a infração até a sua regularização;

VI – eliminação dos dados pessoais a que se refere a infração;

VII – (VETADO);

VIII – (VETADO);

IX – (VETADO);

X – suspensão parcial do funcionamento do banco de dados a que se refere a infração pelo período máximo de 6 (seis) meses, prorrogável por igual período, até a regularização da atividade de tratamento pelo controlador;

XI – suspensão do exercício da atividade de tratamento dos dados pessoais a que se refere a infração pelo período máximo de 6 (seis) meses, prorrogável por igual período;

XII – proibição parcial ou total do exercício de atividades relacionadas a tratamento de dados.

§ 1º As sanções serão aplicadas após procedimento administrativo que possibilite a oportunidade da ampla defesa, de forma gradativa, isolada ou cumulativa, de acordo com as peculiaridades do caso concreto e considerados os seguintes parâmetros e critérios:

I – a gravidade e a natureza das infrações e dos direitos pessoais afetados;

II – a boa-fé do infrator;

III – a vantagem auferida ou pretendida pelo infrator;

IV – a condição econômica do infrator;

V – a reincidência;

VI – o grau do dano;

VII – a cooperação do infrator;

VIII – a adoção reiterada e demonstrada de mecanismos e procedimentos internos capazes de minimizar o dano, voltados ao tratamento seguro e adequado de dados, em consonância com o disposto no inciso II do § 2º do art. 48 desta Lei;

IX – a adoção de política de boas práticas e governança;

X – a pronta adoção de medidas corretivas; e

XI – a proporcionalidade entre a gravidade da falta e a intensidade da sanção.

§ 2º O disposto neste artigo não substitui a aplicação de sanções administrativas, civis ou penais definidas na Lei n. 8.078, de 11 de setembro de 1990, e em legislação específica.

§ 3º O disposto nos incisos I, IV, V, VI, X, XI e XII do *caput* deste artigo poderá ser aplicado às entidades e aos órgãos públicos, sem prejuízo do disposto na Lei n. 8.112, de 11 de dezembro de 1990, na Lei n. 8.429, de 2 de junho de 1992, e na Lei n. 12.527, de 18 de novembro de 2011.

§ 4º No cálculo do valor da multa de que trata o inciso II do *caput* deste artigo, a autoridade nacional poderá considerar o faturamento total da empresa ou grupo de empresas, quando não dispuser do valor do faturamento no ramo de atividade empresarial em que ocorreu a infração, definido pela autoridade nacional, ou quando o valor for apresentado de forma incompleta ou não for demonstrado de forma inequívoca e idônea.

§ 5º O produto da arrecadação das multas aplicadas pela ANPD, inscritas ou não em dívida ativa, será destinado ao Fundo de Defesa de Direitos Difusos de que tratam o art. 13 da Lei n. 7.347, de 24 de julho de 1985, e a Lei n. 9.008, de 21 de março de 1995.

§ 6º As sanções previstas nos incisos X, XI e XII do *caput* deste artigo serão aplicadas:

I – somente após já ter sido imposta ao menos 1 (uma) das sanções de que tratam os incisos II, III, IV, V e VI do *caput* deste artigo para o mesmo caso concreto; e

II – em caso de controladores submetidos a outros órgãos e entidades com competências sancionatórias, ouvidos esses órgãos.

§ 7º Os vazamentos individuais ou os acessos não autorizados de que trata o *caput* do art. 46 desta Lei poderão ser objeto de conciliação direta entre controlador e titular e, caso não haja acordo, o controlador estará sujeito à aplicação das penalidades de que trata este artigo.

Art. 53. A autoridade nacional definirá, por meio de regulamento próprio sobre sanções administrativas a infrações a esta Lei, que deverá ser objeto de consulta pública, as metodologias que orientarão o cálculo do valor-base das sanções de multa.

§ 1º As metodologias a que se refere o *caput* deste artigo devem ser previamente publicadas, para ciência dos agentes de tratamento, e devem apresentar objetivamente as formas e dosimetrias para o cálculo do valor-base das sanções de multa, que deverão conter fundamentação detalhada de todos os seus elementos, demonstrando a observância dos critérios previstos nesta Lei.

§ 2º O regulamento de sanções e metodologias correspondentes deve estabelecer as circunstâncias e as condições para a adoção de multa simples ou diária.

Art. 54. O valor da sanção de multa diária aplicável às infrações a esta Lei deve observar a gravidade da falta e a extensão do dano ou prejuízo causado e ser fundamentado pela autoridade nacional.

Parágrafo único. A intimação da sanção de multa diária deverá conter, no mínimo, a descrição da obrigação imposta, o prazo razoável e estipulado pelo órgão para o seu cumprimento e o valor da multa diária a ser aplicada pelo seu descumprimento.

Artigos 52, 53 e 54

Comentados por Sergio Marcos de Ávila Negri e Carolina Fiorini Ramos Giovanini

DISPOSITIVOS RELACIONADOS NO DIREITO INTERNACIONAL

- Arts. 12 e 15, Convenção 108.
- Parte 4, item 19 das Diretrizes da OCDE sobre a Proteção da Privacidade e Fluxos Transfronteiriços de Dados Pessoais.

DISPOSITIVOS RELACIONADOS NO ORDENAMENTO JURÍDICO BRASILEIRO

- Arts. 2º e 50, Lei n. 9.784/1999 (Lei do Processo Administrativo).
- CDC.
- Lei Anticorrupção (Lei n. 12.846/2013).
- Art. 5º, LIV e LV, e art. 174, CRFB.

ATIVIDADES DA ANPD

- Processo Administrativo Sancionador n. 00261.000489/2022-62.[1]
- Processo Administrativo Sancionador n. 00261.001192/2022-14.[2]
- Processo Administrativo Sancionador n. 00261.001886/2022-51.[3]
- Processo Administrativo Sancionador n. 00261.001969/2022-41.[4]
- Processo Administrativo Sancionador n. 00261.001888/2023-21.[5]
- Processo Administrativo Sancionador n. 00261.000456/2022-12.[6]
- Regimento Interno da ANPD.

---

1 Aplicação de sanção de multa simples e de advertência em razão do não atendimento a determinações da ANPD.

2 Aplicação de sanção de advertência em razão da falta de comunicação de incidente aos titulares, ausência de comprovação que os sistemas utilizados atendem aos requisitos de segurança, padrões de boas práticas e governança, ausência de comprovação da manutenção de registros das operações de tratamento de dados pessoais, não apresentação de RIPD e por deixar de atender requisições da ANPD.

3 Aplicação de sanção de advertência por ausência de comunicação de incidente de segurança a titulares de dados, ausência de medidas de segurança e não atendimento a determinações da ANPD.

4 Aplicação de sanção de advertência por ausência de comunicação de incidente de segurança a titulares de dados e ausência de adoção de medidas de segurança.

5 Aplicação de sanção de advertência por ausência de comunicação de incidente de segurança a titulares de dados e não atendimento de medida preventiva adotada pela ANPD.

6 Aplicação de sanção por falta de comprovação de indicação do encarregado, ausência de envio do Relatório de Impacto à Proteção de Dados Pessoais (RIPD), falta de comunicação de incidente de segurança à ANPD e aos titulares e por deixar de atender requisições da ANPD.

- Resolução CD/ANPD n. 1/2021 – Aprova o Regulamento do Processo de Fiscalização e do Processo Administrativo Sancionador no âmbito da Autoridade Nacional de Proteção de Dados.
- Resolução CD/ANPD n. 4/2023 – Aprova o Regulamento de Dosimetria e Aplicação de Sanções Administrativas.

JUSTIFICATIVA E FUNDAMENTOS

O descumprimento da LGPD pode resultar em diversos impactos negativos tanto para os titulares de dados quanto para as organizações que realizam tratamento de dados pessoais. É importante notar que esses impactos vão além das consequências jurídicas, abrangendo danos à reputação, prejuízos financeiros e abalos à confiança do público. Em um contexto cada vez mais orientado pela informação, onde a privacidade não é apenas uma exigência regulatória, mas também uma preocupação central para consumidores, investidores e a sociedade em geral, as consequências das violações à LGPD ultrapassam o âmbito legal e podem comprometer a credibilidade, o valor de mercado e a sustentabilidade das empresas.

Nesse sentido, os arts. 52, 53 e 54 da LGPD disciplinam as sanções administrativas que podem ser aplicadas pela ANPD em caso de infração à LGPD. O art. 52 estabelece um rol de penalidades que variam de advertências e multas até a suspensão ou proibição de atividades relacionadas ao tratamento de dados. O art. 53 determina que a ANPD deve regulamentar, por meio de consulta pública, as metodologias para cálculo das multas, garantindo previsibilidade e transparência aos agentes de tratamento. Nessa direção, a Resolução CD/ANPD n. 4, de 24 de fevereiro de 2023, aprova o Regulamento de Dosimetria e Aplicação de Sanções Administrativas, conforme será comentado adiante. Por fim, o art. 54 especifica que a aplicação da multa diária deve considerar a gravidade da infração e o impacto gerado, além de estabelecer os requisitos mínimos para a aplicação da penalidade.

A previsão de sanções administrativas na LGPD é essencial para garantir a efetividade da norma, conferindo à ANPD instrumentos para coibir e punir práticas que violem o direito à proteção de dados pessoais. Desse modo, a existência de tais penalidades refletem a necessidade de um ambiente regulatório que assegure o respeito aos direitos fundamentais de privacidade e autodeterminação informativa, prevenindo abusos e incentivando o cumprimento das obrigações legais por parte dos agentes de tratamento.

Os fundamentos de tais disposições estão ancorados na necessidade de balancear o desenvolvimento tecnológico e econômico com a proteção dos direitos dos titulares de dados. Nesse sentido, nota-se que o mecanismo de sancionamento administrativo previsto pela LGPD se assemelha ao previsto em outras normas brasileiras que regulamentam o poder sancionador de autoridades administrativas, como o CDC e a Lei Anticorrupção (Lei n. 12.846/2013), que também estabelecem sanções proporcionais à gravidade das infrações cometidas.

Evidentemente, a aplicação de sanções pela ANPD deve observar garantias processuais fundamentais, como o devido processo legal, a ampla defesa e o contraditório. As penalidades somente podem ser impostas após um procedimento administrativo e mediante decisão fundamentada, o que assegura que os agentes de tratamento tenham a oportunidade de apresentar justificativas, contestar alegações e recorrer de decisões desfavoráveis. Nessa direção, a Lei n. 9.784/1999 reforça a observância de princípios como motivação, razoabilidade, proporcionalidade e transparência, conferindo maior segurança jurídica ao processo sancionador. Além disso, o Regimento Interno da ANPD e o Regulamento do Processo de Fiscalização e do Processo Administrativo Sancionador (Resolução CD/ANPD n. 1/2021) garantem que a fiscalização e a imposição de penalidades sigam um fluxo estruturado e previsível.

Dessa forma, os arts. 52, 53 e 54 da LGPD cumprem um papel fundamental no cenário regulatório de proteção de dados no Brasil, uma vez que estabelecem regras claras para a imposição de sanções, garantindo previsibilidade e proporcionalidade na aplicação das penalidades, bem como incentivando boas práticas de conformidade e governança por parte das empresas e demais agentes de tratamento de dados pessoais. Nessa direção, verifica-se que a implementação de sanções também desempenha um papel educativo e preventivo, encorajando organizações a adotar medidas proativas de proteção de dados.

ANÁLISE

O art. 52 da LGPD estabelece um conjunto de sanções administrativas aplicáveis pela ANPD em caso de infrações à norma: advertência; multa simples, de até 2% do faturamento da pessoa jurídica de direito privado, grupo ou conglomerado[7] no Brasil no seu último exercício, excluídos os tributos, limitada, no total, a R$ 50.000.000,00 por infração; multa diária; publicização da infração; bloqueio dos dados pessoais a que se refere a infração até a sua regularização; eliminação dos dados pessoais a que se refere a infração; suspensão parcial do funcionamento do banco de dados a que se refere a infração pelo período máximo de 6 (seis) meses, prorrogável por igual período, até a regularização da atividade de tratamento pelo controlador; suspensão do exercício da atividade de tratamento dos dados pessoais a que se refere a infração pelo período máximo de 6 (seis) meses, prorrogável por igual período; e proibição parcial ou total do exercício de atividades relacionadas a tratamento de dados.

Vale ressaltar que as sanções de suspensão parcial do funcionamento do banco de dados, suspensão do exercício da atividade de tratamento e proibição parcial ou total das atividades de tratamento de dados pessoais possuem caráter excepcional e somente poderão ser aplicadas quando já tiver sido imposta, pelo menos, uma das sanções consideradas mais brandas pelo mesmo fato. Além disso, caso o agente de tratamento esteja sujeito à regulação de outros órgãos com competência sancionatória, a ANPD deve ouvi-los previamente à imposição dessas sanções, assegurando a harmonização entre diferentes regimes regulatórios, evitando conflitos de competência e fortalecendo a coordenação entre as entidades reguladoras, trazendo maior segurança jurídica ao processo sancionatório.

De acordo com o art. 2º, II, da Resolução CD/ANPD n. 4/2023, a infração é o descumprimento de uma obrigação estabelecida pela LGPD ou pelos regulamentos expedidos pela ANPD. Além disso, a infração pode ser classificada como permanente no caso de conduta infrativa que se prolonga no tempo, mediante ação ou omissão do infrator referente ao mesmo dispositivo normativo, conforme estabelecido pelo art. 2º, III, da Resolução CD/ANPD n. 4/2023. Por sua vez, o infrator é o agente de tratamento que comete infração, conforme se extrai do art. 2º, IV, da referida Resolução.

[7] Conforme previsto pelo art. 2º, I, da Resolução CD/ANPD n. 4/2023, grupo ou conglomerado de empresas é o conjunto de empresas de fato ou de direito com personalidades jurídicas próprias, sob direção, controle ou administração de uma pessoa natural ou jurídica ou ainda grupo de pessoas que detêm, isolada ou conjuntamente, poder de controle sobre as demais, desde que demonstrado interesse integrado, efetiva comunhão de interesses e atuação conjunta das empresas dele integrantes.

Conforme se extrai da Resolução CD/ANPD n. 4, a ANPD optou por não estabelecer uma lista detalhada e rígida de condutas que seriam classificadas como infrações administrativas. Em vez disso, adotou um modelo de tipificação indireta das sanções, o que permite maior flexibilidade na aplicação das penalidades e evita a necessidade de criar novas normas para cada comportamento específico que precise ser regulamentado. Há doutrina que entende que o princípio da tipicidade deveria ser aplicado ao sancionamento administrativo, exigindo a descrição normativa das infrações. No entanto, estabelecer um rol exato de todas as condutas infracionais é uma tarefa impossível para o regulador, especialmente diante da constante evolução tecnológica.[8]

Vale ressaltar que o art. 5º, § 1º, da Resolução CD/ANPD n. 4/2023 estabelece que a aplicação de uma sanção não exclui a possibilidade de adoção de outras medidas administrativas pela ANPD. Isso significa que a imposição de penalidades não impede que a Autoridade adote providências adicionais para garantir a conformidade do agente infrator, como determinações específicas para adequação de práticas, exigência de planos de mitigação de riscos ou até mesmo a recomendação de boas práticas. A ANPD adota um modelo de regulação responsiva, que busca equilibrar a aplicação de sanções com estratégias preventivas e cooperativas, promovendo a conformidade regulatória sem recorrer exclusivamente à punição. Esse modelo se diferencia da regulação repressiva, que se baseia predominantemente na imposição de penalidades para coibir infrações.

A regulação responsiva da ANPD se manifesta, por exemplo, na priorização de orientação, diálogo e incentivos à adoção de boas práticas, antes da aplicação de medidas punitivas, permitindo que agentes de tratamento aprimorem suas práticas de governança em privacidade e proteção de dados. Nota-se que a regulação responsiva também decorre da própria LGPD, que insere nas competências da ANPD um papel educativo e colaborativo, zelando pela proteção de dados no país.[9] Desse modo, verifica-se que o regime fiscalizador da LGPD não se limita à punição, mas também busca um efeito corretivo e preventivo, incentivando a regularização das operações de tratamento de dados.

A atividade repressiva se caracteriza pela atuação coercitiva da ANPD, voltada à interrupção de situações de dano ou risco, à reparação dos danos, à recondução à plena conformidade e à punição dos responsáveis mediante a aplicação de sanções por meio de Processo Administrativo Sancionador. De toda forma, é importante notar que o não cumprimento da sanção aplicada ou a ausência de regularização da conduta, no prazo estipulado, poderá ensejar a progressão da atuação da ANPD para a aplicação de sanções mais graves, sem prejuízo da adoção das demais medidas legais cabíveis, conforme previsto pelo art. 5º, § 2º, da Resolução CD/ANPD n. 4/2023.

Nesse sentido, observa-se a existência de diferentes espécies de sanções administrativas que podem ser aplicadas a depender das circunstâncias do caso concreto, o que permite uma resposta proporcional às infrações cometidas, variando desde advertências até a proibição do tratamento de dados. Nos termos do art. 52, § 1º, entre os elementos a serem considerados, destacam-se a gravidade e natureza da infração, bem como os direitos afetados, garantindo que a resposta sancionatória seja compatível com o impacto gerado. A análise da boa-fé do infrator, a vantagem auferida ou pretendida e sua condição econômica também são relevantes para evitar punições desproporcionais. Além disso, a reincidência, tanto específica quanto

---

8 OLIVEIRA, K. A. C. Formação de jurisprudência administrativa pela ANPD: estudo de casos das sanções aplicadas. *Revista Digital de Direito Administrativo*, v. 11, n. 2, 2024.

9 Ver comentários ao art. 55-J, neste volume.

genérica, deve ser levada em conta para coibir condutas reiteradas. A cooperação com as autoridades e a adoção de medidas corretivas imediatas são fatores atenuantes, assim como a implementação contínua e comprovada de mecanismos internos de mitigação de riscos e a existência de políticas de boas práticas e governança. Por fim, a proporcionalidade entre a infração e a sanção aplicada deve ser observada, assegurando que a resposta regulatória seja justa e eficaz na proteção dos direitos dos titulares de dados.

A partir da Resolução CD/ANPD n. 4/2023, a classificação das infrações de acordo com sua gravidade e os direitos afetados segue um modelo escalonado, dividindo-se em infrações leves, médias e graves. Em primeiro lugar, a infração será considerada leve quando não se enquadrar nas hipóteses mais severas descritas para os demais níveis de gravidade, ou seja, trata-se de uma classificação residual. Por sua vez, uma infração será classificada como média quando puder impactar significativamente direitos fundamentais dos titulares de dados pessoais, como nos casos em que o tratamento de dados possa limitar o exercício de direitos, impedir a utilização de um serviço ou causar danos materiais ou morais, incluindo discriminação, violação da integridade física, danos à imagem e reputação, fraudes financeiras ou uso indevido de identidade.

Por fim, a infração será considerada grave quando, além de atender aos critérios de uma infração média, envolver pelo menos um fator agravante, como o tratamento de dados em larga escala, obtenção de vantagem econômica indevida, risco à vida dos titulares, uso irregular de dados sensíveis ou de grupos vulneráveis (crianças, adolescentes ou idosos), tratamento sem base legal, efeitos discriminatórios ilícitos, adoção sistemática de práticas irregulares e obstrução à fiscalização da ANPD.

No entanto, algumas questões críticas emergem da aplicação desse artigo e são atualmente debatidas em âmbito doutrinário:

1. Publicização da infração como sanção administrativa e disponibilização pública de processos de monitoramento, fiscalização e sancionamento em andamento

A publicização da sanção consiste na divulgação da infração pelo próprio infrator[10], após devidamente apurada e confirmada a sua ocorrência. Sua aplicação está condicionada à relevância e ao interesse público da matéria, funcionando como um mecanismo de transparência e responsabilização, com potencial de impactar a reputação do agente de tratamento envolvido na infração.

A decisão que impõe a sanção de publicização da infração deve especificar elementos essenciais, como o teor da informação a ser divulgada, o meio de publicação, sua duração e o prazo para cumprimento. Dessa forma, busca-se garantir que a sanção cumpra seu papel de informação e prevenção sem gerar efeitos desproporcionais ao infrator. É importante ressaltar que todos os ônus relacionados à publicização da infração devem ser suportados exclusivamente pelo infrator, reforçando o caráter punitivo e dissuasório da medida.

A Resolução CD/ANPD n. 4/2023 esclarece expressamente que a sanção de publicização da infração não se confunde com a publicação de decisões de aplicação de sanção administrativa no *Diário Oficial da União* ou com outros atos realizados pela ANPD no cumprimento do princípio da publicidade administrativa.[11] Essa distinção é relevante, pois a publicização

[10] Art. 20, § 1°, da Resolução CD/ANPD n. 4/2023.

[11] Art. 21 da Resolução CD/ANPD n. 4/2023.

da infração busca aumentar a responsabilização do infrator, enquanto a publicidade administrativa se vincula à transparência dos atos da Administração Pública.

No entanto, um ponto de debate surge com a prática da ANPD de disponibilizar em seu website uma página listando todos os processos em andamento nos âmbitos de monitoramento, fiscalização e sancionamento, além de divulgar publicamente a instauração de processos de fiscalização ou processos sancionadores. Tais medidas levantam questionamentos sobre se esse tipo de divulgação antecipada dos processos não configura, na prática, um "adiantamento" da sanção de publicização, antes mesmo de uma decisão definitiva.

Em síntese, este debate envolve a conciliação entre o direito de acesso à informação e o respeito ao devido processo legal, uma vez que a infração ainda está sob investigação. A publicidade administrativa é um princípio fundamental da gestão pública e visa garantir transparência e prestação de contas. Por outro lado, a divulgação prematura de investigações em andamento pode acarretar prejuízos reputacionais irreversíveis a empresas e organizações que ainda estão exercendo seu direito de defesa. Assim, o desafio consiste em encontrar um equilíbrio entre a transparência e a preservação de garantias processuais, de modo a assegurar tanto o interesse público quanto a justa aplicação das sanções.

Fato é que a publicização dos processos de fiscalização e sancionamento pela ANPD representa um mecanismo de controle social, permitindo que a sociedade acompanhe não apenas as eventuais infrações identificadas, mas também a própria atuação da autoridade reguladora. Essa transparência contribui para a democratização do acesso à informação, garantindo que cidadãos, empresas, pesquisadores e organizações da sociedade civil possam analisar como a ANPD interpreta e aplica a legislação de proteção de dados. Além disso, possibilita que a sociedade exerça um papel ativo na fiscalização do *enforcement* regulatório, assegurando que a autoridade atue de maneira coerente.

2. Aplicação extraterritorial de sanções administrativas

Vale lembrar que a LGPD estabelece, em seu art. 3º, que suas disposições são aplicáveis a qualquer operação de tratamento realizada por pessoa natural ou por pessoa jurídica de direito público ou privado, independentemente do meio, do país de sua sede ou do país onde estejam localizados os dados, desde que (i) a operação de tratamento seja realizada no território nacional; (ii) a atividade de tratamento tenha por objetivo a oferta ou o fornecimento de bens ou serviços ou o tratamento de dados de indivíduos localizados no território nacional; (iii) os dados pessoais objeto do tratamento tenham sido coletados no território nacional.[12]

Nesse sentido, verifica-se um potencial alcance extraterritorial quando a atividade de tratamento tenha por objetivo a oferta ou o fornecimento de bens ou serviços ou o tratamento de dados de indivíduos localizados no território nacional, mas ocorre essencialmente fora do país. Diante desse contexto, nota-se que a previsão de aplicação extraterritorial da LGPD gera questionamentos sobre a efetividade das sanções administrativas impostas pela ANPD aos agentes de tratamento estrangeiros. Embora a legislação brasileira afirme sua competência para regular e punir infrações ocorridas dentro desse escopo, a execução dessas sanções fora do Brasil esbarra em desafios jurídicos e políticos relacionados à soberania dos Estados e à necessidade de mecanismos internacionais de cooperação regulatória.

---

[12] Ver comentário ao art. 3º, neste volume.

Dessa forma, para que a imposição de sanções a empresas estrangeiras seja efetiva, faz-se necessário o estabelecimento de acordos bilaterais ou multilaterais que viabilizem a cooperação entre autoridades de proteção de dados de diferentes jurisdições. Diante desse cenário, nota-se que a ANPD tem avançado nesse sentido e, ao longo dos anos, buscou firmar acordos de cooperação com outras autoridades de proteção de dados ao redor do mundo. Por exemplo, a ANPD e o Comissariado Canadense para a Proteção da Privacidade (OPC) firmaram Memorando de Entendimentos voltado para a cooperação e assistência mútua no campo da proteção de dados pessoais.

Além disso, a ANPD é parte da Rede Global de Autoridades de Proteção de Dados (Global Privacy Assembly – GPA), um fórum internacional que reúne autoridades de proteção de dados de diferentes países para discutir questões comuns e desenvolver políticas e melhores práticas globais. Em síntese, a participação da ANPD em espaços de cooperação internacional será fundamental para garantir que as ações regulatórias, incluindo a imposição de sanções, tenham um alcance efetivo, principalmente diante de empresas que operam além das fronteiras brasileiras.

3. Revogação tácita de dispositivos do Marco Civil da Internet (Lei n. 12.965/2014)

A revogação tácita de determinados dispositivos do MCI é um tema que gera debates no âmbito da disciplina de proteção de dados, especialmente em relação à sua interação com a LGPD. Nesse sentido, o art. 12 do MCI estabelece sanções específicas para infrações aos arts. 10 e 11 da referida Lei, que regulam o tratamento de registros, dados pessoais e comunicações privadas. Entre as penalidades previstas, destaca-se a multa de até 10% do faturamento do grupo econômico no Brasil, sem um teto absoluto de valor.

Por outro lado, a LGPD, que regula de forma abrangente a disciplina de proteção de dados pessoais no Brasil, define em seu art. 52, II, um limite máximo de 2% do faturamento da pessoa jurídica, grupo ou conglomerado, com um teto absoluto de R$ 50 milhões por infração. Considerando que a LGPD é expressa ao definir que "esta lei dispõe sobre o tratamento de dados pessoais, inclusive nos meios digitais", há doutrinadores que entendem que a LGPD engloba o escopo regulatório do MCI.[13] Consequentemente, diante da aplicação do aplicação do art. 2º, § 1º, da LINDB, que estabelece que lei posterior revoga a anterior quando expressamente o declare, quando seja com ela incompatível ou quando regule inteiramente a matéria de que tratava a lei anterior, argumenta-se que determinados dispositivos do MCI foram tacitamente revogados pela LGPD.

Desse modo, além da questão envolvendo a incompatibilidade do teto das multas, argumenta-se que a LGPD assume a regulação integral sobre sanções relacionadas a violações no tratamento de dados pessoais, incluindo aquelas ocorridas em ambiente digital. O *caput* do art. 12 do MCI vincula suas penalidades às infrações aos arts. 10 e 11, que se referem diretamente à proteção de dados pessoais e privacidade. Dessa forma, é possível entender que a LGPD, ao regulamentar de maneira mais detalhada e com um escopo específico a proteção de dados, superou as disposições do MCI.

Por outro lado, há corrente doutrinária que defende que a revogação tácita não ocorreu. Essa interpretação se baseia no fato de que o MCI não trata apenas do tratamento de

---

[13] Nessa direção, cf. PRADO, L. F.; VIDIGAL, P. A LGPD revogou tacitamente dispositivos do Marco Civil da Internet. *Consultor Jurídico*, 29 mar. 2021. Disponível em: https://www.conjur.com.br/2021-mar-29/chaves-vidigal-lgpd-revogou-tacitamente-dispositivos-mci/. Acesso em: 15 jun. 2025.

dados pessoais, mas também de comunicações privadas e registros eletrônicos, possuindo um escopo de aplicação mais amplo. Dessa forma, as sanções previstas no art. 12 poderiam continuar aplicáveis a situações que não sejam estritamente enquadradas no conceito de tratamento de dados pessoais conforme a LGPD.

Portanto, em síntese, a discussão sobre a revogação tácita do art. 12, II, do MCI envolve a análise da extensão da regulação da LGPD sobre sanções administrativas e a delimitação entre o que constitui tratamento de dados pessoais e outras formas de proteção de informações eletrônicas.

Por fim, em relação à atuação da ANPD, até fevereiro de 2025, a Autoridade concluiu sete processos sancionadores, dentre os quais apenas um envolvia um agente de tratamento privado. Dentre os motivos de instauração dos processos sancionadores, é possível destacar (i) falta de comunicação de incidente de segurança à ANPD e aos titulares; (ii) ausência de cumprimento de medidas determinadas pela ANPD; (iii) ausência de comprovação que os sistemas utilizados atendem aos requisitos de segurança, padrões de boas práticas e governança; (iv) ausência de comprovação da manutenção de registros das operações de tratamento de dados pessoais; (v) ausência de apresentação de RIPD; e (vi) falta de comprovação de indicação do encarregado.

A predominância de sanções relacionadas à ausência de comunicação de incidentes e ao descumprimento de medidas determinadas pela Autoridade reforça a importância da conformidade ativa por parte dos agentes de tratamento. Além disso, a necessidade de comprovação da adoção de boas práticas e da apresentação de documentos de governança, como Relatórios de Impacto e registro das operações de tratamento evidencia a crescente exigência regulatória por uma abordagem preventiva baseada em riscos. Esse cenário demonstra o papel estratégico da ANPD na consolidação de uma cultura de proteção de dados no Brasil, alinhada às melhores práticas internacionais e à efetivação dos direitos dos titulares.

BIBLIOGRAFIA SELECIONADA

BINENBOJM, G. *Poder de polícia, ordenação, regulação:* transformações político-jurídicas, econômicas e institucionais do direito administrativo ordenador. 3. ed. Belo Horizonte: Fórum, 2020.

OLIVEIRA, K. A. C. Formação de jurisprudência administrativa pela ANPD: estudo de casos das sanções aplicadas. *Revista Digital de Direito Administrativo*, v. 11, n. 2, p. 89-109, 2024.

PALHARES, F.; PRADO, L. F.; VIDIGAL, P. *Compliance digital e LGPD*. São Paulo: Revista dos Tribunais, 2021.

PRADO, L. F.; VIDIGAL, P. A LGPD revogou tacitamente dispositivos do Marco Civil da Internet. *Consultor Jurídico*, 29 mar. 2021. Disponível em: https://www.conjur.com.br/2021-mar-29/chaves-vidigal-lgpd-revogou-tacitamente-dispositivos-mci/. Acesso em: 15 jun. 2025.

SARLET, G. B. S.; RODRIGUEZ, D. P. A Autoridade Nacional de Proteção de Dados (ANPD): elementos para uma estruturação independente e democrática na era da governança digital. *Revista Direitos Fundamentais & Democracia*, v. 27, n. 3, p. 217-253, 2022.

VORONOFF, A. *Direito administrativo sancionador no Brasil:* justificação, interpretação e aplicação. Belo Horizonte: Fórum, 2018.

WIMMER, M. Os desafios do *enforcement* na LGPD: fiscalização, aplicação de sanções administrativas e coordenação intergovernamental. *In*: MENDES, L. S.; DONEDA, D.; SARLET, I. W. (ed.). *Tratado de proteção de dados pessoais*. Rio de Janeiro: Forense, 2021. p. 379-392.

Capítulo IX

DA AUTORIDADE NACIONAL DE PROTEÇÃO DE DADOS (ANPD) E DO CONSELHO NACIONAL DE PROTEÇÃO DE DADOS PESSOAIS E DA PRIVACIDADE

Seção I
Da Autoridade Nacional de Proteção de Dados (ANPD)

Art. 55. (VETADO).

Art. 55-A. Fica criada a Autoridade Nacional de Proteção de Dados (ANPD), autarquia de natureza especial, dotada de autonomia técnica e decisória, com patrimônio próprio e com sede e foro no Distrito Federal. (Redação dada pela Lei n. 14.460, de 2022)

Art. 55-B. (Revogado pela Lei n. 14.460, de 2022)

Art. 55-C. A ANPD é composta de: (Incluído pela Lei n. 13.853, de 2019)

I – Conselho Diretor, órgão máximo de direção; (Incluído pela Lei n. 13.853, de 2019)

II – Conselho Nacional de Proteção de Dados Pessoais e da Privacidade; (Incluído pela Lei n. 13.853, de 2019)

III – Corregedoria; (Incluído pela Lei n. 13.853, de 2019)

IV – Ouvidoria; (Incluído pela Lei n. 13.853, de 2019)

V – (revogado); (Redação dada pela Lei n. 14.460, de 2022)

V-A – Procuradoria; e (Incluído pela Lei n. 14.460, de 2022)

VI – unidades administrativas e unidades especializadas necessárias à aplicação do disposto nesta Lei. (Incluído pela Lei n. 13.853, de 2019)

Art. 55-D. O Conselho Diretor da ANPD será composto de 5 (cinco) diretores, incluído o Diretor-Presidente. (Incluído pela Lei n. 13.853, de 2019)

§ 1º Os membros do Conselho Diretor da ANPD serão escolhidos pelo Presidente da República e por ele nomeados, após aprovação pelo Senado Federal, nos termos da alínea *f* do inciso III do art. 52 da Constituição Federal, e ocuparão cargo em comissão do Grupo-Direção e Assessoramento Superiores – DAS, no mínimo, de nível 5. (Incluído pela Lei n. 13.853, de 2019)

§ 2º Os membros do Conselho Diretor serão escolhidos dentre brasileiros que tenham reputação ilibada, nível superior de educação e elevado conceito no campo de especialidade dos cargos para os quais serão nomeados. (Incluído pela Lei n. 13.853, de 2019)

§ 3º O mandato dos membros do Conselho Diretor será de 4 (quatro) anos. (Incluído pela Lei n. 13.853, de 2019)

§ 4º Os mandatos dos primeiros membros do Conselho Diretor nomeados serão de 2 (dois), de 3 (três), de 4 (quatro), de 5 (cinco) e de 6 (seis) anos, conforme estabelecido no ato de nomeação. (Incluído pela Lei n. 13.853, de 2019)

§ 5º Na hipótese de vacância do cargo no curso do mandato de membro do Conselho Diretor, o prazo remanescente será completado pelo sucessor. (Incluído pela Lei n. 13.853, de 2019)

Art. 55-E. Os membros do Conselho Diretor somente perderão seus cargos em virtude de renúncia, condenação judicial transitada em julgado ou pena de demissão decorrente de processo administrativo disciplinar. (Incluído pela Lei n. 13.853, de 2019)

§ 1º Nos termos do *caput* deste artigo, cabe ao Ministro de Estado Chefe da Casa Civil da Presidência da República instaurar o processo administrativo disciplinar, que será conduzido por comissão especial constituída por servidores públicos federais estáveis. (Incluído pela Lei n. 13.853, de 2019)

§ 2º Compete ao Presidente da República determinar o afastamento preventivo, somente quando assim recomendado pela comissão especial de que trata o § 1º deste artigo, e proferir o julgamento. (Incluído pela Lei n. 13.853, de 2019)

Art. 55-F. Aplica-se aos membros do Conselho Diretor, após o exercício do cargo, o disposto no art. 6º da Lei n. 12.813, de 16 de maio de 2013. (Incluído pela Lei n. 13.853, de 2019)

Parágrafo único. A infração ao disposto no *caput* deste artigo caracteriza ato de improbidade administrativa. (Incluído pela Lei n. 13.853, de 2019)

Art. 55-G. Ato do Presidente da República disporá sobre a estrutura regimental da ANPD. (Incluído pela Lei n. 13.853, de 2019)

§ 1º Até a data de entrada em vigor de sua estrutura regimental, a ANPD receberá o apoio técnico e administrativo da Casa Civil da Presidência da República para o exercício de suas atividades. (Incluído pela Lei n. 13.853, de 2019)

§ 2º O Conselho Diretor disporá sobre o regimento interno da ANPD. (Incluído pela Lei n. 13.853, de 2019)

Art. 55-H. Os cargos em comissão e as funções de confiança da ANPD serão remanejados de outros órgãos e entidades do Poder Executivo federal. (Incluído pela Lei n. 13.853, de 2019)

Art. 55-I. Os ocupantes dos cargos em comissão e das funções de confiança da ANPD serão indicados pelo Conselho Diretor e nomeados ou designados pelo Diretor-Presidente. (Incluído pela Lei n. 13.853, de 2019)

Art. 55-J. Compete à ANPD: (Incluído pela Lei n. 13.853, de 2019)

I – zelar pela proteção dos dados pessoais, nos termos da legislação; (Incluído pela Lei n. 13.853, de 2019)

II – zelar pela observância dos segredos comercial e industrial, observada a proteção de dados pessoais e do sigilo das informações quando protegido por lei ou quando a quebra do sigilo violar os fundamentos do art. 2º desta Lei; (Incluído pela Lei n. 13.853, de 2019)

III – elaborar diretrizes para a Política Nacional de Proteção de Dados Pessoais e da Privacidade; (Incluído pela Lei n. 13.853, de 2019)

IV – fiscalizar e aplicar sanções em caso de tratamento de dados realizado em descumprimento à legislação, mediante processo administrativo que assegure o contraditório, a ampla defesa e o direito de recurso; (Incluído pela Lei n. 13.853, de 2019)

V – apreciar petições de titular contra controlador após comprovada pelo titular a apresentação de reclamação ao controlador não solucionada no prazo estabelecido em regulamentação; (Incluído pela Lei n. 13.853, de 2019)

VI – promover na população o conhecimento das normas e das políticas públicas sobre proteção de dados pessoais e das medidas de segurança; (Incluído pela Lei n. 13.853, de 2019)

VII – promover e elaborar estudos sobre as práticas nacionais e internacionais de proteção de dados pessoais e privacidade; (Incluído pela Lei n. 13.853, de 2019)

VIII – estimular a adoção de padrões para serviços e produtos que facilitem o exercício de controle dos titulares sobre seus dados pessoais, os quais deverão levar em consideração as especificidades das atividades e o porte dos responsáveis; (Incluído pela Lei n. 13.853, de 2019)

IX – promover ações de cooperação com autoridades de proteção de dados pessoais de outros países, de natureza internacional ou transnacional; (Incluído pela Lei n. 13.853, de 2019)

X – dispor sobre as formas de publicidade das operações de tratamento de dados pessoais, respeitados os segredos comercial e industrial; (Incluído pela Lei n. 13.853, de 2019)

XI – solicitar, a qualquer momento, às entidades do poder público que realizem operações de tratamento de dados pessoais informe específico sobre o âmbito, a natureza dos dados e os demais detalhes do tratamento realizado, com a possibilidade de emitir parecer técnico complementar para garantir o cumprimento desta Lei; (Incluído pela Lei n. 13.853, de 2019)

XII – elaborar relatórios de gestão anuais acerca de suas atividades; (Incluído pela Lei n. 13.853, de 2019)

XIII – editar regulamentos e procedimentos sobre proteção de dados pessoais e privacidade, bem como sobre relatórios de impacto à proteção de dados pessoais para os casos em que o tratamento representar alto risco à garantia dos princípios gerais de proteção de dados pessoais previstos nesta Lei; (Incluído pela Lei n. 13.853, de 2019)

XIV – ouvir os agentes de tratamento e a sociedade em matérias de interesse relevante e prestar contas sobre suas atividades e planejamento; (Incluído pela Lei n. 13.853, de 2019)

XV – arrecadar e aplicar suas receitas e publicar, no relatório de gestão a que se refere o inciso XII do *caput* deste artigo, o detalhamento de suas receitas e despesas; (Incluído pela Lei n. 13.853, de 2019)

XVI – realizar auditorias, ou determinar sua realização, no âmbito da atividade de fiscalização de que trata o inciso IV e com a devida observância do disposto no inciso II do *caput* deste artigo, sobre o tratamento de dados pessoais efetuado pelos agentes de tratamento, incluído o poder público; (Incluído pela Lei n. 13.853, de 2019)

XVII – celebrar, a qualquer momento, compromisso com agentes de tratamento para eliminar irregularidade, incerteza jurídica ou situação contenciosa no âmbito de processos administrativos, de acordo com o previsto no Decreto-lei n. 4.657, de 4 de setembro de 1942; (Incluído pela Lei n. 13.853, de 2019)

XVIII – editar normas, orientações e procedimentos simplificados e diferenciados, inclusive quanto aos prazos, para que microempresas e empresas de pequeno porte, bem como iniciativas empresariais de caráter incremental ou disruptivo que se autodeclarem *startups* ou empresas de inovação, possam adequar-se a esta Lei; (Incluído pela Lei n. 13.853, de 2019)

XIX – garantir que o tratamento de dados de idosos seja efetuado de maneira simples, clara, acessível e adequada ao seu entendimento, nos termos desta Lei e da Lei n. 10.741, de 1º de outubro de 2003 (Estatuto do Idoso); (Incluído pela Lei n. 13.853, de 2019)

XX – deliberar, na esfera administrativa, em caráter terminativo, sobre a interpretação desta Lei, as suas competências e os casos omissos; (Incluído pela Lei n. 13.853, de 2019)

XXI – comunicar às autoridades competentes as infrações penais das quais tiver conhecimento; (Incluído pela Lei n. 13.853, de 2019)

XXII – comunicar aos órgãos de controle interno o descumprimento do disposto nesta Lei por órgãos e entidades da Administração Pública federal; (Incluído pela Lei n. 13.853, de 2019)

XXIII – articular-se com as autoridades reguladoras públicas para exercer suas competências em setores específicos de atividades econômicas e governamentais sujeitas à regulação; e (Incluído pela Lei n. 13.853, de 2019)

XXIV – implementar mecanismos simplificados, inclusive por meio eletrônico, para o registro de reclamações sobre o tratamento de dados pessoais em desconformidade com esta Lei. (Incluído pela Lei n. 13.853, de 2019)

§ 1º Ao impor condicionantes administrativas ao tratamento de dados pessoais por agente de tratamento privado, sejam eles limites, encargos ou sujeições, a ANPD deve observar a exigência de mínima intervenção, assegurados os fundamentos, os princípios e os direitos dos titulares previstos no art. 170 da Constituição Federal e nesta Lei. (Incluído pela Lei n. 13.853, de 2019)

§ 2º Os regulamentos e as normas editados pela ANPD devem ser precedidos de consulta e audiência públicas, bem como de análises de impacto regulatório. (Incluído pela Lei n. 13.853, de 2019)

§ 3º A ANPD e os órgãos e entidades públicos responsáveis pela regulação de setores específicos da atividade econômica e governamental devem coordenar suas atividades, nas correspondentes esferas de atuação, com vistas a assegurar o cumprimento de suas atribuições com a maior eficiência e promover o adequado funcionamento dos setores regulados, conforme legislação específica, e o tratamento de dados pessoais, na forma desta Lei. (Incluído pela Lei n. 13.853, de 2019)

§ 4º A ANPD manterá fórum permanente de comunicação, inclusive por meio de cooperação técnica, com órgãos e entidades da Administração Pública responsáveis pela regulação de setores específicos da atividade econômica e governamental, a fim de facilitar as competências regulatória, fiscalizatória e punitiva da ANPD. (Incluído pela Lei n. 13.853, de 2019)

§ 5º No exercício das competências de que trata o *caput* deste artigo, a autoridade competente deverá zelar pela preservação do segredo empresarial e do sigilo das informações, nos termos da lei. (Incluído pela Lei n. 13.853, de 2019)

§ 6º As reclamações colhidas conforme o disposto no inciso V do *caput* deste artigo poderão ser analisadas de forma agregada, e as eventuais providências delas decorrentes poderão ser adotadas de forma padronizada. (Incluído pela Lei n. 13.853, de 2019)

[...]

Art. 55-L. Constituem receitas da ANPD: (Incluído pela Lei n. 13.853, de 2019)

I – as dotações, consignadas no orçamento geral da União, os créditos especiais, os créditos adicionais, as transferências e os repasses que lhe forem conferidos; (Incluído pela Lei n. 13.853, de 2019)

II – as doações, os legados, as subvenções e outros recursos que lhe forem destinados; (Incluído pela Lei n. 13.853, de 2019)

III – os valores apurados na venda ou aluguel de bens móveis e imóveis de sua propriedade; (Incluído pela Lei n. 13.853, de 2019)

IV – os valores apurados em aplicações no mercado financeiro das receitas previstas neste artigo; (Incluído pela Lei n. 13.853, de 2019)

V – (VETADO); (Incluído pela Lei n. 13.853, de 2019)

VI – os recursos provenientes de acordos, convênios ou contratos celebrados com entidades, organismos ou empresas, públicos ou privados, nacionais ou internacionais; (Incluído pela Lei n. 13.853, de 2019)

VII – o produto da venda de publicações, material técnico, dados e informações, inclusive para fins de licitação pública. (Incluído pela Lei n. 13.853, de 2019)

Art. 55-M. Constituem o patrimônio da ANPD os bens e os direitos: (Incluído pela Lei n. 14.460, de 2022)

I – que lhe forem transferidos pelos órgãos da Presidência da República; e (Incluído pela Lei n. 14.460, de 2022)

II – que venha a adquirir ou a incorporar. (Incluído pela Lei n. 14.460, de 2022)

Art. 56. (VETADO).

Art. 57. (VETADO).

Artigos 55-A, 55-C, 55-D, 55-E, 55-F, 55-G, 55-H, 55-I, 55-J, 55-L e 55-M

Comentados por Carlos Fernando do Nascimento e Mariana Talouki

DISPOSITIVOS RELACIONADOS NO ORDENAMENTO JURÍDICO BRASILEIRO

- Art. 29, Decreto-Lei n. 4.657, de 4 de setembro de 1942.
- Art. 35, Lei n. 9.784, de 29 de janeiro de 1999.
- Art. 5º, Lei n. 13.874, de 20 de setembro de 2019.
- Art. 10, Lei n. 10.741, de 1º de outubro de 2003.
- Art. 1º, Anexo I do Decreto n. 10.474, de 26 de agosto de 2020.
- Art. 6º, Anexo I do Decreto n. 10.474, de 26 de agosto de 2020.
- Art. 8º, Anexo I do Decreto n. 10.474, de 26 de agosto de 2020.
- Art. 10, Anexo I do Decreto n. 10.474, de 26 de agosto de 2020.
- Art. 11, Anexo I do Decreto n. 10.474, de 26 de agosto de 2020.
- Art. 12, Anexo I do Decreto n. 10.474, de 26 de agosto de 2020.
- Art. único, XV, *b*, Anexo do Decreto n. 11.401, de 23 de janeiro de 2023.
- Arts. 27 e s., Capítulo V do Decreto n. 12.002, de 22 de abril de 2024.

DISPOSITIVOS RELACIONADOS NA LGPD

- Arts. 5º, XVII e XIX, e 6º, VI; arts. 9º e 10, § 3º; art. 18, 19 e 20; art. 23, § 3º; art. 29; arts. 31 e 32; arts. 34 e 35; art. 38; arts. 40 e 41, § 3º; art. 46; art. 48; arts. 50, 51, 52, 53 e 54; art. 55-K.

ATIVIDADES DA ANPD

- Portaria n. 1, de 8 de março de 2021.
- Resolução CD/ANPD n. 2, de 27 de janeiro de 2022.
- Resolução CD/ANPD n. 4, de 24 de fevereiro de 2023.
- AGU, Consultoria-Geral da União. Assessoria Jurídica junto à Autoridade Nacional de Proteção de Dados. Parecer n. 00018/2021/GAB/ASJUR-ANPD/CGU/AGU.

AÇÕES REGULATÓRIAS E FISCALIZATÓRIAS DE ENTIDADES GOVERNAMENTAIS E ÓRGÃOS DE CONTROLE

- TCU, Acórdão n. 1384/2022, Rel. Ministro Augusto Nardes, Plenário, j. 15.06.2022.
- TCU. Processo n. 039.606/2020-1, Plenário, Relatório, j. 15.06.2022.

CASOS E DECISÕES JUDICIAIS RELEVANTES

- STF. ADI n. 6649 e ADPF n. 695. Plenário. Rel. Min. Gilmar Mendes, j. 15.09.2022, *DJe* 19.06.2023.

JUSTIFICATIVA E FUNDAMENTOS

A inclusão dos arts. 55-A a 55-M na LGPD foi motivada pela necessidade de criar uma entidade capaz de regular e fiscalizar a aplicação da legislação de proteção de dados no Brasil. Há de se recordar que a Lei original já previa a criação de uma entidade pertencente à Administração Pública federal indireta e enquanto autarquia especial, com todas as características inerentes à sua natureza. *In verbis*:

> A Lei original previa a criação de uma Autoridade Nacional de Proteção de Dados – ANPD, pertencente à Administração Pública federal indireta e submetida a regime autárquico especial, vinculada ao Ministério da Justiça. Como autarquia especial, a lei dispunha que a ANPD teria independência administrativa, ausência de subordinação hierárquica, mandato fixo e estabilidade de seus dirigentes e autonomia financeira. Seria regida pela Lei das Agências Reguladoras (Lei n. 9.986/2000) e por um órgão máximo, o Conselho Diretor, e pelo Conselho Nacional de Proteção de Dados Pessoais e da Privacidade – CNPDPP. Ademais, teria sua estrutura organizacional aprovada por decreto do Presidente da República e seu Conselho Diretor seria composto por 3 conselheiros, com mandatos de 4 (quatro) anos.[1]

A ANPD foi concebida para assegurar que os direitos dos titulares de dados sejam respeitados e que os agentes de tratamento, pessoas naturais, ou de natureza jurídica de direito público ou privado que tratam dados pessoais cumpram com os fundamentos,

---

1 Nesse sentido, faz-se interessante a leitura do Parecer n. 1, de 2019, do Congresso Nacional, que traz a Exposição de Motivos acerca da Medida Provisória n. 869/2018 (Câmara dos Deputados, 2018).

diretrizes e requisitos da LGPD. A criação da ANPD,[2] inicialmente como ente despersonalizado, pertencente à Presidência da República, e a sua posterior conversão em autarquia de regime especial, dotada de autonomia técnica e decisória, foi fundamental para garantir a independência necessária para a ANPD desempenhar suas funções de forma eficiente e livre de interferências externas.

Nesse sentido, os dispositivos em análise estabelecem a ANPD como a autoridade central em proteção de dados pessoais no Brasil. Com efeito, a criação da ANPD visa centralizar a regulação do tema, a fiscalização e a aplicação de sanções relacionadas à proteção de dados, prevalecendo as competências da ANPD sobre outros órgãos e entidades no que tange à proteção de dados pessoais. Para atingir esse objetivo, o legislador prevê dispositivos que munem a ANPD com ferramentas suficientemente hábeis, é dizer, a instituição de um Conselho Diretor com mandato fixo e estável,[3] a criação de unidades essenciais próprias de um órgão regulador, a previsão de receitas próprias e a constituição de patrimônio, que têm como finalidade assegurar que a ANPD tenha recursos suficientes para operar de forma autônoma e eficaz.

O art. 55-J da LGPD trata especificamente das competências e responsabilidades da ANPD, entidade responsável por zelar pelo cumprimento da legislação de proteção de dados no Brasil e, nesse sentido, é central no que diz respeito à concretização de seus objetivos e princípios. Sua estrutura se alinha a modelos globais de regulação da proteção de dados, tais como o RGPD, mas, na prática, enfrenta desafios em relação à autonomia técnica e decisória, em comparação com autoridades de outros países, semelhantes aos enfrentados no Brasil por outras autarquias de natureza especial.

É importante ressaltar que os arts. 55-A a 55-M foram incluídos durante o processo de tramitação da lei como parte das discussões sobre a necessidade de uma entidade reguladora especializada. A inclusão desses dispositivos foi amplamente debatida, principalmente devido à necessidade de assegurar que o Brasil estivesse alinhado às melhores práticas internacionais de proteção de dados, como aquelas estabelecidas pelo RGPD[4] e pela OCDE.[5]

---

2 É "necessário ressaltar que embora a ANPD estivesse prevista na Lei n. 13.709/18, sua inclusão se deu de forma irregular, gerando vício de iniciativa na proposta, o que levou à necessidade do veto presidencial ao capítulo que tratava da matéria", conforme Exposição de Motivos n. 239/2018, da Medida Provisória n. 869/2018 (Câmara dos Deputados, 2018).

3 A Comissão Mista, por meio do Parecer acima referenciado, na busca atuação independente da Autoridade, argumentou sobre a necessidade de prover legitimidade, liberdade e autonomia de atuação para os seus diretores. Para isso, arguiram sobre a introdução de um processo de sabatina pelo Senado Federal dos membros do Conselho Diretor, nos moldes em que é realizado para a nomeação de diretores de Agências Reguladoras. Além disso, argumentaram sobre a necessidade de lhes direcionar cargo em comissão nível 5, no mínimo, a fim de que os Conselheiros tivessem a mais alta hierarquia no âmbito da Administração.

4 O RGPD traz a previsão expressa da obrigatoriedade, por parte dos Estados-membros, de criação de autoridade de controle, capacitadas para desempenhar suas funções e exercer seus poderes com total independência. Nos termos do Considerando 117, tal independência é um componente essencial para a proteção dos titulares de dados.

5 A OCDE, desde os anos 1980, a fim de impulsionar o desenvolvimento econômico a partir do papel estratégico dos dados pessoais, publicou as suas "Diretrizes sobre a Proteção da Privacidade e Fluxos Transfronteiriços de Dados Pessoais". Essas diretrizes, além de favorecerem o fluxo de dados internacional, ajudaram a consolidar o conceito de privacidade relacionado à proteção de dados pessoais. O que aqui cabe destacar é que, considerando, dentre muitos aspectos, o pioneirismo da OCDE no que diz respeito à proteção de dados pessoais, o Brasil já demonstrou interesse em ingressar para a Organização. Contudo, especialistas já

Com o veto presidencial nos termos da Medida Provisória n. 869/2018[6] que aprovava a ANPD como entidade autárquica, contudo, tal estrutura foi adiada, ficando a Autoridade sem a autonomia anteriormente prevista e subordinada à Presidência da República.

Assim, inicialmente com a estrutura e as características incluídas pela Lei n. 13.853/2019,[7] por sua vez, a partir da vigência da Lei n. 14.460, de 2022, a ANPD teve alguns aspectos da sua estrutura original modificada, ganhando robustecimento, especialmente no que diz respeito à sua natureza jurídica, transformando-a de órgão da Administração Pública federal direta em autarquia de natureza especial.

As justificativas para a criação e estruturação da ANPD giram em torno da necessidade de uma entidade sólida e independente o suficiente para lidar com os desafios da proteção de dados em um mundo cada vez mais digital e globalizado. Com o advento dessa sociedade em rede,[8] a independência técnica e decisória da ANPD é crucial para que a entidade possa aplicar a LGPD de maneira mais justa e uniforme, sem sofrer influências indevidas de diversas naturezas. Nesses casos, a ANPD poderia estar sujeita a pressões de entes governamentais ou políticos, que poderiam, eventualmente, tentar influenciar suas decisões, decisões estas que não refletiriam necessariamente o melhor interesse dos titulares de dados. Em outra abordagem, a falta de independência e de uma estrutura robusta de servidores tecnicamente aptos pode levar à vulnerabilidade da instituição em relação a grandes corporações privadas que possuem interesse em moldar as regulamentações de proteção de dados segundo seus interesses. Também é importante mencionar, nesse contexto, a importância da independência da Autoridade e sua relação com a estabilidade dos mandatos de seus dirigentes, que garante a continuidade de seus cargos livre de conflitos de interesse e independentes de entidades externas, sejam elas públicas ou privadas.[9]

---

alertaram sobre os padrões de ingresso exigidos pela OCDE. Isso porque a Organização avalia, dentre outros critérios, a capacidade de aplicação das normas de proteção de dados pessoais e a independência da entidade reguladora da matéria. Assim, verifica-se que a existência de um órgão regulador independente e autônomo técnica, administrativa e financeiramente é crucial para que o Brasil se alinhe com o modelo europeu. Sobre o assunto, cf. OCDE. Report on the implementation of the OECD Privacy Guidelines. *OECD Digital Economy Papers*, Paris, n. 361, 2023.

6 A Lei n. 13.853/2019 foi o resultado da conversão em lei da Medida Provisória n. 869/2018.

7 A Comissão Mista apresentou seu parecer sobre a Medida Provisória 869/2018, introduzindo algumas alterações, entre elas a exigência de que os candidatos ao cargo de diretor da Autoridade, nomeados pelo presidente, sejam submetidos a uma sabatina no Senado Federal. Além disso, o parecer propôs que o modelo da autoridade nacional seja revisado pelo Poder Executivo dois anos após sua criação, com a possibilidade de transferi-la para a administração indireta, o que resultaria em uma maior independência política, financeira e administrativa.

8 "Nosso estudo sobre as estruturas sociais emergentes nos domínios da atividade e experiência humana leva a uma conclusão abrangente: como tendência histórica, as funções e os processos dominantes na era da informação estão cada vez mais organizados em torno da rede. Redes constituem a nova morfologia social de nossas sociedades e a difusão da lógica de redes modifica de forma substancial a operação e os resultados dos processos produtivos e de experiência, poder e cultura. Embora a forma de organização social em redes tenha existido em outros tempos e espaços, o novo paradigma da tecnologia da informação fornece a base material para sua expansão penetrante em toda a estrutura social. (...) A presença na rede ou a ausência dela e a dinâmica de cada rede em relação às outras são fontes cruciais de dominação e transformação da nossa sociedade: uma sociedade que, portanto, podemos chamar de sociedade em rede, caracterizada pela primazia da morfologia social sobre a ação social" (CASTELLS, M. *A sociedade em rede*. 17. ed. Rio de Janeiro: Paz & Terra, 2016. p. 553).

9 Sobre o assunto, não é demais lembrar que, na UE, a independência das Autoridades de Proteção de Dados (DPAs) é uma exigência legal: isso está estabelecido no artigo 16º (2) do Tratado sobre o Funcionamento da

Assim, a aplicabilidade dessa independência se faz valer à medida que a finalidade precípua da ANPD se consolida na proteção dos direitos dos titulares de dados e na promoção de um ambiente de confiança no tratamento de dados pessoais. Isso significa que as decisões e regulamentos emanados da ANPD devem seguir critérios eminentemente técnicos e com observância aos princípios da transparência[10] e da eficiência.

Além disso, a transformação da ANPD em autarquia especial pela Lei n. 14.460/2022, reforça a importância da independência institucional para a credibilidade e efetividade das ações da ANPD, o que pode influenciar tanto a interpretação dos dispositivos como a atuação prática da Autoridade. O contexto da alteração legislativa reflete, portanto, uma maturação da governança da proteção de dados no Brasil, adaptando a estrutura da ANPD para melhor atender às demandas e desafios do setor. Com efeito, a postura da ANPD tem demonstrado uma abordagem colaborativa, que envolve a participação ativa de múltiplos setores, desde os titulares de dados até o setor privado, sociedade civil, academia e o CNPD. Isso pode ser observado por meio das consultas e audiências públicas, das consultas à sociedade para opinar sobre materiais orientativos e interpretativos da Autoridade e, ainda, da ativa participação da ANPD em eventos e fóruns nacionais e internacionais de proteção de dados pessoais.[11]

ANÁLISE[12]

1. Art. 55-A

O art. 55-A da LGPD é fundamental para a operacionalização da LGPD, uma vez que cria a ANPD, entidade central responsável por zelar o direito fundamental à proteção de

---

União Europeia (TFUE) e no artigo 8º (3) da Carta dos Direitos Fundamentais da UE. De acordo com o TJUE, o controle por uma autoridade independente é um elemento essencial do direito à proteção de dados. Para o Tribunal, a autoridade supervisora deve operar com plena independência, o que significa ter poder de decisão livre de qualquer influência externa, seja direta ou indireta. Cf. EDPS. Data protection – independence. *European Data Protection Supervisor*, 2024.

10 A transparência é uma qualidade essencial para que as autoridades de proteção de dados sejam eficazes. Atuar de maneira transparente é crucial para que todas as partes envolvidas possam entender as decisões e os motivos que orientaram as ações adotadas pela autoridade. Assim, a transparência permite que a ANPD possa construir uma relação de confiança junto à sociedade, evitando que suas decisões sejam vistas como arbitrárias ou inconsistentes. Nesse contexto, é possível citar diversas medidas de transparência por parte da ANPD, como, por exemplo, a publicação regular de relatórios sobre ciclo de monitoramento de requerimentos e comunicações de incidente de segurança (https://www.gov.br/anpd/pt-br/documentos-e-publicacoes/documentos-de-publicacoes/2023-11-07-relatorio-do-ciclo-de-monitoramento-2023-versao-final.pdf) e sobre o acompanhamento e execução das agendas regulatórias (https://www.gov.br/anpd/pt-br/acesso-a-informacao/institucional/atos-normativos/regulamentacoes_anpd).

11 A realização de consultas e audiências públicas é obrigatória e está prevista no art. 55-J, § 2º, da LGPD, sendo objeto de maior detalhamento nos comentários referentes a este artigo. Por sua vez, as consultas à sociedade são prerrogativas da ANPD orientadas a colher informações e opiniões sobre os Estudos Preliminares realizados com vista à elaboração de Guias Orientativos. À guisa de exemplo é possível citar a recente consulta à sociedade realizada sobre Tratamento de Dados Pessoais de Alto Risco e o critério da larga escala. Para mais informações, cf. ANPD. Aberta consulta à sociedade a respeito de estudo preliminar sobre alto risco e larga escala. *Portal Gov.br*, 17 abr. 2024. Disponível em: https://www.gov.br/anpd/pt-br/assuntos/noticias/aberta-consulta-a-sociedade-de-a-respeito-de-estudo-preliminar-sobre-alto-risco-e-larga-escala. Acesso em: 15 jun. 2025.

12 A análise do art. 55-K é realizada separadamente, incluída em seguida neste volume.

dados pessoais dos seus titulares. Assim, a ANPD, enquanto autarquia de natureza especial[13] é dotada de autonomia técnica e decisória, o que lhe permite atuar de forma independente[14] na regulação, fiscalização e fomento da cultura de proteção de dados pessoais no Brasil. Essa independência, conforme já mencionado, é essencial para assegurar que a ANPD possa tomar decisões técnicas imparciais, sem interferências, quer de ordem política ou administrativa.

A evolução da redação do art. 55-A reflete a maturidade e a necessidade de adaptação do ordenamento jurídico brasileiro às exigências de um ambiente regulatório eficaz. Inicialmente, e sem novidade nesse passo, a ANPD foi criada como um órgão vinculado à Presidência da República, o que poderia limitar a sua autonomia.[15] A transformação da ANPD em autarquia especial, promovida pela Lei n. 14.460/2022, visou garantir, portanto, uma maior independência e robustez institucional, alinhando-se às melhores práticas internacionais.

Nesse sentido, há que ser destacado o exemplo da UE, que desde a Diretiva 95/46 já prevê a independência das autoridades de controle no âmbito de seus Estados-membros.[16] A Diretiva previu, ainda, poderes de inquérito, poderes efetivos de intervenção e o poder de intervir em processos judiciais em casos de violação das disposições da Diretiva, àquela época com a necessidade de serem transpostas por norma nacional.

Com efeito, a transformação da ANPD em autarquia especial com autonomia técnica e decisória é semelhante ao que ocorre em outras jurisdições, como é o caso do previsto no RGPD, que revogou a Diretiva 95/46 e prevê a criação de Autoridades de Proteção de Dados com independência institucional no âmbito dos Estados-membros.[17]

---

[13] A criação das autarquias de regime ou natureza especial, entes autônomos e independentes, com personalidade jurídica de direito público, surge da necessidade econômica e jurídica de descentralização do aparato estatal, assim como de descentralização da atividade legislativa, pela importância de especialização normativa para cada setor. Inspiradas no modelo norte-americano, são marcadas pela notória expertise para regular áreas específicas da economia. Sobre o assunto: SILVA, Fernando Quadros da. Agências Reguladoras: um modelo em constante aperfeiçoamento. *In*: FREITAS, Vladimir Passos de; SILVA, Fernando Quadros da (coord.). *Agências Reguladoras no direito brasileiro:* teoria e prática. São Paulo: Revista dos Tribunais, 2014.

[14] Sobre a atuação independente das autarquias de regime especial, Maria Silva Di Pietro afirma: "(...) a qualificação de 'independente', conferida a muitas das agências reguladoras, deve ser entendida em termos. Em nenhum país onde foram instituídas possuem independência em sentido próprio, mas apenas uma maior ou menor autonomia, dentro dos parâmetros fixados pelo ordenamento jurídico", como citado em Aragão (2012, p. 189).

[15] É importante relembrar que a lei original, em seu art. 55, *caput* e § 3º, previa a criação da ANPD como órgão da administração pública federal indireta, sob regime autárquico de natureza especial e a ela era conferida independência administrativa e autonomia financeira. Todavia, tal dispositivo foi objeto de veto pela Presidência da República, sob a alegativa de violação aos arts. 37, XIX, e 61, § 1º, II, *e*, da Constituição Federal. Após muitos debates, a despersonalização da ANPD e sua subordinação enquanto órgão da Presidência da República foram estabelecidas transitoriamente, e nos termos da já mencionada Lei n. 13.853/2019, o legislador impôs prazo de até dois anos para sua transformação em autarquia de natureza especial.

[16] Art. 28.º Autoridade de Controlo. Cada Estado-membro estabelecerá que uma ou mais autoridades públicas serão responsáveis pela fiscalização da aplicação no seu território das disposições adoptadas pelos Estados-membros nos termos da presente directiva. Essas autoridades *exercerão com total independência* as funções que lhes forem atribuídas. (grifo nosso)

[17] Artigo 51.º Autoridade de controlo. Os Estados-membros estabelecem que cabe a uma ou mais *autoridades públicas independentes* a responsabilidade pela fiscalização da aplicação do presente regulamento, a fim de defender os direitos e liberdades fundamentais das pessoas singulares relativamente ao tratamento e facilitar a livre circulação desses dados na União ("autoridade de controlo"). (...) Art. 52.º Independência.

Interessante mencionar o exemplo argentino, que há mais de vinte anos conta com uma lei de proteção de dados – a Lei n. 25.326/2000. É também considerada jurisdição adequada nos termos do RGPD para a transferência de dados pessoais, sendo por muito tempo o único país da América Latina a ter uma decisão de adequação exarada pela Comissão Europeia para fins de transferência. Tal decisão foi exatamente baseada em uma evolução do quadro jurídico argentino, incluindo a criação da Agência de Acesso à Informação Pública (AAIP), autoridade argentina de proteção de dados, e sua independência.[18] Atualmente, a Argentina passa por um debate para a atualização de seu marco legal de dados pessoais, com participação ativa da AAIP.[19]

Em contraste, em algumas legislações de outros países, as autoridades de proteção de dados ainda estão vinculadas a ministérios ou a órgãos do governo central, o que pode limitar a eficácia e efetividade de suas atividades. É o caso do Chile que, embora tenha sido um dos precursores na criação de uma lei de proteção de dados pessoais na América Latina, somente em 2024 teve aprovado na Câmara e no Senado chilenos o projeto de lei que cria sua autoridade nacional, com vigência apenas após vinte e quatro meses da data de sua publicação.[20]

A conversão da natureza jurídica da ANPD é também de suma importância para o seu posicionamento e reconhecimento internacional.[21] Deveras, harmonizar a estrutura e as funções da ANPD com as melhores práticas internacionais traz credibilidade e segurança jurídica ao Brasil no cenário global. Isso, além de facilitar a cooperação internacional em casos de proteção de dados e a participação do Brasil em acordos internacionais sobre o tema, promove a sua interação com mercados internacionais e fortalece a proteção de dados pessoais dos cidadãos brasileiros ao redor do mundo.

A previsão legal da natureza agora mais forte e independente da ANPD alinha-se, portanto, com os princípios estabelecidos em tratados e convenções internacionais que buscam garantir a independência das autoridades de regulação a fim de assegurar a aplicação imparcial das leis protetivas de dados pessoais.[22] De modo similar, a autonomia técnica e decisória da

---

As *autoridades de controlo agem com total independência na prossecução das suas atribuições e no exercício dos poderes que lhe são atribuídos* nos termos do presente regulamento. (grifo nosso)

[18] Cf. Comissão Europeia (2024).

[19] Cf. ARGENTINA. Proyecto de Ley de Protección de Datos Personales.

[20] O Projeto de Lei, à data de finalização deste comentário, seguiu para sanção presidencial. Tal lei cria a Agência de Proteção de Dados Pessoais, entidade autônoma de direito público, de caráter técnico, descentralizado, de direito público, com personalidade jurídica e patrimônio próprio (Artigo 30). Sobre o assunto, cf. CÁMARA DE DIPUTADAS Y DIPUTADOS. *Proyecto de Ley:* regula la protección y el tratamiento de los datos personales y crea la Agencia de Protección de Datos Personales. Santiago, 2017. Disponível em: https://www.camara.cl/legislacion/ProyectosDeLey/tramitacion.aspx?prmID=11661&prmBOLETIN=11144-07. Acesso em: 15 jun. 2025.

[21] Apenas a título de exemplo, após a conversão da natureza jurídica da ANPD em autarquia de regime especial, antes observadora, foi aceita como membro pleno na Global Privacy Assembly (GPA) um dos mais importantes fóruns globais para autoridades de proteção de dados que por mais de quarenta anos congrega objetivos diretamente relacionados à cooperação nacional. Acerca do tema, conferir: ANPD. ANPD é aceita como membro pleno no Global Privacy Assembly. *Portal Gov.br*, 2023. Disponível em: https://www.gov.br/anpd/pt-br/assuntos/noticias/anpd-e-aceita-como-membro-pleno-no-global-privacy-assembly. Acesso em: 15 jun. 2025.

[22] Destaca-se aqui a Convenção n. 108 do CoE, primeiro tratado internacional juridicamente vinculativo que trata da privacidade e proteção de dados. Em 2018, a Convenção foi atualizada, passando a intitular-se Convenção 108+. Como o Brasil ainda não aderiu à Convenção, a ANPD atua como observadora nas

Autoridade, igualmente garantida pelo texto atualizado da LGPD, demonstra conformidade com os princípios defendidos por organizações como a OCDE e a ONU. Nesse sentido, em recente relatório publicado pela OCDE acerca da implementação de suas Diretrizes de Privacidade, esta recomendou que países membros mantivessem suas autoridades de proteção de dados com a governança, recursos e expertise técnica necessários ao exercício de seus poderes de forma eficaz, a fim de tomar decisões de maneira objetiva, imparcial e consistente. Tais medidas referem-se à necessidade de que as autoridades sejam livres de intervenção, parcialidade e, portanto, detenham independência regulatória:

> Vários elementos são necessários para garantir a independência regulatória, em particular a autonomia em relação ao recrutamento e ao orçamento. As PEAs precisam de recursos financeiros e de pessoal suficientes para desempenhar suas funções adequadamente e resistir à influência política. A falta de recursos financeiros suficientes pode prejudicar seriamente a capacidade da PEA de cumprir seu mandato.
>
> No nível da União Europeia, a independência das PEAs está consagrada no Art. 8 (3) da Carta dos Direitos Fundamentais da União Europeia (adotada em 2000 e legalmente vinculativa como lei primária da UE com a entrada em vigor do Tratado de Lisboa em 2009), que afirma que as regras estabelecidas pela Carta "serão sujeitas ao controle por uma autoridade independente". A independência das PEAs no nível da UE também está consagrada no Art. 16 (2) do Tratado sobre o Funcionamento da União Europeia, que declara que "o Parlamento Europeu e o Conselho (...) estabelecerão as regras relativas à proteção dos indivíduos no que diz respeito ao tratamento de dados pessoais" e que "o cumprimento dessas regras será sujeito ao controle de autoridades independentes.[23]

Nessa mesma toada, em relatório do Alto Comissionário da ONU para os Direitos Humanos, intitulado *O direito à privacidade na era digital*, foi recomendado, dentre outros pontos, que os Estados estabelecessem autoridades independentes com poderes para monitorar as práticas de privacidade de dados do Estado e do setor privado, investigar abusos, receber reclamações de indivíduos e organizações, e aplicar multas e outras penalidades eficazes pelo processamento ilegal de dados pessoais por entidades privadas e públicas.[24]

Além do já aludido regulamento europeu, o ordenamento jurídico de países como o Canadá, com a *Personal Information Protection and Electronic Documents Act* (PIPEDA)[25] e o Japão, por meio da *Act on the Protection Information* (APPI),[26] igualmente estabelecem autoridades independentes na missão de zelar pela proteção de dados pessoais.

---

reuniões desde 2021, a fim de buscar as melhores práticas regulatórias para o contexto protetivo de dados pessoais da LGPD.

[23] OCDE. Report on the implementation of the OECD Privacy Guidelines. *OECD Digital Economy Papers*, Paris, n. 361, 2023 (tradução nossa).

[24] UNITED NATIONS HUMAN RIGHTS COUNCIL. *Report of the United Nations High Commissioner for Human Rights*. Genebra: ONU, 2018. Disponível em: https://documents.un.org/doc/undoc/gen/g18/239/58/pdf/g1823958.pdf. Acesso em: 15 jun. 2025.

[25] Canada (2024).

[26] A redação integral da lei de proteção de dados japonesa pode ser acessada por meio do seguinte link: https://www.cas.go.jp/jp/seisaku/hourei/data/APPI.pdf. HOUNSLOW, D.; NOZAKI, R. Data guidance: Japan – data protection overview. *One Trust*, 20 nov. 2024. Disponível em: https://www.dataguidance.com/notes/japan-data-protection-overview. Acesso em: 15 jun. 2025.

O que se pode concluir é que a ANPD tem exercido de modo bem-sucedido a sua autonomia, principalmente por meio de suas competências finalísticas. As diretrizes emitidas pela ANPD refletem um compromisso com a aplicação técnica da LGPD, sem interferências externas que possam comprometer a integridade de suas ações. A emissão de regulamentos com base em critérios técnicos e em diálogo com a sociedade civil e com o setor privado, a partir das consultas e audiências públicas, têm promovido uma regulação responsiva e em acordo com as melhores práticas regulatórias. Por fim, a Autarquia tem atuado em cooperação com entidades internacionais, inclusive por meio de Memorandos de Entendimento (MoU), como é o caso do MoU com a *Agencia Española de Protección de Datos* (AEPD).[27]

2. Art. 55-C

O art. 55-C da LGPD é fundamental para estabelecer a estrutura organizacional da ANPD, definindo os componentes essenciais que constituem este órgão para o cumprimento de suas competências e desempenho de suas atribuições.

O Decreto n. 10.474/2020, com modificações introduzidas pelo Decreto n. 11.202/2022, pelo Decreto 10.975/2022 e pelo Decreto n. 11.758/2023, define a organização da ANPD, estabelecendo suas competências, estrutura organizacional e o funcionamento de seus órgãos, incluindo o Conselho Diretor, o CNPD, e demais unidades administrativas. Além disso, detalha as atribuições específicas de cada órgão e os procedimentos para a tomada de decisões e aplicação das normas relativas à proteção de dados pessoais no Brasil.

Por sua vez, o Regimento Interno da ANPD, aprovado pela Portaria n. 1/2021, traz o esmiuçamento da estrutura organizacional da ANPD. O Título III traz a composição, as obrigações e as competências do Conselho Diretor, além das competências específicas do Diretor-presidente, incluindo a gestão e a representação institucional da Autoridade.

O Conselho Diretor, sendo o órgão máximo de direção, tem sua estrutura e funcionamento detalhadamente delineados no Regimento Interno. Este órgão é composto por um diretor-presidente e outros diretores que são responsáveis por tomar as decisões estratégicas da ANPD. O Regimento Interno estabelece normas para a convocação, realização de reuniões, e quórum para deliberações, o que reflete a importância de uma governança clara e eficiente. As atribuições do Conselho Diretor incluem a formulação de diretrizes para a política nacional de proteção de dados e a aprovação de regulamentos que orientam a aplicação da LGPD no Brasil.

O CNPD funciona como um órgão consultivo e de participação social dentro da ANPD. O Regimento Interno destaca a composição plural deste conselho, que inclui representantes de vários setores da sociedade, tais como o setor público, o setor privado, a academia, e organizações não governamentais. As reuniões do Conselho Nacional são planejadas para garantir a diversidade de opiniões, refletindo a natureza multidisciplinar e democrática da

27 "Um dos objetivos primordiais é a promoção de mecanismos específicos de cooperação técnica que permitam a troca de conhecimentos e experiências, além da identificação das melhores práticas no campo da proteção de dados pessoais. O evento coincidiu com a entrada da ANPD como membro da Rede Ibero-Americana de Proteção de Dados" (ANPD. ANPD assina memorando de entendimento com a Agência Espanhola de Proteção de Dados. *Portal Gov.br*, 5 out. 2021. Disponível em: https://www.gov.br/anpd/pt-br/assuntos/noticias/anpd-assina-memorando-de-entendimento-com-a-agencia-espanhola-de-protecao-de-dados. Acesso em: 15 jun. 2025).

proteção de dados. O Regimento define também os procedimentos para a nomeação dos conselheiros e os critérios para a tomada de decisões, assegurando que suas recomendações sejam fundamentadas em um processo participativo e transparente.

O Regimento Interno especifica as diversas unidades administrativas e especializadas que compõem a ANPD. Estas unidades são responsáveis por executar as funções operacionais e técnicas necessárias para a aplicação da LGPD. As unidades especializadas, por exemplo, podem incluir departamentos focados em tecnologias de informação, análise de impacto à proteção de dados e fiscalização. O Regimento detalha as competências dessas unidades, assegurando que todas as operações da ANPD sejam realizadas com alta eficiência e dentro dos parâmetros legais e técnicos exigidos.

Quanto aos órgãos de assistência direta e imediata ao Conselho Diretor, destaca-se a Secretaria-Geral (art. 10), responsável, dentre outras atribuições, pela coordenação das atividades de modernização administrativa e pela elaboração e monitoramento do Planejamento Estratégico da ANPD, e a Coordenação Geral de Relações Institucionais e Internacionais (CGRII) (art. 12), a qual, além do apoio ao Conselho Diretor nas ações de cooperação internacional, subsidia-o na criação de mecanismos para transferências internacional de dados e a sua avaliação sobre o nível de proteção de dados de países ou organismos internacionais. A CGRII também detém a atribuição de autorizar a transferência internacional de dados pessoais, de acordo com os parâmetros estabelecidos em Regulamento (inciso IV). Além desses órgãos, constituem órgãos de assistência imediata a Coordenação-Geral de Administração e a Coordenação-Geral de Tecnologia da Informação, esta incluída no Decreto n. 10.474/2020 através do Decreto n. 11.202/2022, mas ainda não transposta ao Regimento Interno da Autoridade.[28]

Quanto aos órgãos seccionais, o Regimento Interno prevê em sua estrutura Corregedoria, Ouvidoria e Assessoria Jurídica. A Corregedoria é responsável por assegurar a integridade ética dos membros da ANPD. O Regimento Interno especifica as competências desse órgão, que incluem a condução de processos disciplinares e a investigação de infrações cometidas por servidores e dirigentes da ANPD. O Regimento detalha os procedimentos de apuração de condutas, garantindo o direito ao contraditório e à ampla defesa, o que reforça a credibilidade e a legitimidade das ações corretivas adotadas pela Corregedoria.

A Ouvidoria atua como um canal direto entre a sociedade e a ANPD, recebendo reclamações, sugestões e denúncias. O Regimento Interno da ANPD descreve o papel da Ouvidoria na promoção da transparência e na melhoria contínua dos serviços prestados pela Autoridade. Este órgão também tem a função de monitorar a satisfação dos cidadãos em relação às atividades da ANPD, propondo melhorias e reportando as demandas mais recorrentes ao Conselho Diretor.

A Assessoria Jurídica da ANPD, conforme estabelecido no Regimento Interno, presta assistência jurídica ao Conselho Diretor e aos demais órgãos da ANPD. As funções desta Assessoria incluem a emissão de pareceres jurídicos, a representação judicial e extrajudicial da ANPD, e a análise de conformidade legal das ações e normativas da Autoridade. Contudo, é importante ressaltar que, embora ainda haja a previsão de Assessoria Jurídica, a redação do Decreto n. 11.202/2022 trouxe a figura da Procuradoria-Federal Especializada (PFE) em seu lugar. Isso ocorreu exatamente pela transformação da Autoridade em autarquia de regime

---

[28] Faz-se mister destacar aqui que o Regimento Interno da ANPD não sofreu ainda nenhuma alteração desde a sua publicação, época em que a Autoridade era ainda ente despersonalizado, integrante da Presidência da República.

especial. A PFE, órgão de execução da Procuradoria-Geral Federal (PGF), é, portanto, responsável pela representação judicial e extrajudicial de autarquias, fundações públicas, agências reguladoras e outras autarquias de natureza especial, como o CADE e, por conseguinte, a ANPD. Nos termos da Lei n. 10.480/2002:

> Art. 10. À Procuradoria-Geral Federal compete a representação judicial e extrajudicial das autarquias e fundações públicas federais, as respectivas atividades de consultoria e assessoramento jurídicos, a apuração da liquidez e certeza dos créditos, de qualquer natureza, inerentes às suas atividades, inscrevendo-os em dívida ativa, para fins de cobrança amigável ou judicial.

A presença de uma Procuradoria dentro da estrutura da Autoridade sublinha a necessidade de assegurar que todas as suas ações estejam alinhadas com o ordenamento jurídico brasileiro, minimizando riscos legais e fortalecendo a segurança jurídica das suas decisões.

Finalmente, a ANPD é também composta por órgãos específicos singulares, quais sejam: a) a Coordenação-Geral de Normatização (CGN) (art. 16, Regimento Interno ANPD), responsável pela elaboração e cumprimento da Agenda Regulatória da Autoridade, bem como pela proposição de interpretação sobre os dispositivos da LGPD. À CGN também são incumbidas as atividades de monitoramento regulatório e de acompanhamento e avaliação dos resultados provenientes das regulamentações e guias por ela publicados; b) a Coordenação-Geral de Fiscalização (CGF) (art. 17, Regimento Interno ANPD), a quem compete a fiscalização e a aplicação de sanções administrativas; e d) a Coordenação-Geral de Tecnologia e Pesquisa (CGTP) (art. 18, Regimento Interno ANPD), que tem como atribuição, entre outras, o desenvolvimento de estudos e pesquisas sobre tecnologias e seus impactos na proteção de dados pessoais (art. 18, I, Regimento Interno ANPD).

Cada uma dessas unidades organizacionais desempenha, portanto, um papel crucial na estrutura da ANPD, garantindo-lhe a capacidade de atuar de maneira eficaz e independente.

3. Art. 55-D

O art. 55-D da LGPD estabelece a composição e os critérios para a nomeação dos membros do Conselho Diretor da ANPD. O Conselho Diretor é, portanto, o órgão máximo de direção da ANPD, sendo responsável por definir as diretrizes e políticas que a Autoridade adotará para cumprir suas atribuições legais. Tal dispositivo é fundamental para garantir que a liderança da ANPD seja composta por indivíduos qualificados, com experiência e reputação ilibada, de modo a assegurar a integridade e a eficácia das decisões tomadas pela ANPD. A composição e os critérios de nomeação e mandato estabelecidos neste artigo visam, nesse sentido, garantir a continuidade e a estabilidade da governança da ANPD, aspectos essenciais para a aplicação coerente e sustentada da LGPD.

O processo de nomeação dos membros do Conselho Diretor, que envolve a escolha pelo Presidente da República e a aprovação pelo Senado Federal busca assegurar o equilíbrio entre a competência técnica e a responsabilidade política. Isso acaba por refletir uma preocupação com a transparência e a clareza do processo de nomeação no contexto brasileiro, onde a composição e a estabilidade dos membros do Conselho Diretor são vistas como essenciais para a construção da confiança na autoridade reguladora por parte da sociedade.

A LGPD traz uma abordagem mais prescritiva e analítica em relação ao processo de nomeação do Colegiado se comparada a outros sistemas. No âmbito da UE, o RGPD enfatiza a independência dos membros das Autoridade, deixando a cargo destas o *modus operandi* para a nomeação de seus dirigentes, exatamente pelas peculiaridades de cada Estado-membro.[29]

Por outro lado, é importante destacar que a exigência de que os membros do Conselho Diretor tenham reputação ilibada e elevado conceito no campo de especialidade, bem como a estipulação de um processo transparente de nomeação e aprovação, são consistentes com os padrões internacionais de governança regulatória.

Nesse cenário, a LGPD traz na reputação ilibada a exigência de que os membros do Conselho Diretor tenham uma conduta irrepreensível, sem antecedentes que possam comprometer a confiança pública na sua capacidade de dirigir a ANPD. O elevado conceito no âmbito da especialidade, por conseguinte, refere-se à necessidade de que os diretores não possuam apenas formação acadêmica, mas reconhecimento profissional e experiência prática comprovados no campo relacionado à proteção de dados ou áreas afins.[30]

Por fim, sobre a rotação dos mandatos dos primeiros membros, conforme previsto no § 4º, esta pode ser interpretada como uma estratégia para garantir uma transição suave e a continuidade das políticas da ANPD, evitando rupturas abruptas que poderiam ocorrer se todos os membros fossem substituídos ao mesmo tempo. Nesses termos, tal rotação é essencial para preservar a memória institucional e a continuidade administrativa.

4. Art. 55-E

O art. 55-E da LGPD estabelece os critérios e o procedimento para a destituição dos membros do Conselho Diretor da ANPD, limitando as circunstâncias em que a perda do cargo pode ocorrer. Esses critérios incluem a renúncia, condenação judicial transitada em julgado e a pena de demissão resultante de processo administrativo disciplinar. A estruturação desse processo é fundamental para garantir a estabilidade e a independência dos membros do Conselho Diretor.

---

[29] Artigo 52.º Independência. (...) 2. Os membros das autoridades de controlo não estão sujeitos a influências externas, diretas ou indiretas no desempenho das suas funções e no exercício dos seus poderes nos termos do presente regulamento, e não solicitam nem recebem instruções de outrem. 3.Os membros da autoridade de controlo abstêm-se de qualquer ato incompatível com as suas funções e, durante o seu mandato, não podem desempenhar nenhuma atividade, remunerada ou não, que com elas seja incompatível. Artigo 53.º Condições gerais aplicáveis aos membros da autoridade de controlo. Condições gerais aplicáveis aos membros da autoridade de controlo. Os Estados-Membros estabelecem que cada membro das respetivas autoridades de controlo seja nomeado por procedimento transparente: – pelo Parlamento, – pelo Governo, – pelo Chefe de Estado, ou – por um organismo independente incumbido da nomeação nos termos do direito do Estado-Membro. 2. Cada membro possui as habilitações, a experiência e os conhecimentos técnicos necessários, nomeadamente no domínio da proteção de dados pessoais, ao desempenho das suas funções e ao exercício dos seus poderes. 3. As funções dos membros da autoridade de controlo cessam findo o seu mandato, com a sua exoneração ou aposentação compulsiva, nos termos do direito do Estado-Membro em causa. 4. Os membros da autoridade de controlo só são exonerados se tiverem cometido uma falta grave ou se tiverem deixado de cumprir as condições exigidas para o exercício das suas funções.

[30] Há dispositivo similar na Lei n. 13.848/19, que dispõe sobre a gestão, a organização, o processo decisório e o controle social das Agências Reguladoras, demonstrando, uma vez mais, as similitudes com as características da ANPD trazidas pela LGPD. Essa Lei alterou a Lei n. 10.233/2001 que, na nova redação do seu art. 53, § 1º, lê-se: Os membros das Diretorias Colegiadas serão brasileiros, terão reputação ilibada, formação universitária e elevado conceito no campo de especialidade dos cargos a serem exercidos e serão nomeados pelo Presidente da República, após aprovação pelo Senado Federal, nos termos da alínea *f* do inciso III do art. 52 da Constituição Federal, observado o disposto na Lei n. 9.986/00.

Por sua vez, o § 1º do art. 55-E atribui ao Ministro de Estado Chefe da Casa Civil a responsabilidade de instaurar o processo administrativo disciplinar, que é conduzido por uma comissão especial de servidores públicos federais estáveis. Já o § 2º delega ao Presidente da República a competência para determinar o afastamento preventivo e proferir o julgamento com base nas recomendações da comissão especial. Essa disposição visa proteger a independência dos diretores, assegurando que qualquer processo de destituição seja fundamentado em um procedimento formal e rigoroso.

Por seu turno, e no contexto hierárquico normativo brasileiro, tem-se um aparente conflito entre o art. 55-E, § 1º, da LGPD, e o art. 10, § 1º, do Decreto n. 10.474/2020. Trata-se da competência para a instauração de processo administrativo disciplinar em face de membro do Conselho Diretor da ANPD que, antes atribuída ao Ministro Chefe da Casa Civil da Presidência da República em ambos os dispositivos, traz a mesma atribuição ao Ministro da Justiça e Segurança Pública na previsão contida no Decreto com a sua alteração em 2023. Ou seja, o Decreto n. 11.758/2023, que alterou o art. 10 do Decreto n. 10.474/2020, modifica a autoridade responsável pela instauração do processo administrativo disciplinar, passando do Ministro da Casa Civil para o Ministro da Justiça e Segurança Pública. Essa modificação ainda não foi refletida na LGPD, o que cria uma inconsistência. À primeira vista, a LGPD, sendo uma lei ordinária, tem precedência sobre os decretos. Isso significa que, no âmbito da hierarquia das leis, as disposições da LGPD prevalecem sobre as dos decretos. Assim, dada a precedência hierárquica da LGPD, o § 1º do art. 55-E seria considerado válido até que seja formalmente alterado.

No entanto, na prática administrativa, a modificação feita pelo decreto poderia ser aplicada, desde que não contradiga substancialmente o espírito da lei. Eventualmente, poderá ser necessária alteração legislativa para harmonizar Lei e Decreto, corrigindo a discrepância e assegurando a conformidade normativa.

Ainda no âmbito do Decreto n. 10.474/2020, o art. 11 veda expressamente algumas condutas por parte dos membros do Conselho Diretor que, por sua vez, poderão ensejar a perda do cargo, nos termos do art. 55-E, *caput*, da LGPD. Esse conjunto de vedações é essencial para assegurar a integridade, a imparcialidade e a independência dos membros do Colegiado, que desempenham funções estratégicas na aplicação da LGPD.

Os incisos I a IV do art. 11 do Decreto n. 10.474/2020 limitam as atividades externas dos membros do Conselho Diretor, proibindo a recepção de honorários ou percentagens (inciso I), o exercício de profissão liberal (inciso II), a participação em sociedades civis, comerciais ou empresas (inciso III), e a emissão de pareceres ou atuação como consultor (inciso IV). Tais restrições são justificadas pela necessidade de evitar conflitos de interesse e garantir a imparcialidade desses agentes. Nesse passo, é importante enfatizar a importância de que agentes públicos, especialmente aqueles em posições estratégicas como os diretores da ANPD, estejam livres de quaisquer vínculos ou interesses que possam comprometer sua independência ou influenciar suas decisões.

Importante notar que o inciso II, que permite o exercício de profissões liberais "exceto as constitucionalmente permitidas", indica a conformidade com os direitos previstos na CRFB, como o direito ao magistério. Essa exceção busca equilibrar a necessidade de garantir a imparcialidade com o respeito aos direitos fundamentais dos indivíduos que ocupam cargos públicos.

Por sua vez, os incisos V e VI vedam aos membros do Conselho Diretor a manifestação de opiniões sobre processos pendentes ou o exercício de atividades político-partidárias. A proibição de manifestação pública sobre processos pendentes ou de opiniões depreciativas sobre decisões judiciais é fundamentada no princípio da impessoalidade, que é central no Direito Administrativo. Essa vedação garante que as decisões da ANPD sejam percebidas como imparciais e baseadas exclusivamente em critérios técnicos, sem influência de opiniões pessoais ou políticas.

Já a vedação à atividade político-partidária visa evitar que os membros do Conselho Diretor sejam influenciados por interesses políticos, preservando a neutralidade necessária para a condução das atividades regulatórias da ANPD. A doutrina reconhece que a independência de agentes públicos, especialmente em órgãos reguladores, é crucial para a manutenção da confiança pública e da integridade institucional.

Os §§ 1º, 2º e 3º do art. 11 estabelecem restrições para os membros do Conselho Diretor após a exoneração do cargo, proibindo-os de representar interesses perante a ANPD por 180 dias, de utilizar informações privilegiadas obtidas no cargo, e de ter interesses significativos em empresas que tratam de dados pessoais.

A restrição pós-exoneração de 180 dias é uma medida conhecida como "quarentena", comum em legislações que regulam o comportamento de ex-agentes públicos para evitar que eles utilizem a influência ou o conhecimento adquirido durante o serviço público para beneficiar interesses privados imediatamente após deixarem o cargo. Tal medida é essencial para a preservação da confiança pública na imparcialidade e na integridade do órgão regulador.

A vedação ao uso de informações privilegiadas e à posse de interesses significativos em empresas que tratam de dados pessoais reforça a proteção contra conflitos de interesse, garantindo que os membros do Conselho Diretor não possam se beneficiar de informações confidenciais obtidas em função do cargo. Essas restrições são fundamentais para evitar a captura regulatória, onde agentes públicos poderiam favorecer interesses privados em detrimento do interesse público.

5. Art. 55-F

A previsão de incidência da Lei n. 12.813/2013, conhecida como "Lei do Conflito de Interesse" no art. 55-F tem como objetivo a preservação da integridade e da imparcialidade da ANPD, mesmo após a saída dos ocupantes desses cargos.

O dispositivo estabelece duas principais proibições: (i) o uso de informações privilegiadas obtidas em razão do cargo a qualquer tempo; e (ii) a prestação de serviços, aceitação de cargos ou estabelecimento de vínculos profissionais com pessoas ou entidades com as quais o ex-membro do Conselho tenha tido relação relevante durante o exercício do cargo, por um período de seis meses após a exoneração ou dispensa.

No contexto da ANPD, que lida com a proteção de dados pessoais, a aplicação dessas regras é fundamental para evitar a utilização indevida de informações sensíveis que os membros do Conselho Diretor possam ter adquirido durante o exercício de suas funções. A proibição do uso de informações privilegiadas e a restrição na atuação profissional subsequente visam proteger a confiança pública na ANPD e assegurar que as decisões e ações dos ex-dirigentes sejam orientadas pelo interesse público, e não por interesses privados ou corporativos.

O conceito de conflito de interesses é central para a preservação da moralidade administrativa, princípio constitucionalmente assegurado no art. 37 da CRFB. A doutrina ressalta que o uso indevido de informações privilegiadas ou a interferência em processos administrativos após a saída do cargo comprometem a impessoalidade e a eficiência da administração pública.

O parágrafo único do art. 55-F reforça que a infração a essas disposições configura ato de improbidade administrativa, nos termos da Lei n. 8.429/1992 (Lei de Improbidade Administrativa). Esse enquadramento tem como objetivo dissuadir práticas indevidas e garantir que os ex-membros do Conselho Diretor não se beneficiem do conhecimento ou das relações adquiridas em detrimento do interesse público.

Assim, a imposição de uma "quarentena" de seis meses após a saída do cargo, conforme o art. 6º da Lei n. 12.813/2013, é uma medida amplamente aceita na doutrina como necessária para evitar a "porta giratória", onde ex-funcionários públicos migram imediatamente para o setor privado ou assumem funções que poderiam comprometer a integridade do serviço público. Segundo a doutrina, essa prática assegura que as decisões tomadas durante o mandato sejam livres de influência futura por relações pessoais ou profissionais.

6. Art. 55-G

As disposições deste dispositivo foram abordadas extensivamente no comentário aos artigos anteriores. Contudo, é importante ressaltar, sobre o § 1º, a ANPD e a Secretaria-Geral da Presidência da República assinaram a Portaria Conjunta SG-PR/ANPD n. 141/22, na qual ficou estabelecido o apoio administrativo desta SG à ANPD até 31 de dezembro de 2024. Tal apoio se justificou ao passo que, malgrado a transformação da natureza jurídica da Autoridade, não houve robustecimento de sua estrutura de cargos e funções. Assim, para que a ANPD possa cumprir suas novas atribuições de gestão e administrativas, tal apoio se mostra imprescindível.

Contudo, com a reforma ministerial de 2023, a ANPD passa a vincular-se ao Ministério da Justiça e Segurança Pública, passando tal apoio a ser fornecido por este Ministério, através da Portaria Conjunta MJ/ANPD n. 5/2023. Nesse contexto, parece que o art. 55-G, § 1º, tem como iminente sua revogação, por ter tido sua eficácia exaurida.

7. Art. 55-H e art. 55-I

Os arts. 55-H e 55-I da LGPD estabelecem as bases para a composição do quadro de servidores da ANPD. Esses dispositivos abordam tanto o remanejamento de cargos e funções de outros órgãos do Poder Executivo federal quanto o processo de indicação e nomeação dos ocupantes desses cargos. Tais dispositivos decorrem, essencialmente, da previsão contida no art. 55-A, atualmente revogado e incluído pela Medida Provisória n. 869/2018. O mencionado artigo previu a criação da Autoridade sem aumento de despesa, o que, por conseguinte, inviabilizaria a formação de recursos humanos próprios. Por sua vez, a alteração do art. 55-A, a transformação da natureza jurídica da ANPD e, ainda, a previsão de patrimônio próprio são fatores que congregam para a criação de uma carreira específica da ANPD, que atenda às suas necessidades e robusteça sua estrutura.

Contudo, apenas servidores nomeados em cargos e funções de confiança não são suficientes para a efetivação do cumprimento do extenso rol de competências da Autoridade. Para além da estrutura enxuta de cargos – apenas 52 (cinquenta e dois) cargos,[31] a contar com Diretor-Presidente e demais Diretores – a ANPD ainda não possui um quadro próprio de servidores. Isso porque a Autoridade não teve definida sua estrutura de carreira e, portanto, não houve concurso de provimento de cargos aquisição desses servidores. A sua força de trabalho é, portanto, composta, em sua maioria, a partir do recrutamento de servidores

[31] Decreto n. 14.460/22.

públicos federais por meio do instituto da requisição. Tal instituto aplicou-se à ANPD, inicialmente, pela sua composição no âmbito da estrutura da Presidência da República, nos termos da Lei n. 9.007/1995.[32]

Contudo, após sua vinculação ao Ministério da Justiça e Segurança Pública, tendo em vista a ausência de carreira própria, a possibilidade de requisitar servidores, militares e empregados públicos permanece até a data de 31 de dezembro de 2026, nos termos da Lei n. 14.600/2023.[33]

De fato, a composição dos recursos humanos é um elemento chave para a autonomia operacional da ANPD, já que a eficácia da sua atuação depende diretamente da qualidade e independência dos servidores que compõem seu quadro.

O modelo atual, que necessita de remanejamento de funções de cargos e funções de outros órgãos e de servidores requisitados de outras entidades deve ser considerado como uma solução transitória que permite à ANPD funcionar enquanto não se estrutura um quadro próprio.

Há, ainda, uma complexidade inerente ao fato de a ANPD ainda não possuir um quadro próprio de servidores. Um dos desafios relacionados à dependência de servidores requisitados de outros órgãos é que estes podem não ter experiência prévia na área de proteção de dados. Além disso, a gestão de cargos comissionados pode apresentar riscos relacionados à continuidade administrativa e à possível influência política, o que deve ser cuidadosamente gerido para não comprometer a autonomia técnica da ANPD.

8. Art. 55-J

O art. 55-J trata das competências e responsabilidades da ANPD. O inciso I estabelece que ANPD tem a responsabilidade de "zelar pela proteção dos dados pessoais, nos termos da legislação". O dispositivo é fundamental para a compreensão do papel da ANPD no sistema de proteção de dados no Brasil, pois confere uma ampla competência para adotar todas as medidas necessárias à garantia da privacidade dos titulares e da proteção de seus dados pessoais, em conformidade com os fundamentos e princípios previstos na lei.

Na esteira dessa competência regulatória geral, o inciso XIII explicitou a edição de regulamentos e de procedimentos relacionados à proteção de dados e aos relatórios de impacto. Também positivou, no inciso XX, a competência para deliberar, na esfera administrativa, em caráter terminativo, sobre a interpretação da LGPD, as suas competências e nos casos em que a LGPD foi omissa.

Todavia, o § 1º introduz a mínima intervenção como diretriz para a atuação regulatória sobre agentes privados. No contexto do Direito Administrativo brasileiro, o conceito está vinculado ao princípio da proporcionalidade, que exige uma atuação estatal restrita ao mínimo necessário para garantir a proteção aos direitos dos titulares e aos princípios da ordem econômica.

A essência dessa intervenção mínima está na noção defendida na origem por Hayek,[34] que enfatiza que o Estado deve intervir apenas quando há consenso sobre sua necessidade e

---

32 Art. 2º. As requisições de servidores de qualquer órgão ou entidade da Administração Pública Federal para a Presidência da República são irrecusáveis.

33 Art. 56. O disposto no art. 2º da Lei n. 9.007, de 17 de março de 1995, aplica-se aos servidores, aos militares e aos empregados requisitados para: (...) II – até 31 de dezembro de 2026, a Autoridade Nacional de Proteção de Dados (...).

34 Para uma visão sobre o tema, ver HAYEK, F. A. *The road to serfdom*. London: Routledge, 1944.

que a intervenção deve ser limitada para evitar impactos negativos sobre a liberdade individual. Na prática, o princípio da mínima intervenção busca evitar que medidas desnecessárias, excessivas ou ineficazes sejam adotadas. A legitimidade da ação estatal depende de sua capacidade de equilibrar interesses públicos e privados sem comprometer direitos fundamentais.

Dessa forma, a mínima intervenção não significa inércia do Estado, mas sim uma atuação criteriosa e fundamentada, garantindo um ambiente regulatório que respeite a liberdade econômica e os direitos fundamentais.

Assim, a ANPD deveria observar três requisitos fundamentais para sua atuação: a necessidade, com uma justificativa clara e objetiva para a intervenção; a proporcionalidade, limitando-se ao estritamente indispensável para alcançar o objetivo almejado, de acordo os fundamentos do art. 2º e para garantir os princípios do art. 6º da LGPD e a concretização dos direitos fundamentais; e efetividade, para assegurar que a ação tenha um resultado positivo para a sociedade.

Também deve observar uma atuação regulatória simplificada e diferenciadas no caso das microempresas e empresas de pequeno porte, bem como startups ou empresas de inovação, o que resultou na Resolução CD/ANPD n. 2, de 27 de janeiro de 2022, que estabelece regras específicas para esses agentes de tratamento.

Tais requisitos deverão ser expostos detalhadamente em uma análise de impacto regulatório e as propostas de normativos devem ser apresentadas em consultas e audiências públicas para o escrutínio da sociedade,[35] conforme o § 2º deste art. 55-J, nos termos do previsto na Portaria ANPD n. 16/21.[36]

Este dispositivo está em linha com as melhores práticas de transparência e sua adoção segue disposições do art. 29 da Lei de Introdução às normas do Direito Brasileiro; do art. 5º da Lei n. 13.874/2019; e dos arts. 27 e seguintes do Capítulo V do Decreto n. 12.002/2024. Além disso, respeita o dever de ouvir os agentes de tratamento e a sociedade, listado como competência no inciso XIV deste art. 55-J.

O inciso II indica outra proteção ao agente de tratamento: a ANPD deve assegurar os segredos comercial e industrial, o que é fundamental para fortalecer a confiança entre as empresas e o agente regulador. Ao garantir que informações sensíveis não sejam indevidamente divulgadas, cria-se um ambiente de cooperação e transparência necessário para a efetividade da regulação e supervisão. Além disso, essa proteção é indispensável para preservar a inovação e a competitividade no mercado, prevenindo o uso desleal de informações estratégicas por concorrentes.

Esse dever de sigilo é repetido no § 5º deste art. 55-J e apoiado, na prática, pela restrição ao direito de acesso prevista no Decreto n. 7.724/2012, que regulamenta a LAI. O art. 5º, § 2º, desse decreto exclui do escopo da LAI as informações relacionadas à atividade empresarial de pessoas físicas ou jurídicas de direito privado obtidas pelo poder público no exercício de suas funções de controle, regulação e supervisão da atividade econômica, contexto no qual se insere a atuação da ANPD.

Por outro lado, a assimetria informacional entre o regulador e os regulados não pode ser ignorada. Nesse cenário, não parece razoável atribuir à ANPD o ônus de identificar quais informações podem conferir vantagem competitiva a outros agentes econômicos. Cabe ao

---

35 O processo de regulamentação vigente prevê uma análise de impacto regulatório que pode ter a tomada de subsídios como uma oportunidade de participação social antes da consulta pública.

36 ANPD, Portaria n. 16, de 8 de julho de 2021.

interessado especificar, de forma fundamentada, as informações que devem ser protegidas para evitar o livre acesso.

O inciso III do art. 55-J atribui à ANPD a competência para elaborar diretrizes de uma política nacional de proteção de dados pessoais e privacidade, que norteará as ações governamentais sobre o tema em todo o país. No exercício dessa atribuição, a ANPD deve observar os arts. 2º e 6º da LGPD, assegurando o respeito e a promoção dos fundamentos da proteção de dados pessoais e dos princípios que regem as atividades de tratamento.

Para a efetividade da política nacional, é essencial garantir um equilíbrio entre inovação tecnológica, segurança jurídica e proteção dos direitos individuais, de modo a fomentar um ambiente confiável e sustentável para o tratamento de dados pessoais.

Seguindo, tem-se o inciso IV: "fiscalizar e aplicar sanções em caso de tratamento de dados realizado em descumprimento à legislação, mediante processo administrativo que assegure o contraditório, a ampla defesa e o direito de recurso". Esse dispositivo cria função essencial para a efetividade da LGPD, garantindo o efeito negativo que estimula a conformidade e inibe as condutas abusivas.

Apesar de sua relevância, a aplicação de penalidades é limitada em certos casos pela própria LGPD, especialmente pelo art. 52.

No caso do poder público, não há imposição de multas.[37] Todavia, isto não representa redução do incentivo à conformidade da entidade pública. Além das demais sanções, a atividade fiscalizatória da ANPD tem outras ferramentas, como o informe específico que pode ser solicitado às entidades do poder público que realizem operações de tratamento de dados pessoais (art. 55-J, XI).

A ANPD deve, também, comunicar aos órgãos de controle interno[38] o descumprimento do disposto nesta Lei por órgãos e entidades da Administração Pública federal. Este é o principal incentivo à conformidade, pois a punição pode alcançar os servidores e gestores públicos, cuja desídia levaria à responsabilização direta pelos órgãos de controle. Neste sentido, o STF decidiu que o descumprimento de certas regras impostas pela LGPD pode configurar improbidade administrativa.[39]

Neste ponto é interessante observar o inciso XVI, pois ele fixa a competência para realizar ou determinar que seja realizada auditoria sobre o tratamento de dados pessoais. A viabilidade de impor a realização de auditorias no setor público e no privado é um ponto de atenção.

No âmbito privado, a imposição da realização de auditoria pelo regulado enfrenta desafios derivados da imposição dos custos associados ao cumprimento da determinação, e no setor público por subordinar as auditorias governamentais ao comando da ANPD: a Autoridade pode determinar a realização quando relacionada às atividades de tratamento de dados pessoais. A autocontenção ao exercício desta competência, no âmbito dos agentes privados, também é feita pelo princípio da intervenção mínima[40], previsto no § 1º deste art. 55-J.

---

[37] Ver art. 52, § 3º.

[38] Seguindo a estrutura do Sistema de Controle Interno do Poder Executivo Federal, a comunicação deve ser dirigida ao Ministério das Relações Exteriores, ao Ministério da Defesa, à AGU e à Casa Civil da Presidência da República, nestes casos, e à Secretaria Federal de Controle Interno nos demais, conforme o art. 22 da Lei n. 10.180, de 6 de fevereiro de 2001.

[39] Ver ADI 6.649/DF.

[40] O princípio da intervenção mínima no direito econômico e administrativo defende limitar a atuação estatal às funções essenciais, como proteção e justiça. O conceito, baseado no liberalismo clássico, embora

Outra condição submete a aplicação de certas sanções à oitiva prévia de outros órgãos e entidades com competências sancionatórias.[41] De fato, a manifestação da outra autoridade reguladora é razoável para evitar que o exercício das competências da ANPD afete de forma relevante outros direitos fundamentais providos por atividades econômicas reguladas por outras entidades.[42]

É disso que tratam os §§ 3º e 4º da ANPD: da necessidade de coordenação do exercício das competências regulatórias da ANPD – que tem competência sobre as atividades de tratamento de dados pessoais em todos os setores da atividade econômica – com os reguladores das atividades econômicas que realizam tratamento de dados pessoais.

Por fim, a LGPD interpôs uma limitação administrativa ao poder sancionador positivado no inciso IV do art. 55-J ao condicionar a aplicação de penalidades à inexistência de acordo entre o controlador e o titular afetado, nos casos de "vazamentos individuais" ou "acessos não autorizados".[43] Entretanto, a condição não se limita ao previsto nos incisos I, V e XVI do art. 55-J. A Autoridade mantém suas outras competências, cujo exercício estimula a conformidade em benefício dos direitos fundamentais, e pode seguir com a atividade fiscalizatória, adotar medidas preventivas e identificar outras irregularidades e responsáveis, vedada apenas a aplicação de sanção nos limites do fato específico objeto de acordo privado.[44]

Assim, a restrição prevista no art. 52, § 7º, não se aplica à análise das petições apresentadas por titulares contra controladores. No entanto, a competência estabelecida no inciso V do art. 55-J está sujeita a certas condições regulamentares[45], para além do requisito legal de admissibilidade, qual seja, a comprovação de que o controlador foi notificado da irregularidade e não a corrigiu tempestivamente.[46]

De fato, há um mecanismo relativamente simples, por meio eletrônico,[47] para o registro de reclamações sobre o tratamento de dados pessoais em desconformidade com esta Lei, como determina o inciso XXIV.

Ocorre que as petições de titulares "poderão ser analisadas de forma agregada e as eventuais providências delas decorrentes poderão ser adotadas de forma padronizada", o que pode diminuir a percepção de confiança dos titulares.

Esta análise agregada opera em prol da eficiência no uso dos recursos à disposição do regulador, que pode priorizar questões sistêmicas, possibilitando ações mais abrangentes do que a repressão de cada conduta isolada em cada reclamação.

---

enfatize eficiência e soluções de mercado, é criticado por sua baixa adaptabilidade a demandas sociais complexas.

41 Ver art. 52, § 6º, II.

42 Ver art. 35 da Lei n. 9.784/1999.

43 Ver art. 52, § 7º.

44 Esse modelo se assemelha a outros adotados no direito administrativo sancionador, como nos processos concorrenciais no CADE, em que acordos de leniência podem atenuar sanções, mas não impedem a investigação e a adoção de outras medidas regulatórias. Também se assemelha aos acordos de não persecução penal no Direito Penal, que afastam a punição sem excluir a possibilidade de investigação; e na composição civil nos Juizados Especiais, em que a persecução penal pode ser encerrada, mas a análise do caso ainda pode revelar outras infrações.

45 Ver o art. 25, da Resolução CD/ANPD n. 1, de 28 de outubro de 2021.

46 O art. 25, § 1º, da Resolução CD/ANPD n. 1, de 2021, inverteu o ônus da comprovação ao admitir a declaração do titular "quando não for possível apresentar outro meio de prova".

47 A demanda pode ser encaminhada pelo endereço eletrônico https://www.gov.br/pt-br/servicos/abrir-requerimento-relacionado-a-lgpd.

Porém, o fomento à cultura da privacidade passa pela percepção dos titulares de que a violação de seus direitos individuais não será diluída pela análise das reclamações agrupadas. A resposta do regulador precisa gerar no indivíduo a confiança na capacidade de a ANPD garantir a proteção de seus direitos de forma individualizada, no caso concreto.

Neste cenário, uma estratégia de fiscalização híbrida pode ser adequada: identificar irregularidades recorrentes e adotar respostas que, mesmo padronizadas, evidenciem a atuação da ANPD para o titular e o infrator; ao mesmo tempo que mantém a capacidade de punir casos específicos de maior expressão. Ademais, a recorrência de condutas não desejadas é valiosa para nortear a atuação normativa da Autoridade.

As condutas reiteradas podem motivar a celebração de compromissos com agentes de tratamento. O inciso XVII permite uma abordagem conciliadora, não punitiva, para eliminar irregularidade, incerteza jurídica ou situação contenciosa no âmbito de processos administrativos.

Seguindo, os incisos VI e VII são complementares. Ambos indicam diretrizes para promoção do conhecimento sobre privacidade e proteção de dados pessoais, essenciais para a conscientização pública, para desenvolvimento de uma cultura da privacidade e para a discussão e o amadurecimento da disciplina no Brasil. Nesse sentido, não é por acaso que, dentre o rol das competências da ANPD, está o alerta sobre o cuidado que deve ser garantido para que as informações[48] sobre o tratamento de dados de idosos seja adequado ao seu entendimento.

Na hipótese, o inciso XIX deveria ter uma redação similar à do art. 14, § 6º, pois o esperado é que as informações sobre o tratamento de dados dos idosos sejam fornecidas de maneira simples, clara e acessível, consideradas suas características físico-motoras, perceptivas, sensoriais, intelectuais e mentais, com uso de recursos audiovisuais quando adequado, de forma a proporcionar a informação necessária e adequada ao entendimento do idoso. É isto que a ANPD deve garantir.

O fomento à discussão de temas relacionados à privacidade e ao tratamento de dados pessoais pela sociedade aponta, ainda, para iniciativas como o concurso de artigos científicos da ANPD – Prêmio Danilo Doneda[49] – que teve sua 2ª edição em 2024.

A inexistência dessas "competências" específicas não impediria ou tornaria desnecessária a elaboração de estudos sobre práticas nacionais e internacionais, já que a atividade regulatória não pode ser exercida desacompanhada de estudos sobre os temas afetos às atividades reguladas.

De todo modo, a organização de uma Plano Institucional de Ações Educativas[50] é uma das iniciativas que vinculadas ao que indicam os incisos VI e VII, sem olvidar que os objetivos destes incisos devem nortear toda a atuação da Autoridade.

---

[48] O inciso XIX afirma que a ANPD de "garantir que o tratamento de dados de idosos seja efetuado de maneira simples, clara, acessível e adequada ao seu entendimento". Parece claro que a intenção do legislador está relacionada ao princípio da transparência, que exige informações claras, precisas e facilmente acessíveis sobre o tratamento e, no caso adequada à compreensão do idoso. Não parece razoável falar em garantir um tratamento simples, claro etc.

[49] O edital pode ser consultado em https://www.gov.br/anpd/pt-br/assuntos/projetos-acoes-iniciativas/premiodanilodoneda/documentos/edital-ii-concurso-de-artigos-cientificos-premio-danilo-doneda-2024.pdf.

[50] Ver ANPD. ANPD divulga Plano Institucional de Ações Educativas. *Portal Gov.br*, 18 jan. 2024. Disponível em: https://www.gov.br/anpd/pt-br/assuntos/noticias/anpd-divulga-plano-institucional-de-acoes-educativas. Acesso em: 15 jun. 2025.

O inciso VIII, por sua vez, estabelece o dever de estimular a adoção de padrões que facilitem o controle dos titulares sobre seus dados, em sintonia com o inciso X, que confere à ANPD competência para regulamentar as formas de publicidade das operações de tratamento de dados pessoais. Ambos os dispositivos priorizam a transparência das informações sobre o tratamento de dados, visando fortalecer a conscientização dos titulares e construir um ambiente de confiança mútua.

A indução normativa à padronização e o estímulo à adoção de boas práticas podem ser mecanismos eficazes para facilitar o relacionamento entre titulares e agentes de tratamento em prol do princípio da transparência. Ao estabelecer regras e padrões para garantia do livre acesso e do controle dos dados pessoais, a ANPD reduz os custos para a obtenção da informação, reduzindo a assimetria informacional.[51]

Um exemplo seria induzir o amplo uso de avisos de privacidade[52] como instrumento para concretizar o direito de acesso do titular às informações sobre o tratamento de seus dados, previstas no art. 9º da LGPD, que diferem da política de privacidade, que concentraria as informações do art. 50 da LGPD (condições de organização, o regime de funcionamento, os procedimentos, incluindo reclamações e petições de titulares etc.) e teria como destinatário o público interno. Esta seria uma abordagem adequada e alinhada com normas técnicas internacionalmente reconhecidas.[53]

Na mesma vereda, reconhecendo o caráter global dos fluxos de dados pessoais e a necessidade de adotar boas práticas e interpretações regulatórias uniformes em casos similares, o legislador determinou, no inciso IX, a cooperação com autoridades de proteção de dados pessoais de outros países.

Por fim, no que toca à gestão administrativa, o inciso XII estabelece a obrigação de elaborar relatórios de gestão anuais sobre as atividades da ANPD, incluindo o detalhamento da arrecadação e da aplicação de suas receitas e das despesas (inciso XV).

---

51 A assimetria informacional e a existência de relevantes custos de transação são características que explicam os desafios da proteção da privacidade e dos dados pessoais. Controladores coletam dados pessoais sem transparência, explorando a falta de conhecimento dos titulares, o que dificulta a compreensão e a gestão da privacidade, resultando em consentimentos pouco informados e, por isso, nulos.

52 Uma boa definição para o aviso de privacidade seria a de uma declaração externa dirigida a titulares atuais ou potenciais, quando uma organização trata dados pessoais, utilizado para descrever as práticas de privacidade da organização (DENSMORE (ed.). *Privacy program management:* tools for managing privacy within your organization. 2. ed. Portsmouth: IAPP, 2019. p. 92).

53 O aviso de privacidade pode concentrar todas as informações exigidas pela legislação, incluindo a finalidade do tratamento, a identificação e contato do controlador, informações sobre o compartilhamento de dados, responsabilidades dos agentes e os direitos do titular, garantindo que essas informações sejam disponibilizadas de forma clara, ostensiva e acessível, como exige a LGPD. Neste sentido, a seção 5.34 da ABNT NBR ISO/IEC 27002:2022 reforça a necessidade de documentação clara e acessível sobre a governança dos dados pessoais e os direitos dos titulares, recomendando que as organizações adotem mecanismos para informar de forma estruturada e transparente sobre o tratamento de dados. O Aviso de Privacidade também permitiria referenciar outros documentos relativos ao tratamento e termos de uso – servindo como um *hub* de informações para o titular – facilitando a atualização e garantindo que todas as informações estejam centralizadas ou vinculadas de maneira estruturada para o titular. Para o agente de tratamento, essa abordagem possibilita que mudanças regulatórias ou organizacionais sejam refletidas rapidamente no documento principal, sem a necessidade de revisar múltiplas fontes, servindo também como evidência das boas práticas de transparência e governança de dados, alinhado às práticas defendidas na ABNT NBR ISO/IEC 27701:2019.

9. Art. 55-L e art. 55-M

O art. 55-L trata das receitas da Autoridade. Ele define as fontes de financiamento da ANPD, que incluem dotações orçamentárias da União, doações, legados, e receitas obtidas por meio de operações financeiras, entre outras. Esse dispositivo é essencial para garantir a autonomia financeira da ANPD, permitindo que ela exerça suas funções sem depender exclusivamente do orçamento federal, o que reforça sua independência administrativa.

Por sua vez, o art. 55-M estabelece o patrimônio da ANPD, que compreende os bens e direitos transferidos pelos órgãos da Presidência da República e aqueles que a entidade venha a adquirir ou incorporar. A constituição de um patrimônio próprio é crucial para a autonomia da ANPD, pois assegura a base material para o desempenho de suas funções, contribuindo para a continuidade e estabilidade institucional.

A estruturação das receitas e do patrimônio da ANPD, conforme os arts. 55-L e 55-M, é fundamental para assegurar a independência e a eficácia da autoridade na proteção dos dados pessoais. Ao permitir diversas fontes de financiamento e a constituição de um patrimônio próprio, a legislação visa evitar que a ANPD se torne vulnerável a pressões políticas ou econômicas. A diversificação das receitas e a autonomia patrimonial são aspectos que reforçam a capacidade da ANPD de atuar de forma imparcial e eficaz na aplicação da LGPD, fortalecendo o sistema de proteção de dados no Brasil.[54]

BIBLIOGRAFIA SELECIONADA

ANPD. Aberta consulta à sociedade a respeito de estudo preliminar sobre alto risco e larga escala. *Portal Gov.br*, 17 abr. 2024. Disponível em: https://www.gov.br/anpd/pt-br/assuntos/noticias/aberta-consulta-a-sociedade-de-a-respeito-de-estudo-preliminar-sobre-alto-risco-e-larga-escala. Acesso em: 15 jun. 2025.

ANPD. ANPD assina memorando de entendimento com a Agência Espanhola de Proteção de Dados. *Portal Gov.br*, 5 out. 2021. Disponível em: https://www.gov.br/anpd/pt-br/assuntos/noticias/anpd-assina-memorando-de-entendimento-com-a-agencia-espanhola-de-protecao-de-dados. Acesso em: 15 jun. 2025.

ANPD. ANPD divulga Plano Institucional de Ações Educativas. *Portal Gov.br*, 18 jan. 2024. Disponível em: https://www.gov.br/anpd/pt-br/assuntos/noticias/anpd-divulga-plano-institucional-de-acoes-educativas. Acesso em: 15 jun. 2025.

ANPD. ANPD é aceita como membro pleno no Global Privacy Assembly. *Portal Gov.br*, 2023. Disponível em: https://www.gov.br/anpd/pt-br/assuntos/noticias/anpd-e-aceita-como-membro-pleno-no-global-privacy-assembly. Acesso em: 15 jun. 2025.

ARAGÃO, A. As agências reguladoras independentes e a separação de poderes. *In*: DI PIETRO, M. S. Z.; SUNDFELD, C. (ed.). *Direito administrativo: Administração Pública indireta e regulação.* São Paulo: Revista dos Tribunais, 2012.

ARANHA, M. I. *Manual de direito regulatório:* fundamentos de direito regulatório. 9. ed. Curitiba: Laccademia Publishing, 2024.

[54] Cabe aqui sublinhar a iniciativa do Senador Angelo Coronel (PSD/BA) traduzida no Projeto de Lei n. 615/2024, que altera a Lei n. 13.848/2019 – Lei das Agências Reguladoras –, para garantir sua aplicação à ANPD e, com isso, robustecer a sua autonomia. Sobre o assunto, cf. Senado Federal. Projeto de Lei n. 615, de 2024.

ARGENTINA. *Proyecto de Ley de Protección de Datos Personales*. Disponível em: https://www.argentina.gob.ar/aaip/datospersonales/proyecto-ley-datos-personales. Acesso em: 15 jun. 2025.

BRASIL. Câmara dos Deputados. *Exposição de Motivos n. 239/2018, da Medida Provisória n. 869, de 2018*. Brasília, DF: Câmara dos Deputados, 2018.

CÁMARA DE DIPUTADAS Y DIPUTADOS. *Proyecto de Ley:* regula la protección y el tratamiento de los datos personales y crea la Agencia de Protección de Datos Personales. Santiago, 2017. Disponível em: https://www.camara.cl/legislacion/ProyectosDeLey/tramitacion.aspx?prmID=11661&prmBOLETIN=11144-07. Acesso em: 15 jun. 2025.

CÂMARA DOS DEPUTADOS. *Comissão Mista destinada a emitir parecer sobre a Medida Provisória n. 869, de 28 de dezembro de 2018*. Brasília, DF: Câmara dos Deputados.

CASTELLS, M. *A sociedade em rede*. 17. ed. Rio de Janeiro: Paz & Terra, 2016.

DENSMORE (ed.). *Privacy program management:* tools for managing privacy within your organization. 2. ed. Portsmouth: IAPP, 2019.

EDPS. Data protection – independence. *European Data Protection Supervisor*, 2024.

FREITAS, V. P.; SILVA, F. Q. (ed.). *Agências reguladoras no direito brasileiro:* teoria e prática. São Paulo: Revista dos Tribunais, 2014.

HAYEK, F. A. *The road to serfdom*. London: Routledge, 1944.

HOUNSLOW, D.; NOZAKI, R. Data guidance: Japan – data protection overview. *One Trust*, 20 nov. 2024. Disponível em: https://www.dataguidance.com/notes/japan-data-protection-overview. Acesso em: 15 jun. 2025.

OCDE. Report on the implementation of the OECD Privacy Guidelines. *OECD Digital Economy Papers*, Paris, n. 361, 2023.

OFFICE OF THE PRIVACY COMMISSIONER OF CANADA. *PIPEDA requirements in brief*. Disponível em: https://www.priv.gc.ca/en/privacy-topics/privacy-laws-in-canada/the-personal-information-protection-and-electronic-documents-act-pipeda/pipeda_brief/. Acesso em: 15 jun. 2025.

SCHERTEL MENDES, L. *et al.* (ed.). *Tratado de proteção de dados pessoais*. Rio de Janeiro: Forense, 2021.

SILVA, Fernando Quadros da. Agências Reguladoras: um modelo em constante aperfeiçoamento. *In*: FREITAS, Vladimir Passos de; SILVA, Fernando Quadros da (coord.). *Agências Reguladoras no direito brasileiro:* teoria e prática. São Paulo: Revista dos Tribunais, 2014.

UNITED NATIONS HUMAN RIGHTS COUNCIL. *Report of the United Nations High Commissioner for Human Rights*. Genebra: ONU, 2018. Disponível em: https://documents.un.org/doc/undoc/gen/g18/239/58/pdf/g1823958.pdf. Acesso em: 15 jun. 2025.

Art. 55-K. A aplicação das sanções previstas nesta Lei compete exclusivamente à ANPD, e suas competências prevalecerão, no que se refere à proteção de dados pessoais, sobre as competências correlatas de outras entidades ou órgãos da administração pública. (Incluído pela Lei n. 13.853, de 2019)

Parágrafo único. A ANPD articulará sua atuação com outros órgãos e entidades com competências sancionatórias e normativas afetas ao tema de proteção de dados pessoais e será o órgão central de interpretação desta Lei e do estabelecimento de normas e diretrizes para a sua implementação. (Incluído pela Lei n. 13.853, de 2019)

Artigo 55-K

Comentado por Victor Oliveira Fernandes

DISPOSITIVOS RELACIONADOS NO ORDENAMENTO JURÍDICO BRASILEIRO

- Art. 21, XXVI, CRFB.
- Arts. 3º e 4º, Lei n. 13.848/2019.
- Art. 2º, § 7º, Decreto n. 10.474/2020.

DISPOSITIVOS RELACIONADOS NA LGPD

- Art. 18, § 8º; art. 45; art. 52; e art. 55-J.

AÇÕES REGULATÓRIAS E FISCALIZATÓRIAS DE ENTIDADES GOVERNAMENTAIS E ÓRGÃOS DE CONTROLE

- Recomendação Conjunta do CADE, MPF, ANPD e Senacon sobre atualizações na política de privacidade do WhatsApp publicada em 07 de maio de 2021.

JUSTIFICATIVA E FUNDAMENTOS

O estabelecimento de uma autoridade administrativa independente e forte é fundamental para garantir a efetividade de um regime jurídico de proteção de dados. No entanto, as escolhas relacionadas aos arranjos institucionais que definem a articulação dessa autoridade com outras entidades públicas e nos diferentes níveis federativos são igualmente importantes para assegurar a aplicação da lei. A definição desses arranjos envolve, em última análise, determinar o grau de concentração ou dispersão do poder regulatório e os mecanismos de cooperação ou supervisão entre as múltiplas instâncias de atuação estatal.

O art. 55-K da LGPD estabelece um modelo centralizado de aplicação (*enforcement*) da lei, suscitando reflexões sobre os prós e contras dessa abordagem.[55] Se por um lado a centralização pode promover a uniformidade, coerência e segurança jurídica na aplicação da norma, reduzindo os riscos de "competição regulatória",[56] por outro, pode apresentar desafios de aplicação (*enforcement*), como a vulnerabilidade a limitações orçamentárias e a dificuldade de capilaridade e proximidade com as realidades locais.

ANÁLISE

O presente comentário irá analisar o art. 55-K a partir de suas dimensões de centralização vertical e centralização horizontal.[57] A centralização vertical refere-se à concentração de poderes em uma autoridade nacional em detrimento da aplicação da lei por outros entes federativos, como Estados e Municípios. Já a centralização horizontal diz respeito à concentração de competências em uma única autoridade especializada, afastando a possibilidade de outras autoridades setoriais (como agências reguladoras, órgãos de proteção e defesa do consumidor e autoridade de defesa da concorrência) considerarem a aplicação da LGPD, mesmo que no âmbito da União.

A Seção 1 deste comentário explorará os dilemas envolvidos na centralização vertical, analisando como a competência exclusiva da ANPD para aplicação da LGPD afasta a possibilidade de que órgãos e autoridades estaduais e municipais tenham poderes legais para atuar na fiscalização e sanção de violações à lei em suas respectivas esferas. A escolha por esse modelo verticalmente centralizado envolve considerações sobre federalismo, autonomia local e subsidiariedade. Enquanto a centralização vertical pode favorecer a uniformidade na interpretação e aplicação da lei, uma descentralização vertical poderia permitir maior proximidade das autoridades locais com as realidades regionais e maior capilaridade na fiscalização.

A Seção 2, por sua vez, aprofundará a discussão sobre a centralização horizontal, investigando como o art. 55-K afasta a possibilidade de outras entidades reguladoras setoriais exercerem competências de fiscalização e sanção relativas à proteção de dados em suas áreas de atuação, ainda que sujeitas a mecanismos de articulação e supervisão pela ANPD. Essa questão é particularmente sensível, uma vez que o regime de tratamento de dados é, por definição, transversal às atividades econômicas. Assim, o espírito de setorialização subjacente ao art. 55-K acaba sendo desafiado quando o regime da LGPD se choca, nas margens, com outros regimes jurídicos igualmente transversais às atividades econômicas, como o regime jurídico de defesa do consumidor e o regime jurídico de defesa da concorrência.

---

55 Algumas dessas reflexões foram oportunamente exploradas na doutrina, cf. Wimmer (Os desafios do *enforcement* na LGPD: fiscalização, aplicação de sanções administrativas e coordenação intergovernamental. *In*: SCHERTEL MENDES, L. *et al.* (ed.). *Tratado de proteção de dados pessoais*. Rio de Janeiro: Forense, 2021. p. 388) – observando, por exemplo, que "a complexa interface entre a LGPD e outras normas preexistentes acarreta a existência de uma pluralidade de órgãos e entidades públicas potencialmente competentes para atuar em um mesmo caso concreto", o que "requer o desenvolver de ferramentas hermenêuticas capazes de assegurar a aplicação coerente das normas em tensão" – e Bioni e Rielli (*A construção multissetorial da LGPD*: história e aprendizados. São Paulo: [s.n.], 2021).

56 *Vide* seção 1 abaixo.

57 Para tanto, a presente contribuição toma de empréstimo a classificação de estruturas de design organizacional de reguladores discutida em CARRIGAN, C.; POOLE, L. Structuring regulators: the effects of organizational design on regulatory behavior and performance. *Penn Program on Regulation*, v. 1, 2015.

1. Centralização vertical: dilemas federativos e desafios da concentração de poderes na autoridade nacional

A escolha do legislador brasileiro em centralizar verticalmente as competências na ANPD busca mitigar os riscos de fragmentação na interpretação e aplicação da lei entre diversos órgãos e entidades do poder público nos níveis federal, estadual e municipal. Essa decisão, de alguma forma, converge com a EC n. 115, de 2022, que atribui exclusivamente à União a competência de legislar sobre proteção e tratamento de dados pessoais.[58]

A literatura sobre estratégias de regulação oferece uma perspectiva relevante para compreender as implicações dessa opção, notadamente a partir da discussão sobre o fenômeno da "concorrência regulatória", assim entendida como o ajustamento competitivo dos regimes regulatórios a partir da atuação de múltiplos reguladores.[59] Os dilemas envolvidos entre as opções de concorrência e unicidade regulatória são complexos. Por um lado, a competição regulatória apresenta vantagens, como a responsividade dos reguladores às demandas dos cidadãos e dos regulados, a diversidade e escolha de diferentes abordagens regulatórias, a inovação impulsionada pelo mercado e a adaptação às necessidades locais.[60] Por outro lado, o principal risco desse arranjo parece ser uma concorrência predatória na disputa entre os próprios reguladores que levaria a baixos níveis de regulação para mais atrativos aos regulados (*race to the bottom*).[61]

No campo dos sistemas legais de proteção de dados, as deficiências de um regime fragmentado são particularmente manifestas na realidade norte-americana.[62] Nos EUA, não há uma lei federal abrangente sobre a matéria, mas sim um mosaico de leis setoriais específicas, tais como o *Health Insurance Portability and Accountability Act* (em tradução livre, Ato de Portabilidade de Seguros de Saúde e Prestação de Contas)[63] para dados de saúde, o Ato sobre Crédito Justo (tradução livre de *Fair Credit Reporting Act* – FCRA)[64] para dados de crédito, o COPPA (*Children's Online Privacy Protection Rule*)[65] para dados de crianças. Além disso,

---

[58] De todo modo, não seria necessariamente incompatível atribuir a competência legislativa sobre a matéria exclusivamente à União e, ao mesmo tempo, possibilitar a criação de entidades reguladoras subnacionais. *Vide* os setores de energia elétrica ou saneamento básico, por exemplo, em que as matérias relacionadas são de competência legislativa da União e, mesmo assim, a titularidade de alguns serviços envolvidos no setor permanece no plano estadual ou municipal.

[59] Sob esse prisma teórico, os reguladores são percebidos como potenciais concorrentes que oferecem regimes regulatórios distintos, em termos de definição de normas e atividades de *enforcement*. A esse respeito, vide, por todos, RADAELLI, C. M. The puzzle of regulatory competition. *Journal of Public Policy*, v. 24, p. 1, 2004.

[60] Romano (Is regulatory competition a problem or irrelevant for corporate governance? *Oxford Review of Economic Policy*, v. 21, p. 212, 2005), defendendo que a dinâmica de competição regulatória foi bem-sucedida nos EUA em relação às regras de governança corporativa. Cf., ainda, BALDWIN, R.; CAVE, M.; LODGE, M. *Understanding Regulation*. Oxford: Oxford University Press, 2012. p. 360.

[61] BALDWIN, R.; CAVE, M.; LODGE, M. *Understanding Regulation*. Oxford: Oxford University Press, 2012. p. 358.

[62] Como discutido por Hyman e Kovacic, as deficiências institucionais atuais relacionadas à implementação da política de privacidade nos EUA incluem a falta de coerência, a incapacidade de coordenar escolhas entre os reguladores individuais (estaduais e federais), a dificuldade em estabelecer linhas claras de autoridade e responsabilidade e a falta de capacidade adaptativa das instituições diante do desenvolvimento tecnológico e outras circunstâncias imprevistas (HYMAN, D. A.; KOVACIC, W. E. Implementing privacy policy: who should do what? *Fordham Intellectual Property Media & Entertainment Law Journal*, v. 29, p. 1117, 2018).

[63] Health Insurance Portability and Accountability Act of 1996, Pub L No 104-191, 110 Stat 1936.

[64] Fair Credit Reporting Act of 1970, 15 USC 1681 et seq.

[65] Children's Online Privacy Protection Act of 1998, 15 USC §6501-6506.

observa-se a atuação da Comissão Federal do Comércio (tradução de *Federal Trade Commission* – FTC) reprimindo práticas desleais ou enganosas com base na Seção 5 do Ato sobre o FCT (*FTC Act*).[66] No nível estadual, a maioria dos estados americanos também possui leis próprias de proteção à privacidade e do consumidor aplicadas pelos procuradores estaduais (tradução livre de *state Attorneys General*), com destaque para a Califórnia.[67] Até mesmo alguns governos locais, como municípios, possuem regulações que impactam a privacidade.[68]

Esse emaranhado de competências concorrentes e por vezes sobrepostas entre instituições nos diversos níveis federativos gera diversos problemas de falta de coordenação, coerência e clareza sobre as responsabilidades de cada órgão. A abordagem fragmentada e setorial estadunidense acaba permitindo que algumas atividades econômicas, como os serviços de corretagem comercial de dados, fiquem à margem da regulamentação nos EUA.[69]

Em contraposição à experiência estadunidense, o desenvolvimento histórico do regime supranacional europeu de proteção de dados logrou estabelecer arranjos mais sofisticados de coordenação e colaboração multinível. Ressalta-se que as Autoridades de Proteção de Dados (APDs) no âmbito dos Estados-Membros remontam às primeiras gerações de leis de proteção de dados nas décadas de 1960 e 1970.[70] Historicamente, essas entidades nacionais exerciam funções mais voltadas à atuação consultiva e de aconselhamento, como na forma de tratamento de reclamações dos cidadãos. Contudo, a partir do momento em que tais autoridades passaram a ter um papel mais voltado à aplicação (*enforcement*) das regras de proteção de dados, elas tiveram que se adaptar à internacionalização e à convergência das leis de proteção de dados no bloco europeu.[71]

Nesse contexto, o RGPD europeu buscou lidar com os riscos de fragmentação e incoerências na aplicação das regras de proteção de dados pelas múltiplas autoridades nacionais. Uma das principais diferenças nos poderes e competências das APDs entre a Diretiva 95/46/CE e o RGPD reside na questão da aplicabilidade direta. Enquanto a Diretiva 95/46/CE precisava ser recepcionada pelos parlamentos nacionais, o RGPD tornou-se diretamente aplicável por parte das APDs em toda a UE. Além disso, o RGPD fortaleceu o papel das APDs como "guardiãs" do respeito ao RGPD em situações de transnacionalidade ao estabelecer mecanismos mais claros de cooperação.[72]

---

66 Federal Trade Commission Act of 1914, 15 USC §41-58, s 5.

67 California Consumer Privacy Act of 2018, Cal Civ Code §1798.100-1798.199.

68 A esse respeito, destacam-se as seguintes legislações: Chicago Municipal Code (Chicago, IL) ch 2-25; Los Angeles Municipal Code (Los Angeles, CA) ch 13, art 9; New York City Administrative Code (New York City, NY) tít 23, ch 12; San Francisco Police Code (San Francisco, CA) art 33; Seattle Municipal Code (Seattle, WA) tít 25, ch 25.07. Para uma revisão didática sobre a fragmentação das leis de privacidade no direito norte-americano, cf. The State of Consumer Data Privacy Laws in the US (And Why It Matters). Wirecutter, 29 mar. 2024. Disponível em: https://www.nytimes.com/wirecutter/blog/state-of-privacy-laws-in-us/. Acesso em: 30 mar. 2024.

69 Solove & Hoofnagle (A model regime of privacy protection. *University of Illinois Journal of Law, Technology & Policy*, 2006) enfatizam que: "the privacy protections in the United States are riddled with gaps and weak spots. Although most industrialized nations have comprehensive data protection laws, the United States has maintained a sectoral approach where certain industries are covered and others are not".

70 JÓRI, A. Shaping vs applying data protection law: two core functions of data protection authorities. *International Data Privacy Law*, v. 5, 2015.

71 SCHÜTZ, P. Data protection authorities under the EU General Data Protection Regulation: a new global benchmark. *Forum Privacy and Self-determined Life in the Digital World*, Fraunhofer ISI, p. 13, 2022.

72 GIURGIU, A.; LARSEN, T. A. Roles and powers of national data protection authorities. *European Data Protection Law Review*, v. 2, 2017.

O RGPD introduziu o mecanismo de balcão único (*one-stop-shop*), um novo modelo de cooperação que simplifica a supervisão de empresas que operam em vários Estados-Membros da UE.[73] Nesse sistema, uma única autoridade de proteção de dados (APD), chamada de "APD principal", atua como ponto de contato para a empresa, coordenando a supervisão de todas as suas atividades de processamento na UE, em colaboração com outras autoridades interessadas. A APD principal deve envolver todas as autoridades interessadas caso queira adotar medidas contra a empresa.[74]

No tratamento de reclamações sob o mecanismo de balcão único, as responsabilidades são divididas entre a APD principal e a APD local, de acordo com o desfecho da reclamação (aceita, rejeitada, arquivada ou parcialmente rejeitada) e as partes a serem notificadas em cada situação. Além disso, o EDPB desempenha um papel crucial na harmonização do direito europeu, atuando como guardião da consistência ao solucionar disputas entre as autoridades supervisoras nacionais e garantir que as decisões sejam tomadas de maneira uniforme e eficaz.[75]

Quando as autoridades nacionais não conseguem chegar a um acordo ou há divergências sobre a competência em um determinado caso, o EDPB intervém com decisões vinculantes, assegurando a harmonização na aplicação das regras de proteção de dados em casos complexos e transfronteiriços.[76] Embora não seja imune a críticas,[77] as ferramentas de cooperação do RGPD buscam garantir uma abordagem coerente e eficiente na supervisão e aplicação das regras de proteção de dados em toda a UE.

À luz das experiências comparadas, a opção do legislador brasileiro pela centralização vertical de competências na ANPD parece ter sido uma resposta extremada aos riscos de fragmentação verificados no cenário estadunidense. No entanto, ao buscar se afastar a todo custo da dispersão, o legislador pode ter negligenciado a viabilidade de mecanismos de cooperação mais sofisticados, como aqueles discutidos na experiência europeia.

A experiência europeia demonstra que, pelo menos em tese, é possível conciliar a atuação de múltiplas autoridades com a uniformidade e coerência na aplicação das normas de proteção de dados por meio de instrumentos como o mecanismo de balcão único e a atuação harmonizadora do EDPB. A opção brasileira poderia ter se beneficiado de ferramentas de articulação semelhantes de alguma forma.

2. Centralização horizontal: setorialização do regime de proteção de dados e interações com outros regimes jurídicos transversais

A estratégia regulatória adotada pelo art. 55-K da LGPD se aproxima das abordagens de regulação setorial, uma vez que se atribui à autoridade administrativa nacional o poder legal

---

[73] Art 60, RGPD.

[74] GIURGIU, A.; LARSEN, T. A. Roles and powers of national data protection authorities. *European Data Protection Law Review*, v. 2, p. 349, 2017.

[75] GIURGIU, A.; LARSEN, T. A. Roles and powers of national data protection authorities. *European Data Protection Law Review*, v. 2, p. 350-351, 2017.

[76] Art. 65, RGPD.

[77] Ressalta-se que há autores que observam que o mecanismo de balcão único do RGPD pode se mostrar excessivamente lento e oneroso, desencorajando a cooperação entre os Estados-Membros (HÖRNLE, J. *Internet Jurisdiction:* Law and Practice. [S.l.]: [s.n.], 2012. p. 241).

de estabelecer regras e impor penalidades dentro de um ambiente regulado cujas fronteiras são definidas pelo próprio regulador.[78]

A leitura isolada do *caput* do art. 55-K da LGPD poderia gerar a interpretação equivocada de que o regime de proteção de dados não se comunica ou não deveria se comunicar substancialmente com outros microssistemas normativos. Ocorre que a própria LGPD prevê diversas formas de cooperação interinstitucional, inclusive com entidades e órgãos responsáveis pela aplicação de leis conexas. O art. 18 da Lei, nos seus §§ 1º e 8º, prevê que os titulares dos dados têm o direito de apresentar reclamações contra o controlador no âmbito administrativo não apenas perante a ANPD, mas também perante os organismos de defesa do consumidor.[79] Da mesma forma, o art. 22 abre a possibilidade de se pleitear a defesa dos interesses e dos direitos dos titulares de dados em juízo, individual ou coletivamente.[80]

Para além de qualquer discussão hermenêutica, fato é que o isolamento absoluto da LGPD seria paradoxal em relação à própria transversalidade ínsita a um regime jurídico de proteção de dados. De fato, o objeto de leis de proteção de dados "não é um setor específico, mas, pelo contrário, toda e qualquer atividade econômica, abarcando setor público e privado".[81] Como destacado por Miriam Wimmer, "a possibilidade de interferência entre normas oriundas de diferentes microssistemas normativos é bastante clara quando se trata de normas jurídicas e órgãos públicos orientados a objetivos relacionados à proteção de dados de direitos de cidadãos ou consumidores".[82] De fato, em muitas situações de tratamento ilegal de dados pessoais, seria natural cogitar, por exemplo, da atuação sobreposta de órgãos de proteção e defesa do consumidor (como Procons e a Senacon), bem como das agências reguladoras setoriais.[83]

É nesse contexto que deve ser interpretado o parágrafo único do art. 55-K, que estabelece a articulação e cooperação com outros órgãos e entidades como um importante norte. Esse parágrafo único deve ser lido em conjunto com o parágrafo 3º do art. 55-J, o qual dispõe que a ANPD e os órgãos e entidades públicos responsáveis pela regulação de setores específicos da atividade econômica e governamental "devem coordenar suas atividades, nas correspondentes esferas de atuação, com vistas a assegurar o cumprimento de suas atribuições com a maior eficiência e promover o adequado funcionamento dos setores regulados, conforme legislação específica, e o tratamento de dados pessoais". No mesmo sentido, o parágrafo 4º dispõe que a ANPD deverá manter "fórum permanente de comunicação, inclusive por meio de cooperação técnica, com órgãos e entidades da administração pública responsáveis pela regulação de setores específicos da atividade econômica e governamental".

---

78 ARANHA, M. I. *Manual de Direito Regulatório*. Curitiba: Laccademia Publishing, 2015. p. 29 e s.

79 Destaca-se, por exemplo, o art. 22 da Lei, que dispõe que "a defesa dos interesses e dos direitos dos titulares de dados poderá ser exercida em juízo, individual ou coletivamente, na forma do disposto na legislação pertinente, acerca dos instrumentos de tutela individual e coletiva".

80 Ver comentários aos art. 18 e 22 neste volume.

81 BIONI, B. R.; RIELLI, M. M. *A construção multissetorial da LGPD*: história e aprendizados. São Paulo: [s.n.], 2021. p. 46.

82 WIMMER, M. Os desafios do enforcement na LGPD: fiscalização, aplicação de sanções administrativas e coordenação intergovernamental. *In*: SCHERTEL MENDES, L. *et al.* (ed.). *Tratado de proteção de dados pessoais*. Rio de Janeiro: Forense, 2021. p. 386.

83 WIMMER, M. Os desafios do enforcement na LGPD: fiscalização, aplicação de sanções administrativas e coordenação intergovernamental. *In*: SCHERTEL MENDES, L. *et al.* (ed.). *Tratado de proteção de dados pessoais*. Rio de Janeiro: Forense, 2021. p. 386.

Dentre os diversos vasos comunicantes que se pode cogitar, talvez o mais proeminente seja o diálogo entre a LGPD e o CDC.[84] De tão natural e ínsita que é essa relação ela pode ser vista na própria razão de ser da edição de uma lei geral de proteção de dados no Brasil. Como observado por Danilo Doneda e Laura Schertel Mendes, a LGPD veio a complementar aquilo que chamam de "Marco Regulatório Brasileiro da Sociedade da Informação", na medida em que essa lei geral veio compor junto a outras legislações, como a LAI, o MCI e o próprio CDC um conjunto normativo que moderniza o tratamento das informações no Brasil.[85]

Outra frente de diálogo normativo importante para a lei de proteção de dados se dá em relação ao direito da concorrência. Sobretudo em mercados digitais baseados em preço-zero, o processamento de dados se torna o principal insumo para atividade econômica. Por isso, a aderência a patamares normativos de proteção de dados ultrapassa um fator exógeno e se torna relevante parâmetro de competição que pode ser eventualmente avaliado pelas autoridades antitruste.[86] Em mercados com baixos níveis de competição, o consumidor pode vir a ser lesado por meio de condições comerciais injustas que se traduziriam em cobranças "excessivas" de dados, de forma semelhante ao que ocorre quando está submetido a preços excessivos.[87]

No Direito Comunitário europeu, diversas discussões nesse sentido têm se desenvolvido tanto a partir de casos concretos quanto a partir da discussão de novos marcos regulatórios. No paradigmático caso *Facebook* vs. *Bundeskartellamt*,[88] por exemplo, a autoridade antitruste alemã concluiu, em 2019, que a empresa prestadora do serviço de rede social infringiu a Seção 19 da Lei de Concorrência Alemã ao exigir que os usuários do seu serviço de rede social autorizassem a plataforma a coletar e a processar dados pessoais de forma muito ampla, a partir de seus próprios sites e por meio do rastreamento dos comportamentos dos usuários em páginas de terceiros.

Entendeu-se que a responsabilidade antitruste estaria configurada nesse caso porque a empresa, que detinha posição dominante, teria imposto unilateralmente aos seus clientes cláusulas contratuais que estariam em desacordo com as disposições previstas no RGPD.[89] Nesse sentido, o *Bundeskartellamt*[90] sustentou que "os termos e condições do Facebook, que violam os princípios da lei de proteção de dados, e as condições contratuais da empresa, que são consideradas abusivas sob os princípios do direito contratual, constituem um abuso da Lei de Concorrência, quando há poder de mercado" (tradução livre).[91]

---

[84] MARQUES, C. L.; MIRAGEM, B. O necessário diálogo entre a LGPD e o Código de Defesa do Consumidor e os novos direitos do consumidor-titular dos dados. *In*: SCHERTEL MENDES, L. *et al.* (ed.). *Tratado de proteção de dados pessoais*. Rio de Janeiro: Forense, 2021.

[85] MENDES, L. S.; DONEDA, D. Reflexões iniciais sobre a nova Lei Geral de Proteção de Dados. *Revista de Direito do Consumidor*, v. 120, p. 469, 2018.

[86] FERNANDES, V. O. Restrições à privacidade: um problema antitruste? *In*: SCHERTEL MENDES, L. *et al.* (ed.). *Tratado de proteção de dados pessoais*. 2. ed. Rio de Janeiro: Forense, 2023.

[87] ROBERTSON, V. H. Excessive data collection: privacy considerations and abuse of dominance in the era of big data. *Common Market Law Review*, v. 57, p. 161-178, 2020; BUITEN, M. C. Exploitative abuses in digital markets: between competition law and data protection law. *Journal of Antitrust Enforcement*, Oxford, p. 1 e 6-7, 2020.

[88] BUNDESKARTELLAMT. Facebook, exploitative business terms pursuant to Section 19(1) GWB for inadequate data processing. *Case Summary*, B6-22/16, 15 fev. 2019.

[89] BUNDESKARTELLAMT. Facebook, exploitative business terms pursuant to Section 19(1) GWB for inadequate data processing. *Case Summary*, B6-22/16, p. 157, 15 fev. 2019.

[90] Uma das autoridades de concorrência na Alemanha.

[91] BUNDESKARTELLAMT. Facebook, exploitative business terms pursuant to Section 19(1) GWB for inadequate data processing. *Case Summary*, B6-22/16, p. 251, 15 fev. 2019.

É digno de nota que, em julho de 2023, o TJUE se manifestou sobre o caso a partir de provocação feita pela Corte Superior de Dusseldorf, que está analisando uma apelação do Facebook contra a decisão da autoridade antitruste. A decisão do TJUE, por sua vez, sustentou que as autoridades de defesa da concorrência podem analisar o cumprimento das regras de proteção de dados, ainda que incidentalmente, dado que o tratamento de dados pessoais se tornou um importante parâmetro da concorrência entre as empresas da economia digital.[92] Nas palavras do Tribunal: "excluir as regras em matéria de proteção de dados pessoais do quadro jurídico a tomar em consideração pelas autoridades da concorrência quando do exame de um abuso de posição dominante seria desconsiderar a realidade dessa evolução econômica e poderia prejudicar a efetividade do direito da concorrência na União".[93] A decisão abre uma avenida de sinergias na relação entre concorrência e proteção de dados ao estabelecer que a posição dominante de um agente pode ser um fator relevante para análise do consentimento sob o RGPD.[94]

Convém ressaltar que, no Brasil, houve uma importante experiência de cooperação entre a ANPD, o MPF, a Senacon e o CADE em 2021 com a elaboração de uma Recomendação Conjunta sobre atualizações na política de privacidade do WhatsApp.[95] Nesse documento, os órgãos envolvidos recomendaram que o WhatsApp adiasse a data de entrada em vigor da nova política de privacidade, prevista inicialmente para 15 de maio de 2021, até que fossem adotadas as demais recomendações sugeridas após análise dos reguladores. Dentre as recomendações assinaladas, foi advertido de que o Facebook se abstivesse de realizar qualquer tipo de tratamento ou compartilhamento de dados obtidos a partir do WhatsApp com base nas alterações da política de privacidade, enquanto não houvesse posicionamento dos órgãos reguladores.

3. Conclusão

A análise empreendida neste comentário permite concluir que o modelo de *enforcement* da LGPD, consubstanciado no art. 55-K, suscita reflexões críticas sobre os dilemas envolvidos na dicotomia entre centralização e descentralização regulatória. Se por um lado a concentração de poderes na ANPD pode favorecer a uniformidade, coerência e segurança jurídica na aplicação da lei, por outro, ela traz desafios próprios relacionados à capacidade institucional, autonomia e articulação com outros regimes jurídicos transversais.

No plano vertical, a opção pela centralização de competências na autoridade nacional, em detrimento de uma atuação mais proeminente de órgãos estaduais e municipais, parece ter sido uma resposta extremada aos riscos de fragmentação regulatória observados em modelos como o norte-americano. No entanto, essa escolha pode ter negligenciado a viabilidade de mecanismos de cooperação mais sofisticados, como aqueles presentes na experiência europeia, que conciliam a atuação de múltiplas autoridades nacionais com a uniformidade e coerência na aplicação das normas de proteção de dados.

Já no plano horizontal, a lógica de concentração de poderes na ANPD não deve ser confundida com um isolamento absoluto da autoridade em relação a outros regimes jurídicos

---

92 TJUE (C-252/21 Meta Platforms Inc and Others v Bundeskartellamt. *ECLI:EU:C:2023:537*, 2023).

93 TJUE (C-252/21 Meta Platforms Inc and Others v Bundeskartellamt. *ECLI:EU:C:2023:537*, 2023, para. 58).

94 GRAEF, I. Meta platforms: how the CJEU leaves competition and data protection authorities with an assignment. *Maastricht Journal of European and Comparative Law*, v. 30, p. 325-334, 2023.

95 CADE, MPF, ANPD & Senacon. Recomendação Conjunta ao WhatsApp Inc. e ao Facebook Inc. sobre a nova política de privacidade do WhatsApp (2021).

transversais. Pelo contrário, a própria natureza ubíqua e pervasiva do tratamento de dados pessoais impõe uma necessária interação entre a LGPD e outros microssistemas normativos, como o direito do consumidor e o direito da concorrência. Nesse sentido, os mecanismos de articulação e cooperação previstos na LGPD devem ser lidos como um importante contraponto à lógica de concentração de poderes na ANPD.

À luz dessas considerações, entende-se que o aprimoramento do modelo de aplicação (*enforcement*) da LGPD passa, necessariamente, por dois vetores fundamentais. O primeiro diz respeito ao fortalecimento da capacidade institucional e da autonomia da ANPD, de modo a assegurar que a autoridade tenha os recursos humanos, técnicos e financeiros necessários para exercer adequadamente suas funções, bem como a independência política e administrativa para atuar de forma imparcial e técnica. O segundo vetor, por sua vez, refere-se à construção de pontes e sinergias entre a LGPD e outros regimes jurídicos transversais, por meio de mecanismos de articulação e cooperação interinstitucional.

O sucesso do modelo de aplicação (*enforcement*) da LGPD dependerá da capacidade do sistema jurídico brasileiro de calibrar adequadamente a centralização de poderes na ANPD com a abertura para a articulação e cooperação com outros atores institucionais relevantes. Somente assim será possível construir um ecossistema regulatório em que a proteção de dados pessoais seja efetivamente integrada e harmonizada com outros valores e objetivos de política pública, assegurando uma tutela abrangente e eficaz dos direitos fundamentais dos titulares de dados.

BIBLIOGRAFIA SELECIONADA

ARANHA, M. I. *Manual de Direito Regulatório.* Curitiba: Laccademia Publishing, 2015.

BALDWIN, R.; CAVE, M.; LODGE, M. *Understanding Regulation.* Oxford: Oxford University Press, 2012.

BIONI, B. R.; RIELLI, M. M. *A construção multissetorial da LGPD:* história e aprendizados. São Paulo: [s.n.], 2021.

BUITEN, M. C. Exploitative abuses in digital markets: between competition law and data protection law. *Journal of Antitrust Enforcement*, Oxford, p. 1, 2020.

BUNDESKARTELLAMT. Facebook, exploitative business terms pursuant to Section 19(1) GWB for inadequate data processing. *Case Summary*, B6-22/16, 15 fev. 2019.

CARRIGAN, C.; POOLE, L. Structuring regulators: the effects of organizational design on regulatory behavior and performance. *Penn Program on Regulation*, v. 1, 2015.

FERNANDES, V. O. Restrições à privacidade: um problema antitruste? *In*: SCHERTEL MENDES, L. *et al.* (ed.). *Tratado de proteção de dados pessoais.* 2. ed. Rio de Janeiro: Forense, 2023.

GIURGIU, A.; LARSEN, T. A. Roles and powers of national data protection authorities. *European Data Protection Law Review*, v. 2, p. 342, 2017.

GRAEF, I. Meta platforms: how the CJEU leaves competition and data protection authorities with an assignment. *Maastricht Journal of European and Comparative Law*, v. 30, p. 325, 2023.

HÖRNLE, J. *Internet Jurisdiction:* Law and Practice. [S.l.]: [s.n.], 2012.

HYMAN, D. A.; KOVACIC, W. E. Implementing privacy policy: who should do what? *Fordham Intellectual Property Media & Entertainment Law Journal*, v. 29, p. 1117, 2018.

JÓRI, A. Shaping vs applying data protection law: two core functions of data protection authorities. *International Data Privacy Law*, v. 5, p. 133, 2015.

KLOSOWSKI, T. The State Of Consumer Data Privacy Laws In The Us (And Why It Matters). *Wirecutter*, 29 mar. 2024. Disponível em: https://www.nytimes.com/wirecutter/blog/state-of-privacy-laws-in-us/. Acesso em: 15 jun. 2025.

MARQUES, C. L.; MIRAGEM, B. O necessário diálogo entre a LGPD e o Código de Defesa do Consumidor e os novos direitos do consumidor-titular dos dados. *In*: SCHERTEL MENDES, L. *et al.* (ed.). *Tratado de proteção de dados pessoais*. Rio de Janeiro: Forense, 2021.

MENDES, L. S.; DONEDA, D. Reflexões iniciais sobre a nova Lei Geral de Proteção de Dados. *Revista de Direito do Consumidor*, v. 120, p. 469, 2018.

RADAELLI, C. M. The puzzle of regulatory competition. *Journal of Public Policy*, v. 24, p. 1, 2004.

ROBERTSON, V. H. Excessive data collection: privacy considerations and abuse of dominance in the era of big data. *Common Market Law Review, v.* 57, p. 161, 2020.

ROMANO, R. Is regulatory competition a problem or irrelevant for corporate governance? *Oxford Review of Economic Policy*, v. 21, p. 212, 2005.

SCHÜTZ, P. Data protection authorities under the EU General Data Protection Regulation: a new global benchmark. *Forum Privacy and Self-determined Life in the Digital World*, Fraunhofer ISI, p. 13, 2022.

SOLOVE, D. J.; HOOFNAGLE, C. J. A model regime of privacy protection. *University of Illinois Journal of Law, Technology & Policy*, p. 357, 2006.

TJUE. C-252/21 Meta Platforms Inc and Others v Bundeskartellamt. *ECLI:EU:C:2023:537*, 2023.

WIMMER, M. Os desafios do enforcement na LGPD: fiscalização, aplicação de sanções administrativas e coordenação intergovernamental. *In*: SCHERTEL MENDES, L. *et al.* (ed.). *Tratado de proteção de dados pessoais*. Rio de Janeiro: Forense, 2021.

Seção II
Do Conselho Nacional de Proteção de Dados Pessoais e da Privacidade

Art. 58. (VETADO).

Art. 58-A. O Conselho Nacional de Proteção de Dados Pessoais e da Privacidade será composto de 23 (vinte e três) representantes, titulares e suplentes, dos seguintes órgãos: (Incluído pela Lei n. 13.853, de 2019)

I – 5 (cinco) do Poder Executivo federal; (Incluído pela Lei n. 13.853, de 2019)

II – 1 (um) do Senado Federal; (Incluído pela Lei n. 13.853, de 2019)

III – 1 (um) da Câmara dos Deputados; (Incluído pela Lei n. 13.853, de 2019)

IV – 1 (um) do Conselho Nacional de Justiça; (Incluído pela Lei n. 13.853, de 2019)

V – 1 (um) do Conselho Nacional do Ministério Público; (Incluído pela Lei n. 13.853, de 2019)

VI – 1 (um) do Comitê Gestor da Internet no Brasil; (Incluído pela Lei n. 13.853, de 2019)

VII – 3 (três) de entidades da sociedade civil com atuação relacionada a proteção de dados pessoais; (Incluído pela Lei n. 13.853, de 2019)

VIII – 3 (três) de instituições científicas, tecnológicas e de inovação; (Incluído pela Lei n. 13.853, de 2019)

IX – 3 (três) de confederações sindicais representativas das categorias econômicas do setor produtivo; (Incluído pela Lei n. 13.853, de 2019)

X – 2 (dois) de entidades representativas do setor empresarial relacionado à área de tratamento de dados pessoais; e (Incluído pela Lei n. 13.853, de 2019)

XI – 2 (dois) de entidades representativas do setor laboral. (Incluído pela Lei n. 13.853, de 2019)

§ 1º Os representantes serão designados por ato do Presidente da República, permitida a delegação. (Incluído pela Lei n. 13.853, de 2019)

§ 2º Os representantes de que tratam os incisos I, II, III, IV, V e VI do *caput* deste artigo e seus suplentes serão indicados pelos titulares dos respectivos órgãos e entidades da administração pública. (Incluído pela Lei n. 13.853, de 2019)

§ 3º Os representantes de que tratam os incisos VII, VIII, IX, X e XI do *caput* deste artigo e seus suplentes: (Incluído pela Lei n. 13.853, de 2019)

I – serão indicados na forma de regulamento; (Incluído pela Lei n. 13.853, de 2019)

II – não poderão ser membros do Comitê Gestor da Internet no Brasil; (Incluído pela Lei n. 13.853, de 2019)

III – terão mandato de 2 (dois) anos, permitida 1 (uma) recondução. (Incluído pela Lei n. 13.853, de 2019)

§ 4º A participação no Conselho Nacional de Proteção de Dados Pessoais e da Privacidade será considerada prestação de serviço público relevante, não remunerada. (Incluído pela Lei n. 13.853, de 2019)

Art. 58-B. Compete ao Conselho Nacional de Proteção de Dados Pessoais e da Privacidade: (Incluído pela Lei n. 13.853, de 2019)

I – propor diretrizes estratégicas e fornecer subsídios para a elaboração da Política Nacional de Proteção de Dados Pessoais e da Privacidade e para a atuação da ANPD; (Incluído pela Lei n. 13.853, de 2019)

II – elaborar relatórios anuais de avaliação da execução das ações da Política Nacional de Proteção de Dados Pessoais e da Privacidade; (Incluído pela Lei n. 13.853, de 2019)

III – sugerir ações a serem realizadas pela ANPD; (Incluído pela Lei n. 13.853, de 2019)

IV – elaborar estudos e realizar debates e audiências públicas sobre a proteção de dados pessoais e da privacidade; e (Incluído pela Lei n. 13.853, de 2019)

V – disseminar o conhecimento sobre a proteção de dados pessoais e da privacidade à população.

Art. 59. (VETADO).

Artigos 58-A e 58-B

Comentados por Gabrielle Bezerra Sales Sarlet

DISPOSITIVOS RELACIONADOS NO DIREITO INTERNACIONAL

- Convenção de Budapeste.

DISPOSITIVOS RELACIONADOS NO ORDENAMENTO JURÍDICO BRASILEIRO

- Art. 5º, LXXIX, CRFB.
- Arts. 2º e 3º; arts. 7º e 8º, MCI.
- Lei n.14.460 de 25 de outubro de 2022.
- Decreto n. 10.975, de 22 de fevereiro de 2022.
- Decreto 10.764, de 9 de agosto de 2021.
- Arts. 14, 15, 16 e 17, Decreto n. 10.474, de 26 de agosto de 2020.

DISPOSITIVOS RELACIONADOS NA LGPD

- Art. 12, § 3º; art. 55-C, II; e art 55-J, III.

ATIVIDADES DA ANPD E DO CNPD

- CNPD, Relatório de Atividades 2022.
- Resolução CNPD n. 1, de 6 de maio de 2022. Estabelece o Regimento Interno do Conselho Nacional de Proteção de Dados Pessoais e da Privacidade.

- Portarias CNPD n. 01 a 05, de 1º de abril de 2022, publicadas no dia 05 de abril de 2022 instituem os grupos de trabalhos temporários.
- Portarias CNPD n. 06 a 10, de 15 de junho de 2022, publicadas no dia 15 de junho de 2022, prorrogam os prazos para encerramento das atividades dos Grupos de Trabalho instituídos pelas Portarias CNPD n. 01 a 05, de 1º de abril de 2022, e estabelecem regras de participação dos membros.
- Portaria CNPD n. 11, de 4 de julho de 2022, publicada no dia 04 de julho de 2022, prorroga o prazo para encerramento das atividades do Grupo de Trabalho instituído pela Portaria CNPD n. 02, de 1º de abril de 2022.
- Portaria CNPD n. 12, de 8 de agosto de 2022, publicada no dia 10 de agosto de 2022, prorroga o prazo para encerramento das atividades do Grupo de Trabalho instituído pela Portaria CNPD n. 03, de 1º de abril de 2022.
- Portaria CNPD n. 13, de 8 de agosto de 2022, publicada no dia 10 de agosto de 2022, prorroga o prazo para encerramento das atividades do Grupo de Trabalho instituído pela Portaria CNPD n. 05, de 1º de abril de 2022.
- Portaria CNPD n. 14, de 14 de outubro de 2022, publicada no dia 17 de outubro de 2022, prorroga o prazo para encerramento das atividades dos Grupos de Trabalho instituídos pelas Portarias CNPD n. 01, n. 03, n. 04 e n. 05, de 1º de abril de 2022, altera a Portaria CNPD n. 05, de 1º de abril de 2022, e revoga a Portaria CNPD n. 13, de 24 de agosto de 2022.
- Portaria CNPD n.15, de 13 de dezembro de 2022, publicada no dia 13 de dezembro de 2022, prorroga o prazo para encerramento das atividades dos Grupos de Trabalho instituídos pelas Portarias CNPD n. 01, n. 02, n. 03, n. 04 e n. 05, de 1º de abril de 2022 e altera as Portarias CNPD n. 02, CNPD n. 04 e CNPD n. 05, de 1º de abril de 2022.

AÇÕES REGULATÓRIAS E FISCALIZATÓRIAS DE ENTIDADES GOVERNAMENTAIS E ÓRGÃOS DE CONTROLE

- TCU. Acórdão 1384/2022. Plenário. Rel. Min. Augusto Nardes, julgado em 15 de junho de 2022.

CASOS E DECISÕES JUDICIAIS RELEVANTES

- STF. Medida Cautelar nas ADIs n. 6389, 6390, 6393, 6388 e 6387. Plenário. Rel. Min. Rosa Weber, j. 07.05.2020, *DJe* 12.11.2020.

JUSTIFICATIVA E FUNDAMENTOS

O CNPD é, em consonância com o marco (*framework*) da democracia participativa digital, um importante órgão consultivo, criado por meio do Decreto n. 10.474, de 26 de agosto de 2020, objetivando uma atuação multissetorial da sociedade civil junto à ANPD que, em sua natureza de autoridade de garantia, exerce um papel central na construção do sistema protetivo voltado para a pessoa humana no âmbito do ecossistema digital à medida em que desempenha suas funções fiscalizatória, sancionatória e decisional.

De fato, dentre as suas atribuições estão sugerir ações a serem realizadas pela ANPD, elaborar estudos e realizar debates, audiências públicas e disseminar o conhecimento, oportunizando o letramento e a capacitação da população sobre o tema da proteção de dados pessoais e da privacidade, sobretudo no que toca aos riscos de vazamentos, de fraudes e de práticas discriminatórias. Em face do contexto, torna-se possível compreender que igualmente cumpre ao CNPD alertar a sociedade e o poder público sobre algumas das externalidades negativas advindas com as novas tecnologias.

Em vista disso, pode-se inferir, a partir de uma interpretação sistemática da LGPD, em uma constelação com o texto constitucional em vigor, que o CNPD pode operar participando no planejamento e na implementação de políticas públicas de caráter regulatório, de combate às práticas de vigilantismo excessivo e no enfrentamento à desinformação, especialmente em áreas estratégicas, como educação, segurança e saúde, atualmente imersas em um cenário permeado do emprego, sutil, ubíquo e pervasivo, de ferramentas de IA, algorítmica e generativa.

Em outro giro, entende-se que o CNPD pode imprimir um novo sentido à agenda da proteção de dados no país, notadamente no setor da segurança, em particular no que se refere, *v.g.*, à urgência nacional por uma LGPD penal.[96]

Cabe, de qualquer sorte, ao CNPD fornecer subsídios para a elaboração da Política Nacional de Proteção de Dados Pessoais e da Privacidade. Lembrando-se, nessa altura, que a Política Nacional de Proteção de Dados Pessoais e da Privacidade tem por objetivo fomentar as atividades econômicas e tecnológicas em consonância com a Estratégia de Governo Digital. Nesse sentido, em sintonia com os valores e com as disposições consagradas constitucionalmente, visa, em suma, assegurar, no país, um ambiente ajustado à cidadania, à dignidade e à democracia digital, portanto, inibidor da concentração informacional, ao tempo em que reforça a aposta no desenvolvimento apropriado das novas tecnologias e na garantia de interfaces seguras, robustas e confiáveis.

A atuação do CNPD pode e deve ser no sentido de fomentar um amplo, denso e plural debate sobre matérias que, direta e indiretamente, tocam na proteção de dados, urdindo uma pauta atual e adequada às demandas nacionais e internacionais, de sorte que se perfaça uma proteção integral da pessoa humana, tanto no espaço on-line quanto off-line.

De mais a mais, trata-se de, mediante ações proativas junto à ANPD, fomentar um significativo somatório de esforços para auxiliar e para garantir arquiteturas voltadas para a manutenção de redes de suporte e de trocas para um apropriado fluxo informacional transfronteiriço em conformidade com o devido processo informacional e com o que preceituam os organismos internacionais, mormente com o que se extrai da Convenção de Budapeste.[97]

Em síntese, as atribuições do CNPD são, para além da promoção de diretrizes estratégicas e o fornecimento de subsídios para a elaboração da Política Nacional de Proteção de Dados Pessoais e da Privacidade, o engendramento e a entrega de relatórios anuais de avaliação da execução das ações da Política Nacional de Proteção de Dados Pessoais e da Privacidade, a sugestão de ações a serem realizadas pela ANPD, realização de estudos, de debates e de audiências públicas sobre a agenda da proteção de dados pessoais e da privacidade, tornando-se um dos protagonistas na disseminação do conhecimento sobre a proteção de dados pessoais e da privacidade no cenário nacional.

---

96 Ver comentário ao art. 4° neste volume.

97 Decreto n. 11.491/2023, 12 de abril de 2023 (Brasil).

Quanto à formação e à atuação do CNPD, grife-se que o mesmo deve ser presidido por um conselheiro representante da Casa Civil, ao qual compete, com exclusividade, convocar, coordenar e dirigir as reuniões. Incumbindo-se igualmente de convocar eventuais sessões extraordinárias a despeito das três anuais previstas na legislação.

Trata-se de uma composição de 23 membros, com mandato de dois anos, sendo permitida uma recondução e incluindo representantes do Senado, da Câmara dos Deputados, de entidades representativas dos setores acadêmico, laboral e empresarial, de organizações da sociedade civil, dentre outros, salientando-se que a participação dos conselheiros no CNPD é considerada prestação de serviço público relevante, não remunerada.

Recorde-se, por oportuno, que o trâmite do processo de indicação e de nomeação dos conselheiros passa necessária e peremptoriamente pelo Poder Executivo, fruto de ato discricionário do Conselho Diretor da ANPD (Decreto n. 10.975/2022), ao qual compete apresentar as listas tríplices para ulterior escolha e nomeação pelo Presidente da República, restando, em regra, uma crítica por causar uma espécie de esvaziamento na ideia multissetorialidade e, com efeito, gerar um esgarçamento da participação popular na composição da cultura da proteção de dados no Brasil.

Válido é elucidar que a primeira formação do CNPD ocorreu em agosto de 2021, tendo encerrado as suas atividades com sucesso à medida em que, *pari passu*, algumas providências foram sendo tomadas para efetuar a seleção dos membros da nova formatação, cujo mandato se iniciou em 2024. A propósito, em maio de 2023, foi iniciado o processo de seleção, o qual contou com mais de setenta candidaturas, tendo sido encerrado em julho de 2024 com a posse da nova formação do conselho consultivo em auspiciosa perspectiva de renovação.

Decerto, em um cenário em que ainda faltam recursos de múltiplas ordens e, especificamente, escassas são as condições materiais para uma acurada performance da ANPD, o Conselho possui um papel primordial no amparo à Autoridade, em particular na reafirmação da necessidade de se assegurar uma contextura de autonomia e de independência, bem como em afiançar a implementação das medidas para a factível operacionalidade. Cabe destacar, por derradeiro, o momento atual em que a atenção legislativa pátria se volta para regulação da IA e, em vista disso, afirma-se uma tendência em favor da expansão das atribuições da ANPD e, consequentemente, do CNPD, sobretudo na participação, na organização e na coordenação do SIA (Sistema Nacional de Regulação e Governança de IA).

Por fim, para que, em face de uma configuração mais positiva, na qual o CNPD, juntamente com a ANPD, assuma um papel proativo deve ser forjada uma relação (*rapport*) sólida e permanente entre todos os integrantes, sobretudo com acesso às agendas, visando uma participação atuante nas iniciativas inerentes ao sistema de proteção de dados, conciliando inovação, pesquisa e desenvolvimento em favor da democracia digital.

ANÁLISE

Se a IA é a força motriz da atualidade, a interoperabilidade e a cibersegurança se destacam significativamente no que toca, mundo afora, à proposição das estruturas regulatórias de compartilhamento de responsabilidades entre os atores do ecossistema digital e na urdidura de parâmetros de minimização de riscos, enquanto a proteção de dados pessoais ganha em sentido, passando a ser elementar para a garantia e para a efetivação dos direitos humanos e fundamentais.

A proteção de dados pessoais, sobretudo em razão da assimétrica relação informacional entre os cidadãos e os Estados e, atualmente, robustecida em face da potência e da capilaridade da atuação das grandes empresas de tecnologia, se tornou a alavanca arquimediana do momento, ou seja, o primeiro passo (*step one*) para qualquer sistema de proteção no ambiente digital.

A proteção de dados se mostra, de fato, um tema presente em áreas centrais e múltiplas do cotidiano, afetando democraticamente a todos os extratos populacionais. No âmbito eleitoral, *v.g.*, tem emergido uma miríade de questionamentos quanto à adequação de algumas práticas ao regime de proteção de dados pessoais, sobretudo em razão da amplitude do uso de dados para alavancar as candidaturas e as campanhas em anos de pleitos.

Em vista disso, a alargada aplicabilidade das novas tecnologias de propósito geral em conjugação com a computação em nuvem, o *Big Data*, a capacidade computacional, o contínuo aprimoramento de algoritmos e, especificamente, as IAs generativas implicam novas estruturas informacionais que, em certa medida, empoderam, ao tempo em que igualmente vulnerabilizam, a pessoa humana. E, assim, impelem a produção de marcos regulatórios adequados à complexidade, à sutileza, à ubiquidade e à pervasividade dessas tecnologias tanto no que concerne aos benefícios que já se evidenciam no presente quanto aos impactos negativos do porvir.

Saliente-se que, diante desse cenário em que os dados pessoais são o ativo mais precioso, no Brasil, foi promulgada a LGPD que, embasa, sobretudo a transformação da sociedade no sentido de estabelecer parâmetros normativos, consagrar princípios e direitos, atribuir obrigações e urdir arquiteturas informacionais apropriadas às novas práticas nos setores, público e privado, contribuindo para a efetivação, dentre outros, do direito fundamental à proteção de dados pessoais e, consequentemente, do direito à inovação, dentre outros direitos que estão tocados pela proteção de dados e sem a qual perdem sentido no atual contexto.

Quanto ao *iter* legislativo da LGPD, a despeito da ampla participação de diversos setores da sociedade, deve-se apontar a recalcitrante dificuldade na aprovação de um texto legislativo que atendesse à expectativa original da existência de uma Autoridade, cuja atuação expressasse o equilíbrio entre as competências bem definidas, a independência, a provisão de recursos apropriados e a legitimidade para agir no cenário hipercomplexo.

Em rigor, somente mediante o Decreto n. 10.474 de 2020, anos após a promulgação da Lei n. 13.709/2018, foi definida a estrutura da ANPD e, no mesmo ato, estabelecidas as balizas para a instalação do CNPD. Culminante, após a deliberada afirmação do direito à proteção de dados como direito fundamental autônomo pelo STF, foi a promulgação da EC n. 115, em 2022, que, alterando o art. 5º, bem como os arts. 21 e 22 da CRFB, consagrou expressamente o direito à proteção de dados pessoais na paisagem nacional, repartindo as competências materiais e legislativas no panteão federativo.

A estruturação do sistema de proteção de dados no Brasil encontra-se diretamente vinculado ao devido aparelhamento, capacitação e, sobretudo, à garantia de um orçamento apropriado em face das dimensões continentais e dos desafios alocados para a ANPD. E, dessa forma, o investimento e a estruturação devem ser correlativos para a garantia da autonomia e da independência da Autoridade ao desempenho de suas funções.

Nesse sentido, relevante se torna a atuação de caráter consultivo do CNPD no sentido de expandir a participação popular, proporcionando a ausculta dos anseios da sociedade e forjando um diálogo mais profícuo com o poder público, evitando as dissonâncias e as inconstitucionalidades como as que, por vezes, visam perpetrar concentração informacional ao arrepio do princípio da separação de poderes. Portanto, nessa altura, o papel do CNPD se torna cada vez mais imprescindível.

Interessa acostar que, à guisa de ilustração, diferentemente de experiências como as da Espanha, do Panamá e do Uruguai que guardam profundas semelhanças com o modelo pátrio, no RGPD, não se observa uma estrutura consultiva diretamente correlata à do CNPD.

Entretanto, importa ressaltar que o EDPB possui competências consultivas e, de qualquer modo, congrega as autoridades de proteção de dados dos Estados-membros da UE, sendo que não inclui a participação da sociedade civil, dos setores laborais ou da comunidade científica. Trata-se de um organismo independente da UE com sede em Bruxelas. O EDPB, cuja composição envolve representantes de cada Autoridade dos Estados-membros, é responsável por garantir a aplicação do RGPD e centralizar as relações entre as autoridades de proteção de dados da UE, tendo sido criado em 2018.

No âmbito nacional de cada país-membro da UE, a representação social na política de proteção de dados se dá de forma distinta. Na Alemanha, *v.g.*, a participação da sociedade, no ambiente institucional-administrativo de proteção de dados se dá, em princípio, de maneira informal, não havendo uma comissão ou conselho composto por integrantes eleitos ou designados, que passariam a integrar o aparato administrativo do Estado, no que diz, especificamente, à proteção de dados, com atribuições previstas em lei ou complementadas em regulamentos (como ocorre, no Brasil, com o CNPD).

Diante da perspectiva atual que infinitamente parece adensar o uso de dados pessoais, o que se espera, em face do atual cenário é que sejam tomadas as medidas de efetivação integral do texto da LGPD, de maneira especial no que se refere à nomeação dos novos membros do CNPD e, desta feita, expandindo as assembleias dos artífices das políticas públicas nessa área, o sistema da proteção de dados no Brasil possa ganhar cada vez mais em sentido, em legitimidade e em aplicabilidade para garantia dos direitos de todos os extratos da população, firmando-se, assim, como um esteio na construção da democracia digital.

BIBLIOGRAFIA SELECIONADA

DONEDA, D. A Autoridade Nacional de Proteção de Dados e o Conselho Nacional de Proteção de Dados. *In*: MENDES, L. S.; DONEDA, D.; SARLET, I. W.; RODRIGUES JR, O. L.; BIONI, B. (org.). *Tratado de proteção de dados pessoais.* 2. ed. Rio de Janeiro: Forense, 2023. p. 461-472.

MENDES, L. S.; BADARÓ, R.; ALVES, F. M.; SARLET, I. W.; JUNQUILHO, T. A.; FUJIMOTO, M. T. (org.). *Direitos fundamentais na era digital:* Anuário 2023 das Comissões Especiais de Proteção de Dados (CEPD) e de Direito Digital (CEDD). Porto Alegre: Fundação Fênix, 2023.

PINHEIRO, P. P. *Proteção de dados pessoais:* comentário à Lei n. 13.709/2018 (LGPD). 2. ed. São Paulo: Saraiva Educação, 2020.

SARLET, G. B. S.; MENDES, L. S.; SARLET, I. W. Art. 5º, LXXIX. *In*: CANOTILHO, J. J. G.; SARLET, I. W.; STRECK, L. L.; MENDES, G. F. (org.). *Comentários à Constituição do Brasil.* 3. ed. São Paulo: Saraiva Jur, 2023. v. 1, p. 493-503.

SARLET, G. B. S.; PIÑEIRO RODRIGUEZ, D. A Autoridade Nacional de Proteção de Dados (ANPD): elementos para uma estruturação independente e democrática na era da governança digital. *Revista Direitos Fundamentais & Democracia (UniBrasil)*, v. 27, p. 217-253, 2022.

SARLET, G. B. S.; PIÑEIRO RODRIGUEZ, D. Alternatives for an adequate structuring of the national data protection authority (ANPD) in its independent profile: proposals to overcome the technological challenges in the age of digital governance. *International Cybersecurity Law Review*, v. 1, p. 1-15, 2023.

SARLET, G. B. S.; SARLET, I. W. Notas sobre os limites do compartilhamento de dados pessoais e a separação informacional de poderes no Brasil – contribuições do STF. *In*: MENDES, L. S.; BADARÓ, R.; ALVES, F. M.; SARLET, I. W.; JUNQUILHO, T. A.; FUJIMOTO, M. T. (org.). *Direitos fundamentais na era digital:* Anuário 2023 das Comissões Especiais de Proteção de Dados (CEPD) e de Direito Digital (CEDD). Porto Alegre: Fundação Fênix, 2023. v. 1, p. 133-150.

Capítulo X
DISPOSIÇÕES FINAIS E TRANSITÓRIAS

Art. 60. A Lei n. 12.965, de 23 de abril de 2014 (Marco Civil da internet), passa a vigorar com as seguintes alterações:

"Art. 7º (...)

X – exclusão definitiva dos dados pessoais que tiver fornecido a determinada aplicação de internet, a seu requerimento, ao término da relação entre as partes, ressalvadas as hipóteses de guarda obrigatória de registros previstas nesta Lei e na que dispõe sobre a proteção de dados pessoais;

(...)"

"Art. 16. (...)

II – de dados pessoais que sejam excessivos em relação à finalidade para a qual foi dado consentimento pelo seu titular, exceto nas hipóteses previstas na Lei que dispõe sobre a proteção de dados pessoais."

Artigo 60

Comentado por Flávia Lefèvre

DISPOSITIVOS RELACIONADOS NO ORDENAMENTO JURÍDICO BRASILEIRO

- Art. 2°, II; art.7°, VII, VIII, IX, X e XIII; arts.10, 11, 12, 13; arts.15, 16, II, MCI.
- Arts. 6°, II, e 7°, CDC.
- Art. 5°, X e LXXIX; art.174, CRFB.
- Art. 7°, arts.13, 14, 15 e 16, Decreto n. 8.771, de 11 de maio de 2016.

DISPOSITIVOS RELACIONADOS NA LGPD

- Arts. 1 e 2°, II; art.6°, III, VII; arts.15 e 16; art.18, *caput* e IV.

CASOS E DECISÕES JUDICIAIS RELEVANTES

- STF, RE 1010606. Repercussão Geral – Mérito (Tema 786). Tribunal Pleno. Rel. Min. Dias Toffoli, j. 11.02.2021, *DJe* 20.05.2021.
- STJ, AgInt no REsp n. 1.593.873-SP, Terceira Turma, Rel. Min. Nancy Andrighi, j. 10.11.2016, *DJe* 17.11.2016.

JUSTIFICATIVA E FUNDAMENTOS

A necessidade de haver atuação legislativa quanto à exploração de dados pessoais por Poderes Públicos ou agentes econômicos privados se revela desde os anos 1960. O desenvolvimento acelerado de novas tecnologias a partir do final dos anos 1970, incrementou o poder econômico de grandes corporações promovendo interferências significativas por meio de sistemas computacionais quanto à intimidade, privacidade e imagem dos seres humanos, com vista à realização de perfilamento voltado para propaganda direcionada a nichos específicos de consumidores, motivando países europeus, já nos anos 1980 e 1990, a adotarem leis de proteção de dados pessoais.

A despeito de em 2019 existirem mais de cento e trinta países que já dispunham de legislação voltada para a proteção da privacidade e dados pessoais, o fato é que no Brasil agentes governamentais e econômicos atuaram fortemente para retardar a adoção de lei específica.[1].

O crescimento do uso da internet pela sociedade brasileira, que se acirra a partir do final dos anos 1990, levou o Brasil a iniciar debates em torno dos direitos e deveres envolvendo a exploração de atividades comerciais por provedores de conexão e de aplicações no âmbito do Ministério da Justiça e culminando com a aprovação do MCI em abril de 2014.

Diante do intenso uso de *Big Data* para a exploração de serviços como redes sociais, mecanismos de busca, mensageria, serviços públicos diversos, entre outros, prestados na internet, o MCI não poderia ter deixado de lado disposições expressas com a finalidade de proteção de dados pessoais, especialmente por não contarmos com uma lei específica naquela altura.

Nessa esteira, os arts. 2º e 3º do MCI ao estabelecerem a disciplina do uso da internet no Brasil, introduziram as previsões sobre "os direitos humanos, o desenvolvimento da personalidade e o exercício da cidadania em meios digitais" como um de seus fundamentos, bem como "a proteção de dados pessoais, na forma da lei" como um de seus princípios.

Sendo assim, foram o MCI e o Decreto n. 8.771/2016 que o regulamenta, que supriram a ausência de uma lei específica para a proteção de dados pessoais, o que só veio a ocorrer seis anos depois; e mesmo assim com limites de eficácia, na medida em que a ANPD só foi constituída em novembro de 2020, passando só a partir daí a dar início a composição de seu corpo técnico, de modo a viabilizar suas funções regulatórias e fiscalizatórias.

ANÁLISE

No art. 7º do MCI, que trata dos direitos dos usuários do serviço de acesso à internet, foram estabelecidas diversas disposições a respeito dos dados pessoais (incisos VI ao X), tais como a obrigatoriedade para os provedores de serviços de prestarem informações claras e completas sobre coleta, uso, armazenamento, tratamento e proteção de dados pessoais; necessidade de consentimento livre, expresso e informado tanto para a coleta, uso, armazenamento e tratamento de dados pessoais, quanto para o fornecimento a terceiros; exclusão definitiva dos dados pessoais que o usuário tiver fornecido a determinada aplicação de internet a seu requerimento ou ao término da relação entre os contratantes.

O art. 16 do MCI também trouxe disposições sobre as hipóteses em que é vedada a guarda por provedores de aplicações de internet, dos registros de acesso a outras aplicações de internet sem que o titular dos dados tenha consentido previamente, como previsto no art. 7º, bem como de dados pessoais que sejam excessivos em relação à finalidade para a qual foi conferido o consentimento pelo titular.

1 Ver comentário ao art. 65 neste volume.

Aprovada a LGPD, seu art. 60 alterou expressamente a redação do inciso X do art. 7º do MCI, incluindo entre os casos de obrigatoriedade para a exclusão definitiva de dados pessoais as previsões constantes da Lei n. 13.709, de 14 de agosto de 2018. O mesmo art. 60 da LGPD alterou também a redação do inciso II do art. 16 do MCI, ampliando as hipóteses em que é vedada a guarda de dados por provedores de aplicações de internet.

Importante destacar que para muitos não foram apenas as previsões de alteração consignadas no art. 60 que impactaram o MCI, havendo quem sustente a existência de antinomias entre disposições desta Lei com outras da LGPD.

Há quem aponte a existência de conflitos entre os incisos VII e IX do art. 7º, do MCI, e o art. 7º, da LGPD. Entretanto, o certo é que o MCI nestes dispositivos que tratam da coleta, uso, armazenamento, tratamento e fornecimento dos dados pessoais a terceiros, condicionando estas atividades ao consentimento livre, expresso e informado, ou nos "demais casos previstos em lei, como os previstos nos arts. 10 e 11, da mesma lei, ou outros previstos em outras leis", arrolou as hipóteses de forma exemplificativa e não exaustiva; ou seja, quando menciona "outras leis", possibilita que leis posteriores que abarquem os usuários dos serviços de conexão a internet, como a própria LGPD ou mesmo o CDC, sejam aplicadas.

Por outro lado, o art. 7º da LGPD traz dez incisos que estabelecem as bases legais para tratamento de dados, sendo o consentimento apenas uma delas, o que, por si só, não implica antinomia com o MCI, tendo em vista o teor das regras estabelecidas no art. 2º, §§ 1º e 2º, do Decreto n. 4.657/1942 – a Lei de Introdução às Normas do Direito Brasileiro.

Na linha do que está definido especialmente pelo § 1º do art. 2º da LINDB, no sentido de que: "a lei posterior revoga a anterior quando expressamente o declare, quando seja com ela incompatível ou quando regule inteiramente a matéria de que tratava a lei anterior", entendo que não haja incompatibilidade entre o que rezam os incisos VII e IX do art. 7º do MCI e o que dispõem os incisos do art. 7º da LGPD.

Isso porque o dispositivo do MCI trata da necessidade de consentimento especificamente para os usuários do serviço de conexão a internet, sendo que o art. 7º da LGPD é mais amplo, dispondo sobre as bases legais que autorizam o tratamento de dados em situações distintas como o cumprimento de obrigações legais pelo controlador, execução de políticas públicas, estudos por órgãos de pesquisa, processos judiciais, entre outros.

Sendo assim e considerando o que está previsto no § 2º do art. 2º da LINDB, no sentido de que "a lei nova, que estabeleça disposições gerais ou especiais a par das já existentes, não revoga nem modifica a lei anterior", acredito que se trata de antinomia aparente, passível de ser solucionada com a interpretação sistemática de ambas as leis, considerando-se as especificidades das relações jurídicas envolvidas.

Respalda este entendimento o teor do § 4º do mesmo art. 7º da LGPD, quando fica "dispensada a exigência do consentimento previsto no *caput* deste artigo para os dados tornados manifestamente públicos pelo titular, resguardados os direitos do titular e os princípios previstos nesta Lei".

Portanto, não há que se falar em revogação tácita, mas sim em convivência integrativa entre as duas normas; inclusive porque o legislador no art. 60 da LGPD deixou claro o que pretendia alterar nos arts. 7º e 16 do MCI e, se fosse esta a intenção, teria deixado expressa a revogação.

Feitas as considerações sobre a relação entre MCI e LGPD e excluída a hipótese de revogação tácita entre as normas, vale considerar que, com a alteração introduzida pelo art. 60, determinou-se às empresas que exploram serviços de conexão e aplicações na internet a exclusão definitiva dos dados pessoais ao término da relação entre as partes, mediante requerimento do usuário, tendo ficado ressalvadas as hipóteses de guarda obrigatória de registros previstos não mais apenas pelo MCI, como constava originalmente no inciso X do art. 7º, mas também pela LGPD.

O art. 60, da LGPD, veio alterar o inciso X do art. 7º do MCI, que estabelece os direitos dos usuários do serviço de conexão à internet, incluindo entre outros direitos de igual importância a proteção de dados pessoais nos incisos VII a X e XIII.

Trata-se, portanto, de um direito subjetivo que pode ser exercido sem qualquer condicionamento, exceto nos casos de guarda obrigatória de registros, como estabelecido pelo MCI, ou autorização legal para a conservação voltada a determinadas finalidades, como previsto na LGPD e será comentado mais adiante. É mais um instrumento para dar efetividade ao poder do titular de autodeterminação informativa – um dos fundamentos para a disciplina da proteção de dados pessoais, conforme o inciso II do art. 2º da LGPD, viabilizando a vontade do titular de autorizar ou não o tratamento de seus dados e de conferir efetividade ao princípio da necessidade, expresso no inciso III do art. 6º da mesma Lei.[2]

Assim, o art. 60 ora em tela veio integrar a LGPD ao sistema legal de proteção de dados pessoais no meio digital, até então composto pelo CDC e pelo MCI, conforme a previsão do art. 7º da lei consumerista, quando estabelece que os direitos expressos naquele Código "não excluem outros decorrentes (...) da legislação interna ordinária, de regulamentos expedidos pelas autoridades administrativas competentes, bem como dos que derivem dos princípios gerais do direito, analogia, costumes e equidade".[3]

São todos dispositivos voltados para a proteção de direitos da personalidade – dando materialidade ao que está previsto no inciso X do art. 5º da CRFB, onde temos as garantias fundamentais configuradas por meio de direitos e deveres individuais e coletivos, assegurando a inviolabilidade da intimidade, da vida privada, da honra e da imagem das pessoas, que ganharam ainda mais densidade com a edição da EC n. 115, de 2022, que, com a introdução do inciso LXXIX, elevou ao patamar constitucional a proteção de dados pessoais, inclusive nos meios digitais.

Está no foco desse sistema também e especialmente a segurança,[4] conforme expresso no CDC e no MCI, quando esta Lei trata da proteção aos registros, aos dados pessoais e às comunicações privadas (arts. 10 e s.), bem como o Decreto n. 8.771, de 11, de maio de 2016 (arts. 13 e s.), que regulamenta o MCI.

Podemos afirmar, portanto, que a proteção dos dados pessoais está assentada em bases constitucionais e suas estruturas construídas hoje pela CRFB e LGPD, pelo sistema integrado também pelo CDC e MCI, reforçado desde 2018, por disposição expressa do art. 60, ora em tela, como manifestação legítima do poder do Estado de incidir sobre empresas públicas e privadas no âmbito da atividade econômica, com amparo no art. 174 da CRFB.

---

2 Ver comentários aos art. 2º e art. 6º, III, neste volume.

3 MENDES, L. S. O diálogo entre o Marco Civil da internet e o Código de Defesa do Consumidor. *Revista de Direito do Consumidor*, v. 106, jul./ago. 2016. XIII Congresso de Direito do Consumidor. São Paulo: Revista dos Tribunais.

4 GUIMARÃES, F. L.; SARAIVA, R. L. Serviços prestados na internet: obrigações e responsabilidades de segurança. *In*: LIMA, A. P. M. C. de *et al. Compliance no direito digital.* São Paulo: Thomson Reuters/Revista dos Tribunais, 2020. p. 269.

A finalidade dos dispositivos comentados é regular o mercado de consumo na internet, incidindo sobre as esferas garantidoras de liberdade reconhecidas pelos ordenamentos jurídicos modernos: da autonomia privada e da autonomia coletiva, o que se constitui por atitudes, práticas e convicções democráticas que servem de base para orientar a atualização conjunta dos direitos pelos Poderes Públicos competentes, de modo que se revistam as leis e normas que regulam as relações desenvolvidas no ciberespaço por valores com sentido ético e com o escopo de alcançar graus mínimos de justiça social.[5]

1. Assimetria de poder entre fornecedores e titulares de dados pessoais e ferramentas para equilibrar as relações

Os dispositivos constitucionais e legais mencionados acima têm como finalidade, acima de tudo, garantir autonomia, liberdade e segurança, tendo em vista os potenciais efeitos deletérios da exploração em larga escala do *Big Data* por meio de mecanismos tecnológicos cada vez mais sofisticados, com sistemas algorítmicos desenvolvidos *by design* para coletar volumes incomensuráveis de dados pessoais. Sendo que sobre esses processos, as sociedades como um todo e cada um de nós individualmente, como já reconhecidos pela mais autorizada doutrina e pela jurisprudência,[6] têm graus quase insignificantes de governança.

Incontestável as nossas possibilidades reduzidas e desproporcionais de supervisão sobre as atividades de tratamento de dados, a despeito dos esforços regulatórios adotados em legislações nacionais por todo o mundo, especialmente na Comunidade Europeia, para impor às empresas mais transparência sobre seus sistemas. Empresas e governos que coletam e tratam indiscriminadamente dados pessoais, disputam nossas atenções, nos colocam em situação de extrema vulnerabilidade e riscos de discriminação, promovendo vigilância profunda com vistas a obtenção de lucro e de mais controle.[7]

Foi o reconhecimento do incontornável poder de vigilância das corporações transnacionais dominantes e instituições públicas e a necessidade de haver ferramentas legais que viabilizassem maior grau de governança sobre a exploração dos dados pessoais, bem como a repercussão das atividades desenvolvidas por essas entidades sobre nossas individualidades, que levou, já há mais de dez anos, à edição, em mais de cem países pelo mundo, de leis voltadas para a garantir "direitos humanos, o desenvolvimento da personalidade e o exercício da cidadania em meios digitais" (art. 2º, II, MCI).

---

5 HONNET, A. *O direito da liberdade*. São Paulo: Martins Fontes, 2015.

6 "A discussão acima buscou evidenciar como os agentes maquínicos que operam nos ambientes digitais hoje fazem parte da ecologia da mente (Bateson, 1972) de muitos usuários humanos. Em maior ou menor grau, delegamos a esses agentes a tarefa cognitiva de navegar, em nosso nome, um universo crescente de informação que tende à entropia (Bruno e Vaz, 2002; Cesarino, 2021d). Assim, eles suplementam cada vez mais o aparato técnico, biológico, linguístico e cultural que medeia nossa apreensão do mundo. Mas para se acoplar aos usuários humanos e deles extrair valor, os sistemas algorítmicos precisam coincidir com sua cognição em alguma escala, e fazê-lo de forma performativa. Digo performativa não no sentido de produzir realidades a partir do zero – nenhuma tecnologia tem esse poder –, mas de extrair seletivamente certas potencialidades do humano, e não outras (Neto, 2020)" (CESARINO, L. *O mundo do avesso*: verdade e política na era digital. São Paulo: Ubu Editora, 2022).

7 ZUBOFF, S. O *Big Other*: capitalismo de vigilância e perspectivas para uma civilização de informação. *In*: BRUNO, F.; CARDOSO, B.; KANASHIRO, M.; GUILHON, L.; MELGAÇO, L. (org.). *Tecnopolíticas da vigilância:* perspectivas da margem. São Paulo: Boitempo, 2018.

As disposições legais ora em tela estão alinhadas com a perspectiva colocada por Carissa Veliz sobre a relação entre privacidade e poder,[8] de modo a instrumentalizar os titulares de dados pessoais com ferramentas, colocando-os em condição de exercer poder sobre suas individualidades e intimidade.

Sendo assim, institutos legais que nos atribuem poder sobre até quando uma determinada entidade poderá utilizar nossos dados pessoais, como está disposto no MCI e na LGPD, têm relevância indiscutível, estando também em sintonia com o direito de escolha consagrado pelo inciso II do art. 6º do CDC, que elenca os direitos básicos do consumidor, especialmente porque a assimetria de poder nas relações que se estabelecem no campo digital é estrutural e implica uma (hiper)vulnerabilidade[9] dos titulares.

2. As hipóteses de guarda de registro obrigatórias estabelecidas pelo MCI

Nessa direção, o caráter essencial do serviço de conexão à internet, a importância crescente das aplicações ofertadas pelas empresas no ambiente digital e a necessidade de se garantir segurança inspiraram os debates e as contribuições ocorridas no processo legislativo que desbordou no modelo de governança da internet estruturante do MCI, muito baseado no Decálogo de Princípios para a Governança e Uso editado pelo CGI.br em 2009,[10] com previsões expressas no que diz respeito a direitos humanos, privacidade, liberdade e segurança.

O MCI, no Capítulo II, que trata dos direitos e garantias dos usuários, veio estabelecer padrões de segurança e sigilo dos registros, dados pessoais e comunicações privadas, e também dar respostas ao aparente conflito entre segurança e privacidade.

O art. 13 do MCI estabelece que: "Na provisão de conexão à internet, cabe ao administrador de sistema autônomo respectivo o dever de manter os registros de conexão, sob sigilo, em ambiente controlado e de segurança, pelo prazo de 1 (um) ano, nos termos do regulamento".

Sendo assim, e com vistas a concluir sobre o alcance das disposições previstas pelo inciso X do art. 7º do MCI, com o acréscimo introduzido pelo art. 60 da LGPD, importante considerarmos o que dispõe o mencionado art. 13. Ainda que houver o término da relação entre provedor de conexão de internet e a manifestação do titular para a eliminação de dados pessoais, caso estes fatos se deem dentro do prazo de um ano, estará configurada a hipótese de guarda obrigatória e, consequentemente, impedida a exclusão definitiva, até que se esgote o tempo estabelecido por lei.

---

[8] "Você tem um corpo. As instituições públicas e privadas querem saber mais sobre ele, talvez, fazer experiências com ele, e aprender mais sobre outros corpos como o seu. Você tem uma identidade. Os criminosos querem usá-la para cometer crimes em seu nome e deixar para que você pague a conta. Você tem conexões pessoais. Você é um nó em uma rede. Você é o descendente de alguém, o vizinho de alguém, o professor, o advogado ou o barbeiro de alguém. Através de você, eles podem alcançar outras pessoas. É por isso que os aplicativos lhe pedem acesso aos seus contatos. Você tem uma voz. Todos os tipos de agentes querem usá-lo como porta voz nas mídias sociais e além delas. Você tem um voto. As forças estrangeiras e nacionais querem que você vote no candidato que defenderá os interesses delas. Como você pode ver, você é uma pessoa muito importante. Você é uma fonte de poder". Cf. VELIZ, C. *Privacidade é poder:* porque e como você deveria retomar o controle de seus dados. Tradução Samuel Oliveira. São Paulo: Contracorrente, 2021.

[9] BIONI, B. *Proteção de dados pessoais:* a função e os limites do consentimento. 3. ed. Rio de Janeiro: Forense, 2021.

[10] CGI.Br. Princípios para a Governança e Uso da Internet.

Diga-se o mesmo quanto às relações entre provedores de aplicações e titulares de dados pessoais, com a diferença do prazo de guarda obrigatória que neste caso é de seis meses, conforme disposição do art. 15 do MCI.

Há afastamento do direito à exclusão definitiva também quando, conforme disposições dos arts. 13 e 15, autoridades policiais, administrativas ou o Ministério Público obtiverem, junto ao Poder Judiciário, medidas para que a guarda dos registros de conexão e aplicação se dê por período superior aos um ano ou seis meses, respectivamente.

Merecem destaque ainda as disposições no § 2º do art. 13 do Decreto n. 8.771/2016, que regula, de forma expressa, o art. 7º, VII a X, do MCI, conforme explorado no próximo tópico.

3. As hipóteses de autorização de conservação dos dados estabelecidas pela LGPD

O direito subjetivo do titular dos dados pessoais à sua eliminação está previsto no inciso VI do art. 18 da LGPD.

Importante frisar que esse direito pode ser exercido tratando-se do setor privado ou público, diante do que está disposto no art. 1º da LGPD, deixando claro que a norma se aplica para pessoas jurídicas de direito privado ou público.

O legislador partiu do "reconhecimento das tensões e dualidades" decorrentes do fato de que a proteção de direitos e liberdades fundamentais faz-se especialmente necessária e relevante diante da realidade de que são os Poderes Públicos os que possuem as mais abrangentes bases de dados centralizadas, para a realização das atividades de interesse público pela Administração Pública.[11]

É certo que a relação entre o titular, na qualidade de cidadão, e o Poder Público implica imposição de maiores limitações quanto ao exercício de alguns direitos expressos na LGPD, tendo em vista o interesse público das atividades administrativas. Porém, a LGPD deixa expressas as hipóteses nas quais os limites podem se configurar.

A LGPD, então, estabelece hipóteses em que, independentemente da vontade do titular, os dados devem ser eliminados, podendo, porém, ser mantidos, desde que configurados os casos expressos nos incisos do art. 16.[12]

Vale notar que tanto o inciso X do art. 7º, do MCI, quanto o *caput* do art. 18, da LGPD, dispõem que o titular dos dados pessoais tem o direito à eliminação a qualquer momento mediante requisição. Note-se, entretanto, que o art. 18 da LGPD não vincula a exclusão dos dados ao término da relação entre as partes, diferente do que encontramos no inciso X do art. 7º do MCI.

Além disso, o art. 16 da LGPD, a partir da lógica de que os dados pessoais devem estar sujeitos a um ciclo de vida com início, meio e fim, o que se reflete nas disposições do art. 15,[13] deixa claro que os dados pessoais devem ser eliminados "após o término do tratamento no

---

[11] WIMMER, M. O regime jurídico do tratamento de dados pessoais pelo Poder Público. *In*: MENDES, L. S.; DONEDA, D.; SARLET, I. W.; RODRIGUES JR., O.; BIONI, B. (coord.). *Tratado de proteção de dados pessoais*. Rio de Janeiro: Forense, 2021. p. 271.

[12] Ver comentário ao art. 16 neste volume.

[13] Ver comentário ao art. 15 neste volume.

âmbito e nos limites técnicos das atividades", permitindo a conclusão de que a eliminação definitiva dos dados pessoais independe de requisição do titular.[14]

Esta conclusão é a que está mais afinada com o que dispõe o art. 6º da LGPD, que impõe a boa-fé e uma série de princípios a orientar a atividade de tratamento de dados pessoais, especialmente com os princípios da necessidade (inciso III), de acordo com o qual deve haver "limitação do tratamento ao mínimo necessário para a realização de suas finalidades, com abrangência dos dados pertinentes, proporcionais e não excessivos em relação às finalidades do tratamento de dados" e da segurança (inciso VII), que estabelece a utilização de medidas técnicas e administrativas aptas a proteger os dados pessoais de acessos não autorizados e de situações acidentais ou ilícitas de destruição, perda, alteração, comunicação ou difusão".

Relevante trazermos para a reflexão a respeito dessa aparente contradição, o fato de que o Decreto n. 8.771/2016, que regulamenta o MCI, traz dispositivos expressos quando trata dos incisos VII a X do art. 7º desta Lei, afirmando o seguinte no art. 13:

> Art. 13. Os provedores de conexão e de aplicações devem, na guarda, armazenamento e tratamento de dados pessoais e comunicações privadas, observar as seguintes diretrizes sobre padrões de segurança:
>
> (...)
>
> § 2º Tendo em vista o disposto nos incisos VII a X do *caput* do art. 7º da Lei n. 12.965, de 2014 , os provedores de conexão e aplicações devem reter a menor quantidade possível de dados pessoais, comunicações privadas e registros de conexão e acesso a aplicações, os quais deverão ser excluídos:
>
> *I – tão logo atingida a finalidade de seu uso; ou*
>
> *II – se encerrado o prazo determinado por obrigação legal.* (grifo nosso)

Sendo assim e considerando a necessidade de interpretação sistemática entre os dispositivos das leis e regulamentos que estruturam o regime legal de proteção de dados pessoais, inequívoco que a obrigação de exclusão definitiva dos dados pessoais independe de requerimento específico do titular, seja pelas disposições da LGPD, seja pelas disposições do MCI, regulamentadas pelo Decreto n. 8.771/2016.

4. Inexistência de repercussão do inciso X do art. 7º do MCI sobre o direito ao esquecimento

Tendo em vista que a nossa LGPD foi bastante inspirada no RGPD, aprovado pelo Parlamento Europeu em 2016 e entrado em vigor em maio 2018, pertinente fazermos alguns destaques quanto às diferenças entre as duas legislações no que tange às hipóteses legais que autorizam a exclusão de dados pessoais a requerimento do titular.

Nesse sentido, o RGPD trata do direito ao apagamento no art. 17, cujas hipóteses são bastante exemplificativas e expressamente indicadas, sendo o dispositivo utilizado inclusive para o exercício do direito ao esquecimento.

O Min. Ricardo Villas Bôas Cuevas, comentando sobre o direito do titular de requerer a eliminação de seus dados, assim se pronunciou:

---

[14] ALVES JR., S. Fechando um ciclo: do término do tratamento de dados pessoais (arts. 15 e 16 da LGPD). *In*: MENDES, L. S.; DONEDA, D.; SARLET, I. W.; RODRIGUES JR., O.; BIONI, B. (coord.). *Tratado de proteção de dados pessoais*. Rio de Janeiro: Forense, 2021. p. 227.

> A eliminação, por seu turno, é a "*exclusão de dado ou de conjunto de dados armazenados em banco de dados, independentemente do procedimento empregado*" (art. 5º, XIV, da LGPD). Resta saber, portanto, se o direito à eliminação de dados pessoais previsto na lei brasileira corresponde ao direito ao apagamento de dados pessoais definido no RGPD. Não parece haver semelhança entre os institutos, pois o inciso IV do art. 18 da LGPD alude à "*eliminação de dados desnecessários, excessivos ou tratados em desconformidade com o disposto nesta lei*", enquanto o direito ao apagamento dos dados pessoais "*diz respeito unicamente à possibilidade de eliminação de dados nessas circunstâncias, já que os dados pessoais, por evidente, devem sempre ser necessários, adequados e lícitos*".[15]

A utilização do direito à eliminação de dados no Brasil, porém, não tem sido acolhida pela jurisprudência do STJ e do STF, para o que se denomina *direito ao esquecimento.*

No acórdão proferido em novembro de 2016, em AgInt no REsp n. 1.593.873-SP interposto pelo Google, que teve como relatora a Min. Nancy Andrighi, a questão foi debatida. Em decisão anterior, o TJSP, com base no art. 7º, X, do MCI, condenou o Google a retirar de seu mecanismo de busca dados relativos a determinado titular, contra o que a empresa recorreu e teve o apelo provido pela Corte superior. A transcrição de partes do Acórdão é pertinente:

> Contudo, uma consideração deve ser feita. Aplicações de internet são definidas no MCI como "o conjunto de funcionalidades que podem ser acessadas por meio de um terminal conectado à internet". Assim, o direito à exclusão mencionado acima alcança somente as informações que o próprio indivíduo houver fornecido para um determinado provedor de aplicações de internet.
>
> Na hipótese de provedores de aplicações de busca na internet, há a disponibilização de ferramentas que, por meio de algoritmos e de indexação, auxiliam o usuário a encontrar websites ou outros recursos, de acordo com os argumentos de pesquisa inseridos no serviço de busca. Novamente, como julgou esta Corte:
>
> Essa provedoria de pesquisa constitui uma espécie do gênero provedor de conteúdo, pois esses sites não incluem, hospedam, organizam ou de qualquer outra forma gerenciam as páginas virtuais indicadas nos resultados disponibilizados, se limitando a indicar links onde podem ser encontrados os termos ou expressões de busca fornecidos pelo próprio usuário (REsp 1.316.921/RJ, Terceira Turma, j. 26.06.2012, *DJe* 29.06.2012).
>
> (...)
>
> I.c – Influência do Marco Civil da internet
>
> No que tange à legislação ordinária, deve-se analisar a possível influência da publicação da Lei n. 12.965/2014, que instituiu o Marco Civil da internet – MCI. Como afirmado acima, não há no Brasil uma lei geral que disponha sobre a proteção de dados pessoais. Assim, o art. 7º, I e X, do MCI vem preencher parcialmente essa ausência legislativa, referente aos contornos do mencionado direito ao esquecimento, *in verbis*:
>
> I – inviolabilidade da intimidade e da vida privada, sua proteção e indenização pelo dano material ou moral decorrente de sua violação;

---

[15] CUEVA, R. V. B. Proteção de dados pessoais e direito ao esquecimento. *In*: MENDES, L. S.; DONEDA, D.; SARLET, I. W.; RODRIGUES JR., O.; BIONI, B. (coord.). *Tratado de proteção de dados pessoais*. Rio de Janeiro: Forense, 2021. p. 627.

> X – *exclusão definitiva dos dados pessoais que tiver fornecido a determinada aplicação de internet*, a seu requerimento, ao término da relação entre as partes, ressalvadas as hipóteses de guarda obrigatória de registros.
>
> Contudo, uma consideração deve ser feita. Aplicações de internet são definidas no MCI como "o conjunto de funcionalidades que podem ser acessadas por meio de um terminal conectado à internet". Assim, o direito à exclusão mencionado acima alcança somente as informações que o próprio indivíduo houver fornecido para um determinado provedor de aplicações de internet.[16]

É certo que a decisão referida é anterior à edição da LGPD; porém, o STF, pelo voto do Min. Dias Toffoli, em 2021, fixou o Tema 786, tendo servido de *leading case* o julgamento do RE 1010606, onde ficou consignado o seguinte entendimento:

> *Vide* a previsão do Código de Defesa do Consumidor (art. 43, § 1º, da Lei n. 8.078/1990) de que os cadastros de consumidores não podem "conter informações negativas referentes a período superior a cinco anos", ou, ainda, a previsão do Código Penal (arts. 93 a 95) quanto à reabilitação do condenado, que "poderá ser requerida, decorridos 2 (dois) anos do dia em que for extinta, de qualquer modo, a pena ou terminar sua execução", assegurando-se ao condenado "o sigilo dos registros sobre o seu processo e condenação". Ou, ademais, a previsão, quanto ao universo digital, trazida pela Lei n. 12.965/2014 (o Marco Civil da internet), que assegura como direito do usuário da rede à "exclusão definitiva dos dados pessoais que tiver fornecido a determinada aplicação de internet a seu requerimento, ao término da relação entre as partes", ressalvadas apenas "as hipóteses de guarda obrigatória de registros" (art. 7º, X).
>
> Tais previsões, todavia, não configuram a pretensão do direito ao esquecimento. Relacionam-se com o efeito temporal, mas não consagram um direito a que os sujeitos não sejam confrontados quanto às informações do passado. Desse modo, eventuais notícias que tenham sido formuladas – ao tempo em que os dados e/ou as informações estiveram acessíveis – não são alcançadas pelo efeito de ocultamento. Elas permanecem passíveis de circulação se os dados nelas contidos tiverem sido, a seu tempo, licitamente obtidos e tratados.
>
> Não nego o impacto do tempo na percepção humana dos acontecimentos que envolvem informações ou dados dos indivíduos, pois é certo que a mesma informação ao tempo dos acontecimentos e anos após servirá, a cada divulgação, a propósitos diversos. Porém, a meu ver, a passagem do tempo, por si só, não tem o condão de transmutar a condição de uma publicação ou um dado nela contido de lícita para ilícita.[17]

Foi com base neste julgamento que ficou fixada pelo STF a seguinte tese:

> É incompatível com a Constituição a ideia de um direito ao esquecimento, assim entendido como o poder de obstar, em razão da passagem do tempo, a divulgação de fatos ou dados verídicos e licitamente obtidos e publicados em meios de comunicação social analógicos ou digitais. Eventuais excessos ou abusos no exercício da liberdade de expressão e de informação devem ser analisados caso a caso, a partir dos parâmetros constitucionais – especialmente os relativos à proteção da honra, da imagem, da privacidade e da personalidade em geral – e às expressas e específicas previsões legais nos âmbitos penal e cível.[18]

---

16 STJ, AgInt no REsp n. 1.593.873-SP.

17 STF, RE n. 1010606.

18 STF, RE n. 1010606.

Portanto, mesmo depois da edição da LGPD, a posição dominante nas Cortes Superiores é a de que as previsões legais relativas ao direito de exclusão definitiva de dados pessoais nos ambientes digitais não se prestam a resolver demandas que tenham por objeto o direito ao esquecimento.

Tais questões deverão ser tratadas com base no Enunciado 531, fixado na VI Jornada de Direito Civil, de acordo com o qual "a tutela da dignidade da pessoa humana na sociedade da informação inclui o direito ao esquecimento". Por conseguinte, tendo como referências e fundamentos legais o que está disposto na Constituição Federal, quando trata da dignidade da pessoa humana e dos direitos fundamentais – a inviolabilidade da intimidade, da vida privada, da honra e da imagem, bem como no art. 11 e s., do CC, podemos afirmar que o direito ao esquecimento está amparado pelo arcabouço legal do país, ainda que não especificamente pelo inciso X do art. 7º da LGPD.

BIBLIOGRAFIA SELECIONADA

ALVES JR., S. Fechando um ciclo: do término do tratamento de dados pessoais (arts. 15 e 16 da LGPD). *In*: MENDES, L. S.; DONEDA, D.; SARLET, I. W.; RODRIGUES JR., O.; BIONI, B. (coord.). *Tratado de proteção de dados pessoais.* Rio de Janeiro: Forense, 2021.

BIONI, B. *Proteção de dados pessoais:* a função e os limites do consentimento. 3. ed. Rio de Janeiro: Forense, 2021.

CESARINO, L. *O mundo do avesso:* verdade e política na era digital. São Paulo: Ubu Editora, 2022.

CGI.Br. *Princípios para a governança e uso da internet.* Disponível em: https://principios.cgi.br. Acesso em: 14 fev. 2024.

CUEVA, R. V. B. Proteção de dados pessoais e direito ao esquecimento. *In*: MENDES, L. S.; DONEDA, D.; SARLET, I. W.; RODRIGUES JR., O.; BIONI, B. (coord.). *Tratado de proteção de dados pessoais.* Rio de Janeiro: Forense, 2021.

GUIMARÃES, F. L.; SARAIVA, R. L. Serviços prestados na internet: obrigações e responsabilidades de segurança. *In*: LIMA, A. P. M. C. de *et al. Compliance no direito digital.* São Paulo: Thomson Reuters/Revista dos Tribunais, 2020.

HONNET, A. *O direito da liberdade.* São Paulo: Martins Fontes, 2015.

MENDES, L. S. O diálogo entre o Marco Civil da internet e o Código de Defesa do Consumidor. *Revista de Direito do Consumidor*, v. 106, jul./ago. 2016. XIII Congresso de Direito do Consumidor. São Paulo: Revista dos Tribunais.

VELIZ, C. *Privacidade é poder:* porque e como você deveria retomar o controle de seus dados. Tradução Samuel Oliveira. São Paulo: Contracorrente, 2021.

WIMMER, M. O regime jurídico do tratamento de dados pessoais pelo Poder Público. *In*: MENDES, L. S.; DONEDA, D.; SARLET, I. W.; RODRIGUES JR., O.; BIONI, B. (coord.). *Tratado de proteção de dados pessoais.* Rio de Janeiro: Forense, 2021.

ZUBOFF, S. O *Big Other*: capitalismo de vigilância e perspectivas para uma civilização de informação. *In*: BRUNO, F.; CARDOSO, B.; KANASHIRO, M.; GUILHON, L.; MELGAÇO, L. (org.). *Tecnopolíticas da vigilância:* perspectivas da margem. São Paulo: Boitempo, 2018.

Art. 61. A empresa estrangeira será notificada e intimada de todos os atos processuais previstos nesta Lei, independentemente de procuração ou de disposição contratual ou estatutária, na pessoa do agente ou representante ou pessoa responsável por sua filial, agência, sucursal, estabelecimento ou escritório instalado no Brasil.

Artigo 61

Comentado por Lucia Maria Teixeira Ferreira e Matheus Garcia

DISPOSITIVOS RELACIONADOS NO ORDENAMENTO JURÍDICO BRASILEIRO

- Art. 5º, LV, CRFB.
- Art. 1.134, *caput*, e art. 1.138, CC.
- Art. 75, X, § 3º; arts. 237, II, 238 e 239; art. 256, II, § 1º, CPC.
- Art. 2º; e art. 26, Lei n. 9.784/1999.

DISPOSITIVOS RELACIONADOS NA LGPD

- Arts. 3º, I a III, § 1º, e 4º; art. 55-J, IV e IX.

ATIVIDADES DA ANPD

- Resolução CD/ANPD n. 1/2021.
- Nota Técnica 16/2022/CGF/ANPD.
- Nota Técnica 63/2022/CGF/ANPD.
- Processo de Fiscalização ANPD SEI n. 00261.000298/2022-09.
- Memorando de Entendimento entre a Autoridade Nacional de Proteção de Dados do Brasil e a Agência Espanhola de Proteção de Dados do Reino da Espanha para o Desenvolvimento de Ações Conjuntas para Promover a Divulgação e Aplicação Prática do Regulamento de Proteção de Dados (2021).

CASOS E DECISÕES JUDICIAIS RELEVANTES

- STJ, Homologação de Decisão Estrangeira n. 410/EX, Corte Especial, Rel. Min. Benedito Gonçalves, j. 20.11.2019.
- TJRJ, AgInt n. 0038465-10.2022.8.19.0000, 6ª Câmara Civil, Rel. Des. Eduardo Antônio Klausner, j. 02.06.2022.

- TRF-3, RI Cível n. 0002648-33.2020.4.03.6304, Juiz: Alexandre Cassettari, j. 24.11.2022.

JUSTIFICATIVA E FUNDAMENTOS

Por conta de sua eficácia extraterritorial, a LGPD, observada a sua abrangência material,[19] é aplicável a qualquer operação de tratamento realizada por pessoa natural ou por pessoa jurídica de direito público ou privado, independentemente do meio, do país de sua sede ou do país onde estejam localizados os dados, desde que (i) a operação de tratamento seja realizada no território nacional; (ii) a atividade de tratamento tenha por objetivo a oferta ou o fornecimento de bens ou serviços ou o tratamento de dados de indivíduos localizados no território nacional; ou (iii) os dados pessoais objeto do tratamento tenham sido coletados no território nacional.

Em outras palavras, à semelhança do disposto no art. 3º, n. 1 a 3, do RGPD, a LGPD ostenta um escopo territorial amplíssimo, sendo capaz de alcançar a empresa independentemente da sua localização geográfica, desde que esta esteja envolvida no tratamento de dados, na oferta ou fornecimento de bens ou serviços, ou na coleta de dados pessoais no território brasileiro.[20] Em cenário em que o fluxo de dados se intensifica devido à constante expansão dos mercados digitais, cada vez mais titulares de dados pessoais no território nacional estão submetidos a tratamentos de dados realizados por empresas estrangeiras que ofertam seus serviços no Brasil.[21]

À guisa do regulamento europeu,[22] a eficácia extraterritorial da LGPD é um dos aspectos mais importantes da Lei, e, ao mesmo tempo que vem suscitando inúmeras discussões em relação às dificuldades de *enforcement*, tal eficácia revela que, na era digital, a jurisdição baseada exclusivamente no princípio da territorialidade tem se mostrado insuficiente para a garantir a eficácia das normas de proteção de dados, e, em última análise, a tutela informacional dos indivíduos.[23]

Como geralmente sucede, muitas empresas estrangeiras têm sua sede no exterior, sem qualquer estrutura física no Brasil, exceto por meio de seus parceiros comerciais, como escritórios, representantes e, em alguns casos, filial, estabelecimento ou agência.[24] Logo, não é

---

[19] Ver comentário ao art. 4° neste volume.

[20] No mesmo sentido, cf. BORELLI, A.; LOPEZ, N. Disposições finais e transitórias. *In*: MALDONADO, V. N.; OPICE BLUM, R. (coord.). *Lei Geral de Proteção de Dados Pessoais comentada*. 3. ed. São Paulo: Thomson Reuters, 2021. p. 455-456.

[21] FRAZÃO, A.; CARVALHO, A. P.; MILANEZ, G. *Curso de proteção de dados pessoais:* fundamentos da LGPD. Rio de Janeiro: Forense, 2022. p. 32.

[22] Sobre o debate acerca das dificuldades de *enforcement* do RGPD, cf. GREZE, B. The extra-territorial enforcement of the GDPR: a genuine issue and the quest for alternatives. *International Data Privacy Law*, v. 9, n. 2, p. 129-144, 2019; DE HERT, P.; CZERNIAWSKI, M. Expanding the European data protection scope beyond territory: Article 3 of the General Data Protection Regulation in its wider context. *International Data Privacy Law*, v. 6, n. 3, 2016.

[23] Nesse sentido, "evidente, portanto, que a nacionalidade não é um elemento determinante para a aplicação quer da LGPD quer do RGPD, sobretudo diante do fato de que a proteção da privacidade, notadamente com o advento da internet, envolve necessariamente a tutela de direitos de nacionais que potencialmente transcendam as fronteiras domésticas" (FRAZÃO, A.; CARVALHO, A. P.; MILANEZ, G. *Curso de proteção de dados pessoais:* fundamentos da LGPD. Rio de Janeiro: Forense, 2022. p. 32).

[24] BONNA, A. P. Art. 61. *In*: MARTINS, G. M.; LONGHI, J. V. R.; FALEIROS JÚNIOR, J. L. M. (coord.). *Comentários à Lei Geral de Proteção de Dados Pessoais*. 2. ed. São Paulo: Foco, 2024. p. 600.

incomum que empresas estrangeiras, sócias de empresas brasileiras de igual nome, muitas vezes se defendam em processos administrativos e judiciais alegando não serem a mesma pessoa jurídica, ainda que estejam ambas sob o mesmo controle e direção.[25] No entanto, mesmo diante dessas dificuldades, se a coleta ou o tratamento de dados foi feita no Brasil, a empresa é obrigada a respeitar integralmente a LGPD, nos moldes do art. 3º da Lei.[26]

Nesse contexto, com o intuito de garantir o efetivo cumprimento das normas de proteção de dados, e de modo a facilitar a notificação e intimação dessas empresas, o art. 61 da LGPD permite que a comunicação dos atos processuais previstos na Lei seja dirigida à pessoa do agente ou representante ou à pessoa responsável por sua filial, agência, sucursal, estabelecimento ou escritório instalado no Brasil, ainda que tais poderes não constem na procuração ou no estatuto social.

ANÁLISE

1. A garantia do contraditório no processo judicial e administrativo

Ao mesmo tempo que busca fortalecer a eficácia das normas de proteção de dados em prol dos interesses dos titulares, o art. 61 da LGPD, ao dispor sobre a notificação e intimação da empresa estrangeira, viabiliza o contraditório. Como se sabe, o processo consiste num procedimento realizado mediante o desenvolvimento de uma relação jurídica entre dois sujeitos a partir do qual o Estado atua para eliminar conflitos, tendo como finalidade a pacificação social.[27]

Dada a possibilidade de a decisão estatal influir sobre os interesses jurídicos das partes da relação jurídica processual, a CRFB (art. 5º, LV) garante aos litigantes, em processo judicial ou administrativo, o contraditório e a ampla defesa. Entretanto, nos termos do art. 238 do CPC, para que ocorra a integração da relação jurídica processual, é necessário que se proceda à notificação/intimação (processo administrativo) ou à citação (processo judicial) da parte, como prevê o art. 239 do CPC, segundo o qual, para a validade do processo, é indispensável a citação do réu ou do executado.[28]

Do mesmo modo, não há dúvidas de que o dispositivo em exame também se aplica ao processo administrativo. Nesse sentido, a Lei n. 9.784/1999, que regula o processo administrativo no âmbito da Administração Pública Federal, prevê que a Administração Pública obedecerá aos princípios da ampla defesa e do contraditório (art. 2º), assim como determinará a intimação do interessado para ciência de decisão ou a efetivação de diligências (art. 26).

Ao lado disso, o art. 55-J, IV, da LGPD, dispõe que compete à ANPD "fiscalizar e aplicar sanções em caso de tratamento de dados realizado em descumprimento à legislação, mediante

---

25 COTS, M.; OLIVEIRA, R. *Lei Geral de Proteção de Dados comentada*. 2. ed. São Paulo: Thomson Reuters Brasil, 2019. p. 230.

26 BONNA, A. P. Art. 61. *In*: MARTINS, G. M.; LONGHI, J. V. R.; FALEIROS JÚNIOR, J. L. M. (coord.). *Comentários à Lei Geral de Proteção de Dados Pessoais*. 2. ed. São Paulo: Foco, 2024. p. 600.

27 DINAMARCO, C. R.; BADARÓ, G. H. R. I.; LOPES, B. V. C. *Teoria geral do processo*. 32. ed. São Paulo: Malheiros, 2020. p. 347.

28 BONNA, A. P. Art. 61. *In*: MARTINS, G. M.; LONGHI, J. V. R.; FALEIROS JÚNIOR, J. L. M. (coord.). *Comentários à Lei Geral de Proteção de Dados Pessoais*. 2. ed. São Paulo: Foco, 2024. p. 599.

processo administrativo que assegure o contraditório, a ampla defesa e o direito de recurso".[29] Ainda, cabe mencionar que a Resolução CD/ANPD n. 1/2021, que aprova o Regulamento do Processo de Fiscalização e do Processo Administrador Sancionador no âmbito da ANPD, prevê que, na condução dos processos administrativos relacionados à fiscalização e sanção de agentes regulados, a ANPD obedecerá, dentre outros princípios, ao contraditório e à ampla defesa (arts. 39, 45 e 48, *caput*, § 4º). No tocante à figura do representante, o art. 5º, VI, do Regulamento de Fiscalização, obriga o agente regulado a "disponibilizar, sempre que requisitado, representante apto a oferecer suporte à atuação da ANPD, com conhecimento e autonomia para prestar dados, informações e outros aspectos relativos a seu objeto".

2. A empresa estrangeira com representante no Brasil

De acordo com o *caput* do art. 1.134 do CC, para exercer regularmente sua atividade econômica no Brasil, a sociedade estrangeira, independentemente de seu objeto social, necessita de autorização governamental, concedida pelo Poder Executivo Federal, podendo, todavia, ser acionista de sociedade anônima brasileira. Assim, existem duas formas pelas quais as pessoas jurídicas estrangeiras podem atuar no território brasileiro: (i) *direta*, mediante autorização do Poder Executivo, quando se estabelecerem por meio de filiais, sucursais ou agências; ou (ii) *indireta*, quando atuarem por intermédio de sociedade controlada brasileira, independentemente de autorização.[30]

Nesse sentido, o art. 1.138 do CC exige que a sociedade estrangeira autorizada a funcionar tenha, permanentemente, representante no Brasil, com poderes específicos para representá-la em qualquer situação na qual a referida entidade seja instada a atuar, inclusive na execução de atos processuais perante órgãos jurisdicionais e administrativos, tais como dar recebimento ao mandado de citação ou notificação.[31] Isto porque o representante somente está autorizado a agir em nome da sociedade perante terceiros depois de arquivada e averbada, no registro competente, a procuração ou o instrumento de sua nomeação (CC, art. 1.138, *caput*).

Logo, a exigência de controlador devidamente registrado para o Brasil se adequa não só à LGPD, mas à disciplina do CC.[32] No entanto, nota-se, aqui, uma importante distinção entre a previsão contida no art. 1.138 do CC e o disposto no art. 61 da LGPD, uma vez que este último autoriza que a notificação ou intimação de atos processuais seja feita na pessoa do agente ou representante de empresa estrangeira, independentemente de procuração ou de disposição contratual ou estatutária.

---

[29] Sublinhe-se que a competência fiscalizatória da ANPD emerge como um significativo instrumento destinado a garantir o cumprimento da legislação de proteção de dados, notadamente em um contexto marcado por sucessivos incidentes de segurança. Com efeito, a crescente preocupação com os riscos relacionados ao tratamento de dados pessoais evidencia a necessidade de uma atuação robusta, que promova o respeito aos direitos dos titulares, sem desprezar, no entanto, a construção de um ambiente regulatório pautado na garantia do contraditório e da ampla defesa. Sobre a relevância da competência fiscalizatória da ANPD, cf. TRF-3, Recurso Inominado Cível n. 0002648-33.2020.4.03.6304, Juiz: Alexandre Cassettari, j. 24.11.2022; MENDES, L. S.; FUJIMOTO, M. (org.). *Painel LGPD nos tribunais*. 37. Brasília: Instituto Brasileiro de Ensino, Desenvolvimento e Pesquisa, 2024. p. 37.

[30] TEPEDINO, G.; BARBOSA, H. H.; MORAIS, M. C. B. *Código Civil interpretado conforme a Constituição da República*. 2. ed. Rio de Janeiro: Renovar, 2014. v. III, p. 359.

[31] TEPEDINO, G.; BARBOSA, H. H.; MORAIS, M. C. B. *Código Civil interpretado conforme a Constituição da República*. 2. ed. Rio de Janeiro: Renovar, 2014. v. III, p. 364-365.

[32] TJRJ, AgInt n. 0038465-10.2022.8.19.0000.

De sua parte, o art. 75, X, § 3º, do CPC, estabelece que a pessoa jurídica estrangeira será representada em juízo, ativa ou passivamente, pelo gerente, representante ou administrador de sua filial, agência ou sucursal aberta ou instalada no Brasil, os quais se presumem autorizados a receber citação para qualquer processo. Trata-se de norma cuja finalidade é permitir a facilitação da citação da pessoa jurídica estrangeira no Brasil, não se coadunando com eventual tática da pessoa jurídica estrangeira destinada a evitar sua própria citação a partir de um modelo societário por ela mesma elaborado.

A partir deste dispositivo, o STJ adotou o entendimento de que "a forma como *de fato* a pessoa jurídica estrangeira se apresenta no Brasil é circunstância que deve ser levada em conta para se considerar regular a citação da pessoa jurídica estrangeira por meio de seu entreposto no Brasil, notadamente se a empresa estrangeira atua de fato no Brasil por meio de parceira identificada como representante dela, ainda que não seja formalmente a mesma pessoa jurídica ou pessoa jurídica formalmente criada como filial".[33]

Cuida-se, com efeito, da consagração da *teoria da aparência*, que conceitua a aparência de direito como sendo uma situação *de fato* que manifesta como verdadeira uma situação jurídica não verdadeira, e que, devido ao erro escusável daquele que, de boa-fé, tomou o fenômeno real como manifestação de uma situação jurídica verdadeira, cria um direito subjetivo novo, mesmo à custa da própria realidade.[34] Em tais circunstâncias, busca-se tutelar a legítima confiança em prol da segurança das relações jurídicas, transformando a representação aparente em efetiva representação.[35]

Nota-se, contudo, que considerar tais agentes como autorizados a receber notificação ou intimação, independentemente de procuração ou de disposição contratual ou estatutária – como preceitua a LGPD –, ultrapassa os contornos originalmente impostos pela teoria da aparência, uma vez que tal ônus somente se justificaria se o representado tivesse contribuído, com sua ação ou omissão, para que a representação aparente se mostrasse legítima.[36] Com efeito, a LGPD não pressupõe que tais agentes ou representantes tenham poderes para receber intimações, ela assim o faz apesar do fato de que eles não os tenham. Trata-se, portanto, de "simples resposta pragmática à dificuldade de se conferir eficácia, inclusive por meios coercitivos impostos judicialmente, à Lei Geral de Proteção de Dados em todo o seu escopo territorial".[37]

3. Ausência de representante da empresa estrangeira no Brasil

Discute-se, a propósito, qual medida deve ser tomada na hipótese de uma empresa estrangeira não possuir escritório representante, filial ou agente atuando em seu nome no

---

33 STJ, Homologação de Decisão de Estrangeira n. 410/EX.

34 MALHEIROS, A. Aparência de direito. *In*: TEPEDINO, G.; FACHIN, E. (org.). *Doutrinas essenciais:* obrigações e contratos. São Paulo: Revista dos Tribunais, 2011. v. 1, p. 962.

35 TEPEDINO, G.; KONDER, C. N.; BANDEIRA, P. G. *Fundamentos de direito civil*. Rio de Janeiro: Forense, 2020. v. 3, p. 336.

36 SCHREIBER (A representação no novo Código Civil. *In*: TEPEDINO, G. (coord.). *A parte geral do novo Código Civil:* estudos na perspectiva civil-constitucional. Rio de Janeiro: Renovar, 2013. p. 286. No mesmo sentido, Maia Júnior (*A representação como negócio jurídico*. São Paulo: Revista dos Tribunais, 2001. p. 103): "Na representação aparente, apesar de não existir a manifestação da vontade do representado em outorgar poderes, a conduta dele objetivamente considerada, contribui para formar no terceiro a convicção de ter sido outorgada procuração, no caso ausente, pondo que a distingue da procuração tácita".

37 BORELLI, A.; LOPEZ, N. Disposições finais e transitórias. *In*: MALDONADO, V. N.; OPICE BLUM, R. (coord.). *Lei Geral de Proteção de Dados Pessoais comentada*. 3. ed. São Paulo: Thomson Reuters, 2021. p. 456.

Brasil. Neste caso, identificam-se duas possíveis soluções para fins de citação judicial, a depender da postura a ser adotada pelo país no qual a empresa estrangeira esteja sediada: (i) citação por carta rogatória, caso o país onde a empresa estrangeira estiver sediada aceitar cooperar internacionalmente com a justiça brasileira (CPC, art. 237, II); ou (ii) citação por edital, quando o país onde a empresa estrangeira estiver sediada se negar a cumprir a carta rogatória (CPC, art. 256, II, § 1º).[38]

No âmbito administrativo, a cooperação internacional entre autoridades de proteção de dados se mostra medida idônea a garantir a eficácia extraterritorial da LGPD. Cabe destacar que o art. 55-J, IX, da LGPD, estabelece que compete à ANPD "promover ações de cooperação com autoridades de proteção de dados pessoais de outros países, de natureza internacional ou transnacional". Nesse sentido, a cooperação com instituições estrangeiras, além de proporcionar o contato com melhores práticas implementadas em outros países, contribui para o fortalecimento do papel da ANPD como entidade garantidora de direitos.

Toma-se como exemplo o Memorando de Entendimento celebrado entre a ANPD e a Agência Espanhola de Proteção de Dados, destinado ao desenvolvimento de ações conjuntas para promover a divulgação e aplicação prática do regulamento de proteção de dados.[39] Ao dispor sobre o escopo da cooperação, um dos compromissos assumidos pelas autoridades signatárias consiste em "favorecer os mecanismos de cooperação técnica para a efetiva implementação de suas leis nacionais" (Cláusula Segunda). A assunção de tal compromisso coincidiu com a entrada da ANPD como membro da Rede Ibero-Americana de Proteção de Dados, que, por sua vez, dispõe de "Padrões de Proteção de Dados dos Estados Ibero-Americanos", dentre os quais está a possibilidade de os Estados-membros adotarem mecanismos de cooperação internacional que facilitem a aplicação das legislações nacionais (item 45).[40]

4. A necessária distinção entre representante legal da empresa estrangeira na LGPD e o representante no art. 27 do RGPD

Em que pese o estabelecimento dos efeitos extraterritoriais da LGPD, o legislador brasileiro, diferentemente do europeu, não criou a obrigação prevista no art. 27 do RGPD, que impõe às empresas que estão fora do bloco europeu a indicação de um representante na UE, com exceção daquelas que estejam dentro dos critérios de isenção previstos no n. 2 do mesmo artigo.[41]

---

38 Nesse sentido, cf. BONNA, A. P. Art. 61. *In*: MARTINS, G. M.; LONGHI, J. V. R.; FALEIROS JÚNIOR, J. L. M. (coord.). *Comentários à Lei Geral de Proteção de Dados Pessoais*. 2. ed. São Paulo: Foco, 2024. p. 601.

39 Memorando de Entendimento entre a Autoridade Nacional de Proteção de Dados do Brasil e a Agência Espanhola de Proteção de Dados do Reino da Espanha para o Desenvolvimento de Ações Conjuntas para Promover a Divulgação e Aplicação Prática do Regulamento de Proteção de Dados (4 de outubro de 2021).

40 "45. Estabelecimento de mecanismos de cooperação internacional. 45.1. Os Estados Ibero-Americanos poderão adotar mecanismos de cooperação internacional que facilitem a aplicação das legislações nacionais correspondentes na matéria, os quais poderão compreender, de maneira enunciativa mais (*sic*) não limitativa: a. O estabelecimento de mecanismos que permitam reforçar a assistência e cooperação internacional na aplicação das respectivas legislações nacionais na matéria. A assistência entre as autoridades de controle através da notificação e remissão de reclamações, assistência em investigações e intercâmbio de informação. A adoção de mecanismos voltados para o conhecimento e intercâmbio das melhores práticas e experiências em matéria de proteção de dados pessoais, inclusive no relativo a conflitos de jurisdição com terceiros países."

41 "2. A obrigação a que se refere o n. 1 do presente artigo não se aplica: a) Às operações de tratamento que sejam ocasionais, não abranjam o tratamento, em grande escala, de categorias especiais de dados a que se

De acordo com o art. 4(17), do RGPD, o representante é uma pessoa natural ou jurídica estabelecida na UE que é designada por escrito para representar o responsável pelo tratamento ou o subcontratante no que se refere às suas obrigações previstas no regulamento de proteção de dados. Além disso, cabe ao representante atuar como ponto de contato das autoridades de proteção de dados e dos titulares com a empresa responsável pelo tratamento de dados.

Na prática, isso significa que uma autoridade supervisora pode contatar o representante em relação a qualquer assunto relacionado à conformidade (com o RGPD) do representado estabelecido fora da UE, que deve cooperar com as autoridades supervisoras no tocante às suas atribuições e poderes de investigação (RGPD, art. 58) e deve estar em condições de se comunicar de forma eficiente com os titulares de dados. Logo, a nomeação de um representante é essencial para garantir que os titulares e as autoridades de controle possam estabelecer um contato rápido e eficiente com os agentes de tratamento de dados de um país estabelecido fora do bloco europeu.

A designação de um representante na UE não afeta a responsabilidade e as obrigações do agente de tratamento e não prejudica as ações judiciais que possam ser instauradas contra o controlador ou o operador.[42] Assim, a possibilidade de responsabilizar diretamente um representante está limitada às obrigações específicas elencadas nos arts. 30 (registros de tratamento) e 58(1), do RGPD (poderes de investigação das autoridades supervisoras). Logo, o representante, tal como previsto no art. 27 do RGPD, não poderá ser diretamente responsável por infrações eventualmente cometidas pelo agente de tratamento representado.

Assim, se uma empresa ou organização estabelecida fora do Espaço Econômico Europeu estiver sujeita às regras de aplicação extraterritorial do RGPD (conforme o art. 3(2) e não se enquadrar nas exceções previstas no n. 2 do art. 27, a ausência de nomeação de um representante constituirá uma violação do art. 27 do RGPD, podendo resultar em processo de fiscalização e imposição de sanções por parte da autoridade supervisora competente.

Cabe ressaltar que a falta de representantes e as consequentes dificuldades dessa ausência têm sido alvo de inúmeras reclamações por parte dos titulares de dados na UE, o que vem sendo objeto de investigação por parte das autoridades supervisoras, tendo resultado na aplicação de multas e sanções administrativas.[43] Em 10 de fevereiro de 2022, a Autoridade Nacional de Proteção de Dados Italiana aplicou a multa de 20 milhões de euros à empresa estadunidense Clearview AI Inc. em razão da constatação de diversas

refere o art. 9º, n· 1, ou o tratamento de dados pessoais relativos a condenações penais e infrações referido no art. 10º, e não seja suscetível de implicar riscos para os direitos e liberdades das pessoas singulares, tendo em conta a natureza, o contexto, o âmbito e as finalidades do tratamento; ou b) Às autoridades ou organismos públicos; (...)".

42 Nesse sentido, o Considerando 80 do RGPD esclarece que "[a] designação do representante não afeta as responsabilidades que incumbem ao responsável pelo tratamento ou ao subcontratante nos termos do presente regulamento". Consoante a Diretriz 3/2018 sobre o âmbito de aplicação territorial do RGPD (art. 3º), do EDPB, "o mandato emitido por escrito a que se refere o Considerando 80 regula as relações e obrigações existentes entre o representante na União e o responsável pelo tratamento de dados ou subcontratante estabelecido fora da União, não afetando a responsabilidade do responsável pelo tratamento ou subcontratante".

43 Em consulta ao portal *Enforcement Tracker*, verifica-se que a Autoridade de Proteção de Dados da Croácia já multou cerca de 12 empresas por infração ao art. 27 do RGPD e os valores das multas variam de 1.991 euros a 4 mil euros. Entretanto, as penalidades por tal infração podem alcançar valores muito maiores, especialmente quando se constatam outras infrações ao RGPD. Para maiores detalhes, cf. *GDPR Enforcement Tracker*. Disponível em: www.enforcementtracker.com/. Acesso em: 15 jun. 2025.

irregularidades em relação ao RGPD, dentre elas, a ausência da nomeação de representante no território da UE.[44]

Posteriormente, em 13 de julho de 2022, a Autoridade Helênica de Proteção de Dados multou a empresa em 20 milhões de euros. À semelhança das sanções impostas pela autoridade italiana, foi constatado que a empresa estadunidense não havia designado representante no Espaço Econômico Europeu, além de incorrer em inúmeras violações do regulamento europeu de proteção de dados.[45]

Além disso, cumpre observar que a função do representante previsto no RGPD não pode ser confundida com as atribuições exercidas pelo encarregado do tratamento de dados, uma vez que, nos termos do art. 38(6), do RGPD, as funções do encarregado não podem resultar em conflito de interesses.[46] Por essa razão, muito embora o RGPD não impeça que o encarregado seja nomeado como representante, entendemos ser aconselhável estabelecer uma clara distinção entre ambas as funções, a fim de evitar potenciais situações de conflito de interesses.[47] Tal entendimento mostra-se alinhado ao disposto no art. 38(6), do RGPD, que permite aos encarregados "exercer outras funções e atribuições", porém, exige que a organização assegure que "essas funções e atribuições não resultem num conflito de interesses".[48]

Com iniciativa bastante semelhante ao previsto no RGPD, destaca-se a jurisdição do Reino Unido e a recomendação proferida pela autoridade de proteção de dados (ICO), que indica a necessidade de autorização por escrito para que o representante esteja habilitado a representar o agente de tratamento no que tange à conformidade com a legislação de proteção de dados do Reino Unido, bem como para se comunicar com a autoridade supervisora e os titulares de dados.[49]

---

[44] EDPB. Facial recognition: Italian SA fines Clearview AI EUR 20 million. *European Data Protection Board*, 10 mar. 2022.

[45] O valor da multa aplicada à empresa Clearview AI Inc. superou a marca da maior multa até então imposta pela autoridade grega, de 9,25 milhões de euros contra o maior conglomerado de telecomunicações da Grécia. Para mais detalhes do caso, cf. EDPB. Hellenic DPA: fines imposed to telecommunications companies due to personal data breach and illegal data processing. *European Data Protection Board*, 3 fev. 2022.

[46] Em janeiro de 2020, a Autoridade Helênica de Proteção de Dados divulgou declaração esclarecendo aos agentes de tratamento que os encarregados não estão autorizados a exercer a função de representação perante a autoridade, considerando que uma eventual cumulação poderia comprometer a autonomia e independência necessárias ao cargo (cf. MORAES, H. F.; FURTADO, T. N. The most iconic DPA decisions on DPOs and what you should take from them. *International Association of Privacy Professionals (IAPP)*, 25 ago. 2020).

[47] PINTO, B. C. Faz sentido que uma empresa transfira a sua sede ou estabelecimento por causa do Regulamento Geral sobre a Proteção de Dados? *Revista Electrónica de Direito*, v. 27, n. 1, p. 236-263, 2022.

[48] Sobre o ponto, confira-se o disposto no item 3.5, das Orientações sobre os encarregados da proteção de dados (EPD), do EDPB: "Regra geral, os cargos suscetíveis de gerar conflitos no seio da organização podem incluir não só os cargos de gestão superiores (por exemplo, diretor executivo, diretor de operações, diretor financeiro, diretor do departamento médico, diretor de marketing, diretor dos recursos humanos ou diretor informático), mas também outras funções em níveis inferiores da estrutura organizacional, se esses cargos ou funções levarem à determinação das finalidades e dos meios de tratamento. Além disso, pode igualmente surgir um conflito de interesses se, por exemplo, um EPD externo for chamado a representar o responsável pelo tratamento ou o subcontratante perante os tribunais no âmbito de processos respeitantes a questões de proteção de dados".

[49] ICO. UK representatives.

5. A importância da construção de um sistema harmônico de proteção de dados para o Mercosul

Dada a relevância do estabelecimento de um sistema de proteção de dados harmônico entre os países do Mercosul para o pleno desenvolvimento da integração econômica, é preciso que cada Estado-Membro disponha de legislações compatíveis a fim de garantir a efetiva observância do direito à proteção de dados pessoais.[50]

Na Argentina, em 2022, a Agência de Acesso à Informação Pública (a autoridade de proteção de dados argentina) iniciou processo destinado à reforma do regime de proteção de dados pessoais no país.[51] Em setembro de 2022, foi publicado o anteprojeto de lei através da Resolução AAIP 119/2022 para consulta pública da proposta de reforma da Lei de Proteção de Dados Pessoais n. 25.326/2000.[52]

Em junho de 2023, após a conclusão do processo de consulta pública e a análise das contribuições recebidas, a autoridade argentina apresentou ao Congresso argentino o novo projeto de Lei de Proteção de Dados Pessoais.[53] A proposta segue as disposições do RGPD em muitos aspectos, inclusive quanto à aplicação extraterritorial e à nomeação de um representante por controladores e operadores estrangeiros que estejam abrangidos pelas disposições da lei argentina no tocante às regras de âmbito territorial.[54] Cabe ressaltar que, em 2024, a Comissão Europeia ratificou a decisão de adequação proferida em 2003,[55] atestando que a Argentina continua a possuir legislação adequada para transferência internacional de dados.[56]

6. Caso Telegram

Em fevereiro de 2022, por meio de um ofício encaminhado pelo Núcleo de Defesa do Consumidor da Defensoria Pública do Estado do Rio de Janeiro (DPE/RJ), a ANPD foi provocada a apurar eventuais não conformidades com a LGPD por parte das empresas Telegram e Signal, que prestam serviços de mensageria no Brasil. Dentre as supostas irregularidades apontadas pela Defensoria Pública, estaria a "ausência de representação, sede ou agência no Brasil, e de endereço certo e definido no exterior quanto ao Telegram – possível violação ao

---

50 MARQUES, C. L.; LIMA, C. R. P.; REIS, K. P. A proteção de dados pessoais nos Estados-Membros do Mercosul. *Revista CNJ*, v. 7, n. 1, 2023.

51 Nuevo Proyecto de Ley de Protección de Datos Personales. Argentina.gob.ar. Disponível em: www.argentina.gob.ar/aaip/datospersonales/proyecto-ley-datos-personales. Acesso em: 15 jun. 2025.

52 Nuevo Proyecto de Ley de Protección de Datos Personales. Argentina.gob.ar. Disponível em: www.argentina.gob.ar/aaip/datospersonales/proyecto-ley-datos-personales. Acesso em: 15 jun. 2025.

53 Agencia de Acceso a La Información Pública (AAIP), Mensaje 87/2023, Proyecto de Ley de Protección de Datos, disponível em: https://www.argentina.gob.ar/sites/default/files/mensajeyproyecto_leypdp2023.pdf.

54 Nos termos do art. 2º do projeto argentino: "Representante de Responsable o Encargado de tratamiento: Persona humana o jurídica que ejerce la representación en el territorio nacional de Responsables o Encargados de tratamiento que no se encuentran establecidos en la REPÚBLICA ARGENTINA".

55 COMISSÃO EUROPEIA. *Report from the Commission to the European Parliament and the Council on the first review of the functioning of the adequacy decisions adopted pursuant to Article 25(6) of Directive 95/46/EC.* COM (2024) 7 final, p. 7.

56 A Comissão Europeia atestou que os seguinte onze países ou territórios continuam a manter o nível adequado de proteção de dados para fins de transferência internacional: Andorra, Argentina, Canadá, Ilhas Faroé, Guernsey, Ilha de Man, Israel, Jersey, Nova Zelândia, Suíça e Uruguai. Cf. FERNÁNDEZ, D. La Comisión Europea ratifica que la Argentina cuenta con legislación adecuada para la transferencia internacional de datos personales. *International Association of Privacy Professionals (IAPP)*, 6 fev. 2024.

art. 22, da LGPD". Nesse sentido, afirmou a Defensoria que a ausência de representação, sede ou agência no Brasil, e de endereço certo e definido no exterior quanto ao Telegram violaria os direitos fundamentais de acesso à Justiça, defesa do consumidor e proteção de dados pessoais, dificultando a defesa dos direitos dos consumidores e a adoção de medidas extrajudiciais ou judiciais de prevenção e repressão ao tratamento ilegal e indevido de dados pessoais.

Diante disso, a ANPD instaurou um procedimento preparatório de fiscalização, conforme previsto no art. 40 da Resolução CD/ANPD n. 1/2021, para avaliar a adequação do serviço Telegram à legislação de proteção de dados, a fim de que decida posteriormente pelo arquivamento ou pela instauração de processo administrativo sancionador. Quanto ao aplicativo Signal, considerando o disposto item 5.2 da Nota Técnica 16/2022/CGF/ANPD[57] e da baixa representatividade deste serviço de mensageria no mercado brasileiro, a ANPD deliberou que não seria tomada nenhuma ação imediata.

Instaurado o processo de fiscalização,[58] a CGF da ANPD tomou conhecimento, por meio de notícias publicadas por veículos jornalísticos, que o Telegram teria constituído advogado no Brasil, razão pela qual encaminhou ofício ao representante para que se manifestasse nos autos.

O Telegram não possui filial no Brasil e o seu endereço fica localizado nas Ilhas Virgens Britânicas. Desta forma, o controlador de dados para fins da LGPD é uma empresa estrangeira denominada Telegram Messenger Inc., constituída de acordo com a legislação das Ilhas Virgens Britânicas.

Em resposta, o Telegram afirmou que, de acordo com a seção 1.4.1 de sua Política de Privacidade, a forma de contato dos usuários do aplicativo para esclarecer dúvidas sobre seus dados pessoais e sobre seus direitos de titular previstos na LGPD é disponibilizada através de um robô virtual: o LGPDbot. No tocante ao encarregado, o Telegram informou que nomeou um time interno responsável por dados para atuar como encarregado, com a tarefa de cumprir o disposto na LGPD, e que qualquer usuário pode enviar uma mensagem para o encarregado por meio do LGPDbot.

Ademais, a empresa sustentou que não há nenhuma exigência na LGPD ou em outra lei aplicável de que o controlador deva ser uma pessoa jurídica ou pessoa física brasileira, pois, no seu entendimento, a LGPD apenas estabelece que o titular de dados tem o direito de ser informado da identificação do responsável pelo tratamento de dados de forma clara, adequada e ostensiva, pelo que entende estar adequado à Lei.

Após o término da apuração, a CGF emitiu a Nota Técnica 63/2022/CGF/ANPD determinando, com base no art. 42 do Regulamento de Fiscalização, o arquivamento do procedimento por considerar que todos os tópicos apontados pela DPE/RJ foram cumpridos e que, por conseguinte, inexistem pontos de não conformidade na atuação do Telegram no Brasil. Durante o processo de fiscalização, o caso foi judicializado e, atualmente, tramita no TJRJ.[59]

---

[57] Item 5.2 da Nota Técnica 16/2022/CGF/ANPD: "A ANPD salienta que a abertura de processos específicos de apuração e fiscalização no âmbito desta Autoridade fará parte do planejamento da CGF, que elencará prioridades para sua atuação, considerando os critérios de risco, gravidade, atualidade e relevância. O planejamento de fiscalização relativo ao ano de 2022 ainda está em elaboração. Em razão da incipiência do órgão e da sua reduzida estrutura, a priorização e a escolha dos fatos a serem apurados pela ANPD têm se dado levando em conta sua capacidade de absorver e tratar as informações".

[58] Processo de Fiscalização ANPD SEI n. 00261.000298/2022-09.

[59] TJRJ, Ap. Cív. n. 0062675-25.2022.8.19.0001, 10ª Câmara de Direito Privado c/c TJRJ, AgInst. n. 0038465-10.2022.8.19.0000, 6ª Câmara Cível *sub judice*. Até a data do fechamento deste comentário, em julho de 2025, este Agravo não havia sido julgado pela Câmara.

7. Considerações finais

Diante das atividades transfronteiriças das empresas na economia digital, é crescente o número de organizações que atuam com tratamento em larga escala de dados que possam implicar riscos para os direitos e liberdades dos titulares. Com vistas a conferir maior eficácia às normas de proteção de dados, o art. 61 busca autorizar que a comunicação dos atos processuais previstos na LGPD seja dirigida à pessoa do agente ou representante, ou à pessoa responsável por sua filial, agência, sucursal, estabelecimento ou escritório instalado no Brasil, independentemente de procuração ou de disposição contratual ou estatutária.

Contudo, na falta de indicação de representante por parte da empresa estrangeira, os titulares de dados no Brasil aos quais não é oferecido um ponto de contato local podem ficar fragilizados quando se trata do exercício dos direitos previstos na LGPD, visto que o contato com tais empresas se torna mais desafiador, dificultando, consequentemente, o exercício dos direitos dos titulares.

Embora os arts. 1.134 e 1.138 do CC determinem que a sociedade estrangeira autorizada a funcionar no Brasil mantenha, permanentemente, representante para a execução de atos processuais perante órgãos jurisdicionais e administrativos, tal previsão segue a lógica de uma jurisdição baseada exclusivamente no princípio da territorialidade, mostrando-se insuficiente para a garantir a efetividade das normas de proteção de dados, e, em última análise, a tutela informacional dos indivíduos.

Nesse contexto, considerando a proposta argentina de alteração da legislação de proteção de dados e uma possível futura discussão sobre o tema no Brasil, a adoção, no direito brasileiro, da figura do representante, nos moldes do art. 27º do RGPD, contribuiria para um sistema de proteção de dados pessoais mais harmônico entre os países do Mercosul e os países do Espaço Econômico Europeu. Na prática, a nomeação de um representante pelas empresas estrangeiras submetidas à eficácia extraterritorial da LGPD poderia assegurar um contato mais ágil e eficaz entre os titulares de dados, a ANPD e os agentes de tratamento sediados fora do Brasil, contribuindo, assim, para um ambiente de negócios mais seguro e alinhado com os princípios da LGPD e com a legislação europeia e internacional.

BIBLIOGRAFIA SELECIONADA

BONNA, A. P. Art. 61. *In*: MARTINS, G. M.; LONGHI, J. V. R.; FALEIROS JÚNIOR, J. L. M. (coord.). *Comentários à Lei Geral de Proteção de Dados Pessoais*. 2. ed. São Paulo: Foco, 2024.

BORELLI, A.; LOPEZ, N. Disposições finais e transitórias. *In*: MALDONADO, V. N.; OPICE BLUM, R. (coord.). *Lei Geral de Proteção de Dados Pessoais comentada*. 3. ed. São Paulo: Thomson Reuters, 2021.

COMISSÃO EUROPEIA. *Report from the Commission to the European Parliament and the Council on the first review of the functioning of the adequacy decisions adopted pursuant to Article 25(6) of Directive 95/46/EC*. COM (2024) 7 final.

COTS, M.; OLIVEIRA, R. *Lei Geral de Proteção de Dados comentada*. 2. ed. São Paulo: Thomson Reuters Brasil, 2019.

DE HERT, P.; CZERNIAWSKI, M. Expanding the European data protection scope beyond territory: Article 3 of the General Data Protection Regulation in its wider context. *International Data Privacy Law*, v. 6, n. 3, p. 230-243, 2016.

DINAMARCO, C. R.; BADARÓ, G. H. R. I.; LOPES, B. V. C. *Teoria geral do processo.* 32. ed. São Paulo: Malheiros, 2020.

EDPB. Facial recognition: Italian SA fines Clearview AI EUR 20 million. *European Data Protection Board,* 10 mar. 2022.

EDPB. Hellenic DPA: fines imposed to telecommunications companies due to personal data breach and illegal data processing. *European Data Protection Board, 3 fev.* 2022.

FERNÁNDEZ, D. La Comisión Europea ratifica que la Argentina cuenta con legislación adecuada para la transferencia internacional de datos personales. *International Association of Privacy Professionals (IAPP),* 6 fev. 2024.

FRAZÃO, A.; CARVALHO, A. P.; MILANEZ, G. *Curso de proteção de dados pessoais:* fundamentos da LGPD. Rio de Janeiro: Forense, 2022.

GREZE, B. The extra-territorial enforcement of the GDPR: a genuine issue and the quest for alternatives. *International Data Privacy Law*, v. 9, n. 2, p. 129-144, 2019.

ICO. *UK representatives.* Disponível em: https://ico.org.uk/for-organisations/data-protection-and-the-eu/data-protection-and-the-eu-in-detail/the-uk-gdpr/uk-representatives/. Acesso em: 19 fev. 2024.

MAIA JÚNIOR, M. G. *A representação como negócio jurídico*. São Paulo: Revista dos Tribunais, 2001.

MALHEIROS, A. Aparência de direito. *In*: TEPEDINO, G.; FACHIN, E. (org.). *Doutrinas essenciais:* obrigações e contratos. São Paulo: Revista dos Tribunais, 2011. v. 1.

MARQUES, C. L.; LIMA, C. R. P.; REIS, K. P. A proteção de dados pessoais nos Estados-Membros do Mercosul. *Revista CNJ*, v. 7, n. 1, p. 137-162, 2023.

MENDES, L. S.; FUJIMOTO, M. (org.). *Painel LGPD nos tribunais.* 37. ed. Brasília: Instituto Brasileiro de Ensino, Desenvolvimento e Pesquisa, 2024.

MORAES, H. F.; FURTADO, T. N. The most iconic DPA decisions on DPOs and what you should take from them. *International Association of Privacy Professionals (IAPP),* 25 ago. 2020.

PINTO, B. C. Faz sentido que uma empresa transfira a sua sede ou estabelecimento por causa do Regulamento Geral sobre a Proteção de Dados? *Revista Electrónica de Direito*, v. 27, n. 1, p. 236-263, 2022.

SCHREIBER, A. A representação no novo Código Civil. *In*: TEPEDINO, G. (coord.). *A parte geral do novo Código Civil:* estudos na perspectiva civil-constitucional. Rio de Janeiro: Renovar, 2013.

TEPEDINO, G.; BARBOSA, H. H.; MORAIS, M. C. B. *Código Civil interpretado conforme a Constituição da República*. 2. ed. Rio de Janeiro: Renovar, 2014. v. III.

TEPEDINO, G.; KONDER, C. N.; BANDEIRA, P. G. *Fundamentos de direito civil.* Rio de Janeiro: Forense, 2020. v. 3.

Art. 62. A autoridade nacional e o Instituto Nacional de Estudos e Pesquisas Educacionais Anísio Teixeira (Inep), no âmbito de suas competências, editarão regulamentos específicos para o acesso a dados tratados pela União para o cumprimento do disposto no § 2º do art. 9º da Lei n. 9.394, de 20 de dezembro de 1996 (Lei de Diretrizes e Bases da Educação Nacional), e aos referentes ao Sistema Nacional de Avaliação da Educação Superior (Sinaes), de que trata a Lei n. 10.861, de 14 de abril de 2004.

Artigo 62

Comentado por João Paulo Bachur e Sofia de Medeiros Vergara

DISPOSITIVOS RELACIONADOS NO ORDENAMENTO JURÍDICO BRASILEIRO

- Art. 9º, V, VI, VII, VII-A, VIII, e § 2º, Lei n. 9.394/1996 (Lei de Diretrizes e Bases da Educação Nacional – LDB).
- Art. 2º, II, Lei n. 10.861/04 (Sistema Nacional de Avaliação da Educação Superior).
- Art. 1º, I, IV, V e VIII, Lei n. 9.448/1997 (Lei do Inep).
- Art. 6º, I, II e III; art. 8º; art. 31, § 1º, I, II; art. 31, § 3º, II; art. 31, § 5º, LAI.

DISPOSITIVOS RELACIONADOS NA LGPD

- Art. 5º, XVIII; art. 7º, III e IV; art. 11, II, *b* e *c*; art. 16, II.

ATIVIDADES DA ANPD

- Nota Técnica n. 46/2022/CGF/ANPD.
- Nota Técnica n. 12/2023/CGF/ANPD.
- Guia Orientativo: Tratamento de Dados Pessoais pelo Poder Público. Versão 1.

AÇÕES REGULATÓRIAS E FISCALIZATÓRIAS DE ENTIDADES GOVERNAMENTAIS E ÓRGÃOS DE CONTROLE

- Inep, Nota Técnica n. 5/2021/CGCQTI/DEED. Informa os resultados e recomendações do Termo de Execução Descentralizada n. 8750 – Controle de Privacidade nos Censos Educacionais do Inep (TED 8750), e sugere encaminhamentos. Diretoria de Estudos Educacionais do Inep.
- Inep, Nota Técnica n. 14/2021/CGIM/DAEB. Esta nota técnica tem por objetivo fundamentar a necessidade de modificações urgentes nos microdados do Enem

divulgados anualmente no portal do Inep, de modo a atender às exigências trazidas pela recente LGPD. Diretoria de Avaliação da Educação Básica do Inep.

- Inep, Relatório de Impacto à Proteção de Dados Pessoais dos Microdados do Enem. Brasília-DF, 21 de dezembro de 2022.
- Inep, Relatório de Impacto à Proteção de Dados Pessoais – Microdados dos Censos da Educação. Brasília, 30 de dezembro de 2022.
- CGU, Nota Técnica n. 1136/2022/CGAT/DTC/STPC. Processo n. 00190.104126/2022-86. Análise dos documentos publicados pelo Inep em anexo à Nota de Esclarecimento acerca da adequação dos microdados dos censos educacionais e do Enem.
- Projur, Parecer n. 00018/2022/PROC/PFINEP/PGF/AG. Consulta jurídica sobre medidas administrativas relacionadas à divulgação de microdados dos Censos Educacionais mantidos pelo Instituto.

JUSTIFICATIVA E FUNDAMENTOS

O art. 62 não constava na redação do texto inicial apresentado pelo Deputado Federal Milton Monti no âmbito do PL n. 4.060/2012. De modo geral, o texto inicial do projeto não abordava o tratamento de dados realizado pelo poder público, muito menos havia qualquer menção aos dados coletados na execução de políticas públicas educacionais de caráter censitário e estatístico.

Com efeito, o art. 6º do texto inicial do PL n. 4.060/2012 previa a não aplicação da Lei "aos bancos de dados utilizados para pesquisa histórica, científica ou estatística, de Administração Pública, investigação criminal ou inteligência". Esse escopo foi se alterando no desenrolar do trâmite legislativo, principalmente após as contribuições realizadas em audiências públicas.

Com enfoque na temática discutida pelo art. 62 ora analisado, vale observar mais atentamente a audiência pública realizada em 05 de julho de 2017, com o tema "Liberdade de Expressão e Proteção de Dados Pessoais" da qual participaram representantes da Abratel, da ABERT, do CTS/FGV, do Fórum Nacional pela Democratização da Comunicação (FNDC) e do Inep.[60]

Na ocasião, o Inep recomendou a noção expressa do instituto na Lei, buscando garantir que o acesso por terceiros aos dados pessoais de alunos tenha como condição a anonimização desses dados, bem como a finalidade de pesquisa histórica, científica, estatística, ou a produção de estudos, avaliações educacionais e de políticas públicas.[61]

As considerações tecidas em audiência pública foram incorporadas no Parecer do Rel. Deputado Orlando Silva[62], que sugeriu a inclusão de artigo atribuindo ao Inep a competência para editar regulamento específico para acesso aos dados tratados pela União para o cumprimento do disposto no § 2º, do art. 9º, da Lei n. 9.394/1996, que estabelece as diretrizes e base da educação nacional, e os referentes ao Sinaes, de que trata a Lei n. 10.861/2004.

---

60 BRASIL. *Câmara dos Deputados*. Parecer do Relator Dep. Orlando Silva (PCdoB-SP) no Projeto de Lei n. 4.060/2012.

61 BRASIL. *Câmara dos Deputados*. Parecer do Relator Dep. Orlando Silva (PCdoB-SP) no Projeto de Lei n. 4.060/2012.

62 BRASIL. *Câmara dos Deputados*. Parecer do Relator Dep. Orlando Silva (PCdoB-SP) no Projeto de Lei n. 4.060/2012.

O Deputado destacou que, assim como no caso da saúde, os dados relativos à educação dos alunos nas diversas etapas de formação – nome, filiação, endereço, desempenho escolar – possuem um valor importantíssimo. Indicou, ainda, que a posse de tais dados enseja alto potencial de gerar dano a direitos fundamentais dos estudantes, ao mesmo tempo que são extremamente importantes para a formulação de políticas públicas e pesquisas.[63]

Após a incorporação do artigo nos termos do Parecer do Rel. Deputado Orlando Silva,[64] não foram observadas grandes alterações no texto para além da substituição do termo "órgão competente" para "autoridade nacional".

Não obstante, uma vez publicada a LGPD, a Medida Provisória n. 869, de 2018, revogou o art. 62. Embora a Medida Provisória em questão tenha apresentado como motivação a inclusão da ANPD na estrutura da presidência da república, a revogação específica do art. 62 não foi expressamente justificada.

Inicialmente, no relatório legislativo de autoria do Deputado Federal Orlando Silva, a Comissão Mista da Medida Provisória indicou ser favorável à supressão do art. 62, na medida em que entendeu serem suficientes os dispositivos previstos na LGPD para endereçar as preocupações que motivaram a inclusão do artigo, nos seguintes termos:

> Dados educacionais (INEP)
>
> A MP revoga dispositivo que inclui o Inep, a dispor sobre regulamento conjunto para o acesso a dados pessoais relativos à educação de sua guarda (art. 62).
>
> Como esse tipo de dados não possui categorização específica, de acordo com a Lei estes se inserem na **categoria dos dados pessoais "gerais"**. Tendo em vista o fundamento do **respeito à privacidade e os princípios finalidade, adequação, necessidade e não discriminação**, e que optamos por restaurar diversas atribuições à ANPD, especialmente no que diz sentido a ouvir os setores envolvidos na elaboração de regulamentos, **não vislumbramos a necessidade de proteção especial para essas bases de dados**.
>
> Somos, portanto, favoráveis à supressão do art. 62 promovida pela MP e pela rejeição das emendas 20 e 167.[65]

Apesar da manifestação favorável da Comissão Mista pela supressão do art. 62, no texto final aprovado pela Câmara dos Deputados, esse trecho foi retirado da minuta final, de modo que o referido artigo voltou a viger.

Feitas essas considerações, como se observará na análise realizada no tópico abaixo, a constante tensão entre a necessidade de transparência na divulgação dos dados educacionais para permitir a implementação de políticas públicas e o potencial danoso que essa divulgação pode causar aos direitos fundamentais de estudantes, endereçada na justificativa do Parecer Substitutivo do Deputado Orlando Silva[66] que incorporou o texto do artigo analisado ao PL n. 4.060/2012, permanece até hoje na interpretação e aplicação deste artigo.

---

[63] BRASIL. *Câmara dos Deputados*. Parecer do Relator Dep. Orlando Silva (PCdoB-SP) no Projeto de Lei n. 4.060/2012.

[64] BRASIL. *Câmara dos Deputados*. Parecer do Relator Dep. Orlando Silva (PCdoB-SP) no Projeto de Lei n. 4.060/2012.

[65] BRASIL. *Câmara dos Deputados*. Comissão Mista destinada a emitir parecer sobre a Medida Provisória n. 869, de 28 de dezembro de 2018. 2019, p. 58 (grifos nossos).

[66] BRASIL. *Câmara dos Deputados*. Parecer do Relator Dep. Orlando Silva (PCdoB-SP) no Projeto de Lei n. 4.060/2012.

ANÁLISE

1. O art. 62 e as regras de proteção de dados no setor público

O art. 62 da LGPD determina a edição de regulamentos específicos por parte da ANPD e do Inep para acesso a dados tratados pela União para o cumprimento do disposto na Lei de Diretrizes e Bases da Educação Nacional, bem como para o tratamento dos dados do Sinaes.

O Inep é uma autarquia vinculada à estrutura do Ministério da Educação, cuja finalidade, entre outras, é organizar e manter o sistema de informações e estatísticas educacionais e desenvolver e implementar na área educacional sistemas de informação e documentação que abranjam estatísticas, avaliações educacionais, práticas pedagógicas e gestão das políticas educacionais, nos termos do art. 1º, I e IV, da Lei n. 9.448/1997. Como entidade integrante do setor público, o Inep estará submetido a um conjunto de exigências e disposições diferentes daqueles de instituições privadas, razão pela qual se faz necessária a análise das regras de proteção de dados aplicáveis ao setor público.

A LGPD trouxe uma inovação significativa ao ordenamento jurídico brasileiro ao regulamentar o tratamento de dados pessoais por pessoas jurídicas tanto de direito privado quanto de direito público. A lei dedica um capítulo específico (Capítulo IV) ao tratamento de dados pessoais pelo poder público, permitindo a execução de determinadas políticas públicas.

Os dispositivos previstos nesse capítulo indicam a centralidade do tratamento de dados para atender a finalidades públicas, perseguir o interesse público, executar competências legais e cumprir as atribuições legais dos serviços públicos.

De acordo com Miriam Wimmer,[67] diretora da ANPD, o tratamento de dados pessoais pelo Poder Público é historicamente polemizado a partir de dois horizontes, que podem ser melhor observados a partir dos princípios administrativos: enquanto os princípios da legalidade e da impessoalidade se alinham de forma lógica às disposições da LGPD, parece existir, à primeira vista, uma tensão entre tais disposições e os princípios da publicidade, eficiência e supremacia do interesse público sobre o privado.

Acerca da aparente tensão entre publicidade e privacidade, suscitada no contexto de conciliação de regras estatais que impõem um elevado grau de transparência quanto as suas atividades – como a política de dados abertos e a LAI – e a preservação da intimidade e privacidade dos titulares dos dados, Miriam Wimmer[68] entende que, embora muitas vezes adotem linguagens diferentes, a lógica da transparência e a lógica da proteção podem ser alinhadas.

Nesse sentido, reconhece que "ainda que esteja claro que a LGPD e seus princípios são plenamente aplicáveis ao Poder Público, também é evidente que a incidência das normas não se dará necessariamente de maneira idêntica sobre as pessoas jurídicas de direito público e de direito privado", uma vez que o "tratamento de dados pessoais pelo Estado é imprescindível para o desempenho de seu mandato constitucional".[69]

---

[67] WIMMER, M. Regime jurídico do tratamento de dados pessoais pelo poder público. *In*: BIONI, B. *et al.* (org.). *Tratado de proteção de dados pessoais*. Rio de Janeiro: Forense, 2020.

[68] WIMMER, M. Regime jurídico do tratamento de dados pessoais pelo poder público. *In*: BIONI, B. *et al.* (org.). *Tratado de proteção de dados pessoais*. Rio de Janeiro: Forense, 2020.

[69] WIMMER, M. Regime jurídico do tratamento de dados pessoais pelo poder público. *In*: BIONI, B. *et al.* (org.). *Tratado de proteção de dados pessoais*. Rio de Janeiro: Forense, 2020. p. 285.

No capítulo específico sobre o tratamento de dados pelo Poder Público, a LGPD explicita que o tratamento deve ser feito no cumprimento da finalidade pública pertinente. É o que dispõe o art. 23 da LGPD ao impor como condições para o tratamento que sejam informadas de forma clara e atualizada a previsão, a finalidade e o procedimento de tratamento de dados. Em outras palavras, no caso da Administração Pública, o tratamento de dados é exclusivo às finalidades institucionais estabelecidas em lei.

O art. 23 dispõe, ainda, que a observância dos requisitos da LGPD no tratamento de dados realizado pela Administração Pública não dispensa as pessoas jurídicas mencionadas no referido artigo de cumprir com as determinações da LAI.[70]

A LAI foi instituída com o objetivo de regular o acesso à informação previsto no art. 5º XXXIII[71], art. 37, § 3º, II,[72] e art. 216, § 2º,[73] *caput*, da CRFB. Nesse sentido, a LAI busca assegurar o direito fundamental ao acesso à informação, tendo a publicidade como preceito geral e seguindo a diretriz de divulgação de informações de interesse público independentemente de solicitações.

Não obstante, existem exceções à regra da publicidade ampla e irrestrita, dentre as quais o tratamento de informações pessoais, de modo que deverá ser respeitada a intimidade, vida privada, honra e imagem das pessoas, bem como as liberdades e garantias individuais, conforme o art. 31, LAI.

Observa-se, no entanto, que buscando permitir as atividades estatais de interesse público e concretizar o dever de transparência, a LAI dispôs expressamente acerca da possibilidade de afastar a exigência de consentimento na hipótese de realização de pesquisas científicas e estatísticas, de interesse público ou geral, nos termos do art. 31, § 3º, da LAI.

Nesse sentido, o "artigo 31 demonstra de forma muito clara que a Lei de Acesso à Informação, já em 2011, previa cuidados específicos ao compartilhamento de dados pessoais, independente de tais informações serem públicas ou não".[74]

Esse cenário não se altera com a LGPD, muito pelo contrário. Ambas as legislações devem ser interpretadas em conjunto, a fim de garantir harmonia entre o dever de publicidade e transparência dos órgãos públicos e a proteção dos dados pessoais. Nesse sentido, conforme expõem Natália Langenegger e Andréa Gobatto:

> (...) A LAI e a LGPD preveem cuidados com os dados pessoais sem, todavia, impedir a sua disponibilização em políticas de transparência. Para tanto, deverão ser adotados cuidados do Poder Público quando da disponibilização de dados pessoais ao público, com a ponderação, no caso concreto, entre os riscos à privacidade e

---

70 Ver comentário ao art. 23 neste volume.

71 Art. 5º, XXXIII – todos têm direito a receber dos órgãos públicos informações de seu interesse particular, ou de interesse coletivo ou geral, que serão prestadas no prazo da lei, sob pena de responsabilidade, ressalvadas aquelas cujo sigilo seja imprescindível à segurança da sociedade e do Estado.

72 Art. 37, § 3º. A lei disciplinará as formas de participação do usuário na Administração Pública direta e indireta, regulando especialmente: (...) II – o acesso dos usuários a registros administrativos e a informações sobre atos de governo, observado o disposto no art. 5º, X e XXXIII.

73 Art. 216, § 2º. Cabem à Administração Pública, na forma da lei, a gestão da documentação governamental e as providências para franquear sua consulta a quantos dela necessitem.

74 TEIVE, M. O compartilhamento de dados pessoais oriundos de bases de dados públicas: a compatibilidade entre a LAI e a LGPD. *In*: FRANCOSKI, D.; TASSO, F. (org.). *A Lei Geral de Proteção de Dados LGPD*: aspectos práticos e teóricos relevantes no setor público privado. São Paulo: Thomson Reuters Brasil, 2021. p. 432.

o alcance do interesse coletivo. Além disso, deverão também ser observadas as balizas estabelecidas pela LGPD àqueles que tratam dados obtidos em bases de dados públicas.[75]

Assim, entende-se que a interação entre a proteção de dados e o direito de acesso às informações administrativas deve ser ponderada, a fim de compatibilizar a realização conjunta desses direitos. Justamente o que parece ter buscado o legislador ao determinar a elaboração de regulamentos próprios para o tratamento e divulgação dos dados tratados pelo Inep, na medida em que "a ampliação irrestrita à proteção de dados pessoais poderia tornar opacas as atividades da Administração Pública, prejudicando a transparência e os demais direitos de interesse público".[76]

Foi o que entendeu o STF[77] ao determinar que "a insuficiente limitação ao direito à privacidade revelar-se-ia, por outro ângulo, desproporcional, porquanto lesiva aos interesses da sociedade em exigir do Estado brasileiro uma atuação transparente".

Nesse contexto, cumpre destacar que, ainda que não tenha sido publicado o regulamento específico, a discussão acerca da compatibilização da LGPD e LAI, ante a dicotomia de proteção da privacidade dos titulares frente interesse público na divulgação de dados essenciais para a execução de políticas públicas e pesquisas estatísticas, tomou contornos práticos nos últimos anos, após a restrição da divulgação dos dados educacionais realizada pelo Inep e as discussões que daí se sucederam, como se verá no tópico a seguir.

2. A alteração na forma de divulgação dos dados educacionais e compatibilização com a LGPD

Como medida de adequação à LGPD, o Inep tirou do ar a série histórica com dados sobre o Censo Escolar da Educação Básica, bem como excluiu os microdados do Enem no dia 18 de fevereiro de 2022.

A mudança na forma de divulgação dos dados se deu em decorrência de análise realizada em estudo sobre Controle de Privacidade nos Censos Educacionais no Inep, solicitado por meio de consulta jurídica formulada pela Assessoria de Governança e Gestão Estratégica da Presidência do Inep acerca da juridicidade de decisões técnicas relacionadas à divulgação de microdados dos Censos Educacionais mantidos pelo Instituto e a adequação da aplicação da LGPD.

De acordo com parecer jurídico da Procuradoria Federal especializada junto ao Inep,[78] a divulgação dos dados no formato anterior poderia possibilitar que terceiros acessassem microdados "não anonimizados ou que permitam a reidentificação de seus titulares" e que, portanto, não poderia ser divulgada em razão da LGPD. De acordo com o órgão, a instituição tem o poder-dever de suspender a divulgação dos dados sem que isso gere descumprimento da LAI.

---

[75] LANGENEGGER, N.; GOBATTO, A. Compatibilização da Lei de Acesso à Informação com a Lei Geral de Proteção de Dados Pessoais: desafios no âmbito do Poder Judiciário. *Revista do Advogado da AASP*, p. 148, 2019.

[76] GASIOLA, G.; MACHADO, D.; MENDES, L. S. O tratamento de dados pessoais pela administração pública: transparência, bases legais e limites constitucionais. *In*: FRANCOSKI, D.; TASSO, F. (org.). *A Lei Geral de Proteção de Dados LGPD*: aspectos práticos e teóricos relevantes no setor público privado. São Paulo: Thomson Reuters Brasil, 2021. p. 145.

[77] STF, MS 33340. Rel. Min. Luiz Fux, Primeira Turma, j. 26.05.2015.

[78] PROJUR. Parecer n. 00018/2022/PROC/PFINEP/PGF/AG.

O parecer da Procuradoria baseou-se em dois estudos técnicos, realizados: (i) pelo Departamento de Ciências da Computação da UFMG,[79] na condição de "parceiro com conhecimento científico reconhecido e capacidade técnica suficiente para a realização de procedimentos experimentais que mensurassem objetivamente os riscos de identificação dos titulares de dados pessoais tratados pelas pesquisas e disseminados nos microdados públicos", por meio do Termo de Execução Descentralizada (TED) n. 8.750; e (ii) pela Diretoria de Estudos Educacionais (Deed) do Inep, que produziu Nota Técnica sugerindo ações para solucionar o tratamento da privacidade nos microdados públicos.

A partir desses estudos técnicos, as principais recomendações da equipe da UFMG[80] foram o "abandono temporário" da divulgação pública de microdados individualizados – exceto em salas seguras em favor da divulgação de dados agregados sanitizados por privacidade diferencial e o desenvolvimento de método específico para Censos Educacionais.

Assim, como justificativa para a supressão e exclusão dos dados, o Inep sustentou que os microdados permitiriam a identificação pessoal pela reversão da anonimização. Nos termos do Inep:

> Os microdados do Enem 2020 foram reformulados, considerando que há evidências de que disponibilizar a informação do código da escola permite, em alguns casos, a identificação dos participantes por parte dos gestores dessas instituições. Por isso, essa variável foi retirada. Já a variável de idade foi agrupada em uma nova, chamada "faixa etária". As variáveis "município de nascimento" e "residência do participante" foram retiradas, pois também permitem a identificação pessoal, caso sejam combinadas com outros dados cadastrais. Além disso, as informações referentes aos pedidos de atendimento especializado enquadram-se no conceito de dados pessoais sensíveis, previsto na LGPD, e facilitariam a identificação indevida do participante, devido ao número reduzido de inscritos que solicitam atendimento. Optou-se por manter a variável "cor/raça", mesmo sendo um dado sensível, pois foi concluído que esta não facilitaria a identificação indevida, considerando o elevado número de participantes em cada categoria.[81]

Como visto no tópico anterior, os referidos dados possuem relevância significativa para a concretização e avaliação das políticas públicas de educação no país.

O Censo Escolar é realizado anualmente pelo Inep, tratando-se da principal pesquisa estatística do Brasil. A pesquisa envolve diferentes níveis, etapas e modalidades da educação para que todos os atores envolvidos na elaboração de políticas educacionais compreendam o cenário educacional do país, bem como a efetividade das políticas públicas colocadas em prática. Assim, são coletadas informações de diferentes esferas, tanto dos estabelecimentos de ensino e seus atores, quanto sobre a situação específica dos alunos.

---

79 UFMG. *TED 8750 – PRICE*. Privacidade nos Censos Educacionais: Termo de Execução Descentralizada entre o Instituto Nacional de Estudos e Pesquisas Educacionais Anísio Teixeira e a Universidade Federal de Minas Gerais. Belo Horizonte, 3 jul. 2020.

80 UFMG. *TED 8750 – PRICE*. Privacidade nos Censos Educacionais: Termo de Execução Descentralizada entre o Instituto Nacional de Estudos e Pesquisas Educacionais Anísio Teixeira e a Universidade Federal de Minas Gerais. Belo Horizonte, 3 jul. 2020.

81 INEP. Nota de esclarecimento: divulgação dos microdados. 22 fev. 2022. Disponível em: https://www.gov.br/inep/pt-br/assuntos/noticias/institucional/nota-de-esclarecimento-divulgacao-dos-microdados. Acesso em: 14 fev. 2024.

Os estudos estatísticos elaborados pelo Inep para a produção do Censo Escolar buscam informar os seguintes indicadores educacionais: (i) Adequação da Formação Docente; (ii) Complexidade da Gestão da Escola; (iii) Esforço Docente; (iv) Indicadores Financeiros Educacionais; (v) Média de Alunos por Turmas; (vi) Média de Horas-Aula Diária; (vii) Nível Socioeconômico (Inse); (viii) Percentual de Docentes com Curso Superior; (ix) Regularidade do Corpo Docente; (x) Remuneração Média dos Docentes; (xi) Taxas de Distorção Idade-Série; (xii) Taxas de Não Resposta; (xiii) Taxas de Rendimento; (xiv) Taxas de Transição; (xv) Indicadores de Fluxo da Educação Superior; (xvi) Indicadores de Qualidade da Educação Superior; (xvii) Percentual de Docentes com Pós-Graduação *stricto sensu* na Educação Superior.

Ademais, por meio das informações coletadas, são elaborados indicadores como Índice de Desenvolvimento da Educação Básica (Ideb) e são acompanhadas as metas do Plano Nacional da Educação (PNE). Nesse sentido, cabe especial atenção às metas do PNE, uma vez que os estudos realizados pelo Inep são fundamentais para o acompanhamento da implementação das estratégias propostas e o cumprimento do proposto.

Com base nos dados coletados pelo Inep no Censo Escolar é possível acompanhar a evolução das metas, bem como a efetividade das estratégias adotadas. Por exemplo, a Meta 3 do PNE tem como objetivo, universalizar o atendimento escolar para toda a população de 15 (quinze) a 17 (dezessete) anos e elevar a taxa líquida de matrículas no ensino médio.

Ademais, a própria estratégia de implementação da meta depende da utilização de instrumentos que subsidiem as políticas públicas educacionais, possibilitando a sua avaliação sistêmica. E é justamente esse um dos objetivos do Enem, conforme se vê da estratégia 3.6, da Meta 3:

> 3.6) universalizar o Exame Nacional do Ensino Médio – Enem, fundamentado em matriz de referência do conteúdo curricular do ensino médio e em técnicas estatísticas e psicométricas que permitam comparabilidade de resultados, articulando-o com o Sistema Nacional de Avaliação da Educação Básica – Saeb, e promover sua utilização como instrumento de avaliação sistêmica, para subsidiar políticas públicas para a educação básica, de avaliação certificadora, possibilitando aferição de conhecimentos e habilidades adquiridos dentro e fora da escola, e de avaliação classificatória, como critério de acesso à educação superior.

Além de figurar como um importante instrumento de avaliação do ensino, anualmente, o Enem é utilizado para viabilizar o ingresso em faculdades e universidades em todo o país. Ao se inscrever, o candidato fornece algumas informações ao Inep – os chamados microdados – cujos registros apresentam os dados de forma desagregada. No Enem, essa categoria de dados consiste em um conjunto de informações acerca dos estudantes, os cursos nos quais ele se inscreve e as instituições de ensino superior que estão sendo avaliadas.

Tais dados não envolvem a identidade do/a estudante, mas eles reúnem uma série de informações detalhadas relacionadas ao Exame, englobando o código da escola cursada pelo aluno, idade, cor/raça, município de nascimento e residência do estudante, dentre outros indicadores, que podem ser utilizados tanto por agentes públicos, quanto por agentes privados, na realização de pesquisas e estatísticas.

Considerando a importância dessas informações para a análise de diversos aspectos da educação no país, a restrição em sua divulgação pode gerar uma perda considerável em termos de obtenção de um diagnóstico efetivo da educação no país e de concretização das políticas públicas educacionais. Assim, não obstante a louvável cautela do Inep em proteger a privacidade dos alunos e buscar se adequar às medidas de proteção de dados, parece-nos relevante avaliar o marco normativo da LGPD em detalhe.

O que se observa, de modo geral, é que a legislação tem como objetivo aumentar a esfera de proteção individual, conferindo controle ao titular sobre seus próprios dados, e não inviabilizando o tratamento de dados, especialmente no caso do setor público. Nesse sentido, é necessário avaliar a aplicação da LGPD ao tratamento realizado e, em especial, o cumprimento de suas condições de legitimidade, as bases legais que autorizam o tratamento de dados pela autarquia.

Entende-se que, a princípio, a LGPD não proíbe o tratamento de dados *a priori*, mas sim parte do pressuposto que os dados pessoais serão tratados de acordo com a base legal respectiva, sendo necessário balizar esse processo a fim de evitar violações aos direitos fundamentais.

Com a introdução da LGPD, passou-se a compreender que não existem dados irrelevantes, ainda mais depois que a proteção de dados foi formalmente incluída no rol de direitos fundamentais (art. 5º, LXXIX, CRFB).[82] Nesse sentido, o modelo de aplicação da LGPD compreende que existem condições de legitimidade que permitem o tratamento de dados pessoais, que devem ser adotados procedimentos para a garantia de proteção e que, em caso de violação, são aplicáveis sanções administrativas.[83]

Assim, a análise das bases legais aplicáveis ao tratamento de dados deve ser amparada no art. 7º da LGPD e "interpretados em conjunto e de forma sistemática com os critérios adicionais previstos no art. 23, que complementam e auxiliam a interpretação e a aplicação das bases legais no âmbito do Poder Público".[84]

Nesse contexto, e a fim de permitir o desempenho das atividades estatais, a LGPD traz diferentes bases legais voltadas para o tratamento de dados pessoais pelo poder público. Observe-se inicialmente o disposto no art. 7º, II, III e IV, da LGPD.[85]

O cumprimento de obrigação legal ou regulatória, nos termos do art. 7º, II, da LGPD ocorre em duas hipóteses: (i) das normas de conduta, quando o tratamento de dados é necessário para atender a uma determinação legal específica e expressa estabelecida; (ii) das normas de organização, quando o tratamento é parte essencial do exercício de prerrogativas Estatais típicas, uma vez que é necessário para viabilizar a própria execução dessas atribuições, competências e finalidades públicas da entidade ou órgão.[86]

Por sua vez, a execução de políticas públicas, prevista no art. 7º, III, da LGPD, deve considerar ao menos dois aspectos: (i) a existência de ato formal que instituiu a política pública e (ii) a definição de um programa ou ação governamental específico a ser executado por uma entidade ou órgão público.[87]

Ao definir as incumbências da União, a Lei n. 9.394/1996 estipula a competência para "coletar, analisar e disseminar informações sobre a educação" (art. 9º, V, LDB), garantindo para tanto o acesso a todos os dados e informações necessários de todos os estabelecimentos e órgãos educacionais (art. 9º, § 2º, LDB). Trata-se, portanto, de hipótese contemplada pelas bases legitimadoras da LGPD.

---

82 A inclusão da proteção de dados como um direito fundamental decorreu da promulgação da EC n. 115 pelo Congresso Nacional em 10 de fevereiro de 2022.

83 MENDES, L. S. A Lei Geral de Proteção de Dados Pessoais: um modelo de aplicação em três níveis. *Revista dos Tribunais*, v. 108, n. 1009, p. 35, 2019.

84 ANPD. *Guia Orientativo:* Tratamento de Dados Pessoais pelo Poder Público, 2023, p. 6.

85 Ver comentários aos incisos II, III e IV do art. 7º neste volume.

86 ANPD. *Guia Orientativo:* Tratamento de Dados Pessoais pelo Poder Público, 2023, p. 9-10.

87 ANPD. *Guia Orientativo:* Tratamento de Dados Pessoais pelo Poder Público, 2023, p. 11-12.

No mesmo sentido, as atividades descritas no art. 7º, III e IV, da LGPD vão ao encontro das competências e finalidades do Inep, conforme se verifica da Lei n. 9.448/1997, que criou o Inep:

> Art. 1º Fica o Instituto Nacional de Estudos e Pesquisas Educacionais – INEP, órgão integrante da estrutura do Ministério da Educação e do Desporto, transformado em Autarquia Federal vinculada àquele Ministério, com sede e foro na cidade de Brasília – DF, tendo como finalidades:
>
> I – organizar e manter o sistema de informações e estatísticas educacionais; (...)
>
> IV – desenvolver e implementar, na área educacional, sistemas de informação e documentação que abranjam estatísticas, avaliações educacionais, práticas pedagógicas e de gestão das políticas educacionais;
>
> V – subsidiar a formulação de políticas na área de educação, mediante a elaboração de diagnósticos e recomendações decorrentes da avaliação da educação básica e superior; (...)
>
> VIII – promover a disseminação de informações sobre avaliação da educação básica e superior;

Não é por outra razão, que o tratamento de dados realizado pelo Inep não só é legitimado no âmbito da LGPD, mas como também sentiu o legislador a necessidade de incluir o órgão nas discussões para a elaboração de regulamento próprio e específico, nos termos do art. 62, ora analisado.

Em vista da importância desses dados, por meio da Portaria n. 91, de 2 de fevereiro de 2017,[88] o Inep tornou público os princípios fundamentais e boas práticas que orientam a produção e divulgação das estatísticas educacionais oficial produzidas pela autarquia, afirmando que "as estatísticas oficiais constituem-se um instrumento fundamental para a gestão, o acompanhamento e avaliação de políticas públicas e de planos e programas governamentais; portanto elemento indispensável para o sistema de informação de uma sociedade democrática".

Trata-se, em verdade, de observância aos princípios fundamentais que guiam a divulgação do Censo Escolar pelo Inep, quais sejam, o princípio do mandato estatístico de coleta de danos, que determina que a "atividade estatística deve ter um ordenamento jurídico claro, que define as responsabilidades das organizações e pessoas envolvidas no levantamento estatístico em relação a sua participação e ao uso apropriado dos dados e informações" e o princípio da confidencialidade estatística, que define como finalidade específica a proteção das informações individuais e a utilização exclusiva dos dados para as finalidades especificadas.[89]

Nesse sentido, dispõe a referida portaria, entre seu rol de princípios, a observância à oportunidade e pontualidade, que determina que "as estatísticas educacionais devem ser produzidas e divulgadas dentro dos prazos especificados, de forma a garantir a sua atualidade e oportunidade", bem como à acessibilidade e transparência, devendo as estatísticas serem "apresentadas de forma clara e compreensível, e divulgadas adequadamente, permitindo o acesso igualitário a todos os perfis de usuários".[90]

---

[88] INEP. *Portaria n. 91, de 2 de fevereiro de 2017.* Torna público os princípios fundamentais e boas práticas que orientam a produção e divulgação das estatísticas educacionais oficiais produzidas pelo Inep.

[89] INEP. *Portaria n. 91, de 2 de fevereiro de 2017.* Torna público os princípios fundamentais e boas práticas que orientam a produção e divulgação das estatísticas educacionais oficiais produzidas pelo Inep.

[90] INEP. *Portaria n. 91, de 2 de fevereiro de 2017.* Torna público os princípios fundamentais e boas práticas que orientam a produção e divulgação das estatísticas educacionais oficiais produzidas pelo Inep.

Como visto, o censo é o pilar da grande maioria das políticas educacionais conduzidas nacionalmente, por exemplo para a repartição do Fundo de Manutenção e Desenvolvimento da Educação Básica e de Valorização dos Profissionais da Educação (Fundeb), sendo imprescindível também para o cálculo dos recursos da arrecadação de contribuição social do salário-educação, dos programas de apoio à alimentação escolar, transporte escolar e manutenção das escolas. Por óbvio, "não é razoável supor que a LGPD impediria a execução do censo: o ponto é aferir se o tratamento de dados realizado por essa política educacional é legítimo, necessário e proporcional".[91]

Nesse sentido, para além da autorização normativa, como ensinam Laura Schertel, Gustavo Gasiola e Diego Machado, "todo tratamento de dados realizado pela Administração Pública precisará atender à principiologia da Lei, em especial, os princípios da finalidade, da adequação, da necessidade e da segurança do tratamento", de modo que o tratamento precisa ser "transparente quanto à sua finalidade específica, adequado para atingir essa finalidade e não excessivo para o alcance desse objetivo, além de prever medidas de garantia para a minimização de riscos, nos termos do princípio da boa-fé objetiva e da prevenção".[92]

Pois bem, esclarecidas as bases legais que justificam o tratamento e divulgação dos dados realizada pelo Inep, faz-se necessário mapear as reações institucionais à suspensão da divulgação dos microdados do censo escolar e do Enem e a publicação da Nota de Esclarecimento pelo Inep na qual explicava as razões da medida.

Primeiramente, por meio da Nota Técnica n. 46/2022, de 17 de maio de 2022, a ANPD se manifestou sobre a adequação dos microdados disponibilizados para o atendimento às exigências previstas na LGPD. Na ocasião, a autoridade esclareceu que os microdados do censo escolar e do Enem são necessários para a realização de estatísticas e pesquisas científicas, além de refletir a proteção do interesse público geral e preponderante, na medida em que auxiliam na execução de política pública de avaliação do sistema brasileiro de ensino.[93]

Ressaltou, igualmente, não haver dúvidas "quanto à legitimidade do tratamento de dados realizado pelo Inep para fins de realização dos censos educacionais e divulgação das informações pertinentes aos interessados".[94] Por sua vez, em relação à preocupação da autarquia com a reidentificação, a ANPD ressaltou que admite-se um grau de riscos de reidentificação em bases de dados públicos quando este decorre de determinações legais expressas do atendimento ao interesse público e em respeito ao direito de acesso à informação.

Não obstante, concluiu que a existência de respaldo legal para a divulgação não significa que ela deva continuar a ser feita nos moldes antigos, devendo ser levados em consideração os impactos da divulgação dos microdados nos direitos fundamentais dos indivíduos titulares.[95]

Por tais razões, determinou ao Inep que produzisse RIPD. Após a elaboração dos relatórios, o Inep deveria reavaliar os motivos pelos quais concluiu pela não divulgação dos microdados

---

[91] BACHUR, J. P. Proteção de dados pessoais na educação. *In*: BIONI, B. *et al.* (Org.). *Tratado de proteção de dados pessoais*. Rio de Janeiro: Forense, 2020. v. 1, p. 482.

[92] GASIOLA, G.; MACHADO, D.; MENDES, L. S. O tratamento de dados pessoais pela administração pública: transparência, bases legais e limites constitucionais. *In*: FRANCOSKI, D.; TASSO, F. (org.). *A Lei Geral de Proteção de Dados LGPD*: aspectos práticos e teóricos relevantes no setor público privado. São Paulo: Thomson Reuters Brasil, 2021. p. 154.

[93] ANPD. Nota Técnica n. 46/2022/CGF/ANPD.

[94] ANPD. Nota Técnica n. 46/2022/CGF/ANPD, p. 5.

[95] ANPD. Nota Técnica n. 46/2022/CGF/ANPD.

dos censos escolares e do Enem, "podendo continuar publicando-os caso (i) não tenha sido identificado alto risco para os titulares ou (ii) os riscos identificados tenham sido neutralizados ou adequadamente mitigados com a adoção das salvaguardas apropriadas ao caso".[96]

Por sua vez, a CGU, por meio da Nota Técnica n. 1136/2022/CGAT/ DTC/STPC, datada de 23 de maio de 2022, concluiu que

> **Legislação a ser observada para subsidiar a tomada de decisão dos gestores públicos pela publicação ou não de bases de dados**: A norma de regência processual e material a ser aplicada nas decisões que tratam da publicidade de dados de pessoas naturais é a Lei n. 12.527/2011 (Lei de Acesso à Informação – LAI). As decisões devem ser fundamentadas nos arts. 3º e 31 da LAI. Adicionalmente, a Lei n. 14.129/2021 (Lei de Governo Digital) e a Lei n. 13.709/2018 (Lei Geral de Proteção de Dados Pessoais- LGPD) são sistematicamente compatíveis entre si e harmonizam os direitos fundamentais do acesso à informação, da intimidade e da proteção aos dados pessoais, conforme reconhece o Enunciado n. 4/2022 da CGU.
>
> **O fato de uma base de dados não estar anonimizada não significa que não deva ser publicada**: (...) a fundamentação por uma eventual negativa pela publicação de uma base de dados que contenha dados pessoais (independentemente de ser possível identificar direta ou indiretamente seus titulares), apenas poderá ocorrer após a avaliação quanto à previsão legal e existência de interesse público e geral preponderante sobre o direito de proteção dos dados pessoais (art. 31, § 1º, II, e § 3º, V).
>
> **Bases de dados contendo dados pessoais que já estejam publicadas, mas que precisem de atualização periódica, devem continuar sendo atualizadas nos moldes históricos até que ocorra a avaliação e a devida fundamentação nos termos do art. 31, § 1º, II, e § 3º, V, da LAI**: (...) Caso a avaliação demonstre que os riscos associados à publicação dos dados extrapolem o interesse coletivo e geral dessa publicação (hipóteses previstas no Art. 31 da LAI), as bases de dados históricas devem, então, ser retiradas do ar para a adoção de medidas de mitigação dos riscos envolvidos, observando-se, em todo caso, a permanência da divulgação de dados que não estejam sujeitos a proteção, nos termos da LAI. Dentre as medidas de mitigação dos riscos, podem ser adotadas medidas administrativas (controle e registro de acesso aos dados pessoais), jurídicas (termo de responsabilidade ou de confidencialidade) e técnicas (anonimização ou alteração do formato da base de dados).[97]

Em sua análise, a CGU ponderou que, alternativamente ao novo formato de divulgação dos dados, o Inep também poderia demonstrar a utilização de medidas administrativas, como o controle e registro de acesso aos dados pessoais, e jurídicas, como assinatura de termos de responsabilidade e confidencialidade para mitigar os riscos identificados, em face do interesse público da divulgação.

Feitas as manifestações acima relatadas, o Inep elaborou dois RIPD, sendo um referente aos microdados do Enem e outro aos microdados do censo da Educação.

No RIPD dos Microdados do Enem, a autarquia identificou quatro riscos principais, aplicando medidas para redução ou mitigação do risco, sem síntese:

---

96 ANPD. Nota Técnica n. 46/2022/CGF/ANPD, p. 11.

97 CGU. Nota Técnica n. 1.136/2022/CGAT/DTC/STPC, p. 10.

Risco	Medidas	Efeito sobre o Risco
R01 – Modificação não autorizada	Controle de acesso lógico, desenvolvimento seguro e segurança em redes	Reduzir
R02 – Perda	Backup do pacote de microdados, restrição de alteração das tabelas simplificadas apenas a administradores, possibilidade de refazer os microdados a partir das tabelas simplificadas e programas originais	Mitigar
R03 – Falha/erro de processamento	Procedimento de tratamento de erros previsto no Guia de Procedimentos para Tratamento de Erros de Divulgação do Inep (para reduzir o impacto), possibilidade de refazer os microdados a partir das tabelas simplificadas e programas corrigidos.	Reduzir
R04 – Reidentificação de dados pseudonimizados	Adoção do modelo simplificado de microdados	Reduzir
	Criação de medidas alternativas para acesso aos dados (ex.: Serviço de Acesso a Dados Protegidos)	Reduzir

Fonte: Adaptado do RIPD dos Microdados do Enem.[98]

A versão simplificada inclui (i) a exclusão da variável CO_ESCOLA; (ii) exclusão dos microdados informações referentes aos pedidos de atendimento especializado e específico, recursos de atendimento especializado e específico para a realização da prova e cor/raça do participante; (iii) substituição da Idade por Faixa Etária; (iv) exclusão das informações referentes aos municípios de nascimento e residência do participante

Por sua vez, o RIPD dos Microdados dos Censos da Educação identificou um risco, aplicando duas medidas para mitigá-lo, como se verifica:

Risco	Medidas	Efeito sobre o Risco
Reidentificação do titular de dados pessoais nos arquivos públicos de microdados divulgados no site do Inep	Alteração da estrutura dos arquivos	Reduzir
	Acesso controlado por meio do Sedap	Reduzir

Fonte: Adaptado do RIPD dos Microdados dos Censos de Educação.[99]

Após a apresentação dos relatórios de risco, a ANPD apresentou nova manifestação, por meio da Nota Técnica n. 12/2023/CGF/ANPD, acerca da "Avaliação dos Relatórios de Impacto à Proteção de Dados elaborados pelo Inep para fins adequação da divulgação dos microdados do censo escolar e do Enem à Lei n. 13.709, de 14 de agosto de 2018 – Lei Geral de Proteção de Dados Pessoais (LGPD)".[100]

Na ocasião, a CGF concluiu que o Inep teria endereçado adequadamente as preocupações levantadas, entendendo que atendia à determinação da ANPD na Nota Técnica n. 46/2022.

---

[98] INEP. *Relatório de Impacto à Proteção de Dados Pessoais dos Microdados do Enem*, 2022, p. 17.

[99] INEP. *Relatório de Impacto à Proteção de Dados Pessoais:* Microdados dos Censos da Educação, 2022, p. 30.

[100] ANPD. Nota Técnica n. 12/2023/CGF/ANPD, p. 1.

Recomendou, ainda, que o Inep realizasse a revisão contínua dos RIPDs apresentados, a fim de avaliar novos fatores de risco.[101]

Não obstante, ressaltou que a conclusão de adequação da nova metodologia não significava que a metodologia anterior estivesse em desacordo com a LGPD, de modo que a análise da autoridade não buscava realizar um engessamento sobre a forma como os microdados são divulgados. Reforçou que o Inep possui competência, discricionariedade e liberdade para alterar a forma de divulgação dos microdados, desde que verifique previamente os seus impactos.

Na falta de uma resposta concreta acerca da adequação da metodologia anterior, a questão também foi discutida no âmbito legislativo, com proposta de alteração aos dispositivos da LDB para garantir a divulgação dos dados, como se passa a analisar.

3. A Lei Ordinária n. 15.017/2024

Após a retirada das séries históricas do Censo Escolar, bem como a restrição dos microdados publicados em relação ao Enem e Censo Escolar, os deputados Tiago Mitraud e Adriana Ventura apresentaram, em 08 de março de 2022, o PL n. 454/2022 que visa alterar a LGPD e a Lei de Diretrizes e Bases da Educação para autorizar o compartilhamento dos dados e microdados brutos do Censo Escolar e do Enem.

Como justificativa para o projeto, os deputados frisam a gravidade da restrição realizada pelo Inep, que impede a compreensão do cenário educacional nacional por completo, impedindo a verificação da evolução da aprendizagem e das condições de educação no país. Sustentam igualmente que as medidas adotadas tornam improvável uma avaliação fidedigna e com qualidade dos impactos da pandemia na educação brasileira.

Apontaram, ainda, que a LGPD previu período de dois anos para que as entidades se adequassem à norma, de modo que o atraso no cumprimento das obrigações de proteção de dados não pode ser utilizado como obstáculo para a transparência da informação pública, principalmente quando atreladas a informações vitais ao aprimoramento das políticas governamentais.

Afirmaram também que, quanto aos dados e microdados do Censo Escolar e Enem, o ordenamento jurídico pátrio já oferece resposta razoável para garantir a coexistência dos deveres de publicidade/eficiência e proteção de dados, nos termos do art. 26 da LGPD. Para tanto, utiliza das bases legais e constitucionais que informam a competência da União quanto ao objeto em tela.

Não obstante haver previsão legal para o compartilhamento de dados do Censo Escolar e do Enem, respeitando a LGPD, entendem os deputados que diante do sopesamento dos princípios constitucionais, a proteção de dados pessoais deve ceder espaço à transparência e a melhor capacidade de modelar as políticas educacionais.

Ato contínuo, ao chegar ao Senado Federal, a matéria foi encaminhada à análise da Comissão de Educação e Cultura (CE), que apresentou a Emenda Substitutiva n. 1, de autoria do Senador Flávio Arns. A emenda altera a redação do § 6º proposto pelo PL n. 454/2022 no art. 5º da LDB, tornando obrigatório o compartilhamento e a publicização de dados, em vez da previsão autorizativa original da proposição.

A emenda substitutiva dispunha que a imposição de condicionantes de anonimização só poderia ser realizada por meio do regulamento comum da ANPD e Inep, nos termos do

---

[101] ANPD. Nota Técnica n. 12/2023/CGF/ANPD.

art. 62, de modo que enquanto não fosse editado estaria vedada a supressão de compartilhamento e publicização de dados.

Ao final, o texto aprovado gerou a publicação da Lei Ordinária n. 15.017/2024, obrigando a divulgação de dados educacionais coletados no censo anual e nos exames e sistemas de avaliação da educação básica e da educação superior nos seguintes termos:

> Art. 1º O art. 5º da Lei nº 9.394, de 20 de dezembro de 1996 (Lei de Diretrizes e Bases da Educação Nacional), passa a vigorar acrescido dos seguintes §§ 6º a 8º:
>
> "Art. 5º [...]
>
> § 6º Incumbe ao poder público promover, nos termos de regulamento, o acesso público às informações educacionais do censo anual e dos exames e sistemas de avaliação da educação básica, considerado todo o processo de realização dessas atividades.
>
> § 7º A organização e a manutenção de sistema de informações e estatísticas educacionais pela União, pelos Estados, pelo Distrito Federal e pelos Municípios, no âmbito da administração direta e indireta, sujeitar-se-ão ao dever de transparência e publicidade como preceitos gerais e ao direito fundamental de acesso à informação de que trata a Lei nº 12.527, de 18 de novembro de 2011 (Lei de Acesso à Informação).
>
> § 8º Dados e microdados, agregados e desagregados, coletados na execução de políticas educacionais de caráter censitário, avaliativo ou regulatório, serão tratados, divulgados e compartilhados, sempre que possível, de forma anonimizada, observados os parâmetros para anonimização previstos em regulamento." (NR)
>
> Art. 2º A. Lei nº 9.394, de 20 de dezembro de 1996 (Lei de Diretrizes e Bases da Educação Nacional), passa a vigorar acrescida do seguinte art. 5º-A:
>
> "Art. 5º-A. Aplica-se o disposto nos §§ 6º, 7º e 8º do art. 5º desta Lei às informações educacionais do censo, dos exames e do sistema de avaliação da educação superior."

Vale ressaltar que as modificações realizadas pela nova Lei não realizam qualquer alteração nos artigos vigentes da LGPD, de modo que se pode concluir inexistir qualquer vedação à publicização desses dados nos termos da normativa, mas apenas a necessidade de compatibilizar com os princípios orientadores.

BIBLIOGRAFIA SELECIONADA

ANPD. *Guia Orientativo:* Tratamento de Dados Pessoais pelo Poder Público, Versão 1.0, 2023.

BACHUR, J. P. Proteção de dados pessoais na educação. *In*: BIONI, B. *et al.* (Org.). *Tratado de proteção de dados pessoais.* Rio de Janeiro: Forense, 2020. v. 1.

BRASIL. Câmara dos Deputados. Parecer do Relator Dep. Orlando Silva (PCdoB-SP) no Projeto de Lei n. 4.060/2012.

BRASIL. Câmara dos Deputados. Comissão Mista destinada a emitir parecer sobre a Medida Provisória n. 869, de 28 de dezembro de 2018. 2019.

GASIOLA, G.; MACHADO, D.; MENDES, L. S. O tratamento de dados pessoais pela administração pública: transparência, bases legais e limites constitucionais. *In*: FRANCOSKI,

D.; TASSO, F. (org.). *A Lei Geral de Proteção de Dados LGPD:* aspectos práticos e teóricos relevantes no setor público privado. São Paulo: Thomson Reuters Brasil, 2021.

INEP. Nota de esclarecimento: divulgação dos microdados. 22 fev. 2022. Disponível em: https://www.gov.br/inep/pt-br/assuntos/noticias/institucional/nota-de-esclarecimento-divulgacao-dos-microdados. Acesso em: 14 fev. 2024.

INEP. *Portaria n. 91, de 2 de fevereiro de 2017.* Torna público os princípios fundamentais e boas práticas que orientam a produção e divulgação das estatísticas educacionais oficiais produzidas pelo Inep.

LANGENEGGER, N.; GOBATTO, A. Compatibilização da Lei de Acesso à Informação com a Lei Geral de Proteção de Dados Pessoais: desafios no âmbito do Poder Judiciário. *Revista do Advogado da AASP*, 2019.

MENDES, L. S. A Lei Geral de Proteção de Dados Pessoais: um modelo de aplicação em três níveis. *Revista dos Tribunais*, v. 108, n. 1009, 2019.

TEIVE, M. O compartilhamento de dados pessoais oriundos de bases de dados públicas: a compatibilidade entre a LAI e a LGPD. *In*: FRANCOSKI, D.; TASSO, F. (org.). *A Lei Geral de Proteção de Dados LGPD:* aspectos práticos e teóricos relevantes no setor público privado. São Paulo: Thomson Reuters Brasil, 2021.

UFMG. *TED 8750 – PRICE.* Privacidade nos Censos Educacionais: Termo de Execução Descentralizada entre o Instituto Nacional de Estudos e Pesquisas Educacionais Anísio Teixeira e a Universidade Federal de Minas Gerais. Belo Horizonte, 3 jul. 2020.

WIMMER, M. Regime jurídico do tratamento de dados pessoais pelo poder público. *In*: BIONI, B. *et al.* (org.). *Tratado de proteção de dados pessoais.* Rio de Janeiro: Forense, 2020.

Art. 63. A autoridade nacional estabelecerá normas sobre a adequação progressiva de bancos de dados constituídos até a data de entrada em vigor desta Lei, consideradas a complexidade das operações de tratamento e a natureza dos dados.

Artigo 63

Comentado por Fabiano Menke e Rafael Scaroni Garcia

DISPOSITIVOS RELACIONADOS NA LGPD

- Art. 2º; arts. 5º, IV, X, e 6º, X.

JUSTIFICATIVA E FUNDAMENTOS

O dispositivo trata das denominadas bases de dados legadas e tem por objetivo regular bancos de dados constituídos anteriormente à entrada em vigor da LGPD. Isso porque os dados pessoais que integram essas bases de dados provavelmente foram coletados e processados sem observar o padrão e o rigor estabelecidos pela lei. A regra tem a intenção de possibilitar que o controlador destas bases legadas trate os dados pessoais que as integram, mas, ao mesmo tempo, resguarda os direitos do titular ao exigir a "adequação progressiva" à lei, reforçando o dever de observância às disposições estabelecidas pela LGPD. Assim, o dispositivo expressa tanto os fundamentos relacionados à proteção do titular (art. 2º, I a IV e VII), quanto aqueles relacionados ao fluxo de dados (art. 2º, V e VI).[102]

ANÁLISE

O armazenamento e as mais variadas operações realizadas com dados pessoais integrantes de bancos de dados, públicos ou privados, são considerados tratamento (art. 5º, X, da LGPD). Assim, há incidência das normas da LGPD quando se realiza operações de tratamento em meio digital ou analógico (art. 1º da LGPD), ainda que não haja classificação, acesso, utilização ou quaisquer outras ações elencadas no art. 5º, X, da LGPD.

Banco de dados é qualquer "*conjunto estruturado de dados pessoais, estabelecido em um ou em vários locais, em suporte eletrônico ou físico*" (art. 5º, IV, da LGPD).[103] O critério da estruturação deve ser interpretado a partir da relação dos dados entre si, considerado estruturado o banco de dados quando as informações, em conjunto, apresentem um sig-

[102] Ver comentário ao art. 2º neste volume.

[103] A LCP (Lei n. 12.414, de 2011), também define banco de dados em seu âmbito de aplicação: "Art. 2º Para os efeitos desta Lei, considera-se: I – banco de dados: conjunto de dados relativo a pessoa natural ou jurídica armazenados com a finalidade de subsidiar a concessão de crédito, a realização de venda a prazo ou de outras transações comerciais e empresariais que impliquem risco financeiro".

nificado, que será alcançado pela finalidade (art. 6º, I, da LGPD) que lhes dá sentido e que justifica o tratamento de dados.

Neste sentido, não será considerado banco de dados o conjunto de informações aleatórias, coletadas sem uma finalidade definida, que não informe um sentido compreensível ao agente de tratamento. Disso não se extrai que tais informações podem ser tratadas sem uma base legal que justifique o tratamento, pelo contrário – apenas significa que tal conjunto não implicará a formação de um banco de dados.

A necessidade de uma organização lógica e coerente na caracterização de um banco de dados pressupõe ser ele formado para organizar e facilitar o acesso a informações, melhorando o produto ou o serviço prestado. Assim, o banco de dados é desenhado, construído e alimentado com dados tratados para uma finalidade específica. Em outras palavras, o banco de dados possui uma fonte de onde são derivados os dados, algum grau de interação com eventos do mundo real, e usuários fortemente interessados no conteúdo daquele banco de dados.[104]

Ao afirmar que "*A autoridade nacional estabelecerá normas*", o legislador determinou, à ANPD, uma obrigação de editar regra específica, sem que a autoridade possa se abster de fazê-lo. Entretanto, a norma não previu um prazo máximo para que a regulamentação seja estabelecida, mesmo que se cuide de previsão de direito intertemporal. Assim, ainda que seja um dever legal, não há previsão de regulamentação pela ANPD – uma vez que até o presente momento a regulação do dispositivo não foi realizada pela autarquia e não consta qualquer previsão de abordagem do tema na agenda regulatória para o biênio 2023-2024.

Um segundo ponto importante da regra do art. 63 é a "*adequação progressiva de bancos de dados constituídos até a data de entrada em vigor desta Lei*". A LGPD foi publicada no *Diário Oficial da União* em 15 de agosto de 2018 e passou a vigorar em 18 de setembro de 2020 – excetuadas as sanções administrativas, que passaram a vigorar em 1º de agosto de 2021.[105]

Nesse contexto, há que se fazer a necessária relação entre a *vacatio legis* da lei com o dispositivo em comento. Essa relação permite que se encontrem os contornos razoáveis e adequados para o que se pode entender por *adequação progressiva*. Deve-se considerar que as regras de *vacatio legis* têm por escopo dar ciência à sociedade sobre o conteúdo da nova legislação, e, mais do que isso, permitir que os diretamente implicados por seus efeitos possam se adaptar às novas determinações.

Quando se verifica que entre a publicação e a entrada em vigor (parcial) da LGPD decorreram mais de dois anos, e que as sanções passaram a vigorar apenas em agosto de 2021, se chega à conclusão de que, na prática, a *vacatio legis* da lei foi consideravelmente dilatada, o que restou por conferir um período maior para os agentes de tratamento conhecerem a lei e a ela se adequarem, ou no mínimo, darem início à tomada de medidas nesse sentido.

Não se pode, portanto, ler *adequação progressiva* como um espaço de menor incidência da lei, que possibilitaria um afrouxamento dos deveres previstos na LGPD; a interpretação deve ser no sentido da existência de um dever de conformidade às normas de proteção de dados. Mas, ao mesmo tempo, não se pode deixar de extrair da regra uma certa medida de tolerância para os casos de real complexidade nas operações de tratamento, que venham a demandar uma complicada adequação do agente às novas regras estabelecidas na LGPD.

---

[104] ELMASRI, R.; NAVATHE, S. B. *Sistemas de bancos de dados*. São Paulo: Pearson Education do Brasil, 2018. p. 4-5.

[105] Ver comentário ao art. 65 neste volume.

Novamente é chamado à aplicação o meio termo da razoabilidade. Há que se exigir do agente de tratamento uma conduta pautada pelos ditames da boa-fé, consoante a sua previsão no *caput* do art. 6º da LGPD. O agente de tratamento deverá demonstrar que não se acomodou em posição de letargia e passividade no aguardo de uma futura regulamentação da ANPD acerca do art. 63, mas atuou de forma proativa, com a diligência e o cuidado que se esperam de organizações responsáveis.

Pode-se refletir acerca de situação hipotética em que a ANPD fiscaliza determinada organização e a questiona sobre base de dados legada e qual a postura adotada diante dela. Não se toleraria a resposta de que se está no aguardo da regulamentação. Quanto mais o tempo passa desde o dia em que primeiramente foi publicada a LGPD (15 de agosto de 2018), torna-se menos escusável essa espécie de comportamento.

A razoabilidade do que pode ser exigido do agente de tratamento no enfrentamento da questão é algo a ser aferido no caso concreto, conforme as balizas expostas na regra.

1. O processo de adequação das organizações

Consoante o exposto, qualquer organização que trata dados pessoais, e, portanto, atua na condição de agente de tratamento, não poderá aguardar passivamente por uma regulação da ANPD que discipline o art. 63.

Tendo em vista o previsto na LGPD, todos deverão adequar-se aos procedimentos e deveres nela contidos. E será no contexto do denominado "processo de adequação" em que a organização, mesmo à míngua da edição de regra específica pela autoridade, deverá tomar medidas para se ajustar aos comandos legais, incluindo-se, no bojo dessas rotinas, a adequação de seus bancos de dados.

Tem-se considerado que uma das etapas essenciais do processo de adequação é o do mapeamento de processos de tratamento de dados pessoais, no qual são identificados todos os processos internos que tratam dados pessoais, estabelecendo-se os respectivos fluxos da informação.[106]

Passo seguinte ao mapeamento é a identificação de riscos e a aferição da adequação das práticas de tratamento de dados pessoais efetivamente realizadas com o conteúdo normativo da LGPD.

Será justamente neste momento do processo de adequação, interno à organização, mas no qual ela poderá se valer de consultores externos, no qual terá de ser tomada a decisão de se algum banco de dados necessita de *adequação progressiva*.

2. Natureza dos dados e complexidade das operações

A regra em comento dispõe ainda que a adequação progressiva deve ocorrer "*consideradas a complexidade das operações de tratamento e a natureza dos dados*".

Em relação à natureza dos dados, o nível de prioridade na adequação deve ser proporcional à sensibilidade dos dados encontrados nos bancos já existentes: quanto maior a sensibilidade da informação, mais rapidamente deverá ser realizada a adequação. Assim, e

---

106 CARVALHO, V. M.; MATTIUZZO, M.; PONCE, P. Boas práticas e governança na LGPD. *In*: BIONI, B.; MENDES, L. S.; DONEDA, D.; SARLET, I. W.; RODRIGUES JR, O. L. (org.). *Tratado de proteção de dados pessoais*. Rio de Janeiro: Forense, 2023. p. 370.

na linha do disposto no art. 5º, II, da LGPD, que conceitua dado pessoal sensível, especial cuidado deverá ser dispensado ao "dado pessoal sobre origem racial ou étnica, convicção religiosa, opinião política, filiação a sindicato ou a organização de caráter religioso, filosófico ou político, dado referente à saúde ou à vida sexual, dado genético ou biométrico, quando vinculado a uma pessoa natural".

Ainda que não se os classifique como dados sensíveis, é forçoso reconhecer a importância e a necessidade de zelo ao lidar com bancos de dados pessoais de crianças e adolescentes, tendo em vista o mandamento previsto na LGPD[107] de que todo o tratamento nesse contexto deverá observar o superior interesse dos menores, no que expressa o valor constitucional disposto no art. 227 da Carta Magna, que determina a absoluta prioridade aos direitos da criança, do adolescente e do jovem.

Outra categoria de dado pessoal que também não se enquadra, pela LGPD, na espécie de dado pessoal sensível, mas que demanda todo o rigor em seu tratamento são os dados pessoais de índole financeira. Ressalvadas as hipóteses previstas em lei de cadastros de inadimplentes e dos portais da transparência, estes últimos que divulgam os salários dos servidores públicos, não se pode perder de vista que as informações relacionadas à dimensão financeira das pessoas são altamente sensíveis, porque também integram o seu direito à privacidade.

No que diz respeito à *complexidade*, um dos critérios a ser observado, que poderá demandar do agente de tratamento uma maior dificuldade de adequação à LGPD é o do tamanho do banco de dados. Basta considerar banco de dados de redes sociais que contam com dados pessoais de mais de um bilhão de usuários, tal banco de dados "precisa manter informações sobre quais usuários estão relacionados a outros como amigos, as postagens de cada usuário, quais usuários poderão ver cada postagem e uma quantidade imensa de outros tipos de informações necessárias para a operação correta de seu website"[108]. Há que se considerar ainda que, além do critério da quantidade de titulares de dados pessoais do banco de dados, deve-se mirar o aspecto quantitativo das informações relacionadas a cada titular. Isso significa dizer que a complexidade também deve ser aferida a partir do exame da quantidade de informações que se trata, mesmo que se esteja diante de apenas um único titular. Quanto mais amplo for o espectro informacional envolvido no tratamento, quanto mais variadas forem as facetas da personalidade que revelar, mais complexa será a atividade de tratamento.

Aos dois critérios trazidos no texto – a complexidade das operações de tratamento e a natureza dos dados –, um terceiro deve ser incluído: a frequência de utilização das informações. Neste sentido, quanto mais frequente for a utilização de determinado banco de dados legado, mais célere deverá ser a sua adequação à lei.

Assim, os critérios extraídos da norma informam ao controlador a ordem de prioridade a ser observada na conformidade dos bancos de dados legados. Na prática, o controlador deve iniciar pelos tratamentos mais frequentes, e, sempre que houver utilização de dois ou mais bancos legados com a mesma regularidade, deve priorizar aqueles que possuam dados pessoais sensíveis. Mostra-se razoável pontuar ainda, que nos casos de bancos de dados legados que apresentem a mesma regularidade em sua utilização, deve-se priorizar a adequação progressiva daquele que apresente maior complexidade.

---

[107] Ver comentário ao art. 14 neste volume.

[108] ELMASRI, R.; NAVATHE, S. B. *Sistemas de bancos de dados*. São Paulo: Pearson Education do Brasil, 2018. p. 4-5.

Esta sequência se justifica porque protege, ao mesmo tempo, tanto o controlador, quanto o titular de dados. Em relação ao primeiro, permite ao agente de tratamento demonstrar seu comprometimento em cumprir as normas relativas à proteção de dados pessoais ao documentar os processos de tratamento mais utilizados, possibilitando eventual prestação de contas. Pensada em relação ao titular, esta ordem mitiga eventuais riscos de incidentes de segurança ao priorizar a conformidade das informações mais sensíveis e mais utilizadas, reforçando a efetividade prática da lei.

Em relação ao âmbito de aplicação, o dispositivo incide tanto no setor público quanto no setor privado – implicando a necessidade de a Administração Pública conformar à LGPD os bancos de dados legados, especialmente aqueles utilizados na prestação de serviços públicos. É recomendável, nesse processo, a adoção de políticas de controle e de restrição de acesso, diminuindo o número de usuários autorizados a acessar as informações na medida em que a sensibilidade desses dados aumenta.

3. Regras correlatas no sistema europeu de proteção de dados

No campo internacional, pode-se relacionar a norma com o contido no RGPD da UE, de onde se extraem alguns elementos para reflexão. Primeiramente, é importante observar que no contexto europeu, antes da edição e entrada em vigor do RGPD, vigorava a Diretiva n. 95/46/CE, instrumento legal que dispunha acerca de um regramento geral sobre a matéria e que, após a sua edição, e consideradas as características da espécie normativa, foi devidamente internalizado pelos Estados-Membros a partir da publicação de suas leis internas de proteção de dados.

Assim, naquele contexto e como é sabido, já havia uma longa tradição de observância à legislação de proteção de dados antes da entrada em vigor do RGPD, ainda que o novo texto legal tenha trazido mudanças.

E, por força de seu art. 99, o RGPD revogou, a partir de sua entrada em vigor, em 25 de maio de 2018, a Diretiva n. 95/46/CE. A *vacatio legis* do RGPD foi de dois anos, e não estabeleceu dispositivo de transição dos bancos de dados legados, nos moldes do art. 63 da LGPD, certamente pelo fato de a legislação geral de proteção de dados não consistir em novidade na Europa e por ter sido considerado que o próprio período de *vacatio legis* seria suficiente para dar conhecimento do novo texto legal à população e especialmente aos agentes de tratamento. Calha referir ainda, que o Considerando 171 do RGPD é taxativo quanto à questão,[109] pois disciplina que após a fluência do prazo de dois anos de *vacatio legis*, todos os

[109] É a seguinte a íntegra do Considerando 171 do RGPD: "A Diretiva 95/46/CE deverá ser revogada pelo presente regulamento. Os tratamentos de dados que se encontrem já em curso à data de aplicação do presente regulamento deverão passar a cumprir as suas disposições no prazo de dois anos após a data de entrada em vigor. Se o tratamento dos dados se basear no consentimento dado nos termos do disposto na Diretiva 95/46/CE, não será necessário obter uma vez mais o consentimento do titular dos dados, se a forma pela qual o consentimento foi dado cumprir as condições previstas no presente regulamento, para que o responsável pelo tratamento prossiga essa atividade após a data de aplicação do presente regulamento. As decisões da Comissão que tenham sido adotadas e as autorizações que tenham emitidas pelas autoridades de controlo com base na Diretiva 95/46/CE, permanecem em vigor até ao momento em que sejam alteradas, substituídas ou revogadas." Note-se que o RGPD foi publicado no dia 04 de maio de 2016, e passou a ter vigência com exclusivo conteúdo declaratório vinte dias após, em 24 de maio de 2016, no sentido de que a partir desse momento passou a ser considerado Direito Europeu, mas apenas dois anos depois, em 24 de maio de 2018, passou a ser eficaz e exigível.

tratamentos de dados pessoais deverão observar o novo regramento,[110] Contempla ainda, a interessante consideração de que se o tratamento de dados anterior à eficácia do RGPD for realizado com base em consentimento nos termos da Diretiva n. 95/46/CE, ele será eficaz se contemplar a forma de consentimento prevista no RGPD.[111]

Cabe, por fim, referir que o RGPD delega um espaço normativo a cada Estado-Membro da UE,[112] de modo que, em certas e determinadas matérias, o prazo de adequação foi, na prática, ainda mais dilatado.

Se formos comparar com o Brasil, é possível considerar que, em certa medida, o mesmo poderá se dar nos pontos em que a ANPD, além do próprio art. 63, irá regulamentar. Não que, na linha do que foi exposto, o agente de tratamento poderá permanecer inerte. Mas as regulamentações que virão a ser estabelecidas o permitirão acompanhar o desenvolvimento e, nos pontos nos quais haja modificações, realizar as devidas adequações em observância a uma razoável cadência de implementação.

BIBLIOGRAFIA SELECIONADA

AGARWAL, A.; outros. Retrofitting GDPR compliance onto legacy databases. *Proceedings of the VLDB Endowment*, v. 15, n. 4, p. 958-970, 2022.

ANWANA, T. *et al.* Consent and retrospective data collection. *In*: ANWANA, T. et al. (org.). *The law and ethics of data sharing in health sciences.* Cham: Springer, 2023.

CARVALHO, V. M.; MATTIUZZO, M.; PONCE, P. Boas práticas e governança na LGPD. *In*: BIONI, B.; MENDES, L. S.; DONEDA, D.; SARLET, I. W.; RODRIGUES JR, O. L. (org.). *Tratado de proteção de dados pessoais.* Rio de Janeiro: Forense, 2023.

ELMASRI, R.; NAVATHE, S. B. *Sistemas de bancos de dados.* São Paulo: Pearson Education do Brasil, 2018.

KLEIN, D. *et al.* General Data Protection Runtime: enforcing transparent GDPR compliance for existing applications. *In*: KLEIN, D. *et al.* (org.). *Proceedings of the 2023 ACM SIGSAC Conference on Computer and Communications Security.* 2023. p. 3343-3357.

PILTZ, C. Kommentar Art. 89 DSGVO. *In*: PILTZ, C. (org.). *Datenschutz-Grundverordnung VO (EU) 2016/679:* Kommentar. Munique: Beck, 2017.

TAMBOU, O. France: the French approach to the GDPR implementation. *European Data Protection Law Review (EDPL)*, v. 4, n. 1, p. 88-94, 2018.

---

[110] PILTZ, C. Kommentar Art. 89 DSGVO. *In*: PILTZ, C. (org.). *Datenschutz-Grundverordnung VO (EU) 2016/679:* Kommentar. Munique: Beck, 2017. p. 820.

[111] Ver implementação em Sistema do consentimento conforme o RGPD em: KLEIN, D. *et al.* General Data Protection Runtime: enforcing transparent GDPR compliance for existing applications. *In*: KLEIN, D. *et al.* (org.). *Proceedings of the 2023 ACM SIGSAC Conference on Computer and Communications Security.* 2023. p. 3343-3357.

[112] Ver o exemplo francês de implementação: TAMBOU, O. France: the French approach to the GDPR implementation. *European Data Protection Law Review (EDPL)*, v. 4, n. 1, p. 88-94, 2018.

Art. 64. Os direitos e princípios expressos nesta Lei não excluem outros previstos no ordenamento jurídico pátrio relacionados à matéria ou nos tratados internacionais em que a República Federativa do Brasil seja parte.

Artigo 64

Comentado por Claudia Lima Marques e Laís Bergstein

DISPOSITIVOS RELACIONADOS NO DIREITO INTERNACIONAL

- Art. 1º, Tratado de Olivos do Mercosul.[113]
- Princípios da OEA sobre privacidade e proteção de dados pessoais de 2021.
- Declaração Especial dos Presidentes do Mercosul sobre Democracia e Integridade da Informação em Ambientes Digitais, 8 de dezembro de 2023.

DISPOSITIVOS RELACIONADOS NO ORDENAMENTO JURÍDICO BRASILEIRO

- Art. 5°, § 2°, CRFB.
- Art. 7°, CDC.

DISPOSITIVOS RELACIONADOS NA LGPD

- Art. 60; art. 62.

ATIVIDADES DA ANPD

- Análise Preliminar do Projeto de Lei (PL) n. 2.338/23, que dispõe sobre o uso da Inteligência Artificial no Brasil.[114]

CASOS E DECISÕES JUDICIAIS RELEVANTES

- STJ, REsp 2.092.096/SP, rel. Min. Nancy Andrighi, Terceira Turma, j. 12.12.2023, *DJe* 15.12.2023.

---

113 Prevê a opção possível pelo sistema de solução de controvérsias do Mercosul ou de outro fórum internacional (como a OMC etc.) e a prevalência da fonte escolhida pelas partes em conflito.

114 O texto apresenta os pontos de convergência e conflito entre o projeto de lei de regulamentação da IA e a LGPD. A análise conclui que a ANPD, por ser a autoridade responsável por zelar pela proteção de dados pessoais no país, assume também protagonismo na regulação de IA, no que se refere à proteção de dados pessoais.

- TRT-20, ROT n. 0000207-07.2023.5.20.0003, Rel. Des. Vilma Leite Machado Amorim, Primeira Turma; *DEJTSE* 04.12.2023.
- TJSP, Ap. Civ. n. 1005293-56.2022.8.26.0100, Rel. Des. Alfredo Attié, Vigésima Sétima Câmara de Direito Privado, j. 05.09.2023, *DJESP* 14.09.2023.

JUSTIFICATIVA E FUNDAMENTOS

O "*Leitmotiv*" da pós-modernidade, o elemento-guia que orienta as relações jurídicas, é a valorização dos direitos humanos. Essa concepção, segundo Erik Jayme, significa que a concepção de que somente as razões de natureza econômica devem determinar as ações do homem não é mais convincente, pois as pessoas lutam por valores mais atraentes, valores inerentes à alma.[115] Depois de séculos de racionalismo, de privilégio da razão sobre as outras dimensões humanas, difunde-se o respeito e a valorização da emotividade, da criatividade, da subjetividade e de uma estética que busca o sentido.[116]

O estabelecimento de uma cláusula de abertura do microssistema de proteção de dados pessoais na LGPD contribui-se para a concretude dos direitos e garantias fundamentais. Essa abertura também promove a atualização e o aperfeiçoamento do Direito, que passa a acolher direitos e garantias previstas em outros marcos regulatórios, inclusive no plano internacional. A previsão do art. 64 da LGPD assemelha-se ao § 2 do art. 5º da CRFB, proposto por Cançado Trindade, ou ainda ao art. 7º do CDC.

Como constata Eugen Ehrlich, "nossos códigos sempre estão sintonizados com uma época muito anterior à contemporânea e toda a arte jurídica do mundo não seria capaz de retirar deles o verdadeiro direito de seu tempo, simplesmente pelo fato de que eles não o contêm".[117] Nesse contexto, o art. 64 impulsiona a LGPD para além do seu tempo e espaço, o que pode ser alcançado por meio da teoria do "Diálogo das fontes", na expressão visionária do grande mestre Erik Jayme.[118]

Diálogo entre as diferenças, como resposta pós-moderna ao desafio da aplicação das leis no complexo sistema de direito privado atual. Em outras palavras, a "solução" do denominado "conflito de leis no tempo" emerge como resultado de um diálogo (aplicação simultânea, coerente e coordenada) das mais heterogêneas fontes legislativas, iluminadas todas pela nova força da Constituição. Fontes plurais que não mais se excluem – ao contrário, mantêm as suas diferenças e narram simultaneamente suas várias lógicas (*dia-logos*), cabendo ao aplicador da lei coordená-las ("escutando-as"), impondo soluções harmonizadas e funcionais no sistema, assegurando efeitos úteis a estas fontes, ordenadas segundo a compreensão imposta pelo valor constitucional.[119]

---

115 JAYME, E. Identité culturelle et intégration: le droit international privé postmoderne. *Recueil des Cours: Collected Courses of the Hague Academy of International Law*, t. 251, p. 259-262, 1996.

116 MASI, D. *O futuro chegou:* modelos de vida para uma sociedade desorientada. Trad. Marcelo Costa Sievers. Rio de Janeiro: Casa da Palavra, 2014. p. 545.

117 EHRLICH, E. *Fundamentos da sociologia do direito.* Trad. René Ernani Gertz. Brasília: Editora Universidade de Brasília, 1986. p. 374.

118 JAYME, E. Identité culturelle et intégration: le droit international privé postmoderne. *Recueil des Cours: Collected Courses of the Hague Academy of International Law*, t. 251, p. 259, 1996.

119 No original: «Dès lors que l'on évoque la communication en droit international privé, le phénomène le plus important est le fait que la solution des conflits de lois émerge comme résultat d'un dialogue entre les sources

ANÁLISE

Em seu Curso Geral de Haia, de 1995, o mestre de Heidelberg, Erik Jayme, ensinava que, em face do atual "pluralismo pós-moderno" de um direito com fontes legislativas plúrimas, ressurge a necessidade de coordenação entre as leis no mesmo ordenamento, como exigência para um sistema jurídico eficiente e justo.[120] Cada vez mais se legisla, nacional e internacionalmente, sobre temas convergentes. A pluralidade de leis é o primeiro desafio do aplicador da lei contemporâneo. A expressão usada comumente é "conflitos de leis no tempo", a significar que haveria uma "colisão" ou conflito entre os campos de aplicação dessas leis. Assim, por exemplo, uma lei anterior, como o CDC, de 1990, e uma lei posterior, como o CC, de 2002, estariam em "conflito", daí a necessária "solução" do "conflito" através da prevalência de uma lei sobre a outra e a consequente exclusão da outra do sistema (ab-rogação, derrogação, revogação).

Em outras palavras, nesta visão "perfeita" ou "moderna", teríamos a "tese" (lei antiga), a "antítese" (lei nova) e a consequente síntese (a revogação), a trazer clareza e certeza ao sistema (jurídico). Os critérios para resolver os conflitos de leis no tempo seriam assim apenas três – anterioridade, especialidade e hierarquia –, a priorizar-se, segundo Bobbio, a hierarquia. A doutrina atualizada, porém, está à procura hoje mais da harmonia e da coordenação entre as normas do ordenamento jurídico (concebido como sistema) do que da exclusão. É a denominada "coerência derivada ou restaurada" (*cohérence dérivée ou restaurée*),[121] que, em momento posterior à decodificação, à tópica e à microrrecodificação,[122] procura uma eficiência não só hierárquica, mas funcional do sistema plural e complexo de nosso direito contemporâneo,[123] a evitar a "antinomia", a "incompatibilidade" ou a "não coerência".

Costumava-se afirmar, quanto ao tipo de conflito de leis no tempo, que poderiam existir "conflitos de princípios" (diferentes princípios presentes em diferentes leis em conflito), "conflitos de normas" (conflitos entre normas de duas leis, conflitos "reais" ou "aparentes", conforme o resultado da interpretação que o aplicador das leis retirasse) e "antinomias" (conflitos "pontuais" da convergência eventual e parcial do campo de aplicação de duas normas no caso concreto).

Erik Jayme[124] nos alerta de que os tempos pós-modernos, onde há a pluralidade, a complexidade, a distinção impositiva dos direitos humanos e o *droit à la differènce* (direito a

---

le plus hétérogènes. Les droit de l'homme, les constitutions, les conventions internationales, les systèmes nationaux: toutes ces sources ne s'excluent pas mutuellement; elles 'parlent' l'une à l'autre. Les juges sont tenus de coordonner ces sources en écoutant ce qu'elles disent» (JAYME, E. Identité culturelle et intégration: le droit international privé postmoderne. *Recueil des Cours: Collected Courses of the Hague Academy of International Law*, t. 251, p. 259, 1996).

120 JAYME, E. Identité culturelle et intégration: le droit international privé postmoderne. *Recueil des Cours: Collected Courses of the Hague Academy of International Law*, t. 251, p. 60 e s., 1996.

121 Expressão de Sauphanor (*L'influence du droit de la consommation sur le système juridique*. Paris: LGDJ, 2000).

122 Mencione-se aqui que a sempre citada obra de Canaris, *Pensamento sistemático*, p. 255 s., constrói sua ideia de sistema justamente criticando a tópica. Sobre tópica, veja a obra de Wiehweg (1979).

123 Veja, sobre a necessidade de "coordinamento con altre disposizioni" do Código Civil e das leis especiais de proteção do consumidor, ALPA, G.; BONLINI, G.; CARNEVALI, U.; DI MAJO, A. *La disciplina generale dei contratti dalle istituzioni di diritto privato*. Milano: Giuffrè, 1994. p. 613 e s.

124 JAYME, E. Identité culturelle et intégration: le droit international privé postmoderne. *Recueil des Cours: Collected Courses of the Hague Academy of International Law*, t. 251, 1996, p. 60, 251.

ser diferente e a ser tratado diferentemente, sem necessidade mais de ser "igual" aos outros), não mais permitem este tipo de clareza ou de "monossolução". A solução sistemática pós-moderna deve ser mais fluida, mais flexível, a permitir maior mobilidade e fineza de distinções. Nesses tempos, a *superação* de paradigmas é substituída pela *convivência dos paradigmas*,[125] a revogação expressa, pela incerteza da revogação tácita indireta através da incorporação (veja art. 2.043 do CC/2002). Há, por fim, a convivência de leis com campos de aplicação diferentes, campos por vezes convergentes e, em geral, diferentes, em um mesmo sistema jurídico, que parece ser agora um sistema (para sempre) plural, fluido, mutável e complexo. Não deixa de ser um paradoxo que o "sistema", o todo construído, seja agora plural (...).

O grande mestre de Heidelberg propõe então a convivência de uma segunda solução ao lado da tradicional: a coordenação dessas fontes.[126] Uma coordenação flexível e útil (*effet utile*) das normas em conflito no sistema a fim de que seja restabelecida a sua coerência, isto é, uma mudança de paradigma: da retirada simples (revogação) de uma das normas em conflito do sistema jurídico (ou do "monólogo" de uma só norma possível a "comunicar" a solução justa) à convivência dessas normas, ao diálogo das normas para alcançar a sua *ratio*, a finalidade "narrada" ou "comunicada" em ambas.

Na belíssima expressão de Erik Jayme, é o "diálogo das fontes" (*dialogue de sources*),[127] atual e necessário, a permitir a aplicação simultânea, coerente e coordenada das plúrimas fontes legislativas convergentes.[128] "Diálogo" porque há influências recíprocas, "diálogo" porque há aplicação conjunta das duas normas ao mesmo tempo e ao mesmo caso, seja complementarmente,[129] seja subsidiariamente,[130] seja permitindo a opção voluntária das partes sobre a fonte prevalente (especialmente em matéria de convenções internacionais e

---

[125] GANNAGÉ, L. *La hiérarchie des normes et les méthodes du droit international privé*. Paris: LGDJ, 2001. p. 17.

[126] JAYME, E. Identité culturelle et intégration: le droit international privé postmoderne. *Recueil des Cours: Collected Courses of the Hague Academy of International Law*, t. 251, p. 60, 1996.

[127] JAYME, E. Identité culturelle et intégration: le droit international privé postmoderne. *Recueil des Cours: Collected Courses of the Hague Academy of International Law*, t. 251, p. 259, 1996.

[128] Como ensina Sauphanor (*L'influence du droit de la consommation sur le système juridique*. Paris: LGDJ, 2000. p. 31), em direito, a ausência de coerência consiste na constatação de uma antinomia, definida como a existência de uma incompatibilidade entre as diretivas relativas ao mesmo objeto. No original: "*En droit, l'absence de cohérence consiste dans la constatation d'une antinomie, définie comme l'existence d'une incompatilité entre les directives relatives à un même objet*".

[129] Veja, sobre a aplicação simultânea de várias leis, o CC, o CDC e inclusive as leis administrativas sobre o SFH, duas decisões do STJ. Na bela decisão no REsp 436.815/DF, rel. Min. Fátima Nancy Andrighi, j. 17.10.2002, *DJ* 28.10.2002, a ementa ensina: "Processual – Civil (...) – Contrato de compra e venda de imóvel e financiamento – SFH – Aplicação do Código de Defesa do Consumidor – Empréstimo concedido por associação ao associado. Deve ser afastada a aplicação da cláusula que prevê foro de eleição diverso do domicílio do devedor em contrato de compra e venda de imóvel e financiamento regido pelo Sistema Financeiro da Habitação, quando importar em prejuízo de sua defesa. Há relação de consumo entre o agente financeiro do SFH, que concede empréstimo para aquisição de casa própria, e o mutuário". E a igualmente bela decisão no STJ no REsp n. 619.313/RS, rel. Min. Carlos Alberto Menezes Direito, Terceira Turma, j. 20.10.2005, *DJ* 13.02.2006, p. 795, cuja ementa ensina: "Cartão de crédito – Prestação de contas – Mandato. A administradora deve prestar contas sobre o modo pelo qual exerce o mandato que lhe concedeu o usuário para obter financiamento no mercado a fim de financiar as vendas a prazo. Código Civil e Código de Defesa do Consumidor".

[130] Veja aplicação simultânea e subsidiária do CDC, como lei geral, em face da existência de lei especial sobre prêmios, na jurisprudência do STJ. REsp n. 396.943/RJ, rel. Min. Ruy Rosado de Aguiar, Quarta Turma, julgado em 02.05.2002, *DJ* 05.08.2002, p. 351.

leis modelos)[131] ou mesmo permitindo uma opção por uma das leis em conflito abstrato.[132] Uma solução flexível e aberta, de interpenetração, ou mesmo a solução mais favorável ao mais fraco da relação (tratamento diferente dos diferentes).

Claudia Lima Marques é a grande difusora da teoria do Diálogo das Fontes no Brasil. A ideia central da proposta é que haja uma convivência de leis que possuem campos de aplicação divergentes e uma coordenação entre elas, que não mais se excluiriam mutuamente, mas seriam incorporadas ao sistema e passariam a dialogar umas com as outras para alcançar, cada qual, a sua finalidade.[133] A sua contribuição é imensa porque extrapolou o campo do direito internacional privado e avançou didaticamente com a sistematização de três tipos de "diálogos" de fontes para a solução dos conflitos de leis no tempo.[134]

O *primeiro* tipo de diálogo apresentado por Claudia Lima Marques é o *sistemático de coerência* e refere-se à complementação de uma lei por outra, de modo que uma delas serve de base conceitual à outra. Os conceitos de pessoa idosa, criança e adolescente, por exemplo, não são reproduzidos no CDC, razão pela qual se faz um diálogo de coerência com o Estatuto da Pessoa Idosa e o ECA para a compreensão da abrangência.

O *segundo* tipo de diálogo consiste na aplicação simultânea, complementar ou subsidiária das fontes. Denominado de *diálogo sistemático de complementaridade e subsidiariedade* de antinomias reais e aparentes, evita-se por meio dele a revogação ou ab-rogação clássicas, preferindo-se a manutenção de uma legislação no sistema à sua retirada ou superação. A autora cita como exemplo que "o sistema geral de responsabilidade civil sem culpa ou o sistema geral de decadência podem ser usados para regular aspectos de casos de consumo, se trazem normas mais favoráveis ao consumidor". Lembra-se, nesse sentido, o entendimento do STJ no que concerne ao prazo prescricional para exercício da pretensão indenizatória por vícios nas relações de consumo.[135]

O *terceiro* tipo de diálogo, denominado *diálogo de coordenação e adaptação sistemática*, resulta das influências recíprocas e sistemáticas de legislações, inclusive quando há uma redefinição do campo de aplicação de uma delas. As conquistas resultantes do direito vivo dos tribunais (ao que Claudia Lima Marques refere-se como "*Richterrecht*" ou "Direito dos Juízes") dentro de um microssistema podem aproveitar a outro, transpondo conquistas.

---

131 Veja, por exemplo, o art. 1.º do Tratado de Olivos do Mercosul, que prevê a opção possível pelo sistema de solução de controvérsias do Mercosul ou de outro fórum internacional (como a OMC etc.) e a prevalência da fonte escolhida pelas partes em conflito. Veja ALPA, G.; BONLINI, G.; CARNEVALI, U.; DI MAJO, A. *La disciplina generale dei contratti dalle istituzioni di diritto privato*. Milano: Giuffrè, 1994. p. 25-56.

132 Veja, sobre o tema, a obra de BRIÈRE, C. *Les conflits de conventions internationales en droit privé*. Paris: LGDJ, 2001. p. 266 e s.

133 MARQUES, C. L.; BENJAMIN, A. H. V.; MIRAGEM, B. *Comentários ao Código de Defesa do Consumidor*. 3. ed. rev., ampl. e atual. São Paulo: Revista dos Tribunais, 2010.

134 BERGSTEIN, L. G. O tempo do consumidor e o menosprezo planejado: o tratamento jurídico do tempo perdido e a superação de suas causas. *Revista dos Tribunais*, 2019.

135 "A pretensão indenizatória fundada em vício construtivo está sujeita ao prazo prescricional decenal previsto no art. 205 do Código Civil, que regula as pretensões decorrentes de inadimplemento contratual, uma vez que, de fato, inexiste disposição legal específica para o caso no CDC. (...) A Corte Superior promoveu uma interpretação conjunta das duas legislações, ou seja, do Código Civil e do Código de Defesa do Consumidor, assegurando, como resultado, uma ampliação da proteção do contratante vulnerável. Houve, no caso, o emprego da metodologia do diálogo das fontes, que harmoniza a aplicação de disposições legais oriundas de diferentes estatutos, integrando-as dentro do mesmo campo de aplicação" (MARQUES, C. L.; BERGSTEIN, L. Comentários ao REsp 1.717.160. *Revista de Direito do Consumidor*, v. 118, p. 745, 2018).

Trata-se também "da influência do sistema especial no geral e do geral no especial, um diálogo de *double sens*".[136]

O processo de interpretação e aplicação da Lei é complexo, não se restringe à mera subsunção do fato à literalidade do dispositivo legal. O jurista é o responsável por dar concretude à norma jurídica, para que ela não se torne *letra morta.* A percepção de quais são os fins sociais a que a regra de direito se destina e quais as exigências do bem comum, no caso concreto, perpassa uma avaliação de experiência e um juízo de ponderação dos bens jurídicos em potencial conflito. Cabe ao juiz o difícil papel de persuadir o jurisdicionado e a sociedade, de um modo geral, acerca do acerto de sua decisão. E isso é feito por intermédio da argumentação jurídica.[137]

BIBLIOGRAFIA SELECIONADA

ALPA, G.; BONLINI, G.; CARNEVALI, U.; DI MAJO, A. *La disciplina generale dei contratti dalle istituzioni di diritto privato.* Milano: Giuffrè, 1994.

AMARAL JUNIOR, A.; VIEIRA, L. K. A proteção internacional do consumidor no Mercosul. *Revista de Direito do Consumidor,* v. 106, p. 71-88, 2016.

ARAUJO, N. DE. Dispute Resolution in MERCOSUL: The Protocol of Las Leñas and the Case Law of the Brazilian Supreme Court. *University of Miami Inter-American Law Review,* v. 32, p. 25, 2001.

BERGSTEIN, L. G. Diálogos entre a Constituição e o Direito Privado: o fenômeno da descodificação e o novo direito privado solidário. *In*: TEPEDINO, G.; TEIXEIRA, A. C. B.; ALMEIDA, V. (org.). *Da dogmática à efetividade no direito civil:* Anais do Congresso Internacional de Direito Civil Constitucional - IV Congresso do IBDCIVIL. Belo Horizonte: Fórum, 2017.

BERGSTEIN, L. G. O tempo do consumidor e o menosprezo planejado: o tratamento jurídico do tempo perdido e a superação de suas causas. *Revista dos Tribunais,* 2019.

BRIÈRE, C. *Les conflits de conventions internationales en droit privé.* Paris: LGDJ, 2001.

EHRLICH, E. *Fundamentos da sociologia do direito.* Trad. René Ernani Gertz. Brasília: Editora Universidade de Brasília, 1986.

GANNAGÉ, L. *La hiérarchie des normes et les méthodes du droit international privé.* Paris: LGDJ, 2001.

JAYME, E. Identité culturelle et intégration: le droit international privé postmoderne. *Recueil des Cours: Collected Courses of the Hague Academy of International Law,* t. 251, p. 9-268, 1996.

[136] MARQUES, C. L. Diálogo entre o Código de Defesa do Consumidor e o novo Código Civil: o "Diálogo das Fontes". *In*: MARQUES, C. L.; BENJAMIN, A. H. V.; MIRAGEM, B. (org.). *Comentários ao Código de Defesa do Consumidor.* 3. ed. rev., ampl. e atual. São Paulo: Revista dos Tribunais, 2010. p. 33-63.

[137] O § 1º do art. 489 do CPC delimita expressamente o que se considera por decisão fundamentada. Além disso, o CPC estabelece o respeito ao precedente (invocado pela parte) como um elemento essencial da fundamentação de qualquer decisão judicial. Essa concepção de respeito aos precedentes encontra grande respaldo normativo nos princípios da segurança jurídica e da igualdade. Ao mesmo tempo, o parágrafo 2º do art. 926 o CPC, estabelece que "*ao editar enunciados de súmula, os tribunais devem ater-se às circunstâncias fáticas dos precedentes que motivaram sua criação*". A clara enunciação das circunstâncias fáticas que, me parece, assegurará a possibilidade de adoção de um mesmo precedente em outros casos.

MARQUES, C. L. *Contratos no Código de Defesa do Consumidor*: o novo regime das relações contratuais. 8. ed. São Paulo: Revista dos Tribunais, 2016.

MARQUES, C. L. (org.). *Diálogo das fontes:* do conflito à coordenação de normas do direito brasileiro. São Paulo: Revista dos Tribunais, 2012.

MARQUES, C. L. Diálogo entre o Código de Defesa do Consumidor e o novo Código Civil: o "Diálogo das Fontes". *In*: MARQUES, C. L.; BENJAMIN, A. H. V.; MIRAGEM, B. (org.). *Comentários ao Código de Defesa do Consumidor*. 3. ed. rev., ampl. e atual. São Paulo: Revista dos Tribunais, 2010.

MARQUES, C. L. O "diálogo das fontes" como método da nova teoria geral do direito. In: MARQUES, C. L. (org.). *Diálogo das fontes:* do conflito à coordenação de normas do direito brasileiro. São Paulo: Revista dos Tribunais, 2012.

MARQUES, C. L.; BENJAMIN, A. H. V.; MIRAGEM, B. *Comentários ao Código de Defesa do Consumidor*. 3. ed. rev., ampl. e atual. São Paulo: Revista dos Tribunais, 2010.

MARQUES, C. L.; BERGSTEIN, L. Comentários ao REsp 1.717.160. *Revista de Direito do Consumidor*, v. 118, 2018.

MARQUES, C. L.; MIRAGEM, B. *O novo direito privado e a proteção dos vulneráveis*. 2. ed. São Paulo: Revista dos Tribunais, 2014.

MARTINS, F. R.; FERREIRA, K. P. Diálogo de fontes e governança global: hermenêutica e cidadania mundial na concretude dos direitos humanos. *Revista de Direito do Consumidor*, v. 117, p. 5-20, 2018.

MASI, D. *O futuro chegou:* modelos de vida para uma sociedade desorientada. Trad. Marcelo Costa Sievers. Rio de Janeiro: Casa da Palavra, 2014.

MENDES, L. S. Segurança da informação, proteção de dados pessoais e confiança. *Revista de Direito do Consumidor*, v. 90, p. 245-260, 2013.

MENDES, L. S.; SPIECKER, I.; TAMBOU, O.; BERNAL, P.; HU, M.; MOLINARO, C. A.; SARLET, I. W.; NEGRE, E.; WITZLEB, N.; YGER, F. The Regulation of Commercial Profiling: a comparative analysis. *European Data Protection Law Review*, v. 2, 2016.

SAUPHANOR, N. *L'influence du droit de la consommation sur le système juridique*. Paris: LGDJ, 2000.

TOURAINE, A. *La fin des sociétés*. Paris: Éditions du Seuil, 2013.

WIEHWEG, T. *Tópica e jurisprudência*. Trad. T. S. Ferraz Jr. Brasília: Departamento de Imprensa Nacional, MJ-UnB, 1979.

Art. 65. Esta Lei entra em vigor:

I – dia 28 de dezembro de 2018, quanto aos arts. 55-A, 55-B, 55-C, 55-D, 55-E, 55-F, 55-G, 55-H, 55-I, 55-J, 55-K, 55-L, 58-A e 58-B; e

I-A – dia 1º de agosto de 2021, quanto aos arts. 52, 53 e 54; (Incluído pela Lei n. 14.010, de 2020)

II – 24 (vinte e quatro) meses após a data de sua publicação, quanto aos demais artigos.

Brasília, 14 de agosto de 2018; 197º da Independência e 130º da República.

MICHEL TEMER

Artigo 65

Comentado por Isabela Maria Rosal e Elora Fernandes

DISPOSITIVOS RELACIONADOS NO ORDENAMENTO JURÍDICO BRASILEIRO

- Medida Provisória n. 959/20 convertida na Lei n. 14.058/2020.
- Art. 20, Lei 14.010/2020.
- Lei n. 13.853/2019.
- Art. 7º, X, e 16, MCI.
- Lei n. 10.861/2004.
- Art. 8º, LC n. 95, de 26 de fevereiro de 1998.
- Arts. 1º e 2º, LINDB (Decreto-Lei n. 4.657/1942).

DISPOSITIVOS RELACIONADOS NA LGPD

- Art. 60; arts. 62 e 63.

ATIVIDADES DA ANPD

- ANPD, Planejamento Estratégico, 2021-2023, Versão 2.
- ANPD, Balanço 3 anos, 2023.

AÇÕES REGULATÓRIAS E FISCALIZATÓRIAS DE ENTIDADES GOVERNAMENTAIS E ÓRGÃOS DE CONTROLE

- CADE, Cade como Autoridade de Defesa da Concorrência e de Proteção de Dados. Agosto de 2020.

- TCU, Acórdão 390/2024. Processo 016.167/2023-6, Plenário, j. 06.03.2024.
- TCU, Acórdão 1384/2022. Processo 039.606/2020-1, Plenário, j. 15.06.2022.

CASOS E DECISÕES JUDICIAIS RELEVANTES

- TST, Ag em RR n. 0000210-30.2021.5.08.0014, Rel. Min. Luiz José Dezena da Silva, j. 21.06.2023, publicado em 30.06.2023.
- TRT-22, ATOrd n. 0000409-52.2022.5.22.0006, 6ª Vara, j. 10.10.2022.
- TRT-8, Embargos de Declaração n. 0000234-49.2021.5.08.0017, 4ª Turma, j. 01.02.2022, publicado em 17.02.2022.
- TRT-4, Processo n. 0020043-80.2021.5.04.0261, 11ª Turma, j. 08.07.2022.

JUSTIFICATIVA E FUNDAMENTOS

A entrada em vigor de uma nova legislação inicia uma realidade que requer adaptação daqueles que são regidos por tal marco legislativo. Portanto, compreende-se a necessidade de estabelecimento de período temporal entre a publicação da norma e sua efetiva vigência para que o sistema regulatório se adeque às novas normas reguladoras.

Esse período é comumente conhecido como *vacatio legis* (vacância legislativa) e, como regra, segue o padrão de quarenta e cinco dias. Contudo, a própria regra estabelecida pelo art. 1º da LINDB define que a nova lei poderá dispor em contrário, criando outro critério para a vacância, e esse foi o caso da LGPD. Esse novo critério temporal deve ser expresso e razoável, considerando a repercussão da nova norma,[138] podendo ser maior ou menor do que o prazo geral estabelecido pela LINDB. Portanto, a LGPD foi certeira em, desde sua primeira versão publicada, estabelecer um período diferenciado e ampliado de vacância legislativa, justamente por considerar a complexidade necessária à observância completa da nova norma para todos os afetados: agentes de tratamento, autoridades regulatórias – inclusive a ainda, à época, inexistente ANPD –, Poder Judiciário e titulares.

Além disso, como lei federal e conforme as regras da LINDB, a LGPD começou a vigorar em todo o país simultaneamente. Contudo, não há previsão específica sobre a vincularidade da LGPD nos Estados estrangeiros. Como a LGPD tem certa extensão extraterritorial,[139] esse tema tem relevância para o estudo do art. 65, sobre o momento de vigência da LGPD.

Como regra geral, a LINDB determina que a obrigatoriedade da lei brasileira, quando admitida, se inicia três meses depois de oficialmente publicada. Contudo, a LGPD não pode ser considerada como vinculante em território estrangeiro, somente contando com efeitos extraterritoriais limitados. Portanto, entende-se que todos os efeitos da lei brasileira, ainda que com alguns resquícios extraterritoriais, tiveram efeito simultaneamente.

Logo, o artigo final da LGPD teve como finalidade determinar o período de vacância legislativa e, ao mesmo tempo, criar a linha do tempo de entrada em vigor da LGPD,

---

[138] Art. 8º da LC n. 95/1998.

[139] Ver comentário ao art. 3º neste volume.

estabelecendo momentos específicos para a vigência de diferentes previsões trazidas pela norma que entrou em vigor simultaneamente em cada período definido. Como a LGPD trouxe várias inovações ao sistema regulatório brasileiro, com criação de novo órgão fiscalizador (ANPD), criou-se a necessidade de se estar em conformidade com novas regras regulatórias sob pena de sanções administrativas e judiciais. A vacância deveria ser, portanto, mais longa do que a geral e diferentes previsões deveriam entrar em vigor em momentos distintos.

No momento de sua publicação, em agosto de 2018, a LGPD determinava que todos os seus artigos entrariam em vigor 18 (dezoito) meses depois da data de sua publicação, ou seja, em fevereiro de 2020. Considerando o veto presidencial em relação à criação da ANPD,[140] havia um vácuo regulatório sobre a existência de um órgão fiscalizador. Em dezembro de 2018, foi elaborada a Medida Provisória n. 869/2018, que entrou em vigor na data de sua publicação, alterando algumas previsões da LGPD e adicionando outras sobre a criação da ANPD – a partir de então, órgão da Administração Pública integrante da Presidência da República. Com isso, a vigência da LGPD teria início em dezembro de 2018 para as disposições referentes à ANPD (art. 55-A a 55-K) e ao CNPD (art. 58-A e 58-B), enquanto os demais artigos entrariam em vigor em 24 (vinte e quatro) meses após a publicação (agosto de 2020).

Em maio de 2019, a Medida Provisória foi aprovada pela Câmara e pelo Senado, mas somente em julho de 2019 foi publicada a versão da Lei n. 13.853/2019, sancionada pelo Presidente. Nessa versão, a vigência prevista pela Medida Provisória não foi alterada. Logo, as regras sobre a ANPD – ainda como órgão da Administração Pública federal integrante da Presidência da República[141] – e o CNPD estavam em vigor e as demais normas entrariam em vigência em agosto de 2020.

Contudo, em 2020, teve início a pandemia de Covid-19, marcada por um cenário de grande insegurança econômica. Embora a vigência da LGPD estivesse prevista para agosto de 2020, argumentava-se que o contexto não seria o mais propício para a implementação de tantas novas regras de adequação por parte do mercado. A partir desse raciocínio, o Ministério da Economia propôs a Medida Provisória n. 959/2020, que estabeleceu a operacionalização de benefícios emergenciais e prorrogou a *vacatio legis* da LGPD.

Com a nova redação proposta para o art. 65, II, da LGPD, os demais artigos da LGPD (exceto os já em vigor sobre a ANPD e o CNPD) entrariam em vigor somente em maio de 2021. A exposição de motivos da Medida Provisória justificava a proposta de "adiamento da entrada em vigor dos dispositivos previstos na Lei Geral de Proteção de Dados em consequência de uma possível incapacidade de parcela da sociedade em razão dos impactos econômicos e sociais da crise provocada pela pandemia do Coronavírus". A Medida Provisória n. 959/2020 foi convertida na Lei n. 14.058/2020, mas a previsão sobre a prorrogação da vacância da LGPD para maio de 2021 foi prejudicada. Dessa forma, ocorreu repristinação, com o restabelecimento da redação original, fazendo que os artigos da LGPD entrassem em vigor 24 (vinte e quatro) meses após sua publicação, ou seja, em agosto de 2020.

---

[140] Ver comentário ao art. 55-A neste volume.

[141] Contudo, o § 1º do art. 55-A da Lei n. 13.853/2019 trouxe a previsão de que "A natureza jurídica da ANPD é transitória e poderá ser transformada pelo Poder Executivo em entidade da Administração Pública federal indireta, submetida a regime autárquico especial e vinculada à Presidência da República".

Ressalta-se, entretanto, a estranha situação que ocorreu com essa dança legislativa: a Medida Provisória n. 959/2020, adiando a vigência da LGPD ainda vigorava em agosto de 2020, o que poderia levar à interpretação de que as previsões da LGPD ainda não estavam em vigor. A conversão da Medida Provisória em Lei somente ocorreu em setembro de 2020, momento em que voltou a prevalecer a regra original, determinando a entrada em vigor da LGPD em agosto de 2020. Houve, portanto, um período de incerteza jurídica entre agosto e setembro de 2020 quanto à efetiva vigência da LGPD.

A partir dessa peculiar situação, há quem defenda que o prazo de agosto de 2020 deve ser considerado como momento de vigência dos demais artigos, conforme o inciso II do art. 65, e isso se dá principalmente por dois motivos: (i) a redação inicial e final da LGPD se consolidou de tal maneira; e (ii) o Senado Federal declarou a prejudicialidade do art. 4º da Medida Provisória, ou seja, aquela previsão não era mais oportuna ou já havia sido julgada anteriormente.[142]

Contudo, considerando que os agentes de tratamento entendiam que, em razão da Medida Provisória, a LGPD estava com sua vigência adiada, defende-se que os demais artigos da Lei entraram em vigência em 18 de setembro de 2020, data da conversão da Medida Provisória em lei e do restabelecimento da redação anterior.

Dessa forma, apesar da leitura do texto final do inciso II ser referente aos vinte quatro meses após a publicação da LGPD, o que seria em agosto de 2020, por essa dança legislativa ele deve ser lido como: "II – em 18 de setembro de 2020, quanto aos demais artigos, salvo às exceções mencionadas neste artigo".

Enquanto a Medida Provisória n. 959/2020 ainda estava em seu período de vigência extraordinária de transição, foi sancionada a Lei n. 14.010/2020, com publicação e vigência em 10 de junho de 2020, que adicionou o inciso I-A ao art. 65 da LGPD, estabelecendo que as previsões relacionadas às sanções administrativas da LGPD (arts. 52, 53 e 54) entrariam em vigor somente em agosto de 2021. Essa novidade legislativa finalizou a discussão sobre como a vigência da LGPD poderia desestabilizar agentes econômicos durante o período da pandemia do coronavírus, uma vez que somente seriam punidos administrativamente por falta de observância das normas da LGPD a partir de agosto de 2021. Para ilustrar o complexo caminho legislativo percorrido pela vigência da LGPD, a figura abaixo apresenta uma linha do tempo com os principais marcos normativos relativos à entrada em vigor da lei:

142 BRASIL. Câmara dos Deputados. *Clique Regimento*: Prejudicialidade – card 149. 2024. Disponível em: https://educacaoadistancia.camara.leg.br/clique_regimento/. Acesso em: 15 jun. 2025.

Figura 4: Linha do tempo do processo legislativo sobre a vigência da LGPD.

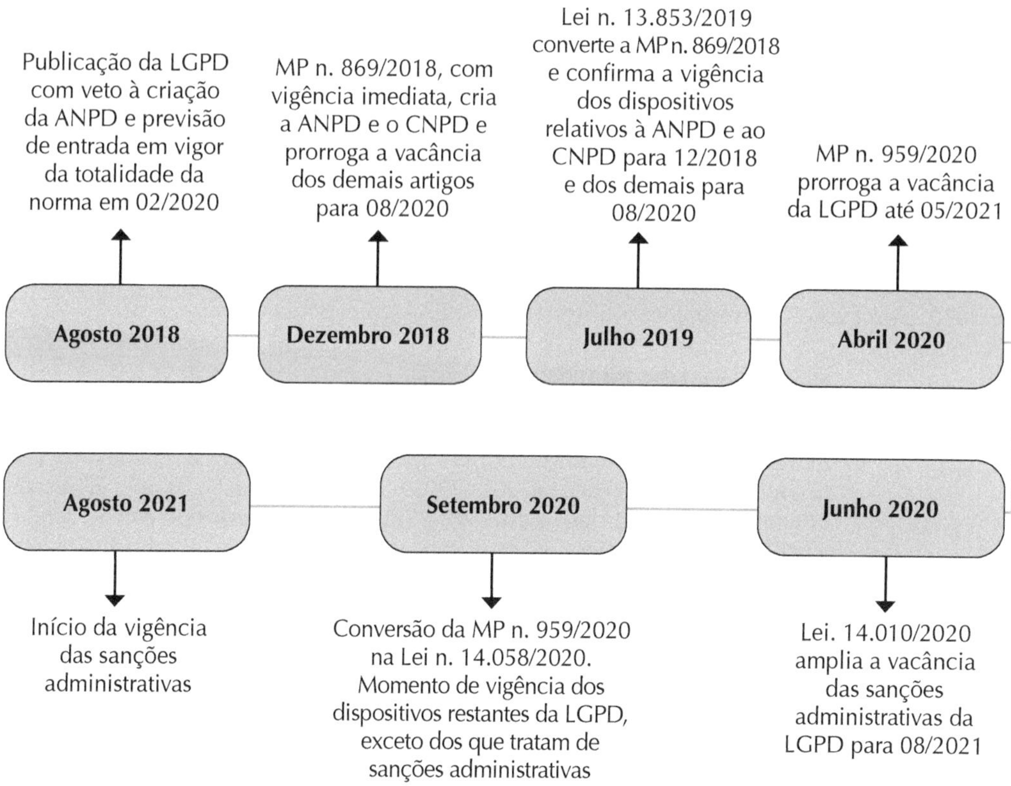

Fonte: elaborado pelas autoras.

Essa interpretação é seguida pela ANPD, conforme resposta em seu site de perguntas frequentes em que a Autoridade afirma que a LGPD entrou em vigor de maneira escalonada: em 28 de dezembro de 2018, quanto aos artigos que tratam da constituição da ANPD e do CNPD; em 1º de agosto de 2021, quanto aos artigos que tratam das sanções administrativas; e em 18 de setembro de 2020, quanto aos demais artigos da Lei.

ANÁLISE

O processo legislativo da LGPD demonstra a complexidade do sistema regulatório criado pela norma geral. A entrada em vigor da LGPD ser concomitante à crise econômica, sanitária e de saúde do Coronavírus adicionou diversas dificuldades à criação do ecossistema brasileiro de proteção de dados pessoais. As mudanças e o texto final do art. 65 demonstram a tentativa do Poder Público brasileiro em trazer maior segurança para agentes econômicos durante o período de pandemia, mas levando em consideração a importância da entrada em vigor da LGPD para a proteção de direitos fundamentais e para a concretização do papel do Brasil no cenário internacional.

Todavia, as intensas modificações sobre a vigência da LGPD acarretaram dúvidas sobre como e se a lei seria aplicável em diferentes momentos, especialmente em relação ao período de vacância legislativa. Portanto, devem ser consideradas diferentes situações. Todavia, não se pode deixar de admitir que a maioria das previsões da LGPD entraram em vigor em setembro de 2020, momento em que os agentes de tratamento já deveriam estar adequados à Lei, sob pena de sanções civis, administrativas ou penais estabelecidas por legislações específicas, como o CDC,[143] conforme competências próprias dos órgãos judiciais ou administrativos. Por essa razão, é possível, por exemplo, verificar casos discutindo a vigência da LGPD em âmbito da justiça trabalhista.

Nesse sentido, a decisão do TST no AgrInt n. 0000210-30.2021.5.08.0014[144] esclarece que com a edição da Lei n. 14.010/2020, houve a postergação das sanções administrativas pela ANPD até 1º de agosto de 2021; já a Medida Provisória n. 959/2020, entre outras finalidades, pretendeu adiar a efetividade dos demais dispositivos da LGPD até 3 de maio de 2021, o que acabou sendo rejeitado pelo Senado Federal com o restabelecimento da vigência para agosto de 2020, com exceção das sanções administrativas. Esclarece, ainda que:

> Dessa forma, uma vez retomada a *vacatio legis* em 24 meses após a publicação da lei, a LGPD deveria ter entrado em vigor, portanto, em 15/08/2020, contudo, a citada MP 959/2020, que tentou adiar a vigência da lei para maio de 2021, só foi rejeitada pelo Senado em 17/09/2020, com a conversão da medida na Lei n. 14.058/2020, publicada em 18/09/2020. Por consequência, há operadores de direito que sustentam que a MP 959/2020 não teria produzido efeitos, tendo a LGPD entrado em vigor, salvo as "sanções administrativas", já em 15/08/2020, porém, para maioria, a vigência se deu em 18/09/2020, com a rejeição da mencionada medida provisória pelo Senado Federal.

Conforme mencionado, a interpretação adotada pelo TST, e a seguida pela maioria, é adequada, reforçando a segurança jurídica e a proteção dos agentes afetados pela LGPD entre suas mudanças legislativas. Dessa forma, órgãos públicos fiscalizatórios com atuação em temas relacionados à proteção de dados (e.g., Anatel, Senacon, Poder Judiciário) poderiam avaliar possíveis infrações à LGPD de atos praticados a partir de setembro de 2020, observando as demais regras específicas aplicáveis, como prescrição, possíveis sanções, responsabilidade civil, entre outras. A ANPD, já criada, também poderia verificar infrações à LGPD, cometidas a partir do dia 15 de agosto de 2020, seguindo o *inciso* II do art. 65, mas não aplicar sanções administrativas a fatos anteriores a 1º de agosto de 2021, momento de entrada em vigência das sanções administrativas.

De forma interessante, a decisão do TRT-4 na Ação Civil Coletiva n. 0020043-80.2021.5.04.0261 reforça que a LGPD não depende totalmente de regulamento adicional da ANPD, uma vez que a vigência estabelecida no art. 65 já possibilita a verificação de cumprimento a diversas obrigações impostas pela lei geral e pela justiça trabalhista, sem norma adicional.

Nesse caso, a primeira instância determinou que a empresa deveria nomear encarregado de proteção de dados, uma vez que essa regra já estava em vigor e não dependia de norma adicional e tendo em vista que o agente de tratamento (empresa reclamada no caso concreto) já estava submetida à LGPD. Entende-se que a interpretação sobre o art. 65 e o momento da vigência da LGPD está correta. Contudo, em instância superior, o TRT-4 afirmou que os pedidos de declaração de desconformidade à LGPD buscavam alcançar futura indenização ou penalidades e "[a]o determinar à ré a indicação e que esta nomine um encarregado, mesmo

---

143 Art. 52, § 2º, da LGPD.

144 TST, Ag em RR n. 0000210-30.2021.5.08.0014.

que com base em expressa previsão legal, a sentença extrapola os limites estritos da lide e concede tutela diversa da pretensão formulada pelo autor".[145]

Interessante observar que outras instâncias sancionatórias deixaram de avaliar possível infração à LGPD pelo fato alegado ter ocorrido antes da eficácia do art. 65, I-A da LGPD (e.g., TRT-22, ATOrd 0000409-52.2022.5.22.0006). Contudo, entende-se que essa interpretação não deve prosperar, tendo em vista que somente os artigos relacionados às atividades sancionatórias da ANPD entraram em vigor em momento posterior, ainda sendo possível uma avaliação específica por outros órgãos fiscalizadores de possível infração à LGPD.

Outro cenário, entretanto, se dá em relação às funções de fiscalização da ANPD. Resta claro que os arts. 52, 53 e 54, relacionados às sanções administrativas aplicáveis pela ANPD, somente entraram em vigor em 1º de agosto de 2021, conforme a Lei n. 14.010/2020. Portanto, nenhum agente de tratamento poderia ser sancionado administrativamente pela ANPD antes dessa data. Dessa forma, resta claro que a ANPD poderia exercer fiscalização sobre possíveis infrações à LGPD de fatos ocorridos entre 18 de setembro de 2020 e 31 de julho de 2020, mas não poderia sancionar administrativamente os agentes de tratamento. A ANPD pode, dessa forma, sancionar agentes de tratamento sobre atos que infringem a LGPD cometidos a partir do dia 1º de agosto de 2021.

Contudo, em agosto de 2021, ainda não havia regras sobre como se daria o processo de fiscalização e o processo administrativo sancionador da ANPD. Essa regulamentação só foi estabelecida pela Resolução CD/ANPD n. 1, de 28 de outubro de 2021, retificada pela Resolução CD/ANPD n. 4, de 24 de fevereiro de 2023. Logo, surge a dúvida se o agente de tratamento poderia ser sancionado administrativamente pela ANPD por qualquer infração à LGPD cometida entre agosto de 2021 (momento de vigência dos dispositivos relevantes na LGPD), outubro de 2021 (publicação da Resolução sobre fiscalização) e janeiro de 2022 (início do primeiro ciclo de monitoramento da ANPD).

Tendo em vista o amplo prazo para que os agentes de tratamento se adequassem à LGPD, conforme a vacância legislativa definida pela lei, bem como todas as mudanças legislativas, defende-se que a Autoridade pode sancionar infrações cometidas a partir do dia 1º de agosto de 2021.

A Resolução sobre o procedimento de fiscalização somente instrumentaliza algo já definido em lei, que é a possibilidade de a ANPD sancionar descumprimentos às regras estabelecidas pela LGPD. Ainda, é possível que os ciclos de monitoramento, com o primeiro tendo início em janeiro de 2022, revelem infrações à LGPD anteriores ao início do ciclo. Estas devem ser investigadas e possivelmente sancionadas se os atos tiveram início ou continuaram após o dia 1º de agosto de 2021.

É plausível o questionamento se a inexistência de regulamento sobre tema que necessita normatização pela ANPD pode ser utilizada como atenuante de eventual sanção imposta pela Autoridade. Para isso, contudo, levando em conta os critérios já definidos pela ANPD,[146] parece necessária a demonstração de boa-fé do agente. Caso se comprove que o agente de tratamento infringiu as regras da LGPD por entender que sanções administrativas não

---

[145] Essa interpretação é interessante e dá espaço para discussões relevantíssimas sobre quais são os limites da atuação do Judiciário na concretização, aplicação e fiscalização da LGPD. Contudo, esse tema vai, de fato, além do escopo do presente artigo. Sobre o tema, sugere-se a leitura dos comentários aos arts. 55-J e 55-K neste volume.

[146] Art. 7º da Resolução CD/ANPD 4/2023.

poderiam ser aplicadas por inexistência de Regulação da Autoridade, isso não deve atenuar a sua pena. Todavia, caso a infração ocorra apesar da boa-fé do agente – através de boas práticas, políticas de adequação, entre outros –, isso pode sim ser considerado na definição da sanção. Não se enxerga essa possibilidade de forma tão clara em relação à falta de Resolução sobre fiscalização e sancionamento, mas, em outros temas que requerem normatização da ANPD, essa interpretação pode ser aplicável.

As produções legislativas sobre proteção de dados pessoais continuam existindo, com novas e mais propostas surgindo após a publicação da LGPD, inclusive com a EC 115/2022 que confirma a proteção de dados pessoais como direito fundamental autônomo e com a Medida Provisória convertida em Lei, que alterou o regime jurídico da ANPD para uma autarquia especial.[147] Logo, é essencial a compreensão de que o sistema regulatório de proteção de dados pessoais é algo vivo e que deve ser atualizado através de diversos meios normativos para maior compatibilidade com novidades tecnológicas, sociais, econômicas e regulatórias.

BIBLIOGRAFIA SELECIONADA

BRASIL. Câmara dos Deputados. *Clique Regimento:* Prejudicialidade – card 149. 2024. Disponível em: https://educacaoadistancia.camara.leg.br/clique_regimento/. Acesso em: 15 jun. 2025.

DATA PRIVACY BRASIL DE PESQUISA. *Privacidade e proteção de dados pessoais no Congresso Nacional.* 2021. Disponível em: https://www.dataprivacybr.org/documentos/privacidade-e-protecao-de-dados-no-congresso-nacional/. Acesso em: 15 jun. 2025.

IDEC – INSTITUTO BRASILEIRO DE DEFESA DO CONSUMIDOR. *Linha do tempo.* Disponível em: https://idec.org.br/dadospessoais/linha-do-tempo. Acesso em: 15 jun. 2025.

INTERNETLAB. *O que está em jogo no debate sobre dados pessoais no Brasil:* relatório final sobre o debate público promovido pelo Ministério da Justiça sobre o Anteprojeto de Lei de Proteção de Dados Pessoais. São Paulo: InternetLab, 2016.

MENDONÇA, J.; RIELLI, M. A LGPD no Congresso após 4 anos de promulgação e 2 anos de vigência. *Jota*, set. 2022. Disponível em: https://www.jota.info/. Acesso em: 15 jun. 2025.

SCHERTEL MENDES, L.; DONEDA, D. Comentário à nova Lei de Proteção de Dados (Lei 13.709/2018): o novo paradigma da proteção de dados no Brasil. *Revista de Direito do Consumidor*, v. 120, p. 555, 2018.

[147] MENDONÇA, J.; RIELLI, M. A LGPD no Congresso após 4 anos de promulgação e 2 anos de vigência. *Jota*, set. 2022. Disponível em: https://www.jota.info/. Acesso em: 15 jun. 2025.